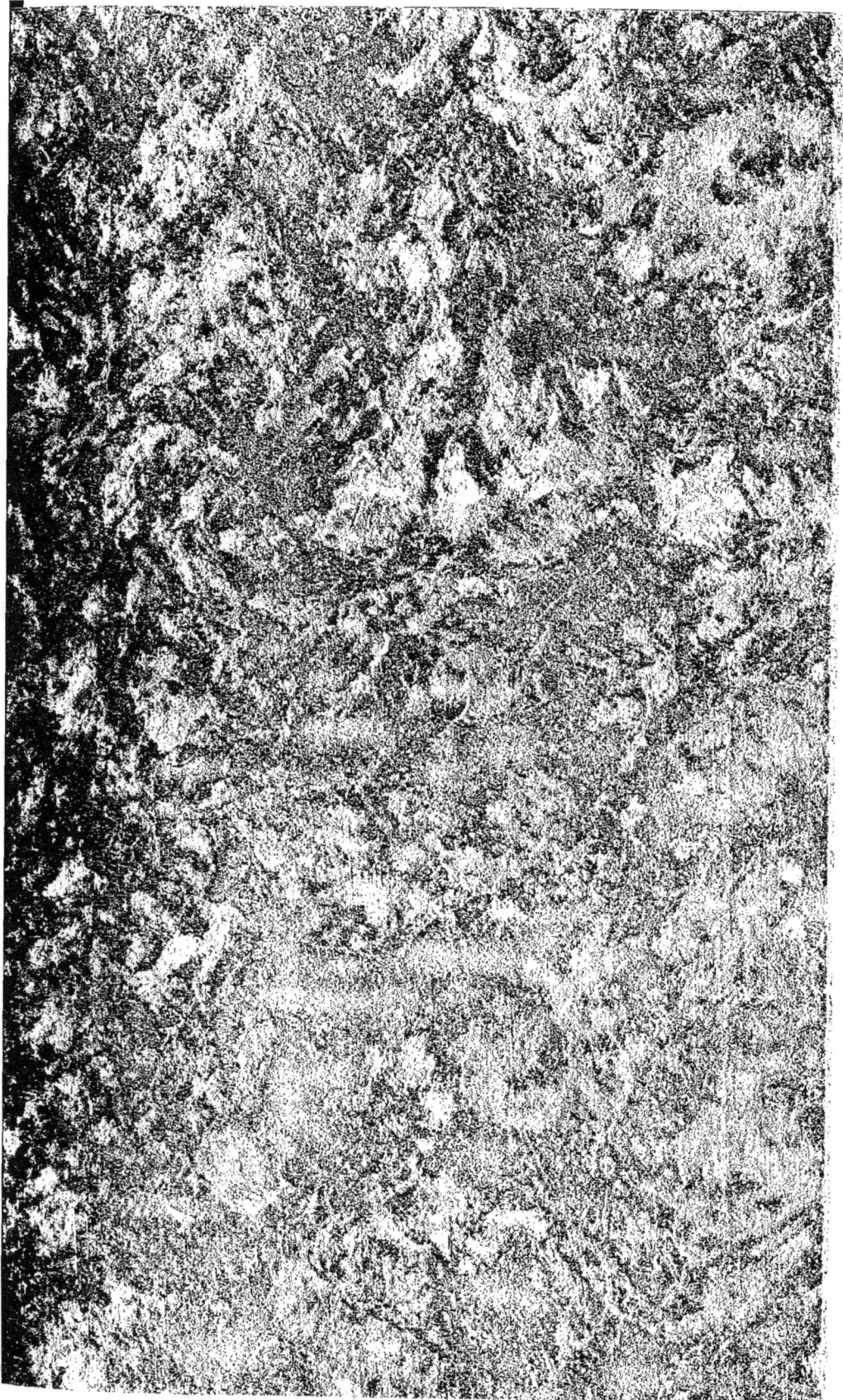

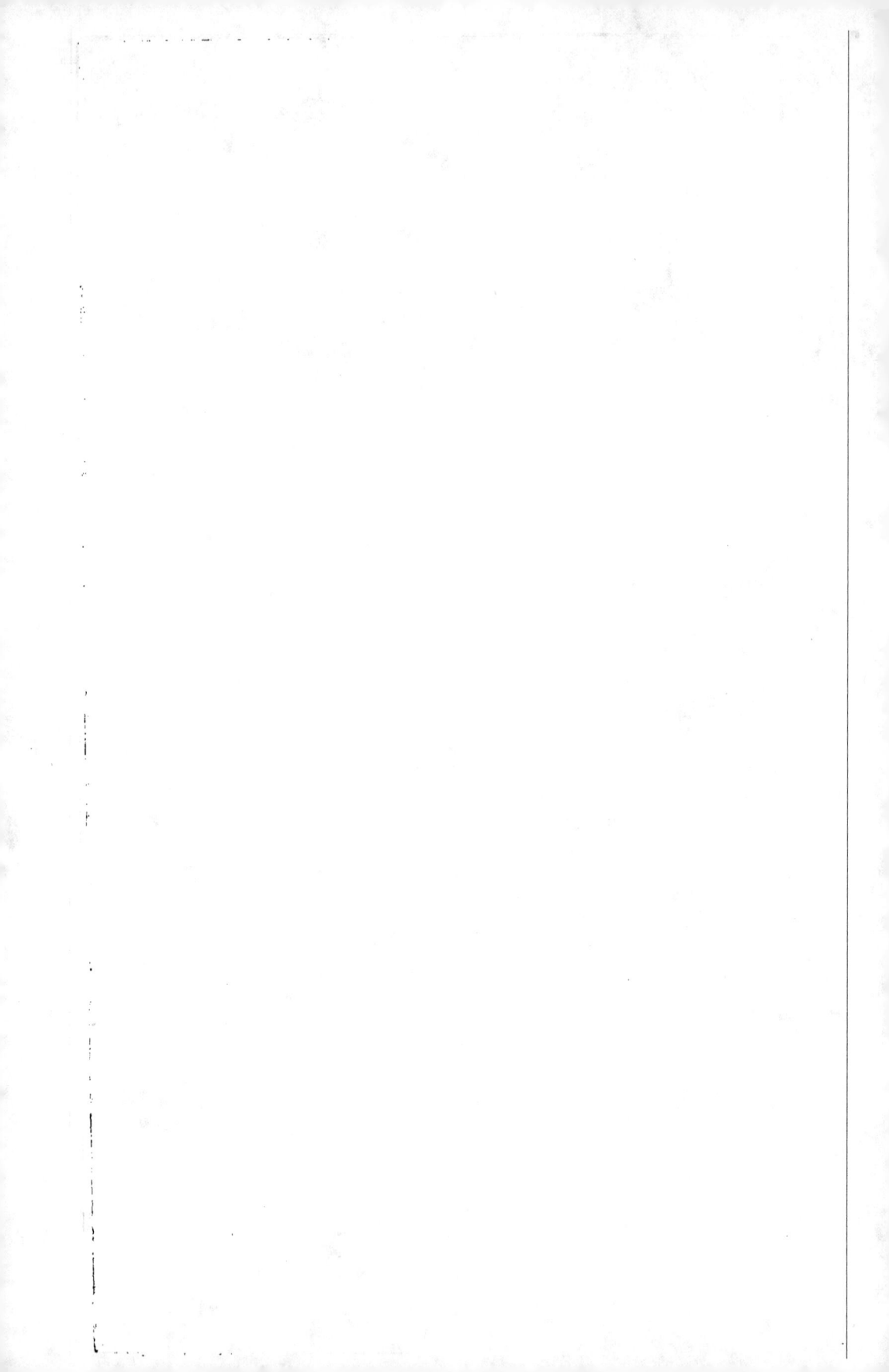

RECUEIL

DES

ACTES DU COMITÉ DE SALUT PUBLIC

AVEC LA CORRESPONDANCE OFFICIELLE

DES REPRÉSENTANTS EN MISSION

ET LE REGISTRE

DU CONSEIL EXÉCUTIF PROVISOIRE

PUBLIÉ

PAR F.-A. AULARD

PROFESSEUR À LA FACULTÉ DES LETTRES DE L'UNIVERSITÉ DE PARIS

TOME TREIZIÈME

23 AVRIL 1794 — 28 MAI 1794

(4 FLORÉAL AN II — 9 PRAIRIAL AN II)

PARIS

IMPRIMERIE NATIONALE

MDCCCC

COLLECTION

DE

DOCUMENTS INÉDITS

SUR L'HISTOIRE DE FRANCE

PUBLIÉS PAR LES SOINS

DU MINISTRE DE L'INSTRUCTION PUBLIQUE

Par arrêté du 3 septembre 1888, M. le Ministre de l'instruction publique et d
beaux-arts, sur la proposition de la section des sciences économiques et socia
du Comité des travaux historiques et scientifiques, a ordonné la publication
Recueil des actes du Comité de salut public, par M. Aulard.

Par arrêté du 31 août 1896, M. Glasson, membre de l'Institut, a été char
de suivre l'impression de cette publication en qualité de commissaire responsab
en remplacement de M. de Rozière, décédé.

SE TROUVE À PARIS

À LA LIBRAIRIE ERNEST LEROUX

RUE BONAPARTE, 28

RECUEIL

DES

ACTES DU COMITÉ DE SALUT PUBLIC

AVEC LA CORRESPONDANCE OFFICIELLE

DES REPRÉSENTANTS EN MISSION

ET LE REGISTRE

DU CONSEIL EXÉCUTIF PROVISOIRE

PUBLIÉ

PAR F.-A. AULARD

PROFESSEUR À LA FACULTÉ DES LETTRES DE L'UNIVERSITÉ DE PARIS

TOME TREIZIÈME

23 AVRIL 1794 — 28 MAI 1794

(4 FLORÉAL AN II — 9 PRAIRIAL AN II)

PARIS

IMPRIMERIE NATIONALE

MDCCCC

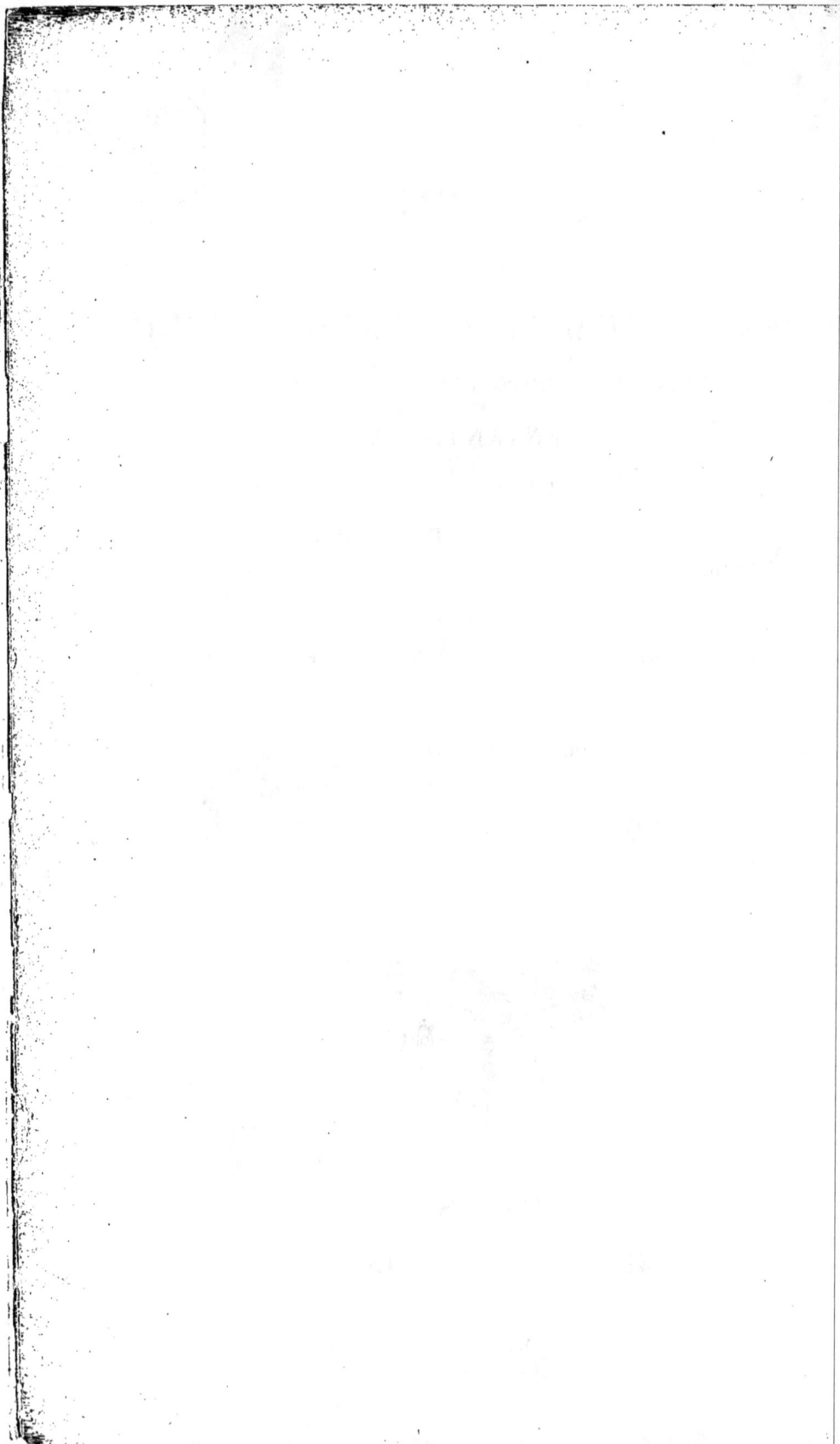

RECUEIL

DES

ACTES DU COMITÉ DE SALUT PUBLIC,

AVEC LA CORRESPONDANCE OFFICIELLE

DES REPRÉSENTANTS EN MISSION

ET LE REGISTRE

DU CONSEIL EXÉCUTIF PROVISOIRE.

—⊶⊕⊷—

COMITÉ DE SALUT PUBLIC.

Séance du 4 floréal an II- 23 avril 1794.

Présents: B. Barère, Carnot, Couthon, Collot-d'Herbois, C.-A. Prieur, Billaud-Varenne, Robespierre, Saint-Just, R. Lindet.

1. Le Comité de salut public arrête que le citoyen Jean-Philibert Maret, qui vient de remplir la mission que le Comité lui avait donnée pour mettre dans le meilleur état possible les chemins nécessaires aux communications de l'armée du Nord, est autorisé à se faire donner par la Commission des travaux publics tous les projets concernant ces routes qui ont été soumis à l'approbation du ci-devant ministre de l'intérieur; que le citoyen Maret, après les avoir examinés, fera un rapport au Comité, tant sur les opérations de sa mission que sur les moyens qui restent à prendre pour assurer le passage constant sur ces routes, pendant l'année actuelle et l'hiver prochain; qu'il est autorisé également à correspondre avec les différents agents ou corps administratifs qui sont sur les lieux, pour en tirer les renseignements qui pourraient lui manquer; enfin, que la Commission des travaux publics est chargée d'aider le citoyen Maret de tous les moyens qui sont en son pouvoir dans l'objet de ses recherches. Les dépenses qui pourraient

résulter de ce travail, comme frais de bureau, de dessinateurs ou autres, seront acquittés sur les fonds consacrés aux travaux publics, d'après les états qui seront présentés à la Commission par le citoyen Maret.

C.-A. Prieur [1].

2. Le Comité de salut public autorise Baum et Jacques Baner, envoyés de Trèves, en qualité d'entrepreneurs du transport des malades de Mayence, et dont les réclamations ont été renvoyées au Comité de salut public, à rester à Paris jusqu'à ce qu'ils aient obtenu la décision dudit Comité.

Carnot [2].

3. Le Comité de salut public arrête que le commissaire des administrations civiles, police et tribunaux conservera l'administration de la Conciergerie, de l'Hospice et de la maison de l'Égalité, rue Jacques; est autorisé à prendre sur les 1,500,000 livres mises à la disposition de la Commission des administrations civiles, police et tribunaux les fonds nécessaires pour les subsistances et autres besoins urgents de ces trois maisons.

B. Barère, Collot-d'Herbois, Carnot, Billaud-Varenne [3].

4. Le Comité de salut public arrête que le citoyen Nicolas, imprimeur, rue Honoré, demeure chargé de faire imprimer et tirer à 10,000 exemplaires, à pages pleines et caractères serrés, les différents imprimés ou écrits dont la note est ci-dessous [4]; il fournira mémoire

---

[1] Arch. nat., AF ii, 80. — *De la main de C.-A. Prieur.*

[2] Arch. nat., AF ii, 244.

[3] Arch. nat., AF ii, 57. — *De la main de Barère.*

[4] Voici cette note: «Recueil de pièces authentiques relatives aux principaux agents de la faction de l'étranger qui ont conspiré contre la souveraineté du peuple français et contre la représentation nationale. 1. Rapport sur les factions de l'étranger, etc., fait à la Convention nationale le 23 ventôse, l'an ii de la République française, par Saint-Just. — 2. Proclamation de la Convention nationale au peuple français, du 2 germinal. — 3. Acte d'accusation et jugement contre Hébert, Ronsin, etc. — 4. Rapport fait à la Convention nationale au nom des Comités de salut public et de sûreté générale par Saint-Just sur l'arrestation de Hérault-Séchelles et Simond, le 27 ventôse (Voir *Moniteur* du 29 ventôse). — 5. Extrait du rapport d'Amar sur Fabre, etc. (Voir au *Moniteur*). — 6. Rapport fait à la Convention, etc., par Saint-Just, le 11 germinal. — 7. Rapport fait à la Convention nationale, le 16 germinal, par Garnier (de Saintes). — 8. Rapport fait à la Convention nationale au nom du Comité de salut public, par Saint-Just, le

au Comité qui lui fera toucher le payement des avances qui lui seraient nécessaires.

> COLLOT-D'HERBOIS, BILLAUD-VARENNE, B. BARÈRE [1].

5. Le Comité de salut public arrête que la somme de 5,528 livres, 8 sols, 5 deniers, montant du compte arrêté pour le mois germinal par le Commissaire des guerres, relativement aux réparations des voitures et aux dépenses ordinaires, sera payée par la Commission des postes, transports et messageries, pour que l'activité du service ne soit pas ralentie.

> COLLOT-D'HERBOIS, BILLAUD-VARENNE [2].

6. Le Comité de salut public arrête que les citoyens des villes hanséatiques, résidant en France, y seront traités comme les citoyens des pays neutres ou alliés, et que l'on ne pourra leur opposer les dispositions du décret des 26 et 27 germinal [3], concernant les sujets des gouvernements avec lesquels la République est en guerre. Le présent arrêté sera inséré dans le *Bulletin* de la Convention nationale.

> ROBESPIERRE, CARNOT, B. BARÈRE, COLLOT-D'HERBOIS,
> BILLAUD-VARENNE [4].

7. Le Comité de salut public, vu le rapport et l'arrêté du Comité d'instruction publique du 25 ventôse dernier, relatifs à la nécessité d'accorder des sommes pour soutenir l'établissement de l'Institut national de musique décrété par la Convention, arrête que, conformément aux conclusions dudit rapport, il sera remis au commandant de la musique de la garde nationale parisienne, ou à celui qui le représente, un mandat de la somme de 4,570 livres, en remboursement des dépenses qu'il a faites pour l'entretien de l'Institut, et un second

---

15 germinal (au *Moniteur* du 16 germinal). — 9. Procès-verbal de l'administration de police de la commune de Paris, adressé aux Comités de sûreté générale et de salut public, du 15 germinal (au *Moniteur* du 16 germinal). — 10. Jugement de Fabre, Danton, etc. — 11. Rapport et décret d'accusation contre Simond, du 18 germinal (au *Moniteur*). — 12. Acte d'accusation contre Arthur Dillon. — 13. Jugement contre Arthur Dillon, etc. — 14. Discours de Dumas, imprimé par la Société.ʳ (Arch. nat., AF II, 66.)

[1] Arch. nat., AF II, 66. — *De la main de Collot-d'Herbois.*

[2] Arch. nat., AF II, 20. — *De la main de Collot-d'Herbois.*

[3] Voir t. XII, p. 619 à 623.

[4] Arch. nat., AF II, 63. — *De la main de Robespierre.*

mandat de 1,200 livres chaque mois, pendant un an, à compter du
1er ventôse dernier, et dont la destination doit être de faire un supplément au payement des artistes attachés à l'Institut. Le compte de
l'emploi de ces différentes sommes sera rendu à la Commission de
l'instruction publique, qui demeure chargée de la surveillance de cet
objet.

C.-A. PRIEUR [1].

8. Le Comité de salut public, sur la demande formée par l'accusateur public du Tribunal révolutionnaire, requiert le citoyen Aristide,
de Liège, né à Montagne-sur-Aisne (ci-devant Sainte-Menehould),
département de la Marne, pour continuer de travailler au bureau de
l'accusateur public du Tribunal révolutionnaire.

B. BARÈRE, COLLOT-D'HERBOIS, CARNOT, BILLAUD-VARENNE [2].

9. Le Comité de salut public arrête que les femmes et les enfants
des citoyens mis en réquisition par le Comité, en exécution de l'article 10 du décret des 26 et 27 germinal, sont autorisés de continuer
leur résidence dans les communes de leur domicile, sans que l'on
puisse leur opposer les dispositions concernant les sujets des gouvernements avec lesquels la République est en guerre. Le présent arrêté
sera inséré au *Bulletin* de la Convention nationale.

CARNOT, B. BARÈRE, BILLAUD-VARENNE, COUTHON,
COLLOT-D'HERBOIS [3].

10. Le Comité de salut public arrête que les agents employés
dans les transports, charrois et convois militaires, et dans tous les
équipages de transports et d'artillerie, soit pour le service actif, soit
pour le service des bureaux, sont en réquisition pour continuer leurs
fonctions, qu'ils ne pourront cesser sans un ordre formel. Le présent
arrêté sera inséré dans le *Bulletin* de la Convention nationale.

R. LINDET, CARNOT, B. BARÈRE, BILLAUD-VARENNE,
COLLOT-D'HERBOIS [4].

---

[1] Arch. nat., AF ii, 67. — *De la main
de C.-A. Prieur.*

[2] Arch. nat., AF ii, 22. — *De la main
de Barère.*

[3] Arch. nat., AF ii, 61. — *De la main
de R. Lindet.*

[4] Arch. nat., AF ii, 286. — *De la
main de R. Lindet.*

11. Le Comité de salut public arrête que la destitution du citoyen Michel, ci-devant administrateur de police, prononcée le 4 germinal par le Conseil général de la commune de Paris, est annulée comme illégale, et que le citoyen Michel sera rétabli dans ses fonctions. Le commissaire des administrations civiles, police et tribunaux fera exécuter le présent arrêté.

B. Barère, Billaud-Varenne, Carnot, Collot-d'Herbois [1].

12. Vu le rapport fait au Comité par le ci-devant ministre de la marine, sur les réclamations du citoyen Rheydellet, lieutenant de vaisseau, le Comité de salut public autorise le Commissaire de la marine et des colonies à faire payer audit citoyen Rheydellet la somme de 6,000 livres, tant pour échus d'appointements que pour indemnité de toutes les pertes qu'il a essuyées.

Collot-d'Herbois, B. Barère [2].

13. Le Comité de salut public arrête que dix des mortiers, dits à la Gomer, qui se trouvent dans ce moment à Valence, seront transportés, avec leurs affûts et tous autres accessoires en dépendant, au Port-de-la-Montagne. La Commission de la marine et des colonies s'entendra avec celle des armes et des transports pour que l'exécution du présent arrêté n'éprouve aucun retard.

B. Barère, Carnot, C.-A. Prieur [3].

14. Le Comité de salut public arrête que tous les citoyens employés par la Commission des subsistances et approvisionnements de la République sont en réquisition et continueront provisoirement leurs fonctions, soit dans la Commission d'agriculture et des arts, soit dans celle du commerce et des approvisionnements, et qu'ils ne cesseront de les remplir sans un ordre formel. Le présent arrêté sera inséré au *Bulletin* de la Convention nationale.

R. Lindet, B. Barère, Carnot, Collot-d'Herbois, Billaud-Varenne [4].

---

[1] Arch. nat., AF II, 57. — *De la main de Barère.*

[2] Arch. nat., AF II, 301.

[3] Arch. nat., AF II, 301.

[4] Arch. nat., AF II, 61. — *De la main de R. Lindet.*

15. Le Comité de salut public arrête que tous les citoyens employés dans les postes et messageries sont en réquisition pour continuer provisoirement leurs fonctions, qu'ils ne pourront cesser de remplir sans un ordre formel. Le présent arrêté sera inséré dans le *Bulletin* de la Convention nationale.

R. LINDET, CARNOT, COLLOT-D'HERBOIS, B. BARÈRE, BILLAUD-VARENNE [1].

16. Le Comité de salut public arrête que tous les agents employés dans la ci-devant administration des subsistances militaires sont en réquisition, et continueront provisoirement leurs fonctions, sans pouvoir quitter leurs emplois, s'ils n'en obtiennent l'ordre. Le présent arrêté sera inséré dans le *Bulletin* de la Convention nationale.

R. LINDET, CARNOT, B. BARÈRE, BILLAUD-VARENNE, COLLOT-D'HERBOIS [2].

17. Le Comité de salut public charge Tourneville de rechercher les contre-révolutionnaires dans les environs de Paris et le département de Paris, d'y prendre des renseignements sur la conduite des ci-devant nobles. Il n'exercera aucun acte d'autorité quelconque, et, par une correspondance, il mettra le Comité à même de prononcer sur les malveillants.

18. Le Comité de salut public arrête que les douze Commissions lui feront parvenir chaque jour l'état des dépenses qu'elles auront approuvées.

COLLOT-D'HERBOIS, B. BARÈRE, BILLAUD-VARENNE [3].

19. Le Comité de salut public arrête que Bonnot, administrateur du département de l'Ain, signataire d'adresses fédéralistes, et oncle de Chavance, secrétaire de Précy ; Barguet, officier municipal de Belley, prévenu de complicité avec le secrétaire de Précy ; Tonombert Lacroix, rédacteur d'adresses en faveur du secrétaire de Précy ; Dupont, capitaine de gendarmerie ; Carrier ; tous demeurant à Belley, seront mis en arrestation sur-le-champ et conduits de brigade en brigade à

---

[1] Arch. nat., AF II, 65. — *De la main de R. Lindet.* — [2] Arch. nat., AF II, 282. — *De la main de R. Lindet.* — [3] Arch. nat., AF II, 20.

Paris; charge le directoire du district de Belley de l'exécution prompte du présent arrêté.

20. Le Comité de salut public arrête que l'agent national de Limoges fera sans délai parvenir au Comité le nom du rédacteur du journal du département de la Haute-Vienne, imprimé à Limoges, chez Barbou.

SAINT-JUST [1].

21. Le Comité de salut public arrête que les diverses Commissions exécutives créées par la loi du 12 germinal auront la franchise des ports de lettres.

CARNOT, B. BARÈRE, COLLOT-D'HERBOIS [2].

22. Le Comité de salut public arrête qu'il sera payé au citoyen Heindel, sur les fonds attribués aux indemnités dues aux officiers qui ont essuyé des pertes à la guerre, une somme de 3,000 livres à imputer sur les droits résultant des réclamations produites au Comité dans les mémoires dudit citoyen.

COLLOT-D'HERBOIS, B. BARÈRE, CARNOT, BILLAUD-VARENNE [3].

23. Le Comité de salut public arrête que les scellés seront apposés sur les effets et papiers du citoyen Duvernay, mis en état d'arrestation au Luxembourg, logé rue d'Anjou-Saint-Honoré, n° 925. Le Comité révolutionnaire de la section dans l'arrondissement de laquelle est situé ledit logement est chargé de l'exécution de l'arrêté; il pourra délivrer le linge et les vêtements nécessaires audit citoyen, après visite préalable.

24. Le Comité de salut public arrête que le commissaire de la marine et des colonies fera au Comité les rapports écrits de tout ce qui concerne les prises, et (sic) qui était auparavant attribué au ci-devant Conseil exécutif.

B. BARÈRE, R. LINDET, COLLOT-D'HERBOIS, BILLAUD-VARENNE [4].

[1] Arch. nat., AF ii, 58. — De la main de Saint-Just.

[2] Arch. nat., AF ii, 20. — De la main de Carnot.

[3] Arch. nat. AF ii, 304. — De la main de Collot-d'Herbois.

[4] Arch. nat., AF ii, 295. — De la main de Barère.

25. « Les observations transmises au Comité de sûreté générale par l'administration de police n'ont pas permis d'augmenter le nombre des établissements destinés à recevoir les individus suspects ou ennemis de la Révolution ; les emplacements qui ont été proposés pour y suppléer sont la maison dite des Quatre-Nations, celle des Petits-Pères, et une troisième, dite Saint-Joseph, où il a paru convenable de fixer un hospice unique et central ; la maison de Vincennes présente encore un moyen d'étendre les premières mesures, en y rassemblant toutes les femmes qui sont disséminées dans les différentes maisons d'arrêt. Le Comité de sûreté générale, après s'être assuré de l'exactitude des renseignements et de l'utilité des moyens indiqués, invite le Comité de salut public à approuver le plan proposé et mettre les bâtiments dont il est question à la disposition des administrateurs de police. Les représentants du peuple, membres du Comité de sûreté générale. *Signé :* Vadier, du Barran, David, Louis (du Bas-Rhin), Élie Lacoste, Lavicomterie. » — Vu l'arrêté ci-contre, le Comité de salut public approuve le plan contenu et met à la disposition des administrateurs les bâtiments dont il y est question.

26. La Commission des transports ayant représenté au Comité de salut public l'indispensable nécessité d'assurer le service de la poste de Bois-Mandé, absolument dépourvue de chevaux, le Comité arrête que la Commission des transports militaires est autorisée à requérir le département d'Indre-et-Loire de fournir 18 chevaux propres au service de la poste de Bois-Mandé, lesquels chevaux seront estimés à dire d'experts, sans pouvoir excéder le prix du maximum de 900 ₶, qui sera acquitté par la Commission des transports militaires, sauf la retenue à faire sur le maître de la poste à qui ils seront confiés et sur les indemnités qu'il a droit de prétendre en conformité des décrets.

R. Lindet [1].

27. Le Comité de salut public, considérant combien il importe que les travaux dont il a chargé la Commission des épreuves établie à Meudon soient exécutés avec la plus grande célérité, arrête que le représentant du peuple Battellier est chargé spécialement de la surveillance des opérations dont il s'agit. Il est investi, en conséquence, du

---

[1] Arch. nat., AF II, 20. — *De la main de R. Lindet. Non enregistré.*

pouvoir de donner à la Commission des épreuves de Meudon tous les ordres qu'il jugera nécessaires pour remplir les vues du Comité. Il aura soin que les agents et ouvriers qui doivent coopérer à ce travail soient en nombre suffisant et aient le civisme et l'aptitude nécessaire. Il veillera à ce que les approvisionnements des différentes matières soient fournis promptement et en quantité suffisante. Il régénérera toutes les autorités constituées, tous les agents ou tous les citoyens qui pourront y servir. Il se transportera, s'il le juge utile, dans les lieux où se préparent les approvisionnements, et y enverra des agents pour les presser. Enfin il n'épargnera aucun moyen pour arriver au succès que le Comité désire et pour concilier ce qu'exigent la prudence et l'activité dans les opérations dont il s'agit. Les dépenses qui résulteraient des objets ordonnés par le représentant du peuple Battellier seront acquittées sur les états visés par lui, sur les fonds déjà mis à la disposition de la Commission des épreuves. Le représentant du peuple Battellier rendra compte fréquemment au Comité de salut public du progrès des travaux confiés à ses soins.

C.-A. Prieur, Billaud-Varenne [1].

28. Le Comité de salut public, instruit que l'article 22 du décret sur la police générale de la République a fait naître des doutes à différentes administrations de district sur la question de savoir s'ils (*sic*) pouvaient encore entretenir l'approvisionnement des marchés par la voie des réquisitions, et répartir entre les administrés les ressources en subsistances qui se trouvent dans les communes de leur arrondissement ; considérant que ce décret n'a point dérogé aux dispositions de celui du 11 septembre (vieux style), qui a chargé les corps administratifs et municipaux de faire, dans leurs arrondissements respectifs, les réquisitions de grains et farines nécessaires pour l'approvisionnement des marchés ; arrête ce qui suit : 1° les administrations de district continueront à pourvoir, comme par le passé, à l'approvisionnement des marchés et aux besoins des communes de leur arrondissement ; 2° il n'est rien innové, à cet égard, par la loi du 27 germinal sur la police générale de la République.

R. Lindet [2].

---

[1] Arch. nat., AF ii, 220. — *De la main de C.-A. Prieur. Non enregistré.*

[2] Arch. nat., AF ii, 68. — *Non enregistré.*

29. Le Comité de salut public arrête que Lecomte, ancien sergent des chasseurs au régiment de Hainaut, et nommé ensuite commandant provisoire d'un bataillon de chasseurs par le représentant du peuple Albitte, sera promu à l'une des premières places disponibles avec le grade de capitaine. La Commission de l'organisation et du mouvement des armées donnera, sans délai, les ordres nécessaires

CARNOT [1].

30. Le Comité de salut public arrête que Dubois, ancien capitaine au 2e bataillon des Deux-Sèvres, sera nommé à l'une des premières places vacantes de commandant temporaire dans une des places de second ordre, fort ou château ; charge en conséquence la Commission de l'organisation et du mouvement des armées de donner les ordres nécessaires.

CARNOT [2].

31. Le Comité de salut public arrête que Mazurier, adjoint au ci-devant ministre de la guerre, 3e division, reprendra sans délai ses fonctions de directeur d'artillerie.

CARNOT [3].

32. Le Comité de salut public, sur la demande de Blondel, chef de bataillon, commandant l'arme du génie en chef à Landau, arrête que Haxo, lieutenant en second de la 6e compagnie de mineurs, sera classé parmi les ingénieurs militaires et employé de suite militairement, suivant son ancienneté de service, et remplacé dans les mineurs, conformément aux lois sur l'avancement; charge en conséquence la Commission de l'organisation et du mouvement des armées de donner les ordres nécessaires.

CARNOT [4].

33. Le Comité de salut public arrête que Loquin, capitaine dans l'arme du génie, sera promu sans délai au grade de chef de bataillon dans la même arme; charge en conséquence la Commission de l'or-

[1] Arch. nat., AF II, 304. — De la main de Carnot. Non engistré.
[2] Arch. nat., AF II, 304. — De la main de Carnot. Non enregistré.
[3] Arch. nat., AF II, 304. — De la main de Carnot. Non enregistré.
[4] Arch. nat., AF II, 203. — De la main de Carnot. Non enregistré.

ganisation et du mouvement des armées d'expédier les ordres nécessaires.

Carnot [1].

34. Le Comité de salut public arrête que Tholozé, capitaine dans l'arme du génie, ci-devant employé à l'armée du Nord, passera dans ladite qualité à l'armée du Rhin, pour y être employé militairement; charge en conséquence la Commission de l'organisation et du mouvement des armées de lui expédier les ordres nécessaires.

Carnot [2].

35. Le Comité de salut public arrête que le citoyen Lenoir rendra compte à l'administration révolutionnaire des salpêtres et poudres de l'emploi de la somme de 12,000 livres qui lui a été remise, pour les préparations nécessaires aux cours sur les salpêtres, la poudre et les canons, et qu'il rendra à l'administration l'excédent, s'il y en a.

C.-A. Prieur [3].

36, 37, 38, 39. [Arrêtés autorisant, sur le rapport de la Commission des subsistances, divers payements à des négociants. — Arch. nat., AF ii, 75. — *Non enregistré.*]

40, [Arrêté réquisitionnant un ouvrier pour la fonderie du citoyen Périer. C.-A. Prieur. — Arch. nat., AF ii, 215. — *Non enregistré.*]

41. [Arrêté autorisant la citoyenne Magnard à exporter diverses marchandises. R. Lindet. — Arch. nat., AF ii, 75. — *Non enregistré.*]

LE COMITÉ DE SALUT PUBLIC AUX AGENTS NATIONAUX DES DISTRICTS.

Le Comité a vu avec satisfaction, par la correspondance des agents nationaux, que sa lettre du 2 ventôse [4], relative aux dénonciations (*sic*) des forêts nationales, avait produit un effet salutaire. Les besoins de la marine, des manufactures et des ateliers, avaient nécessité l'ordre d'une coupe extraordinaire de bois. La saison plus précoce a forcé de

---

[1] Arch. nat., AF ii, 203. — *De la main de Carnot. Non enregistré.*

[2] Arch. nat., AF ii, 203. — *De la main de Carnot. Non enregistré.*

[3] Arch. nat., AF ii, 217. — *De la main de C.-A. Prieur. Non enregistré.*

[4] Pour cette lettre du Comité, voir t. XI, p. 292.

mettre un terme à cette exploitation, qui deviendrait trop préjudiciable, si sa continuation avait lieu dans le moment de la sève. En conséquence, la Convention nationale a rendu, le 25 germinal, un décret qui suspend ces coupes, à dater du 1ᵉʳ floréal, et qui ordonne qu'elles ne pourront être reprises qu'au 1ᵉʳ vendémiaire prochain. Le Comité nous fait passer cet ordre, pour que vous ayez à le signifier, sans délai, aux gardes généraux et particuliers des bois de votre arrondissement, afin d'empêcher toute coupe ultérieure.

Vous leur recommanderez la plus grande activité pour surveiller les malveillants, afin de restaurer cette propriété nationale, et l'entretenir dans le meilleur état possible.

[Imprimé — Bibl. nat., Lb 41/2.]

REPRÉSENTANTS EN MISSION.

UN DES REPRÉSENTANTS DANS LA MANCHE ET LE CALVADOS AU COMITÉ DE SALUT PUBLIC.

Valognes, 4 floréal an II-23 avril 1794. (Reçu le 28 avril.)

Deux prêtres scélérats, citoyens collègues, profitant des approches de la ci-devant semaine sainte et des ci-devant fêtes de Pâques, voulant tourner en ridicule notre nouveau culte, celui de la Raison, ont répandu dans le département de la Manche des lettres abominables portant qu'ils abjuraient leurs erreurs, qu'ils se rétractaient de leurs serments, qu'ils voulaient vivre et mourir dans la communion de notre saint père le pape Pie VI et dans la religion catholique, apostolique et romaine, qu'ils ne reconnaissaient pour leur véritable pasteur que Mᵍʳ Jean-Baptiste Cheylus, leur ci-devant évêque [1], etc., et ces monstres, dont la lâcheté fait tout le mérite, ont pris la fuite pour se soustraire à la justice nationale. Ils ne nous échapperont cependant pas, et voilà pourquoi j'ai pris l'arrêté en forme de proclamation dont

[1] Il s'agit de l'évêque de Bayeux, qui s'appelait, non pas Jean-Baptiste, mais Joseph-Dominique de Cheylus (Cf. Brette, *Convocation*, t. 1, p. 510).

vous trouverez ci-joint quelques exemplaires [1]. Ma tâche étant remplie, je laisse à la Convention le soin de mettre ces deux scélérats
hors de la loi.

Salut et fraternité,   BOURET.

[Arch. nat., AF II, 178. — *De la main de Bouret.*]

LE MÊME AU COMITÉ DE SALUT PUBLIC.

Valognes, 4 floréal an II – 23 avril 1794.

[Bouret mande que le convoi venant du Havre, composé de vingt-un navires,
est entré ce matin dans la rade de Cherbourg, «à l'aspect des voiles britanniques».
«J'espère que ce convoi arrivera à Brest dans le même état et sans aucun accident.»
— Arch. nat., AF II, 178. — *De la main de Bouret.*]

LE REPRÉSENTANT DANS LA SEINE-INFÉRIEURE ET L'EURE
AU COMITÉ DE SALUT PUBLIC.

Dieppe, 4 floréal an II – 23 avril 1794. (Reçu le 27 avril.)

[Deux lettres de Siblot : 1° Il n'a reçu qu'aujourd'hui la lettre du Comité du
26 nivôse, relative à une dénonciation faite par le citoyen Turlure, assesseur du
juge de paix du canton de Louviers, contre la municipalité d'Acquigny [2]. «Cette
dénonciation n'était pas sans fondement. Du nombre des membres qui composaient
la municipalité d'Acquigny se trouvaient effectivement six agents du ci-devant seigneur. Aussitôt que j'en ai été instruit, j'ai prononcé leur destitution et les ai fait
remplacer par des sans-culottes, amis de la Révolution. Ainsi cet objet est entièrement terminé.» — Arch. nat., AF II, 178. — 2° Il mande que, le 20 germinal, l'administration du district d'Yvetot décerna un mandat d'amener contre le curé de la
commune du Mesnil-Durécu [3], qui provoquait des rassemblements, lesquels donnaient aux administrations des inquiétudes sur la sûreté publique. «Un détachement composé de onze hommes et quinze cavaliers non montés du 25e régiment
fut chargé d'exécuter ce mandat; ils se sont facilement rendus maîtres du curé,
les habitants n'ayant opposé aucune résistance. Le détachement emmenait le curé,

---

[1] Cette pièce manque.
[2] Voir t. X, p. 261.
[3] Cette commune a été réunie à la commune du Mesnil-Panneville, dont elle

était une des paroisses. (Voir le *Répertoire archéologique du département de la Seine-Inférieure*, par M. l'abbé Cochet, Paris, 1872, in-4°, p. 353.)

mais deux cavaliers restés derrière sont entrés de force dans la paisible habitation d'un artisan de la commune du Mesnil-Durécu et y ont commis des violences. Les officiers municipaux et plusieurs citoyens étant accourus, les deux cavaliers ont appelé leurs camarades, et il s'est engagé une rixe entre eux et le détachement; plusieurs citoyens ont été grièvement blessés; un d'entre eux est même mort cinq ou six jours après.» Siblot a fait traduire devant un tribunal militaire de la 15e division les onze gardes nationaux, les quinze cavaliers composant le détachement, et le commandant de ce détachement. — Arch. nat., *ibid.*]

LE REPRÉSENTANT DANS LA LOIRE-INFÉRIEURE ET LE MORBIHAN
AU COMITÉ DE SALUT PUBLIC.

Brest, 4 floréal an II-23 avril 1794.

[«Prieur (de la Marne) a reçu des nouvelles des corvettes rentrées, qui rapportent avoir rencontré deux prises faisant partie d'un convoi de 30 navires marchands et de leur escorte composée de une frégate et de sept cutters tombés dans la division de Nielly, lequel convoi contient, suivant les rapports, les richesses que les Anglais nous ont enlevées à Pondichéry. Joint procès-verbal d'examen de l'état de la frégate *le Flibustier* [1]; annonce envoi de 800 quintaux de beurre pour le Havre.» — Arch. nat., AF II, 294. Analyse.]

LE REPRÉSENTANT DANS LA SARTHE ET LE LOIR-ET-CHER
AU COMITÉ DE SALUT PUBLIC.

Le Mans, 4 floréal an II-23 avril 1794. (Reçu le 27 avril.)

[Garnier (de Saintes) fait passer divers arrêtés qu'il a pris à la Ferté-Bernard et au Mans. — Arch. nat., AF II, 178.]

LE REPRÉSENTANT DANS LES DEUX-SÈVRES AU COMITÉ DE SALUT PUBLIC.

Sans lieu ni date.

(Vers le 4 floréal an II-23 avril 1794. Reçu le 28 avril-9 floréal an II.)

[Ingrand transmet les arrêtés qu'il a pris dans la commune de la Mothe-sur-Sèvre (ci-devant la Mothe-Saint-Heraye) et dans le district de Melle. «Vous verrez,

---

[1] Cette pièce manque.

par les pièces relatives à mes opérations dans la commune de la Mothe, qu'un parti liberticide s'y était formé et sous la direction d'un ci-devant trésorier de France, qui s'était fait nommer au Comité de surveillance, opprimait les hommes reconnus patriotes pour satisfaire des haines et des vengeances particulières. » Il a fait arrêter ce personnage. « Si mes opérations à la Mothe-sur-Sèvre vous présentent des idées affligeantes, ce que j'ai vu dans le district de Melle n'offre que le tableau satisfaisant de l'union, de la concorde et de cette fraternité républicaine qui doit unir tous les Français. La commune de Melle jouit déjà de toutes les douceurs du gouvernement libre que nous fondons, et l'harmonie qui m'a frappé dans ce chef-lieu de district fait l'éloge des administrateurs et des administrés. Informé que mes collègues Hentz et Francastel ont épuré les autorités constituées du district de Thouars, après avoir complété l'épurement à Niort et m'être concerté avec mes deux collègues, que l'on m'a assuré devoir s'y rendre demain, je me transporterai à Parthenay, si les autorités constituées n'y ont point été épurées par Hentz et Francastel. » — Arch. nat., AF ii, 178. — *De la main d'Ingrand.*]

LES REPRÉSENTANTS À L'ARMÉE DE L'OUEST AU COMITÉ DE SALUT PUBLIC.

La Rochelle, 4 floréal an ii-23 avril 1794.

[Garrau, Hentz et Francastel mandent qu'ils vont se séparer. Le premier se rend à l'armée des Pyrénées occidentales; les deux autres vont aller dans l'Indre-et-Loire, pour y réorganiser les autorités constituées. Ils tracent un « tableau politique-militaire » de la Vendée. — Savary, *Guerre des Vendéens et des Chouans*, t. III, p. 425 [1].]

LE REPRÉSENTANT DANS LA DORDOGNE ET LA CHARENTE
AU COMITÉ DE SALUT PUBLIC.

Périgueux, 4 floréal an ii-23 avril 1794. (Reçu le 6 mai.)

[« Romme transmet un arrêté qui annule l'adjudication de la maison de l'ex-abbé Duclos. Il joint une pièce qui prouve au moins de la négligence dans l'exécution de cette adjudication, faite devant *deux* enchérisseurs, et une courte instruction analytique sur cette affaire [2]». — Arch. nat., AF ii, 172. Analyse.]

----

[1] Nous n'avons trouvé nulle part aucune trace de cette lettre. — [2] Ces pièces manquent.

Arlon, 4 floréal an II - 23 avril 1794. (Reçu le 3 mai.)

[Trois lettres de Gillet : 1° «Il transmet cinquante et une pièces contre-révolutionnaires trouvées chez le général autrichien à Arlon et ailleurs [1]. Plusieurs étant relatives aux officiers de France, il invite le Comité à les faire examiner.» — Arch. nat., AF II, 242. Analyse. — 2° Il envoie copie du jugement de la Commission militaire qu'il avait établie à Longwy [2], jugement relatif au complot de désertion qui a existé dans la 173e demi-brigade. L'instruction n'ayant donné aucun indice défavorable aux officiers et sous-officiers qu'il avait fait arrêter à ce propos, il les a presque tous remis en liberté. — Arch. nat., *ibid.* — 3° Il s'étend longuement sur les abus qu'il a remarqués dans les hôpitaux militaires. — Arch. nat., *ibid.*]

Metz, 4 floréal an II - 23 avril 1794. (Reçu le 1er mai.)

Citoyens collègues,

Toutes les craintes qu'avait inspirées aux généraux et aux administrateurs de l'armée du Rhin le manquement prochain de subsistances, et principalement de fourrages, ont disparu au moyen des mesures vigoureuses que j'ai prises. Les magasins militaires étaient réduits à *trois cent soixante-quinze quintaux de foin* à mon arrivée à Landau. J'ai ordonné que les trèfles et les luzernes qui se trouvent sur la ligne en avant de l'armée, et très avancés, seraient fauchés et enlevés.

Dans deux jours, j'ai fait déterrer dans le Palatinat *six mille quintaux de foin.* J'ai appris que, dans les districts d'Haguenau et de Wissembourg, on pourrait encore trouver *dix mille quintaux,* qui, par une suite de la désorganisation occasionnée par l'invasion de l'ennemi, avaient resté oubliés chez les émigrés. Tout est en mouvement pour leur prompt versement dans les magasins militaires, et toutes les routes sont couvertes de voitures pour l'exécution des dernières réquisitions que j'ai faites.

[1] Ces pièces manquent. — [2] Même remarque.

Cette armée est dans les meilleures dispositions; elle s'accroît chaque jour par le résultat de l'encadrement, qui touche à sa fin. J'ai donné tous mes soins à lui procurer les armes nécessaires et à accélérer la réparation de celles qui se trouvent dans les arsenaux de Landau et de Strasbourg; elles consistent dans plus de quinze mille fusils, dont le plus grand nombre a été pris sur l'ennemi, et qui seront bientôt en état.

Au moyen des recherches et découvertes que j'ai faites et des dispositions que j'ai prises, j'ose espérer que nos braves frères d'armes seront complètement équipés.

Quand le commissaire ordonnateur en chef et autres principaux agents de l'administration militaire vous écrivaient pour presser l'emplette de bas, de chemises et autres effets de campement, dont l'armée avait le plus pressant besoin, vous ne serez pas peu étonnés d'apprendre que, dans les seuls magasins de Strasbourg, où j'ai fait en personne une visite domiciliaire, j'y ai trouvé plus de *deux cent mille paires* de bas, *cent cinquante mille* chemises, des effets de campement pour *cent cinquante mille hommes,* et surtout *vingt-cinq mille* couvertes, tandis que nos braves frères ont été exposés, pendant les rigueurs de l'hiver, à un bivouac continuel, sans en avoir pu obtenir.

Des agents que j'ai envoyés dans les différents hôpitaux des départements des Haut et Bas-Rhin y ont trouvé des effets d'équipement pour plus de *douze mille hommes* dans l'état le plus effrayant; ils ont été sur-le-champ enlevés, nettoyés, et on s'occupe avec activité de leur réparation.

Dans la douane de Strasbourg, j'ai fait la découverte d'une centaine de ballots contenant des draps de toute espèce, que l'administration de l'habillement faisait passer aux bataillons, tandis que la République leur fournit leur équipement complet, ce qui faisait un double emploi bien criminel. Tous ces draps sont inventoriés et vont être revisés dans les magasins de confection. Je travaille à faire copier tous ces différents rapports et états, et, aussitôt qu'ils seront prêts, je vous les ferai passer, pour qu'enfin vous ayez l'évidence de la vérité de ce que j'avance.

Je vous enverrai aussi un nouveau tableau de l'évacuation du Palatinat, qui est on ne peut plus satisfaisant. Il nous reste à disposer encore de deux millions de bouteilles de vin. Les fers et les plombs qu'on

IMPRIMERIE NATIONALE.

y a trouvés, et dont nous avons un besoin si pressant, forment une masse des plus considérables.

Je vous dirai, quant aux cuirs, dont nous avons également un besoin si urgent, qu'il en a été enlevé et versé une grande quantité dans les magasins de Landau, de Strasbourg et Metz, et que j'ai pris des mesures avec le district de Strasbourg pour assurer dans neuf décades une confection extraordinaire de *cinquante mille paires* de souliers.

Vous avec connaissance de l'émigration de Villemanzy, de Mallet et d'une infinité d'agents du service militaire ; je vous annonce celle de Noblat, commissaire ordonnateur dans le département du Mont-Terrible, avec un commissaire des guerres. D'après cela l'on ne doit plus s'étonner de la désorganisation et pénurie qui se sont fait sentir dans les différentes administrations, mais, au contraire, être étonné qu'on ait pu remédier aux projets perfides de ces agents pour faire manquer le service.

Sous les scellés du nommé Hanzo, ex-directeur des équipages, que j'avais fait arrêter, j'y ai trouvé la preuve écrite et complète que lui, Lanchère père, directeur général des équipages, sa femme et Lanchère fils, sont quatre fripons avérés, qu'ils ont volé la République tant qu'ils ont pu. Je ferai parvenir au Tribunal révolutionnaire les pièces dont je suis nanti.

A Strasbourg, dans la fouille de [la] cave d'un émigré, pour en extraire du salpêtre, trois ouvriers firent la découverte de trois caisses d'argenterie ; le directeur Schemel, attaché à cette partie, s'empara de ce trésor et avait décampé avec lui. Quand j'en ai été prévenu, j'ai donné des ordres si prompts qu'il a été saisi à Metz avec les effets volés, qui consistent en cent cinquante marcs d'argent ; il est en route pour le Tribunal révolutionnaire de Paris.

Je viens de faire traduire au Comité de sûreté générale le commandant de la garde nationale de Landau, d'après des lettres et enveloppes que l'on a trouvées sous les scellés apposés chez lui, qui annoncent une correspondance, notamment avec le cardinal-collier [1].

Dans la maison du curé de cette commune, qui est maintenant à la Conciergerie, à Paris, on a trouvé beaucoup d'argenterie d'église qu'il avait soustraite.

_____

[1] Le cardinal de Rohan.

Je crois avoir arrêté le fil d'une grande trame qui devait faciliter la
rentrée des quarante-deux mille émigrés des districts de Wissembourg
et Haguenau, et livrer la place de Lauterbourg à l'ennemi. Les principaux chefs sont le nommé Bournonville et les membres du Comité
de surveillance de Lauterbourg. Ils sont provisoirement en état d'arrestation. Quoique je sois bien convaincu de la nécessité qu'il y aurait
d'en faire un exemple sur les lieux, je n'ai rien voulu décider sans
avoir votre avis, et je prépare les pièces qui vous mettront à même de
l'établir.

Je vous envoie deux lettres qui m'ont été adressées et qui m'annoncent la nouvelle d'une rupture de la Pologne avec la Russie et la
Prusse, et la garantissent comme authentique [1].

L'inspecteur des postes des départements du Haut et Bas-Rhin
étant mort, je m'étais hâté de le remplacer par Camus, chef du Comité
des domaines et d'aliénation, et qui depuis longtemps a été secrétaire
des représentants du peuple près des armées, dont il a rempli les
fonctions de la manière la plus distinguée; cette nomination était
fondée sur la justice et sur la nécessité de mettre dans la partie des
postes, surtout sur ces frontières qui exigent la surveillance la plus
scrupuleuse, un agent patriote, actif et intelligent; l'administration du
département du Bas-Rhin avait reçu son serment et m'avait témoigné
sa satisfaction de cette nomination; l'administration des postes en avait
été prévenue; cependant elle vient de se permettre de nommer un
autre inspecteur à cette même place, sous le prétexte aristocratique
qu'elle a le droit exclusif de nommer tous ses agents et qu'ils ne
peuvent être pris que parmi ceux dont elle prétend encore faire un
corps, prétentions qui sont une contravention des plus formelles, tant
aux pouvoirs qui nous sont délégués qu'à une loi faite en faveur des
commis de l'Assemblée nationale, qui porte que leur travail leur tiendra lieu de surnumérariat, pour occuper toute espèce de place. Je
serais fondé à renvoyer l'employé de l'administration des postes et à
mettre en activité le citoyen Camus, mais je me borne à vous faire
connaître les faits et à attendre votre décision sur la confirmation ou
infirmation de ma nomination. Je dois vous observer qu'il n'y a qu'une
plainte générale sur la presque totalité des employés de cette admi-

[1] Ces pièces manquent.

nistration, qu'il est aussi essentiel d'épurer qu'il a été de le faire des
autorités constituées. Le directeur de la poste de Lauterbourg a un
frère émigré ; il est en correspondance avec lui ; des lettres saisies par
les commissaires gérant cette commune en établissent la preuve.

Je terminerai par vous observer que, de jour en jour, les travaux
près les armées deviennent plus importants ; que les circonstances
les (*sic*) forcent à prendre des mesures vigoureuses et à frapper de
grands coupables qui leur suscitent une foule de dénonciations, qui
entravent singulièrement leurs opérations et sont autant d'attentats
contre l'autorité de la représentation nationale, auxquels il est temps
de mettre un terme. Il faut bien se garder de soustraire à une sévère
surveillance les représentants du peuple auprès des armées ; mais
aussi, en même temps, il faut prendre des mesures sages pour que
les dénonciations dirigées contre eux par la malveillance, comme
moyen de contre-révolution, soient sévèrement punies. Je vous invite
à vous occuper de cet objet important dans le rapport général que
vous vous proposez de faire à ce sujet.

Ne perdez pas de vue que je suis seul auprès des deux armées et
des départements qui en forment l'arrondissement, depuis six semaines,
et que, quelques peines que je me donne, et quelque assidu que soit
mon travail, je ne puis y suffire.

Salut et fraternité,   J.-B. LACOSTE.

P.-S. Il a été enlevé à Kaiserslautern et à Deux-Ponts des pompes
valant des sommes considérables et une imprimerie qui était à Deux-
Ponts, évaluée à un demi-million ; deux pendules à Spire, qui sont
anciennes, dont la valeur n'aurait point été évaluée sur ces frontières ;
je me suis déterminé à vous les faire adresser.

[Ministère de la guerre ; *Armées du Rhin et de la Moselle.*]

LE REPRÉSENTANT DANS LES BOUCHES-DU-RHÔNE ET LE VAUCLUSE
À COUTHON, MEMBRE DU COMITÉ DE SALUT PUBLIC.

Avignon, 4 floréal an II-23 avril 1794.

Tu verras, mon bon ami, notre bon compatriote, le citoyen La-
vigne. Il va vous exposer la situation du département de Vaucluse.

Tu liras le tableau que j'en fais, et tu te diras, toi qui sais bien que je n'aime pas à peindre trop en noir, qu'il est urgent d'y porter de grands remèdes. Il en était un puissant, le premier, le seul, que je voulais que vous portassiez vous-mêmes, l'arrestation de Jourdan et Duprat. Le Comité de sûreté générale vient de lancer lui-même le mandat, et je vous assure que par là il a puissamment concouru à sauver le Midi. Il n'y a plus qu'une seule chose que je vous demande, c'est de m'autoriser à former un Tribunal révolutionnaire. Il est indispensable de sévir promptement [contre] des chefs des fédéralistes qui fourmillent dans nos deux départements. S'il fallait exécuter dans ces contrées un vaste décret qui ordonne la translation à Paris de tous les conspirateurs, il faudrait une armée pour les conduire, des vivres sur la route en forme d'étapes ; car il faut vous dire que, dans ces deux départements, je porte de douze à quinze mille hommes ceux qui ont été arrêtés. Il faudra faire une revue, afin de prendre tous ceux qui doivent payer de leur tête leurs crimes, et, comme ce choix ne peut se faire que par le jugement, il faudrait tout amener à Paris. Tu vois l'impossibilité, les dangers et les dépenses d'un pareil voyage. D'ailleurs il faut épouvanter, et le coup n'est vraiment effrayant qu'autant qu'il est porté sous les yeux de ceux qui ont vécu avec le coupable.

En m'obtenant ce point, maintenant que le Comité de sûreté générale a fait le pas que je lui demandais, vous pouvez vous tranquilliser. Je vous rendrai bon compte d'un département où il faut tout créer, mœurs, esprit public, probité.

Ton sucre, ton café, ton huile d'olive sont en route ; tu recevras le tout sous peu de jours ; la citoyenne Rameau te le fera parvenir. Ne me taxe pas de négligence, mon bon ami, si je ne t'écris pas aussi souvent que je le voudrais, mais sois bien assuré que l'on ne se fera jamais d'idée de ce qu'est la mission qui m'est confiée. N'importe, j'ai la certitude de faire quelque bien. J'y donnerai du moins la paix et la consolation aux patriotes.

Rappelle-moi au souvenir de ta chère moitié. Une embrassade à ton petit Hippolyte.

Tout à toi,   MAIGNET.

[Arch. nat., F⁷, 4435. — *De la main de Maignet.*]

LE REPRÉSENTANT DANS L'ARIÈGE ET LES PYRÉNÉES-ORIENTALES
AU COMITÉ DE SALUT PUBLIC.

Carcassonne, 4 floréal an II - 23 avril 1794. (Reçu le 3 mai.)

[Invité par diverses Sociétés populaires et divers corps administratifs de l'Hérault à se rendre dans ce département pour y procéder à des épurations, Châteauneuf-Randon s'y est refusé, n'ayant pas de pouvoirs pour l'Hérault. Mais il signale au Comité la nécessité de compléter ou de rectifier les épurations faites, et mal faites, dans ce département, par Boissel. — Arch. nat., AF II, 194.]

LE REPRÉSENTANT EN CORSE AU COMITÉ DE SALUT PUBLIC.

Bastia, 4 floréal an II - 23 avril 1794.

Voilà treize jours, citoyens collègues, que les Anglais nous canonnent et nous bombardent; ils ne laissent pas de tuer et de blesser du monde, surtout depuis une nouvelle batterie qu'ils ont démasquée avant-hier, que nous avons démontée trois fois. Nous leur faisons beaucoup de mal, mais ils en font au côté de la ville qu'ils attaquent; une partie est en cendres. Une chose m'inquiète, c'est que nous manquons de poudre. Ce département a tellement été négligé depuis longtemps que tout y manquait; j'envoie ce soir deux felouques et six gondoles à Gênes pour tâcher de m'en procurer. Nos vivres suivent à peu près la même proportion, parce que, quoique nous ayons une ressource à l'île de Capraja, nous ne pouvons en avoir qu'au moyen de petites gondoles à rames, et qui sont obligées de passer à travers la flotte anglaise. Nous sommes donc à bout de nos munitions et de nos vivres, je dirai aussi de nos soldats. Ces défenseurs de la patrie servent avec un courage remarquable; ils descendent la garde pour aller au bivouac, et ils descendent le bivouac pour monter la garde. Ils sont attaqués toutes les nuits et les passent sous les armes; ils voudraient foncer à la baïonnette, mais je suis obligé de calmer leur ardeur, à peine de tout perdre. Les ennemis sont retranchés, et je ne puis les attaquer qu'avec désavantage. J'ai à combattre l'universalité des Corses, car il n'en marche que contre nous. Personne ne vient nous secourir. J'ai à combattre toute la flotte anglaise, et le général Elliot, et les émigrés qui se sont échappés de Toulon. Ils déploient contre nous toute leur rage, car ils tirent à boulets rouges ; mais nos braves et habiles canonniers les écrasent, et nos soldats servent avec la plus grande distinction et réparent, quels que soient les événements, d'une manière bien éclatante, l'échec qu'ils ont reçu à Fornali.

Je tiendrai jusqu'au dernier morceau de pain et la dernière livre de poudre. J'aurais pu, à la dernière extrémité, faire une marche forcée sur Calvi en traversant la Corse, mais malheureusement il n'y a guère de vivres qu'ici. Il est donc indispensable qu'on nous envoie de prompts secours. Il faut que je défende, avec onze cents hommes, cinq camps, trois forts extérieurs, sans compter le service ordinaire de la place. Aussi sommes-nous excédés de fatigue, et nous attendons avec impatience l'escadre qui, d'après la dernière lettre de Saliceti, a dû sortir de Toulon le 20 germinal. Notre position n'est pas brillante. Environnés de tous nos ennemis, en proie à tous les besoins, nous n'avons pas même un point pour faire une retraite. Cependant nous battons nos ennemis; ils sont repoussés tous les soirs, et l'ont été dans une attaque générale.

J.-B. Lacombe Saint-Michel.

La ville se montre bien; il est vrai que j'ai eu la précaution de faire arrêter quarante personnes et leur ai annoncé, le jour du parlementaire, qu'au moindre mouvement je les ferais fusiller.

[Ministère de la guerre; *Corse. — De la main de Lacombe Saint-Michel.*]

COMITÉ DE SALUT PUBLIC.

Séance du 5 floréal an II-24 avril 1794.

Présents: B. Barère, Carnot, Couthon, Collot-d'Herbois, C.-A. Prieur, Billaud-Varenne, Robespierre, Saint-Just et R. Lindet.

1. Le Comité de salut public, en exécution du décret de la Convention nationale du 7 août dernier (vieux style), appelle tous les artistes de la République à concourir à l'exécution des monuments en

bronze et en marbre, qui doivent retracer à la postérité les époques
glorieuses de la Révolution française, et qui ont été représentées dans
la fête de la Réunion du 10 août dernier (vieux style). Le concours
sera ouvert pendant trois mois à compter du 10 floréal, et du jour de
la réception du présent arrêté, pour les artistes qui sont dans les départements, après lequel délai les esquisses seront exposées, pendant
une décade entière, dans la salle de la Liberté, dans le lieu des séances
de la Convention nationale. Elles seront transportées ensuite au salon du
Laocoon, pour être exposées et jugées, dans la décade suivante, par le
jury des Arts. Les trois artistes qui auront le plus approché du prix
auront la priorité pour l'exécution d'autres monuments, ou autres
ouvrages nationaux, qu'ils exécuteront en même temps que les artistes
qui auront obtenu le prix du concours, le Comité se réservant de leur
désigner les ouvrages à faire. Le présent arrêté sera inséré au *Bulletin*
de la Convention nationale. — *Notice des objets du concours.* Les objets
du concours sont : 1° la figure de la Nature régénérée sur les ruines
de la Bastille; 2° l'arc de triomphe du 6 octobre sur le boulevard dit
des Italiens, avec invitation aux artistes architectes de le mieux placer;
3° la figure de la Liberté, sur la place de la Révolution; 4° la figure
du Peuple français terrassant le Fédéralisme.

> B. Barère, Collot-d'Herbois, Carnot, C.-A. Prieur,
> Billaud-Varenne [1].

2. Le Comité de salut public déclare que les trois entrepreneurs
Pierre-Joseph Fontigni, Philippe-Auguste Ramond et Joseph-Michel
Vigra sont compris dans l'arrêté du 4 de ce mois, qui met en réquisition les citoyens employés dans les transports militaires, pour quelque
partie du service que ce soit, sans qu'ils puissent quitter leur poste,
ni cesser leurs fonctions.

> R. Lindet [2].

3. Le Comité de salut public arrête que la Commission des travaux
publics se concertera avec David, député, pour l'exécution la plus
prompte du monument en bronze qui doit être élevé à la pointe oc-
cidentale de l'île de Paris, d'après un décret du 27 brumaire, et qui

---

[1] Arch. nat., AF II, 80. — *De la main
de Barère.*

[2] Arch. nat., AF II, 61. — *De la main
de R. Lindet.*

doit représenter le Peuple français terrassant le Fanatisme, le Royalisme et le Fédéralisme. La Commission rendra compte au Comité, dans dix jours, des mesures qu'elle aura prise pour l'exécution du présent arrêté, qui sera inséré dans le *Bulletin* de la Convention nationale.

Barère, Billaud-Varenne, Collot-d'Herbois [1].

4. Le Comité de salut public appelle les artistes de la République à concourir à transformer en arènes couvertes le local qui servait au théâtre de l'Opéra, entre la rue Bondy et le boulevard; ces arènes seront destinées à célébrer les triomphes de la République et aux fêtes nationales, pendant l'hiver, par des chants civiques et guerriers. Le concours sera ouvert pendant un mois, à compter du 10 floréal et du jour de la réception du présent arrêté pour les artistes qui sont dans les départements. Après ce délai, les esquisses seront envoyées pendant cinq jours dans la salle de la Liberté, dans le lieu des séances de la Convention nationale. Elles seront transportées ensuite au salon du Laocoon, pour être jugées, dans les cinq jours suivants, par le jury des Arts. Le présent arrêté sera inséré dans le *Bulletin* de la Convention nationale.

B. Barère, Billaud-Varenne, Carnot, Collot-d'Herbois, C.-A. Prieur [2].

5. Le Comité de salut public appelle tous les artistes de la République à représenter, à leur choix, sur la toile, les époques les plus glorieuses de la Révolution française. Le concours sera ouvert pendant un mois, à compter du 10 floréal, et du jour de la réception du présent arrêté pour les artistes qui sont dans les départements, après lequel délai les esquisses seront exposées pendant une demi-décade dans la salle de la Liberté. Elles seront transportées ensuite au salon du Laocoon, pour être exposées et jugées, dans la décade suivante, par le jury des Arts. Le présent arrêté sera inséré dans le *Bulletin* de la Convention nationale.

B. Barère, Billaud-Varenne, Collot-d'Herbois, C.-A. Prieur [3].

---

[1] Arch. nat., AF II, 80. — *De la main de Barère.* — [2] Arch. nat., AF II, 67. — *De la main de Barère.* — [3] Arch. nat., AF II, 66. — *De la main de Barère.*

6. Le Comité de salut public appelle les artistes de la République à concourir à l'exécution de la colonne qui doit être élevée dans le Panthéon, en vertu d'un décret de la Convention nationale, en l'honneur des guerriers morts pour la patrie[1]. Le concours sera ouvert pendant deux décades à compter du 10 floréal, et du jour de la réception du présent arrêté pour les artistes qui sont dans les départements. Après ce délai, les esquisses seront exposées pendant cinq jours dans le lieu des séances de la Convention nationale. Elles seront emportées ensuite au salon de Laocoon, pour être jugées, dans les cinq jours suivants, par le jury des Arts. Le présent arrêté sera inséré dans le *Bulletin* de la Convention nationale.

B. Barère, Collot-d'Herbois, Billaud-Varenne[2].

7. Le Comité de salut public, sur le rapport du Comité de la guerre, arrête que, pour tenir lieu au citoyen Denis Batin, officier du 29⁰ régiment d'infanterie, des indemnités par lui réclamées à raison des pertes qu'il a essuyées dans la Belgique, il lui sera accordé un mandat de la somme de trois cents livres, à prendre sur les 50 millions dont le Comité de salut public peut disposer.

B. Barère, Carnot[3].

8. Le Comité de salut public, en exécution du décret de l'Assemblée constituante qui décerne une statue de bronze à Jean-Jacques-Rousseau[4], appelle tous les artistes de la République à concourir pour ce monument, qui sera placé dans les Champs-Élysées. Le concours sera terminé le 10 prairial; les ouvrages de ce concours seront exposés pendant cinq jours dans la salle de la Liberté, dans le lieu des séances de la Convention nationale, et transportés ensuite dans la salle de Laocoon pour être jugés par le jury des Arts, dans la décade suivante.

B. Barère, C.-A. Prieur, Billaud-Varenne, Collot-d'Herbois[5].

---

[1] Il s'agit du décret du 28 germinal an II, qui ordonnait de graver sur une colonne élevée dans le Panthéon les noms des citoyens morts le 10 août 1792.

[2] Arch. nat., AF II, 80. — *De la main de Barère.*

[3] Arch. nat., AF II, 304.

[4] C'est le décret du 21 décembre 1790, par lequel la Constituante accordait aussi une pension à Thérèse Levasseur.

[5] Arch. nat., AF II, 80. — *De la main de Barère.*

9. [Approbation du mémoire et des plans présentés par Davailly, au sujet des travaux à exécuter dans la salle du ci-devant Théâtre-Français, à la charge par Davailly de faire exécuter l'intérieur, de manière à ce que le spectacle soit ouvert dans quatre décades, à compter du 10 floréal, sous sa responsabilité. «La Commission des travaux publics est chargée d'accélérer et de surveiller l'exécution du présent arrêté, et de fournir les fonds nécessaires, chaque décade.» B. BARÈRE, BILLAUD-VARENNE, C.-A. PRIEUR, COLLOT-D'HERBOIS. — Arch. nat., AF II, 67. — *De la main de Barère.*]

10. Le Comité de salut public arrête que les représentants du peuple à l'armée de l'Ouest prendront les précautions nécessaires pour que les citoyens qui, en exécution de leurs arrêtés, sortent du département de la Vendée et de ceux environnants, ne puissent se porter vers les points des côtes maritimes qui sont voisins de ces mêmes départements.

COLLOT-D'HERBOIS, COUTHON, B. BARÈRE [1].

11. Le Comité de salut public arrête qu'il sera fait par David, député, et par le citoyen Hubert, un choix parmi les statues appartenant à la nation, pour être placées sur le pont de la Révolution, dans le plus court délai. La Commission des travaux publics est chargée de l'exécution du présent arrêté.

B. BARÈRE, BILLAUD-VARENNE, C.-A. PRIEUR,
COLLOT-D'HERBOIS [2].

12. Le Comité de salut public arrête que le commissaire du département de Paris qui est chargé de l'évacuation de la maison Noailles s'abstiendra d'en enlever les chaises de paille, celles de crin et de cuir, ainsi que les tables de bureau, bibliothèques et autres meubles ou ustensiles nécessaires aux Comités qui s'établissent dans cette maison. Le citoyen Lecomte, inspecteur des bâtiments de la Convention nationale, est chargé de veiller à l'exécution du présent arrêté et d'en rendre compte au Comité de salut public.

CARNOT [3].

13. Le Comité de salut public arrête que le citoyen David, député de la Convention nationale, conjointement avec l'inspecteur des bâti-

[1] Arch. nat., AF II, 278. — *De la main de Collot-d'Herbois.* — [2] Arch. nat., AF II, 80. — *De la main de Barère.* — [3] Arch. nat., AF II, 20.

ments nationaux, le citoyen Hubert, s'occupera incessamment de la manière la plus convenable d'enceindre la salle des séances des représentants d'un peuple libre. La Commission des travaux publics est chargée du présent arrêté, d'après le plan donné par le citoyen Hubert.

> B. Barère, Billaud-Varenne, C.-A. Prieur, Collot-d'Herbois [1].

14. Le Comité de salut public arrête que tous les citoyens comptables chargés de rendre compte des régies et administrations sont en réquisition pour rendre leurs comptes. Le présent arrêté sera inséré dans le *Bulletin*.

> C.-A. Prieur, R. Lindet, Billaud-Varenne [2].

15. Le Comité de salut public arrête que les deux chevaux de Marly seront placés à l'entrée des Champs-Élysées, en face des deux figures de Coysevox, du pont tournant, sur des piédestaux dont David concertera les dessins avec le citoyen Hubert, inspecteur des travaux nationaux. La Commission des travaux publics surveillera l'exécution et fournira les fonds nécessaires à la confection de ces travaux.

> B. Barère, C.-A. Prieur, Collot-d'Herbois, Billaud-Varenne [3].

16. Le Comité de salut public arrête que les dispositions du décret rendu les 26 et 27 germinal, contre les ex-nobles et les étrangers sujets des gouvernements avec lesquels la République est en guerre, ne sont pas applicables aux réfugiés bataves, qui se sont retirés en France pour cause de Révolution avant 1790, et qui sont mis en réquisition pour continuer librement leur résidence et leurs professions dans la République. Le présent arrêté sera inséré dans le *Bulletin*.

> C.-A. Prieur, R. Lindet, Billaud-Varenne, Carnot [4].

17. Le Comité de salut public arrête que le citoyen Jean-Baptiste

---

[1] Arch. nat., AF ii, 80. — *De la main de Barère.*

[2] Arch. nat., AF ii, 21. — *De la main de R. Lindet.*

[3] Arch. nat., AF ii, 80. — *De la main de Barère.*

[4] Arch. nat., AF ii, 64. — *De la main de R. Lindet.*

Bon sera confirmé dans l'emploi d'adjudant de place à Dunkerque, avec le grade de capitaine de seconde classe, pour en remplir provisoirement les fonctions pendant le temps de guerre, et qu'il sera payé en cette qualité de ses appointements arriérés depuis le 1er octobre dernier. (v. s.) qu'il a cessé de l'être. En conséquence, le Comité de salut public ordonne à la Commisssion de l'organisation et du mouvement des armées de terre de donner ses ordres en conséquence, et de lui expédier son brevet en vertu du présent arrêté.

Carnot [1].

20. [Réquisition de Louvet, grenadier dans le 2e bataillon de Paris, pour être employé dans les ateliers de l'Arsenal. C.-A. Prieur. — Arch. nat., AF II, 304. — *Non enregistré.*]

19. Le Comité de salut public arrête que la Commission des armes et poudres prendra connaissance, sans délai, près de l'administration des armes portatives, des entraves qui paraissent s'opposer à l'augmentation et au bon régime à donner à la manufacture de Commune-d'Armes. La Commission est chargée de prendre les mesures propres à faire cesser ces entraves ; elle rendra compte au Comité de salut public de ce qu'elle aura fait en conséquence.

C.-A. Prieur [2].

20. Le Comité de salut public arrête que l'agent national du district d'Amboise est autorisé à employer les citoyens qui se trouvent dans le 1er bataillon de la première réquisition, qui est cantonné à Amboise, à la préparation du bois et à la confection du charbon destiné à la poudre, pendant le séjour du bataillon, à la charge de les faire rejoindre à son départ.

C.-A. Prieur [3].

21. Le Comité de salut public, considérant qu'il est de l'intérêt de la République que les administrations soient pourvues des effets et ustensiles qui leur sont nécessaires par la voie la plus prompte et la moins dispendieuse, arrête que le département de Paris mettra à la

---

[1] Arch. nat., AF II, 304. — *Non enregistré.* — [2] Arch. nat., AF II, 215. — *Non enregistré.* — [3] Arch. nat., AF II, 217. — *Non enregistré.*

disposition de l'administration révolutionnaire des salpêtres et poudres les effets et ustensiles qui seront jugés nécessaires au service de ses bureaux et des fabriques dont elle chargée.

C.-A. Prieur [1].

22. [Arrêté exemptant de la réquisition militaire, malgré une décision de la municipalité de Maromme (Seine-Inférieure), divers ouvriers employés au travail des poudres et salpêtres. C.-A. Prieur. — Arch. nat., AF ii, 217. — *Non enregistré.*]

23. Le Comité de salut public arrête que le citoyen Garnerin se rendra, en qualité d'agent du Comité de salut public, dans le département du Haut-Rhin, et particulièrement à Huningue, pour y rechercher les conspirateurs et les ennemis de la Révolution. Il prendra des notes sur la conduite des fonctionnaires et les dénoncera au Comité. Garnerin vivra en simple particulier et n'exercera aucun pouvoir. Il se bornera à la surveillance qui lui est confiée. Il écrira tous les trois jours au Comité [2].

24. Le Comité de salut public, voulant éviter toutes espèces de confusion entre les chevaux et mulets du contingent à fournir en vertu du décret du 18 germinal et ceux déjà attachés aux différents équipages des armées, arrête que les chevaux et mulets qui seront fournis par les cantons de la République, conformément au décret du 18 germinal, seront marqués, aux lieux de rassemblement et à l'instant de leur réception et estimation, des lettres T. M. renfermées dans un cercle; que ce cercle aura quatre pouces de diamètre et qu'il sera appliqué sur la cuisse du montoir.

R. Lindet [3].

25. Le Comité de salut public autorise la Commission des transports militaires d'exercer le droit de réquisition pour faire rassembler les chevaux et voitures nécessaires au transport des fourrages destinés à l'armée du Rhin, de faire faire les réquisitions par le citoyen Guy, qu'elle chargera de pouvoirs, et qui sera tenu de se conformer aux

[1] Arch. nat., AF ii, 217. — *Non enregistré.* — [2] Arch. nat., AF ii, 136. — *Non enregistré.* — [3] Arch. nat., AF ii, 286. — *Non enregistré.*

dispositions de l'arrêté du Comité de salut public, qui fixe à dix lieues la distance des réquisitions, et aux instructions qu'elle lui donnera.

R. LINDET [1].

REPRÉSENTANTS EN MISSION.

LE COMITÉ DE SALUT PUBLIC
À BOURET, REPRÉSENTANT DANS LA MANCHE ET LE CALVADOS.

Paris, 5 floréal an II-24 avril 1794.

Chargé d'organiser le gouvernement révolutionnaire, citoyen collègue, ta mission doit être terminée; le Comité de salut public t'invite donc à rentrer le plus tôt possible au sein de la Convention nationale [2], pour y partager avec tes collègues les travaux glorieux qui doivent assurer le bonheur du peuple et le triomphe de la liberté.

[Arch. nat., AF II, 37.]

LE COMITÉ DE SALUT PUBLIC
À MÉAULLE, REPRÉSENTANT DANS LE RHÔNE ET LA LOIRE.

Paris, sans date. (Vers le 5 floréal an II-24 avril 1794.)

L'aristocratie, citoyen collègue, paraît avoir voulu profiter de quelques mesures de sagesse et de précaution que tu as prises, et dans lesquelles le Comité a reconnu ton zèle et ton activité. Le Comité a cru devoir t'en prévenir. C'est à toi de faire connaître que le gou-

---

[1] Arch. nat., AF II, 286. — *De la main de R. Lindet. Non enregistré.* Cet arrêté est précédé de cette note : « La Commission des transports militaires étant chargée de faire transporter des fourrages des départements de la Côte-d'Or, du Doubs et du Haut-Rhin à l'armée du Rhin, elle charge le citoyen Guy, inspecteur desdits transports, de se rendre dans ces départements pour diriger ce service important; mais il est indispensable, pour sa parfaite exécu-

tion, d'autoriser le citoyen Guy à faire des réquisitions en se conformant à l'arrêté du Comité de salut public qui fixe à dix lieues la distance des réquisitions. La Commission des transports militaires prie le Comité de salut public de vouloir bien autoriser cette mesure en confiant au citoyen Guy le droit de réquisition pour le succès de l'opération dont il est chargé. »

[2] Voir, t. XII, p. 681, l'arrêté n° 8 du 30 germinal.

vernement révolutionnaire respectera toujours les vrais patriotes, alors qu'il écrasera tous les intrigants, quel que soit le masque qui les couvre; il en est de plusieurs espèces; ton expérience saura les distinguer; ton énergie saura les faire disparaître devant la majesté du peuple que tu représentes.

[Arch. nat., AF II, 37.]

UN DES REPRÉSENTANTS À L'ARMÉE DES ARDENNES
AU COMITÉ DE SALUT PUBLIC.

Givet, quintidi 5 floréal an II-24 avril 1794. (Reçu le 29 avril.)

[Massieu transmet différents arrêtés, ainsi que deux lettres du général Charbonnié[1]. «J'atteste en mon particulier tout ce qu'il vous dit du général Hardy, commandant la garnison et les cantonnements de Vedette-Républicaine (Philippeville); je vous le donne d'ailleurs pour un républicain sûr dans le sens des deux Comités, de la pure Montagne et des Jacobins. Je voudrais en pouvoir dire autant de tous les officiers supérieurs d'état-major. sans distinction; plusieurs le méritent, et je me ferai un devoir de les faire connaître; mais tous ne m'inspirent pas la même confiance, et je me ferai un devoir plus pressant encore de les surveiller et de vous informer de ce que j'aurai appris, de manière à ne pas vous tromper.» — Arch. nat., AF II, 242. — *De la main de Massieu.*]

LE REPRÉSENTANT DANS L'EURE, L'ORNE ET LA LOIRE-INFÉRIEURE
AU COMITÉ DE SALUT PUBLIC.

Breteuil, 5 floréal an II-24 avril 1794.

[«Deydier expose que la demande du citoyen Périer, maître de forges du Champ-de-la-Pierre, tendant à faire revenir dans ses ateliers plusieurs ouvriers qui sont à l'armée, est justement fondée, et qu'on ne pourra lui refuser sans porter un grand préjudice à la République. Témoigne le désir qu'il aurait de concourir à la demande d'une garde qui puisse préserver les membres du Comité de salut public des horribles attentats qui viennent de se commettre.» — Arch. nat., AF II, 235.]

---

[1] Ces lettres manquent.

UN DES REPRÉSENTANTS DANS LE CALVADOS ET LA MANCHE
AU COMITÉ DE SALUT PUBLIC.

Valognes, 5 floréal an II - 24 avril 1794. (Reçu le 29 avril.)

[Deux lettres de Bouret : 1° Il n'a reçu qu'hier soir la lettre du Comité du 26 germinal [1]. «J'ai tout de suite commencé de la mettre à exécution par une lettre circulaire que je viens d'écrire aux agents nationaux des districts des départements de la Manche et du Calvados, en leur enjoignant de ne plus s'occuper de l'épuration des autorités constituées dans les campagnes. J'y pourvoirai moi-même, et, quoique ce travail me devienne pénible et long, je m'en occuperai incessamment; je vous avais cependant prévenu dans son temps de l'arrêté que j'avais pris à cet égard, et vous l'aviez adopté.» — Arch. nat., AF II, 178. — *De la main de Bouret.* — 2° Il transmet divers arrêtés [2]. — Arch. nat., *ibid.* — *De la main de Bouret.*]

UN DES REPRÉSENTANTS DANS LE CALVADOS ET LA MANCHE
AU COMITÉ DE SALUT PUBLIC.

Caen, 5 floréal an II - 24 avril 1794. (Reçu le 27 mai.)

[Frémanger reçoit à l'instant son rappel [3] et dispose tout pour son départ. Je n'ai point cru, en revenant dans le Calvados, que j'y revenais contre votre intention; le désir seul de bien faire m'a dirigé dans cette conduite, et mon collègue Lindet m'avait lui-même conseillé de le faire.» — Arch. nat., AF II, 178. — *De la main de Frémanger.*]

UN DES REPRÉSENTANTS À L'ARMÉE DES CÔTES DE CHERBOURG
AU COMITÉ DE SALUT PUBLIC.

Rouen, 5 floréal an II - 24 avril 1794. (Reçu le 27 avril.)

[«Guimberteau transmet deux mémoires [4] sur l'amalgame qu'on donne aux chevaux pour leur nourriture. Il vaudrait mieux leur donner leurs aliments séparés. Ils broieraient l'avoine avant de l'avaler; les trèfles ne seraient pas putréfiés par l'effet de la hachure, les chevaux mangeraient moins de poussière, ils se por-

---

[1] Voir t. XII, p. 603.
[2] Ces pièces manquent.
[3] Nous n'avons retrouvé ni arrêté ni lettre rappelant Frémanger. Mais, par sa lettre du 13 germinal, on a vu que déjà il avait été prévenu officieusement de ce rappel. Voir t. XII, p. 356.
[4] Ces pièces manquent.

teraient mieux, et les fripons auraient moins beau jeu à voler sur les rations. On devrait aussi proportionner les rations à la force des chevaux. C'est l'amalgame qui a multiplié les maladies parmi les chevaux, au dépôt de Rouen. » — Arch. nat., AF II, 157. Analyse.]

LE REPRÉSENTANT À BREST ET DANS LES DÉPARTEMENTS MARITIMES
AU COMITÉ DE SALUT PUBLIC [1].

Brest, 5 floréal an II-24 avril 1794. (Reçu le 12 mai.)

Des avis qui ne sont pas encore suffisamment détaillés, citoyens collègues, m'apprennent qu'il y a eu un combat auprès de l'île Bréhat entre les trois frégates *la Pomone, la Résolue* et *l'Engageante* et une division anglaise de cinq bâtiments, parmi lesquels était, à ce qu'on m'assure, un vaisseau de ligne. L'action a été vive, puisque, malgré l'inégalité des forces, elle a duré depuis 4 heures du matin jusqu'à 4 heures du soir. Le résultat n'en est pas bien complètement connu, mais il paraît qu'une ou même deux de nos frégates, après avoir été complètement désemparées, sont tombées au pouvoir de l'ennemi. *La Résolue* s'est sauvée entre les écueils. Ce combat, en lui-même, quoique malheureux, est très honorable, si les circonstances qu'on rapporte sont vraies. Mais il n'y a pas moins deux choses bien fâcheuses : la première, c'est que le retard apporté au départ de nos frégates, l'envoi de *l'Insurgente,* qui aurait dû faire partie de la division, aient donné aux ennemis le temps et le moyen de se présenter en force supérieure dans ces parages; la seconde, c'est qu'à une si petite distance de Saint-Malo, la côte ait été assez mal éclairée pour qu'on n'ait pas été averti de la présence des Anglais.

Cet événement m'a engagé à retenir *la Précieuse,* que je me proposais d'envoyer au contre-amiral Nielly, et de dépêcher les deux avisos *le Courrier* et *la Surprise* pour donner ordre aux frégates qui sont à l'entrée de la Manche de rallier l'armée. La saison est venue où il faut opposer à l'ennemi des forces plus imposantes, et c'est à vous seuls qu'il appartient d'en déterminer le moment.

J'ai écrit à Lorient pour faire mettre en chantier sur-le-champ une

---

[1] Cette lettre est écrite sur papier à entête imprimé, portant ces mots : *Liberté, Égalité, Fraternité.* Nous signalons ce fait parce qu'alors la formule *Liberté, Égalité,* est plus fréquemment employée dans la correspondance des représentants.

frégate de 18; j'en ferai construire une quatrième à Brest. J'invite mes collègues de Rochefort à porter leurs soins sur cette espèce de bâtiments de préférence à tous autres. Prendre de pareilles mesures, c'est à mon avis remplir les vues du Comité.

Ce qui nous dédommage de cette perte, c'est que nos croiseurs continueront à troubler le commerce ennemi. On signale en ce moment des prises, mais j'ignore encore ce que c'est. Demain je vous en rendrai compte.

J'ai reçu une partie de l'artillerie qui m'avait été annoncée de Rochefort. *Le Brutus* sera complètement armé demain et prêt à prendre la mer. On suit avec vigueur l'armement du *Majestueux* et du *Caton*. *La Gentille* va mettre en rade sous trois jours, et *la Proserpine* suivra de près.

Salut et fraternité, JEANBON SAINT-ANDRÉ.

[Arch. nat., AF II, 294. — *De la main de Jeanbon Saint-André*. — Il y a une copie de cette lettre au ministère de la Marine, BB³ 61].

UN DES REPRÉSENTANTS À L'ARMÉE DE L'OUEST
AU COMITÉ DE SALUT PUBLIC.

Tours, 5 floréal an II-24 avril 1794. (Reçu le 28 avril.)

[Conformément à la lettre du Comité du 18 germinal [1], Ichon s'est rendu à Preuilly. «J'y ai trouvé l'esprit public bien au-dessous de sa véritable hauteur; cependant il y a des ressources, si les autorités constituées marchent actuellement dans la ligne révolutionnaire. Le peuple y est, comme partout ailleurs, prononcé pour la liberté; il ne faut que le délivrer de l'intrigue et du modérantisme. J'ai vu avec la plus grande satisfaction que, dans les six jours que j'ai passés dans les murs de cette très petite ville, les mesures que j'ai prises ont eu d'excellents résultats. Le chaos dans lequel j'ai trouvé l'opinion publique sur le compte des différents individus de cette commune m'a déterminé à régénérer d'abord la Société populaire, pour y trouver des moyens de m'éclairer sur les personnes et sur les choses. J'ai pris le vœu du peuple dans toute mon opération, et je crois avoir rencontré assez juste dans le choix que j'ai faits. Les citoyens que j'ai nommés pour le directoire (du district) m'ont paru les seuls capables de remplir ces places. Je n'ai rien changé pour le moment dans la municipalité, quoiqu'il y ait des changements indispensablement nécessaires. Je me suis parfaitement convaincu que l'intérêt de

------

[1] Voir t. XII, p. 352.

3.

la localité, de concert avec l'intérêt public, exigeait cette dernière mesure. Je n'ai fait qu'une légère réforme dans le Comité de surveillance, les ressources n'étant pas abondantes pour les remplacements. Le président étant promu au directoire, il a été pourvu à son remplacement. Un autre membre, nommé Perrin, dit Laprade, prétendait, dans la Société populaire, ne devoir pas exécrer les rois, parce que, disait-il, il ne pouvait exécrer les rois étrangers qui ne lui avaient fait aucun mal. Cet individu a été coffré et remplacé. Quelques autres individus, plus ou moins suspects, ont également été incarcérés. Le Comité de surveillance doit instruire le Comité de sûreté générale de son travail à ce sujet.» — Arch. nat., AF II, 172 [1].]

UN DES REPRÉSENTANTS À ROCHEFORT AU COMITÉ DE SALUT PUBLIC.

Rochefort, 5 floréal an II-24 avril 1794. (Reçu le 30 avril.)

[Guezno annonce l'arrivée à Rochefort d'une prise espagnole, du port de 100 tonneaux. «Sa cargaison est composée d'huile d'olive, eau-de-vie, vin, fruits secs et autres objets. La corvette de la République *le Lazowski* s'en est emparée sous le feu d'un des forts d'Espagne. L'équipage ennemi a fui et a gagné la terre à l'approche du canot envoyé pour l'amariner, mais le navire nous est resté, et les braves sans-culottes qui l'ont conduit ici nous font espérer que leurs camarades nous en amèneront d'autres. — Mon collègue Topsent est parti ce matin pour la Rochelle, où il doit rejoindre nos collègues Hentz et Francastel, qui nous ont témoigné le désir d'avoir une conférence avec nous. Nous venions de donner l'ordre d'exécuter leur arrêté du 29 germinal, relatif à la translation du général Huché à Paris, lorsque nous avons connu votre arrêté du 28 qui ordonne de le retenir ici et de vous transmettre des copies en forme de toutes les pièces qui le concernent. Cet arrêté est exécuté, et le général Huché doit rester à Rochefort jusqu'à de nouveaux ordres de votre part [2].» — Ministère de la guerre; *Armée de l'Ouest.* — *De la main de Guezno.*]

LES REPRÉSENTANTS À L'ARMÉE DE L'OUEST AU COMITÉ DE SALUT PUBLIC.

La Rochelle, 5 floréal an II-24 avril 1794.

[Hentz et Francastel attendront un nouvel arrêté du Comité de salut public pour envoyer le général Huché à Paris. «Au nom de la liberté, ne croyez pas à tout ce qu'on vous dit : nous voyons qu'on vous tourmente; bientôt nous vous dirons tout. Le chef de toute l'intrigue est l'adjudant général Cortez, que nous vous envoyons. — On dissémina dans la Vendée, c'est-à-dire à Luçon et environs, que

---

[1]. En marge : «Communiquer au bureau de l'Action. — [2] Sur l'affaire du général Huché, voir Ch.-L. Chassin, *La Vendée patriote*, t. IV, p. 434 et suiv.

Lequinio et Laignelot vont revenir comme représentants. Nous vous déclarons que ce serait un grand malheur. Il faut, au milieu des fédéralistes et des contre-révolutionnaires, des hommes forts de caractère et défiants, et qui ne se laissent pas tromper par les plus fourbes et les plus rusés des hommes. Il faut dans ces parties Carrier, qui a sauvé Nantes par la vigueur de ses mesures, ou quelqu'un de semblable à lui. Nous sommes bien chagrins de voir que des conspirateurs soient continuellement autour de vous. Ils vous donnent, nous le voyons bien, des inquiétudes; ils vous détournent des grandes mesures, et tout cela pour satisfaire la cupidité de quelques égoïstes, de quelques parents de brigands, qui aiment mieux les brigands que la République. La Vendée n'est plus digne de vos regards particuliers; ces astucieux périront et par le feu et par l'inanition, malgré la scélératesse de leurs protecteurs. Garrau et Prieur (de la Marne) ne sont pas des visionnaires, et cependant, de Nantes, ils voient les mêmes choses que nous avons vues sur les lieux; ils doivent vous l'avoir écrit. Richard, Choudieu et Bourbotte ont vu comme nous, et ont agi dans notre sens. Une observation du peuple de Fontenay, Luçon, Niort nous a frappés. Là on nous a dit : *Mais les vérités que vous nous dites nous étonnent; on ne nous a pas encore parlé comme cela.* Observez que les représentants qui ont été là sont les Bourdon (de l'Oise), les Goupilleau, etc. » — Ministère de la guerre; *Armée de l'Ouest.* — *De la main de Francastel.*]

LE REPRÉSENTANT DANS LE LOT-ET-GARONNE ET LES LANDES AU COMITÉ DE SALUT PUBLIC.

Agen, 5 floréal an II-24 avril 1794. (Reçu le 10 mai.)

Citoyens collègues,

Un attentat vient de se commettre dans la commune de Montesquieu, district de Nérac, et il m'a été dénoncé le jour d'hier. L'arbre de la Liberté y a été arraché dans la nuit du 26 au 27 germinal et a été transplanté à quelque distance de sa situation primitive, les racines en l'air et avec une inscription qui n'est pas le résultat de la conception des sans-culottes, mais des hommes les plus pervers et les plus scélérats. Il résulte des procès-verbaux que l'on m'a fait parvenir sur l'existence de ce crime que la municipalité de Montesquieu ni l'administration du district de Nérac n'ont pu encore parvenir à la découverte de ceux qui l'ont commis, mais j'ai pris de suite un arrêté qui exige les recherches les plus étendues pour les découvrir, et qui envoie les coupables devant le Tribunal révolutionnaire à Paris. J'ai généralisé l'emploi de cette peine dans le département de Lot-et-Garonne et dans celui des Landes contre tous les hommes pervers qui pourraient se permettre à l'avenir de pareils attentats. Mon arrêté ajoute encore qu'à la première décade, dans toutes les communes, les citoyens se rendront avec les autorités constituées autour de l'arbre de la liberté, et, en jurant de la défendre jusqu'à la mort, jureront aussi de livrer au glaive de la loi les scélérats qui voudraient l'attaquer. Comme cet arrêté n'est pas encore sorti de l'imprimerie, je vous en envoie une expédition manuscrite.

Cette mesure me laisse la confiance que vous aurez approuvé celle que j'ai prise quelques jours auparavant contre les ci-devant nobles, en ordonnant leur arrestation. Je leur attribue le crime commis dans la commune de Montesquieu et presque tous ceux qui se commettent dans la République, parce qu'il est de la bonne foi de convenir qu'ils en sont et doivent être les ennemis les plus dangereux. Ils ne cesseront même de l'être jusqu'à l'impuissance où les dernières mesures de la Convention nationale doivent les réduire, et ce moment est à désirer. Je dois vous ajouter que, depuis que j'ai ordonné cette arrestation ainsi que celle des prêtres fanatiques et perturbateurs, et l'envoi aux chefs-lieux des districts de ceux dont la présence peut être dangereuse dans les communes, tous ces individus ou leurs partisans me lancent des regards plus terribles qu'auparavant. Il m'est parvenu qu'ils devaient me dénoncer à vous-mêmes, et je pense que ce ne sera pas pour les avoir caressés, non plus qu'aucun ennemi de la Révolution. Si cela arrivait, je ne vous demanderais pas seulement la justice de m'entendre et d'examiner mes opérations, mais d'interroger le suffrage du peuple dans les Sociétés populaires.

J'ai pris, le 2 floréal, un arrêté qui suspend, en exécution du décret du 25 germinal, la coupe des bois ordonnée par celui du 13 pluviôse.

Le 4, j'ai eu connaissance, par le directoire du département de Lot-et-Garonne, d'une réquisition, en faveur de ce département, de 20,000 quintaux de grains sur celui du Gers. J'ai pris de suite un arrêté pour en presser l'exécution et pour réitérer à l'administration la recommandation, portée par mes précédents arrêtés, de maintenir l'équilibre des subsistances entre tous ses administrés; je l'ai encore chargé de correspondre constamment sur leur situation avec la Commission des subsistances, afin que, si de nouveaux secours leur sont dus, elle soit toujours à même de juger ce qu'elle leur devra.

Le même jour, j'ai pris un autre arrêté qui ordonne la conservation du seigle et de l'orge ensemencés pour fourrages jusqu'à leur maturité, pour servir à la subsistance des citoyens. Ces fourrages peuvent être remplacés par la perception ou la pâture des herbes que la saison commence à fournir; dès que tous ces arrêtés seront finis à l'impression, je vous en enverrai des exemplaires.

Je pars à l'instant pour Mont-de-Marsan, où j'arriverai par conséquent plus tard que je ne vous l'avais marqué, ayant été retenu à Agen jusqu'aujourd'hui par des affaires indispensables.

Salut et fraternité,

MONESTIER.

P.-S. Comme je reçois à l'instant des exemplaires imprimés de deux des arrêtés énoncés dans ma lettre, je vous en fais parvenir. L'un est relatif aux attentats contre l'arbre de la liberté et l'autre aux subsistances du département du Lot-et-Garonne [1]. J'adresse quelques-uns de celui-ci à la Commission des subsistances, à qui j'écris sur le même objet.

[Arch. nat., AF II, 178. — *Le post-scriptum est de la main de Monestier (de la Lozère).*]

---

[1] Ces pièces manquent. — Notons ici que certaines opérations de Monestier (de la Lozère) soulevaient des objections, comme il résulte de cette lettre du conventionnel Boussion à Collot-d'Herbois, en date du 4 floréal an II : «Je te transmets, mon estimable collègue, la note que tu m'as demandée hier, d'après la conférence que Paganel et moi eûmes avec toi au Comité de salut public au sujet des patriotes vexés dans le district de Lauzun, et qui, après s'être conformés à ce que leur a prescrit notre collègue Monestier (de la Lozère), n'ont jamais pu se faire entendre, la malveillance et l'intrigue s'étant toujours opposées à ce que notre collègue fût éclairé. L'intrigue ou les intrigants ont tellement fait qu'ils ont empêché Monestier d'aller visiter ce malheureux district, de manière qu'il n'a été visité que par Moulin, son délégué, qui a vexé d'une manière révoltante les patriotes, et qui n'a cessé de prévenir Monestier contre ce district. Les arrêtés qu'a pris Monestier t'ont été remis dans le temps. Nous l'avons invité, par une lettre, signée de la députation, de visiter cette contrée; le Comité l'a invité; mais les intrigants s'y sont opposés sans doute, puisqu'il n'y a pas été. Nous désirerions que Lakanal, qui est à Bergerac, fût chargé par le Comité d'aller à Lauzun, d'où il n'est éloigné que de cinq à six lieues, pour y faire triompher les patriotes, déjouer l'intrigue et mettre là, comme partout, la probité et la justice à l'ordre du jour, afin d'anéantir les malveillants et venger les patriotes vrais qui ont été opprimés. Salut et fraternité. BOUSSION.» — Arch. nat., AF II, 157. — *De la main de Boussion.* — En marge de cette lettre on lit : «Il faut écrire au citoyen Lakanal en lui faisant part des faits contenus dans cette lettre, en

LES REPRÉSENTANTS À L'ARMÉE DES PYRÉNÉES OCCIDENTALES
AU COMITÉ DE SALUT PUBLIC.

Bayonne, 5 floréal an II-24 avril 1794. (Reçu le 6 mai.)

[Trois lettres de Cavaignac et de Pinet : 1° « Ils rendent compte des quantités d'approvisionnements qu'ils se sont procurés, mais il observent qu'ils ont à pourvoir au service de quatre mois et que celui des deux premiers est seul [assuré]. A cette lettre sont joints des états d'approvisionnements ». — Arch. nat., AF II, 263. Analyse. — 2° Ils s'occupent à exécuter l'arrêté du Comité qui destitue divers officiers généraux. « Ici, comme dans plusieurs autres points de la République, on avait voulu avilir la représentation nationale. Un ci-devant prêtre, employé dans les charrois, d'accord avec un gendarme réprouvé de tous ses camarades, l'avait publiquement outragée à Bayonne, au milieu d'un spectacle, et cela dans le temps même que nous poursuivions les conspirateurs du département des Landes. A notre retour, nous avons fait arrêter ces scélérats, complices d'Hébert et de Ronsin, et la Commission extraordinaire, qui venait de frapper à Auch les assassins de notre collègue Dartigoeyte, a fait tomber sur ceux-ci le même glaive. Ils ne sont plus, et le peuple, applaudissant à leur châtiment, a senti que c'était lui-même dont on vengeait la majesté outragée. » — Arch. nat., *ibid.* — 3° « La Commission extraordinaire créée par nous, ayant entendu ce matin la publication du décret de la Convention du 27 germinal sur la police générale, a cru trouver dans l'article 1er, qui dit que tous les prévenus de conspiration contre la République seraient renvoyés devant le Tribunal extraordinaire à Paris, des obstacles à la continuation de ses fonctions. Nous avons pensé comme elle en général ; mais, dans l'application particulière, nous avons pensé que ce décret ne devait pas atteindre les prévenus dans la conspiration qui a éclaté dans le pays basque et dans celui du département des Landes, dont les affaires s'instruisent depuis longtemps, ainsi que les autres affaires dont l'attribution et le commencement de l'instruction sont antérieurs à la publication du décret cité. En conséquence, nous avons pris l'arrêté que vous trouverez renfermé dans notre lettre [1]. Le salut de la patrie, la crainte de voir échapper plusieurs traîtres ou retarder la punition, la nécessité de faire des exemples dans un pays où la terreur peut seule comprimer les malveillants sont nos motifs. Nous pensons que vous nous approuverez. Vous verrez que nous avons fixé la cessation des fonctions au 15 de ce mois. Cependant, citoyens

l'invitant à prendre les mesures qu'il jugera convenables après les informations ultérieures qu'il pourra se procurer. » La note annoncée par Boussion est jointe à sa lettre, qui la résume suffisamment.

[1] Cet arrêté, en date du même jour, et dont le sens est suffisamment précisé par la lettre de Pinet et de Cavaignac, est accompagné d'une lettre des membres de la Commission extraordinaire, qui demandent eux-mêmes de continuer leurs fonctions, ou l'instruction par eux commencée, et cela dans l'intérêt de la chose publique. Cette lettre est signée : CASSAUNE, président ; DALBARADE, juge ; MAURY, juge ; TOUSSAINT, juge ; Henry MARTIN, juge.

collègues, les services qu'elle rendrait encore nous portent à vous demander la prolongation de son existence. Son nom est ici la terreur des scélérats ; son inflexibilité, sa justice sévère, son énergie, occasionnent un si grand effroi à l'aristocratie qu'elle n'ose pas souffler. Ces motifs sont puissants pour la conserver ; d'ailleurs il reste encore bien des traîtres à punir. C'est à vous, citoyens collègues, à prononcer. Nous vous prions de nous répondre sur-le-champ là dessus [1]. » — Arch. nat., AF II, 172.]

LE REPRÉSENTANT DANS LE CANTAL ET LE LOT
AU COMITÉ DE SALUT PUBLIC.

Albi, 5 floréal an II-24 avril 1794. (Reçu le 3 mai.)

Après une instruction que je viens de faire aux maires et aux agents nationaux des communes du district d'Albi, j'ai éprouvé une émotion bien touchante en recevant les embrassements de ces braves cultivateurs et le serment de se dépouiller de tout ce qui était à leur disposition pour leurs frères nécessiteux, de déraciner les derniers tronçons du fanatisme, et de mettre en exécution, autant que leurs moyens peuvent le permettre, la loi du 14 frimaire. Vous ne pouvez vous faire une idée exacte de l'avantage qui résulte de ces réunions. Ce ne sera qu'en voyant le peuple immédiatement que les représentants du peuple dans les départements pourront donner une impulsion salutaire à l'esprit public. Le succès serait complet, si vous les engagiez à parcourir au moins chaque chef-lieu de canton. Pour terminer les opérations dans ce département, il me reste un district à parcourir. D'abord que j'aurai fait le travail pour connaître le résultat des recensements et fait faire la répartition pour les départements de la Lozère et de l'Aveyron, ce qui sera terminé dans trois jours, je me rendrai à Lacaune, et je puis vous assurer, après cette visite, que le département du Tarn sera au pas. Je rentrerai de suite dans le Lot et le Cantal, où je vous ai prié de me faire connaître vos intentions. Je suis dans le moment épuisé par le travail, et j'aurais besoin de quelques jours de repos ; mais, tant qu'il me restera quelques forces, elles sont consacrées au salut de la patrie. Je repars demain pour Castres, d'où je vous informerai des véritables ressources en grains du département du Tarn.

---

[1] En marge : «Renvoyé du Comité sans décision.»

Les commissaires de l'Aveyron et de la Lozère expédient journellement l'acompte que je leur ai fait délivrer de 32,000 quintaux de blé. Je ne néglige rien pour leur faciliter les transports sans gêner le service public ni l'agriculture.

Salut et fraternité,   Bo.

[Arch. nat., AF II, 178. — *De la main de Bo.*]

LE REPRÉSENTANT DANS LA MEUSE ET LA MOSELLE
AU COMITÉ DE SALUT PUBLIC.

Montmédy, 5 floréal an II-24 avril 1794. (Reçu le 30 avril.)

[Deux lettres de Mallarmé : 1° Il donne des renseignements sur l'état de l'esprit public à Montmédy. «Automates par tempérament, ces stupides habitants ne semblent aucunement émus des prodiges qu'enfante chaque jour la Révolution; elle ne les a point atteints; à peine en sont-ils effleurés, et leur insensibilité profonde annonce assez qu'ils seraient peu dignes des glorieuses destinées auxquelles la France s'élève, si des autorités plus vigoureuses ne leur imprimaient un caractère plus prononcé. J'ai changé la plupart de celles-ci, et y ai substitué des hommes neufs, d'une trempe vierge, et dont les mœurs et la probité consolident le civisme. Ils m'ont juré d'élever les habitants de Montmédy à la dignité des républicains, de leur faire oublier la morgue hautaine que les Espagnols, en quittant jadis leurs remparts, semblent leur avoir léguée». Les membres de la Société populaire, «quoique Jacobins et dans le chemin de la Montagne», étaient divisés. Mallarmé a fait arrêter le principal auteur de ces divisions. Il part pour Longwy. — Arch. nat., AF II, 163. — *De la main de Mallarmé.* — 2° Il dénonce une manifestation royaliste qui s'est produite dans le régiment n° 9 des chasseurs à cheval, en cantonnement près Thionville. «Des dénonciations graves, et motivées par d'excellents citoyens, m'avaient été faites; il en résultait que plusieurs officiers de ce régiment avaient souillé leur bouche par des cris réitérés de *Vive le roi! ô Richard, ô mon roi!* qu'ils avaient avili les Sociétés populaires, ces colonnes de la liberté; qu'ils avaient, dans leurs discours honteux, tenté de couvrir de boue la liberté française. Ces pervers étaient au nombre de six, mais deux seulement ont été convaincus; la tête du premier a roulé sur l'échafaud, et le second, moins criminel, sera détenu jusqu'à la paix. Cet exemple avait besoin d'être donné à la commune de Thionville, dont la mollesse et l'inertie pourraient un jour devenir funestes à la Révolution, si des choses vigoureuses ne lui étaient quelquefois imprimées. Il avait besoin d'être donné au régiment que pervertissait le scélérat qui de sa tête a payé son crime. Puisse le sang du coupable avoir rejailli jusque sur le front de tous ses soldats, et leur avoir tracé leur devoir!» — Arch. nat., *ibid.* — *De la main de Mallarmé.*]

LE REPRÉSENTANT DANS L'ALLIER ET LA NIÈVRE
AU COMITÉ DE SALUT PUBLIC.

Nevers, 5 floréal an II–24 avril 1794. (Reçu le 30 avril.)

[Au reçu de l'arrêté du Comité du 30 germinal, relatif aux taxes révolutionnaires [1], Noël Pointe s'est empressé de faire une lettre circulaire à toutes les
administrations du département de la Nièvre pour leur ordonner de lui présenter
le plus promptement possible le tableau exact des taxes révolutionnaires levées
par les représentants ou leurs délégués, ou toute autre autorité. « Si je me permets quelques réflexions sur le contenu de votre arrêté, j'ajouterai à la considération qui vous a déterminés à le prendre, que je m'apercevais, par la multitude des
réclamations en secours, que la pure intention de soulager l'humanité indigente
aurait fait assez souvent de bras très nerveux des lâches inutiles à la société et
même nuisibles par leur oisiveté, mère de tous les vices. » — Arch. nat., AF II,
172.]

UN DES REPRÉSENTANTS À L'ARMÉE DES ALPES AU COMITÉ DE SALUT PUBLIC.

Aux fameuses redoutes de Saint-Bernard, 5 floréal an II–
24 avril 1794.

Citoyens collègues,

Livrons-nous à la joie. Aujourd'hui 5 floréal, à cinq heures du
matin, toutes les redoutes du Saint-Bernard ont été enlevées de vive
force [2]. Depuis que le monde existe, on n'a pas vu d'action qui fasse
plus d'honneur aux Français.

Nos braves républicains, ayant à leur tête l'intrépide Badelaune,
ont franchi une des plus hautes montagnes des Alpes; ils ont gravi
sur des rochers presque inaccessibles, à travers des neiges, des ravins,
des précipices affreux. Enfin, après dix à douze heures de marche, le
combat a commencé; tous les forts des ennemis, fortifiés par l'art et la
nature, ont été attaqués presque en même temps; la valeur républicaine a déployé toute son énergie; nos héros, semblables aux dieux,
ont lancé la foudre de toutes parts sur les satellites du tyran de Sar-

---

[1] Voir t. XII, p. 680, l'arrêté du Comité n° 3.

[2] Voir Krebs et Moris, *Campagnes*

dans les Alpes pendant la Révolution, t. II,
p. 99, et le *Moniteur*, réimpression, t. XX,
p. 351.

daigne. Leur sang a rougi la neige, leurs cadavres ont roulé dans les abîmes, et la victoire s'est entièrement décidée en notre faveur, après une heure et demie de combat.

L'étendard de la liberté flotte sur le sommet des montagnes du Saint-Bernard. Les cris de *Vive la République ! vive la Convention! vive la Montagne!* se sont fait entendre.

Le général Dumas, son adjudant général en Espagne, son secrétaire Laffont et moi avons été témoins de cette fête ; nous avons serré dans nos bras nos braves frères d'armes ; nous avons mêlé nos larmes de joie à celles de tous ces héros.

J'ai nommé Badelaune général de division sur le champ de bataille ; il méritait bien cet acte de reconnaissance, et j'espère que la Convention s'empressera de le sanctionner.

Il est des actions d'éclat à récompenser, des traits d'héroïsme à buriner dans l'histoire de la Révolution; le général vous en fera passer les détails, et je ne doute pas que la République ne déploie dans cette circonstance toute sa générosité.

Notre perte consiste en quelques hommes tués et soixante blessés.

Nous avons pris à l'ennemi vingt pièces de canons de différents calibres, avec leurs affûts et outillements nécessaires, des obusiers, treize à quatorze espingoles et plus de deux cents fusils; nous lui avons fait plus de deux cents prisonniers. Voilà à peu près l'analyse des avantages remportés dans cette mémorable journée. Dans quelque temps je vous ferai passer des détails plus circonstanciés. Nos troupes sont à la poursuite de l'ennemi ; on nous assure qu'elles se sont déjà emparées de la Thuile.

Salut et amitié,   Gaston.

P.-S. La Thuile est à présent en notre pouvoir ; cent Piémontais ont mordu la poussière. Les ennemis brûlent les villages à mesure qu'ils les évacuent; nos frères d'armes ont éteint le feu des magasins de la Thuile; ils renferment un immense butin.

[Ministère de la guerre; *Armées des Alpes et d'Italie. — De la main de Gaston.*]

UN DES REPRÉSENTANTS À L'ARMÉE DES PYRÉNÉES ORIENTALES AU COMITÉ DE SALUT PUBLIC.

Toulouse, 5 floréal an II-24 avril 1794. (Reçu le 2 mai.)

[«Beauchamp transmet l'arrêté qu'il a cru devoir prendre concernant le service des étapes. Ce service allait manquer par l'ordre donné par le commissaire ordonnateur en chef de l'armée aux étapiers de cesser la fourniture de la viande fraîche et au directeur des subsistances d'y pourvoir sur les routes. Il a prononcé lui-même, attendu l'urgence, que ce service serait fait comme par le passé.» — Arch. nat., AF II, 188. Analyse.]

UN EX-REPRÉSENTANT À L'ARMÉE DES PYRÉNÉES ORIENTALES AU COMITÉ DE SALUT PUBLIC.

Limoux, 5 floréal an II-24 avril 1794. (Reçu le 5 mai.)

[Bonnet (de l'Aude) mande que, quoiqu'il soit en convalescence, il est encore très faible. «Néanmoins, je me propose de me rendre incessamment à mon poste. Mon plus court chemin est de passer par Toulouse et le Limousin. Si le Comité avait quelque commission à me confier sur cette route, ou même sur celle de Commune-Affranchie ou de Bordeaux, que je pourrais prendre au besoin, je la remplirais avec tout le zèle dont je suis capable [1]». — Arch. nat., AF II, 188.]

COMITÉ DE SALUT PUBLIC.

Séance du 6 floréal an II-25 avril 1794.

Présents : B. Barère, Carnot, Collot-d'Herbois, Couthon, C.-A. Prieur, Robespierre, Saint-Just, Billaud-Varenne, R. Lindet.

1. Le Comité de salut public est souvent consulté par des Belges, des Liégeois et des Mayençais, sur la question de savoir s'ils sont com-

---

[1] Bonnet (de l'Aude) avait été rappelé depuis longtemps. Voir t. X, p. 442.

pris dans la loi des 26 et 27 germinal sur la police [1]. Le Comité les
prévient que cette loi ne les concerne pas.

CARNOT, ROBESPIERRE, B. BARÈRE, COUTHON, BILLAUD-VARENNE,
COLLOT-D'HERBOIS [2].

2. Le Comité de salut public arrête que les dessins de l'*Histoire de
la République romaine*, accompagnés d'un précis historique qui sera re-
fait avec l'esprit, le ton et la vigueur du républicain, seront continués
par le citoyen Mirys pour être gravés [3]. Il en sera déposé un exemplaire relié dans chaque bibliothèque de district, pour servir à l'instruction publique. La Commission de l'instruction publique est chargée de
surveiller l'exécution du présent arrêté et de fournir aux frais nécessaires à l'achèvement de cet ouvrage et à son envoi dans les bibliothèques du district.

B. BARÈRE, BILLAUD-VARENNE, CARNOT, COLLOT-D'HERBOIS,
C.-A. PRIEUR, ROBESPIERRE [4].

3. Le Comité de salut public autorise provisoirement le citoyen
Lacoste, chirurgien major en chef de la ci-devant armée révolutionnaire, à continuer, jusqu'à nouvel ordre, ses secours aux soldats malades qui composaient cette armée, et qui reviennent à Paris, ainsi
qu'aux canonniers attachés jusqu'à présent à cette armée.

B. BARÈRE, SAINT-JUST, CARNOT [5].

4. Le Comité de salut public arrête que David, représentant du
peuple, fera exécuter le costume destiné aux représentants du peuple
près les armées de la République française, et qu'il sera mis à la
disposition du tailleur chargé de faire ce costume une somme de
1,200 livres, dont il rendra compte.

BILLAUD-VARENNE, B. BARÈRE, C.-A. PRIEUR [6].

---

[1] Nous avons donné le texte de cette
loi t. XII, p. 619 à 623.

[2] Arch. nat., AF II, 61. — *De la main
de Carnot*

[3] Sur Mirys et la publication de ses vi-
gnettes, voir mes *Études et leçons sur la
Révolution française*, 1re série, p. 259-260.
(Par suite d'une erreur typographique, cet

arrêté du Comité de salut public s'y trouve
daté du 5 floréal.)

[4] Arch. nat., AF II, 66. — *De la main
de Barère.*

[5] Arch. nat., AF II, 284. — *De la main
de Barère.*

[6] Arch. nat., AF II, 66. — *De la main
de Billaud-Varenne.*

5. Le Comité de salut public autorise la citoyenne Calvimont, veuve Merville, à demeurer à Paris un mois, pour cause de maladie [1].

B. Barère, Collot-d'Herbois, Billaud-Varenne [2].

6. Le Comité de salut public arrête que le commissaire de la marine donnera les ordres nécessaires pour suspendre le départ des bâtiments de transport qui se trouvent dans les ports de Dunkerque et de Calais, et pour les faire tenir en état de partir.

B. Barère, Carnot, C.-A. Prieur, Billaud-Varenne, Collot-d'Herbois [3].

7. Le Comité de salut public arrête que le citoyen Payan, commissaire de l'instruction publique, est autorisé à faire transporter au Petit-Luxembourg tous les papiers et cartons concernant l'instruction qui se trouvent dans les bureaux du ci-devant ministre de l'intérieur, sauf à prendre des mesures ultérieures pour faire retirer des différentes parties de l'ancien ministère qui rentrent dans les attributions de la Commission de l'instruction publique les papiers qui y sont relatifs.

B. Barère, Billaud-Varenne, C.-A. Prieur [4].

8. Le Comité de salut public arrête que le citoyen Boussin, adjudant général, actuellement à Commune-Affranchie, se rendra à l'armée des Alpes auprès du général Petit-Guillaume [5].

Collot-d'Herbois [6].

9. Le Comité de salut public arrête que les citoyens employés par la ci-devant administration de l'habillement, qui est maintenant une division de la Commission du commerce et des approvisionnements, sont en réquisition, et ne pourront quitter leur poste sans un ordre formel. Le présent arrêté sera inséré au *Bulletin*.

R. Lindet, B. Barère, C.-A. Prieur [7].

---

[1] Cet arrêté était pris en application de la loi du 27 germinal.

[2] Arch. nat., AF II, 61. — *De la main de Barère.*

[3] Arch. nat., AF II, 301. — *De la main de Barère.*

[4] Arch. nat., AF II, 67. — *De la main de Barère.*

[5] Voir t. XII, p. 72.

[6] Arch. nat., AF II, 304.

[7] Arch. nat., AF II, 61. — *De la main de R. Lindet.*

10. Le Comité de salut public, en vertu du décret du 27 germinal, concernant les mesures de police générale de la République, arrête que les femmes des maris septuagénaires exceptés par la loi, et mariées depuis dix ans, sont autorisées à demeurer à Paris. Le présent arrêté sera inséré dans le *Bulletin* de la Convention nationale.

B. BARÈRE, BILLAUD-VARENNE, COLLOT-D'HERBOIS [1].

11. Le Comité de salut public arrête qu'à la diligence du commissaire des administrations civiles, police et tribunaux, il sera posé sur la porte de chacune des maisons nationales affectées aux douze Commissions exécutives une inscription en bronze sur marbre portant le titre de chacune des Commissions.

B. BARÈRE, C.-A. PRIEUR, BILLAUD-VARENNE [2].

12. Le Comité de salut public arrête : le citoyen Chalons, sous-lieutenant au 78e régiment d'infanterie, [détenu] dans la maison d'arrêt rue des Baudets, à Arras, sera mis en liberté et se rendra sur-le-champ à Paris près du Comité de salut public pour y donner les éclaircissements nécessaires.

CARNOT [3].

13. Le Comité de salut public, en vertu du décret du 27 germinal, concernant les mesures de police générale de la République, requiert la citoyenne Maesac, dont le mari est prisonnier de guerre, en considération de la détention du mari et de la maladie de ladite citoyenne.

BILLAUD-VARENNE, COUTHON, CARNOT, B. BARÈRE [4].

14. Le Comité de salut public, en vertu du décret du 27 germinal, concernant les mesures de police générale de la République, requiert le citoyen Leroux, compositeur de musique, pour être em-

---

[1] Arch. nat., AF II, 61. — *De la main de Barère.*

[2] Arch. nat., AF II, 80. — *De la main de Barère.*

[3] Arch. nat., AF II, 304. — *Non enregistré.*

[4] Arch. nat., AF II, 61. — *Non enregistré.*

ployé à la composition d'ouvrages patriotiques et pour les fêtes nationales.

B. Barère, Collot-d'Herbois, Carnot, Billaud-Varenne [1].

15. Vu l'arrêté de la Commission des armes et poudres, en date du 1er floréal, qui a pour objet de pourvoir l'Agence nationale des salpêtres et poudres de la quantité de salpêtre qui lui manque pour alimenter ses moulins à poudre, et attribue à cette Agence la récolte du salpêtre révolutionnaire dans un certain nombre de départements; considérant que la loi du 14 frimaire, relative au salpêtre, qui avait établi généralement une disposition semblable, a été modifiée depuis sur ce point par la loi du 13 pluviôse, concernant la Commission des armes, et par l'arrêté du Comité de salut public du 9 ventôse [2], qui est un développement conforme à cette dernière loi, et qu'ainsi la Commission des armes et poudres n'avait pas le pouvoir d'ordonner la disposition qu'elle a prise par son arrêté, indépendamment de ce que la mesure en elle-même aurait de très grands inconvénients; arrête : 1° L'arrêté de la Commission des armes et poudres en date du 1er floréal, commençant par ces mots : *Vu la loi du 14 frimaire,* et finissant par ceux-ci : *L'Agence nationale sera chargée de l'exécution du présent arrêté,* est cassé. — 2° L'Agence nationale fera connaître ses besoins en salpêtres à la Commission des armes et poudres. Celle-ci déterminera la quotité de salpêtre révolutionnaire qu'il sera nécessaire de verser dans les ateliers de l'Agence et donnera ses ordres en conséquence à l'administration révolutionnaire pour qu'elle fournisse ces salpêtres des magasins du district ou autres qui sont à la garde de ses agents. — 3° La Commission des armes est chargée de notifier le présent arrêté à tous ceux qu'il peut concerner et de prendre toutes les mesures propres à assurer son entière exécution.

C.-A. Prieur, Collot-d'Herbois, B. Barère, Billaud-Varenne, Carnot [3].

16. Le Comité de salut public arrête que la Commission de l'orga-

[1] Arch. nat., AF ii, 61. — *De la main de Barère. Non enregistré.* — [2] Voir t. XI, p. 434, l'arrêté du Comité n° 9. — [3] Arch. nat., AF ii, 217. — *De la main de C.-A. Prieur. Non enregistré.*

nisation et du mouvement des armées fera relever le plus promptement possible, aux termes de son arrêté du 19 germinal [1], les canonniers des sections de Paris attachés à la ci-devant armée révolutionnaire
et employés activement, soit aux armées, soit pour la police de l'intérieur.

CARNOT [2].

17. Le Comité de salut public arrête que les fers qui sont à la
disposition de l'agent de la marine à Dunelibre [3], et qui ne sont point
indispensables à son service, seront mis par lui à la disposition du
directeur des fortifications des places maritimes des départements du
Nord et du Pas-de-Calais, pour l'exécution des travaux de fortifications ordonnées dans ces places.

CARNOT [4].

18. Le Comité de salut public, après avoir entendu le rapport de la
Commission de commerce et approvisionnements, arrête : 1° La Commission nommera deux commissaires pour être présents aux opérations
qui seront confiées par eux à un joaillier et à un lapidaire chargés
de prendre les modèles des diamants et pierres fines qui appartiennent
à la nation et d'en faire l'estimation ; les gardiens des diamants et
pierres fines appartenant à la nation sont autorisés à laisser exécuter
ces modèles sans déplacement. — 2° La Commission obtiendra préalablement pour les commissaires joaillier et lapidaire l'acceptation du
citoyen Cambon, représentant du peuple, invité de surveiller l'opération. — 3° Lorsque l'estimation sera faite, les modèles finis, on les
remettra aux citoyens Perrin et Cablas, de Marseille, qui seront chargés
de les porter à Constantinople, dans les régences barbaresques, dans les
principales villes du Nord, pour en procurer la vente ou l'échange dans
les prix du *maximum au minimum*, qui leur auront été donnés d'après
l'estimation. — 4° Pour faciliter le voyage de Perrin et Cablas, il
leur sera confié jusqu'à la concurrence d'une somme de cinq cents
mille livres en assortiment de diamants, pierres fines, perles et pierres

---

[1] Voir t. XII, p. 453, l'arrêté du Comité n° 9.

[2] Arch. nat., AF II, 202. — *De la main
de Carnot. Non enregistré.*

[3] On sait que c'était le nom révolutionnaire de la ville de Dunkerque.

[4] Arch. nat., AF II, 295. — *De la
main de Carnot. Non enregistré.*

fausses, dont ils feront la vente aux conditions les plus avantageuses.
— 5° Si les citoyens Perrin et Cablas, arrivés dans le Levant, dans
la Barbarie, trouvent occasion de traiter de la vente des diamants ou
pierres fines de grande valeur, ils en donneront connaissance aux
agents de la République, consuls ou autres envoyés, par lesquels ils
feront viser et constater les soumissions qui leur seront faites. —
6° Le produit des ventes des pierreries confiées à Perrin et Cablas sera
déposé dans la chancellerie à Constantinople et dans les caisses des
consuls pour celles qui se feront en Barbarie. — 7° Ils adresseront
une expédition, délivrée par les agents de la République, de ces soumissions à la Commission de commerce et approvisionnements, qui
leur fera parvenir les diamants ou pierreries, si les propositions conviennent et sont agréées par le Comité de salut public. — 8° Les frais
de voyage et de séjour et tous autres quelconques relatifs à la mission
de Perrin et Cablas leur seront remboursés, et il leur sera accordé de
plus une commission de deux pour cent sur les ventes qu'ils pourront
faire jusqu'à la concurrence d'un million. Sur les ventes depuis un
million jusqu'à trois millions, il leur sera accordé deux pour cent de
commission, mais il ne leur sera plus accordé les frais de séjour. Sur
les ventes depuis trois millions et au-dessus, leur commission sera
réduite à un pour cent, sans leur accorder le remboursement d'aucuns
autres frais de séjour.

R. Lindet [1].

19. Sur la demande faite par l'administration révolutionnaire des
armes et poudres, qui représente que l'étendue de la raffinerie établie
section de l'Unité est trop petite pour suffire au raffinage du salpêtre
qui doit y être amené des départements voisins de Paris, et qu'il
serait nécessaire de joindre à cet atelier un terrain d'environ 392 toises
de superficie, qui est loué à différents particuliers, et qui est contigu
au local de la raffinerie, de même que le bâtiment qui a servi aux
assemblées générales de la section; le Comité de salut public arrête
que le terrain d'environ 392 toises de superficie qui est loué à différents
particuliers, et qui est contigu au local de la raffinerie établie section
de l'Unité, sera mis à la disposition de l'administration révolution-

---

[1] Arch. nat., AF ɪɪ, 20. — *Non enregistré.*

naire des salpêtres et poudres pour servir à donner une étendue plus considérable à cet atelier; que cette administration est chargée de régler et payer les indemnités convenables aux citoyens auxquels le terrain se trouve loué; que le bâtiment qui a servi jusqu'à présent aux assemblées de la section de l'Unité sera pareillement mis à la disposition de l'administration révolutionnaire pour servir au même usage, aussitôt que la section aura transporté le lieu de ses séances dans la salle qui leur est destinée.

C.-A. Prieur [1].

20. Vu au Comité de salut public le compte qui lui a été rendu par le citoyen Hubert, inspecteur général des bâtiments de la République, chargé de l'exécution de la fête civique qui a eu lieu à l'occasion de la prise de Toulon, duquel il résulte que la somme de quinze mille livres, mise à sa disposition par le Comité, n'a pu suffire aux frais de cette fête, et sur la demande faite par ledit citoyen Hubert d'une somme de quatorze mille huit cent trente livres dix-neuf sols, qui, avec celle de quinze mille livres qu'il a déjà reçue en un mandat sur la Trésorerie nationale, forme celle de vingt-neuf mille huit cent trente livres dix-neuf sols, montant de la dépense totale de la dépense susdite; vu aussi l'avis du représentant du peuple David; le Comité de salut public autorise le citoyen Hubert à se faire rembourser sur les 230,000^{tt} restant des fonds qui étaient destinés aux dépenses de la fête de la Réunion : 1° de la somme de quatorze mille huit cent trente livres dix-neuf sols, formant avec le mandat ci-dessus rappelé le montant du mémoire des frais de la fête de Toulon; 2° de ce qu'il justifiera, par pièces comptables, être redû aux entrepreneurs de la fête de Châteauvieux. Il rendra compte au Comité de salut public de l'exécution du présent arrêté.

Collot-d'Herbois [2].

21. Le Comité de salut public, considérant combien il importe de prévenir tous les obstacles qui s'opposeraient à la réquisition des citoyens qui sont appelés à travailler aux armes en vertu du décret du

---

[1] Arch. nat., AF ii, 217. — Non enregistré.

[2] Arch. nat., AF ii, 67. — L'arrêté qu'on vient de lire a été transcrit sur le registre du Comité de salut public, mais à la date du 7 floréal.

23 août dernier (vieux style), d'après la demande faite par Billaux,
mécanicien, chargé de la construction des affûts de l'invention du général Montalembert, et sur le rapport de la Commission des armes
et poudres de la République, requiert François Olingue, charron, et
Rubbe, menuisier, tous deux en garnison dans la commune d'Eu, de
venir à Paris pour y être employés à la construction d'affûts de canons
dans l'atelier du citoyen Billaux. Le Conseil d'administration du corps
dans lequel ils servent est en conséquence chargé de leur donner à
chacun un congé motivé sur la réquisition du Comité de salut public
et l'état de route nécessaire pour venir à Paris, avec toutes les formalités accoutumées, à la charge pour le Conseil d'en rendre compte
sur-le-champ aux généraux sous les ordres desquels ils servent et à
ceux-ci d'en informer la Commission de l'organisation et du mouvement des armées de terre.

C.-A. PRIEUR [1].

22. Le Comité de salut public, sur la demande de la Commission
des armes et poudres de la République du 25 germinal, voulant procurer au citoyen Billaux, mécanicien, chargé de la construction des
affûts de l'invention du général Montalembert, toutes les facilités nécessaires pour remplir les engagements qu'il a pris à cet effet, arrête :
1° que Paul Marie, serrurier, demeurant à Paris est requis à l'atelier
du citoyen Billaux pour y être employé tout le temps qu'exigera la
confection des ouvrages ci-dessus; 2° que la municipalité de Paris est
chargée de tenir la main à l'exécution du présent arrêté.

C.-A. PRIEUR [2].

23. Le département de la Creuse ayant obtenu, par la réquisition
qui lui a été accordée, et d'après l'exposé de ses besoins impérieux,
vingt mille quintaux de grains à prendre dans le district de Melun, et
se trouvant sans moyen pour en faire le transport, vu l'éloignement
et son défaut de ressources en voitures, le Comité de salut public
arrête que la Commission des transports militaires est chargée de faire
parvenir, sous le plus bref délai possible, ces vingt mille quintaux de

---

[1] Arch. nat., AF ii, 215. — *Non enre-gistré.*

[2] Arch. nat., AF ii, 215. — *Non enre-gistré.*

grains à Guéret, et lui donne à cet effet le droit de mettre en réquisition le nombre de voitures roulières nécessaires, qui arrivent à Paris,
pour y faire des chargements en marchandises destinées pour Bordeaux
et Ville-Affranchie; que ces voituriers seront payés par la Commission
des transports militaires sur le pied du maximum le plus fort pour le
transport des blés jusqu'à Guéret, et qu'elle leur accordera une indemnité pour la distance de Guéret à Ville-Affranchie ou à Bordeaux,
calculée à raison d'un demi-chargement, s'ils ne trouvent pas dans le
département de la Creuse des effets ou marchandises à transporter à
Ville-Affranchie ou à Bordeaux, et que le département de la Creuse
sera tenu de supporter une partie de ces frais sur le pied de 50ᵗᵗ par
quintal. La Commission des transports préviendra la Trésorerie nationale de l'objet de cette cotisation, et la Trésorerie nationale veillera
à ce que le versement en soit exactement fait dans la caisse du district
de Guéret.

R. Lindet [1].

24. Le Comité de salut public, voulant assurer le service de la
manufacture de fusils de Paris, faciliter son accroissement, et établir
constamment la plus grande activité dans toutes les parties du travail
et de l'administration, charge les représentants du peuple Fayau et
Guillemardet de la surveillance spéciale de cet établissement. Il les
investit, en conséquence, du pouvoir de donner tous les ordres qu'ils
jugeront nécessaires, tant au conseil d'administration qu'à tous les
autres agents, employés ou ouvriers de la manufacture, pour l'exécution
des arrêtés du Comité de salut public, ou pour le plus grand bien du
service. Ils veilleront à ce que l'administration des armes portatives
pourvoie à l'approvisionnement des matières de toutes sortes et outils,
dont la manufacture a besoin, en quantité suffisante, ainsi que des
qualités, et dans les temps convenables, et qu'elle fasse livrer exactement les objets confectionnés par les soumissionnaires particuliers
et destinés à la manufacture de Paris. Ils mettront en réquisition, s'il y
a lieu, les objets et les hommes qui deviendraient nécessaires au travail
de la manufacture. Les autorités constituées et les citoyens seront
tenus de déférer à ces réquisitions, ainsi qu'à tout ce qui leur sera

---

[1] Arch. nat., AF ɪɪ, 72. — Non enregistré.

demandé pour ce service. Ils sont autorisés à employer extraordinairement tels agents qu'ils jugeront convenable pour donner la plus grande activité à leurs opérations. Ils le sont également à donner des décisions sur toutes les difficultés qui se présenteraient entre les diverses autorités ou agents, et qui apporteraient obstacle aux travaux. Enfin ils sont chargés de prendre toutes les mesures les plus propres à donner à ces travaux l'exécution la plus rapide. Les dépenses qui résulteraient de leurs opérations seront acquittées sur les états visés par eux, sur les fonds fournis à la manufacture par la Commission des armes et poudres. Ils informeront fréquemment le Comité de salut public du résultat de leurs opérations.

BILLAUD-VARENNE, C.-A. PRIEUR, CARNOT, COLLOT-D'HERBOIS [1].

25. [Le fils d'un secrétaire du roi, mort six mois avant la suppression des charges, a déposé les provisions de son père, a opéré la liquidation de l'office, et demande si, à la suite de cette opération, il doit être considéré comme noble. Au nom du citoyen Barère, il lui a été répondu par le chef du bureau de la 4e division qu'il était excepté de la loi. L'intéressé, Benoist, demande une apostille du Comité. — Le Comité déclare que la «tache nobiliaire» n'a pas été transmise au fils Benoist. B. BARÈRE, C.-A. PRIEUR, BILLAUD-VARENNE. — Arch. nat., AF II, 61. — De la main de Barère. Non enregistré.]

26. [Sur la demande de la Commission de commerce et approvisionnements, le Comité rectifie un de ses arrêtés précédents, par lequel elle approuvait un marché passé avec le citoyen Benjamin Jarvis. R. LINDET. — Arch. nat., AF II, 75. Non enregistré.]

REPRÉSENTANTS EN MISSION.

LE COMITÉ DE SALUT PUBLIC

À ROUX, REPRÉSENTANT DANS L'AISNE ET LES ARDENNES, À SEDAN.

Paris, 6 floréal an II-25 avril 1794.

Notre collègue Levasseur, citoyen collègue, part pour se rendre à Sedan; il y suivra les opérations que tu pourrais ne point avoir en-

[1] Arch. nat., AF II, 215. — *Non enregistré.*

core terminées [1]. Ta présence devient nécessaire [à la Convention]; le Comité de salut public t'invite, en conséquence, à y rentrer le plus tôt possible. Si tu étais encore à Sedan lors de l'arrivée de Levasseur, tu aurais soin de lui transmettre tous les renseignements dont il croirait avoir besoin, ces explications ne pouvant retarder longtemps ton retour au sein de la Convention pour y partager les travaux de nos collègues.

[Arch. nat., AF ii, 37.]

LE COMITÉ DE SALUT PUBLIC
À MASSIEU, REPRÉSENTANT À L'ARMÉE DES ARDENNES, À SEDAN.

Paris, 6 floréal an ii-25 avril 1794.

[Le Comité adresse à Massieu la même invitation qu'à Roux. — Arch. nat., AF ii, 37.]

LE COMITÉ DE SALUT PUBLIC
À HENTZ, FRANCASTEL, TURREAU ET GARRAU, REPRÉSENTANTS
DANS LES DÉPARTEMENTS DE L'OUEST.

Paris, 6 floréal an ii-25 avril 1794.

Il est une mesure importante, citoyens collègues, que le Comité de salut public vous invite à ajouter aux dispositions de vos arrêtés sur les réfugiés de la Vendée. Plusieurs se sont déjà retirés vers les côtes maritimes; il pourrait en résulter de très grands dangers au moment où la perfidie anglaise doit venir s'y briser. Éloignez-en tout ce qui pourrait y porter la contagion et présenter à ces lâches insulaires un motif d'espérance; prévenez tous moyens de correspondance entre eux et les rebelles, dont la plupart des réfugiés pourraient n'être que des agents secrets. Prenez sur-le-champ toutes les mesures pour faire refluer dans l'intérieur tous les individus qui se trouvent atteints par vos arrêtés. Nos côtes ne doivent recevoir que des républicains éprouvés; leur ap-

---

[1] Voir t. XII, p. 722, l'arrêté n° 10, en date du 2 floréal, par lequel le Comité envoya Levasseur (de la Sarthe) à Sedan et dans les Ardennes.

proche doit être interdite à tout ce qui peut offrir un caractère équivoque et douteux.

[Arch. nat., AF II, 37.]

LE COMITÉ DE SALUT PUBLIC
À FOUSSEDOIRE, REPRÉSENTANT DANS LES VOSGES ET LE HAUT-RHIN,
À COLMAR.

Paris, 6 floréal an II-25 avril 1794.

Tu as omis, citoyen collègue, d'adresser au Comité de salut public
les noms des agents nationaux près les autorités que tu as épurées; il
t'invite à les lui faire parvenir le plus tôt possible.

[Arch. nat., AF II, 37.]

LE COMITÉ DE SALUT PUBLIC
À GIRARD, REPRÉSENTANT EN CONGÉ, À MONTPELLIER.

Paris, 6 floréal an II-25 avril 1794.

Le Comité de salut public ne peut te dissimuler, citoyen collègue,
combien il a été surpris d'apprendre par tes propres lettres que tu avais
exercé des pouvoirs qui ne t'ont point été conférés. Tu ne l'aurais pas
fait si tu avais eu présente sa lettre du 4 ventôse [1], par laquelle, en accé-
dant à ta demande d'un mois de séjour à Narbonne pour te reposer de
tes travaux, le Comité t'observa que tout pouvoir cessait pour toi. Sa
lettre postérieure du 20 germinal était plus précise encore [2], puisqu'elle te rappelait au sein de la Convention nationale. Le Comité se
persuade que tu voudras bien y rentrer sans délai, conformément à
son arrêté du 30 germinal [3].

[Arch. nat., AF II, 37.]

[1] Voir t. XI, p. 377. — [2] Il y a ici une erreur de date : cette lettre est du 19 germinal. Voir t. XII, p. 465. — [3] Voir t. XII, p. 681, l'arrêté n° 8.

UN EX-REPRÉSENTANT DANS LA CÔTE-D'OR ET EN SAÔNE-ET-LOIRE
AU COMITÉ DE SALUT PUBLIC.

Paris, 6 floréal an II–25 avril 1794. (Reçu le 28 avril.)

[«Bernard (de Saintes) expose au Comité que, depuis cinq à six jours qu'il est arrivé en vertu de son rappel, il ne lui a pas été possible de lui parler. Il l'invite à lui faire dire le moment où il voudra l'entendre. Il le prévient que le citoyen Naudet avait apporté de Bâle plusieurs échantillons de beau papier avec leurs prix. Le négociant qui les lui a donnés a offert d'en fournir de suite dix mille rames, et deux mille rames par mois. Ces échantillons ont été adressés au citoyen qui fournit le Comité de papier. Comme il n'a pas paru satisfait de cette découverte, il aura pu garder le secret. Cependant l'exprès de Naudet attend ici une réponse pour la transmettre au négociant de Bâle. Il l'invite à prendre un parti à cet égard.» — Arch. nat., AF II, 157. Analyse.]

LE REPRÉSENTANT DANS LES DÉPARTEMENTS DE SEINE-ET-OISE ET DE PARIS
AU COMITÉ DE SALUT PUBLIC.

Pontoise, 6 floréal an II–25 avril 1794. (Reçu le 28 avril.)

[Crassous adresse un arrêté qu'il a pris pour tirer d'embarras le département de Seine-et-Oise [1]. «Vous avez déjà eu connaissance de la levée qu'avait faite ce département en hommes et en argent; cette dernière partie n'est pas exécutée, et je ne sais si elle pourra l'être; je vous invite à y pourvoir définitivement». — Arch. nat., AF II, 178.]

LE REPRÉSENTANT DANS LA SEINE-ET-MARNE ET L'YONNE
AU COMITÉ DE SALUT PUBLIC.

Tonnerre, 6 floréal an II–25 avril 1794. (Reçu le 3 mai.)

Il y a eu, les fêtes de Pâques dernier (vieux style), citoyens collègues, dans deux communes du district de Mont-Armance (ci-devant Saint-Florentin), quelques légers mouvements à cause du culte [2].

[1] Cet arrêté manque.
[2] Ces troubles avaient eu lieu à Courcelles, hameau de la commune de Neuvy-Sautour, et à Champlost. Les habitants, n'ayant plus de curé, se réunissaient dans l'église pour y chanter eux-mêmes des

Vous verrez, par les pièces ci-jointes, que c'est toujours l'inconséquence et l'imprudence de quelques patriotes qui sont cause de ces mouvements. J'ai pensé que ce n'était pas les moyens violents qu'on devait employer dans ce cas, mais un régime doux et paternel. C'est aux instigateurs qu'il faut porter les derniers coups, et non au peuple, bon, simple et crédule. Quel moment prend-on pour le tourmenter? Celui où les subsistances sont prêtes à manquer. Vous me regarderiez comme coupable et indigne de votre confiance, si j'usais de ces moyens violents employés par les ennemis de la liberté. Vous reconnaîtrez dans ces pièces la conduite inconséquente du district, qui ordonne la fermeture de toutes les églises, le zèle inconsidéré du département, qui exige des nouvelles formalités des prêtres démissionnaires. Tout est dirigé, il est vrai, par l'amour le plus ardent de la liberté; mais il doit être renfermé dans les bornes de la raison et surtout de la saine politique, qui n'est pas celle des machiavélistes. Au surplus, soyez parfaitement rassurés sur les suites de ce mouvement, qui n'est pas plus conséquent qu'une querelle de cabaret. Tant que je serai dans les départements de Seine-et-Marne et de l'Yonne, j'éclairerai exactement les malveillants, je les poursuivrai sans relâche, j'instruirai le peuple,

psaumes. A Courcelles, un certain Besson menaça et injuria les chanteurs, ce qui amena un tumulte. A Champlost, une troupe de gens de Brienon et de Saint-Florentin, allant à une vente de meubles qui devait avoir lieu au château de Champlost, passa devant l'église, le lundi de Pâques (2 floréal an II), et, entendant des chants religieux, entonna *la Marseillaise*. Les catholiques, irrités, sortirent de l'église, attaquèrent ceux qui chantaient *la Marseillaise*, et blessèrent grièvement l'un d'eux. Le district de Saint-Florentin ordonna la fermeture de toutes les églises, suspendit le maire et l'agent national, qui, présents, avaient laissé faire, et l'agent national près le district écrivit à Maure qu'il faisait informer. Maure lui écrivit, le 5 floréal, pour lui recommander la modération : «Tu dis que l'agent national était avec le peuple dans l'église. Sans doute tu serais coupable, toi qui es instruit, d'assister à un pareil rassemblement. Mais considère qu'un

simple paysan n'a pas les mêmes torts en faisant la même action. Considère bien tes fonctions et ta responsabilité. Que la loi et la volonté nationale n'éprouvent aucune résistance, mais que la sagesse et la prudence conduisent tes pas. Tu connais l'amour du peuple pour la liberté. Laisse à la Providence, qui nous comble de ses dons, au temps et à l'instruction fraternelle à détruire les préjugés antiques. Rendons le peuple heureux sur terre, et il attendra sans inquiétude un bonheur à venir et incertain.» Le même jour, il écrivit aux membres du district de Saint-Florentin pour blâmer leur arrêté et leur recommander l'indulgence. — Le calme, d'ailleurs, se rétablit aussitôt à Champlost, comme le constata l'agent national du district de Saint-Florentin : «J'ai vu à mon arrivée, écrit-il à Maure, hommes, femmes, enfants sortir du cimetière, où ils avaient chanté l'office, le trouvant alors fermé.» (Arch. nat., AF II, 163.)

dont je parle le langage, et je n'augmenterai pas le nombre de ses ennemis.

MAURE aîné.

[Arch. nat., AF II, 163.]

LE MÊME AU COMITÉ DE SALUT PUBLIC.

Tonnerre, 6 floréal an II-25 avril 1794. (Reçu le 3 mai.)

[Maure envoie un arrêté relatif à un événement arrivé dans la maison de reclusion d'Auxerre, avec les procès-verbaux et pièces justificatives [1]. «Vous y verrez un ex-abbé libertin sortir la nuit pour corrompre la femme d'un patriote; un autre prêtre lui servir de complaisant; un excellent patriote, bien connu et mon compagnon en révolution, incarcéré pour n'avoir prévu cette sortie nocturne. J'ai cru devoir envoyer les deux prêtres à Sens, où ils seront éloignés de l'objet de leurs désirs. J'ai restitué Dhalle dans ses fonctions, et il en est digne par sa probité et son patriotisme. Enfin j'ai ordonné à la municipalité d'Auxerre, sous sa responsabilité, de mettre les reclus en sûreté. Vous approuverez sans doute ma conduite.» — Arch. nat., AF II, 163.]

LE REPRÉSENTANT DANS LA SEINE-INFÉRIEURE ET L'EURE
AU COMITÉ DE SALUT PUBLIC.

Cany, 6 floréal an II-25 avril 1794. (Reçu le 80 avril.)

[Après avoir épuré les autorités constituées de Dieppe, Siblot s'est rendu à Cany, où il va procéder à la même opération. «Je suis loin de donner des éloges à l'administration du district de Dieppe; plusieurs de ses registres ne sont pas au courant; les comptes qu'elle doit au public ne sont pas rendus; je l'ai trouvée en retard sur plusieurs autres objets importants. Je ne me suis pas contenté de reprocher en particulier à l'administration son incurie et son insouciance; je l'ai fait aussi en public avec toute l'amertume qu'inspire une pareille conduite, et j'ai destitué de leurs fonctions le président et deux autres administrateurs; j'ai nommé à leurs places des sujets qui m'ont été indiqués par la Société populaire, laquelle m'a attesté leur patriotisme, leur capacité et leur amour pour le travail. Il y avait de plus deux places vacantes, l'une par la mort d'un des administrateurs, et l'autre par l'option qu'un autre administrateur a faite, aux termes de la loi du 14 frimaire; les citoyens qui les remplacent réunissent, suivant l'opinion de la Société populaire, les mêmes qualités que ceux qui sont mis à la place des fonctionnaires destitués. Cette administration se trouvant régénérée par cinq travailleurs, j'ai lieu d'espérer que, par la suite, elle réparera ses fautes et se rendra digne des fonctions impor-

---

[1] Ces pièces manquent.

tantes qui lui sont confiées. Vous penserez peut-être, citoyens collègues, que j'aurais dû pousser plus loin la réforme dans cette administration, mais je vous observerai que les sujets qui restent sont patriotes, que plusieurs ont des talents, que
je n'aurais pas trouvé des sujets pour les remplacer, et qu'il aurait pu résulter un
plus grand mal d'un changement total. Les autres autorités constituées de la commune de Dieppe remplissent assez bien leurs devoirs, et, tous les membres qui les
composent n'ayant eu à répondre à aucune inculpation à la tribune de la Société
populaire où ils ont paru les uns après les autres en présence du public, je n'y ai
fait aucune réforme. Il ne m'est rien parvenu non plus de désavantageux sur la
garde nationale, sur les officiers militaires et les employés de la marine. Le peuple
de cette commune, longtemps aveuglé par le fanatisme, revenu de son erreur,
aime la Révolution, a la plus grande confiance dans les travaux de la Convention
nationale, et veut le maintien de la République une et indivisible. » — Arch. nat.,
AF ɪɪ, 163.]

LE REPRÉSENTANT DANS LA MANCHE ET L'ORNE
AU PRÉSIDENT DE LA CONVENTION NATIONALE.

Port-Malo (Saint-Malo), 6 floréal an ɪɪ-25 avril 1794.

[Le Carpentier annonce l'arrivée en ce port de « deux prises intéressantes, enlevées par les aigles républicains ». L'une est un bâtiment danois de 150 tonneaux
ou environ, chargé de planches et mâtures, destiné pour l'Angleterre, et amené
en France par la corvette *la Citoyenne du Havre;* l'autre est un bâtiment anglais
de six canons, portant charge de fer, de poudre et de fusils, allant à la traite des
nègres, et détourné de sa route par la frégate *l'Unité.* « C'est bien dommage que
Pitt soit tant occupé à souffler aux yeux du peuple ses globules phosphoriques :
s'il avait un petit moment de trop, il pourrait l'employer plus utilement pour la
nation anglaise, en proposant, au lieu d'un bill ou d'une bulle de savon contre la
République française, une lecture de la liste des prises faites par nos vaisseaux;
mais non, ce grand homme n'a pas de temps à perdre, et il sait mieux choisir
l'objet des délibérations du Parlement pour prolonger l'erreur et compromettre la
fortune de l'Angleterre. » — *Bulletin* du 12 floréal an ɪɪ.]

UN DES REPRÉSENTANTS À L'ARMÉE DE L'OUEST
ET LE REPRÉSENTANT DANS L'INDRE-ET-LOIRE ET LE MAINE-ET-LOIRE
AU COMITÉ DE SALUT PUBLIC.

Niort, 8 floréal an ɪɪ-25 avril 1794.

Une conférence que nous venons d'avoir avec nos collègues Topsent
et Guezno nous fait enfin mettre le doigt sur le mal et apercevoir d'où

partent tous les tiraillements qu'on vous fait éprouver et toutes les impostures qu'on vous débite.

Le bon Lequinio s'est laissé empaumer par tous les fédéralistes; il croit qu'il a vu toute la Vendée, parce qu'il a voyagé de Nantes à Angers, et qu'il a aussi vu Luçon. Il croit bonnement, comme les contre-révolutionnaires le débitent, qu'il y a cent cinquante mille brigands à combattre, et que ce sont les mesures vigoureuses que l'on a prises qui ont occasionné cet état de choses.

Ce propos est aussi celui des généraux Cortez, Bard et Duval; il est aussi celui de tous ceux qui veulent donner, dans l'opinion, à la guerre de la Vendée une consistance qu'elle n'a pas, et qu'il est impossible qu'elle ait. Il est celui d'hommes intrigants, liés, ligués, parents avec tous les riches, les égoïstes du pays, qui veulent devenir généraux supérieurs et vous mener à une amnistie pour les brigands : c'est là le seul mot. Prononcez une amnistie, retirez les troupes, laissez Charette en repos, et vous verrez que vous n'entendrez plus parler de rien.

Or ce langage est aussi celui de Charette et compagnie. Aujourd'hui tous les brigands que nous prenons ne nous disent autre chose : « Qu'on nous laisse tranquilles, et nous ne troublerons personne. » C'est-à-dire, qu'ils ne sortiront pas de chez eux; mais ils ne connaissent que leur M. Charette, etc.

L'assertion de cent cinquante mille hommes est fausse de toute fausseté. On peut maintenant en toute assurance voyager dans la Vendée avec un bataillon d'infanterie et cent hommes de cavalerie.

Nous connaissons tous les généraux de la Vendée; nous avons vu tous leurs rapports; nous avons questionné le chef des guides qui a couru sur tous les points de la Vendée, et un citoyen qui suit les colonnes, envoyé par nous, sans autre mission que celle de nous dire ce qui s'y passe, et tout s'accorde à constater qu'il n'y a pas de rassemblements plus forts que de deux mille hommes environ; que jamais on n'a vu plusieurs rassemblements en un même jour; que les brigands sont déroutés, désorganisés, désespérés, et qu'aujourd'hui ils se plaignent amèrement des puissances étrangères, qui, disent-ils, les ont si cruellement trompés.

Ainsi tout ce qu'on vous dit sur la Vendée n'a d'autre but que de vous effrayer pour en donner le commandement à certaines gens qui arrangeront si bien les choses, que l'amnistie, qui traiterait les brigands comme une puissance, aura lieu, et qu'en tout cas la ferme du compère, de la commère, etc., sera épargnée.

Nous avons la preuve que Bard, Duval et Cortez sont trois conspirateurs. C'est Cortez qui a mené toute l'intrigue relative à Huché, qu'il faudra que vous connaissiez en voyant les personnes mêmes. Ce petit coquin, après avoir révolté toute l'armée contre Huché par de faux rapports, a donné pour mot d'ordre, le lendemain de l'arrestation de ce général supérieur : *Huché à la guillotine.* Cet homme a suivi l'exemple de Bard; il a désobéi formellement aux ordres du général en chef, a donné à ses troupes une disposition qui ne cadrait pas avec le plan général, et a fait manquer une opération qui eût exterminé beaucoup de brigands. Cela vous sera expliqué la carte à la main.

Duval et Bard n'ont jamais suivi les ordres qui leur étaient donnés par le général en chef, n'ont jamais correspondu avec nous, et n'ont cessé d'adresser leurs demandes à Topsent et Guezno. Cependant nous ne nous sommes montrés rien moins que partisans du général en chef. Duval a menti et ment certainement sur toutes les assertions relatives à la Vendée, dissémine les alarmes et les fausses nouvelles sur ce pays, ainsi qu'il nous l'a prouvé par écrit. C'est lui qui mitonnait les brigands et les mettait sous la toile, tandis qu'il laisse nos frères d'armes couchés dans la boue. Enfin, Bard a fait passer des cartouches aux brigands, ainsi qu'il vous sera démontré. Bard est un fédéraliste outré, qui n'a pas dissimulé dans le temps ses propos et ses liaisons avec les chefs fédéralistes; enfin Bard, Cortez et Duval sont westermannistes, vantés par tous ceux qui mettent Westermann aux nues.

Nous avons dénoué le nœud. Tous les riches du pays ont eu l'adresse de tromper le crédule Lequinio. Nous vous déclarons que les autorités constituées qu'il a régénérées sont aussi mauvaises que les précédentes; qu'il n'a pas distingué les faux patriotes, le faux bonnet rouge du véritable : ce sont des messieurs qu'il a mis en place. Nous nous sommes bien gardés de rien changer à ce qu'il a fait, ni même de rien laisser paraître de nos opinions à cet égard, parce qu'il faut que les épurations aient un terme, et que le peuple ait de la confiance dans le gouvernement en y apercevant de la stabilité; mais Lequinio a pris de fausses notions sur tout ce pays, que nous avons traversé en entier et parcouru tout autour.

Nous ne vous écrivons que pour vous tranquilliser, car nous sommes convaincus, aux rapports qui nous sont faits, qu'on vous tiraille. Déjà tous les modérés se vantent que Lequinio et Laignelot vont être envoyés dans la Vendée. Ce serait un grand malheur; vous feriez tout rétrograder, et peut être de grands malheurs en seraient la suite. Bientôt on ferait le procès à tous les généraux qui ont fait leur devoir, que nous ne connaissons pas par des rapports, mais pour les avoir vus et avoir parcouru la Vendée avec plusieurs d'entre eux; il faudrait bientôt guillotiner toute l'armée.

On calomnie l'armée. Les coquins l'appellent un composé d'assassins, d'incendiaires. Qu'ils viennent donc la voir, faisant des courses continuelles dans la boue et sous la pluie, manquant quelquefois de pain par la gêne des communications, ne portant que le fusil et le pain, couverte de gale, fatiguée, et cependant ne se rebutant pas. Cette armée, les scélérats l'avaient travaillée, l'avaient effrayée, l'avaient mise en défiance avec ses généraux; elle se plaignait, elle se plaint, mais elle va pourtant. Nous voudrions que ceux qui crient tant la suivissent sur les lieux et vissent eux-mêmes.

[Savary, *Guerres des Vendéens et des Chouans* [1], t. III, p. 432.]

UN DES REPRÉSENTANTS À L'ARMÉE DES ARDENNES
AU COMITÉ DE SALUT PUBLIC.

Châlons-sur-Marne, 6 floréal an II-25 avril 1794.
(Reçu le 29 avril.)

L'instruction du 11 pluviôse limite les pouvoirs des représentants du peuple chargés de l'encadrement de la cavalerie; vous avez excepté les cas où la sûreté de la République serait compromise [2]. J'ai pensé qu'elle l'était, d'après la dénonciation qui m'a été faite que des particuliers se permettaient de couper les blés, seigles déjà en épis; en conséquence j'ai pris l'arrêté ci-joint, que je pense que vous approuverez [3].

---

[1] L'original de cette lettre manque au ministère de la guerre; mais il y en a une analyse aux Archives nationales, AF II, 269.

[2] Voir l'article 4 de cette instruction, t. X, p. 541.

[3] Cet arrêté, en date du 3 floréal, défend de couper les blés en épis.

Malgré les précautions que nous avions prises par nos différents arrêtés pour empêcher les abus qui se commettaient dans différents régiments de cavalerie de toutes armes en recevant indistinctement tous les citoyens qui s'y présentaient, la plupart envoyés par des personnes qui n'avaient aucun caractère, je viens de prendre un arrêté sévère : ses dispositions vous en feront connaître la nécessité [1].

Je vous ai adressé, ainsi qu'au Comité militaire et aux ministres, l'état de situation et des besoins des régiments qui composent l'armée des Ardennes. J'ai sollicité particulièrement la fourniture de deux mille huit cent trente chevaux pour atteindre le nouveau complet décrété. Je la sollicite de nouveau; au nom de la patrie, prenez ma demande en considération; je me remuerai pour le surplus, et ferai tout mon possible pour y pourvoir.

Dès que la loi du 18 germinal, concernant la levée des chevaux de voitures, a été connue dans le département, les égoïstes n'ont pas tardé à trouver le moyen de s'y soustraire. L'occasion était favorable; une foire de quinze jours à Reims les mettait à l'abri, à ce qu'ils croyaient, de toute réquisition. J'y ai mis ordre : dès qu'ils vendaient leurs chevaux, la conséquence était qu'ils n'en avaient pas besoin; je les ai tous requis, et on m'en amène aujourd'hui à Châlons environ cent. S'il s'en trouve de propres à la cavalerie, je les distrairai. Je vous envoie l'arrêté que j'ai pris en conséquence.

Salut et fraternité,   Vidalin.

[Arch. nat., AF ii, 242.]

LE MÊME AU COMITÉ DE SALUT PUBLIC
ET AU PRÉSIDENT DE LA CONVENTION NATIONALE.

Châlons-sur-Marne, 6 floréal an ii-25 avril 1794.

[Deux lettres de Vidalin : 1° Il insiste auprès du Comité pour qu'il prononce à quel tribunal doivent être traduits différents individus du 9e régiment qu'il a fait arrêter et qui sont «violemment soupçonnés d'être complices du complot général et liberticide qui voulait attenter à l'indivisibilité de la République.» — Arch. nat., AF ii, 242. — 2° Il transmet au président de la Convention divers traits de patriotisme des soldats. — Arch. nat., C, 301.]

----

[1] Cet arrêté, en date du 2 floréal, est joint à cette lettre.

LE REPRÉSENTANT DANS LA CREUSE ET L'ALLIER
AU COMITÉ DE SALUT PUBLIC.

Moulins, 6 floréal an II - 25 avril 1794. (Reçu le 2 mai.)

Citoyens collègues,

Je viens de parcourir les quatorze districts des départements de la Creuse et de l'Allier. J'ai passé dans plus de vingt-cinq chefs-lieux de canton, qui tous ont désiré voir leur représentant et rendre en sa personne l'hommage et lui donner des témoignages de l'amour dont ils sont pénétrés pour la Convention nationale. Partout j'ai vu le peuple bon et aimant la liberté. Partout je l'ai vu écouter avec plaisir, saisir avec avidité les avis de morale et de patriotisme que j'ai pu lui donner. Partout il est disposé à entourer la Convention nationale de sa confiance et à la soutenir de toute sa force. Partout il a applaudi aux sages mesures des Comités de salut public et de sûreté générale pour déjouer et punir les infâmes conspirateurs qui voulaient lui faire perdre sa liberté. J'ai promis à ce bon peuple, et particulièrement aux autorités constituées des deux départements, que je transmettrais ce vœu général au Comité de salut public, et que je l'engagerais à le faire connaître à la Convention nationale.

La Convention a mis la justice et la probité à l'ordre du jour; elles y étaient déjà dans le cœur du bon peuple de ces deux départements. Dans la Creuse, il est généralement moins instruit et plus froid que dans l'Allier, et je crois que cela tient un peu du climat, qui est plus beau et plus heureux dans ce dernier département. J'avais éprouvé des sensations bien douces dans la Creuse, en y voyant les bonnes dispositions des citoyens pour s'unir entre eux, se resserrer plus étroitement contre la malveillance et l'aristocratie; mais mes jouissances ont doublé dans l'Allier, en voyant le concours immense de citoyens qui se rassemblaient aux lieux où ils savaient que je devais passer. J'ai eu le plaisir, dans un seul jour, de donner l'accolade fraternelle à plus de trois mille qui tous ne demandaient autre chose que de voir leur représentant, et qui tous s'en retournaient en criant : *Vive la République! Vive la Convention! Vive la Montagne!* Que le misanthrope vienne jouir d'un si doux spectacle : il se réconciliera avec les hommes. Que l'aristocrate vienne le voir, et il cessera de calomnier; le peuple, indigné de sa mauvaise foi et de sa persévérante malveillance, en aura bientôt fait justice.

J'ai organisé les autorités constituées des chefs-lieux de district; j'ai cherché à mettre dans les places les hommes les plus probes et les mieux prononcés en patriotisme. Je dois le dire : dans tous les districts, on trouve beaucoup de patriotes, mais malheureusement ce ne sont pas eux qui sont les plus instruits; les gens à talents sont, ou plus froids, ou ne jouissent pas d'une parfaite confiance. Beaucoup ne se sont pas prononcés assez à temps pour la Révolution, et le peuple, qui veut ardemment sa liberté, ne compte pas assez sur eux pour soutenir la plénitude de ses droits avec autant de force et d'énergie qu'il désirerait qu'on en employât pour les défendre.

J'arrive à Moulins, où l'on m'annonce encore bien des choses à consommer. Je viens de lire le rapport de notre collègue Billaud-Varenne [1]; je propagerai avec zèle les principes qu'il renferme; ils sont faits pour consolider les bases de la République et à (sic) la faire aimer. Ce rapport doit rallier à la Convention tous les citoyens faibles que l'erreur avait laissés dans une incertitude et une apathie fatales à la chose publique. Je presserai mon travail autant que je le pourrai pour me rendre à mon poste le plus tôt qu'il me sera possible.

Salut et fraternité,   VERNEREY.

[Arch. nat., AF ii, 178.]

_____

LE REPRÉSENTANT DANS L'AIN ET LE MONT-BLANC
AU COMITÉ DE SALUT PUBLIC.

Annecy, 6 floréal an ii-25 avril 1794.

[Après avoir annoncé la prise du Petit-Saint-Bernard et les succès de l'armée des Alpes, Albitte annonce qu'il va s'occuper de régénérer le district d'Annecy. «J'aurai beaucoup à faire dans ce district, que le nombre immense de prêtres et

[1] Il s'agit du rapport sur la politique générale que Barère présenta, au nom du Comité de salut public, dans la séance du 1er floréal an ii, et à la suite duquel la Convention rendit le décret suivant : «La Convention nationale, après avoir entendu le rapport du Comité de salut public, déclare qu'appuyée sur les vertus du peuple français, elle fera triompher la République démocratique, et punira sans pitié tous ses ennemis. Ce décret sera imprimé dans toutes les langues, envoyé aux départements et aux armées; on en distribuera un exemplaire à chaque député.»

de moines qui s'y trouvaient a travaillé horriblement en l'année dernière. La plaie n'est pas encore cicatrisée entièrement, et je tâcherai de la guérir par l'appareil de la raison et de la persuasion, ainsi que je l'ai fait dans les districts que je viens de parcourir. Je m'occuperai en même temps à découvrir les fils, qui pourraient exister dans cette commune, de la conjuration où trempait le scélérat Simond, qui avait ici divers rapports et liaisons. Soyez convaincus, citoyens collègues, que, tandis que nos armées marchent au pas de charge contre les satellites des tyrans, je marche aussi au pas de charge contre les ennemis intérieurs des départements que je parcours. Je fais tous mes efforts pour accroître et consolider l'esprit public, diriger les citoyens vers l'exacte observation de la loi et le triomphe de l'égalité et de la liberté, et j'ai la satisfaction de m'apercevoir que mes travaux répondent à mes vœux. Vive la République! Vive la Montagne!» — Arch. nat., AF II, 194.]

COMITÉ DE SALUT PUBLIC.

Séance du 7 floréal an II-26 avril 1794.

Présents : B. Barère, Carnot, Couthon, Collot-d'Herbois, C.-A. Prieur, Billaud-Varenne, Robespierre, Saint-Just, R. Lindet.

1. Le Comité de salut public, sur le rapport du Comité de la guerre du 7 courant, duquel il résulte que le citoyen Jean-Baptiste Meritens, renvoyé des armées par l'effet d'un arrêté général du représentant du peuple Le Tourneur, a donné des preuves de civisme et de bonne conduite, et qu'obligé de sortir de Paris pour obéir à la loi du 27 germinal, il se trouve sans ressource pour faire sa route, arrête qu'il sera délivré audit citoyen Meritens un mandat de la somme de 200 livres, qui sera prise sur les 50 millions dont le Comité peut disposer.

CARNOT [1].

2. Le Comité de salut public arrête qu'une division de quatre pièces de 16 sur affût fardier, deux caissons et une double forge, ainsi qu'une division de quatre pièces de 4 sans avant-train et deux caissons construits à l'arsenal de Meulan sous la direction du citoyen Grobert, seront conduits au quartier général de l'armée des Ardennes dans le plus

[1] Arch. nat., AF II, 304.

bref délai et par le chemin le plus court, escortés par le nombre nécessaire de canonniers de la compagnie des canonniers montagnards
de Meulan; charge la Commission de l'organisation et du mouvement
des armées de terre, ainsi que la Commission des armes et poudres, de
faire les dispositions nécessaires pour l'exécution du présent arrêté.

Carnot [1].

3. Le Comité de salut public charge l'agent national du département de Paris de se concerter sans délai avec trois commissaires de
l'Institut national de musique pour examiner les divers instruments de
musique qui se trouvent dans les maisons nationales et parmi les
meubles d'émigrés. Il sera fait, par les trois commissaires de l'Institut,
un choix des meilleurs instruments des maîtres les plus célèbres; ils
seront distraits de la vente du mobilier appartenant à la nation; il en
sera fait un double inventaire, signé de l'agent national du département et des trois commissaires de l'Institut national de musique.

B. Barère, Collot-d'Herbois, C.-A. Prieur, Carnot,
Billaud-Varenne [2].

4. Le Comité de salut public arrête que le citoyen David, député,
et Hubert, inspecteur des bâtiments nationaux, contribueront de leur
talent à décorer le Jardin national d'une manière digne de la représentation nationale; le Comité les autorise à prendre dans les maisons et
parcs de la ci-devant liste civile tous les monuments des arts qui pourront servir à l'embellissement de cette propriété du peuple français.
La Commission des travaux publics est chargée d'accélérer et de surveiller les travaux et de fournir les fonds nécessaires.

B. Barère, Collot-d'Herbois, C.-A. Prieur, Carnot,
Billaud-Varenne, R. Lindet [3].

5. Le Comité de salut public arrête que les citoyens David, député,
et Hubert, inspecteur des bâtiments nationaux, s'occuperont de faire

[1] Arch. nat. AF ii, 202. — A la suite
de cet arrêté, le registre reproduit l'arrêté
du 6 floréal, relatif au citoyen Hubert, inspecteur des bâtiments. Voir plus haut, p. 52.

[2] Arch. nat., AF ii, 67. — *De la main
de Barère.*

[3] Arch. nat., AF ii, 80. — *De la main
de Barère.*

construire sans délai, avec les fragments antiques qui se trouvent déposés dans la salle des Antiques, une porte d'entrée au Jardin national, parallèle à celle du côté de la rivière. La Commission des travaux publics est chargée de surveiller les travaux et de fournir les fonds nécessaires.

B. Barère, Collot-d'Herbois, C.-A. Prieur, Carnot, Billaud-Varenne, R. Lindet [1].

6. Le Comité de salut public arrête que l'entablement et les cariatides qui se trouvent dans la salle des Antiques seront transportés incessamment pour faire l'entrée du Jardin national sur la partie de la Seine, et que les citoyens David, député, et Hubert, inspecteur des travaux nationaux, en feront les dessins. La Commission des travaux publics est chargée d'en surveiller les travaux et de fournir les fonds nécessaires.

B. Barère, Billaud-Varenne, C.-A. Prieur, Carnot, R. Lindet, Collot-d'Herbois [2].

7. Le Comité de salut public arrête : 1° L'article 1er du décret du 27 germinal sur le licenciement de l'armée révolutionnaire, qui porte que les volontaires de cette armée licenciée qui voudront rentrer dans leurs foyers recevront des routes pour se rendre au lieu de leur résidence, ne pouvant excepter de la réquisition ceux qui sont d'âge à en faire partie d'après la loi du 23 août dernier (v. s.), ceux de ces volontaires licenciés qui, par leur âge, sont compris dans la réquisition recevront des routes pour se rendre auprès des agents chargés de l'incorporation de l'armée la plus voisine du lieu du licenciement, pour y être incorporés. — 2° Ceux d'entre ces citoyens qui seraient déjà retournés chez eux, ou qui seraient en marche pour s'y rendre, seront tenus, sous peine d'être réputés déserteurs, de se rendre de même, sur les routes qui leur seront données à cet effet, auprès des agents chargés de l'incorporation de l'armée la plus voisine du lieu où ils se trouveront actuellement.

Carnot [3].

[1] Arch. nat., AF ii, 80. — De la main de Barère. — [2] Arch. nat., AF ii, 80. — De la main de Barère. — [3] Arch. nat., AF ii, 202. — Non enregistré.

8. [« Le Comité de salut public ordonne le départ de plusieurs divisions d'artillerie pour l'armée des Ardennes. » — Ministère de la guerre; *Correspondance générale* [1]. Analyse.]

9. Le Comité de salut public, en vertu de l'article 20 de la loi du 27 germinal, invite les citoyens, les sociétés populaires et les autorités constituées de lui dénoncer les attentats aux droits du peuple, les vols, les dilapidations, les négligences et tous les abus contre les finances de la République dont ils auraient connaissance. Le présent arrêté sera inséré dans le *Bulletin* de la Convention nationale [2].

10. Sur le rapport de la Commission de commerce et approvisionnements de la République, le Comité de salut public arrête : sur les 100 millions mis à la disposition de la Commission, la Trésorerie nationale est autorisée à remettre en espèces, *300,000 livres* à Sedan, *300,000 livres* à Metz, *300,000 livres* à Strasbourg, *200,000 livres* à Vesoul, et *100,000 livres* à Carouge, pour être employées par les agents qui seront indiqués à la Commission par l'administration des subsistances militaires à l'extraction des bestiaux sur les lisières des pays étrangers ou ennemis. La Commission comprendra ces sommes dans ses états de distribution, et l'administration des subsistances militaires lui en rendra compte.

R. LINDET [3].

11. La Commission des transports militaires ayant représenté au Comité de salut public que, d'après les réclamations qui lui ont été faites par différents entrepreneurs de caissons et les estimations également faites par des experts, en présence d'un commissaire des guerres, il résulte que les prix convenus pour la construction de ces caissons à 800 livres à essieux de bois et à 900 livres à essieux de fer se trouvent insuffisants et éloignent les entrepreneurs, le Comité de salut public arrête que la Commission des transports militaires est autorisée à accorder 50 livres de plus par caisson, tant pour ceux à construire

---

[1] Nous ne connaissons cet arrêté du Comité de salut public que par cette analyse, ou plutôt cette mention, que nous reproduisons textuellement.

[2] *Bulletin* du 9 floréal. — *Non enregistré.*

[3] Arch. nat., AF II, 75. — *Non enregistré.*

que pour ceux qui ont été livrés depuis le 10 germinal, époque de
l'exercice de la Commission.

R. Lindet [1].

12. Le service de la Commission des transports militaires exigeant
à tous les instants une disposition de fonds qui ne peut se prêter à
aucun retard, sans s'exposer à entraver la chose publique, le Comité
de salut public arrête que la Commission des transports militaires est
autorisée à mettre 1 million à la disposition de l'agent qu'elle désignera
à la Trésorerie nationale pour acquitter les différentes dépenses urgentes du service, et que cette somme sera remplacée à mesure des
dépenses qui seront ordonnancées par la Commission dans le courant
de chaque décade.

R. Lindet [1].

13. Le Comité de salut public, sur le rapport de l'adjoint à la
Commission des travaux publics, arrête ce qui suit : 1° Les registres,
cartons et papiers des bureaux qui faisaient ci-devant partie des détails de la guerre et de la marine, et qui sont présentement attribués
à la Commission des travaux publics, seront transférés, au plus tard
septidi floréal, dans le local destiné à cette Commission. — 2° Tous
les citoyens employés dans les bureaux y continueront provisoirement
leurs services jusqu'à l'organisation générale des détails de la Commission. — 3° Les tables, meubles et ustensiles qui étaient à l'usage
desdits bureaux seront aussi transportés et remis sur récépissé à l'adjoint à la Commission, avec invitation par duplicata, dont il conservera une expédition. — 4° Le concierge gardien des meubles du ci-
devant hôtel de la guerre, déposés dans la maison de la Révolution,
est autorisé à délivrer ceux qui seront jugés nécessaires pour l'ameu-
blement simple et l'usage ordinaire du logement des commissaires, de
l'adjoint et garçon de bureau de la Commission, qu'il sera indispensable de loger pour la facilité et sûreté du service, sur le récépissé de
chacun d'eux, lesquels demeureront responsables des effets dont ils
auront l'usage. — 5° Les membres des Commissions respectives tien-

[1] Arch. nat., AF ii. 286. — Non enregistré.

[2] Arch. nat., AF ii, 286. — Non enregistré.

dront la main à l'exécution du présent arrêté, chacun en ce qui le concerne.

CARNOT [1].

14. Le Comité de salut public, considérant qu'il est important d'entretenir la fonderie d'Indret dans la plus grande activité, et que, pour qu'elle ne soit pas exposée à chômer, il est important de lui procurer des fontes propres à la fabrication des canons; considérant que celle de la Dordogne devient très coûteuse par les frais de transport; arrête : 1° Les fontes provenant des forges de Moidon serviront à approvisionner la fonderie d'Indret, et à cet effet cet établissement est mis à la disposition de la Commission des armes et poudres à l'effet d'y faire fabriquer des fontes propres à la fabrication des canons en les donnant à entreprise. — 2° Pour ne pas diminuer les ressources que présente cette forge, on n'y fabriquera plus de boulets ni des obus; les ouvriers et usines employés à Moidon à cette fabrication seront transférés aux forges de Pouancé et de la Prévotière, à l'effet d'y continuer la fabrication des boulets et obus commandés à Moidon. — 3° La Commission des armes et poudres est chargée de l'exécution du présent arrêté et d'en rendre compte au Comité de salut public.

CARNOT, C.-A. PRIEUR [2].

15. Le Comité de salut public arrête qu'il sera payé la somme de 2,000 livres à chacune des citoyennes, [à savoir] : veuve Riard, veuve Sautemanche (vivant, officier municipal), veuve Gaillard (vivant, juge du tribunal), la mère du citoyen Hideus (vivant, commissaire national), veuve Julien (vivant, administrateur du district), lesquelles sommes seront à imputer sur les indemnités qu'elles ont à prétendre, en exécution du décret du 21 vendémiaire, pour les continuelles persécutions, les tortures, les condamnations prononcées par les contre-révolutionnaires de Lyon, dont leurs maris ou enfants ont été les victimes.

COLLOT-D'HERBOIS, CARNOT, B. BARÈRE [3].

16. La Commission des transports militaires ayant représenté au

[1] Arch. nat., AF II, 24. — *Non enregistré.* — [2] Arch. nat., AF II, 215. — *Non enregistré.* — [3] Arch. nat., AF II, 58. — *De la main de Collot-d'Herbois. Non enregistré.*

Comité de salut public la difficulté de se procurer promptement par la voie du commerce des chevaux de la taille de 4 pieds 8 à 9 pouces destinés au service de l'artillerie; considérant qu'il est possible de s'en procurer dans les départements de la Côte-d'Or, du Doubs, du Jura et autres de la République, d'une taille inférieure, qui peuvent également et aussi utilement être employés au service de l'artillerie, lorsqu'ils sont bien conformés et dans l'âge de trois à huit ans, conformément au règlement sur les remontes; le Comité arrête que la Commission des transports militaires est autorisée à faire des achats de chevaux partout où elle pourra s'en procurer, pourvu qu'ils aient les qualités requises par le présent arrêté pour l'âge de la conformation, sans exiger la taille de 4 pieds 8 pouces et sans en recevoir au-dessous de 4 pieds 3 ou 4 pouces mesurés à la potence, et que ces chevaux ne pourront excéder le prix du maximum de 1,200 livres. La Commission est autorisée à accorder un droit de commission aux citoyens qu'elle emploiera, à raison de 15 livres par tête de cheval, en se conformant aux formalités prescrites pour la conduite et la réception. Il leur sera accordé en outre la nourriture de leurs chevaux de service dans les départs jusqu'au nombre de six. Les chevaux seront marqués des lettres R. F., renfermées dans un cercle de 4 pouces de diamètre et appliquées sur la cuisse du montoir.

R. Lindet [1].

17. Le décret du 14 ventôse, qui établit la Commission des transports militaires, mettait à sa disposition tous les fonds décrétés pour les anciennes entreprises et régies des charrois, convois militaires et relais; un arrêté du Comité de salut public du..... a autorisé la Commission à ordonnancer les sommes dues aux différents entrepreneurs et fournisseurs de ces compagnies; mais le décret du 30 germinal, qui met 18 millions à la disposition de la Commission, ne s'expliquant point sur l'arriéré des sommes revenant à ces entrepreneurs et fournisseurs, employés et agents, le Comité de salut public arrête que la Commission des transports militaires est autorisée à faire payer les sommes dues par ces différentes compagnies aux fournisseurs, ouvriers, entrepreneurs d'ouvrages et de service et aux agents ou em-

---

[1] Arch. nat., AF ii, 286. — *Non enregistré.*

ployés pour la République, sauf le recours et la restitution, s'il y a lieu, contre les compagnies, et les indemnités précédemment accordées aux différents agents du service des postes et messageries, lesquelles sommes seront imputées sur les 18 millions mis à la disposition de la Commission par le décret du 30 germinal.

R. Lindet [1].

18. Le Comité de salut public, vu le rapport de la Commission de commerce et approvisionnements sur les réclamations pressantes du district de Montmorillon et sur l'inexécution des réquisitions qui ont été faites en sa faveur sur le district de Loudun, arrête que le district de Loudun sera tenu d'exécuter la réquisition des 20,000 quintaux qui lui a été faite le 13 ventôse dernier par la Commission, nonobstant tous arrêtés contraires pris par les représentants du peuple délégués près les armées ou dans les départements.

R. Lindet [2].

19. Vu la pétition de la citoyenne Champenois, veuve Saulgeat, tendant à ce que le congé illimité accordé par le représentant Prost à son fils aîné Jean-Baptiste Saulgeat soit confirmé, le Comité, considérant que la veuve Saulgeat est mère de vingt et un enfants, que trois défendent la patrie, que les autres sont dans l'impuissance de lui être utiles, et que la culture de ses terres dépend de la présence dudit Jean-Baptiste Saulgeat; confirme le congé accordé par le représentant Prost à Jean-Baptiste Saulgeat, qu'il requiert auprès de sa mère comme cultivateur; charge la Commission de l'organisation et du mouvement des armées de faire parvenir à Saulgeat le présent arrêté.

Carnot [3].

20. Le Comité de salut public arrête qu'Antoine-Henri Brayer, ancien chef du 1er bataillon dit de Langres, est nommé adjoint aux adjudants généraux de l'armée des Ardennes pour accompagner Laurans, adjudant général à ladite armée; charge en conséquence la Commis-

---

[1] Arch. nat., AF ii, 286. — *En partie de la main de R. Lindet. Non enregistré.* — [2] Arch. nat., AF ii, 72. — *Non enregistré.* — [3] Arch. nat., AF ii, 304. — *Non enregistré.*

sion de l'organisation et du mouvement des armées d'expédier sans aucun délai les ordres nécessaires.

Carnot [1].

21. [Le général Dugommier annonce, par sa lettre du 30 pluviôse, que les représentants du peuple à Port-de-la-Montagne ont conféré à son troisième fils Jacques-François-Coquille, le grade d'adjudant général chef de bataillon, et que les représentants près l'armée des Pyrénées ont conféré le même grade à son second fils Jacques-Germain-François-Coquille. La Commission du mouvement des armées demande s'il faut expédier à ces deux officiers les brevets de leur grade. Approuvé : Carnot [2].]

22. Le Comité de salut public met en réquisition le citoyen Dufla, compositeur à l'imprimerie du citoyen Laurent, domicilié à Paris, section de la Halle-au-Blé, pour être employé comme prote ou compositeur à l'imprimerie du citoyen Beaudinet, à Charolles, chez lequel il se rendra sans délai pour remplir ses fonctions.

R. Lindet [3].

23. Le Comité de salut public arrête que le citoyen Touchard, capitaine de gendarmerie à Châlons-sur-Marne, restera à son poste; charge le citoyen Noirfosse, inspecteur de la division de la gendarmerie, résidant à Soissons, de désigner un autre sujet pour commander une des compagnies de gendarmerie qui doivent marcher à la Vendée, au lieu et place dudit citoyen Touchard.

Carnot, Billaud-Varenne, Collot-d'Herbois [4].

LE COMITÉ DE SALUT PUBLIC

AUX ACCUSATEURS PUBLICS PRÈS LES TRIBUNAUX CRIMINELS

ET COMMISSIONS RÉVOLUTIONNAIRES.

Paris, sans date. (Vers le 7 floréal.)

La loi vous permet de faire imprimer et afficher les jugements criminels, lorsque vous le jugerez à propos, d'après un décret du 6 flo-

----

[1] Arch. nat., AF ii, 304. — *De la main de Carnot. Non enregistré.*

[2] Arch. nat., AF ii, 304. — *Non enregistré.*

[3] Arch. nat., AF ii, 304. — *De la main de R. Lindet. Non enregistré.*

[4] Arch. nat., AF ii, 304. — *Non enregistré.*

réal, rendu sur la question proposée par l'accusateur public du tribunal criminel du département de la Manche [1].

Autant vous devez apporter de soin à user de la faculté que la loi vous donne, lorsque les circonstances vous font juger cette mesure utile à la République et à la compression du crime, autant vous devez veiller à ce qu'elle ne devienne pas un objet de spéculation pour des imprimeurs, et que la République ne soit pas vainement constituée en frais multipliés.

En général, vous devez avoir soin que l'impression du jugement suive de près l'exécution, et l'économie du papier doit vous engager à ne faire faire les impressions tardives qu'avec discrétion, et en réunissant plusieurs jugements sur la même feuille.

[Imprimé. — Bibl. nat., Lb 41/2.]

REPRÉSENTANTS EN MISSION.

UN DES REPRÉSENTANTS À L'ARMÉE DU NORD AU COMITÉ DE SALUT PUBLIC.

Lille, 7 floréal an II-26 avril 1794. (Reçu le 30 avril.)

[Deux lettres de Florent Guiot : 1° Il envoie une adresse de la Société populaire de Lille [2] et signale le civisme de la commune d'Herzeele, district d'Hazebrouck. «Connaissant le mauvais état des routes par lesquelles les troupes de la République devaient marcher à l'ennemi, les membres du Conseil et ceux du Comité révolutionnaire de la commune ont arrêté de s'y rendre le lendemain avec tous les instruments convenables pour travailler gratuitement à les réparer.» Il apprend la nouvelle de notre entrée dans Furnes. — Ministère de la guerre; *Armées du Nord et des Ardennes.* — *De la main de Florent Guiot.* — 2° Il se plaint des retards apportés aux travaux du port et des fortifications de Dunelibre, ci-devant Dunkerque, et rend compte des mesures qu'il a prises pour faire cesser ces retards. Sur la route de Dunkerque à Lille, il a trouvé les grandes communes «plus ou moins égoïstes». «Mais, si l'on ne doit pas en espérer le bien, il ne faut pas davantage en redouter le mal, et le petit nombre de chauds patriotes qui s'y trouve suffit d'ailleurs pour prévenir toutes les inquiétudes. L'esprit public des campagnes est infiniment plus pur. Leurs bons habitants ne demandent qu'à aimer la Révolution, qu'on ne leur a pas fait apercevoir jusqu'à présent, il faut l'avouer, sous des couleurs bien favo-

[1] Voir le *Procès-verbal*, t. XXXVI, p. 124. — [2] Cette pièce manque.

rables. Le district seul de Bergues est arriéré dans ses payements de plus de 2 millions, dont 900,000 livres sont pour grains et fourrages que les laboureurs ont livrés et qui ne leur ont pas été payés. Veillez à ce que les nouvelles Commissions aient soin de faire mieux garnir les caisses en faisant rendre fréquemment les comptes aux administrateurs et agents. Que tout citoyen soit assuré, en livrant ses denrées, d'en recevoir le payement : l'abondance renaîtra, vous attacherez une foule d'hommes par de nouveaux liens à la Révolution. » — « Il m'a été adressé ces jours derniers la copie d'un arrêté de notre collègue Roux, ayant rapport aux troubles qui se sont manifestés dans la commune de Saint-Quentin. Les autorités publiques et la Société populaire de cette commune m'avaient écrit, à différentes fois, à l'occasion de ces mêmes troubles, et je leur avais constamment répondu que, ne pouvant par moi-même m'instruire de la vérité et n'opérant jamais sur des inconnues, je ne pouvais que les exhorter à sacrifier leurs passions individuelles au salut public. J'ai donc été très surpris, lorsque j'ai lu, dans l'arrêté de notre collègue Roux, qu'il suspendait les pouvoirs que j'avais accordés au citoyen Rogé, nommé commissaire de ma part pour se rendre à Saint-Quentin. La vérité est que j'ai seulement rafraîchi les pouvoirs que ce citoyen tenait de notre collègue Laurent pour exécuter les instructions que vous lui aviez adressées. J'ai employé le citoyen Rogé pour épurer les autorités publiques du district d'Hazebrouck, et je n'ai pas eu la plus légère réclamation un peu fondée contre la manière dont il a opéré, et c'est ce qui me dispose à croire qu'il est besoin de bien tirer au clair les causes de l'agitation qui s'est ainsi manifestée à Saint-Quentin, avant que de prononcer. Au surplus, notre collègue Laurent n'a sans doute pas négligé de vous rendre compte de cette affaire. » — Ministère de la guerre; *ibid.* — *De la main de Florent Guiot.*]

UN DES REPRÉSENTANTS À L'ARMÉE DES CÔTES DE CHERBOURG
AU COMITÉ DE SALUT PUBLIC.

Carentan, 7 floréal an II-26 avril 1794.

[Pomme a traduit devant le tribunal militaire de Caen le chef de bataillon et le quartier-maître du 4e bataillon de la Dordogne, dont la comptabilité était plus qu'irrégulière. — Ministère de la guerre; *Armée des Côtes de Cherbourg.*]

UN DES REPRÉSENTANTS DANS LE CALVADOS ET LA MANCHE
AU COMITÉ DE SALUT PUBLIC.

Coutances, 7 floréal an II-26 avril 1794. (Reçu le 2 mai.)

J'avais suspendu, citoyens collègues, mon travail concernant les détenus dans les maisons d'arrêt pour me rendre à Cherbourg, où le transport des canons destinés au port de Brest et le sort de la frégate *la Carmagnole* m'appelaient. Après avoir rempli avec succès ces parties principales de ma mission et pourvu à différents autres objets d'une extrême urgence, j'ai repris le cours de l'examen des personnes détenues. Une foule immense de pétitions et de réclamations m'en faisait un devoir, et vous sentirez aisément combien il était impérieux, par la quantité de victimes de l'arbitraire, de l'ignorance et des passions auxquelles j'ai rendu la liberté dans la seule commune de Valognes; des bras rendus à l'agriculture, des vieillards, des pères à leurs enfants, des femmes aux besoins domestiques : voilà ce que j'ai dû faire. Parmi ce nombre il en était, et c'était la pluralité, que des prêtres scélérats, agents continuels des municipalités et des comités de surveillance des campagnes, ont fait incarcérer pour ne point aller à leurs messes, pour tenir par un idiotisme imbécile aux préjugés que leur inspiraient encore sous main ces monstres tonsurés qui ont sanctifié les massacres de la Vendée. J'ai trop bien considéré que les habitants des campagnes de ce département étaient susceptibles d'une sorte de séduction à cet égard, mais que, bons par caractère, aimant plus leur tranquillité que leurs prêtres, ils pouvaient bien éprouver, pour leurs anciennes habitudes, quelques mouvements d'entêtement, d'où ne seraient jamais résultés d'actes liberticides. Ils l'ont prouvé par la facilité avec laquelle ils les livrent à la rigueur de la loi, quand elle parle, et j'ose assurer qu'ils en sont fidèles observateurs. Il est aussi des ci-devant nobles en faveur desquels ils réclament, parce qu'ils en ont vu qui exerçaient quelquefois envers eux des actes de bienfaisance dont ils sont reconnaissants; mais je n'ai point fait fléchir la loi à l'égard de ceux-ci, lorsqu'elle les frappe directement, certain qu'il faudrait qu'ils fussent doués d'une vertu plus qu'humaine pour être sincèrement les amis d'une révolution qui les a réduits à une égalité dont il n'est pas possible que leur orgueil s'accommode. Aucun parent d'émigré n'a été soustrait à son sort. Ceux qui, en état par leurs places, leur fortune ou leur talent d'influer sur l'opinion ou d'entraver la marche du gouvernement, et qui (*sic*) n'ont pas marché dans la ligne républicaine, sont restés pour otages du salut public, auquel ils pourraient nuire. Si les Comités de surveillance, et surtout ceux des campagnes, ne renfermaient pas un grand nombre de citoyens qui, avec d'excellentes intentions, n'ont pas peut-être assez de discernement pour se prémunir

contre les insinuations des ennemis cachés de la Révolution et contre
les passions particulières, contre des ressentiments secrets d'anciennes
querelles ou de vengeances à exercer pour des actes très antérieurs à
l'établissement de la République, on ne serait point obligé d'épurer
ainsi les maisons d'arrêt. Il n'y resterait que ceux qui, dangereux pour
la sûreté publique, doivent être sequestrés de la société, où ils ne
peuvent porter que le trouble. La sortie de plus de quatre cents individus des maisons d'arrêt de Valognes n'empêche pas qu'il ne reste
encore une très grande quantité, qu'il est utile d'empêcher de communiquer avec les bons citoyens. C'est l'ivraie de la République. — Je
viens d'arriver à Coutances, où, parmi différents soins qu'exige la position actuelle des administrateurs de cette commune, je continuerai
ce même travail, pour expédier ensuite Saint-Lô et Carentan, seuls
chefs-lieux de ce département où je n'ai pas encore pu terminer mes
opérations. Activité, vigilance, amour violent de ma patrie et de mon
devoir, c'est avec ces sentiments que je veux bien mériter de la République et de vous.

Salut et fraternité,   BOURET.

[Arch. nat., AF ii, 178.]

_____

LE REPRÉSENTANT DANS LA SEINE-INFÉRIEURE ET L'EURE
AU COMITÉ DE SALUT PUBLIC.

Cany, 7 floréal an ii — 26 avril 1794. (Reçu le 30 avril.)

Citoyens mes collègues,

Une émeute s'est élevée, le 22 germinal, dans la commune d'Imbleville entre la municipalité et la garde nationale de cette commune, d'une
part, et, de l'autre, un détachement de hussards cantonné à Cany et
envoyé en patrouille dans le district de Dieppe pour y donner la chasse
aux brigands qui s'y sont montrés.

J'ai été informé des faits, et j'ai sous les yeux toutes les pièces de
cette affaire, desquelles il résulte que les hussards et la municipalité
d'Imbleville sont également coupables, celle-ci de malveillance et de
mauvaise conduite, et les autres d'une indiscipline et d'excès inouïs.

Il demeure constant, d'après l'examen et les rapprochements que
j'ai faits, que les hussards se sont permis de donner l'ordre à un parti-

culier d'aller au ci-devant château d'Imbleville pour y faire préparer
un dîner pour cent personnes, de faire rôtir pour cet effet des poules
et faire jeter l'épervier pour avoir du poisson; qu'ils se sont portés à
des violences et voies de fait envers la municipalité et la garde nationale d'Imbleville; qu'ils en ont cruellement battu et maltraité le maire,
l'agent national et plusieurs officiers municipaux, après les avoir dé-
pouillés de leurs écharpes; que le greffier de la municipalité, le capitaine de la garde nationale, plusieurs gardes nationaux et autres citoyens ont essuyé de leur part les mêmes mauvais traitements; qu'ils
ont conduit ces officiers municipaux liés et garrottés dans une commune voisine du chef-lieu de canton; qu'ils ont exercé la piraterie et
le brigandage les plus effrénés en se procurant des aliments et des
liqueurs par des menaces et des moyens violents, en commettant des
dévastations et des vols tant dans la maison commune que dans différentes maisons particulières; qu'après s'être introduits dans le ci-devant
presbytère par une vitre au châssis qu'ils ont brisée, ils y ont volé et
en ont brisé les meubles; que deux de ces hussards, pour mettre le
comble à toutes ces horreurs, ont commis des atrocités sur la servante
du ci-devant curé; que cette malheureuse fille est restée en proie une
nuit entière aux emportements et aux fureurs de leur sale brutalité (la
pudeur ne permet pas de tracer ici ces atrocités, qui outragent en
même temps les mœurs et la nature); que la municipalité d'Imbleville
a provoqué cette scène tragique par la résistance préméditée qu'elle a
voulu opposer d'abord à la force armée qui avait ordre de faire des
perquisitions dans sa commune et surtout dans le ci-devant château;
que cette municipalité avait fait des démarches auprès de celle d'En-
glesqueville dès le 20 et 21, c'est-à-dire deux jours avant, pour la
porter à réunir ses forces aux siennes afin de repousser les hussards et
ainsi exciter une sédition en armant les citoyens contre les citoyens.

J'ai cru, citoyens mes collègues, que des faits aussi graves, aussi
contraires à la discipline militaire, au bon ordre, à la sûreté des citoyens et aux mœurs républicaines, ne doivent pas rester longtemps
sans répression. Je me suis donc empressé de prendre, à l'égard de la
municipalité et des hussards, l'arrêté dont je vous fais passer copie [1].

---

[1] Cette pièce manque. Elle fut, d'après une note marginale, renvoyée au Comité de
sûreté générale.

Je désire que vous approuviez et les mesures qu'il prescrit et les motifs qui les ont déterminées.

Salut et fraternité,   Siblot.

[Arch. nat., AF ii, 163.]

LE REPRÉSENTANT DANS LE LOIR-ET-CHER ET LA SARTHE
À LA CONVENTION NATIONALE.

Le Mans, 7 floréal an II - 26 avril 1794.

Mes travaux sont finis dans la commune du Mans, mes chers collègues; le peuple est entièrement rallié à la Convention nationale et aux vrais principes; il n'a qu'un seul regret, c'est de voir que ceux qui l'ont trompé ne soient pas encore punis.

Les autorités constituées et la Société populaire sont de nouveau réorganisées. Les intrigants et les modérés voient aujourd'hui par ce travail sévère qu'ils avaient conçu de fausses espérances sur les troubles momentanés de cette commune; la paix et l'énergie y règnent à la fois.

Une querelle funeste divisait le Mans et la Flèche; ces deux communes se sont rapprochées, et, oubliant les causes de leur division, elles n'ont rappelé le nom de leur auteur que pour appeler la vengeance publique sur sa tête. Ce rapprochement a produit une scène délicieuse, qu'il n'est donné qu'à la liberté et à la vertu d'enfanter.

Malgré les ravages qu'ont éprouvés ces deux communes, leurs offrandes généreuses ont surpassé mon attente; celles du Mans excèderont 150,000 livres. En attendant les bienfaits que votre humanité promet au peuple, je lui en présente d'avance les prémices; partout je verse dans le sein des infortunés une portion de ces actes de bienfaisance.

Je n'oublie point dans mes libéralités ces défenseurs intrépides de la liberté dont vous êtes l'appui, et qui, couverts d'honorables blessures, se formaient en trophées dans les séances publiques, qu'ils électrisaient par leur présence.

Le salpêtre naît avec abondance sous les doigts actifs et laborieux de ceux qui le fabriquent; des boulets se fondent, des caissons se fabriquent, des soldats s'exercent. Le frémissement de la vengeance se fait entendre de tous côtés, et l'énergie est ici à l'ordre du jour.

Vous approuverez sans doute l'établissement que je fais d'une manufacture qui va nous faire oublier que nous avons perdu celle de Cholet; elle sera en pleine activité dans quinze jours, et ceux qui ne pourront défendre la patrie en se battant la serviront par leur industrie.

Une manufacture de savon s'organise, et j'assure tous les moyens de facilité et d'appui à la femme industrieuse qui est à la tête de cette entreprise.

Enfin, depuis la faute momentanée de cette commune, tout prend ici une nouvelle vie, et je puis dire qu'elle a été heureuse pour la chose publique.

Salut et fraternité,   GARNIER (de Saintes).

[Arch. nat., AF ii, 178.]

_____

LE MÊME AU COMITÉ DE SALUT PUBLIC.

Le Mans, 7 floréal an II — 26 avril 1794. (Reçu le 30 avril.)

[Garnier (de Saintes) fait passer les arrêtés qu'il a pris jusqu'à ce jour dans le département de la Sarthe, depuis le n° 295 jusqu'au n° 316 inclusivement [1]. — Arch. nat., AF ii, 178.]

_____

LE REPRÉSENTANT DANS LE CHER AU COMITÉ DE SALUT PUBLIC.

Vierzon, 7 floréal an II — 26 avril 1794. (Reçu le 1er mai.)

[«Ferry transmet copie d'un arrêté [2] qu'il a pris pour prolonger la coupe des bois et la confection du charbon destiné aux forges des départements du Cher et de l'Indre. Il a la satisfaction de voir les travaux des fonderies et forgeries de canons poussés avec vigueur; on commencera bientôt à couler à Vierzon. Tout va bien; il donnera bientôt des détails satisfaisants.» — Arch. nat., AF ii, 242. Analyse.]

_____

[1] Trois seulement de ces arrêtés sont joints à cette lettre : 1° nomination des fonctionnaires de Mont-du-Loir (ci-devant Château-du-Loir); 2° remboursement des frais aux citoyens qui ont conduit à Paris les conspirateurs du Mans; 3° ordre de payer l'indemnité de 3 livres par jour aux membres des Comités de surveillance de la Flèche et de Mont-du-Loir.

[2] Cette pièce manque.

LES REPRÉSENTANTS À ROCHEFORT AU COMITÉ DE SALUT PUBLIC.

Rochefort, 7 floréal an II–26 avril 1794. (Reçu le 2 mai.)

[Guezno et Topsent annoncent la prise d'un bâtiment anglais de 150 tonneaux, chargé de laine, et d'un espagnol, chargé de blé et farines. Leurs collègues Hentz, Francastel et Garrau, en passant à Rochefort, leur ont transmis des renseignements sur la Vendée. « Ce pays n'est plus qu'un désert, ne renfermant tout au plus que quinze mille brigands des deux sexes, épars sur plusieurs points, et réduits à l'alternative ou de mourir de faim et de misère, ou d'être réduits en détail par les braves sans-culottes qui cernent le pays révolté et y bloquent les brigands comme dans un parc où ils doivent tous périr. » Garrau s'est mis en route ce matin, avec une compagnie de hussards, pour l'armée des Pyrénées occidentales. Ils retiendront le général Huché jusqu'à nouvel ordre du Comité. La frégate *la Railleuse* sera prête sous huit jours. L'expédition pour les îles du Vent était déjà à la voile, lorsque Sijas a reçu son ordre d'embarquement comme troisième commissaire, en sorte que ce citoyen est obligé d'attendre ici les nouveaux ordres que le Comité jugera à propos de lui transmettre. — Ministère de la marine; BB³ 60. — *De la main de Guezno.*]

LE REPRÉSENTANT DANS LA CORRÈZE ET LE PUY-DE-DÔME
AU COMITÉ DE SALUT PUBLIC.

Tulle, 7 floréal an II–26 avril 1794. (Reçu le 1ᵉʳ mai.)

Citoyens collègues,

Ne croyez pas qu'il soit possible à des ouvriers en fer de faire de l'acier à l'aide du seul mémoire que vous avez fait distribuer : il est trop savant et intelligible seulement pour les ouvriers qui savent en faire. Pour le rendre complet, il faut que vous y fassiez ajouter une narration exacte de tous les procédés qu'il faut suivre dans cette fabrication, et ne pas craindre d'entrer à cet égard dans des détails trop minutieux. — Je profiterai de l'autorisation que vous me donnez pour encourager et pour perfectionner cet art utile, auquel les fers du département de la Dordogne semblent être plus particulièrement propres.

Dans la crainte que cette matière précieuse ne manque à la fabrication des armes de cette manufacture, j'ai requis les entrepreneurs de transformer une de leur forges en aciérie, et j'ai requis les maîtres de forges voisins de fournir aux entrepreneurs le complément de fonte

et de fer qui leur serait nécessaires. Mais il n'eût pas été possible
de former cette nouvelle aciérie avec des ouvriers du pays; nous nous
sommes servis pour cela des Allemands dont je vous ai parlé dans
mes précédentes lettres; on leur a promis une récompense, et ils travaillent dans les deux aciéries, qui sont voisines l'une de l'autre; on a
déjà fait de l'acier dans la nouvelle. Deux moyens propres à multiplier
dans ces départements du centre la fabrication de l'acier seraient d'y
établir une école dans laquelle se rendraient les forgerons et autres
ouvriers des forges voisines; c'est le parti que j'aurais déjà pris, si les
Allemands qui travaillent ici en ce genre savaient parler la langue
française. Envoyez-moi un ouvrier qui puisse instruire et manipuler en
présence de nos forgerons, et je vous réponds que, dans peu, le département de la Dordogne pourra fournir de l'acier à toute la République. Le second moyen, qui peut même être employé en même temps
que le premier, serait que, dans les pays de Saarbruck et des Deux-
Ponts, dont les troupes de la République sont actuellement en possession, vous missiez en réquisition les ouvriers qui savent fabriquer
l'acier et que vous les fissiez disperser dans les départements les plus
propres à ces sortes d'établissements. Je vous répète que les personnes
instruites dans la minéralogie trouvent que les fers du département de
la Dordogne sont d'une qualité supérieure et plus propres que d'autres
à fournir de bon acier.

Dans le temps que vous multipliez par tous les moyens possibles
les armes qui doivent nous conserver notre liberté, votre intention
n'est pas sans doute de les laisser inactives dans les magasins; cependant, depuis que je suis ici, je vous ai demandé plusieurs fois quelle
destination vous vouliez assigner à celles qui s'y fabriquent journellement, et je n'ai reçu de vous aucune réponse à cet égard, et le pouvoir
exécutif n'a donné aucun ordre au conseil d'administration. Dans cet
état des choses, et à l'occasion d'un échec que nos troupes reçurent
dans la Vendée, Brival et Ingrand, nos collègues, envoyèrent un courrier pour que je leur adressasse, par la poste, cinq cents fusils à Poitiers, qui était dénué de toute espèce de défense. Depuis, j'ai vu que,
sur la frontière d'Espagne, nos braves volontaires avaient chassé avec
des bâtons les lâches Espagnols, et, notre collègue Pinet m'ayant écrit
que l'armée des Pyrénées occidentales avait besoin de quinze mille
fusils, j'ai donné ordre qu'on envoyât à Bayonne ceux dont on pouvait

disposer. Cependant, d'après les ordres que je viens de recevoir de vous, j'ai arrêté cet envoi. Il nous reste seize cents fusils; le mois dernier en a produit onze cents. Si je n'avais pas été obligé de m'absenter pendant quelque temps pour surveiller la fabrication des fers et de l'acier, la recette eût été plus considérable; ces ouvriers ont besoin d'être continuellement surveillés.

Je vais hâter l'exécution du projet auquel vous avez donné votre approbation pour transformer en bois de fusils les noyers arrachés dans les biens des émigrés de ce département.

En me résumant, voici les demandes que je vous fais, et celles auxquelles je vous prie de donner quelque attention.

1° M'indiquer d'avance où vous voulez que soient adressés les fusils qui se fabriquent dans cette manufacture; il est douloureux d'en avoir dans les magasins, quand les défenseurs de la République en manquent en présence de l'ennemi. Comptez, ce mois-ci, sur douze cents et progressivement chaque mois sur un plus grand nombre, même jusqu'à trente mille par an, *si vous me secourez;*

2° Charger des commissaires et même des représentants du peuple dans les pays de Saarbruck et des Deux-Ponts de découvrir des ouvriers propres à la fabrication de l'acier et me les envoyer, fussent-ils au nombre de vingt; j'en tirerai parti à l'avantage de la République;

3° M'envoyer de Paris un ouvrier propre à enseigner la fabrication de l'acier naturel et capable de fabriquer lui-même; j'en formerai une école;

4° Je vous invite enfin à faire insérer dans le *Bulletin* et dans les journaux l'ordre à tous les commandants des corps de renvoyer tous les volontaires qui avaient travaillé à la fabrication des armes dans les manufactures où ils étaient précédemment; les mouvements continuels des corps militaires empêchent que les lettres écrites à ce sujet n'arrivent à leur destination; le *Bulletin* et les journaux arrivent partout.

Salut et fraternité,

Roux-Fazillac.

[Arch. nat., AF ii, 178. — *De la main de Roux-Fazillac.*]

LES REPRÉSENTANTS À L'ARMÉE DES PYRÉNÉES OCCIDENTALES
AU COMITÉ DE SALUT PUBLIC.

Bayonne, 7 floréal an II-26 avril 1794. (Reçu le 6 mai.)

[Deux lettres de ces représentants : 1° «Cavaignac rend compte de ses opérations et observe, entre autres choses, qu'il n'a trouvé d'abord que mille cent
soixante dix-neuf hommes de cavalerie dans cette armée de cinquante mille hommes,
mais que ce nombre s'est depuis suffisamment augmenté; qu'il a travaillé au re-
crutement des volontaires en réquisition et au complément de divers corps; qu'il
s'est pareillement occupé des achats de draps et de la confection des habillements
et équipements. Il fait une demande de chevaux, armes, etc., et annonce enfin
qu'il va incessamment terminer sa mission et rentrer dans le sein de la Convention. » — Arch. nat., AF II, 263. Analyse. — 2° Cavaignac et Pinet mandent que
la mesure prise par eux pour destituer quelques officiers généraux et les remplacer s'est exécutée avec le grand succès. Ils viennent d'apprendre que le général Laroche, pendant son séjour à Paris, s'était fait passer pour noble. «Si cette circonstance, que nous ignorions lorsque nous avons écrit notre lettre du 2 de ce mois [1],
est vraie, nous vous prions de regarder comme non avenu tout ce que nous avons
dit à son sujet dans la même lettre. Laroche nous a paru bien aller; mais, s'il
a été capable de se donner pour noble, ou s'il l'est en effet, il nous a trompés, et
pour lors il mérite son sort. — Le bruit s'est répandu ici que nous devions être
rappelés. La malignité et la malveillance se sont emparées de cette nouvelle pour
répandre que notre conduite était improuvée par la Convention et par vous. Nous
pensons, citoyens collègues, que, d'après le résultat de quelques mesures générales, votre dessein peut bien être de nous remplacer, et Pinet, qui est ici depuis
près de huit mois, et Cavaignac, dès que l'organisation de la cavalerie sera terminée, rentreront avec satisfaction dans le sein de la Convention, persuadés qu'ils
ont mérité, si ce n'est par leurs lumières et leurs talents, du moins par leur courage, leur zèle, leur dévouement à la patrie, et les services qu'ils ont tâché de
lui rendre, soit en enchaînant l'aristocratie, soit en déjouant les manœuvres des
pervers et des intrigants, soit en étouffant une conspiration sérieuse, soit enfin en
faisant tomber sous le glaive de la loi la tête de près de cent conspirateurs, l'estime
et l'amitié de la Convention nationale et de vous. » — Ils annoncent que la Commission extraordinaire, qu'ils avaient envoyée à Auch, a fait guillotiner l'assassin
de Dartigoeyte et neuf de ses complices. — Arch. nat., AF II, 263.]

[1] Nous n'avons pas cette lettre, mais nous en avons donné (t. XII, p. 771) un fragment
à la date du 3 floréal, sous le titre de 4° extrait.

LE REPRÉSENTANT DANS LA MEUSE ET LA MOSELLE
AU COMITÉ DE SALUT PUBLIC.

Longuyon, 7 floréal an II-26 avril 1794. (Reçu le 2 mai.)

L'épuration de la commune de Longuyon, citoyens collègues, est terminée; elle m'a coûté peu de temps, peu de travaux. L'esprit public de cette commune est meilleur en général que dans aucune place frontière, et, si à sa pureté il joignait plus d'énergie, plus d'épanchement, elle serait une des meilleures de la République.

Je ne me flatte pas, mais j'espère être parvenu à ce but en élaguant des places importantes, qui dirigent et fixent la marche révolutionnaire, les hommes d'un caractère peu prononcé et d'une âme peu stoïque, et en leur donnant pour successeurs de braves sans-culottes, qui réunissent à un civisme brûlant et révolutionnaire un cœur ferme et capable de grandes choses.

La trop longue présence d'un ennemi cruel et spoliateur a fait dans Longuyon d'affreux ravages. Au résultat des appréciateurs, il est peu de communes qui aient plus souffert de ses vexations.

Ce motif puissant lui a fait apprécier la justice des rois et connaître la différence qui existe entre leur monstrueuse politique et la loyauté républicaine.

La Société populaire est en majeure partie composée de sans-culottes de nom comme d'effet; la droiture de leur cœur, la rectitude de leurs opinions a maintenu la bonté de celle (*sic*) qui plane sur tous les esprits.

Ils abhorrent tous les assassins dont la main téméraire voulait poignarder la liberté sur le faîte de la Montagne; ils l'aiment avec transport, cette Montagne salutaire, qui sauva le vertueux patriote, et au pied de laquelle viennent se briser les aristocrates et leurs forfaits.

Je n'ai point trouvé de division dans les principes, de fédéralisme dans la doctrine. Un seul parti triomphe à Longuyon : c'est celui de la République et de la liberté.

Quelques-unes des autorités recélaient dans des membres immoraux le virus du mal : je l'ai extirpé en les balayant.

C'est par ces moyens que j'augure que les citoyens habitant Longuyon se mettront tout à fait au pas de charge et se rendront dignes de concourir, par un travail assidu et courageux, à la fondation de l'édifice du bonheur public dont vous préparez les matériaux.

Salut, égalité et fraternité,

MALLARMÉ.

[Arch. nat., AF II, 163. — *De la main de Mallarmé.*]

UN DES REPRÉSENTANTS À L'ARMÉE DES ARDENNES
AU COMITÉ DE SALUT PUBLIC.

Châlons-sur-Marne, 7 floréal an II-26 avril 1794.
(Reçu le 30 avril.)

[« Vidalin expose qu'il a déjà fait connaître au Comité que le 18e régiment de chasseurs à cheval, quoique ayant ses escadrons de guerre à l'armée de la Moselle, n'était affecté à aucune armée. Il s'est fait rendre compte de la situation de ce dépôt, et il a appris qu'abandonné depuis longtemps de tout le monde, il était dans le plus grand délabrement. Il l'a fait venir à Châlons; il a observé que la plupart des officiers et sous-officiers sont ineptes, ignorants ou de mauvais sujets; d'un autre côté, il est convaincu que les dépenses que l'on pourrait faire pour mettre ce corps en état de servir la République seraient en pure perte. Il propose de le licencier et d'incorporer dans l'armée de la Moselle les escadrons de guerre avec ce qui restera de disponible à Châlons après l'épuration. Si le Comité adopte cette mesure, il l'en instruira par un arrêté, ainsi que son collègue Pflieger. Indépendamment de la revue numérique ci-jointe, le Comité trouvera encore l'état des besoins de ce corps, d'après lequel il pourra calculer les dépenses à faire pour des hommes qui ne seront pas en état d'entrer en campagne avant un an [1]. » — Arch. nat., AF II, 242. Analyse.]

LE REPRÉSENTANT DANS LA NIÈVRE ET L'ALLIER
AU COMITÉ DE SALUT PUBLIC.

Nevers, 7 floréal an II-26 avril 1794. (Reçu le 3 mai.)

[Noël Pointe transmet un arrêté qu'il a pris en vue d'accélérer, coûte que coûte, la fabrication des canons [2]. Il craint que le Comité ne lui réponde pas à ce sujet, et, à son habitude, néglige d'approuver ou de blâmer cet arrêté. — Arch. nat., AF II, 411.]

---

[1] Ces pièces manquent. — [2] Cette pièce manque.

UN DES REPRÉSENTANTS DANS LE RHÔNE ET LA LOIRE
AU COMITÉ DE SALUT PUBLIC.

Commune-Affranchie (Lyon), *7 floréal an II-26 avril 1794.*
(Reçu le 4 mai.)

Citoyens collègues,

J'étais en route pour me rendre près de vous, en exécution d'un
arrêté de mes collègues, lorsque la rencontre du courrier extraordinaire porteur de votre dernière dépêche pour nous, m'a engagé à re-
brousser chemin [1].

Grâces vous soient rendues pour m'avoir tiré de ce foyer d'intrigues,
au milieu duquel mes collègues et moi avons eu à lutter si longtemps
et si laborieusement.

Je plains beaucoup Reverchon, qui reste, et Dupuy, qui va arriver,
et tous ceux qui pourront venir encore après eux dans ce pays de corruption et de calomnies. Rendez-les bien forts, si vous voulez qu'ils
puissent déjouer les intrigues et les intrigants.

Je vous portais des preuves écrites que, parmi ceux qui se disent
opprimés pour intéresser vos cœurs généreux et arracher à votre sensibilité quelques arrêtés favorables à leurs projets, il y en a qui se
disent Français et qui ne sont que des Anglais ou des Piémontais, ou
des hommes qui ont servi chez les Tarente et les Breteuil, ou des
hommes qui ont été interprètes ou courriers de plusieurs maisons hol-
landaises et anglaises, ou des hommes suspects de favoriser les rebelles
émigrés, d'entretenir avec eux des correspondances, d'avoir pour argent facilité leur évasion, de les avoir fait arbitrairement remettre en
liberté lorsqu'ils étaient détenus. Vous auriez été étonnés de voir que
de tels hommes sont des membres de comités, de tribunaux, des agents
des districts, qui les emploient à la vente des biens sequestrés, et qu'ils
sont du nombre de ceux que cinq ou six meneurs de ce pays-ci ont
appelés à toutes les places pour les avoir à leur disposition. Vous auriez
été étonnés de voir qu'ils ont des certificats de civisme, des passeports
pour Paris; qu'ils sont membres des Sociétés populaires depuis 1789;
qu'ils ont combattu le 29 mai, puis [été] incarcérés par les rebelles.

_____
[1] Voir t. XII, p. 763.

Quant à moi, je me perds dans tous ces labyrinthes de contradictions; mais, prenez-y garde, citoyens collègues, c'est le Comité de sûreté générale qui nous a mis sur la voie, qui a fait intercepter des lettres venant de l'étranger, qui nous a dit qu'il existait des traîtres, qui nous a commandé de prendre des mesures. Les affaires se débrouillent petit à petit, et, d'erreur en erreur, j'espère que le grand jour de la vérité percera; cette tâche est réservée à ceux qui restent et qui arriveront.

Quant à moi, je ne vois de vrai moyen de couper dans ces fils que de rendre les représentants du peuple, plus ici qu'ailleurs, forts et fermes, parce qu'il y a nécessité moins partout ailleurs qu'ici; c'est de leur dire en deux mots : «Examinez de bien près, conservez les patriotes purs dans les places; arrachez-les aux patriotes faux, intrigants et susceptibles de corruption; organisez le gouvernement révolutionnaire d'après la confiance que les hommes vous inspireront; entourez-vous de ceux qui aiment la représentation nationale; éloignez de vous et déplacez ceux qui la calomnient par système; en un mot, faites tout ce que vous croirez devoir faire pour le bien, et le Comité le ratifie par avance; il écartera de lui les intrigants qui voudront enrayer votre marche, et dans deux décades le pays sera sauvé. »

Quant à moi, je viens d'apprendre que l'armée vient de prendre le Mont-Bernard, qu'elle attaque le Mont-Cenis; je vole au nouveau poste que vous m'assignez; je tâcherai encore de m'y rendre utile, et j'y serai plus suivant mon goût et mon caractère; car j'aimerais mieux attaquer cent mille esclaves avec vingt mille républicains que d'avoir perpétuellement à batailler avec une poignée d'intrigants.

Salut et fraternité. Votre collègue,

LAPORTE.

[Arch. nat., AF II, 194. — *De la main de Laporte.*]

UN EX-REPRÉSENTANT À SAINT-ÉTIENNE AU COMITÉ DE SALUT PUBLIC.

Au camps de Nils, sous Perpignan, 7 floréal an II-26 avril 1794.
(Reçu le 7 mai.)

Citoyens mes collègues,

Si je ne me suis rendu à l'échéance du congé, dans le sein de la Convention nationale, c'est pour avoir été vivement sollicité et invité par Milhaud et Soubrany, députés à l'armée des Pyrénées orientales, à parcourir divers départements méridionaux pour accélérer le transport des fourrages, soit par eau, soit par terre. Le régisseur des fourrages de l'armée a été forcé de me rendre justice en convenant avec nos collègues, avec qui je confère sur nos travaux, que j'ai été d'une grande utilité pour favoriser et approvisionner le camp.

J'ai parlé toujours avec chaleur et un style vraiment républicain, jamais *infra* ni *ultra,* à tous les corps constitués et aux Sociétés populaires. J'ai observé que les intrigants et les modérés brûlent de tout diviser, ou en briguant les places avec un scandale révoltant, ou en agitant en tout sens, par des insinuations perfides, les timides, les faibles, le peuple, qui, jurant sans cesse reconnaissance éternelle à votre Comité libérateur, attachement le plus tendre à la Convention, jure ardemment de lui obéir, de la défendre avec intrépidité. En demandant avec instance la partie précieuse (*sic*) de notre administration, je parle, mes dignes collègues, de l'instruction publique, des écoles primaires. Le Français a le besoin le plus urgent des lumières et des mœurs; ne nous le dissimulons pas : c'est de ce véhicule rapide, de ce mobile puissant que dépendent la félicité des races futures, la grandeur, la stabilité et la gloire de la République.

J'ai employé le congé de l'Assemblée à surveiller les remèdes, le linge, les lits, la nourriture des trois hôpitaux militaires; je n'ai pu refuser mes services à la prière de notre collègue Milhaud, moins encore à la voix impérieuse de l'humanité souffrante.

Salut et fraternité,

GIRARD, député de l'Aude.

[Arch. nat., AF II, 188. — *De la main de Girard.*]

COMITÉ DE SALUT PUBLIC.

Séance du 8 floréal an II-27 avril 1794.

Présents : B. Barère, Carnot, Couthon, C.-A. Prieur, Collot-d'Herbois, Billaud-Varenne, Robespierre, Saint-Just, R. Lindet.

1. Le Comité de salut public arrête que les enfants des citoyens connus sous le nom de Religionnaires fugitifs, étant réputés français, quoique nés en pays étranger, d'après un décret de l'Assemblée constituante [1], ne sont pas compris dans la loi du 27 germinal sur la police générale de la République [2]. Le présent arrêté sera inséré au *Bulletin* et dans les papiers publics.

Couthon, B. Barère, Billaud-Varenne, Carnot,
C.-A. Prieur [3].

2. Les citoyens nés de parents français dans les pays avec lesquels la République est en guerre, et qui ont été chassés pour avoir refusé le serment exigé par les tyrans, ne sont pas compris dans les mesures de police générale décrétées les 26 et 27 germinal. Cet arrêté sera inséré dans le *Bulletin* de la Convention nationale.

B. Barère, Billaud-Varenne, Carnot, C.-A. Prieur,
Collot-d'Herbois [4].

3. Le Comité de salut public arrête qu'il sera délivré au citoyen Dominique, gendarme de la 29e division, envoyé de Strasbourg comme courrier, et retournant dans cette commune, un mandat de la somme de deux cent cinquante livres, sur la Trésorerie nationale, qui sera prise sur les cinquante millions mis par décret à la disposition du Comité de salut public.

Saint-Just, B. Barère [5].

4. Le Comité de salut public arrête que le Comité révolutionnaire de la section de la Halle-au-Blé remettra sans délai au citoyen Laheuse, sous-chef du bureau des postes et messageries, sa carte de sûreté.

Collot-d'Herbois, B. Barère [6].

5. Le Comité de salut public arrête que toutes les dépêches rela-

---

[1] Voir l'article 2 du titre II de la Constitution de 1791.
[2] Voir t. XII, p. 620
[3] Arch. nat., AF ii, 61. — *De la main de Couthon.*
[4] Arch. nat., AF ii, 61. — *De la main de Barère.*
[5] Arch. nat., AF ii, 31. — *De la main de Saint-Just.*
[6] Arch. nat., AF ii, 57.

tives aux événements de la guerre, dans toutes les armées de la République, soit de terre, soit de mer, seront adressées directement, exclusivement et avec la plus grande célérité au Comité de salut public. Tous les généraux des armées de terre et de mer rendront compte sur-le-champ de tous les événements militaires au Comité de salut public.

> B. Barère, Saint-Just, Billaud-Varenne, Carnot, C.-A. Prieur, Collot-d'Herbois [1].

6. Le Comité de salut public autorise la Commission de la marine à faire partir les jeunes Irlandais, en exécution du décret du 6 floréal, par un bâtiment neutre destiné pour Hambourg [2].

> B. Barère, Billaud-Varenne [3].

7. Le Comité de salut public arrête ce qui suit : 1° Rossignol, général en chef de l'armée des Côtes de Brest, est destitué. — 2° Hazard, chef de l'État-major, est également destitué; il sera mis en état d'arrestation et le scellé apposé sur ses papiers. — 3° Moulin, général de division, commandera en chef l'armée des Côtes de Brest. — 4° Vachot, général de brigade, est chargé de commander les troupes de la République dirigées contre les Chouans et de les exterminer. — 5° Laborde, général de division, se rendra sur-le-champ à Paris, pour rendre compte de sa conduite au Comité de salut public.

> Billaud-Varenne, B. Barère, C.-A. Prieur, Carnot, Collot-d'Herbois [4].

8. Sur la représentation faite par les citoyens Dallo et Pillet, que le ci-devant ministre de l'intérieur ne peut leur procurer le remboursement des dépenses qu'ils ont faites pour conduire au Magasin général des dépouilles des églises mille soixante-cinq marcs d'argenterie,

---

[1] Arch. nat., AF ii, 203. — *De la de main de Barère.*

[2] Le 6 floréal an ii, la Convention nationale avait décrété que les jeunes Irlandais, au nombre de dix, habitués au ci-devant séminaire irlandais, situé à Paris, rue du Cheval-Vert, seraient rapatriés en Irlande par les soins de la Commission de la marine et recevraient chacun la somme de 500 livres pour les frais de leur voyage. (*Procès-verbal de la Convention*, t. XXXVI, p. 141.)

[3] Arch. nat., AF ii, 63. — *De la main de Barère.*

[4] Arch. nat., F7, 4435. — *De la main Barère. Non enregistré.*

ni le paiement de celles indispensables à faire pour leur séjour à Paris et leur retour dans le département de la Lozère, le Comité de salut public arrête que la Commission des transports militaires est chargée de faire payer ces différentes dépenses, montant, suivant le mémoire présenté, à la somme de deux mille quatre cent vingt-deux livres dix sols, savoir : onze cent quatre-quinze livres dix sols pour les frais de route d'arrivée, deux cents livres pour le séjour à Paris, et mille vingt-sept livres pour le retour, lesquelles sommes seront acquittées sur le mémoire certifié par les citoyens Dallo et Pillet.

R. Lindet ⁽¹⁾.

9. Le Comité de salut public invite celui des inspecteurs de la salle à faire réduire à douze hommes le poste des Archives, placé au ci-devant Comité de la marine, et à donner l'ordre qu'il ne pourra occuper que les pièces donnant sur l'escalier des Archives.

Carnot ⁽²⁾.

10. Le Comité de salut public, informé que toutes les tueries de boucheries de Paris ont été réunies à l'Hôtel-Dieu, et qu'il en résulte une corruption dangereuse pour les malades et pour tous ceux qui abordent ce lieu, charge Guyton et Fourcroy de se rendre à l'Hôtel-Dieu pour prendre connaissance des faits, examiner les motifs de cet abus, en apprécier le remède, et faire du tout le rapport au Comité.

C.-A. Prieur, Saint-Just, Carnot, Collot-d'Herbois,
Billaud-Varenne ⁽³⁾.

11. Le Comité de salut public, considérant que les quarante-huit compagnies des canonniers de Paris doivent, en vertu de son arrêté du 13 brumaire ⁽⁴⁾, demeurer perpétuellement en activité de service, en se relevant par moitié tous les trois mois, arrête que les familles de tous les canonniers attachés à la ci-devant armée révolutionnaire, et

---

(1) Arch. nat., AF ii, 286. — *Non enregistré.*

(2) Arch. nat., AF ii, 23. — *Non enregistré.*

(3) Arch. nat., AF ii, 81. — *Non enregistré.*

(4) Voir t. VIII, page 197, l'arrêté du Comité n° 1.

qui continuent à faire partie de la force soldée, ont les mêmes droits
aux secours déterminés par la loi.

B. Barère, Carnot, Billaud-Varenne, Collot-d'Herbois [1].

12. Le Comité de salut public arrête que le citoyen Michel-François
Gagné, ayant été nommé adjoint dans l'arme du génie à la résidence de
Strasbourg, [sera] libre de se rendre à son poste aussitôt que sa santé
sera rétablie.

Carnot [2].

13. Le Comité de salut public arrête : 1° que la maison de la ci-
devant Université est requise pour y établir des magasins d'armes
blanches; 2° que le département de Paris et l'administration des armes
portatives sont chargés de l'exécution du présent arrêté, chacun en ce
qui le concerne.

C.-A. Prieur [3].

14. Le Comité de salut public arrête que la Commission des armes
et poudres rendra compte, cinq jours après la réception du présent
arrêté, des mesures qu'elle a prises pour faire fondre des boîtes de
roues et autres objets semblables qui lui sont nécessaires, dans d'autres
fonderies que celles qui sont destinées à fondre des canons.

C.-A. Prieur [4].

15. Les membres du Comité de salut public, après avoir pris connaissance de la lettre de leur collègue Vidalin sur le complément de la
cavalerie [5], arrête que ce représentant est autorisé : 1° à extraire de tous
les chevaux mis en réquisition pour le service de la République, même
pour les charrois, ceux qui peuvent servir aux troupes à cheval, et à
les appliquer à ce service; 2° à établir des dépôts dans tous les chefs-
lieux de district des départements de la Marne, de la Meuse et des
Ardennes, au lieu du dépôt général établi à Châlons. En conséquence,

---

[1] Arch. nat., AF ii, 202. — *De la
main de Carnot. Non enregistré.*

[2] Arch. nat., AF ii, 203. — *Non enregistré.*

[3] Arch. nat., AF ii, 215. — *Non enregistré.*

[4] Arch. nat., AF ii, 215. — *Non
enregistré.*

[5] Voir t. XII, p. 445, la lettre de Vidalin du 18 germinal. Il y demandait aussi
à ne pas être astreint à observer le maximum.

Vidalin prendra toutes les mesures et enverra les agents qu'il jugera nécessaires.

CARNOT, COLLOT-D'HERBOIS [1].

16. Le Comité de salut public, considérant que le nombre des foreries et émouleries pour les canons de fusils de la manufacture de Paris ne peuvent (*sic*) encore fournir la quantité de mille fusils par jour que l'on s'est proposé d'obtenir; que les entrepreneurs chargés de la construction de ces usines ont constamment mis dans ces travaux une négligence très nuisible à la chose publique; qu'un de ces entrepreneurs est en arrestation à cause de la lenteur qu'il a mise dans ses opérations; qu'il faut que la confection des armes prenne une nouvelle activité, et que ce nouveau mouvement ne peut être donné d'une manière certaine et durable qu'en chargeant un représentant du peuple de la surveillance de tous les travaux qui le concernent avec les pouvoirs nécessaires pour les porter rapidement à leur fin; qu'il existe déjà trois foreries sur des bateaux en pleine activité, dont deux placées sous le pont au Change et la troisième sous celui de la Tournelle; qu'il existe une forerie à bras en pleine activité à l'abbaye Germain-des-Prés; que l'on construit une forerie dans un moulin à Bougival; que l'on construit 24 bancs avec leurs forets qui doivent être mis en mouvement par une machine à feu à la Maison-de-Seine, près Franciade; que quatre moulins sont mis en réquisition à Pontoise, et que deux de ces quatre sont destinés à y établir des foreries, et les deux autres des émouleries; qu'il ne manque, pour compléter le nombre des foreries propres à remplir les besoins de la manufacture de Paris que de destiner trois nouveaux moulins à forer des canons; qu'il existe une émoulerie à canons en pleine activité dans un bateau sous le Pont-au-Change; qu'une seconde vient d'être descendue sous le Pont de la Tournelle; qu'une troisième est en construction à la Rapée; que six meules, mues par une machine à feu, doivent être en activité à l'île Louviers; que quatre, mues par des chevaux, sont en construction devant la ci-devant église de Lorette, section du Faubourg-Montmartre; que six meules doivent être mues par une machine à feu à la Maison-de-Seine, près Franciade; que deux des quatre moulins mis

[1] Arch. nat., AF II, 286. — *De la main de Carnot. Non enregistré.*

en réquisition à Pontoise doivent servir d'établissement d'émoulerie, comme il a été dit précédemment; qu'il ne manque plus pour compléter les émouleries nécessaires à la manufacture de fusils de Paris, que de destiner trois nouveaux moulins à faire des émouleries; que les agents nationaux d'Issoudun, Nogent-sur-Seine, Melun et de beaucoup d'autres districts des environs de Paris annoncent qu'il existe, dans l'arrondissement de leur district, un grand nombre de moulins à farine inoccupés, qui peuvent être employés à forer et à émoudre des canons de fusils, arrête : 1° que le représentant du peuple Legendre (de la Nièvre) est chargé de choisir à Pontoise, à Melun, Nogent, ou autres districts les plus proches de Paris possible, six moulins inoccupés pour faire construire des foreries dans trois d'entre eux, et des émouleries dans les trois autres; de les mettre en réquisition; d'en faire faire l'acquisition pour la République, et de faire mettre dans chacun de ces moulins le nombre d'ouvriers nécessaires pour que ces foreries et émouleries soient confectionnées le plus promptement possible; 2° qu'il est chargé de prendre des renseignements sur les foreries et émouleries déjà en construction, de s'assurer à quoi tient le retard qu'elles éprouvent, et de prendre toutes les mesures nécessaires pour les faire finir promptement; 3° qu'il est autorisé en conséquence à s'environner de tous les artistes éclairés qui lui seront nécessaires, de requérir tous les ouvriers et matériaux que ces constructions exigeront, ainsi que les autorités constituées ou agents quelconques qui devront coopérer à ces travaux; 4° que la Commission des armes et poudres est chargée de pourvoir au paiement de toutes les dépenses que la confection des foreries et émouleries exigeront.

C.-A. Prieur [1].

17. Le Comité de salut public, apprenant, par les états décadaires des ateliers de la manufacture de fusils à Paris, qu'il y a sept ateliers dans cette manufacture destinés à fabriquer des platines et susceptibles de contenir 1,509 ouvriers; qu'il y a déjà 1,009 ouvriers occupés dans ces ateliers, et qu'il en faut encore 500 pour compléter le nombre que ces ateliers peuvent contenir; que l'on peut placer deux cents platineurs à Versailles, que l'atelier de l'Arsenal, destiné au rhabillage

----

[1] Arch. nat., AF ii, 215. — *Non enregistré.*

des platines, et qui peut être par la suite employé à faire des platines neuves, peut contenir cent ouvriers; que ce sera en conséquence 1,809 ouvriers occupés à faire des platines, lorsque les ateliers seront complets; qu'il y a déjà 1,178 étaux dans ces ateliers et qu'il en manque 671; qu'il manque en outre plusieurs soufflets et enclumes pour garnir ces ateliers; qu'il manque encore les outils particuliers à chaque ouvrier qui travaille à la platine; considérant qu'en supposant que chaque ouvrier ne peut limer, ajuster et monter que cinq platines par décade, ce serait 9,045 platines produites, conséquemment mille par jour; qu'en conséquence il semblerait qu'il ne faudrait que compléter le nombre des ouvriers que les ateliers peuvent contenir pour obtenir les mille platines par jour que l'on se proposait; que cependant, loin de fournir chacun ces cinq platines par décade, ce qui ferait pour tous 5,045 platines, les 1,009 ouvriers occupés au travail n'en produisent encore que 800 par décade, ce qui ne fait même pas une platine par ouvrier; qu'il est possible, d'après cet aperçu, que la manufacture de fusils de Paris soit arrêtée dans peu, faute de platines pour monter les fusils, si l'on ne prend de nouvelles mesures propres à augmenter promptement, d'une manière simple et très expéditive, le nombre de platines fabriquées; qu'un des moyens efficaces est d'employer des machines pour préparer le travail des pièces de la platine, afin qu'il ne reste plus qu'un très petit travail à faire aux ouvriers pour les mettre en état, les monter, les ajuster et les finir, arrête : 1° que l'administration générale des armes portatives est chargée de fournir au Conseil d'administration de la manufacture de Paris, pour les sept ateliers de platines et celui de l'Arsenal, les étaux, les soufflets enclumes et petits outils qui leur manquent; que cette administration fournira également l'atelier de Versailles des mêmes objets; 2° que tous les outils seront fournis au plus tard le 1er prairial; 3° que le conseil d'administration de la manufacture garnira les ateliers d'ouvriers à fur et à mesure que les outils arriveront, tellement que, le 1er prairial, il y ait 1,609 platineurs répartis dans les sept ateliers de platineurs et l'atelier de rhabillage de l'Arsenal; l'administration des armes portatives est chargée de compléter les 200 platineurs dans l'atelier de Versailles; 4° que ces administrations respectives prendront les mesures les plus promptes et les plus certaines pour amener les 1,809 ouvriers platineurs à fournir à la République chacun 5 platines

par décade; 5° qu'il y aura un atelier d'essai et de perfectionnement
destiné à la recherche des moyens de fabriquer la platine d'une manière plus exacte et plus active; 6° que cet atelier sera sous la surveillance immédiate du Comité de salut public et organisé par un arrêté
particulier; que la Commission des armes et poudres fournira les fonds
nécessaires à cet objet; 7° qu'elle est chargée de tenir la main à l'exé-
 ution du présent arrêté.

C.-A. PRIEUR [1].

18. La Commission des transports ayant représenté au Comité de
salut public que l'administration des postes et messageries avait absolument besoin de trente forts chevaux pour assurer son service, le Comité arrête que la Commission des transports, postes et messageries
est autorisée à mettre en réquisition, sur la foire d'Arpajon qui aura
lieu le 10 de ce mois, trente chevaux de la force et de la taille nécessaires pour le service des postes et messageries; ces chevaux seront
estimés à dire d'experts et en présence de la municipalité d'Arpajon,
et ne pourront excéder le prix de quinze cents livres chacun, que la
Commission fera acquitter par les préposés et agents chargés du service
des postes.

R. LINDET [2].

19. Le Comité de salut public autorise la Commission des transports postes et messageries à réduire à cinq les huit relais qui se
trouvent établis sur la route de Bordeaux à Paris, depuis Reignac jusqu'à Cubzac. Ces relais seront établis à Reignac, Chevenceaux, Chierzac,
Cavignac et Cubzac, et montés de chacun vingt-quatre chevaux. Le Comité de salut public autorise à cet effet la Commission des transports
militaires, postes et messageries à requérir le département du Cher de
fournir 90 chevaux et celui d'Indre-et-Loire 30 chevaux propres au
service des relais ci-dessus désignés. Ces 120 chevaux seront estimés à
dire d'experts, sans pouvoir excéder le prix du maximum de 900 livres.
Toutes les sommes nécessaires pour l'établissement de ces relais et achat

---

[1] Arch. nat., AF II, 215. — *Non enregistré.* — [2] Arch. nat., AF II, 20. — *Les
deux dernières lignes sont de la main de R. Lindet. Non enregistré.*

de chevaux seront avancées par la Commission et retenues aux maîtres des postes sur le service des malles et diligences.

R. LINDET [1].

20 et 21. [Arrêtés mettant en réquisition deux ouvriers. CARNOT. — Arch. nat., AF II, 61. *Non enregistré.*]

REPRÉSENTANTS EN MISSION.

LE REPRÉSENTANT DANS LE PAS-DE-CALAIS AU COMITÉ DE SALUT PUBLIC.

Arras, 8 floréal an II-27 avril 1794.

[«Le Bon envoie une lettre sur l'ex-noble Desandrouin, qui prétend, grâce à des certificats de civisme du district de Boulogne, échapper à la mesure générale prise par Saint-Just et Le Bas contre les ci-devant nobles. Piquants détails.» — *Catalogue de la collection d'autographes* de A.-P. Dubrunfaut. Analyse.]

LES REPRÉSENTANTS À L'ARMÉE DU NORD AU COMITÉ DE SALUT PUBLIC.

Courtrai, 8 floréal an II-27 avril 1794.

[Richard et Choudieu annoncent en quelques mots la prise de Courtrai, qui a eu lieu le 7. Ils n'ont pas le temps de donner des détails. — Ministère de la guerre; *Armées du Nord et des Ardennes.* — *De la main de Richard.*]

UN DES REPRÉSENTANTS À L'ARMÉE DU NORD AU COMITÉ DE SALUT PUBLIC.

Lille, 8 floréal an II-27 avril 1794. (Reçu le 1er mai.)

Citoyens collègues,

L'armée de la République est entrée hier, sur les cinq heures du soir, à Courtrai. Une de ses colonnes s'est mise en marche vers Gand,

---

[1] Arch. nat., AF II, 20. — *Les deux dernières lignes sont de la main de R. Lindet. Non enregistré.*

et l'ardeur des soldats de la patrie, comme les bonnes dispositions des habitants, me font attendre à chaque instant la nouvelle que nous sommes en possession de cette place.

Menin est cerné, chauffé, et ne peut nous échapper. Sa résistance est l'ouvrage de quatre à cinq cents émigrés qui se trouvent placés entre nos baïonnettes et la guillotine.

Nos braves soldats marchent au combat en chantant et dansant la *Carmagnole.*

Tous les rapports s'accordent sur le bon ordre et la discipline qu'ils observent.

Ça va et ça ira.

Salut et fraternité.   Florent Guiot.

[Ministère de la guerre ; *Armées du Nord et des Ardennes. — De la main de Florent Guiot.*]

LE REPRÉSENTANT DANS LES ARDENNES AU COMITÉ DE SALUT PUBLIC.

Beaumont, 8 floréal an II - 27 avril 1794.

J'attendais à Givet, citoyens, des instructions du Comité de sûreté générale, dont le citoyen Virion était porteur. J'ai entendu ronfler le canon du côté de Vedette-Républicaine (ci-devant Philippeville). Le moyen d'y tenir? Massieu et moi, nous sommes partis pour Vedette. L'armée des Ardennes, commandée par le général Charbonié, a forcé le passage de Bossus, où, en 1693, les Français furent battus : en 1793, les Français républicains ont terrassé leurs ennemis. Ils s'étaient placés sur les hauteurs. Nos tirailleurs, soutenus par notre artillerie, sont allés les y attaquer. Dans la plaine, la cavalerie ennemie a chargé trois fois notre infanterie, et *est allée au-devant d'eux au pas de charge,* la baïonnette en avant. Cette nouvelle tactique républicaine a dérouté ces messieurs, et de tous côtés ils ont fui. Le même jour (hier), le général Desjardin chauffait Beaumont. Notre collègue Laurent y était. Dans la nuit, l'ennemi a évacué Beaumont; nous y sommes entrés en même temps que l'armée du Nord. Ainsi s'est effectuée une jonction que vous aviez ordonnée. L'armée des Ardennes a fait des prodiges de valeur pour forcer le passage de Bossus. La première réquisition est au pas : officiers, soldats, tous se sont conduits en braves républicains.

Demain, je rentre dans le département des Ardennes pour y remplir la mission dont je suis chargé. Je vous avoue, mes collègues, que j'aimerais mieux me battre contre les Autrichiens que contre de vils aristocrates; je n'ai de pouvoirs que pour le département des Ardennes et non pour l'armée; j'userai de ceux que vous m'avez donnés, et demain nous retournons à Givet.

Mon collègue Massieu s'occupe jour et nuit des besoins de l'armée. Le général Charbonié vous envoie l'état des effets trouvés à Beaumont. Nous avons donné des ordres pour faire filer sur Maubeuge tous les approvisionnements, et sur Vedette beaucoup d'effets, tels que matelas, couvertures et linges. D'autres effets seront vendus au profit de la République. Notre projet est de retirer sur nos derrières tout ce que nous trouverons en pays ennemi.

Salut et fraternité.   LEVASSEUR (de la Sarthe).

[Ministère de la guerre; *Armées du Nord et des Ardennes. De la main de Levasseur*[1].]

────────────

UN DES REPRÉSENTANTS DANS LE CALVADOS ET LA MANCHE
AU COMITÉ DE SALUT PUBLIC.

Coutances, 8 floréal an II-27 avril 1794. (Reçu le 2 mai.)

[Bouret avait suspendu Deshayes, agent national de la commune de Coutances, et Oulès, officier municipal, qui avaient eu une altercation avec le général en chef. Il vient de les rétablir dans leurs fonctions. Il espère que cette leçon «les rendra plus circonspects et les maintiendra dans les limites prescrites par les lois et le salut public.» — Arch. nat., AF II, 178.]

────────────

UN DES REPRÉSENTANTS À L'ARMÉE DES CÔTES DE CHERBOURG
À UN MEMBRE DU COMITÉ DE SALUT PUBLIC.

Carentan, 8 floréal an II-27 avril 1794. (Reçu le 8 mai.)

[Pomme mande à un membre du Comité, dont nous n'avons pas le nom, qu'il a fait, à Cherbourg, un embrigadement «qui a été une vraie fête civique».

[1] Le *Bulletin de la Convention*, en reproduisant cette lettre, la date, par erreur, du 2 floréal.

«L'armée était disséminée partout et à des grandes distances. Je coule à fond mes opérations pour éviter les frais de route et les longueurs qu'exigeraient de nouveaux voyages auprès des bataillons répandus dans les départements qui concernent cette armée.» — Ministère de guerre ; *Armée des Côtes de Cherbourg.* — *De la main de Pomme.*]

LE REPRÉSENTANT DANS LA SARTHE ET LE LOIR-ET-CHER
À BILLAUD-VARENNE, MEMBRE DU COMITÉ DE SALUT PUBLIC.

Le Mans, 8 floréal an II-27 avril 1794.
(Reçu le 3 mai.)

[Garnier (de Saintes) a achevé ses opérations au Mans. Mais il est très souffrant. «J'ai dans ce moment le corps couvert de boutons, et, depuis trois jours un feu dévorant dans la bouche, qui ne me laisse pas la liberté de manger. Je monte cependant en voiture pour aller particulièrement dans les districts de Sablé et de Fresnay, dont l'esprit n'est pas bon, jusqu'à ce que de nouveaux ordres du Comité de salut public m'appellent ailleurs; mais, après huit mois d'un travail opiniâtre sans un seul jour de repos, tu dois juger que je suis sur les dents, et, si le Comité de salut public, auquel je te prie, mon ami, d'en parler, ne m'accorde pas deux décades pour aller [prendre] les bains chez moi, je suis assuré de faire une maladie très sérieuse. Je n'en irai pas moins mon train jusqu'à ce que l'événement arrive, dans le cas où, ce que je ne crois pas, il me refuserait cette juste demande.» — Arch. nat., AF II, 178 [1].]

LE REPRÉSENTANT DANS LA DORDOGNE AU COMITÉ DE SALUT PUBLIC.

Bergerac, 8 floréal an II-27 avril 1794. (Reçu le 6 mai.)

[«Lakanal expose que la salpêtrerie révolutionnaire de Bergerac donne les plus belles espérances à la République; depuis vingt jours que cet établissement est en activité, il a fourni 765 livres de salpêtre sans potasse. Il en envoie un échantillon. A l'aide de quelques améliorations faciles, il pourra en donner par mois 7,000 ou environ. Il pense, pour obtenir des résultats avantageux, qu'il serait essentiel d'établir à Bergerac une raffinerie centrale, et d'ordonner le transport du salpêtre de tous les autres districts dans cet atelier de raffinage.» — Arch. nat., AF, II, 263. Analyse [2].]

---

[1] En marge de l'analyse : «On lui écrit, le 14 floréal, de se transporter sur-le-champ à Nantes pour y remplacer le citoyen Prieur.»

[2] En marge : «*Nota.* Cette lettre ne contient qu'une demi-feuille et il paraît que l'autre moitié a été détachée au secrétariat, vu que la lettre n'est pas terminée.»

UN DES REPRÉSENTANTS AUX ARMÉES DU RHIN ET DE LA MOSELLE
AU COMITÉ DE SALUT PUBLIC.

Au quartier général d'Arlon, 8 floréal an II-27 avril 1794.

Citoyens collègues,

La loi qui a exclu de l'avancement tout militaire qui ne sait pas lire et écrire était nécessaire; mais on l'a étendue à tous ceux qui ne savent pas le français, quoique sachant parfaitement lire et écrire en allemand. Voici ce qui en est résulté. L'armée de la Moselle renferme un grand nombre de bataillons formés dans des cantons où l'on ne parle pour ainsi dire que l'allemand. Il y a dans ces bataillons beaucoup de braves militaires qui, depuis le commencement de la guerre, servent la patrie avec autant de zèle que de succès; on les a exclus de l'avancement par cela seul qu'ils ne savent pas le français. Il en est résulté, premièrement, beaucoup de mécontentement, et il est constant aujourd'hui que c'est l'origine du complot de désertion qui a existé dans la 173e demi-brigade d'infanterie. La perversité de nos ennemis dit aux Allemands : «Vous n'êtes plus estimés, on vous méprise». Secondement, cette exclusion est à la fois préjudiciable à la chose publique et aux individus. A la chose publique, parce qu'elle se trouve privée des talents d'un grand nombre d'excellents officiers qui auraient pu la servir utilement, il est même des bataillons où le remplacement des officiers et sous-officiers devient impossible, si on exclut ceux qui ne savent lire et écrire qu'en allemand. Aux individus, parce qu'ils se voient déchus de l'espérance de parvenir à des grades qu'ils croient avoir acquis par de longs travaux et d'honorables services.

La loi prive de tout avancement ceux qui ne savent pas lire et écrire. Cette loi peut-elle s'appliquer à ceux qui ne savent écrire qu'en allemand? Cette interprétation m'a paru trop rigoureuse. La loi n'exige d'autre condition que de savoir lire et écrire. Elle ne dit point dans quelle langue, et il est certain qu'un officier qui sait lire et écrire en allemand peut aussi bien faire un rapport, rendre un compte, faire son service, en un mot, que s'il écrivait en français. Avant la Révolution, il y avait vingt régiments où l'on ne parlait, on n'écrivait pas d'autre langue que l'allemand.

Je n'ai donc pas cru contrarier l'esprit de la loi, j'ai cru au contraire faire une chose juste et utile en prenant l'arrêté que je vous adresse; il porte que ceux qui savent lire et écrire en langue allemande sont susceptibles d'avancement, quoiqu'ils ne sachent pas le français [1].

Si vous partagez mon opinion, si, comme moi, vous croyez cette mesure juste, indispensable, je vous invite à proposer à la Convention nationale d'expliquer ainsi son décret, car il est à présumer que l'exclusion qui a eu lieu à l'armée de la Moselle contre les Allemands aura été pratiquée dans d'autres armées.

GILLET.

[Ministère de la guerre; *Armées du Rhin et de la Moselle.*]

LE MÊME AU COMITÉ DE SALUT PUBLIC.

Au quartier général d'Arlon, 8 floréal an ii-27 avril 1794.
(Reçu le 9 mai.)

[Deux lettres de Gillet : 1° Il transmet un arrêté, en date du 5 floréal, relatif aux hôpitaux, par lequel il ordonne de faire traiter au camp les galeux. — Arch. nat., AF ii, 242. — 2° «Il écrit que, ne sachant pas le nom de la Commission chargée du travail relatif aux pensions militaires, il adresse les mémoires de neuf officiers qui sollicitent leur retraite et prie le Comité de les envoyer à l'agent qui en doit connaître [2].» — Arch. nat., AF ii, 242. Analyse.]

LE REPRÉSENTANT DANS LES VOSGES ET LE HAUT-RHIN
AU COMITÉ DE SALUT PUBLIC.

Belfort, 8 floréal an ii-27 avril 1794. (Reçu le 3 mai.)

Citoyens collègues,

Mes occupations multipliées et la rapidité de ma marche dans les deux départements que je suis chargé de parcourir, tant pour épurer les autorités constituées que pour apaiser les troubles que suscitaient ou tentaient de susciter le fanatisme et la malveillance, m'ont empêché de

---

[1] Cet arrêté (en date du même jour), qui est joint à cette lettre, porte, en outre, que toutes les nominations faites jusqu'à ce jour sont confirmées. Le représentant rappelle à tous les militaires que c'est un devoir pour tout Français de savoir la langue de son pays.

[2] Ces pièces manquent.

vous rendre compte de mes opérations aussi souvent que je l'aurais désiré.

J'ai déjà commencé à Belfort les épurations ; c'est la seule commune populeuse, avec celle de Massevaux, où je n'aie pas encore complètement rempli ma mission.

Dans toutes les communes que j'ai parcourues, j'ai renouvelé avec succès les autorités constituées. J'espère être aussi heureux dans les deux communes qui me restent à visiter. Aussitôt que j'ai appris la trahison d'Hérault, je me suis empressé d'épurer de nouveau les autorités constituées de Colmar et Huningue [1] ; je vous l'ai déjà annoncé à l'égard de Colmar ; les résultats de ces deux opérations feront la matière d'une lettre particulière. Partout j'ai réchauffé le patriotisme, ranimé l'espérance, dissipé les craintes sur le manque de subsistances. J'ai vigoureusement attaqué le fanatisme, la cupidité et l'agiotage avec les seules armes de l'instruction ; mais il est, dans chacune de ces classes viciées, des êtres incorrigibles qui me forcent de vous proposer des mesures plus efficaces encore. Partout j'ai établi et fait marcher le gouvernement révolutionnaire. En général, le peuple est sincèrement attaché à la Convention nationale et au Comité de salut public. J'ai donné un nouveau degré à ce sentiment patriotique, que les malveillants et les prêtres surtout cherchent à affaiblir.

J'ai fait une remarque très importante : c'est que les contrées les plus infectées par la présence des prêtres sont moins disposées en faveur de la Révolution que celles où les prêtres sont plus rares. La circulation des subsistances et la confiance sont à peu près nulles dans les premières ; l'agiotage s'y montre avec audace ; tandis que, dans les dernières, le dévouement à la patrie y est plus prononcé, la confiance mieux établie et les assignats plus en crédit. Les maux qui peuvent résulter des manœuvres sourdes des prêtres sont incalculables, si l'on n'y remédie au plus tôt. Les instructions multipliées que j'ai répandues ne sont point suffisantes. J'ai parlé de la religion sans entrer dans des discussions théologiques. J'ai parlé de la Divinité en homme profondément pénétré de son existence, et je l'ai dégagée de tous les attributs mensongers dont les prêtres l'ont déshonorée si longtemps. Je me suis à cet égard renfermé dans les dispositions de la loi du 18 frimaire, et

[1] On se rappelle qu'Hérault de Séchelles avait été envoyé en mission dans le Haut-Rhin le 26 octobre 1793, et en avait été rappelé le 21 frimaire an II.

j'ai rempli les vues du Comité de salut public. Mais il faut des moyens coercitifs pour comprimer l'agiotage, la cupidité et le fanatisme.

Je vous propose, citoyens collègues, de m'autoriser spécialement à mettre en arrestation les prêtres dont la conduite me paraîtra suspecte ; car j'ai vu que, dans plusieurs communes, les Comités de surveillance avaient été ou les fauteurs ou les dupes de ces astucieux ; à organiser un tribunal criminel dans chaque département, lequel sera autorisé à juger révolutionnairement, et sans l'entremise des jurés, tous les faits qui sont relatifs à l'agiotage et à la suspicion des prêtres seulement.

Au reste, citoyens collègues, vous pouvez compter que, si les circonstances devenaient tellement impérieuses qu'il fallût employer sur-le-champ des mesures énergiques, je saurais les développer provisoirement, et en attendant votre réponse

Salut et fraternité,   Foussedoire.

[Arch. nat., AF ii, 163⁽¹⁾.]

LE REPRÉSENTANT DANS LE LOT ET LE CANTAL
AU COMITÉ DE SALUT PUBLIC.

Castres, 8 floréal an II–27 avril 1794. (Reçu le 7 mai.)

[Bo, considérant que le séquestre mis sur les biens des gens suspects détenus donne lieu, chaque jour, à des réclamations de la part des administrations embarrassées pour pourvoir à la culture des terres et à la subsistance des détenus, a cru devoir prendre, par un arrêté ⁽²⁾, une mesure provisoire et uniforme dans ce département pour éviter les fautes ou les négligences des districts et pour établir l'ordre et l'économie dans cette administration. Il demande s'il peut étendre ces mesures aux départements du Lot et du Cantal. — Arch. nat., AF ii, 178. — *De la main de Bo.*]

LE REPRÉSENTANT À TOULON AU COMITÉ DE SALUT PUBLIC.

Port-de-la-Montagne (Toulon), *8 floréal an II–27 avril 1794.*
(Reçu le 9 mai.)

Depuis toutes les assurances que je vous ai données dans plusieurs lettres de l'exagération avec laquelle on s'est empressé de faire naître

___

⁽¹⁾ En marge : «Envoyé du Comité sauf décision.» — ⁽²⁾ En marge : «Cet arrêté est renvoyé au Comité de législation.» Nous ne l'avons pas retrouvé.

des inquiétudes sur la situation du Port-de-la-Montagne, et de la fausseté de ces assertions, que l'imbécillité ou la malveillance ont seules pu dicter, il serait inutile d'insister davantage. Cependant, comme on a beaucoup parlé de fusées, qui, disait-on, étaient des signaux convenus avec les ennemis, je vous envoie le rapport d'un officier du port[1], dont la lecture vous convaincra du degré de confiance que vous devez à ceux qui ont prétendu que des fusées ont servi de signal à l'escadre ennemie. Il est possible que le météore dont on parle aujourd'hui ait pu autoriser de semblables soupçons. Il n'est pas impossible non plus que quelques fusées aient pu être tirées, quoiqu'on en ait toujours ignoré l'exacte vérité. — Les travaux de la marine continuent avec activité; les subsistances nous arrivent du côté d'Oneille. Ainsi je pense que, si les ennemis extérieurs et intérieurs ont conçu de nouvelles espérances, elles seront entièrement déjouées dans le Midi comme dans le reste de la République.

Salut et fraternité,   MOLTEDO.

[Arch. nat., AF ii, 188.]

COMITÉ DE SALUT PUBLIC.

Séance du 9 floréal an ii-28 avril 1794.

Présents : B. Barère, Carnot, Couthon, C.-A. Prieur, Collot-d'Herbois, Billaud-Varenne, Robespierre, Saint-Just, R. Lindet.

1. Le Comité de salut public arrête que les bateaux de Honfleur et de Villerville qui ont coutume d'aller à la pêche des moules sur le banc du Ratier, à l'entrée de la rivière de Seine, continueront à y aller. Il leur est défendu de passer au large la tête dudit banc du Ratier. Pour que cette mesure soit bien strictement observée, deux volontaires nationaux seront embarqués sur un bateau qui partira le premier de Honfleur et ira se porter à la tête du Ratier, d'où il partira le dernier. Les

---

[1] Dans ce rapport, Cabousigue, officier du port de Toulon, dit qu'étant de garde du 4 au 5 il a aperçu une étoile qui s'est détachée du firmament et a parcouru la partie Sud-Ouest. Il en a vu peu après une autre.

bateaux ne pourront se rendre au banc du Ratier qu'avec le jusant, et ils le quitteront au premier flot, pour entrer dans les ports respectifs à la marée montante. Les bateaux qui serviront à monter la rivière jusqu'à Rouen, avec les moules, seront tenus de les déclarer avant leur départ à la municipalité de Honfleur, et d'en retirer un permis sur lequel l'heure du départ pour la pêche et celle de l'arrivée à Quillebœuf devront être portées. Il sera permis aux bateaux pêcheurs de Honfleur et de Villerville et autres endroits environnants de faire la pêche de jour, dans la baie, en dedans du banc du Ratier. Le commissaire de la marine donnera les ordres nécessaires pour l'exécution du présent arrêté.

B. Barère, Collot-d'Herbois, Carnot, Robespierre, C.-A. Prieur [1].

2. Le Comité de salut public arrête que l'établissement de l'envoi des lois demeure provisoirement fixé à la maison Beaujon, et que les mesures prises et toutes les constructions et réparations commencées pour l'activité de cet établissement dans ce local seront reprises et parachevées sans délai.

Couthon, Collot-d'Herbois, Carnot [2].

3. Le Comité de salut public arrête que, pour finir en peu de temps les travaux projetés pour décorer et terminer tant l'enceinte de la Convention, le pont de la Révolution, que le Jardin national, les citoyens Granet et David, députés à la Convention nationale, mettront en réquisition les artistes qu'ils croiront nécessaires pour accélérer, en s'occupant partiellement du plan général conçu par le citoyen Hubert, sous la surveillance et direction des citoyens David et Granet, représentants du peuple. Le citoyen Hubert présentera, dans l'espace d'une décade, le plan général qu'il en aura conçu, et qui sera arrêté par le Comité de salut public [3].

4. Le Comité de salut public autorise les citoyens Aubusson et Pierre, secrétaires principaux dudit Comité, à se procurer, chez tous

---

[1] Arch. nat., AF ii, 301. — [2] Arch. nat., AF ii, 60. *De la main de Couthon.* — [3] Arch. nat., AF ii, 80.

les marchands ou fournisseurs, les objets de consommation et ustensiles, de quelque espèce que ce soit, à l'usage du Comité et de ses bureaux, toutes les fois que ces objets ne se trouveront pas en quantité
suffisante pour des besoins actuels, ou d'une assez bonne qualité chez
les fournisseurs soumissionnaires employés par le citoyen Vacquer. Le
montant de ces fournitures extraordinaires sera payé aux marchands,
sur les mémoires qu'ils en dresseront et signeront, qui seront vérifiés
par lesdits secrétaires principaux et ordonnancés par le Comité.

CARNOT, C.-A. PRIEUR, COLLOT-D'HERBOIS [1].

5. Le Comité de salut public arrête que les citoyens Perrin, Dhir-
val et autres détenus à Bordeaux pour les mêmes faits, par ordre
des représentants du peuple, seront amenés sur-le-champ auprès du
Comité de sûreté générale, qui les entendra, et prendra ensuite les
mesures qui seront de droit; le représentant Ysabeau est chargé de
faire exécuter le présent arrêté.

6. Le Comité de salut public arrête que les commissaires de la
Trésorerie nationale payeront au citoyen Morel la somme de mille
trente-deux livres dix sols pour solde de ses frais de route et de séjour
à Paris, depuis le 27 frimaire dernier jusqu'au 1er floréal courant,
ayant été employé auprès du Comité aux opérations pour lesquelles il
a été appelé par arrêté du 13 frimaire [2], laquelle somme de mille
trente-deux livres dix sols sera imputée sur le fond de cinquante
millions mis à la disposition dudit Comité.

BILLAUD-VARENNE, CARNOT, ROBESPIERRE [3].

7. Le Comité de salut public, lecture faite du mémoire du citoyen
Rondonneau et du traité passé le 30 septembre 1793 (vieux style),
entre lui et le ci-devant directeur de l'Imprimerie nationale exécutive, relativement à l'établissement et à l'administration du dépôt des
lois, situé sur la place de la Réunion, à Paris, arrête que, provisoirement, ledit citoyen Rondonneau continuera d'administrer ledit établis-

---

[1] Arch. nat., AF II, 23. — [2] Nous n'avons pas cet arrêté. — [3] Arch. nat., AF II, 32.

sement, conformément aux clauses dudit traité, sous la surveillance d'un commissaire, qui sera nommé par la Commission des revenus publics.

B. Barère, Billaud-Varenne, R. Lindet, Collot-d'Herbois, C.-A. Prieur [1].

8. Le Comité de salut public arrête que les commissaires de la Trésorerie nationale payeront au citoyen Bourotte, commissaire des guerres, appelé à Paris par ordre du Comité de salut public, en date du 29 frimaire dernier [2], la somme de treize cent quarante livres cinq sols, tant pour frais de poste de Dunkerque à Paris que pour indemnité pendant son séjour en ladite commune, à compter du 12 nivôse jusqu'au 1er floréal courant, ayant été employé auprès du Comité aux opérations pour lesquelles il a été appelé, laquelle somme de treize cent quarante livres cinq sols sera imputée sur le fond de cinquante millions mis à la disposition dudit Comité par la Convention nationale.

Billaud-Varenne, Robespierre, Carnot [3].

9. Le Comité de salut public arrête que les commissaires de la Trésorerie nationale paieront au citoyen Chalons, commissaire ordonnateur, appelé à Paris, par ordre du Comité de salut public, en date du 29 frimaire dernier [4], la somme de deux cent cinquante livres cinq sols, pour remboursement de ses frais de poste de Dunkerque à Paris, laquelle somme de deux cent cinquante livres cinq sols sera imputée sur le fond de cinquante millions mis à la disposition dudit Comité par la Convention nationale.

Billaud-Varenne, Carnot, Robespierre [5].

10. Le Comité de salut public arrête que Scherer, général de division à l'armée du Rhin, Kleber, général de division à l'armée de l'Ouest, et Dubois, général de brigade à l'armée du Rhin, se rendront sans délai à l'armée du Nord, sous les ordres de Pichegru. La Com-

(1) Arch. nat., AF ii, 60.
(2) Voir t. IX, p. 512, l'arrêté du Comité n° 4.
(3) Arch. nat., AF ii, 32.
(4) Voir t. IX, p. 512, l'arrêté n° 5.
(5) Arch. nat., AF ii, 3 2.

mission de l'organisation et du mouvement des armées donnera en conséquence les ordres nécessaires.

CARNOT, ROBESPIERRE, B. BARÈRE, COLLOT-D'HERBOIS [1].

11. Le Comité de salut public arrête que Peterinck, ancien général de brigade et mis en arrestation à Hesdin, sera remis sans délai en liberté, et qu'il pourra retourner à Calais, lieu de son domicile; charge l'agent national près le district de Montreuil de l'exécution du présent arrêté.

CARNOT [2].

12. Manigault (Joseph-Yves), nommé adjudant général chef de bataillon, par François [3], représentant du peuple, est confirmé dans ce grade.

COLLOT-D'HERBOIS, CARNOT [4].

13. Le Comité de salut public arrête que la maison ci-devant d'Orsay sera jointe à celle de Broglie, faubourg Saint-Germain, pour l'emplacement de la Commission de la marine et des colonies. L'agent national près le département est chargé de prendre les mesures nécessaires à l'exécution de cet arrêté sous les ordres des représentants membres du Comité d'aliénation et des domaines, commissaires nommés par le Comité pour la surveillance des emplacements des Commissions exécutives [5].

14. L'emplacement accordé à la Commission des transports militaires se trouvant en état de recevoir les papiers et cartons des divisions des remontes, relais, postes et messageries, qui étaient attachées aux départements de la guerre, de l'intérieur et des contributions, le Comité de salut public, arrête que les divisions indiquées seront transférées le plus tôt possible dans la maison qu'occupe la Commission des transports militaires.

R. LINDET [6].

[1] Arch. nat., AF ii, 304. — De la main de Carnot. Non enregistré.

[2] Arch. nat., AF ii, 304. — De la main de Carnot. Non enregistré.

[3] François Primaudière, en mission dans l'Ille-et-Vilaine et la Mayenne.

[4] Arch. nat., AF ii, 304. — Non enregistré.

[5] Arch. nat., AF ii, 295. — De la main de Carnot. Non enregistré.

[6] Arch. nat., AF ii, 286. — Non enregistré.

15. Le Comité de salut public, considérant qu'il est d'une grande importance que le Conseil d'administration de la manufacture de fusils de Paris soit installé le plus promptement possible dans la maison de l'Oratoire, qui lui est destinée, et actuellement occupée par l'administration de l'habillement, arrête que le département de Paris nommera sur-le-champ un commissaire pour l'adjoindre à deux membres des deux administrations ci-dessus désignées, lesquels réunis sont chargés de pourvoir à tout ce qui sera nécessaire pour établir lesdites administrations dans les logements respectifs qui leur sont destinés. Le commissaire du département est chargé spécialement de faire lever dans le jour les scellés partout où il sera nécessaire. Enfin, il est enjoint à toutes les autorités constituées qui peuvent concourir à leurs opérations de leur fournir sans retard tout ce dont ils auront besoin pour l'exécution de leur mission. Ceux qui y mettraient des entraves en aucune manière seront poursuivis à raison du mal qu'ils auraient occasionné dans le travail de la manufacture des fusils de Paris.

C.-A. Prieur [1].

16. Le Comité de salut public arrête que la Commission de l'organisation et du mouvement des armées de terre expédiera l'ordonnance de payement sur les états d'appointements des ingénieurs, commis et employés du dépôt général de la guerre et frais de bureaux pour le mois de germinal dernier, sur le pied qui a été fixé et certifié par le chef direct (*sic*).

Carnot [2].

17. Sur le rapport fait au Comité de salut public par la Commission des transports militaires, que l'administration des postes et messageries a fait annoncer par affiches, et en vertu d'une autorisation du ministre des contributions, les routes qu'elle pensait devoir mettre en ferme par la voie des adjudications, mais que ces adjudications ne devaient avoir lieu que sur des enchères reçues préalablement chez un notaire, et sans être soumises à la publicité prescrite pour toutes les ventes et baux des domaines nationaux; considérant que, s'il peut y

---

[1] Arch. nat., AF ii, 215. — *Non enregistré.*

[2] Arch. nat., AF ii, 202. — *Non enregistré.*

avoir quelque avantage à admettre la nouvelle forme indiquée de procéder, il peut aussi en résulter de graves inconvénients, le Comité de
salut public arrête que les routes à donner à ferme par les postes et
messageries ne pourront être adjugées que par la voie publique des
enchères, que le jour sera annoncé par des affiches, huitaine avant;
que cette adjudication se fera en présence de l'agent national du district, assisté de deux officiers municipaux qu'il choisira, et que, par la
même affiche, l'agent national indiquera le lieu où les enchères publiques seront reçues; et, l'adjudication faite dans la même séance, l'agent
national se fera rendre compte des soumissions faites, qui conserveront
toute leur force, à moins qu'elles ne soient couvertes par les enchères
au moment de l'adjudication.

R. LINDET [1].

18. Le Comité de salut public arrête que les gendarmes de la
35e division, qui sont employés à l'armée de l'Ouest, se rendront à
Paris. La Commission de l'organisation et du mouvement des armées
donnera sans délai les ordres nécessaires.

CARNOT [3].

19. Le Comité de salut public arrête que, nonobstant toutes réquisitions antérieures, de quelque autorité qu'elles soient émanées, et
sans qu'on puisse prendre acte desdites réquisitions pour contrarier
l'effet des dispositions ci-après prescrites, les départements du Haut-
Rhin, du Bas-Rhin, du Doubs, du Jura et de la Haute-Saône chargeront les districts de leur arrondissement respectif de faire fournir le
foin nécessaire aux chevaux et mulets que le citoyen Hyacinthe Bourdon ou ses préposés seront dans le cas de faire conduire, en exécution
des ordres de la Commission des transports militaires, remontes,
postes et messageries, par ces départements, jusqu'à Vesoul, lieu du
rassemblement des chevaux et mulets; que, depuis leur entrée sur le
territoire de la République jusqu'audit lieu de rassemblement, les
chevaux et mulets seront nourris, que le foin leur sera fourni par les
aubergistes; que, si les aubergistes n'en ont pas, les municipalités

---

[1] Arch. nat., AF ɪɪ, 20. — *De la
main de R. Lindet. Non enregistré.*

[3] Arch. nat., AF ɪɪ, 224. — *De la
main de Carnot. Non enregistré.*

leur en procureront par réquisition, qui sera effectuée sur-le-champ ;
que les conducteurs de chevaux paieront la dépense ; que le prix du
foin sera compté sur le pied du maximum. Les départements transmettront sur-le-champ les arrêtés aux districts, et les districts aux municipalités sur les routes qui se réunissent en rayon à Vesoul et sur celles
qui leur seront indiquées par le citoyen Bourdon, et par lesquelles les
chevaux et mulets seront conduits auxdits lieux de rassemblements. Le
présent arrêté sera exécuté indépendamment de toutes les réquisitions,
pour quelque destination qu'elles aient lieu. Il en sera adressé des
expéditions à la Commission des transports militaires et à celle du
commerce et des approvisionnements. Les représentants du peuple
près les armées et dans les départements en assureront l'exécution de
tout leur pouvoir.

                                        Carnot, R. Lindet[1].

   20. Sur le compte rendu au Comité de salut public par la Commission des transports militaires des difficultés qui s'élèvent dans
certains cantons sur l'exécution de quelques articles du décret du
18 germinal concernant la levée extraordinaire de chevaux, le Comité
de salut public arrête ce qui suit : 1° Tous les chevaux, sans distinction d'âge, de taille ou de qualité, doivent être compris dans le recensement général prescrit par l'article 9 du décret. — 2° Dans les
communes ou cantons où il ne se trouve que des chevaux d'une taille
au-dessous de six pouces, la levée aura lieu et le rôle de répartition
sera toujours en proportion du nombre de chevaux. On choisira ceux
qui, sans avoir six pouces, seront par leur conformation assez forts
pour le trait ou qui se trouveront propres à monter soit des hussards,
soit des conducteurs des transports militaires. — 3° Il sera fourni
autant de harnais complets que de chevaux propres au trait. — 4° Les
agents chargés de surveiller la levée dans les chefs-lieux de division
feront marquer par distinction d'armes les chevaux de luxe ou autres,
provenant de la dernière levée, qui se trouveront propres au service
de la cavalerie. — 5° La Commission des transports militaires est
chargée de faire parvenir sur-le-champ cet arrêté aux agents chargés
de surveiller la levée dans les vingt divisions et aux administrations

_____
[1] Arch. nat., AF ii, 286. — *Non enregistré.*

de districts, qui en donneront aussitôt connaissance aux municipalités des chefs-lieux de canton.

R. Lindet[1].

21. [Arrêté autorisant la Trésorerie nationale à payer au capitaine hollandais Mathias Schemitt, au Havre, le prix du chargement de son navire, *la Vénus*. Collot-d'Herbois, R. Lindet, Billaud-Varenne. — Arch. nat., AF ii, 75. *Non enregistré.*]

REPRÉSENTANTS EN MISSION.

LE COMITÉ DE SALUT PUBLIC AUX REPRÉSENTANTS PRÈS LES ARMÉES.

Paris, 9 floréal an ii-28 avril 1794.

Nous vous adressons ci-joint, citoyens collègues, six exemplaires d'un arrêté que nous avons pris le 8 de ce mois[2], et à l'exécution duquel nous vous invitons de vouloir faire tenir la main, cette mesure étant nécessaire pour le salut de nos armées républicaines.

Carnot.

[Arch. nat., AF ii, 203.]

LE COMITÉ DE SALUT PUBLIC
À FLORENT GUIOT, REPRÉSENTANT À L'ARMÉE DU NORD.

Paris, 9 floréal an ii-28 avril 1794.

[«Le Comité a écrit à Florent Guiot, à Lille, de se rendre à Cambrai et de veiller sévèrement à la défense.» — Arch. nat., F7, 4435. — *Note de la main de Barère*[3].]

---

[1] Arch. nat., AF ii, 286. — *Non enregistré.*

[2] Il s'agit sans doute de l'arrêté n° 5, Voir plus haut, p. 93.

[3] Nous ne connaissons l'existence de cette lettre du Comité de salut public que par cette note, que nous reproduisons textuellement.

LE COMITÉ DE SALUT PUBLIC
À PEYSSARD, REPRÉSENTANT À L'ARMÉE DES ARDENNES.

Paris, 9 floréal an 11-28 avril 1794.

Citoyen collègue,

Le Comité t'a choisi pour aller à l'armée des Ardennes [1], où tu te concerteras avec Levasseur. Nous ne doutons pas que tu acceptes cette mission. Il est pressant que tu te rendes à ce poste important le plus tôt possible. Nous t'attendons demain matin pour conférer avec toi avant ton départ.

COLLOT-D'HERBOIS.

[Arch. nat., AF II, 244. — *De la main de Collot-d'Herbois.*]

———

UN DES REPRÉSENTANTS À L'ARMÉE DU NORD AU COMITÉ DE SALUT PUBLIC.

Réunion-sur-Oise (ci-devant Guise), *9 floréal an 11-28 avril 1794.* (Reçu le 2 mai.)

[Goupilleau (de Fontenay) a reçu l'arrêté du 30 germinal, qui le rappelle [2], et va y obéir. — Arch. nat. AF II, 157.]

———

LE REPRÉSENTANT DANS LE NORD ET LE PAS-DE-CALAIS
AU COMITÉ DE SALUT PUBLIC.

Arras, 9 floréal an 11-28 avril 1794.

[Joseph Le Bon était très content de l'arrêté du Comité du 30 germinal, qui maintient exceptionnellement le tribunal révolutionnaire d'Arras [3]. «Eh bien, il vient de nous arriver une circulaire qui nous rejette dans un nouvel embarras [4]. Mais, jusqu'à votre réponse, elle ne sera communiquée qu'aux républicains éprouvés, et nous éviterons encore cette fois les poignards. Hâtez-vous de nous dire si, par cette circulaire, vous avez cru rapporter votre arrêté du 30 germinal. Je ne le pense pas. Si cependant, contre toute attente, vous aviez eu cette intention, com-

---

[1] Nous n'avons pas d'arrêté relatif à cette mission de Peyssard à l'armée des Ardennes.

[2] Voir t. XII, p. 681, l'arrêté n° 8.

[3] Voir t. XII, p. 680, l'arrêté n° 4.

[4] Nous n'avons pas cette circulaire.

mandez-moi de périr ou rappelez-moi dans le sein de la Convention nationale; assignez aussi un asile aux braves qui m'ont secondé, car toute notre force est dans la Convention et dans vous. — *P.-S.* Je soupçonne que la circulaire dont s'agit a été envoyée à Arras pour une commission révolutionnaire du temps d'Elie Lacoste et Peyssard, et qui n'existe plus depuis longtemps. Depuis votre arrêté du 30 germinal, trente-deux contre-révolutionnaires de ces environs ont disparu du sol de la liberté, et la prison des Baudets regorge encore. " — Arch. nat., F⁷, 4772. — *De la main de Le Bon* [1].]

UN DES REPRÉSENTANTS À L'ARMÉE DU NORD AU COMITÉ DE SALUT PUBLIC.

Douai, 9 floréal an II - 28 avril 1794.

["Bollet avait pris des mesures pour le transport à Abbeville du dépôt de carabiniers établi à Nancy; voit avec peine que Pflieger a contrarié ces dispositions; insiste pour que les dépôts soient moins éloignés de leurs corps; avantages qui en résulteraient; l'armée du Nord a un extrême besoin de cavalerie. Le représentant conjure de faire partir, sans délai, pour Abbeville, les dépôts des 1ᵉʳ et 2ᵉ régiments de carabiniers, établis à Nancy, et tous autres détachements de cette arme qui pourraient se trouver à l'armée de la Moselle. Joint trois copies de lettres, une de Pflieger, deux de Pichegru, relatives aux objets susmentionnés [2]. " — Arch. nat., AF II, 135.]

UN DES REPRÉSENTANTS À L'ARMÉE DU NORD AU COMITÉ DE SALUT PUBLIC.

Maubeuge, 9 floréal an II - 28 avril 1794.

[Laurent transmet copie de neuf arrêtés portant différentes autorisations et réquisitions relatives au service de l'armée. Il y joint l'état des sommes dont il a ordonné ou autorisé le paiement du 20 au 30 germinal. — Arch. nat., AF II, 235 [3].]

UN DES REPRÉSENTANTS DANS LE CALVADOS ET LA MANCHE
AU COMITÉ DE SALUT PUBLIC.

Coutances, 9 floréal an II - 28 avril 1794. (Reçu le 4 mai.)

[Bouret reçoit à l'instant la lettre du Comité du 5 floréal qui lui notifie son rappel [4]. Il va y obéir. "La calomnie m'aurait-elle atteint auprès de vous? Je ne puis

---

[1] En marge : «Écrit le 10 floréal». Nous n'avons pas cette lettre.

[2] Ces pièces manquent.

[3] Toutes les pièces annoncées dans cette lettre manquent.

[4] Voir plus haut, p. 31.

me le persuader; mais, le cas échéant, je saurai y opposer le courage impertur-
bable d'une conscience pure et sans reproche. Je pars demain pour Cherbourg,
afin d'y prendre les effets que j'y ai laissés, m'assurer encore de l'état de cette
place, et de suite je reviens partager vos travaux. Je pense que le Comité aura
pourvu à mon remplacement, car il serait très dangereux d'abandonner à eux-
mêmes les deux départements de la Manche et du Calvados, où les administrations
ont besoin d'une surveillance active et continuelle, où le système routinier des
affaires tend toujours à embarrasser la marche du gouvernement révolutionnaire,
où tout ce qui se présente sous un aspect tant soit peu inaccoutumé les arrête et
les excite à demander des conseils avant d'expédier ce qu'ils auraient pu faire avec
les simples lumières de leur raison et la loi à la main. Il eût peut-être été utile que
je conférasse avec mon successeur; mais je ne sais rien faire que ce que me pres-
crivent la volonté du Comité et le désir de courir à mon poste.» — Arch. nat.,
AF ii, 178. — *De la main de Bouret.*]

<hr/>

UN DES REPRÉSENTANTS À L'ARMÉE DES CÔTES DE CHERBOURG
AU COMITÉ DE SALUT PUBLIC.

Rouen, 9 floréal an ii-28 avril 1794. (Reçu le 1er mai.)

[«Guimberteau donne divers détails sur le rassemblement et le départ de différents corps de troupes qui étaient disséminés dans le Calvados. Ce département
et l'armée des Côtes vont rester sans cavalerie; il serait cependant nécessaire d'y
entretenir au moins quelques détachements, ne fût-ce que pour contenir la malveillance, etc. — Sous peu de jours, une superbe cavalerie bien équipée, à l'exception de pistolets, parviendra à Bollet.» — Arch. nat., AF ii, 269. Analyse.]

<hr/>

LE REPRÉSENTANT DANS LA MANCHE ET L'ORNE
AU COMITÉ DE SALUT PUBLIC.

Port-Malo (Saint-Malo), *9 floréal an ii-28 avril 1794.*
(Reçu le 6 mai.)

[«Le Carpentier transmet 29 nouveaux arrêtés qu'il a pris [1]. Observe qu'il n'est
resté à son poste que parce qu'il n'a considéré le silence du Comité que comme
une injonction tacite de ne point quitter ses fonctions. Continue cependant de demander son rappel; fait ensuite diverses observations sur une perte déjà connue

[1] Trois seulement de ces arrêtés sont joints à cette lettre.

que l'on a faite, et annonce en même temps des succès probables, qui en dédom-
magent. » — Arch. nat., AF ii, 269. Analyse.]

_____

LE REPRÉSENTANT À BREST ET DANS LES DÉPARTEMENTS MARITIMES À BILLAUD-VARENNE, MEMBRE DU COMITÉ DE SALUT PUBLIC..

Brest, 9 floréal an ii-28 avril 1794.

[Deux lettres de Jeanbon Saint-André : 1° «Les prises, écrit-il [1], nous viennent
en foule depuis deux ou trois jours; tu trouveras ci-joint la note de celles qui sont
entrées dans cette rade jusqu'à ce moment. La frégate *la Tamise* en a fait douze
pour sa part en huit jours de croisade. Dans le nombre s'est trouvé un paquebot
anglais venant de Lisbonne, ayant à son bord une somme considérable en numéraire. » — *Bulletin de la Convention* du 15 floréal. Extrait. — 2° «Il écrit que l'arrêté du Comité qui rappelle à leurs postes tous les employés aux travaux maritimes
a été assez mal accueilli à Lorient; on lui a d'abord demandé des exceptions :
il les a refusées. Piqués de ce refus, ils ont circonvenu Prieur, venu de Vannes
à Lorient pour reconstruire la municipalité. Depuis longtemps quatre ou cinq
mauvaises têtes à Lorient résistent aux arrêtés du Comité de salut public; aussi il
a cru devoir frapper fort en les forçant à respecter les principes. Il transmet les
pièces relatives à cette affaire et un arrêté relatif aux ex-nobles détenus [2]. » — Arch.
nat., AF ii, 294. Analyse.]

_____

UN DES REPRÉSENTANTS À ROCHEFORT AU COMITÉ DE SALUT PUBLIC.

Rochefort, 9 floréal an ii-28 avril 1794. (Reçu le 6 mai.)

Nous avons reçu, citoyens collègues, avec votre lettre du 19 germinal dernier [3], l'extrait de celle de l'agent national près le district d'Angely-Boutonne [4]; nous vous observons que le mémoire du citoyen
Clouet n'a pas été trouvé joint à la vôtre, comme vous nous l'annonciez.
Vous voudrez bien nous l'envoyer, et nous nous empresserons alors à
remplir vos vues.

Salut et fraternité,   Guezno.

[Arch. nat., AF ii, 172 [5].]

_____

[1] Cette lettre n'est pas nommément,
comme la seconde, adressée à Billaud-Varenne.

[2] Ces pièces sont jointes.

[3] Nous n'avons pas cette lettre.

[4] Ci-devant Saint-Jean-d'Angély.

[5] En marge : «Inconnu au bureau
d'exécution.»

LE REPRÉSENTANT DANS LES VOSGES ET LE HAUT-RHIN
AU COMITÉ DE SALUT PUBLIC.

Belfort, 9 floréal an II-28 avril 1794. (Reçu le 3 mai.)

L'immensité des travaux dont la loi du 14 frimaire a chargé les administrations de districts et les agents nationaux ont déterminé, citoyens collègues, la Société populaire de Colmar à me faire les représentations les plus vives sur l'impossibilité physique où se trouvaient quatre administrateurs et l'agent national de suffire à l'étendue du travail. Le district de Colmar est considérable et très populeux; la partie militaire est excessivement chargée par l'approximation des armées; les domaines nationaux, les contributions, les travaux publics, les subsistances, les convois militaires et les passages journaliers des troupes exigent l'activité la plus soutenue de la part des administrateurs. L'agent national est dans le cas de faire dans les ressorts du district des tournées plus fréquentes que les autres agents nationaux dans le leur, attendu que le peuple y est en grande partie livré au fanatisme religieux et du numéraire (*sic*). Il doit, outre ces voyages pénibles et multipliés, entretenir avec les Comités de salut public, de sûreté générale, les Comités de surveillance et les agents nationaux des communes une correspondance exacte et non interrompue. Il faut de plus qu'il assiste aux délibérations du directoire. Cette diversité de travaux, auxquels il serait impossible qu'il se livrât seul, m'a fait penser que le service public exigeait une augmentation de deux membres chargés de suppléer au besoin l'agent national et soulager les quatre membres du Directoire en partageant leur travail; ces deux adjoints ont été pris dans le conseil général, et j'ai cru devoir ne point les remplacer.

Je vous invite à me mander si vous approuvez cette mesure, impérieusement commandée par l'intérêt public, qui exige qu'aucune partie ne reste en arrière. Il était important aussi de donner à l'administration révolutionnaire dans ce département un mouvement plus uniformément accéléré. Je ne dois pas, au surplus, vous laisser ignorer que, dans les trois districts du Haut-Rhin, les agents nationaux, accablés de leurs travaux et avec des santés faibles, ont reconnu que ces fonctions sont au-dessus des forces morales et physiques. Ils ont sollicité leurs démissions; ceux de Colmar et Altkirch n'ont resté à leur poste que par l'espoir de rencontrer dans l'augmentation des membres du directoire des collaborateurs qui puissent partager avec eux les opérations pénibles de ces places intéressantes.

Salut et fraternité, FOUSSEDOIRE.

[Arch. nat., AF II. 163.]

_____

LE REPRÉSENTANTS DANS L'AIN ET LE MONT-BLANC
AU COMITÉ DE SALUT PUBLIC.

Annecy, 9 floréal an II-28 avril 1794. (Reçu le 6 mai.)

Je viens d'apprendre que Santerre, général de brigade, chargé dans la campagne dernière du commandement des troupes dans le Faucigny et de repousser les Piémontais, se trouve libre à Grenoble. Tout ce que je sais relativement à cet officier me convainc que c'est un traître qui a lâchement trahi la République avec les autres généraux d'alors dont je vous ai déjà parlé. Si ma commission m'en eût donné le droit, je l'aurais déjà fait arrêter. Je vous invite, citoyens collègues, à faire arrêter ce traître et à le faire traduire au Tribunal révolutionnaire pour y subir la peine qui attend tous ceux qui osent trahir la République.

Je me fais fort de vous envoyer les preuves de sa trahison.

ALBITTE.

[Arch. nat., AF II, 194 (1).]

_____

LE MÊME AU COMITÉ DE SALUT PUBLIC.

Annecy, 9 floréal an II-28 avril 1794. (Reçu le 3 mai.)

Notre collègue Gaston vient d'être rappelé par vous dans le sein de la Convention nationale (2). Il part, en obéissant à l'ordre qu'il en a reçu, sans différer, mais son départ laisse l'armée sans représentant direct auprès d'elle, dans un moment où déjà la victoire a étendu ses ailes

_____

(1) En marge de cette lettre : «Écrit à Albitte le 17 floréal.» En marge de l'analyse : «Santerre est arrêté par ordre du Comité.» — (2) Voir t. XII, p. 681, l'arrêté n° 8.

sur nos troupes, et où nos succès, comme je vous le mande par ma dernière en date du 6 de ce mois [1], se développent sur les montagnes qui séparent la ci-devant Savoie du Piémont. Le départ précipité de notre collègue me chagrine d'autant plus qu'il paraît qu'il était sur le point d'exécuter les mesures générales qu'il a concertées avec le général Dumas, et de pousser aussi loin qu'il est possible nos succès de ce côté, et que sa présence combinée avec les circonstances y réparerait un premier désavantage qui est la suite de la mort du brave Sarret, des trahisons ou lâchetés particulières dont Gaston a déjà recherché le fil, et de l'ouverture des paquets qui lui étaient adressés par Sarret, *et qui ne lui ont été remis que quelques jours après l'expédition du Mont-Cenis.* Quelle que soit la cause qui ait déterminé votre lettre de rappel, je vous invite fortement à ne pas laisser, dans ce moment surtout, l'armée des Alpes sans représentants, et à considérer s'il n'est pas très utile que Gaston, qui est déjà au courant du travail, qui connaît les lieux, et qui est connu de nos braves frères d'armes, soit promptement renvoyé vers eux pour entretenir leur ardeur et continuer une campagne dont il doit posséder toutes les combinaisons, ayant eu une portion de l'hiver pour prendre les renseignements nécessaires à un représentant qui vient à l'armée. J'ai demandé à Gaston la route qu'il comptait tenir pour aller à Paris. Il passe par Commune-Affranchie et la ci-devant Bourgogne. Si mes observations vous déterminent à le renvoyer à l'armée, je vous invite de le lui faire connaître par courrier et sans délai. Cette invitation est fondée sur l'importance qu'il y a de ne pas laisser sans représentants auprès d'elle l'armée des Alpes, et surtout la portion qui est et qui va se mettre en activité.

Salut et fraternité,   ALBITTE.

P.-S. Je m'empresse par la présente de vous faire connaître une vérité dont Gaston vient de me faire part, et que j'aurais désiré pour beaucoup avoir sue, lorsque je vous écrivis le 22 du mois de germinal [2], c'est qu'il n'était pas pour lors avec le général Dumas dans la vallée de Barcelonnette, comme on me l'avait assuré, mais bien au poste avancé de Chavière, au-dessus du Mont-Genèvre, ce qui ne le tenait qu'à sept lieues de distance du Mont-Cenis, au pied duquel il pouvait

[1] Voir plus haut, p. 67. — [2] Voir t. XII, p. 526.

se rendre en moins de sept heures, ainsi que le général, au moment qu'il avait été convenu entre eux et le général Sarret, si les paquets, comme je vous le mande ci-dessus, n'avaient pas été décachetés par un cavalier qui à présent est arrêté, ainsi que plusieurs autres porteurs de correspondance, dont le procès s'instruit.

ALBITTE.

[Arch. nat., AF ii, 194. — *De la main d'Albitte.*]

UN DES REPRÉSENTANTS AUX ARMÉES DES ALPES ET D'ITALIE
AU COMITÉ DE SALUT PUBLIC.

Barcelonnette, 9 floréal an ii-28 avril 1794. (Reçu le 7 mai.)

Citoyens collègues,

Je viens d'achever la revue des troupes qui sont placées dans les différents postes existant dans le district de Barcelonnette. J'ai trouvé l'esprit du soldat excellent; il est bien disposé et animé du courage des vrais républicains. Je ne puis que faire des éloges du 1ᵉʳ bataillon de l'Isère; ils (*sic*) ont établi dans ce bataillon une bonne discipline, ils y ont poussé très avant l'instruction, et l'administration présente beaucoup d'ordre. Le 1ᵉʳ bataillon de la Lozère n'a pu parvenir au même degré d'instruction, parce qu'il a toujours été dispersé dans des postes de montagnes, mais l'administration y est sage, et le soldat a l'instruction et le courage nécessaires pour bien défendre les postes qui lui sont confiés. Le bataillon du Mont-Ferme est un bataillon de la levée des jeunes gens de 1ʳᵉ réquisition, conservé par un arrêté de mes collègues près l'armée des Alpes; l'espèce d'hommes est belle et bonne, le soldat est animé de la meilleure volonté, l'instruction n'est pas bien avancée. Faute d'instruction, j'ai donné ordre pour qu'on y en établît, et dans moins de six décades ce bataillon sera au niveau de l'instruction des anciens bataillons. En venant à Barcelonnette, j'ai passé à Gap la revue du 4ᵉ bataillon des Basses-Alpes, qui devait se rendre dans la vallée de Queyras, d'où je revenais; l'esprit est bon dans ce bataillon, mais il n'est pas instruit. Le soldat est courageux, mais peu discipliné; j'ai laissé des ordres et des instructions aux chefs pour établir la discipline et accélérer l'instruction.

Quant au pays, il est bien défendu par la nature, qui y a produit les positions militaires les plus avantageuses; l'habitant n'est pas encore corrigé du fanatisme; on prend cependant des moyens pour extirper dans cette partie cet ennemi de la liberté.

Je partirai demain pour me rendre à Grenoble passer la revue des bataillons qui y sont arrivés, depuis mon départ de cette commune; de là je me rendrai dans les districts de Maurienne et Tarentaise faire les mêmes opérations.

Dans une de mes précédentes, je vous ai fait une observation relative au mode de l'embrigadement de l'armée d'Italie, où l'on a embrigadé des bataillons du même département ensemble, conformément à la loi du 21 février (vieux style); mais on m'a assuré que l'article de cette loi était rapporté, et que vous aviez prescrit un autre mode; je désirerais bien que vous me donnassiez des éclaircissements positifs sur cet objet, et que vous me fissiez part de vos vues à cet égard, afin que je m'y conforme dans mes opérations.

Je vous transmets ci-joint la lettre que m'adresse le général de brigade Badelaume, chargé de l'expédition du Petit-Saint-Bernard. Vous verrez que cette expédition a réussi, et que le courage de nos braves frères d'armes a surmonté tous les obstacles pour s'emparer d'un poste très important. Cette expédition est très avantageuse en ce qu'elle nécessite l'ennemi ou à se reculer dans le Piémont ou à porter dans le val d'Aoste une plus grande partie de ses forces. La prise du Petit-Saint-Bernard nous ouvre un passage pour l'Italie; elle nous facilitera la prise du Mont-Cenis, qui a malheureusement échoué à l'instant du succès.

Courage, braves collègues, vos travaux assureront notre liberté, soyez persuadés que je ne négligerai rien pour l'exécution de la mission que vous m'avez confiée.

Salut et fraternité,   Dumaz.

[Ministère de la guerre; *Armées des Alpes et d'Italie.*]

LE REPRÉSENTANT DANS LE GARD ET LA LOZÈRE
AU COMITÉ DE SALUT PUBLIC.

Mende, 9 floréal an II-28 avril 1794. (Reçu le 9 mai.)

J'ai parcouru tous les districts de la Lozère, citoyens collègues, et je dois vous faire le tableau général, mais succint, de ce département.

Les autorités constituées, épurées par Châteauneuf-Randon, présentent encore quelques changements à faire, mais la difficulté de trouver des sujets est grande, et le mauvais effet que pourrait produire une revision générale de cette épuration doit être pris en considération; mais quelques membres seront changés ou suspendus.

En général, je crois qu'il y a beaucoup trop de prêtres dans les districts, les tribunaux et les comités de surveillance. Il y a aussi des ex-nobles, et, comme les tribunaux me paraissent moins importants que les administrations, je ferai passer quelques juges dans les autorités civiles.

Le district de Saint-Chély est dans un état pitoyable; je n'y ai trouvé que trois administrateurs. J'ai fait convoquer le conseil général, et la plupart des membres, qu'on dit incapables, ne se sont pas présentés. Jallabert, ancien procureur général du département, et qu'on désigne comme suspect, vous a écrit pour être dispensé d'accepter; il est possible qu'en attendant que vous lui écriviez, j'aie assez de renseignements pour l'éloigner de l'administration.

Les prêtres réfractaires sont en grand nombre dans les montagnes; de toutes parts on me fait des relations, et nulle part on ne peut les surprendre.

Les prêtres reclus à Mende y font beaucoup de mal. Il est essentiel que vous preniez une mesure générale pour les éloigner. Je ne le peux pas moi-même, puisque mes pouvoirs sont bornés dans la Lozère et le Gard. On me dit de toutes parts qu'il y a dans cette maison des prêtres qui ont surpris des attestations de maladie et des arrêtés des corps constitués. Ils occupent une belle maison, qui pourrait se vendre; cette maison ne paraît pas très sûre.

Les anciennes administrations n'ont guère soigné les biens nationaux provenant des pères et mères d'émigrés, des prêtres déportés et des particuliers condamnés, dont la confiscation s'en est suivie.

Les comités et les officiers publics n'ont pas bien tenu la main à la loi du maximum.

J'ai pris des arrêtés pour redresser ces abus et quelques autres dont il est inutile de vous faire ici le tableau. Voici copie de mes arrêtés à cet égard.

Je serai le 12 à Saint-Geniès; de là, je vais clore tous les travaux du Gard. Il me tarde de rentrer dans la Convention. Si vous avez à me faire quelques observations sur ce qui peut rester à terminer dans le Gard et la Lozère, adressez-moi vos dépêches à Mende. Je chargerai l'agent du district de me les faire passer partout où je serai.

Je vous rendrai compte sur chaque objet en particulier, mais j'ai pensé que l'aperçu général que je viens de vous donner était nécessaire.

Les Comités de surveillance dans la Lozère sont la plupart composés de fonctionnaires publics. Sans doute que Châteauneuf n'a pas pu mieux faire, mais je vais demander le tableau de ces Comités, et j'en ferai sortir tous les fonctionnaires, à moins qu'on ne puisse m'indiquer personne pour les remplacer. Alors je préfèrerai laisser ces comités composés d'un nombre moindre de douze, pourvu qu'ils soient assez pour délibérer.

Salut et fraternité,   Borie.

[Arch. nat., AF ii, 194. — *Le dernier paragraphe est de la main de Borie.*]

LE MÊME AU COMITÉ DE SALUT PUBLIC.

Mende, 9 floréal an ii-28 avril 1794. (Reçu le 9 mai.)

Je vous envoie, citoyens collègues, l'arrêté que j'ai pris concernant les tribunaux du Gard et de la Lozère [1]; les difficultés pour les organiser et le vœu bien prononcé de toutes les Sociétés populaires m'engage à les réduire à quatre au lieu de quinze; mais, en attendant l'organisation de ces quatre tribunaux, ceux actuellement existants continueront

[1] Cet arrêté, en date du 7 floréal, porte qu'il n'y aura plus que deux tribunaux dans le Gard, et deux dans la Lozère.

leurs fonctions. Si vous pensiez qu'il y eût des inconvénients dans cette réduction, veuillez m'en faire part.

Salut et fraternité,   BORIE.

[Arch. nat., AF II, 194 [1].]

COMITÉ DE SALUT PUBLIC.

Séance du 10 floréal an II-29 avril 1794.

Présents : B. Barère, Carnot, Couthon, C.-A. Prieur, Collot d'Herbois, Billaud-Varenne, Robespierre, Saint-Just, R. Lindet.

1. Le Comité de salut public, sur la réclamation présentée par l'accusateur public du Tribunal révolutionnaire, pour le payement des dépenses extraordinaires de l'exécution des jugements criminels du Tribunal, arrête, d'après les mémoires produits à l'accusateur public, qu'il sera payé à l'exécuteur des jugements criminels la somme de vingt-mille livres, pour l'indemniser des avances et frais extraordinaires qu'il a faits depuis treize mois.

B. BARÈRE, CARNOT, BILLAUD-VARENNE,
COLLOT-D'HERBOIS [2].

2. Le Comité de salut public arrête que les deux compagnies d'artillerie avec affûts fardiers que le Comité a ordonné précédemment de faire partir de Meulan pour le quartier général de l'armée des Ardennes [3], se rendront à Péronne pour y être à la disposition du général de l'armée du Nord, qui les emploiera de la manière la plus utile. Le commissaire de l'organisation et du mouvement des armées donnera ses ordres pour la translation la plus prompte de ces compagnies, et en préviendra de suite le général de l'armée du Nord.

C.-A. PRIEUR, BILLAUD-VARENNE, ROBESPIERRE,
COLLOT-D'HERBOIS [4].

----

[1] En marge : «Renvoyé du Comité sans décision».

[2] Arch. nat., AF II, 22. — *De la main de Barère.*

[3] Voir plus haut, p. 68, l'arrêté du 7 floréal n° 2.

[4] Arch. nat., AF II, 202. — *De la main de C.-A. Prieur.*

IMPRIMERIE NATIONALE.

3. Le Comité de salut public charge Forestier, représentant du peuple, de se rendre dans le département de l'Allier, pour y surveiller la fabrique d'armes à Moulins.

> Billaud-Varenne, Saint-Just, Couthon, C.-A. Prieur [1].

4. Le Comité de salut public, mieux informé en ce qui concerne le nommé Désandrouin [2], ex-noble, retire la réquisition qui lui a été donnée par le Comité; autorise le citoyen Le Bon, représentant du peuple, à prendre à son égard toutes les mesures que l'intérêt de la République exigera et même à le faire traduire, s'il y a lieu, au tribunal établi à Arras.

> Billaud-Varenne, Robespierre, Carnot, B. Barère, Collot-d'Herbois, C.-A. Prieur [3].

5. Le Comité de salut public arrête que les représentants du peuple Saint-Just et Le Bas se rendront à l'armée du Nord pour y suivre les vues du Comité de salut public, et qu'il leur sera délivré, sur la quittance de l'un d'eux, un mandat sur la Trésorerie nationale de la somme de dix mille livres, qui sera prise sur les fonds de cinquante millions mis par décret à la disposition du Comité.

> Billaud-Varenne, B. Barère, Carnot, C.-A. Prieur [4].

6. Le Comité de salut public donne à Gateau et Lhulier, membres de la Commission exécutive d'agriculture [5], un congé de deux mois, pendant lesquels ils seront suppléés par Laugier et Tissot, secrétaires de ladite Commission.

> Saint-Just, C.-A. Prieur, B. Barère [6].

7. Le Comité de salut public arrête : Le Comte, ancien sergent des chasseurs au régiment de Hainaut, et nommé ensuite commandant provisoire d'un bataillon de chasseurs par le représentant du

---

[1] Arch. nat., AF ii, 215.

[2] François-Joseph-Théodore, vicomte Désandrouin, ex-constituant.

[3] Arch. nat., F⁷, 4773.

[4] Arch. nat., AF ii, 244.

[5] Voir t. XII, p. 664.

[6] Arch. nat., AF ii, 79. — *De la main de Saint-Just.*

peuple Albitte, sera promu à une place de chef de bataillon, et la Commission de l'organisation et du mouvement des armées donnera à cet effet les ordres nécessaires.

SAINT-JUST, CARNOT [1].

8. Le Comité de salut public arrête que Becker, adjudant général à l'armée de la Moselle, suspendu par Richaud, représentant du peuple, lequel a déclaré qu'il l'a fait par erreur, est réintégré dans ses fonctions et se rendra près du général Jourdan à l'armée de la Moselle.

SAINT-JUST [2].

9. Le Comité de salut public arrête que le citoyen Souppe, ancien commandant de bataillon, de la réquisition de Dourdan, sera envoyé en qualité d'adjudant général chef de bataillon à l'armée des Côtes de Brest; charge la Commission de l'organisation et du mouvement des armées de donner ses ordres en conséquence.

CARNOT, BILLAUD-VARENNE, COLLOT-D'HERBOIS [3].

10. Le Comité de salut public arrête que les dispositions du décret des 26, 27 et 28 germinal, rendu contre les étrangers et ex-nobles, ne seront pas appliquées au citoyen Rush, domicilié à Calais, où il a établi une fabrique de savon dont l'utilité est attestée par la Commission de commerce, ni aux ouvriers étrangers employés dans cette fabrique, qui sont mis provisoirement en réquisition et dont la liste sera dressée et présentée par le citoyen Rush au directoire du district, dans la prochaine décade, pour être envoyée au Comité de salut public.

R. LINDET [4].

11. Le Comité de salut public, sur le rapport de la Commission du commerce et approvisionnement, arrête que les préposés des douanes établis dans les ports et sur les frontières dresseront chaque jour un relevé de toutes les marchandises importées et exportées le jour précé-

---

[1] Arch. nat., AF II, 304. — *Non enregistré.*

[2] Arch. nat., AF II, 304. — *De la main de Saint-Just. Non enregistré.*

[3] Arch. nat., AF II, 304. — *De la main de Carnot. Non enregistré.*

[4] Arch. nat., AF II, 61. — *Non enregistré.*

dent. Les états indicatifs de la quantité et de l'espèce de matières, marchandises ou denrées, des lieux de départ et de destinations, des noms des expéditionnaires et de ceux auxquels elles seront adressées, seront dressés suivant le modèle qui sera envoyé par la Commission du commerce et lui seront transmis chaque jour.

R. Lindet [1].

12. Le Comité de salut public arrête : Lorsque des mesures à prendre par l'une des douze Commissions exécutives exigeront le concours de quelqu'une ou de plusieurs d'entre elles, celle des Commissions que ces mesures concerneront principalement sera tenue, sous sa responsabilité, de donner aux Commissions dont le concours sera nécessaire communication des ordres qu'elle devra faire exécuter, et de les inviter à faire, en ce qui les concernera, toutes les dispositions qui pourront être relatives à une même opération. La Commission de l'organisation et du mouvement des armées, celle du commerce et des approvisionnements et celle des transports, postes et messageries sont particulièrement chargées de l'exécution du présent arrêté, en tout ce qui est relatif à l'organisation et au mouvement des armées.

Carnot [2].

13. [A cette date, il y a une copie d'un arrêté par lequel le Comité, considérant que les dispositions prescrites par les articles 1, 2 et 3 de son arrêté du 28 germinal [3] ne seraient pas formellement remplies, si les rapports, décisions ou projets d'arrêtés à présenter par les Commissions n'étaient datés et revêtus de la signature des commissaires ou adjoints membres desdites commissions, arrête qu'à l'avenir les commissaires ou adjoints, membres des Commissions exécutives, dateront et signeront les rapports, propositions, décisions et projets d'arrêtés qu'ils auront à soumettre au Comité de salut public. Signé : Collot-d'Herbois, Carnot, C.-A. Prieur [4]. Mais l'original de cet arrêté, qu'on trouvera plus loin, p. 180, est daté du 12 floréal.]

[1] Arch. nat., AF ii, 75. — De la main de R. Lindet. Non enregistré.
[2] Arch. nat., AF ii, 24. — Non enregistré.
[3] Voir tome XII, p. 641, l'arrêté du Comité n° 18.
[4] Arch. nat., AF ii, 222. — Non enregistré. Copie.

REPRÉSENTANTS EN MISSION.

UN DES REPRÉSENTANTS À L'ARMÉE DU NORD
AU PRÉSIDENT DE LA CONVENTION NATIONALE.

Maubeuge, 10 floréal an II-29 avril 1794.

[Laurent communique une lettre et des détails sur la conduite civique du district de Bapaume et sur son zèle à exécuter ses versements de grains et fourrages, en donnant même plus qu'on ne lui demande. Il annonce que Beaumont a été pris le 8 au matin par les divisions réunies de Charbonié et Desjardin. — Ministère de la guerre; *Armées du Nord et des Ardennes.* — *De la main de Laurent*[1].]

LES REPRÉSENTANTS À L'ARMÉE DU NORD AU COMITÉ DE SALUT PUBLIC.

Lille, 10 floréal an II-29 avril 1794.

Nous avons différé jusqu'à ce moment de vous instruire de notre position, parce que nous attendions les résultats des premiers mouvements qui viennent d'avoir lieu sur toute la ligne qu'occupe l'armée du Nord et des Ardennes.

Notre gauche a eu le succès que nous désirions; nous sommes maîtres de Furnes et de Courtrai, et Menin, où l'ennemi s'est extrêmement fortifié, et qui est défendu par des émigrés qui n'attendent point de quartier, ne tardera pas à être à nous, malgré la vigoureuse résistance qu'il nous oppose. Nous continuerons aussitôt d'avancer de ce côté, et, si l'ennemi ne divise pas ses forces, nos projets seront peu retardés.

---

[1] A cette date, Guffroy reçut de Bollet une lettre datée de Douai, qui ne rentre pas dans notre cadre, et dont nous n'avons que l'analyse. Je reproduis cette analyse parce qu'il y est question de la mission de Joseph Le Bon: «Bollet fait passer copie d'une lettre à lui adressée par Leblond et annonce que la terreur règne tellement dans la ville d'Arras que tout le monde tremble. Dans cette lettre, Leblond proteste contre les faits qui lui sont imputés, assure que le citoyen Le Bon est trompé sur son compte et qu'il a été calomnié auprès de lui par des gens qui n'ont satisfait, en le dénonçant, que des passions et des haines. Il donne des éclaircissements sur les propos qu'il a tenus et que l'on a dénaturés pour le perdre. Ci-joint une note sur la conduite du représentant Le Bon.» — Arch. nat., AF II, 157. — Ces pièces manquent.

A la droite, la division des Ardennes a poussé partout les forces qui se trouvaient devant elle. Elle s'est emparée de Beaumont, et elle a fait sa jonction avec la division de Maubeuge. Ainsi, voilà cette place parfaitement en sûreté, et Avesnes même peut être difficilement inquiété, surtout avec la ferme résolution où nous sommes de ne pas rester un moment sans agir.

Nous n'avons pas été aussi heureux au centre et devant la trouée. C'est là que l'ennemi a réuni tous ses moyens et toutes ses forces. Nous l'avons attaqué trois fois sans succès; nous avons même perdu de l'artillerie. Mais nous lui avons fait infiniment de mal, et ces attaques continuelles rendent sa position très critique depuis les succès de nos deux ailes. Nous avons eu lieu de nous convaincre que le peu de talents de quelques généraux, la malveillance et la lâcheté d'un grand nombre d'officiers et de soldats sont les véritables causes qui nous ont empêchés de réussir de ce côté. Richard et le général en chef vont se porter sur ce point pour rétablir l'ensemble, rendre la confiance aux troupes, punir les aristocrates et les lâches. Nous ne doutons pas que bientôt nous n'obtenions également là de grands avantages. Nous ne ferons point la sottise d'y porter de nouvelles forces. Nous sommes convaincus que celles qui s'y trouvent suffisent, et nos diversions font un effet plus puissant que tous les renforts. Landrecies est toujours vivement pressé. On attaque encore aujourd'hui l'ennemi pour le dégager. Nous vous instruirons du résultat de cette tentative.

Goupilleau, qui se trouvait à Réunion-sur-Oise, lors de nos échecs dans cette partie, vient de partir pour se rendre à Paris. Il nous paraît frappé de terreur; nous vous invitons à ne pas ajouter foi à ses conseils : il n'entend rien à notre véritable position.

Nous avons trouvé à Courtrai et dans ses environs des ressources immenses en subsistances et en objets de toute espèce. Déjà trois cents chariots sont rendus ici; plus du double les suivent.

Il est absolument nécessaire que vous nous envoyiez une instruction sur la manière de nous conduire dans la Belgique. Nous sommes dans le plus grand embarras, et nous ne pouvons en être tirés trop tôt. Comptez, au surplus, sur tous nos moyens et tous nos efforts pour le succès des armes de la République et la conservation de ses intérêts.

Salut et fraternité,

RICHARD, Pierre CHOUDIEU.

Nous présumons que la division de la Moselle continue d'agir sur les points convenus.

Nous recevons à l'instant les meilleures nouvelles de la division des Ardennes. Nous avons trouvé à Beaumont une grande quantité d'armes et de munitions de guerre. En général, l'armée témoigne sur tous les points la plus grande ardeur et la plus grande valeur. Nous avons la confiance que les armes de la République écraseront [dans] cette campagne toutes les forces des tyrans coalisés.

Nous apprenons qu'il y a à Menin cinq mille hommes et une trentaine de pièces de canon. Nous voudrions qu'il y en eût davantage.

[Ministère de la guerre; *Armées du Nord et des Ardennes. — De la main de Richard.*]

LE REPRÉSENTANT DANS L'EURE ET LA SEINE-INFÉRIEURE AU COMITÉ DE SALUT PUBLIC.

Pont-Audemer, 10 floréal an II-29 avril 1794. (Reçu le 3 mai.)

Vous m'avez chargé, citoyens collègues, d'établir le gouvernement révolutionnaire dans les départements de la Seine-Inférieure et de l'Eure. J'ai rempli cette commission avec tout le zèle dont je suis capable. Ce gouvernement salutaire est établi dans ces deux départements, et j'ai accéléré la marche ferme et rapide qu'il doit avoir en aplanissant, autant qu'il a dépendu de moi, tous les obstacles qui pouvaient l'entraver.

J'ai épuré, à la tribune des Sociétés populaires, en présence du peuple, les fonctionnaires publics des principales communes de ces deux départements. Secondé par les agents nationaux, j'ai aussi épuré un grand nombre de municipalités et de comités de surveillance des campagnes. La position révolutionnaire dans laquelle nous nous trouvons exigeait, je dois le dire, une plus grande refonte, mais l'embarras des remplacements met un obstacle insurmontable à la perfectibilité de ce travail. Le plus sûr moyen d'y parvenir et de donner de la rapidité à l'exécution des lois serait de réunir un grand nombre de municipalités qui ne sont point assez peuplées pour être organisées et s'administrer elles-mêmes. Ces réunions fourniraient, d'après des combinaisons, assez d'hommes patriotes et capables de donner aux affaires le mouvement rapide, indispensable dans le moment actuel.

Il conviendrait aussi, pour qu'il y eût moins de différence dans la manière d'opérer des Comités de surveillance, et pour que leurs dissentiments fussent moins choquants, qu'il n'y eût qu'un de ces comités par canton; on trouverait le moyen de les bien composer, et on n'aurait pas la douleur de voir que tel individu, qui est puni de l'incarcération dans telle commune, n'est pas coupable ou l'est infiniment moins que tel autre individu qui jouit de tous ses droits civils et politiques dans telle autre commune.

J'ai assuré la tranquillité publique par différentes mesures dont je vous ai instruits dans le temps. Un grand nombre de prêtres, dans les deux départements de la Seine-Inférieure et de l'Eure, avaient abdiqué leurs fonctions. Il en restait encore un certain nombre, qui disaient des messes dans plusieurs communes. Les fanatiques s'y portaient en foule. La sûreté publique était menacée par ces rassemblements; il en était déjà même résulté des malheurs particuliers. Par mon arrêté du 18 germinal, j'y ai mis fin. On ne dit plus de messes dans ces deux départements, et le peuple, loin de murmurer, applaudit à la mesure, parce qu'il est convaincu qu'elle assure sa tranquillité.

L'égoïsme et l'aristocratie, qui existaient dans ces départements, qui sont riches, ont mis jusqu'à ce jour de grandes entraves au versement des réquisitions ordonnées par la Commission des subsistances; depuis le commencement de ma mission jusqu'à ce jour, j'ai sans cesse travaillé à les éloigner, en éclairant les citoyens sur cet objet important, en stimulant les autorités constituées, et particulièrement les administrations de district. J'ai, dans plusieurs circonstances, avantageusement secondé la Commission, et en général les réquisitions s'exécutent.

J'avais requis le battage de tous les grains pour le 15 germinal. Malgré la prorogation du délai d'un mois, je reçois de nouvelles réclamations, ce qui prouve bien que les ressources en grains dans ces départements sont plus considérables qu'on voulait le persuader.

Bien convaincu que la confiscation des grains de ceux qui ne les auraient point encore battus au 15 floréal produirait un mauvais effet, je vais restreindre cette mesure seulement envers ceux qui ne justifieraient pas, par des attestations de leur municipalité à l'administration du district, qu'ils ont fait tous leurs efforts pour se procurer des bat-

teurs. Après cette exception, s'il s'en trouve qui subissent la confiscation, à coup sûr ils sont des malveillants qui méritent punition.

Je travaille à épurer les autorités constituées de la commune de
Pont-Audemer; après cette opération finie, le délabrement de ma santé
me force de m'en retourner à Paris, où je vous donnerai, sur mes opérations et sur ma conduite dans les départements de la Seine-Inférieure
et de l'Eure, des détails suffisants pour vous prouver que je n'ai pas
cessé un instant d'être animé des sentiments qui caractérisent un patriote probe et un ami invariable de l'Égalité et de la Liberté.

Salut et fraternité,

SIBLOT.

[Arch. nat., AF II, 178.]

UN DES REPRÉSENTANTS DANS LE CALVADOS ET LA MANCHE
AU COMITÉ DE SALUT PUBLIC.

Coutances, 10 floréal an II-29 avril 1794. (Reçu le 4 mai.)

Je vous ai écrit, citoyens collègues, relativement à votre lettre
du 5 [1], et je reçois dans le moment une nouvelle, datée du 30 germinal [2], sur le même sujet. Elle m'arrive au moment où j'allais partir
pour Cherbourg, prendre là quelques effets que j'y ai laissés et de suite
me rendre auprès de vous. Je me réfère à ma lettre d'hier. La soumission aux lois sera toujours mon unique devoir.

Salut et fraternité,

BOURET.

[Arch. nat., AF II, 178. — *De la main de Bouret.*]

LE REPRÉSENTANT DANS LA VIENNE ET LES DEUX-SÈVRES
AU COMITÉ DE SALUT PUBLIC.

Poitiers, 10 floréal an II-29 avril 1794. (Reçu le 6 mai.)

Citoyens collègues,

Je dois vous prévenir que, dans la réorganisation des autorités con-

---

[1] Voir plus haut, p. 31.

[2] Nous n'avons pas cette lettre. Mais
elle avait évidemment pour objet de transmettre à Bouret l'arrêté du même jour, qui
le rappelait. Voir t. XII, p. 681, l'arrêté
n° 8.

stituées d'après le mode de gouvernement provisoire et révolutionnaire, j'éprouve les plus grands embarras pour compléter ces mêmes autorités, et principalement dans les communes de la campagne.

La petite population de ces communes, la parenté qui existe entre plusieurs de leurs habitants, et l'absence presque totale des hommes instruits et capables d'exercer des fonctions publiques, apportent les plus grandes difficultés à la formation des Comités de surveillance.

Les travaux de l'agriculture ne permettent guère d'ailleurs aux habitants des campagnes de se livrer aux soins continus et exacts de la surveillance.

Aussi les comités des communes de la campagne qui ont pu être réorganisés sont insuffisants et à peu près nuls. Ceux mêmes des grandes communes, étant la plupart composés de véritables sansculottes qui ont besoin du travail de leurs bras pour vivre, ou n'exercent pas une surveillance continue, ou éprouvent une perte réelle en se livrant avec assiduité à l'exercice de leurs fonctions.

Aussi je reçois chaque jour des réclamations des différents Comités de surveillance, qui demandent à être payés et indemnisés de leurs travaux et des pertes qu'ils éprouvent en s'y livrant.

La multiplicité de ces demandes m'a empêché d'y faire droit, parce que j'ai senti que, si je faisais payer un Comité de surveillance, il serait injuste de ne pas les faire tous payer également : ce qui deviendrait très onéreux pour la République et n'aplanirait pas la principale difficulté, celle de l'absence d'hommes capables du travail dans les communes de campagne.

Je pense donc, citoyens collègues, qu'il serait important de restreindre les Comités de surveillance aux chefs-lieux de cantons, peut-être même aux chefs-lieux de districts. Je vous soumets cette question, ainsi que celle de savoir si, conservant les Comités tels qu'ils sont, je puis ordonner le payement de ceux de ces Comités à qui il paraîtrait juste de l'accorder.

Je suis arrivé ici, il y a deux jours, pour accompagner mes collègues Hentz et Francastel, représentants près l'armée de l'Ouest, qui vont à Tours. Je pars à l'instant pour [Saint-] Maixent, et de là je me rendrai à Parthenay pour y organiser les autorités constituées d'après la loi du 14 frimaire.

Si vous avez à m'écrire, je vous prie de m'adresser vos lettres à

Maixent, comme lieu plus central dans mes opérations dans le département des Deux-Sèvres.

Salut et fraternité, INGRAND.

[Arch. nat., AF II, 178.]

LE REPRÉSENTANT DANS LE GERS ET LA HAUTE-GARONNE
AU COMITÉ DE SALUT PUBLIC.

Auch, 10 floréal an II-29 avril 1794. (Reçu le 9 mai.)

[Dartigoeyte envoie deux arrêtés. Par l'un, rendu sur la dénonciation du Comité de surveillance et du Conseil général de la commune de Nogaro, il ordonne une «battue générale» pour dissiper un attroupement formé par des déserteurs sur les limites des départements du Gers, des Landes et des Basses-Pyrénées [1]. L'autre a pour objet l'approvisionnement en grains de la commune et du district de Mirande. «Je m'occupe dans ce moment à niveler les subsistances dans les départements du Gers et Haute-Garonne, et, pour y parvenir, j'ai pris l'arrêté ci-joint, qui, j'espère, aura votre approbation. Je suis de près cet objet essentiel pour le peuple. Je compte parvenir à déjouer les trames de l'égoïsme et de la malveillance, et à nourrir les deux départements qui me sont confiés jusqu'à la récolte, qui s'annonce de la manière la plus précoce et la plus belle. Le peuple a la plus grande confiance dans la Convention et dans ses représentants. Je dois ajouter qu'il est convaincu que les exorcismes des prêtres pour la prospérité des fruits de la terre, comme pour autre chose, n'étaient que charlatanisme et mensonge.» — Arch. nat., AF II, 194.]

LES REPRÉSENTANTS À L'ARMÉE DES PYRÉNÉES OCCIDENTALES
AU COMITÉ DE SALUT PUBLIC.

Bayonne, 10 floréal an II-29 avril 1794. (Reçu le 8 mai.)

Citoyens collègues,

Nous venons de donner une nouvelle leçon à l'Espagnol; celle-ci n'est pas bien forte; mais, succédant à celles qu'il a déjà reçues en diverses occasions, elle ne laisse pas de valoir son prix. Il a voulu tâter notre division devant Saint-Jean-Pied-de-Port, et il y a trouvé, comme sur tous les autres points, des républicains dont le petit nombre accroît

---

[1] Cet arrêté, en date du 6 floréal, est joint à cette lettre. Mais nous n'avons pas les deux autres arrêtés dont il va être question.

le courage et l'ardeur de manière qu'il a été vigoureusement repoussé et avec une perte assez considérable. Il nous a, suivant son système dévastateur, incendié quelques maisons, mais nos soldats ont éteint avec son sang l'incendie qu'il avait allumé. Voici les détails de cette affaire.

Le 7, au point du jour, l'Espagnol attaqua tous les points de la division de Saint-Jean-Pied-de-Port; il tomba d'abord sur le poste d'Arnéguy, défendu par deux compagnies basques, qui furent forcées, après s'être vaillamment défendues, de céder à une force supérieure; elles se replièrent en bon ordre, après avoir perdu un seul homme, sur le poste du rocher d'Arrola et sur celui de Roqueluche. Dans le même moment, une colonne d'ennemis, composée de quatre mille hommes d'infanterie et d'un escadron de cavalerie conduisant un mortier de siège et un canon de gros calibre, se présenta à la descente de Blanc-Pignon et arriva à la crête de Roqueluche, où elle se mit en bataille. Le feu fut vif de part et d'autre; mais, quand les Espagnols ont vu nos braves militaires, ennuyés de la fusillade, aller sur eux au pas de charge, la baïonnette en avant, leur courage a commencé de les abandonner; ils ont pris la fuite, et nos soldats les ont poursuivis jusqu'au Blanc-Pignon. Quoique nous ignorions leur perte, nous pouvons assurer qu'elle a été considérable; car nos soldats, en les poursuivant, leur tiraient à bout portant. Un homme tué et trois blessés, telle a été la nôtre. Tel a été le succès de l'affaire aux postes défendus par Manco. Voici quel a été celui à ceux occupés par nos troupes sous le commandement de La Victoire. Le poste d'Iraméaca fut attaqué à trois heures du matin par la légion des émigrés, forte de 700 hommes, par les volontaires de Navarre, par les miliciens, quelques émigrés et déserteurs basques, qui descendirent des Aldudes par la rive gauche de la Nioc, qu'ils passèrent à gué. Les soldats qui défendaient ce poste firent une résistance prodigieuse. Forcés de se replier au grand nombre, ils se replièrent en bon ordre et furent prendre poste aussi sur le rocher d'Arrola. Les Espagnols attaquèrent ce nouveau poste de tous côtés avec furie; mais quatre cents hommes, commandés par l'adjudant général Harispe, les ayant tournés avec vivacité, les attaquèrent avec une telle vigueur qu'ils les forcèrent sur-le-champ à la retraite, qu'ils n'exécutèrent qu'avec la plus grande peine. Cette infâme légion d'émigrés a laissé quatre-vingts de ces scélérats sur le carreau; dix-sept ont été faits prisonniers; ils arrivent dans ce moment, et le soleil ne se couchera qu'après avoir vu ces monstres expier leurs forfaits sur l'échafaud.

L'ennemi, citoyens collègues, nous attaquant de tous les côtés avec une force supérieure, a été battu et repoussé partout. Peu de sang républicain s'est mêlé à celui des satellites du despotisme. Nous avons fait quelques prisonniers espagnols. Nous répétons ici ce que nous avons déjà dit lors de l'affaire du 17 pluviôse : les jeunes soldats de la réquisition, voyant le feu pour la première fois, ont montré, au milieu des bombes, des boulets et des balles, le plus grand courage; rien ne les a ébranlés, et leur joie est extrême d'avoir vu l'ennemi de si près; ils ont combattu en faisant retentir les cris de *Vive la République! Vive la Montagne!*

Il est quelques traits de courage que nous ne devons pas vous laisser ignorer.

Huit tirailleurs basques voient sur la hauteur une colonne ennemie, forte de sept à huit cents hommes. Sans s'informer s'ils sont soutenus ou non, ils fondent sur elle avec une intrépidité sans exemple; les ennemis, étonnés de cette audace et voyant nos colonnes s'avancer sur leurs flancs, se retirent en désordre.

Un vieillard basque aperçoit un sapeur espagnol qui fond sur lui; il lui lance une pierre et le terrasse; aussitôt il court à son ennemi, lui enlève son sabre et lui coupe la tête; ce vieillard courageux a déjà fait, dans une autre occasion, deux prisonniers.

Les habitants de cette partie du pays basque sont bien différents de ceux qui, dans la partie de Chauvin-Dragon [1], nous ont forcés de les interner pour faire cesser entre eux et les Espagnols une intelligence qui compromettait le salut de cette partie de notre armée, ainsi que celui des frontières qu'elle défend. Les Basques de Baigorry, détestant aussi cordialement les Espagnols que ceux de Sare et d'Ascain, etc. les aiment, sont accourus au premier feu et se sont précipités dans nos redoutes pour les garder; leurs jeunes enfants, se cotisant entre eux, achetaient du vin et le portaient à nos soldats se battant aux avant-postes.

Salut et fraternité,   CAVAIGNAC, PINET aîné.

[Ministère de la guerre; *Armées des Pyrénées.*]

----

[1] Sain-Jean-de-Luz.

LE REPRÉSENTANT AUX ARMÉES DE LA MOSELLE ET DES ARDENNES
AU COMITÉ DE SALUT PUBLIC.

Au quartier général d'Arlon, 10 floréal an II-29 avril 1794.
(Reçu le 7 mai.)

[L'adjudant général Grenier ayant été successivement promu, par les représentants du peuple, chef de bataillon et chef de brigade, Gillet prie le Comité de lui expédier son brevet. «C'est lui qui me seconde dans mes opérations pour l'embrigadement; il a servi sous mes yeux, à l'affaire d'Arlon, et je puis attester qu'il réunit toutes les qualités qui caractérisent l'officier habile et le patriote.» — Arch. nat., AF II, 242.]

UN DES REPRÉSENTANTS À L'ARMÉE DE LA MOSELLE
AU COMITÉ DE SALUT PUBLIC.

Sarrelibre (Sarrelouis), 10 floréal an II-29 avril 1794.
(Reçu le 5 mai.)

Citoyens collègues,

Je suis arrivé à Sarrelibre le 7 courant; j'en ai (*sic*) parti le lendemain pour Deux-Ponts, où le général Jourdan a fixé son quartier général jusqu'à ce qu'il se fasse quelque mouvement. J'ai conféré avec lui, tant sur les besoins que sur la situation de l'armée. J'ai été satisfait des comptes qui m'ont été rendus, et, d'après les renseignements que j'ai pris, tant à Deux-Ponts qu'à Blieskastel, où commande le général Moreaux, qui a sous son commandement les trois divisions qui forment la droite de l'armée, j'ai lieu de croire que je n'aurai pas tant d'épurations à faire parmi les officiers supérieurs de cette armée.

La troupe me paraît excellente et dans les meilleures dispositions.

L'armée de la Moselle est très faible en cavalerie légère; on ne peut guère substituer à ce service la grosse cavalerie, parce que le pays est rempli de montagnes; aussi l'on perd souvent des cavaliers dans les patrouilles et découvertes. Il n'existe à cette armée que le 7e régiment de hussards, dit de Paris, et la légion de la Moselle. On ne peut pas voir de plus mauvais corps que le premier : ils sont aussi lâches qu'ignorants et indisciplinés. Il n'en est pas de même de la légion de la Moselle; ce corps, qui est seul à la droite, semble se multiplier;

il est redouté de l'ennemi; mais, aux termes d'un décret, cette légion doit être refondue dans les différents corps de cavalerie légère. Je crois qu'il est du bien du service de la maintenir telle qu'elle est, provisoirement, à moins d'avoir un autre corps pour la remplacer, qui fût également bon. Je crois absolument nécessaire d'augmenter cette armée d'un régiment de chasseurs ou de hussards.

Les commissaires du pouvoir exécutif ont fait ici le plus grand tort; on ne les appelle que les commissaires de la grippe; ils ont réduit les habitants de Kaiserslautern et de Bermein (?) à l'affreuse alternative de mourir de faim ou de se révolter, ce qu'ils ont fait dernièrement. Cette rébellion a été sur-le-champ apaisée par la promesse qu'on leur a faite de leur donner quelques bestiaux pour labourer leurs terres; car maintenant ce sont les hommes et les femmes qui s'attellent à la charrue. Plusieurs de ces malheureux sont morts de faim. Ce sont les volontaires qui les nourrissent; il y en a même qui s'attellent à la charrue pour les aider.

Un nommé Delteuil, l'un des commissaires, s'est brûlé hier la cervelle.

Je partirai demain pour Metz, où est actuellement le citoyen Coulonge, agent principal. Je lui demanderai un compte exact de sa conduite, ainsi que de celle de tous ses agents subalternes, dont il avait créé une infinité; d'après ces renseignements, je prendrai les mesures nécessaires pour le bien de la chose publique.

Je compte ensuite me rendre à Nancy, où j'apprends qu'il s'opère un rassemblement d'officiers suspendus.

Il manque dans cette armée plusieurs généraux de brigade; j'ai de bons sujets que je nommerai pour remplir ces places. Je vous rendrai compte à fur et à mesure du résultat de mes opérations.

Mon collègue Gillet est maintenant occupé à la gauche de l'armée pour l'embrigadement; aussitôt mon retour, j'irai le rejoindre.

Salut et fraternité,

DUQUESNOY.

P.-S. — Le jour de mon arrivée à Sarrelibre, le feu a pris, à la porte d'Allemagne, dans un grenier où on faisait sécher des mèches et étoupilles. Il y avait au-dessous de ce grenier une très grande quantité de poudres et d'artifices; un ouvrier qui travaillait aux réparations de

la couverture, et qui a allumé imprudemment sa pipe, a été cause de
cet accident, qui heureusement n'a point eu de suite, le feu ayant été
étouffé sur-le-champ.

L'après-midi, le feu a pris à l'hôpital; les prompts secours qui y ont
été apportés ont empêché qu'il fit aucun progrès. J'ai fait [mettre] en
état d'arrestation le directeur de l'hôpital, qui ne jouit pas de la réputation d'un patriote, et qui était coupable de négligence.

[Ministère de la guerre; *Armées du Rhin et de la Moselle.* — *De la main de
Duquesnoy.*]

LE REPRÉSENTANT DANS LA MEUSE ET LA MOSELLE
AU COMITÉ DE SALUT PUBLIC.

Longwy, 10 floréal an 11-29 avril 1794. (Reçu le 4 mai.)

[Mallarmé signale le mauvais esprit de la commune de Longwy. «La souillure
que les hordes prussiennes y ont faite semble ne devoir s'effacer jamais. Croiriez-
vous, citoyens collègues, que tel est l'avilissement dans lequel est plongée la Société populaire, que sa majorité est formée de signataires d'une adresse royaliste?
Cette œuvre infâme, dont les auteurs, au nombre desquels était le traître Lavergne, commandant de la place lors du siège, ont été, les uns grossir les bandes
des émigrés, les autres la liste des suppliciés, place de la Révolution; cette œuvre
infâme, dis-je, était adressée au frère aîné du tyran et redemandait que les fers
qui garrottaient cette bête féroce au Temple tombassent, et qu'il remontât sur un
trône renversé sous le poids de ses forfaits. Je me suis fait rendre compte des faits
et, quoique je sois très persuadé que la peur et la lâcheté conduisirent la main
de la plupart des signataires, j'ai cru que, dans un moment où la pureté des
principes doit marcher avec celle des mœurs, je devais les éloigner de toutes fonctions publiques. En conséquence, je n'y ai appelé que des hommes intègres et in-
corrompus. J'en ai fait venir quelques-uns des communes voisines; car telle est
la pénurie des républicains à Longwy qu'à peine en peut-on compter une douzaine. La Société n'est point affiliée aux Jacobins, ni épurée; si je n'avais consulté
que la sévérité de mes devoirs, je l'aurais dissoute; mais les patriotes m'ont promis
de faire adopter un mode austère d'épuration et de vomissement politique; enfin
ils se sont en quelque sorte engagés à chasser les éléments hétérogènes pour la
recomposer de plus homogènes et de plus sains. Toutes les autorités épurées m'ont
juré de niveler la multitude à la hauteur révolutionnaire; elles sont dans les dispositions les plus heureuses pour la gloire de la liberté et le bonheur de la patrie,
et ont prêté le serment de mourir cent fois plutôt que de se rendre en cas d'une
nouvelle tentative. Il est bon, citoyens collègues, que vous ayez toujours l'œil

fixé sur cette frontière importante; sa position la rend digne de toutes vos sollicitudes. » Il se rend à Briey. — Arch. nat., AF II, 163. — *De la main de Mallarmé.*]

LE REPRÉSENTANT DANS L'YONNE ET LA SEINE-ET-MARNE
AU COMITÉ DE SALUT PUBLIC.

Tonnerre, 10 floréal an II–29 avril 1794. (Reçu le 5 mai.)

[Maure, en deux lettres, rend compte de ses opérations pour épurer la commune de Tonnerre. — Arch. nat., AF II, 163.]

UN EX-REPRÉSENTANT À SAINT-ÉTIENNE AU COMITÉ DE SALUT PUBLIC.

Narbonne, 10 floréal an II–29 avril 1794. (Reçu le 9 mai.)

[Deux lettres de Girard (de l'Aude) : 1° Il rend compte d'un discours contre les modérantistes, qu'il a prononcé à la tribune de la Société populaire de Béziers. — Arch. nat., AF II, 188. — 2° Il a reçu la lettre du Comité du 20 germinal [1]. Il proteste qu'il n'a entravé les opérations d'aucun de ses collègues. Il « brûle de rentrer dans le sein de la Convention. » — Arch. nat., *ibid.*]

LE REPRÉSENTANT AUX ARMÉES DES PYRÉNÉES ORIENTALES ET OCCIDENTALES
À CARNOT, MEMBRE DU COMITÉ DE SALUT PUBLIC.

Montpellier, 10 floréal an II–29 avril 1794.

[Châteauneuf-Randon trace un tableau rétrospectif de l'ensemble de ses opérations dans les diverses missions qui lui ont été confiées. Il met en lumière les succès qu'il a obtenus. Ainsi, dans le département de la Lozère, « depuis trois mois, la garde se monte jour et nuit dans toutes les communes ». — « Le peuple, porté par les moyens de persuasion et de conviction intime à la raison, a renoncé lui-même et sans secousse à ses vestiges de superstition. Mon travail sur l'épurement vous instruit de toute sa position; tous individus suspects, étrangers et autres frappés par la loi ont été arrêtés et renvoyés aux comités respectifs de leurs départements respectifs; la surveillance est si active que les déserteurs, qui autrefois y passaient, l'évitent. » Dans ces conditions, Châteauneuf-Randon s'étonne et se plaint qu'on se permette de publier qu'il existe de secrets complots de contre-

[1] Voir t. XII, p. 465. Cette lettre, dans la minute que nous avons reproduite, est datée du 19 germinal.

révolution dans les départements où il a opéré. On risque ainsi de troubler la tranquillité publique. Il est contraire à l'esprit du gouvernement révolutionnaire «que des commissaires, des délégués aient des pouvoirs subordonnés aux circonstances et en profitent pour faire des incursions dans les territoires qu'ils alarment, et sonnent, pour ainsi dire, le tocsin de la guerre civile». — «Jugez par mes arrêtés, jugez par les faits ci-dessus; je ne condamne point Reynaud (ses intentions sont bonnes), mais ceux qui l'ont trompé dans cette circonstance, comme sur l'exécution de votre arrêté relatif à l'affaire de l'Ardèche; je lui ai mis dans le temps tout sous les yeux; je l'ai prié, supplié de revenir sur son égarement : il a toujours continué sa prévention. Je te fais passer, cher collègue, copie de ma lettre au Comité de salut public et des arrêtés; veuille y donner un coup d'œil d'un quart d'heure; tous les objets en sont de la plus grande importance. Sitôt que l'injonction du Comité, si elle existe, me sera parvenue, je me rends.» — Arch. nat., T, 566, ¹⁻².]

LE REPRÉSENTANT AUX ARMÉES DES ALPES ET D'ITALIE
AU COMITÉ DE SALUT PUBLIC.

Barcelonnette, 10 floréal an II-29 avril 1794. (Reçu le 7 mai.)

[Dumaz a reçu son rappel et va y obéir[1]. «Il est malheureux pour moi de perdre votre confiance, tandis que je n'ai rien négligé pour la mériter. Mon cœur a toujours été pur et mes intentions droites; je n'ai jamais eu en vue que le bien du peuple; j'ai, tous les instants de ma vie, employé tous mes moyens pour servir sa cause et défendre ses droits; je me suis toujours conformé à vos ordres et à vos intentions; je ne pouvais mieux servir ma patrie. Aussi j'espère que vous rendrez justice à ma bonne volonté, à ma bonne foi et au vrai patriotisme qui m'a toujours animé. C'est dans cette confiance que, ferme dans mes principes, fidèle à la cause du peuple que vous avez si bien défendue, je me ferai toujours un devoir de suivre vos traces dans la carrière de la Révolution; je n'ai jamais eu d'autre guide dans ma conduite que vos ordres, vos instructions et vos avis.» — Arch. nat., AF II, 188. — *De la main de Dumaz.*]

LES REPRÉSENTANTS À L'ARMÉE D'ITALIE AU COMITÉ DE SALUT PUBLIC.

Saorgio, 10 floréal an II-29 avril 1794. (Reçu le 12 mai.)

Nous vous avons annoncé, il y a quelques jours, que l'étendard tricolore flottait pour la première fois sur les murs d'une ville du Piémont;

_____

(1) Voir t. XII, p. 681, l'arrêté n° 8.

apprenez aujourd'hui à la France que, par une suite de l'expédition que vous aviez ordonnée, les couleurs républicaines brillent sur les remparts de Saorgio. Les monts audacieux que la nature a élevés autour de cette forteresse ne l'ont rendue formidable que pour augmenter la gloire des Français, plus audacieux encore. Les ennemis ont été forcés dans toutes leurs positions; tout a cédé à la valeur des défenseurs de la patrie. Tous les camps piémontais, autrichiens sont en notre pouvoir. Plus de soixante pièces de canon de divers calibres, des mortiers, des obusiers ont été enlevés à l'ennemi. La déroute est complète; l'incendie et l'explosion annonçaient partout sa fuite précipitée; le feu n'a cependant pas tout dévoré; une grande partie d'effets de campement est restée à la République.

La perte de l'ennemi est énorme; nous pouvons assurer qu'elle est de deux à trois mille hommes; plus de trente officiers ont été faits prisonniers, parmi lesquels un colonel et deux majors. Nous avons à regretter soixante républicains morts en héros dans les retranchements ou sur les retranchements, du nombre desquels le général de brigade Brulé[1], qui avait combattu sous Toulon, et l'adjudant général Langlois, tué d'un coup de baïonnette en mettant la main sur la redoute piémontaise; quelques autres officiers dont les noms ne nous sont pas encore connus. Nous avons environ deux cent cinquante à trois cents blessés, dont un grand nombre retournera bientôt au combat. L'attaque des différents postes a été combinée de manière à faire beaucoup de mal à l'ennemi et à épargner le sang précieux des républicains. La position principale de l'ennemi a été attaquée et emportée la première; par là, son système de défense a été détruit; toutes ses forces se sont trouvées isolées; son ensemble a été rompu; de là la terreur répandue dans tous ses corps, et par suite l'épouvante.

Ainsi un général républicain, qui sait que les victoires coûteuses détruiraient la République, profite de l'ardeur des troupes et n'en abuse point; son coup d'œil, s'il est habile, saisit le cœur de l'ennemi, l'y fait frapper et conserve à la patrie des défenseurs qui auraient péri inutilement à l'attaque des points secondaires ou même indifférents au succès.

L'armée d'Italie ne veut point de repos qu'elle n'ait anéanti le tyran

[1] Sur le général Nicolas Brulé, voir Jacques Charavay, *Les généraux morts pour la patrie*, p. 19.

du Piémont; elle attend que vous lui prépariez de nouveaux exploits avec la sagesse que vous mettez dans toutes vos mesures.

Salut et fraternité,

ROBESPIERRE jeune, RICORD.

P.-S. Les ennemis viennent encore d'être chassés de Belvedere, de Laboulena, de Roccabiliare, de Lantosca et de Saint-Martin, ainsi que de tous les camps qu'ils occupaient à notre gauche. La victoire est à nous : sachons en profiter.

ROBESPIERRE jeune, RICORD.

[Ministère de la guerre; *Armées des Alpes et d'Italie. — De la main de Ricord.*]

COMITÉ DE SALUT PUBLIC.

Séance du 11 floréal an II-30 avril 1794.

Présents : B. Barère, Carnot, Couthon, Collot-d'Herbois, Billaud-Varenne, C.-A. Prieur, Robespierre, R. Lindet.

1. Le Comité de salut public, considérant que le Comité de surveillance et révolutionnaire établi dans la commune de Die, chef-lieu de district, département de la Drôme, en exécution de la loi du 21 mars 1793 (vieux style), se trouve réduit à six membres, ceux qui le complétaient ayant opté, conformément au décret du 14 frimaire [1], pour d'autres fonctions publiques et incompatibles qu'ils remplissaient, nomme les citoyens Giry, directeur de la poste aux lettres, Charles Jullien, François Frau père, François Gilibert, cultivateurs, André Arnoux, marchand, et Grimaud fils, aubergiste, membres du Comité de surveillance ou révolutionnaire de la commune de Die. L'agent national de la commune est chargé de rendre compte au Comité de l'exécution du présent arrêté.

B. BARÈRE, ROBESPIERRE, BILLAUD-VARENNE, CARNOT,
COLLOT-D'HERBOIS [2].

---

[1] Voir t. IX, p. 156, les articles 8 et 9 de la section III du décret du 14 frimaire an II. — [2] Arch. nat., AF II, 58. — *De la main de Barère.*

2. Le Comité de salut public arrête : 1° que les communes de Bordeaux, Marseille, Rouen, Caen et Nantes doivent être considérées comme places maritimes, relativement à l'exercice des mesures de police générale décrétée les 26 et 27 germinal; 2° qu'il sera envoyé sans délai, dans chacune de ces communes, un représentant du peuple chargé principalement d'exercer, conformément à l'article 10 du décret du 26 germinal, les réquisitions nécessaires à l'intérêt de la République et à l'exécution des arrêtés du Comité de salut public concernant l'exportation.

B. Barère, C.-A. Prieur, R. Lindet [1].

3. Le Comité de salut public nomme le citoyen Cousin, employé à la poste, pour exercer les fonctions de juge de paix de la section des Arcis. L'agent national près la commune est chargé de l'exécution du présent arrêté.

Collot-d'Herbois, Robespierre [2].

4. Le Comité de salut public arrête : seize mille hommes de l'armée du Rhin seront mis sans aucun délai, par le général en chef de cette armée, à la disposition de l'armée de la Moselle [3].

5. Le Comité de salut public arrête : 1° Le général en chef de l'armée de la Moselle fera marcher sans aucun délai toutes ses forces disponibles sur les pays de Liège et de Namur. — 2° Il ne conservera sur les frontières de la Moselle que les forces strictement nécessaires pour garder les places fortes, les postes d'Arlon et de Kaiserslautern et une position entre la Sarre et la Moselle, de sorte que le détachement formant la division qui doit marcher vers la Belgique soit au moins de vingt à vingt-cinq mille hommes. — 3° Le général en chef de l'armée de la Moselle exécutera cette opération dans le plus grand secret et fera courir le bruit d'une autre expédition, soit sur Trèves, soit sur le Palatinat.

Robespierre, Saint-Just, Carnot, Collot-d'Herbois, B. Barère, R. Lindet [4].

---

(1) Arch. nat., AF 11, 295. — *De la main de Barère.*

(2) Arch. nat., AF 11, 22. — *De la main de Robespierre.*

(3) Ministère de la guerre; *Armées du Rhin et de la Moselle. — De la main de Carnot. Non enregistré.*

(4) Ministère de la guerre; *Armées du Nord et des Ardennes. — De la main de Carnot. Non enregistré.*

6. Le Comité de salut public arrête que les secrétaires, commis et employés dans les bureaux du département de Paris sont en réquisition et ne pourront, sous quelque prétexte que ce soit, quitter leurs emplois et cesser de remplir leurs fonctions, sans congé et sans un ordre formel [1].

7. Le Comité de salut public arrête que le 1er bataillon des Deux-Sèvres, actuellement en quartiers à Angers, sera envoyé de suite à l'armée des Pyrénées occidentales.

CARNOT [2].

8. Le Comité de salut public, vu le rapport de la Commission d'agriculture et des arts, charge la Commission du commerce et des approvisionnements d'exercer le droit de réquisition et préhension sur le charbon de tourbe existant à la ci-devant Arquebuse, près le Boulevard, qui sera aussitôt mis à la disposition de la Commission d'agriculture et des arts. Cette Commission fera procéder aux expériences comparatives du charbon de tourbe, du charbon de bois et du charbon de terre. Elle est autorisée de se procurer des tourbes, qu'elle fera préparer dans le fourneau établi et destiné à cet usage, et les fera éprouver comme celles qui sont déjà converties en charbon.

R. LINDET [3].

9. Le Comité de salut public, ayant par son arrêté du 13 du mois dernier [4] ordonné la formation d'une compagnie d'aérostiers au nombre de vingt-huit hommes, y compris les officiers et sous-officiers, pour le service d'un aérostat près l'une des armées de la République, et indiqué, depuis, la destination de cet aérostat pour Maubeuge, arrête que ladite compagnie sera complétée par des hommes tirés des bataillons de la dernière réquisition servant actuellement dans l'armée du Nord, en y appelant de préférence ceux qui se trouveraient avoir un commencement de pratique dans les arts nécessaires à ce service,

---

[1] Arch. nat., AF II, 61. — Imprimé. Non enregistré.

[2] Arch. nat., AF II, 203. — De la main de Carnot. Non enregistré.

[3] Arch. nat., AF II, 79. — De la main de R. Lindet. Non enregistré.

[4] Voir t. XII, p. 349, l'arrêté du Comité n° 21.

tels que maçonnerie, charpente, serrurerie, peinture d'impression et chimie pneumatique; charge l'officier général commandant la division de Maubeuge de donner les ordres nécessaires pour l'exécution du présent arrêté, dont expédition lui sera adressée, ainsi que de celui du 13 germinal, pour la formation de la compagnie d'aérostiers, et de celui du 1er de ce mois portant ordre de départ [1]; ordonne en outre qu'expédition du présent sera envoyée tant à la Commission de l'organisation et du mouvement des armées qu'au citoyen Coutelle, capitaine de ladite compagnie, pour qu'il ait à faire connaître à l'officier général commandant le nombre des hommes nécessaires à son complet et le jour où ils devront se rendre à Maubeuge pour y commencer le service.

C.-A. PRIEUR [2].

10. Le Comité de salut public arrête : 1° Duclos, ancien chef de brigade du 21e régiment de cavalerie (ci-devant Navarre), retournera prendre le commandement de ce corps en la qualité de chef de brigade. — 2° Vifflet, chef de brigade provisoire de ce régiment, sera promu au grade de général de brigade à l'armée du Nord. — 3° Toutes les parties du 21e régiment de cavalerie seront réunies à l'armée du Nord. La Commission de l'organisation et du mouvement des armées donnera sur-le-champ les ordres nécessaires.

SAINT-JUST, CARNOT [3].

11. Le Comité de salut public, considérant combien il importe que les épreuves militaires à Meudon marchent rapidement, arrête que le département de Paris fera loger, dans le plus court délai possible, le citoyen Bouvier, chimiste, dans la maison du ci-devant duc de Liancourt, boulevard des Invalides, en mettant à la disposition de ce citoyen le local nécessaire au travail dont il est chargé par le Comité. La Commission des armes et poudres est chargée de veiller à la très prompte exécution de cet arrêté.

C.-A. PRIEUR [4].

(1) Voir t. XII, p. 705, l'arrêté du Comité n° 7.

(2) Arch. nat., AF II, 220. — Non enregistré.

(3) Arch. nat., AF II, 304. — De la main de Carnot. Non enregistré.

(4) Arch. nat., AF II, 220. — Non enregistré.

12. Le Comité de salut public, vu le rapport de la Commission des transports militaires, postes et messageries, autorise la Commission de faire payer au citoyen Delpech la somme de 15,732 livres 19 sols pour frais de voitures de vins transportés de Bordeaux en cette ville chez les citoyens Pitro et Bailly, et destinés à l'approvisionnement de la place de Lille pour les armées de la République.

R. LINDET [1].

13. Le Comité de salut public, sur la demande de la Commission des armes et poudres de la République du 4 de ce mois, voulant procurer au citoyen Meulan, serrurier, chargé de la construction d'affûts pour la marine, toutes les facilités nécessaires pour remplir les engagements qu'il a pris à cet effet, arrête : 1° que le citoyen Hugo, forgeron, est requis à l'atelier de Meulan, rue du Panthéon Français, où il travaille, pour continuer d'y être employé tout le temps qu'exigera l'exécution des commandes ci-dessus; 2° que la municipalité de Paris est chargée de tenir la main à l'exécution du présent arrêté.

C.-A. PRIEUR [2].

REPRÉSENTANTS EN MISSION.

LE COMITÉ DE SALUT PUBLIC AUX REPRÉSENTANTS À L'ARMÉE DU NORD.

Paris, 11 floréal an II—30 avril 1794.

Citoyens collègues,

Vous verrez, par les expéditions ci-jointes des arrêtés pris le 13 germinal, 1er et 2 de ce mois [3], que le succès des épreuves faites par ses ordres l'a déterminé à envoyer un aérostat à l'armée, comme pouvant servir à découvrir les mouvements des ennemis à la distance de plusieurs lieues et à donner des signaux, soit de jour, soit de nuit, par des feux. Nous avons cru devoir fixer sa destination pour Maubeuge [4].

---

[1] Arch. nat., AF II, 286. — De la main de R. Lindet. Non enregistré.

[2] Arch. nat., AF II, 215. — Non enregistré.

[3] Voir t. XII, p. 349, 705, les arrêtés n° 21 et nos 6 et 7.

[4] Voir plus haut, p. 150, l'arrêté du même jour, n° 9.

Nous écrivons en conséquence au général commandant l'armée du Nord pour lui annoncer que nous le mettons à sa disposition, et à l'officier général commandant la division de cette armée à Maubeuge pour qu'il donne les ordres et prenne les mesures nécessaires pour compléter la compagnie et la mettre en activité.

Nous connaissons trop votre zèle pour ne pas être assurés que vous exercerez votre surveillance sur cet objet, et que vous ne négligerez rien pour assurer le succès d'une nouvelle machine de guerre qui peut soutenir efficacement l'ardeur de nos braves bataillons contre les satellites du tyran.

C.-A. Prieur.

[Arch. nat., AF ii, 220.]

<hr>

LE COMITÉ DE SALUT PUBLIC
à saint-just et le bas, représentants à l'armée du nord,
au quartier général à réunion-sur-oise (ci-devant guise).

Paris, 11 floréal an ii-30 avril 1794.

[Carnot, au nom du Comité, leur envoie les lois militaires et les cartes topographiques, ainsi que le sabre qu'ils demandent. «D'après les divers renseignements qui nous ont été donnés aujourd'hui sur les diverses attaques faites pour dégager Landrecies, il paraît qu'elles auraient pu être mieux conduites. La principale colonne de nos troupes, qui était, dit-on, de près de trente mille hommes, a été dirigée sur les postes de Solesme et du Cateau, tandis que, du côté de la rive droite de la Sambre, en avant de la forêt de Nouvion, on a attaqué avec des forces médiocres. Il est cependant évident que c'est de ce côté qu'il fallait attaquer en masse. Car, de l'autre, il fallait, pour parvenir jusqu'à Landrecies, emporter d'abord les postes de Solesme et du Cateau, chose très difficile, par la faculté qu'ont les ennemis de faire arriver à leur défense toutes les forces de la forêt de Mormal, et de plus, en les supposant battus vers ce point, cette même forêt leur offrait une retraite qui arrêtait les effets de notre victoire. Du côté de la rive droite de la Sambre au contraire, les secours ne pouvaient arriver aux ennemis que difficilement, par des ponts, et, en cas de défaite, ils se trouvaient tellement acculés entre la rivière d'Helpe et celle de la Sambre qu'ils risquaient d'y périr tous avec leur artillerie; ou plutôt ils n'auraient pas attendu, s'ils eussent vu qu'on se disposait à les attaquer en force. Il aurait donc fallu se borner à une fausse attaque du côté du Cateau et porter la grande majorité des forces entre Prisches et les Fayt [1] et agir en masse, au lieu qu'on nous assure que les forces.

<hr>

[1] Le grand Fayt et le petit Fayt.

ont été fort disséminées et ont opéré sans ensemble. Au reste, nos collègues Richard et Choudieu nous annoncent que Pichegru se rend en personne à la colonne du centre, et nous n'aurions pas cru nécessaire de vous faire les observations, si nous n'eussions craint que Pichegru n'arrivât pas à temps. » — Ministère de la guerre; *Armées du Nord et des Ardennes.* — *De la main de Carnot.* Voir la *Correspondance générale de Carnot* [1].]

───────────

LE COMITÉ DE SALUT PUBLIC
AUX REPRÉSENTANTS À L'ARMÉE DE LA MOSELLE ET AUX REPRÉSENTANTS À L'ARMÉE DU RHIN.

Paris, 11 floréal an II – 30 avril 1794.

[Carnot, au nom du Comité, leur envoie, en deux lettres, les arrêtés, en date du même jour, qui concernent les armées du Rhin [2]. — Arch. nat., AF II, 203. — *De la main de Carnot.* Voir la *Correspondance générale de Carnot.*]

───────────

LE REPRÉSENTANT DANS LA SEINE-ET-MARNE ET L'YONNE
AU COMITÉ DE SALUT PUBLIC.

Tonnerre, 11 floréal an II – 30 avril 1794. (Reçu le 6 mai.)

[Maure transmet l'arrêté par lequel il destitue et remplace le citoyen More, directeur de la poste de Tonnerre [3]. « J'ai pensé qu'un homme déjà déclaré sus-

───────────

[1] Le lecteur sait qu'il a été décidé, par le Comité des travaux historiques, que, quand je rencontrerais une lettre de Carnot, je me bornerais à la mentionner ou à l'analyser brièvement, en renvoyant à la *Correspondance générale de Carnot*, dont la publication a été confiée à M. Étienne Charavay. Malheureusement M. Charavay vient de mourir (octobre 1899), sans avoir pu achever cette publication ni même la mener jusqu'à la date où je suis arrivé. Sans doute on peut espérer que son recueil sera continué; mais, comme cette espérance est incertaine, et comme d'autre part les lettres écrites par Carnot aux représentants en mission, au nom du Comité, ont une grande importance pour notre sujet, nous nous appliquerons désormais à en donner des extraits si étendus

que rien d'essentiel ne soit omis. Si, dans quelque temps, nous venions à apprendre que le Ministère de l'instruction publique renonce à continuer le recueil de M. Charavay, nous nous mettrions aussitôt à reproduire les lettres de Carnot *in extenso*, et dans le même caractère typographique que les autres lettres du Comité. — Le lecteur me permettra, à ce propos, de rendre hommage à la mémoire du savant si modeste et si zélé que nous venons de perdre et qui a rendu les plus grands services à l'histoire de la Révolution. Il me faisait l'amitié de revoir mes épreuves, et, privé de ses conseils, je me sens exposé à plus de risques d'erreur.

[2] Voir plus haut, p. 149, les arrêtés nos 4 et 5.

[3] Cette pièce manque.

pect, mari d'une femme coupable de correspondance avec les émigrés, ne pouvait occuper une place qui demande la plus grande confiance; vous approuverez sans doute cette mesure nécessaire au salut public.» — Arch. nat., AF ii, 163.]

———

UN DES REPRÉSENTANTS À L'ARMÉE DU NORD AU COMITÉ DE SALUT PUBLIC.

Maubeuge, 11 floréal an ii-3o avril 1794. (Reçu le 6 mai.)

[Laurent donne des détails sur la prise de Beaumont et sur les subsistances qu'on y a trouvées. «Landrecies n'est pas encore débloqué. Voilà deux tentatives inutiles; il y en aura une nouvelle demain, qui doit être vigoureuse.» — Ministère de la guerre; *Armées du Nord et des Ardennes.* — *De la main de Laurent.*]

———

UN DES REPRÉSENTANTS À L'ARMÉE DU NORD AU COMITÉ DE SALUT PUBLIC.

Lille, 11 floréal an ii-3o avril 1794. (Reçu le 8 mai.)

[Deux lettres de Florent Guiot : 1° Conformément à la lettre du Comité du 9 floréal [1], il part pour Cambrai. «J'y remplirai mes devoirs, et, si les satellites des despotes se présentent devant cette place, je vous promets qu'ils n'y entreront que sur mon cadavre.» — Ministère de la guerre; *Armées du Nord et des Ardennes.* — *De la main de Florent Guiot.* — 2° Il envoie à Paris le citoyen Dewinck, officier municipal de Dunkerque, qui donnera au Comité et à la Commission des subsistances toute sorte de renseignements sur la situation de ce port. — Arch. nat., AF ii, 157. — *De la main de Florent Guiot.*]

———

UN DES REPRÉSENTANTS À L'ARMÉE DU NORD AU COMITÉ DE SALUT PUBLIC.

Lille, 11 floréal an ii-3o avril 1794.

Je m'empresse de vous annoncer que nous venons de remporter sur les coalisés une victoire signalée.

L'ennemi, que notre marche hardie sur Courtrai avait d'abord déconcerté, s'est bientôt réparé par la résistance de Menin, et il a formé le dessein de nous chasser du pays dont nous venions de nous rendre

———

[1] Voir plus haut, p. 117.

maîtres. Hier 10, dès la pointe du jour, il s'est présenté, au nombre d'environ vingt mille hommes, devant l'excellente position qu'occupait en avant de Courtrai la division du général Souham. L'action s'est engagée quelques heures après. Le succès a d'abord été balancé, mais cette résistance n'a fait que doubler l'énergie des soldats de la République. Ils ont chargé avec impétuosité, et bientôt la victoire s'est déclarée pour eux. Nous avons pris trente-deux pièces de canons, plusieurs drapeaux et tué ou pris plus de quatre mille hommes, parmi lesquels plusieurs officiers de marque. Le général Clerfayt a été grièvement blessé.

La déroute des ennemis a été complète. Nous vous ferons passer des détails plus étendus. Je repars à l'instant pour rejoindre l'armée. Cette victoire aura des suites avantageuses pour la République.

Je n'ai point encore de nouvelles de l'attaque qui a dû avoir lieu à notre centre contre la grande armée. On me fait espérer qu'elle ira bien.

Richard.

Dans l'instant je reçois la nouvelle officielle de la prise de Menin. La garnison a voulu s'échapper; quinze cents sont restés sur la place; on poursuit le reste. Nous avons trouvé beaucoup d'artillerie dans la place. Dites à Paris, à toute la France, que l'armée du Nord répondra complètement aux espérances qu'on a fondées sur elle. On a tué un très grand nombre d'émigrés.

Richard.

[Ministère de la guerre; *Armées du Nord et des Ardennes.* — *De la main de Richard.*]

LES REPRÉSENTANTS À L'ARMÉE DU NORD AU COMITÉ DE SALUT PUBLIC.

Lille, 11 floréal an 11-30 avril 1794.

Votre lettre du 9 nous annonce des alarmes très vives sur la situation des affaires de la République dans le centre de l'armée du Nord [1]. Nous nous empressons de vous tranquilliser. L'effet naturel de nos

---

[1] Nous n'avons pas cette lettre.

succès dans la Flandre maritime et aux Ardennes doit être de diviser les forces ennemies et de les diriger en grande partie sur ces deux points. Nous sommes sûrs alors de les chasser de notre territoire et de les battre sur le leur. La marche qu'ils suivent dans ce moment nous mène infailliblement à ce résultat. Comme ils ne se déterminent qu'à regret à diminuer leur grande armée, ou qu'ils ont de fausses idées de nos moyens, qu'ils ne croient pas aussi considérables, ils ne font passer des troupes que partiellement et par détachement, à mesure que nos progrès leur donnent l'éveil sur la direction que nous suivons. Notre intention est de poursuivre sans relâche notre entreprise et de ne pas leur laisser un moment de repos.

Il n'est pas vrai que Landrecies soit au pouvoir de l'ennemi; du moins nous avons lieu de le croire. Nos forces au centre sont peut-être plus considérables que celles de Cobourg, et, si elles eussent été commandées par des hommes plus intelligents et plus hardis, nous ne doutons pas qu'elles n'eussent obtenu les mêmes avantages que celles avec lesquelles nous avons marché. Le brave Ferrand, que nous venons d'envoyer à Réunion [1], fait ce qu'il peut, mais il n'a presque pas d'officiers en état de le seconder. Nous réparerons tout cela en mettant chacun à sa place, et, Landrecies fût-il pris, nous ne cesserons pas d'être convaincus que l'armée du Nord dévorera dans cette campagne les ennemis de la République qu'elle est chargée de combattre.

Nous attendons impatiemment le résultat de l'attaque d'hier sur l'armée qui cerne Landrecies. Il court des bruits qui nous sont avantageux, mais ce ne sont que des bruits.

Nous ne pouvons vous exprimer combien est complète la victoire d'hier. Le désordre dans l'armée ennemie est à son comble. La bravoure de nos soldats s'est développée d'une manière étonnante. Nous vous rendrons compte des traits particuliers de valeur et de dévouement qui ont caractérisé cette journée et celle d'aujourd'hui; le 5e des chasseurs à cheval, les carabiniers, le 1er régiment et le 1er de cavalerie se sont couverts de gloire; les gendarmes à pied ont également fait des prodiges. En un mot, il n'est point de corps qui n'ait vivement fait son devoir.

La République est débarrassée d'un grand nombre de scélérats émi-

[1] Réunion-sur-Oise, ci-devant Guise.

grés qui ont péri sous les coups de nos braves soldats à Menin. Le nombre des pièces d'artillerie prises dans ces deux journées passe quarante. Les objets de munitions, de transport et d'approvisionnement en tout genre sont dans une immense quantité. Nous ferons rentrer plus de deux mille chariots chargés.

Salut et fraternité,   Pierre Choudieu, Richard.

Tout le monde parle ici avec estime et avec regret du général Béru, qui a quitté l'armée en vertu de l'arrêté de Duquesnoy qui congédiait les nobles. On nous assure que cet officier a toujours montré beaucoup de civisme et de grands talents. Si vous avez les mêmes renseignements sur lui, mettez-le en réquisition et envoyez-nous-le. Nous avons bien besoin d'hommes à talents.

Pierre Choudieu, Richard.

[Ministère de la guerre; *Armées du Nord et des Ardennes.* — *De la main de Richard.*]

LES REPRÉSENTANTS DANS LE DÉPARTEMENT ET À L'ARMÉE DES ARDENNES AU COMITÉ DE SALUT PUBLIC.

Sedan, 11 floréal an II–3o avril 1794.

[Deux lettres de ces représentants : 1° Un colonel de dragons hollandais vient d'envoyer, comme parlementaire, à Vedette-Républicaine (ci-devant Philippeville), un émigré, ancien soldat du régiment de Berchény, et natif d'Avesnes : Massieu et Levasseur (de la Sarthe) demandent si on doit appliquer à ce parlementaire les lois contre les émigrés. — Arch. nat., AF ii, 242. — *De la main de Massieu.* — 2° Levasseur (de la Sarthe) croit qu'il y a, dans le département des Ardennes, une conspiration contre les patriotes. «La faction d'Hébert est le prétexte dont on se sert pour les opprimer. Si on eût laissé ce projet se réaliser, il eût favorisé une contre-révolution dans ce département. Cette nuit, j'ai exécuté un arrêté du Comité du gouvernement (*sic*) qui met en état d'arrestation vingt-huit citoyens. Hier, je fus à la Société populaire, qui était très nombreuse; j'y parlai d'une manière à relever l'esprit public, éclairer le peuple et terrifier les aristocrates. Les arrestations se sont faites cette nuit avec beaucoup de prudence, et la plus grande tranquillité règne dans la ville. Deux citoyens sont partis; les autres étaient déjà arrêtés ou sont absents. — A Givet, j'ai beaucoup vu mon collègue Roux; j'ai entendu toutes les observations qu'il a voulu me faire. Massieu m'a donné de bons renseignements; il est venu me joindre hier à Sedan; j'ai appris avec peine son rappel [1]. La présence d'un représentant près l'armée des Ardennes est indispensable, sur-

---

[1] Voir t. XII, p. 681, l'arrêté n° 8.

tout si on fait une pointe dans la Belgique. Le soldat se livre au pillage; chacun y prend part. Je voudrais qu'il fût organisé, je veux dire qu'il tournât au profit de la République. C'est ce que j'ai fait à Beaumont. On avait éloigné de l'armée des Ardennes la gendarmerie, qui, par les décrets, doit la suivre. Nous avons pris un arrêté pour la faire venir. Le bien qu'a fait Massieu dans ce département, la connaissance qu'il a des besoins de l'armée pourraient décider le Comité de salut public à le continuer dans sa mission [1]. » — Arch. nat., AF ii, 175.]

<hr>

UN DES REPRÉSENTANTS À L'ARMÉE DE LA MOSELLE
AU COMITÉ DE SALUT PUBLIC.

Thionville, 11 floréal an II—30 avril 1794. (Reçu le 5 mai.)

Lorsque je vous écrivis le 28 germinal [2], citoyens mes collègues, sur le déplacement des dépôts des carabiniers, je ne connaissais pas encore votre arrêté du 25 germinal [3], qui vient seulement de me parvenir. Je vous ai exposé toutes les raisons qui, à mon avis, démontrent combien il est nuisible de faire voyager des dépôts aussi considérables dans un moment comme celui-ci, où tout est dans la plus grande activité tant pour l'instruction que pour la confection des effets d'habillement et d'équipement; c'est, comme je vous l'ai dit, perdre deux mois d'un temps infiniment précieux, sans que ce déplacement offre aucun avantage. Enfin, dès l'instant que j'ai reçu votre arrêté, j'ai écrit au général à Nancy pour en faire partir ces dépôts; mais, comme il peut se faire que, d'après mes raisons, vous rapportiez votre arrêté, j'ai donné ordre de ne faire partir le premier que le 20 floréal, et le deuxième le 21, afin que votre décision pût parvenir à temps. Je vous le répète encore, le déplacement d'un dépôt dans un moment comme celui-ci exige les plus sérieuses réflexions, et je vous invite à vous faire remettre sous les yeux ma lettre du 28 germinal sur cet objet.

Je suis actuellement à l'armée, où je passe la revue des escadrons de campagne; je vous rendrai compte de son résultat dès l'instant qu'elle sera terminée.

Salut et fraternité,   PFLIEGER.

[Ministère de la guerre; *Armées du Rhin et de la Moselle.*]

<hr>

[1] En marge : «Renvoyé sans décision.» — [2] Nous n'avons pas cette lettre. — [3] Voir t. XII, p. 580, l'arrêté n° 8.

UN DES REPRÉSENTANTS À L'ARMÉE DE LA MOSELLE
AU COMITÉ DE SALUT PUBLIC.

Sarrelibre (Sarrelouis), *11 floréal an II-30 avril 1794.*

Citoyens collègues,

Il m'a été impossible de répondre sur-le-champ à la lettre que vous m'avez adressée, Jourdan étant à Deux-Ponts; je lui ai dépêché aussitôt un courrier; sa réponse vient d'arriver dans l'instant; vous la trouverez ci-incluse avec les arrêtés que j'ai cru nécessaire de prendre [1].

Comme Jourdan arrive ici demain, je n'irai point à Nancy. Je bornerai mon voyage à Metz, où je prendrai des renseignements et un arrêté en conséquence touchant les objets dont je vous ai parlé dans ma dernière; je serai de retour demain à Sarrelibre.

Comme il me paraît, par la lettre que vous avez adressée à Jourdan et dont j'ai pris lecture, qu'il est absolument nécessaire qu'il y ait un parfait concert entre l'armée du Rhin et celle de la Moselle, et que, par la réponse de Jourdan et d'après l'entrevue qu'il a eue avec le général de l'armée du Rhin, ce dernier lui a dit qu'il était dans l'impossibilité de fournir des secours, ce que je juge cependant très possible, si votre intention s'accorde avec la mienne, vous m'autoriserez, ainsi que mon collègue Gillet, à prendre tous les arrêtés nécessaires pour faire agir ces deux armées de concert.

Je suis encore plus mécontent du 7e régiment de hussards; il vient continuellement des individus de ce régiment s'enivrer dans les cabarets de Sarrelibre et des environs; ils laissent leurs chevaux à l'abandon, et il semble que la majeure partie des officiers se prête à cette indiscipline. J'en ai fait arrêter hier deux, un hussard et un brigadier-fourrier qui ont déclaré que c'était leur capitaine qui leur avait donné une permission verbale. J'ai donné ordre de prendre des renseignements à ce sujet, et ferai arrêter les coupables et les destituerai. Je vous demande à être autorisé à faire l'épuration de ce corps en le faisant remplacer par un autre.

J'ai trouvé le pain extrêmement mauvais par le défaut de manipulation; j'ai fait arrêter provisoirement l'inspecteur des vivres Barbier;

---

[1] Toutes ces pièces manquent.

il s'est dit de Lille; j'ai sur-le-champ écrit au Comité de sûreté générale de la commune pour prendre des renseignements sur sa moralité.

Vous pouvez vous reposer sur mon zèle et mon activité pour user de tous les moyens possibles afin de terrasser les tyrans et accélérer le triomphe de la République.

Salut et fraternité,   DUQUESNOY.

Gillet ne sera ici, comme je vous l'ai mandé, que le 15 du courant.

[Ministère de la guerre; *Armées du Rhin et de la Moselle.*]

LE REPRÉSENTANT DANS LA NIÈVRE ET L'ALLIER AU COMITÉ DE SALUT PUBLIC.

Nevers, 11 floréal an 11-3o avril 1794. (Reçu le 7 mai.)

Citoyens collègues,

J'ai reçu votre lettre du 3o germinal [1], par laquelle vous me donnez avis de l'envoi que vous me faites du petit modèle en bois annoncé par l'instruction de Périer sur le mode des constructions des modèles de châssis dont il a été donné connaissance.

Je m'étonne, chers collègues, de ce que vous ne me faites aucune réponse, après vous en avoir demandé instamment et plusieurs fois. Je vous ai fait passer plusieurs arrêtés d'une conséquence majeure. Je vous fais passer celui que je viens de prendre en faveur des détenus, d'après le vœu du peuple bien prononcé. Si vous m'y répondez par le silence comme par le passé, je vous avoue que vous ne m'encouragez pas. Cependant, quand il s'agit du salut de la patrie et de la justice, rien ne saurait m'arrêter, mais votre décision sur mes arrêtés est indispensable, puisque sans cela ils ne produisent pas l'effet que j'en attends.

Les établissements vont le mieux possible; vous aurez bientôt des canons, et en abondance.

Si vous ne me répondez par le premier courrier sur plusieurs arré-

[1] Nous n'avons pas cette lettre.

tés que je vous ai soumis, et sur les questions que je vous ai proposées, je me verrai forcer de partir pour Paris et vous demander de
vive voix ce que je ne peux obtenir par ma plume.

Union et fraternité,   Noël POINTE.

[Arch. nat., AF II, 411. — *De la main de Noël Pointe* [1].]

LE REPRÉSENTANT DANS LE GARD ET LA LOZÈRE
AU COMITÉ DE SALUT PUBLIC.

Mende, 11 floréal an II–30 avril 1794. (Reçu le 12 mai.)

[Deux lettres de Borie : 1° Il vient de recevoir une lettre de Guyardin qui lui
apprend que des malveillants s'agitent sur les limites de la Haute-Loire et de la
Lozère. «On m'avertit hier qu'on avait conduit un prêtre réfractaire à Saint-Chély,
arrêté dans les campagnes et sur les bords de la Haute-Loire: je donnai à l'instant
l'ordre de le conduire à Mende; il est arrivé le matin, et le tribunal s'occupe de lui.
J'ai également donné ordre de faire conduire dans la maison d'arrêt de Mende tous
les détenus du district de Saint-Chély.» «Un nommé Mathieu, détenu à Langogne, et qui avait, m'ont dit les autorités, reçu ordre autrefois de Charrier pour
se mettre à la tête de sa troupe contre-révolutionnaire, sera traduit sur-le-champ
dans la prison de Mende; l'ordre en a été donné cette nuit. Il sera gardé là jusqu'à
ce que vous ayez ordonné sa translation à Paris, si vous le jugez nécessaire, conformément à l'article 2 du décret du 27 germinal. J'ai chargé l'agent du district
de Langogne de vous faire passer copie de toutes les pièces et renseignements
qu'il pourra se procurer. Un prêtre ex-noble, ci-devant vicaire général à Nantes et
frère d'émigré, le nommé Agulhot, détenu à Langogne, m'a été désigné comme
fomentant [des troubles] dans la maison d'arrêt. J'ai aussitôt ordonné sa translation à Mende. Mais les prêtres reclus à Mende sont, selon moi, très dangereux, et
je me réfère à ma dernière à cet égard. Je vais prendre à cet égard, en attendant,
toutes les mesures que je croirai nécessaires pour les empêcher de nuire, et comptez que je ne négligerai rien pour maintenir le bon ordre et faire punir les coupables.» — Arch. nat., AF II, 194. — *De la main de Borie.* — 2° Il transmet un
arrêté relatif aux biens nationaux provenant des parents d'émigrés, prêtres déportés et gens condamnés, dont la confiscation a dû être prononcée. — Arch. nat.,
ibid.]

---

[1] En marge : «Renvoyer l'arrêté à la division des armes et un extrait au Comité de
sûreté générale.»

UN DES REPRÉSENTANTS À LYON AU COMITÉ DE SALUT PUBLIC.

Commune-Affranchie (Lyon), *11 floréal an II-30 avril 1794.*
(Reçu le 6 mai.)

Citoyens collègues,

Votre arrêté du 3 floréal, relatif à Commune-Affranchie [1], me charge de faire une tournée dans le département de l'Ain, et me laisse la faculté de rentrer ensuite au sein de la Convention nationale. Je ferai tous mes efforts afin de remplir vos vues. Je n'attends que mon collègue Dupuy pour me rendre au nouveau poste qui m'est assigné.

En quittant la Commune-Affranchie, je demeure convaincu qu'elle renferme des hommes à masque, de faux amis de Chalier, des agioteurs contre-révolutionnaires, qui font passer des fonds chez nos ennemis, des restes du royalisme et de l'aristocratie, et quelquefois des émigrés qui circulent avec de faux passeports. Ma conviction est fondée sur les arrestations que nous avons fait faire, d'après une lettre que nous tenons du Comité de sûreté générale et trois autres lettres qui nous sont venues de l'agent national du district d'Annecy, département du Mont-Blanc.

Les mandats d'arrêt lancés contre les personnes indiquées dans la première lettre ont frappé des hommes d'une grande réputation en patriotisme, mais tout décèle en eux le parti de l'étranger, des prévarications dans les fonctions publiques, des liaisons criminelles, des projets d'émigration, des soustractions d'effets précieux appartenant à la République. Nous comptons parmi ces faux patriotes un émigré revenu de Turin, il y a un an, un Anglais déguisé sous un nom français, ayant été à Paris attaché au service des premiers suppôts de la tyrannie. D'un autre côté, nous faisons poursuivre des négociants avides qui, par la fraude et l'agiotage, font couler nos fonds en Hollande.

Enfin, il est une foule d'étrangers qui affluent dans cette commune à des époques marquées.

Cet état de choses, citoyens collègues, n'est pas alarmant sans doute, et les ennemis de la République ici ne sont pas faits pour inquiéter le gouvernement. Mais ce n'est point assez de n'avoir rien à

[1] Voir t. XII, p. 749, 750, l'arrêté n° 1.

craindre dans le moment présent : il faut prévenir tous les maux et régénérer les mœurs de Commune-Affranchie. Et nous ne doutons point
que nos successeurs ne rencontrent comme nous de grands obstacles.
La police est nulle à Commune-Affranchie; aucuns registres en forme
ne sont tenus aux diverses maisons d'arrêt, et nous avons la preuve
qu'un grand nombre de rebelles a été relâché arbitrairement par des
fonctionnaires publics auxquels nous avions cru ne pouvoir plus accorder de confiance.

Je ne vous dis rien, citoyens collègues, de la situation physique de
Commune-Affranchie; je ne vous dis rien de toutes ces dénonciations
qui nous ont si souvent annoncé que les mobiliers sequestrés ont été
dévastés et dilapidés; nous en avons parlé dans d'autres lettres; mais
jugez si nous avons dû exercer une surveillance active et sévère sur
tous les individus et garder une contenance ferme et élevée à l'égard
des fonctionnaires publics. Nous avons excité contre nous des réclamations; l'on a crié à l'oppression; mais le prestige tombera, et tel qui
profane aujourd'hui l'image de Chalier sera reconnu pour un fripon
et pour un traître. Un exemple d'une justice sévère apprendra à tous
ses semblables que quelques mouvements d'un faux patriotisme ne sont
pas un brevet d'impunité sous le règne de la vertu.

Jetez quelquefois les yeux, citoyens collègues, sur le régime actuel
de Commune-Affranchie; n'oubliez point ce que nous en avons dit
précédemment. Voyez une municipalité absorbant 100,000 livres par
jour, payant dix-huit mille ouvriers; voyez un district maîtrisant deux
mille gardiateurs (sic) de séquestres et une multitude d'autres agents
employés aux inventaires et ventes; voyez ce même district demander
aujourd'hui l'établissement d'ateliers qui seraient confiés à ses soins,
sous le prétexte de parachever des pièces de soie commandées. N'oubliez point surtout que l'on se réserve toujours deux grands moyens
d'inquiétude et de terreur : celui d'augmenter le nombre des contumaces et celui de dresser des listes des personnes suspectes. N'y a-t-il
pas lieu de croire que ceux-là sont avides de pouvoir, qui ont lutté
contre des autorités surveillantes et qui ont repoussé jusqu'à la représentation nationale? Ne veut-on point, à force de compression et d'inquiétudes, fermer la voix des réclamations contre les dilapidations, ou
conduire ainsi quelques projets sinistres?

Quoi qu'il en soit, citoyens collègues, il était de notre devoir de chercher à vaincre les obstacles; et, si nous n'avons pas réussi, nous les avons du moins rendus moins difficiles à renverser. Il est un terme d'épuisement pour la malveillance, après lequel il ne lui est plus possible d'arrêter les hommes qui veulent le bien.

Voici les moyens que j'aurais proposé en dernier lieu pour ramener l'ordre et la confiance :

1° Une surveillance très exacte de la police de la ville et des prisons.

2° La confection définitive des tableaux des personnes suspectes dans un court délai, passé lequel il n'eût plus été permis d'arrêter des habitants à Commune-Affranchie pour *anciennes* causes de suspicion.

3° Le jugement des rebelles lyonnais contumaces par la Commission révolutionnaire, aussi dans un court délai. Ce jugement me paraît indispensable, parce que les listes des émigrés n'atteindraient pas les coupables qui sont restés en France, et qui pourraient, moyennant des certificats de résidence, se faire rayer de la liste des émigrés.

4° Levée de séquestres sur toutes les propriétés *particulières et distinctes* des personnes qui n'auraient été comprises ni dans la liste des gens suspects ni dans le jugement des contumaces.

5° Une proclamation afin d'annoncer que le commerce doit revivre et pour donner à tous les citoyens l'assurance de n'être plus poursuivis pour cause de la rébellion lyonnaise.

6° Enfin j'aurais voulu effacer toutes les traces et armoiries de l'orgueil lyonnais; j'aurais fait enlever le lion sous le Rhône et la lionne sous la Saône, en bronze, qu'on laisse, *je ne sais pourquoi*, dans la première salle de la Maison-Commune. Je les aurais fait conduire à Paris; ils auraient annoncé les victoires du peuple français sur les ennemis intérieurs, comme l'aigle autrichienne l'annonce sur ceux du dehors.

J'espère qu'avec ces mesures on parviendrait à ranimer l'industrie et à donner aux habitants de Commune-Affranchie le sentiment de la liberté et de l'égalité.

Telles sont, citoyens collègues, mes dernières vues sur Commune-Affranchie, dont je vous devais le compte. Je quitte cette ville sans aucun remords; ma conscience ne me reproche nullement d'avoir persécuté les patriotes; il est vrai que les méchants, les traîtres et les intrigants n'ont pas à se louer de mes opinions; j'étais obligé de les combattre : mon dernier avis est qu'ils doivent être mis en jugement.

MÉAULLE.

Dupuy vient d'arriver, je pars demain.

[Arch. nat., AF ii, 194.]

LE REPRÉSENTANT DANS L'AIN ET LE MONT-BLANC
AU COMITÉ DE SALUT PUBLIC.

Annecy, 11 floréal an ii-30 avril 1794. (Reçu le 10 mai.)

Citoyens collègues,

Lorsque je vous ai écrit le 3 du courant [1], je n'ai pu vous donner les détails de l'alerte qui eut lieu dans le district de Cluses, le 29 germinal dernier, parce que je ne les connaissais pas encore parfaitement; et, dès lors, les travaux dont j'ai été surchargé, tant dans ce même district que dans celui d'Annecy, ne m'ont permis de vous en faire le récit qu'en ce moment.

Je vous adresse à cet effet des extraits certifiés de la lettre écrite par le commandant des postes des Contamines et de Saint-Gervais au commandant de la force armée de Sallanches, de celle écrite par l'officier municipal Morand de ce dernier endroit à l'administration du district de Cluses, et de celle enfin que cette même administration m'envoya à Bonneville, le 29 germinal, en me transmettant copie des deux premières [2].

Vous y verrez que l'alarme avait été répandue et que l'on donnait comme certaine l'invasion de l'ennemi.

Aussitôt cet avis reçu, l'adjudant général Cusnel fit battre la générale et filer sur Cluses ce qu'il y avait du 6e bataillon de l'Ain à Bonneville, pour se rendre de là aux extrêmes frontières, qui ne se trouvaient gardées que par le seul bataillon de la Montagne, de première réquisition, disséminé dans un grand nombre de petits postes.

La circonstance était impérieuse; elle commandait cette marche, et

---

[1] Voir t. XII, p. 774.

[2] Ces pièces manquent, ainsi que toutes celles qui sont annoncées dans cette lettre d'Albitte. Une note marginale porte qu'elles furent renvoyées au Comité de sûreté générale.

je l'aurais ordonnée moi-même, si elle eût éprouvé le moindre obstacle.

Le 5 de ce mois, ce bataillon a couché à Annecy, d'où il s'est rendu à marches forcées à sa destination, dans la division de l'armée commandée par le général Badelaume dans la ci-devant Tarentaise, qui maintenant a passé victorieusement en val d'Aoste, par la brillante conquête du Saint-Bernard.

Quant aux causes de l'alerte, voici comment elle a été occasionnée, d'après le rapport qui m'a d'abord été fait par deux personnes de confiance que j'ai aussitôt envoyées sur les lieux, et comme je m'en suis assuré moi-même en allant visiter les postes.

Les deux officiers qui commandaient les deux postes de Contamines avaient voulu, m'a-t-on dit, éprouver le courage et la discipline des soldats de leurs postes, et pour cela ils avaient convenu entre eux de tirer quelques coups de fusil dans la nuit du 28 au 29. Aussitôt ces coups tirés, on bat la générale, et, malgré qu'on eût prévenu au poste de Saint-Nicolas d'arrêter tous les fuyards, vingt-deux soldats des postes des Contamines prennent l'épouvante, et trois d'entre eux fuient jusqu'à Saint-Gervais, où ils répandent l'alarme, qui se répand successivement à Sallanches, et de là à Cluses et à Bonneville.

Ces deux officiers et les fuyards ont été conduits à Carouge pour y être jugés. Ou ils sont des traîtres qui ont donné cette alerte pour tenter de faire une diversion dans nos forces et de faire échouer l'importante expédition du Saint-Bernard, ou ils sont des imprudents et ont manqué à la police et discipline militaire, et dans tous les cas ils sont ou plus ou moins gravement coupables. J'en ai sollicité le jugement avec instance.

J'ai organisé les autorités constituées du district d'Annecy, et je vais partir pour me rendre à Chambéry, où, moins surchargé d'affaires particulières qui ont absorbé une grande partie de mon temps dans chaque district, je reprendrai le fil de ma correspondance, et vous rendrai compte de mes opérations.

En attendant, je vous envoie copie de la proclamation que je fis dans la commune de Bonneville, maintenant *Mont-Moloz*, aux citoyens des campagnes qui s'étaient enfuis dans les bois pour se soustraire à la première réquisition, et une copie de la lettre du maire du même lieu, du 9 du courant, où vous verrez que la voix de la patrie ne se fait

jamais entendre en vain, que ma proclamation a eu tout le succès que
je m'en promettais, et que ces citoyens, reconnaissant leur égarement,
ont aussitôt accouru pour prendre leur ordre de route.

C'est dans cette même vue que j'ai pris à Cluses et à Annecy, le 5
et le 10 de ce mois, l'arrêté dont je vous transmets copie, portant
l'élargissement des laboureurs qui avaient été mis en arrestation, parce
que leurs enfants de la première réquisition s'étaient enfuis. Je leur ai
accordé trois décades pour présenter leurs enfants, en leur laissant
apercevoir que, dans le cas contraire, je prendrais de nouvelles mesures. Partout je leur ai exposé leurs devoirs envers la patrie; ils en
ont paru touchés et émus vivement, et tout m'annonce l'efficacité de
cette mesure, si salutaire en même temps à l'agriculture, les travaux
languissant par la détention de ces agriculteurs.

Je saisirai toujours avec impatience tous les moyens que je croirai
pouvoir convenir au développement et à l'affermissement de l'esprit
public et au triomphe de l'égalité et de la liberté.

Salut et fraternité,   ALBITTE.

[Arch. nat., AF II, 194.]

_____

LE REPRÉSENTANT DANS LE LOT ET LE CANTAL
AU COMITÉ DE SALUT PUBLIC.

Castres, 11 floréal an II-30 avril 1794. (Reçu le 9 mai.)

Citoyens mes collègues,

Je viens de visiter le dernier district du département du Tarn, celui
de Lacaune. Une administration faible, des citoyens fanatiques lui ont
donné depuis longtemps une réputation suspecte; ses localités mon-
tueuses et boisées semblent s'opposer aux accès de l'esprit public et
favoriser une retraite aux prêtres réfractaires. Je n'oserais me flatter
d'avoir produit une révolution politique et morale dans un pays aussi
ignorant et aussi fanatisé; mais je crois y avoir jeté des germes de morale et de patriotisme qui ne seront pas perdus. Je crois avoir beaucoup gagné dans le cœur et l'esprit des maires et agents nationaux des
communes et d'une grande masse de peuple, réunis dans le temple
de la Raison. Si j'avais pu trouver des citoyens propres à remplacer
utilement les administrateurs, j'eusse fait une réforme salutaire; mais

la pénurie est telle qu'il faut conserver par force des fonctionnaires publics faibles, pusillanimes, mais cependant probes.

Je vais quitter ce département, où je crois avoir mis à l'ordre du jour la probité et la vertu pour les patriotes et la terreur pour les malveillants. Je ne crois pas qu'ils aient envie de se fédéraliser une seconde fois. J'espère même que les citoyens vont se prononcer d'une manière satisfaisante. Mon successeur, si vous vous décidez à en envoyer, sera content de l'esprit public et n'aura que quelques communes faibles à électriser, et dans lesquelles je n'ai pu trouver un seul homme digne d'être officier municipal.

Je vais rentrer dans les départements du Lot et du Cantal, où j'espère trouver de nouvelles instructions sur ce qui me reste à faire. Ma santé est épuisée, et je vous préviens que je suis forcé de prendre une décade de repos pour soutenir le travail que vous pourrez me confier.

Salut et fraternité,

Bo.

[Arch. nat., AF ɪɪ, 178. — *De la main de Bo.*]

LE MÊME AU COMITÉ DE SALUT PUBLIC.

Castres, 11 floréal an ɪɪ-30 avril 1794. (Reçu le 9 mai.)

[«Bo transmet les bordereaux contenant le recensement des grains fait dans le département du Tarn. Il en résulte qu'il est impossible de compléter les 100,000 quintaux de grains exigés par l'arrêté du Comité du 7 germinal en faveur des départements de la Lozère et de l'Aveyron [1]. Le district d'Albi n'a pas de grains pour douze jours; il va faire compléter la réquisition faite en sa faveur sur le district de Gaillac par la Commission des subsistances. Il invite le Comité à s'occuper de faire fournir ailleurs les 30,000 quintaux qui manquent au département de l'Aveyron et les 5,000 quintaux à celui de la Lozère.» — Arch. nat., AF ɪɪ, 178. Analyse.]

LE REPRÉSENTANT DANS L'ARIÈGE ET LES PYRÉNÉES-ORIENTALES
AU COMITÉ DE SALUT PUBLIC.

Limoux, 11 floréal an ɪɪ-30 avril 1794. (Reçu le 10 mai.)

Me voici, citoyens collègues, dans le district du département de l'Aude le plus fanatisé; j'ai mis une intention de préférence à m'y

[1] Voir t. XII, p. 223, l'arrêté n° 28.

trouver un jour de décade. Celle-ci sera remarquable par l'ouverture
d'un temple à la Raison, qui ne nous fera pas oublier la Divinité. Je
rendrai, et mes coopérateurs aussi, à celle-ci nos premiers et nos plus
profonds hommages. Nous ne regardons, ainsi que vous, l'autre que
comme en étant une incarnation.

Je donne à cette fête décadaire toute la pompe que permettent les
localités, et ce soir je fais préparer un bal pour le peuple, toujours
dans l'intention de lui rendre la Révolution plus chère en lui montrant que la Convention s'occupe de ses plaisirs.

Je vous ai annoncé, dans ma dernière lettre, que ma première vous
rendrait compte de ce que j'avais fait à Perpignan dans les quatre ou
cinq jours que j'y étais allé passer. Cette course avait plusieurs objets :
le premier était d'aller faire à Sigean, qui est sur cette route, l'épuration de la municipalité et du juge de paix, double opération qui pressait, et que je devais d'autant moins négliger que Sigean est l'un des
chefs-lieux de canton du district de Narbonne, et qu'il est devenu très
important comme ayant dans son arrondissement la nouvelle porte par
laquelle, depuis la trahison qui a livré Collioure et Port-Vendres aux
Espagnols, se font toutes les communications et tous les approvisionnements maritimes des Pyrénées-Orientales. J'ai passé un jour à Sigean, j'ai renouvelé la municipalité, maintenu le juge de paix, vu la
Société populaire, encouragé et instruit les sans-culottes, et je puis à
présent vous annoncer ce chef-lieu de canton comme l'un de ceux qui
vont le mieux de la République.

Un autre objet plus important, ne pouvant pas encore organiser le
gouvernement révolutionnaire dans tout le département des Pyrénées-
Orientales, parce qu'une partie est sous le joug du despote espagnol,
c'était de me montrer du moins à Perpignan pendant quelques jours
pour y relever l'esprit public depuis longtemps attiédi ou même tout à
fait corrompu par les administrations gangrenées qui y dominaient.
J'y voulais aussi examiner la Société populaire et son Comité, qui pre-
naient le titre de *Régénérés,* et qui n'en marchaient pas moins mal, si
je devais en juger par un grand nombre de plaintes qui m'avaient été
portées. Enfin je voulais faire cesser à Perpignan ce scandale, qui
n'existait peut-être plus dans aucune autre commune de la République,
de voir des hommes qui, dans le cours des mois de juin et de juillet
derniers, avaient provoqué la guerre civile et le soulèvement d'une par-

tie du Midi contre la Convention nationale, jouir encore, les uns
d'une pleine liberté et les autres occuper dans les administrations ou
près de l'armée des places de confiance. Mon premier mandat d'arrêt
a été contre Escalès aîné, convaincu, par une correspondance que
j'avais entre les mains, d'avoir voulu dissoudre la Convention. Il a été
livré à l'accusateur public. et les charges contre lui se sont trouvées si
graves et si convaincantes qu'il a été condamné à mort et exécuté. J'ai
ensuite épuré l'administration du département et le conseil général de
la commune de tous les fédéralistes, ainsi que les administrations et
les hôpitaux. Je n'ai, suivant mon usage constant, lancé des mandats
d'arrêt contre aucun d'eux qu'après avoir eu sous les yeux des preuves
matérielles de leurs délits. Les arrestations se sont montées à cin-
quante-huit.

Quoique ce que j'avais vu des principes de la Société populaire
dans les registres et ce que mes collaborateurs, qui avaient assisté par
mon ordre à ses séances, m'avaient rapporté de ceux qu'on avait soutenus dans les discussions m'eussent donné la plus mauvaise opinion
de cette Société, cependant j'aurais attendu mon retour à Perpignan
pour la dissoudre et en recréer une meilleure, si une intrigue infer-
nale, dont je vais vous rendre compte, et un piège qu'elle me tendit
ne m'avaient montré que je ne pouvais la laisser subsister plus longtemps, sans compromettre peut-être le salut public sur cette frontière.
Il paraît que ce qui reste de fripons, de contre-révolutionnaires et
d'intrigants qui avaient porté la désorganisation et le brigandage dans
l'ancienne armée des Pyrénées orientales, et que nos collègues près
de l'armée actuelle poursuivent sans pitié, attendaient leur salut de la
division qu'ils espéraient de semer entre eux et moi. Un nommé Ar-
nouil, ex-noble, administrateur du département de l'Ariège, qui avait
quitté son poste pour aller intriguer auprès d'eux contre moi, décriait
journellement les opérations révolutionnaires que mes instructions et
l'état de ce département et de celui de l'Aude m'obligeaient de faire,
et dans lesquelles j'avais frappé plusieurs dénoncés que cet intrigant
protégeait.

Dans le même temps, les meneurs de la Société populaire de
Perpignan sont venus me dénoncer le général Peyron, nommé par
nos collègues commandant de Perpignan, et l'un des hommes qui,
par son ardent patriotisme, par sa fermeté et par sa droiture, possède

et mérite le plus leur confiance; ils ont pris pour faire cette dénonciation l'heure de minuit, ce temps où je venais de me mettre dans mon
lit, après une journée très fatigante, dans l'espoir de profiter de la
lassitude de mes organes, pour parvenir plus aisément à leur but. Ils
m'envoyèrent coup sur coup trois députations différentes, par chacune
desquelles ils me demandaient de mettre sur-le-champ Peyron en arrestation, et ils avaient pris sur eux, en attendant, de rendre la Société permanente. Je leur ordonnai de cesser cette permanence, et je
remis malgré eux ma décision sur leur demande au lendemain. Ayant
examiné leurs dénonciations, je vis qu'elles étaient un tissu de calomnies, et comme je fus instruit en même temps de plusieurs côtés que
la Société m'avait tendu ce piège pour me brouiller avec mes collègues,
que les meneurs se croyaient même si sûrs du succès qu'ils s'en van-
taient d'avance partout (apparemment ils avaient communiqué cette
indigne espérance dans leurs lettres, puisque j'ai trouvé ce même bruit
répandu jusqu'à Carcassonne), je ne crus pas devoir laisser subsister
plus longtemps une Société que menaient de pareils hommes; je pris
donc le parti de la dissoudre et de la recomposer suivant le même
mode que j'avais suivi pour celles de l'Ariège. Depuis ce moment, je
puis vous certifier qu'elle marche suivant les principes révolutionnaires, et qu'elle contribuera puissamment à relever l'esprit public
dans une commune où il a grand besoin de l'être, le petit nombre de
patriotes qui s'y trouvent y étant presque tous venus avec les représentants du peuple ou avec l'armée.

Au surplus, le peuple y est aussi bon qu'ailleurs, et à présent que
je l'ai débarrassé de ceux qui le corrompaient et l'égaraient, il aimera
la Révolution et en donnera les mêmes preuves. J'ai découvert une
quantité considérable de pièces originales desdits meneurs, entre
autres soixante-dix-huit lettres de Birotteau, qui sont très curieuses;
elles dévoilent ses manœuvres et celles de son parti; on peut les regarder comme autant de pièces d'histoire. J'ai aussi découvert et mis
sous ma main beaucoup d'autres pièces qui constatent la coalition
entre les départements fédéralistes, entre autres ceux de l'Aude, du
Tarn, de l'Hérault et des Pyrénées-Orientales. Il y en a de Morin, de
Cassanyès, de Guiter, de Lozeau, nos collègues, et de Chambon, suppléant, maintenant à Paris. J'ai déjà envoyé une partie de ces pièces
au Comité de sûreté générale en lui dénonçant les coupables.

Avant de retourner à Narbonne, j'ai voulu voir avec un peu plus de suite mes collègues qui ne sont plus à Perpignan. Ils ont transporté leur domicile et leurs bureaux à Nils, à l'aile droite de l'armée, où ils vivent comme le soldat, se montrent tous les jours à tous les postes et à toutes les manœuvres, édifient et enflamment l'armée autant par leur conduite que par leurs discours. J'ai concerté avec eux et avec notre collègue Châteauneuf-Randon, envoyé par vous pour l'embrigadement, divers arrêtés relatifs au bien du service, dont ils ont dû vous faire connaître les dispositions, que je me persuade que vous aurez approuvées comme étant pleinement dans vos principes. Au mois de nivôse dernier, j'ai vu cette armée désorganisée par une suite sans exemple de trahisons et d'impéritie. Aujourd'hui, grâce aux travaux infatigables de nos collègues et à ceux des généraux, c'est peut-être l'armée de la République dont elle doit attendre le plus de grandes choses, du moins si les deux parties que je n'ai vues ressemblent, comme on l'annonce, à l'aile droite dont j'ai vu pendant l'espace de près d'un jour les revues et les manœuvres. J'aurais bien désiré pouvoir assister à l'attaque qu'elle préparait aux satellites du despote espagnol, et vous me pardonnerez bien, si je vous avoue que je m'étais rendu au camp dans cette espérance; mais le mauvais temps ayant empêché l'arrivée des barques d'Agde, sans lesquelles l'attaque ne pouvait se faire, je suis parti pour retourner au poste auquel votre confiance m'a placé.

Ma première lettre vous portera le détail de mes opérations à Carcassonne.

Salut, égalité et fraternité, CHAUDRON-ROUSSAU.

[Arch. nat., AF II, 194.]

LE REPRÉSENTANT DANS LES BOUCHES-DU-RHÔNE ET LE VAUCLUSE
AU COMITÉ DE SALUT PUBLIC.

Avignon, 11 floréal an II–30 avril 1794. (Reçu le 11 mai.)

L'épuration des autorités constituées existantes dans la commune d'Avignon est achevée, citoyens collègues; je vous envoie le tableau [1].

---

[1] Cette pièce manque, ainsi que toutes les autres annoncées dans cette lettre.

D'un coup d'œil vous verrez quels sont les changements qui ont été faits et les motifs qui les ont provoqués. C'est l'ouvrage d'une décade. Vous jugerez par là de l'embarras ou pour mieux dire de l'impossibilité absolue où j'aurais été de faire cette réorganisation, si je n'avais été secondé par les patriotes qui m'ont été indiqués par le citoyen Payan, puisque, malgré la connaissance des localités, ils ont eu tant de peine à terminer cette opération. Oser vous dire que tous les membres qui sont portés dans ces places sont également propres à remplir les fonctions qui leurs sont confiées, ce serait vouloir chercher à vous tromper. Ces pays-ci ne ressemblent en rien aux départements de l'intérieur; je vous l'ai dit dès le premier moment où j'y suis arrivé. La disette de sujets est absolue. J'ai tâché de tirer des départements voisins autant que je l'ai pu; mais on répugne à venir habiter un département où le climat et la beauté du sol sembleraient cependant offrir bien des charmes. Nous nous sommes attachés à la probité et à l'énergie, parce que nous avons reconnu que tout le mal est venu de ce que jusqu'à présent ces places n'ont été remplies que par des hommes ou immoraux ou faibles. Je me mettrai actuellement en observation; s'il s'est glissé quelques hommes qui ne méritent pas la confiance, ces remplacements, n'étant plus que partiels, seront plus faciles à faire, et ils s'effectueront aussitôt que le mal me sera connu.

J'ai fait appeler le citoyen Melleret, capitaine de la gendarmerie nationale à Valence pour remplir les fonctions de Jourdan [1] pendant tout le temps que durera son arrestation; je l'ai chargé de l'épuration de cette force armée. Je crois qu'il sera infiniment avantageux de faire changer les brigades, de transporter celles qui sont dans le département (presque toutes composées d'hommes qui sont sur leurs foyers) dans le département de la Drôme, et d'appeler ici celles d'un département où l'esprit public, étant énergiquement prononcé, nous donnera une colonie de citoyens infiniment précieux. Il n'y a que ce moyen de franciser, de républicaniser des hommes qui se sentiront longtemps d'avoir été Italiens.

Pour la première fois, je me suis rendu hier à la Société populaire. Là, je leur ai ouvert mon cœur; je leur ai prêché l'amour des vertus. Je vous enverrai différents exemplaires de mon discours, aussitôt qu'il

---

[1] Voir t. XII, p. 774 et suivantes, la lettre de Maignet, du 3 floréal.

sera imprimé, parce qu'il importe que vous connaissiez parfaitement ceux que la Convention charge d'immenses pouvoirs dans des pays aussi difficiles.

Je vous envoie copie de mon arrêté sur les citoyens d'Eyragues, incarcérés par Jourdan.

Salut et amitié,   MAIGNET.

P.-S. Je reçois dans l'instant deux rapports dont je vous fais passer copie; vous verrez que la flotte ennemie rôde sans cesse sur nos parages, et qu'il est bien urgent de presser la sortie de la nôtre pour purger la Méditerranée.

J'y joins copie d'une lettre écrite de la Martinique; elle m'a paru contenir des détails intéressants, qu'il importe que vous connaissiez, si déjà vous ne les avez appris.

[Arch. nat., D, § 1, 29. — *Les trois dernières lignes sont de la main de Maignet.*]

UN DES REPRÉSENTANTS À TOULON AU COMITÉ DE SALUT PUBLIC.

Port-de-la-Montagne (Toulon), *11 floréal an 11-3o avril 1794.*

Citoyens collègues,

Pendant l'expédition d'Oneille, nous avons, mes collègues Ricord, Robespierre le jeune et moi, donné pour trois fois l'ordre au contre-amiral Martin de faire voile du Port-de-la-Montagne avec tous les vaisseaux qui se seraient trouvés prêts, et trois fois il a refusé de sortir, sous le prétexte que les ennemis croisaient sur les parages de la République en forces supérieures.

Mes collègues ont pris le parti de m'envoyer d'Orméa pour accélérer la sortie de l'escadre. Je suis arrivé hier, et lorsque tout était prêt pour sortir avec six vaisseaux, quatre frégates et trois corvettes, nous avons reçu, par la voie du commissaire de la marine, votre arrêté du 2 de ce mois [1], qui fait défense au contre-amiral Martin de sortir, jusqu'à nouvel ordre.

En prenant, citoyens collègues, l'arrêté dont je viens de vous par-

[1] Voir t. XII, p. 723, l'arrêté n° 16.

ler, vous avez supposé sans doute que la disproportion des forces était telle à ne pas nous laisser l'espoir de mettre à la mer avec apparence de succès. On vous a induit en erreur sur la véritable situation des choses, et ceux qui ont provoqué la mesure que vous avez crue indispensable de prendre pour l'intérêt de la République sont comptables à la nation du retard qu'éprouvent les convois de blé et de la perte inévitable de la Corse, si on la laisse encore quelque temps sans secours.

Voici quelle est la situation des ennemis dans la Méditerranée : ils ont tout au plus en croisière sous le Port-de-la-Montagne cinq vaisseaux et six à sept entre frégates, bricks ou corvettes, quatre vaisseaux et autant de frégates ou corvettes en Corse, deux vaisseaux à Livourne et un à Naples. Quant à l'escadre espagnole, la moitié est à la rade de Livourne et l'autre moitié a fait voile pour Naples.

Si nous mettons à la voile maintenant avec les forces que nous avons, nous trouvons celles de l'ennemi dispersées, et nous avons par là une très grande probabilité de le battre ou de protéger l'arrivage des subsistances et de secourir la Corse sans nous exposer à un combat. Il faut que l'escadre du Port-de-la-Montagne sorte maintenant ou se déterminer à lui faire garder le port pendant toute la campagne; car, aussitôt que les Anglais auront réuni leurs moyens, et que leur jonction avec les Espagnols sera effectuée, ils nous présenteront toujours une force triple de celle que nous pourrions mettre à la mer, quelle que soit l'activité que l'on apporte à l'armement.

Vous devez être aussi bien que moi pénétrés du besoin qu'a la République de faire paraître sa marine dans la Méditerranée. Il faut de l'audace, et, si vous voulez avoir confiance en nous, je vous assure que nous n'exposerons nos forces maritimes qu'avec une très grande probabilité de succès. Les capitaines de vaisseaux ne sont pas fâchés de manger leurs appointements dans le port et de voir des dangers où véritablement il n'en existe pas.

Quelque envie que j'ai de porter des secours au pays où je suis malheureusement né, elle ne me fera jamais hasarder les forces maritimes de la République, sans avoir au moins la moitié des probabilités pour nous.

Le citoyen Dalous, qui vient d'arriver de Corse, envoyé par mon collègue Lacombe Saint-Michel, vous remettra la présente. Il vous exposera en détail la situation de la Corse et tous les moyens qu'on pourra employer pour soutenir les intérêts de la République dans ce pays-là. Je vous prie de l'entendre et de me faire part le plus tôt possible des ordres que vous aurez à donner relativement à l'escadre, qui, conformément à votre arrêté du 2 de ce mois, ne peut plus mettre à la voile que d'après les nouvelles dispositions que vous pourrez faire.

Notre collègue Lacombe Saint-Michel défend Bastia avec un courage fait pour étonner les esclaves de Pitt. Il a déjà, le 22, brûlé une frégate de quarante pièces de canon portant du 18, embossée devant la ville pour seconder le feu des batteries de terre qu'ils y ont établies.

Un coup de vent d'est, qui a soufflé il y a quelques jours, a jeté à la côte sur les rochers de Saint-Tropez le vaisseau anglais *Ardent*, de 64. Il a été entièrement brisé et englouti par les vagues.

L'armée d'Italie a dû attaquer le 9 les hauteurs de Saorgio, et j'ai lieu de croire qu'elle les aura emportées.

Salut et fraternité,   SALICETI.

[Ministère de la guerre; *Corse.*]

COMITÉ DE SALUT PUBLIC.

Séance du 12 floréal an II–1ᵉʳ mai 1794.

Présents : B. Barère, Carnot, Collot-d'Herbois, Couthon, Billaud-Varenne, Robespierre, C.-A. Prieur, R. Lindet.

1. Le Comité de salut public arrête : 1° que le jardin de la maison nationale connue sous le nom de maison Beaujon sera public et fera partie et suite des Champs-Élysées. — 2° Les fossés et les parapets seront démolis et comblés. — 3° Il sera élevé dans le jardin un temple à l'Égalité. — 4° Les artistes seront appelés à concourir pour l'architecture simple et les ornements républicains les plus convenables à ce monument. — 5° Le concours est ouvert pendant deux décades de prairial; les plans seront déposés le 10 prairial, dans la salle de la

Liberté. Le concours sera jugé le 20 prairial, par le jury des arts. La Commission des travaux publics prendra les mesures nécessaires pour la prompte exécution de cet arrêté. Elle fournira les fonds nécessaires.

B. Barère, Billaud-Varenne [1].

2. Le Comité de salut public, informé par le rapport fait par les représentants du peuple Guyton et Fourcroy, en exécution d'un arrêté du 8 courant [2], sur les inconvénients qui peuvent résulter du placement actuel de la tuerie des bestiaux à l'hospice de l'Humanité, arrête que la municipalité de Paris fera rechercher sans délai quatre emplacements dans les parties les plus aérées de Paris, et les plus voisines de la ville, pour y établir les tueries de bestiaux nécessaires à l'approvisionnement de Paris. Elle soumettra au Comité, dans le courant de la décade, le choix qu'elle aura fait. La municipalité de Paris est chargée de prendre les mesures les plus promptes pour délivrer les malades de l'hospice de l'incommodité du voisinage d'un pareil établissement.

B. Barère, R. Lindet, C.-A. Prieur, Billaud-Varenne [3].

3. Le Comité de salut public arrête que le citoyen Fourcade remplira les fonctions d'adjoint à la Commission de l'instruction publique.

B. Barère, Billaud-Varenne, Collot-d'Herbois, C.-A. Prieur [4].

4. Le Comité de salut public appelle les artistes de la République à concourir à l'élévation du monument dédié sur la place de la Victoire à la mémoire des citoyens morts pour la patrie dans la mémorable journée du 10 août 1792 (vieux style). Les ouvrages seront présentés au concours dans la salle de la Liberté, d'ici au 15 prairial; ils seront jugés avant le 20 de ce mois par le jury des arts. La Commission des

[1] Arch. nat., AF ii, 80. — De la main de Barère.

[2] Voir plus haut, p. 95, l'arrêté du Comité n° 10.

[3] Arch. nat., AF ii, 81. — De la main de Barère.

[4] Arch. nat., AF ii, 67. — De la main de Barère.

travaux publics fournira les fonds nécessaires pour l'exécution de ce monument, aussitôt que le concours aura été jugé.

B. BARÈRE, BILLAUD-VARENNE, C.-A. PRIEUR,
COLLOT-D'HERBOIS [1].

5. Le Comité de salut public, sur le compte qui lui a été rendu de l'impossibilité où se trouvent les canonniers montagnards de Meulan de faire un service utile aux armées, faute d'avoir une organisation convenable, arrête que la division d'artillerie partie de Meulan avec ses canonniers et arrivée à Franciade y resteront (sic) jusqu'à nouvel ordre; que le commissaire de l'organisation des armées prendra les mesures les plus promptes pour organiser le corps des canonniers montagnards de Meulan et le compléter.

C.-A. PRIEUR, BILLAUD-VARENNE, CARNOT, B. BARÈRE [2].

6. Le Comité de salut public arrête : 1° Il sera placé dans la première salle du lieu des séances de la Convention nationale un piédestal simple pour recevoir la statue de la Philosophie tenant les Droits de l'homme et la Constitution. — 2° La statue représentant la Philosophie, et qui a été faite par Houdon, sera estimée et achetée par la Commission des travaux publics, après rapport d'experts pris dans le jury des arts incessamment. — 3° Cette Commission fera élever le piédestal avec les marbres qui sont dans le dépôt des Petits-Augustins ou dans les maisons nationales; elle fournira les fonds nécessaires.

B. BARÈRE, BILLAUD-VARENNE, C.-A. PRIEUR [3].

7. Le Comité de salut public arrête que le citoyen Goujon se rendra sans délai au Port-de-la-Montagne, en qualité de représentant du peuple, pour y accélérer les travaux de la marine, l'armement des vaisseaux, l'arrivage des subsistances et approvisionnements, la défense de l'île de Corse, et y prendre toutes les mesures de salut public qui lui paraîtront convenables. Il se rendra auparavant à Avignon; il

---

[1] Arch. nat., AF ɪɪ, 80. — De la main de Barère. — [2] Arch. nat., AF ɪɪ, 202. — De la main de C.-A. Prieur. — [3] Arch. nat., AF ɪɪ, 80. — De la main de Barère.

exercera les mêmes pouvoirs dans les départements du Var, des Bouches-du-Rhône et des Alpes-Maritimes.

> B. BARÈRE, BILLAUD-VARENNE, ROBESPIERRE, COUTHON, SAINT-JUST, COLLOT-D'HERBOIS [1].

8. Le Comité de salut public arrête que le citoyen Vanseville remplira les fonctions de Commissaire des revenus nationaux avec le citoyen Laumont, déjà nommé par décret [2]. Le citoyen Bochet remplira les fonctions d'adjoint à la Commission des revenus nationaux.

> B. BARÈRE, BILLAUD-VARENNE, COLLOT-D'HERBOIS, C.-A. PRIEUR [3].

9. Le Comité de salut public arrête que le citoyen François Martin, sculpteur, qui a déposé audit Comité une figure en pied modelée par lui en terre, et représentant la Liberté, recevra du commissaire de l'instruction publique la somme de 300 livres, qui sera prise sur les fonds destinés à l'encouragement des arts.

> COLLOT-D'HERBOIS [4].

10. [Arrêté autorisant le citoyen Delpech, négociant à Bordeaux, à exporter du vin à Lille. R. LINDET. — Arch. nat., AF II, 78. *Non enregistré.*]

11. Considérant que les dispositions prescrites par les articles 1, 2 et 3 de son arrêté du 28 germinal [5] ne seraient pas formellement remplies, si les rapports, décisions ou projets d'arrêtés à présenter par les Commissions n'étaient datés et revêtus de la signature des commissaires ou adjoints, membres desdites Commissions, le Comité de salut public arrête : à l'avenir les commissaires ou adjoints, membres des Commissions exécutives, dateront et signeront les rapports, propositions, décisions et projets d'arrêtés qu'ils auront à soumettre au Comité de salut public.

> CARNOT, COLLOT-D'HERBOIS [6].

---

[1] Arch. nat., AF II, 301. — *De la main de Barère.*

[2] Voir t. XII, p. 665.

[3] Arch. nat., AF II, 20. — *De la main de Barère.*

[4] Arch. nat., AF II, 66.

[5] Voir t. XII, p. 641, l'arrêté n° 18.

[6] Arch. nat., AF II, 24. — *Non enregistré.* — Dans l'original, cet arrêté est intitulé : *Projet d'arrêté.* — Voir plus haut, p. 132.

12. Le Comité de salut public, après avoir entendu le rapport de la Commission de l'agriculture et des arts, autorise la Commission du commerce et des approvisionnements à distribuer gratuitement, dans les lieux et les proportions qu'elle jugera le plus utile, les grains qu'elle a rassemblés, consistant principalement en navets, carottes, choux divers, betteraves champêtres et autres.

R. Linpet [1].

13. Le Comité de salut public, après avoir entendu le rapport de la Commission de commerce et approvisionnements, arrête : 1° Tous les commerçants sont autorisés à mettre leur expérience, leur industrie en activité pour concourir à procurer toutes les denrées et matières dont la République peut avoir besoin et en exporter le superflu des denrées, marchandises de luxe et de manufactures. — 2° Toutes ces exportations et importations pourront se faire de concert avec la Commission du commerce, qui donnera aux expéditionnaires les avis et les instructions nécessaires sur les besoins de l'étranger, sur la rareté ou l'abondance de nos matières, denrées ou productions dans les différentes parties du monde, pour obvier aux inconvénients du concours des expéditions pour la même destination ou pour assurer le succès des diverses expéditions. — 3° Dans tous les cas, les commerçants seront tenus d'importer en denrées ou matières de première nécessité la même valeur de leur exportation, ou de la verser dans la Trésorerie nationale en traites sur l'étranger, qui seront remboursées au même cours ou change qu'elles auront été tirées ou reçues, et, dans tous les cas, ils fourniront les garanties nécessaires pour assurer l'importation ou le versement.

R. Linpet [2].

14. Le Comité de salut public, après avoir entendu le rapport de la Commission du commerce et des approvisionnements de la République, arrête que toutes les réquisitions de vin de Champagne de l'exécution desquelles le citoyen Lamarque a été chargé pour le service des armées navales de la République, avant l'époque du 27 germinal

[1] Arch. nat., AF 11, 68. — *Non enregistré.*

[2] Arch. nat., AF 11, 75. — *Non enregistré.*

dernier, seront payées par lui, ou par tout autre mis à sa place, d'après le maximum établi par le district de Bordeaux le 22 vendémiaire.

R. Lindet [1].

15. Sur le rapport fait au Comité de salut public par la Commission des transports militaires, remontes, postes et messageries : 1° qu'il existe au Raincy quelques étalons que l'intérêt du commerce et de l'agriculture et le service des armées exigent qu'on conserve avec soin ; 2° que le district de Gonesse se propose de faire des ventes d'animaux et de louer des prairies situées dans le parc de Raincy, nécessaires à la nourriture de ces étalons et propres d'ailleurs à refaire des chevaux fatigués ou malades ; le Comité de salut public, considérant qu'il est de l'intérêt de la République de conserver la race précieuse des étalons et de réserver des pâtures d'une bonne qualité, tant pour leur nourriture que pour refaire les chevaux malades ou fatigués, arrête : 1° que le district de Gonesse ne pourra procéder à aucune vente de chevaux ni d'étalons sans une autorisation expresse de sa part ; 2° qu'il surseoira à la location des terres en prairies et pâtures, arrêtée dans sa séance du 23 germinal ; 3° qu'il enverra, sous le plus court délai, à la Commission des transports militaires, à la Commission d'agriculture et des arts et à celle des revenus et domaines nationaux un état certifié portant le nombre et l'âge des étalons et chevaux existants au Raincy, ainsi que l'état des terres en prairies et pâtures renfermées dans le parc dudit Raincy ; 4° que le présent arrêté sera envoyé aux Commissions des transports militaires, d'agriculture et des arts et des revenus nationaux, chargées de le faire exécuter pour ce qui les concerne.

R. Lindet [2].

16. Le Comité de salut public, considérant que la lame du sabre accordé le 19 ventôse à François Le Roux, sous-lieutenant au 2ᵉ régiment des carabiniers, est une lame courte ; que le corps dans lequel il est, sa destination à l'armée exigent qu'il ait un sabre avec une lame de

---

[1] Arch. nat., AF ii, 68. — *Non enregistré.*

[2] Arch. nat., AF ii, 79. — *Non enregistré.*

cavalerie; arrête que la lame courte du sabre accordé le 19 ventôse à François Le Roux par la Convention nationale sera changée contre une lame de cavalerie, et que l'administration générale des armes portatives sera chargée de l'exécution du présent arrêté.

C.-A. PRIEUR [1].

17. Le Comité de salut public, sur le rapport de la Commission des revenus nationaux, considérant que les préposés des douanes doivent donner tout leur temps à l'exercice des fonctions qui leur sont confiées, arrête qu'ils ne pourront être détournés par les autorités constituées du service constamment actif pour lequel ils sont commissionnés et salariés par la République.

R. LINDET [2].

18. Le Comité de salut public arrête que la citoyenne Bérénice Homberg, fille d'un commerçant français domicilié au Havre, née en pays étranger, d'une mère étrangère, naturalisée française en 1775, résidant avec ses père et mère, doit continuer de jouir des droits de citoyenne française, et que la loi des 26, 27 et 28 germinal ne la regarde pas.

R. LINDET [3].

19 et 20. [Arrêtés réquisitionnant le citoyen Colombe, volontaire au 2ᵉ bataillon de la Charente, en station à Wissembourg, pour travailler à l'imprimerie de l'administration du district d'Égalité-sur-Marne (ci-devant Château-Thierry), et le citoyen Delpech, de Bordeaux, chargé d'approvisionner de vin la place de Lille [4]. R. LINDET. — Arch. nat., AF II, 304. *Non enregistré.*]

21. La Commission de l'organisation et du mouvement des armées expédiera sans aucun délai les ordres nécessaires pour que les citoyens mis en réquisition par les arrêtés ci-joints [5] se rendent sur-le-champ à Paris.

CARNOT [6].

---

[1] Arch. nat., AF II, 215. — *Non enregistré.*

[2] Arch. nat., AF II, 20. — *Non enregistré.*

[3] Arch. nat., AF II, 61. — *De la main de R. Lindet. Non enregistré.*

[4] Voir plus haut, p. 152, l'arrêté du 11 floréal n° 12.

[5] Il s'agit sans doute des deux arrêtés précédents, n°ˢ 19 et 20.

[6] Arch. nat., AF II, 304. — *De la main de Carnot. Non enregistré.*

22. Le Comité de salut public, sur les observations des citoyens Duroy et Lacoste, représentants du peuple près l'armée du Rhin, celles de Michaud, général en chef de ladite armée, et sur l'avis du Comité de la guerre, arrête que les représentants du peuple près l'armée du Rhin sont autorisés à conserver provisoirement le régiment de hussards dit de la Liberté, employé à ladite armée et commandé par le chef de brigade Payen, mais qu'il ne pourra être procédé à la formation des 5e et 6e escadrons jusqu'à nouvel ordre.

CARNOT [1].

23. Le Comité de salut public arrête que De Wolff, capitaine aide de camp du général Vézu, se rendra sur-le-champ auprès de ce général pour y reprendre ses fonctions dans les qualités susdites. La Commission de l'organisation et du mouvement des armées expédiera sans délai ses ordres en conséquence.

CARNOT [2].

24. Le Comité de salut public nomme Colombel, ancien lieutenant de la 1re compagnie de cavalerie de l'armée révolutionnaire, en station à Commune-Affranchie, à la place d'adjoint aux adjudants généraux près l'armée du Rhin.

CARNOT [3].

25. Le Comité de salut public arrête que le citoyen Grobert est nommé chef de bataillon d'artillerie et qu'il jouira du traitement attribué à ce grade dans cette arme. La Commission de l'organisation du mouvement des armées expédiera en conséquence les ordres et brevets nécessaires.

CARNOT, C.-A. PRIEUR, B. BARÈRE [4].

26. Le Comité de salut public autorise le citoyen Duclos, chef de brigade du 21e régiment de cavalerie, à se rendre à Louviers, dans le

---

[1] Arch. nat., AF II, 198. — *De la main de Carnot. Non enregistre.*

[2] Arch. nat., AF II, 304. — *De la main de Carnot. Non enregistre.*

[3] Arch. nat., AF II, 304. — *De la main de Carnot. Non enregistre.*

[4] Arch. nat., AF II, 304. — *De la main de Carnot. Non enregistre*

sein de sa famille, à la condition de rejoindre ledit régiment le
1ᵉʳ prairial prochain.

Cᴀʀɴᴏᴛ [1].

27, 28, 29, 30, 31, 32, 33, 34, 35, 36. [Arrêtés pris sur le rapport de la
Commission du commerce et des approvisionnements, et autorisant diverses exportations de marchandises à l'étranger. Ces arrêtés sont tous signés de R. Lɪɴᴅᴇᴛ
seul [2]. — Arch. nat., AF ɪɪ, 75. *Non enregistré.*]

37. [Arrêté chargeant le citoyen Jommard, demeurant rue de Seine, n° 1451,
d'inspecter à Paris les diverses fonderies de canons pour la marine. C.-A. Pʀɪᴇᴜʀ.
— Arch. nat., AF ɪɪ, 215. *Non enregistré.*]

38. Sur la demande des officiers municipaux et administrateurs
des hôpitaux et prisons de Paris, le Comité de salut public arrête que
le citoyen Briet est autorisé à se faire livrer par l'Agence nationale des
poudres et salpêtres, au prix fixé par la loi, 100 livres de salpêtre
dont il a besoin pour les préparations des huiles destinées à l'illumi-
nation [3] des différentes prisons et maisons d'arrêt.

C.-A. Pʀɪᴇᴜʀ [4].

39. Le Comité de salut public arrête que le citoyen Riffaut, commissaire de l'agence des poudres et salpêtres, au Ripault, près de
Tours, se rendra sur-le-champ à Paris pour coopérer à des épreuves
dont l'objet est d'accélérer la fabrication de la poudre.

C.-A. Pʀɪᴇᴜʀ [5].

40. [Approbation d'un arrêté de la Commission du commerce qui autorise les
citoyens Coquard et fils, du Pouliguen, à faire venir quarante tonneaux de vin de
l'île Républicaine, ci-devant île de Ré. R. Lɪɴᴅᴇᴛ. — Arch. nat., AF ɪɪ, 78. *Non
enregistré.*]

---

[1] Arch. nat., AF ɪɪ, 304. — *Non enregistré.*

[2] Ces arrêtés, fort longs, n'ont aucun
intérêt historique. Notons cependant qu'il
en est un qui se rapporte au « citoyen En-
fantin, banquier, rue Coq-Héron ».

[3] Ce mot est pris ici dans le sens d'é-
clairage.

[4] Arch. nat., AF ɪɪ, 217. — *Non enregistré.*

[5] Arch. nat., AF ɪɪ, 217. — *Non enregistré.*

REPRÉSENTANTS EN MISSION.

LE COMITÉ DE SALUT PUBLIC
AUX REPRÉSENTANTS À L'ARMÉE DU NORD, À LILLE.

Paris, 12 floréal an II-1ᵉʳ mai 1794.

Citoyens collègues,

Nous vous apprenons par ce courrier que la Convention nationale vient de *décréter que l'armée du Nord ne cesse de bien mériter de la patrie* [1]. Ce décret doit être entendu à Lille comme dans les autres parties de la frontière du Nord. Nous vous en adressons un extrait. C'est surtout à Landrecies que l'émulation produite par le décret de ce jour doit avoir des effets salutaires pour la République. Faites connaître ce décret à toute l'armée jusqu'à la Moselle, en en transmettant l'expression à nos collègues, représentants auprès des armées des Ardennes et de la Moselle. La République s'affermit tous les jours; que les soldats républicains continuent, et les tyrans n'existent plus.

Salut et fraternité,   B. B.

[Ministère de la guerre; *Armées du Nord et des Ardennes.* — *De la main de Barère.*]

LE COMITÉ DE SALUT PUBLIC
AUX REPRÉSENTANTS À L'ARMÉE DU NORD, À COURTRAI.

Paris, 12 floréal an II-1ᵉʳ mai 1794.

Continuez, chers collègues, de mettre la victoire à l'ordre du jour dans l'armée du Nord; c'est de même aux Ardennes, à la Moselle, aux Alpes et dans les champs de l'Italie. Nous venons de lire vos dépêches du 6 et du 11 à la Convention. Le peuple et les représentants ont témoigné la plus grande joie des succès éclatants que l'armée du Nord vient d'obtenir dans la Flandre. Vous prenez de grands engage-

---

[1] Ce décret fut rendu dans la séance de la Convention du 12 floréal an II, sur le rapport de Barère au nom du Comité de salut public. (*Procès-verbal*, t. XXXVI, p. 273, et *Moniteur*, réimpression, t. XX, p. 358.)

ments; vous ferez plus encore : vous les tiendrez. Vous n'oublierez pas
que votre expédition doit se combiner pour les succès de l'armée navale
que nous préparons, et quelle influence aura sur ces objets la prise de
Dunkerque et d'Ypres. La Convention a rendu un décret par lequel
elle *déclare que l'armée du Nord ne cesse de bien mériter de la patrie.* Faites
retentir ce décret dans toutes les lignes qui défendent si bien les frontières de la République et continuez de vaincre. La nature se joint à
la politique et à la valeur pour affermir la République.

Salut et fraternité,   B. B.

[Ministère de la guerre; *Armées du Nord et des Ardennes. — De la main de
Barère.*]

————

LES REPRÉSENTANTS À L'ARMÉE DU NORD AU COMITÉ DE SALUT PUBLIC.

Cambrai, 12 floréal an II—1er mai 1794. (Reçu le 6 mai.)

Citoyens collègues,

Je suis arrivé ici hier au soir; j'y ai trouvé notre collègue Bollet,
qui s'y était rendu la veille depuis Douai. Une heure après mon arrivée, nous avons eu une petite alerte; on est venu nous annoncer que
l'ennemi marchait sur Cambrai et n'en était plus qu'à une petite lieue,
que même il avait incendié une petite commune appelée Cauroir. Ce
mouvement pouvait avoir pour objet de cerner Cambrai ou d'enlever
nos cantonnements sur les deux rives de l'Escaut, ou bien enfin ce
pouvait n'être qu'une feinte au moyen de laquelle l'ennemi, en nous
forçant de retenir nos forces sur les glacis de la place, évacuerait ses
camps de Solesme et de Denain et se porterait ailleurs. Les généraux,
par une sage mesure de précaution, ont fait retirer les cantonnements
et rassembler nos troupes dans un camp qui est à demi-lieue de la
place. Je suis monté à la tour du beffroi, et il m'a été facile de juger,
par l'espèce d'ostentation avec laquelle l'ennemi étalait ses feux, qu'il
ne voulait ni cerner Cambrai, ni attaquer nos cantonnements. Bollet
a été passer la nuit au camp, et moi, je l'ai occupée à la conservation
et à la tranquillité de la place. L'ennemi a disparu à la pointe du jour,
et il n'a pas eu besoin d'un fort long temps pour défiler, car toutes
les circonstances nous font croire qu'il n'était qu'en petit nombre.
Nous attendons le retour de quelques émissaires pour être mieux in-

struits du *mot* de sa feinte, et, si elle est de quelque importance, nous ne perdrons pas un instant pour en faire part au général en chef et au général Ferrand.

Ce dernier général vient de prévenir les généraux de cette division qu'il attaquera demain à la pointe du jour, et il leur indique le plan sur lequel ils doivent agir pour seconder son attaque. Espérons que la droite de l'armée du Nord va prendre la revanche des échecs qu'elle a essuyés, et que le désir de se montrer l'émule de la gauche de la même armée doublera son courage et sa fermeté. Mais nous apercevons déjà très clairement que cette partie-ci n'est point organisée en forces comme celle de Lille, et qu'il ne s'y trouve ni les mêmes talents ni le même ensemble. C'est cette conviction qui nous a décidés à faire des changements dans l'état-major de la division, et nous vous adressons copie certifiée des arrêtés que nous avons pris [1]. Sans doute le nom de Bonneau vous est connu et vous êtes instruits que c'est un soldat distingué par son intrépidité, ses talents et son républicanisme. Il est estimé, aimé de toute la division, et il a essentiellement contribué à arrêter les suites de l'échec du 7 floréal.

Les bruits désavantageux et publics qui se répandent sur le général Chapuis, cru mort ou prisonnier, nous ont décidés à suspendre de leurs fonctions ses deux frères et son beau-frère et de les mettre en arrestation. On assure qu'il a été vu se promenant en toute liberté *au Cateau*. Déjà le Comité révolutionnaire et la Société populaire de Bouchain m'avaient fait une dénonciation dans laquelle il s'est trouvé impliqué, et je leur avais répondu de porter cette dénonciation au quartier général, à Réunion-sur-Oise. Nous tirerons au clair cette affaire; mais sans doute vous approuverez les mesures de sûreté générale que nous avons prises et qui nous ont paru essentielles dans la circonstance.

On me dit que Cambrai est un foyer d'aristocratie; je saurai à quoi m'en tenir dès ce soir, après la séance de la Société populaire, et, si l'on ne m'a point trompé, je travaillerai cette commune dans le sens de celle de Bailleul, sa conservation étant trop importante pour la compromettre par de l'indulgence.

Salut et fraternité,   Florent GUIOT, BOLLET.

---

[1] Ces arrêtés sont joints. Ils forment un cahier d'une trentaine de pages.

P.-S. Nous apprenons à l'instant même que la feinte de l'ennemi avait pour objet de lever son camp de Solesme et d'augmenter ses forces auprès de Landrecies. Cette fausse mesure de sa part est en quelque sorte un gage des succès que la journée de demain nous prépare.

[Ministère de la guerre; *Armées du Nord et des Ardennes.* — De la main de *Florent Guiot.*]

LES REPRÉSENTANT À L'ARMÉE DU NORD
AU COMITÉ DE SALUT PUBLIC ET AU PRÉSIDENT DE LA CONVENTION NATIONALE.

Lille, 12 floréal an II-1ᵉʳ mai 1794.

[Deux lettres de Choudieu et de Richard : 1° Ils démentent auprès du Comité le faux bruit de la prise de Landrecies. «Combattez de tous vos moyens les *alarmistes* : ce sont des contre-révolutionnaires. Le patriote ne voit en tout que le salut de la patrie; il ne s'abandonne jamais à ces spéculations de désastres; elles annoncent le désir du malheur public. — L'attaque du 10 n'a eu aucun résultat décisif, mais elle a eu pour nous l'avantage de remettre nos troupes, dont la plus grande partie s'est bien battue. La division de Cambrai, encore affaiblie, n'ayant pu donner, on a fait retraite en bon ordre. Ferrand recommence demain, et nous espérons d'autant plus de cette nouvelle attaque, qui sera très étendue, que nous sommes instruits que l'ennemi fait filer beaucoup de monde de notre côté. Nous aurons dans quelques jours, selon toute apparence, une grande bataille sous Tournai. Le génie de la République nous dit que nous la gagnerons, et alors nous irons loin.» — Ministère de la guerre; *Armées du Nord et des Ardennes.* — De la main de *Richard.* — 2° Ils transmettent au président de la Convention une lettre du citoyen Maillard, chef de brigade au 1ᵉʳ régiment de cavalerie, «qui rend compte de la manière intrépide avec laquelle plusieurs cavaliers de ce corps ont chargé l'artillerie ennemie et pris sept canons et huit caissons [1].» Ils signalent aussi l'action héroïque du citoyen Cabanier, chasseur au 5ᵉ régiment, qui, à l'affaire du 10, a chargé seul sur une pièce de canon et l'a prise avec ses chevaux, ses pièces de garniture et sept canonniers. Nous recueillons tous les actes de courage, qui ont été très multipliés dans les différents combats, et nous les ferons passer à la Convention nationale.» — *Bulletin de la Convention* du 16 floréal an II.]

---

[1] On trouvera cette lettre dans le *Bulletin* de la Convention, à la suite de celle de Choudieu et Richard.

UN DES REPRÉSENTANTS À L'ARMÉE DES CÔTES DE CHERBOURG
AU COMITÉ DE SALUT PUBLIC.

Granville, 12 *floréal an* 11-1ᵉʳ *mai* 1794. (Reçu le 7 et le 9 mai.)

[Trois lettres de Pomme : 1° «Il témoigne l'impossibilité dans laquelle il est de trouver un chef capable de commander la demi-brigade qu'il vient de former, dans ceux des bataillons qui la composent actuellement. Propose pour remplir cette place le citoyen Guéret, capitaine du 1ᵉʳ bataillon des Vosges; fait l'éloge de cet officier; demande que le Comité approuve ce choix, ou désigne une autre personne.» — Arch. nat., AF 11, 269. Analyse. — 2° «Il expose qu'il n'a d'autre sujet à proposer que le citoyen Guéret pour être chef d'une demi-brigade et demande si la capitulation de Mayence, qui lui défend de servir avant le 14 thermidor contre les puissances coalisées, n'est point un obstacle à sa promotion.» — Arch. nat., *ibid.* Analyse. — 3° «Il transmet un arrêté qu'il vient de prendre pour organiser le 19ᵉ régiment d'infanterie légère, conformément à la loi du 9 pluviôse dernier, et pour l'incorporation dans ce bataillon de la compagnie des chasseurs dite d'Évreux, la seule qui existe dans l'armée des Côtes de Cherbourg.» — Arch. nat., *ibid.*]

LE REPRÉSENTANT DANS L'INDRE ET LE CHER
AU COMITÉ DE SALUT PUBLIC [1].

Indre-Libre (Châteauroux), 12 *floréal an* 11-1ᵉʳ *mai* 1794.
(Reçu le 5 mai.)

[Michaud transmet et recommande une pétition du citoyen Deguingue, ci-devant fusilier au 1ᵉʳ bataillon de la Montagne, «et le congé absolu de ce brave homme, qui n'a aucune ressource pour vivre que la pension qu'il sollicite.» — Arch. nat., AF 11, 178.]

LES REPRÉSENTANTS À ROCHEFORT AU COMITÉ DE SALUT PUBLIC.

Rochefort, 12 *floréal an* 11-1ᵉʳ *mai* 1794. (Reçu le 10 mai.)

[Guezno et Topsent mandent qu'en compagnie de Romme, qui s'est rendu à Rochefort pour s'y procurer «les objets nécessaires au succès de sa mission,» ils ont assisté à la mise à l'eau du vaisseau *le Marat*. «L'opération s'est faite en présence d'un peuple immense, placé sur l'une des rives du port, mais non comprise dans son enceinte. La joie du peuple s'est confondue avec celle de ses représen-

----

[1] Cette lettre est adressée «à la 6ᵉ commission de la section de la guerre du Comité de salut public».

tants, au moment où le vaisseau a quitté ses chantiers, et les cris mille fois répétés de *Vive la République! Vive la Montagne!* ont exprimé la satisfaction que nous
éprouvions tous d'avoir une nouvelle forteresse à opposer à nos ennemis. Ce vaisseau se mâte aujourd'hui. Tous les ouvriers s'empressent à l'envi de concourir à
son armement, de sorte que sous quatre décades il sera prêt à rejoindre l'armée
navale. Sous quelques mois, le port de Rochefort donnera à la République un nouveau vaisseau de la même force que *le Marat,* et, si les bois de construction arrivent promptement, il sera facile d'en fournir plusieurs pour la campagne prochaine, au cas que celle qui vient de s'ouvrir ne soit pas la dernière. La célérité
de construction naît de l'abondance des bois, et le prompt arrivage de ceux-ci
dépend des mesures qu'aura prises la Commission de commerce et approvisionnements pour assurer la subsistance des ouvriers employés dans les forêts et des rouliers occupés au transport des bois sur les rivières, et des gabariers chargés de les
conduire dans les ports. Cette Commission vient de nous prévenir qu'elle avait
donné les ordres les plus précis pour que les rouliers employés au transport des
bois de marine reçussent l'étape; cette mesure produira, sans doute, un bon effet,
mais elle serait insuffisante, si l'on différait d'établir dans tous les districts où il
s'exploite des bois, et de distance en distance sur les rivières, des greniers destinés
à la nourriture des citoyens occupés à l'équarrissage et au gabarage des bois. Nous
vous prions donc, citoyens collègues, de prendre en prompte considération nos
observations et de donner vos ordres pour leur exécution. Les nombreuses lettres
que nous recevons des agents chargés de diriger l'exploitation des bois nous justifient que la mesure que nous proposons est indispensable. Jusqu'ici nous n'avons
pu leur procurer que des secours partiels, qui ont eu les plus heureux résultats.
Faites en sorte de les multiplier, et vous aurez assuré l'approvisionnement des
ports qui, depuis qu'ils ont fixé votre sollicitude, ont puissamment aidé à l'approvisionnement de la République. Nous vous transmettons ci-joint expédition d'un
ordre que nous venons de donner au citoyen Dumeny pour accélérer l'approvisionnement du port de Rochefort en chanvre. Ce citoyen réunit beaucoup de zèle
et d'activité à un chaud patriotisme. Dans diverses circonstances il a pareillement
concouru à l'approvisionnement des ports et arsenaux de la République, et nous
osons espérer qu'il s'acquittera bien de la nouvelle mission qui vient de lui être
confiée. » — Ministère de la marine; BB³ 60. — Copie.]

LE REPRÉSENTANT DANS LE LOT-ET-GARONNE ET LES LANDES
À LA CONVENTION NATIONALE.

Mont-de-Marsan, 12 floréal an II–1ᵉʳ mai 1794.

Citoyens collègues,

Il existe à Tonneins-la-Montagne une des plus utiles manufactures
de tabac qui sont dans la République. Le civisme, le désintéressement

et les autres vertus républicaines des citoyens qui l'administrent la rendent plus intéressante encore, et je dois vous rendre compte d'un fait indubitable qui s'est passé sous mes yeux. Le 7 de ce mois, étant dans la Société populaire de cette commune, la municipalité vint l'instruire que les citoyens Ménard, Desfourniers et Cⁱᵉ, propriétaires de la manufacture, se chargeaient de nourrir, élever, instruire et donner un état utile à la patrie à huit jeunes enfants des deux sexes, pris dans la classe du peuple la plus précieuse et la moins fortunée. A l'instant, le peuple lui-même indique les jeunes êtres qui doivent profiter de cet acte de bienfaisance, et leur éducation républicaine va commencer. Je puis vous exprimer les applaudissements que ce même peuple très nombreux fit entendre dans ce moment délicieux, mais il ne serait pas en mon pouvoir de vous peindre les impressions de sensibilité et le spectacle touchant que chacun se donna. Tout fut terminé par les éloges de reconnaissance et d'admiration qu'ont souvent mérité les citoyens qui en sont l'objet, et je fus chargé d'instruire la Convention nationale de leur vertueuse générosité, qui ne peut être mieux appréciée que dans une République. Je vous envoie une expédition certifiée de la soumission faite par ces citoyens, et elle trouvera sûrement auprès de vous la récompense du sentiment qui lui est dû.

L'administration du district d'Agen envoie au creuset national les hochets de l'ancienne superstition, consistant en plus de 1,100 marcs d'argenterie provenant de la dépouille des églises. Ils partent pour Bordeaux, et de là ils doivent aller joindre les trésors de la République à Paris. Le citoyen Dubernard, de la commune de Marsacq, m'a envoyé un calice et une patène, qu'il avait, quoiqu'il ne soit pas prêtre, et j'ai fait ajouter ces objets au même envoi. Il n'est pas plus question aux yeux du peuple, dans les départements de Lot-et-Garonne et des Landes, des prêtres assermentés que des prêtres réfractaires. Ceux qui étaient fanatiques ou perturbateurs sont dans les maisons de réclusion, au moyen des mesures que j'ai prises à leur égard; et les autres, dont la présence pouvait être dangereuse dans les communes, sont réunis dans les chefs-lieux de district sous la surveillance des autorités.

Au moyen d'une autre mesure que j'ai prise contre tous les ennemis du peuple, les ci-devant nobles mauvais citoyens et tous ceux qui sont les ennemis de la Révolution ont été reclus. Il n'y a que les bons citoyens qui jouissent paisiblement de la protection des lois, et la Convention nationale la leur assure.

Salut et fraternité,   MONESTIER.

[Arch. nat., C, 301.]

_____

LE MÊME AU COMITÉ DE SALUT PUBLIC.

Mont-de-Marsan, 12 floréal an 11-1er mai 1794. (Reçu le 6 mai.)

Citoyens collègues,

J'ai reçu le 10 floréal, peu avant mon arrivée à Mont-de-Marsan, la lettre par laquelle le Comité me rappelle dans le sein de la Convention nationale [1]. J'ai reçu aussi l'arrêté qui suspend la Commission révolutionnaire établie à Tarbes, et je le lui ai adressé de suite par un courrier [2].

Pensant que ma mission était terminée dans les départements qui m'avaient été confiés, et n'ayant que quelques remplacements à faire dans les autorités de celui des Landes, peu de jours suffisaient à ce dernier travail, et j'allais me rendre de suite à la Convention nationale. Hier, lorsque la Société populaire du Mont-de-Marsan fut instruite de mon départ, elle m'engagea à le différer pour quelques jours, et je n'ai pas cru pouvoir me refuser à ce vœu, ni contrarier le vôtre. Elle vous adresse un courrier, qui part à l'instant, pour vous apporter celui par lequel elle vous prie de proroger ma mission dans le département des Landes. Vous en trouverez les motifs dans l'adresse qui est l'objet de cet envoi, et, comme je ne connais que par elle les détails qui y sont contenus, je ne puis, même en y croyant, que m'en rapporter à votre sagesse. J'ai fait tout ce qui était relatif à la mission que vous m'avez donnée, et vous l'avez vu par le compte que j'y ai constamment rendu au Comité de mes opérations. Tout ce que j'ai remarqué de postérieur se rapporte aux réclamations actuelles de la Société populaire, relatives d'une part à l'inquiétude résultant de ce qui s'est

_____

[1] Voir t. XII, p. 681, l'arrêté n° 8, du 30 germinal, qui rappelle divers représentants en mission, entre autre Monestier. Cet arrêté ne spécifiait pas s'il s'agissait de Monestier (de la Lozère) ou de Monestier (du Puy-de-Dôme). On voit par cette lettre que c'est bien de Monestier (de la Lozère) qu'il s'agissait.

[2] Voir t. XII, p. 761, l'arrêté n° 26, du 3 floréal.

passé.à Saint-Sever et à Dax, de l'autre à la privation des subsistances
envoyées dans ce moment au Bec-d'Ambès, à la conservation de la récolte prochaine, que l'on craint être entamée avant sa maturité, et enfin
à l'insouciance et à la mauvaise volonté de certaines administrations
de district pour l'exécution des mesures que j'ai prises sur cet objet ou
tous autres du gouvernement. C'est à vous encore une fois à juger si
je dois continuer mon séjour dans le département des Landes, et votre
décision sera la règle de ma conduite, parce que je ne sais qu'obéir.

J'assure le Comité que mon arrêté du 29 germinal, relatif à l'arrestation des ci-devant nobles, a déjà débarrassé les départements de
Lot-et-Garonne et des Landes d'un grand nombre d'ennemis du peuple
et de la Révolution. La mesure se continue, et je crois qu'elle sera salutaire sans compromettre les bons citoyens. Je continuerai moi-même,
de tout mon zèle, celles que l'intérêt public me dictera, jusqu'au retour du courrier qui vient vers vous, et si alors votre réponse m'apprend que je ne suis plus utile ici, je me rendrai avec empressement
à mon poste.

Salut et fraternité,   MONESTIER.

P.-S. Je crois devoir vous ajouter qu'à raison de plusieurs mesures
que j'ai été quelquefois dans le cas de prendre pour le service de l'armée des Pyrénées occidentales, j'ai été invité par une lettre reçue, il y
a trois ou quatre jours, de nos collègues à Bayonne d'aller les y voir.
Si je le puis de suite, je m'y rendrai; mais à la réception de votre réponse, si elle s'y oppose, je ne ferai que ce qu'elle me prescrira.

[Arch. nat., AF ɪɪ, 194 (1).]

LES REPRÉSENTANTS À L'ARMÉE DES PYRÉNÉES OCCIDENTALES
AU COMITÉ DE SALUT PUBLIC.

Bayonne, 12 floréal an ɪɪ-1er mai 1794. (Reçu le 10 mai.)

[Pinet et Cavaignac mandent que, conformément à l'arrêté du Comité de salut
public du 3 floréal (2), la Commission extraordinaire de Bayonne a suspendu ses

---

(1) En marge : «Renvoyé du Comité sans décision.» — (2) Voir t. XII, p. 761, l'arrêté
n° 26.

fonctions. «L'intérêt de la chose publique sollicite fortement, citoyens collègues, que cette Commission, qui a rendu les plus grands services dans ce pays, reprenne ses fonctions. Nous espérons qu'après avoir lu notre lettre du 5 de ce mois [1], vous vous déterminerez à lui ordonner de les reprendre. Nous avons ici beaucoup de prévenus à juger, et, s'il faut leur faire faire le voyage de Paris, cela sera sujet à bien des inconvénients.» — Arch. nat., AF ii, 172 [2].]

UN DES REPRÉSENTANTS À L'ARMÉE DE LA MOSELLE
AU COMITÉ DE SALUT PUBLIC.

Longwy, 12 floréal an ii-1ᵉʳ mai 1794. (Reçu le 9 mai.)

[Gillet mande qu'attaquée hier à Arlon, à 3 heures du matin, par des forces considérables, l'armée républicaine a dû évacuer cette place. «Au reste, ce mouvement rétrograde ne doit pas être considéré comme un échec; l'armée n'a point été battue, et on reprendra Arlon quand on voudra; mais vous examinerez s'il convient de l'occuper avant que l'armée des Ardennes et les divisions de droite se soient mises en mouvement pour empêcher l'ennemi de réunir, comme il l'a fait, ses forces contre ce corps d'armée.» D'autre part, la position d'Arlon n'intercepte pas parfaitement la communication de Luxembourg avec les Pays-Bas, puisqu'il y a, par Bastogne, une autre route de Luxembourg à Namur. Il faut donc occuper Bastogne, ou Arlon devient inutile.» — «Le nombre des républicains que nous avons à regretter est heureusement peu considérable, quoique l'affaire ait été fort vive; douze bataillons et la moitié de la cavalerie n'ont pas perdu un seul homme. Les troupes ont combattu avec une grande bravoure, et la retraite s'est faite en ordre. Notre artillerie a fait un effet terrible sur les bataillons et escadrons ennemis; trois fois ils furent obligés à la retraite devant la division du centre. L'artillerie de bataillon, que je viens d'organiser, a parfaitement bien servi. Nous avons perdu deux obusiers et une pièce de canon, qui étaient démontés. Le chef de brigade de la 94ᵉ a été tué ou fait prisonnier; son grand courage l'avait emporté trop loin à la tête d'un des bataillons de sa demi-brigade, qu'il avait placé en tirailleurs; le chirurgien-major s'était mis à la tête d'un peloton et a subi le même sort. L'organisation de ce corps d'armée est terminée; je vais me rendre de suite aux divisions de droite. Notre collègue Duquesnoy m'a annoncé son arrivée en m'invitant à aller à Sarrelibre pour une conférence qu'il doit avoir avec le général en chef; je m'y trouverai.» — Ministère de la guerre; *Armées du Rhin et de la Moselle.*]

---

[1] Voir plus haut, p. 40. — [2] En marge : «Le Comité a renvoyé sans décision.»

LE REPRÉSENTANT AUX ARMÉES DU RHIN ET DE LA MOSELLE
AU COMITÉ DE SALUT PUBLIC.

Metz, 12 floréal an II-1ᵉʳ mai 1794.

[J.-B. Lacoste mande qu'aujourd'hui, vers les deux heures de l'après-midi, un incendie des plus violents s'est manifesté dans les bâtiments où se fabriquent les pains de munition, tant pour la garnison que pour l'armée. Cinq fours pleins de pain ont été dans l'instant la proie des flammes. « Je n'en ai pas été plus tôt prévenu que j'y ai accouru; j'ai été au moment de voir les flammes se communiquer à tous les bâtiments attenant et formant des magasins considérables, mais ils ont été secourus avec tant d'activité et de célérité qu'ils ont été conservés; ce qui aurait été, non seulement pour la ville de Metz, mais pour la République, une perte des plus conséquentes. On est occupé à faire les recherches des causes de cet incendie, car ils deviennent si fréquents, surtout dans les places frontières, qu'on craint toujours pour de nouvelles trahisons. — Les prisons regorgent de contre-révolutionnaires et de prêtres. Pour la tranquillité publique, il serait bien prudent de faire transporter dans l'intérieur ces derniers ou de les faire déporter. Je vous demande votre avis, que je vous invite à me donner promptement. Je ne dois pas aussi vous laisser ignorer qu'un grand nombre de femmes et principalement de cultivateurs gémissent depuis plusieurs mois dans les prisons, où ils sont enfermés pour des misères, et peut-être plusieurs par suite de la malveillance, de l'aristocratie ou de l'intrigue qui régnait alors. Il serait aussi juste qu'urgent de rendre à la culture ces bras dont elle a le plus grand besoin. Si vous le jugez convenable, je ferai en personne la visite des prisons et je renverrai à la charrue tous ceux que je croirai innocents ou avoir suffisamment expié les fautes qui ont occasionné leur détention. » — Ministère de la guerre; *Armées du Rhin et de la Moselle.*]

LE REPRÉSENTANT DANS LES VOSGES ET LE HAUT-RHIN
AU COMITÉ DE SALUT PUBLIC.

Belfort, 12 floréal an II-1ᵉᵒ mai 1794. (Reçu le 7 mai.)

[Foussedoire, par arrêté du 11 floréal, a cru devoir mettre en liberté le nommé François-Philippe Schœnau, suisse d'origine et procureur général de l'ordre de Malte, arrêté à Strasbourg en août 1793, et réclamé par le canton de Bâle. Il demande au Comité de prendre une prompte détermination au sujet de la citoyenne Fériet, réclamée par le canton d'Uri [1]. — Arch. nat., AF II, 163.]

[1] Voir t. XII, p. 509.

LE REPRÉSENTANT DANS LE GARD ET LA LOZÈRE
AU COMITÉ DE SALUT PUBLIC.

Mende, 12 floréal an II-1ᵉʳ mai 1794. (Reçu le 16 mai.)

[Deux lettres de Borie : 1° «Il annonce qu'il a vérifié en grande partie l'état des mines d'Alais. Cette commune a une manufacture de baïonnettes, qui, par son activité et sa bonne tenue, peut en fournir trois mille par mois. Invite le Comité à lui mander s'il juge nécessaire d'en faire tirer de cette manufacture.» — Arch. nat., AF ɪɪ, 194. Analyse. — 2° A la foire de Mende du 9 courant, il a fait réquisitionner des mules, mulets et chevaux pour l'armée des Pyrénées orientales. — Arch. nat., *ibid.*]

UN DES REPRÉSENTANTS À L'ARMÉE DES ALPES
AU COMITÉ DE SALUT PUBLIC.

Grenoble, 12 floréal an II-1ᵉʳ mai 1794. (Reçu le 11 mai.)

[Laporte s'est rendu au nouveau poste qui lui a été indiqué[1]; il part demain pour joindre Albitte dans le Mont-Blanc. «Notre collègue Dumaz part aujourd'hui pour se rendre dans le sein de la Convention. J'ai rencontré sur la route notre collègue Gaston, qui en fait autant. Ce dernier m'a paru affecté de son rappel; il en est d'autant plus surpris que les succès de l'armée au Mont-Saint-Bernard paraissent devoir être attribués en partie à ses soins. Je lui ai fait observer que son rappel est antérieur à l'affaire du Saint-Bernard, et je l'ai quitté en lui disant que je ne serais pas surpris de le voir bientôt de retour à l'armée des Alpes, d'après le compte qu'il aurait à rendre au Comité, et que je le désirais de tout mon cœur, puisque cela paraissait lui faire plaisir.» Il demande, en six lettres, différents approvisionnements pour l'armée des Alpes. — Ministère de la guerre; *Armées des Alpes et d'Italie.*]

LES REPRÉSENTANTS À L'ARMÉE DES PYRÉNÉES ORIENTALES
ET LE GÉNÉRAL EN CHEF À LA CONVENTION NATIONALE
ET AU COMITÉ DE SALUT PUBLIC.

Céret, 12 floréal an II-1ᵉʳ mai 1794. (Reçu le 12 mai.)

Citoyens,

Toutes les montagnes sont à nous; elles nous ont donné tous les

[1] Voir t. XII, p. 749, l'arrêté du 3 floréal n° 1.

postes de l'ennemi. Sa déroute est complète. Nous l'avons poursuivi, baïonnette et sabre aux reins, et nous l'avons forcé, malgré sa résistance opiniâtre, à nous abandonner toutes ses redoutes fortifiées par tout ce que l'art avait pu ajouter à la nature. Leur (*sic*) retraite forcée les a obligés de tout abandonner. Plus de deux cents pièces de canon ou obusiers, leurs camps tendus, leurs magasins, leurs immenses équipages, tout a resté entre nos mains.

Les braves défenseurs de la liberté, généraux, officiers et soldats, tous ont combattu avec cette ardeur et ce courage qui caractérisent le véritable républicain. Plusieurs officiers généraux espagnols ont été tués; quelques autres ont été obligés de se rendre; il en est de même de beaucoup d'officiers supérieurs et subalternes. Le nombre des soldats prisonniers s'élève à peu près à deux mille. Quant aux morts, le nombre ne nous est pas encore connu.

Nous n'avons perdu qu'un très petit nombre de républicains.

Nous continuons de les poursuivre, en même temps que l'on s'occupe d'ordonner le siège de trois forts à la fois.

Vive la République! Vive la victoire!

C. MILHAUD, DUGOMMIER, V. SOUBRANY.

P.-S. Nous n'avons pas le temps de recopier notre lettre [1]; à demain les détails et les nouvelles ultérieures.

[Ministère de la guerre; *Armées des Pyrénées. — De la main de Dugommier.*]

COMITÉ DE SALUT PUBLIC.

Séance du 13 floréal an II-2 mai 1794.

Présents: B. Barère, Carnot, Collot d'Herbois, Couthon, C.-A. Prieur, Billaud-Varenne, Robespierre, R. Lindet.

[1] Cette lettre, précipitamment écrite, commence, dans l'orignal, par cette phrase inachevée et raturée : «L'ennemi est forcé sur tous les points depuis Montesquiou jusqu'à.....» En la reproduisant dans son *Rapport* (imprimé) *sur les armées du Midi* (Arch. nat., AD xviii^A, 4), Barère y rétablit cette phrase et, par une erreur singulière, la complète en y adjoignant le premier mot de la phrase suivante : *Toutes,* qu'il lit : *Toulle,* et qu'il prend pour un nom de lieu.

1. Le Comité de salut public, après avoir examiné les états fournis par les commissaires de la Trésorerie nationale des sommes qu'ils ont fait payer en vertu des mandats du Comité, considérant que plusieurs de ces mandats n'ont eu pour objet que de subvenir momentanément à des dépenses que l'urgence du service n'aurait pas permis de soumettre aux formes ordinaires, et qu'il est convenable de faire rentrer ces dépenses dans l'ordre de comptabilité prescrit par les décrets en leur donnant une imputation, a arrêté ce qui suit : 1° Les mandats ci-après indiqués, montant à quarante-trois mille deux cent quarante livres, expédiés pour fournir aux frais de mission de différents représentants du peuple, seront remplacés chacun par un mandat du Comité des inspecteurs de la salle, savoir :

Mandat du 5 septembre 1793 (v. s.), au nom du citoyen Gossuin [1] . . . .   1,500 livres.
Autre du 11, au nom du citoyen Gaston [2]   10,000
Autre du 4 brumaire, au nom du citoyen Prieur [3] . . .   1,800
Autre du 9 frimaire, au citoyen Levasseur [4]   3,000
Autre du 26, aux citoyens Lefiot et Legendre [5]   10,000
Autre du 21 nivôse, au citoyen Prieur [6]   1,440
Autre du 22 pluviôse, aux citoyens Hentz et Garrau [7] .   5,000
Autre du 27, au citoyen Deydier [8]   3,000
Autre du 27, au citoyen Billaud-Varenne [9]   6,000
Autre dudit jour, au citoyen Jeanbon Saint-André [10] . .   1,500

43,240

— 2° La Commission des administrations civiles, police et tribunaux, remplacera par un état de distribution le mandat du 20 septembre 1793 (v. s.) de vingt-cinq mille livres [11], au profit du citoyen Ferrières, acompte sur la livraison qu'il a fournie d'un million d'exemplaires les *Droits de l'homme, suivis de la Constitution de 1793*, remis à raison de quinze deniers l'exemplaire dans les bureaux du ministre de l'intérieur. — 3° La Commission de la marine et des colonies remplacera par un état de distribution le mandat de trois cent mille livres

[1] Voir t. VI, p. 283, l'arrêté du Comité n° 3.
[2] Voir t. VI, p. 415, l'arrêté n° 1.
[3] Voir t. VIII, p. 1, l'arrêté n° 2.
[4] Voir t. IX, p. 39, l'arrêté n° 5.
[5] Voir t. IX, p. 435, l'arrêté n° 4.
[6] Voir t. X, p. 155, l'arrêté n° 7.
[7] Voir t. XI, p. 39, l'arrêté n° 3.
[8] Voir t. XI, p. 155, l'arrêté n° 2.
[9] Voir t. XI, p. 213, l'arrêté n° 8.
[10] Voir t. XI, p. 213, l'arrêté n° 7.
[11] Voir t. VI, p. 576, l'arrêté n° 5.

du 6 septembre 1793 (v. s.), portant de faire remettre à Marseille, à la disposition du citoyen Adet, adjoint du ministre de la marine, la dite somme de trois cent mille livres [1]. — 4° La Commission de l'organisation et du mouvement des armées de terre remplacera par un état de distribution l'arrêté du Comité de salut public du 10 août 1793 (v. s.), portant payement au citoyen Dracon-Julian de la somme de deux millions de livres, pour être portée à la garnison de Mayence, à son passage à Brienne [2]. — 5° La Commission des armes et poudres remplacera par un état de distribution le mandat du 25 août 1793 (v. s.), qui a mis à la disposition du ministre de la guerre une somme de cent soixante-six mille deux cent quarante livres, pour 16 télégraphes nécessaires pour le correspondant de Lille [3]. — 6° La Commission du commerce et des approvisionnements délivrera cinq états de distribution, pour le montant des mandats qui ont été expédiés par le Comité de salut public, afin de subvenir aux besoins du département de la Haute-Garonne et des communes de Paris, Strasbourg, Montauban et Maubeuge, savoir : mandat du 19 septembre 1793 (v. s.), pour le département de la Haute-Garonne, à titre d'avance, de la somme de deux cent mille livres [4]; autre du 19 août, au profit de la commune de Strasbourg, de la somme de cinquante mille livres [5]; autre du dit jour, pour *idem* de la commune de Maubeuge, de la somme de soixante mille livres [6]; autre du 19 septembre, pour *idem* de la commune de Montauban, de la somme de cinquante mille livres, à titre d'avance [7]; autres des 7 et 14 août, 2, 8 et 16 septembre 1793 (v. s.), 2, 9 et 21 vendémiaire, 1er, 11 et 12 brumaire, 10, 17, 22 et 26 frimaire, 17 nivôse, 5 et 20 pluviôse, 7 et 24 ventôse, 7 et 14 germinal de l'an II de la République, au profit de la commune de Paris, qui a reçu, sur lesdits 22 mandats, la somme de trente-deux millions de livres [8]. Les quittances fournies à la Tré-

[1] Voir t. VI, p. 295, l'arrêté n° 3. On remarquera qu'il y était question, sans doute par erreur, de 800,000 livres.

[2] Voir t. V, p. 521, l'arrêté n° 1. Nous y avons lu : *Dracon-Julien*. Mais c'était probablement une erreur, et le nom de ce secrétaire du Comité de salut public semble devoir être écrit : *Dracon-Julian*.

[3] Voir t. VI, p. 97, l'arrêté n° 4.

[4] Voir t. VI, p. 566, l'arrêté n° 2.

[5] Nous n'avons pas, à cette date, d'arrêté sur cet objet.

[6] Même remarque.

[7] Voir t. VI, p. 566, l'arrêté n° 3.

[8] Voir t. V, p. 496, l'arrêté n° 3; p. 545, l'arrêté n° 6; t. VI, p. 236, l'arrêté n° 6; p. 352, l'arrêté n° 2; p. 513, l'arrêté n° 7; t. VII, p. 14, l'arrêté n° 1;

sorerie nationale par les municipalités de Strasbourg, Maubeuge et Paris, pour les susdites sommes, montant à trente-deux millions cinq cent soixante mille livres, seront remises à la Commission du commerce et des approvisionnements. La Trésorerie nationale se fera remettre par lesdites communes les pièces justificatives de l'emploi de cette somme, dont elle rendra compte au Comité de salut public après l'examen qu'elle en aura fait. Tous les mandats énoncés dans le présent article et dans les cinq articles précédents seront rendus par la Trésorerie au Comité de salut public, lorsqu'elle aura pour valeur les états de distribution ci-devant indiqués. — 7° L'arrêté du Comité de salut public du 3 août 1793 (v. s.), qui a mis huit cent mille livres à la disposition du ministre de la guerre pour acheter des chevaux chez l'étranger [1], et celui du 29 du même mois, qui portait que la Trésorerie nationale ferait verser entre les mains de l'administration de la Côte-d'Or une somme de trois cent mille livres, en numéraire, pour achat de chevaux en Suisse [2], seront rendus au Comité de salut public par la Commission des transports, postes et messageries, attendu que ces deux sommes ont été employées en distribution par le ministre de la guerre. — 8° L'arrêté du 8 août 1793 (v. s.), qui a mis à la disposition du ministre de la guerre une somme de cinq millions de livres pour frais de transports des troupes extraites des armées de la Moselle et du Rhin, pour se rendre à Péronne et à Saint-Quentin [3], et celui du 9 septembre suivant, qui autorise le ministre à faire verser dans la caisse du payeur général du Puy-de-Dôme la somme de trois millions, pour subvenir aux dépenses déterminées par la levée en masse de citoyens de ce département [4], seront rendus au Comité de salut public par la Commission de l'organisation et du mouvement de l'armée de terre, attendu que ces deux sommes ont été employées dans les distributions de ce ministre. — 9° L'arrêté du Comité de salut public du 27 août 1793 (v. s.), qui a mis à la disposition du ministre de la guerre une somme de cinq cent mille livres pour répa-

---

p. 132, l'arrêté n° 5; p. 373, l'arrêté n° 1; p. 563, l'arrêté n° 4; t. VIII, p. 159, l'arrêté n° 1; p. 175, l'arrêté n° 4; t. IX, p. 58, l'arrêté n° 1; p. 233, l'arrêté n° 2; p. 342, l'arrêté n° 1; p. 434, l'arrêté n° 1; t. X, p. 83, l'arrêté n° 2; p. 770, l'arrêté n° 1; t. XI, p. 783, l'arrêté n° 1;

p. 691, l'arrêté n° 7; t. XII, p. 221, l'arrêté n° 24; p. 380, l'arrêté n° 4.

[1] Voir t. V, p. 461, l'arrêté du Comité n° 6.

[2] Voir t. VI, p. 162, l'arrêté n° 1.

[3] Voir t. V, p. 507, l'arrêté n° 7.

[4] Voir t. VI, p. 373, l'arrêté n° 1.

ration et transport de fusils de Charleville [1], sera rendu au Comité
par la Commission des armes et poudres, attendu que le ministre a
porté cette dépense dans ses distributions. — 10° L'arrêté du Comité
de salut public du 2 août 1793 (v. s.), de quinze mille livres, au
profit du Comité de salut public du département de Paris [2], et celui
du 7 du même mois, de la somme de trois cent mille livres au profit
du général Hanriot, pour dépenses relatives au maintien de l'ordre
dans Paris [3], seront rendus au Comité par la Commission des administrations civiles, police et tribunaux, attendu que ces deux sommes
ont été payées sur deux ordonnances du ministre de l'intérieur, expédiées les 11 et 18 du même mois et imputées sur les fonds décrétés
les 16 avril et 29 juin précédents. — 11° L'arrêté du Comité de
salut public du 17 août 1793 (v. s.), qui mettait à la disposition du
ministre de la marine une somme cinq cents mille livres pour la faire
passer partiellement à Bordeaux, pour les besoins de la marine et des
colonies [4], attendu que les dépenses qui ont eu lieu dans ce temps
ont été faites sur les états de distribution expédiés par ce ministre. —
12° La Trésorerie nationale adressera, dès à présent, au Comité de
salut public le mandat de cent mille livres, expédié le 15 brumaire
au profit du directeur des poudres à Tours [5], le ministre des contributions publiques ayant expédié une ordonnance de pareille somme,
sur les fonds à sa disposition, pour couvrir cette dépense. L'extrait du
présent arrêté sera adressé à chaque Commission pour ce qui la concerne.

B. Barère, Billaud-Varenne, Collot-d'Herbois [6].

2. Le Comité de salut public, considérant que les préposés des
douanes doivent recevoir leur prêt à époque fixe, et que le payement
ne peut en être retardé sans les mettre dans l'impossibilité de continuer un service utile à la République, arrête ce qui suit : 1° Les appointements des préposés des bureaux et brigades des douanes, en
activité, et frais autorisés par les lois du 23 avril 1791 et 11 mars 1793
(v. s.), continueront à être payés jusqu'à l'organisation définitive des

---

[1] Voir t. VI, p. 127, l'arrêté du Comité n° 1.

[2] Nous n'avons pas, à cette date, d'arrêté sur cet objet.

[3] Même remarque.

[4] Même remarque.

[5] Même remarque.

[6] Arch. nat., AF, II, 32.

douanes. — 2° Les sommes nécessaires pour acquitter lesdits appointements et frais se prélèveront sur les produits des droits et douanes,
et, s'ils sont insuffisants, les receveurs de district y suppléeront, conformément aux dispositions de la loi du 26 frimaire. — 3° La Trésorerie
nationale prendra des mesures pour que ces payements n'éprouvent
aucun retard dans les départements où les receveurs des douanes et
des districts manqueraient de fonds pour y subvenir.

B. Barère, Billaud-Varenne, Collot-d'Herbois [1].

3. Le Comité de salut public arrête, vu le rapport de la Commission des revenus nationaux, que les bûcherons employés à l'exploitation des coupes de bois délivrées pour l'affouagement des salines
nationales du département de la Meurthe, et qui habitent dans les
communes mises en réquisition pour être employées aux fortifications
de Marsal, seront exceptés de la première réquisition jusqu'à la fin du
mois de prairial prochain.

B. Barère, Billaud-Varenne, Collot-d'Herbois [2].

4. Le Comité de salut public arrête que le citoyen Lannoy, architecte, conservateur du Muséum, est chargé, sous la surveillance de
David et Granet, représentants du peuple, de faire construire incessamment le Muséum de la République, conformément au plan qu'il a
présenté au Comité et qui est coté n°ˢ 1 et 2. Il commencera par le
côté adossé aux Tuileries, pavillon de l'Égalité; il le fera éclairer par
le haut, et les renfoncements des croisées seront destinés à recevoir
des statues. La Commission des travaux publics est chargée d'accélérer
l'exécution du présent arrêté et de fournir les fonds nécessaires.

B. Barère, Billaud-Varenne, C.-A. Prieur, Collot-d'Herbois [3].

5. Le Comité de salut public appelle les artistes de la République
à concourir à l'amélioration du sort des habitants des campagnes, en
proposant des moyens simples et économiques de construire des habitations plus commodes et plus salubres, en considérant les localités
des divers départements, et en tirant parti des démolitions des châ-

[1] Arch. nat., AF, II, 20.
[2] Arch. nat., AF, II, 304.
[3] Arch. nat., AF, II, 67. — De la main de Barère.

teaux forts, des constructions féodales, des maisons nationales dont la conservation sera jugée inutile. Les artistes joindront à leurs mémoires des plans détaillés. Le jury des arts jugera le concours, qui aura lieu pendant trois mois. Les Commissions de l'instruction publique et des travaux publics sont chargées de surveiller l'exécution de cet arrêté.

B. Barère, Carnot, Billaud-Varenne, Collot-d'Herbois [1].

6. Le Comité de salut public arrête que le représentant du peuple Niou [2] est chargé de s'informer par quelle autorité le citoyen Salneuve, tourneur en métaux, rue des Égouffes, au Marais, a été mis en état d'arrestation; le représentant du peuple Niou est autorisé à ordonner son élargissement provisoire, pour que cet ouvrier achève le travail qui lui a été commandé pour la poudrerie de Paris, et il lui donnera pour garde un gendarme, s'il le juge nécessaire. Il est enjoint à toutes les autorités ou agents quelconques de concourir à l'exécution du présent arrêté, en ce qui les concerne.

C.-A. Prieur [3].

7. Le Comité de salut public requiert le citoyen Lefebvre, ci-devant capitaine du 21ᵉ bataillon de Paris, venu par ordre de l'ex-ministre de la guerre pour terminer une partie de comptabilité intéressant la République, pour être employé provisoirement auprès de la Commission chargée de la rédaction des lois.

Couthon, Collot-d'Herbois, B. Barère [4].

8. Le Comité de salut public arrête que la Commission des travaux publics fournira les fonds nécessaires à l'exécution de l'arrêté du 5 floréal, relatif aux réparations du théâtre de l'Égalité dans le faubourg Germain [5].

B. Barère, Couthon, Carnot, C.-A. Prieur, Collot-d'Herbois, Billaud-Varenne [6].

---

[1] Arch. nat., AF, ii, 80. — *De la main de Barère.*

[2] Voir t. I, p. 500.

[3] Arch. nat., AF, ii, 217. — *De la main de C.-A. Prieur.*

[4] Arch. nat., AF, ii, 61. — *De la main de Couthon.*

[5] Voir plus haut, p. 27, l'arrêté n° 9.

[6] Arch. nat., AF, ii, 67. — *De la main de Barère.*

9. Le Comité de salut public arrête que le citoyen Locré, chef de bureau à l'Agence des domaines nationaux, est en réquisition provisoire pour être employé auprès de la Commission du recensement et de la rédaction complète des lois, sa place lui demeurant conservée pour la reprendre après le travail de la Commission achevé.

COUTHON, COLLOT-D'HERBOIS, B. BARÈRE [1].

10. Le Comité de salut public autorise le Comité de la marine à employer le citoyen Bléchamp dans l'administration de la marine, partie des classes.

B. BARÈRE, BILLAUD-VARENNE, C.-A. PRIEUR [2].

11. Le Comité de salut public arrête que l'administration des armes portatives fournira sans retard au citoyen Alexandre une lame de sabre de l'espèce qu'il demandera, afin qu'il puisse présenter au Comité de salut public le modèle qu'il a été chargé par lui de faire.

C.-A. PRIEUR, BILLAUD-VARENNE, B. BARÈRE, COLLOT-D'HERBOIS [3].

12. Le Comité de salut public arrête que la maison nationale connue sous le nom d'ancienne église de l'Oratoire servira provisoirement aux assemblées des citoyens de la section des Gardes-Françaises, aussitôt que les magasins d'habillement pourront être transférés à leur nouvelle destination.

R. LINDET, B. BARÈRE, BILLAUD-VARENNE [4].

13. Le Comité, regardant comme dépense sacrée de la République les frais de la mentonnière artificielle devenue nécessaire au citoyen Payen, par suite des blessures qu'il a reçues au service de la patrie, arrête que les frais de la mentonnière du citoyen Payen seront pris sur les cinquante millions mis à la disposition du Comité. L'artiste se présentera aussitôt qu'elle sera faite et recevra un mandat du montant. Arrête aussi qu'il sera payé sur les mêmes cinquante millions, au citoyen Payen, la somme de six cents livres pour gratification. Le Comité

---

[1] Arch. nat., AF, II, 61. — *De la main de Couthon.*

[2] Arch. nat., AF, II, 301. — *De la main de Barère.*

[3] Arch. nat., AF, II, 215. — *De la main de C.-A. Prieur.*

[4] Arch. nat., AF, II, 57. — *De la main de Barère.*

renvoie au surplus le citoyen Payen aux dispositions des lois faites relativement à sa pension.

Couthon, Collot-d'Herbois, B. Barère [1].

14. Le Comité de salut public, considérant qu'il importe de conserver à la République les modèles de canons de différents calibres et autres objets précieux en ce genre qui se trouvent dans les maisons de plusieurs émigrés, arrête : 1° Les modèles de canons et autres attirails de guerre qui se trouvent dans le logement qu'occupait ci-devant à l'arsenal de Paris l'émigré Thiboulez, sont mis à la disposition de la Commission des armes et poudres de la République. — 2° Le département de Paris est chargé à livrer ces objets à la Commission des armes, qui lui en donnera décharge.

C.-A. Prieur [2].

15. Le Comité de salut public arrête : 1° La loi du 12 frimaire ne comprend sous la dénomination de déserteurs de troupes ennemies que les hommes qui, depuis le commencement de la guerre actuelle, sont passés des troupes ennemies sur le territoire de la République. — 2° Parmi ces hommes, seront exceptés des dispositions de la loi ceux qui, nés français, absents à une époque antérieure à la Révolution, auront quitté les troupes ennemies pour venir défendre la liberté de leur pays et en jouir, et qui, depuis leur rentrée en France, auront donné des preuves constantes de civisme et d'amour pour la liberté. — 3° Tous ceux qui, parmi ces déserteurs, pourront justifier qu'ils appartiennent aux cantons suisses ou autres gouvernements amis de la République seront, s'ils le demandent, autorisés à retourner dans leur patrie. — 4° Tous les déserteurs étrangers retirés des armées de la République, au lieu d'être répartis dans les communes des vingt-cinq départements indiqués dans l'instruction du 30 frimaire, le seront dans tous les départements de la République, en observant qu'ils ne puissent approcher de Paris de dix lieues au moins et de toutes les frontières de quinze. — 5° Ils seront disséminés de manière que, dans les communes, il ne puisse y en avoir qu'un sur la proportion de quinze citoyens. — 6° Ceux en état d'exercer les arts et métiers seront ré-

[1] Arch. nat., AF ii, 81. — De la main de Couthon.

[2] Arch. nat., AF ii, 215. — Non enregistré.

partis dans les grandes communes, où ils pourront être employés aux travaux auxquels ils seront propres. — 7° Ceux qui, par leur état ou leur complexion, pourront se livrer aux travaux de l'agriculture seront disséminés dans les communes agricoles, en observant la proportion indiquée par l'article 5. — 8° Les corps administratifs, les municipalités surveilleront ces étrangers, leur délivreront des cartes qui serviront à les faire reconnaître, et ils ne pourront passer d'une commune dans une autre sans une permission de la municipalité, visée du directoire de district et de département.

CARNOT [1].

16. Le Comité de salut public renvoie les propositions qui lui ont été adressées par le citoyen Barthélemi à la Commission des armes et poudres. Elle est chargée de les examiner et de faire au Comité, dans le délai de cinq jours, un rapport sur la possibilité et les moyens d'établir une manufacture de poudres pour la République par la méthode et les machines de Barthélemi, de manière que cette manufacture puisse être en activité d'ici à un mois et produire mille livres de poudre de guerre par jour. La Commission présentera en même temps à l'approbation du Comité les mesures à prendre pour remplir cet objet.

COLLOT-D'HERBOIS, C.-A. PRIEUR, B. BARÈRE, BILLAUD-VARENNE [2].

17. Le Comité de salut public arrête que les 600 livres accordées par le décret du 25 brumaire dernier à chacun des gendarmes qui ont été blessés en poursuivant Lidon [3], seront payées par la Trésorerie nationale sur les fonds de deux millions mis à la disposition de la Commission des revenus nationaux, sauf ensuite le prélèvement desdites sommes sur le produit des biens de Lidon, avant tout autre emploi desdits produits.

B. BARÈRE, BILLAUD-VARENNE, COLLOT-D'HERBOIS [4].

18. Le Comité de salut public, ayant renvoyé à la Commission

---

[1] Arch. nat., AF II, 230. — *Non enregistré.*

[2] Arch. nat., AF II, 217. — *De la main de C.-A. Prieur. Non enregistré.*

[3] Sur le conventionnel Lidon, voir t. I, p. 212.

[4] Arch. nat., AF II, 412. — *Non enregistré.*

des armes et poudres les propositions du citoyen Barthélemi relatives
à l'établissement d'une manufacture de poudres de guerre d'après les
procédés et les machines de son invention, invite le Comité de la
guerre à entendre Barthélemi sur les réclamations qu'il a à faire à
raison des dépenses que lui ont occasionnées les différents essais qu'il
a faits jusqu'à ce jour. Le Comité de la guerre est également invité à
faire à celui de salut public un rapport sur les indemnités qu'il croira
juste d'accorder à cet artiste.

BILLAUD-VARENNE, C.-A. PRIEUR. COLLOT-D'HERBOIS [1].

19. Le Comité de salut public arrête que le citoyen Albitte, représentant du peuple à l'armée des Alpes, fera mettre sur-le-champ en
état d'arrestation et conduire à la Conciergerie, à Paris, Santerre, général de brigade, maintenant à Grenoble [2].

B. BARÈRE, ROBESPIERRE, COUTHON, CARNOT,
COLLOT-D'HERBOIS [3].

20. Le Comité de salut public, après avoir entendu le rapport de
la Commission du commerce et des approvisionnements, arrête ce qui
suit : 1° La Commission du commerce nommera deux citoyens qui se
rendront sans délai à Commune-Affranchie pour prendre connaissance
des travaux et des opérations des agents du séquestre et faire achever
l'inventaire des marchandises et effets séquestrés. — 2° Ces citoyens
choisiront le nombre nécessaire de citoyens connus par leur civisme, leur
probité et leurs connaissances dans le commerce, avec lesquels ils com-
poseront les assortiments des marchandises dont on peut faire avantageusement l'exportation dans le Nord ou dans le Midi. — 3° Il sera dressé
un inventaire de toutes les marchandises qui entreront dans ces assortiments. Cet inventaire rappellera les indications correspondantes à l'inventaire des agents du séquestre, le magasin d'où on les aura tirées.
— 4° On fera faire l'emballage et l'expédition pour Bourg-Libre de
toutes les marchandises qui seront destinées pour le Nord, et pour
Marseille de toutes celles qui seront destinées pour le Midi. — 5° Il

(1) Arch. nat., AF II, 217. — *De la
main de C.-A. Prieur. Non enregistré.*

(2) Voir plus haut, p. 123, la lettre
d'Albitte du 9 floréal. — Nous n'avons pas

d'arrêté envoyant Albitte à l'armée des Alpes.
Voir plus loin, à la date du 18 floréal.

(6) Arch. nat., AF, II, 304. — *De la
main de Carnot. Non enregistré.*

sera procédé partiellement à l'emballage et à l'expédition des marchandises, pour en accélérer l'exportation aussitôt qu'il y aura des assortiments complétés. — 6° La Commission nommera deux autres citoyens qui se rendront sans délai à Lorient pour procéder sans retardement à l'inventaire, aux assortiments, installages et expéditions des marchandises qui sont ou doivent être à la disposition de la Commission, et exécuter les mêmes opérations qui vont être exécutées à Commune-Affranchie.

R. LINDET [1].

21. Le Comité de salut public arrête : le citoyen Chaalons, sous-lieutenant au 78e régiment d'infanterie, sera attaché provisoirement au bureau de topographie militaire du Comité et restera à Paris jusqu'à nouvel ordre.

CARNOT [2].

22. Sur le rapport fait au Comité de salut public par la Commission des secours publics, duquel il résulte qu'une partie de l'emplacement destiné à son établissement est prêt à la recevoir, arrête que les membres de la Commission des secours sont autorisés à donner des ordres pour faire enlever des bureaux des maisons du ci-devant ministre de l'intérieur et de la guerre, qui font partie de ladite Commission, toutes les tables, chaises et autres effets destinés à l'usage de ces bureaux et en en faisant préalablement décharger les inventaires qui se trouvent chez les concierges desdites maisons.

BILLAUD-VARENNE, COLLOT-D'HERBOIS, CARNOT, B. BARÈRE [3].

23. Le Comité de salut public, considérant qu'il est important que toutes les municipalités des lieux où le service des étapes est monté soient prévenues assez à temps du passage des corps de troupes, détachements, convois militaires ou chevaux de remonte, pour que les subsistances et logements leur soient assurés, arrête : 1° Il ne sera expédié aucun ordre de route pour la marche par étapes des corps de troupes, détachements, convois et chevaux de remonte, que chacune

[1] Arch. nat., AF 11, 75. — De la main de R. Lindet. Non enregistré. — [2] Arch. nat., AF 11, 23. — Non enregistré. — [3] Arch. nat., AF 11, 81. — Non enregistré.

des municipalités où le service d'étape est établi ne soit prévenue, au moins trois jours à l'avance, de l'arrivée et de la force desdits corps de troupes, détachements, convois ou chevaux de remonte, afin que les préparatifs pour l'étape et le logement soient déterminés en conséquence. — 2° Dans le cas où l'urgence d'un mouvement ne permettra pas d'en donner avis trois jours à l'avance, alors l'agent chargé de l'exécution de ce mouvement prendra les mesures convenables pour que les premiers gîtes soient prévenus au moins vingt-quatre heures à l'avance. — 3° Lorsqu'une marche quelconque aura été déterminée et les avis de passage donnés en conséquence, si des circonstances majeures s'opposaient à ce que cette marche eût lieu, alors les contre-ordres seraient expédiés le plus promptement possible et, au besoin, il serait envoyé un courrier ou un exprès pour arrêter à temps les préparatifs d'étapes dans les différents gîtes où ces préparatifs auraient pu avoir été faits. — 4° Les agents civils et militaires sont tenus de faire connaître au Comité ceux qui viendraient à s'écarter des dispositions contenues dans le présent arrêté.

BILLAUD-VARENNE, CARNOT, B. BARÈRE, COLLOT-D'HERBOIS [1].

24. Les dispositions de l'arrêté qui réduit la ration de viande des citoyens invalides à huit onces par jour n'étant pas applicables aux malades, le Comité de salut public arrête que les citoyens qui sont actuellement à l'infirmerie, ou qui y entreront à l'avenir, recevront la portion de pain, viande et vin en même quantité et qualité que dans les autres hôpitaux militaires de la République.

CARNOT [2].

25. Le Comité de salut public, informé par le rapport de la Commission du commerce et approvisionnements que les agents et préposés chargés d'acheter des bestiaux pour le service des armées ont été méconnus dans quelques communes, mis en état d'arrestation, qu'on a refusé de leur vendre et fournir des fourrages pour la nourriture des bestiaux, qu'on a entravé leurs opérations, qu'une conduite si coupable compromettrait la subsistance des défenseurs de la République, s'il n'y était pourvu, arrête ce qui suit : 1° Les administrateurs

---

[1] Arch. nat., AF ii, 282. — *Non enregistré.*

[2] Arch. nat., AF ii, 282. — *Non enregistré.*

des districts, agents nationaux, officiers municipaux et autres qui s'opposeront à l'achat des bestiaux de toute espèce nécessaires à la subsistance des troupes, qui arrêteront la marche de ces bestiaux, qui feront mettre en état d'arrestation sans délit constaté les agents qui les auront achetés ou ceux qui les conduiront, qui entraveront de quelque manière que ce soit les opérations de ces agents, ou qui ne les protégeront pas par tous les moyens que la loi met à leur disposition, seront responsables de ces actes arbitraires et traduits devant les tribunaux qui doivent en connaître, pour être punis conformément aux lois. — 2° Les administrations de district et les municipalités sont spécialement chargées de faire fournir aux bestiaux qui marchent par colonnes sur les armées pour la subsistance des défenseurs de la République les fourrages qui leur sont nécessaires, sur la demande des conducteurs en chef de ces bestiaux ou de tous autres préposés supérieurs chargés du service de la viande, qui les payeront au prix du maximum. — 3° Les autorités constituées feront surveiller dans leurs communes respectives la distribution et la consommation des fourrages pour la nourriture des bestiaux sur les routes. Dans le cas où les conducteurs se seraient rendus coupables de négligence ou d'infidélité, elles pourront les faire arrêter, si la gravité du délit l'exige; mais elles les feront remplacer sans aucun délai par d'autres, qui conduiront les bestiaux à leur destination. — 4° Le présent arrêté sera adressé à toutes les administrations de district, qui le notifieront sans délai aux municipalités de leurs arrondissements respectifs. Il en sera remis trois cents exemplaires à l'administration des subsistances militaires, qui les distribuera, sous sa responsabilité, à ses agents, après les avoir certifiés conformes, pour s'en servir, lorsque l'occasion l'exigera.

BILLAUD-VARENNE, B. BARÈRE, R. LINDET [1].

26. Le Comité de salut public arrête que, nonobstant toutes réquisitions antérieures, de quelque autorité qu'elles soient émanées, et sans qu'on puisse en tirer avantage pour contrarier l'exécution des mesures prescrites ci-après, les départements de la Seine-Inférieure, de l'Eure, du Calvados, du Morbihan, des Côtes-du-Nord chargeront

---

[1] Arch. nat., AF II, 68. — *Non enregistré.*

les districts de leurs arrondissements respectifs de faire fournir les
fourrages nécessaires aux chevaux que le citoyen Devilly fait conduire,
en exécution des ordres de la Commission des transports militaires,
postes et messageries, par ces départements jusqu'au haras du Pin,
lieu de leur rassemblement; que, depuis les lieux de leur achat jusqu'au lieu du rassemblement, les chevaux seront nourris, que les
fourrages leur seront fournis par les aubergistes sur les lieux du passage; que, si les aubergistes n'en ont pas, les municipalités leur en
procureront par réquisition qui sera effectuée sur-le-champ; que les
conducteurs des chevaux payeront la dépense, et que le prix des fourrages sera compté sur le pied du maximum. Les départements transmettront sur-le-champ le présent arrêté aux districts et les districts
aux municipalités sur les routes qui se réunissent en rayon au haras
du Pin et sur celles qui leur seront indiquées par le citoyen Devilly et
ses préposés, et par lesquelles les chevaux seront conduits au lieu du
rassemblement. Le présent arrêté sera exécuté indépendamment de
toutes réquisitions, pour quelque destination qu'elles aient lieu. Il en
sera adressé des expéditions à la Commission de commerce et approvisionnements de la République. Les représentants du peuple près des
armées et dans les départements en assureront l'exécution de tout leur
pouvoir.

R. Lindet [1].

27. La Commission des transports militaires ayant le plus pressant
besoin d'assurer à ses ateliers de l'armée du Nord des quantités de
charbon de terre proportionnées aux besoins de ses équipages, et la
houillère d'Hardinghen étant insuffisante pour ce service, le Comité
de salut public arrête que la Commission des transports militaires est
autorisée à charger son agent principal à l'armée du Nord de profiter
des occasions que les circonstances pourront lui offrir pour se procurer
du charbon de terre du pays étranger, mais sous la condition de ne
pouvoir excéder le prix de 84 livres le millier en valeur métallique et
dans la proportion de cinq cents quintaux par mois; la Commission
du commerce et des approvisionnements prendra les mesures nécessaires pour mettre le payeur de la Trésorerie nationale à l'armée du

[1] Arch. nat., AF II, 286. — Non enregistré.

Nord en état d'acquitter cette dépense sur pièces probantes, visées par le commissaire des guerres, qui justifieront des quantités et de l'exportation du pays étranger.

R. LINDET [1].

28. Le Comité de salut, vu que le citoyen Gonord le jeune, adjoint aux adjudants généraux des armées de la République, envoyé dans les mois de juin et juillet par le ci-devant ministre de l'intérieur et même par le Comité de sûreté générale pour y remplir une mission importante relativement à l'état où se trouvait alors ce département [2], y a perdu un cheval qui lui a été volé avec ses équipages dans le mouvement occasionné par le rassemblement de citoyens armés qui se sont présentés en bataille et ont été dispersés auprès de Pacy, arrête qu'il sera rendu au citoyen Gonord, aux frais de la République, un cheval harnaché et équipé pour le service, afin qu'il se rende à son poste; charge la Commission de l'organisation et du mouvement de l'armée de donner les ordres nécessaires pour l'exécution du présent arrêté [3].

R. LINDET [4].

29. [Réquisition de Louis-André Senet, volontaire dans le 6e bataillon de la Drôme, 8e compagnie, de se rendre aux forges du citoyen Verrot, à Châtillon (Haute-Marne), pour y être employé à leur exploitation. C.-A. PRIEUR. — Arch. nat., AF II, 304.]

30. [Arrêté : 1° pour concentrer à Brest les frégates le *Flibustier*, la *Seine*, et tous les bâtiments qui se trouvent dans les ports du golfe et sur les côtes; 2° pour concentrer à Cherbourg et Port-Malo toutes celles qui se trouvent dans la Manche, exception faite pour les seize bâtiments de protection des convois; 3° pour concentrer à Cherbourg et tenir prêts au premier ordre tous les transports destinés à

---

[1] Arch. nat., AF II, 286. — *Non enregistré.*

[2] Textuel.

[3] Le rédacteur de cet arrêté semble avoir oublié d'indiquer dans quel département Gonord le jeune fut envoyé. D'après la suite de l'arrêté, il semble que ce soit dans l'Eure. D'autre part, d'après un dossier des Archives nationales que j'ai analysé dans la *Révolution française*, t. XXXVI, p. 409, les deux Gonord, Gonord aîné et Gonord le jeune, furent envoyés, de mai à septembre 1793, dans la Drôme, l'Isère, les Hautes-Alpes, les Basses-Alpes et les Alpes-Maritimes. Voir aussi la table des cinq premiers volumes du présent recueil. Je dois dire que dans l'original de cet arrêté ce nom propre est écrit *Gonnor*, mais il n'est guère douteux qu'il ne faille lire Gonord.

[4] Arch. nat., AF II, 287. — *De la main de R. Lindet. Non enregistré.*

embarquer des troupes qui se trouvent de Boulogne à Dunkerque. Billaud-Varenne, C.-A. Prieur, Carnot, B. Barère, Collot-d'Herbois. — L'original de cet arrêté fait partie de la collection de M. Maurice Loir, qui a bien voulu la communiquer à M. Lévy-Schneider, à qui nous devons l'analyse qu'on vient de lire.]

REPRÉSENTANTS EN MISSION.

LE COMITÉ DE SALUT PUBLIC
À SAINT–JUST ET LE BAS, REPRÉSENTANTS À L'ARMÉE DU NORD,
À RÉUNION–SUR–OISE (CI–DEVANT GUISE).

Paris, 13 floréal an II- 2 mai 1794.

[Carnot, au nom du Comité, leur écrit qu'il ne pense pas que la perte de Landrecies ait des suites bien funestes. «On nous assure que l'ennemi se porte sur Cambrai; c'est de toutes ses manœuvres celle qui nous donne le moins d'inquiétudes, cette ville étant très forte. Nous ne craignons pour cette place que la trahison, mais nous espérons que votre présence saura la déjouer. Nous ne pensons pas que vous ayez besoin d'appeler au secours de vos forces, qui doivent être considérables, celles qui se trouvent à Beaumont et sur les bords de la Sambre, car ce serait vous réduire à la défensive et leur abandonner des postes plus importants que celui qu'ils viennent de nous enlever. Il faut vous défier du mouvement subit par lequel ils pourraient se porter sur la rive droite de la Sambre pour attaquer Avesnes ou Maubeuge, car il pourrait se faire que leur attaque sur Cambrai ne fût qu'une feinte pour attirer vos forces de ce côté, vous faire abandonner Réunion-sur-Oise et sa communication avec Avesnes. Défendez donc âprement le passage de la petite Clyse et de la Sambre, et proscrivez invariablement le projet de cerner l'ennemi et de l'enfermer dans la trouée qu'il a faite. Il y a sous les murs d'Avesnes, du côté de la Capelle, une position qui pourrait devenir excellente et garantir la ville d'un siège avec une seule redoute qu'on pourrait exécuter dans très peu de jours. Il serait bon que Pichegru reconnût ou fît reconnaître cette position. Nous allons vous parler d'une autre idée, dont vous ferez l'usage qui vous paraîtra convenable; nous vous invitons seulement à la peser attentivement. Si, comme on l'assure, Landrecies ne s'est rendue qu'après la destruction entière de son artillerie, l'ennemi ayant mené la sienne devant Cambrai pour en faire le siège, il ne doit plus y en avoir pour défendre cette première ville, si elle se trouvait brusquement attaquée par vous. Nous pensons donc qu'il serait possible de la reprendre par un coup de main bien préparé, si le secret est bien gardé; le coup de main serait encore plus facile, si la brèche a été faite, et elle a dû l'être, si, comme on le dit, le commandant a été brave et fidèle. Nous vous invitons, citoyens collègues, à prendre sur ce point les renseignements les plus exacts. Dites à Pichegru que Jourdan doit marcher dans peu de jours vers la Belgique avec vingt-cinq ou trente mille hommes pour seconder ses opérations; mais, s'il peut les faire sans attendre Jourdan, il ne faut pas qu'il perde un instant. » — Ministère de la guerre; *Armées du Nord et des Ardennes. — De la main de Carnot.*]

LE COMITÉ DE SALUT PUBLIC
À VIDALIN, REPRÉSENTANT À L'ARMÉE DES ARDENNES,
À CHÂLONS-SUR-MARNE.

Paris, 13 floréal an II-2 mai 1794.

Le Comité a reçu, citoyen collègue, toutes les lettres que tu lui as adressées avec les pièces qui y étaient jointes relatives à divers individus du 9e régiment de cavalerie prévenus de conspiration. Le Comité de salut public te prévient qu'il a envoyé le tout au Comité de sûreté générale, qui est spécialement chargé de ces sortes d'affaires.

[Arch. nat., AF II, 37.]

LE COMITÉ DE SALUT PUBLIC
À BOURET, REPRÉSENTANT DANS LA MANCHE ET LE CALVADOS,
À CHERBOURG.

Paris, 13 floréal an II-2 mai 1794.

Le Comité, citoyen collègue, a cru s'apercevoir que tu étais continuellement trompé par un secrétaire insidieux qui, par les mauvais renseignements qu'il t'a donnés, t'a fait prendre souvent des mesures favorables à l'aristocratie. Le Comité aime à croire que tu examineras de près la conduite de ce citoyen, et que tu le traiteras avec une sévérité républicaine, s'il est vrai qu'il ait osé abuser de ta confiance.

[Arch. nat., AF II, 37.]

LE COMITÉ DE SALUT PUBLIC

À PRIEUR (DE LA MARNE), REPRÉSENTANT DANS LE MORBIHAN
ET LA LOIRE-INFÉRIEURE, À NANTES.

Paris, 13 floréal· an II-2 mai 1794.

Tu es à même d'avoir, citoyen collègue, des notions locales qui
peuvent jeter quelque jour sur la pièce ci-jointe [1]. Le Comité a cru devoir te la communiquer, en t'invitant à prendre les mesures que peuvent
exiger les circonstances.

[Arch. nat., AF II, 37.]

LE COMITÉ DE SALUT PUBLIC

À FRANCASTEL, REPRÉSENTANT DANS L'INDRE-ET-LOIRE
ET LE MAINE-ET-LOIRE, À LUÇON.

Paris, 13 floréal an II-2 mai 1794.

Le Comité, citoyen collègue, t'adresse une lettre de la Société
populaire de Chinon, qui demande l'épuration et l'organisation des
autorités constituées de ce district. Le Comité t'invite à procéder, dans
le plus bref délai, à cette opération importante.

[Arch. nat., AF II, 37.]

LE COMITÉ DE SALUT PUBLIC

À YSABEAU, REPRÉSENTANT DANS LA DORDOGNE ET LE BEC-D'AMBÈS,
À BORDEAUX.

Paris, 13 floréal an II-2 mai 1794.

Le Comité de salut public te fait passer, citoyen collègue, copie du
rapport qui lui a été fait par le citoyen Gohier sur la situation de Bor-

---

[1] Cette pièce manque. En marge et en forme de renvoi, on lit : « Note dont les seules
connaissances locales peuvent lui faire découvrir le sens. »

deaux dans l'ordre de la justice. Le Comité a cru devoir t'en donner communication en entier, afin que tu fusses mieux à même d'étudier et de juger l'état des choses pour pouvoir y remédier. Ensuite, avec plus d'assurance et de succès, tu voudras bien l'instruire de tes vues à cet égard et des mesures que tu auras prises pour parer aux inconvénients que ce rapport peut faire craindre.

[Arch. nat., AF ɪɪ, 37.]

LE COMITÉ DE SALUT PUBLIC
À LEJEUNE, REPRÉSENTANT DANS LE DOUBS, LA HAUTE-SAÔNE ET LE JURA,
À LONS-LE-SAUNIER.

Paris, 13 floréal an ɪɪ-2 mai 1794.

Par sa lettre du 15 germinal, citoyen collègue, le Comité de salut public t'engageait à porter tes soins sur les salines. Le Comité d'aliénation et des domaines presse une décision; les renseignements qu'on attend de toi doivent la déterminer; il est instant que tu les fournisses et que tu instruises le Comité des mesures que tu as prises. Tu voudras bien ne pas perdre de vue cet objet important.

[Arch. nat., AF ɪɪ, 37.]

LE COMITÉ DE SALUT PUBLIC
À REVERCHON, MÉAULLE ET LAPORTE, REPRÉSENTANTS
À COMMUNE-AFFRANCHIE.

Paris, 13 floréal an ɪɪ-2 mai 1794.

Le Comité, citoyen collègue, vous adresse son arrêté qui suspend la Commission révolutionnaire établie à Feurs [1]. Le Comité pense que cette Commission a déjà été supprimée par un de vos arrêtés; dans ce cas, celui du Comité de salut public serait la confirmation du vôtre.

[Arch. nat., AF ɪɪ, 37.]

[1] Voir t. XII, p. 761, l'arrêté nº 26.

LE COMITÉ DE SALUT PUBLIC

À DUPUY ET REVERCHON, REPRÉSENTANTS À COMMUNE-AFFRANCHIE.

Paris, 13 floréal an II-2 mai 1794.

Le Comité de salut public te fait passer, citoyen collègue, un mémoire de la citoyenne Marie Tivoire. Elle réclame quelques marchandises qui lui avaient été expédiées en juillet 1793, à Commune-Affranchie, et qui, arrêtées en route, se trouvent confisquées aux termes du décret du 15 pluviôse. Le Comité t'invite à te faire rendre compte des faits, à prononcer sur la réclamation de cette citoyenne.

[Arch. nat., AF II, 37.]

LE COMITÉ DE SALUT PUBLIC

À MILHAUD ET SOUBRANY, REPRÉSENTANTS À L'ARMÉE

DES PYRÉNÉES ORIENTALES.

Paris, 13 floréal an II-2 mai 1794.

La citoyenne Dumont, femme Gobin, citoyens collègues, désirerait savoir ce qu'est devenu son frère Louis Dumont, cavalier au 27e régiment campé près Perpignan. Vous trouverez ci-joint la lettre de cette citoyenne à notre collègue Collot-d'Herbois. Le Comité vous invite à vous procurer les renseignements demandés sur le citoyen Dumont et à les lui transmettre.

[Arch. nat., AF II, 37.]

LE REPRÉSENTANT DANS LES DÉPARTEMENTS DE SEINE-ET-OISE ET PARIS

AU COMITÉ DE SALUT PUBLIC.

Mantes, 13 floréal an II-2 mai 1794. (Reçu le 6 mai.)

Le district de Pontoise vient de recevoir la régénération. Il y manquait l'énergie nécessaire aux patriotes; des prêtres se trouvaient partout, et l'opinion, dirigée par eux et vers eux, tombait dans le modérantisme; le Comité de surveillance, composé de bons sans-culottes, éprouvait des contradictions, était comprimé, et l'on avait vu même la municipalité, dirigée par un prêtre qui était maire, exiger que le Comité lui communiquât les motifs d'arrestation pour faire juger, disait-elle, les détenus. L'administration du district, entraînée par un esprit semblable, ne faisait rien pour réprimer de pareils abus, et presque toujours elle inclinait pour réclamer en faveur des détenus. Quelques membres lui donnèrent ce mauvais esprit. L'un surtout, nommé Gohier, prévenu de propos dangereux lors de la mort du tyran, lors de l'assassinat de Le Peletier, lors d'un jugement du Tribunal révolutionnaire auquel il avait assisté comme témoin, prévenu aussi d'avoir prévariqué comme administrateur, en coupant quelques phrases d'une lettre qu'il avait écrite et qui s'est trouvée chez un détenu, lorsqu'il allait y lever les scellés; ce Gohier, chargé de la partie de la police, lui donnait la plus fausse direction. Il est en arrestation. J'ai nommé des hommes prononcés dans l'administration; la Société populaire est épurée; les patriotes ont repris quelque vigueur, et il faut espérer que, désormais, ils marcheront avec toute la vigueur révolutionnaire.

Il y avait dans ce district une commune qui avait fait parler d'elle, et sur laquelle nos collègues Delacroix et Musset avaient été trompés par les commissaires qu'ils y avaient envoyés : c'est la commune de Presles. J'y ai vu l'esprit révolutionnaire le plus énergique. On avait chicané les patriotes sur des formes omises, mais au fond leurs opérations étaient excellentes. Le parti du curé et de quelques royalistes, dont trois ont été guillotinés, était le parti de l'opposition; il est écrasé à ne plus se relever.

Ce district est, comme tous ceux du département, brillant pour les terres ensemencées et les espérances de récoltes; partout la campagne est superbe et avancée d'un grand mois.

Une partie dans laquelle j'ai trouvé que l'administration allait bien, c'est celle des subsistances et des moyens à prendre pour forcer le cultivateur à fournir sans se rien réserver pour l'avenir.

Le salpêtre va assez bien, quoique ce ne soit pas de la plus grande vigueur.

Il y avait dans la campagne beaucoup de traces de fanatisme. Une vierge fort renommée attirait encore des pèlerinages; je l'ai fait disparaître, et l'instruction, en se répandant, effacera tout. Je ne dois pas vous cacher que la malveillance, abusant de tout, avait répandu que

l'annonce faite par le Comité de salut public d'un plan de fête décadaire sous les auspices de l'Être suprême n'était autre chose que la
fête de Pâques qu'on allait célébrer, et que cela faisait réveiller l'espoir de bien des gens; mais cette fausse idée n'a servi qu'à faire connaître au peuple quels sont les gens qui veulent le tromper, et, dans
une commune où j'arrivais ce jour là, dès que j'ai paru, ceux qui
étaient parés pour être en fête se sont empressés de travailler et ont
été tout honteux. Il n'y a plus rien à faire dans cette partie.

Le maximum est la loi de [la] plus difficile exécution dans les campagnes. Beaucoup de gens, sous prétexte d'approvisionnement de Paris,
vont nocturnement enlever les œufs, le beurre, qu'ils payent à tout
prix; les municipalités sont les premières coupables; j'ai fait faire quelques exemples, mais il faut les multiplier souvent; la cupidité se glisse
dans tous les états.

Salut et fraternité,   A. Crassous.

[Arch. nat., AF II, 163.]

UN DES REPRÉSENTANTS À L'ARMÉE DES CÔTES DE CHERBOURG AU COMITÉ DE SALUT PUBLIC.

Granville, 13 floréal an II-2 mai 1794. (Reçu le 9 mai.)

[«Pomme transmet : 1° la situation sommaire du magasin de Granville à la
date du 12 courant; 2° celle des fourrages existant dans ledit magasin à la date
du 11 du présent; 3° l'état des recettes et dépenses en fournitures particulières
pour le cas de siège à l'époque du 20 germinal; ensemble, sous le même numéro,
les procès-verbaux qui constatent de la quantité et qualité.» — Arch. nat., AF II,
269. Analyse.]

LE MÊME AU COMITÉ DE SALUT PUBLIC.

Granville, 13 floréal an II-2 mai 1794. (Reçu le 9 mai.)

J'ai, comme je vous ai déjà rendu compte, citoyens collègues, formé
la 19e demi-brigade d'infanterie légère, composée du 19e régiment de
cette infanterie, qui a servi de noyau aux 7e de la Manche et 8e des
Vosges; j'ai scrupuleusement examiné la comptabilité de ces divers

bataillons, ainsi que vous le verrez par les procès-verbaux que je vous adresse ci-joint.

J'ai trouvé celle du 19ᵉ régiment dans le plus grand désordre. On doit à la vérité attribuer en partie la cause de ce désordre aux mouvements fréquents de ce régiment, ainsi qu'aux affaires où il s'est trouvé, qui ont disséminé ce corps et empêché que l'ordre de comptabilité y soit plus ou moins suivi.

On ne peut cependant pas se dissimuler que la mauvaise foi, l'esprit de licence et de rapine qui s'étaient introduits dans ces corps, n'y aient également contribué, ainsi que vous serez à même d'en juger par les détails ci-après.

Ce régiment n'a, depuis le 24 mars 1792 (vieux style), époque de sa formation, jusqu'au 6 nivôse, aucun enregistrement de recette ni dépense.

Le conseil d'administration de ce bataillon a déclaré que, le 12 brumaire, à l'affaire de Fougères contre les brigands, tous les registres servant à la comptabilité, la caisse et tous les bagages appartenant au bataillon avaient été pris par les brigands.

Il a, en outre, déclaré qu'il avait été impossible d'établir aucun registre de comptabilité depuis le 12 brumaire au 6 nivôse, attendu qu'à l'affaire de Fougères le bataillon avait considérablement souffert, et, par suite d'événements, s'était trouvé disséminé, que les officiers sont parvenus avec beaucoup de peine à rassembler dans divers endroits un nombre d'hommes quelconque, qu'ils étaient restés jusqu'au 6 nivôse sans pouvoir se réunir, et qu'aucun officier n'a rendu compte des sommes qu'ils ont reçues des divers payeurs, de même que l'État-Major qui, étant à Caen, a reçu de son côté; qu'enfin, le 6 nivôse, le bataillon, réuni en partie, avait nommé le citoyen Blin pour quartier-maître, que ce citoyen était en arrestation depuis le 11 germinal et traduit au tribunal militaire de Rennes, que ce citoyen Blin a porté la recette et dépense de sa gestion sans distinction ni application de masse, ce qui met tout dans la confusion.

Il est vraisemblable que la prétendue perte des registres et de la caisse, à Fougères, n'est que supposée et n'a été imaginée que pour soustraire vingt-cinq mille livres que ce bataillon s'était fait donner en avance pour subvenir à ses besoins par un de nos collègues, ce qui n'a pas empêché le colonel Humbert de se rendre à Caen, où il s'est fait fournir des magasins de la République tous les effets dont son corps avait besoin, comme s'il n'eût point reçu de fonds pour les lui procurer.

On doit donc attribuer en grande partie au citoyen Humbert, colonel de ce régiment, maintenant en arrestation à Paris, le désordre qui existe dans cette comptabilité; mais on ne peut se dissimuler que la plupart des officiers de ce corps y ont beaucoup coopéré, qu'il n'y avait ni ordre, ni subordination; ce qui m'a déterminé à rester à Granville jusqu'à ce que le tiercement de ce régiment ait été effectué et que chacun soit en route pour se rendre au bataillon dont il devait faire partie.

Le tout s'est fait tranquillement, et il y a lieu d'espérer que l'ordre, la tenue et la discipline s'établiront facilement dans cette demi-brigade, pourvu qu'il y ait un chef capable pour la commander; il est instant que vous vous empressiez d'en nommer ou m'en désigner un, ainsi que je vous l'ai marqué par ma lettre du 12 courant.

Salut et fraternité,   POMME, l'Américain.

[Ministère de la guerre; *Armée des Côtes de Cherbourg.*]

LE REPRÉSENTANT DANS L'INDRE ET LE CHER
AU COMITÉ DE SALUT PUBLIC.

Indre-Libre (Châteauroux), *13 floréal an 11-2 mai 1794.*
(Reçu le 8 mai.)

[Michaud transmet deux arrêtés, l'un pour achever la destruction du fanatisme dans le département de l'Indre [1], et l'autre pour rétablir dans le département du Cher une gendarmerie nationale, à la place de deux compagnies d'artillerie et d'hommes à cheval qui en faisaient le service et qu'Ichon a encadrées dans les armées de la République. — Arch. nat., AF II, 178.]

[1] Par cet arrêté, en date du 20 germinal, Michaud ordonne aux ci-devant curés et vicaires célibataires, et non fonctionnaires, de s'éloigner à six lieues de leurs communes, dans le délai de quinze jours, et leur défend de se fixer dans un chef-lieu de canton. Il ordonne en outre que, dans le délai de six semaines, les flèches et dômes des clochers soient démolis aux frais des communes.

LE REPRÉSENTANT DANS LA DORDOGNE AU COMITÉ DE SALUT PUBLIC.

Bergerac, 13 floréal an II-2 mai 1794. (Reçu le 8 mai.)

«Lakanal annonce qu'il existe dans le département de l'Ariège et de la Haute-Garonne un grand nombre d'ouvriers versés dans la connaissance du travail des fusils; demande qu'il soit autorisé à les requérir.» — Arch. nat., AF II, 263. Analyse.]

LE REPRÉSENTANT DANS LA MEUSE ET LA MOSELLE
AU COMITÉ DE SALUT PUBLIC.

Briey, 13 floréal an II-2 mai 1794. (Reçu le 7 mai.)

[Mallarmé fait passer une dénonciation du citoyen Silvy contre le conventionnel Gillet [1], «afin que vous méditiez dans votre prudence, et preniez dans votre sagesse le parti que les localités et les circonstances vous indiqueront d'adopter.» — Arch. nat., AF II, 163. — *De la main de Mallarmé.*]

LE MÊME AU COMITÉ DE SALUT PUBLIC.

Briey, 13 floréal an II-2 mai 1794. (Reçu le 11 mai.)

L'instant, citoyens collègues, où vous mettiez, avec la terreur, la justice et la probité à l'ordre du jour devait être pour toute la République celui d'une épuration universelle.

---

[1] Voici cette dénonciation : «Il y avait dans la maison qu'occupait Gillet, représentant du peuple, à Arlon, une énorme quantité de cuirs tannés, dont la République aurait pu tirer grand avantage. Bonestain, commissaire nommé par Gillet lui-même, et deux administrateurs des subsistances militaires assurent qu'il s'est opposé à leur enlèvement; il s'est opposé aussi à l'enlèvement de 120 sacs de blé, placés dans la maison des Carmes. J'affirme qu'il m'a défendu, ainsi qu'à Dreux et Frémont, mes collègues, de faire aucune recherche dans les maisons même abandonnées d'Arlon, sous peine de nous faire punir, et qu'il a refusé de nous donner par écrit sa défense accompagnée de ses menaces. Silvy, agent délégué de la Commission des subsistances et approvisionnements de la République près l'armée de la Moselle. — P.-S. Le général Morlot a chassé de la maison qu'il occupait un employé des fourrages qui avait été employé dans cette même maison pour inventorier le fourrage qui s'y trouvait, lui disant qu'il f...t par la fenêtre le premier qui oserait encore s'y présenter.»

Déjà, par vos bienfaisants travaux, le sol de la liberté commence à se purger de l'impure noblesse, et les postes avancés de la France n'ont plus à redouter les nombreuses trahisons dont elle donna si souvent le déplorable exemple. Mais cette mesure, excellente en elle-même, eût été incomplète pour les départements où je suis chargé d'organiser le gouvernement révolutionnaire. Des hommes plus faux, plus scélérats que les nobles, et qui à l'orgueil de ceux-ci unissent la fourbe hypocrisie, des prêtres en un mot désolaient les rives de la Moselle et de la Meuse. J'ai cru devoir les réunir sous l'œil de la plus active surveillance dans les chefs-lieux de leurs districts respectifs. Et voici quelques-uns des innombrables motifs qui m'ont déterminé à cette mesure. Dans les trois quarts des grandes ou petites communes que j'ai parcourues, surtout dans celles des campagnes que n'ont pas encore inondé de leurs lumières philosophiques et républicaines la Raison et la Liberté, j'ai vu les lois méprisées, le fanatisme, à demi-mort, reparaître sous toutes les formes; la présence des ci-devant curés était comme un talisman fatal qui forçait à l'imbécillité, à la scéléra-tesse des cœurs naturellement bons, et qui ne demandent que le bien. C'était un germe de putridité, un ferment de gangrène, un moyen de contre-révolution et surtout de contre-raison, auquel la superstition, l'aristocratie, l'égoïsme rattachaient leurs farouches espérances.

Déjà, dans une multitude de communes, ce virus malin avait commencé sa dangereuse irruption, et il était à redouter que si, par négligence ou par faiblesse, on laissait subsister une aussi funeste cause, des effets effrayants n'en découlassent.

Naguère, et au moment où la raison semblait fermer pour jamais les boutiques du fanatisme chrétien, non loin de Bar-sur-Ornain (à Benoitevaux), une vierge muette depuis plus de quatre ans, quoique déjà connue par les miracles qu'elle avait faits et les oracles qu'elle avait rendus en faveur de l'aristocratie et de la royauté, recommença à parler. Ce prodige, agrandi par la sombre impudeur de quelques prêtres, et plus encore par l'imagination des premiers sots qui en furent témoins, attirait un nombre immense de crédules citoyens, qui venaient près d'une pierre percée et traversée par des tuyaux reprendre des forces pour supporter leurs peines.

Ce qu'il y a de plus adroit et conséquemment de plus dangereux dans cette farce, c'est que la vierge, aristocrate jadis, était convertie

et qu'elle ne proférait ces oracles qu'en faveur des républicains; elle
leur promettait des succès de tous côtés, mais exigeait d'eux qu'ils par-
donnassent aux émigrés et aux détenus, en citant à propos quelques
lambeaux de l'Évangile applicables aux circonstances; elle enflammait
tellement l'imagination déjà prévenue que, sur six cents personnes qui
sortaient de l'entendre, il y en avait cinq cent quatre-vingt-dix de per-
suadées.

Ailleurs, près de Bar encore (à Villotte-devant-Saint-Mihiel), des
citoyens, après une fête civique célébrée en cette commune en l'honneur
de la liberté, de la raison et de la fraternité, crurent devoir terminer
la journée en renversant, d'une main révolutionnaire et républicaine,
toutes les pagodes extérieures du culte papiste. Mais à peine eurent-ils
cassé quelques têtes et quelques jambes à des images, qu'une multitude
égarée se précipita en roulant sur eux et les aurait immolés aux divi-
nités qu'ils venaient de mutiler, si, après leur avoir fait amende honorable, ils n'avaient racheté leur existence et désarmé la colère de leurs
bourreaux, en donnant tout ce qu'ils avaient d'argent sur eux.

Dans le district de Clermont (à Près-en-Sommève), une citoyenne
a eu sa maison pillée, et il a fallu qu'elle s'échappât nue, et sans
argent, pour se soustraire aux superstitions furieuses des habitants de
la commune, auxquels elle avait parlé le langage de la Raison, en les
invitant à lui dédier un temple.

A Dun, près Verdun, le fanatisme avait pris le caractère le plus
effrayant. La proposition de célébrer des fêtes en l'honneur de la Raison
et de la Liberté avait soulevé une foule d'esprits, malheureusement
inéclairés, et des propos liberticides s'étaient tellement mêlés aux horreurs de la superstition, qu'il était à redouter que cette émotion, se
multipliant par son principe, ne fût l'embryon d'une Vendée.

Dans beaucoup de communes, les prêtres n'avaient feint de jeter au
feu l'étole et au creuset l'encensoir, que pour se faire redemander avec
plus d'éclat. En abandonnant leurs ridicules fonctions, ils avaient
remué les cœurs de leurs paroissiens, et ceux-ci, maudissant la Révolution qui les privait de leur bon pasteur, et attirés d'ailleurs par sa
tante, ou ses cousins, ou sa servante, redemandaient à grands cris des
messes, eussent-ils dû les payer un écu pièce.

Combien ces fonctions, abandonnées et reprises, n'ont-elles pas fait
de plaies à la raison? Combien n'ont-elles pas occasionné de pas rétro-

grades? Encore deux ou trois exemples de la perfidie des prêtres qui désolent les deux départements que vous m'avez confiés, et vous serez convaincus de l'urgence de l'arrêté du 26 germinal.

A Bar-sur-Ornain, dans la maison d'un ci-devant chanoine, et dépositaire de la veille de ses lettres de prêtrise, qu'il n'avait remises, a-t-il dit, que jusqu'à ce que les circonstances plus favorables lui permissent de les reprendre, une voix sacrilège, pendant la nuit, a blasphémé ces mots : *Vive Louis XVII! Le nuage est dissipé! Va le dire à Mallarmé, la République n'est plus!* J'ai découvert l'oracle qui disait de si belles choses : c'était une femme fanatisée de longue main; elle est au tribunal révolutionnaire, et son frère, ex-chanoine, est incarcéré.

Il y a fort peu de communes où la présence des ci-devant prêtres n'ait causé quelques ravages.

Dans mes différents voyages, je me suis convaincu, par mes propres yeux, que le dimanche était religieusement observé et que la fête du décadi était méconnue, que des signes extérieurs tels que croix, saints et statues insultaient encore à la raison, que, dans beaucoup de communes, le ci-devant curé était devenu l'instituteur de la morale républicaine, et jugez un peu quelle devait être la bonté d'une telle doctrine, prêchée par des gens qui la connaissent si peu! Partout où j'ai eu l'occasion de réprimer des troubles et de les prévenir, j'ai trouvé des prêtres à punir. On a fait différentes objections contre mon arrêté; on a dit que les ci-devant prêtres mariés ne pouvaient y être sujets sans injustice. Je réponds que la plupart n'ont feint de se marier que pour se soustraire à la déportation. Beaucoup d'entre eux ont épousé leurs servantes, des femmes de soixante ans, et, comme ils ont la bêtise ou la scélératesse de ne pas croire à la valadité des mariages qui ne sont pas faits *en présence de l'Église,* ils en ont contracté de civils tant qu'on a voulu. On a dit aussi que ceux qui, dans différents emplois, servent la République ne pouvaient et ne devaient se réunir au chef-lieu. Cet argument, qui semble devoir pulvériser une partie de mon arrêté, c'est ce qui le fait triompher. Car, c'est précisément cette plaie malfaisante de prêtres disséminés partout, placés dans les armées, dans les hôpitaux, dans les vivres et fourrages, dans les administrations, que j'ai voulu tarir, et qui sait si, outre que leur génie empoisonne tout ce qu'ils touchent, ils ne trahissent pas la République dans les emplois qu'elle leur confie? Trop de sincérité (*sic*) sur cette caste maudite mènerait à la contre-révolution. Les réclamations que l'on a faites à leur égard sont d'ailleurs toutes intéressées, et ce qu'il y a d'hommes sages, instruits et patriotes révolutionnaires applaudit vivement à la mesure que j'ai adoptée. Ce qui prouve son excellence, d'ailleurs, c'est le calme dont commencent à jouir les campagnes délivrées de ces chenilles; elles avaient la bonhomie de se persuader que la terre, frappée de stérilité, n'enfanterait aucune des productions qui servent à nourrir les hommes, si les bénédictions d'un prêtre ne les sanctifiaient. Elles voient le contraire, puisque jamais la terre chargée de l'espérance verdoyante ne promit tant de trésors. Je vous ai exposé les motifs qui m'ont déterminé à prendre l'arrêté du 26 germinal [1]: vous sentez de quelle importance il est de le maintenir. Je vous le soumets dans l'espoir que vous l'approuverez, afin que mon successeur ou tout autre représentant ne le croise dans ses effets.

Les ci-devant prêtres, ramassés dans quelques-unes de nos places frontières, en sont déjà sortis, parce que leur nombre et leur présence pourraient devenir dangereux pour la défense et peut-être favorables à l'attaque des vils sapajoux de la tyrannie. Ainsi tout est prévu, la tranquillité publique est assurée, et, si quelques intérêts privés sont froissés, vous ne préférerez pas leurs clameurs aux approbations unanimes de deux départements satisfaits.

Salut fraternel et civique,   MALLARMÉ.

[Arch. nat., AF II, 163.]

_____

UN DES REPRÉSENTANT À L'ARMÉE DE LA MOSELLE
AU COMITÉ DE SALUT PUBLIC.

Sarrelibre (Sarrelouis), *13 floréal an II-2 mai 1794.*

[Duquesnoy s'est transporté à Metz et a eu une conférence avec Coulonge et l'autre commissaire chargé de l'évacuation dans le Palatinat. «Ils m'ont promis de remédier promptement aux abus que je leur ai dénoncés.» «J'ai fait mettre sous la garde d'un gendarme, jusqu'à plus ample information, le nommé Manière, inspecteur général des charrois. Il me paraît que cet homme a laissé employer dans cette administration beaucoup de gens suspects.» Lors de l'incendie qui a éclaté à Metz [2], «j'ai observé qu'il n'y a eu que les pauvres sans-culottes et les

_____

[1] Voir t. XII, p. 673. — [2] Voir plus haut, p. 143.

soldats de la garnison qui aient travaillé à arrêter les progrès de l'incendie; pas un riche ne s'est présenté; aussi j'ai pris un arrêté dont je vous envoie ci-joint copie : j'ai imposé une somme de 40,000 livres sur les riches de la commune de Metz pour être distribués aux pauvres; par ce moyen, si ces premiers n'ont point concouru de leurs bras, ils concourront de leur bourse. — Je pars dans l'instant pour Longwy, où le général Jourdan m'attend; il s'est transporté hier dans cette ville, lorsqu'il a appris que le général Hatry, qui commandait à Arlon, avait été forcé de quitter ce poste, l'ennemi s'étant porté sur lui avec des forces considérables, auxquelles il ne s'est pas cru en état de résister. La retraite s'est opérée sans aucune perte. J'espère que nous allons prendre revanche. » — Ministère de la guerre; *Armées du Rhin et de la Moselle.*]

LE REPRÉSENTANT AUX ARMÉES DU RHIN ET DE LA MOSELLE
AU COMITÉ DE SALUT PUBLIC.

Metz, 13 floréal an II - 2 mai 1794.

[J.-B. Lacoste annonce la perte d'Arlon. «Demain, je pars pour Longwy, et, attendu que mes collègues Pflieger et Gillet s'y trouvent dans ce moment et Duquesnoy à Sarrelibre, si ma présence n'y est pas absolument nécessaire, je me porterai de suite à l'armée du Rhin, et peut-être à Huningue, où les agents de la République en Suisse me pressent chaque jour de me rendre pour se concerter avec moi sur les objets les plus importants. » — Ministère de la guerre; *Armées du Rhin et de la Moselle.*]

LE REPRÉSENTANT AUX ARMÉES DES ARDENNES ET DE LA MOSELLE
AU COMITÉ DE SALUT PUBLIC.

Longwy, 13 floréal an II - 2 mai 1794. (Reçu le 9 mai.)

[Gillet apprend qu'un individu l'a dénoncé auprès du Comité et peut-être auprès de la Convention nationale. «Il m'accuse, dit-on, d'avoir empêché l'évacuation des subsistances et autres objets qui se sont trouvés à Arlon. Je n'ai qu'un mot à répondre : c'est un imposteur. Veuillez bien me communiquer cette dénonciation; je prends l'engagement de le confondre. » — Arch. nat., AF II, 246 [1].]

_____

(1) En marge d'une analyse de cette lettre on lit : «On a répondu pour cet objet dans une lettre à Duquesnoy où on lui demande des renseignements sur ce qui s'est passé. On ne parlait pas de dénonciation expres-sément. Il faut en envoyer un extrait au représentant Gillet, et les explications qu'il donnera conjointement avec le représentant Duquesnoy mettront les faits en évidence. »

LE REPRÉSENTANT DANS L'ALLIER ET LA NIÈVRE
AU COMITÉ DE SALUT PUBLIC.

Nevers, 13 floréal an II-2 mai 1794. (Reçu le 7 mai.)

[Noël Pointe adresse copie d'un arrêté qu'il vient de prendre [1] en faveur des fournisseurs, qui sont obligés de payer tout comptant, et qu'il est juste de ne point laisser dans la gêne, « d'autant que cela [les] facilite à fournir plus promptement. » — Arch. nat., AF II, 411.]

LE REPRÉSENTANT DANS LE DOUBS, LA HAUTE-SAÔNE ET LE JURA
AU COMITÉ DE SALUT PUBLIC.

Pontarlier, 13 floréal an II-2 mai 1794. (Reçu le 10 mai.)

[Lejeune transmet les arrêtés qu'il a pris pour donner aux salines toute l'activité dont elles sont susceptibles, pour réquisitionner et envoyer dans les forêts des coupeurs de bois pour ces « usines précieuses », pour opérer le prompt transport des écorces de chêne propres aux tanneries, enfin pour activer la tradition des sels en Suisse. — Arch. nat., AF II, 194.]

LE REPRÉSENTANT DANS L'AIN AU COMITÉ DE SALUT PUBLIC.

Bourg-Régénéré, 13 floréal an II-2 mai 1794. (Reçu le 11 mai.)

Citoyens collègues,

Arrivé depuis deux jours dans le département de l'Ain, je ne saurais encore déterminer avec justesse quel est le véritable esprit dont les habitants sont animés. Je ne doute cependant point de l'attachement du peuple au gouvernement populaire, à la Convention et à la représentation nationale. Les cris de *Vive la République! Vive la Convention! Vive la Montagne!* ont été répétés avec enthousiasme par une foule immense, à mon entrée dans Bourg-Régénéré. Le peuple est essentiellement bon et veut la liberté; mais il lui faut des administrateurs fidèles,

[1] Cette pièce manque.

sages, justes, laborieux et incorruptibles. Si l'aristocratie a osé relever ici quelques prétentions, bientôt elles seront évanouies; ce ne sera pas moi qui les réaliserai. Dans peu de jours, je vous donnerai de plus longs détails.

MÉAULLE.

[Arch. nat., AF II, 194.]

LE REPRÉSENTANT DANS LE LOT ET LE CANTAL
AU COMITÉ DE SALUT PUBLIC.

Albi, 13 floréal an II–2 mai 1794. (Reçu le 13 mai.)

Citoyens mes collègues,

Je n'ai point annulé le jugement du tribunal criminel du district d'Aurillac, qui condamne à la déportation la nommée Nastruc, ex-religieuse, afin de traduire cette conspiratrice au Tribunal révolutionnaire de Paris. J'avais cru n'avoir pas ce droit, et je m'étais borné à vous dénoncer ce jugement et le juré, que j'avais fait mettre provisoirement en arrestation pour avoir déclaré, à l'unanimité, qu'il n'était pas convaincu qu'il eût existé de conspiration contre la République. Depuis cette dénonce, les choses ont resté dans cet état. Si vous pensez que je puis annuler ce jugement, veuillez bien me le marquer, et, de suite, je renverrai la conspiratrice à Paris. Vous voudrez bien aussi prononcer sur le juré, qui était composé d'agriculteurs, plus ignorants que coupables, ou me renvoyer leur jugement, qui mérite quelque indulgence.

J'attends votre réponse à Aurillac, où je me rendrai au commencement de prairial, après avoir vu l'exécution complète des réquisitions faites en faveur de la Lozère et de l'Aveyron.

Salut et fraternité,   Bo.

[Arch. nat., AF II, 178. — *De la main de Bo* [1].]

_____

[1] En marge : «Renvoyé sans décision.»

LE REPRÉSENTANT DANS LE LOT ET LE CANTAL
AU COMITÉ DE SALUT PUBLIC.

Albi, 13 floréal an II-2 mai 1794. (Reçu le 13 mai.)

[«Bo s'est transporté aux mines de charbon de pierre de Carmaux; a vu avec peine que l'extraction était bien au-dessous des besoins de la consommation. Mesures pour augmenter les travaux et le nombre des ouvriers. A fait demander à l'armée des Pyrénées orientales qu'on lui renvoyât les jeunes gens instruits dans ce genre d'exploitation. Donnée à l'entreprise, elle serait bien moins dispendieuse. Offres à ce sujet. Joint un mémoire sur la nature de ces mines et un second sur leur état actuel; elles sont inépuisables, et leurs charbons, bien exploités, ne le céderont pas en qualité à celui de Newcastle. » — Arch. nat., AF II, 178. Analyse [1].]

LE REPRÉSENTANT DANS LES PYRÉNÉES ORIENTALES ET L'ARIÈGE
AU COMITÉ DE SALUT PUBLIC.

Limoux, 13 floréal an II-2 mai 1794. (Reçu le 16 mai.)

La Société populaire et les autorités constituées de Tarascon, département de l'Ariège, citoyens collègues, m'ayant envoyé une députation pour m'instruire d'une infinité d'abus et de brigandages qui se commettent dans la division du Mont-Libre et de Puycerda, et qui pourraient y compromettre le salut public, j'ai pris, à cette occasion, l'arrêté dont dont je vous envoie ci-joint une copie [2]. Je dois vous prévenir qu'on regarde comme constant dans toutes ces contrées, en premier lieu qu'il s'est commis, lors de la prise de Puycerda et de la Cerdagne espagnole, d'effroyables gaspillages. Notre collègue Cassanyès avait annoncé que la République y avait fait des prises immenses, notamment en grains. Si ce qu'on m'a dit est vrai, ces grains auraient dû suffire pour nourrir cette division de l'armée des Pyrénées orientales; cependant il a fallu épuiser l'Ariège pour lui en fournir. On m'a dit aussi qu'on avait pris une argenterie considérable et que la plus grande partie ne se retrouve plus. Je ne dois vous dire qui l'on soupçonne de cette

---

[1] En marge : «Pièce et mémoires renvoyés aux subsistances.»
[2] Cet arrêté a pour objet d'établir à Puycerda une Commission civile qui remplira les fonctions de la municipalité (11 floréal an II).

disparition avant que j'aie vu par moi-même s'il y a quelque apparence de fondement dans ces soupçons.

En second lieu, on regarde comme constant que l'État-Major de la division de Puycerda est composée en presque totalité de patriotes douteux, ou même de contre-révolutionnaires, ce qui ne serait pas extraordinaire, puisqu'il renferme beaucoup d'ex-nobles; on ne me dit pas moins de mal des administrations des fourrages, des vivres et des charrois. Les deux commissions que je viens de nommer, et qui sont composées de sans-culottes qui réunissent la probité au patriotisme, me fourniront les moyens de les épurer, et c'est ce que j'irai faire en personne après avoir fini l'Aude. Cette opération est de la plus extrême importance pour assurer les triomphes de la République dans cette campagne. Car, soit qu'il soit dans l'intention du Comité de faire une pointe en Catalogne en forçant Urgel et s'emparant du cours de la Sègre, soit qu'il ne veuille garder la Cerdagne que comme un lieu de cantonnement pour une partie de notre armée, il importe toujours beaucoup que ce ne soit pas un repaire de contre-révolutionnaires et de fripons.

Salut, égalité et fraternité,   CHAUDRON-ROUSSAU.

[Arch. nat., AF ii, 194.]

LE REPRÉSENTANT À TOULON AU COMITÉ DE SALUT PUBLIC.

Port-de-la-Montagne (Toulon), *13 floréal an ii-2 mai 1794.*

Saliceti, l'un de nous, qui a été envoyé ici d'Orméa par ses collègues Robespierre le jeune et Ricord pour presser la sortie de l'escadre, vous a fait ce matin des observations sur votre arrêté du 2 de ce mois, qui défend au contre-amiral Martin de mettre à la voile jusqu'à nouvel ordre.

Nous apprenons aujourd'hui la prise de Saorgio. Cette victoire importante a imprimé une commotion violente dans toute l'Italie. Ici, elle a électrisé toutes les âmes. Le pavillon tricolore flotte sur ce fort fameux, qui fut inexpugnable aux soldats de la tyrannie, tandis que celui des despotes se déploie insolemment sur nos parages. Il est temps qu'il disparaisse devant la valeur républicaine; sept vaisseaux, quatre frégates et autant de corvettes seront sous huitaine en état de mettre à la voile; ils seront forts de plusieurs moyens d'attaque, qui manquent à nos ennemis, des équipages frais, des boulets rouges et des soldats victorieux. Il est probable qu'ils ne rencontreront point réunies des forces supérieures. Les Anglais ont six vaisseaux et autant de frégates ou corvettes sur nos parages, quatre sur ceux de Corse, deux à Livourne et un à Naples. L'escadre espagnole est repartie dans ces deux ports. La jonction des escadres réunies n'a pas encore eu lieu. La nôtre doit-elle attendre cette époque pour sortir? Elle peut aujourd'hui les combattre en détail; nous pensons que c'est l'instant qu'il faut saisir. Nous n'oublierons point les règles de la prudence, mais c'est l'audace qui doit affranchir la Méditerranée et consommer le triomphe de la Liberté. C'est aujourd'hui ou jamais le moment de combattre : nos troupes suppléeront, par leur nombre et leur valeur, aux moyens maritimes qui pourraient nous manquer.

SALICETI, MOLTEDO.

[Ministère de la guerre; Corse.]

LE REPRÉSENTANT EN CORSE AU COMITÉ DE SALUT PUBLIC.

Gênes, 13 floréal an II - 2 mai 1794.

Je vous envoie, citoyens, la copie de la lettre que j'écris à mes collègues de l'armée d'Italie [1]; vous y verrez les raisons puissantes qui m'ont déterminé à venir presser les secours qu'exige la Corse. Il fallait et sauver cette partie de la République et sauver la flotte, l'espoir de la Méditerranée; de grandes forces ennemies l'attendent, et il est possible de secourir la Corse sans la hasarder. Bastia était à bout de ses poudres; le jour de mon arrivée, par mes soins, il est parti d'ici un petit convoi sur des bateaux à rames, et il en partira successivement jusqu'à la concurrence de 28 milliers. Je fais faire un approvisionnement en farines sur l'île de Capraia, qui se versera successivement sur Bastia, au risque qu'il y en ait une portion de prise par l'escadre anglaise qui bloque le port de Bastia. J'espère faire partir aujourd'hui un secours en argent, et je pars de suite pour aller me concerter avec

---

[1] Cette pièce manque.

mes collègues sur les mesures ultérieures. Je vais d'abord à Nice et
ensuite au Port-de-la-Montagne, si Saliceti y est. Je sais que l'on a
cherché à le brouiller avec moi, mais j'espère qu'il est, ainsi que moi,
trop bon patriote pour ne pas oublier tout ressentiment personnel et
ne songer qu'à la patrie; les divisions entre les représentants du peuple
sont autant de plaies mortelles qu'elle reçoit. D'ailleurs, on doit passer
un peu d'humeur à celui qui, attendant depuis longtemps des secours,
se voit renvoyer de jour en jour et devient le plastron de toutes les
demandes. Je n'ai pas prétendu que ce fût la faute de Saliceti, mais il
m'était bien permis de me plaindre.

Le double intérêt du salut de l'escadre et de celui de la Corse ont
déterminé mon voyage. Je me flatte avoir fait tous les sacrifices à ma
patrie, car je lui ai sacrifié ma réputation en risquant de passer à travers l'escadre anglaise, au risque de tous les périls. Un scélérat, nommé
Sandreschi, est venu répandre dans Gênes que j'étais parti furtivement
en emportant 100,000 livres à la caisse militaire, et en se disant
envoyé à Saliceti de la part du général de division Gentili. On m'assure
que Sandreschi s'est concerté avec les émigrés qui sont ici. J'ai écrit à
Saliceti et à Robespierre pour qu'on l'arrête. Si je suis coupable de ce
crime, il faut que ma tête tombe; si je suis calomnié, je demande pour
lui la peine des calomniateurs. Il me paraît voir, dans cette démarche
combinée, les manœuvres des paolistes de Bastia, dont j'ai fait arrêter
les chefs, et le Français qui n'a pas été en Corse ne sait pas à quel
point on y distille la calomnie. Je n'aurai pas besoin d'y répondre, et
j'ose croire que vous me connaissez trop bien pour craindre que je sois
parti sans avoir donné mes ordres à celui qui devait commander, sans
en prévenir le premier magistrat du peuple. J'ai fait tout cela; le général de division Gentili était chez moi deux heures avant mon départ,
et le maire m'accompagna jusqu'au bateau, et, si je n'ai pas publié
mon départ, c'est que les Anglais étaient instruits à l'instant de tout ce
qui se passait à Bastia. Je vous demande de vous défier de tout rapport et d'être sûrs que j'ai en mains de quoi vous prouver que ma
conduite est irréprochable et que la patrie a été tout pour moi.

J.-P. Lacombe Saint-Michel.

[Ministère de la guerre; *Corse.* — *De la main de Lacombe Saint-Michel.*]

COMITÉ DE SALUT PUBLIC.

Séance du 14 floréal an II-3 mai 1794.

Présents : B. Barère, Carnot, Couthon, C.-A. Prieur, Collot-d'Herbois, Billaud-Varenne, Robespierre, R. Lindet.

1. Le Comité de salut public arrête, d'après les observations et réclamations faites par l'accusateur public du Tribunal révolutionnaire, qu'il sera autorisé à adjoindre quatre nouveaux employés au parquet à ceux déjà en exercice, les appointements étant fixés à 3,000 livres chacun à deux adjoints pour la correspondance, et 2,000 livres chacun aux deux autres qui feront les expéditions nécessaires. Il est également autorisé à porter à dix le nombre des citoyens copistes ou expéditionnaires au greffe, leurs appointements étant fixés à 2,000 livres. Le Comité arrête qu'il sera accordé une indemnité de 1,000 livres par an aux citoyens secrétaires commis-greffiers tenant la plume, c'est-à-dire que leurs appointements seront portés à 4,000 livres. Le nombre des huissiers sera porté à dix, avec les appointements déjà fixés par la loi. Toutes les augmentations ou indemnités ci-dessus devront être payées aux termes, suivant les formes prescrites par la loi.

COLLOT-D'HERBOIS [1].

2. Le Comité de salut public arrête que le citoyen Laignelot, représentant du peuple, se rendra sans délai, pour exercer les pouvoirs et prendre toutes les mesures de salut public et de sûreté générale qu'il croira convenables et nécessaires, dans les départements d'Ille-et-Vilaine, de la Mayenne et autres circonvoisins, dans lesquels les scélérats royalistes, connus sous le nom de *Chouans*, exercent leurs brigandages.

COLLOT-D'HERBOIS, CARNOT, C.-A. PRIEUR [2].

3. Le Comité de salut public arrête que la Commission de l'organisation et du mouvement des armées de terre fera payer aux citoyens

---

[1] Arch. nat., AF II, 22. — *De la main de Collot-d'Herbois.*

[2] Arch. nat., AF II, 278. — *De la main de Collot-d'Herbois.*

Laribaud et Vigier, nommés par le Comité inspecteurs des hôpitaux de l'Ouest, leur traitement sur le pied ordinaire, ainsi que les frais de leur voyage.

> B. Barère, Collot-d'Herbois, Billaud-Varenne,
> C.-A. Prieur, Carnot [1].

4. Le Comité de salut public autorise la citoyenne Chevillard, dont les deux frères sont en réquisition pour le service de la République dans les constructions de la marine, à rester à Rochefort et à les accompagner dans les autres communes de la République où ils seront appelés à résider par la nature de leurs travaux; cette autorisation étant comprise dans un des arrêtés du Comité, approuvé par la Convention, concernant les familles des citoyens mis en réquisition pour la chose publique.

> Collot-d'Herbois, B. Barère, Carnot [2].

5. Le Comité de salut public requiert le citoyen Sautens, volontaire de la section des Lombards, venu à Paris pour cause de maladie, pour continuer à être employé provisoirement à la fabrication des armes.

> Couthon [3].

6. Sur le rapport fait au Comité de salut public par la Commission des travaux publics, duquel il résulte que la partie destinée à ses bureaux dans la maison de la Révolution est prête à les recevoir, [le Comité] arrête : 1° que les bureaux des ponts et chaussées et ceux de l'administration des bâtiments de la liste civile, en tant que construction ou entretien, qui faisaient partie de l'administration du ministre de l'intérieur, seront transférés, sans délai, à la maison de la Révolution; 2° que les meubles à l'usage de ces bureaux, comme chaises, tables et armoires, y seront également transportés, à la charge par les commissaires d'en donner une décharge à la citoyenne femme concierge de la maison de l'intérieur; 3° que les bureaux des fortifications, qui dépendaient du ci-devant ministre de la guerre, sont également transférés, avec leurs dépendances, dans la maison de la Révolution; 4° que la Commission des transports militaires est chargée de procurer

---

(1) Arch. nat., AF ɪɪ, 284. — *De la main de Barère.* — (2) Arch. nat., AF ɪɪ, 295. — (3) Arch. nat., AF ɪɪ, 304. — *De la main de Couthon.*

à la Commission des travaux publics les facilités qui sont à sa disposition pour accélérer le transport de ces objets.

CARNOT [1].

7. Le Comité de salut public, sur le rapport qui lui a été fait par la Commission exécutive des secours publics, arrête que le citoyen Lancelot, destitué de ses fonctions d'élève en chirurgie à l'hôpital militaire de Franciade [2], par la décision de l'ex-ministre de la guerre du 7 germinal, sera réintégré dans sa place.

CARNOT [3].

8. Le Comité de salut public, sur le rapport de la Commission des secours publics, lève la suspension des fonctions du citoyen Raymond, premier médecin de l'armée des Côtes de Cherbourg, prononcée par l'ex-ministre de la guerre, le 31 juillet dernier.

CARNOT [4].

9. Le Comité de salut public, sur le rapport qui lui a été fait par la Commission des secours publics, arrête que les citoyens Mayreau et Dandré, pharmaciens à l'ambulance de Blieskastel, armée de la Moselle, sont destitués de leurs fonctions, et qu'il sera pourvu à leur remplacement.

CARNOT [5].

10. Le Comité de salut public, informé que le district de Périgueux n'a pas encore fait exécuter la réquisition de 10,000 quintaux de grains accordés au district de Montignac par la Commission des approvisionnements, ni celle de 15,000 accordés au district d'Excideuil; que l'on a proposé de réduire à 5,000 quintaux la réquisition accordée à Montignac; que tant de lenteur dans l'exécution peut compromettre la tranquillité publique et mettre en danger la vie des citoyens, arrête que les administrateurs du district de Périgueux feront rassembler,

---

[1] Arch. nat., AF II, 24. — *Non enregistré.* — Dans l'original, cet arrêté est intitulé : «Projet d'arrêté proposé au Comité de salut public par la Commission des travaux publics.» Mais, comme Carnot l'a revêtu de sa signature, il semble bien que ce soit un arrêté définitif.

[2] Saint-Denis.

[3] Arch. nat., AF II, 284. — *Non enregistré.*

[4] Arch. nat., AF II, 284. — *Non enregistré.*

[5] Arch. nat., AF II, 284. — *Non enregistré.*

dans trois jours, les deux tiers des grains accordés aux trois districts
de Montignac, Sarlat et Excideuil; que chacun des districts fera
prendre, dans les magasins de Périgueux, les deux tiers de sa réquisition, en concurrence, dans la même proportion et sans aucune préférence; que les administrateurs [du district] de Périgueux donneront
les ordres nécessaires pour assurer le libre transport de ces grains;
qu'ils informeront la Commission du commerce de l'exécution des pré-
sentes dispositions, afin qu'il soit pourvu, après le compte rendu, au
complément des secours accordés aux trois districts, et qu'on les mette
à portée d'obtenir l'autre tiers des réquisitions. Les administrateurs du
district de Périgueux sont chargés, sous leur responsabilité, d'assurer
l'exécution du présent arrêté. La Commission du commerce fera incessamment son rapport au Comité sur la conduite des administrateurs et
de l'agent national du district de Périgueux, relativement aux réquisitions accordées aux trois districts et au retardement que l'exécution a
éprouvée.

R. LINDET [1].

11. Le Comité de salut public, considérant combien il est important pour le succès des armes de la République de pourvoir aux besoins
de première nécessité des ouvriers employés dans les fonderies de canons
et autres objets d'artillerie; considérant que les fonderies nationales
d'Indret et de Moisdon, l'une située dans une île et l'autre au milieu
d'une forêt, éprouvent une extrême pénurie de subsistances, capable
de ralentir l'activité de leurs travaux, arrête : 1° qu'à l'avenir, les
ouvriers des fonderies d'Indret et Moisdon recevront le pain nécessaire
à leur consommation journalière comme le reçoivent les troupes de la
République; 2° que la Commission du commerce et des approvisionnements chargera ses principaux agents employés dans la division des
subsistances militaires près de l'armée de l'Ouest de se concerter avec
les directeurs des fonderies, de régler le nombre de rations nécessaires,
dont il sera rendu compte à la Commission, et que l'on présume devoir
excéder trois cents rations par jour; 3° que la même Commission est
chargée de l'exécution du présent arrêté.

R. LINDET [2].

[1] Arch. nat. AF ɪɪ, 72. — De la main
de R. Lindet. Non enregistré.

[2] Arch. nat., AF ɪɪ, 215. — Non enregistré.

12. Le Comité de salut public charge les citoyens Pelletier et Riffaut de se rendre sans délai à Essonnes, pour y examiner les procédés qui sont employés dans la fabrication ordinaire de la poudre, et de déterminer, par tous les essais qu'ils jugeront nécessaire de faire dans cette fonderie, ou dans celle de Grenelle, à Paris, quels changements il y aurait à faire, tant dans la composition de la poudre que dans la manière de la confectionner, pour obtenir, avec les moulins déjà construits, la plus grande quantité de poudre et de la meilleure qualité. Le représentant du peuple Nioche se rendra en même temps à Essonnes, pour présider aux opérations des citoyens Pelletier et Riffaut et leur faire fournir tout ce qui leur sera nécessaire pour cet objet. Il est investi, en conséquence, du pouvoir de donner les ordres qu'il jugera convenables à l'Agence nationale des poudres et salpêtres et à tous ses agents, ainsi qu'aux autorités constituées du district d'Essonnes. Il requerra de même les citoyens et toutes les matières et instruments qui pourraient servir aux expériences dont il s'agit. Enfin, il emploiera tous les moyens les plus propres à en assurer le résultat d'une manière aussi décisive que prompte. Quant à la partie des expériences qui devra être faite à Grenelle, le représentant du peuple Nioche se concertera avec son collègue Niou, chargé de la surveillance de cet établissement révolutionnaire. La Commission des armes et poudres fera acquitter toutes les dépenses occasionnées par lesdites expériences et remettra en avance, soit au représentant du peuple Nioche, soit aux commissaires Pelletier et Riffaut, une somme convenable pour l'exécution de leur mission, et dont ils justifieront de l'emploi à leur retour.

B. Barère, C.-A. Prieur, Collot-d'Herbois, Billaud-Varenne[1].

13. Le Comité de salut public arrête que les citoyens Roustan et Cantou, envoyés par le district de Digne pour recevoir les instructions sur le salpêtre et qui n'ont passé que vingt jours à Paris, y resteront encore une décade pour continuer leur instruction dans un des ateliers les sections de Paris, au choix de l'administration révolutionnaire des salpêtres et poudres, et qu'après cette époque, ils se rendront à leur destination.

C.-A. Prieur[2].

[1] Arch. nat., AF ii, 217. — De la main de C.-A. Prieur. Non enregistré.

[2] Arch. nat., AF ii, 217. — Non enregistré.

14. Le Comité de salut public, d'après le rapport qui lui a été fait par les citoyens Vandermonde et Hassenfratz des perfectionnements qu'il serait avantageux d'introduire dans la fabrication des armes portatives, soit en employant des machines, soit en changeant les procédés de la main-d'œuvre, nomme les citoyens Vandermonde et Hassenfratz ses commissaires pour établir et diriger, sous l'inspection immédiate du Comité, un atelier pour faire l'essai des procédés dont il s'agit; les charge, en conséquence, de présenter à l'approbation du Comité de salut public tous les projets nécessaires à l'exécution de cet objet. La Commission des armes et poudres, les administrations et agents qui en dépendent, les autorités constituées, entre autres, seront tenus, chacun en ce qui peut le concerner, de fournir aux citoyens Vandermonde et Hassenfratz, sur leur réquistion, tout ce dont ils auront besoin pour la plus prompte exécution des projets qui seront revêtus de l'approbation du Comité. La Commission des armes et poudres demeure, en outre, chargée de faire acquitter à fur et mesure les dépenses qui résulteront de cet établissement.

B. Barère, Collot-d'Herbois, C.-A. Prieur, Billaud-Varenne [1].

15. Le Comité de salut public, après avoir entendu le rapport de la Commission de commerce et approvisionnements, arrête : 1° Le directoire du district de Marseille remettra à l'Agence chargée des affaires d'Afrique les lettres de change en réquisition pour les sommes et sur les places ci-après : 120,000 piastres, monnaie de Tunis, payables sur ladite place; 400,000 piastres en papier sur Constantinople, Smyrne, Salonique et la Morée; 60,000 piastres en papier sur Livourne. — 2° L'Agence chargée des affaires d'Afrique rendra compte à la Commission de commerce de l'emploi particulier de chacune desdites sommes.

R. Lindet [2].

16. Par son arrêté du 11 ventôse dernier [3], qui porte à 200 livres par mois le traitement des adjoints aux adjudants généraux qui n'appartiennent à aucun corps, le traitement des sous-officiers et soldats qui pourraient être appelés aux mêmes fonctions n'étant pas déterminé,

---

[1] Arch. nat., AF 11, 215. — De la main de C.-A. Prieur. Non enregistré. — [2] Arch. nat., AF 11. 75. — Non enregistré. — [3] Voir t. XI, p. 473, l'arrêté du Comité n° 1.

le Comité de salut public arrête : Les sous-officiers et soldats des différents corps de troupes qui seront employés comme adjoints aux adjudants généraux jouiront, à compter du jour de leur nomination, du même traitement de 200 livres par mois attribué aux adjoints qui ne tiennent à aucun corps, et ce traitement leur tiendra lieu de toute autre solde.

CARNOT [1].

17. Le Comité de salut public autorise Fluet, compris dans la première réquisition des citoyens, à rester provisoirement à Paris pour travailler au rétablissement de sa santé et continuer les opérations dont il est chargé relatives aux créanciers des frères du dernier tyran.

CARNOT [2].

18. Le Comité de salut public arrête que les citoyens André Léger, Feuqueroy, Fromant et Quillet, faisant partie de la ci-devant armée révolutionnaire et employés dans les bureaux des commissaires des guerres chargés de l'apurement de la comptabilité de cette armée licenciée, sont mis en réquisition pour les opérations dudit apurement, et seulement jusqu'à ce que ces opérations soient terminées.

CARNOT [3].

19. Le Comité de salut public arrête : 1° que les nomination et réception du citoyen Guibal à la place de chef de brigade du 14° régiment de chasseurs, faites à un emploi qui n'est pas vacant, ne peuvent être confirmées; 2° que cet officier cessera, du jour de la notification du présent arrêté, de jouir des appointements et prérogatives attachés à ce grade, et reprendra celui qu'il avait précédemment; 3° que le commandant du régiment appartiendra, pendant l'absence du chef de brigade Rovère, au plus ancien des chefs d'escadron, conformément aux lois et règlements militaires.

CARNOT [4].

---

[1] Arch. nat., AF II, 304. — De la main de Carnot. Non enregistré.

[2] Arch. nat., AF II, 304. — Non enregistré.

[3] Arch. nat., AF II, 304. — Non enregistré.

[4] Arch. nat., AF II, 304. — Non enregistré.

20. Le Comité de salut public, ayant, par son arrêté du 13 germinal [1], ordonné la formation d'une compagnie d'aérostiers, laquelle serait composée d'hommes ayant déjà un commencement de pratique dans les arts nécessaires à ce service, requiert le citoyen Mouchard, caporal de la 4e compagnie du 5e bataillon de la Somme, cantonné à Cerfontaine, près Maubeuge, de se rendre à Maubeuge, pour servir dans ladite compagnie d'aérostiers. Le conseil d'administration de ce bataillon est, en conséquence, chargé de lui donner un congé motivé sur la réquisition du Comité de salut public, et l'état de route nécessaire, avec les formalités accoutumées, à la charge par le conseil d'en rendre compte sur-le-champ aux généraux sous les ordres duquel il sert, et à ceux-ci d'en informer la Commission de l'organisation et mouvement des armées.

C.-A. PRIEUR [2].

21. [Pareille réquisition au citoyen Valot, caporal au 18e régiment, ci-devant Auvergne. — Arch. nat., AF ii, 220. *Non enregistré.*]

22. [Le Comité arrête que la Commission des transports et messageries fera acquitter en assignats la somme de 33,795 livres, sur les 18 millions mis à sa disposition, à un négociant de Trèves, en payement de son mémoire pour transport des marchandises et blessés qui étaient à Mayence, mémoire qui était de 60,795 livres, mais que le Comité réduit. R. LINDET, COLLOT-D'HERBOIS, B. BARÈRE, COUTHON, CARNOT, BILLAUD-VARENNE. — Arch. nat., AF ii, 285. *Non enregistré.*]

23. Le Comité de salut public, considérant que les avantages qu'il s'est promis de l'envoi d'un aérostat à Maubeuge ne peuvent se réaliser que par la plus prompte expédition, charge la Commission de l'organisation et du mouvement des armées de faire recevoir dans le jour la compagnie d'aérostiers dont il a ordonné la formation par son arrêté du 13 germinal, dans l'état où elle se trouve, sauf à la compléter et à lui faire fournir ce qui lui manque, après son arrivée à Maubeuge; d'expédier l'ordre au capitaine et au lieutenant de ladite compagnie de partir sextidi prochain, 16, et de se rendre ensuite à Maubeuge pour s'occuper sans délai des premières réquisitions; enfin de faire partir, le 17 courant au plus tard, pour la même destination,

---

[1] Voir t. XII, p. 349, l'arrêté du Comité n° 21.

[2] Arch. nat., AF ii, 220. — *Non enregistré.*

le restant de ladite compagnie, d'après l'état qui lui en sera remis par le capitaine, même sur des ordres de route individuels, s'il est nécessaire.

C.-A. Prieur [1],

24 et 25. [Arrêtés autorisant diverses exportations de marchandises. R. Lindet. — Arch. nat., AF ii, 75. *Non enregistré.*]

26. Le Comité de salut public arrête que les juges des divers tribunaux d'arrondissement de Paris seront payés, dorénavant, de leur traitement tous les mois, au lieu de l'être par trimestre, comme par le passé.

Couthon, Collot-d'Herbois, Robespierre [2].

27. Le Comité de salut public approuve la proposition de la Commission de l'organisation des armées de terre de suspendre de ses fonctions le commissaire des guerres Fournier, qui n'a pas pu produire de certificat de civisme, et qui a été dénoncé de Marseille comme ennemi de la Révolution.

Carnot [3].

_____

CIRCULAIRE DU COMITÉ DE SALUT PUBLIC AUX COMMUNES.

Paris, 14 floréal an ii–3 mai 1794.

Citoyens, la Convention nationale, voulant faire participer tous les Français aux avantages du gouvernement républicain, désirant que nul ne soit étranger dans la terre qui l'a vu naître, et que chacun puisse y avoir une propriété, a rendu divers décrets pour y parvenir, et notamment celui du 10 juin 1793, qui ordonne que les biens communaux seront divisés par tête, sans distinction d'âge ni de sexe.

Attendu qu'il y a des communes qui n'avaient point de biens communaux, la Convention, voulant donner aux citoyens qui les habitent un moyen de devenir aussi propriétaires, a décrété, le 13 septembre dernier, que, dans toute l'étendue de la République, ceux qui n'ont pas de propriétés, pourront se rendre adjudicataires d'un bien d'émi-

_____

[1] Arch. nat., AF ii, 220. — *Non enregistré.* — [2] Arch. nat., AF ii, 22. — *De la main de Couthon. Non enregistré.* — [3] Arch. nat., AF ii, 304. — *Non enregistré.*

16.

gré, de la valeur de 500 livres; et elle leur accorde vingt ans pour en faire le payement, sans les assujettir à aucun intérêt; en observant que, dans le cas où le prix des lots surpasserait 500 livres, la loi n'en doit pas moins avoir son effet : les non propriétaires peuvent toujours profiter du bénéfice du décret pour cette valeur, quel que soit d'ailleurs le montant de leur adjudication.

Le Comité de salut public, désirant que les citoyens des campagnes puissent profiter de l'avantage qui leur est acquis par ce décret, vous enjoint de lui donner la plus grande publicité, d'en faire faire lecture en assemblée, le 1er décadi qui suivra la réception de la présente, et de le faire afficher partout où besoin sera [1].

[Imprimé. — Bibl. nat., Lb 41/2.]

CIRCULAIRE DU COMITÉ DE SALUT PUBLIC AUX AGENTS NATIONAUX PRÈS LES COMMUNES.

Paris, 14 floréal an II-3 mai 1794.

Beaucoup d'individus, hommes ou femmes, que la loi du 27 germinal a fait refluer dans ton arrondissement, ont osé s'y montrer sans la cocarde nationale. C'est un attentat à la loi : quiconque dédaigne d'arborer le signe de la liberté est contre-révolutionnaire. Le Comité te charge de lui rendre compte, sur-le-champ, des mesures répressives que tu as dû prendre à cet égard.

[Imprimé. — Bibl. nat., Lb 41/2.]

[1] En tête de cette circulaire est reproduit l'article 2 de la loi du 13 septembre, ainsi conçu : «Les chefs de famille non propriétaires, n'étant point compris sur les rôles d'impositions, résidant dans les communes où il n'y a point de terrains communaux, auront la faculté d'acheter des biens d'émigrés jusqu'à la concurrence de 500 livres chacun, payables en vingt années et vingt payements égaux, sans intérêts.»

REPRÉSENTANTS EN MISSION.

LE COMITÉ DE SALUT PUBLIC AUX REPRÉSENTANTS À L'ARMÉE DU NORD.

Paris, 14 floréal an II-3 mai 1794.

On nous prévient qu'il existe dans Ypres des dépôts immenses de faux assignats. Cet objet est de la plus haute importance. Vous ferez de cet avis l'usage que vous trouverez dans votre sagesse.

[Arch. nat., AF* II, 225.]

LE COMITÉ DE SALUT PUBLIC

À GARNIER (DE SAINTES), REPRÉSENTANT DANS LA SARTHE

ET LE LOIR-ET-CHER, AU MANS.

Paris, 14 floréal an II-3 mai 1794.

Le Comité, citoyen collègue, avait jugé à propos de te rappeler au sein de la Convention nationale[1], parce que tes opérations étaient terminées dans le département de..... Mais une nouvelle occasion de donner des preuves de ton zèle pour la chose publique se présente; tu la saisiras avec empressement. Le Comité t'invite à te rendre sur-le-champ à Nantes, pour y remplacer notre collègue Prieur (de la Marne), en qualité de représentant du peuple près l'armée de l'Ouest[2].

[Arch. nat., AF II, 37.]

LE COMITÉ DE SALUT PUBLIC

À PRIEUR (DE LA MARNE), REPRÉSENTANT DANS LE MORBIHAN

ET LA LOIRE-INFÉRIEURE, À NANTES.

Paris, 14 floréal an II-3 mai 1794.

Notre collègue Garnier (de Saintes) a été chargé, citoyen collègue, de faire les opérations que tu pourras ne point avoir encore terminées.

---

[1] Nous n'avons pas cet arrêté.

[2] Prieur (de la Marne) n'avait pas le titre de représentant à l'armée de l'Ouest, bien qu'en fait il en exerçât les fonctions.

Il avait été envoyé avec Carrier, par arrêté du 9 nivôse an II, dans le Morbihan et la Loire-Inférieure pour y établir le gouvernement révolutionnaire. Voir t. IX, p. 746.

Au milieu de ses occupations nombreuses, le Comité de salut a senti que tes lumières et ton expérience lui étaient nécessaires; il t'invite en conséquence à revenir partager dans son sein les travaux de tes collègues et recueillir les témoignages d'estime qu'ont mérités tes services.

[Arch. nat., AF ii, 37.]

LES REPRÉSENTANTS À L'ARMÉE DU NORD AU COMITÉ DE SALUT PUBLIC.

Réunion-sur-Oise (Guise), *14 floréal an ii-3 mai 1794.*

Chers collègues,

A notre arrivée à Réunion-sur-Oise nous avons appris la nouvelle de la reddition de Landrecies. Ce malheur vient du désordre extrême qui règne dans cette partie de l'armée du Nord depuis Maubeuge jusqu'à Cambrai. L'administration n'est pas meilleure. Il manque une grande quantité d'effets de campement, et surtout des patriotes pour l'administration.

La division d'Avesnes occupe encore Maroilles près Landrecies. Les régiments de cavalerie sont bons, mais les réquisitions, ayant été incorporées tard, manquent d'instruction. Nous avons trouvé de l'abattement parmi les généraux; aucun plan n'existait. Il faut à tout un but déterminé; l'on n'en a point ici. Hâtez-vous de nous envoyer un plan de mouvement depuis Cambrai jusqu'à Beaumont.

L'ennemi n'est point en force. Nous pourrions en même temps avancer dans la Flandre maritime, cerner Valenciennes, Le Quesnoi, Landrecies et marcher sur Bavay. Répondez-nous sur-le-champ; ne perdez pas une heure. Nous allons essayer de rétablir l'ordre.

Salut et amitié,

SAINT-JUST, LE BAS.

[Ministère de la guerre; *Armées du Nord et des Ardennes. — De la main de Saint-Just.*]

UN DES REPRÉSENTANTS À L'ARMÉE DU NORD AU COMITÉ DE SALUT PUBLIC.

Cambrai, 14 floréal an ii-3 mai 1794.

[Deux lettres de Bollet : 1° Il fait passer un arrêté qu'il vient de prendre relativement aux chevaux, effets d'équipement et armement pris sur l'ennemi. « Cet arrêté était d'autant plus essentiel qu'il existait dans ces prises un gaspillage qui coûtait infiniment à la République, et qui ne lui était nullement profitable. J'espère que, par les dispositions de cet arrêté, les chevaux, effets d'équipements et armements qui sont pris sur l'ennemi seront entièrement pour le service de nos armées, et qu'il ne sera payé par la République que ce qui tournera à son profit et lui sera utile, et que le militaire, sans abandonner son poste, sera certain de trouver l'indemnité qui lui est due pour ses peines. » — Arch. nat., AF II, 235. — 2° Il envoie un autre arrêté, pris en vue de remédier au désordre qui régnait dans l'administration des équipages d'artillerie attachés aux compagnies d'artillerie légère et aux bataillons. « J'espère que, par son exécution, les chevaux destinés aux équipages d'artillerie seront nourris et pansés, et que les conducteurs, étant mieux surveillés, n'abandonneront pas lâchement leurs chevaux et leurs pièces, et que, dans le cas où ils commettraient cette lâcheté, ils n'échapperont pas à la peine due à leur crime. » — Arch. nat., ibid.]

LES REPRÉSENTANTS À L'ARMÉE DU NORD AU COMITÉ DE SALUT PUBLIC.

Lille, 14 floréal an II-3 mai 1794.

Landrecies est au pouvoir de l'ennemi. Le général en chef vous fait passer copie d'une lettre du général Ferrand, qui l'annonce, et de ce qu'on a recueilli de la capitulation. Il est certain que la garnison est prisonnière de guerre. Nous prendrons des renseignements sur les circonstances de cette reddition. Il paraît que la garnison a beaucoup souffert et que la ville est détruite et brûlée de fond en comble. Les tigres combattent avec moins de férocité que les tyrans coalisés.

Ce malheur est grand, mais il n'affaiblit pas notre énergie et ne change rien à nos résolutions. Le général vient d'indiquer des positions aux troupes du centre, et il augmente ses forces de l'armée de gauche afin de continuer avec vigueur sa marche dans le pays ennemi. Il est bien essentiel que la division des Ardennes continue vivement sa pointe par Thuin et Binche. Cette division est très faible; malgré sa jonction avec celle de Desjardin, elle ne se monte pas à vingt mille hommes. Il faut la porter à quarante par un détachement de celle de la Moselle. Ceci est très pressé; le général doit vous en écrire.

Il paraît que l'ennemi menace Avesnes. On fait des dispositions pour le couvrir. Nous manquons au centre d'un homme de tête qui puisse harceler continuellement l'ennemi et l'occuper tout entier pendant que de droite et de gauche nous l'attaquons au vif. Tâchez de nous trouver cet homme-là.

Nous vous faisons passer cinq drapeaux pris sur l'ennemi; trois ont été enlevés par ceux que nous chargeons de vous les présenter : l'un d'eux est de la première réquisition. Les deux autres ont été pris par quatre chasseurs du 5e régiment, qui ont répondu à l'invitation qui leur a été faite de vous les porter qu'ils croyaient plus utile d'employer ce temps à en enlever d'autres.

Ce sont des cannibales que les satellites des tyrans. Ils dévastent et brûlent tout ce qu'ils peuvent envahir. L'humanité nous demande vengeance comme la liberté : l'une et l'autre l'obtiendront.

Pierre Choudieu, Richard.

[Ministère de la guerre; *Armées du Nord et des Ardennes. — De la main de Richard.*]

UN DES REPRÉSENTANTS À L'ARMÉE DES ARDENNES
AU COMITÉ DE SALUT PUBLIC.

Sedan, 14 floréal an II-3 mai 1794. (Reçu le 7 mai.)

[Massieu fait passer un arrêté que l'agent principal des subsistances militaires, section de la viande, lui a demandé, en lui en démontrant la nécessité et les avantages par sa pétition également ci-jointe [1]. «Je voulais, d'après mon rappel auprès de vous, renvoyer ces dispositions à mon collègue Levasseur; mais, occupé sans relâche à la mission dont vous l'avez chargé, il m'a invité à le soulager en d'autres parties jusqu'à l'instant de mon départ, qui va s'effectuer d'ici à deux ou trois jours, lorsque je lui aurai remis des papiers qui lui sont nécessaires.» — — Arch. nat., AF II, 157. — *De la main de Massieu.*]

LE REPRÉSENTANT DANS LES ARDENNES AU COMITÉ DE SALUT PUBLIC.

Sedan, 14 floréal an II-3 mai 1794. (Reçu le 7 mai.)

Hier, j'ai épuré les autorités constituées, et elles en avaient grand besoin. En continuant de lever les scellés, j'ai vu que le traître La

----

[1] Ces pièces manquent.

Fayette avait séjourné à Sedan. On a trouvé au Comité de surveillance, depuis que je l'ai régénéré, des papiers qui y étaient enfouis, et qui prouvent des correspondances avec l'étranger. L'individu chez lequel on les avait trouvés avait été mis en liberté. Je les ai fait passer au Comité de sûreté générale.

Le 12, j'avais annoncé à la Société que je l'épurerais; ils s'y étaient bien attendus, ceux qui, depuis quelque temps, étaient venus s'y faire recevoir *en masse;* aussi avaient-ils vigoureusement soutenu l'orateur dont j'ai parlé dans une lettre aux Jacobins [1]. Cet orateur avait été attaché à Custine.

Hier, je me suis rendu au sein de la Société. Elle était très nombreuse. Quelle différence! Le bandeau était tombé. Les aristocrates et les modérés étaient terrifiés. Je fis part à l'assemblée de cette liste de proscription que j'avais trouvée (sans la lire ni dire chez qui). Alors le voile fut déchiré. Je parlai avec beaucoup de chaleur en adressant la parole au peuple. Le bandeau était tombé; des cris de *Vive la Montagne!* se firent entendre de toutes parts. On entendait de tous côtés : *Comme on nous a trompés!* Le baptême civique d'un enfant, fait au commencement de la séance, m'avait procuré l'occasion de disposer les cœurs à des sentiments d'union et de fraternité, à faire sentir au peuple les avantages d'un gouvernement populaire, dont nos enfants jouiraient plus que nous. Après avoir lu la liste de ceux qui composeraient la Société, je levai la séance au milieu des applaudissements. La tranquillité la plus parfaite règne dans la ville. Je pars ce matin pour Mézières. Je reviendrai ici dans quelques jours : ce sont les deux points principaux. Le reste ira de suite.

[Arch. nat., AF II, 163. — *De la main de Levasseur* [2].]

[Nous croyons utile de reproduire ici la lettre de Levasseur aux Jacobins de Paris, dont il est question dans la lettre précédente : « *Sedan, 13 floréal an II.* Frères et amis, dans une de vos séances, il a été fort question des troubles qui se sont élevés dans le département des Ardennes, où j'ai été envoyé par le Comité de salut public. Je vous invite à suspendre votre jugement jusqu'à ce que je puisse vous faire connaître la vérité. Je vois que les passions, de part et d'autre, l'empêchent de s'approcher de moi; mais je la trouverai; vous m'avez appris à la chercher, et mon cœur l'aime. — Mon premier soin, en arrivant dans ce département,

---

[1] Voir la pièce suivante. — [2] Levasseur (de la Sarthe) a oublié de signer cette lettre.

a été d'exécuter l'arrêté du Comité de sûreté générale qui met en liberté des patriotes. Je n'ai pas perdu un instant; c'était un devoir impérieux. — Je me suis
rendu à Givet, où étaient mes deux collègues, Massieu et Roux; je les ai fréquentés,
afin d'entendre tout ce qu'ils auraient à me dire pour m'éclairer. J'ai fait plus : je
les ai fait trouver ensemble, et j'ai écouté tous ceux qui ont voulu me donner des
renseignements. — Je suis venu à Sedan. Massieu m'y a suivi pour me remettre
des papiers déposés dans une maison occupée par la plupart des représentants qui
m'ont précédé. Je me suis rendu, le jour de mon arrivée, à la Société populaire que
j'avais fait convoquer. La salle, les tribunes étaient remplies. Éclairer le peuple
sur le danger des factions, des partis, réunir tous les esprits et les cœurs à un
centre commun, *la Convention;* défendre le patriotisme opprimé, écraser l'aristocratie, qui osait lever une tête si souvent abattue, annoncer au nom de la Convention et de la Société des Jacobins, que nous ne souffrirons pas qu'un seul patriote
fût opprimé, parler de la fraternité de manière à la faire descendre dans le fond du
cœur, et ne pas se contenter d'en placer le mot au-dessus de la porte; faire tout
espérer aux patriotes persécutés, et tout craindre aux ennemis de la Révolution;
enfin, échauffer la tiédeur et modérer l'excès: tel a été le sujet d'un discours que
l'amour brûlant de la liberté et de la vérité a rendu assez véhément pour faire taire
toutes les passions, porter l'espoir dans le cœur des bons citoyens et la terreur dans
l'âme des aristocrates. Dans la nuit, je fis mettre en arrestation les citoyens désignés par le Comité de sûreté générale. Je donnai des ordres précis pour que ces
arrestations fussent faites avec décence et avec le respect que l'on doit au malheur.
Les détenus sont sortis de Sedan dans des chariots couverts. La plus grande tranquillité régnait dans la ville. Le soir, je fis à la Société le parallèle de cette conduite
avec celle que l'on avait tenue à l'égard des patriotes, mis dans des charrettes
pleines de boue, assaillis de pierres et exposés aux insultes des malveillants. J'in-
vitai les patriotes qui avaient été opprimés à se venger de leurs ennemis en redou-
blant de zèle et d'activité pour la chose publique, en prouvant, par leur sagesse,
l'injustice de leurs ennemis. Je dois à la vérité de dire que Vassan, Varroquier fils,
Durège, Pommier et autres, rendus à la liberté, se sont conduits avec la plus
grande sagesse. Jusqu'à ce moment, leur plus forte passion m'a paru être l'amour
de la patrie. Et voilà les hommes que l'on voulait perdre! Sans doute, ils ont eu
des torts; mais des fautes qui viennent de l'esprit, et non du cœur, ne sont pas des
crimes. Pour être exalté, on n'est pas contre-révolutionnaire. Je reviens : après
avoir de nouveau parlé sur l'union et la fraternité, je jouissais de l'effet qu'avaient
produit mes paroles, lorsqu'un orateur monta à la tribune, y lut un discours
propre à rallumer les passions, aigrir les esprits, les diviser, et, prenant hautement le parti de Roux, mon collègue, traita les patriotes mis en liberté par le
Comité de sûreté générale avec le dernier mépris. Il fut vivement et presque généralement applaudi. Je le laissai finir. Je lui reprochai d'être venu jeter au sein
de la Société une pomme de discorde. Je parlai avec toute l'énergie et la fermeté
qui sont dans mon caractère. Je lui ordonnai de me remettre son discours; j'en
imposai à toutes les passions, et la séance fut levée dans le calme. Cet événement
m'a beaucoup éclairé. Hier, en levant le scellé mis chez un des détenus envoyés au

Tribunal révolutionnaire, j'ai trouvé une liste de proscription des patriotes, avec le nom de ceux qui étaient *menacés d'être capturés*, et qui, en partie, l'ont été depuis. J'ai envoyé au Comité de sûreté générale le discours et la liste. Voilà, frères et amis, ma conduite dans le département des Ardennes, où je découvrirai la vérité. Je l'aime trop pour qu'elle m'échappe. Dût ma vie être en péril, je ne souffrirai pas qu'un patriote soit opprimé. Qu'ils tremblent, les aristocrates! Je les reconnaîtrai, quelque masque qu'ils prennent. La prudence, la fermeté et l'impartialité me guideront. — Levasseur (de la Sarthe). » — Arch. nat., AF ii, 163.]

LE REPRÉSENTANT DANS L'EURE, L'ORNE ET LA LOIRE-INFÉRIEURE
AU COMITÉ DE SALUT PUBLIC.

Breteuil (Eure), 14 floréal an ii-3 mai 1794.

[«Deydier demande que le citoyen Nassaire, âgé de douze ans et demi, instruit déjà dans l'état de machiniste, puisse rejoindre son père, chargé du détail de foreries pour les établissements de fonderie, afin de continuer son éducation; il prie, en conséquence, le Comité de faire envoyer à Libreville, où est ce jeune citoyen, un ordre de route, pour qu'il ait l'étape. Il fait ensuite diverses observations sur les établissements dont est ci-dessus question. » — Arch. nat., AF ii, 235. Analyse.]

LE REPRÉSENTANT DANS LA VIENNE ET LES DEUX-SÈVRES
AU COMITÉ DE SALUT PUBLIC.

Maixent (Saint-Maixent), 14 floréal an ii-3 mai 1794.
(Reçu le 14 mai.)

Citoyens collègues,

Je vous fais passer les arrêtés ci-joints que je viens de prendre pour réorganiser les autorités constituées de Parthenay et pour remplacer quelques fonctions vacantes par option, mort ou démission, dans les districts de Maixent et Niort.

D'après les difficultés dont je vous ai fait part dans ma dernière lettre, pour l'organisation de toutes les fonctions publiques de chaque commune, j'ai cru devoir me borner, dans ce moment, à charger les agents nationaux près les districts du département des Deux-Sèvres de me faire parvenir le tableau des fonctionnaires publics de leurs communes respectives, en m'indiquant les fonctions vacantes et le nom des personnes propres à les remplir, afin de compléter provisoirement ces autorités le moins mal qu'il sera possible. Mais, comme je vous l'ai déjà observé, il sera très difficile de former de bons comités de surveillance dans chaque commune du département des Deux-Sèvres.

Les opérations de chaque chef-lieu de district étant terminées (si ce n'est celles de Châtillon, dont presque tous les administrés ont pris part à la révolte, et dont les administrateurs n'ont point de résidence assurée et sont incomplets), je vais retourner à Poitiers pour y terminer toutes mes opérations et me rendre à la Convention, si vous ne me donnez point d'avis contraire.

Dans le cas même où vous voudriez prolonger mes opérations dans les départements, je vous prierai de me permettre de faire un voyage à Paris, pour y régler quelques affaires essentielles, vous rendre le compte moral et exact de ma conduite, et vous communiquer les observations que j'ai été à même de faire, depuis près de neuf mois que je suis en commission, sur les différentes parties d'administration et d'ordre public.

Si vous avez quelques nouveaux ordres à me prescrire, je vous prie de me les adresser, le plus tôt possible, à Poitiers, et je m'empresserai de les mettre à exécution.

Salut et fraternité,   INGRAND.

[Arch. nat., AF II, 178 [(1)].]

_____

LE REPRÉSENTANT À ROCHEFORT
AU PRÉSIDENT DE LA CONVENTION NATIONALE.

Rochefort, 14 floréal an II–3 mai 1794.

[Guezno et Topsent informent la Convention de l'heureux lancement du beau vaisseau *le Marat* [(2)]. «Les travaux sont à Rochefort dans la plus grande activité; l'énergie du gouvernement, le zèle des ouvriers et la surveillance des chefs, réunie à celle de tous les bons citoyens, garantissent le prompt accroissement des forces navales. Les Français peuvent compter aujourd'hui que le crime de Toulon, loin d'affaiblir la marine, n'a servi qu'à la rendre toute puissante et à redoubler le courage des républicains qu'elle emploie.» — Ministère de la marine; BB³, 60.]

_____

[(1)] En marge : «Renvoyé sans décision.» — [(2)] Voir plus haut, p 190.

LE REPRÉSENTANT DANS LE BEC-D'AMBÈS
ET UN DES REPRÉSENTANTS À L'ARMÉE DES PYRÉNÉES OCCIDENTALES
AU COMITÉ DE SALUT PUBLIC.

Bordeaux, 14 floréal an 11-3 mai 1794. (Reçu le 14 mai.)

[« Alexandre Ysabeau et Garrau adressent des remarques sur les épurations de
l'armée des Pyrénées occidentales. sur les destitutions et promotions qui y ont eu
lieu. Plusieurs officiers destitués avaient tenu une conduite irréprochable et montré des talents précieux à la chose publique; plusieurs de ceux qui les ont remplacés sont sans moyens, et quelques-uns peu sûrs ou mal famés. Les représentants
font diverses citations, toutes susceptibles d'attention, et terminent en assurant
que la passion a présidé à la confection des listes, que l'ombre de Vincent plane
encore sur les bureaux de la guerre, et que le Comité a été trompé. Ils invitent à
accorder des pensions de retraite à quelques sujets qu'ils désignent, et à confirmer
la nomination du brave et modeste d'Arnaud au grade d'adjudant général. » —
Arch. nat., AF II, 178. Analyse.]

────────

UN DES REPRÉSENTANTS À L'ARMÉE DES ARDENNES
AU PRÉSIDENT DE LA CONVENTION NATIONALE.

Reims, 14 floréal an 11-3 mai 1794.

La Convention nationale recueille, depuis longtemps, le fruit de ses
travaux. Quel pourrait être, en effet, le cœur assez disgracié de la
nature, à qui ses sollicitudes n'inspirassent de la reconnaissance, son
énergie courageuse de l'admiration, et les obstacles qu'elle surmonte
de la surprise? A ce concert unanime, les officiers, sous-officiers et dragons du 10ᵉ, dont le dépôt est à Commercy, réunissent les témoignages
de leur fidélité et de leur amour; ils invitent la Convention à rester à
son poste et à poursuivre une carrière aussi brillante qu'épineuse.
Étrangers à toutes les manœuvres des factions, ils se prononcent vigoureusement contre l'intrigue, fléau du mérite vertueux et modeste, et la
honte d'un gouvernement républicain. Dignes du nom de soldats français, ils mettent la discipline la plus sévère à l'ordre du jour et jurent
de remplir leur tâche militaire en hommes qui connaissent le prix de

la liberté. Vous trouverez, dans leur adresse ci-jointe, l'expression de tous ces sentiments.

Salut et fraternité,   Vidalin.

[Arch. nat., C, 301.]

_____

LE REPRÉSENTANT DANS LA MEUSE ET LA MOSELLE
AU COMITÉ DE SALUT PUBLIC.

Briey, 14 floréal an II [1] *- 3 mai 1794.* (Reçu le 7 mai.)

Tandis qu'en exécution de la loi du mois de février 1793 (v. s.) [2] et d'un de mes arrêtés, citoyens collègues, trente-cinq coupables, habitants de Verdun, de ceux-là qui, oubliant la dignité de leur être, étaient accourus à la prise de cette place, se prosterner aux pieds de l'infâme roi de Berlin et lui offrir de honteux présents, marchaient au tribunal révolutionnaire de Paris et laissaient sur son échafaud leur tête criminelle, je traduisais au tribunal criminel de la Meuse, devenu révolutionnaire pour cette circonstance, une faction de fédéralistes, fruit impur du Marais et de l'atroce Gironde.

Son chef était un jeune ambitieux, enivré des prestiges de la renommée, et qui, dans des écrits plus contre-révolutionnaires encore qu'éloquents, avait provoqué la dissolution de la représentation nationale, l'avilissement et le massacre de la Montagne, la désorganisation sanglante des sociétés de Jacobins, et principalement de ceux de Paris, en un mot le déchirement du fédéralisme et de toutes les horreurs.

Ses complices, non moins criminels, partageaient ses sentiments affreux et ses principes abominables. L'instruction de leur procès a imprimé une salutaire terreur dans Verdun, et, comme cette commune, polluée par tous les genres d'aristocratie, avait besoin d'un exemple frappant, j'ai cru devoir adopter la mesure révolutionnaire et de sûreté, et de (*sic*) faire arrêter tous les signataires de Delayant (c'est le nom du chef de cette bande); quinze ont été mis en jugement avec lui, et cinq ont eu la tête tranchée.

_____

[1] Nous datons cette lettre d'après l'analyse qui est jointe à l'original, lequel est sans date.

[2] Il s'agit de la loi du 9 février 1793, portant que les habitants de Verdun n'ont point démérité de la patrie, et contenant diverses dispositions contre les auteurs de la reddition de cette place.

Il en est un, de ceux qui ont ensanglanté le fer national, qui au forfait du fédéralisme unissait le crime du royalisme et la superstition de la tyrannie. Au 10 août, quand le peuple dispersait le trône sous ses pieds indignés, ce scélérat, appelé Marchal, appelait la coalition des districts de son département pour le relever. Delayant avait été caché près d'un an par sa mère et soustrait ainsi à un arrêté du Comité de sûreté générale et à un autre de notre collègue Bo. Enfin la loi et la justice l'ont atteint, et lui et ses complices ont vécu. Cinq des moins coupables ont été condamnés à la réclusion jusqu'à la paix.

Je viens pour achever d'épurer cette commune, dont les opinions anti-républicaines ont tantôt pris les formes du royalisme, tantôt celles du fédéralisme, tantôt celles du modérantisme et de l'indulgence, de charger le Comité de surveillance et les autorités régénérées de faire les plus sévères recherches pour découvrir les agents et les ramifications de la faction que je viens d'abattre; les plus criminels payeront de leur tête les crises terribles où ils ont mis Verdun, et les sans-culottes, qui ont fortement applaudi à la vengeance nationale, triompheront seuls.

C'est par de semblables moyens, c'est par une impulsion forte et donnée simultanément à toutes les opinions, dès longtemps viciées, qu'on peut espérer de reconquérir à la République une commune, moins importante par son moral que par sa position, qui couvre une partie du département de la Meuse.

Partout ailleurs, je suivrai l'impulsion de mon âme, et, malgré la foule de petits ennemis que je me fais, je continuerai à servir de tous mes moyens la République et la liberté. *Parler peu et sévir fort,* c'est ma devise et celle de tous les Montagnards.

Salut, fraternité et liberté,   MALLARMÉ.

[Arch. nat., AF ii, 163. — *De la main de Mallarmé* [1].]

[1] Les pièces jointes à cette lettre, toutes imprimées, sont les suivantes : 1° Arrêté de Mallarmé, du 22 germinal, portant ordre de mettre en arrestation Delayant, pour être traduit devant le tribunal comme ayant provoqué, par ses discours et écrits, une insurrection contre la représentation nationale, etc... «Il se disait pauvre et vertueux : il est jeune et a du génie; mais périsse le génie qui nuit à la République!» Le même arrêté ordonnait aussi l'arrestation des religieuses de l'hôpital ci-devant Sainte-Catherine, qui ont concouru au recèlement de Delayant. — 2° Arrêté du

UN DES REPRÉSENTANTS À L'ARMÉE DE LA MOSELLE
AU COMITÉ DE SALUT PUBLIC.

Sarrelibre (Sarrelouis), *14 floréal an II–3 mai 1794.*
(Reçu le 10 mai.)

Je me crois obligé, citoyens mes collègues, de vous dénoncer un abus qui, en faisant une brèche considérable à nos finances, excite la jalousie parmi les citoyens et ne produit aucun avantage. Voici de quoi il s'agit.

Plusieurs de nos collègues auprès des armées ont cru devoir faire solder les gardes nationales sédentaires des places fortes de la frontière. Rien de plus juste, puisqu'elles font un service actif, qu'elles remplacent les garnisons. On ne pouvait équitablement leur refuser une indemnité pour le temps qu'on leur fait employer. Mais ce que je n'ai pu concevoir, c'est que nos collègues se soient déterminés à faire payer les officiers de ces gardes nationales comme ceux de l'armée, même sur le pied de guerre, tandis qu'il est de toute vérité qu'un officier dans la garde nationale sédentaire est infiniment moins fatigué qu'un simple soldat, et n'a absolument rien à faire. Cependant, il arrive qu'un ouvrier, quelquefois un intrigant, sans autre talent que celui des cabales, a été fait, il y a quelque temps, capitaine ou chef de bataillon, et il se trouve tout à coup 3,000 à 4,000 livres de rente, que la République paye sans raison. Le résultat de cette dilapidation est que ces hommes quittent leur état, ne s'occupent plus, deviendront très misérables dès l'instant qu'on leur ôtera un pareil traitement, qu'ils ne peuvent conserver longtemps. Ajoutez que cela fait que les ouvriers dans ces places deviennent extrêmement rares, aucun ne voulant plus travailler ; cela excite la jalousie des simples soldats, qui voient avec la plus grande peine ceux qui ne font rien si prodigieusement rétribués. Enfin c'est, comme je vous l'ai dit, une dépense

28 germinal, ordonnant au tribunal criminel de la Meuse de se transporter à Verdun pour juger Delayant. — 3° Proclamation de Mallarmé aux sans-culottes de Verdun, du 27 germinal. — 4° Jugement du tribunal criminel de la Meuse, en date du 6 floréal an II, condamnant à mort Jacques Delayant, ci-devant bénéficier à Verdun ; Anne-Marie Delayant, sa mère ; Jean-Baptiste Marchal Perin, ci-devant directeur de la poste aux lettres, et Louis Mouton, ex-vicaire épiscopal, comme traîtres à la patrie, en vertu du décret du 29 mars 1793.

inutile, par chaque année, de plusieurs millions; car il faut que vous sachiez encore qu'on a multiplié les officiers d'une manière scandaleuse; il est des places, comme Sarrelibre, Thionville et d'autres, où les compagnies ne sont composées que de vingt-cinq hommes et où sûrement les officiers ne manquent pas. Cet abus cessera dès le moment que la Convention décrétera que, dans les gardes nationales soldées, la paye sera égale pour tous les individus, depuis le simple soldat jusqu'au chef de bataillon inclusivement.

L'objet que je vous présente me paraît mériter votre attention, et je pense que vous ne devez pas perdre de temps pour faire cesser un gaspillage aussi nuisible à nos finances.

Salut et fraternité,　　　　　　　　　　　　　　Pflieger.

[Ministère de la guerre; *Armées du Rhin et de la Moselle. — De la main de Pflieger.*]

LE REPRÉSENTANT DANS L'ARDÈCHE ET LA HAUTE-LOIRE
AU COMITÉ DE SALUT PUBLIC.

Au Puy, 14 floréal an II–3 mai 1794. (Reçu le 12 mai.)

Je me suis rendu, citoyens collègues, comme je vous l'annonçais par ma dernière, dans le département de la Haute-Loire, que quittait notre collègue Reynaud, et, en y arrivant, je me suis fait rendre compte des attroupements que l'on voyait se former dans les bois et montagnes qui le séparent de l'Ardèche.

Déjà les corps administratifs avaient ordonné aux municipalités de s'assurer des faits qui causaient quelques inquiétudes, et j'ai recommandé la surveillance la plus active; il résulte des informations qui m'ont été rapportées qu'en effet un certain nombre de brigands, réfugiés dans des lieux presque inaccessibles, se répandent de temps en temps dans les communes les plus isolées, y mettent les habitants à contribution et se retirent dans les bois et les montagnes avec le butin qu'ils ont enlevé.

Le jour de mon arrivée à Pradelles, six de ces scélérats enlevèrent un troupeau de moutons de quatre à cinq cents têtes. Je fus averti le lendemain matin, et je requis sur-le-champ une force armée qui eut ordre de se porter sur le lieu où l'on soupçonnait que le troupeau avait été conduit. La perquisition se fit avec intelligence, et l'on trouva trois cent soixante et quelques-unes des bêtes volées, que l'on ramena ; l'on saisit deux des particuliers qui les avaient enlevées et le proprié- taire du domaine où elles étaient retenues : ils sont en état de déten- tion. Ceux qui gardaient le troupeau ont fui.

Au même moment, d'autres brigands ont enlevé des mains de la gendarmerie un prêtre condamné à mort, que l'on conduisait du Puy à Montfaucon pour subir son jugement ; il est donc constant qu'il existe dans ces contrées une bande de scélérats.

On assure que ce sont des prêtres réfractaires, des émigrés, des échappés de la rebelle Lyon et beaucoup de déserteurs. Les avis annoncent que le nombre de ces brigands augmente tous les jours ; ils pourraient former un noyau de contre-révolution, et je veux le détruire avant qu'il soit redoutable. Je concerte les moyens de prendre ces co- quins dans leurs repaires. Je ne m'arrêterai pas à des demi-mesures : je vais faire cerner et fouiller les bois et montagnes dans lesquels ils se retirent et les traquer comme des loups pour les saisir tous. Je ferai détruire les baraques qui leur servent d'asile et enlever comme suspects de complicité ceux qui les retirent chez eux. Déjà le plan est arrêté, les communes qui fourniront des gardes nationales et les principaux points de réunion sont déterminés. Je m'occupe dans ce moment de faire amasser les farines qui seront nécessaires pour les gardes natio- nales, qui pourront être quatre ou cinq jours en marche.

J'espère avoir un bon compte à vous rendre de cette expédition, qui doit produire un grand effet dans ce département.

Salut et fraternité, GUYARDIN.

[Arch. nat., AF ii, 194. — *De la main de Guyardin.*]

LE REPRÉSENTANT DANS LES VOSGES ET LE HAUT-RHIN
AU COMITÉ DE SALUT PUBLIC.

Belfort, 14 floréal an II-3 mai 1794. (Reçu le 12 mai.)

Citoyens collègues,

J'ai procédé à une seconde épuration des autorités constituées éta- blies dans la commune de Colmar. Je vous ai mandé, par ma lettre du

10 ventôse [1], que déjà cette opération avait eu lieu ; mais la circonstance très grave de la conjuration du traître Hérault, qui avait établi ces autorités, la nécessité d'écarter tout soupçon des fonctionnaires conservés et le désir de les présenter au peuple purs et sans reproches, m'ont décidé à cette mesure, qui a été applaudie et que sûrement vous approuverez. D'après les renseignements qui me sont parvenus sur le compte des autorités constituées, je ne puis qu'augurer très favorablement des talents et de l'activité des membres qui les composent. Le témoignage univoque qui leur a été rendu par le peuple est le garant assuré de la confiance dont ils jouissent.

Un prêtre nommé Daigrefeuille avait été placé par Hérault dans l'administration du département. Plusieurs dénonciations m'ont été portées contre ce fonctionnaire. Ses collègues eux-mêmes l'ont accusé, dans une séance de la Société populaire, d'avoir exercé dans les délibérations du département un despotisme d'opinion révoltant ; je l'ai remplacé.

Un négociant de Mulhausen, établi depuis quelques années en France, avait été placé par Hérault dans l'administration du district ; son caractère rude et orgueilleux a excité contre lui de très vives réclamations. Il a fait, sous l'approbation de Hérault, une fourniture de 20,000 aunes de drap bleu à 20 livres l'une, et qui n'en valait que 6. La mauvaise qualité de cette étoffe a forcé de teindre ce drap en noir pour en faire des guêtres, au lieu de le tailler en habits. Correspondant d'ailleurs de Danton, il était peu digne de la confiance des patriotes. Ces différentes dénonciations m'ont décidé à lui ôter des fonctions dont il n'était pas digne.

Quelques démissions ont eu lieu ; des citoyens, plus propres à siéger dans les tribunaux qu'à l'administration, ont été mis chacun à sa place.

La commune de Neuf-Brisach présente le tableau satisfaisant de la fraternité, de l'union et de la concorde qui règnent entre tous les citoyens. Les épurations y ont été très faciles.

J'ai épuré à Altkirch par les mêmes motifs qui m'ont déterminé à Colmar. Le peuple a paru satisfait de ses administrateurs et de ses juges. Ma mission s'est bornée à remplacer les fonctionnaires manquants.

[1] Voir t. XI, p. 467.

Le maire d'Altkirch est en même temps greffier du tribunal. Ces fonctions sont incompatibles. Cependant, j'ai cru devoir céder au vœu réitéré du peuple, qui a désiré conserver ce citoyen à la tête de l'administration municipale de la commune. A ce motif puissant s'est joint l'impossibilité de le remplacer convenablement. Enfin, ce citoyen n'exerçant pas par lui-même, mais par des commis responsables, les fonctions de greffier, cette circonstance semble concilier le vœu de la loi avec celui du peuple. Je l'ai conservé maire, cependant, sous la réserve de votre approbation.

FOUSSEDOIRE.

[Arch. nat., AF ii, 163. — *De la main de Foussedoire.*]

LE REPRÉSENTANT DANS LES BOUCHES-DU-RHÔNE ET LE VAUCLUSE AU COMITÉ DE SALUT PUBLIC.

Avignon, 14 floréal an ii-3 mai 1794. (Reçu le 12 mai.)

L'épuration des autorités constituées existantes dans cette commune étant terminée, citoyens collègues, comme vous l'avez vu par le tableau que je vous ai fait passer, je les ai fait installer dans cette matinée; tout s'est fait avec le plus grand calme et à la grande satisfaction du petit nombre de patriotes purs qui se trouvent dans la commune.

Dans la nuit, j'ai fait mettre en état d'arrestation Revol et Tournel, deux des trésoriers de la société accapareuse [1]; Chaussi, qui était le troisième, est arrêté depuis quelques jours à Nice; Bruni, agent national du district, qui a fait acheter par cette société 47,000 [livres] un bien qui vaut plus de 100,000 livres, qui lui a compté 6,000 livres de bénéfices pour prix de sa complaisance, Dhyerles, juge du tribunal de commerce, qui a prêté son nom pour cette vente. Trie, administrateur, qui, le 3 germinal, en adjugeant avant l'heure indiquée des domaines nationaux, faisait perdre à la nation 12,000 livres, ont été également mis en état d'arrestation. Reynaud, juge de paix, qui a prévariqué dans ses fonctions, a été compris dans ces mesures de sû-

[1] Voir t. XII, p. 776.

reté, ainsi que le nommé Roux, qui a trouvé le secret de s'enrichir avec le métal des cloches.

Cinq à six scélérats, qui, sous le masque du patriotisme, désolaient la commune d'Orange, protégeaient ouvertement les agioteurs, trafiquaient audacieusement des biens nationaux et avaient trouvé le moyen de pouvoir acquérir d'assez grandes richesses pour jouer 400 et 500 livres par coup de boules, ont été également saisis.

Déjà la bande des fripons, épouvantée par la guerre que vous avez annoncé vouloir leur livrer, cherche à égarer le peuple en publiant que votre langage est celui des sections, que là aussi on parlait vertu. Mais là, l'aristocratie trouvait le plus ferme appui, et nous l'enchaînons. C'est en la terrassant avec un bras vigoureux, en la faisant monter au plus tôt sur l'échafaud, que nous répondrons au parallèle que l'on cherche à établir.

Je crois, citoyens collègues, que, pour en imposer à tous les malveillants, vous ne sauriez trop vous hâter de rendre aux tribunaux révolutionnaires leur activité. Quand le peuple verra l'aristocrate et le fripon terminer sur la même planche leur coupable existence, il n'y aura plus possibilité de l'égarer.

J'apprends dans l'instant que, dans la nuit du 12 au 13, il a été commis à Bédouin, district de Carpentras, un crime qui mérite de fixer toute mon attention. On y a renversé l'arbre de la liberté; on y a arraché les décrets de la Convention, qui ont été foulés dans la boue. Je donne l'ordre à deux compagnies du 4e bataillon de l'Ardèche de s'y transporter; elles vivront chez les habitants et aux frais de la commune jusqu'à ce que les coupables soient dénoncés. Je fais arrêter tous les membres de la municipalité et du Comité de surveillance, premiers auteurs de ce crime, pour ne pas avoir fait enfermer les ci-devant nobles qui sont dans cette commune. Je ferai informer de suite sur ce délit, et je ne négligerai rien pour en connaître les véritables auteurs. Je joins à ma lettre l'arrêté que j'ai pris à ce sujet[1].

Je n'ai cessé de vous le répéter, citoyens collègues : ces pays-ci menaçaient de devenir une nouvelle Vendée, si l'on n'y avait déployé la plus mâle vigueur.

Les communes d'Eyguières et d'Eygalières, district de Tarascon,

[1] Cet arrêté est dans AF ii, 145. Cf. Wallon, Les repr. en mission, t. III, p. 175.

étaient devenues le refuge des émigrés et des hommes mis hors de la
loi. Ils se retiraient dans des montagnes escarpées, qui leur offraient
des asiles impénétrables au milieu des cavernes qui s'y trouvent. Ces
deux communes les alimentaient. J'ai envoyé la moitié du bataillon de
l'Ardèche à Saint-Remy, et, après nous être concertés avec quelques
patriotes des lieux circonvoisins, nous avons fait entourer les deux
communes, qui ont été purgées de tout ce qu'elles renfermaient de
dangereux. L'on s'est porté ensuite dans les montagnes, et, en trois
jours de marche et de fatigues, l'on a conduit dans les prisons quatre-
vingts hommes, dont les deux tiers ont eux-mêmes la conviction qu'ils
doivent finir par la guillotine. L'un de ces scélérats a avoué, au moment de son arrestation, que son regret et celui de ses complices
étaient d'avoir été saisis avant d'avoir pu exécuter leur dessein de
mettre le feu aux récoltes, et c'était pour cela qu'ils se tenaient près
des plaines de la Crau et de la Camargue, les greniers du Midi.

Il faut alors que je ne m'en tienne pas là. Je sais qu'il existe de
pareils rassemblements dans les montagnes de Salon et même dans
la Camargue; je vais leur faire donner une pareille chasse.

Je vous assure que je n'épargnerai rien pour rendre ces départements
tout entiers à la République.

J'ai été puissamment secondé par notre collègue Pellissier. Aimé de
tous les habitants de Saint-Remy, qui offrent un exemple bien rare,
celui d'une grande famille unie par le sentiment du plus pur républicanisme, il les a fait tous réunir au bataillon de l'Ardèche, dont ils
ont partagé les fatigues. Quoique encore peu rétabli, il a tout surveillé;
sa présence dans un endroit où il a beaucoup de connaissances locales,
ne peut être qu'infiniment utile aux succès des opérations qui me
restent à faire dans les lieux circonvoisins. Je vous demanderai pour
lui une prolongation de congé, qui sera tout aussi avantageuse pour
sa santé qu'à la chose publique.

Salut et amitié,   MAIGNET.

[Arch. nat., D § 1, 29.]

COMITÉ DE SALUT PUBLIC.

Séance du 15 floréal an 11–4 mai 1794.

Présents : B. Barère, Couthon, C.-A. Prieur, Collot-d'Herbois, Billaud-Varenne, Robespierre, R. Lindet.

1. Le Comité de salut public arrête : 1° que les courriers qui font le service pour le Comité et pour les bureaux de la guerre et de la marine seront réunis. Le tableau pour leur tour de course est réglé ainsi qu'il suit : les citoyens Le Simple (du Comité); Henry (du Comité); Jarry (de la Guerre); Jarlot (de la Guerre); Bondit-Marec (de la Guerre); Bouin (du Comité); Giles Lefèvre (de la Guerre); Antoine Bougnot (de la Guerre); Bouquillon-Mezières (de la Guerre); Le Blanc (du Comité); Bourdais (du Comité); Clermont-Ouradou (de la Guerre); Étienne Bonafou (de la Guerre); Nicolas Lefèvre (de la Guerre); Ribault (de la Guerre); Mothey (du Comité); Roger (du Comité); Louis (de la Guerre); Pillet (de la Guerre); Ferret (de la Guerre); Leprince (du Comité); Méot (du Comité); Copin (de la Guerre); Dutailly (de la Guerre). — 2° Ces courriers feront le service alternativement; il y aura nuit et jour au Comité un de ces courriers, prêt à partir pour le service du Comité, ou pour celui de la Guerre. Celui qui devra partir ensuite sera toujours averti pour qu'il puisse succéder sans délai. — 3° Lorsque la Commission de la guerre devra dépêcher un de ses courriers, le Comité en sera prévenu; il se chargera des dépêches du Comité, s'il y a lieu. — 4° Il sera fait un tableau de courriers surnuméraires; sur ce tableau seront placés les citoyens Mazurier-Lenormand, Théodore Quatre-Sous, Grandin, Jacques Marc, Rouillère de Sève. Les titres de civisme des citoyens Jeanty, Dounot, Cambournac, Lehaut, Laroque, Joyez, Douvry, Jacquet, Fournier et Bernadou seront examinés, et il en sera rendu compte au Comité pour qu'ils soient ajoutés sur le tableau de ceux qui font le service, s'il y a lieu, d'après le rapport. — 5° Tous les autres courriers de la Guerre ou du Comité, non compris dans le présent arrêté pour faire le service, seront supprimés; ceux qui auraient des indemnités légitimes à réclamer feront parvenir leur mémoire. — 6° Le traitement de course

sera le même que par le passé, jusqu'à ce que le Comité ait pourvu par de nouvelles mesures à un traitement solide, combiné sur le service particulier qui sera désigné à chaque courrier. — 7° Il sera rendu compte au Comité des titres de civisme produits par les citoyens inscrits sur le tableau des surnuméraires du Comité, pour que leur inscription soit continuée et ajoutée à l'article, en conservant leur rôle d'inscription.

COLLOT-D'HERBOIS, BILLAUD-VARENNE, CARNOT, B. BARÈRE, C.-A. PRIEUR[1].

2. Le Comité de salut public, sur le compte qui lui a été rendu de la dépense faite par plusieurs de ses membres et les citoyens qui les ont accompagnés dans leur voyage à Montagne-du-Bon-Air et Versailles, pour y voir manœuvrer la nouvelle artillerie de l'arsenal de Meulan et visiter des ateliers d'armes et de salpêtre, arrête qu'il sera remis au citoyen Henry, courrier, un mandat de 205 livres, en remboursement des avances qu'il a faites dans ce voyage.

BILLAUD-VARENNE, C.-A. PRIEUR, B. BARÈRE, COLLOT-D'HERBOIS[2].

3. Le Comité de salut public arrête qu'il sera payé sur-le-champ, par la Trésorerie nationale, la somme de 2,000 livres au citoyen Place, adjudant général de l'armée du Nord, et la somme de 1,000 livres au citoyen Villers, agent du Comité. Il leur sera donné un mandat de ces sommes sur les cinquante millions mis à la disposition du Comité de salut public par la Convention nationale.

B. BARÈRE, COLLOT-D'HERBOIS, CARNOT, C.-A. PRIEUR, BILLAUD-VARENNE[3].

4. Le Comité de salut public arrête qu'il sera payé aux artistes du Théâtre dit National de la rue de la Loi et de Louvois la somme de 25,000 livres, par forme d'avance provisoire sur les indemnités promises par un précédent arrêté, et auxquelles les artistes peuvent avoir

---

[1] Arch. nat., AF II, 31. — [2] Arch. nat., AF II, 220. — *De la main de C.-A. Prieur.* — [3] Arch. nat., AF II, 244. — *De la main de Barère.*

droit. Cette somme sera prise sur les 5o millions mis à la disposition du Comité. Les secours seront également répartis entre les artistes.

Couthon, Carnot, B. Barère, Billaud-Varenne[1].

5. Le Comité de salut public arrête que le citoyen Desprez, officier en état d'arrestation à Nantes, sera mis sur-le-champ en liberté, et se rendra de suite au Comité de salut public.

6. Le Comité de salut public arrête que le citoyen Villers se rendra sur-le-champ, en qualité d'agent du Comité, auprès des représentants du peuple Saint-Just et Le Bas, envoyés près l'armée du Nord.

B. Barère, Carnot, C.-A. Prieur, Collot-d'Herbois,
Billaud-Varenne[2].

7. Le Comité de salut public arrête que la Commission de l'organisation et du mouvement des armées de terre donnera sur-le-champ les ordres nécessaires pour mettre un cheval à la disposition du citoyen Place, à Réunion-sur-Oise.

B. Barère, Billaud-Varenne, C.-A. Prieur,
Collot-d'Herbois, Carnot[3].

8. Le Comité de salut public arrête que la Commission de l'organisation et du mouvement des armées de terre, donnera sur-le-champ les ordres nécessaires pour mettre à la disposition du général de brigade Stettenhoffen deux chevaux à Réunion-sur-Oise, et pour qu'il reçoive en partant la somme de 2,000 livres.

B. Barère, Collot-d'Herbois, C.-A. Prieur,
Billaud-Varenne[4].

9. Le Comité de salut public, considérant que, depuis le mois de juillet, l'administration des subsistances militaires était chargée de faire délivrer aux gendarmes de la 29e division, employés à Paris et aux environs, les rations de fourrages qui devaient être payées par les gendarmes sur le prix fixé par les ordres du ministre de la guerre;

---

[1] Arch. nat., AF 11, 67. — De la main de Couthon.

[2] Arch. nat., AF 11, 244. — De la main de Barère.

[3] Arch. nat., AF 11, 287. — De la main de Barère.

[4] Arch. nat., AF 11, 3o4. — De la main de Barère.

que la Convention nationale, ayant pris en considération la dépense
excessive que la cherté des fourrages et la difficulté de s'en procurer oc-
casionnaient aux gendarmes, décréta, le 16 septembre, qu'il leur serait
payé une augmentation de traitement de 17 sous par jour; que cette
augmentation n'a point encore été payée; qu'il s'est élevé des difficultés
à l'occasion de cette augmentation de traitement et du payement des
rations de fourrages fournies par l'administration des subsistances militaires; que l'on réserve dans la caisse du corps la somme retenue
pour les fourrages sur le traitement de chaque gendarme, au lieu de
la remettre à sa destination; que des difficultés ainsi prolongées font
naître le désordre et la confusion; qu'il est nécessaire que les sommes
retenues aux gendarmes pour fourrages, en exécution des ordres du
ministre de la guerre, et conservées dans la caisse du corps, soient remises et versées sans délai à leur destination; qu'il n'est pas moins
juste que les gendarmes jouissent sans délai, et à compter de l'époque
fixée par le décret du 8 septembre, de l'augmentation de traitement
qui leur a été accordée par ce décret, et réglée à 17 sous par jour,
vu la dépense extraordinaire qu'ils ont été obligés de faire pour l'entretien de leurs chevaux et pour soutenir le service; arrête que la Commission de l'organisation et du mouvement de l'armée donnera les
ordres nécessaires pour faire cesser les difficultés qui ont empêché que
les sommes retenues aux gendarmes pour les rations de fourrages qui
leur ont été fournies depuis le mois de juillet, et qui sont restées dans
la caisse du corps, soient versées à leur destination; que les commissaires de la Trésorerie nationale feront payer aux gendarmes de la
27ᵉ division, employés à Paris et aux environs, l'augmentation de traitement fixée à 17 sous par jour par le décret du 8 septembre dernier.

R. Lindet [1].

11. Le Comité de salut public, sur la demande de Pichegru, général en chef de l'armée du Nord, arrête que Reed, général de brigade,
commandant en second de Strasbourg, se rendra sans délai à l'armée
du Nord, pour y servir avec le même grade de général de brigade.

Carnot [2].

[1] Arch. nat., AF ɪɪ, 282. — De la main
de R. Lindet. Non enregistré.

[2] Arch. nat., AF ɪɪ, 304. — De la main
de Carnot. Non enregistré.

12. Le Comité de salut public arrête que Place, ci-devant chef du 3e bataillon du district de Villefranche, se rendra sur-le-champ en qualité d'adjudant général au quartier général de Réunion-sur-Oise, où il prendra les ordres du général en chef de l'armée du Nord.

CARNOT, B. BARÈRE[1].

13. Le Comité de salut public arrête : Le citoyen Scalas, gendarme à la résidence de Vimoutiers, département de l'Orne, et ci-devant brigadier fourrier de la première division de gendarmerie, ne sera payé de sa solde à compter du 1er de ce mois que comme tous les autres gendarmes en résidence, conformément à la loi ; le Comité charge la Commission de l'organisation et du mouvement des armées de terre de l'exécution du présent arrêté.

CARNOT[2]

14. Le Comité de salut public arrête que la maison dite « les Petites-Écuries », rue du faubourg Saint-Denis, servira à former l'atelier de ressorts de platine qui doit être fait par Lepage, arquebusier, que le département de Paris est chargé en conséquence de mettre cette maison à la disposition de la Commission des armes et poudres, qui s'entendra avec le département de Paris et la Commission des travaux publics pour faire sortir les voitures qui sont dans cette maison et les faire transporter dans un lieu convenable.

C.-A. PRIEUR[3].

15. Le Comité de salut public arrête que Stettenhoffen, ancien général de brigade à l'armée du Nord, se rendra sans délai, en qualité de général de division, au quartier général de Réunion-sur-Oise, pour y prendre les ordres du général en chef Pichegru.

CARNOT, B. BARÈRE[4].

16. Le Comité de salut public arrête que la Commission du mou-

[1] Arch. nat., AF II, 304. — De la main de Carnot. Non enregistré.

[2] Arch. nat., AF II, 304. — Non enregistré.

[3] Arch. nat., AF II, 215. — Non enregistré.

[4] Arch. nat., AF II, 304. — De la main de Carnot. Non enregistré.

vement des armées fera expédier promptement au citoyen Gourdan, capitaine de grenadiers au 10° bataillon de la Haute-Saône, actuellement à l'hôpital de Saumur, un congé de deux mois pour rétablir sa santé, avec l'autorisation de venir à Paris.

C.-A. Prieur, Robespierre, Billaud-Varenne[1].

17. « La Commission de l'organisation des armées propose au Comité de salut public de destituer Gallery de la Tremblay, lieutenant de la gendarmerie nationale, ex-noble, déjà remplacé comme incivique par l'administration du district de Lassay, le 11 germinal, et qui, au lieu de se laver des imputations graves qui avaient occasionné son remplacement, a voulu tromper la religion de la Commission en lui demandant postérieurement une lettre de passe pour la résidence d'Ernée. » Approuvé.

Carnot [2].

18. L'augmentation des chevaux aux armées et l'extrême rareté des clous nécessitant des mesures promptes pour suffire aux besoins du ferrage, le Comité de salut public arrête ce qui suit : 1° La Commission des transports, remontes, postes et messageries fera établir sur-le-champ à Versailles un atelier de clouterie pour le ferrage des chevaux des armées, et elle mettra en réquisition le nombre d'ouvriers cloutiers nécessaire. — 2° Elle fera construire des forges, qu'elle approvisionnera d'outils et d'ustensiles ; l'administration du district secondera de tous ses efforts cet établissement en procurant le local convenable et en requérant les ouvriers et matériaux pour accélérer cette construction. — 3° La Commission des armes est chargée de faire délivrer les fers de fouton (sic) et le charbon de terre nécessaires pour alimenter l'atelier. — 4° En attendant l'établissement des forges, celles qui se trouvent à Versailles, propres à la fabrication des clous avec les outils et ustensiles en dépendant, sont mis en réquisition. — 5° Il sera envoyé des expéditions du présent arrêté à la Commission des armes, à celle des transports militaires, à celle du commerce et des approvisionnements, qui sont chargées de se concerter pour en assurer la plus

---

[1] Arch. nat., AF ii, 304. — *De la main de C.-A. Prieur. Non enregistré.*

[2] Arch. nat., AF ii, 304. — *Non enregistré.*

prompte exécution et faire concourir tous les services. Il en sera pareillement envoyé une expédition au district de Versailles.

R. LINDET [1].

19. Sur le rapport fait par la Commission des transports militaires que le service desdits transports ne s'exécute à Toulouse qu'avec les plus grandes difficultés, que dans ce moment les réquisitions, la rareté des fourrages et la perte des bestiaux ont épuisé les ressources du roulage, que ce service est essentiel pour l'approvisionnement des armées que Toulouse alimente sous tous les rapports, que le directeur des transports de Toulouse se porte fort de pouvoir attacher à ce service un nombre déterminé de chevaux de rouliers, si l'on accorde l'étape en fourrages, sous la réserve néanmoins que la valeur de l'étape sera retenue sur le prix de la voiture, qui ne pourra excéder le maximum fixé par la loi; le Comité de salut public, considérant l'urgence de cette mesure et la nécessité de subvenir aux besoins des armées, arrête que la Commission des transports est autorisée à attacher au service des armées des Pyrénées à Toulouse un nombre suffisant de chevaux de rouliers; qu'il sera accordé à ces chevaux l'étape en fourrages; que la valeur de ladite étape sera retenue sur le prix de la voiture, et que ce prix de voiture ne pourra excéder celui du maximum fixé par la loi.

R. LINDET [2].

20, 21, 22, 23, 24. [Approbation de deux arrêtés de la Commission du commerce et des approvisionnements, relatifs à des exportations de marchandises. LINDET. — Arch. nat., AF II, 75. *Non enregistré.*]

25. [Approbation d'un arrêté du représentant Isoré, relatif à la mouture des grains pour l'approvisionnement de Paris. R. LINDET, BILLAUD-VARENNE, B. BARÈRE. — Arch. nat., AF II, 69. *Non enregistré.*]

26. Sur le rapport fait par la Commission des transports militaires que l'administration desdits transports a le besoin le plus pressant, pour alimenter l'atelier du citoyen Bertheleur, de Troyes, de six milliers de tôle à porte cochère et de quinze milliers de celle propre à faire des étrilles; que les recherches de ses agents pour s'en procurer

[1] Arch. nat., AF II, 286. — *Non enregistré.*

[2] Arch. nat., AF II, 286. — *Non enregistré.*

ont été inutiles, parce qu'elles sont en réquisition par la Commission des armes, et que la seule forge de Grancey-sur-Ource, qui pourrait en fournir à l'administration, s'y refuse, le Comité de salut public arrête : 1° que la Commission de commerce et approvisionnements de la République fera livrer pour le compte de l'administration des transports militaires la quantité de six milliers de tôle à porte cochère et de quinze milliers de celle propre à faire des étrilles; 2° que la forge de Grancey-sur-Ource sera en réquisition pour le service de la Commission des transports, lorsque cette forge aura satisfait à ses engagements actuels envers la Commission des armes, avec laquelle celle des approvisionnements se concertera pour l'exécution du présent arrêté.

R. Lindet [1].

27. Le Comité de salut public, considérant que toutes les expéditions d'artillerie et de munition de guerre dont le transport, soit dans l'intérieur, soit aux armées, est demandé par l'administration conservatrice des armes à la Commission des transports militaires, exigent la plus prompte célérité; que les suspendre ou s'y opposer sous le prétexte que ces mouvements ne sont pas accompagnés d'un arrêté du Comité de salut public, c'est nuire aux besoins des armées et entraver le service de la République; arrête que ni les représentants du peuple ni les autorités constituées, ne pourront, sous aucun prétexte, s'opposer, arrêter ou suspendre aucun transport, soit dans l'intérieur, soit aux armées, d'artillerie et de munition de guerre, ordonné par l'administration conservatrice des armes, ou toute autre Commission qui en aurait le droit, toutes les fois que ce transport sera fait par la Commission des transports militaires et accompagné d'un ordre de sa part.

R. Lindet [2].

28. Le Comité de salut public, sur le rapport qui lui a été fait de l'état des malheureux citoyens des communes incendiées par l'ennemi dans les départements de l'Aisne et du Nord, dont l'état est ci-joint, arrête qu'il sera envoyé sur-le-champ par la Trésorerie nationale, dans la commune de Laon ou [dans celle de] Marle, un payeur chargé de payer à concurrence de deux millions sur les ordonnances qui se-

[1] Arch. nat., AF ii, 286. — Non enregistré.

[2] Arch. nat., AF ii, 286. — Non enregistré.

ront délivrées aux citoyens de ces communes par Laurent, représentant du peuple envoyé près l'armée du Nord. Cette somme sera prise sur les cinquante millions mis à la disposition du Comité de salut public.

Nota. — Cette somme sera ensuite reportée sur les vingt millions accordés par le décret du 14 ventôse pour secourir les citoyens auxquels les ennemis extérieurs et intérieurs ont fait éprouver des pertes.

B. BARÈRE, COLLOT D'HERBOIS, C.-A. PRIEUR[1].

29. Sur le rapport fait par la Commission des transports militaires, que la nourriture connue sous le nom d'amalgame pour la subsistance des chevaux de remonte et autres, et substituée, par le décret du 9 nivôse, aux rations d'avoine, est insuffisante aux chevaux qui en sont nourris; que les rapports des artistes vétérinaires, des maréchaux-experts constatent que, pour soutenir l'activité du service, il est nécessaire de supprimer cette nourriture, le Comité de salut public arrête : 1° que, dès ce moment, la nourriture des chevaux connue sous le nom d'amalgame, composée d'un mélange de paille, trèfle ou luzerne hachée, de son et d'avoine, sera supprimée dans tous les dépôts de l'intérieur; 2° que dans tous ces dépôts on donnera aux chevaux de tous les services dix-huit livres de foin par jour, un demi-boisseau d'avoine aux chevaux d'artillerie et de cavalerie, et un tiers de boisseau à tous les autres chevaux indépendamment de la paille absolument indispensable, surtout pour les chevaux malades, laquelle ration de paille pourra s'élever à 20 livres suivant les circonstances.

R. LINDET[2].

REPRÉSENTANTS EN MISSION.

LE COMITÉ DE SALUT PUBLIC
À SAINT-JUST ET LE BAS, REPRÉSENTANTS À L'ARMÉE DU NORD.

Paris, 15 floréal an II-4 mai 1794.

Nous recevons à l'instant, citoyens collègues, votre dépêche du 14[3]. Nous ne doutons pas que la perte de Landrecies ne soit l'effet d'une

[1] Arch. nat., AF II, 81. — *De la main de Barère. Non enregistré.* — [2] Arch. nat., AF II, 282. — *Non enregistré.* — [3] Voir plus haut, p. 246.

trahison ou de l'ignorance au moins de plusieurs des chefs. Nous vous invitons à prendre à ce sujet des renseignements exacts, et à les remplacer le plus promptement possible par des hommes dignes de votre confiance. Vous savez quel est ici notre embarras à cet égard. Il en est de même de ceux qui sont chargés de l'administration. On va vous faire passer des effets de campement. Hâtez-vous de remettre l'ordre dans cette partie de l'armée du Nord dont vous vous plaignez avec tant de raison. Il faut que la désorganisation ait été bien grande pour n'avoir pu exécuter une opération qui paraît aussi facile que l'était la levée du siège de Landrecies.

Vous demandez un plan d'opérations; jusqu'ici il n'a pas dû en manquer : Pichegru a sans doute laissé en partant ses instructions aux généraux de la division du centre. Les opérations de détail ne peuvent être dirigées d'ici, parce qu'elles dépendent des mouvements journaliers de l'ennemi, que l'on ne saurait prévoir. Le plan général était d'empêcher ses progrès dans la trouée et le passage de la Sambre, de le forcer de lever le siège et le blocus des places qu'il voudrait attaquer, de le chasser du Cateau, de Solesme, de tous ses postes successivement. Cette division aurait fait assez, si elle eût rempli ces objets.

Maintenant, ce qu'il faut faire, c'est de rétablir l'ordre dans l'armée, d'empêcher toujours le passage de la Sambre depuis Beaumont jusqu'à Landrecies, de presser l'ennemi sur son flanc gauche pour empêcher qu'il ne puisse se porter du côté de la Capelle et couper vos communications avec Avesnes, communications qui sont en ce moment de la plus haute importance. Couvrir Cambrai, pousser l'ennemi, s'il est possible, comme vous le proposez, jusque sous les murs de Valenciennes et marcher sur Bavay. Mais pourrez-vous exécuter cette dernière opération à côté de la forêt du Mormal, d'où l'ennemi peut sortir en forces pour vous cerner vous-mêmes, lorsque l'opération si simple de la levée du siège de Landrecies n'a pu être exécutée? Comment parviendrez-vous au quartier général de l'armée ennemie, si vous n'enlevez d'abord les postes avancés? Commencez donc par ceux-ci; mettez les Autrichiens en déroute, et poussez-les ensuite aussi loin que vous pourrez aller. Il est certain que ce n'est pas à nous d'attendre l'ennemi, que c'est à nous de l'attaquer sans cesse. Mais il faut que vos opérations soient fortement secondées par celles qui doivent s'exécuter par l'armée des Ardennes. Celle-ci est trop faible et à peine en état de rester sur la défensive. Il faut que Pichegru tâche de la renforcer. Nous croyons qu'il le peut, avec les forces immenses qui sont à sa disposition. Conférez-en avec lui, prévenez-le que nous avons donné l'ordre à Jourdan de marcher sur Namur avec toutes ses forces disponibles. Si le général de l'armée des Ardennes avait des forces suffisantes, il irait au devant de l'armée ennemie que Jourdan chassera devant lui, et cette armée ennemie, se trouverait entre deux feux. Vous sentez donc de quelle importance il serait que l'armée des Ardennes fût renforcée de vingt-cinq ou trente mille hommes.

La prise de Landrecies n'est qu'un échec qui se (*sic*) sera bientôt réparé par l'impétuosité des troupes républicaines, réorganisées et encouragées par vous. Nous ne croyons pas nous flatter en comptant sur les succès les plus certains et les plus prompts.

[Ministère de la guerre; *Armées du Nord et des Ardennes.* — *De la main de Carnot* [1].]

––––––––

LE COMITÉ DE SALUT PUBLIC
À MAURE, REPRÉSENTANT DANS LA SEINE-ET-MARNE ET L'YONNE.

Paris, floréal an II.

(Sans date de jour, vers le 15 floréal an II-4 mai 1794.)

Le citoyen Robert, de la commune de Lizy, citoyen collègue, adressa, il y a quelque temps, au Comité de salut public une réclamation contre une taxe révolutionnaire à laquelle il avait été arbitrairement imposé, et tu voulus bien te charger de cette affaire, qui te fut recommandée. Le Comité t'invite à la terminer promptement, en faisant rendre à ce citoyen la justice, s'il a droit de réclamer.

[Arch. nat., AF II, 37.]

––––––––

[1] Le même jour, Robespierre écrivit à Saint-Just et à Le Bas une lettre dont M. Hamel a vu l'original dans une collection particulière, et dont il donne des extraits dans son *Histoire de Robespierre*, t. III, p. 635.

LE COMITÉ DE SALUT PUBLIC
À PRIEUR (DE LA MARNE), REPRÉSENTANT DANS LE MORBIHAN
ET LA LOIRE-INFÉRIEURE.

Paris, 15 floréal an II-4 mai 1794.

Citoyen collègue,

Nous t'adressons un arrêté pour que le citoyen Desprez soit mis en liberté et qu'il se rende à Paris au Comité [1]. Nous t'en recommandons l'exécution sans délai. S'il est des pièces que tu crois nécessaire de nous transmettre relativement à l'arrestation de ce citoyen, fais-nous les parvenir. Cependant, que son départ n'en soit pas retardé. Nous adressons ces observations à celui de nos collègues qui ouvrirait notre paquet, si Prieur n'était pas à Nantes actuellement.

[Arch. nat., AF II, 60 [2].]

LE COMITÉ DE SALUT PUBLIC
À ESCUDIER, EX-REPRÉSENTANT AUX ARMÉES DES ALPES ET D'ITALIE [3].

Paris, floréal an II.

(Sans date de jour, vers le 15 floréal an II-4 mai 1794.)

Le Comité de salut public ne peut te dissimuler, citoyen collègue, combien il est étonné de te voir, après l'expiration de ton congé, prolonger ton séjour à Port-la-Montagne et y exercer encore une influence marquée. Il peut en résulter des inconvénients très graves, puisque, ne t'étant pas concerté avec le Comité, des opérations importantes peuvent être croisées par des mesures qui contrarieraient l'ensemble.

D'après ces observations, le Comité t'invite à rentrer le plus tôt possible au sein de la Convention nationale pour y partager avec tes col-

---

[1] Voir plus haut, p. 265, l'arrêté n° 5, en date du même jour. Le 24 floréal, Prieur (de la Marne) écrivit au Comité qu'il avait fait remettre Desprez en liberté. Voir plus loin, à cette date.

[2] Dans l'*Inventaire des autographes de* *Benjamin Fillon*, n° 594, il y a une analyse d'une expédition de cette lettre du Comité, revêtue des signatures de Collot-d'Herbois, Robespierre, C.-A. Prieur et Billaud-Varenne.

[3] Voir t. V, p. 515.

lègues les travaux qui préparent et doivent assurer le bonheur du peuple et le triomphe de la liberté.

[Arch. nat., AF II, 37.]

_____

UN DES REPRÉSENTANTS À L'ARMÉE DU NORD AU COMITÉ DE SALUT PUBLIC.

Cambrai, 15 floréal an II - 4 mai 1794.

Citoyens collègues,

J'ai pris de nouveaux renseignements sur les échecs des 5 et 7. Ils m'ont inspiré la plus vive indignation. Il était mathématiquement démontré que l'armée devait être battue, et, sans l'intrépidité des carabiniers et le courage du général Bonneau, qui a chargé plusieurs fois à leur tête, la déroute aurait été complète et l'armée absolument dissipée. Ajoutez à toutes les dispositions prises pour être battu qu'on avait harassé plusieurs jours auparavant l'infanterie par des marches forcées et sans objet. Il n'y a pas à balancer : ou le général Chapuis a été un traître ou c'était le plus inepte et le plus imbécile des hommes.

Avant que de conduire l'armée à de nouveaux combats, il fallait lui donner des chefs en état de la commander et qui eussent sa confiance, et c'est ce que nous avons fait par les nominations que, notre collègue Bollet et moi, nous vous avons envoyées, et nous en apercevons déjà les bons effets. L'infanterie, qui était découragée, reprend vigueur depuis que le général Compère la commande. De son côté, la cavalerie a plus d'ordre, de discipline et d'ensemble; c'est ce que nous avons remarqué dans un mouvement qu'elle a fait avant-hier pour reconnaître la position de l'ennemi au Cateau.

Les généraux nous ont proposé, pour achever la réorganisation de l'armée, d'en faire entrer au moins une partie sous la toile, et sur-le-champ nous leur avons facilité tous les moyens d'exécution. Les effets de campement arriveront aujourd'hui, et demain on sera sous la toile. Il n'y a point de comparaison à faire pour l'instruction, la discipline, le courage et l'esprit public entre des troupes campées et celles qui sont en cantonnement, et j'en ai les preuves les plus sensibles dans la division de Lille. Il se trouve d'ailleurs ici, pour la mesure du campement, une raison de localité qui est décisive : les troupes sont cantonnées au-dessous de Cambrai sur la rive droite et la gauche de l'Escaut; elles se trouvent éloignées de l'ennemi au moins de six lieues, et, quand elles ont fait ce trajet, elles sont hors d'état de se battre, au lieu qu'étant campées au Catelet, elles n'en seront qu'à deux lieues environ. Dès l'instant qu'elles entreront sous la toile, mon collègue et moi nous y passerons tour à tour les jours et nuits, et nous pouvons vous promettre que, sous moins de huit jours, cette division sera en état de se mesurer avec l'ennemi, et que son premier combat sera une victoire.

L'apathie de Chapuis, si ce n'est sa trahison, avait produit de l'insouciance chez l'officier, comme du découragement chez le soldat. Le service se faisait avec une tiédeur, une négligence, qui seules suffisaient pour désorganiser l'armée; les commandants des corps, et à leur exemple les autres officiers, au lieu d'être dans leurs cantonnements, passaient tous les jours et souvent les nuits dans la place de Cambrai. En un mot, vous n'avez point d'idée du désordre qui y régnait. Le campement va faire disparaître tous ces graves abus.

Un très grand inconvénient encore était le défaut de concert entre cette division et celles de la droite. On convenait d'une attaque générale, mais une ou deux divisions seulement donnaient, et les autres restaient dans l'inaction. Ce malheur a manqué arriver le 13, et, si un orage considérable, qui eut lieu toute la nuit, n'avait pas empêché l'infanterie de cette division de se mettre en marche pour attaquer, ainsi qu'on en était convenu, les divisions de la droite n'ayant pas remué, cette infanterie pouvait courir de grands dangers. Mon collègue est parti ce matin avec le général Bonneau pour se concerter avec le général Ferrand et faire cesser cette mésintelligence de mesures, qui serait le présage des défaites.

On était aussi apathique sur les mouvements de l'ennemi; point de rapports secrets, point d'espions, et, aux portes de Landrecies, on ne sut la prise de cette place que trois jours après l'événement. Personne ne peut nous dire quelles sont les forces de l'ennemi que nous avons en face, et moins encore nous instruire de ses mouvements journaliers. Le citoyen Malher, que nous avons nommé adjudant général chef de l'état-major, est très intelligent; nous avons mis des fonds à sa disposition pour la partie secrète, et sans doute nous serons bien servis.

Nous travaillons à assurer les subsistances, ainsi que tous les moyens d'attaque, de manière que tout soit prêt, quand il sera temps d'agir.

Ne soyez pas inquiets d'après les détails que nous vous transmettons. L'esprit public du soldat est bon; notre activité et notre surveillance feront le reste.

Le patriotisme a des couleurs faibles, même parmi les sans-culottes de ce pays-ci, et je n'en suis pas surpris. Le gouvernement faisait une banqueroute scandaleuse à tous les citoyens; on ne payait personne, et des habitants des campagnes n'avaient pas reçu un sou depuis cinq mois pour leurs voitures et leurs chevaux. Ce manque de foi est réparé.

Salut et fraternité,   Florent Guiot.

[Ministère de la guerre; *Armées du Nord et des Ardennes. — De la main de Florent Guiot.*]

LE REPRÉSENTANT DANS LES ARDENNES AU COMITÉ DE SALUT PUBLIC.

Mézières, 15 floréal an II-4 mai 1794. (Reçu le 8 mai.)

Le même système d'oppression contre les patriotes existait à Mézières, comme à Sedan. Les patriotes les plus prononcés n'osaient depuis quelque temps se montrer; ils n'avaient pas encore été mis tous en état d'arrestation; mais ils en étaient fortement menacés. Hier, je me suis rendu à la Société populaire, que j'avais convoquée; j'y ai parlé avec force le langage de la raison et de la vérité. Les arrestations faites à Sedan par ordre du Comité de sûreté générale avaient terrifié les aristocrates de Mézières. Je ne les en ai pas tenus quittes pour la peur; vous en jugerez, mes collègues, par les arrêtés ci-joints[1].

Le Comité de surveillance de Sedan n'a pas été sitôt régénéré par moi, et ceux que Roux y avait introduits renvoyés, que sont sorties de la poussière les preuves matérielles de correspondance avec l'étranger. Les ordres sont donnés pour arrêter les coupables; c'est leur présence

[1] Un seul arrêté est joint, en date du 15 floréal, ordonnant la mise en arrestation des ex-administrateurs et membres du Conseil général du département des Ardennes (au 10 août) pour refus de promulguer et proclamer l'acte du Corps législatif supprimant le pouvoir exécutif; pour avoir décidé que leur arrêté serait publié, affiché, lu au prône le dimanche et envoyé à tous les départements, pour avoir formellement approuvé l'arrestation par la municipalité de Sedan des commissaires de l'Assemblée législative. Ce n'est que le 20 août que ces citoyens se sont rétractés, n'ayant plus de moyens pour égarer le peuple, etc.

dans ce département qui faisait tout le mal. En frappant les plus coupables, les autres se tairont. Vous voyez, mes collègues, que je ne
perds pas de temps; je me presse d'écraser l'aristocratie pour aller
combattre l'ennemi extérieur, si ma santé peut se rétablir; car ce n'est
pas en travaillant jour et nuit que je me porterai mieux. Le désir de
répondre à votre confiance me donne des forces. Je ne puis m'empêcher de vous dire qu'à Mézières et à Libreville l'esprit public n'est
pas à la hauteur. Je m'en suis bien aperçu à la Société populaire. Il
est meilleur à Sedan, où je vais retourner finir mes opérations, et ensuite j'irai à Givet, à Vedette-Républicaine. Les places frontières ont
besoin d'être surveillées.

Le citoyen Wirion, commandant la gendarmerie à la suite de l'armée, me seconde parfaitement bien.

Les quatre députés de la société de Mézières ne sont que des aristocrates, d'anciens partisans de Condé, et dont quelques-uns n'ont pu
obtenir de certificat de civisme de leur municipalité. Hier, un patriote
reprocha à la Société d'avoir envoyé de pareils députés. Je ne vis personne prendre leur parti. Condé régnait à Charleville; ses sujets ne
payaient pour tout impôt que 17 sols. D'après cela jugez de leur patriotisme en général.

Roux avait pris pour secrétaire le fils de Philippoteaux, président
du département des Ardennes (à l'époque du 10 août 1792). Le Comité de sûreté générale fait arrêter ce ci-devant président, qui avait
eu une grande influence sur les délibérations et contre lequel il a été
fait de graves dénonciations.

Rien n'est plus désagréable que d'aller après un de ses collègues
défaire ce qu'il a fait; les passions s'irritent, la calomnie s'éveille. Que
me restera-t-il pour ma défense? ma conscience, mon impartialité, et
l'espoir que les deux Comités me rendront justice.

Salut et fraternité,

LEVASSEUR (de la Sarthe).

On se bat au Nord comme des lions, comme des républicains; et
moi je languis ici. J'enrage.

[Arch. nat., AF ii, 163. — *Le post-scriptum est de la main de Levasseur.*]

LE MÊME AU COMITÉ DE SALUT PUBLIC.

Mézières, 15 floréal an II-4 mai 1794. (Reçu le 9 mai.)

[Levasseur (de la Sarthe) a épuré les autorités constituées de Mézières et Libreville. Le directoire du district en avait le plus grand besoin; il était composé de parents d'émigrés, de partisans de Condé. Il est des faits à l'appui de cette assertion.
«Je vous ai prévenus que la gendarmerie, qui, en vertu des décrets, doit suivre
l'armée, en avait été éloignée à plus de vingt lieues et disséminée. Massieu et moi
nous avons donné ordre à Wirion pour qu'elle se rendît au quartier général. Je
suis parti de Givet à cheval, accompagné de quatre gendarmes. Près Sedan, Wirion a relevé un poste de quatre gendarmes; ainsi nous sommes entrés à Sedan
avec huit. Pendant mon séjour à Sedan, Wirion rassembla ses gendarmes et les a
fait partir pour Vedette le même jour que je suis parti pour Mézières, où nous
sommes arrivés en même temps qu'eux, quoique partis trois heures après, de
sorte que je suis entré à Mézières précédé de quarante gendarmes. Je vous dis
comment cela s'est fait : des malveillants pourraient m'accuser de me faire accompagner d'une armée. La tranquillité se rétablit de jour en jour. Les coups que j'ai
portés ici et à Sedan ont terrifié les aristocrates. Le fanatisme s'est relevé aussi.
Les prêtres, sous prétexte de la liberté des cultes, échauffent les esprits. Je ne
m'en prendrai pas au peuple, mais aux prêtres.» — Arch. nat. AF II, 163. — *De
la main de Levasseur.*]

———

LE REPRÉSENTANT DANS LA SARTHE ET LE LOIR-ET-CHER
À LA CONVENTION NATIONALE.

Fresnay, 15 floréal an II-4 mai 1794.

Inaccessible comme vous, mes chers collègues, à tout autre sentiment que celui du triomphe de la liberté et du bonheur du peuple,
il n'est jamais entré ni haine ni passion dans mon cœur contre aucun
individu. Mais, chargé par vous d'établir les grands principes de la
Révolution, de poursuivre les traîtres, de démasquer les méchants, j'ai
nécessairement dû rechercher ceux que j'ai reconnus à ces traits.

Dans le département de la Sarthe il a existé un système organisé
d'amener la dissolution de la Convention nationale par l'avilissement
et la diffamation. Ce système s'est répandu dans tous les districts.
Déjà, au Mans, on ne regardait plus la Convention que comme un
corps vieilli, dangereux par ses principes, incapable de sauver le
peuple, et ayant établi un gouvernement attentatoire aux droits de la

nation. Le Comité de salut public n'exerçait que des actes despotiques et arbitraires.

Dans la fameuse séance que j'ai tenue au Mans, la représentation nationale a été méprisée dans ma personne. Cet outrage était le fruit de la morale perfide que les factieux de cette commune prêchaient depuis plus d'un mois dans la Société populaire. Les idées les plus saines en principes de liberté étaient altérées. Tous les individus séduits regardaient la nécessité du remplacement de la Convention comme une mesure de salut public, et les séducteurs comme le seul moyen de parvenir à la législature où les entraînait leur ambition. Il est constaté qu'ils n'attendaient qu'un moment favorable pour annoncer à toutes les Sociétés de la République que la Convention nationale avait perdu leur confiance. Philippeaux était leur point de ralliement. Ils étaient en correspondance avec lui; ils avaient non seulement publié que le mémoire de ce député sur la Vendée (qui n'était dirigé que contre le Comité de salut public, qu'on avait projeté de renverser) contenait des vérités dans tous ses points; mais ils étaient encore parvenus à le persuader à un peuple immense, qu'ils avaient égaré.

Bien convaincu, comme la nation entière, que le seul moyen de perdre la liberté était la dissolution de la Convention, j'ai démasqué ces hommes avec le courage d'une âme pure; ma fermeté m'a mérité cette approbation.

J'ai fait faire par le juge de paix une information de soixante et dix témoins (il s'en serait trouvé mille, s'il l'eût fallu), qui ont attesté tous les faits que je vous rapporte.

A ces déclarations se joignent des preuves écrites, qui toutes attestent la réalité du système contre-révolutionnaire de l'avilissement de la représentation nationale. Le peuple désabusé s'était rallié avec enthousiasme autour de la Convention. Des témoignages de satisfaction et de joie s'étaient fait entendre dans tous les districts du département.

Par quelle fatalité cependant les chefs de cette faction ont-ils été acquittés, lorsque la voix générale les dénonçait, et que des adresses de félicitation nous étaient arrivées de toutes parts? Je suis loin de faire le moindre reproche au Tribunal révolutionnaire : il rend tous les jours des services trop importants à la chose publique; mais, lorsque des individus isolément pris subissent la peine due à leurs crimes pour oser provoquer la dissolution de la Convention, ou altérer la confiance dont elle a besoin d'être entourée pour achever le bonheur du peuple, ce délit pourra-t-il rester impuni, lorsqu'entouré de caractères plus graves, il a rallié autour des coupables une immensité du peuple dont ils dirigeaient l'opinion et qu'ils avaient tellement asservi que, dans la commune du Mans et dans tous les districts, ces hommes étaient parvenus à exercer le pouvoir le plus absolu et le plus tyrannique?

Je recueille la vérité de ces faits dans tous les chefs-lieux où je fais mes épurations, et je juge combien est funeste le jugement qui acquitte ces factieux, par la consternation du peuple désabusé et par l'audace réveillée de leurs partisans.

Lorsque l'accusateur public, convaincu de l'existence d'un grand complot, ne voyait que de grands coupables, comment ne s'est-il trouvé que des innocents? C'est que la question posée ne précisait pas celle du délit.

Cependant ce jugement vient de renverser tout le fruit de mes travaux; la représentation succombe, et le crime va venir au Mans chercher des lauriers; car un exprès, qui vient de m'arriver, m'annonce qu'il fut proposé hier d'aller au devant des coupables au son des instruments.

Je vais me rendre dans cette commune pour y relever l'énergie que cet événement vient d'abattre; en la ralliant autour de vous, elle y retrouvera sa force. Mais calculez les effets funestes que la liberté va ressentir d'un pareil triomphe; calculez les déchirements qui menacent ce département, qui n'est pas encore reposé de ses agitations.

Un délit public peut-il échapper à la loi, quand les délits privés sont tous les jours punis?

Ordonnez qu'on vous lise la procédure et les différentes pièces qui ont frappé la justice de l'accusateur public, et vous verrez s'il n'a pas existé un projet combiné d'amener une nouvelle législature en avilissant la Convention et en en détachant le peuple. En conjuration, les faits s'établissent par le calcul et l'entraînement des mesures, et non par le matériel des faits. Ici l'un et l'autre se trouvent réunis, et les coupables triomphent!

Portez vos regards, mes chers collègues, sur un département entier qui tremble sous l'appareil d'une nouvelle oppression plus tyrannique.

Il est dans le cœur de l'homme méchant qui triomphe d'être plus méchant encore. L'impunité du crime est le découragement de la vertu.

Quant à moi, je n'en continuerai pas moins à poursuivre tous ces hommes qui, s'alimentant de troubles et de calomnies, sentent qu'ils ne peuvent exister que dans l'élément de l'anarchie. Je vais achever de les culbuter dans ce département, et j'irai aussitôt me réunir dans votre sein, toujours prêt à vous rendre compte de ma conduite.

Salut et fraternité,

GARNIER (de Saintes).

[Arch. nat., AF ii, 178.]

LE MÊME AU COMITÉ DE SALUT PUBLIC ET À BILLAUD-VARENNE.

Fresnay, 15 floréal an ii-4 mai 1794.

[Garnier (de Saintes) écrit dans le même sens, avec la plus vive insistance, au Comité et à Billaud-Varenne. — Arch. nat., AF ii, 178.]

LE REPRÉSENTANT DANS LA DORDOGNE AU COMITÉ DE SALUT PUBLIC.

Périgueux, 15 floréal an ii-4 mai 1794. (Reçu le 14 mai.)

[«Romme expose qu'il se trouve chaque jour dans l'incertitude relativement aux fonderies des commandes faites par réquisitions de la grosse artillerie [et] du ministre. Il invite le Comité à lui envoyer le tableau de toutes les commandes et réquisitions dont il a connaissance dans les forges du département de la Dordogne et circonvoisins en canons, boulets, obus, gueuse, lest et fers, en désignant le calibre, le nombre ou le poids de chaque objet, et ceux qu'il est indispensable de faire exécuter dans les usines de ces départements.» — Arch. nat., AF ii, 263. Analyse.]

LE REPRÉSENTANT DANS LA MEUSE ET LA MOSELLE
AU COMITÉ DE SALUT PUBLIC.

Briey, 15 floréal an ii-4 mai 1794. (Reçu le 11 mai.)

L'égoïsme, citoyens collègues, est semblable à la rouille qui s'attache aux métaux les plus précieux, les corrode et les ronge; il couvre et détruit les qualités les plus essentielles qui forment l'homme honnête et le républicain. C'est à ce qu'il m'a paru le vice dominant de la commune de Briey. Beaucoup de ses habitants courent après les places, peu sont dignes de les remplir. Je dois l'avouer : le passage du féroce Autrichien a produit ici l'effet de la grêle sur les moissons; non seulement il a dévasté les propriétés physiques, mais annihilé les vertus morales, et, si le génie républicain a des adorateurs encore, c'est à quelques citoyens, purs et fermes au milieu du péril comme au sein du calme, que la patrie en est redevable.

J'ai trouvé les principaux emplois occupés par des lâches et des traîtres qui, lors de l'invasion, n'ayant point quitté leur commune, ont mieux aimé s'avilir jusqu'à ployer le genou devant un ennemi barbare et lui prêter des secours que de mourir glorieusement pour leur pays. Mais où trouver des Beaurepaires dans une commune où l'esprit public n'a pas de trempe ni de direction? J'ai non seulement chassé des magistratures qu'ils souillaient ces hommes devenus les agents de la tyrannie et les bourreaux du peuple, mais, en exécution des lois des 7, 17 septembre (v. s.) et 26 vendémiaire dernier, ils vont passer à la coupelle (sic) d'un tribunal qui les jugera selon la sévérité de la raison et la justice de vos décrets. Je leur ai substitué des citoyens sur la fidélité desquels la République a quelques droits de se fonder. Ils mourront plutôt que de se compromettre, ou si, par un malheur qui n'est pas impossible, les armées esclaves osaient polluer encore le territoire de l'indépendance française, ils fuiraient loin d'elles, arrachant à leur contre-révolutionnaire rapacité les trésors que la loi leur confie et les insignes sévères de leurs augustes fonctions.

La Société populaire, aux délibérations de laquelle j'ai assisté tout le temps que j'ai été dans Briey, me paraît sans caractère et mettant plus d'importance à ce qui peut blesser l'égoïsme, que de zèle à ce qui doit servir la chose publique. Trop nombreuse d'ailleurs, le peu de civisme qui s'y rencontre a un cercle si vaste à parcourir qu'il se dissémine et s'évapore. Je l'ai fortement engagée à s'épurer sévèrement et, par un heureux élaguement de tous les membres parasites, à conserver au corps à leurs dépens la vigueur et la santé.

Il est un autre mal qui, de tout temps, a vicié Briey : c'est l'espèce d'empire qu'ont usurpé sur ses habitants deux familles dangereuses par l'adresse de ceux qui les composent et encore plus par leur nombre;

avec de l'intrigue, ils étaient parvenus à occuper pour eux seuls les principales fonctions que la patrie destine à tous, et cette faculté, jointe à celle d'un esprit insinuant, les avait placés à une telle hauteur qu'ils régnaient pour ainsi dire sur leurs concitoyens.

Déjà cependant leur pouvoir s'était affaibli, puisqu'ils se le disputaient mutuellement; j'ai fait tous mes efforts pour l'abattre sans retour, et à ce moyen j'augure qu'une opinion plus formée va dominer dans cette commune.

Tel est l'espoir dont m'ont flatté les nouvelles autorités et le peuple lui-même. Vous dire que, comme dans tous les lieux où je passe, il est bon, ce n'est rien vous apprendre de nouveau.

Cette excellence dans son caractère général a bien droit de consoler des chagrins qu'on éprouve en rencontrant partout des fonctionnaires lâches ou tièdes, ou gangrenés. Elle a droit aussi de faire espérer les plus heureux et les plus unanimes succès pour le maintien des droits de la République et de l'humanité.

Salut fraternel et civique,   MALLARMÉ.

P.-S. Je joins à cette dépêche le procès-verbal de l'épuration; je vous préviens que je me rends à Étain.

[Arch. nat., AF II, 163. — *De la main de Mallarmé.*]

***

LES REPRÉSENTANTS À L'ARMÉE DE LA MOSELLE AU COMITÉ DE SALUT PUBLIC.

Longwy, 15 floréal an II – 4 mai 1794.

Citoyens collègues,

Nous avons transmis au général en chef de l'armée de la Moselle vos arrêtés du 11 floréal[1], et des mesures ont été prises sur-le-champ pour leur exécution. Nous eûmes hier une conférence avec lui sur cet objet. Nous lui demandâmes à quelle époque l'armée pourrait être en état d'agir. Je pense que quinze jours sont nécessaires pour faire rele-

---

[1] Voir plus haut, p. 149, les arrêtés n°s 4 et 5.

ver les divisions de droite et pour les réunir au corps d'armée qui se trouve ici. Que doit-on faire en attendant?

Nous sentons fortement la nécessité d'occuper l'ennemi dans cette partie pour faciliter les opérations de l'armée du Nord, et nous désirerions qu'il fût possible de marcher dès ce moment en avant; mais voici les inconvénients qui peuvent résulter de ce mouvement partiel.

En attaquant Arlon, nous pensons qu'on peut le reprendre et s'y maintenir au moins pendant quelques jours; mais, si l'ennemi a le temps de réunir ses forces avant l'arrivée des divisions de droite, il peut encore nous obliger une seconde fois à la retraite, ce qui produirait un effet fâcheux dans l'opinion ainsi que dans l'armée, au commencement d'une campagne.

Le poste de Messancy est meilleur que celui d'Arlon, et en s'y gardant bien, en faisant agir sur Virton le corps de l'armée des Ardennes, qui est en avant de Montmédy, on peut s'y maintenir avec avantage.

Mais cette position, comme la première, a l'inconvénient de faire connaître à l'ennemi nos projets, et vous avez recommandé au général de faire croire qu'il marche sur Trèves.

Il importe, citoyens collègues, que vous nous adressiez des instructions sur ce que vous jugerez utile d'opérer dans cette circonstance.

Nous vous prions aussi d'indiquer aux généraux une règle de conduite dans le pays ennemi. Il existe en ce moment, à la suite de l'armée, une foule de commissaires dont la conduite n'est propre qu'à nationaliser la guerre en révoltant les habitants par des vexations. Il serait peut-être sage de réformer ces commissaires et de charger les généraux des opérations relatives à l'enlèvement des fourrages nécessaires à l'armée et aux subsistances.

Il arrive beaucoup de recrues; ainsi nous avons l'espoir que l'armée sera bientôt complétée; mais, puisque tous ces hommes viennent sans armes, et il en existe très peu dans les arsenaux, nous vous invitons à donner des ordres pour envoyer sur-le-champ, s'il est possible, au moins 6,000 fusils.

Salut et fraternité,   GILLET, DUQUESNOY.

P.-S. Dans la crainte que vous n'ayez pas reçu ma lettre du 12[1],

---

[1] Voir plus haut, p. 195.

je vous en adresse une copie. Le courrier est parti à 8 heures 1/2 du matin.

GILLET.

[Ministère de la guerre; *Armées du Rhin et de la Moselle. — De la main de Gillet.*]

LES REPRÉSENTANTS À L'ARMÉE DU RHIN AU COMITÉ DE SALUT PUBLIC.

Strasbourg, 15 floréal an II-4 mai 1794. (Reçu le 11 mai.)

[En l'absence de J.-B. Lacoste et dans la crainte qu'un délai trop long ne portât préjudice à la patrie, Duroy et Rougemont ont ouvert la dépêche du Comité, et, y ayant trouvé l'arrêté du 11 de ce mois, Rougemont part aujourd'hui pour le quartier général, à Kirwiller, et se charge de remettre l'arrêté au général en chef et de veiller à ce qu'il soit ponctuellement exécuté. — Arch. nat., AF II, 247. — *De la main de Duroy.*]

LE REPRÉSENTANT DANS LE GARD ET LA LOZÈRE
AU COMITÉ DE SALUT PUBLIC.

Mende, 15 floréal an II-4 mai 1794. (Reçu le 16 mai.)

[«Borie transmet son arrêté ordonnant la traduction dans les prisons de Nîmes de Rigal, secrétaire général du département du Gard, et de Marignac, prévenus de s'être opposés à la marche des troupes de la République.» — Arch. nat., AF II, 194. Analyse.]

LES REPRÉSENTANTS À TOULON AU COMITÉ DE SALUT PUBLIC.

Port-de-la-Montagne (Toulon), *15 floréal an II-4 mai 1794.*

Citoyens collègues,

Par un courrier extraordinaire qui vient de nous arriver de Corse, nous apprenons la nouvelle que notre collègue Lacombe Saint-Michel a quitté Bastia le 5 de ce mois, pour venir, dit-on, dans le continent chercher des secours. Son départ a donné quelques inquiétudes à la garnison. Cependant les patriotes nous marquent qu'ils sont décidés à périr, plutôt que de se rendre. Ils tiennent bien; ils ont des vivres encore pour un mois, et Saliceti, l'un de nous, va voler à leur secours.

SALICETI, MOLTEDO.

[Ministère de la guerre; *Corse.*]

COMITÉ DE SALUT PUBLIC.

Séance du 16 floréal an II–5 mai 1794.

Présents : B. Barère, Carnot, Couthon, C.-A. Prieur, Collot-d'Herbois, Billaud-Varenne, Robespierre, R. Lindet.

1. Le Comité de salut public, après avoir pris connaissance : 1° d'un arrêté du représentant du peuple Jeanbon Saint-André, par lequel il ordonne au receveur du district de Brest d'avancer à cette commune une somme de 50,156 livres 18 sols 3 deniers, qui lui est nécessaire pour compléter le payement des dépenses auxquelles elle est chargée de pourvoir, sous la condition que ladite somme sera réintégrée dans la caisse du receveur sur le produit des sols additionnels les contributions directes de 1793; 2° d'une lettre du receveur du district qui annonce qu'il n'a en ce moment aucun moyen d'exécuter cette disposition, les rôles des contributions de 1793 n'étant pas encore au recouvrement; arrête que la Trésorerie nationale est autorisée à faire avancer par le payeur, à Brest, aux officiers municipaux de cette commune, jusques à concurrence de 50,156 livres 18 sous 3 deniers, à fur et à mesure de leurs besoins, sous la condition que les rôles des contributions foncière et mobilière de 1793 seront mis en recouvrement dans le délai d'un mois, et que le montant de l'avance qui aura été faite par le payeur de la Trésorerie nationale sera remplacé dans sa caisse par le percepteur desdites contributions sur les premiers deniers de sa recette provenant des sols pour livre additionnels. Les officiers municipaux adresseront, dans le même délai d'un mois, aux commissaires de la Trésorerie nationale, un état détaillé

des revenus et des dépenses de ladite commune, pour être rendu compte au Comité de salut public.

B. Barère, Collot-d'Herbois, Billaud-Varenne, R. Lindet [1].

2. Le Comité de salut public arrête que la Commission du mouvement des armées donnera sans délai l'ordre aux citoyens servant dans les armées, et dont les noms suivent, de se rendre à Paris pour être placés dans la compagnie des musiciens qu'on y forme pour l'armée du Nord, en exécution d'un arrêté du Comité :

Michel-Joseph Canat, dans le 14e bataillon de Paris à Blois;

N... Marjollin, Mathias Leriche, Alexis Soleil, tous trois chasseurs dans le 16e régiment, où ils étaient auparavant musiciens; ce corps est à Réunion-sur-Oise;

Luc Loiseau Persins; ce citoyen est connu du général Chalbos et sert sous lui dans un corps qu'il commande à l'armée de l'Ouest;

Céleste Debraye, dragon au 13e régiment, à Noyon.

Carnot, C.-A. Prieur [2].

3. Vu le rapport de la Commission des revenus nationaux, le Comité de salut public arrête que ladite Commission est autorisée à nommer provisoirement, dans les différentes parties d'administration qui lui sont confiées, à tous les emplois qui étaient ci-devant à la nomination du Conseil exécutif, sauf à envoyer la note des nominations au Comité de salut public.

B. Barère, Billaud-Varenne, Collot-d'Herbois [3].

4. Le Comité de salut public arrête qu'il sera placé un paratonnerre sur la couverture de la partie du Louvre où est situé le cabinet de physique de Charles [4]. La Commission de l'instruction publique est chargée de la prompte exécution du présent arrêté.

Billaud-Varenne, Collot-d'Herbois, C.-A. Prieur, B. Barère [5].

[1] Arch. nat., AF ii, 20.
[2] Arch. nat., AF ii, 67.
[3] Arch. nat., AF ii, 20.
[4] En janvier 1792, le physicien Charles avait fait don à la nation de son cabinet de physique et en avait été nommé conservateur. Voir le Procès-verbal de l'Assemblée législative, t. IV, p. 56, et t. V, p. 157, 179.
[5] Arch. nat., AF ii, 80.

5. Le Comité de salut public arrête que les citoyens Jean-Marie-François Gense, âgé de vingt-un ans; Jean-Jacques Guérin, âgé de dix-neuf ans, et Hyacinthe Audifret, âgé de vingt-un ans, tous trois actuellement à Paris, sont requis pour être employés dans la compagnie des musiciens destinée pour l'armée du Nord, en exécution de l'arrêté du Comité.

B. Barère, C.-A. Prieur[1].

6. Le Comité de salut public arrête que le citoyen Ingrand, représentant du peuple, se rendra, pour en exercer les pouvoirs, à l'armée de l'Ouest, et d'abord directement à Nantes, où il prendra toutes les mesures de salut public et de sûreté générale qui seront convenables et nécessaires.

Collot - d'Herbois[2].

7. Le Comité de salut public met en réquisition, pour être employé dans ses bureaux, le citoyen Alexis L'Épine, âgé de vingt-quatre ans, capitaine au 10e bataillon de la Haute-Saône. Il sera envoyé expédition du présent arrêté à la Commission du mouvement des armées de terre.

Carnot[3].

8. Le Comité de salut public arrête que le général Stettenhoffen[4] retournera sur-le-champ à Paris, pour se rendre au Comité.

B. Barère, Collot-d'Herbois, Billaud-Varenne,
C.-A. Prieur[5].

9. La Commission des transports militaires, postes et messageries, ayant représenté au Comité de salut public que les caisses de la division des postes se trouvent hors d'état de faire l'avance du prix des 120 chevaux qu'elle est autorisée à acheter dans les départements du Cher et de l'Indre-et-Loire pour établir cinq relais, de Cubzac à Reignac, route de Bordeaux à Paris[6], le Comité de salut public arrête

---

[1] Arch. nat., AF ii, 67.

[2] Arch. nat., AF ii, 278. — *De la main de Collot-d'Herbois.*

[3] Arch. nat., AF ii, 23. — *Non enregistré.*

[4] Voir plus haut, p. 267, l'arrêté n° 15.

[5] Arch. nat., F7, 4435. — *De la main de Barère. Non enregistré.*

[6] Voir plus haut, p. 100, l'arrêté du 8 floréal n° 19.

que la Commission des transports militaires est autorisée à faire acquitter par la Trésorerie nationale le prix de ces chevaux, en justifiant de leur acquisition par pièces probantes, et, en attendant, de faire délivrer à l'avance, par la Trésorerie nationale, une somme de 100,000 livres à l'agent que la Commission indiquera.

R. LINDET[1].

10. Le Comité de salut public, considérant que la République doit pourvoir à la subsistance de tous ses défenseurs, indistinctement et dans une juste proportion; que les divers départements ne sont pas tous également abondants en bestiaux, et que même il en existe un grand nombre qui sont presque entièrement dénués de ce genre de ressources; que le Comité, par son arrêté du 7 nivôse[2], qui détermine les arrondissements dans lesquels chaque armée doit s'approvisionner, n'a pas entendu fixer les arrondissements pour l'approvisionnement des armées en bestiaux, mais seulement pour tous approvisionnements en grains, ce qui résulte clairement des détails contenus dans les articles 5, 6 et 7 du même arrêté; que néanmoins l'arrêté du 7 nivôse a été, par une fausse application, étendu aux approvisionnements en bestiaux, et que cette erreur s'est propagée de plus en plus, malgré l'instruction que la Commission des subsistances avait adressée, le 9 ventôse, aux administrations des districts et à laquelle ces administrations étaient tenues de déférer, puisque l'article 9 de l'arrêté attribuait à la Commission tout pouvoir à cet effet, arrête ce qui suit : 1° L'arrêté du 7 nivôse, relatif aux arrondissements dans lesquels chaque armée doit s'approvisionner de grains et farines, ne comprend pas les approvisionnements en bestiaux. — 2° Toutes dispositions contraires, même celles émanées des représentants du peuple près les armées, sont annulées à dater de ce jour. — 3° Les bestiaux nécessaires à la subsistance des armées seront puisés indistinctement et en masse dans tous les départements de la République, par la voie ordinaire des achats. — 4° Enfin les autorités constituées sont requises de prêter secours et assistance, au besoin, aux acheteurs et autres préposés des subsistances de la République, sous peine de demeurer responsables de tous les obstacles et empêchements que ceux-ci

_____

[1] Arch. nat., AF ii, 20. — _Non enregistré._ — [2] Voir t. IX, p. 690, l'arrêté n° 5.

pourraient éprouver, soit pour l'achat des bestiaux, soit pour la conduite des mêmes bestiaux vers les armées, conformément aux ordres
qui leur auront été donnés. La Commission du commerce et approvisionnements est chargée de faire exécuter le présent arrêté.

R. LINDET[1].

11. Le Comité de salut public, après avoir entendu le rapport de
la Commission du commerce et approvisionnements de la République,
arrête que la Trésorerie nationale est autorisée de tenir à la disposition des administrateurs du district de Montpellier une somme de
3,896 livres 12 sols 6 deniers, piastres ou papier équivalent sur
Gênes, formant au change [la somme] de 119,483 livres 4 sols
tournois, ladite somme de 3,896 livres 12 sols 6 deniers destinée
à acquitter le prix de 43,296 livres de riz, dont l'administration du
district de Montpellier a traité avec le citoyen Stapharelo, capitaine
du navire génois *la Thérèse,* sur l'autorisation de la Commission,
arrête, en outre, que les administrateurs justifieront à la Commission
de la remise de cette somme audit capitaine.

R. LINDET[2].

12. La proposition du représentant Vidalin[3] tendant au licenciement du 18e régiment de chasseurs à cheval, composé d'officiers et de
sous-officiers les plus ineptes ou mauvais sujets, et de les incorporer
dans les corps à cheval de l'armée de la Moselle, est approuvée par le
Comité de salut public.

CARNOT[4].

13. Le Comité de salut public arrête : Le citoyen Livernois, garde
du dépôt des émigrés, rue de Beaune, maison ci-devant de Nesle,
remettra au Comité de salut public un petit manuscrit in-folio oblong,
intitulé *Campagne du maréchal de Noailles en Espagne, année 1669,* et
qui se trouvera dans un entresol au-dessus de la cuisine.

CARNOT[5].

---

[1] Arch. nat., AF II, 86. — *Non enregistré.* — [2] Arch. nat., AF II, 75. — *Non enregistré.* — [3] Voir plus haut, p. 89, la lettre de Vidalin du 7 floréal. — [4] Arch. nat.,
AF II, 198. — *Non enregistré.* — [5] Arch. nat., AF II, 203. — *Non enregistré.*

14. [Approbation de la nomination du capitaine Juillet au grade de chef du 3ᵉ bataillon de la Moselle, faite par les représentants Saint-Just, Lacoste et Le Bas. Carnot. — Arch. nat., AF ɪɪ, 320. *Non enregistré* [1].]

15. Le Comité de salut public, d'après le compte qui lui a été rendu sur le citoyen Nicolas Cezeaux, âgé de 25 ans, demeurant rue Neuve-de-l'Égalité (section de Bonne-Nouvelle), canonnier dans la 4ᵉ compagnie du 2ᵉ bataillon de Paris, considérant que ce citoyen est plus utile à la République dans la compagnie des aérostiers, requiert le citoyen Cezeaux pour ce genre de service, charge les officiers de sa compagnie de lui donner un congé motivé sur la réquisition du Comité de salut public, d'en informer le commandant général et d'en rendre compte à la Commission de l'organisation et du mouvement des armées.

                                                    C.-A. Prieur [2].

16. Le Comité de salut public, considérant que la rareté momentanée des bestiaux et la grande consommation qui s'en fait dans les armées imposent l'obligation de prévenir, par une sage économie, les suites de l'embarras qui s'est fait sentir dans cette partie du service des subsistances militaires; qu'en faisant entrer les têtes et fressures dans les pesées, lors de la distribution de la viande qui se distribue aux troupes, il n'en résultera aucune perte sensible pour chacun des consommateurs; que cette mesure est nécessaire dans les circonstances actuelles, pour économiser et étendre à tous les besoins la masse des approvisionnements; que les défenseurs de la patrie sont convaincus de la nécessité d'économiser la consommation des bestiaux et des efforts constants que les agents de la République ne cessent de faire pour assurer le service, jusqu'à ce que la saison plus avancée offre des ressources plus abondantes, arrête que les têtes, foies et fressures continueront à être distribués aux divers corps de troupes, mais qu'à compter du jour de la réception du présent arrêté, ils feront partie des pesées dans la proportion de ce qui devra leur être délivré en bœuf, vache ou mouton. Le présent arrêté sera exécuté dans toutes les armées. Les agents chargés de la distribution et ceux qui sont chargés de l'inspection et de la surveillance

---

[1] Cet arrêté a été daté par erreur de l'an ɪɪɪ.

[2] Arch. nat., AF ɪɪ, 215. — *Non enregistré.*

sont responsables des abus qui pourraient se commettre à l'occasion de
cette nouvelle distribution. La Commission du commerce fera publier
une instruction ou lettre circulaire pour charger tous les agents de se
conformer aux dispositions du présent arrêté, de prévenir tout abus,
toute réclamation fondée sur la proportion de chaque partie de viande
qui doit entrer dans les pesées et sur tous les détails d'exécution.

R. LINDET [1].

17. Le Comité de salut public, sur le rapport de la Commission
des transports militaires, postes et messageries, exposant que le service
des chevaux employés au tirage des bateaux sur les rivières est d'une
nécessité indispensable; que, si les chevaux qui y sont employés pouvaient être compris dans la levée ordonnée par la loi du 18 germinal,
la plupart de ces chevaux seraient pris et choisis pour leur taille et leur
force, et que le service des transports par eau serait suspendu ou retardé, dans un temps où il doit se faire avec la plus grande activité, arrête
que les chevaux servant habituellement au tirage des bateaux sur les
rivières sont en réquisition, pour continuer d'être employés au même
service. Il en sera dressé un état séparé qui sera joint et annexé à l'état
des communes et cantons. Ils seront comptés, pour déterminer le
nombre de chevaux que les communes et cantons devront fournir, en
exécution de la loi du 18 germinal; mais ils ne pourront être pris ni
choisis pour remplir ce nouveau service, vu qu'ils demeureront attachés
à celui des transports par eau.

R. LINDET [2].

18. Le Comité de salut public, considérant qu'il importe de multiplier les fonderies de canons dans toutes les parties de la République
susceptibles, par leur situation et par les ressources que l'art et la
nature y ont rassemblées, de recevoir ces établissements précieux; considérant que la fonderie ci-devant établie à Saint-Gervais, département
de l'Isère, réunit tous les avantages et toutes les facilités désirables,
tant pour la proximité de plusieurs forêts nationales, d'un grand nombre
de mines de fer propres à l'alimenter, et de rivières navigables, qui

[1] Arch. nat., AF II, 282. — De la
main de R. Lindet. Non enregistré.

[2] Arch. nat., AF II, 286. — De la
main de R. Lindet. Non enregistré.

facilitent le transport des matières, que par les bâtiments existants, et qui exigent peu de réparation, arrête ce qui suit : 1° La fonderie ci-devant établie à Saint-Gervais, département de l'Isère, sera remise en activité et donnée à l'entreprise. — 2° Il sera fait, sans délai, les ouvrages nécessaires pour la reconstruction des fourneaux et la réparation des bâtiments de la dépendance du local qui lui était ci-devant affecté. — 3° Les charbons provenant des forêts nationales, qui appartenaient ci-devant aux émigrés d'Herculais, Baronnat et Guignard Saint-Priest, et les mines de fer d'Allevard, Saint-Vincent, Theys et lieux circonvoisins, serviront à alimenter cette fonderie. — 4° En cas de besoin, les bois appartenant au citoyen Béranger seront mis en réquisition, et il sera donné des ordres pour faire charbonner la forêt de la ci-devant chartreuse de Bouvante. — 5° Il sera sursis à la vente des bâtiments qui dépendent de cette fonderie et des autres propriétés nationales qui peuvent être utilement employées pour les travaux de cet établissement, à moins que ceux qui voudront les acquérir ne se chargent d'y rétablir la fonderie, pour y fabriquer des canons. — 6° La Commission des armes et poudres de la République prendra, sans délai, les mesures nécessaires pour l'exécution du présent arrêté.

C.-A. PRIEUR [1].

19. Le Comité de salut public, vu le rapport du commissaire des revenus nationaux que, sur l'avis qu'il a reçu que vingt caisses de porcelaine destinées à l'exportation ont été déclarées à la douane du Havre-Marat ne peser que 2,050 livres et ne valoir que 7,400 livres, tandis que le poids est évalué à plus de 10,000 livres, et que la valeur doit être estimée à plus de 28,000 livres; que la fausseté de cette déclaration a déterminé les préposés de la douane à les saisir, propose d'ajouter à l'arrêté du Comité du 23 ventôse [2], et pour en assurer l'exécution, un article additionnel qui rende applicable aux fausses déclarations faites en contravention de la loi du 21 ventôse et de l'arrêté du 23 les dispositions du titre 5 de la loi du 4 germinal, concernant les fausses déclarations faites en contravention des droits de douane; vu le mémoire de James Sirvan, Américain résidant à Paris, qui expose qu'ayant obtenu de la Commission du commerce la permission d'expor-

(1) Arch. nat., AF II, 215. — *Non enregistré.* — (2) Voir t. XI, p. 670, l'arrêté n° 5.

ter pour 400,000 livres de marchandises de luxe, il avait autorisé Joel Barlou, citoyen des États-Unis d'Amérique, d'exporter pour 50,000 livres de marchandises, afin de procurer à cet homme de lettres et zélé défenseur de la liberté une ressource dans son extrême infortune; qu'il n'a eu aucune connaissance de la déclaration; considérant que le titre 5 du code des douanes ne s'applique qu'aux marchandises assujetties au payement des droits d'entrée ou de sortie; que la contravention dénoncée ne peut donner lieu à un jugement ou à une condamnation fondée sur une disposition formelle de la loi pénale; que, néanmoins, l'intérêt de la République exige que les déclarations prescrites par la loi du 21 ventôse et l'arrêté du Comité du 23 soient sincères et fidèles; arrête que toutes les marchandises destinées à l'exportation, en exécution de la loi du 21 ventôse et de l'arrêté du 23, qui seront saisies par les préposés des douanes pour fausse déclaration sur le poids ou la valeur, seront mises à la disposition de la Commission du commerce. Il sera pourvu, par la Commission, au remboursement des expéditionnaires sur le pied de leur déclaration. Il sera accordé aux préposés des douanes une gratification, sur la proposition de la Commission des revenus nationaux. Comme il importe de ne pas retarder l'exportation des marchandises saisies, et que le présent arrêté n'aura pas un effet rétroactif, le Comité arrête que l'expéditionnaire des vingt caisses de porcelaine saisies par les préposés de la douane, au Havre, sera tenu de passer une nouvelle déclaration du poids et de la valeur des marchandises, d'après laquelle il lui sera accordé mainlevée de la saisie, et il lui sera permis de les exporter. La Commission des revenus nationaux proposera la gratification dont les préposés de la douane du Havre-Marat sont susceptibles, pour être fixée par le Comité de salut public, et pour être acquittée par James Sirvan, négociant américain, et compagnie, résidant à Paris, sauf son recours sur l'expéditionnaire, qu'il avait subrogé à la faculté qu'il avait obtenue d'exporter des marchandises de luxe.

R. Lindet[1].

[1] Arch. nat., AF ii, 20. — De la main de R. Lindet. Non enregistré.

REPRÉSENTANTS EN MISSION.

LE COMITÉ DE SALUT PUBLIC
À PRIEUR (DE LA MARNE), REPRÉSENTANT DANS LE MORBIHAN
ET LA LOIRE-INFÉRIEURE [1], À NANTES.

Paris, sans date. (Vers le 16 floréal an 11-5 mai 1794.)

Par sa lettre du 14 de ce mois [2], le Comité, citoyen collègue, t'avait appelé dans son sein pour venir partager ses travaux; mais le retour à Paris de nos collègues Hentz et Francastel lui fait sentir combien ta présence était nécessaire à Nantes. Le Comité t'invite, en conséquence, à y prolonger ton séjour, pour te concerter avec Garnier (de Saintes), et Ingrand, qui sont prévenus de s'y rendre le plus tôt possible [3]. Lorsqu'ils seront arrivés à cette nouvelle destination, tu voudras bien en instruire le Comité de salut public, et tu continueras de te concerter avec eux.

[Arch. nat., AF ii, 37.]

LE COMITÉ DE SALUT PUBLIC
À INGRAND, REPRÉSENTANT DANS LES DEUX-SÈVRES ET LA VIENNE,
À POITIERS.

Paris, 16 floréal an 11-5 mai 1794.

Le Comité de salut public a arrêté, citoyen collègue, que tu reviendrais à l'armée de l'Ouest [4], et d'abord directement à Nantes; ta présence y est nécessaire; tu y trouveras notre collègue Prieur (de la Marne), avec lequel tu voudras bien te concerter, et dont les connaissances locales peuvent t'être utiles dans les mesures qu'exigeront de toi le salut public et la sûreté générale. Le Comité t'invite à partir sur-le-champ pour te rendre à ta destination.

[Arch. nat., AF ii, 37.]

[1] Dans l'original, le Comité donne par erreur à Prieur (de la Marne) le titre de représentant de l'armée de l'Ouest.

[2] Voir plus haut, p. 245.
[3] Voir plus haut, p. 245.
[4] Voir plus haut, p. 289, l'arrêté n° 6.

LE COMITÉ DE SALUT PUBLIC

À J.-B. LACOSTE ET BAUDOT, REPRÉSENTANTS À L'ARMÉE DE LA MOSELLE.

Paris, sans date. (Vers le 16 floréal an 11-5 mai 1794.)

Citoyens collègues,

Le citoyen Colonge, agent du Comité, nous annonce, par sa lettre du 12 floréal, l'entière évacuation de ce qui a été prélevé dans le Palatinat et à Deux-Ponts, et que, de concert avec l'un de vous, il se rendait à Arlon pour s'assurer de ce qu'on pouvait y retrouver de ressources pour l'armée de la République. Notre intention étant de rappeler très prochainement tous les agents envoyés par le Comité, nous vous prions de prendre connaissance des opérations faites par ceux qui sont dans votre dépendance, et de vouloir bien suivre celles qui seraient commencées et non encore terminées, en nous faisant passer votre opinion sur les différents partis auxquels vous croiriez qu'il serait convenable de s'arrêter pour le plus grand bien de la République.

[Arch. nat., AF ii, 203.]

LE COMITÉ DE SALUT PUBLIC

AU REPRÉSENTANT À NANTUA ET À L'ARMÉE DES ALPES [1].

Paris, 16 floréal an 11-5 mai 1794.

Cher collègue,

On nous dénonce des ennemis de la République qui achètent chevaux, juments, poulains et mulets, et qui les font passer chez l'étranger par les frontières orientales et septentrionales des départements de l'Ain et du Mont-Blanc. Cette perfidie pourrait avoir des suites bien dangereuses. Nous vous engageons à la surveiller et à punir les coupables que vous pourrez découvrir.

[Arch. nat., AF* ii. 225.]

---

[1] Je ne vois pas qu'il y eût alors un représentant qui opérât à l'armée des Alpes et à Nantua. Peut-être s'agit-il d'Albitte, représentant dans l'Ain et le Mont-Blanc.

LE REPRÉSENTANT DANS LES DÉPARTEMENTS DE PARIS ET DE SEINE-ET-OISE
AU COMITÉ DE SALUT PUBLIC.

Mantes, 16 floréal an II-5 mai 1794. (Reçu le 13 mai.)

[Crassous invite le Comité à confirmer la nomination par lui faite du citoyen Gilles au grade de capitaine de gendarmerie du district Égalité [1], et de celle de Hulot au grade de brigadier à Gonesse. — Arch. nat., AF II, 163.]

UN DES REPRÉSENTANTS À L'ARMÉE DU NORD AU COMITÉ DE SALUT PUBLIC.

Maubeuge, 16 floréal an II-5 mai 1794.

Citoyens collègues,

J'ai oublié de vous faire passer un arrêté que j'ai pris pour nommer au camp de Maubeuge un général de brigade. C'est un homme brave et intelligent, qui aime la République et qui la défendra bien. Il a fait, plus d'une fois, ses preuves dans la Belgique et à Namur.

Ma femme vous remettra de l'argent sacré : c'est une double couronne prise à Beaumont. Tandis que la République abat celle des tyrans, j'ai cru pouvoir m'emparer de celle d'une vierge de bois. Elle est surmontée d'une croix de saint Louis, que m'a remise un dragon du 7°; elle plastronnait un émigré, qu'il a tué à Conches à la journée du 7; je l'ai récompensé. Ce régiment s'est particulièrement distingué dans cette affaire, et a déployé une audace républicaine dont il y a peu d'exemples. Aussi beaucoup d'émigrés sont-ils allés trouver Capet.

L'ennemi a filé bien avant de Maubeuge, sur une colonne de huit à dix mille hommes, avec deux escadrons de cavalerie et d'artillerie. Nous nous attendions à quelque chose cette nuit. Il y a apparence qu'il se dirige sur Beaumont ou Mons. Les généraux Desjardin et Charbonié sont avertis; je pars pour les joindre et vais dépouiller la principauté de Chimay.

Tous les jours, il nous arrive des subsistances de Beaumont et de Saint-Gery; les saints sont inépuisables.

Salut et fraternité,   LAURENT.

[Ministère de la guerre; *Armées du Nord et des Ardennes. — De la main de Laurent.*]

---

[1] Il s'agit, sans doute, du district de Bourg-Égalité, ci-devant Bourg-la-Reine.

LE REPRÉSENTANT DANS L'EURE, L'ORNE ET LA LOIRE-INFÉRIEURE
AU COMITÉ DE SALUT PUBLIC.

Breteuil, 16 floréal an 11-5 mai 1794. (Reçu le 9 mai.)

[Deux lettres de Deydier : 1° «Il adresse la copie d'un procès-verbal concernant le canal d'Orléans et observe que les manœuvres y rappelées peuvent mettre la République dans de grands embarras. Ces manœuvres, en effet, tendent à empêcher la libre communication des objets de toute nécessité à Paris et dans les environs. Demande un règlement pour la police des canaux et rappelle les retards bien préjudiciables que l'on a éprouvés, faute d'avoir, dans l'approvisionnement des charbons de terre pour la fabrication des armes, rendu navigable le canal de Briare.» — Arch. nat., AF II, 157. Analyse. — 2° Il demande qu'on réquisitionne, pour travailler dans les fonderies de Paris, un ouvrier qui se trouve actuellement à Charleville. Il donne des détails satisfaisants sur la marche de ces fonderies. — Arch. nat., AF II, 235. — *De la main de Deydier.*]

UN DES REPRÉSENTANTS DANS LA MANCHE ET LE CALVADOS
AU COMITÉ DE SALUT PUBLIC.

Caen, 16 floréal an 11-5 mai 1794. (Reçu le 8 mai.)

[Sept lettres de Frémanger : 1° Il s'est rendu à Pont-Chalier, ci-devant Pont-l'Évêque, pour y apaiser des troubles occasionnés par l'ordre de départ des jeunes gens de la première réquisition, qui s'étaient retirés chacun dans ses foyers. «Tous rentrent dans l'ordre, mais il m'a fallu prendre l'arrêté rigoureux dont je joins ici l'expédition [1]. Le principal instigateur est arrêté : je vais le livrer à la justice des tribunaux : déjà, les informations se font sur le compte des auteurs de cette émeute. Tout, au surplus, va bien, au fanatisme près, mais le culte de l'Éternel ramènera à la raison les hommes égarés par la superstition.» — Arch. nat., AF II. 178. — *De la main de Frémanger.* — 2° Il vient de tirer de Valogne 8,000 quintaux en blé, orge et seigle, pour le district de Lisieux, qu'il avait trouvé dénué entièrement en subsistances. — Arch. nat., *ibid.* — *De la main de Fremanger.* — 3° Il mande qu'un vieux militaire lui a dit, en autres choses : «Je voudrais bien qu'on attaquât «à la fois toutes les troupes ennemies, et je voudrais qu'on se portât d'abord sur «tous leurs états-majors, et au pas de charge; la déroute des généraux, adjudants «généraux, etc., s'opérant, celle des armées se compléterait.» J'ai recueilli cette partie du raisonnement de ce sans-culotte : si son observation peut vous servir, je vous la donne; faites-en le cas que vous jugerez convenable.» — Arch. nat., *ibid.*

----

[1] Cette pièce manque.

— De la main de Frémanger. — 4° Il va partir pour Thury, où le fanatisme se montre de nouveau, et avec plus de hardiesse que jamais. «Il existe, près de ce pays, une chapelle, connue sous le nom de chapelle de Bonne-Nouvelle, où se rassemble un nombre considérable de personnes des deux sexes. Près de quatre mille de ces imbéciles, parmi lesquels sont sûrement des prêtres, etc., étaient encore, tout récemment, agenouillés autour des murailles de cette enceinte, à prier, pleurer et chanter. Je vous informerai, à mon retour à Caen, des mesures que j'aurai prises contre la superstition et les superstitieux.» — Arch. nat., *ibid.* — 5° Il fait une enquête sur les causes d'un grand incendie qui vient d'avoir lieu dans le local de la Société populaire de Caen. — Arch. nat., *ibid. — De la main de Frémanger.* — 6° Il a dispensé de la réquisition quatre charretiers attachés au service des convois et transports militaires. — Arch. nat., *ibid. — De la main de Frémanger.* — 7° Il transmet deux arrêtés qu'il vient de prendre, «afin de ne point mettre de retard dans l'habillement et l'équipement des troupes de la République[1]. — Arch. nat., AF ii, 163. — *De la main de Frémanger.*]

LE REPRÉSENTANT DANS LA HAUTE-GARONNE ET LE GERS
AU COMITÉ DE SALUT PUBLIC.

Auch, 16 floréal an ii–5 mai 1794. (Reçu le 15 mai.)

[«Dartigoeyte transmet deux lettres[2]: l'une adressée au représentant Dartigoeyte, l'autre au Comité, par Colas, commandant temporaire de la citadelle de Bayonne. Celui-ci réclame contre le refus qu'il a éprouvé pour obtenir ses lettres de général de brigade, sous prétexte qu'il est impliqué dans l'affaire Labarrère. Dément cette inculpation et demande justice.» — Arch. nat., AF ii, 194. Analyse.]

LE REPRÉSENTANT DANS L'YONNE ET LA SEINE-ET-MARNE
AU COMITÉ DE SALUT PUBLIC.

Auxerre, 16 floréal an ii–5 mai 1794. (Reçu le 10 mai.)

Deux objets importants, citoyens collègues, dans le district de Tonnerre (département de l'Yonne). Le premier, et le plus pressé, était d'y faire accélérer la réquisition de 30,000 quintaux accordés au district d'Auxerre et de faire exécuter votre arrêté qui ordonnait la destitution et l'incarcération de sept administrateurs du district et l'envoi de l'agent national au tribunal criminel du département de l'Yonne;

[1] Ces arrêtés manquent. — [2] Ces lettres manquent.

cette première mesure a reçu son exécution sans la moindre opposition; je vous en ai précédemment rendu compte. Hier, un de ces administrateurs, père de sept enfants, est mort dans la maison de réclusion;
c'est le chagrin qui a abrégé ses jours. Ces administrateurs, citoyens
collègues, je vous le répète, sont plus malheureux que coupables; ils
ont été la victime de leur faiblesse et de la terreur qu'inspire dans ce
district un homme qui, comme vous le verrez par les pièces ci-jointes,
gouverne l'opinion du fond de sa prison.

Le second objet n'était pas moins important; il fallait soustraire le
peuple à la tyrannie, à la division et aux troubles que deux partis,
conduits par quelques meneurs, avaient fomentés dans cette commune.
Cherest[1], procureur syndic du district, ambitieux, vindicatif, turbu-
lent, signataire et propagateur d'adresses au tyran, à La Fayette et à
Luckner, l'ennemi constant des clubs, l'ami des parents d'émigrés et
conspirateurs, qu'il a protégés ouvertement dans les personnes de
Baudelot, F. Marcenay, Guyard dit *Chamblain*, lieutenant de gendar-
darmerie, s'était emparé de l'esprit des cultivateurs; il s'était avisé,
après avoir persécuté les clubistes, d'ériger une Société populaire la
veille de l'exécution du tyran. Couvert du masque du patriotisme, il
s'était servi de la Révolution et de ses mouvements pour satisfaire ses
vengeances. Il avait pour coopérateur un nommé Rousseau, également
rédacteur et signataire des mêmes adresses, et pour agents quelques
citoyens plus égarés que coupables, *du moins j'aime à le croire*.

Un autre parti, ayant pour chefs quelques hommes de loi, avait
rangé sous sa bannière les marchands et les artisans et avait élevé une
nouvelle Société populaire. Ces deux autels élevés à la patrie ont été
profanés par la discorde. Le choc a été violent et continuel. Un représentant de bonne foi, la dupe de l'hypocrite Cherest, en croyant servir
la chose publique, a été, sans le savoir, l'instrument de ses vengeances.
Les prisons ont été remplies; plusieurs citoyens ont été traduits au
tribunal révolutionnaire; mais ce tribunal, protecteur de l'innocence
et terrible aux conspirateurs, les a innocentés. La défense des accusés
a fait connaître Cherest, et vous avez ordonné son arrestation et celle
de ses adhérents. Cette mesure aurait dû rétablir la tranquillité dans
Tonnerre; mais, au moyen des correspondances de Cherest, qui sont

---

[1] Voir t. VII, p. 176, et Moreau, *Tonnerre pendant la Révol.*, p. 205.

aussi actives dans sa prison que lorsqu'il était en liberté, ce remède n'a été qu'un palliatif, et le même esprit de division, moins fortement prononcé, il est vrai, a régné jusqu'à mon arrivée dans cette commune. J'en ai assemblé les habitants; j'ai eu le bonheur de les éclairer; je les ai rendus tout entier à la patrie. Il fallait écarter ceux qui excitaient les esprits et fomentaient les divisions. La femme Cherest, Lombard, son neveu, Champeil, Fouinat, Cabasson et Guenin, agents du parti Cherest, ont été conduits à la maison de réclusion d'Auxerre; les Bizet, Daret, Bailly en même nombre (*sic*) et chefs de l'autre parti n'ont été ménagés.

Le général des habitants a approuvé cette mesure, dictée par la plus impartiale justice. Je les ai rassemblés au temple de la Raison; les autorités constituées, épurées et régénérées, y ont prêté serment; j'y ai parlé des droits et des devoirs de chacun; j'ai employé tout ce que le patriotisme a pu m'inspirer pour communiquer aux habitants le feu sacré qui m'animait; j'y ai réussi, et, par un mouvement spontané, nous avons été à l'autel de la patrie jurer, en présence d'un soleil bienfaisant, reconnaissance au Créateur, amour et fidélité à la République, respect et obéissance aux lois, fraternité aux hommes, haine aux rois, aux despotes, aux aristocrates, aux ambitieux et aux intrigants. Le reste du jour a été consacré à la joie, et, pour la première fois depuis longtemps, on a vu les habitants se communiquer sans haine et sans crainte; car, citoyens, la terreur et la persécution avaient peint sur tous les visages les sentiments qu'elles inspirent, et, dans cette malheureuse commune, on n'osait se regarder en face.

Cette lettre est longue, mais elle est nécessaire. Je la terminerai en vous parlant de moi, non pour faire mon apologie : j'ai votre confiance et je la mérite; mais, comme il ne faut pas que les représentants en mission vous puissent causer aucune inquiétude, que tous vos moments sont nécessaires aux opérations importantes dont vous êtes chargés, il est bon que vous connaissiez les manœuvres qu'on emploie pour diviser et décrier les patriotes. Je vous envoie ci-joint copie collationnée d'une correspondance de Cherest, interceptée par le Comité de surveillance de Saint-Florentin[1]; vous y lirez une adresse envoyée

_____

[1] Dans cette correspondance, il y a une lettre adressée par Cherest à la Convention et au Comité de salut public, où il se plaint que Maure soit appelé à opérer dans le département où il est né, où il a sa famille, ce qui l'empêchera d'être impartial, etc.

par cet homme dangereux, qui dicte ses volontés aux Tonnerrois; vous
y reconnaîtrez l'homme méchant et calomniateur, et vous vous empres-
serez de faire taire cette langue dangereuse. Vous verrez, par la copie
du discours à la Société populaire d'Auxerre, quelle opinion celle de
Tonnerre a de mes opérations; ceux qui l'ont dicté et prononcé étaient
pourtant les partisans de Chérest, mais ils sont revenus de leur erreur
par la seule force de la vérité.

Les citoyens reclus à Auxerre, afin de les éloigner momentanément
de Tonnerre, ne peuvent être regardés comme conspirateurs; cette
mesure n'est relative qu'à la tranquillité de Tonnerre; je pense que,
lorsque le calme y sera solidement rétabli, et que Cherest et Rousseau
auront été jugés, ils pourront être rendus à leurs familles sans aucune
crainte pour le salut de l'État.

Maure aîné.

[Arch. nat., AF ii, 163.]

<hr/>

LE MÊME AU COMITÉ DE SALUT PUBLIC.

Auxerre, 16 floréal an ii-5 mai 1794. (Reçu le 9 mai.)

[Maure envoie un arrêté relatif au changement ou plutôt à l'abréviation de la
route que doit tenir un détachement de 400 hommes, parti d'Angers, et qui arrivera le 19 courant à Saint-Fargeau. — Arch. nat., AF ii, 163.]

<hr/>

UN DES REPRÉSENTANTS À L'ARMÉE DES ARDENNES
AU COMITÉ DE SALUT PUBLIC.

Reims, 16 floréal an ii-5 mai 1794. (Reçu le 10 mai.)

[Deux lettres de Vidalin : 1° Il insiste pour avoir une réponse à ses lettres des
4, 17, 21 et 28 germinal[1], où il exposait les raisons qui l'avaient décidé à faire
arrêter différents officiers, sous-officiers et soldats du 9e régiment de hussards, dont
le dépôt est à Vitry. « Toutes les pièces qui me sont parvenues, je vous les ai adressées, afin de vous mettre à même de juger s'il n'était pas plus nécessaire de les
faire passer au tribunal révolutionnaire de Paris qu'au tribunal militaire, où déjà
quatre officiers étaient en état d'arrestation. » — Arch. nat., AF ii, 242. — 2° Il

[1] De ces quatre lettres, nous n'avons que celle du 17 germinal. Voir t. XII, p. 410.

transmet un arrêté qu'il a pris pour empêcher les militaires malades de se faire traiter autre part que dans les hôpitaux à ce destinés[1]. — Arch. nat., *ibid.*]

UN DES REPRÉSENTANTS À L'ARMÉE DE LA MOSELLE
AU COMITÉ DE SALUT PUBLIC.

Morfontaine, 16 floréal an II-5 mai 1794. (Reçu le 11 mai.)

Citoyens collègues,

J'ai reçu, avec la plus grande surprise, un procès-verbal fait par la Société populaire de Metz, qui n'est qu'un tissu de calomnies et de mensonges. Je n'y ai trouvé qu'un seul fait de vrai : c'est l'arrêté que j'ai pris en faveur des pauvres contre les riches de cette commune. C'est pour se soustraire à l'effet de cet arrêté, qui atteint les riches, qu'on a trouvé le moyen de me ridiculiser en me prêtant des actions que je puis démentir par le témoignage de ceux qui ne m'ont pas quitté dans la journée, et en avilissant en moi la dignité de la représentation nationale.

J'ai fait arrêter trois personnes, dont les propos et l'inaction dans un pareil moment donnaient lieu à mes soupçons sur leur compte. Cependant, d'après les informations que j'ai prises, vous verrez, par mon arrêté ci-joint du 15 courant[2], que je les ai fait mettre en liberté ; je n'avais cependant point eu à cette époque aucune connaissance du procès-verbal de la Société populaire. Tout concourt à me persuader plus que jamais de l'esprit de modérantisme et d'intrigue qui règne dans la commune de Metz. Vous n'en serez pas surpris en apprenant qu'il n'a été pris, dans les trois départements qui avoisinent la Moselle, que des demi-mesures extrêmement dangereuses. Il en est une, entre autres, prise par le représentant Mallarmé, qui pourrait avoir les suites les plus funestes : c'est l'arrêté qui prescrit aux prêtres de se rassembler dans les chefs-lieux de district. Ces hommes, qui peuvent se voir et conférer ensemble, ayant seulement la ville pour prison, ne tarderaient pas à cabaler. Quels inconvénients n'en pour-

---

[1] Cet arrêté manque. — [2] Cet arrêté manque.

rait-il pas résulter dans des communes telles que Thionville, Sarre-libre, Longwy, etc., qui sont des chefs-lieux de district? Nous allons prendre un arrêté pour les faire renfermer tous dans la citadelle de Verdun.

J'ai visité les trois divisions de droite, ainsi que tous les postes de l'avant-garde; j'y ai trouvé beaucoup d'exactitude dans le service; il existe cependant dans cette armée un esprit de pillage qu'il est absolument nécessaire de détruire; nous allons faire aujourd'hui ou demain une proclamation en conséquence.

J'oubliais de vous dire que le reproche de la Société de Metz, de n'avoir pas été revêtu des marques distinctives de représentant, n'est pas plus fondé que le reste; je montais en voiture au moment où la cloche d'alarme sonnait; je n'ai écouté que mon zèle; j'y ai été tel que j'étais; mais je me suis annoncé comme représentant du peuple et ai même montré mes pouvoirs, en présence de la garde, à ceux qui me méconnaissaient.

Le nommé Manière, inspecteur des charrois, dont je vous avais parlé dans ma dernière, est toujours sous la garde d'un gendarme. Dans l'état qu'il a fourni des employés de cette administration, que je vais épurer, il se trouve quantité de muscadins, avocats, etc., dont les états ne peuvent leur avoir donné aucunes connaissances relatives à leur emploi, et, si Manière n'était pas un contre-révolutionnaire, il n'eût pas agi ainsi. Ce sont tous ces gens-là qui, dans les Sociétés populaires, affectent aujourd'hui un patriotisme outré et ont la voix prépondérante.

Salut et fraternité,   DUQUESNOY.

P.-S. Il serait très important, pour la chose publique, que les employés, dans toutes les administrations militaires, ainsi que tous les militaires, ne pussent être membres des Sociétés populaires. Qu'ils les fréquentent comme auditeurs pour s'instruire, mais non comme sociétaires; il n'est pas naturel que les surveillés soient en même temps leurs surveillants. Vous en avez pressenti les inconvénients et les abus, lors de la destruction des bureaux du ministre.

[Arch. nat., AF II, 157.]

LE REPRÉSENTANT DANS LE LOT ET LE CANTAL
AU COMITÉ DE SALUT PUBLIC.

Villefranche-d'Aveyron, 16 floréal an 11-5 mai 1794.
(Reçu le 15 mai.)

Citoyens mes collègues,

Après avoir fait tout ce qui était en mon pouvoir dans les départements de l'Aude, de l'Hérault et du Tarn pour l'exécution de votre arrêté sur les subsistances, après avoir monté l'esprit public dans celui du Tarn en voyant, selon mon usage, les maires et officiers municipaux des communes, en me rendant dans les cantons suspects, je vous ai prévenu que ma santé, épuisée par des courses pénibles faites presque toujours à franc étrier, me forçait à quelques jours de repos que je viens de prendre chez un ami, à trois lieues de cette commune, où je suis à portée d'être instruit de tout ce qui se passe dans les départements qui me sont confiés. Je vous ai en même temps prié de vouloir bien désigner quelqu'un pour créer l'esprit public dans le département de l'Aveyron; car, pour celui du Tarn, je me flatte que vous en serez contents. Je me propose seulement d'y reparaître à la fin du mois pour voir si la nouvelle réquisition de 20,000 quintaux de blé en faveur de la Lozère et de l'Aveyron s'exécute sans difficulté; car je n'ai laissé aux districts de Lavaur et Gaillac que les plus strictes ressources pour attendre la récolte. Il est vrai que le district de Castres fait, par mon ordre, une réserve de 3,000 quintaux pour aider, dans un cas pressant, les communes qui pourraient avoir un besoin urgent. Avec cette précaution, je préviendrai les réclamations et les mouvements qui ne peuvent avoir lieu que par la négligence des administrations dans les nivellements des grains ou par des causes imprévues qui pourraient retarder la récolte de quelques jours. Je pense même que le département de l'Aveyron peut, avec les 40,000 quintaux, attendre la coupe des seigles dans le département du Tarn; mais, comme cette coupe se fait un mois plus tard dans l'Aveyron, il me paraît nécessaire que vous ordonniez que les 35,000 quintaux qui restent à payer, d'après votre arrêté, à la Lozère ou à l'Aveyron, seront fournis par le département du Tarn sur les premiers seigles qui seront coupés, ou bien que vous leur fassiez payer ce restant aux départements de l'Aude ou de l'Hérault, qui, quoi qu'ils en disent et malgré la dissipation journalière de grains qu'on consomme indiscrètement, peuvent fournir plus de 200,000 quintaux de grains, après avoir acquitté les réquisitions portées par votre arrêté du 7 germinal. L'égoïsme de ces administrations peut vous en imposer pour le moment, mais je connais leurs ressources, et je me charge de les trouver.

Je ne sais, citoyens collègues, si vous êtes contents de mes opérarations. J'ai fait tout ce que mes moyens physiques et moraux ont pu me permettre; j'ai surtout évité l'intrigue autant qu'il est possible, en m'entourant sans cesse d'un conseil pris dans les Sociétés populaires épurées et dans les Comités de surveillance. J'ai éprouvé partout les plus douces émotions en emportant l'estime et l'amitié du peuple. Il est malheureux que ce peuple soit encore si ignorant et, par son ignorance, si facile à égarer. Il faudrait être toujours avec lui pour le préserver de l'erreur et de la malveillance. Il aime singulièrement à voir son représentant, et sa seule présence le rassure et l'élève à la hauteur révolutionnaire. S'il était possible de lui donner des fonctionnaires publics dignes de sa confiance et véritablement pénétrés de la dignité et de l'importance de leurs fonctions, il recevrait avec reconnaissance l'instruction et les sages décrets de la Convention nationale. Mais, en général, les administrations sont faibles, et les municipalités des campagnes joignent à l'ignorance l'insouciance et l'égoïsme. Les officiers municipaux sont partout les plus riches propriétaires et oublient le malheureux ouvrier, qui seul manque de pain. J'ai pris toutes les mesures possibles pour faire disparaître cette inégalité criminelle; mais, les mesures tenant à l'activité des administrations de district, elles manquent souvent par le défaut d'exécution; sans cela, il n'y aurait pas eu de misère; car, d'après les recensements, tous les propriétaires ont du grain pour eux, sans compter celui qu'ils cachent, dont la fraude est souvent découverte par les commissaires chargés des recensements. Heureusement que nous touchons à la récolte, qui, partout, est d'une abondance rare, et qui permettra de faire de bonne heure des greniers d'abondance; à cette époque prochaine, nous n'aurons plus d'inquiétude pour l'intérieur.

J'attends tous les jours vos ordres pour la conduite qui me reste à tenir. Je rentrerai avec plaisir dans le sein de la Convention, car mon avis a été et sera toujours de ne pas laisser trop longtemps les députés

dans les mêmes départements. Je vous ai marqué ma répugnance
pour opérer dans celui de l'Aveyron, qui m'a vu naître. Quoique je
sois bien sûr de moi, je ne pourrai me garantir de quelque soupçon
de partialité et éviter la calomnie qui s'attache plus que jamais aux
vrais amis de la patrie. Je connais ce département, et je le vois livré
plus à l'intrigue, aux petites passions, aux intérêts particuliers qu'à
l'intérêt général. Vous avez mis la probité et la vertu à l'ordre du jour;
ce principe a été constamment mon guide: il m'a servi à déjouer de
faux patriotes qui primaient dans les communes, plus par la terreur
que par leurs vertus. Je les ai attaqués de front, je les ai démasqués,
et le peuple m'en a marqué sa forte satisfaction. Les intrigants n'en
sont pas contents, parce qu'ils craignent leur sort; mais ils n'osent
s'élever contre les faits matériels qui ont dirigé mes opérations.
Lorsque quelqu'un murmure, je leur (*sic*) offre de les conduire et
de les présenter à la Convention et de me mettre avec eux en arrestation jusqu'aux éclaircissements nécessaires; aucun ne veut me suivre;
ils aboient de loin comme les mauvais chiens. Pour moi, je ne crains
ni le jugement des hommes, ni celui de ma conscience. Lorsque je
verrai le crime, je l'attaquerai hardiment, dût-il me poignarder.

  Salut et fraternité,

                                                          Bo.

  [Arch. nat., AF ii, 178. — *De la main de Bo.*]

COMITÉ DE SALUT PUBLIC.

Séance du 17 floréal an ii - 6 mai 1794.

Présents : B. Barère, Carnot, Couthon, C.-A. Prieur, Collot-d'Herbois, Billaud-Varenne, Robespierre, R. Lindet.

1. Le Comité de salut public, d'après les représentations faites par
plusieurs receveurs de district sur la quantité considérable de coupures d'assignats qui leur est remise en payement des domaines nationaux et sur l'impossibilité presque physique dans laquelle ils se
trouvent d'annuler ces valeurs avant de les transmettre à la Trésorerie

nationale, arrête que les receveurs de district sont autorisés provisoirement à adresser les coupures d'assignats, au-dessous de 5 livres, au caissier des recettes journalières de la Trésorerie nationale, sans qu'elles soient annulées, lorsque, dans l'envoi, elles excéderont la somme de 500 livres. La Trésorerie nationale présentera au Comité le moyen le plus prompt et le plus sûr d'annuler ces assignats.

B. BARÈRE, COLLOT-D'HERBOIS [1].

2. Le Comité de salut public arrête que la Commission des transports et messageries fera fournir à chacune des onze autres Commissions une voiture, avec les chevaux, les hommes nécessaires, pour le service et autres accessoires. Ces objets seront placés dans le local de chaque Commission, pour être continuellement à leur disposition, pour les courses qu'elles ont à faire pour leur service. Mais la Commission des transports conservera la surveillance de ces effets, des chevaux et des hommes, les remplacera quand elle le jugera convenable, et pourvoira à la nourriture des chevaux, ainsi qu'au salaire des palefreniers et cochers. Le nom de chaque Commission sera écrit visiblement sur les portières de la voiture qui lui est destinée.

CARNOT, C.-A. PRIEUR, B. BARÈRE [2].

3. Le Comité de salut public autorise la Commission des secours publics à délivrer des mandats, qui ne pourront excéder 50 livres, et dont la totalité ne pourra s'élever, dans le cours d'une année, au-dessus de 12,000 livres. Cette somme est accordée à valoir sur les fonds qui sont mis à la disposition de la Commission des secours publics.

B. BARÈRE, COLLOT-D'HERBOIS, C.-A. PRIEUR,
BILLAUD-VARENNE [3].

4. Le Comité de salut public arrête qu'il sera délivré au citoyen Laignelot, représentant du peuple, qui se rend à l'armée de l'Ouest [4] pour y remplir la mission dont il a été chargé par le Comité, un man-

---

[1] Arch. nat., AF ii, 20. — *La dernière phrase est de la main de Barère.*

[2] Arch. nat., AF ii, 20. — *De la main de C.-A. Prieur.*

[3] Arch. nat., AF ii, 81. — *De la main de Barère.*

[4] Le conventionnel Laignelot avait été envoyé non pas à l'armée de l'Ouest, mais dans les départements de l'Ille-et-Vilaine et la Mayenne. Voir plus haut, p. 235, l'arrêté du Comité de salut public du 14 floréal n° 2.

dat de la somme de 3,000 livres, en numéraire, qui sera prise sur les 50 millions mis par décret à la disposition du Comité de salut public.

Collot-d'Herbois [1].

5. Le Comité de salut public autorise la Commission des administrations civiles, police et tribunaux à faire transférer les bureaux relatifs à l'agence des lois, qui existent actuellement, tant à la maison dite *de l'Intérieur*, qu'en celle de la Guerre, de la Marine, et de la maison dite *de la Justice*, en celle dite *Beaujon*, où va être définitivement fixée l'agence des lois [2].

6. Le Comité de salut public autorise l'administration des armes portatives de la République à délivrer à l'économe de l'hospice placé au ci-devant évêché, par état et sur sa reconnaissance, les meubles demandés par les officiers de santé, lequel état et reconnaissance vaudront pour ladite administration pleine décharge et lui serviront au besoin de pièces de comptabilité [3].

7. Le Comité de salut public arrête que les guichetiers et infirmiers des maisons d'arrêt et de détention sont autorisés à se faire remplacer à leurs frais dans le service de la garde nationale [4];

8. Le Comité de salut public arrête que les citoyens Le Blond et Regnier, gardiens de la bibliothèque nationale de la maison ci-devant collège des Quatre-Nations, ainsi que les deux commis attachés au service de cette bibliothèque et le frotteur, conserveront le logement qu'ils occupent aux alentours, et que la Commission des travaux publics sera chargée de faire construire un mur pour isoler absolument la bibliothèque de la cour, qui doit appartenir à la maison de détention.

Collot-d'Herbois, Couthon [5].

[1] Arch. nat., AF ii, 278.
[2] Arch. nat., AF ii, 60. — La minute est un projet d'arrêté signé Herman.
[3] Arch. nat., AF ii, 81. — La minute est un projet d'arrêté signé Herman, et suivi de ces mots : «Bon à expédier : Collot-d'Herbois, Couthon.»
[4] Arch. nat., AF ii, 81. — Même remarque que pour l'arrêté précédent.
[5] Arch. nat., AF ii, 67.

9. Le Comité de salut public arrête ce qui suit : 1° Il sera établi dans la maison nationale des Invalides une école publique où l'on enseignera l'art de lire, d'écrire et de compter. — 2° L'administration de cette maison procurera un emplacement pour l'établissement de cette école et la fournira de tous les objets nécessaires, tels que papiers, plumes. — 3° La Commission des secours présentera à l'approbation du Comité de salut public deux maîtres instruits et patriotes, qui seront chargés de l'enseignement; ceux des Invalides qui seront déclarés suffisamment instruits seront admis successivement dans les différentes commissions et administrations publiques, en qualité de commis et employés, suivant leurs talent et intelligence.

B. Barère, Billaud-Varenne, C.-A. Prieur, Collot-d'Herbois[1].

10. Le Comité de salut public arrête que le citoyen Bollet, représentant du peuple, rentrera sans délai dans le sein de la Convention nationale.

Collot-d'Herbois, B. Barère, Billaud-Varenne, C.-A. Prieur, Robespierre[2].

11. Le Comité de salut public arrête que les décorations, machines, meubles et ustensiles qui servaient à l'Opéra du ci-devant château de Versailles ne seront point vendus, mais seront remis, par inventaire et estimation, au directeur de l'Opéra de Paris, pour l'usage de ce spectacle[3].

12. Le Comité de salut public arrête que le citoyen Vidalin, représentant du peuple, rentrera sans délai dans le sein de la Convention nationale.

Collot-d'Herbois, Billaud-Varenne, Robespierre, B. Barère, C.-A. Prieur[4].

13. Le Comité de salut public arrête que le citoyen Masson, gen-

---

(1) Arch. nat., AF ii, 284.

(2) Arch. nat., AF ii, 59. — *De la main de Collot-d'Herbois.*

(3) Arch. nat., AF ii, 67. — La minute est un projet d'arrêté, signé Herman et suivi de ces mots : « Bon à expédier Collot-d'Herbois, Couthon. »

(4) Arch. nat., AF ii, 59. — *De la main de Collot-d'Herbois.* — Vidalin était en mission à l'armée des Ardennes.

darme, sera mis sur-le-champ en état d'arrestation à la Conciergerie, prévenu d'avoir tiré son sabre contre un représentant du peuple [1] et de l'avoir menacé, quoiqu'il lui ait déclaré sa qualité.

> C.-A. Prieur, B. Barère, Robespierre, Collot-d'Herbois, Billaud-Varenne [2].

14. D'après le rapport fait par la Commission des travaux publics sur ce qui concerne la levée des plans et cartes de la République, le Comité de salut public arrête que le bureau établi pour le cadastre de la France sera réuni à la Commission des travaux publics comme faisant partie du travail sur les plans et cartes de la République, et qu'à cet effet tout ce qui en dépend sera transféré dans la maison de la Révolution, ci-devant Palais-Bourbon.

> C.-A. Prieur, Collot-d'Herbois, Billaud-Varenne [3].

15. Le Comité de salut public, sur le rapport de la Commission des transports militaires, arrête que les entrepreneurs des voitures pour le transport des fourrages qui avaient passé des marchés avec l'administration des subsistances militaires, au prix de 4 livres 15 sols la journée et qui se trouvent réduits à 55 sols par l'arrêté du 22 pluviôse [4], contenant fixation du prix de toutes les voitures à loyer, seront payés sur le prix de 4 livres 2 sols, au lieu de 55 sols, depuis le jour où la réduction a été exécutée jusqu'au 10 germinal, vu la nature de leurs services et l'excessive consommation de fourrages qu'ils ont faite pour augmenter leur chargement, qui a été de 3,600 livres, tandis que le chargement ordinaire n'était que 2,500.

> R. Lindet [5].

16. Le Comité de salut public, après avoir pris connaissance des certificats et attestations qui constatent l'infirmité du citoyen Samson Guernier, âgé de 25 ans, par suite d'une fracture au bras droit qu'il

---

[1] D'après une note marginale, ce représentant était Saint-Just, et c'est «sur une fausse dénonciation» de lui que cet arrêté fut pris.

[2] Arch. nat., AF II, 60. — De la main de Barère. Non enregistré. La minute de cet arrêté est biffée, et l'arrêté lui-même

fut rapporté le lendemain. Voir plus loin, à la date du 18 floréal, l'arrêté n° 1.

[3] Arch. nat., AF II, 80. — Non enregistré.

[4] Voir t. XI, p. 40, l'arrêté n° 7.

[5] Arch. nat., AF II, 286. — De la main de R. Lindet. Non enregistré.

cut en 1781 (v. s.), et vu l'impossibilité où il se trouve de s'en servir en portant les armes au service de la République, arrête qu'il quittera le corps dans lequel il est incorporé et qu'il se rendra chez lui pour y être traité jusqu'à parfaite guérison.

CARNOT, C.-A. PRIEUR[1].

17. Vu le rapport de la Commission des travaux publics, relativement au besoin qu'elle a des cartes de géographie, dites *de Cassini*, le Comité de salut public arrête que le citoyen Buache remettra à la Commission des travaux publics quatre exemplaires complets du recueil des cartes dites *de Cassini*, pris dans le nombre de ceux qui ont été trouvés dans les maisons devenues nationales, à la charge par la Commission des travaux publics de lui en donner un récépissé.

COLLOT-D'HERBOIS, C.-A. PRIEUR, BILLAUD-VARENNE[2].

18. Le Comité de salut public arrête que la Commission des transports, postes et messageries fera délivrer deux chevaux de selle dressés du dépôt des remontes à Colombel, adjoint aux adjudants généraux de l'armée du Rhin, qui en tiendra compte à la Commission au prix coûtant.

CARNOT, B. BARÈRE, C.-A. PRIEUR, COLLOT-D'HERBOIS[3].

19. Le Comité de salut public, sur le rapport de la Commission du commerce et des approvisionnements, exposant que, par l'article 6 de l'arrêté du 23 ventôse[4], elle a été autorisée de faire exporter les marchandises de l'Inde déposées à Lorient tant par l'ancienne compagnie des Indes que par des particuliers, ou de les faire vendre publiquement, sous la condition expresse du payement en papier sur l'étranger; mais que, parmi ces marchandises, il y a des toiles blanches destinées à passer dans les fabriques nationales, que la vente en doit être faite à des fabricants et manufactures établis en France, et qu'on ne peut leur imposer l'obligation d'en payer le prix en papier sur l'étranger, arrête que la Commission s'occupera, sans délai, de la taxe des toiles blanches

[1] Arch. nat., AF II, 304. — *Non enregistré.*

[2] Arch. nat., AF II, 221. — *Non enregistré.*

[3] Arch. nat., AF II, 285. — *De la main de Carnot. Non enregistré.*

[4] Voir t. XI, p. 670, l'arrêté du Comité n° 5.

propres à l'impression, qu'elle indiquera le terme le plus court dans lequel la vente s'en fera publiquement. La vente sera faite sous la condition que les adjudicataires s'engageront, par acquit-à-caution, de les faire livrer à l'impression dans les manufactures nationales, en payant comptant le prix de leur adjudication en assignats. Dans le cas où, les fabricants français se trouvant suffisamment approvisionnés pour entretenir les manufactures nationales, la Commission permettrait qu'il se fît des adjudications pour une autre destination, pour entretenir les fabriques et manufactures des neutres ou des alliés, les adjudicataires seront tenus de payer le prix de leurs adjudications en papier sur l'étranger. Et, dans l'un et l'autre cas, lorsque l'adjudicataire aura payé en assignats le prix de son adjudication, il sera tenu de retirer dans six mois la somme qu'il aura déposée, en assignats, à la Trésorerie nationale, et de la remplacer par la même somme en papier sur l'étranger, si les toiles n'ont pas été livrées à l'impression dans les fabriques nationales.

R. Lindet [1].

20. [Arrêté complétant celui du 26 germinal, qui autorisait un payement à faire à un négociant de Hambourg [2]. R. Lindet. — Arch. nat., AF ii, 75. — *De la main de R. Lindet. Non enregistré.*]

21. Le Comité de salut public, ayant reconnu qu'il était nécessaire d'apporter quelques modifications dans le choix des emplacements destinés pour l'établissement des douze Commissions créées par la loi du 12 germinal dernier, arrête définitivement qu'ils seront fixés comme il suit :

Noms des Commissions :	*Noms des emplacements.*
1° Administrations civiles, police et tribunaux	Maison Beaujon, faubourg Honoré. Maison de la justice, place des Piques.
Le bureau de l'envoi des lois dépendant de cette Commission.	Maison ci-devant Massiac.
2° Instruction publique	Maison du petit Luxembourg, rue Vaugirard.
3° Agriculture et arts.	Maison Champotreux, ci-devant Conti, rue Dominique.

[1] Arch. nat., AF ii, 78. — *De la main de Lindet. Non enregistré.* — [2] Voir t. XII. p. 599, l'arrêté n° 9.

Noms des Commissions :	Noms des emplacements.
4° Commerce et approvisionnements. .	Maison Saluc, ci-devant Conti-Castries, rue Varenne.
Les bureaux de l'agence des subsistances militaires dépendant de cette Commission	Maison ci-devant Brissac.
Les bureaux de l'agence de l'habillement dépendant de la même Commission	Maison ci-devant Castries.
5° Travaux publics	Maison Bourbon-Condé, rue de Lille.
6° Secours publics	Maison Monaco-Kuiski, rue Dominique.
7° Transports, postes et messageries. Transports.	
Les bureaux dépendant de cette Commission	Les bâtiments qu'ils occupent actuellement, en y ajoutant la maison Thelusson et Montesson, rue de Provence.
Postes. — Les bureaux de postes aux lettres	L'ancien bureau, en y ajoutant la maison Goufflier, rue Jean-Jacques Rousseau.
Messageries. — Les bureaux des messageries	Maison ci-devant Boulainvilliers, en y ajoutant partie du jardin des Filles-Saint-Thomas, rue Notre-Dame-des-Victoires.
8° Revenus nationaux	Maison de l'Intérieur.
Bureaux qui en dépendent	Maison des contributions publiques.
	Maison des domaines nationaux.
	Maison des assignats.
9° Organisation et mouvement des armées de terre	Maison Rohan-Rochefort, rue de Varennes.
	Maison Rohan-Chabot, rue de Varennes.
10° Marine et colonies	Maison de Broglie, rue de Varennes.
	Maison Porloy, rue de Varennes.
11° Armes, poudres et exploitations des mines	Maison de Juigné, quai Malaquais.
12° Relations extérieures	Maison Gatisset, rue du Bac.

Les membres du Comité de salut public invitent leurs collègues Jullien Dubois et Portiez, membres du Comité d'aliénation et domaines, à surveiller l'exécution du présent arrêté et à donner, en conséquence, les ordres nécessaires à l'agent national près le département de Paris [1].

[1] Arch. nat., AF II, 24. — *Non enregistré.*

22. Vu le rapport de la Commission des travaux publics, duquel il résulte qu'il convient que les canaux de navigation dont l'entreprise a été concédée à des compagnies, à la charge de revenir à la République après un certain temps, soient surveillés de manière à ce que la République ne se trouve pas chargée d'ouvrages dont la construction, quelquefois vicieuse, pourrait la constituer dans des frais considérables, arrête : 1° que la Commission des travaux publics prendra connaissance de tous les canaux et autres ouvrages de ce genre qui ont été ou qui sont entrepris par des compagnies et s'en fera donner les plans exacts et circonstanciés; 2° que la Commission en fera surveiller l'exécution, ainsi que l'entretien, de manière à ce que le service public ne soit pas interrompu et la sûreté des propriétés compromise.

Collot-d'Herbois, Billaud-Varenne, C.-A. Prieur [1].

23. Le Comité de salut public arrête que la Commission de santé, établie par décret du 15 courant [2], et l'administration des hôpitaux ambulants seront placées dans des maisons nationales, près la Commission des secours publics; invite, en conséquence, ses collègues Portiez et Jullien Dubois à désigner, pour lesdits établissements, deux maisons nationales, à proximité de celle où est établie la Commission des secours.

Carnot, B. Barère, Couthon, C.-A. Prieur [3].

REPRÉSENTANTS EN MISSION.

LE COMITÉ DE SALUT PUBLIC
À RICHARD ET CHOUDIEU, REPRÉSENTANTS À L'ARMÉE DU NORD.

Paris, 17 floréal an II-6 mai 1794.

Le Comité de salut public vous fait passer, citoyens collègues, différentes pièces relatives à la réparation des écluses de Voyaux, sur le

---

anal dit *le Crozat*. Consulté sur cet objet par le département de 'Aisne, le Comité de salut public en a référé au Comité des ponts et haussées, qui, ainsi que vous le verrez par son arrêté ci-joint[1], a été l'avis de différer la construction de ces écluses, afin de ne pas nuire ux transports des subsistances et des approvisionnements pour l'armée lu Nord. Le Comité de salut public croit devoir laisser à votre expé- ience le soin de décider ce qu'il importe de faire pour le plus grand ntérêt de la République, l'avantage de l'armée et le triomphe de la iberté.

[Arch. nat., AF ii, 37.]

_____

LE COMITÉ DE SALUT PUBLIC
À LEVASSEUR, REPRÉSENTANT DANS LE DÉPARTEMENT DES ARDENNES,
À GIVET.

Paris, 17 floréal an II-6 mai 1794.

Le Comité, citoyen collègue, t'adresse des notes instructives sur les ivisions qui paraissent avoir régné dans le département des Ardennes. .e Comité a pensé qu'elles pourraient te donner quelques renseigne- nents pour éclairer ta mission.

[Arch. nat., AF ii, 37.]

_____

LE COMITÉ DE SALUT PUBLIC
À POMME, REPRÉSENTANT À L'ARMÉE DES CÔTES DE CHERBOURG,
À CARENTAN.

Paris, 17 floréal an II-6 mai 1794.

Le Comité, citoyen collègue, désire connaître en quelle situation est 'esprit public à Caen; comme tu es à même de lui donner des rensei- ;nements certains, le Comité de salut public t'invite à t'en occuper et les lui faire parvenir dans le plus bref délai[2].

[Arch. nat., AF ii, 37.]

_____

(1) Cette pièce manque. — (2) On trouvera plus loin, à la date du 24 floréal, la ré- onse de Pomme.

LE COMITÉ DE SALUT PUBLIC
À VIDALIN, REPRÉSENTANT À L'ARMÉE DES ARDENNES,
ET À BOLLET, REPRÉSENTANT À L'ARMÉE DU NORD.

Paris, 17 floréal an 11 – 6 mai 1794.

[Le Comité, en deux lettres identiques, leur notifie leur rappel [1]. — Arch. nat.,
AF ii, 37.]

LE COMITÉ DE SALUT PUBLIC
À LAKANAL, REPRÉSENTANT DANS LE LOT-ET-GARONNE [2], À BERGERAC.

Paris, 17 floréal an 11 – 6 mai 1794.

L'intrigue et la malveillance, citoyen collègue, ont élevé quelques
mouvements dans le district de Lauzun et y ont assailli le patriotisme.
Le Comité t'invite à te transporter sur les lieux et à prendre les mesures convenables pour faire cesser ces menées contre-révolutionnaires,
d'après les renseignements ultérieurs que tu pourrais te procurer; cette
opération ne saurait être bien longue.

[Arch. nat., AF ii, 37.]

LE COMITÉ DE SALUT PUBLIC
À BOURBOTTE, EX-REPRÉSENTANT À L'ARMÉE DE L'OUEST, À AVALLON.

Paris, 17 floréal an 11 – 6 mai 1794.

Le Comité a appris avec peine, citoyen collègue, qu'une maladie
était venue interrompre le cours de tes travaux et suspendre momentanément les effets de ton activité et de ton zèle. Aussitôt que ta santé
sera rétablie, le Comité t'invite à l'en prévenir; il se propose de t'envoyer près les armées, où la patrie attend encore de toi de nouveaux
services [3].

[Arch. nat., AF ii, 37.]

---

[1] Voir plus haut, p. 311, les arrêtés 10
et 12.

[2] Lakanal n'était pas en mission dans
le Lot-et-Garonne, mais dans le Bec-d'Ambès et la Dordogne. Il y a donc ici une

de ces confusions qui se rencontrent souvent dans la correspondance du Comité.

[3] En effet Bourbotte fut envoyé à l'armée de l'Ouest par arrêté du 22 floréal.
Voir plus loin, à cette date, l'arrêté n° 3.

LE COMITÉ DE SALUT PUBLIC
AUX REPRÉSENTANTS À L'ARMÉE DE LA MOSELLE.

Paris, 17 floréal an II-6 mai 1794.

Citoyens collègues,

Le citoyen Étienne Dona, de Dinan, détenu dans la maison d'arrêt le Luxembourg, nous a adressé la pétition que vous trouverez ci-ointe [1]. Comme son exposé est de nature à exiger des renseignements ropres à éclairer sa conduite, nous vous prions de vous occuper à les ecueillir et de nous les transmettre en nous faisant le renvoi de sa ettre.

Salut et fraternité. Les membres du Comité de salut public,

CARNOT.

[Arch. nat., AF II, 203.]

_____

LE COMITÉ DE SALUT PUBLIC
ALBITTE, REPRÉSENTANT DANS L'AIN ET LE MONT-BLANC, À CHAMBÉRY.

Paris, 17 floréal an II-6 mai 1794.

Le Comité a reçu, citoyen collègue, les pièces que tu as adressées, relativement à la trahison du général Santerre. Le Comité te prévient ue, par son arrêté du . . . floréal [2], dont tu trouveras ci-joint la opie, il l'a fait mettre en arrestation, et te charge d'assurer sa rompte exécution.

[Arch. nat., AF II, 37.]

_____

LE COMITÉ AU MÊME.

Paris, 17 floréal an II-6 mai 1794.

Un fonctionnaire public, citoyen collègue, l'agent national de . . . [3], été assassiné; il voulait ramener des lâches sous les drapeaux de la

_____

[1] Cette pièce manque. — [2] C'est l'arrêté n° 19, du 13 floréal. Voir plus haut, . 208. — [3] Le nom de lieu est en blanc dans l'original.

République qu'ils avaient abandonnés; les scélérats l'ont poignardé. Le Comité te fait passer une copie de la lettre qui l'annonce [1]. Cet attentat affreux demande vengeance. On a voulu assassiner la loi, dans la personne de son ministre. Prends les renseignements les plus exacts, et détermine-toi par les principes d'une justice prompte, éclatante, dans d'aussi graves circonstances.

[Arch. nat., AF ii, 37.]

LE COMITÉ DE SALUT PUBLIC
À CHAUDRON-ROUSSEAU, REPRÉSENTANT DANS L'ARIÈGE ET LES PYRÉNÉES-ORIENTALES, À CARCASSONNE.

Paris, 17 floréal an ii - 6 mai 1794.

Il te reste encore, citoyen collègue, quelques opérations à terminer dans les départements de l'Ariège et de l'Aude. Le Comité t'invite à les accélérer le plus qu'il te sera possible, de manière à ce qu'elles puissent être terminées sous quinze jours.

[Arch. nat., AF ii, 37.]

UN DES REPRÉSENTANTS À L'ARMÉE DU NORD AU COMITÉ DE SALUT PUBLIC.

Lille, 17 floréal an ii - 6 mai 1794.

Citoyens collègues,

Je vous ai écrit plusieurs fois, pendant le séjour que j'ai fait à Cambrai, et, en vous faisant part de l'état de désorganisation dans lequel j'y ai trouvé toutes les parties administratives et militaires; je vous ai également instruits des premières mesures que nous avons prises pour faire renaître l'ordre et la confiance dans les troupes de la division. Notre collègue Richard et le général en chef Pichegru, qui sont venus le 15 à Cambrai, ont applaudi à ces mesures. Je suis revenu ici hier avec eux, parce que différentes affaires y exigeaient ma présence. Je me propose de retourner demain à Cambrai, pour y terminer quelques affaires.

------

[1] Cette lettre manque.

Le service de la place était infiniment négligé; les remparts, les fossés, toutes les fortifications, étaient ouverts au premier qui voulait les parcourir, même en faire usage. J'ai recommandé au général de brigade Proteau, aujourd'hui commandant de la place, de réprimer sévèrement cet abus, et je verrai demain si mes réquisitions ont été exécutées.

Il est probable que je prendrai aussi le parti de faire inonder du côté le plus faible de la place.

Ces mesures, une garnison de six mille hommes, avec des munitions de guerre et de bouche, mettront Cambrai dans le cas de faire une longue résistance; mais je vous préviens qu'il ne s'y trouve que quatre-vingts milliers de poudre, quantité insuffisante pour la défense de la place, vu qu'il en faut vingt-cinq milliers pour charger les mines. J'ai parcouru ce dernier ouvrage : il est vraiment superbe, et j'ai donné les ordres pour en accélérer l'achèvement, surtout dans les parties les plus intéressantes.

Je joins à ma lettre un mémoire qui m'a été remis par les officiers du génie[1], relativement à des ouvrages projetés pour défendre la citadelle du côté où l'attaque en serait plus facile aux ennemis. J'ai vu le local où le commissaire de la Commission des fortifications voulut qu'on construisît la lunette de la droite, et je n'ai pu concevoir un pareil placement. Ce local est pris de revers par deux hauteurs; toute pièce qu'on y placera sera démontée en une demi-heure; mais, quelle que soit la décision, elle est urgente, parce que, dans ce choc d'avis, rien ne s'exécute.

J'ai laissé à Cambrai mon collègue Bollet, qui m'a promis d'y attendre mon retour. J'ai, cependant, de la peine à croire que les ennemis osent en tenter le siège. Ils savent que ce ne serait pas l'affaire d'une décade, surtout s'y trouvant un représentant du peuple, et ils y seraient enveloppés par la droite et la gauche de l'armée du Nord avant que d'avoir fait brèche. Je suis bien persuadé que leurs efforts sur le centre ne sont qu'une feinte pour faire prendre le change et ralentir la marche de nos deux ailes.

J'ai appris, à mon départ de Cambrai, que notre collègue Le Bon devait s'y rendre dans les vingt-quatre heures, sur l'invitation de nos

---

[1] Cette pièce manque.

collègues Saint-Just et Le Bas, avec le tribunal révolutionnaire d'Arras. Comme il me paraît plus convenable que les représentants du peuple se divisent dans ces départements-ci que de se réunir sur le même point, je l'y laisserai agir, et je m'en reviendrai à Lille. Mais, en quittant Cambrai, je réitérerai au général Proteau l'ordre que je lui ai donné de m'envoyer un courrier pour me faire part du plus petit mouvement de l'ennemi qui semblerait menacer cette place, et, cinq heures après, j'y serai rendu, pour la conserver à la République ou m'enterrer sous ses débris. Quoique fatigué d'une mission de cinq mois, dont j'ai connu seul les épines, je suis loin de me refuser à un poste aussi honorable. Je le solliciterai, au contraire. C'est dans ces sentiments que je m'y suis rendu, sitôt votre lettre reçue. J'espérais encore y raviver l'esprit public, soit en frappant de terreur les ennemis de la République, soit en faisant renaître l'union et la confiance parmi les patriotes. L'expérience que j'ai acquise pendant ma mission m'a convaincu que ces derniers moyens étaient trop souvent négligés. Faisons sentir au peuple les bienfaits de la Révolution : soyons justes, fidèles à nos engagements ; engageons les bons citoyens à bien servir la République avec confiance et joie : nous sommes sûrs de cerner les malintentionnés et les traîtres, et de les livrer successivement au glaive des lois, au lieu que toute mesure qui, par son exagération, reporterait sur les patriotes la terreur, qui ne doit être à l'ordre du jour que pour les ennemis de la liberté, affaiblirait le nerf révolutionnaire. Je sais bien que, si j'apercevais chez les patriotes de Lille une physionomie sombre et triste, je serais vivement inquiet, parce que je me dirais que la chose publique souffre, et que le salut public est en danger.

C'est sur ce plan que j'ai constamment travaillé dans ma mission, et les résultats m'ont prouvé qu'il était bon. C'est aussi sur le même plan que j'avais commencé à opérer à Cambrai, et, déjà, j'y obtenais des succès.

Le gouvernement n'y remplissait aucun de ses engagements, comme je vous l'ai expliqué dans mes dernières lettres ; j'ai fait payer une foule de sans-culottes, à qui l'on retenait le prix de leurs sueurs, et ces citoyens si estimables en sont deux fois plus attachés à la République. C'est surtout avec cet esprit d'équité qu'on est sûr de faire aimer la Révolution dans les campagnes, et je ne doute pas que, si on avait toujours mis en pratique les principes que vous avez fait placer à l'ordre du jour, les traîtres de l'intérieur auraient beaucoup moins entraîné de monde dans leurs complots.

A mon retour de Cambrai, je vous rendrai un compte exact des détails de sa défense, et j'attendrai que vous me fassiez connaître vos instructions ultérieures pour m'y conformer. Ne craignez point de m'employer au poste le plus périlleux; je saurai y prouver que je sais verser mon sang pour la liberté et la patrie.

Salut et fraternité,   FLORENT GUIOT.

[Ministère de la guerre; *Armées du Nord et des Ardennes. — De la main de Florent Guiot.*]

LES REPRÉSENTANTS À L'ARMÉE DU NORD AU COMITÉ DE SALUT PUBLIC.

Lille, 17 floréal an 11 - 6 mai 1794.

Richard et le général en chef, en se rendant à Réunion-sur-Oise, ont rencontré Saint-Just et Le Bas, et, après une longue conférence, ils sont revenus ici.

Il résulte de cette entrevue la confirmation du plan précédemment adopté d'attaquer et de tourner l'ennemi par notre droite et notre gauche, et de se borner au centre à une défensive active.

Ce plan ne pouvait être utile qu'en entreprenant de grandes choses, et, par conséquent, en réunissant des forces majeures sur les points d'attaque. En conséquence, il a été convenu qu'on ne laisserait que de bonnes garnisons à Cambrai et à Bouchain, et qu'on porterait sur la division de gauche toutes les forces qui se trouvaient de ce côté. Par ce moyen, notre armée, dans la Flandre maritime, sera d'environ soixante-quinze mille hommes et pourra agir puissamment. D'un autre côté, on fait diriger sur la division des Ardennes toutes les troupes qui gardaient les bords de la Sambre et de l'Helpe, et on se borne à laisser des garnisons nécessaires à Avesnes et Maubeuge, et trente mille hommes environ dans le camp retranché de Réunion. La division de droite sera portée par là à plus de soixante mille hommes, et elle sera dans le cas de pousser vivement ses opérations; elle doit se diriger sur Mons. L'effet naturel de ces deux puissantes diversions doit être d'arrêter les progrès de l'ennemi, de l'obliger à diviser ses forces, et de le mettre, en quelque sorte, dans la nécessité de se faire battre en détail.

Il eût été à désirer que nous eussions pu laisser devant la trouée au moins cinquante mille hommes. C'est dans cette vue que nous vous avions écrit de faire passer des troupes de l'armée de la Moselle à celle des Ardennes. Saint-Just nous a annoncé que nous ne devions pas compter sur ce renfort, et que nous avions perdu l'importante position d'Arlon. Il est, cependant, de la dernière importance que cette armée agisse sur Namur et Liège avec toutes ses forces disponibles, soit par Arlon, soit en longeant la Meuse, ce qui serait plus court.

Au surplus, nous allons avancer avec rapidité de droite et de gauche, et nous mettrons par là l'ennemi dans la nécessité de lâcher prise au centre et de venir à nous.

Si vous avez des forces disponibles dans l'intérieur ou aux armées de la Vendée et des côtes, c'est à l'armée du Nord que vous devez les adresser. L'armée du Nord doit fixer toute votre attention. C'est là, véritablement, qu'est la guerre et le danger de la République. L'ennemi vigoureusement battu sur ce point, la coalition est dissoute. Ramenez à l'armée du Nord toutes vos forces et tous vos moyens, et ne laissez ailleurs que ce qui est nécessaire pour contenir l'ennemi et garantir le territoire de la République.

Tâchez d'envoyer à l'armée des Ardennes un général expérimenté; Charbonié, qui commande cette armée, ne sait rien. Il est incapable de remplir la tâche importante dont elle va être chargée.

Pierre CHOUDIEU, RICHARD.

Nous sommes assurés que les forces de l'ennemi sont très considérables, et qu'elles exigent toutes les nôtres. Il paraît que les rapports qui nous avaient été faits sur cet objet ne sont pas exacts.

Nous recevons, au moment même, votre lettre du 16[1] : vous voyez que nos idées sont les mêmes et que nous avons déjà fait le mouvement que vous désirez. Il ne s'agit plus que d'aller vivement sur les flancs de l'ennemi, et c'est ce que nous allons faire. Veillez à ce que l'armée de la Moselle ne perde pas de temps, et suivez attentivement le mouvement de la division des Ardennes; nous pensons que le peu

---

[1] Nous n'avons pas cette lettre.

de troupes disponibles de cette division provient d'une mauvaise distribution de ses forces.

Le siège d'Ypres ne se fait point encore. Il fallait assurer notre position. Il sera commencé sous deux jours. Nous aurons également bientôt Tournai.

Le chef de l'état-major nous assure qu'il fait passer ses états tous les cinq jours à la Commission des mouvements. Il vous en envoie encore un et vous en fera passer désormais.

R.

[Ministère de la guerre: *Armées du Nord et des Ardennes.* — *De la main de Richard.*]

LE REPRÉSENTANT DANS LES ARDENNES AU COMITÉ DE SALUT PUBLIC.

Sedan, 17 floréal an II-6 mai 1794. (Reçu le 11 mai.)

Les preuves d'une conspiration contre les patriotes s'accumulent dans nes mains. Lisez, mes collègues, la lettre de Charbonié, trouvée parmi es papiers de la Société. Quel est cet impudent général qui ose raiter mon collègue Massieu de chef des intrigants? *Il croit qu'il ne leur lonnera plus la confirmation*, mais lui pourra la recevoir du Comité. La :onduite de Charbonié à l'égard des patriotes de Sedan a été tyran- 1ique. Je le connais beaucoup depuis longtemps. A Lille, Bontabole et noi nous nous en servions pour ramasser des fourrages; je le crois)lus bête que méchant; il a le malheur de s'être mal entouré; je lui ai lit, à Vedette [1], de se mêler de son métier, et non de politique, de)ien battre l'ennemi, et non de s'attacher à un parti; alors, je ne con- 1aissais pas sa lettre à la Société.

Le beau-père de Massieu avait une place avant qu'il le connût; il 1e l'a pas conservée, et Massieu n'en a donné à aucun de sa famille.

Rousseau, de Givonne, chez lequel j'ai trouvé la liste de proscrip- ion, avait eu des liaisons intimes avec La Fayette, dont l'état-major ivait été logé dans une maison de campagne de ce Rousseau; il con- ervait précieusement deux belles lettres de notre collègue Bodin [2]; e vous en envoie copie [3].

[1] Vedette-Républicaine, ci-devant Phi-ippeville.

[2] Il faut, sans doute, lire *Baudin.*

[3] Ces pièces manquent.

J'ai épuré les autorités constituées. Je n'ai pas cru devoir mettre en état d'arrestation tous ceux que j'ai destitués. Aussi, dans mes arrêtés, je n'ai pas parlé de destitution, mais de composition; je préfère prendre des mesures particulières. Je n'ai pu me dispenser de mettre en état d'arrestation, pour mesure de sûreté générale, l'agent national de la commune de Mézières, reconnu pour aristocrate depuis longtemps, ayant épousé depuis peu une fille noble dont le père est émigré. Est-ce là l'homme qui convenait à Roux? Je pourrais vous citer d'autres faits semblables.

C'est dans la nuit du 11 au 12 qu'ont été arrêtés ceux que le Comité de sûreté générale avait désignés; le 12 et le 13, soixante individus ont pris des passeports pour voyager; alors, la municipalité n'était pas épurée; suivant les passeports, la plupart voyagent dans la République, moyen de ne les pas trouver.

Je suis assailli d'une foule de demandes pour l'armée, auxquelles je ne puis répondre, n'ayant pas de pouvoir *ad hoc*. Le bien du service exige que Massieu reste ou soit promptement remplacé.

Vous avez sauvé le département de la Sarthe des fureurs d'hommes pervers, qui, quoique acquittés par le Tribunal révolutionnaire, n'en sont pas moins des hommes dangereux à la tranquillité publique. Tous les bons députés de la Sarthe vous le certifieront. Notre collègue Garnier (de Saintes) aurait donc été insulté et menacé impunément! Cela n'encourage pas ceux qui sont en mission.

Je travaille jour et nuit pour terminer mes opérations, et, si ma santé me le permet, je ferai une petite course avec mes braves frères d'armes.

Salut et fraternité,   LEVASSEUR (de la Sarthe).

P.-S. Je pense qu'il est urgent de remplacer le citoyen Garet, qui commande ici. Je vous adresse des pièces qui m'ont été remises par de bons patriotes en faveur du citoyen Paris [1].

[Arch. nat., AF ii, 163. — *Le post-scriptum est de la main de Levasseur.*]

[1] Ces pièces manquent.

LE REPRÉSENTANT DANS LA SARTHE ET LE LOIR-ET-CHER
AU COMITÉ DE SALUT PUBLIC.

Alençon, 17 floréal an II–6 mai 1794. (Reçu le 11 mai.)

[Garnier (de Saintes) demande du drap pour des soldats du 1ᵉʳ bataillon de la 33ᵉ division de la gendarmerie nationale, qui sont presque nus. «Je vois avec bien du plaisir que l'esprit public et l'énergie républicaine sont à toute leur hauteur dans la commune d'Alençon. J'ai pris des renseignements sur les ressources que ce département pouvait fournir en salpêtre; je vois avec peine qu'elles ne sont pas aussi abondantes que dans celui de la Sarthe; cette partie a éprouvé un peu de lenteur. Je vais avoir ce matin une conférence avec l'agent des salpêtres pour connaître les causes de ce retard. Je vous apprends que, sous dix jours au plus tard, tous les chevaux de charrois du département seront rendus à leur destination avec les voitures et les charretiers. » — Arch. nat., AF ii, 178.]

LE REPRÉSENTANT AUX ARMÉES DE L'OUEST ET DES CÔTES DE BREST
AU COMITÉ DE SALUT PUBLIC.

Rennes, 17 floréal an II–6 mai 1794.

Citoyens collègues,

Je vous ai déjà mandé que je n'avais pas perdu un instant pour faire exécuter votre arrêté qui envoie aux armées du Nord les réquisitions de la ci-devant Bretagne; j'ai commencé par des instructions et proclamations; j'ai ensuite envoyé des commissaires dans tous les villages, et j'ai de ces mesures un assez bon succès, puisque, malgré la malveillance et l'activité des chouans, plus de quarante mille hommes ont été levés dans les cinq départements de cette ci-devant province.

Il est vrai qu'il en a déserté un assez grand nombre; mais la plupart rejoignent, d'après le parti que j'ai pris de faire arrêter leurs parents et mettre leurs biens en séquestre.

Si tous les corps administratifs avaient voulu y mettre l'énergie de vrais républicains, il y a longtemps que la loi serait complètement exécutée. Mais ce pays est infesté de malveillants, Je ne puis, d'ailleurs, étendre la même surveillance sur seize départements à la fois. J'ai cru devoir me tenir par préférence dans ceux qui m'ont paru les plus dangereux.

Je vous ai fait part, il y a quelque temps, de l'arrestation d'un nommé Hubert, adjudant du 4e bataillon de l'Ille-et-Vilaine, porteur de lettres des princes et un des plus adroits coquins que les conspirateurs puissent employer. Cet homme m'avait dénoncé un complot formé contre la ville de Rennes par les brigands; les chefs de ce complot étaient un nommé Leroy, ci-devant membre de l'Assemblée législative, et le ci-devant comte de Puisaye, ancien constituant. J'ai fait fouiller les lieux où Hubert m'avait indiqué que se retiraient ces deux coquins, l'un sous le nom de *François*, et l'autre de *Joseph*. J'ai bien connu la vérité, j'ai fait arrêter les gens chez qui ils se retiraient; mais ces deux messieurs avaient disparu depuis un mois, et je les ai cru retirés dans le Morbihan ou vers les chouans du district de Vitré.

Les environs de Rennes étant fort tranquilles, les généraux Kléber et Rossignol, ayant fait porter des troupes et placer des cantonnements très rapprochés dans les districts de Fougères, de Vitré et de la Guerche, ont fait des battues dans tous les recoins de ces pays, qui n'ont pas été sans succès. Une foule de mauvais citoyens ont été tués ou traduits aux tribunaux, et chaque jour le glaive de la loi en fait justice; mais les brigands qui ont échappé, ayant à leur tête le ci-devant comte de Puisaye, sont venus pour s'emparer de la forêt de Rennes. On y a porté deux colonnes qui les ont chassés; mais ils ont passé la rivière à Cesson et sont venus se placer dans le bois de Seuve, à une lieue de la ville, sur la route de Châteaugiron, où ils ont intercepté un convoi de farines. Le général Damas est parti au premier avis avec cinquante cavaliers du dépôt, que j'ai fait suivre par cent cinquante hommes d'infanterie. Les ennemis étaient retranchés derrière les abattis; on a repris le convoi, mais cette expédition nous a coûté quelques hommes. Toute la garnison de Rennes était alors en deux colonnes vers la forêt de Rennes et n'est rentrée que le soir. On l'a fait repartir le lendemain de grand matin pour se porter sur Vern, afin d'envelopper l'ennemi dans le bois de Seuve; il en était reparti, et, prenant sur la droite, toujours en prolongeant et tournant la ville de Rennes, il semblait vouloir l'attaquer par le flanc, qui n'est couvert par aucune défense le long de la petite rivière de l'Ille. On a pris toutes les précautions de sûreté; on a placé des canons sur les remparts et à tous les abords, et, quoique la ville n'eût plus que ses habitants pour défenseurs et quelques compagnies de canonniers, nous étions sans inquiétude et dans l'impatience de recevoir les brigands et de venger nos frères. Tous les jeunes gens, même au-dessous de dix-huit ans, se sont empressés d'offrir leurs services, et je n'ai eu que la peine de contenir leur zèle en leur assignant un poste d'honneur.

Pendant ce temps, la colonne poursuivait les brigands, qui ont passé rapidement la rivière à Cicé et se sont portés vers Mordelles.

On avait détaché ce qui restait de la garnison de Rennes et un ba-taillon des citoyens de cette ville pour former une seconde colonne, qui s'est portée sur Mordelles, croyant couper l'ennemi et l'empêcher de gagner sur la rive droite de la Vilaine, et le placer entre le feu de cette colonne et celle qui était depuis trois jours à sa poursuite.

Mais les brigands, instruits de cette marche (car il y a des malveil-lants qui nous sont inconnus) rétrogradèrent promptement et se ren-dirent à Maure, où les troupes les ont suivis avec rapidité, craignant qu'ils ne voulussent se porter sur Redon et gagner le Morbihan. Alors les ennemis, toujours instruits, ont coupé court sur leur droite et se sont portés à Beignon, près le bois de Paimpont. Une colonne de garde nationale des environs, plus zélée que prudente, puisqu'elle avait des ordres pour attendre l'arrivée des troupes, se porta en avant pour attaquer et fut repoussée. Cet événement fut très malheureux, car les colonnes qui arrivaient par Ploërmel, par Rennes, et celle qui les poursuivait depuis cinq jours étaient prêtes à les entourer, de manière qu'il n'en eût échappé aucun.

Les brigands se sont empressés de gagner la forêt de Paimpont, qui est immense; on espérait qu'ils y viendraient, et on se disposa à les attaquer le lendemain, mais l'ardeur des troupes fut encore frustrée; et les brigands se portèrent ce jour sur Bedée, route de Port-Brieuc, après avoir tenté inutilement une attaque sur Montfort, que gardait un bataillon de grenadiers réunis. En ce moment, les brigands paraissent retourner à la forêt de Rennes, après avoir fait le tour de la ville sans l'attaquer; s'ils y vont, j'espère qu'ils n'en sortiront plus, car cette forêt est cernée de la bonne manière.

Je ne puis vous rendre l'aspérité des gens de ces pays; elle participe du local, où chaque champ est une redoute. Nous avons plus de deux cents prisonniers, et la Commission militaire en fait prompte justice; mais leur interrogatoire est presque nul; aucun n'a rien vu; il semble que les prêtres aient communiqué la ladrerie à tous ces animaux.

Ils ont pour chefs un marquis de Saint-Luc, le comte de Puisaye, le comte de Damas et quelques matadors du pays.

Salut et fraternité,   DUBOIS-CRANCÉ.

Je vous envoie la proclamation des brigands et la réponse que j'y ai faite [1]. Je rouvre ma lettre pour vous annoncer que les brigands ont enfin été joints ce matin 18, à trois heures du matin. Ils ont perdu cinquante hommes, dont plusieurs chefs, entre autres Focart, chirurgien major de Félix Wimpffen; on leur a pris force prisonniers, des fusils, des vases sacrés, des haches, couteaux à musc (*sic*) et autres armes. La déroute est complète.

DUBOIS-CRANCÉ.

[Ministère de la guerre; *Armée des Côtes de Brest. — Le post-scriptum est de la main de Dubois-Crancé* [2].]

LE REPRÉSENTANT DANS LA DORDOGNE ET LA CHARENTE
AU COMITÉ DE SALUT PUBLIC.

Périgueux, 17 floréal an II–6 mai 1794. (Reçu le 14 mai.)

["Romme passe en revue différents sujets qui lui ont été envoyés, manifeste son opinion sur leur bonne ou mauvaise conduite et sur leur capacité. A fait délivrer deux mandats ultérieurement à d'autres pour lesquels on ne lui a pas annoncé l'ordre de remplacement. Prie le Comité *d'être exact à lui répondre*. Tentatives et succès sur le montage en terre; autres dispositions pour la cuisson des moules. Si l'on ne prend de promptes mesures, les armées manqueront d'obus et de boulets; remarques sur le mauvais choix des matières qu'on y emploie, sur la défectuosité des modèles. Demande un prompt envoi des besoins en boulets, de bons modèles et (s'il se peut) d'hommes en état d'être instituteurs dans cette partie. On doit donner à la fonderie de Nantes la préférence pour la fonte des boulets. A mis en réquision 200 milliers de fonte. Joint quatre arrêtés et un ordre de payement relatifs à ce que dessus [3]." — Arch. nat., AF II. 263. Analyse.]

---

[1] Ces pièces manquent.

[2] Cette lettre a été reproduite dans Savary, *Guerre des Vendéens et des Chouans*,

t. III, p. 518, mais mutilée, et avec la fausse date du 7 mai.

[3] Ces pièces manquent.

LE REPRÉSENTANT DANS LE BEC-D'AMBÈS ET LA DORDOGNE
AU COMITÉ DE SALUT PUBLIC.

Bordeaux, 17 floréal an II-6 mai 1794.

Je vois avec plaisir, citoyens collègues, s'approcher l'époque où seront terminés entièrement les travaux dont vous m'avez chargé. Le gouvernement révolutionnaire est organisé et marche dans les districts de ce département, et je viens d'achever cette organisation dans la ville de Bordeaux, où des circonstances impérieuses l'avaient retardée. Je vous prie de prendre lecture de la proclamation et de l'arrêté ci-joints[1].

Je crois qu'il est temps que la République fasse l'essai du gouvernement provisoire qu'elle a adopté, et que les nouvelles administrations gèrent les intérêts du peuple par la seule force des lois et de leur responsabilité.

Il m'est agréable de pouvoir vous assurer que le département du Bec-d'Ambès doit être compté au nombre de ceux dans lesquels il règne le meilleur esprit public et l'attachement le plus vrai à la République. Les horreurs de la famine, auxquelles il est en proie depuis très longtemps, n'ont pas altéré cet amour pour la liberté. J'ai vu des malheureux cultivateurs dans le district de Bourg, que je viens de parcourir, après avoir passé *vingt-cinq jours* sans avoir de pain, crier, avec une voix éteinte : *Vive la République! Nos enfants seront plus heureux, et nous savons bien que ce n'est pas la faute de la Convention nationale!* Certes, si la patience dans les malheurs est la vertu qui distingue les républicains, de pareils hommes ont bien mérité de la patrie.

Je prépare le compte détaillé que je dois vous rendre de ma mission. Je me borne maintenant à vous observer que je suis employé depuis près de quinze mois, soit à l'armée, soit ici, sans avoir eu une seule minute de repos. Ma santé est très altérée par ce travail assidu. J'ai besoin de prendre les eaux de Bagnères et de Barèges. Je vous demande l'autorisation de m'y transporter, et, si je peux être utile à la République dans cette partie de la frontière, que je connais parfaitement, disposez de moi. Mon temps, mes forces, mon existence entière sont à la patrie.

[1] Ces pièces manquent.

Je ne dois pas vous taire que je pourrais être utile à l'armée des Pyrénées occidentales. J'ai présidé, l'année dernière, à sa formation. J'ai acquis son estime par ma franchise et ma conduite simple et laborieuse. Les soldats m'y verraient avec plaisir, et moi je brûle d'envie de me trouver avec eux pour punir les Espagnols de leur insolence et de leur fanatisme.

Quels que soient vos ordres, je me trouverai toujours bien au poste que ma patrie m'assignera, et je suis certain d'y remplir mes devoirs avec zèle et assiduité.

Salut et fraternité,   C.-Alex. YSABEAU.

[Ministère de la guerre; *Armées des Pyrénées. — De la main d'Ysabeau.*]

UN DES REPRÉSENTANTS À L'ARMÉE DES ARDENNES
AU COMITÉ DE SALUT PUBLIC.

Reims, 17 floréal an II- 6 mai 1794. (Reçu le 10 mai.)

[Vidalin a reçu l'avis du Comité du 8 floréal [1] qui l'autorise : 1° à extraire de la réquisition du 18 germinal les chevaux propres aux différentes armes de la cavalerie; 2° à laisser dans chaque chef-lieu de district les chevaux qui doivent y être levés, au lieu de les envoyer à Châlons-sur-Marne, chef-lieu de rassemblement indiqué par la loi du 17 vendémiaire. Il en remercie le Comité et donne quelques détails sur ses opérations. — Arch. nat., AF II, 242.]

UN DES REPRÉSENTANTS À L'ARMÉE DE LA MOSELLE
AU COMITÉ DE SALUT PUBLIC.

Morfontaine, 17 floréal an II- 6 mai 1794. (Reçu le 12 mai.)

[Duquesnoy transmet deux dénonciations dans lesquelles Colonge et ses délégués sont inculpés [2]. «J'ai encore vu Colonge; il m'a dit en avoir contre le général Desbureaux; il ne me les a cependant pas montrées. Je crois que tous deux ont des torts. La majeure partie des généraux de l'aile droite se plaint du mauvais choix qu'a fait Colonge de ses délégués; je ne le connais pas particulièrement, et, comme les faits dont il est question sont antérieurs à mon arrivée, et que je suis

----

[1] Voir plus haut, p. 96, l'arrêté n° 15. — [2] Ces pièces manquent.

dans l'impossibilité d'en prendre actuellement une connaissance parfaite, je renvoie le tout à votre décision. J'ai eu lieu de connaître Desbureaux au déblocus de Maubeuge et ensuite à Beaumont; j'ai toujours eu et ai encore de cet homme une très mince idée. » — Arch. nat., AF ɪɪ, 246. — *De la main de Duquesnoy.*]

LE REPRÉSENTANT DANS LA MEUSE ET LA MOSELLE
AU COMITÉ DE SALUT PUBLIC.

Étain, 17 floréal an ɪɪ-6 mai 1794. (Reçu le 11 mai.)

Au moment, hâté par vos soins bienfaiteurs et désiré par tous les amis de la liberté, où tout courbe un front docile devant la majesté des lois, j'ai cru, citoyens collègues, qu'il était de mon devoir de destituer de sa place de commandant temporaire à Longwy, un homme qui semblait y insulter.

Les militaires qui affectent une certaine dictature d'opinion sont tellement dangereux qu'on ne peut trop s'empresser de détruire leur influence.

Privat, qui est celui dont je vous parle, s'était placé à une si haute distance de tous ceux qui l'environnaient, des autorités même, auxquelles par devoir il devait être soumis, qu'elles semblaient ramper à ses pieds. Ses critiques indécentes, sa morgue déplacée, sa censure amère ont longtemps aigri la Société populaire de Longwy, où il tentait de s'ériger en régulateur de pensées, et les différents corps constitués de cette commune; les uns et les autres se sont trouvés d'accord dans leurs dénonciations respectives, et il en est résulté l'arrêté que je vous transmets[1].

Je dois vous observer cependant, citoyens collègues, que, ne soupçonnant aucune mauvaise intention à Privat, et attribuant plutôt ses excès aux écarts de son caractère qu'aux vices de son cœur, je n'ai pas cru devoir le priver de servir la République; il lui sera utile dans son poste auquel je l'ai renvoyé.

Je n'ai pas voulu prendre sur moi de nommer un commandant pour le remplacer; mais je vous propose à ce sujet le citoyen Baille, militaire distingué, qui a fait avec gloire la campagne de la Belgique, et

---

[1] Cet arrêté manque.

dont le républicanisme éprouvé m'a engagé plusieurs fois à le charger de différentes missions importantes.

Baille est maintenant commandant temporaire à Verdun, et, dans cette place, il a appris, pendant plus d'un an, comment on peut conserver celle de Longwy.

Salut civique et cordial,   Mallarmé.

[Arch. nat., AF ɪɪ, 163. — *De la main de Mallarmé.*]

LES REPRÉSENTANTS À L'ARMÉE DES ALPES AU COMITÉ DE SALUT PUBLIC.

Chambéry, 17 floréal an ɪɪ – 6 mai 1794. (Reçu le 14 mai.)

La présente est uniquement pour vous inviter à faire parvenir à chacun de nous expédition en forme de l'arrêté par lequel vous nous chargez de la surveillance de l'armée des Alpes. Albitte n'a rien reçu d'officiel sur sa nomination, et Laporte a laissé à ses collègues, à Commune-Affranchie, l'expédition qu'il a reçue [1], parce qu'elle comprenait en même temps les mesures que ses collègues sont chargés de prendre dans le département du Rhône, et que, par cette raison, elle leur devenait nécessaire. Cela n'empêchera pas que nous n'allions en avant, mais nous n'en sommes pas moins empressés d'être pourvus du titre sur lequel doit reposer la mission importante qui nous est confiée.

Salut et fraternité,

Albitte, Laporte.

[Arch. nat., AF ɪɪ, 252.]

[1] Par arrêté du 3 floréal (voir t. XII, p. 750), le Comité avait envoyé Laporte à l'armée des Alpes. Dans cet arrêté il n'était pas question d'Albitte. C'est seulement le 15 prairial suivant que nous avons un arrêté (voir à cette date l'arrêté n° 1) envoyant Albitte à l'armée des Alpes, conjointement avec Laporte. Mais il est certain qu'Albitte avait déjà reçu cette mission, antérieurement au 15 prairial, par un arrêté ou une lettre que nous n'avons pas, ou par un avis oral : en effet, on verra plus loin, par sa correspondance, que, dès le 18 floréal, il opère à l'armée des Alpes.

UN DES REPRÉSENTANTS À L'ARMÉE DES PYRÉNÉES ORIENTALES
AU COMITÉ DE SALUT PUBLIC.

Toulouse, 17 floréal an II – 6 mai 1794. (Reçu le 14 mai.)

[Beauchamp vient de recevoir l'arrêté du 30 germinal qui le rappelle [1]. «Vous avez donc à vous plaindre de moi. citoyens collègues, que vous me rappelez seul, avant d'avoir achevé mon travail. Je ne crois pas y avoir donné lieu. Au reste, j'obéis; je me rendrai à Paris, convaincu que, garanti par ma probité et ma moralité bien connues contre toute espèce de prévention, j'obtiendrai de vous et de mes collègues la justice due à tout citoyen qui a rempli son devoir envers la patrie. Je reste ici jusqu'au 19, pour régler mes bureaux; je partirai ce jour-là pour Perpignan, afin de faire connaître à mes collègues Milhaud et Soubrany la situation du complément et de l'organisation des troupes à cheval; elle est satisfaisante, autant qu'on peut le désirer avec peu de moyens, mais il reste encore quelque chose à faire pour l'habillement, l'équipement et l'organisation. Le service souffrirait beaucoup, si on en restait là. J'inviterai mes collègues à se charger de compléter le travail, sans perdre de temps, puisque vous ne m'envoyez point de successeur, et me mettrai en route aussitôt que la continuation de ma mission sera assurée. Je fais encore, en ce moment, quelques dispositions indispensables pour le bien du service, notamment pour le départ des hommes et des chevaux, ainsi que des effets qui manquent à quelques corps. Je me flatte que vous m'approuverez de n'avoir pas tout abandonné à l'incertitude, et d'avoir au moins pris les principales mesures pour assurer l'existence d'une cavalerie active et nombreuse, dont nous avons besoin pour les plaines de la Catalogne. Après cela, citoyens collègues, je vous demande l'autorisation de passer un mois dans ma famille, où j'ai à réparer une santé délabrée par six mois d'une maladie sérieuse à Paris, et par les fatigues de deux missions qui durent depuis huit mois à peu près. J'attendrai vos ordres à Val-Libre [2], chef-lieu de district du département de l'Allier, qui se trouve sur ma route, et, dans tous les cas, j'obéirai aux ordres du Comité, comme le régulateur du salut public. — Arch. nat.. AF II. 188. — *De la main de Beauchamp* [3].]

[1] Voir t. XII, p. 681, l'arrêté n° 8.
[2] Ci-devant Le Donjon.
[3] En marge d'une analyse de cette lettre, on lit : «Écrire qu'en persistant à rester, il contrarierait les plans du Comité. même avec de bonnes intentions, n'en connaissant pas les plans, que la mission pour les chevaux doit être terminée.» — Voir, plus loin, la lettre du Comité du 30 floréal.

LE REPRÉSENTANT DANS L'ARIÈGE ET LES PYRÉNÉES ORIENTALES
AU COMITÉ DE SALUT PUBLIC.

Quillan, 17 floréal an II-6 mai 1794. (Reçu le 19 mai.)

Je vous ai écrit, citoyens collègues, pour vous faire part d'un arrêté
que je venais de prendre, relativement à Puycerda; voici maintenant
le compte de mes opérations dans les deux districts de Carcassonne et
de Limoux.

A Carcassonne, j'ai dissous en entier l'administration du département;
je n'ai admis dans la formation de la nouvelle administration aucun des
membres de l'ancienne, et j'ai fait incarcérer ceux de cette ancienne
administration qui avaient la principale part aux mesures fédéralistes
et liberticides qui furent prises à l'époque des journées du 31 mai et
jours suivants, ainsi que les membres de la Commission soi-disant populaire départementale. J'ai conservé en entier les administrateurs du
district, qui m'ont paru avoir un patriotisme sans reproche, et qui,
de plus, s'étaient parfaitement bien conduits à l'époque du fédéralisme.
J'ai renouvelé presque en entier la municipalité et quelques membres
du tribunal, mais j'ai eu peu de changement à faire dans le Comité de
surveillance de la commune. Quant à la Société populaire, comme elle
a été épurée plusieurs fois, elle marche maintenant assez bien.

Vous savez, citoyens collègues, que Carcassonne est l'une des communes de la République qui renferme le plus d'établissements publics.
Je les ai tous visités, et j'y ai vu avec satisfaction régner la plus grande
activité, surtout dans la confection des habits, des souliers, des bottes
et des selles; les choses y sont au point qu'on peut, dans l'espace d'une
décade, y équiper complètement un escadron ou un bataillon; on y
répare avec succès les grandes et petites armes; on y fait de très beaux
affuts, et il vient de s'y établir une fabrique de baïonnettes.

Quant à l'esprit public, le fanatisme y a peu de puissance, comme
dans la plupart des villes de commerce; le manufacturier y est trop
occupé de ses ateliers et de ses spéculations pour accorder beaucoup
d'attention aux forfanteries des prêtres. Le vice le plus commun à Carcassonne est l'égoïsme. J'ai cherché, non pas à le déraciner, c'eût été
une œuvre trop difficile pour un représentant qui n'y a qu'une mission
passagère, mais à le tourner dans ses effets au profit de la Révolution,

en montrant à ceux que ce vice domine que leur intérêt bien entendu
est de la servir, et que ce n'est qu'autant qu'ils coopèrent, par leurs
efforts et par leurs sacrifices, à la conduire à une heureuse fin, que
leur prospérité sera assurée. L'égoïsme étant un vice raisonneur, c'est
par le raisonnement qu'il convient de le combattre. Le décret de la
Convention sur la croyance d'un Être suprême y a produit un très bon
effet [1]. Les hébertistes avaient ici quelques disciples. L'un d'eux a été
professeur des maximes d'athéisme. A l'avant-dernière décade, mes
coopérateurs et moi l'avons accablé en lui répliquant, et il n'est point
d'acte de bienfaisance qui eût excité dans le peuple autant de reconnaissance que cette réfutation publique d'une doctrine d'athée et l'assurance que nous n'avons pas manqué d'y joindre, que nos principes sur
la croyance d'un Dieu étaient ceux de la Convention et du Comité de
salut public.

Quant au district de Limoux, quoique la commune de ce nom ait
aussi des manufactures, comme elles n'ont pas la même importance
ni la même activité, et qu'en général c'est une commune agricole, et
qu'elle est loin de la ligne des grandes routes, les prêtres y avaient
conservé beaucoup de crédit. Peu de jours avant mon arrivée, ils y
exerçaient encore le culte papiste, et, comme ils s'attendaient bien que
je ne le souffrirais pas, ils avaient essayé d'y soulever le peuple. J'ai
été obligé d'y faire incarcérer, sur la dénonciation du Comité de surveillance, treize curés dans le district, et d'en envoyer douze autres au
chef-lieu du département. Le peuple est tranquille depuis que je lui ai
ôté ses fanatiseurs; les patriotes qu'ils comprimaient ont relevé leur

[1] En voyant cette allusion à un décret
qui ne fut rendu que le lendemain (voir
plus loin, p. 349), nous nous sommes demandé si cette lettre était bien datée. Non
seulement la date du 17 floréal se trouve
en tête, et en toutes lettres : *Le dix-sep-
tième floréal de l'an deuxième de la République,* mais encore on y a ajouté, dans les
bureaux du Comité, la date de réception,
30 floréal. Il est donc bien difficile de croire
que Chaudron-Rousseau aurait, par exemple,
écrit par inadvertance 17 floréal au lieu de
17 prairial. D'ailleurs à la date du 17 prairial il était à Céret (voir sa lettre en date
de ce jour, Arch. nat., AF II, 195). D'autre

part, on remarquera qu'au début de cette
lettre il parle d'un arrêté qu'il a pris relativement à Puycerda, et il est déjà question
de cet arrêté dans sa lettre du 13 (voir
plus haut, p. 236). Il résulte de ces observations que cette lettre est bien datée.
Mais comment expliquer l'allusion au décret du 18 floréal sur l'Être suprême?
Peut-être quelque journal avait-il répandu
le bruit que ce décret était déjà porté. En
tout cas, il y avait un mois que Couthon
avait annoncé à la tribune (17 germinal)
le projet d'organiser un culte de l'Être suprême. (Voir mon livre *Le culte de la Raison et le culte de l'Être suprême,* p. 246.)

tête, et ils ont vu avec des transports de joie ouvrir un temple à la Raison. J'y ai célébré la dernière décade au milieu d'un concours immense de citoyens; ce temple était une ancienne église, que j'ai débarrassée de tous les saints qui l'encombraient et de tous les autres monuments et symboles du fanatisme.

La commune de Limoux était l'une de celles qui s'étaient le plus mal conduites aux époques des journées des 31 mai, 1er et 2 juin ; la municipalité et le district avaient provoqué, par une adresse calomnieuse, l'assemblée départementale et la levée des habitants de l'Aude contre la Convention et contre Paris. J'ai puni ce crime en destituant tous les signataires et en les faisant incarcérer. J'enverrai au Comité de sûreté générale les renseignements que je me suis procurés contre les meneurs, afin qu'il puisse les traduire en jugement. J'ai distingué, suivant vos intentions et suivant l'équité, ceux qui n'avaient fait que céder à une erreur, que leur ignorance et l'adresse de ceux qui les abusaient avaient préparée, et j'en ai laissé trois en simple réclusion chez eux. J'ai renouvelé le juge de paix et ses assesseurs, remplacé presque en entier les membres du tribunal et recomposé le Comité de surveillance. J'ai dissous l'ancienne Société populaire, dans laquelle les fédéralistes et les autres ennemis de la Révolution dominaient, et je l'ai recomposée de patriotes prononcés et sans reproche. Je leur ai tracé, dans le petit nombre de séances auxquelles j'ai assisté, le plan d'instruction et de discussion qu'ils devaient suivre. Il est incroyable le bon effet que ces opérations ont produit dans cette commune. Elle était au nombre des plus mauvaises de la République ; j'ai maintenant l'espérance qu'elle figurera parmi celles où les bons principes sont le mieux professés, et, ce qui est plus rare et plus difficile, parmi celles où les principes sont d'accord avec la conduite.

Je me suis rendu de Limoux à Alet, ci-devant ville épiscopale, non moins fanatisée que Limoux ; je suis ensuite venu à Quillan, d'où je partirai après-demain. Ma première lettre, citoyens collègues, vous instruira de ce que j'ai fait dans ces deux communes.

Salut, égalité et fraternité.

CHAUDRON-ROUSSAU.

[Arch. nat., AF II. 194.]

COMITÉ DE SALUT PUBLIC.

Séance du 18 floréal an II–7 mai 1794.

Présents : B. Barère, Carnot, Couthon, C.-A. Prieur, Collot-d'Herbois, Billaud-Varenne, Robespierre et R. Lindet.

1. Le Comité de salut public, à qui il a été rendu un témoignage avantageux de la conduite et des sentimens civiques du citoyen Masson, gendarme, présumant que les faits qui ont donné lieu à son arrestation sont le fruit de l'erreur, et non d'une malveillance criminelle, rapporte l'arrêté du. . .[1], qui concerne ledit Masson; arrête que ledit Masson sera retiré de la Conciergerie, et que le colonel de la gendarmerie le mettra aux arrêts pendant deux jours par forme de correction.

ROBESPIERRE, COLLOT-D'HERBOIS, C.-A. PRIEUR[2].

2. Le Comité de salut public arrête que, dans les maisons assignées aux diverses Commissions, il ne sera logé que les commissaires. les adjoints, le secrétaire des dépêches, un expéditionnaire et deux garçons de bureaux.

3. Le Comité de salut public met en réquisition, pour être employé dans ses bureaux, le citoyen François-Nicolas Frossard, âgé de 21 ans, volontaire au 7e bataillon de Paris, absent de son corps par congé.

CARNOT, R. LINDET[3].

4. «Par la loi du 21 février 1793 (v. s.), l'avancement au choix doit être établi sur un scrutin épuratoire fait par les officiers de grade égal à celui vacant[4]. Des neuf capitaines du 2e bataillon du 29e régiment d'infanterie, quatre sont morts et cinq sont absents. La loi n'ayant pas prévu cette circonstance, qui arrête l'avancement du 2e bataillon

---

[1] C'est l'arrêté du 17 floréal, n° 13. Voir plus haut, p. 311.

[2] Arch. nat., AF II, 60. — *De la main de Robespierre.*

[3] Arch. nat., AF II, 23. — *Non enregistré.*

[4] Voir, dans cette loi, la section II, relative au mode d'avancement.

du 29ᵉ régiment d'infanterie, la Commission propose de faire faire le scrutin épuratoire par les lieutenants, pour la nomination des capitaines. » Attendu l'impossibilité de l'exécution de la loi, approuvé.

CARNOT, BILLAUD-VARENNE[1].

5. Le Comité de salut public met en réquisition, pour être employé dans ses bureaux, le citoyen Antoine-Vaast Rincheval, âgé de vingt-un ans, instituteur public au collège national de Douai, et membre du Comité révolutionnaire de cette commune.

CARNOT, R. LINDET[2].

6. Le citoyen Bonaventure Le Vasseur fils est mis en réquisition à Paris pour y être employé dans les bureaux de la guerre du Comité.

CARNOT[3].

7. [Réquisition du citoyen François Hénault, canonnier au 5ᵉ bataillon du Haut-Rhin, pour travailler dans un atelier de bourrelier, à Saint-Denis. — Arch. nat., AF ɪɪ, 304. *Non enregistré.*]

8, 9, 10, 11. [Arrêtés autorisant diverses exportations de marchandises. R. LINDET. — Arch. nat., AF ɪɪ, 75. *Non enregistré.*]

12. [Arrêté autorisant la Trésorerie à remettre au citoyen Laffon-Ladebat, la somme de 277,500 livres, pour être employées par lui au payement des achats de bœuf salé qu'il a soumissionnés pour le compte de la République. R. LINDET. — Arch. nat., AF ɪɪ, 75. *Non enregistré.*]

13. Est acceptée la démission du commissaire des guerres d'Ervillé, qui a obtenu une place dans la Commission des relations extérieures.

CARNOT, BILLAUD-VARENNE[4].

14. Le Comité de salut public, après avoir entendu le rapport de la Commission de commerce et approvisionnements, arrête : 1° Tous les commerçants de Bordeaux, de Nantes, de Marseille, de Cette, qui

[1] Arch. nat., AF ɪɪ, 198. — *Non enregistré.*

[2] Arch. nat., AF ɪɪ, 412. — *Non enregistré.*

[3] Arch. nat., AF ɪɪ, 412. — *Non enregistré.*

[4] Arch. nat., AF ɪɪ, 304. — *Non enregistré.*

ont été requis en masse par notre arrêté du 23 ventôse [1], pour exporter une quantité de marchandises déterminée, dont les qualités sont désignées, sont autorisés à en faire l'expédition, sans qu'il soit besoin d'aucune autre permission quelconque. — 2° Lorsque les expéditions déterminées par le même arrêté du 23 ventôse seront complétées, les commerçants ne pourront en faire d'autres, sans au préalable en avoir obtenu la permission, conformément à l'arrêté du 3 germinal [2] sur les exportations d'articles épuisables et dont les expéditions doivent être limitées. — 3° Il sera envoyé une expédition du présent arrêté à l'administration des revenus nationaux, qui sera tenue de la faire passer de suite aux préposés des douanes de Bordeaux, de Nantes, de Marseille, de Cette, pour que les exportations ordonnées par l'arrêté du 23 ventôse n'éprouvent ni retard ni contrariété par les douaniers.

R. LINDET [3].

15. « En exécution de l'arrêté du Comité de salut public, la Commission des secours publics soumet à l'approbation du Comité, pour maître de lecture, d'écriture et d'arithmétique à l'École nationale des militaires invalides, les citoyens Brard, artiste écrivain, membre épuré de la Société des Jacobins, et Gillon, artiste écrivain, commis aux bureaux de la 6° division du ci-devant ministère de la guerre. La Commission propose d'accorder à Brard 3,000 livres d'appointements, et au citoyen Gillon 2,600. — LEREBOURS. » — Vu et approuvé : B. BARÈRE, ROBESPIERRE, C.-A. PRIEUR [4].

16. Le Comité de salut public arrête : Le citoyen Michel-Constantin Morel la Rivière est autorisé à se rendre à Paris pour y poursuivre sa retraite à l'Hôtel des Invalides.

CARNOT, C.-A. PRIEUR, B. BARÈRE, COUTHON [5].

17. Sur le rapport fait au Comité de salut public par la Commission des transports, postes et messageries, que les clouteries autorisées

---

[1] Voir t. XI, p. 672, l'arrêté n° 7.

[2] Voir t. XII, p. 123, l'arrêté n° 13.

[3] Arch. nat., AF II, 75. — *Non enregistré.*

[4] Arch. nat., AF II, 284. — *Non enregistré.*

[5] Arch. nat., AF II, 412. — *Non enregistré.*

et établies pour son compte ne sont pas encore en activité, qu'il est nécessaire de pourvoir l'administration des clous à ferrer dont elle a un besoin actuel, et que l'oubli qui a été fait de ces clous dans le tarif du maximum l'a nécessitée de les acheter à prix défendu; le Comité, considérant que le service de l'administration des transports ne peut souffrir d'interruption, arrête que, jusqu'à l'activité de ses clouteries ou la revision du maximum, l'administration des transports militaires est autorisée à se munir de clous à ferrer à prix défendu, qui cependant ne pourra excéder le prix de 30 sols la livre.

R. LINDET[1].

18. Le Comité de salut public, sur le rapport qui lui a été fait par la Commission des secours publics, arrête que les bâtiments nationaux des ci-devant châteaux de Sceaux et Choisy, près Paris, et partie du château de Fontainebleau, seront mis à la disposition de la Commission des secours publics, à l'effet de les disposer le plus promptement possible à servir d'hôpital militaire et d'y employer la partie du mobilier existant dans ces ci-devant châteaux, propres à ce service. Et pour l'exécution, ladite Commission est autorisée à se concerter avec celle des revenus nationaux.

C.-A. PRIEUR, B. BARÈRE, ROBESPIERRE[2].

19. La Commission des transports, postes et messageries, ayant exposé la nécessité d'ordonner le payement du service des malles aux maîtres de poste pour le trimestre de nivôse, suivant l'usage établi avant la loi qui ordonne que ces payements se feront à l'avenir par les receveurs des districts, le Comité de salut public arrête que le service des malles du trimestre de nivôse sera payé suivant l'usage précédemment établi, et qu'à dater du 1er germinal, il le sera conformément à la nouvelle forme établie par la Convention nationale.

R. LINDET[3].

20. Le Comité de salut public, sur le rapport de la Commission d'agriculture et des arts, considérant que l'exploitation des bois au-dessous de quatorze ans ne peut être utile aux usines, qu'elle est nuisible à

---

[1] Arch. nat., AF II, 286. — *Non enregistré.* — [2] Arch. nat., AF II, 284. — *Non enregistré.* — [3] Arch. nat., AF II, 20. — *Non enregistré.*

l'aménagement des forêts, arrête que les taillis qui n'ont pas atteint leur quatorzième année ne doivent pas être compris parmi ceux dont la coupe sera reprise par anticipation au 1er vendémiaire, en exécution du décret du 25 germinal. La coupe par anticipation ordonnée par le décret du 13 pluviôse ne s'exécutera qu'à l'égard des taillis au-dessus de quatorze ans. Il en sera usé comme par le passé pour la coupe des bois au-dessous de quatorze ans. Il ne sera néanmoins apporté aucun retardement à l'exploitation des bois mis en réquisition et dont la coupe a été ou sera requise par ordre de la Commission des armes.

R. LINDET [1].

21. Sur le compte qui a été rendu au Comité de salut public par la Commission des transports, postes et messageries, au sujet de cette dernière partie du service et de sous-fermes qui en dépendent, le Comité arrête ce qui suit : 1° Le payement du transport du numéraire et des assignats qui se fait par les sous-fermes des messageries, ou autres voitures, porté d'abord à 8 deniers par lieue et par mille livres, ensuite à 1 sol par lieue et par mille livres, sur la demande des agents des messageries, restera au prix d'un sol, jusqu'à concurrence de celui du bail annuel, et sera réduit à 8 deniers pour toutes sommes excédentes. — 2° Le renouvellement des baux, fixé au 20 floréal courant par arrêté du 9 [2], est prorogé jusqu'au 15 prairial prochain; il se fera publiquement et à la chaleur des enchères, toutes soumissions tenantes. — 3° Les sous-fermiers s'adresseront, pour les besoins en fourrages, à la Commission des transports, postes et messageries, qui se concertera avec celle du commerce et approvisionnements pour obtenir les réquisitions nécessaires.

R. LINDET [3].

22. Le Comité de salut public, informé que les citoyennes Claudine Briche, veuve Trousset, laboureur et fermier, âgée de 75 ans, mère de sept enfants, et Élisabeth Briche, veuve Monthuy, brasseur, domiciliées à Desvres, district de Boulogne, département du Pas-de-Calais, ont été mises en état d'arrestation, que le bruit s'est répandu qu'on n'avait pris cette mesure de sûreté à leur égard que parce qu'on les

[1] Arch. nat., AF II, 20. — De la main de R. Lindet. Non enregistré. — [2] Nous n'avons pas, à cette date, d'arrêté sur cet objet. — [3] Arch. nat., AF II, 20. — Non enregistré.

avait présumées ex-nobles, quoique, par leur origine, la profession de
leurs père et mère, la profession de leurs maris, elles n'aient jamais
participé ni pu participer à ce qu'on appelait noblesse; charge les
administrateurs du district de Boulogne-sur-Mer de vérifier les motifs de l'arrestation de ces deux citoyennes, âgées de 75 et de 76 ans,
de les mettre en liberté, si, après l'examen le plus exact des causes de
l'arrestation, elles ne sont ni ne paraissent suspectes; charge l'agent
national du district de faire exécuter le présent arrêté et d'en informer
le Comité de salut public.

R. LINDET, C.-A. PRIEUR[1].

23. [Arrêté ordonnant des réquisitions de charbon de terre en faveur des fonderies de Ruelle et d'Indret. CARNOT, C.-A. PRIEUR, COLLOT-D'HERBOIS, BILLAUD-
VARENNE. — Arch. nat., AF II, 215. *Non enregistré.*]

24. [Mise en réquisition du volontaire Evrot-Boudin pour travailler chez le
fondeur Ferry. C.-A. PRIEUR. — Arch. nat., AF II, 326. *Non enregistré*[2].]

25. Le Comité de salut public, sur le rapport qui lui a été fait par
la Commission des transports militaires relativement à la construction
des voitures suspendues pour le transport des malades et blessés dans
les armées, considérant que la loi du 24 nivôse porte que ces voitures seront conformes au modèle et au procès-verbal d'experts, que
les conditions de l'adjudication portent qu'il sera rédigé un programme
pour faciliter les artistes, et que l'article 2 de la soumission des entrepreneurs les oblige à fournir les bois, cuirs, toiles et fers de bonne
qualité et des espèces portées au programme; instruit qu'il a été
substitué à l'orme dur du tilleul pour les brancards des caisses desdites
voitures, ce qui est contraire à la loi et aux clauses de la soumission,
voulant néanmoins accélérer leur construction, arrête ce qui suit :
1° Les adjudicataires des voitures suspendues, mises en construction
par le décret du 24 nivôse, seront tenus de se conformer en tout point
aux instructions portées au programme qui leur a été délivré, tant pour
le choix des matières que pour le mode de construction. — 2° Tous
les bois de tilleul déjà employés aux brancards intérieurs de caisse,
ou façonnés, qui ne peuvent plus être mis à autre usage, seront reçus

---

[1] Arch. nat., AF II, 60. — *De la main
de R. Lindet. Non enregistré.*

[2] Cet arrêté se trouve classé par erreur
dans un dossier de thermidor an III.

par les inspecteurs, et, s'ils se trouvent de bonne qualité, ils seront sur-le-champ marqués de la marque indiquant réception. — 3° Les autres bois de tilleul qui ne sont pas encore façonnés ne pourront être reçus, et il y sera substitué de l'orme dur, conformément au programme. — 4° Les adjudicataires auront la faculté de céder leur bois de tilleul, acheté ou simplement débité, à la Commission des transports et convois militaires, qui leur en remboursera le prix sur le pied du maximum. — 5° Nul autre que les inspecteurs nommés par la Commission des transports n'a le droit d'inspecter ou de réformer les voitures dans leur construction. Tous ceux qui les troubleraient dans leurs fonctions, et qui retarderaient les travaux des adjudicataires, seront regardés comme suspects et traités comme tels.

R. LINDET[1].

26. Sur le rapport fait au Comité par la Commission des transports militaires, au sujet de la perte faite par le citoyen Ployart, laboureur à Voulpaix, de quatre chevaux et de Vincent Hardy, qui les conduisait, et qui ont péri, ainsi que lui, dans l'abreuvoir de Vervins, lequel rapport a pour objet l'indemnité, montant à 3,293 livres, 7 sols, que les autorités constituées du département de l'Aisne estiment être due audit Ployart, attendu que sa perte prend sa cause dans la réquisition faite de ses chevaux et de leur conducteur par l'administration du district de Vervins, et considérations faites que c'est à l'État à venir au secours des citoyens qui éprouvent des pertes résultantes d'événements imprévus; le Comité de salut public arrête que la Commission des transports militaires est autorisée à fixer l'indemnité due au citoyen Ployart à ladite somme de 3,293 livres 7 sols, et à la lui faire payer par le receveur du district.

R. LINDET[2].

27. [Arrêté réquisitionnant des voituriers pour le service de la fonderie du citoyen Ferry. C.-A. PRIEUR. — Arch. nat., AF II, 215. Non enregistré.]

28. Le Comité de salut public, en conséquence de son arrêté du 14 ventôse, qui met la fonderie du Creusot en réquisition[3] et en concède l'entreprise au citoyen Ramus, voulant procurer à cet entre-

[1] Arch. nat., AF II, 286. — Non enregistré. — [2] Arch. nat., AF II, 286. — Non enregistré. — [3] Voir t. XI, p. 525, l'arrêté n° 6.

preneur toutes les facilités nécessaires pour donner à cet établissement l'extension dont il est susceptible; considérant que la partie des bâtiments affectés à cette fonderie est insuffisante pour loger les ouvriers et le grand nombre d'employés qu'elle comporte; arrête : 1° que la partie des bâtiments de la verrerie du Creusot qui sert de logement aux intéressés de cette manufacture demeure en réquisition pour le service de la fonderie et sera mise à la disposition du citoyen Ramus; 2° que les intéressés de la manufacture de cristaux au Creusot sont invités à abandonner au citoyen Ramus, soit à titre de location, soit à titre de vente, les meubles qui garnissent cette partie de bâtiments, dont l'usage lui devient indispensable; 3° que la partie de bâtiments requis par le présent arrêté sera comprise dans l'estimation ordonnée par celui du 14 ventôse; 4° que la Commission des armes et poudres est chargée de l'exécution du présent arrêté.

C.-A. Prieur[1].

29. Le Comité de salut public, considérant qu'il est urgent d'approvisionner la fonderie du Creusot des fontes nécessaires à la fabrication des canons, et que les circonstances exigent la plus grande rapidité dans les approvisionnements; considérant que le citoyen Odelin, son commissaire pour la réquisition et l'achat des fontes, éprouve des retards et des difficultés dans les transports, arrête : 1° que les autorités constituées des districts où se trouvent les fontes destinées à l'approvisionnement de la fonderie du Creusot seront tenues de mettre en réquisition les bateaux et voitures disponibles dans leur arrondissement, et dans la quantité qui leur sera indiquée par le citoyen Odelin, pour le prompt transport des fontes dont il aura fait l'acquisition; 2° que la Commission des armes et poudres sera chargée de la notification du présent arrêté, et d'en suivre l'exécution.

C.-A. Prieur, Carnot, Collot-d'Herbois, Billaud-Varenne[2].

30. Le Comité de salut public, sur le rapport que lui a fait la Commission des armes et poudres, relativement à la demande formée par le conseil d'administration de la manufacture nationale des fusils à Paris, de la maison Joseph, rue Dominique, pour y établir les ma-

---

[1] Arch. nat., AF ii, 215. — *Non enregistré.*

[2] Arch. nat., AF ii, 215. — *Non enregistré.*

gasins de fer et d'acier ainsi que l'atelier d'outils, arrête : 1° que la
maison Joseph sera mise à la disposition du conseil d'administration
de la manufacture nationale des fusils, mais uniquement pour y établir
l'atelier des outils et des limes ; 2° que le département de Paris et la
Commission des armes et poudres sont conjointement chargés, savoir : le
département d'effectuer sans délai cette disposition, et la Commission
de tenir, pour ce qui la concerne, la main à l'exécution du présent
arrêté.

C.-A. PRIEUR[1].

31. Le Comité de salut public, informé des abus qui existent dans
a conduite des prisonniers envoyés à Paris des divers départements de
a République, tant pour les frais de route que pour la remise exacte
le ces individus dans les maisons de détention au moment de leur
irrivée à Paris, arrête ce qui suit : 1° A l'avenir, les gendarmes qui se-
·ont chargés de conduire à Paris des contre-révolutionnaires, ou autres
gens suspects, seront tenus de les déposer, aussitôt leur arrivée, dans
es maisons désignées dans l'ordre dont ils sont porteurs — 2° Les
iutorités constituées ou officiers supérieurs qui chargeront les gen-
larmes d'amener à Paris des prisonniers quelconques seront tenus
l'instruire la Commission de l'organisation des armées de terre du
our du départ et de celui qu'ils devront arriver à Paris. — 3° Les
gendarmes recevront, pour frais de route, 30 sols par lieue, tant en
·enant qu'en s'en retournant; ils recevront à Paris l'étape pour un jour
·eulement, à moins qu'ils ne soient retenus par des ordres du Comité
ju des commissaires des diverses administrations, ordres dont ils seront
ibligés de justifier. — 4° Les gendarmes envoyés à Paris près les Co-
nités de salut public et de sûreté générale par les autorités constituées
ju officiers supérieurs recevront également 30 sols par lieue et l'étape
ı Paris pour un jour. — 5° Les gendarmes employés à Paris, et qui
·eront renvoyés par les Comités de salut public et de sûreté générale
près les corps constitués ou en mission quelconque, recevront le même
·raitement en allant et venant, et l'étape à l'endroit où ils seront en-
·oyés pour un jour seulement. — 6° Conformément à la loi du 17 plu-
·iôse, les communes ou districts qui nommeront des commissaires pour

[1] Arch. nat., AF II, 215. — Non enregistré.

la translation des prisonniers, au lieu de les faire arriver de brigade
en brigade, seront tenus de payer les frais de route. — 7° Les voitures
qui auront été fournies pour la conduite des prisonniers seront remises
par les gendarmes à la 7° Commission, qui leur en donnera décharge;
la Commission sera tenue de les faire reconduire à leur destination.

CARNOT [1].

32. Le Comité de salut public, sur le rapport de la Commission
d'agriculture et des arts, exposant qu'en procédant à la levée des chevaux ordonnée par le décret du 15 germinal, les municipalités fixent
souvent leur choix sur des étalons ou chevaux uniquement destinés à
la reproduction ou sur des juments pleines, ou qui ont avorté l'hiver
dernier, et sont destinées à conserver et multiplier l'espèce, ce qui
occasionne un tort irréparable et remplit mal l'objet du service actuel;
arrête que les municipalités, procédant à la levée des chevaux décrétée
le 15 germinal, fixeront leur choix sur les chevaux qui seront le plus
en état de faire le service, qu'elles ne pourront comprendre dans leur
choix les juments pleines, celles qui nourrissent, celles même qui,
pour cause d'avortement ou défaut de conception, n'auraient pas produit cette année, et qui sont notoirement destinées par les propriétaires
à la multiplication, ni les étalons ou chevaux destinés particulièrement
et notoirement à la reproduction de l'espèce.

R. LINDET [2].

33. «La Commission de l'organisation et du mouvement des
armées de terre demande à être autorisée à faire l'envoi à différents
prisonniers des sommes remises par leurs parents ou amis depuis le 15
jusqu'au 16 floréal inclus, montant ensemble à 331 livres.» Approuvé,
18 floréal.

CARNOT, BILLAUD-VARENNE [3].

---

[1] Arch. nat., AF II, 224. — *Non enregistré.* — [2] Arch. nat., AF II, 79. — *De la main
de R. Lindet. Non enregistré.* — [3] Arch. nat., AF II, 230. — *Non enregistré.*

DÉCRET RELATIF AU CULTE DE L'ÊTRE SUPRÊME
ET AU COMITÉ DE SALUT PUBLIC.

Convention nationale, séance du 18 floréal an II - 7 mai 1794.

[Nous ne reproduisons pas ce décret, qui est fort long, qui ne se rapporte
⌐resque pas à notre sujet, et qu'on trouvera dans le *Procès-verbal*, t. XXXVII,
. 45 à 49, et dans la plupart des journaux du temps. Disons seulement que l'ar-
cle 8 chargeait les Comités de salut public et d'instruction publique de présenter
⌐n plan d'organisation des fêtes instituées par ce décret, et qu'après avoir *«*appelé
⌐us les talents dignes de servir la cause de l'humanité à leur établissement par
⌐es hymnes et par des chants civiques, et par tous les moyens qui peuvent contri-
uer à leur établissement et à leur utilité*»*, la Convention chargeait le Comité de
⌐lut public de distinguer les ouvrages qui paraîtraient propres à cet objet et d'en
⌐compenser les auteurs.]

REPRÉSENTANTS EN MISSION.

LE REPRÉSENTANT DANS LES ARDENNES AU COMITÉ DE SALUT PUBLIC.

Mézières, 18 floréal an II - 7 mai 1794. (Reçu le 9 mai.)

J'ai entretenu avec les deux Comités une correspondance très active;
⌐ leur envoie copie de tous mes arrêtés. J'ignore s'ils sont mis sous
⌐s yeux des Comités; il est très important qu'ils en aient connaissance
⌐rompte, afin de pouvoir répondre à toutes les calomnies que l'on
ourrait lancer contre moi.

Hier, j'ai assemblé la garde nationale de Sedan, je lui ai rappelé la
⌐onduite infâme de nos généraux, qui donnent des cartouches jaunes
ux patriotes pour les éloigner de l'armée. J'ai témoigné ma surprise
⌐e ce que la garde nationale avait chassé et maltraité des citoyens qui
⌐ trouvaient sur une liste de proscription, sans les entendre. J'ai
⌐rdonné qu'ils reprendraient leur rang, sauf à les juger dans un con-
⌐eil de discipline. J'ai été très content de la garde nationale.

J'ai quitté Sedan, où je ne prévois pas retourner; je pense que,
⌐rsqu'on envoie un député dans un département où l'aristocratie lève
⌐ tête, il doit y paraître comme la foudre, frapper de grands coups,

mais justes, épurer les autorités et se retirer; les détails et un long séjour diminuent l'effet qu'il a produit. J'en ferai autant à Mézières, d'où je vais partir aujourd'hui pour me rendre à Givet.

Salut et fraternité,

LEVASSEUR (de la Sarthe).

[Ministère de la guerre; *Armées du Nord et des Ardennes. — De la main de Levasseur.*]

LE REPRÉSENTANT AUX ARMÉES DES ARDENNES ET DE LA MOSELLE
AU COMITÉ DE SALUT PUBLIC.

Morfontaine, 18 floréal an II - 7 mai 1794.

[«Gillet transmet le tableau de formation de onze demi-brigades. Cinq autres sont formées à l'armée des Ardennes; il en transmettra les tableaux incessamment. Il organise en même temps les compagnies de canonniers. Il a chargé le citoyen Ménageur, capitaine d'artillerie, de cette opération à l'armée de la Moselle. Il a également chargé le général en chef de l'armée des Ardennes de choisir un officier d'artillerie instruit pour organiser sur le même pied l'artillerie de bataillon de cette armée. Il prévoit que sa mission sera longue et difficile, attendu que toute l'armée est en mouvement et qu'il ne sait plus où trouver les bataillons. Il ne voit d'autre moyen que de suivre les différents corps d'armée sur les points où ils agiront. Il pense qu'il serait plus avantageux de renvoyer à la fin de la campagne pour terminer cette opération. Il attend à cet égard la décision du Comité.» — Arch. nat., AF II, 246. Analyse [1].]

LE REPRÉSENTANT DANS LA MEUSE ET DE MOSELLE
AU COMITÉ DE SALUT PUBLIC.

Étain, 18 floréal an II - 7 mai 1794. (Reçu le 14 mai.)

Jamais commune n'eut plus besoin, citoyens collègues, d'être tamisée révolutionnairement que celle d'Étain. D'un côté les esclaves automates de l'Autriche y avaient laissé des traces profondes de leur méchanceté et de leur attachement à la servitude; de l'autre, une bande de fripons charlatanisaient le peuple en réunissant dans leurs mains

---

[1] Au ministère de la guerre, *Armées du Rhin et de la Moselle,* il y a une autre analyse de cette lettre, mais beaucoup plus courte.

avides toutes les faveurs de la Révolution, ne prodiguaient aux sans-
culottes, à qui seuls elles sont destinées, que le mépris, les vexations
et les dégoûts. Qu'ai-je eu à faire, marchant ainsi entre deux plaies et
chargé spécialement de les guérir? Remonter aux sources nourricières
les abus et des crimes, et les dessécher. Tel a été mon but, et je ne
crois pas l'avoir manqué. J'ai destitué tous les lâches, qui n'ont pas su
trouver une mort glorieuse, et qui les eût conduits vers l'immortalité,
à une bassesse infâme qui les abîme dans le déshonneur, les hommes
qui soupiraient après le retour de la tyrannie et qui, fléchissant un genou servile devant elle, ont obtempéré à ses ordres et en ont donné en
sa faveur. Une famille toute puissante, et dès longtemps accaparatrice
de tous les emplois, a été renversée; les chefs de cette espèce de faction, convaincus d'incivisme, de trahison envers la patrie, vont partir
pour rendre compte de leur gestion au Tribunal révolutionnaire. Le
crime ne restera pas debout, et le peuple seul triomphera.

Un scrutin épuratoire et sévère va s'ouvrir dans la Société populaire,
influencée et dirigée par cette réunion de roitelets. Celui auquel j'ai
passé toutes les autorités n'y a laissé que des hommes purs, énergiques
et dignes du caractère dont ils sont revêtus.

J'ai remonté, par mes discours et par des actes de vigueur, autant
qu'il m'a été possible, le ressort de l'esprit public; j'ai vu avec satisfaction que les sans-culottes, humiliés sous un joug qu'ils n'avaient pas
le courage de briser, étaient disposés fièrement à relever leur tête et
à soutenir leurs droits. Je n'ai mis en place que des hommes faits pour
les maintenir, et ils m'ont promis de le faire jusqu'à la mort.

L'ennemi ne reviendra plus dans cette commune l'infecter de sa présence; mais, s'il y essayait encore, il ne trouverait plus de vils ilotes
attachés à la glèbe et courbés sous des fers, mais des hommes libres,
des républicains, qui, plutôt que de compromettre les intérêts du
peuple, sauraient mourir.

Salut, liberté et fraternité, MALLARMÉ.

P.-S. Je joins à cette dépêche le procès-verbal d'épuration de cette
commune chef-lieu de district, et je vous annonce que je me rends à
Boulay.

[Arch. nat., AF II. 163. — *De la main de Mallarmé.*]

UN DES REPRÉSENTANTS AUX ARMÉES DE LA MOSELLE ET DU RHIN
AU COMITÉ DE SALUT PUBLIC.

Metz, 18 floréal an II-7 mai 1794.

Citoyens collègues,

Depuis longtemps Colonge, l'un de vos agents pour l'évacuation du pays des Deux-Ponts, me fait des vives plaintes sur les entraves que mettent à ses opérations un grand nombre de militaires.

D'un autre côté, les militaires dénoncent Colonge, et de cette division, il en résulte un tort réel pour la République. Je me suis empressé de vous en prévenir avec invitation de me faire parvenir un arrêté qui règle invariablement le mode d'évacuation à faire en pays ennemi, qui interdise totalement aux militaires de prendre aucune part à cette partie administrative, mais en même temps qu'il leur soit enjoint de déférer aux réquisitions qui leur seront faites lorsque les circonstances l'exigeront. Jusque-là Colonge croit sa présence inutile à Deux-Ponts. Il est venu me demander l'agrément de se rendre auprès de vous. J'ai cru prudent de déférer à sa réclamation. Vous l'entendrez, et ce qu'il vous dira de vive voix vous mettra mieux à même que mes écrits de fixer votre opinion et de vous déterminer sur le parti que vous aurez à prendre. Il vous présentera le tableau de ses opérations, que je trouve très satisfaisant.

Je dois même ajouter que, d'après les renseignements que j'ai pris sur son compte, les rapports qui m'ont été faits lui sont entièrement favorables.

Salut et fraternité,   J.-B. LACOSTE.

[Ministère de la guerre; *Armées du Rhin et de la Moselle.*]

LE REPRÉSENTANT DANS LA DORDOGNE ET LA CHARENTE
AU COMITÉ DE SALUT PUBLIC.

Périgueux, 18 floréal an II-7 mai 1794. (Reçu le 14 mai.)

[« Romme expose que, dans sa tournée aux forges de la Dordogne mises en réquisition pour fournir des canons, des obus, des boulets et du lest pour la marine, il les a trouvées en grande activité. Une seule forge, celle de Lavaur, était dans l'inaction, faute de charbon. Les bois qui devaient servir pour le fondage étaient encore sur pied le 28 germinal; il a fait appel à vingt-cinq communes environnantes, le 29 et le 30, pour le lendemain, et, en trois jours, tout le travail fut fini. Les fonctionnaires publics ont donné l'exemple du zèle et de l'activité en travaillant. Il joint un exemplaire de la proclamation qu'il a faite à ce sujet[1]. Le lendemain, la fête du travail a été célébrée avec solennité.» — Arch. nat., AF II, 263. Analyse].

LE REPRÉSENTANT DANS LA CORRÈZE ET LE PUY-DE-DÔME
AU COMITÉ DE SALUT PUBLIC.

Tulle, 18 floréal an II-7 mai 1794. (Reçu le 16 mai.)

[«Roux-Fazillac adresse une invitation pressante pour faire donner des ordres au citoyen Démophile Delfau, quartier-maître du 3ᵉ bataillon de la Corrèze, d'apurer sa comptabilité et de se rendre à la manufacture d'armes de Tulle, où il est jugé nécessaire. Il prie d'adresser la réponse à Delfau, maison de la Réunion, rue de Marivaux, à Paris.» — Arch. nat., AF II, 178. Analyse.]

LE REPRÉSENTANT DANS L'AIN ET LE MONT-BLANC
AU COMITÉ DE SALUT PUBLIC.

Chambéry, 18 floréal an II-7 mai 1794. (Reçu le 17 mai.)

Citoyens collègues,

Vous aviez cru que l'établissement du gouvernement révolutionnaire était facile; au moins c'est ainsi que vous me l'aviez présenté. Depuis trois mois je travaille de jour et de nuit dans deux départements, et je n'ai jamais eu tant de mal.

Je comptais cependant finir mes opérations sous deux décades. Le choix que vous venez de faire de Laporte et de moi[2] pour l'armée des Alpes a coupé tout de suite la marche de mon travail. Aussitôt que j'ai été averti, je me suis rendu d'Annecy à Chambéry. Depuis deux jours, je termine à la hâte et mets ordre aux affaires autant que je le puis. Laporte est à Grenoble, et je vais l'y joindre.

---

[1] Cette proclamation manque. — [2] Voir plus haut, p. 334, note 1.

Ma correspondance ne peut pas absolument, dans ce changement subit, être aussi réglée que je comptais vous la présenter. Cependant vous allez avoir sous les yeux une partie de mes dernières opérations; le reste vous parviendra incessamment.

J'accepte la commission que vous m'avez donnée, malgré ma potiture (?), car je vous jure que je suis exténué de fatigue, et, entre autres, une chute de cheval que j'ai malheureusement éprouvée m'a brisé, sans danger cependant, parce que, sachant passablement monter, j'ai eu l'adresse de ne pas laisser casser bras et jambes. Je vais tâcher, avec mon collègue Laporte, que je regarde comme un vrai patriote et aux lumières de qui j'ai pleine confiance, de vous prouver que je suis pas indigne de la vôtre.

Si j'avais quelques jours de plus, j'aurais perfectionné mon travail. J'ose vous assurer que, malgré les cruels obstacles que l'intrigue a jetés à chaque instant sur mes pas, j'ai fait du bien et tout le bien que j'ai pu. Je laisse le département de l'Ain sous la surveillance de Méaulle. Vous serez sous peu à portée par lui de savoir la vérité. Quant au Mont-Blanc, il est en bon état, et je peux vous assurer qu'il ira bien.

Je vous prie de me faire savoir de suite si Laporte et moi pouvons terminer l'établissement du gouvernement révolutionnaire; il ne reste presque plus rien à faire. Mandez-moi si cela est possible, afin de ne pas laisser un ouvrage imparfait.

Je pars pour Grenoble, et suis tout à la République.

Salut et fraternité,   ALBITTE.

[Arch. nat., AF ıı, 194. — *De la main d'Albitte* [1].]

LE REPRÉSENTANT DANS LE GARD ET LA LOZÈRE
AU COMITÉ DE SALUT PUBLIC.

Saint-Geniès, 18 floréal an ıı-7 mai 1794. (Reçu le 26 mai.)

Je vous ai prévenus, citoyens collègues, que j'avais trouvé beaucoup de fonctionnaires publics dans les Comités de surveillance de la Lozère, et qu'en général des prêtres et des ex-nobles sont dans les corps

---

[1] A cette lettre est joint tout un paquet d'arrêtés, au nombre de 59.

administratifs, judiciaires et municipaux. Je désire que vous me tra-
ciez la conduite à tenir, attendu que, l'épuration ayant été faite par
Châteauneuf, je ne peux y revenir qu'autant que vous m'y aurez autorisé, à moins que je ne prévoie et la facilité des remplacements et des
grands motifs à faire ces remplacements. J'ai trouvé un juge de Mende
ex-prêtre et *vicaire général,* accusé d'avoir, sans mission expresse, vendu
dans une commune où on l'avait envoyé commissaire le fer provenant
de la descente des cloches, d'avoir reçu le prix, dont il ne fit point
compte au district; il fut convenu, il est vrai, qu'il avait ensuite remis
l'argent et fait partir le fer au district, mais je n'ai pas pensé que cette
conduite fût pure, et, malgré qu'en Société populaire il ait prétendu
que Châteauneuf avait fini cette affaire, je l'ai provisoirement suspendu,
et, s'il ne me rapporte pas l'arrêté qu'il prétend que Châteauneuf a pris
et qu'il n'a pas encore exhibé, je vais le destituer. Le peu de soins
qu'on a donné aux biens nationaux nécessite un exemple, et l'occasion
s'en présente-là.

J'ai recomposé le Comité de surveillance de Mende. J'en ai sorti
deux juges, deux ex-prêtres et ci-devant vicaires généraux et quatre
autres fonctionnaires publics. Quelques-uns des huit que j'ai exclus
avaient des parents à la maison d'arrêt, et toutes les considérations
m'ont engagé à mettre à leur place des sans-culottes que la Société
m'a désignés.

Le district de Saint-Chély est dans un état pitoyable. On ne peut
pas songer à l'organiser sans prendre dans les tribunaux. Si mon arrêté sur la réduction ne vous présente d'inconvénients, communiquez-
moi votre opinion.

Après-demain, je vous rendrai compte de ma mission à Saint-Geniès. Ce n'est pas là seul (*sic*) que les troubles de Charrier auront
fourni occasion de dilapider les deniers publics. On prétend qu'à
Mende aussi il y a à revoir, et je m'en occuperai sous peu.

Salut et fraternité,   BORIE.

[Arch, nat., AF II, 194 [(1)].]

[(1)] En marge : «Renvoyé sans décision.»

Avignon, 18 floréal an II-7 mai 1794. (Reçu le 18 mai.)

L'expédition sur Bédouin est faite, citoyens collègues. La copie de la lettre de l'agent national que je vous fais passer vous instruira du succès qu'elle a eu; mais elle vous apprendra en même temps que les individus qui sont arrêtés s'obstinent à garder le plus profond silence et que la commune entière ne craint pas de partager l'infamie dont ces forfaits vont la couvrir.

Tout ce qui avoisine cette commune est aussi détestable. Il n'y a que de grands exemples qui puissent en imposer aux scélérats qui habitent ces contrées et étouffer ce nouveau germe de Vendée qui semble se manifester.

J'ai cru, citoyens collègues, qu'il fallait donner à la vengeance nationale un grand caractère; j'ai investi le tribunal criminel du département du pouvoir révolutionnaire, parce que la punition ne saurait être assez prompte. Le 20, le tribunal se transportera sur les lieux mêmes. La guillotine sera dressée sur l'endroit où l'outrage a été commis, les têtes des plus scélérats abattues. J'ai ordonné que la commune entière fût livrée aux flammes. Cette commune offre une population de mille individus. Vous ne sauriez trop comprimer la malveillance dans ces départements où la surveillance et la vigueur peuvent seules éviter les nouveaux malheurs que le modérantisme allait y faire naître.

Si vous trouviez cette nouvelle mesure trop rigoureuse, faites-moi connaître vos intentions. Supprimez ma lettre à la Convention, et instruisez-moi au plus tôt de votre décision. Mais calculez bien quelles peuvent être les suites de l'indulgence pour un délit aussi extraordinaire.

Salut et fraternité, Maignet.

Je reçois dans ce moment une lettre de l'agent national du district et du commandant du 4e bataillon de l'Ardèche; vous verrez qu'ils regardent la destruction de l'infâme Bédouin, où il a été déjà envoyé cinq commissaires, comme le seul moyen de préserver toutes ces contrées des complots qui depuis longtemps y sont tramés.

[Arch. nat., D, § 1ᵉʳ, 21 [1].]

[Nous croyons devoir reproduire, d'après les copies jointes à la lettre de Maignet, les deux lettres de l'agent national du district de Carpentras et du chef de bataillon Suchet.

I

A Carpentras, le 17 floréal l'an II de la République une et indivisible. L'agent national près le district de Carpentras au citoyen Maignet, représentant du peuple.

Je suis arrivé hier avant le jour devant Bédouin, avec deux cent cinquante hommes du bataillon de l'Ardèche, cinq chasseurs, le lieutenant de gendarmerie et cinq gendarmes.

En cinq minutes, cette infâme commune a été investie. J'y suis entré avec cent hommes. J'ai requis le maire de faire assembler le conseil général de la commune et le Comité. Il a voulu s'enfuir par une porte de derrière; mais il n'était plus temps. Un volontaire l'aperçut, lui cria d'arrêter et lui lâcha son coup de fusil. Il ne fut pas atteint, mais la peur le saisit, les jambes lui manquèrent; on l'arrêta et on me l'amena en chemise et pieds nus. Je le fis consigner dans la maison commune, ainsi que tous les municipaux et notables, le Comité de surveillance, le juge de paix et son greffier.

J'ai fait donner le logement et la nourriture à la troupe chez l'habitant, conformément à tes ordres. J'ai veillé à ce que la municipalité donnât la bonne part de cette distribution aux plus riches.

L'intrépide et bien précieux chef de bataillon a pris ses mesures avec une fermeté et un ordre admirables. La terreur est peinte sur tous les visages, et l'outrage fait au plus cher attribut de la liberté et aux lois sera vengé d'une manière éclatante.

J'ai donné aux autorités constituées vingt-quatre heures pour me faire connaître les coupables. J'ai arrêté en leur présence leurs registres de délibérations, que je vais scruter.

Dans le même moment, l'ordre fut donné à tous habitants de se constituer prisonniers dans la ci-devant paroisse; on hésitait : le cri : *Aux armes!* suffit pour faire exécuter sur-le-champ cet ordre.

J'ai fait aussi arrêter dans le même instant tous les ci-devant nobles, prêtres, religieuses et notaires. Ces derniers étaient d'autant plus suspects qu'ils tenaient leurs certificats de civisme de la coupable municipalité de Bédouin. Je leur ai associé les pères et mères d'émigrés, frères et sœurs et autres désignés par la loi et

---

[1] Sur une analyse, on lit ces mots : « A conserver. » Maignet a reproduit cette lettre avec d'insignifiantes différences de forme, dans le supplément à son rapport (imprimé), dont il y a un exemplaire aux Archives nationales, D § 1, 29.

tes arrêtés; le tout a été consigné dans une des chapelles en présence du peuple, étonné de voir exécuter la loi.

Nous avons occupé la tribune successivement, le commandant Melleret, Le Jeune et moi. J'ai fait lecture des quatre premiers articles de ton arrêté du 14 de ce mois, en annonçant que les derniers étaient les plus sévères, qu'il ne dépendait que des habitants de Bédouin de s'épargner la honte dont ils se couvriraient, qu'un seul moyen s'offrait, c'était la déclaration des coupables dont la justice nationale demandait la tête. Tous nos efforts ont été infructueux, et les traîtres so⁾t encore inconnus. J'ai cependant quelque espoir d'autres renseignements, mais ce ne sera pas par des dénonciations civiques; personne dans ce maudit pays n'aurait le courage d'en faire une; ce sera en mettant les suspects en opposition les uns avec les autres.

Le juge de paix a fourni un procès-verbal aussi insignifiant que celui de la municipalité.

Quant à tout ce qui n'était ni ci-devant prêtre, ni religieuse, ni noble, ni parent d'émigrés, nous l'avons questionné l'un après l'autre; nous espérions par là obtenir la vérité. Inutile espérance! Nous eussions fait main basse sur tous ces contre-révolutionnaires, si nous n'eussions écouté que notre indignation. Nous avons mis en arrestation tout ce qui nous a paru le plus coupable. J'ai fait saisir les chefs de la garde nationale, que le devoir de leur place rendait responsables du défaut de patrouille et de surveillance, lors de l'insulte faite aux décrets de la Convention et à l'arbre de la liberté, le Conseil général ayant déclaré que la garde nationale avait depuis quelque temps refusé le service.

Hier au soir, je me reportai encore à la ci-devant paroisse, pleine de toutes les ordures du fanatisme; tous les saints, saintes, croix et outils de prêtres ont été livrés aux flammes, et je fis ouvrir les portes à ceux qui avaient été épurés pour pour qu'ils se joignissent au bataillon qui assistait à cet autodafé et faisait retentir l'air des cris de *Vive la République!*

Nous avons trouvé dans une sacristie des ustensiles de toute nature en argent et en cuivre, dont je vais faire dresser un inventaire et que je ferai transporter au district.

J'ai fait proclamer le soir que toutes les façades des maisons fussent éclairées, les habitants tenus de rester chez eux, passé 9 heures du soir, sous peine d'être arrêtés et résignés (*sic*) avec les suspects. Cette mesure a donné un peu de relâche à nos braves volontaires, qui étaient épuisés de fatigue.

Ce matin, des patrouilles font des recherches dans la campagne, et la gendarmerie les seconde pour arrêter les fuyards.

Cette commune ayant été déjà désarmée à trois reprises différentes, il ne résultera pas beaucoup d'armes du désarmement que j'ai ordonné; néanmoins j'ai recommandé la plus grande exactitude dans les recherches.

Je vais aujourd'hui m'occuper d'écrire aux six membres qui doivent former la Commission municipale, que je ferai ensuite établir demain. Je t'observe que la municipalité n'a aucune ressource, aucun fonds dans ses mains, que la Commission a besoin que tu m'autorises à lever une taxe révolutionnaire, qu'on pourrait porter à six ou huit mille livres, sans quoi elle serait à chaque instant embarrassée dans sa marche et ne saurait où trouver ses propres honoraires. Cette somme lui serait par moi remise, et elle pourvoira aux premiers besoins.

Signé : LEGOZ.

Je compte demain faire un emballage de nos suspects et les adresser à l'accusateur public avec le verbal.

II

Le citoyen Legoz te communiquant, citoyen représentant, tout ce qui s'est passé, je ne puis t'ajouter aujourd'hui mon opinion sur cette infâme commune; j'espère conduire à Avignon bon nombre de ces bougres-là; il n'existe pas dans cette commune la moindre étincelle de civisme, et des mesures violentes, et sur les lieux, sont indispensables; nous agissons révolutionnairement, mais cela ne touche pas du tout ces âmes toutes papisées; une prompte exécution peut seule réveiller d'une manière efficace. Toutes les communes circonvoisines ne valent guère mieux. Ah! comme les Vendéens seraient aimés dans ces contrées! Ils trouveraient tous les habitants pour compagnons. Adieu, nous allons prendre la liste des scélérats qui, sous l'habit de sans-culotte, nourrissent le fanatisme, l'aristocratie et tous les crimes.

Ça ira, et ça ira.

Signé : SUCHET, soldat, chef de bataillon. — Arch. nat., D, § 1, 29.]

LE MÊME À LA CONVENTION NATIONALE.

Avignon, 18 floréal an II-7 mai 1794.

C'est au moment où la République française porte l'effroi sur tous les trônes que l'infâme commune de Bédouin, plus audacieuse que tous les despotes, ose se soulever contre la volonté nationale, fouler aux pieds les décrets de la Convention, renverser le signe auguste de notre régénération, l'arbre de la liberté.

Depuis longtemps Bédouin a manifesté sa haine contre la Révolution. Cinq commissions successives y ont été envoyées pour punir ses crimes; des scélérats ont été enlevés, mais le germe aristocratique y a toujours fécondé et produit de nouveaux forfaits.

Située au pied du mont Ventoux, entourée de collines et entrecoupée de défilés nombreux, cette contrée présentait tout ce qu'il fallait pour former une nouvelle Vendée.

Il ne faut pas en douter, tel était le projet, puisque ces brigands ont, dans leur coup d'essai, été aussi loin que l'ont fait au milieu de leurs plus grands succès tous les scélérats qui les ont précédés.

Aussitôt que j'ai appris cet attentat horrible contre la majesté du peuple, j'y ai envoyé 300 hommes du 4ᵉ bataillon de l'Ardèche qui, dans toutes mes opérations civiques, m'a si bien secondé. J'ai fait enchaîner prêtres, nobles, parents d'émigrés, autorités constituées.

J'aimais à croire que je pourrais trouver quelques individus qui, pénétrés de l'horreur du crime commis dans cette commune, s'empresseraient de soustraire leurs noms à l'infamie et m'indiqueraient les coupables.

Mais un silence absolu ne me prouve que trop qu'ils ont tous participé au crime.

Alors, ne voyant dans cette commune qu'une horde d'ennemis, j'ai investi le tribunal criminel du pouvoir révolutionnaire, pour faire tomber de suite les têtes des plus coupables, et j'ai ordonné qu'une fois ces exécutions faites, les flammes fissent disparaître jusqu'au nom de Bédouin.

Puissent périr ainsi tous ceux qui oseront braver la volonté nationale et méditer de nouveaux complots contre la liberté française !

Signé : MAIGNET.

[Arch. nat., D, S 1, 29. — Copie.]

COMITÉ DE SALUT PUBLIC.

Séance du 19 floréal an 11-8 mai 1794.

Présents : B. Barère, Carnot, Couthon, C.-A. Prieur, Collot-d'Herbois, Billaud-Varenne, Robespierre, R. Lindet.

1. Le Comité de salut public arrête que les préposés des douanes laisseront sortir du territoire de la République tous livres et ouvrages de jurisprudence civile, criminelle, ecclésiastique, domaniale, fiscale et féodale, ainsi que tous les livres de théologie, après la vérification

la plus sévère. La Commission des relations extérieures donnera les ordres nécessaires pour l'exécution du présent arrêté.

B. Barère, Couthon, Carnot, C.-A. Prieur,
Collot-d'Herbois[1].

2. Le Comité de salut public autorise le citoyen Jean-Victor Goupilleau, ci-devant commissaire national du district de Montaigu, département de la Vendée, à venir à Paris et y séjourner un mois, à compter de ce jour, pour y terminer des affaires de famille avec son frère, représentant du peuple.

B. Barère, Collot-d'Herbois, Carnot, Couthon[2].

3. Le Comité de salut public arrête que la Commission des administrations civiles, police et tribunaux enverra au bureau du Comité de salut public, *section des travaux publics,* quatre exemplaires de toutes les lois qui ont paru jusqu'à ce jour, concernant lesdits travaux, et qu'à l'avenir elle fera parvenir régulièrement au même bureau quatre exemplaires des lois qui seront rendues sur cette partie de l'administration publique.

C.-A. Prieur[3].

4. Le Comité de salut public arrête que Buquet, adjudant général, sera employé en cette qualité à l'armée du Nord, pour accompagner le général Kléber.

Carnot[4].

5. La nomination, faite par le représentant Boisset [5], du citoyen Nicolas, comme commissaire des guerres à Montélimar, est approuvée.

Carnot, B. Barère[6].

6. La Commission des transports ayant représenté au Comité de salut public que l'administration des postes et messageries avait abso-

[1] Arch. nat., AF II, 67. — *De la main de Barère.*

[2] Arch. nat., AF II, 412. — *De la main de Barère.*

[3] Arch. nat., AF II, 60. — *Non enregistré.*

[4] Arch. nat., AF II, 304. — *De la main de Carnot. Non enregistré.*

[5] Pendant sa mission dans les départements de la Drôme et de l'Ardèche.

[6] Arch. nat., AF II, 304. — *Non enregistré.*

lument besoin de trente forts chevaux pour assurer son service, et que la
réquisition autorisée sur la foire d'Arpajon, le 8 de ce mois[1], n'avait
présenté aucune ressource, parce qu'il ne s'y était point trouvé de chevaux qui fussent propres au service des messageries, le Comité arrête
que la Commission des transports, postes et messageries est autorisée
à mettre en réquisition, sur la foire des Barricades, à Chartres, qui
aura lieu le 22 floréal, trente chevaux de la force et de la taille nécessaires pour le service des postes et messageries; ces chevaux seront
estimés à dire d'expert et en présence de la municipalité du lieu, et ne
pourront excéder le prix de 1,500 livres chacun, que la Commission
fera acquitter par ses préposés et agents chargés du service des postes.

R. LINDET[2].

7. Le Comité de salut public arrête : 1° L'agent national du district
de..... prendra, aussitôt la réception du présent, tous les renseignements propres à faire connaître la situation des fabriques de
baïonnettes de son arrondissement, et remplira de la manière la plus
exacte un tableau conforme au modèle ci-joint. — 2° Il enverra ce
tableau le plus tôt possible au Comité de salut public, section des
armes, à Paris. — 3° Il en enverra régulièrement un semblable les
premiers de chaque mois. — 4° Il se bornera à répondre catégorique-
ment à la question faite en tête de chaque colonne. — 5° Il enverra,
aux mêmes époques, un double de ce tableau, et les soumissions
faites, conformément à l'arrêté du 13 ventôse[3], par les différents
ouvriers de son district, à l'administration des armes portatives, quai
Voltaire, n° 4, à Paris, qui est seule chargée de ratifier celles qui
seront avantageuses à la République, et de répondre aux objets de
détail.

C.-A. PRIEUR[4].

8. Vu l'arrêté de l'administration du district de Mortain, département de la Manche, du 7 germinal, qui enjoint aux citoyens de la

---

[1] Voir plus haut, p. 100, l'arrêté n° 8,
du 8 floréal.

[2] Arch. nat., AF ii, 20. — *Non enregistré.*

[3] Voir t. XI, p. 506, l'arrêté du Comité n° 5.

[4] Arch. nat., AF ii, 215. — *Non enregistré.*

première réquisition, admis en qualité d'élèves dans les papeteries de son arrondissement, après la publication du décret du 23 nivôse, de se faire signaler sans délai pour marcher à la défense de la patrie; vu aussi les réclamations faites contre cet arrêté, le 22 germinal, par les papetiers fabricants du district de Mortain; le Comité de salut public, ouï le rapport de la Commission du commerce et des approvisionnements, arrête ce qui suit : L'arrêté pris par l'administration du district de Mortain est approuvé et confirmé; il sera exécuté suivant sa forme et teneur; en conséquence, il est enjoint aux citoyens de la première réquisition qui, après la publication du décret du 23 nivôse, sont entrés dans les papeteries de ce district pour y faire leur apprentissage, de se présenter sans délai par-devant les administrateurs, pour qu'on prenne leur signalement, et de se tenir prêts à marcher au premier ordre.

R. Lindet[1].

9. Le Comité de salut public, vu le rapport qui lui a été fait par la Commission des transports, postes et messageries, sur la nécessité d'assurer le service de la poste de Courville, district du Puits-la-Montagne[2], département d'Eure-et-Loir, arrête : Le département d'Eure-et-Loir est autorisé à requérir neuf chevaux propres au service de la poste de Courville. Les chevaux, qui ne pourront être pris chez aucun maître de poste, seront estimés à dire d'experts, en présence de deux officiers municipaux du lieu où ils auront été requis. Ces chevaux seront payés comptant et ne pourront excéder le prix de 900 livres chacun, déterminé par la loi du maximum. Le département d'Eure-et-Loir fera conduire, dans le plus court délai, ces neuf chevaux à la poste de Courville. Les sommes nécessaires à l'achat desdits chevaux et à leur nourriture jusqu'à Courville seront avancées par le département et remboursées par la Commission des transports sur l'état certifié des corps administratifs, qui lui sera adressé. Le montant dudit état sera retenu au maître de poste de Courville, sur les premiers services qu'il fera pour la République et sur les indemnités qui pourront lui être dues conformément à la loi du 17 vendémiaire.

R. Lindet[3].

---

[1] Arch. nat., AF ii, 204. — *Non enregistré.* — [2] Ci-devant Châteauneuf-en-Thimerais. — [3] Arch. nat., AF ii, 20. — *Non enregistré.*

10. Le Comité de salut public, d'après les nouveaux renseignements donnés par Saliceti, représentant du peuple, dans sa dépêche du Port-de-la-Montagne, en date du 11 de ce mois[1], l'autorise à faire sortir les vaisseaux qui se trouvent armés au Port-de-la-Montagne, et de disposer des forces maritimes pour porter en Corse tous les secours nécessaires. Il fera embarquer sur cette escadre les troupes disponibles qu'il jugera nécessaires, ainsi que les approvisionnements en subsistances, munitions et numéraire qu'il croira être indispensables pour la défense de la Corse.

> B. Barère, Carnot, Billaud-Varenne, C.-A. Prieur, Collot-d'Herbois[2].

11. [Le Comité de salut public arrête] : 1° L'armée des Alpes et celle d'Italie agiront de concert, autant qu'il sera possible, dans leurs mouvements contre le Piémont. — 2° Si ce concert ne peut avoir lieu par la difficulté des communications, les décisions et ordres sur l'ensemble des opérations seront données par les représentants du peuple près l'armée d'Italie, et néanmoins ils ne pourront distraire aucune force de l'armée des Alpes, sans l'agrément des représentants près cette dernière. — 3° Le général en chef de l'armée des Alpes fera passer sur-le-champ toutes ses troupes à cheval à l'armée d'Italie[3].

12. Le Comité de salut public, sur le rapport de la Commission des transports, postes et messageries, considérant qu'il est de la plus grande urgence de mettre au vert les chevaux malades ou fatigués, arrête : 1° La Commission des transports est autorisée à louer la prairie appelée Lille-la-Loge, située près la machine de Marly; le prix de la location ne pourra excéder la somme de 9,000 livres. — 2° Cette prairie sera environnée de palissades; il sera pratiqué des séparations et construit deux hangars légers pour abriter les chevaux pendant les pluies ou orages et pendant les grandes chaleurs. — 3° Les pieux et perches qui ont servi l'année dernière à cet usage seront employés, sauf à en tenir compte à qui de droit; le surplus de ce qui est nécessaire sera acheté par la Commission. Les travaux seront faits autant

---

[1] Voir plus haut, p. 75.
[2] Ministère de la guerre; *Corse.* — De la main de Barère. *Non enregistré.*

[3] Ministère de la guerre; *Armées des Alpes et d'Italie.* — De la main de Carnot. *Non enregistré.*

que possible par les citoyens chargés de la garde des chevaux. On mettra la plus grande économie possible dans les dépenses, qui n'excéderont pas 3,000 livres. — 4° L'agent des domaines nationaux mettra sur-le-champ à la disposition de ladite Commission l'île du pont de Sèvres et les bâtiments dépendants. Les municipalités de Meudon et Sèvres seront tenues de faire lever les scellés, dès qu'elles en seront requises, afin de donner la jouissance desdits bâtiments. Il sera aussi construit un hangar dans le milieu pour abriter les chevaux. — 5° Les châteaux, parcs et dépendances du Plessis et Lalande, situés dans la commune de Villiers-sur-Marne, district de Corbeil, département de Seine-et-Oise, sont aussi dès ce moment à la disposition de la Commission pour former une infirmerie; elle est autorisée à y faire toutes les réparations convenables. — 6° Les lits, matelas, qui sont dans les châteaux, seront conservés provisoirement pour les employés. Le district de Corbeil est chargé d'en faire l'inventaire et de distraire les effets qui deviendraient inutiles. — 7° Le présent arrêté sera envoyé à la Commission des revenus nationaux et aux administrations des districts dans le ressort desquels sont situés les prairies, parcs et dépendances mis à la disposition de la Commission des transports militaires et messageries, pour en ordonner et surveiller la prompte exécution, chacune dans ce qui la concerne.

R. Lindet [1].

13. Sur le rapport fait par la Commission des transports militaires, le Comité de salut public arrête que, toutes les fois qu'il sera question d'examiner et de recevoir définitivement les objets de construction ordonnés par l'administration des transports militaires pour le service de la République, les experts chargés de ces examen et réception seront nommés par les directoires des districts des lieux où se fera ladite réception, et que lesdits experts seront payés à raison de 5 livres par vacation par les receveurs des districts, sur le mandat des directoires, qui constateront le nombre des vacations qui auront été employées, et la Commission des transports sera tenue de rembourser ces dépenses sur vue de pièces comptables.

R. Lindet [2].

---

[1] Arch. nat., AF ii, 286. — *Non enregistré.*

[2] Arch. nat., AF ii, 286. — *Non enregistré.*

14. Le Comité de salut public arrête que la Commission des transports militaires établira sans délai un service de transports, de Boulogne à Calais, composé de 60 voitures, qui seront destinées à transporter journellement, d'une commune à l'autre, toutes les matières, denrées ou marchandises pour toute espèce de destination. La Commission organisera ce service comme une messagerie dans une activité perpétuelle, et l'entretiendra jusqu'à ce qu'on puisse le faire cesser et que l'ordre en ait été donné ou approuvé par le Comité de salut public.

R. Lindet [1].

15. Sur le rapport fait par la Commission des transports militaires que l'armée de l'Italie a besoin d'un versement de fourrages, qu'elle est instruite qu'il y a à Orange 50,000 quintaux de foin en magasin ou sur des bateaux descendus de Commune-Affranchie, que le décroissement actuel de la rivière rend plus pressant le versement de ces fourrages, qui ne s'opérerait que très lentement par terre, mais que, tous les matelots ayant été requis de se rendre sans délai au Port-de-la-Montagne pour les travaux de l'armement, les dispositions faites par l'agent des subsistances militaires pour diriger ces fourrages sur l'armée d'Italie deviennent nulles; le Comité de salut public arrête que tous les foins ou fourrages en magasin ou sur des bateaux descendus de Commune-Affranchie seront dirigés sans délai sur l'armée d'Italie, et par eau, et qu'à cet effet tous les pilotes et matelots nécessaires au transport desdits fourrages à Nice seront exemptés de la réquisition à laquelle ils sont soumis par la loi générale, par des arrêtés de représentants du peuple.

R. Lindet [2].

16. Sur le rapport fait au Comité de salut public par la Commission des transports militaires, remontes, postes et messageries, qu'il serait facile, sans gêner le travail des forges de Commercy et de Boncourt, d'établir dans leur voisinage des martinets pour les ateliers des transports; que ces constructions seront peu dispendieuses par les bois que l'on peut prendre sur les lieux, dans les forêts nationales, et que leur dépense sera bientôt rachetée par l'économie de 50 à 60 chevaux

---

[1] Arch. nat., AF II, 286. — *De la main de R. Lindet. Non enregistré.*

[2] Arch. nat., AF II, 286. — *Non enregistré.*

mployés à aller chercher bien loin les objets qui se trouveront sous
a main; le Comité, considérant que ces établissements auront le
louble avantage de fournir à tous les besoins des ateliers de Sempigny
t de ceux près de Laon, et de diminuer les frais extraordinaires des
ransports à cause de leur proximité, arrête : 1° Il sera établi un mar-
inet à la forge de Commercy et un à la forge de Boncourt, qui seront
lestinés à fournir de fers en barre et de fers martinets les ateliers des
ransports militaires à Sempigny, près de Laon. — 2° Les bois néces-
aires à ces établissements seront pris dans les forêts nationales les
lus voisines. — 3° L'administration du district de Commercy fera
narquer et exploiter les bois, fera faire le devis des ouvrages et en
urveillera la construction.

R. LINDET[1].

17. « Les officiers chargés du détail du 13ᵉ bataillon des Vosges et
es 1ᵉʳ, 6ᵉ et 8ᵉ bataillons réunis de la formation de Doué, après avoir
)uché à Doué le prix de dix jours, ont été assaillis sur la route de
:holet et sont morts victimes de la férocité des brigands. La Trésorerie
ationale a autorisé le payeur de l'armée de l'Ouest à remplacer le
rêt que ces corps n'avaient point touché et qui ne pouvait être différé.
.a Commission de l'organisation et du mouvement des armées de
:rre demande [17 floréal] à être autorisée à donner des ordres rela-
.fs au remboursement, pour le montant des reçus qui se trouvent
ntre les mains du payeur, ce remboursement ne pouvant être à la
harge du bataillon. » — Approuvé.

CARNOT, B. BARÈRE[2].

18. Le Comité de salut public, voulant donner à la raffinerie révo-
itionnaire de salpêtre établie à Paris tout l'accroissement et l'activité
ont elle est susceptible, charge le représentant du peuple Frécine de
1 surveillance spéciale de cet établissement. En conséquence, il pres-
era l'exécution des arrêtés du Comité de salut public, concernant cette
affinerie. Il déterminera l'organisation qu'il convient de lui donner,
ant pour la police que pour y entretenir toutes les parties du service
e la manière la plus avantageuse pour la République. Il aura toute

[1] Arch. nat., AF ii, 286. — Non en-
egistré.

[2] Arch. nat., AF ii, 288. — Non en-
registré.

autorité sur les agents employés à cet établissement, renverra ceux qui ne remplissent pas bien leurs fonctions, soit par incivisme, soit par incapacité, et les remplacera par des citoyens qui lui paraîtront propres à y faire un travail utile. Il est également autorisé à employer, pour tout ce qui tient à ce service, des agents en tel nombre qu'il le jugera nécessaire. A cet effet, il pourra requérir tous ceux qui ne seraient pas déjà attachés à d'autres fonctions publiques. Enfin, il veillera à ce que l'approvisionnement de la raffinerie en toutes matières, ainsi que les ustensiles, soient exactement fournis en proportion des besoins, et s'opposera à tout ce qui tendrait à ralentir les travaux et en diminuer les produits. La Commission des armes et poudres, les autorités constituées de Paris et tous les citoyens sont tenus de déférer aux ordres qui leur seront donnés par le représentant du peuple Frécine pour l'exécution de sa mission, dont il rendra compte fréquemment au Comité de salut public. Les dépenses extraordinaires qui pourraient en résulter seront acquittées par la Commission des armes et poudres, sur les fonds qui sont à sa disposition.

C.-A. Prieur, Carnot, Couthon, Billaud-Varenne[1].

19. Le Comité de salut public, sur le rapport de la Commission du commerce et des approvisionnements, arrête : 1° Les fournitures de viande faites aux troupes en garnison ou cantonnement et dans les hôpitaux militaires, soit en exécution de marchés consentis antérieurement au 29 septembre 1793, soit par continuation tacite ou expresse de ces marchés, seront payées au prix stipulé dans les marchés. — 2° Les fournitures faites en exécution de marchés consentis postérieurement au 29 septembre, ou par continuation expresse ou tacite de ces marchés, seront pareillement payées au prix stipulé dans les marchés, lorsqu'ils auront été faits par adjudication au rabais et approuvés par les autorités civiles ou militaires. — 3° Les fournitures faites sans traités, sans continuation de marchés, soit sur réquisition simple, seront payées au même prix que celles qui ont été faites dans les cantons voisins, en exécution de marchés ou par continuation de marchés. — 4° Les fournisseurs qui, ayant consenti des marchés postérieurement au 29 septembre pour un prix inférieur et dispropor-

(1) Arch. nat., AF ii, 217. — De la main de C.-A. Prieur. Non enregistré.

tionné au prix courant des bestiaux sur pied, ont été obligés de continuer leurs fournitures faites depuis l'expiration de leurs marchés
recevront, en cas de perte évidente et loyalement constatée, un supplément de prix et seront payés, pour les fournitures faites depuis l'expiration de leurs marchés, sur le même pied que les fournisseurs des
cantons voisins qui ont consenti des traités antérieurement au 29 septembre ou sur le pied des achats de bestiaux justifiés par les attestations
des autorités constituées. — 5° Les fournisseurs qui ont consenti des
marchés postérieurement au 29 septembre à un prix descendu et dis-
proportionné à celui des bestiaux sur pied, et justifieront qu'ils auront
éprouvé une perte évidente, présenteront leurs réclamations, avec les
pièces justificatives, aux administrations de district, qui les communi-
queront aux principaux agents des subsistances militaires sur les lieux
pour vérifier leurs observations et renverront les pièces avec leur avis
à la Commission du commerce et approvisionnements, qui proposera
au Comité les indemnités dont elle jugera les fournisseurs susceptibles.
— 6° Les dispositions du présent arrêté ne s'appliqueront qu'aux fournitures faites jusques et y compris le 30 germinal.

R. LINDET [1].

20. Le Comité de salut public arrête, en exécution de l'article 10
du décret des 26 et 27 germinal, que les marchands, fabricants, chefs
de manufactures, d'ateliers, d'usines, les citoyens employés dans les
fabriques, manufactures et usines et en faisant leur profession con-
stante et habituelle depuis six mois au moins, sont en réquisition dans
les communes de Marseille, Cette, Agde, Bayonne, Bordeaux, la
Rochelle, Nantes, Lorient, Saint-Malo, le Havre, Rouen, Boulogne,
Abbeville, Amiens, Calais, Dunelibre, Saint-Quentin, Sedan et
Saint-Omer, pour être employés à mettre en activité les fabriques, les
manufactures, les ateliers, les usines, et à toutes les opérations du
commerce intérieur et extérieur pour lesquelles leur industrie, leurs
facultés et leurs moyens sont mis en réquisition. — Les représentants
du peuple députés près des armées ou dans les départements se feront
remettre la liste des citoyens étrangers ou ex-nobles que les dispositions du présent arrêté retiendront à leur poste. Ils épureront cette

[1] Arch. nat., AF II, 262. — De la main de R. Lindet. Non enregistré.

liste et feront déclarer à ceux qui ne leur présentent pas un gage
suffisant de civisme et d'utilité qu'ils aient à se conformer dans dix
jours aux dispositions de la loi des 26 et 27 germinal, sans qu'ils
puissent compter sur l'effet de la présente réquisition.

R. LINDET [1].

REPRÉSENTANTS EN MISSION.

LE COMITÉ DE SALUT PUBLIC
À J.-B. LACOSTE, REPRÉSENTANT AUX ARMÉES DU RHIN ET DE LA MOSELLE,
À METZ.

Paris, 19 floréal an II – 8 mai 1794.

Le Comité t'invite, citoyen collègue, à faire mettre sur-le-champ en
arrestation le nommé Romieu, sergent-major dans le 8e bataillon de
la Drôme, et à l'instruire des mesures que tu auras prises à cet effet.
La lettre ci-jointe te fera suffisamment connaître cet individu [2].

[Arch. nat., AF II, 37.]

LE COMITÉ DE SALUT PUBLIC
À MÉAULLE, REPRÉSENTANT À COMMUNE-AFFRANCHIE.

Paris, 19 floréal an II – 8 mai 1794.

Le Comité de salut public te fait passer, citoyen collègue, copie de
différentes notes extraites de plusieurs lettres écrites à nos collègues
du département de l'Ain [3]. Le Comité, sans rien préjuger, a cru
devoir t'en donner communication, en t'invitant à vérifier les faits qui
y sont allégués : il s'en rapporte à cet égard à ton zèle et à ton impartialité.

[Arch. nat., AF II, 37.]

---

[1] Arch. nat., AF II, 61. — *De la main
de R. Lindet. Non enregistré.*

[2] Cette lettre manque.

[3] Ces pièces manquent.

LE COMITÉ DE SALUT PUBLIC AUX REPRÉSENTANTS À L'ARMÉE DES ALPES.

Paris, 19 floréal an II-8 mai 1794.

[Le Comité leur transmet son arrêté relatif aux armées des Alpes et d'Italie[1]. «Nous vous invitons, au nom du salut de la chose publique, de lui donner son exécution. Nous tâcherons de remplacer votre cavalerie par d'autres corps de cette arme tirés de l'armée du Rhin. Le succès des opérations de l'armée des Alpes sur le Petit Saint-Bernard nous inspire beaucoup de confiance dans les généraux qui en ont eu la conduite, et nous fait espérer que le Mont-Cenis sera bientôt en notre pouvoir, s'il ne l'est pas déjà. Nous nous reposons entièrement de nos succès sur cette partie de nos frontières sur votre sagesse et sur votre énergie républicaine. CARNOT.» — Ministère de la guerre; *Armées des Alpes et d'Italie.* — *De la main de Carnot.*]

_____

LE COMITÉ DE SALUT PUBLIC AUX REPRÉSENTANTS À L'ARMÉE D'ITALIE.

Paris, 19 floréal an II-8 mai 1794.

[Le Comité leur transmet le même arrêté. «Le mauvais esprit qui domine dans le Mont-Blanc ne permet pas de dégarnir le pays des forces qui s'y trouvent, sans que la possibilité en soit reconnue par les représentants du peuple près l'armée des Alpes. Dans l'impossibilité néanmoins de trouver ailleurs la cavalerie que vous demandez, nous avons pris le parti de vous faire passer toute celle qui s'y trouve. Quant aux troupes à pied, il en existe une assez grande quantité dans les départements voisins de vous, et nous donnons des ordres pour qu'elles se rendent au Port-de-la-Montagne. B. BARÈRE, CARNOT, COLLOT-D'HERBOIS, C.-A. PRIEUR, BILLAUD-VARENNE.» — Ministère de la guerre; *Armées des Alpes et d'Italie.* — *De la main de Carnot.*]

_____

LE COMITÉ DE SALUT PUBLIC
À SALICETI, REPRÉSENTANT AU PORT-DE-LA-MONTAGNE.

Paris, 19 floréal an II-8 mai 1794.

[«Les succès de l'armée d'Italie font présager ceux que Lacombe Saint-Michel obtiendra sans doute en Corse. Le Comité de salut public autorise Saliceti à disposer des forces maritimes pour aller secourir la vaillante armée de la République qui défend la liberté et la Corse contre les lâches Paolistes et les perfides Anglais[2].

_____

[1] Voir plus haut, p. 364, l'arrêté n° 11. — [2] Voir plus haut, p. 364, l'arrêté n° 10.

— Instructions à cet égard. — «Ainsi c'est le moment d'avoir de l'audace et de montrer à l'Europe que nous avons une marine dans la Méditerranée. » — *Signé* : BARÈRE, BILLAUD-VARENNE, COLLOT-D'HERBOIS, CARNOT. — *Catalogue de lettres autographes composant le cabinet du comte de Vernac;* Paris et Londres, 1870, in-8°, p. 33. Analyse.]

LE COMITÉ DE SALUT PUBLIC
À LACOMBE SAINT-MICHEL, REPRÉSENTANT EN CORSE.

Paris, 19 floréal an II-8 mai 1794.

Ne crois pas, cher collègue, que nous ayons été insensibles aux dangers de ta position, que nous ayons moins souffert que toi d'une interruption de correspondance qu'il eût été si intéressant pour nous de faire cesser, de l'impossibilité enfin où nous nous sommes vus de te faire passer les secours dont nous savions que tu avais si grand besoin. Ton courage et l'énergie de ton caractère nous ont rassurés ; ils ont tenu lieu de tout au pays que tu t'étais chargé de défendre. Tu as repoussé les Anglais et déjoué les Paolistes, et, si encore la Corse fait partie du territoire de la République, nous nous plaisons à t'en regarder comme le véritable sauveur. Tu sais que les Anglais, maîtres de la mer, même après leur expulsion du Port-de-la-Montagne, n'ont pas cessé d'intercepter nos communications ; que l'impossibilité d'avoir des subsistances pour les parties méridionales de la République nous a forcés de songer à la conquête d'Oneille ; que cette entreprise a exigé l'emploi de toutes les forces de l'armée d'Italie ; que son succès nous a conduits à des entreprises nouvelles, qui ont été heureuses et décisives, puisqu'elles ont fait tomber en nos mains le fort de Saorgio, et qu'elles nous donnent enfin l'espoir de pouvoir porter près de toi les secours que tu dois attendre avec tant d'impatience. Nous pressons notre collègue Saliceti de ne pas perdre un moment pour cette opération, qui doit sauver la Corse, et lui-même nous annonce le désir le plus ardent d'exécuter ce projet sans aucun retard. Une espèce de malentendu, ou plutôt la crainte de compromettre nos forces navales de la Méditerranée vis-à-vis des forces très supérieures de l'ennemi, nous avait déterminés à défendre provisoirement leur sortie du Port-de-la-Montagne; nous nous hâtons de lever cet embargo et d'autoriser Saliceti à faire mettre sur-le-champ à la voile.

Persévère, cher collègue, dans la vigueur que tu as déployée jusqu'à ce moment; notre confiance la plus absolue repose sur toi.

Salut et fraternité,

BILLAUD-VARENNE, CARNOT, COLLOT-D'HERBOIS, B. BARÈRE.

[Ministère de la guerre: *Corse.* — *De la main de Carnot.*]

LE COMITÉ DE SALUT PUBLIC AUX REPRÉSENTANTS PRÈS LES ARMÉES.

Paris, sans date. (Vers le 19 floréal an II-8 mai 1894.)

[Le Comité apprend que, dans différents endroits, les routes sont remplies de militaires qui abandonnent leur poste et de citoyens de la première réquisition qui rentrent dans leurs foyers. «Nous sommes persuadés que, d'une part, les inquiétudes du patriotisme, et de l'autre les efforts de la malveillance ont beaucoup exagéré les faits, et que le nombre des citoyens qui abandonnent au moment du danger le poste où la patrie et l'honneur leur faisaient un devoir de mourir, n'est pas si grand qu'on a voulu le faire croire. Aussi le Comité n'a-t-il pas cru devoir proposer à la Convention aucune nouvelle mesure sur cet objet. D'ailleurs, la publicité ne serait peut-être pas sans inconvénients. Mais, comme il ne faut rien négliger de tout ce qui peut intéresser le salut public, nous t'invitons, citoyen collègue, de veiller soigneusement à l'exécution des lois rendues, de donner des ordres pour faire arrêter en conséquence sur toutes les routes les militaires voyageant sans ordre ou permission en bonne forme, et de stimuler les municipalités et les comités de surveillance pour faire rendre à leur destination les citoyens de la première réquisition qui n'ont pas été requis légalement pour un autre service public. Nous savons que, dans plusieurs départements, on a retenu, en très grand nombre, de ces citoyens pour les travaux de l'agriculture, et sans doute il est essentiel de ne pas laisser les terres sans culture; mais, aujourd'hui que l'emblaison est terminée, il nous semble qu'il faudrait vérifier de nouveau toutes les réquisitions données pour cet objet, et que rien n'empêche que la plupart des citoyens retenus pour les travaux de l'agriculture ne se rendent à leur poste. Nous t'invitons donc à annoncer aux municipalités que toutes les réquisitions données jusqu'à ce jour pour l'agriculture sont révoquées, et que nul ne pourra se dispenser, sous ce prétexte, de se rendre à sa destination, à moins qu'il ne soit muni d'une réquisition spéciale des représentants du peuple postérieure à ce jour, laquelle ne sera donnée que lorsque le manque absolu de bras et les localités l'exigeront impérieusement. Nous ne pouvons, au surplus, que nous en rapporter là-dessus au zèle de vos collègues et à leur amour pour le bien public. CARNOT.» — Arch. nat., AF II, 37.]

UN EX-REPRÉSENTANT DANS LE CALVADOS ET LA MANCHE
AU COMITÉ DE SALUT PUBLIC.

Paris, 19 floréal an II – 8 mai 1794. (Reçu le 9 mai.)

[« Bouret envoie ses observations sur la place de Cherbourg ; en aurait d'autres à faire sur sa mission dans la Manche et désirerait les faire imprimer. Attend à cet effet la décision du Comité. Joint à sa lettre copie de celles de deux négociants qui font offre de diverses marchandises qui lui paraissent très nécessaires à la marine. Prie le Comité d'en faire usage et de lui renvoyer pareillement sa décision sur ces objets, qui consistent en fer carré, etc. Entre autres observations (sur la place de Cherbourg) demandées par le citoyen Bouret, représentant et membre du Comité [1], il représente que la rade de ce port peut donner asile à la flotte la plus considérable, et que, si le travail de la digue était achevé, la station des vaisseaux serait rendue à l'abri de tous inconvénients, en dirigeant toutefois ce travail sur d'autres principes ; que Cherbourg est suffisamment défendu par la mer, mais que ses moyens de défense par terre ne sont pas aussi heureux ; que l'administration de la marine n'est point assez complète ; que les administrations régénérées marchent avec zèle ; que la Société populaire est animée du bon esprit, ainsi que le Comité révolutionnaire, qui est plus aimé que craint des habitants ; qu'enfin les besoins de subsistances ne sont pas très urgents par la fertilité des campagnes de ce département ». — Arch. nat., AF II, 178. Analyse.]

———

UN EX-REPRÉSENTANT DANS LA HAUTE-LOIRE ET LA LOZÈRE
AU COMITÉ DE SALUT PUBLIC.

Paris, 19 floréal an II – 8 mai 1794. (Reçu le 12 mai.)

Citoyens et collègues,

A l'époque de la reprise de Toulon, me trouvant en commission au Puy, département de la Haute-Loire, les hommes suspects détenus dans la maison de réclusion m'envoyèrent 1,500 livres. Je pris un arrêté dont je vous fis passer copie, sur lequel j'attendis en vain la réponse. Je vous remets une seconde copie de cet arrêté [2], en vous annonçant que je suis toujours dépositaire de cette somme, qui me

_____

[1] Textuel. C'est un lapsus évident. — [2] Cette pièce manque.

pèse extrêmement, me défiant toujours des efforts de la calomnie. J'ai été plusieurs fois auprès de vous pour m'en débarrasser, mais les affaires qui vous occupent sont plus (*sic*) intéressantes pour vous déranger. Je vous invite de me dire en réponse ce que je dois faire de cette somme. J'attends votre décision.

Salut et fraternité,   Reynaud (de la Haute-Loire).

rue Neuve-Roch, n° 1 2 4.

[Arch. nat., AF ii, 157. — *De la main de Reynaud.*]

———

LES REPRÉSENTANTS À L'ARMÉE DU NORD AU COMITÉ DE SALUT PUBLIC.

Réunion-sur-Oise (Guise), *19 floréal an ii-8 mai 1794.*

[«Saint-Just et Le Bas adressent ci-joint copie des arrêtés qu'ils ont pris jusqu'à ce jour, qui consistent dans la nomination du citoyen Robert à la place de commissaire ordonnateur; le général Flager est autorisé à prendre son fils pour aide de camp; le citoyen Fusilier est nommé général de brigade; le citoyen Laurier, *idem*; le citoyen Jadet, élevé au grade d'adjudant général. Ordre d'arrêter tous les chirurgiens qui paraîtront dans Noyon sans permission. Le général Pichegru est autorisé d'arrêter sur l'heure par représailles les nobles et magistrats de Menin, Courtrai et banlieue, en raison que les Autrichiens ont assassiné les magistrats du peuple à Landrecies. Ordre donné au général Plaideux de se retirer à Paris; le citoyen Leroux est autorisé à se faire délivrer douze chevaux; le chef d'escadron Baduel est remercié et renvoyé à la Commission de la guerre pour avoir son traitement; Dupont est élevé au grade de général de brigade de cavalerie; ordre que les six premiers chevaux pris sur les ennemis seront délivrés au citoyen Paris, maître de poste; arrêté sur la discipline militaire.» — Arch. nat., AF ii, 235. Analyse.]

———

UN DES REPRÉSENTANTS À L'ARMÉE DU NORD AU COMITÉ DE SALUT PUBLIC.

Maubeuge, 19 floréal an ii-8 mai 1794.

[Laurent transmet les arrêtés qu'il a pris du 1er au 10 floréal. — Arch. nat., AF ii, 235.]

———

LE REPRÉSENTANT À BREST ET DANS LES DÉPARTEMENTS MARITIMES
AU COMITÉ DE SALUT PUBLIC.

Brest, 19 floréal an II-8 mai 1794. (Reçu le 15 mai.)

Je vous remets, citoyens collègues, mon arrêté de ce jour[1], nécessité par les circonstances. Il semble que le général Rossignol ait pris à tâche de s'entourer de troupes en nous privant de celles qui nous sont nécessaires. La copie de la lettre que nous lui écrivîmes hier vous prouvera quelle est notre pénurie à cet égard[2]. Je ne puis donc que vous prier d'ordonner à la Commission de l'organisation et des mouvements des troupes de terre de nous faire passer, le plus tôt possible, trois ou quatre bataillons; car, indépendamment des motifs que j'ai cités au général Rossignol, il y en a un autre bien puissant et fait pour vous engager à ne pas tarder un instant à adopter cette mesure : la sûreté de la place, et celle des côtes pendant l'éloignement de l'armée navale.

JEANBON SAINT-ANDRÉ.

[Ministère de la guerre; *Armée des Côtes de Brest. — La dernière ligne est de la main de Jeanbon Saint-André.*]

———

LE MÊME AU COMITÉ DE SALUT PUBLIC.

Brest, 19 floréal an II-8 mai 1794. (Reçu le 15 mai.)

[Deux lettres de Jeanbon Saint-André : 1° Il mande qu'il a été reçu, sur la côte de Roscoff, d'une barque anglaise par une de nos barques de pêcheurs, un Anglais qui a été d'abord conduit à la municipalité de Roscoff, qui a de suite fait arrêter la barque anglaise. Cet homme se dit patriote irlandais persécuté et avoir fui l'effet d'un jugement inique porté contre lui. Il a donné ordre qu'il soit conduit et gardé à Brest. Il transmet quatre pièces concernant cet individu[3], sur le compte duquel il invite le Comité à prendre tel parti que sa sagesse lui dictera. — Arch. munici-

---

[1] Par cet arrêté en date du 19 floréal, Jeanbon Saint-André décide que le 77ᵉ régiment, envoyé à Rennes par Rossignol, restera à son poste jusqu'à nouvel ordre.

[2] Par cette lettre, Jeanbon Saint-André requiert Rossignol de faire partir pour Lorient, le plus tôt possible, un corps de

400 hommes pour la police du dépôt des déportés et autres détenus. Comme les travaux du port de Brest exigent des corvées continuelles, il le requiert aussi d'envoyer dans ce port, le plus tôt possible, trois ou quatre bataillons.

[3] Ces pièces manquent.

pales de Brest[1]. — 2° Il envoie au Comité, par un courrier extraordinaire, une
lettre qu'il vient de recevoir de l'amiral Cornic[2]. «La division que commande ce
contre-amiral doit exciter toute votre sollicitude. Le point où croise l'armée anglaise
est intermédiaire entre elle et nous. Sa jonction est par là même infiniment hasar-
deuse; mais, de plus, elle n'est pas possible. Le salut du convoi et vos ordres nous
font un devoir d'appareiller aussitôt que le vent le permettra. Or nous sommes
prêts, et Cornic ne l'est pas. En sortant, nous devons chercher le convoi, et ne
pas nous amuser à ferrailler avec l'armée anglaise, à moins que nous n'y fussions
forcés par les circonstances. En remplissant cet objet, impérieusement commandé
par vos instructions, nous devrons nous éloigner des côtes, et Cornic, partant
après nous, restera seul. Faites-vous apporter une carte, examinez la position res-
pective de l'armée ennemie, de la vôtre et de vos divisions, et décidez ce que vous
jugerez convenable par rapport aux forces de Cancale. Cornic peut encore recevoir
vos ordres par un courrier extraordinaire: car, ou je me trompe fort, ou il ne sera
pas prêt de huit jours. » — *Communiqué par M. Léry-Schneider, d'après la collection
de M. Maurice Loir.*]

LE REPRÉSENTANT DANS LA VIENNE ET LES DEUX-SÈVRES
AU COMITÉ DE SALUT PUBLIC.

Niort, 19 floréal an II-8 mai 1794. (Reçu le 14 mai.)

Citoyens collègues,

Dans ma lettre en date du 14[3], je vous ai fait part des difficultés
qui se présentaient pour la réorganisation des autorités constituées de
Bressuire (ou Châtillon)[4].

L'insurrection, ou plutôt le brigandage de la presque totalité des
communes de ce district, le brûlement des habitations rendent, je pense,
inutile la conservation de l'administration de ce district.

Cependant, deux ou trois cantons, échappés à la révolte et à l'incendie, doivent continuer d'être administrés, et, dans le cas où vous
penseriez que l'administration de Bressuire ne doit pas être conservée,
je crois qu'il serait nécessaire de réunir les communes existantes de ce

[1] Cette lettre, comme toutes celles que
nous empruntons aux archives municipales
de Brest, nous a été obligeamment communiquée par M. le docteur Corre. Il y en
a une analyse aux Arch. nat., AF II, 294.

[2] Dans cette lettre, datée de Port-Malo
le 18 floréal, en réponse à une lettre de

Jeanbon Saint-André du 16, Cornic annonce son intention de rallier Brest avec la
division de Cancale. (*Collection de M. Maurice Loir.*)

[3] Voir plus haut, p. 251, 252.

[4] Châtillon était le chef-lieu du district
et Bressuire le siège du tribunal.

district, partie au district de la Châtaigneraie, partie à celui de Parthenay, et quelques autres au district de Thouars, et dans l'ordre du
tableau que je joins ici[1].

Je vous prie, citoyens collègues, de me faire connaître votre décision à ce sujet le plus tôt possible, désirant, comme je vous l'ai marqué,
retourner à la Convention, d'où je suis éloigné depuis près de neuf
mois.

J'ai prolongé mon séjour dans le département des Deux-Sèvres,
espérant que les agents nationaux près les districts me feraient connaître les fonctions vacantes et à remplacer dans leurs communes respectives; mais, comme ils mettent beaucoup de lenteur à m'envoyer
ces tableaux, je me rendrai à Poitiers afin d'y terminer tous mes travaux et pouvoir aller vous en rendre compte, ainsi qu'à la Convention
nationale.

Salut et fraternité,   INGRAND.

[Arch. nat., AF ii, 178.]

LES REPRÉSENTANTS À ROCHEFORT AU COMITÉ DE SALUT PUBLIC.

Rochefort, 19 floréal an ii-8 mai 1794. (Reçu le 14 mai.)

[Guezno et Topsent font part d'une dénonciation faite à la Rochelle contre un
citoyen, et qui a été reconnue fausse par Topsent, qui s'est rendu pour cela à la
Rochelle. Le vaisseau *le Marat* est mâté de ses trois mâts; il achèvera d'être doublé
de cuivre ce soir. Vu la pénurie des frégates, ils prennent des mesures pour que
la frégate *la Montagne* soit achevée dans cinq décades. Ils annoncent trois prises :
un bâtiment suédois, une galiote danoise et un brick espagnol. — Arch. nat.,
AF ii, 300.]

LES REPRÉSENTANTS À L'ARMÉE DES PYRÉNÉES OCCIDENTALES
AU COMITÉ DE SALUT PUBLIC.

Bayonne, 19 floréal an ii-8 mai 1794.

La victoire est enfin à l'ordre du jour à l'armée des Pyrénées orientales; cette brave armée vient de laver dans le sang espagnol la honte

---

[1] Cette pièce est jointe.

que quelques scélérats, qui l'avaient vendue lors de l'affaire de Collioure, de Port-Vendres et de Saint-Elme, avaient voulu lui faire partager. Nous venons d'apprendre, avec les transports de l'allégresse la plus vive, que cette armée, victorieuse sur tous les points, a mis en pleine déroute l'armée espagnole, qui fuit devant elle à toutes jambes, laissant ses forts, ses redoutes, ses canons, ses équipages, ses magasins, ses vivres et une foule immense de prisonniers. Ça va donc, citoyens collègues, du côté de Perpignan; il faut que ça aille aussi ici, et ça ira. Quelques jours avant que la nouvelle de la victoire remportée à Perpignan nous parvînt, nous avions reçu une lettre de nos collègues Milhaud et Soubrany, qui, en nous faisant part de leurs dispositions avec cette confiance, heureux présage du succès, nous invitaient en même temps de frapper de notre côté quelques coups. Nous nous déterminâmes sur-le-champ à faire toutes les dispositions préparatoires, et c'est dans cet état de choses que nous apprîmes la déroute de l'Espagnol et sa fuite honteuse devant les courageux républicains de l'armée de Perpignan. Nous avons provoqué sur l'heure la tenue d'un conseil de guerre pour délibérer sur ce qu'il convenait de faire dans cette heureuse circonstance, et là nous avons invité les généraux à nous faire part de ce qu'ils pensaient que nous devions entreprendre dans ce moment fortuné, avec une armée, petite à la vérité, mais composée de héros, et dont l'audace et le courage venaient de tripler à l'annonce de la victoire remportée par leurs frères de Perpignan. Après une discussion assez longue, qui n'a porté que sur les moyens d'exécution, ils sont tous demeurés d'accord qu'il fallait attaquer le camp de Berra et bombarder Fontarabie. L'entreprise est hardie, nous en convenons tous; l'ennemi, qui a toujours craint d'être attaqué par là, s'y est extrêmement fortifié et s'y fortifie tous les jours; mais les assaillants seront des Français libres, leurs adversaires des esclaves espagnols. Quelles sont les redoutes qui pourront résister à l'ardeur républicaine de nos soldats animés par la victoire? Et comment des ennemis, atterrés et à demi-vaincus par le désastre de leur armée sous Perpignan, pourraient-ils résister au pas de charge et à la baïonnette des enfants de la liberté? Tout nous assure donc le succès.

Cependant nous n'en combinons pas moins toutes nos mesures avec cette sagesse et cette prudence qui secondent toujours puissamment l'ardeur et le courage. Nous vous faisons passer, citoyens collègues, le plan qui a été le résultat du conseil de guerre tenu en notre présence; vous y verrez que l'enlèvement du camp de Berra et le bombardement de Fontarabie en font les bases.

Au reste, cette mesure n'est, vous le verrez aussi la carte sous les yeux, qu'un plan préparatoire d'ouverture de campagne. Il faut bien, avant de combiner des dispositions vastes et grandes, balayer notre territoire de tous ces excréments du despotisme qui le souillent; il faut bien en chasser l'Espagnol.

Déjà les bombes et les mortiers s'avancent du côté des sans-culottes. 500 hommes de recrues du 18e régiment de dragons, montés, équipés et habillés, ont rejoint leur corps, et vous pouvez compter qu'ils ont déjà l'âme et le jeu de vieux dragons, et qu'ils ne flétriront pas la réputation de ce corps. Nous avons pensé, citoyens collègues, que, quoique l'attaque que nous nous proposons de faire ne fût que préparatoire, notre devoir nous faisait une loi de vous expédier un courrier extraordinaire pour vous en prévenir. Nous ferons même, sans compromettre nos dispositions ni risquer de laisser refroidir l'ardeur bouillante du soldat, tout ce que nous pourrons pour différer l'instant d'attaquer, jusqu'au moment où nous pourrons le faire avec votre assentiment. Cependant, comme il est de la plus grande importance de ne pas laisser échapper, surtout dans un début, une occasion favorable, nous espérons, si les circonstances nous engagent à attaquer avant que votre réponse nous parvienne, que vous nous pardonnerez d'avoir vaincu sans elle.

Oui, frères et amis, tout nous promet le succès. Nous avons, depuis que la nouvelle de la victoire de Perpignan nous est parvenue, visité l'armée, parcouru les rangs des soldats : ils sont dans des transports d'allégresse inexprimables; ils demandent à grands cris qu'on les mène au combat; il n'est aucun obstacle pour eux : redoutes, montagnes, tout est pour eux du plus facile accès, et, si on leur proposait de prendre le ciel par escalade, nous ne doutons pas qu'ils ne l'entreprissent. D'après cela, pourrions-nous encore hésiter?

Nous avons cherché pendant longtemps le comte de Montbrisson, que vous qualifiez dans votre arrêté de commandant de cavalerie. Cette dernière désignation, qui ne lui appartient point, nous a éloignés de lui, et nous désespérions de le découvrir, lorsqu'enfin nous l'avons trouvé dans un de nos escadrons de hussards, où il servait en qualité de simple hussard. Nous venons de le faire arrêter, et nous allons le faire conduire à Auch, suivant vos ordres.

Salut et amitié, CAVAIGNAC, PINET aîné.

P.-S. — Le général Muller vient de nous communiquer la lettre qu'il vous écrit, et nous y avons vu avec étonnement qu'il y parle un langage différent de celui qu'il tint dans le conseil de guerre. Oui, dans ce conseil nous dîmes que nous pensions qu'il fallait attaquer; mais nous ne fixâmes point aux généraux de quel côté il fallait faire cette attaque; nous les laissâmes, comme cela devait être, les maîtres de déterminer où, comment et de quelle manière on attaquerait; nous ne nous sommes point mêlés des dispositions militaires, et c'est Muller lui-même qui proposa le plan que nous vous adressons, qui l'avait déjà proposé[1], il y a deux mois, dans un conseil de guerre tenu à Bidart en notre présence. Pourquoi, si celui dont il parle dans sa lettre lui paraissait préférable, n'en dit-il pas un mot dans le conseil de guerre? Nous voyons avec mécontentement de sa part un procédé qui a l'air de vouloir rejeter sur nous un mauvais succès et couvrir ainsi sa responsabilité. Cette conduite n'est pas celle d'un franc républicain. Au reste, quel que soit le contenu de la lettre de Muller, il vient de nous répéter ici ce qu'il a déjà dit, que nous réussirions; et, pour vérifier cet heureux pressentiment que nous avons dans notre cœur d'une manière plus prononcée qu'il ne l'est dans le sien, toute notre confiance est dans la valeur et l'ardeur de nos soldats.

Nous vous prions instamment de ne pas retarder notre courrier et la réponse que nous attendons de vous.

CAVAIGNAC, PINET aîné.

[Ministère de la guerre: *Armées des Pyrénées*.]

LE REPRÉSENTANT DANS L'YONNE ET LA SEINE-ET-MARNE

À LA CONVENTION NATIONALE.

Auxerre, 19 floréal an II-8 mai 1794.

Je vous dois compte, citoyens collègues, de la situation du district de Saint-Fargeau, département de l'Yonne. Il est satisfaisant; les pro-

[1] Ce plan est joint à la lettre de Cavaignac et de Pinet.

grès de la raison y sont marqués par l'empressement qu'ont mis tous les prêtres à cesser leurs fonctions. Aucunes mesures rigoureuses n'ont été employées. Il existait, à mon arrivée dans ce district, un seul reclus, que j'ai mis en liberté, sa réclusion étant l'effet d'une haine particulière.

Le salpêtre est peu abondant dans ce district, et c'est dommage; l'atelier est conduit avec intelligence par le citoyen Lagarde, architecte. Ce directeur a suppléé à la rareté des chaudières par de grosses cloches, et il est à remarquer que la chaleur s'y entretient avec plus de force et moins de frais que dans les chaudières ordinaires.

La citoyenne Le Peletier, fille adoptive de la République et de notre collègue, de glorieuse mémoire, a fait don de 800 cordes de bois pour le service de l'atelier; elle a ordonné à ses agents d'augmenter ce nombre, s'il ne suffisait pas. Cette conduite annonce qu'elle est digne fille du premier martyr de la liberté.

MAURE aîné.

[Arch. nat., C, 304.]

UN DES REPRÉSENTANTS À L'ARMÉE DE LA MOSELLE
AU COMITÉ DE SALUT PUBLIC.

Morfontaine, 19 floréal an II–8 mai 1794. (Reçu le 14 mai.)

[«Duquesnoy transmet trois arrêtés relatifs à des objets de police et de sûreté générale. Les aristocrates de Metz se plaisaient à répandre que la retraite d'Arlon avait coûté 5,000 à 6,000 hommes. Les états fournis des hommes tant tués qu'égarés ou blessés se monte à 180, et notre artillerie légère a quadruplé la perte de l'ennemi. L'administration des charrois demande 7,000 chevaux, preuve du mauvais choix des sujets qui doivent la surveiller.» — Arch. nat., AF II, 246. Analyse.]

UN DES REPRÉSENTANTS AUX ARMÉES DU RHIN ET DE LA MOSELLE
AU COMITÉ DE SALUT PUBLIC.

Metz, 19 floréal an II–8 mai 1794.

Citoyens collègues,

Je vous adresse copie de deux lettres[1] écrites par Gobert, agent de

---

(1) Ces lettres manquent.

la République en Suisse, datées de Bâle, le 15 floréal, qui sont on ne peut pas plus satisfaisantes. Dans celle qu'il m'a adressée personnellement, il me fait sentir la nécessité d'un prompt voyage à Huningue, que je suis déterminé à faire aussitôt que l'armée de la Moselle, d'où j'arrive et auprès de laquelle je repars à l'instant, aura redonné la chasse aux ennemis, pris une marche rapide et une position favorable.

Je vous invite à me marquer de suite si vous approuvez, lorsque je serai à Huningue, que j'aille passer deux ou trois jours à Bâle; dans les circonstances actuelles, ma présence pourrait y être très avantageuse aux intérêts de la République.

J'adresse à la Commission des subsistances une lettre des administrateurs de l'armée du Rhin, qui m'annonce qu'ils sont sans inquiétudes pour les subsistances.

Une fouille que je viens de faire faire dans le district d'Haguenau m'a produit 1,600 sacs de grains, qui étaient restés cachés dans les maisons des émigrés.

L'administration des fourrages de l'armée de la Moselle vient aussi de me faire un rapport non moins satisfaisant; hier, on compta sur la route de Metz à Longwy 130 voitures, et le service est assuré.

Quant à la partie des subsistances, les mouvements rapides qu'a faits cette armée, le nombre des recrues qui l'ont augmentée, dix mille hommes venus des Ardennes, six mille qui y sont repassés et seize autres mille venant de la même armée, et qui sont à présent en marche pour y arriver demain, ont doublé à l'improviste la consommation. Vous n'ignorez pas qu'il n'y a que les quatre départements de la Moselle, de la Haute-Marne, de la Meuse et de la Meurthe qui forment l'arrondissement destiné à son approvisionnement, qu'il a fallu bien de l'activité et de l'intelligence pour prévenir le manquement de service et pourvoir à l'approvisionnement des places frontières.

Dans ce moment, cette partie devient de plus en plus critique; mais, rien n'étant impossible aux Français qui veulent bien servir leur patrie, j'espère que, secondés par des administrateurs zélés et bons patriotes, nous lèverons tous les obstacles qui semblent se présenter.

J'ai eu hier une longue conférence avec eux pour nous concerter sur les mesures nécessitées par les circonstances.

Quant à l'équipement de l'armée de la Moselle, les mesures que j'y ai prises, de concert avec mon collègue Baudot, ont passé mes espérances.

Tous les effets qui ont été délivrés à nos braves frères sont de bonne qualité, et vous n'entendrez plus les défenseurs de cette armée se plaindre de leur nudité.

Salut et fraternité,   J.-B. Lacoste.

[Ministère de la guerre; *Armées du Rhin et de la Moselle.*]

LE MÊME AU COMITÉ DE SALUT PUBLIC.

Metz, 19 floréal an 11-8 mai 1794.

Citoyens collègues,

Je dois fixer votre attention sur une mesure à laquelle est attaché le bonheur du peuple.

Dans le Palatinat, le pays des Deux-Ponts, de Nassau et du Luxembourg, les troupes de la République en occupent près de 200 lieues de circonférence, sur lesquelles va se trouver une récolte extraordinairement abondante, tant en grains qu'en fourrages; si on sait en tirer parti, on pourra faire verser dans les magasins militaires une quantité de grains et fourrages suffisante pour deux ans.

A notre entrée sur ce territoire, nos ennemis nous ont dérobé leurs subsistances; mais il leur est impossible d'enlever la récolte, qui n'est plus en leur pouvoir; il faut profiter de cette véritable richesse. Je vous invite à prendre un arrêté à cet égard et de me le faire parvenir le plus promptement.

Les connaissances que j'ai des localités me déterminent à vous faire les observations suivantes : dans ce pays, comme sur le territoire de la République, il y a une grande quantité d'émigrés, et ces émigrés sont les plus riches propriétaires. Puisque nous ne pouvons point profiter de leurs propriétés, attendu que nous avons renoncé à toute conquête, faut-il du moins enlever la récolte pendante par racines, et c'est le cas d'ordonner qu'elle sera versée en totalité dans les magasins de la République (même mesure qu'elle a prise pour les émigrés français).

A cet effet, il serait nécessaire d'établir deux commissions, composées de cinq membres chacune, l'une pour la partie du Palatinat, l'autre pour les pays des Deux-Ponts, Nassau et Luxembourg, lesquelles feraient faucher les herbes, couper les grains, battre sur place et enlever de suite par plusieurs bataillons, qui seraient mis à leur disposition, et par les habitants du pays, qui seraient mis en réquisition et surveillés par les troupes.

Quant à la récolte des autres habitants du territoire que nous occupons et qui n'ont point émigré, je crois que ce serait le cas de mettre en réquisition le tiers de leur récolte en tout genre, qu'ils seraient tenus de verser dans nos magasins. Rien n'est plus facile que de faire exécuter ce versement. Pour y parvenir, quelque temps avant la récolte, les communes seraient tenues de prévenir la commission, qui enverrait sur les lieux des commissaires, lesquels évalueraient à vue d'œil et par approximation la quantité des grains et fourrages que chacune de ces communes serait tenue de déverser dans les magasins qui leur seraient indiqués et dans le temps qui leur serait fixé.

Ces opérations nous procureraient [d'un côté] la totalité de la récolte des émigrés de ces pays, de l'autre le tiers de la récolte des habitants qui n'ont point abandonné leurs foyers, et qui formerait une quantité plus considérable qu'on ne peut se l'imaginer, mesure d'autant plus avantageuse qu'en portant l'abondance dans la République, elle serait agréable aux esclaves des tyrans, puisqu'il leur resterait des denrées suffisantes pour leur subsistance.

Si vous vous déterminez à adopter les deux commissions que je vous propose, il est essentiel que vous laissiez aux représentants du peuple près les armées le choix des citoyens qui doivent les composer, attendu que ceux-ci doivent réunir l'activité à la connaissance des localités.

Salut et fraternité,   J.-B. LACOSTE.

[Ministère de la guerre; *Armées du Rhin et de la Moselle.*]

LE REPRÉSENTANT DANS LE GARD ET LA LOZÈRE
AU COMITÉ DE SALUT PUBLIC.

Saint-Geniès, 19 floréal an 11–8 mai 1794. (Reçu le 26 mai.)

Il est instant, citoyens collègues, que vous ordonniez la déportation des prêtres reclus à Mende *pour la forme.* Ils habitent une belle maison hors la ville, d'où il peuvent sortir facilement, s'ils le veulent. Ils sont au nombre de soixante et onze, dont plusieurs vieux matous, frais, gras et paraissant bien portants. Ils tiennent aux habitants de Mende, et ceux-ci leur envoient à manger. Vous pressentez de là s'il leur est facile de correspondre au dehors. De toutes parts on m'avertit que les prêtres fugitifs vaguent dans les montagnes. Le district de Marvejols en a fait arrêter hier un ci-devant chevalier de Malte. On m'a écrit cette nuit que, dans les villages du Ruhiniou et Faibesse[1], on a tiré sur un détachement qui était chargé d'arrêter des déserteurs. J'ai recommandé la plus grande surveillance, mais il est nécessaire d'éloigner tous les prêtres reclus, car je suis persuadé qu'ils alimentent l'espoir des malveillants. Il ne l'est pas (sic) qu'incessamment on s'occupe des gens suspects reclus. On voulait me forcer, à Saint-Chély, de faire sortir un nommé Monteil, et on se servait des pauvres. Plusieurs femmes ont été arrêtées et j'ai fait traduire tous les reclus de Saint-Chély à Mende.

A Saint-Geniès, on vient aussi de me faire réclamer avec instance par les pauvres un nommé Couret, négociant, sous prétexte qu'il leur achetait les cadis. J'ai dissuadé les femmes. Je leur ai dit qu'on les trompait, que je leur ferais acheter tous les cadis qu'elles voudraient vendre, et les femmes ont convenu qu'elles n'avaient rien à vendre et se sont retirées. Vous voyez, citoyens collègues, que les reclus exercent une influence dangereuse par les parents qui s'intéressent à leur cause, et il bien à désirer que les commissions populaires entrent en fonctions.

Je vais repasser à Nimes pour clore tous mes travaux dans ce département. Si je vois la possibilité à faire passer les prêtres qui sont à Mende dans le fort de Saint-Hippolyte ou d'Alais, je les éloignerai de Mende, en attendant votre réponse, que je vous prie de m'adresser courrier par courrier à Mende.

Salut et fraternité,   Borie.

[Arch. nat., AF ii, 194. — *De la main de Borie.*]

----

[1] Nous n'avons pas pu identifier ces deux noms de lieu.

COMITÉ DE SALUT PUBLIC.

Séance du 20 floréal an II-9 mai 1794.

Présents : B. Barère, Carnot, Couthon, Collot-d'Herbois, C.-A. Prieur, Billaud-Varenne, Robespierre, Saint-Just, R. Lindet.

1. Le Comité de salut public arrête que le commissaire des mouvements des armées fera compter à chacun des citoyens Pineau, Pincheneuille, Moeillot et Quillon, volontaires de l'armée du Nord, qui ont présenté à la Convention les drapeaux pris sur l'ennemi, la somme de 300 livres pour frais et dépenses nécessaires. Il en sera tenu compte au commissaire des mouvements des armées.

COLLOT-D'HERBOIS ⁽¹⁾.

2. Le Comité de salut public arrête que le directeur général du Dépôt de la guerre fera remettre le plus promptement possible au Comité quatre collections des cartes contenant chacune : 1° les numéros 42, 43 et 77 de la carte générale de France ; 2° la partie du territoire ennemi comprenant le pays d'entre Sambre et Meuse, Mons et Bruxelles, avec le plus de détails pour l'objet de la guerre, le tout collé sur toile.

C.-A. PRIEUR ⁽²⁾.

3. Le Comité de salut public approuve les mesures prises par l'administration du district d'Uzès, pour établir une imprimerie pour l'usage du district ; [arrête] que les frais nécessités par cet établissement seront acquittés, pour un tiers, sur les sous additionnels imposés sur les communes dudit district, et pour les deux tiers sur les fonds mis à la disposition du commissaire des administrations civiles, police tribunaux, pour encourager de pareils établissements.

COLLOT-D'HERBOIS, BILLAUD-VARENNE ⁽³⁾.

4. Le Comité de salut public arrête que le rapport de Robespierre

---

(1) Arch. nat., AF II, 204. — *De la main de Collot-d'Herbois.* — (2) Arch. nat., AF II, 202. — *De la main de C.-A. Prieur.* — (3) Arch. nat., AF II, 65. — *De la main de Collot-d'Herbois.*

sur les rapports des idées religieuses et morales avec les principes républicains, et sur les fêtes nationales [1], sera imprimé au nombre de deux cent mille exemplaires, et qu'il en sera imprimé vingt-six mille cinq cents exemplaires par le citoyen Deltusso, vingt-six mille cinq cents par le citoyen Charpentier de Paris, vingt-sept mille par le citoyen Nicolas, et cent vingt mille par l'Imprimerie nationale.

B. Barère, Billaud-Varenne, Collot-d'Herbois [2].

5. Le Comité de salut public arrête que la Commission des arts lui remettra deux exemplaires de la carte de Ferrari qui sont à sa disposition.

Carnot [3].

6. Le Comité de salut public ayant rapporté son arrêté du... [4], qui constituait le citoyen Masson, gendarme, prisonnier à la Conciergerie, ledit citoyen ayant été puni par ses arrêts, le Comité charge l'accusateur public de retirer le premier arrêté dont il s'agit, et de donner au concierge la décharge nécessaire.

Collot-d'Herbois, Billaud-Varenne, Robespierre [5].

7. Le Comité de salut public autorise Charles Held à demeurer à Paris jusqu'au premier jour de prairial prochain [6].

8. Le Comité de salut public autorise Charles Denckmann à demeurer à Paris jusqu'au 1er prairial prochain.

Carnot [7].

9. Le Comité de salut public met en réquisition, pour travailler dans ses bureaux, le citoyen Jonery, employé au bureau de la comptabilité de la liquidation générale.

Carnot [8].

---

[1] Il s'agit du grand rapport de Robespierre du 18 floréal, sur le culte de l'Être suprême. Bibl. nat., Le 38/787, in-8°.

[2] Arch. nat., AF II, 66.

[3] Arch. nat., AF II, 67. — *De la main de Carnot.*

[4] Il s'agit de l'arrêté n° 13 du 17 floréal. Voir plus haut. p. 311.

[5] Arch. nat., AF II, 60. — *De la main de Collot-d'Herbois.*

[6] Arch. nat., AF II, 61. — *De la main de Carnot.*

[7] Arch. nat., AF II, 65. — *De la main de Carnot.*

[8] Arch. nat., AF II, 23. — *Non enregistré.*

10. Le Comité de salut public arrête que la division de six vaisseaux de ligne, de sept frégates et autres bâtiments attachés à cette division mettront sous voile sans délai, conformément aux instructions qui seront expédiées au contre-amiral Cornic par Jeanbon Saint-André, représentant du peuple à Brest, pour faire jonction avec les forces navales sous les ordres du contre-amiral Villaret. Le contre-amiral Cornic demeurera au Port-Malo pour suivre les opérations relatives à l'expédition qui lui a été confiée par un arrêté précédent. La division qui est sous les ordres du capitaine de vaisseau Thévenard, composée des vaisseaux *le Brave* et *le Scévola,* resteront à Cancale jusqu'à ce qu'il ait été autrement statué par le Comité.

B. BARÈRE, COLLOT-D'HERBOIS, BILLAUD-VARENNE,
C.-A. PRIEUR[1].

11. Le Comité de salut public arrête : Le citoyen Housseau, sergent au 1er régiment d'artillerie, qui a été nommé adjudant général d'après l'arrêté du Comité de salut public en date du 1er de ce mois[2], n'ayant pas accepté cet emploi, la Commission de l'organisation et du mouvement des armées de terre le nommera capitaine d'artillerie en résidence.

CARNOT, COLLOT-D'HERBOIS, C.-A. PRIEUR[3].

12. Le Comité de salut public, considérant que, si les besoins de la marine en canons de fer coulé sont immenses et urgents, la fonderie du Creusot présente, pour les remplir, de grandes et promptes ressources, mais qu'elle ne peut les réaliser, d'après les engagements qu'a pris l'entrepreneur à cet effet, qu'autant que tous les maîtres de forges dont les fontes doivent servir à alimenter cette fonderie concourront, autant par zèle que par devoir, à mettre leurs usines dans l'activité la plus grande et la plus soutenue, afin de toujours proportionner leurs versements, et par avance, au rapport journalier de ce vaste établissement; considérant qu'une des principales causes de l'inactivité des forges et fourneaux vient de la difficulté qu'éprouvent les entrepreneurs à se procurer les voitures et chevaux nécessaires au transport des

---

[1] Arch. nat., AF ii, 280. — *De la main de Barère. Non enregistré.* — [2] Voir t. XII, p. 705, l'arrêté du Comité n° 8. — [3] Arch. nat., AF ii, 304. — *Non enregistré.*

mines, charbon et autres matières qui servent à alimenter leurs usines; considérant encore que, si les travaux de la fonderie du Creusot ont quelquefois été ralentis et même arrêtés, la cause en est à la cupidité ou impéritie des maîtres de forges, qui, quoique leurs mines fussent reconnues de la meilleure qualité, faisaient des fournitures en fontes blanches, impropres au service de cette fonderie, et trompaient par là l'espérance de l'entrepreneur; arrête : 1° L'agent national du district de . . . . . demeure chargé de procurer aux entrepreneurs des forges de . . . . . , comprises dans son arrondissement, après cependant s'être assuré de la réalité de leurs besoins, toutes les facilités nécessaires pour maintenir dans leurs établissements l'activité la plus grande et la plus soutenue, d'assurer la subsistance des ouvriers, en se concertant avec la Commission du commerce et approvisionnement, de requérir les voitures et chevaux nécessaires aux transports des mines, charbons et autres matières servant à alimenter leurs usines ; 2° de donner connaissance aux entrepreneurs du présent arrêté et de leur recommander le plus grand soin dans la fabrication de leur fonte, attendu que de leur qualité première dépend leur conversion en canons; 3° de rendre compte, dans un bref délai, au Comité de salut public des mesures qu'il aura prises pour l'exécution du présent arrêté.

C.-A. PRIEUR [1].

13. Le Comité de salut public décrète : 1° que les salles non occupées, ainsi que la grande chapelle des Miramionnes, seront mises à la disposition du citoyen Berger, agent des usines du pont de la Tournelle; 2° que le conseil d'administration de la manufacture des fusils de Paris et le département de Paris sont chargés, chacun en ce qui le concerne, de l'exécution du présent arrêté.

C.-A. PRIEUR [2].

14. Le Comité de salut public, sur le rapport de la Commission de commerce et approvisionnements, déclare que les arbres épars et plantés à l'entour des habitations, au dedans et au dehors de leur enceinte, les bouquets de bois qui n'ont pas été aménagés jusqu'à pré-

[1] Arch. nat., AF ii, 215. — Non enregistré.

[2] Arch. nat., AF ii, 215. — Non enregistré.

sent par coupes réglées, ne sont pas compris dans les dispositions du décret du 13 pluviôse qui ordonne l'exploitation par anticipation des bois qui n'auraient été en coupe qu'à la prochaine usance; que la coupe extraordinaire n'est que l'anticipation de la coupe qui aurait eu lieu après la coupe de l'année présente suivant l'aménagement ordinaire; et que, pour subvenir aux besoins et dissiper toutes inquiétudes pour le service, on a cumulé l'exploitation des deux coupes dans l'année présente, sans néanmoins détruire les plantations et arbres épars qui ne sont ni aménagés, ni destinés à être mis en coupe.

R. LINDET [1].

15. Le Comité de salut public, ayant nommé le citoyen Morel l'un de ses agents près les Commissions exécutives créées par la loi du 12 germinal dernier, considérant qu'il a donné sa démission de secrétaire écrivain de la place de Dunkerque, à laquelle il était nommé, arrête que le citoyen Jean-Claude Deloime ayant été choisi, par arrêté du Comité en date du 29 frimaire dernier [2], pour remplir provisoirement ces fonctions par intérim, sera nommé secrétaire-écrivain de la place de Dunkerque, et qu'il jouira du logement et traitement qui sont attachés à cet emploi, d'après la loi du 10 juillet 1791 (v. s.), à compter du 1er nivôse dernier.

En conséquence, le Comité de salut public charge la Commission de l'organisation et du mouvement des armées de terre d'expédier, dans le plus court délai, le brevet de secrétaire-écrivain de la place de Dunkerque au citoyen Deloime, et, en en donnant avis au 78e régiment d'infanterie, dans lequel il était incorporé, elle ordonnera que son décompte et sa solde jusqu'au 1er nivôse dernier lui soient envoyés à Dunkerque.

B. BARÈRE, CARNOT, BILLAUD-VARENNE,
R. LINDET [3].

---

[1] Arch. nat., AF II, 20. — De la main de R. Lindet. Non enregistré. — [2] Voir, t. IX, p. 512, l'arrêté du Comité n° 3. — [3] Arch. nat., AF II, 202. — Non enregistré.

REPRÉSENTANTS EN MISSION.

LE COMITÉ DE SALUT PUBLIC AU REPRÉSENTANT À L'ARMÉE DU NORD [1].

Paris, 20 floréal an II-9 mai 1794.

Cher collègue,

Le Comité te prie de prendre des informations sur Gigaux, général à l'armée du Nord, flanqueurs de gauche. Il t'envoie une dénonciation contre lui, à laquelle se trouve jointe une pièce probante [2]. Tu prendras dans cette affaire le parti que la prudence et la justice te suggéreront.

[Arch. nat., AF* II, 225.]

LE COMITÉ DE SALUT PUBLIC À JEANBON SAINT-ANDRÉ,
REPRÉSENTANT À BREST ET DANS LES DÉPARTEMENTS MARITIMES,
ET À LAIGNELOT,
REPRÉSENTANT DANS L'ILLE-ET-VILAINE ET LA MAYENNE, À BREST.

Paris, 20 floréal an II-9 mai 1794.

Rouessart, ancien trésorier de la guerre à Rennes, débiteur envers la nation de plus de douze cent mille livres, s'est déclaré insolvable et lui a fait perdre la presque totalité de ce débit. On a annoncé au Comité que ce même homme a fait depuis des acquisitions estimées aujourd'hui un million. Le Comité te charge [3] de prendre le plus promptement possible des informations exactes sur ce fait et sur la fortune actuelle de cet individu, et de [les] lui faire parvenir sans délai [4].

[Arch. nat., AF II, 37.]

---

[1] Le nom de ce représentant n'est pas indiqué.

[2] Ces pièces manquent.

[3] Cette lettre est adressée à chacun des deux représentants séparément.

[4] En marge de cette lettre du Comité de salut public à Jeanbon Saint-André et à Laignelot, on lit : «Copier une minute de ces deux lettres et noter qu'elles ont été remises par le citoyen Cambon.»

LE COMITÉ DE SALUT PUBLIC
À BO, REPRÉSENTANT DANS LE TARN ET L'AVEYRON [1], À CASTRES.

Paris, 20 floréal an II-9 mai 1794.

Il se présente, citoyen collègue, une nouvelle occasion de manifester ton zèle pour la chose publique; tu la saisiras avec empressement. Le Comité a arrêté que tu te rendrais à Nantes [2]. Tu y trouveras nos collègues Prieur (de la Marne), Ingrand et Garnier (de Saintes). Le Comité t'invite à te concerter avec eux pour toutes les mesures à prendre de salut public et de sûreté générale. Tu voudras bien te rendre le plus tôt possible à cette destination.

[Arch. nat., AF II, 37.]

LES REPRÉSENTANTS À L'ARMÉE DU NORD AU COMITÉ DE SALUT PUBLIC.

Sans lieu, 20 floréal an II-9 mai 1794.

Ce n'est qu'aujourd'hui, à 9 heures du soir, que Pichegru a donné l'ordre de la suspension du mouvement. Mais il était fait. Toutes les troupes sont rassemblées. L'attaque a lieu demain à 2 heures du matin. Nous allons délibérer sur le mouvement que pourraient faire les troupes du camp retranché pendant demain et après (*sic*), pour faire diversion. Nous vous envoyons copie de la lettre que nous écrivons à Pichegru [3].

Nous donnerons ordre de nous apporter vos dépêches partout où nous serons.

Salut et fraternité,   LE BAS, SAINT-JUST.

[Ministère de la guerre; *Armée du Nord et des Ardennes. — De la main de Saint-Just.*]

---

[1] Il doit y avoir ici une confusion. C'est Paganel qui avait été en mission dans le Tarn et l'Aveyron. Bo avait été envoyé dans le Lot et le Cantal. Voir t. IX, p. 744, 747.

[2] Cet arrêté ne fut pris que le 26 floréal. Voir plus loin, à cette date, l'arrêté n° 8.

[3] Dans cette lettre, Le Bas et Saint-Just disent à Pichegru que son plan, que Ferrand leur a montré, leur paraît un peu précipité, vu l'état de langueur des divisions. Ils lui parlent des ordres reçus du Comité pour rétablir l'harmonie dans l'armée, des nominations qu'ils ont faites, et, apprenant qu'il suspend l'exécution du plan, ils disent que Desjardin ne pourra être prévenu à temps.

UN DES REPRÉSENTANTS À L'ARMÉE DES CÔTES DE CHERBOURG
AU COMITÉ DE SALUT PUBLIC.

Rouen, 20 floréal an II-9 mai 1794. (Reçu le 12 mai.)

Citoyens collègues,

Je vous ai annoncé, par mes précédentes lettres, que je m'occupais sans relâche de l'organisation de plusieurs escadrons de cavalerie et de cavalerie légère pour nos armées.

J'ai fait partir, le 11 de ce mois, un corps de trois cent dix cavaliers, parfaitement montés et équipés, pour l'armée du Rhin; ce corps doit se rendre à Strasbourg à la disposition de notre collègue Duroy, avec lequel je m'étais concerté.

J'ai achevé avant-hier l'organisation provisoire d'un superbe escadron de carabiniers; les chevaux sont de la plus grande beauté. Les carabiniers ne sont pas au-dessous de la taille de cinq pieds six ou sept pouces, et presque tous ont fait la guerre contre les brigands, lorsque ces scélérats ont menacé les départements du Calvados et de la Manche. Il règne le meilleur esprit dans cet escadron, qui s'est mis en marche hier pour Abbeville, où il recevra de nouveaux ordres de notre collègue Bollet pour se rendre de suite à l'armée du Nord.

J'organise dans ce moment un escadron de dragons et deux escadrons de chasseurs, qui ne tarderont pas à suivre la même destination. Je vous donnerai avis de leur départ successif.

Ces derniers escadrons manqueront de bien des choses. Les administrations de districts ne m'ont pas fourni tous les effets d'armement et d'équipement qu'on aurait pu désirer. Je n'ai cessé de les stimuler, et je ne suis pas fort content de l'activité de quelques-uns; mais je préviendrai la Commission de la guerre et notre collègue Bollet assez à temps pour pourvoir au déficit, sans cesser pour cela de presser l'activité des ateliers.

Il est parti hier au soir un convoi de quarante milliers de poudre, dont moitié pour Cambrai et l'autre moitié pour Douai. C'est tout ce qu'il y avait ici, parce qu'on m'a annoncé avoir fait depuis peu un versement de soixante-dix milliers sur Cherbourg. J'ai invité la municipalité et la société populaire de Rouen de m'indiquer six républicains les mieux prononcés, que j'ai chargés d'escorter et de surveiller ce convoi, et j'ai lieu de croire qu'il arrivera sûrement et très promptement à sa destination.

La crainte de quelques mouvements dans les départements de la ci-devant Bretagne a déterminé notre collègue Alquier à faire filer sur Caen 1,330 chevaux destinés à la cavalerie de l'armée du Nord. Le commissaire ordonnateur de la 14ᵉ division me mande qu'il n'a pas de moyens de pourvoir à la nourriture de ces chevaux, et il me demande de les faire filer jusque sur Rouen. Je lui réponds que cet arrangement ne peut avoir lieu, au moins d'ici quelque temps, et qu'il faut absolument qu'il prenne des arrangements pour garder ces chevaux jusqu'à ce que nous soyons débarrassés.

En effet, citoyens collègues, il existe un tel engorgement ici, qu'indépendamment de 1,500 chevaux de cavalerie que j'organise, puisque les hommes qui doivent les monter sont réunis, il existe plus de 2,400 chevaux et voitures livrés en vertu de la loi du 18 germinal pour les transports et charrois, et une très grande quantité d'autres levés ou loués en vertu de vos arrêtés des 4 germinal [1] et 2 floréal [2]. Il est extrêmement pressant de donner une destination à tous ces chevaux et voitures, qui ne manqueraient pas de dépérir ici; et ce serait grand dommage, car ils sont de la plus belle espèce. Je vous invite à donner à cet égard les ordres les plus prompts à la Commission des transports. Lorsque nous aurons fait quelques évacuations, il sera possible de venir au secours du commissaire ordonnateur de la 14ᵉ division et de faire filer par Rouen une partie ou même la totalité des 1,330 chevaux qu'il craint de ne pouvoir nourrir longtemps sans épuiser totalement le pays.

Salut et fraternité,   GUIMBERTEAU.

[Ministère de la guerre; *Armée des Côtes de Cherbourg.*]

---

[1] Voir t. XII, p. 146, l'arrêté n° 12. — [2] Nous n'avons pas, à cette date, d'arrêté sur cet objet.

LE REPRÉSENTANT DANS LA MANCHE ET L'ORNE
AU PRÉSIDENT DE LA CONVENTION NATIONALE.

Port-Malo (Saint-Malo), *20 floréal an II – 9 mai 1794.*

Citoyen président,

J'arrive de Dol, où les autorités constituées sont en presque totalité sorties pures du creuset épuratoire. Le double passage des anciens brigands par cette cité avait laissé plus de traces de dévastation dans le pays que de germes d'incivisme dans les cœurs. Aussi ai-je eu plus de consolations à répandre que de mesures révolutionnaires à appliquer. Mais, quel que soit encore le ressentiment des ravages de la Vendée, les habitants de Dol se reposent sur l'assistance nationale, et, s'ils sont placés par la nature au milieu des marais, ils savent qu'une montagne les avoisine. C'est sur elle qu'ils ont les yeux tournés, En effet, les marais seront tous desséchés, et la Montagne restera.

Je t'envoie, citoyen président, une pétition adressée par le 13ᵉ bataillon de la Manche, organisé provisoirement depuis six mois. Ces dignes soldats de la patrie font des réclamations importantes [1], et j'invite la Convention à s'en faire rendre compte par son Comité de la guerre. A cette pétition est joint un don de 851 livres, fruit des épargnes des excellents républicains, qui les destinent aux veuves et orphelins des défenseurs de la liberté, morts pour sa défense.

Décadi dernier, après une fête fraternelle à Port-Malo, où le pauvre et le riche mangèrent le même pain, à la même table et sous le toit commun de la nature, on vit lancer à Solidor [2] une superbe frégate, qui sera bientôt suivie de plusieurs autres. La mer était calme et parut tressaillir d'aise en la recevant dans son sein. Oui, la liberté est l'essence de tous les éléments, et c'est d'eux que tous les hommes apprendraient à devenir libres, si l'amour de la liberté n'était pas inné dans leurs âmes.

Salut et fraternité,   LE CARPENTIER.

[Ministère de la guerre; *Armée des Côtes de Cherbourg.*]

[1] Ces soldats réclamaient des souliers, chemises, habits et chapeaux. Ils font, disaient-ils, le service sur l'extrême frontière de la République depuis six mois, et n'ont rien reçu.

[2] Ci-devant Saint-Servan.

UN DES REPRÉSENTANTS À L'ARMÉE DES CÔTES DE BREST
AU COMITÉ DE SALUT PUBLIC.

Rennes, 20 floréal an II-9 mai 1794.

Citoyens mes collègues,

Je n'ai rien négligé pour accélérer l'exécution des mesures que m'avait prescrites la Convention nationale, et j'ai fait usage de tous les moyens qu'il m'a été possible de déployer pour procurer la meilleure et la plus grande quantité de chevaux dans la 16ᵉ division. J'ai rendu compte au Comité de la guerre de mes opérations, et je lui écris par un courrier extraordinaire pour lui demander la solution de plusieurs questions que je lui ai faites et sur lesquelles il m'importe d'être éclairé.

Le dépôt de Rennes n'offrait aucune ressource, lorsque je suis arrivé dans la 16ᵉ division; il n'y avait pas alors deux cents chevaux en état d'entrer en campagne : il en réunit actuellement près de deux mille, sans compter deux cents cinquante que j'ai fait délivrer à l'administration des charrois d'après votre arrêté. Les deux mille chevaux qui sont actuellement disponibles sont de la plus belle espèce, et je les fais filer successivement sur Soissons, d'après la demande que m'en avait faite le ci-devant ministre de la guerre. J'ai cru qu'en adoptant son avis, je suivais les instructions du Comité, et votre dernière lettre semble en effet m'autoriser à donner cette désignation aux chevaux du dépôt de Rennes. Je désirerais cependant savoir si vous voulez que je dispose pour la même armée de la totalité de ces chevaux, presque tous équipés, ou si je dois m'en tenir à un nombre fixe, et expédier ce qui restera pour une autre armée.

Je crois que l'intention du Comité n'est pas d'appliquer au service du trait ceux des chevaux levés d'après le loi du 18 germinal qui ne sont propres qu'au service de la ligne. J'ai fait, en conséquence, marquer pour les différentes armes de la cavalerie tous ceux qui m'ont paru propres à y entrer. Si cette mesure contrariait le projet du Comité, je supplie mes collègues de m'en informer et de me dire si je puis aussi faire passer à l'armée du Nord les meilleurs chevaux de trait qui proviennent de cette levée. Les cavaliers qui partent pour cette destination pourraient les conduire, ce qui offrirait le double avantage de la célérité et de l'économie.

Il serait fort important que le Comité de salut public voulût bien prononcer sur le sort d'une compagnie franche de cavalerie de Seine-et-Oise qui se trouve dans l'armée des Côtes de Brest; il y a dans cette troupe, qui s'est formée de bonne volonté et pour un temps déterminé, beaucoup de pères de famille qui demandent à retourner chez eux; je n'ai pas dû prendre sur moi d'accéder à leur demande, et j'attends à cet égard les instructions du Comité. Je désire aussi qu'il m'apprenne ce que je dois faire de trente à quarante déserteurs prussiens et autrichiens qui sont dans cette compagnie; ces hommes-là ont parfaitement bien servi dans la Vendée; mais je crois qu'il pourrait y avoir des inconvénients très graves à les employer sur les frontières; je pourrais les placer dans un régiment de chasseurs, si le Comité croit devoir les conserver au service de la République. Je demande instamment qu'on veuille bien me donner une décision qui me permette de statuer promptement sur le sort de cette troupe.

Les incursions des Chouans ont retardé, depuis douze à quinze jours, la marche des cavaliers et des chevaux destinés pour l'armée du Nord; les routes n'étaient pas sûres, et j'aurais pu exposer cette ressource, si précieuse pour la République; mais l'ordre de marche va être repris demain, et les convois n'ont plus rien à craindre d'après la dispersion des brigands, qui ont été complètement battus par les généraux Damas et Vachot, qui leur ont tué ou pris environ cinq cents hommes.

Je dois rendre compte au Comité de salut public qu'ayant été dans l'impossibilité de faire rejoindre la totalité des cavaliers au contingent dans le département de la Mayenne et dans les districts ravagés par les Chouans, je suis forcé de recourir aux jeunes gens de la première réquisition et de choisir parmi ceux qui me paraissent les plus propres aux différentes armes de la cavalerie; je me suis concerté avec mon collègue Dubois-Crancé, chargé de l'embrigadement, et j'espère que le Comité approuvera la mesure que j'ai prise.

Salut et fraternité, ALQUIER.

Je fais passer au Comité un assignat et un emblème de la chouannerie.

[Ministère de la guerre; *Armée des Côtes de Brest. — Le post-scriptum est de la main d'Alquier.*]

LES REPRÉSENTANTS À L'ARMÉE DES CÔTES DE BREST
ET UN DES REPRÉSENTANTS DANS L'ILLE-ET-VILAINE ET LA MAYENNE
AU COMITÉ DE SALUT PUBLIC.

Rennes, 20 floréal an 11–9 mai 1794.

Citoyens collègues,

Le rassemblement est totalement dissipé; les brigands ont perdu
encore hier quatre cent cinquante hommes, et les communes fidèles à
a République ramassent tous ceux qui cherchent à rentrer dans leurs
oyers et les traduisent à la Commission militaire.

Nous avons cru devoir prendre un parti qui peut couper la racine
le cette affreuse guerre.

Nous avons remarqué que, dans la Vendée, lorsque les brigands
taient battus ou avaient intérêt de *s'égailler,* ils rentraient paisible-
nent dans leurs foyers, jusqu'à ce que leurs chefs les rappelassent, ce
[ui a rendu cette guerre interminable.

Nous avons cru devoir prendre une mesure qui obviât à cet incon-
énient, et, pendant que l'on poursuivait à outrance les brigands in-
urgés, nous avons fait rassembler les gardes nationales de plusieurs
ommunes; nous leur avons fait faire, par derrière les colonnes, la
ouille des communes d'où les gars étaient partis, arrêter leurs pères
t mères, prendre le nom des absents sans cause légitime, menacer de
esponsabilité les municipaux, de sorte que ces misérables n'ont plus
'espoir de rentrer dans leurs repaires, ni leurs chefs celui de les re-
rouver chez eux pour les rassembler.

Nous croyons cette mesure nécessaire à généraliser. Il en résulte
leux avantages : celui de détruire l'aliment de la guerre civile en for-
ant les insurgés d'être constamment rassemblés, et les attaquant par-
out; le deuxième avantage, c'est d'opposer commune à commune,
t de s'assurer du patriotisme de celles qui agiront par leur intérêt
même et la crainte des vengeances. Cela réussit parfaitement dans les
nvirons de Rennes, et, de douze cents brigands qui s'étaient rassem-
lés, il n'en restera peut-être pas un.

Vous avez porté un coup terrible et décisif aux malveillants en or-
lonnant que toutes les réquisitions de ces pays partissent pour les
rmées du Nord.

Nous espérons que vous serez satisfaits des mesures qui ont été prises pour répondre rapidement à vos intentions. Quarante mille hommes au moins, partis pour les frontières depuis cinq décades des cinq départements de la ci-devant Bretagne, s'ils n'assurent pas la paix de ces contrées, anéantissent au moins les grandes ressources sur lesquelles comptaient la malveillance et la foule d'agents de Pitt répandus dans ces départements. C'est une double victoire, puisque ces quarante mille hommes, qui auraient été égarés et se seraient armés contre la République, vont, au contraire, combattre pour elle avec zèle, dès qu'ils auront pris la teinte des troupes qui la servent si bien.

Sans doute vous avez reçu beaucoup de renseignements qui vous annonçaient que l'ennemi avait de grandes intelligences dans Rennes. Nous surveillons sans cesse, mais nous devons rendre à la masse des citoyens de Rennes la justice qui leur est due. C'est avec le plus grand zèle qu'ils se sont portés, non seulement à garder les postes de la ville, dégarnie de troupes, mais encore à envoyer la moitié de leur garde nationale à la poursuite des brigands. Les vieillards, les enfants, tout est sous les armes, tout a bravé la fatigue et les dangers.

La garde nationale de Châteaubourg et celle du canton de Janzé ont montré aussi le plus grand zèle pour la destruction des brigands, et avec désintéressement. Nous demandons que la Convention, sans pitié pour les traîtres, récompense par son approbation tant de bons citoyens.

Ce que nous vous disons des environs de Rennes n'est point applicable à tout le département. Les districts de Vitré, Fougères et la Guerche sont en grande partie gangrenés. La présence des troupes, les mouvements ordonnés par Kléber y compriment la malveillance, mais la chouannerie est la maladie pédiculaire du pays, et, quoiqu'il n'y ait pas de grands rassemblements, on peut être sûr que ce n'est que faute de moyens; car, là où il y a un homme, il y a un Chouan de fait ou d'intention. Les patriotes y sont dans une excessive minorité.

Salut et fraternité,

DUBOIS-CRANCÉ, ALQUIER, FRANÇOIS [1].

P.-S. Nous vous transmettons deux pièces, une qui atteste le répu-

---

[1] C'est François Primaudière, qui maintenant signe ainsi.

blicanisme d'une malheureuse victime des Chouans, et l'autre un acte
de civisme du bataillon Marat, du Havre [1].

[Ministère de la guerre: *Armée des Côtes de Brest. — Le post-scriptum est de
la main de François Primaudière* [2].]

LE REPRÉSENTANT DANS LA DORDOGNE ET LA CHARENTE
AU COMITÉ DE SALUT PUBLIC.

Périgueux, 20 floréal an II-9 mai 1794. (Reçu le 18 mai.)

[Romme transmet un arrêté relatif au séquestre des biens des détenus, à leur
mode de gestion, et contenant diverses dispositions à l'égard de leurs familles [3].
— Arch. nat., AF II, 172.]

LES REPRÉSENTANTS AUX ARMÉES DES ARDENNES ET DE LA MOSELLE
AU COMITÉ DE SALUT PUBLIC.

*Au quartier général de l'armée de la Moselle, à Morfontaine,
20 floréal an II-9 mai 1794.*

Citoyens collègues,

Nous voyons avec satisfaction que nous avions prévu vos intentions
sur la nouvelle expédition d'Arlon. Non seulement il faut se mettre en
mesure de n'être pas obligés à une seconde retraite, mais il faut de
plus faire en sorte que cette expédition soit complète, et, pour qu'elle
le soit, il est nécessaire d'envelopper, s'il est possible, le corps d'armée qui couvre le Luxembourg. Ce corps d'armée est comme une na-
vette qu'ils font circuler à droite et à gauche du Luxembourg, et on
peut s'attendre qu'attaqué à Arlon, il ne fera pas sa retraite vers
Namur. Il se retirera, comme la première fois, vers le Luxembourg,
position qui nous exposerait à être harcelés dans notre marche et à des

---

[1] Ces pièces manquent.

[2] Cette lettre a été reproduite par Savary, *Guerre des Vendéens et des Chouans*,
t. III, p. 525, mais résumée et tronquée,
sans que l'éditeur ait cru devoir avertir

qu'il ne la reproduirait pas textuellement.
C'est le cas de beaucoup d'autres pièces
données par Savary, dont le recueil est
d'ailleurs fort recommandable.

[3] Cet arrêté manque.

incursions sur nos frontières. Il faut donc tâcher de lui couper cette retraite sur Luxembourg. Il faut pour cela, en même temps qu'en attaquant Arlon, faire filer une colonne de vingt mille hommes des environs de Thionville pour s'emparer de la route de Luxembourg à Arlon. Par ce moyen, Beaulieu sera forcé ou d'accepter la bataille ou de se retirer sur Namur. Au premier cas, nous avons tout lieu de compter sur une victoire; au second, on pourra le poursuivre assez vivement pour rendre sa retraite très difficile, et, quand il parviendra à la faire et à opérer sa jonction avec le corps de troupes qui couvre le comté de Namur, nous serons encore assez forts pour les combattre avec avantage, et nous aurons rempli un grand but par rapport à la sûreté de nos communications et de nos frontières.

Voilà, citoyens collègues, les motifs qui doivent nous faire désirer la réunion de toutes nos forces avant d'agir. Elle s'opère avec la plus grande activité. Tous les corps sont en marche.

Nous attendons avec impatience l'arrivée des fusils nécessaires pour armer les recrues qui nous arrivent. Tâchez aussi de nous envoyer des baïonnettes. Il en faudrait au moins dix mille. Vous savez combien cette arme est essentielle.

Salut et fraternité,   GILLET, DUQUESNOY.

P.-S. Nous avons remis au général Jourdan la lettre à son adresse.

[Ministère de la guerre; *Armées du Rhin et de la Moselle. — De la main de Gillet.*]

LES REPRÉSENTANTS AUX ARMÉES DES ARDENNES, DE LA MOSELLE
ET DU RHIN AU COMITÉ DE SALUT PUBLIC.

*Au quartier général de l'armée de la Moselle, à Morfontaine,
20 floréal an II–9 mai 1794.*

[Trois lettres de ces représentants : 1° Gillet, Duquesnoy et J.-B. Lacoste mandent que Jourdan a reçu une lettre du général en chef de l'armée du Rhin qui lui donne avis de l'arrivée prochaine des 16,000 hommes qui doivent passer à l'armée de la Moselle, mais qu'il ne peut disposer d'aucun corps de cavalerie, parce que l'arrêté du Comité de salut public n'en fait pas mention, et parce qu'il a besoin de toute celle qui est maintenant à l'armée du Rhin. Si cette disposition subsiste, il sera forcé de laisser aux divisions de droite la légion de la Moselle et le 11° régiment de cavalerie, dont il comptait disposer, ce qui fera que, sur environ 40,000 combattants, il n'aura que 2,000 hommes de cavalerie. Nous vous prions de voir s'il ne serait pas possible de nous procurer au moins un régiment de plus. Vous savez que nous aurons à combattre en plaine, que l'ennemi a une cavalerie nombreuse, et qu'il serait de la plus grande importance de pouvoir lui opposer une force équivalente. Nous avions demandé le régiment de dragons, ci-devant Angoulême, qui est à l'armée du Rhin; nous croyons pouvoir l'obtenir, et il paraît en effet extraordinaire d'envoyer 16,000 hommes sans cavalerie. D'après la revue qui vient d'être faite dans les dépôts nous pourrions renforcer de quelques centaines d'hommes les régiments de cavalerie qui sont ici, mais notre collègue Pflieger a défendu d'en faire partir sans son ordre; nous lui écrivons pour l'inviter à nous envoyer sur-le-champ les hommes qui sont en état d'entrer en campagne. » — Ministère de la guerre; *Armées du Rhin et de la Moselle.* — 2° Gillet annonce que ses collègues et lui ont fait mettre à l'ordre du jour de l'armée de la Moselle « le détail des victoires éclatantes remportées par les armées de la République sur les tyrans de Turin et de Madrid, ainsi qu'une lettre qu'ils viennent de recevoir de leurs collègues de l'armée du Nord. Nous y avons joint une invitation courte et énergique. Le signal qui vient d'être donné au Midi sera entendu de l'armée de la Moselle; elle compte déjà un grand nombre d'actions glorieuses, de succès éclatants. Elle soutiendra la réputation qu'elle s'est acquise. Croyez que nous triompherons dans le Nord comme au Midi. Nous n'avons qu'un regret : c'est de n'être pas déjà en marche, sentiment que l'armée partage avec nous. Elle désire vivement de se venger de la retraite d'Arlon. » — Ministère de la guerre; *ibid. De la main de Gillet.* — 3° Sur la demande des administrateurs des salines de Salins-Libre (ci-devant Château-Salins), Gillet leur avait permis de conserver vingt jeunes gens soumis à la réquisition, qu'ils lui avaient présentés comme nécessaires à leur administration. Il apprend qu'il a été trompé et révoque son arrêté. — Arch. nat., AF II, 147.]

LE REPRÉSENTANT DANS L'ALLIER ET LA CREUSE
AU COMITÉ DE SALUT PUBLIC.

Moulins, 20 floréal an II-9 mai 1794. (Reçu le 16 mai.)

Citoyens collègues,

Je vous ai annoncé par ma dernière lettre que j'arrivais à Moulins pour y terminer beaucoup d'objets relatifs à ma mission et de suite me rendre à mon poste à la Convention. Je m'y suis occupé de différents objets de détail relatifs soit aux subsistances, soit à la fabrication des armes, soit aux dépôt des chevaux, et j'ai cherché à connaître l'esprit

public. J'y ai vu le peuple bon et juste, un peu mou et facile à tromper, mais aussi prompt à revenir à la vérité, lorsqu'on la lui fait connaître.

Une sorte de réputation de probité et de justice m'avait précédé à
Moulins; elle avait excité la jalousie ou la crainte dans le cœur de
quelques intrigants, qui cherchaient d'avance à dénigrer mes opérations. Un prêtre surtout, appelé Grimaud, en parlant au peuple de
subsistances, en dénigrant adroitement les meilleurs citoyens et fonctionnaires publics, avait usurpé sa confiance; il faisait trembler tous
les citoyens; la stupeur régnait dans cette commune; personne n'osait
élever la voix sans être victime de ses sarcasmes.

Grimaud a été mis en état d'arrestation par autorité du conseil général de la commune et du comité de surveillance. Cet homme, qui
ne parlait au peuple que de sa misère, qui lui disait que, quand on
n'avait pas, il fallait prendre où il y avait, qu'on devait partager les
subsistances et mourir, s'il était nécessaire, le même jour; cet homme
qui avait forcé les citoyens à porter leur argenterie et leur numéraire
pour les échanger contre des assignats ; cet homme qui avait constamment annoncé qu'il renonçait à sa qualité de prêtre, et qu'il n'avait
prêché que l'erreur et le mensonge; eh bien, cet homme avait près
de 1,600 livres en or dans son secrétaire, plus de 1,500 livres en
assignats. Il avait un superbe mobilier; on a trouvé chez lui en riz,
en sucre, en café, huile d'olive, coton et laine, etc., plus de provisions qu'on n'en trouverait dans plusieurs maisons les plus aisées, à qui
il voulait prêcher la désappropriation (sic). On a trouvé aussi tous ses
habits sacerdotaux et différents hochets du fanatisme, deux superbes
fusils à deux coups, trois paires de pistolets, sabres, épées, etc., et une
correspondance annonçant l'homme perfide et dangereux.

La Société populaire et la masse du peuple, indignées d'avoir été
ses dupes, demandent sa déportation. Tous les citoyens se sont empressés de se rallier autour des autorités constituées. La confiance
entre eux renaît, les cœurs resserrés se dilatent. Tous ont juré guerre
aux aristocrates, guerre aux intrigants, union, paix et fraternité entre
les bons citoyens; j'ai le bonheur de jouir de ce doux spectacle, et
la satisfaction d'y avoir contribué en quelque chose en éclairant le
peuple.

Salut et fraternité,   VERNEREY.

P.-S. Il régnait une désunion entre les autorités constituées de Burges-les-Bains[1] et l'administration du district de Cerilly. Cette désunion alarmait les citoyens et nuisait au bien des administrés. Un malentendu avait produit des défiances; l'amour-propre blessé aiguillonnait les passions; les haines se seraient succédé. Je me suis rendu à Burges-les-Bains; j'ai rapproché les différents membres des autorités constituées et des Sociétés populaires; j'ai réussi à les réconcilier dans un repas frugal et fraternel ; ils se sont embrassés ; tous ont déposé leurs passions au pied de l'arbre de la liberté, en jurant de ne s'occuper que de la tranquillité, de l'intérêt du peuple et du maintien de la liberté et de la République.

[Arch. nat., AF II, 178.]

Commune-Affranchie (Lyon), *20 floréal an II-9 mai 1794.*
(Reçu le 15 mai.)

[«Dupuy et Reverchon transmettent une seconde réclamation (lettre et pétition) des canonniers de l'artillerie de Paris, à l'effet d'obtenir leur retour dans leurs foyers[2].» — Arch. nat., AF II, 194. Analyse.]

COMITÉ DE SALUT PUBLIC

Séance du 21 floréal an II-10 mai 1794.

Présents : B. Barère, Carnot, Couthon, C.-A. Prieur, Collot-d'Herbois, Billaud-Varenne, R. Lindet, Robespierre.

1. Le Comité de salut public arrête que les forces navales de la République seront portées et fixées à cent vaisseaux de ligne et cent soixante frégates, les uns et les autres propres à toutes missions, indépendamment des autres bâtiments de moindre force, dont l'emploi et

---

[1] Ci-devant Bourbon-l'Archambault. — [2] Cette pièce manque.

la construction seront subordonnés aux circonstances. Des cent vaisseaux de ligne qui devront être propres à toutes missions, un dixième sera de cent dix-huit canons; deux dixièmes, de quatre-vingts canons; sept dixièmes seront de soixante-quatorze canons. Des cent soixante frégates qui devront être également propres à toutes missions, et dans le nombre desquelles seront compris les vaisseaux rasés, mais non les douze frégates de vingt canons de 24, qui sont dans ce moment destinées à des opérations particulières, un dixième portera de vingt-six à trente canons de 24 en batterie; trois dixièmes, de vingt-six à trente canons de 18 en batterie; six dixièmes, de vingt-quatre à vingt-huit canons de 12 en batterie. La Commission de la marine et des colonies prendra les mesures nécessaires pour qu'il soit construit des vaisseaux sur toutes les cales et emplacements où il sera possible d'en construire, et notamment pour qu'il en soit placé sur les chantiers : six à Brest; six à Lorient ; six à Rochefort; sept à Port-la-Montagne. Il ne ne pourra en conséquence être mis en construction qu'une seule frégate à la fois dans chacun des ports de Brest, Lorient et Rochefort, et ce, pour tirer parti des bois qui ne seraient pas propres à entrer dans la construction des vaisseaux de ligne. Cependant les deux frégates de vingt canons de 24, ordonnées pour être construites à Lorient sur les chantiers d'Arnoult, continueront de l'être. Il devra y avoir en même temps, sur les chantiers, vingt-quatre frégates en construction dans les divers ports autres que ceux de Brest, Lorient, Rochefort et Port-la-Montagne. Les constructions et armements des corvettes ordonnées seront exécutés indépendamment des constructions ci-dessus prescrites. La Commission de la marine et des colonies emploiera tous les moyens possibles pour que, dans un an, il y ait au moins quinze vaisseaux de ligne et trente-trois frégates, y compris les douze frégates de vingt canons de 24, qui soient construits en exécution du présent arrêté, et prêts à mettre à la mer.

BILLAUD-VARENNE, B. BARÈRE, CARNOT, COLLOT-D'HERBOIS, ROBESPIERRE [1].

2. Le Comité de salut public, informé que les familles dont les habitations ont été dernièrement incendiées par l'ennemi dans les dé-

[1] Arch. nat., AF II, 295.

partements du Nord et de l'Aisne ne peuvent se procurer d'asile;
considérant que les circonstances de la guerre et le défaut de bras
mettent obstacle dans ce moment aux reconstructions; que néanmoins
la justice et l'humanité exigent que l'on vienne au secours de ces habitants de la frontière, arrête que Laurent, représentant du peuple,
près l'armée du Nord, se fera remettre sur-le-champ, par les administrateurs des districts composant les départements du Pas-de-Calais,
de la Somme, de l'Aisne et des Ardennes, des états exacts des maisons
nationales non vendues, soumissionnées ni occupées pour l'usage
public, qui se trouvent situées dans les campagnes des arrondissements ci-dessus désignés. Laurent y accordera des logements aux familles incendiées qui en réclameront. Le Comité s'en repose sur son
zèle et sur sa prudence pour les moyens à employer pour économiser
ces domaines nationaux, et pour ne pas trop éloigner ceux qui les
habiteront provisoirement de leurs champs et de leurs affaires. Le citoyen Laurent enverra à la Commission des revenus nationaux l'état
des maisons nationales dont il aura provisoirement disposé.

B. BARÈRE, CARNOT [1].

3. Le Comité de salut public arrête que la Commission de la marine et des colonies donnera sur-le-champ l'ordre de faire mettre en
liberté Colin Douglas, négociant américain, détenu comme prisonnier
de guerre à Pontanézen, près Brest, provenant du navire anglais *le
Munro,* pris par la frégate de la République *la Tribune.*

B. BARÈRE, BILLAUD-VARENNE, CARNOT, COLLOT-D'HERBOIS [2].

4. Le Comité de salut public arrête que provisoisement l'administration civile des colonies demeurera annexée, en l'état où elle est,
à la Commission de la marine et des colonies.

B. BARÈRE, BILLAUD-VARENNE, CARNOT, ROBESPIERRE,
COLLOT-D'HERBOIS [3].

5. Le Comité de salut public arrête : 1° que les officiers des différents corps de troupes employés dans les colonies, qui se trouvent en
France par congé ou autrement, ne seront pas renvoyés dans lesdites

---

[1] Arch. nat., AF II, 81. — *La dernière phrase est de la main de Barère.* — [2] Arch.
nat., AF II, 295. — [3] Arch. nat., AF II, 302. — *De la main de Barère.*

colonies, leur présence y devenant inutile, attendu la réduction considérable que ces différents corps ont éprouvée ; 2° que le traitement dont ils jouissaient, et qui leur était payé par la Commission de marine et de défense des colonies, cessera au présent mois de floréal an 2°; 3° que la Commission de l'organisation et du mouvement des troupes de terre s'occupera sur-le-champ des moyens d'employer ces officiers en Europe, de la manière la plus utile pour le service de la République, s'ils ne sont pas de la caste nobiliaire et s'ils sont républicains.

B. Barère, Collot-d'Herbois, Carnot, Billaud-Varenne[1].

6. Le Comité de salut public arrête qu'il sera payé finalement au citoyen Caire, ci-devant officier de gendarmerie à Saint-Domingue, la somme de 300 livres pour ses appointements, en ladite qualité, à compter du 1er germinal jusqu'au 15 floréal an 2°, à raison de 2,400 livres par an, sans qu'il puisse rien réclamer pour le même temps dans les bureaux de la Commission du mouvement des armées de terre.

B. Barère, Collot-d'Herbois, Carnot, Billaud-Varenne[2].

7. Le Comité de salut public arrête que le prix des outils qui seront fournis à l'avenir aux ouvriers de levée, des magasins de la République dans les ports et arsenaux, sera retenu par tiers sur les payements qui leurs seront faits ; et que ceux des ouvriers qui en sont actuellement pourvus seront avertis de les rendre dans le délai d'un mois, faute de quoi ils seront dans le cas de la retenue prescrite par le présent arrêté.

B. Barère, Collot-d'Herbois, Carnot, Billaud-Varenne[3].

8. Le Comité de salut public, après avoir entendu le rapport du citoyen commissaire de la marine, approuve que le payement du trimestre échu soit fait au citoyen Léger, qu'il soit remis en activité et plus promptement et qu'il ne lui soit plus rien payé jusqu'à ce qu'il soit remis en activité.

B. Barère, Collot-d'Herbois, Carnot, Billaud-Varenne[4].

[1] Arch. nat., AF II, 304. — [2] Arch. nat., AF II, 304. — [3] Arch. nat., AF II, 295. — [4] Arch. nat., AF II, 302. — *La dernière ligne est de la main de Barère.*

9. Le Comité de salut public, considérant qu'il est juste d'accorder au citoyen Larzanna, ci-devant aumônier sur le vaisseau *l'Apollon*, les moyens de retourner à Capraja, son lieu natal, attendu que sa qualité d'ex-prêtre et d'étranger ne permet pas de l'employer au service de la République, arrête que la Commission de la marine est autorisée à lui faire expédier la conduite et le transport qui lui sont nécessaires.

B. Barère, Collot-d'Herbois, Billaud-Varenne, Carnot [1].

10. Le Comité de salut public, sur le rapport du commissaire de la marine et des colonies, arrête que le commandant du fort Rouge, les officiers et tous autres de service dans ce fort, au moment où l'ennemi s'en est approché le 11 floréal, seront sur-le-champ mis en état d'arrestation et interrogés sur les circonstances et les motifs de leur conduite, en présence du représentant du peuple, par tel commissaire qu'il nommera à cet effet, que le procès-verbal d'interrogatoire sera adressé à la Commission de la marine et des colonies pour être communiqué au Comité de salut public et être pris telle mesure ultérieure qu'il appartiendra [2].

11. Le Comité de salut public arrête qu'à l'avenir la paye des novices, employés à la garniture dans les ports et arsenaux de la République, sera de 23 à 24 sous par jour, et que ces deux payes seront accordées, d'après le rapport du maître de la garniture, à ceux dont il aura reconnu la capacité.

Collot-d'Herbois, Billaud-Varenne, B. Barère, Carnot [3].

12. Le Comité de salut public arrête: 1° Le citoyen Henry jouira pendant son séjour en France, et jusqu'à son embarquement pour retourner à la Guadeloupe, lequel sera effectué le plus tôt possible, d'un traitement de 4,000 livres par an, à compter du 1er mars 1794 (vieux style), époque de son départ de ladite colonie. — 2° Il lui sera accordé, suivant l'usage, une conduite, lorsqu'il sera dans le cas de se rendre dans le port qui lui sera assigné pour son embarquement ; mais, en

---

[1] Arch. nat., AF ii, 301.

[2] Il y a au ministère de la guerre, *Correspondance générale*, une copie de cet arrêté, signée : Carnot, Couthon, B. Barère.

[3] Arch. nat., AF ii, 301.

attendant, il peut se rendre à ses frais à Brest, et il lui sera délivré le passeport nécessaire.

B. BARÈRE, COLLOT-D'HERBOIS, CARNOT, BILLAUD-VARENNE [1].

13. Le Comité de salut public, considérant que la nation française honore le malheur, autorise le Commissaire des relations extérieures à donner des secours provisoires à titre d'hospitalité à Akmed-khan, Indien.

B. BARÈRE, COLLOT-D'HERBOIS [2].

14. Le Comité de salut public nomme le citoyen Reverdi, employé dans les bureaux du ci-devant ministre de la justice, pour remplacer Concedieu, dans les fonctions de membre du directoire du département de Paris. L'agent national du département de Paris est chargé de l'exécution du présent arrêté.

ROBESPIERRE [3].

15. Le Comité de salut public nomme le citoyen Roubot, ci-devant juge de paix, demeurant à Livry, district de Gonesse, pour remplacer La Chevardière au directoire du département de Paris. La Commission des administrations civiles, police et tribunaux fera exécuter sans délai le présent arrêté.

ROBESPIERRE, BILLAUD-VARENNE [4].

16. Le Comité de salut public arrête qu'il sera établi à Orange une Commission populaire, composée de cinq membres, pour juger les ennemis de la Révolution qui seront trouvés dans les pays environnants, particulièrement les départements de Vaucluse et des Bouches-du-Rhône. Les membres de cette Commission seront les citoyens Fauvety, juré au Tribunal révolutionnaire; Melleret, du département de la Drôme ; Roman-Fonrosa, président de l'administration du district de Die ; Fernex, juge au tribunal du district de Commune-Affranchie ; Ragot, menuisier, rue d'Auvergne, Commune-Affranchie. Le citoyen Maignet, représentant du peuple, est chargé d'installer cette commis-

---

[1] Arch. nat., AF II, 302. — [2] Arch. nat., AF II, 302. — *De la main de Barère.* — [3] Arch. nat., AF II, 301. — *De la main de Robespierre.* — [4] Arch. nat., AF II, 65. — *De la main de Robespierre.*

sion sans délai. La Commission des administrations civiles fera exécuter le présent arrêté.

COLLOT-D'HERBOIS, ROBESPIERRE, B. BARÈRE,
BILLAUD-VARENNE, COUTHON [1].

17. Le Comité de salut public nomme le citoyen Laiguille, employé dans les bureaux de l'envoi des lois, pour remplir les fonctions d'adjoint de l'agent national du département de Paris. L'agent national est chargé de l'exécution du présent arrêté.

ROBESPIERRE [2].

18. Le Comité de salut public arrête que le représentant du peuple Guyton se rendra incessamment à Maubeuge ou dans tout autre point de l'armée du Nord qui serait convenu entre lui et ses collègues près cette armée, pour diriger et surveiller les opérations de l'aérostat, et de la compagnie d'aréostiers. Il donnera en conséquence tous les ordres nécessaires pour le grand succès de ces manœuvres.

C.-A. PRIEUR [3].

19. Le Comité de salut public, sur la proposition de la Commission des secours publics, arrête que la municipalité, le comité révolutionnaire et le commandant amovible d'Orléans exerceront sur l'hôpital (Saint-Charles) la surveillance et les fonctions qui leur sont déléguées par la loi du 3 ventôse dernier, quoique ledit hôpital soit situé sur le territoire de la commune de Jean-le-Blanc [4].

B. BARÈRE, COLLOT-D'HERBOIS, BILLAUD-VARENNE [5].

20. Le Comité de salut public arrête que la Commission d'instruction publique s'occupera de l'organisation des fêtes nationales, et réunira toutes les lumières qui dépendront d'elle à cet égard, pour présenter, le plus tôt possible, ses idées au Comité de salut public sur cet

---

[1] Arch. nat., F⁷, 4435. — *De la main de Robespierre.* — Cet arrêté est suivi d'une instruction, de la main de Robespierre, datée du 19 floréal. Elle a été reproduite dans le *Rapport* de Saladin, p. 30 et 206, et dans l'*Histoire du Tribunal révolutionnaire* par M. Wallon, t. IV, p. 92.

[2] Arch. nat., AF ii, 65. — *De la main de Robespierre.*

[3] Arch. nat., AF ii, 220. — *De la main de C.-A. Prieur.*

[4] Il s'agit de la commune de Saint-Jean-le-Blanc.

[5] Arch. nat., AF ii, 284.

objet important. La Commission d'instruction publique est pareillement chargée de prendre des mesures les plus promptes et les plus actives pour assurer la publicité et la circulation des rapports du Comité de salut public à la Convention nationale, et de tous les actes et écrits dont la publication est décrétée, et notamment du rapport sur les fêtes nationales.

ROBESPIERRE, BILLAUD-VARENNE [1].

21. Le Comité de salut public arrête que le patron Viel sera mis en arrestation, comme suspect, et détenu jusqu'à la paix; que les citoyens Jean-Simon, Boissamé, Pierre Auger, François Dannebey, François Patey, précédemment requis, seront envoyés à Brest, pour y être embarqués sur les vaisseaux de la République, et que Pierre Dannebey, étant hors de service, sera mis en liberté.

22. Le Comité de salut public, en exécution du décret qui met en réquisition les imprimeurs, requiert particulièrement les citoyens Barrau, Legentil et Brouder pour travailler à l'imprimerie du citoyen Deltusso, rue des Deux-Portes-Bon-Conseil, n° 8.

B. BARÈRE, BILLAUD-VARENNE, CARNOT [2].

. 23. Les Comités de salut public et de sûreté générale arrêtent que Pache, maire de Paris, La Chevardière, administrateur du département, et Xavier Audouin seront mis sur-le-champ en arrestation dans la maison d'arrêt dite des Anglais, des Carmes et de Pélagie. Ils seront tenus au secret. Le scellé sera mis sur leurs papiers et effets.

DU BARRAN, ÉLIE LACOSTE, AMAR, LOUIS (du Bas-Rhin), VOULLAND, BILLAUD-VARENNE, VADIER, CARNOT, B. BARÈRE, Gr. JAGOT, M. BAYLE, COLLOT-D'HERBOIS [3].

24. Les Comités de salut public et de sûreté générale arrêtent que les papiers de Pache et d'Audouin, son gendre, seront réunis dans une même chambre et mis sous le scellé. Le tout se fera en présence de la mère de Pache. Au surplus les Comités arrêtent que les scellés seront

(1) Arch. nat., AF 11, 66. — De la main de Robespierre. — (2) Arch. nat., AF 11, 61. — De la main de Barère. — 3) Arch. nat., AF 11, 60. — De la main de Du Barran.

levés dans la maison située rue de Tournon, et que néanmoins les papiers qui y existent seront mis sous le scellé.

> Du Barran, Billaud-Varenne, Voulland, Collot-d'Herbois, Vadier, B. Barère, Robespierre, Louis (du Bas-Rhin), Amar, Gr. Jagot [1].

25. Le Comité de salut public arrête que le citoyen Fleuriot [2] remplira provisoirement les fonctions de maire de Paris, vacantes par l'arrestation du citoyen Pache. Il prendra ces fonctions sur-le-champ, et habitera la maison de la mairie.

> B. Barère, Collot-d'Herbois, Carnot, Billaud-Varenne [3].

26. Le Comité de salut public arrête : La compagnie des canonniers montagnards de Meulan, formée à Franciade [4] les 19 et 20 du présent mois, sera sans délai envoyée à l'armée du Nord. La Commission de l'organisation et du mouvement des armées de terre donnera les ordres convenables pour la marche de cette compagnie, laquelle sera dirigée vers la partie de l'armée du Nord où elle pourra être le plus utilement employée.

> Carnot [5].

27. Le Comité de salut public arrête que Gabriel Levasseur, ci-devant adjoint aux adjudants généraux de l'armée des Côtes de Cherbourg, sera envoyé de suite en cette qualité à l'armée de la Moselle. La Commission de l'organisation et du mouvement des armées de terre donnera ses ordres pour l'exécution de cet arrêté et pour que le décompte de cet officier, en sa qualité de sous-lieutenant au 14e régiment des chasseurs à cheval, soit réglé sans délai.

> Carnot [6].

28. Le Comité de salut public arrête que la Commission des travaux publics enverra chaque jour, à 8 heures du soir, au Comité,

---

[1] Arch. nat., F7, 4435. — *De la main de Du Barran. Non enregistré.* — Dans l'original cet arrêté est sans date.

[2] Lescot-Fleuriot.

[3] Arch. nat., F7, 4435. — *De la main de Barère. Non enregistré.*

[4] C'était le nom révolutionnaire de la commune de Saint-Denis.

[5] Arch. nat., AF ii, 202. — *Non enregistré.*

[6] Arch. nat., AF ii, 304.—*De la main de Carnot. Non enregistré.*

section des travaux publics, les lettres et autres pièces concernant son service qu'elle est dans le cas de lui adresser. Ces lettres ou paquets seront contresignés *Travaux publics* et seront apportés par un commissionnaire qui tirera un reçu du nombre des lettres, signé du chef des bureaux de la section des travaux publics. Le Comité adressera de même ses dépêches à la Commission par un envoyé qui les portera à heures régulières, sauf les cas d'urgence, où il se servira d'ordonnance au moment même. Le Comité prescrit à la Commission de recevoir, à quelque heure que ce soit de jour ou de nuit, tout agent quelconque qui s'annoncerait être envoyé par le Comité de salut public. Elle lui donnera un reçu des pièces qu'il aura apportées, signé au moins d'un des membres ou de l'adjoint de la Commission.

C.-A. PRIEUR [1].

29. Le Comité de salut public, considérant que l'exécution stricte et littérale de son arrêté du 7 floréal [2], qui fixe le maximum du prix des chevaux d'artillerie à 1,200 livres, ne remplirait pas l'objet proposé; que la Commission du commerce ne pourra se procurer des chevaux par les achats de gré à gré sur le pied d'un maximum gradué qu'autant que le prix en sera fixé et gradué pour le commerce particulier; que la voie de réquisition, qui s'emploie avec succès pour la levée de chevaux de charrois décrétée le 15 germinal, ne peut l'être utilement dans cette occasion où il s'agit de se procurer le plus tôt possible, par des achats que peuvent faire quelques connaisseurs, le nombre de chevaux nécessaires au service de l'artillerie; que, pour faciliter à ceux qui sont et seront chargés de faire ces achats les moyens de remplir leur mission avec la célérité et le succès que l'on doit en attendre, il faut leur accorder la faculté de traiter librement, pourvu que le prix réuni de tous les chevaux ne s'élève pas en masse à plus de douze cents livres par tête; arrête que la Commission des transports militaires est autorisée de faire faire, par le citoyen Bourdon et ses autres agents, les achats de chevaux qu'elle a été chargée de faire par l'arrêté du 7 floréal aux meilleures conditions possible pour la République, et néanmoins sous la condition expresse qu'il ne pourra être

---

[1] Arch. nat., AF II, 23. — *De la main de C.-A. Prieur. Non enregistré.* — [2] Voir, plus haut, p. 73, l'arrêté n° 16.

accordé plus de douze cents livres par tête en réunissant en masse le prix de chevaux. Les états de réception de chaque agent ne pourront excéder le prix de douze cents livres par cheval, l'un compensant l'autre, de manière que le maximum qui avait été fixé par l'arrêté du 7 floréal ne sera que le maximum de la dépense en masse par chaque agent.

R. LINDET [1].

30. Le Comité de salut public, sur le rapport de la Commission du commerce et approvisionnements, arrête que la maison ci-devant couvent de Saint-Joseph, rue Dominique, sera mise à la disposition de la Commission pour y établir les magasins de l'habillement, équipement et campement des troupes, les ateliers d'aunage, emballage et les bureaux qui en dépendent. La maison ci-devant dite de Guignes, joignante celle dite de Castries, sera pareillement mise à la disposition de la Commission, comme supplément nécessaire à la maison de Castries, occupée par l'agence de l'habillement. Les commissaires du Comité des domaines sont invités de faire la visite du ci-devant couvent de Saint-Joseph et de la maison de Guignes, et de donner les ordres et faire faire les dispositions nécessaires pour que ces maisons servent sans délai à leur nouvelle destination, s'il n'y a ni obstacle ni inconvénient.

R. LINDET [2].

31. [Arrêté mettant en réquisition divers ouvriers pour travailler dans les ateliers du citoyen Colon, chargé de la construction des modèles de chariots. C.-A. PRIEUR. — Arch. nat., AF II, 215. *Non enregistré.*]

32. [Arrêté autorisant la Trésorerie nationale à envoyer à son payeur au Havre les traites payables à Hambourg, pour acquitter les frais de deux navires neutres qui ont apporté des chargements de harengs et de morues. R. LINDET. — Arch. nat., AF II, 75. *Non enregistré.*]

[1] Arch. nat., AF II, 286. — *De la main le R. Lindet. Non enregistré.*

[2] Arch. nat., AF II, 289. — *De la main le R. Lindet. Non enregistré.* — Dans l'original, aux Archives nationales, cet arrêté porte en tête la date du 23 floréal, et en bas, de la main de Robert Lindet, la date du 21.

REPRÉSENTANTS EN MISSION.

LE COMITÉ DE SALUT PUBLIC

À SAINT-JUST ET LE BAS, REPRÉSENTANTS À L'ARMÉE DU NORD.

Paris, 21 floréal an II-10 mai 1794.

Persuadés, citoyens collègues, que la grande opération du passage de la Sambre était différée, nous venions d'écrire à Pichegru sur ce sujet, lorsque nous avons reçu votre lettre qui nous annonce que l'expédition a dû avoir lieu hier matin. Notre lettre à Pichegru devenant par là inutile, nous ne l'avons point fait partir. La balle est lancée : vous n'avez plus à prendre conseil que des circonstances. Si vous avez le succès que nous espérons, vos vingt-cinq mille hommes qui sont à Guise deviendront inutiles; il faudra bien vite les employer activement à chasser l'ennemi de la trouée d'un côté, pendant que vous le presserez de l'autre; ou, si vous n'en avez pas besoin là, les envoyer sur-le-champ bloquer Namur et seconder Jourdan, qui sous peu doit s'acheminer vers vous.

[Ministère de la guerre; *Armées du Nord et des Ardennes.* — *De la main de Carnot.*]

LE COMITÉ DE SALUT PUBLIC

À JEANBON SAINT-ANDRÉ, REPRÉSENTANT À BREST

ET DANS LES DÉPARTEMENTS MARITIMES.

Paris, 21 floréal an II-10 mai 1794.

[Le Comité s'étonne que Jeanbon Saint-André ne lui parle plus de partir sur la flotte, après lui en avoir toujours «témoigné le plus vif désir». Il faut qu'il parte. «Le sort de la campagne navale est attaché aux événements de cette première expédition; les précautions les plus grandes sont prescrites. Tu fais partie du Comité, dont la responsabilité s'étend sur tous les événements de terre et de mer. La gloire du pavillon français et le salut de la République t'appellent impérieusement sur l'Océan. C'est de là que nous attendons de tes nouvelles, et que nous te féliciterons bientôt d'avoir favorisé et défendu l'arrivage des subsistances du peuple. Tu sais que c'est là l'unique objet de la sortie actuelle, et qu'il faut conserver la flotte pour l'opération importante que le Comité de salut public a préparée». B. Barère, Billaud-Varenne, Carnot. — *Communiqué par M. Lévy-Schneider, d'après la collection de M. Maurice Loir. — De la main de Barère.*]

LE COMITÉ DE SALUT PUBLIC
À PRIEUR (DE LA MARNE), REPRÉSENTANT DANS LE MORBIHAN
ET LA LOIRE-INFÉRIEURE.

Paris, 21 floréal an II-10 mai 1794.

Le Comité, cher collègue, regarde comme une mesure indispensable que tu te rendes sans aucun délai à Brest pour remplacer Jeanbon Saint-André, qui doit joindre la flotte actuellement en mer. Ne perds pas un moment. Le Comité va s'occuper de suite de pourvoir à ton remplacement à Nantes.

CARNOT, BILLAUD-VARENNE, B. BARÈRE.

[*Communiqué par M. Lévy-Schneider, d'après la collection de M. Maurice Loir. — De la main de Carnot.*]

LE REPRÉSENTANT DANS LES DÉPARTEMENTS DE SEINE-ET-OISE ET DE PARIS
AU COMITÉ DE SALUT PUBLIC.

Mantes, 21 floréal an II-10 mai 1794. (Reçu le 14 mai.)

[Deux lettres de Crassous : 1° «Il fait observer que les volontaires malades se font évacuer d'hôpitaux en hôpitaux, en s'arrangeant de manière à se rapprocher de leurs foyers et à retarder leur retour à leurs corps. Il invite à prendre des mesures.» — Arch. nat., AF II, 163. Analyse. — 2° «Il invite le Comité à fixer ses regards sur la situation pénible (sous le rapport des subsistances) du district de Mantes. Partie est en vignobles et partie en grains, il s'alimentait ci-devant des districts voisins; mais, d'après les contradictions qui se sont glissées dans les recensements, il pense qu'il y a plus de grains dans le district qu'on n'en accuse. Un grand nombre de communes en manque, et le travail est très forcé dans le district de Mantes, où l'on cultive la terre et la vigne à bras. Il invite le Comité à faire délivrer par la Commission des subsistances quelques réquisitions à ce district.» — Arch. nat., *ibid.* Analyse.]

IMPRIMERIE NATIONALE.

UN DES REPRÉSENTANTS DANS LE CALVADOS ET LA MANCHE
AU COMITÉ DE SALUT PUBLIC.

Caen, 21 floréal an II-10 mai 1794. (Reçu le 15 mai.)

[«Frémanger transmet un arrêté qu'il a pris concernant la démolition d'une chapelle dite *de Bonne-Nouvelle*, située dans la commune d'Esson, où se faisaient des rassemblements périodiques, qui faisaient craindre pour la tranquillité des communes environnantes [1].» — Arch. nat., AF II, 178. Analyse.]

LE REPRÉSENTANT À BREST ET DANS LES DÉPARTEMENTS MARITIMES
AU COMITÉ DE SALUT PUBLIC.

Brest, 21 floréal an II-10 mai 1794. (Reçu le 17 mai.)

[Jeanbon Saint-André transmet de nouvelles pièces [2] relatives à l'Anglais Hamilton, débarqué à Roscoff, se disant Irlandais et patriote persécuté [3]. Il le tiendra en arrestation à Brest, jusqu'à ce que le Comité lui ai fait part de ses intentions. — Arch. nat., AF II, 294, et Arch. mun. de Brest.]

LE REPRÉSENTANT DANS LE LOIR-ET-CHER ET LA SARTHE
AU COMITÉ DE SALUT PUBLIC.

Le Mans, 21 floréal an II-10 mai 1794. (Reçu le 17 mai.)

[Deux lettres de Garnier (de Saintes) : 1° Il a reçu la lettre du Comité du 14 floréal, qui l'envoie à Nantes près l'armée de l'Ouest [4]. «Je suis prêt à seconder vos vues, après avoir profité, pour le rétablissement de ma santé, du congé de quinzaine que vous m'avez accordé. Ma présence est ici nécessaire pour quatre ou cinq jours, et je crois que lors le département de la Sarthe sera dans une attitude tranquillisante. Vous avez sauvé ce département en ordonnant l'incarcération des coupables, et la sérénité renaît sur tous les fronts des bons citoyens assez républicains pour aimer sincèrement la liberté, mais ni assez énergiques, ni assez coura-

[1] Cet arrêté porte en outre qu'il est défendu de se réunir plus de quatre sur l'emplacement de cette chapelle, et qu'il y sera placé un poteau avec cette inscription : *Ici le fanatisme a tenté de susciter une nouvelle Vendée.*

[2] Ces pièces manquent.

[3] Voir plus haut, p. 376, la lettre de Jeanbon Saint-André au Comité en date du 19 floréal.

[4] Nous avons donné cette lettre plus haut, p. 245.

geux pour lutter contre l'intrigue de la malveillance et des anarchistes. Je partirai le 25 ou le 26 de Saint-Calais, où ma présence est nécessaire, et le 20 prairial je compte être rendu à Nantes, de manière que je ne prendrai pas un jour de plus que vous ne m'avez accordé. Si j'avais eu connaissance de la mesure de sûreté que vous avez prise contre les factieux du Mans, je me serais dispensé d'écrire à la Convention nationale sur leur acquittement; mais, les croyant en liberté, je ne pouvais voir sans amertume la Convention nationale avilie et le Comité de salut public, qui avait déjà exprimé dans le rapport de Saint-Just son opinion contre cette détestable faction, présumé avoir émis une opinion hasardée sur leurs principes contre-révolutionnaires. » — Arch. nat., AF ii, 178. — 2° Il fait passer deux arrêtés, l'un relatif aux dévastations qui se commettent dans les forêts nationales et qui vont toujours croissant; l'autre relatif aux maîtres de forges, qui ne paraissent pas compris dans la loi du 18 germinal. « Jusqu'à ce que vous me fassiez connaître des vues contraires à cet égard, ces deux arrêtés, que j'ai cru nécessaires, auront leur exécution. » — Arch. nat., *ibid.*]

LE REPRÉSENTANT DANS LE CHER ET L'INDRE AU COMITÉ DE SALUT PUBLIC.

Vierzon, 21 floréal an ii-10 mai 1794. (Reçu le 15 mai.)

[Ferry a fait mettre en arrestation le citoyen Legendre, maître de forges à Luçay, ci-devant fermier général [1]. « Je n'ai pas cru que les circonstances permissent d'user plus longtemps envers lui de l'indulgence qu'il avait obtenue de vous à cause de ses talents et de sa bonne conduite. Je m'occupe à le faire remplacer, ce qui me sera fort difficile. C'est à vous d'ordonner maintenant de son sort et de décider s'il est compris dans le décret qui traduit les ci-devant fermiers généraux au Tribunal révolutionnaire. Je l'ai fait transférer à la maison d'arrêt d'Indremont [2]. » — Arch. nat., AF ii, 172. — *De la main de Ferry.*]

LES REPRÉSENTANTS À ROCHEFORT AU COMITÉ DE SALUT PUBLIC.

Rochefort, 21 floréal an ii-10 mai 1794. (Reçu le 19 mai.)

[« Guezno et Topsent envoient des exemplaires d'une instruction relative au nouveau système des poids et mesures dans leurs rapports avec l'ancien, par le citoyen

[1] Dans la « Liste des noms et demeures de MM. les fermiers généraux pour la troisième année du bail de M° Jean-Baptiste Mager » (*Almanach royal de 1789*, p. 573), on trouve « M. Le Gendre de Luçay, fils, rue de la Madeleine-Saint-Honoré ». Le nom de ce fermier général ne se trouve ni dans l'index alphabétique de l'ouvrage de M. Grimaux sur Lavoisier, ni dans la liste des personnes traduites au Tribunal révolutionnaire dressée par M. Wallon.

[2] Ci-devant Châtillon-sur-Indre.

Romme [1], professeur d'hydrographie à Rochefort, propre à préparer les marins dans cette partie importante. Ils demandent l'approbation, pour ce travail, des Comités de salut public, de la marine et de l'instruction publique. Demandent s'il ne serait pas utile de donner à ce travail plus de développement par des figures. » — Arch. nat., AF II, 3oo. Analyse.]

LE REPRÉSENTANT DANS LE GERS ET LA HAUTE-GARONNE
AU COMITÉ DE SALUT PUBLIC.

Toulouse, 21 floreal an II-10 mai 1794. (Reçu le 17 mai.)

[Dartigyoete transmet des arrêtés : 1° ordonnant la mise en liberté des citoyens reclus pour cause de fausses déclarations dans le dernier recensement des grains, confisquant lesdits grains et farines, etc. ; 2° réquisitionnant quatre mille quintaux de grains pour le département de Lot-et-Garonne; 3° portant nomination du citoyen Perès pour maire de la commune de Saint-Nicolas; 4° ordonnant l'arrestation des commissaires pour le recensement des grains dans le district de Beaumont, et mandant le président et un administrateur du district pour rendre compte de leur conduite, pour n'avoir pas répondu aux vues bienfaisantes du Comité de salut public dans cette opération; 5° ordonnant la démolition de deux ci-devant châteaux-forts qui se trouvent dans le territoire du district de Beaumont. — Arch. nat., AF II, 194.]

LE REPRÉSENTANT DANS LA SEINE-ET-MARNE ET L'YONNE
AU PRÉSIDENT DE LA CONVENTION NATIONALE.

Auxonne, 21 floréal an II-10 mai 1794.

La Convention apprendra avec satisfaction, citoyen président, que dans le département de l'Yonne la fabrication du salpêtre est dans la plus grande activité. Il s'est élevé dans la commune d'Auxerre deux ateliers considérables. Les dispositions nécessaires pour un travail en grand ont retardé les premières livraisons, mais elles viennent de s'effectuer. Le produit d'un seul atelier a été de quatre mille livres. Chaque décade, il en sera livré quinze cents livres, surtout si on ne manque ni de salin ni de potasse. Le sol des caveaux où ont été depuis si longtemps renfermés d'excellents vins paraît contenir en grande

_____

(1) Il s'agit de Charles Romme, frère du représentant.

quantité cet esprit, ce feu sacré que nos ancêtres y conservaient en secret, et que les enfants de la liberté ont développé avec tant d'énergie et de succès.

Le jour décadaire s'observe ici religieusement depuis longtemps. Les citoyens d'Auxerre, guidés par le génie de la liberté, ont établi et célébré avec pompe ces fêtes que la Convention vient d'ordonner aux applaudissements des Français. Hier, dans le temple de la Raison, en présence de l'Etre suprême, la vieillesse a été honorée, la valeur de nos guerriers chantée, la jeunesse instruite et encouragée. Quelques leurs ont été jetées sur la tombe de plusieurs citoyens de cette commune, morts près Cambrai en défendant la liberté. Rien n'est ici épargné pour rendre ces fêtes utiles au progrès de la raison et agréables au peuple.

MAURE aîné.

[Arch. nat., C, 301.]

UN DES REPRÉSENTANTS À L'ARMÉE DES ARDENNES
AU COMITÉ DE SALUT PUBLIC.

Reims, 21 floréal an II-10 mai 1794. (Reçu le 15 mai.)

Votre lettre en date du 18 floréal, adressée à Châlons[1], ne m'est parvenue qu'hier soir à Reims. Elle contenait votre ordre de me rendre dans le sein de la Convention. Un républicain ne sait qu'obéir, quand l'autorité légitime a parlé. Je pars ce soir. Je vais donc me rendre à Châlons-sur-Marne, où j'ai laissé la plus grande partie de mes papiers; de là, sans délai, à Paris.

Je ne serais pas véritablement ami du bien public, si je ne me permettais pas une observation sur une des phrases de votre lettre. Vous dites que ma mission doit être accomplie. Personne assurément ne désirerait plus que moi qu'elle le fût; mais pouvez-vous penser qu'elle le soit, lorsque je vous ai informé, par la situation de la cavalerie que je vous ai envoyée le 18 germinal, qu'il manquait encore 2,830 chevaux et que l'habillement se trouvait dans le plus mauvais état possible?

---

[1] Voir plus haut, p. 318. Cette lettre, dans la minute que nous avons suivie, est datée du 17 floréal.

Depuis cette époque, je vous avais proposé des moyens de pourvoir à nos besoins et de remplacer ce déficit. Vous avez senti vous-même la justesse de mes aperçus, et par votre arrêté vous m'avez autorisé à faire passer aux troupes à cheval ceux des chevaux des charrois qui seraient propres à ce service. Par tous les moyens que j'avais employés, j'espérais compléter tous les régiments de cavalerie de l'armée des Ardennes; peut-être même aurais-je obtenu des ressources qui eussent surpassé nos besoins, et alors j'aurais aidé les autres armées. Cependant tout cela ne pouvait nuire à la levée des chevaux de charrois, parce que j'avais eu la précaution d'envoyer, dans tous les districts des trois départements de la Marne, de la Meuse et des Ardennes, des commissaires pour surveiller et hâter l'exécution littérale et sévère de la loi du 18 germinal. Tous les citoyens que j'ai chargés de cette mission méritent toute confiance, et vous pouvez être assurés d'avance qu'il y aura peu de départements dans la République où la levée se fera avec plus de célérité et d'intelligence. Il ne pourra échapper aucun cheval. Il était essentiel d'y veiller, car les administrateurs calculaient plutôt les intérêts de leurs administrés que ceux de la République. Le résultat de la levée n'aurait pas été la moitié de ce qu'il sera.

Lorsque je suis arrivé pour remplacer mon collègue Pflieger, la partie de l'habillement et de l'équipement n'était pas dans un meilleur état, parce que les matières premières manquaient. J'y ai suppléé le mieux qu'il m'a été possible, soit en autorisant les conseils d'administration des différents corps à s'y pourvoir, et pour cela je leur faisais les avances convenables, soit en y travaillant par moi-même à leur en procurer.

Tous ces détails entraînent nécessairement une correspondance immense et nécessitent l'envoi d'un de nos collègues pour me remplacer et suivre nos opérations. Je lui remettrais toutes les pièces que j'ai entre les mains et lui expliquerais tout ce qui pourrait le mettre plus vite au courant. Je crois cette précaution indispensable pour que le service n'en souffre pas.

Il en restera bien d'autres choses à faire. L'épuration des corps est d'une nécessité reconnue; on a reçu sans distinction tous les hommes qui se sont présentés pour la cavalerie; de là un assemblage incohérent et contraire aux principes de la bonne discipline militaire. De plus, la comptabilité, dont le mode n'est pas encore décrété, mérite la plus grande attention; il y a des corps où depuis la guerre il n'y a pas de comptes arrêtés.

J'ai rempli, citoyens collègues, une mission difficile et laborieuse; d'autres auraient pu la remplir avec plus de succès, mais non avec plus de zèle.

Salut et fraternité,   VIDALIN.

[Arch. nat., AF II, 157.]

LES REPRÉSENTANTS AUX ARMÉES·DES ARDENNES ET DE LA MOSELLE
AU COMITÉ DE SALUT PUBLIC.

Au quartier général de l'armée de la Moselle, à Morfontaine,
21 floréal an II–10 mai 1794.

[Lorsque la Convention nationale a décrété que la vertu est à l'ordre du jour dans toute la République [1], Gillet et Duquesnoy ont cru important de rappeler l'armée aux principes d'une discipline sévère; c'est dans cette vue qu'ils lui ont adressé la proclamation ci-jointe [2]. — Arch. nat., AF II, 246.]

LE REPRÉSENTANT DANS LA MEUSE ET LA MOSELLE
AU COMITÉ DE SALUT PUBLIC.

Boulay, 21 floréal an II–10 mai 1794. (Reçu le 17 mai.)

Quels que soient les rapports sous lesquels l'œil de l'impartialité envisage la commune de Boulay, il ne peut que lui trouver de hideuses

---

[1] C'est sans doute une allusion au décret du 1er floréal an II, par lequel la Convention déclarait «qu'appuyée sur les vertus du peuple français, elle ferait triompher la République démocratique et punirait sans pitié tous ses ennemis». (*Procès-verbal*, t. XXXVI, p. 20.) Déjà, dans un rapport au nom du Comité de salut public, le 23 ventôse, Saint-Just avait dit: «Que la justice et la probité soient à l'ordre du jour dans la République!» (*Moniteur*, réimpression, t. XVIII, p. 691.) Cette formule fut textuellement décrétée par la Convention le 2 germinal.

[2] Cette proclamation, imprimée en français et en allemand, invitait les sans-culottes des armées du Rhin et de la Moselle à la discipline, à la subordination, à l'horreur du pillage. Tout individu trouvé saisi ou dépositaire d'effets pillés sera fusillé dans les vingt-quatre heures. «Les juifs, quelque pays qu'ils habitent, et qui suivront les armées, seront punis de mort sur-le-champ.» La moitié des contributions pécuniaires levées en pays ennemi sera distribuée à l'armée, etc. — Cette proclamation est signée de Gillet, Duquesnoy et J.-B. Lacoste.

surfaces. Le fanatisme y dispute l'empire avec la débilité, et, dans la Société populaire, où il faut avouer cependant qu'il s'y rencontre quelque bons républicains, la moralité de l'immense majorité est un problème. Celle de tous les habitants de la commune est encore plus que douteuse, car l'ivrognerie, ce vice abominable qui ravale l'homme au niveau de la brute, est à l'ordre de tous les jours. Superstition, modérantisme et propension à la débauche de table, ces abus ont nécessité des observations virulentes de la part des patriotes. La plupart des administrateurs, entachés de ce virus, laissaient flotter au gré de leur indolence les rênes du gouvernement qui leur est confié. Les affaires les plus pressantes restaient enfouies dans la poussière des bureaux. Qui les en aurait exhumées? D'ailleurs la population peu nombreuse de l'arrondissement ne permettait pas à Boulay de se faire représenter à la législature, et les frais qu'une administration parasite dévorait étaient considérables.

Tous ces motifs, recueillis avec soin, médités avec calme, mûris avec profondeur, m'ont déterminé à réunir le district de Boulay à ceux de Metz, de Sarrelibre et de Morhange; je vous transmettrai incessamment l'arrêté que je n'ai pris que provisoirement et sauf votre approbation; je le communiquerai au Comité de division, auquel j'enverrai toutes les pièces qui m'ont servi de base.

Je vous invite, citoyens collègues, à vous réunir à lui pour en faire un rapport à la Convention, qui prononcera définitivement ou infirmera mon arrêté.

J'ai fait incarcérer la plupart des membres du Comité de surveillance de la commune de Boulay, lesquels se sont permis de mettre en réquisition et de faire tuer des génisses pleines.

J'examinerai avec attention ce crime et ceux dont d'autre part ils sont accusés, et la loi, qui n'est plus boiteuse, aura entière satisfaction. La Société populaire avait été vexée par une poignée d'intrigants en écharpe, qui voulaient la dissoudre; si l'une est protégée, les autres seront punis.

Tels sont les moyens, citoyens collègues, que, joints à une philippique de reproches, j'ai employés pour révolutionner Boulay. Puissé-je l'avoir rendue digne de la République!

Salut, fraternité et liberté.

MALLARMÉ.

Je joins le verbal de mon opération [1]; je vous préviens que je me rends à Bouzonville.

[Arch. nat., AF II, 163. — *De la main de Mallarmé.*]

LE REPRÉSENTANT DANS LES VOSGES ET LE HAUT-RHIN
AU COMITÉ DE SALUT PUBLIC.

Colmar, 21 floréal an II-10 mai 1794. (Reçu le 17 mai.)

[«Foussedoire mande qu'il a reçu copie de deux lettres adressées au Comité par le commissaire national du district d'Altkirch; la première, relative à un étranger; l'autre, à un juge de paix, tous deux prévenus de délits contre-révolutionnaires. Des doutes s'élèvent s'ils doivent être jugés par le tribunal criminel de leur département. Opinion de Foussedoire à ce sujet : il la soumet au Comité et attend sa décision.» — Arch. nat., AF II, 163. Analyse.]

LE REPRÉSENTANT DANS LE DOUBS, LE JURA ET LA HAUTE-SAÔNE
AU COMITÉ DE SALUT PUBLIC.

Saint-Hippolyte, 21 floréal an II-19 mai 1794. (Reçu le 20 mai.)

[Lejeune donne des détails sur la mesure qu'il avait déjà prise avant de recevoir la lettre du Comité du 13 de ce mois [2], au sujet des salines : «Si je ne vous ai pas encore fait parvenir les renseignements que je vous annonçais par mes lettres du 16 germinal et du 1er floréal [3], c'est que j'ai été forcé de me rendre dans les districts de Pontarlier, Saint-Hippolyte, pour rassurer les esprits faibles des habitants des campagnes, que les malveillants ne cessaient d'effrayer, afin de multiplier les émigrations; j'ai la douce satisfaction de voir que la morale consolante et sublime qui fait la base de notre gouvernement fait sur le cœur des habitants des montagnes la plus vive impression; ils écoutent avec avidité les saintes maximes de la vertu, de la justice et de la probité; j'espère, avec ces moyens simples, neutraliser bientôt dans ce pays les efforts de la malveillance et du fanatisme. Je vais travailler sans relâche au mémoire que vous me demandez sur les salines, et dans peu vos vœux seront remplis sur cet objet important.» — Arch. nat., AF II, 164.]

---

[1] Cette pièce est jointe; elle est intitulée : «Procès-verbal d'épuration des autorités constituées de la commune de Boulay», 21 floréal an II. — [2] Voir plus haut, p. 217. — [3] Voir t. XII, p. 419, 716.

LE REPRÉSENTANT DANS LES HAUTES-ALPES ET LES BASSES-ALPES
AU COMITÉ DE SALUT PUBLIC.

Digne, 21 floréal an II-10 mai 1794. (Reçu le 27 mai.)

Citoyens collègues,

Je goûte une satisfaction bien douce à vous annoncer les rapides progrès que la raison fait dans le département des Basses-Alpes; elle a triomphé des obstacles, des malveillants, de la coalition des prêtres et des préjugés invétérés dont ce bon peuple était encroûté depuis des siècles. La superstition semblait, dans ce département et dans celui des Hautes-Alpes, avoir établi un empire que le temps seul pouvait détruire. Je touche au moment de le voir disparaître sans retour. Déjà dans les Basses-Alpes on compte les districts de Forcalquier et de Sisteron où il n'y a plus ni prêches, ni églises, où tous les objets du culte en or, argent, cuivre et fer ont pris la route du district, pour de là passer à la Monnaie, et tous les linges et étoffes sont employés à des objets de bienfaisance. Digne, chef-lieu du département, et son district est (*sic*) à peu près au même niveau; tous les saints de toile, de bois ont été livrés aux flammes. Dans celui de Barcelonnette, toutes les églises sont fermées; partout elles se sont changées en temple de la Raison. Le district de Castellane s'avance, quoique très lentement. Dans le département des Hautes-Alpes, le district de Gap est celui où la raison fait le plus de progrès; cependant Embrun et Briançon commencent à se mouvoir; celui de Serres est celui qui montre le plus d'apathie. Partout l'esprit public s'élève en proportion de la raison; cela me prouve que les prêtres étaient les plus grands ennemis de la liberté; ils dominaient sur les consciences, tenaient les peuples dans la main et arrêtaient ses élans vers la Révolution. Sous le manteau de la religion, ils poussaient à la révolte, au crime, au gré de leur caprice.

L'événement qui m'arriva à Manosque, le 14 et le 15 ventôse, vous le prouvera.

J'avais dissipé les sectionnaires et les fédéralistes des Basses-Alpes; les uns étaient arrêtés, les autres s'étaient dérobés par la fuite; les patriotes étaient rentrés dans leurs foyers, et la liberté triomphait partout. Dans le cours de ma tournée, je me rendis à Manosque (vers la fin de brumaire), une des principales villes du département par sa population, par son voisinage des Bouches-du-Rhône et de Vaucluse. Dans cette ville, où dans tous les temps les Marseillais avaient fait la loi, qui avait suivi toutes leurs impulsions, où ils levaient à volonté des contributions; dans cette ville où Robespierre et Ricord, nos collègues, avaient failli être arrêtés et livrés aux brigands de Marseille, là je trouvai presque toute la ville sur la route, hommes, femmes, enfants armés de piques, dansant devant la voiture, me recevant aux cris sans cesse répétés de *Vivent la République, la Liberté, l'Égalité! Vivent la Montagne et les Montagnards!* C'était un enthousiasme universel. Je fus obligé, pour satisfaire le peuple, de parcourir les rues à pied, malgré la nuit, la pluie et les boues. Je témoignai au peuple la satisfaction que me faisait éprouver son retour à la bonne cause. Les soins que je devais ailleurs ne m'y ayant permis qu'un court séjour, je ne les quittai qu'après m'être engagé à revenir incessamment. J'y reparus le 13 ventôse, après avoir parcouru quelques districts, et surtout Forcalquier, dont Manosque dépend : partout la raison semblait me devancer, partout l'échafaudage du fanatisme s'écroulait et les églises se transformaient en temples de la Raison.

La ville de Forcalquier, chef-lieu du [district du] même nom, est une de celles où l'esprit public est le plus élevé; là. toutes les autorités constituées sont au pas révolutionnaire; c'est là où nos collègues Robespierre et Ricord trouvèrent des défenseurs et des amis; ce sont les échos de cette société qui annonçaient aux prêtres la fin de leurs jongleries. Ils le sentirent, et se coalisèrent pour retarder leur chute.

Je commençai à m'en apercevoir un soir à Mane, petite ville à un quart de lieue de Forcalquier. Un membre fit la motion d'offrir à la nation l'argenterie des églises; cette proposition souleva les femmes; j'apaisai l'orage; je donnai à l'opinion publique le temps de se mûrir, persuadé de l'influence qu'aurait sur cette commune celle de Forcalquier.

Je passai à Manosque le 13 ventôse; les mauvais citoyens avaient répandu le bruit que la pension affectée aux ministres du culte qui abdiqueraient était un leurre pour provoquer les abdications, mais qu'elle ne serait pas payée. Pour déjouer cette manœuvre, une proclamation du district affectait au payement tous les fonds de la caisse du district. Il était recommandé aux municipalités de donner à cette proclamation la plus grande publicité. A mon arrivée, j'appris que le secrétaire

Paul-Antoine Roux, diacre et secrétaire de la municipalité, François Ollivier, curé de la paroisse Saint-Sauveur, notable, avaient fait faire cette publication à son de trompe et y avaient accolé celle de vous, du 16 nivôse, sur la liberté des cultes [1], contre l'usage et à l'insu de la municipalité; sans doute que la publicité donnée à cette loi n'est qu'un bien en elle-même; il serait à désirer qu'on en fît autant pour toutes; mais, dans la circonstance, elle annonce une affectation astucieuse; elle avait pour objet d'entretenir la fermentation et la disposition des esprits.

Ce procédé, l'air froid, le silence même que je remarque en me présentant à Manosque, qui contrastaient tant avec l'accueil empressé de ma première apparition, m'avertirent que les esprits avaient été travaillés. J'en devinai les motifs et j'en prévins ceux qui m'entouraient de ne pas s'occuper de questions de culte, de laisser au temps à ramener le peuple, que le trait de lumière frapperait comme les (sic) ailleurs.

Je me rendis le soir même à la Société populaire. Roux, secrétaire de la Société et secrétaire de la municipalité, occupait le fauteuil en l'absence du président. A peine je fus arrivé, qu'il proposa à l'assemblée de m'inviter à prendre le fauteuil. Il lui fallait la tribune pour jouer son rôle. Je m'y refusai par deux fois; il insista, la société aussi, et je fus obligé de présider. Le diacre Roux s'élance à la tribune, fait avec emphase lecture d'une adresse de la Société populaire de Moulins sur le culte, des *Bulletins* contenant mention des offrandes de l'argenterie de plusieurs églises. Un cultivateur préparé demande la lecture du décret du 16 nivôse [2] sur le culte; je compris que tout était arrangé pour amener la discussion sur cet objet; je déjouai le projet en faisant passer à l'ordre du jour. Dès cet instant, tout languit, et la séance se termina sans inconvénient. L'orage grondait. Le lendemain matin 14, je fus au Comité de surveillance, qui occupe une salle dans la maison commune, au-devant de laquelle est la grande place. A peine je fus entré qu'il se forma un rassemblement sur la place; les femmes couraient dans les rues en annonçant que je venais détruire la religion,

[1] Nous n'avons pas à cette date de proclamation du Comité sur cet objet.

[2] Il y a sans doute ici une erreur de date, et il est probable que Dherbez-Latour veut parler du décret des 16 et 18 frimaire, sur la liberté des cultes, que nous avons donné t. IX, p. 257. Peut-être est-ce aussi ce même décret qu'il désignait plus haut, par erreur, sous le nom de *proclamation*.

enlever l'argenterie dans les églises; d'autres, avec une clochette, battaient la générale; bientôt le rassemblement grossit d'une manière alarmante; quelques officiers municipaux et quelques membres du comité apaisèrent un instant la rumeur; un officier municipal, quoique en écharpe, eut son habit déchiré pour avoir voulu tirer la clochette à une fille. Les opérations finies au comité, je sortis avec les membres sans que je reçusse aucune insulte.

Le soir, une députation vint m'inviter de me rendre à la Société populaire, et j'y fus. Déjà, avant mon arrivée, un cultivateur avait demandé une seconde lecture de l'adresse de Moulins; à peine le secrétaire en eut lu quelques paragraphes, qu'il fut hué et forcé de quitter la tribune; arrivé au bas des degrés, elle lui fut arrachée et brûlée; un cultivateur avait exprès une bougie dans sa poche pour cela.

J'arrivai dans ces entrefaites; je trouvai la Société dans le désordre; je pris la parole pour dire au peuple de se méfier des agitateurs, pour lui dire tout ce que la Constitution me permettait de lui dire sur la liberté du culte, pour le rassurer; enfin que j'étais éloigné de faire violence à leurs croyances, que je laissais au temps, à la raison à opérer des changements. Le désordre recommença; la séance fut levée. Le peuple s'écoula d'abord et fut m'attendre dans la rue; je sortis, accompagné des patriotes. A ma vue, le peuple se rangea pour me laisser passer; mais dès que j'avais passé, les huées, les injures et les menaces augmentaient avec la foule qui me suivait; quelques patriotes reçurent les coups de bâton et des coups de pierre, sans que j'aie jamais été atteint. J'arrivai à mon domicile sain et sauf à travers la bagarre. Ce fut un reste de respect pour moi qui retint le peuple égaré et l'empêcha de rendre cette scène tragique.

Les patriotes ne me quittèrent plus. Dans la nuit, des femmes furent se saisir des piques dans la maison commune, se distribuèrent par petotons aux portes de la ville et ne laissaient sortir personne, excepté le [secrétaire] Roux et Ollivier, curé, qui, dès la veille, s'étaient munis de passeports à la municipalité. Je profitai cependant, le 15, d'un moment dilucide (sic) pour sortir de Manosque à 2 heures après midi, malgré les femmes et les piques.

Dans la nuit, je fis part de cet événement à notre collègue Maignet, à Marseille, qui fit successivement (sic) marcher un bataillon, qui arriva le 18.

Dans l'intervalle, le peuple se vengea sur les idoles de la superstition de la fourberie des prêtres. Tout fut renversé et détruit, et le temple de la Raison fut le fruit de l'erreur. Presque tous les prêtres du district et des environs, craignant d'être atteints du soupçon de complicité, se hâtèrent d'abdiquer et de s'éloigner; la commotion se fit sentir jusqu'au district d'Apt, département de Vaucluse, de sorte que cet événement a tourné au profit de la chose publique.

Les principaux acteurs ont été arrêtés, excepté Roux et Ollivier, qui furent à Marseille grossir le nombre des intrigants que cette ville recèle. Ollivier était recteur d'une confrérie de femmes, qui s'assemblait dans une chapelle dérobée, où ils entretenaient le fanatisme. Les informations le constatent. On y sut aussi que certaines personnes parlaient d'ouvrir les portes des suspects détenus; on remarquait depuis quelque temps que les détenus dans les différents districts levaient la tête et affectaient une joie qui alarmait les patriotes, ce qui fit juger que cet événement se liait à des circonstances plus graves, dont le fanatisme était le prétexte.

Il serait temps que la Commission purgeât l'atmosphère de ce département de tous ces contre-révolutionnaires, de tous ces suspects détenus qui tiennent par toutes leurs liaisons, par leurs parents, à beaucoup de monde, et qui pourraient tôt ou tard occasionner quelques explosions. Je vous invite à le prendre en considération. La garde des prisons devient chaque jour plus pénible, en raison des réquisitions et des travaux des campagnes.

Salut et fraternité, DHERBEZ-LATOUR.

[Arch. nat., AF ii, 194.]

COMITÉ DE SALUT PUBLIC.

Séance du 22 floréal an ii-11 mai 1794.

Présents : B. Barère, Carnot, Collot-d'Herbois, Couthon, C.-A. Prieur, Billaud-Varenne, Robespierre, R. Lindet.

1. Le Comité de salut public arrête que le citoyen Nicolas fera imprimer quinze mille exemplaires du discours de Robespierre du 18 floréal, in-12, et quinze mille format in-8°, dont il fournira mémoire.

COLLOT-D'HERBOIS [1].

2. Le Comité de salut public arrête que la Commission révolutionnaire établie à Arras par le représentant du peuple Joseph Le Bon est maintenue et continuera ses travaux.

COLLOT-D'HERBOIS, ROBESPIERRE, C.-A. PRIEUR, BILLAUD-VARENNE, B. BARÈRE, CARNOT [2].

3. Le Comité de salut public arrête que le représentant du peuple Bourbotte se rendra sans délai près l'armée de l'Ouest et dans les départements en dépendant, pour y exercer en cette qualité tous les pouvoirs et prendre toutes les mesures de salut public et de sûreté générale que les circonstances nécessitent.

COLLOT-D'HERBOIS [3].

4. Le Comité de salut public arrête que le citoyen Lesueur, membre du Conservatoire du Muséum national, remplira provisoirement les fonctions de la place de commissaire des travaux publics, vacante par la nomination de Fleuriot, nommé à celle de maire de Paris.

BILLAUD-VARENNE, COLLOT-D'HERBOIS, CARNOT, C.-A. PRIEUR, ROBESPIERRE [4].

5. Le Comité de salut public, sur le rapport de la Commission d'agriculture et des arts, arrête : 1° La Commission d'agriculture et des arts acquerra, pour le compte de la République, les bâtiment, emplacement et machine situés à Harfleur, destinés à l'établissement d'un moulin à vapeur. — 2° Le prix de ce bâtiment sera acquitté par la Trésorerie nationale, sur les comptes de dépenses, qui en seront fournis par les propriétaires, réglés par des experts nommés concur-

---

[1] Arch. nat., AF II, 66. — *De la main de Collot-d'Herbois.*

[2] Arch. nat., F7, 4574¹. — Il y a dans AF II, 22, une autre minute du même

arrêté, signée CARNOT, COLLOT-D'HERBOIS.

[3] Arch. nat., AF II, 278.

[4] Arch. nat., AF II, 80. — *De la main de Billaud-Varenne.*

remment par la Commission d'agriculture et les propriétaires, visés
par la Commission et approuvés par le Comité de salut public. ——
3° La Commission d'agriculture et des arts présentera, sous trois décades, au Comité de salut public l'état des dépenses à faire pour mettre
cette usine en pleine activité et un plan d'administration de cette
usine. Les citoyens Sganzin, ingénieur, Parmentier et Ovide fourniront
les renseignements et instructions nécessaires pour donner à cet établissement toute la perfection et l'utilité dont il est susceptible.

R. LINDET [1].

6. Le Comité de salut public, considérant que le citoyen Georges
Combe a été présenté par la Commission des subsistances et approvisionnements et accepté par le Comité pour l'un des membres de
l'agence chargée de diriger toutes les opérations du commerce intérieur et extérieur sous les ordres de la Commission, qu'il a quitté son
commerce et ses affaires personnelles pour remplir avec la plus cons-
tante application les fonctions qui lui ont été confiées, qu'il continue
de remplir les mêmes fonctions auprès de la Commission du commerce
et d'approvisionnement, et de répondre à ce que l'on doit attendre
d'un citoyen connu par sa probité, ses lumières et son expérience;
qu'il importe à sa tranquillité et à celle de sa famille que le motif de
sa résidence à Paris soit notoirement connu dans son district et dans le
lieu de son domicile; arrête qu'il sera notifié à l'administration du
district de Montpellier et à la municipalité de cette [ville] que le citoyen Georges Combe a été appelé à Paris par délibération de la Commission des subsistances et approvisionnement de la République, autorisée et approuvée par le Comité de salut public, pour être l'un des
membres de l'Agence du commerce, qu'il en a rempli et continue d'en
remplir les fonctions, qu'il est à son véritable domicile, puisqu'il est
au poste où il a été appelé pour le service de la République, que sa
femme, ses enfants, ses biens, dont il s'est éloigné pour remplir ses
fonctions, sont sous la protection de la loi et celle des autorités constituées et sous la garde et l'assistance de tous les bons citoyens.

R. LINDET [2].

[1] Arch. nat., AF II, 78. — Non enregistré.

[2] Arch. nat., AF II, 61. — De la main
de R. Lindet. Non enregistré.

7. Le Comité de salut public, sur le rapport de la Commission d'agriculture et des arts, voulant accélérer la confection du cadastre, mettre la Commission d'agriculture et des arts et les citoyens qui y sont attachés à portée de continuer leurs utiles travaux et employer de la manière la plus avantageuse les talents et les connaissances acquises dans les sciences exactes, arrête : 1° La section géométrique du cadastre sera augmentée de huit calculateurs et la section graphique de deux dessinateurs. — 2° Les tables trigonométriques calculées au bureau du cadastre en nombres naturels et en logarithmes, et rapportées à la nouvelle division du cercle, seront imprimées, aux frais de la République, au nombre de dix mille exemplaires.

R. LINDET [1].

8. [Approbation, signée de Robert Lindet, de l'arrêté suivant, pris par Isoré, représentant du peuple chargé de la surveillance de l'approvisionnement de Paris en blés et farines, pour l'exécution de la loi du 19 vendémiaire an II [2] : «Isoré, représentant du peuple, etc., arrête que les districts de Meaux, de Soissons et de Clermont (Oise) fourniront à la commune de Paris, dans le délai de quatre décades, 60,000 quintaux de blé, pour assurer définitivement à cette commune un approvisionnement capable de suffire au temps qui reste à passer avant de pouvoir jouir de la récolte prochaine. Les agents de la Commission des subsistances et approvisionnements, stationnés dans les districts, présenteront respectivement, dans le courant de la première des quatre décades dont est parlé ci-dessus, le tableau par aperçu des ressources de chacun de ces trois districts, et les agents nationaux des districts donneront de même, pendant la seconde desdites décades, chacun un état portant les noms des cultivateurs et dépositaires de blés en état de fournir à la présente réquisition. Ces états seront adressés à la Commission des subsistances, commerce et approvisionnements pour déterminer ce que chacun des trois districts aura à fournir à Paris. Les agents nationaux des districts de Meaux, Soissons et Clermont useront de tous les moyens sûrs pour connaître les quantités de blés, seigles et orges qui existent dans leurs arrondissements respectifs; ils recevront les déclarations des dépositaires et cultivateurs, et feront faire des recherches, si la mauvaise foi de quelques déclarants les y contraint. Enfin les personnes qui se trouveront prises en contravention, sur leurs déclarations, seront poursuivies, même arrêtées, comme coupables d'infraction à l'harmonie sociale et à la loi du 11 septembre dernier (vieux style) [3].» — Arch. nat., AF II, 69.]

9. «La Commission de l'organisation et du mouvement des armées

---

[1] Arch. nat., AF II, 67. — *Non enregistré.*

[2] Voir t. X, p. 46.

[3] C'est la loi qui fixait un maximum du prix des grains, farines et fourrages, et prononçait des peines contre l'exportation

de terre propose d'accepter la démission du citoyen Pasquet, son employé à l'expédition des brevets, lequel a un emploi dans les bureaux du Comité de sûreté générale. » — Approuvé : Carnot [1].

10. Le Comité de salut public arrête que le citoyen Albitte, représentant du peuple, se rendra sans délai dans le département de la Haute-Loire.

C.-A. Prieur, Carnot, Collot-d'Herbois,
Billaud-Varenne [2].

11. Sur le compte rendu au Comité de la nécessité d'un dépôt momentané pour recevoir les copeaux de fer mis en réquisition pour le service des aérostats, et où le préposé à cette réception puisse chaque jour faire le triage et veiller à la conservation des matières propres à cet emploi; le Comité de salut public charge la Commission des domaines nationaux de mettre à la disposition du citoyen Conté, chargé de la direction de ses travaux et approvisionnements, une grande écurie, la remise à côté et un des entresols au-dessus, dans la maison nationale occupée ci-devant par l'état-major de l'armée révolutionnaire, rue de Choiseul, n° 776, pour servir jusqu'à nouvel ordre d'entrepôt auxdits approvisionnements.

C.-A. Prieur [3].

12. Le Comité de salut public, voulant procurer aux frères Périer, entrepreneurs de la fonderie de Chaillot, chargés de la fabrication des modèles de canons, toutes les facilités nécessaires pour remplir les engagements qu'ils ont pris à cet effet, arrête : 1° que les frères Périer demeurent autorisés à prendre, dans le bois de Boulogne, à la sablière d'Auteuil ou autre tout le sable dont ils ont besoin pour la fabrication des différentes bouches à feu dont ils sont chargés; 2° que la municipalité de Passy est chargée de tenir la main à l'exécution du présent arrêté.

C.-A. Prieur [4].

[1] Arch. nat., AF ii, 24. — Non enregistré.
[2] Arch. nat., AF ii, 37. — Non enregistré.
[3] Arch. nat., AF ii, 220. — Non enregistré.
[4] Arch. nat., AF ii, 215. — Non enregistré.

13. Le Comité de salut public, considérant que le décret de la Convention du 12 germinal, qui a supprimé le Conseil exécutif provisoire et l'a remplacé par des Commissions, porte que le service des remontes sera réuni à la 7ᵉ Commission exécutive, chargée des transports, postes et messageries; qu'en conséquence de ce décret cette Commission seule peut exercer une surveillance active sur ce service et doit en prendre une connaissance exacte, arrête : 1° Le Conseil des remontes, qui avait été établi par l'ex-ministre de la guerre, le 11 juin dernier, est et demeure supprimé au 1ᵉʳ prairial prochain. — 2° A cette époque, la 7ᵉ Commission exécutive fera faire par un commissaire des guerres, en présence des membres qui composent le Conseil des remontes, un inventaire de tous les papiers, registres existants dans les bureaux dudit Conseil, lesquels seront déposés aux archives de la Commission ou dans ses bureaux, pour y avoir recours en cas de besoin. — 3° Les membres composant le Conseil seront tenus de rendre compte de leur gestion à la 7ᵉ Commission exécutive, qui leur en fera donner une décharge, après que les comptes auront été apurés et examinés par elle. — 4° La Trésorerie nationale, à compter du 1ᵉʳ prairial, cessera de payer sur les états émargés du Conseil des remontes, qui étaient ordonnancés ci-devant par l'ex-ministre de la guerre, les appointements de 6,000 livres par an attribués à chaque membre. — 5° La Commission des transports, remontes, postes et messageries est autorisée à adopter pour le service des remontes telle forme de régime qu'elle jugera convenable, en soumettant cependant le projet d'organisation ou d'établissement d'agents au Comité. Elle sera tenue, en outre, de rendre compte de l'exécution du présent arrêté sous trois jours.

R. LINDET [1].

14. Le Comité de salut public, sur le rapport de la Commission des transports militaires, concernant les offres faites par quelques communes ayant moins de vingt-cinq chevaux d'en fournir un, et par quelques autres communes, ayant moins de cinquante chevaux d'en fournir deux, sans être obligées d'en fournir aux communes voisines pour concourir à la levée décrétée le 18 germinal, considérant qu'en

---

[1] Arch. nat., AF ɪɪ, 286. — *Non enregistré.*

acceptant les offres de ces communes, il pourrait arriver que les autres communes n'auraient aucuns chevaux en état de faire le service, que la réunion de plusieurs communes est le moyen le plus sûr de procurer à la République le nombre de chevaux indispensablement nécessaires, sans surcharger les habitants qui ne seraient pas en état d'en fournir, que l'exécution de la loi du 18 germinal ne doit éprouver aucun obstacle, ni aucune difficulté, que toute offre tendant à l'éluder doit être rejetée, arrête que, sans avoir égard aux offres qui ont été et pourront être faites par quelques communes, le décret du 18 germinal sera exécuté et suivi littéralement, et que, pour déterminer le nombre et le choix des chevaux qui devront être levés, les municipalités des chefs-lieux de canton se conformeront aux dispositions de la loi, soit pour fixer le contingent de chaque commune, soit pour réunir les communes qui devront contribuer à un contingent déterminé sur le nombre de chevaux existants, et que les municipalités ne fixeront leur choix que d'après les vues de justice et proportion rappelées dans le décret du 18 germinal, pour l'avantage de l'agriculture et pour ne faire porter les levées que sur les citoyens le plus en état d'y contribuer.

R. Lindet [1].

15. Sur les représentations faites au Comité par la Commission des transports militaires, postes et messageries qu'elle a un besoin journalier, non seulement des lois qui concernent son service, mais encore de celles qui, sans y avoir un rapport direct, renferment des dispositions dont la connaissance lui est nécessaire pour l'appliquer aux circonstances, le Comité arrête que la Commission des administions civiles, police et tribunaux adressera journellement à la Commission des transports militaires, postes et messageries trente exemplaires du *Bulletin des lois* [2], qui seront distribués dans les différentes divisions des transports, postes, messageries et remontes.

R. Lindet [3].

[1] Arch. nat., AF II, 286. — *Non enregistré.*

[2] Créé en principe par le décret du 14 frimaire an II, le *Bulletin des lois* ne commença à paraître que le 22 prairial

suivant. Dans cet arrêté du 22 floréal, le Comité de salut public semble croire que ce *Bulletin* paraissait déjà.

[3] Arch. nat., AF II, 286. — *Non enregistré.*

16. Le Comité de salut public arrête que les charrons, charpentiers, taquiers et autres ouvriers employés à la construction des carrosses, diligences, fourgons, coches et bateaux propres au service par terre et par eau des messageries nationales, sont en réquisition pour la continuation de leurs travaux; renvoie au surplus pour la fixation du salaire desdits ouvriers par-devant les directoires de district de chaque atelier et charge l'agent national d'y faire procéder sans délai.

R. Lindet [1].

17. Le Comité de salut public, d'après le rapport qui lui a été fait par la 7e Commission exécutive des transports, postes et messageries, sur les entraves qu'éprouve le citoyen Bourdon, son agent, chargé par elle des achats de chevaux de remonte de tous services dans le cours de ces opérations, arrête : 1° Il sera alloué aux agents du citoyen Bourdon chargés des achats en pays étrangers un traitement de 3o livres, valeur métallique, par chaque cheval, pour les dépenses qu'ils sont forcés de faire, tant pour eux que pour les chevaux, jusqu'à Vesoul, lieu de la réception, où ils sont ensuite au compte du gouvernement; mais cette somme ne pourra jamais excéder celle du prix d'achat du cheval fixé dans les pouvoirs délivrés par la Commission au citoyen Bourdon pour ceux qu'il tire de l'étranger seulement. — 2° Les agents que le citoyen Bourdon emploiera dans les départements frontières de la République pour les achats qu'il y fera ne pourront prétendre au traitement fixé dans l'article ci-dessus, mais il leur sera seulement alloué une somme de 24 livres en assignats par cheval, laquelle somme sera toujours prise en dedans du prix intrinsèque, c'est-à-dire que dans les deux cas le maximum de 1,200 livres en assignats et de 600 livres valeur métallique ne pourra sous aucun prétexte être outrepassé. — 3° Le directoire du département de la Haute-Saône sera tenu de laisser passer librement les agents du citoyen Bourdon qui se rendent en Suisse, ainsi que le numéraire dont ils seront porteurs, à la charge par eux de faire viser par le directoire la quantité de fonds-espèces qu'ils exportent. — 4° Le directoire du dé partement délivrera sans difficulté des ordres de passe à tous les ci-

[1] Arch. nat., AF II, 286. — Non enregistré.

toyens munis de pouvoirs du citoyen Bourdon et sur la simple demande
que cet agent leur fera. Ce dernier désignera seulement le pays dans
lequel ils se rendront. — 5° La 7ᵉ Commission exécutive est autorisée
à donner les pouvoirs nécessaires au citoyen Bourdon pour qu'il puisse
étendre ses achats dans les départements de la Haute-Marne, du
Mont-Terrible et de l'Ain. — 6° La 7ᵉ Commission est chargée de
faire passer le présent arrêté au directoire du département de la
Haute-Saône, qui sera responsable en ce qui le concerne des retards
qu'ils (*sic*) peuvent apporter à la délivrance des ordres de passe et des
visas de la quantité d'espèces que les agents du citoyen Bourdon exportent. La Commission rendra compte de l'exécution du présent arrêté
dans le plus court délai.

R. Lindet [1].

18. Le Comité de salut public, après avoir entendu le rapport de
la Commission de commerce et approvisionnements de la République,
arrête : 1° Les corps administratifs de la commune de Marseille feront
lever les scellés apposés sur tous les magasins où se trouvent des draps
propres au commerce du Levant et de la Barbarie. — 2° Tous ces
draps seront mis, d'après l'inventaire qui en sera dressé par les membres de l'Agence en présence et sous la surveillance de commissaires
des corps administratifs et autorités instituées de la commune, à la
disposition de l'Agence pour en faire l'emploi ou l'exportation d'après
les ordres de la Commission de commerce et des approvisionnements.
— 3° La Commission adressera aux membres de l'Agence des instructions semblables à celles qui ont été ou dû être adressées relativement
aux états et inventaires des marchandises existantes à Commune-
Affranchie, conformément aux dispositions de l'arrêté du Comité de
salut public du 23 germinal [2]. Ces instructions seront notifiées aux
autorités constituées de Marseille.

R. Lindet [3].

19. Le Comité de salut public, voulant fixer le mode de nomination aux emplois des ingénieurs militaires, sapeurs et mineurs, les-

---

[1] Arch. nat., AF ɪɪ, 286. — *Non enregistré.* — [2] Voir t. XII, p. 536, l'arrêté n° 13.
— [3] Arch. nat., AF ɪɪ, 75. — *Non enregistré.*

quels, d'après la loi du 12 germinal, doivent se trouver, suivant les circonstances, tantôt aux ordres de la Commission de l'organisation et du mouvement des armées, tantôt à ceux de la Commission des travaux publics, arrête : 1° Les brevets des ingénieurs militaires et officiers de sapeurs et mineurs seront dans tous les cas expédiés et délivrés par la Commission de l'organisation et du mouvement des armées de terre. — 2° La Commission de l'organisation des armées et celle des travaux publics sont l'une et l'autre autorisées à faire leurs propositions pour l'avancement desdits ingénieurs, sapeurs et mineurs, au Comité de salut public, qui statuera définitivement sur ces propositions.

CARNOT, B. BARÈRE [1].

20. [Arrêté approuvant et ordonnant d'exécuter le plan proposé par l'ingénieur en chef Didier pour consolider le chemin provisoire établi entre Doingt, près Péronne, et la limite du département de l'Aisne. C.-A. PRIEUR. — Arch. nat., AF II, 80. Non enregistré.]

21. Le Comité de salut public arrête : 1° que le citoyen Baillet-Belloi, présentement en mission dans le département du Jura, demeure à la disposition du représentant du peuple Deydier, envoyé dans le département de l'Eure et autres circonvoisins pour l'établissement révolutionnaire de fonderies de canons pour la marine; 2° que, quarante-huit heures après la réception du présent arrêté, il se rendra en conséquence à Breteuil, près du représentant Deydier, pour y recevoir ses ordres, et être employé par lui d'après les instructions qui lui ont été remises à cet effet; 3° que la Commission des armes et poudres est chargée de l'exécution du présent arrêté.

C.-A. PRIEUR [2].

22. Le Comité de salut public arrête qu'il sera payé par la Trésorerie nationale au citoyen Terray la somme de 2.799 livres 4 décimes 9 centimes, à raison de 50 livres par mois à compter du 16 juillet 1789 (v. s.) jusqu'au 26 ventôse dernier, pour l'indemniser des soins et peines qu'il s'est donnés en remplissant les fonctions de gardien des poudres déposées à l'arsenal de Paris, dont la surveillance lui a été

---

[1] Arch. nat., AF II, 202. — De la main de Carnot. Non enregistré.

[2] Arch. nat., AF II, 215. — Non enregistré.

confiée par la municipalité [1]; charge la Commission de l'organisation et du mouvement des armées de terre de l'exécution du présent arrêté.

CARNOT [2].

23. Le Comité de salut public arrête que le 13e régiment de chasseurs à cheval (qu'on présume être à Tours en ce moment) se rendra sans délai à l'armée du Nord. La Commission de l'organisation et du mouvement des armées donnera les ordres en conséquence.

CARNOT [3].

24. Le Comité de salut public arrête que le régiment de dragons ci-devant Angoulême, qui est à l'armée du Rhin, sera mis sans aucun délai à la disposition du général en chef de l'armée de la Moselle.

CARNOT [4].

25. Le Comité de salut public, informé que l'imprimeur établi dans la commune de Calais, et chargé d'imprimer le tableau du maximum et tous les actes des autorités constituées, est né en pays étranger et domicilié depuis quelques années en France, que la plupart de ses ouvriers sont comme lui bataves d'origine, met l'imprimeur et ses ouvriers en réquisition en vertu de l'article 10 du décret du 26 et 27 germinal, pour être employés à la continuation du travail de l'imprimerie. L'imprimeur dressera une liste exacte de tous les étrangers employés à l'imprimerie, dans laquelle il insérera pareillement son nom; il déposera cette liste au Comité de surveillance, qui la transmettra au district.

R. LINDET [5].

26. [Arrêté révoquant celui du 13 floréal, en ce qui concerne les frégates *la Seine* et *le Flibustier* [6], qui forment, sous le commandement de Cornic, la division destinée pour les mers d'Allemagne. Au lieu de se rendre à Brest, ces frégates suivront leur destination. COLLOT-D'HERBOIS, BILLAUD-VARENNE, CARNOT, C.-A.

---

[1] De Paris.

[2] Arch. nat., AF II, 304. — *Non enregistré.*

[3] Arch. nat., AF II, 198. — *De la main de Carnot. Non enregistré.*

[4] Arch. nat., AF II, 198. — *De la main de Carnot. Non enregistré.*

[5] Arch. nat., AF II, 61. — *De la main de R. Lindet. Non enregistré.*

[6] Voir plus haut, p. 213, l'arrêté n° 30.

Prieur, B. Barère. — *Communiqué par M. Lévy-Schneider, d'après la Collection de M. Maurice Loir.*]

DÉCRET RELATIF AU RENOUVELLEMENT DU COMITÉ DE SALUT PUBLIC.

Convention nationale, séance du 22 floréal an II-11 mai 1794.

Un membre, au nom du Comité de salut public, annonce à la Convention nationale que les pouvoirs de ce Comité ont expiré le jour d'hier. Elle en décrète, à l'unanimité, la prolongation pour un mois [1].

REPRÉSENTANTS EN MISSION.

LE COMITÉ DE SALUT PUBLIC AUX REPRÉSENTANTS À NANTES.

Paris, 22 floréal an II-11 mai 1794.

Le Comité de salut public vous fait passer, citoyens collègues, une lettre de l'agent national près le district de Montaigu, séant à Fontenay-le-Peuple. Il donne sur cette administration des détails qui ont paru de nature à intéresser votre zèle; nous vous invitons donc, citoyens collègues, à y porter vos regards et à prendre les mesures que vous dicteront et votre sagesse et votre expérience.

[Arch. nat., AF II, 37.]

LE COMITÉ DE SALUT PUBLIC
À JEANBON SAINT-ANDRÉ, REPRÉSENTANT À BREST
ET DANS LES DÉPARTEMENTS MARITIMES.

Paris, 22 floréal an II-11 mai 1794.

[Le Comité avait écrit à Jeanbon Saint-André, le 21, dans la supposition que la flotte avait déjà mis à la voile et qu'il n'y était pas; aujourd'hui il voit par sa

---

[1] Comme toujours, nous donnons ce décret d'après le procès-verbal. On lit dans le *Moniteur*, réimpression, t. XX, p. 442 : «Couthon, au nom du Comité de salut public : Citoyens, les pouvoirs du Comité sont expirés; je suis chargé de vous proposer de vous occuper de son changement. — La Convention proroge les pouvoirs du Comité de salut public, au milieu des applaudissements unanimes.»

correspondance, qu'il montera sur la flotte. Ce qui est essentiel, c'est qu'il ne doit
partir que si «la certitude est donnée par des vaisseaux français de la sortie de la
flotte anglaise». Mais il ne faut pas compromettre «nos forces navales, quand tous
nos moyens supplémentaires ne sont point encore mis à exécution, et que le
moindre échec pourrait faire avorter notre plan de campagne contre l'Angleterre».
La division de Cancale a reçu depuis trois jours l'ordre de rejoindre la flotte; le
commissaire de la marine est chargé d'éviter qu'elle soit coupée. «Ce n'est pas
une victoire qu'il nous faut, mais notre convoi. Ce n'est pas un combat, mais une
contenance fière et imposante qui écarte l'ennemi ou qui le tienne en panne.
Ajourner notre vengeance, c'est la rendre plus sûre.» B. BARÈRE, CARNOT, BILLAUD-
VARENNE, COLLOT-D'HERBOIS. — *Communiqué par M. Lévy-Schneider, d'après la Collection de M. Maurice Loir.*]

<hr>

LE COMITÉ DE SALUT PUBLIC
À LEJEUNE, REPRÉSENTANT DANS LE DOUBS, LA HAUTE-SAÔNE ET LE JURA,
À PONTARLIER.

Paris, 22 floréal an II-11 mai 1794.

Le Comité de salut public, citoyen collègue, par sa lettre du 13 de
ce mois [1], t'engageait à porter tous tes soins sur les salines. Le Comité
d'aliénation et des domaines presse une décision, et pour la déterminer le Comité a besoin de tous les renseignements que tu as pu te
procurer. Il t'invite de nouveau à les lui faire passer sous le plus bref
délai et à porter ta surveillance sur les livraisons de sel qu'on fait aux
Suisses.

[Arch. nat., AF II, 37.]

<hr>

LE COMITÉ DE SALUT PUBLIC AU MÊME.
Paris, 22 floréal an II-11 mai 1794.

Le Comité de salut public te fait passer, citoyen collègue, une lettre
de l'agent national près le district de Lons-le-Saunier, mis par toi en
état d'arrestation. L'administration ne peut pas être suspendue : le
Comité t'invite donc à le faire remplacer sur-le-champ, s'il y a lieu.

[Arch. nat., AF II, 37.]

<hr>

[1] Voir plus haut, p. 217.

LE COMITÉ DE SALUT PUBLIC

À ALBITTE, REPRÉSENTANT DANS L'AIN ET LE MONT-BLANC.

Paris, floréal an II. (Sans date de jour.)

Le département de la Haute-Loire, citoyen collègue, réclame ta présence; le Comité de salut public t'invite à t'y rendre le plus tôt possible [1]. Des troubles s'y manifestent; l'intrigue, la malveillance s'y agitent; l'aristocratie ose y reparaître. Ta prudente énergie saura les abattre. Pars donc : la patrie réclame de nouveaux services de toi : c'est ainsi qu'elle récompense ceux qui l'ont bien servie.

Salut et fraternité. Les membres chargés de la correspondance.

COLLOT-D'HERBOIS, BILLAUD-VARENNE.

[Arch. nat., AF II, 37.]

LE COMITÉ DE SALUT PUBLIC

À LAPORTE, REPRÉSENTANT À L'ARMÉE DES ALPES, À GRENOBLE.

Paris, 22 floréal an II-11 mai 1794.

Le nommé Billou du Flour, citoyen collègue, administrateur des vivres près l'armée des Alpes, donne au Comité de justes et vives inquiétudes. On le soupçonne d'agir pour les intérêts de son père, aristocrate reconnu, et aux principes duquel lui-même ne paraît pas étranger. Le Comité t'invite à surveiller scrupuleusement sa conduite, et s'en rapporte à ton zèle pour les mesures à prendre à l'égard de cet individu, d'après les renseignements que tu te seras procurés.

[Arch. nat., AF II, 37.]

LE COMITÉ DE SALUT PUBLIC

À CHAUDRON-ROUSSAU, REPRÉSENTANT DANS L'ARIÈGE
ET LES PYRÉNÉES-ORIENTALES, À LIMOUX.

Paris, 22 floréal an II-11 mai 1794.

Lorsque le Comité de salut public t'a invité, citoyen collègue, à terminer dans quinze jours les opérations que tu avais commencées, il a

---

[1] Voir plus haut, p. 434, l'arrêté du 22 floréal, n° 10.

entendu t'accorder un délai nécessaire et suffisant: Si néanmoins leur urgence et leur intérêt exigeaient que ce délai fût prolongé, le Comité laisse à ton activité le soin de le déterminer et t'invite à te rendre au sein de la Convention nationale lorsque tu jugeras ta mission remplie, ce qui ne peut t'éloigner de nous pour longtemps.

[Arch. nat., AF II, 37.]

LE REPRÉSENTANT DANS LE PAS-DE-CALAIS ET LE NORD AU COMITÉ DE SALUT PUBLIC.

Cambrai, 22 floréal an II-11 mai 1794. (Reçu le 16 mai.)

Je suis ici depuis cinq jours avec une section du tribunal révolutionnaire d'Arras, et ce par les ordres de Saint-Just et de Le Bas. J'espère ne pas me démentir dans les nouveaux dangers où l'on m'a cru digne de courir. Mes deux collègues vous rendront un compte particulier de ma conduite d'après leurs propres observations et ma correspondance journalière avec eux. Je n'ai le temps aujourd'hui que de vous adresser ces lignes pour vous prévenir que j'ai nommé un bon citoyen adjudant de cette place au lieu du nommé Lamotte, qui se promenait encore ici avec un uniforme de l'ancien régime, et prévenu d'ailleurs de correspondances suspectes. Je vous engage à confirmer, s'il est besoin, cette nomination.

Salut et fraternité. Le représentant du peuple,

Joseph Le Bon.

[Arch. nat., F⁷, 4772. — *De la main de Joseph Le Bon.*]

UN DES REPRÉSENTANTS À L'ARMÉE DU NORD AU COMITÉ DE SALUT PUBLIC.

Lille, 22 floréal an II-11 avril 1794. (Reçu le 15 mai.)

Je vous ai écrit le 17 que je me rendais le lendemain à Cambrai[1]; j'y suis effectivement arrivé le 18 au soir. J'en ai visité en quelque

---

[1] Voir plus haut, p. 323.

sorte doigt à doigt toutes les fortifications de la place et de la citadelle; j'ai également visité l'arsenal et les magasins des vivres et fourrages. Il se trouvait à l'arsenal plus de 2,500 fusils ayant besoin de
réparations, et, comme l'atelier n'est composé que de six ouvriers, qui
en réparent de 40 à 50 par décade, j'ai arrêté qu'il n'y serait laissé que
100 de ces fusils, et que tout l'excédent serait envoyé à Arras pour
être promptement réparé. J'ai encore trouvé dans le même arsenal
d'excellents sabres destinés aux carabiniers, mais n'ayant point de
fourreaux; j'ai donné des ordres pour les amener à Lille; ils y arriveront ce soir, et sous deux jours ils seront en état de remplir leur destination. C'est ainsi que, par l'apathie des agents de la République, nos
ressources de toute espèce s'enterrent et que l'armée éprouve des
besoins. C'est surtout à Cambrai que cette apathie se fait sentir davantage. J'ai recommandé au général de brigade Proteau, commandant
en chef dans la place, de surveiller sévèrement toutes les parties qui
tiennent à la défense de la place et de m'en rendre compte très fréquemment. C'est un bon républicain, un brave soldat et qui jouit de
l'estime générale. D'ailleurs, je me propose d'y retourner encore sous
quelques jours, et je suis assuré d'y trouver un changement notable
en mieux.

Les magasins militaires sont bien fournis en munitions de guerre
et de bouche et peuvent mettre la place en état de soutenir un siège
de trois mois; il ne s'y trouve pas une seule boîte à mitraille, mais je
vais y envoyer tout de suite du fer-blanc et faire en sorte de procurer
des balles de fer.

Le conseil de défense a arrêté de faire inonder du côté le plus faible
de la place, et j'ai dû applaudir à cette mesure qui, aux dépens de
quelques légumes, lui procure un nouveau moyen de défense qui est
excellent.

Je ne pense pas que l'ennemi ose s'attacher (*sic*) à Cambrai, et
même il dégarnit chaque jour son centre pour se renforcer sur sa
droite et sur sa gauche; mais, à la seule ombre du danger, j'irai me
jeter dans la place, et ma tête répondra de sa conservation.

J'ai fait payer aux citoyens du district des denrées et travaux qu'ils
ont fournis à la République, et vous ne pouvez pas vous former une idée
des bons effets de cet acte de justice. Le retard apporté dans ces paiement était peut-être le moyen le plus contre-révolutionnaire qu'il eût

été possible d'imaginer, surtout dans un pays où l'argent est à peu près la seule passion qu'on éprouve.

A mon retour j'ai passé à Bouchain et j'en ai visité les fortifications ainsi que les magasins. C'est peut-être, par sa position, ses ouvrages et le petit nombre de ses habitants, une des places les plus susceptibles d'une longue défense; mais, par l'effet d'une apathie inconcevable ou de la malveillance la plus criminelle, on a laissé subsister sur la droite de la place un petit bois qui n'en est pas à 300 toises, et que l'ennemi occupe en ce moment, et qui, dans le cas d'un siège, favoriserait, on ne peut davantage, ses approches. Au premier mouvement qu'il fera pour s'en éloigner, le bois sera abattu, et Bouchain en sera deux fois plus fort.

C'est le citoyen Ollivier, déjà connu dans l'armée, qui commande la place, et je la crois très bien confiée. Il n'y est que depuis quelques jours. Je suis encore prêt à me jeter dans cette place en cas de siège, si vous m'y autorisez, et la présence d'un représentant du peuple n'est jamais inutile en pareil cas.

Maintenant que la marche de l'armée et la présence de son état-major me débarrassent d'une foule d'objets, et que je suis assuré que, par les mesures prises, elle n'est plus exposée à éprouver des besoins, je vais parcourir toutes nos places frontières depuis Cambrai jusqu'à Dunkerque, en inspecter les magasins et tous les autres moyens de défense. Je me fais adresser, deux fois par décade, leurs états de situation sous tous les rapports, et ces états me mettent en état de connaître leurs différents besoins et d'y pourvoir. Certes, je ne doute pas des succès de l'armée; mais, lorsque nos places seront bien approvisionnées, bien en état de se défendre, ce sera un nouveau motif de tranquillité et de confiance.

J'ai lu hier, à mon retour, le rapport et le décret sur les fêtes nationales[1]; je regarde ce décret comme la clé de la voûte révolutionnaire; il donne de l'aplomb aux patriotes et préserve le peuple de toutes les fausses impressions que des scélérats cherchaient à lui insinuer. Mais surveillons avec une nouvelle vigilance tous les prêtres, car ils sentiront que le décret que vous venez de rendre est pour eux le coup de grâce, et jusqu'à présent je n'en ai pas encore vu un seul chez

---

[1] Voir plus haut, p. 349.

qui l'ambition sacerdotale ne se joignît au patriotisme, je veux dire aux apparences plus ou moins marquantes du patriotisme.

Salut et fraternité,

Florent Guiot.

[Ministère de la guerre; *Armées du Nord et des Ardennes*. — *De la main de Florent Guiot.*]

UN DES REPRÉSENTANTS À L'ARMÉE DU NORD
ET LE REPRÉSENTANT DANS LES ARDENNES AU COMITÉ DE SALUT PUBLIC.

Thuin, 22 floréal an II-11 mai 1794.

Le 20, nous avons annoncé à l'armée du Nord et des Ardennes les grandes victoires remportées par celle du Midi. Voici la réponse de l'armée du Nord et des Ardennes : hier nous nous sommes mis en marche pour passer la Sambre et prendre Thuin ; la Sambre a été passée et Thuin pris. La résistance de l'ennemi n'a pu arrêter des républicains. Tous ont fait leur devoir. Le 26e de chasseurs à pied a soutenu sa grande réputation. Le 11e de chasseurs à cheval a franchi les redoutes à cheval. Dites, mes collègues, dites à l'armée du Midi qu'elle peut tirer sur l'armée du Nord autant de lettres de victoires qu'elle voudra : elle les acquittera fidèlement. Le général vous fera passer les détails.

Salut et fraternité,   LAURENT, LEVASSEUR (de la Sarthe).

[Ministère de la guerre; *Armées du Nord et des Ardennes.*]

LE REPRÉSENTANT À BREST ET DANS LES DÉPARTEMENTS MARITIMES
AU COMITÉ DE SALUT PUBLIC.

Brest, 22 floréal an II-11 mai 1794. (Reçu le 18 mai.)

La loi du 26 brumaire[1], citoyens collègues, avait besoin de développements. Je l'ai senti, surtout au moment de la sortie de l'escadre,

---

[1] Il y a ici une erreur de date. Il s'agit de l'arrêté de Bréard et de Jeanbon Saint-André, du 20 brumaire an II, relatif à la discipline militaire, que la Convention transforma en loi le 16 nivôse suivant. Voir t. X, p. 37.

où il importe de mettre de l'ensemble dans toutes les parties du service et de prévenir les divisions qui ont trop souvent déshonoré la marine française. L'esprit d'isolement n'en est pas si entièrement banni qu'il ne faille le brider avec soin ; il est même d'autant plus dangereux qu'il affecte de se reproduire sous les livrées de la liberté. Il ne serait plus temps de mettre un frein à l'amour-propre qui ne veut point reconnaître d'unité dans les mouvements, quand il aurait occasionné de grands malheurs. C'est ce qui m'a déterminé à faire sur-le-champ une loi qui, en principe rigoureux, ne peut être faite que par la Convention nationale[1]. Mais le rapport du délit à la peine est ici d'une telle évidence, et les dispositions de mon arrêté sont d'une nécessité si indispensable, que je ne balance pas à croire qu'il sera approuvé par vous et que vous en demanderez la sanction sans délai à la Convention. Il ne faut pas qu'au moment d'une action les généraux de la République soient abandonnés, comme l'ont été les Conflans, les d'Estaing et tant d'autres. Le général vous répond sur sa tête de l'exécution de vos ordres, c'est la règle ; mais sa responsabilité disparaît, si la loi ne lui garantit pas l'obéissance des instruments que vous mettez dans sa main.

Les vents s'obstinent à nous contrarier. J'entretiens avec le contre-amiral Cornic une correspondance régulière par courriers extraordinaires. Je l'informe de tout ce qui vient à notre connaissance. Le général de l'armée l'en informe aussi de son côté. Il ne lui manquera aucune instruction pour bien diriger ses mouvements ; mais je vous répète que, dans la supposition d'un changement de temps, il ne pourra agir que plusieurs jours après nous. Pour mieux assurer la correspondance, je donne ordre au commandant des armes du port de Brest de faire exécuter les signaux convenus pour la sortie des deux divisions, afin que ces mêmes signaux servent la sortie de l'armée. Toutes les précautions seront prises de notre côté, et, en employant toutes les précautions que la prudence conseille, nous sommes assurés de remplir vos vues.

---

[1] Cette loi (ou plutôt cet arrêté) n'est pas jointe à cette lettre. M. L. Lévy-Schneider, professeur au lycée de Marseille, qui va publier une biographie complète de Jeanbon Saint-André, a retrouvé cet arrêté, en date du 21 floréal, dans la collection de M. Maurice Loir : il a pour objet de prévenir, par des sanctions pénales, les fausses manœuvres et les défections dans une bataille navale.

Je vous envoie le tableau des objets d'approvisionnements, provenant des prises, qui ont été mis en réquisition pour la marine. La Commission des subsistances me l'avait demandé ; j'ai cru devoir le faire passer sous vos yeux pour vous faire connaître l'immensité des ressources dont nous sommes redevables à nos ennemis. Sans eux vous n'auriez pu ni nourrir vos ouvriers, ni approvisionner votre armée. Ce tableau mérite de fixer un instant votre attention [1].

Salut et fraternité, JEANBON SAINT-ANDRÉ.

P.-S. Le tableau ci-dessus ne contient ni les marchandises sèches, tels que toiles, draps et autres objets, qui montent à une somme très considérable, ni divers autres objets d'approvisionnement qui ont été pris pour la marine et qui n'entrent pas dans la classe des subsistances, ni les objets vendus à des particuliers, ni enfin les objets, soit de subsistance, approvisionnements ou marchandises, qui sont encore dans les bâtiments en décharge. Un tableau général de toutes les richesses recueillies, soit aux ports de Brest, Lorient, Rochefort et autres, devrait être imprimé par vos ordres et mis sous les yeux de la nation, pour lui apprendre ce qu'elle peut et ce qu'elle doit attendre de sa marine.

[Ministère de la marine ; BB³ 61. — *De la main de Jeanbon Saint-André, sauf le post-scriptum.*]

LE REPRÉSENTANT DANS LE MORBIHAN ET LA LOIRE-INFÉRIEURE AU COMITÉ DE SALUT PUBLIC.

Nantes, 22 floréal an II-11 mai 1794. (Reçu le 17 mai.)

[Prieur (de la Marne) a reçu le 20, à son retour du Morbihan, la lettre du 14 par laquelle le Comité le rappelle [2]. «Sans le post-scriptum [3], par lequel vous m'engagez à rester au poste où je suis jusqu'à l'arrivée de mon collègue Garnier (de Saintes), je serais déjà parti près de vous. et le jour de notre réunion sera aussi agréable pour moi que celui où vous m'avez donné l'assurance que ma conduite dans la mission que je viens de remplir m'a mérité l'estime du Comité.» — Arch. nat., AF II, 178.]

---

[1] Ce tableau manque.
[2] Voir plus haut, p. 245.
[3] Ce post-scriptum manque dans la lettre telle que nous l'avons reproduite d'après la minute (AF II, 37). Il fut sans doute ajouté sur l'expédition.

LE REPRÉSENTANT DANS LA VIENNE ET LES DEUX-SÈVRES
AU COMITÉ DE SALUT PUBLIC.

Poitiers, 22 floréal an II-11 mai 1794. (Reçu le 17 mai.)

[Deux lettres d'Ingrand : 1° Il a reçu l'arrêté qui le délègue près l'armée de l'Ouest [1]. «Quoique mes moyens physiques et moraux soient insuffisants, je ne sais qu'obéir ; mon dévouement est sans bornes et mes principes invariables. Je vais partir de suite pour me rendre à Nantes en passant par Tours, Saumur et Angers. La précipitation de mon départ du département de la Vienne et des Deux-Sèvres m'empêche de terminer quelques objets d'administration et de surveillance que je puis régler absent comme présent et par la voie de correspondance, si vous pensez que je puisse continuer de m'en occuper. J'ai aussi des fonctionnaires à remplacer dans les municipalités des campagnes, qu'il est instant de compléter, ce que je n'ai pu faire par la lenteur des agents nationaux à me faire passer le travail que je leur ai prescrit pour effectuer utilement ces remplacements. Marquez-moi, citoyens collègues, le plus tôt possible, à Nantes, si je puis terminer mes travaux commencés dans les départements de la Vienne et des Deux-Sèvres.» — Arch. nat., AF II, 178. — 2° Il transmet un arrêté pris par lui pour des remplacements dans la gendarmerie du département de la Vienne [2]. — Arch. nat., *ibid.*]

LE REPRÉSENTANT DANS LA DORDOGNE ET LA CHARENTE
AU COMITÉ DE SALUT PUBLIC.

Périgueux, 22 floréal an II-11 mai 1794. (Reçu le 18 mai.)

[«Romme transmet divers détails sur l'activité naissante des fonderies. Les subsistances l'inquiètent ; on lui a assuré qu'il peut en trouver dans le département du Cher ; tente ce moyen, quoique lent, pour s'en procurer : attend avec impatience le retour de Pelusset, chargé de mettre sous les yeux du Comité la situation et les besoins des fonderies. Transmet sept arrêtés : deux pour arrêter la coupe des blés verts ; les autres relatifs aux fonderies. Invite notamment à sanctionner sans délai celui n° 123 [3].» — Arch. nat., AF II, 263. Analyse.]

---

[1] Voir plus haut, p. 289, l'arrêté n° 6, du 16 floréal.

[2] Cet arrêté manque.

[3] Tous ces arrêtés manquent.

LE REPRÉSENTANT DANS LE LOT-ET-GARONNE ET LES LANDES
AU COMITÉ DE SALUT PUBLIC.

Tarbes, 22 floréal an II-11 mai 1794. (Reçu le 20 mai.)

Citoyens collègues,

La Société populaire de Mont-de-Marsan m'adresse à l'instant une
lettre de nos collègues du département des Landes, qui lui écrivent de
Paris, à la date du 17 floréal, que le Comité n'a pas eu le temps de
répondre à sa demande, mais que vous allez bientôt lui faire parvenir
votre décision. L'objet de cette demande, qui vous a été apportée par
un courrier, était de proroger ma mission dans ce département, et je
vous avoue que votre silence m'embarrasse sur la soumission que je dois
à l'arrêté du Comité qui me rappelle dans le sein de la Convention
nationale [1], malgré que j'ose penser et vous dire que ma présence y
est d'une utilité de quelque importance. Mes principes me disant toujours qu'il ne faut savoir qu'obéir, j'allais me disposer à partir, si
l'attente de votre réponse ne m'avait fait penser que je puis différer
mon départ jusqu'à sa réception, et si d'ailleurs je ne remplissais le
vœu du peuple, qui n'est que le vôtre, et qu'il m'a exprimé partout où
j'ai passé en me disant que je lui étais utile.

Depuis ma lettre du 12 de ce mois [2], j'ai vu les districts de Mont-
de-Marsan, de Saint-Sever et de Tartas, et il ne me reste qu'à voir le
district de Dax, où je me rends aujourd'hui. Partout, excepté dans ce
dernier, où l'on m'a assuré que les autorités remplissaient mal leur
devoir, malgré la visite paternelle de mes collègues Pinet et Cavaignac,
qui y ont été il n'y a pas longtemps, j'ai eu la douce satisfaction de
m'assurer que partout ailleurs le gouvernement et les mesures révolutionnaires étaient exécutés de la manière la plus conforme à la loi et
à mes arrêtés. J'ai fait tous les remplacements que la nécessité et le
vœu du peuple m'ont indiqués, et j'avoue que, quoiqu'ils aient été en
certain nombre, notamment dans le district de Saint-Sever, j'en aurais
eu moins à faire, si, par le résultat des mesures prises avant moi par
Pinet et Cavaignac, je n'avais trouvé des places vacantes ou des changements de destination à faire parmi les fonctionnaires publics. Je suis

---

[1] Voir, t. XII, p. 681, l'arrêté n° 6. — [2] Voir plus haut p. 191.

bien loin de ne pas applaudir à ces mesures; elles ont été nécessitées par les derniers événements arrivés dans le département des Landes, et je les ai étendues par l'arrestation de tous les ci-devant nobles. Mais le malheur de ces événements a contrarié tout à coup le fruit de ma mission; j'ai remarqué dans l'universalité des citoyens une terreur qui n'est peut-être que salutaire, du découragement dans les autorités constituées, et par suite une certaine stagnation du gouvernement, une inquiétude relative aux subsistances, et la crainte de quelque altération dans la tranquillité publique. Voilà les motifs que j'ai cru connaître pour avoir déterminé la demande qui vous a été faite de proroger ma mission. J'ai employé tous mes moyens, soit en public, soit en particulier, pour rétablir la sécurité, la confiance et l'activité dont les autorités et tous les bons citoyens ont besoin d'étayer le gouvernement révolutionnaire. J'ai surtout parlé au peuple de sa tranquillité, et je crois avoir fait quelque fruit; mais, presque partout, il m'a dit qu'il avait besoin de la présence d'un représentant du peuple, et en cela il m'a confirmé sa confiance dans la Convention nationale et sa défiance contre tous ceux qui sont ses ennemis.

Je continuerai, jusqu'à ce que vous m'aurez (sic) fait parvenir votre réponse, tout ce que mon zèle d'intention et d'action m'inspirera pour la chose publique et pour la tranquillité du pays que je parcours. Je ne vous dis que ce que je sais sur sa situation, et c'est à votre sagesse à décider si ma présence peut y être encore utile, parce que, je vous le répète, la volonté du Comité ou de la Convention nationale est le seul objet de la mienne.

J'ai pris, le 13 de ce mois, un arrêté relatif à l'activité du transport par eau des approvisionnements de l'armée des Pyrénées occidentales, Le même transport se fait également par terre avec plus de rapidité, au moyen de la route dont j'ordonnai la confection le 21 ventôse, et je me suis assuré qu'elle est passante, parce que je l'ai suivie en allant du département du Lot-et-Garonne à celui des Landes.

J'ai pris également, le 14, un arrêté qui prescrit une égale répartition des mulets, bœufs et autres bestiaux nécessaires à la culture des terres pour en fournir les communes qui se trouvaient dépourvues par la fourniture qu'elles avaient faites elles-mêmes à l'armée.

Le même jour, je pris un arrêté qui prescrit impérativement aux autorités le nivellement des subsistances, négligé en contravention à

mes précédents arrêtés, et qui détermine les moyens de conserver sans
atteinte la récolte actuellement pendante.

Le 15 enfin, la situation critique des subsistances du département
de Lot-et-Garonne m'a fait prendre un arrêté particulier dans ce département [1]. J'ai été obligé d'employer les menaces les plus sévères
contre les administrateurs afin d'approvisionner des mêmes ressources
les administrés, et j'ai appris qu'elles ont opéré quelques fruits. Mais
ce pays est entièrement épuisé, et, quoique j'aie obtenu de la Commission des subsistances des réquisitions de secours à prendre sur les
départements du Gers et de l'Aude, et que j'en aie pressé l'exécution,
le peu d'activité qu'elle reçoit ne me laisse pas encore tranquille sur le
sort des habitants du Lot-et-Garonne. Je vous envoie quelques exemplaires imprimés de tous ces arrêtés.

Je profite du retour du courrier qui a apporté à Mont-de-Marsan la
lettre de la députation du département des Landes, pour vous faire
parvenir plus promptement la mienne par Bordeaux, où ce courrier se
rend. J'espère et je vous supplie de ne plus différer une réponse à laquelle je vous ai dit que je me conformerais très scrupuleusement.

Salut et fraternité,

MONESTIER.

[Arch. nat., AF II, 178.]

UN DES REPRÉSENTANTS À L'ARMÉE DE LA MOSELLE
AU COMITÉ DE SALUT PUBLIC.

Morfontaine, 22 floréal an II-11 mai 1794. (Reçu le 17 mai.)

[«Duquesnoy transmet le contrôle des individus employés dans l'administration
des charrois à l'armée de la Moselle. Il y a beaucoup de personnes à changer ; la
majeure partie a professé des états qui ne pouvaient leur donner aucune connaissance de l'emploi qu'ils occupent actuellement. Il a cru devoir remplacer le nommé
Manière, chef de cette administration [2], par un excellent patriote d'Arras ; aussitôt
qu'il sera arrivé, il livrera ledit Manière à la Commission militaire révolutionnaire
de cette armée. Il pense que toutes ces administrations sont mauvaises partout et
qu'elles sont devenues le refuge des muscadins.» — Arch. nat., AF II, 246.
Analyse.]

---

[1] Cet arrêté est le seul qui soit joint à cette lettre. — [2] Voir plus haut, p. 305.

LE REPRÉSENTANT DANS LES VOSGES ET LE HAUT-RHIN
AU COMITÉ DE SALUT PUBLIC.

Colmar, 22 floréal an 11-11 mai 1794. (Reçu le 17 mai.)

Citoyens collègues,

Je suis de retour d'une tournée que j'ai faite sur tous les points du département des Vosges et du Haut-Rhin. J'ai épuré dans les principales communes de ces départements les autorités constituées. J'ai trouvé en général le peuple ce qu'il est partout en masse, bon, généreux et sensible ; j'ai accueilli partout ses hommages à la Convention nationale et les témoignages de sa reconnaissance pour ses travaux.

Si j'ai à vous rendre ce compte satisfaisant des sentiments des habitants du Haut-Rhin et des Vosges, je n'ai point à vous donner des résultats aussi rassurants relativement au crédit de la monnaie nationale, surtout dans le premier de ces départements.

Le voisinage de l'étranger, la cupidité des uns, l'habitude chez les autres ont jeté dans ces départements les assignats dans le discrédit le plus effrayant ; il est parvenu au point que le papier-monnaie perd moins à Bâle que dans le Haut-Rhin, et qu'il est impossible, par exemple, au fonctionnaire salarié par la République de ne pas sacrifier une partie de sa fortune à son existence.

Il est temps, et grand temps, de prendre sur cet important objet un parti vigoureux ; il est temps de rendre aux assignats la confiance qu'ils n'auraient jamais dû perdre et d'attacher par l'intérêt particulier au succès de la Révolution les hommes en grand nombre qui ne connaissent point encore le bonheur de se dévouer entièrement à la patrie et à la liberté.

Je n'ai négligé aucun des moyens d'instruction qui pouvaient ranimer la confiance dans une monnaie qui a sauvé la République.

J'ai démontré à l'homme cupide, par les motifs que pouvait lui fournir l'intérêt particulier, que les ressources prodigieuses de la République devaient être pour lui un motif bien déterminant de la confiance qu'il devait aux obligations nationales. J'ai parlé raison au patriote qui suivait en gémissant le torrent de l'habitude. Ces moyens n'ont point eu le succès que je m'en promettais ; je me suis décidé à employer des voies plus actives, et, de concert avec mon collègue Baudot, pour lors député à l'armée du Rhin, j'ai arrêté l'échange de cinq millions de numéraire contre cinq millions d'assignats. Cette opération est en ce moment en activité. Le district de Colmar, sur l'observation qui lui en était faite par la commune, me représenta que la loi s'opposait à ces sortes d'échange; je vous consultai à cet égard, et je n'ai point encore reçu de réponse. Il est bien instant, citoyens collègues, que vous fixiez à cet égard mon incertitude, et que je sache si les dispositions de salut public que vous pouvez avoir connues (sic) s'opposent à l'exécution d'un arrêté dont je me suis promis le plus grand succès.

Je ne vous dissimulerai pas, citoyens collègues, d'après les connaissances locales que j'ai acquises depuis la publication de mon arrêté, que l'échange des cinq millions ne me paraît pas assez efficace pour rétablir dans ces contrées le crédit des assignats. L'égoïste adroit éludera encore les mesures salutaires qui devaient comprimer l'agiotage, ce voisin de la contre-révolution, et notre but ne serait point rempli.

Il faut ici la terreur ; il faut que l'homme d'or soit retenu par la crainte de voir sa fortune s'échapper par sa résistance à nationaliser ses intérêts particuliers ; il faut que l'indifférent soit retenu par la crainte du châtiment, et que l'un et l'autre soient intéressés à donner aux assignats le crédit que la volonté nationale et une hypothèque immense leur assurent; il faut enfin un tribunal révolutionnaire.

Je n'ai point voulu confier au tribunal criminel du Haut-Rhin le pouvoir de juges révolutionnaires dans les cas bien précis qui auraient pour objet ou l'exécution de la loi du maximum ou ce qui a rapport au discrédit des assignats ; mon respect pour la loi ne m'a point permis d'employer cette mesure bien nécessaire avant de vous avoir consultés. Je me suis convaincu, citoyens collègues, que l'établissement d'un tribunal révolutionnaire, pour les cas ci-dessus déterminés, et la faculté de taxer, dans l'échange du numéraire contre assignats, les riches récalcitrants, est le remède unique aux maux que prépare à la chose publique le discrédit des assignats dans ce département. Les Sociétés populaires et en général les patriotes se sont réunis pour me demander de faire usage d'une mesure que je n'ai pas voulu employer sans avoir obtenu votre assentiment. Je vous invite, au nom de la chose publique, de me mettre promptement à même de satisfaire à cet égard

le vœu des patriotes et de ranimer dans une portion intéressante de la
République la confiance qui est due à la monnaie nationale.

FOUSSEDOIRE.

[Arch. nat., AF II, 163.]

LE MÊME AU COMITÉ DE SALUT PUBLIC.

Colmar, 22 floréal an II-11 mai 1794. (Reçu le 17 mai.)

[« Foussedoire a reçu et soumet au Comité la réclamation faite, par un envoyé
suisse, de la nommée Fériet, née Rupplin, détenue comme suspecte, et native de
cette République [1]. » — Arch. nat., AF II, 163. Analyse.]

LE REPRÉSENTANT DANS LE DOUBS, LA SAÔNE-ET-LOIRE ET LE JURA
AU COMITÉ DE SALUT PUBLIC.

Besançon, 22 floréal an II-11 mai 1794. (Reçu le 20 mai.)

[Lejeune transmet les renseignements qu'il a recueillis sur la fabrique d'hor-
logerie établie à Besançon, le 21 brumaire, par Bassal, et confirmée par le Comité
le 27 du même mois [2] : « Vous verrez dans mon mémoire [3] les détails des tentatives qu'on a faites pour inspirer au peuple les plus violentes préventions contre les
Suisses, horlogers, pour parvenir à les expulser et par là faire échouer un établissement utile, auquel vous aviez déjà donné votre sanction. Ces criminelles intrigues s'étaient ourdies pendant que j'étais occupé à remplir les objets de ma mission dans les montagnes du district de Saint-Hippolyte. Les directeurs de toutes
ces manœuvres sont les citoyens Prodhon, Dormoy, ci-devant prêtres, Marellier,
ci-devant noble et piémontais. Instruit à temps, je me suis rendu à Besançon,
où j'ai facilement déjoué les projets qu'on avait conçus. » Il a fait mettre en arrestation ces quatre individus. Il transmet un état des montres poinçonnées dans la
dernière décade [4]. — Arch. nat., AF II, 194.]

---

[1] Voir t. XII, p. 509.

[2] Nous n'avons pas à cette date d'arrêté, sur cet objet.

[3] Nous ne reproduisons pas ce mémoire,
qui compte 8 pages in-folio. Il est assez cu-
rieux. On le trouvera aux Arch. nat. dans le
même carton AF II, 194.

[4] D'après cet état, depuis le 28 germinal jusqu'au 21 floréal, on a poinçonné
182 montres en or et 659 en argent.

LE REPRÉSENTANT DANS LE RHÔNE, LA LOIRE ET L'AIN
AU COMITÉ DE SALUT PUBLIC.

Bourg-Régénéré (Bourg-en-Bresse), *22 floréal an II –
11 mai 1794.* (Reçu le 20 mai.)

[«Méaulle fait passer copie de deux lettres à lui adressées; la première annonce qu'il se fait un agiotage, par le pays de Genève, bien préjudiciable aux intérêts de la République; que les tyrans coalisés ont à Nyon, petite ville de Suisse, un dépôt considérable d'assignats faux que l'on introduit en France dans des voitures publiques qui (en vertu des traités) ne sont point visitées. Demande des mesures à cet égard. La deuxième informe des rassemblements d'émigrés sur les frontières de Suisse, qui semblent menacer le département du Mont-Blanc [1]. » — Arch. nat., AF II, 194. Analyse.]

UN DES REPRÉSENTANTS À L'ARMÉE DES ALPES AU COMITÉ DE SALUT PUBLIC.

Grenoble, 22 floréal an II–11 mai 1794. (Reçu le 18 mai.)

[Trois lettres d'Albitte : 1° «Il mande qu'il s'est réuni le 19 à son collègue Laporte. Il attend le retour d'un courrier pour savoir si le général Dumas peut les rejoindre à Grenoble, autrement Albitte ira le trouver. Laporte vient de partir pour Colmars, département des Basses-Alpes; le but de son voyage est de concerter l'ensemble des opérations des armées. Demande le prompt envoi de sa commission et de celles de ses collègues; témoigne quelque peine du silence du Comité sur les missives qu'il lui adresse. Va rejoindre Dumaz à Saint-Jean-de-Maurienne. Joint un arrêté pour le voyage de Laporte à Colmars [2] ». — Arch. nat., AF II, 252. Analyse. — 2° Il venait d'écrire la précédente lettre, quand il a reçu les deux mandats décernés par le Comité, l'un contre Santerre [3], l'autre contre les assassins du citoyen Matignon, agent national de la commune de Saint-André-de-Cruzières. «J'ai confié le soin d'arrêter le premier au citoyen Bertrand, commandant en chef la gendarmerie nationale de l'armée des Alpes, et il a ordre de prendre les mesures les plus promptes et les plus efficaces pour assurer cette arrestation, qui sera suivie de l'apposition des scellés et de la traduction du prisonnier à la Conciergerie de Paris. Quant aux assassins de l'infortuné Matignon, j'ai mis à leur poursuite le citoyen Payan, aide-de-camp du général Dours, qui connaît le pays, parce qu'il y est né, et sur la fidélité et le zèle duquel vous pouvez compter comme moi. J'espère vous apprendre sous peu de jours l'arrestation de ces monstres. » — Arch.

---

[1] Ces lettres manquent. En marge : «Toutes les pièces aux affaires étrangères.» —
[2] Cette pièce manque. — [3] Voir plus haut, p. 208, l'arrêté du 13 floréal n° 19.

nat., *ibid.* — 3° Il transmet divers arrêtés qu'il a pris avec Laporte, notamment sur des canons et des fusils à envoyer à Commune-Affranchie. — Arch. nat., *ibid.* — *De la main d'Albitte.*]

LES REPRÉSENTANTS À L'ARMÉE DES PYRÉNÉES ORIENTALES AU COMITÉ DE SALUT PUBLIC.

Au bivouac sous les murs du fort Saint-Elme, près Collioure, 22 floréal an II-11 mai 1794.

Citoyens collègues,

Nous vous avons promis que l'armée espagnole serait détruite : nous vous tiendrons parole. Chaque jour les restes de cette horde vaincue tombent sous le fer des braves soldats de la liberté. La division de droite, commandée par le général Augereau, est entrée brusquement en Espagne par Coustouges et le col des Hortis, et, après avoir renversé tout ce qui s'opposait à son passage et s'être emparée des canons et obusiers qui garnissaient une redoute, elle a conquis à la République la fameuse fonderie de Saint-Laurent et de la Mouga, où nous avons trouvé quarante mille boulets, cinq cents bombes, et du fer, des mines à proximité, et des outils pour en confectionner un pareil nombre. Nous pouvons vous assurer que cette prise enlevée au despote de Madrid, la seule ressource qui lui restait pour rétablir l'armement de son armée et pour approvisionner ses places fortes, donne en même temps à la France tout ce qui est nécessaire dans cette partie pour les armées du Midi.

La division commandée par le général Pérignon a, d'après les ordres du général en chef, fermé toutes les gorges et tous les passages par où l'ennemi pouvait envoyer des secours à Bellegarde ou sauver la garnison, qui sera bien forcée de se rendre à discrétion.

La division de gauche, commandée par le général Sauret, tient dans la souricière tous les esclaves et émigrés qui sont bloqués dans Collioure, Port-Vendre, Puig-Oriol et Saint-Elme.

L'escadre, commandée par le brave Castagnier, tient tête à six frégates et à une demi-galère, qui menacent sans oser encore rien entreprendre, et ferme le passage de la mer autant que les vents le lui permettent.

Milhaud a quitté, après cinq jours, l'escadre pour venir bivouaquer avec son collègue Soubrany et le général en chef, et pour assister à l'assaut décisif qui va faire tomber le fort Saint-Elme, contre lequel des républicains seuls ont pu élever en batterie des pièces de 24. Nous vous répondons qu'un seul des cinq mille esclaves bloqués ne pourra échapper à la valeur républicaine et aux sages combinaisons du général Dugommier.

Au milieu d'une victoire aussi grande, aussi rapide, quelques excès partiels ont été commis par quelques individus indignes d'exister dans une armée de héros; les corps entiers réclament leur sévère punition, et la vertu de l'armée sera vengée.

Des rapports sûrs nous apprennent que la Catalogne est mûre au moins pour une révolution quelconque et que les vainqueurs des Pyrénées y seront bien accueillis par tous les habitants qui ne tiennent pas au gouvernement despotique de Madrid. Quoi qu'il en soit, les moyens d'énergie et de sagesse que nous employons, de concert avec le général en chef, et le courage indomptable des défenseurs de l'égalité surmonteront tous les obstacles, et nous nous flattons d'avance que la République sera ici, comme partout, l'amour du peuple et l'effroi des tyrans.

Salut et fraternité.

Vive la République une et indivisible! Périssent tous les ennemis de l'humanité!

C. MILHAUD, V. SOUBRANY.

[Ministère de la guerre; *Armée des Pyrénées.* — *De la main de Milhaud.*]

COMITÉ DE SALUT PUBLIC.

Séance du 23 floréal an II—12 mai 1794.

Présents : B. Barère, Carnot, Collot-d'Herbois, Couthon, C.-A. Prieur, Billaud-Varenne, Robespierre, R. Lindet.

1. Le Comité de salut public arrête qu'au frontispice des édifices ci-devant consacrés au culte on substituera à l'inscription : *Temple de*

la Raison, ces mots de l'article 1er du décret de la Convention nationale du 18 floréal : *Le Peuple français reconnaît l'Être suprême et l'Immortalité de l'âme.* Le Comité arrête pareillement que le rapport et le décret du 18 floréal seront lus publiquement les jours de décade pendant un mois dans les édifices. Les agents nationaux près les communes de la République sont chargés de l'exécution du présent arrêté; ils en rendront compte sans délai au Comité.

Couthon, Robespierre, Collot-d'Herbois, B. Barère [1].

2. Le Comité de salut public arrête que les citoyens La Valette et Dufresse, sur la conduite desquels il a pris des informations, seront mis en liberté, et que le Commissaire du mouvement des armées les emploiera dans leurs grades. Ils pourront rester provisoirement à Paris.

3. Le Comité de salut public autorise les administrateurs du directoire du district de la Réole, département du Bec d'Ambès, à remplir les accords d'indemnités qu'ils ont faits pour l'entretien des orphelins qu'ils ont placés chez des citoyens. Ils pourront, à l'avenir, accorder des indemnités plus fortes pour les orphelins faibles, malades, estropiés, ou inhabiles au travail. Ces pensions ne pourront néanmoins excéder 12 livres par mois, et il sera toujours justifié des motifs qui ont nécessité ces augmentations; mais il ne sera accordé aux enfants sains pris librement par des citoyens que la somme de 80 livres [par année], aux termes de la loi du 19 août 1793 (vieux style).

B. Barère, Billaud-Varenne, Carnot [2].

4. Le Comité de salut public, sur le rapport de la Commission exécutive des secours publics, arrête que le citoyen Porcelet, ex-directeur de l'hôpital militaire de Reims, destitué de cette place par la décision de l'ex-ministre de la guerre du 6 pluviôse dernier, sera réintégré dans ses fonctions.

B. Barère, Carnot, Billaud-Varenne [3].

5. Le Comité de salut public arrête que le citoyen Nique, mis en arrestation à Hombières, district de Saint-Quentin, et transféré à

---

[1] Arch. nat., AF ii, 66. — *De la main de Couthon.*

[2] Arch. nat., AF ii, 81.

[3] Arch. nat., AF ii, 284.

Paris par ordre du Comité [1] sera conduit à la maison d'arrêt dite *des Carmes*.

6. Le Comité de salut public charge le citoyen Hassenfratz de se rendre demain à Meudon pour y prendre connaissance des opérations qui y ont été faites jusqu'à ce jour par la Commission des épreuves. Il concertera avec cette Commission les mesures qu'il serait nécessaire de prendre pour donner aux travaux toute l'activité qui est dans l'intention du Comité, et il lui fera du tout son rapport.

C.-A. PRIEUR [2].

7. Sur le rapport fait au Comité par la Commission des transports militaires d'une lettre du citoyen Eblé, général de division, commandant l'artillerie de l'armée du Nord, et d'un rapport fait à ce général par les citoyens Christophe, inspecteur des charrois militaires, et Menesson, artiste vétérinaire, sur l'état des chevaux étant au parc sous Réunion-sur-Oise, desquels rapport et lettre il résulte que l'amalgame et les rations telles qu'elles sont fournies actuellement ne donnent aux chevaux qu'une nourriture insuffisante, le Comité de salut public arrête que la nourriture des chevaux de transports militaires sera portée à vingt livres de foin sans paille et à un demi-boisseau d'avoine, jusqu'à ce que les circonstances permettent d'augmenter la ration d'avoine.

R. LINDET [3].

8. Le Comité de salut public, informé que quelques citoyens cherchent à entraver l'approvisionnement des armées et de la commune de Paris, élèvent des difficultés sur l'estimation des cochons qui doivent être rassemblés et payés par voie de réquisition, suivant l'arrêté du 12 germinal [4]; arrête que, le maximum du porc frais étant fixé dans chaque district, ces porcs doivent être achetés et payés à un prix tel que, lorsqu'ils seront mis en consommation, le maximum soit maintenu. En conséquence, le porc vivant sera estimé de manière que, déduction faite de tout ce qui doit en être séparé et des frais de mise en

---

[1] Nous n'avons pas cet arrêté antérieur sur Nique.

[2] Arch. nat., AF ii, 220. — *De la main de C.-A. Prieur. Non enregistré.*

[3] Arch. nat., AF ii, 282. — *Non enregistré.*

[4] Nous ne trouvons, à cette date, pas d'arrêté sur cet objet.

consommation, le porc frais puisse être vendu pour un prix qui n'excède pas le minimum fixé dans le district.

R. Lindet [1].

9. Le Comité de salut public arrête que la Commission des armes et poudres fera passer, sans avoir besoin d'autre autorisation, tant à La Fère qu'à Lille, les premières poudres qui seront fabriquées par la poudrerie de Grenelle, jusqu'à la concurrence de deux cent milliers. La Commission donnera les ordres nécessaires aux directeurs et autres officiers d'artillerie qui doivent recevoir ces poudres pour que celles du plus petit grain soient employées uniquement à faire les objets d'artifice, dans le cas où elles ne seraient pas assez avantageuses pour faire des cartouches.

Carnot, C.-A. Prieur, Billaud-Varenne, B. Barère [2].

10. Le Comité de salut public, ayant, par son arrêté du 3 de ce mois [3], supprimé la place de sous-commissaire pour la surveillance de la manufacture de fusils de Paris, arrête que le citoyen Hassenfratz, agent du Comité, chargé par lui de divers travaux concernant les armes [4], jouira en cette qualité d'un traitement de cinq cents livres par mois, à compter du 10 du courant, lequel lui sera payé par la Commission des armes et poudres sur les fonds qui sont à sa disposition.

C.-A. Prieur [5].

11. Le Comité de salut public arrête que Charlet, capitaine de la gendarmerie nationale au département de Vaucluse, suspendu de ses fonctions par l'ex-ministre de la guerre, sera réintégré sans délai dans lesdites fonctions.

Carnot, Couthon, Robespierre, Billaud-Varenne [6].

12. Le Comité de salut public arrête qu'il sera formé sans retard

---

[1] Arch. nat., AF ii, 68. — *De la main de R. Lindet. Non enregistré.*

[2] Arch. nat., AF ii, 217. — *De la main de C.-A. Prieur. Non enregistré.*

[3] Voir t. XII, p. 758, l'arrêté du Comité n° 18.

[4] Voir, à la page précédente, l'arrêté du Comité n° 6.

[5] Arch. nat., AF ii, 215. — *De la main de C.-A. Prieur. Non enregistré.*

[6] Arch. nat., AF ii, 304. — *De la main de Carnot. Non enregistré.*

un commissariat temporaire, composé de trois personnes, qui seront
chargées de prendre connaissance de tout ce qui a été fait jusqu'à ce
jour par l'administration des armes portatives, relativement aux soumissionnaires pour la fourniture de fusils ou parties de fusils destinés à l'approvisionnement de la manufacture de Paris. Ces trois commissaires examineront l'état des livraisons faites et les compareront
aux engagements pris; ils vérifieront l'emploi que les soumissionnaires
ont fait des matières, des outils et du travail des ouvriers qui ont été
mis à leur disposition; ils chercheront à découvrir quelle espérance
fondée l'on peut concevoir pour l'avenir du produit des marchés; enfin
ils feront le plus promptement possible un rapport sur tous ces objets
au Comité de salut public, en lui indiquant les vices qui ont pu s'introduire dans cette partie de l'administration, et lui proposeront en
même temps leurs vues sur les moyens d'y remédier. L'administration
des armes portatives est tenue de fournir aux trois commissaires tous
les renseignements et la communication de toutes les pièces qu'ils lui
demanderont, relativement à l'objet de leur mission. Les trois commissaires dont il s'agit seront nommés par le Comité de salut public.
La Commission des armes et poudres leur fera donner un local conve-
able pour leur travail et pourvoira à ce qu'ils aient tous les moyens
nécessaires pour exercer leurs fonctions. La Commission tiendra la
main à ce qu'ils n'éprouvent aucune entrave dans leurs opérations et
acquittera les dépenses extraordinaires qui pourraient en résulter.

C.-A. Prieur [1].

13. Le Comité de salut public, vu le rapport de la Commission de
commerce et approvisionnements, l'autorise de faire réunir dans un
même emplacement les meubles, effets précieux et objets provenant
des maisons des émigrés et des condamnés, qui sont ou peuvent être
destinés à être échangés ou vendus chez l'étranger pour procurer
importation de denrées et matières de première nécessité; arrête que
la maison ci-devant occupée par..., en face de la rue Taranne, sera
mise à la disposition de la Commission pour cette destination. Les commissaires nommés par le Comité des domaines pour la visite et le choix
des maisons destinées à l'établissement des douze Commissions exécu-

---

[1] Arch. nat., AF ii, 215. — *De la main de C.-A. Prieur. Non enregistré.*

tives sont invités de faire la visite de la maison destinée à servir de dépôt et de magasin général, et de donner les ordres nécessaires pour qu'elle remplisse au plus tôt cette destination, s'il n'y a ni obstacle ni inconvénient.

R. Lindet [1].

14. Le Comité de salut public, sur le rapport de la Commission de l'agriculture et des arts, informé que dans quelques districts on a mis en réquisition tous les bois taillés, confusément, sans distinction d'âge ou d'espèce ou nature; qu'il en est résulté des actes arbitraires et un désordre préjudiciable à la conservation et à l'aménagement du bois; arrête que les agents chargés par la Commission des armes et poudres, les agents nationaux des districts chargés par la même Commission, ou par celle du commerce et des approvisionnements de mettre en réquisition les bois taillis pour être mis en coupe, seront tenus de désigner la nature des bois, l'étendue, l'âge et l'essence, pour obvier à l'inconvénient de faire exploiter des bois de différents âges, de différentes coupes, des bois qui ne seraient pas propres à la destination proposée; qu'en déterminant les réquisitions sur les besoins réels et sur la consommation, les agents nationaux et les autres agents chargés de mettre les bois en réquisition n'exerceront ce droit que sur les bois nationaux, s'ils sont suffisants, et à porter (sic) des résines; qu'en exerçant le même droit toutes les fois que les besoins l'exigeront sur les bois des particuliers, ils désigneront les quantités, espèces, âges et coupes dont ils ordonneront l'exploitation.

R. Lindet [2].

15. Le Comité de salut public, vu le rapport de la Commission des transports militaires sur les faits dénoncés par le citoyen Daubigny, relativement au citoyen Barbot, dont la voiture avait été mise en réquisition pour le service de la République et a servi au transport de deux pièces de vin de Mâcon et d'un sac de légumes chargé à Romanèche et déposés à la maison d'Uzès, à Paris, pour le compte du citoyen Chalandon, marchand de vin, arrête que la Commission des transports militaires adressera à celle des administrations civiles, po-

---

[1] Arch. nat., AF ii, 75. — *Non enregistré.*

[2] Arch. nat., AF ii, 20. — *De la main de R. Lindet. Non enregistré.*

lice et tribunaux la lettre de l'adjoint, les renseignements qu'elle
pourra se procurer sur le domicile du propriétaire et du conducteur
de la voiture; que la Commission des administrations, de la police et
des tribunaux enverra les pièces au tribunal de la police correctionnelle
et se fera rendre compte des mesures qui auront été prises pour la
répression du délit dénoncé.

R. LINDET [1].

REPRÉSENTANTS EN MISSION.

LE COMITÉ DE SALUT PUBLIC
À LE BON, REPRÉSENTANT DANS LE NORD ET LE PAS-DE-CALAIS.

Paris, 23 floréal an II-12 mai 1794.

[Le Comité transmet à Le Bon son arrêté du 22 de ce mois, par lequel il maintient la commission révolutionnaire établie à Arras [2]. — Arch. nat., F⁷, 4772,
et AF II, 37.]

---

[1] Arch. nat., AF II, 286. — *De la
main de R. Lindet. Non enregistré.*

[2] Voir plus haut, p. 431, l'arrêté n° 2.
À la même date, Le Bon écrivait à ses collègues Saint-Just et Le Bas, représentants
à l'armée du Nord, la lettre suivante, qui
ne rentre pas dans notre cadre, mais qui
n'est pas sans intérêt pour l'histoire de la
mission de Le Bon : «*Cambrai, 23 floréal an II.* — La machine est en bon
train, je l'espère; l'aristocratie tremble, et
les sans-culottes relèvent leur tête si longtemps humiliée. Les fonctionnaires prévaricateurs ne m'échapperont pas; ceux qui
n'ont pas osé déployer l'énergie jusqu'à ce
jour ne savent pas par quels moyens réparer
leur faiblesse passée. La conduite de tous
sera examinée scrupuleusement, et vous
entendrez parler des résultats. Une guerre
à mort est livrée aux espions qui pullu-
laient dans cette place, et certes il ne tiendra pas à moi de dégoûter l'ennemi du

dessein de nous cerner en rompant sans
pitié toutes ses intelligences. Messieurs les
parents et amis d'émigrés et des prêtres
réfractaires accaparent la guillotine. Avant
hier un ex procureur, une riche dévote,
veuve de deux ou trois chapitres, un banquier millionnaire, une marquise de Mo-
naldy ont subi la peine due à leurs crimes.
Un général de brigade, poltron et fuyard
jusqu'à Péronne dans une des dernières
affaires, a été condamné à mort et conduit
à Lille pour y être fusillé à la tête des colonnes républicaines. Hier, trois espions et
cinq ci-devant Français, devenus échevins
autrichiens, ont également disparu du sol
de la liberté. Salut et fraternité : JOSEPH
LE BON.» — Arch. nat., F⁷, 4435. —
De la main de Le Bon. — Cette lettre a été
reproduite dans les pièces justificatives du
Rapport de Courtois, p. 266, et dans les
Papiers inédits trouvés chez Robespierre,
t. III, p. 252.

LE COMITÉ DE SALUT PUBLIC
à FERRY, REPRÉSENTANT DANS LE CHER ET L'INDRE, à VIERZON.

Paris, 23 floréal an II-12 mai 1794.

Le Comité de salut public, citoyen collègue, t'invite à rentrer sans délai au sein de la Convention nationale.

[Arch. nat., AF II, 37[1].]

_____

LE COMITÉ DE SALUT PUBLIC à DUPUY, REPRÉSENTANT à LYON.

Paris, 23 floréal an II-12 mai 1794.

Cher collègue,

Nous te faisons passer deux dénonciations, l'une contre des prêtres fanatiques que vous ferez arrêter, l'autre contre un nommé Vauquois[2], se disant délégué des représentants du peuple, et qui opprime les patriotes.

[Arch. nat., AF* II, 225.]

_____

UN DES REPRÉSENTANTS à L'ARMÉE DES CÔTES DE CHERBOURG
AU COMITÉ DE SALUT PUBLIC.

Rouen, 23 floréal an II-12 mai 1794. (Reçu le 15 mai.)

[Guimberteau transmet une lettre [3] qu'il a reçue des agents chargés du rassemblement des chevaux dans la 17ᵉ division. «Je leur ai répondu que l'article 19 de la loi du 15 germinal leur donnait toute la latitude possible. Cependant, ne voulant pas prendre sur eux d'accorder aux citoyens choisis pour la surveillance et le pansement de la quantité de chevaux maintenant rendus au dépôt, outre leur salaire, la ration en pain de munition, ces citoyens l'exigeant et la gagnant bien par leurs peines et leurs travaux immenses, j'ai pris sur moi, sans que j'en aie absolument le droit, de les autoriser à la faire délivrer provisoirement, leur an-

_____

(1) Dans le même carton, il y a une minute, sans date, d'une autre lettre à Ferry, ainsi conçue : «Le Comité de salut public, citoyen collègue, a jugé ta présence nécessaire au sein de la Convention nationale; il t'invite en conséquence à y rentrer le plus tôt possible.»

(2) Voir t. XII, p. 631, la lettre de Gaston du 27 germinal.

(3) Cette lettre manque.

nonçant que je vous en préviens, afin que, si j'ai eu tort, vous me réformiez, comme de raison. Le seul intérêt public m'a déterminé; il sera toujours mon guide. » — Ministère de la guerre; *Armée des Côtes de Cherbourg. — De la main de Guimberteau.*]

———

LE REPRÉSENTANT À BREST ET DANS LES DÉPARTEMENTS MARITIMES À LA CONVENTION NATIONALE ET AU COMITÉ DE SALUT PUBLIC.

Brest, 23 floréal an II-12 mai 1794.

[Trois lettres de Jeanbon Saint-André : 1° Il envoie à la Convention la somme de cent livres, que les grenadiers du 3ᵉ bataillon de l'Aisne offrent pour les frais de la guerre, «avec une lettre qui contient l'expression naïve de leur patriotisme [1]». — Arch. nat., C, 304. — *De la main de Jeanbon Saint-André.* — 2° Il mande au Comité que deux cutters viennent de rentrer, après avoir croisé à l'entrée de la Manche jusqu'à la hauteur de Plymouth; ils n'ont vu que deux frégates anglaises, qui les ont chassés. Qu'est devenue la flotte anglaise? Est-elle rentrée? ou s'est-elle portée vers le golfe de Gascogne? Dans l'une ou l'autre hypothèse, la jonction avec Cornic devient facile; mais, dans le dernier cas, le convoi de Vanstabel court des dangers. Les vents sont toujours contraires. Il a pris des mesures pour savoir ce qui se passe au large. — Ministère de la marine; BB³, 61. — *De la main de Jeanbon Saint-André.* — 3° Il accuse au Comité réception de son arrêté du 20 courant [2], qu'il a aussitôt transmis à l'amiral Cornic. «La réunion de la division de Cancale exige les plus grandes précautions. Les Anglais croisent toujours dans ces parages, et il paraît que leur intention est d'attendre cette division au passage pour l'attaquer. Depuis que j'ai écrit à Cornic, deux autres avisos sont rentrés, qui ont pareillement été chassés par une division de neuf bâtiments ennemis sur la côte d'Aber-Vrach. C'est précisément le point par où doit passer la division de Cancale. L'une des corvettes a été obligée de briser ses cuisines et ses fours, et de les jeter à la mer, pour échapper à l'ennemi. Dans ce moment, les vigies de la côte signalent des bâtiments de guerre inconnus et par conséquent ennemis. Les vents paraissent heureusement vouloir nordir. S'ils pouvaient encore remonter pendant la nuit, l'armée serait sous voiles demain. La corvette *l'Épervier*, après s'être séparée de la division de *l'Atalante*, est rentrée, amenant avec elle un brick anglais de cent tonneaux, appelé *le Pitt*, allant de Lisbonne à Londres, chargé d'oranges et autres objets. La corvette avait à son bord 118 pri-

———

[1] Dans cette lettre, le commandant de ce bataillon mande (22 floréal) que ses grenadiers ont été conduit, le mois dernier, un prêtre perturbateur à Quimper, où sa tête est tombée sous le glaive de la loi. Le district leur ayant donné une somme de 100 livres, ils l'offrent pour les frais de guerre. Ces grenadiers n'ont que des sabots, mais ne veulent pas conserver cette somme, même pour acheter des souliers.

[3] Voir plus haut, p. 389, l'arrêté n° 10.

sonniers provenant de diverses prises faites par sa division, qui ne sont pas encore arrivées. » — Ministère de la marine; BB³, 61. — *De la main de Jeanbon Saint-André.*]

LE REPRÉSENTANT DANS LE MORBIHAN ET LA LOIRE-INFÉRIEURE
AU COMITÉ DE SALUT PUBLIC.

Nantes, 23 floréal an II-12 mai 1794. (Reçu le 17 mai.)

Voilà, citoyens collègues, près de trois décades écoulées sans que je vous aie écrit. Le défaut d'événements intéressants, les courses continuelles que j'ai été obligé de faire ont interrompu malgré moi ma correspondance, que je voulais reprendre de jour en jour, et qui était toujours retardée par la multiplicité des affaires qui me sont venues, surtout depuis l'absence de tous mes collègues.

Dans les derniers temps du séjour de Garrau à Nantes, j'ai profité de sa présence pour aller voir le Morbihan et y concerter avec le général qui y commande les moyens propres à étouffer dès la naissance les étincelles de révolte dont il était tous les jours menacé.

Les mouvements séditieux qu'éprouve ce département dans le cours de chaque décade sont occasionnés : 1° par la présence de quelques prêtres réfractaires, qu'il est difficile de saisir, parce qu'ils sont travestis en paysans et confondus avec ces derniers, qui leur donnent asile; 2° par la circulation d'une centaine de brigands de la Vendée, échappés de Savenay, à la tête desquels sont deux ou trois chefs; 3° par la réunion de quelques déserteurs de la première réquisition et enfin par les dispositions contre-révolutionnaires d'une grande partie des habitants des campagnes, que la différence du langage empêche de pouvoir éclairer, et qui, livrés au fanatisme de leurs prêtres réfractaires, et surtout à la méfiance que l'on est parvenu à leur inspirer pour les assignats, sont toujours prêts à seconder les brigands et à se ranger de tous les partis ennemis de la République.

Vous avez vu, par le compte que vous ont rendu les membres du tribunal criminel du département du Morbihan, qu'il existe un plan de conjuration pour en faire une nouvelle Vendée, et que ce plan a des ramifications très étendues dans les départements voisins. Ce tribunal continue à s'occuper de la découverte des conjurés.

A mon second voyage à Vannes, sur les minuit, il y a quatre ou
cinq jours, je trouvai les troupes sous les armes et la ville illuminée;
j'appris que cette mesure avait été prise parce que l'on annonçait un
mouvement dans les environs, et parce que l'approche des Chouans
chassés de Vitré sur les confins du Morbihan faisait craindre quelque
tentative de la part des ennemis de l'intérieur du département.

Heureusement les précautions ont été prises à temps, et, depuis
mon retour à Nantes, je n'en ai plus entendu parler.

Le départ d'une grande partie des jeunes gens de la première réquisition a ôté aux conjurés un grand moyen de révolte. Tous les jours
on reprend un grand nombre de ceux qui ont déserté et les exemples
faits sur la commune de Bignan, dont on a enlevé tous les grains, ont
servi à contenir tous les autres. Tous les jours aussi on saisit quelques
brigands, quelques prêtres réfractaires, et le pays se purge insensi-
blement.

En général, la situation de ce département n'a rien d'alarmant,
mais il demande une surveillance continuelle très active et la présence
de deux à trois mille hommes de troupes cantonnées et toujours agis-
santes dans les campagnes, toujours prêtes à se porter sur tous les
points menacés, et indépendantes de la garde des ports et des côtes.
Je transmettrai à mon collègue qui doit me succéder tous les renseignements qui lui seront nécessaires pour bien connaître le pays.

Salut et fraternité.

PRIEUR (de la Marne).

[Arch. nat., AF II, 178.]

LE MÊME AU COMITÉ DE SALUT PUBLIC.

Nantes, 23 floréal an II-12 mai 1794. (Reçu le 17 mai.)

Citoyens collègues,

Indépendamment des mesures de sûreté que j'avais à prendre dans
le Morbihan, pour contenir les ennemis de la République qui cherchent sans cesse à l'agiter, mon voyage avait encore pour objet de
pourvoir à la réorganisation d'un grand nombre d'autorités constituées,
dont presque tous les membres avaient trempé dans les mesures fédéralistes du mois de juin (vieux style). Les administrations de district

les municipalités et comités de surveillance et les tribunaux de Ploërmel et de Josselin ont été régénérés. Il me serait difficile de vous dé-
peindre les difficultés que j'ai rencontrées dans ces opérations. La lèpre
fédéraliste a atteint dans ce département presque tous les individus
qui avaient quelque aptitude à l'administration, et la pénurie des sujets y est telle que le remplacement des fonctionnaires publics est
extrêmement embarrassant. Aussi ne puis-je vous garantir que j'ai fait
de très bons choix, mais seulement que j'ai pris toutes les précautions
et les moyens possibles pour ne placer que des hommes connus par
leur patriotisme, en un mot les meilleurs.

J'ai également réorganisé les tribunaux d'Auray, de Pontivy, remplacé quelques membres de l'administration du département, que j'ai
découvert dans mes tournées avoir trempé dans le fédéralisme, et j'ai
enfin écarté du Comité de surveillance de Vannes quelques sujets qui
ne me paraissaient pas propres à remplir ces places.

Je vous disais, par ma dernière, que l'esprit des campagnes était
peu disposé à la révolution. Celui des villes, à l'exception de celle de
Lorient, est bien loin d'être à la hauteur où il serait à désirer qu'il fût
porté. Heureusement cependant qu'il s'y trouve partout un petit nombre
de patriotes qui font leurs efforts pour éclairer leurs concitoyens et
servent partout à contenir la malveillance. Il y a dans ce département
quinze cents à deux mille détenus comme suspects; la présence de ces
individus dans chaque chef-lieu de district ne sert qu'à y entretenir
une agitation sourde et à entraver la marche des administrations, qui
sont continuellement accablées de pétitions, de réclamations et d'api-
toiements sur le sort de ces détenus. Malgré la sévérité des lois et les
ordres les plus précis donnés aux Comités de surveillance, ces mêmes
détenus sont en correspondance habituelle avec leurs familles; ils trouvent d'autant plus de facilités que leur surveillance est confiée à des
hommes qui ont toujours eu avec eux des relations, soit d'affaires,
soit de parenté. Pour prévenir ces inconvénients, et d'après une visite
que j'ai faite moi-même au ci-devant château de Josselin, qui peut
contenir un grand nombre d'individus, j'ai pris des arrêtés pour y faire
transporter les détenus de Vannes, Pontivy, Ploërmel et Josselin. J'y
aurais également fait transporter ceux des autres districts, si le local
eût été suffisant pour les contenir, mais je me propose de conférer
avec Garnier (de Saintes) sur les mesures ultérieures. Il serait peut-

être bien à désirer qu'il y eût dans ce département une commission populaire semblable à celles qui sont établies pour Paris. Je me propose d'en conférer avec vous, aussitôt mon arrivée.

Il reste encore, dans le département du Morbihan, deux administrations de district à réorganiser, celles de la Roche-Sauveur et du Faouet. Je me suis rendu dans la première de ces communes; la municipalité, le tribunal et l'administration du district ont trempé dans les mesures fédéralistes, mais je n'y ai pu trouver de moyens de remplacement; la commune a tout au plus une population de 1,200 à 1,500 âmes; ce district n'est composé que de dix-sept communes de campagne, qui n'offrent aucune ressource, et je ne vois d'autres moyens que de supprimer ce district et d'en réunir les communes aux districts voisins.

Quant à celle du Faouet, je n'ai pu m'y transporter, mais divers commissaires que j'y ai successivement envoyés m'ont appris que ce district ne présentait guère plus de ressources que celui de la Roche-Sauveur; je remettrai à Garnier les divers renseignements que j'ai pu me procurer.

Quant au département de la Loire-Inférieure, la chasse perpétuelle que l'on donne aux brigands qui l'infestent rétablit du moins l'apparence du calme sur toute la partie de la rive droite, mais son état ne permet pas de perdre de vue les moyens militaires, et il faudra encore longtemps une surveillance bien active pour exterminer les brigands qui s'y sont réfugiés et contenir par la terreur ceux qui pourraient être leurs partisans.

Nantes est aujourd'hui dans un état très rassurant. Ses diverses administrations, la Société populaire, marchent dans le sens de la Révolution. Le peuple y montre de l'attachement à la liberté, souffre avec patience la réduction du pain à une demi-livre, et les ouvriers tournent leur industrie et leur activité vers la fabrication des baïonnettes, des pistolets, des sabres et d'autres armes utiles aux défenseurs de la patrie. Une souscription ouverte par la Société populaire pour la construction d'une frégate a déjà produit une somme assez considérable; les décades se célèbrent ici avec beaucoup d'exactitude, et le décret de la Convention sur les fêtes républicaines sera bien accueilli. Quant au modérantisme, au négociantisme et à l'esprit contre-révolutionnaire, dont il n'y a pas à douter qu'un grand nombre d'individus sont encore entachés, tout cela est comprimé et contenu au point qu'ils n'osent se montrer. Il y a aussi dans cette commune, malgré l'activité d'un tribunal révolutionnaire et de deux commissions militaires, un grand nombre de détenus, dont la plus grande partie, arrêtés comme suspects, demanderait aussi la présence d'une commission populaire.

Salut et fraternité,

Prieur (de la Marne).

P.-S. Je vous dirai demain un mot sur la Vendée, où nos troupes continuent à exterminer les brigands. Je viens d'apprendre que les Chouans ont été repoussés du Morbihan.

[Ministère de la guerre; *Armée de l'Ouest. — Le post-scriptum est de la main de Prieur (de la Marne).*]

LE REPRÉSENTANT DANS LA SARTHE ET LE LOIR-ET-CHER AU COMITÉ DE SALUT PUBLIC.

Le Mans, 23 floréal an II-12 mai 1794. (Reçu le 16 mai.)

[Garnier (de Saintes) vient de recevoir la lettre du Comité qui l'envoie à Nantes[1]. Malgré le mauvais état de sa santé, il s'arrangera pour arriver dans cette ville dès le 25. — Arch. nat., AF II, 178.]

LES REPRÉSENTANTS À ROCHEFORT AU COMITÉ DE SALUT PUBLIC.

Rochefort, 23 floréal an II-12 mai 1794. (Reçu le 24 mai.)

[Guezno et Topsent, informés par Jeanbon Saint-André que la flotte manque de frégates, ont pris des mesures «pour hâter l'achèvement de celles en chantier à Rochefort et obliger les ingénieurs à préparer la prompte construction d'une nouvelle frégate du premier rang, et, s'il le fallait, à en ordonner d'autres, lorsque les cales seront terminées, et les bois et gabarris arrivés.» — Ils annoncent deux nouvelles prises, très riches. — Ministère de la marine, BB³, 60.]

[1] Voir plus haut, p. 245.

LE REPRÉSENTANT DANS LA DORDOGNE ET LA CHARENTE
AU COMITÉ DE SALUT PUBLIC.

Périgueux, 23 floréal an II-12 mai 1794. (Reçu le 21 mai.)

[«Romme transmet deux arrêtés : l'un relatif aux officiers et sous-officiers de tout grade et toutes armes, lesquels ne recevront désormais que la seule ration du soldat; le surplus leur sera payé en argent par l'étapier au prix du maximum; l'autre, relatif au remplacement de plusieurs fonctionnaires publics dans le district de Cognac [1]. » — Arch. nat., AE II, 263. Analyse.]

_____

LES REPRÉSENTANTS À L'ARMÉE DES PYRÉNÉES OCCIDENTALES
AU COMITÉ DE SALUT PUBLIC.

Bayonne, 23 floréal an II-12 mai 1794.

[«Cavaignac et Pinet annoncent l'envoi d'un rapport du général Marbot, concernant l'expédition qui a eu lieu le 20 sur une montagne entre Clossua et Elgoibar, où l'ennemi s'était fortifié, et dont il importait de le chasser. ». — Ministère de la guerre; *Armées des Pyrénées*. Analyse.]

_____

LE REPRÉSENTANT DANS LA SEINE-ET-MARNE ET L'YONNE
AU COMITÉ DE SALUT PUBLIC.

Auxerre, 23 floréal an II-12 mai 1794. (Reçu le 18 mai.)

Citoyens collègues,

Deux bateaux chargés de grains et farines, expédiés par le district de Corbeil pour le département de l'Yonne, suivant la réquisition de la Commission des subsistances, et destinés pour les districts de Joigny, Auxerre et Avallon, ayant été arrêtés, le 15 courant, à Villeneuve-sur-Yonne, et distribués, malgré leur destination, par l'administra-

_____

[1] Ces deux arrêtés, en date du 23 floréal, sont joints à cette lettre.

tion chargée des pouvoirs du district, le maire et un membre de la Commission des subsistances de Villeneuve-sur-Yonne, la dénonciation m'en a été faite par l'administration du département. Aussitôt j'ai pris les informations convenables pour m'assurer de la vérité des faits; l'administration du district a été mandée dans la personne du président et de l'agent national. Le maire de Villeneuve-sur-Yonne, celui de Joigny et l'agent national ont été également appelés. J'ai interrogé moi-même ces fonctionnaires publics, et, par le résultat, le maire de Villeneuve-sur-Yonne, le membre de la Commission des subsistances de la même commune et l'administrateur du district chargé de pouvoirs ont paru seuls coupables pour avoir enfreint la loi sur la libre circulation des subsistances, avoir disposé arbitrairement et illégalement de la partie des grains destinée aux districts d'Avallon et d'Auxerre, avoir exposé les citoyens de ces districts à manquer de pain, d'où il pouvait résulter les plus grands maux (vingt voitures d'Avallon ayant attendu pendant près de deux jours ces farines et grains) et avoir délibéré ensemble et pris des arrêtés, quoique la loi sur le gouvernement révolutionnaire s'y opposât. En conséquence, j'ai ordonné leur arrestation et l'envoi des pièces à l'accusateur public du département de l'Yonne. Cette sévérité m'a paru d'autant plus nécessaire que ce n'est pas la première fois que, dans le district de Joigny, qui est le district par où passent la plupart des approvisionnements de ce département, on s'est permis de semblables actions, et que, notre situation relative aux subsistances étant très alarmante, la moindre opposition ou retard dans les mesures adoptées pour l'approvisionnement, ou plutôt [pour] la consommation journalière, peut causer les plus grands maux. Je joins à cette lettre copie des interrogatoires et pièces justificatives.

MAURE aîné.

[Arch. nat., AF ii, 163.]

LE MÊME AU COMITÉ DE SALUT PUBLIC.

Auxerre, 23 floréal an II-12 mai 1794. (Reçu le 16 mai.)

[Maure envoie l'arrêté qu'il a pris relativement à l'épuration des autorités constituées séantes à Chablis. — Arch. nat., AF ii, 163. — *De la main de Maure.*]

UN DES REPRÉSENTANTS À L'ARMÉE DE LA MOSELLE
AU COMITÉ DE SALUT PUBLIC.

Sarrelibre (Sarrelouis), *23 floréal an II-12 mai 1794.*
(Reçu le 21 mai.)

[«Pflieger a parcouru toute la frontière qu'occupe l'armée de la Moselle; il trace le tableau des excès auxquels se livre une partie de soldats et des effets funestes qu'une telle conduite et la criminelle indulgence des chefs peuvent produire dans les événements. — Exemples; citations à ce sujet. — Il met en opposition les actes de bienfaisance et d'humanité dont se sont honorés beaucoup de volontaires en soulageant de tous leurs moyens possibles les infortunés que la dévastation venait de laisser sans ressources; réflexions importantes sur cet état de choses; le représentant sollicite un décret répressif de toute espèce de brigandage. — Quelques mots sur la commission pour l'évacuation des pays conquis et sur l'opinion défavorable qui paraît se prononcer contre elle.» — Arch. nat., AF II, 246. Analyse.]

LE REPRÉSENTANT DANS LES ARDENNES AU COMITÉ DE SALUT PUBLIC.

Thuin, 23 floréal an II-12 mai 1794.

[Levasseur (de la Sarthe) annonce que les Français viennent d'occuper Fontaine-l'Évêque et que le général Charbonié se propose d'attaquer Charleroi, si l'ennemi n'est pas trop en force, car il ne lui reste de troupes disponibles que ce qui lui est nécessaire pour observer. Comme ce pays est abondamment pourvu de grains et de fourrages, Levasseur fait retirer sur les derrières le plus d'effets qu'il lui est possible. Il fait établir des boulangeries dans deux abbayes où on a trouvé une grande quantité de grains et de farines. «Cette mesure aurait le double avantage d'éviter des charrois difficiles et de nous faire vivre aux dépens de l'ennemi. — L'armée se livre à un pillage horrible. Je vais prendre un arrêté pour l'empêcher autant qu'il sera possible. Je vois avec peine que quelques officiers en donnent l'exemple. Nous trouvons tous les villages déserts; je crains que de pareils excès n'arment contre nous les habitants de ce pays.» — Ministère de la guerre; *Armées du Nord et des Ardennes. — De la main de Levasseur.*]

LE REPRÉSENTANT DANS LE DOUBS, LA HAUTE-SAÔNE ET LE JURA
AU COMITÉ DE SALUT PUBLIC.

Besançon, 23 floréal an II-12 mai 1794. (Reçu le 20 mai.)

[«Lejeune demande que l'on donne des ordres à l'ambassadeur de la République française en Suisse pour qu'il obtienne du gouvernement genevois la translation

de Morlot à Besançon pour y être confronté avec les ci-devant marquis de Frois-
sard et baron Duzel, qui paraissent de complicité avec lui. » — Arch. nat., AF II,
194. Analyse.]

LE REPRÉSENTANT DANS LE RHÔNE, LA LOIRE ET L'AIN
AU COMITÉ DE SALUT PUBLIC.

Bourg-Régénéré (Bourg-en-Bresse), *23 floréal an II–*
12 mai 1794. (Reçu le 20 mai.)

Citoyens collègues,

J'ai vu Belley, chef-lieu de district du département de l'Ain. Les
caractères des deux partis qui ont divisé cette commune m'ont paru
faciles à saisir. Je vais tâcher de vous mettre à lieu (*sic*) de les apprécier. Ce tableau approchera bien de celui qu'offre Bourg[1].

La petite ville de Belley, peuplée de trois à quatre mille individus,
comptait dans l'ancien régime au nombre de ses grandeurs, un siège
épiscopal, cinq cours royales et un barreau nombreux. L'église et la
chicane y étaient en très grand honneur. Dans les premiers instants
de la Révolution, le peuple eut à rire de la suppression des évêchés et
des tribunaux. Les officiers de judicature ne purent dissimuler leur
mécontentement, et ils blâmèrent la réforme. La liquidation avantageuse de leurs offices, l'espérance d'entourer encore les tribunaux de
districts les réconcilièrent en apparence avec la Révolution. Ils jouèrent
le patriotisme. Il se forma un club appelé *le Club du Temple;* il existait
au commencement de la Convention nationale; les maximes de Brissot
et de la Gironde y furent prêchées; il suivit les mouvements du Marais; la Montagne y était en horreur et le nom de Marat en exécration.
Ce club était mené par les ci-devant officiers de judicature. Royer,
évêque de l'Ain, membre de la Convention, actuellement détenu, y
était inscrit. A l'époque où le fédéralisme menaçait de déchirer la
France, le club du Temple prit des arrêtés liberticides. Alors quelques
patriotes courageux formèrent un autre club, aux ci-devant Augustins,
qui fut nommé *le club des vrais sans-culottes*. Il lutta avec énergie. Il

[1] Pour l'histoire de l'esprit public à Belley, voir Ch. Jarrin, *Bourg et Belley pendant la
Révolution*. Bourg, impr. Authier et Barbier, 1881, in-8°.

triompha avec la Montagne. Il avait été traîné dans la boue; il avait bu dans la coupe du mépris. Les lois du mois de septembre lui fournirent l'occasion de punir les fédéralistes; ils furent mis en arrestation. Ils ont été relâchés, mais Albitte les a fait rentrer dans les maisons de détention.

Les mesures générales prises dans ce département contre les ex-nobles et les ci-devant prêtres ont rendu le nombre des détenus fort considérable. La grande rue de Belley, presque toute composée d'habitants à porte-cochère, sont (*sic*) arrêtés; mais des femmes et des enfants, des parents et des amis se répandent partout, s'agitent en tout sens pour exciter la pitié. Tous les moyens sont mis en usage pour corrompre l'opinion publique. Vin, repas, argent, tout sert à apitoyer sur le sort des détenus. Il est à craindre que l'intérêt qu'ils inspirent aux âmes faibles ne produise quelque haine contre les patriotes énergiques. Il n'est pas difficile de concevoir que des familles riches et nombreuses, parlant avec les accents de la douleur et employant des moyens corrupteurs, ne produisent une très grande sensation à Belley et dans les lieux environnants. Je pense que le jour de leur relaxation serait un jour de proscription pour les patriotes qui brisèrent le système des fédéralistes.

Les détenus espéraient que je leur rendrais la liberté; ils m'ont tous adressé des pétitions; ils ont produit les mêmes titres. Ils exhalent quelquefois leur haine contre les patriotes. A les en croire, le patriotisme pur est opprimé dans leurs personnes. Mais ils ont contre eux des preuves écrites, des adresses et des arrêtés liberticides. Le titre de l'accusation est grave. C'en est assez, suivant moi, pour qu'ils subissent le jugement des Commissions populaires. Ce jugement est bien pressant.

Les citoyens mandés au Comité sont vivement réclamés par les Sociétés populaires. Je considère infiniment la réclamation de la Société de Mont-Ferme[1], qui fut toujours pure, toujours énergique, et qui, aux époques les plus difficiles et les plus délicates de la Révolution, se conduisit avec sagesse et fermeté, sans jamais se diviser. Si les citoyens dénoncés se justifient, ce sera une intrigue de plus, tramée par les détenus.

[1] Ci-devant Saint-Rambert.

J'ai remplacé provisoirement les fonctionnaires publics mandés au Comité. Je vous adresse une expédition de mon arrêté.

MÉAULLE.

[Arch. nat., AF ii, 194.]

UN DES REPRÉSENTANTS À LYON À COUTHON,
MEMBRE DU COMITÉ DE SALUT PUBLIC.

Commune-Affranchie (Lyon), *23 floréal an ii-12 mai 1794.*

Persistant dans tout ce que je t'ai dit sur cette malheureuse cité, mon cher Couthon, il faut bien te dire quels étaient les moyens que nous étions sur le point de prendre pour régénérer réellement cette commune, au contentement de tous les patriotes, sauf peut-être d'une douzaine d'individus, qui se seraient rendus, comme les autres, au bonheur général, au moment où nous avons reçu l'arrêté du 3 courant [1]. Après les jugements rendus sur tous les coupables et la Commission ayant fini ses travaux, nous voulions faire juger de suite les contumaces. Il y a plus d'un mois que mes collègues avaient pris un arrêté, envoyé au district, pour engager toutes les sections à nous donner la liste des gens suspects, conformément à la loi de septembre dernier (vieux style). Pendant cet intervalle, nous avons préparé l'épurement de toutes les autorités constituées où j'avais conservé une majeure partie des membres dont j'étais assuré du patriotisme et de la probité, et ceux qui y entraient de nouveau étaient également des patriotes bien connus par les sections. De suite nous proclamions le gouvernement révolutionnaire pour le faire exécuter à la lettre. Par conséquent, nous coupions racine à tous les abus, à toutes les dilapidations; nous prenions en même temps un arrêté pour faire vendre toutes les marchandises appartenant à la République, surtout les soieries, pour occuper les ouvriers; nous les aurions fait vendre en petit détail, ainsi que toutes les autres marchandises de comestibles, de manière que tout le peuple fût approvisionné. Nous prenions une autre mesure générale pour les sequestres qui n'étaient apposés que par mesure de sûreté générale, pour ramener la confiance et rétablir le commerce républicaine-

---

[1] Voir t. XII, p. 749, l'arrêté n° 1.

ment en encourageant au travail les citoyens indigents et en empêchant
tous les accaparements de tous genres, et conservant dans les magasins nationaux tous les objets qui pourraient être nécessaires à nos armées. La Société populaire aurait été organisée d'un noyau de vrais
patriotes reconnus, pris dans une partie des administrations et [dans]
une partie des cent patriotes, reconnus probes, et comme les autres
amis de Chalier. (On a bien abusé du nom de ce martyr de la liberté,
parce que je sais par moi-même qu'il avait peu d'amis, et que j'en vois
tous les jours qui se qualifient de ce nom, et qui l'ont abandonné
dans les moments difficiles.) Je sais bien que le moindre changement
que nous étions sur le point de faire allait mettre à découvert bien des
sottises et des dilapidations par les preuves qui nous arrivaient chaque
jour, mais sois bien assuré que nous n'avions d'autres intentions que
d'arrêter le mal sans chercher à inquiéter des malheureux dont le plus
grand nombre n'avait manqué à son devoir que parce qu'on l'a bercé
en tout temps dans l'opinion que tout lui appartenait. Mais nous voulions alléguer (sic) les plus grands fripons qui faisaient passer nos trésors dans l'étranger, en vendant la vie des coupables ou des gens qui
avaient eu preuve, avaient pris des précautions (sic) à ne pouvoir être
découverts et qu'il était intéressant pour la République de connaître.
C'est après toutes ces mesures et la liste des gens suspects que nous
avons demandée depuis que je suis ici et que depuis six mois ils ont
bien eu le temps de donner[1]. Il faut te dire la vérité : il y avait et il
y a encore un système affreux qui règne ici pour y tenir tout dans le
désordre.

Je ne doute pas du patriotisme des citoyens de Commune-Affranchie, mais la vérité est que ceux qui veulent se maintenir dans les
places et conserver cet esprit de domination qui les perdra, si on les
abandonne entièrement à eux-mêmes, n'ont point assez de connaissance des intérêts publics et d'administration générale pour gouverner
une grande cité. Ils mettent trop leurs intérêts et leurs querelles particulières, leurs passions et leurs commérages de la partie, pour qu'ils
puissent bien administrer.

Oui, tous les amis de Chalier et tous les patriotes incarcérés méritent des égards et des dédommagements, mais cela doit-il leur don-

---

[1] Cette phrase inachevée est textuelle.

ner le droit de vexer et de ne pas rendre justice à cette masse de
peuple réduit à l'extrémité, que l'on entretient dans la misère et dans
la paresse? L'aristocratie est aux abois dans cette cité, mais l'étranger
fait mouvoir tous les ressorts pour y maintenir la confusion par tous
les moyens de séduction. On entretient les uns de leur souveraineté,
les autres de leurs pouvoirs et de leur patriotisme, pour que la représentation nationale soit absolument nulle, et que le commandement
reste à eux seuls. On cherche jusqu'à nous diviser; ils n'en viendront
pas à bout; mais je ne me sens pas assez de talents ni de connaissances pour contrarier les travaux de mon collègue Dupuy et aux (sic)
instructions particulières que peut lui avoir donné le Comité; comme
nous n'exécutons absolument que les avis qui lui sont donnés par ceux
des patriotes (sic) qui viennent de Paris. J'ai fait des observations
amicales à mon collègue, qui ont été inutiles. Ainsi, je puis donc m'être
trompé; ce sera une erreur de ma part, et je souhaite de bien bon
cœur que cela soit. Mais, étant absolument inutile ici, je te conjure
de nouveau de me faire rappeler dans le sein de la Convention, et je
t'assure que Dupuy tout seul est en état de faire marcher ici, pourvu
que vous envoyiez un représentant dans le département de la Loire,
où il serait bien nécessaire, surtout par rapport à la fabrication des
armes au ci-devant Saint-Étienne, actuellement Commune-d'Armes.
Il faut aussi que le Comité en envoie un au département de Saône-
et-Loire. Méaulle, qui est dans le département de l'Ain, pourrait y
faire un tour; il y sera utile.

Par dessus tout cela, je te dirai que je ne me porte pas bien et que
j'aurais besoin de quinze jours de repos pour retourner au travail avec
plus de force.

Je t'observerai encore que la Société populaire n'est composée que
des administrateurs, au nombre de cent cinquante. Le Comité de salut public va recevoir une belle adresse; mais j'aimerais mieux des effets que des paroles. Tous ces patriotes se réunissent à présent pour
combattre le rapport de Fouché[1], qui a dit de grandes vérités. Je leur
observais, il y a quelques jours, qu'il valait bien mieux s'attacher
à bien administrer et à faire le bonheur du peuple, que de s'occuper à

[1] Voir le *Rapport de Fouché (de Nantes)* sur la situation de *Commune-Affranchie*. (Bibl. nat., Le 39/72, in 8°, et le sup- plément de ce rapport, Le 39/165, in-8°). Voir aussi le *Moniteur*, réimpression, t. XX, p. 195.

réfuter des écrits, et que c'était la meilleure réponse à faire pour détruire tout soupçon et terminer toute querelle particulière qui n'est vraiment qu'une querelle de ménage.

REVERCHON.

[Arch. nat., F⁷, 4435.]

UN DES REPRÉSENTANTS À L'ARMÉE DES ALPES AU COMITÉ DE SALUT PUBLIC.

Grenoble, 23 floréal an 11-12 mai 1794. (Reçu le 19 mai.)

[Au moment de partir pour la Maurienne, Albitte reçoit l'arrêté du Comité du 19 courant[1]. «Sa première partie se trouve exécutée par l'arrêté dont nous avons fait passer extrait. Pour le surplus, il sera exécuté par la conduite que nous tenons et tiendrons par la suite.» — Arch. nat., AF ii, 252.]

LE REPRÉSENTANT DANS LE LOT ET LE CANTAL
AU COMITÉ DE SALUT PUBLIC.

Villefranche-d'Aveyron, 23 floréal an 11-12 mai 1794.
(Reçu le 20 mai.)

Citoyens mes collègues,

Tant que mes forces me le permettront je ne prendrai point de repos. Un léger crachement de sang m'avait forcé de passer quelques jours à la campagne. Mon devoir m'oblige d'oublier mes maux, et je rentre, après trois jours, dans mon travail. Je vais me rendre à Cahors pour découvrir, s'il est possible, la friponnerie qui s'est commise dans l'équipement de nos frères d'armes. Je suis déjà convaincu qu'elle ne part pas de la Commission de Paris; ce sera donc dans l'administration du département du Lot qu'il faudra voir de la découvrir; je vous en rendrai compte incessamment. De là je rentrerai pour un moment dans le Tarn pour faire terminer la seconde réquisition de grains de vingt mille quintaux en faveur des départements de la Lozère et Aveyron.

On m'annonce que je suis remplacé dans le Lot par Lakanal[2]. Je n'ai point reçu cet avis officiellement; je dois donc continuer mes opé-

[1] Voir plus haut, p. 364, l'arrêté n° 11, relatif aux armées des Alpes et d'Italie.

[2] Nous n'avons pas trouvé d'arrêté envoyant Lakanal dans le Lot.

IMPRIMERIE NATIONALE.

rations. Je vous ai demandé plusieurs fois de nommer un collègue pour l'Aveyron. Ce département a le plus grand besoin d'être visité en détail. Je suis de ce département, et je puis être suspect, quoique toutes les autorités constituées et les sociétés populaires m'écrivent journellement pour aller auprès d'elles J'avoue que cette mission est infiniment délicate. Je connais l'esprit public, et je vois avec peine qu'il sera bien difficile de l'élever à la hauteur de la Révolution. La commune de Villefranche ne présente que des intrigants, des fédéralistes ou des aristocrates: comment l'organiser révolutionnairement? Le nombre des vrais patriotes est si petit qu'il ne peut servir à toutes les fonctions. Le peuple est bon, mais il est subordonné aux passions dominantes. Jusqu'ici la terreur seule l'attache à la Révolution, et moi je cherche à la lui faire aimer par la justice et la bonté. Je ne connais de sévérité que pour les ennemis du peuple, pour ces castes qui ne peuvent jamais aimer l'égalité politique et morale. J'attaque l'intrigue et les intrigants, et chaque jour je mets à découvert leur immoralité et leur patriotisme impur; mais je me garde bien d'élever à côté de la probité et de la vertu un système de clémence qui renverserait le gouvernement révolutionnaire. Ce sont deux écueils que j'évite, pour faire marcher d'un pas nerveux l'esprit public et contenir la malveillance qui profite des plus légères fautes pour discréditer les opérations des représentants du peuple.

Si vous me remplaciez dans quelques-uns des départements qui me sont confiés, ou si vous me rappeliez entièrement, hâtez-vous de me faire connaître vos intentions. Je n'ai qu'une volonté : celle de tout faire pour la chose publique.

Salut et fraternité,   Bo.

[Arch. nat., AF II, 178. — *De la main de Bo*[1].]

LE MÊME AU COMITÉ DE SALUT PUBLIC.

Villefranche-d'Aveyron, 23 floréal an II-12 mai 1794.

[Bo traîne depuis quelque temps dans son portefeuille deux signes de despotisme dont la présence révolte chaque jour sa vue[2]. ~Je vous les envoie pour les décom-

[1] En marge : "Renvoyé du Comité sans décision." — [2] Ce sont deux croix de Saint-Louis.

poser, ainsi que tous ceux qui outragent la République. » — Arch. nat., AF ii, 178. — *De la main de Bo.* — 2° « Il envoie l'état de recensement de grains fait dans le département de la Haute-Garonne et une lettre que lui en écrit l'administration ; d'après ces pièces [1], il paraît que les grains seront bien insuffisants pour ce département. Il propose d'en réduire plusieurs à une juste proportion en prenant dans ceux qui sont plus que suffisamment approvisionnés pour les autres qui en manquent. Il attend les ordres du Comité à cet effet, les réclame promptement, vu l'urgence des besoins. » — Arch. nat., AF ii, 178. Analyse.]

COMITÉ DE SALUT PUBLIC.

Séance du 24 floréal an II-13 mai 1794.

Présents : Barère, Carnot, Collot-d'Herbois, Billaud-Varenne, Robespierre, Couthon, C.-A. Prieur, R. Lindet.

1. Le Comité de salut public invite celui d'instruction publique à lui envoyer les livres énoncés dans le catalogue dont il a été fait un double.

2. Le Comité de salut public arrête que le citoyen Colas, orfèvre, rue des Arts, remplira les fonctions de juge de paix de la section du Panthéon. Le commissaire des administrations, tribunaux et police fera exécuter le présent arrêté.

3. Le Comité de salut public requiert le citoyen Lesur pour continuer son service dans les bureaux du Comité.

B. Barère, Collot-d'Herbois, Couthon, Robespierre [2].

4. Les Comités de salut public et de sûreté générale, en exécution du décret du 23 ventôse [3], arrêtent qu'il sera établi à Paris une Com-

---

[1] Cet état de recensement et cette lettre manquent.

[2] Arch. nat., AF ii, 23. — *De la main de Barère.*

[3] Le décret du 23 ventôse an II portait, entre autres dispositions, celle-ci : « Il sera nommé six commissions populaires pour juger promptement les ennemis de la Révolution détenus dans les prisons. Les Comités de sûreté générale et de salut public se concerteront pour les former et les organiser. »

mission populaire composée de cinq membres. Ces membres sont les citoyens Trinchard, juré au Tribunal révolutionnaire; Charigny, directeur de l'hôpital militaire, à Senlis; Chapel, de Livry, district de Gonesse; Baudement, greffier à Thiais, département de Paris; Loppin, de la section de la Montagne; secrétaire: le citoyen Marteau. La Commission fera le recensement de tous les gens suspects à déporter, aux termes de la loi des 8 et 13 ventôse, et en adressera la liste et une notice motivée des jugements qu'elle rendra aux Comités de salut public et de sûreté générale. La Commission prendra des renseignements exacts sur les individus détenus dans les prisons de Paris; si elles renferment des patriotes arrêtés, ils (*sic*) en formeront la liste et l'adresseront aux Comités de salut public et de sûreté générale, qui prononceront définitivement sur leur mise en liberté. Les autres détenus seront envoyés au Tribunal révolutionnaire. Les membres de la Commission tiendront une conduite digne du ministère imposant qu'ils ont à remplir. Ils ne perdront jamais de vue le salut de la patrie, qui leur est confié et qui doit être la règle suprême de leurs décisions. Ils vivront dans cet isolement salutaire qui concilie aux juges le respect et la confiance publique et qui est le plus sûr garant de l'intégrité des jugements. Ils repousseront toutes sollicitations et fuiront toutes les relations particulières qui peuvent influencer les consciences et affaiblir l'énergie des défenseurs de la liberté [1]. La Commission entrera aussitôt en activité et le commissaire de la police générale et des administrations est chargé de l'installer sans délai.

VOULLAND, BILLAUD-VARENNE, ROBESPIERRE, B. BARÈRE, C.-A. PRIEUR, COUTHON, AMAR, Élie LACOSTE, LOUIS (du Bas-Rhin), DU BARRAN, Gr. JAGOT, CARNOT, VADIER [2].

5. Sur le rapport de la Commission de commerce et approvisionnements de la République, le Comité de salut public arrête que

---

[1] Ce sont à peu près les mêmes conseils que le Comité avait déjà adressés à la Commission populaire d'Orange. Voir Wallon, *Histoire du Tribunal révolutionnaire*, t. IV, p. 92.

[2] Arch. nat., F⁷, 4438. — *De la main*

de *Billaud-Varenne*. Cet arrêté a été reproduit dans le rapport de Saladin, p. 201. — Sur cette Commission populaire et sur celle qui fut établie le lendemain 25, voir Wallon, *Histoire du Tribunal révolutionnaire*, t. III, p. 459-460.

les administrations de district, si elles se trouvent établies dans les ports, ou les officiers municipaux de ces mêmes ports, si elles n'y sont pas, délivreront, sur la réquisition de l'agent de la Commission de commerce et approvisionnements de la République, les permissions ou passeports nécessaires pour la libre exportation d'espèces métalliques aux capitaines des navires neutres qui auront apporté des denrées, matières et marchandises pour le compte de la République, dont le fret et accessoires ou la cargaison auront été stipulés payables en numéraire dans le port d'arrivée, et dont il sera justifié par communication simple des espèces qu'ils auront reçues en paiement, sans que l'on puisse faire éprouver à ces capitaines aucun empêchement, ni retarder leur départ et l'exportation des espèces qu'ils justifieront avoir reçues en paiement, en exécution de leurs conventions arrêtées par ordre de la Commission de commerce.

R. Lindet [1].

6. Le Comité de salut public arrête que l'administration des armes portatives tiendra constamment à la disposition du Comité 12 sabres et autant de pistolets pour le service des représentants du peuple. L'administration des armes portatives informera le Comité de ce qu'elle aura fait en exécution du présent arrêté.

C.-A. Prieur [2].

7. « En vertu de la loi du 22 juin 1793 (vieux style) et des arrêtés du Comité de salut public des 28 ventôse [3] et 12 germinal derniers [4]. la Commission de l'organisation et du mouvement des armées de terre remet ci-joint un état [5] de sommes en numéraire déposées, depuis le 19 floréal jusqu'au 23 dudit inclus, par les parents ou amis des prisonniers de guerre français dénommés dans ledit état montant à la somme de trois cent-vingt quatre livres. La Commission prie le Comité de vouloir bien autoriser l'envoi de ladite somme aux divers prisonniers auxquels elle est destinée. » Approuvé : Carnot [6].

[1] Arch. nat., AF ii, 75. — Non enregistré.

[2] Arch. nat., AF ii, 215. — Non enregistré.

[3] Voir t. XII, p. 38, l'arrêté n° 11.

[4] Voir t. XII, p. 322, l'arrêté du Comité n° 20.

[5] Cet état manque.

[6] Arch. nat., AF ii, 230. — Non enregistré.

8. Le Comité de salut public arrête que la Commission des armes lui présentera sous deux jours l'état des sabres de différentes sortes qui existent tant à Paris que dans les autres lieux de la République, et dont elle peut et pourra disposer, soit actuellement, soit prochainement.

C.-A. Prieur, Carnot, Billaud-Varenne, Couthon [1].

9. Le Comité de salut public arrête : 1° qu'en attendant le moment où les mesures qu'il se propose relativement à l'École des travaux publics puissent recevoir leur exécution, la Commission des travaux publics mettra sur-le-champ à la disposition du directeur de la ci-devant École des ponts et chaussées la partie non occupée par cette école, dans le local loué par la République, rue Lazare, et désigné sous le nom de «Maison Lamillière»; cette maison sera destinée aux leçons à donner aux élèves actuellement attachés à cette école; 2° que la Commission des travaux publics choisira et indiquera sur-le-champ au Comité de salut public plusieurs instituteurs de géométrie descriptive, en état d'exercer les élèves de l'école qui y sont actuellement attachés dans l'art de la projection, et de leur en faire faire l'application aux traits de la coupe des pierres et à ceux de la charpenterie; 3° qu'elle choisira et indiquera de même plusieurs instituteurs de dessin en état de donner des leçons aux jeunes élèves; 4° qu'elle installera de suite dans leurs fonctions deux instituteurs de géométrie et deux instituteurs de dessin, lorsque leur nomination aura été confirmée par le Comité de salut public.

C.-A. Prieur [2].

10. Le Comité de salut public arrête que la Commission de l'organisation des armées lui remettra deux fois par chaque décade : 1° le tableau des forces de chacune des armées de la République suivant les différentes divisions principales de chacune d'elles, différenciées en troupes actives et troupes de garnisons, quartiers, dépôts ou cantonnements sans activité, et classées suivant leurs armes respectives, en infanterie, troupes à cheval et artillerie; 2° un tableau particulier des

[1] Arch. nat., AF ii, 215. — De la main de C.-A. Prieur. Non enregistré.

[2] Arch. nat., AF ii, 80. — Non enregistré.

états-majors et commissaires des guerres attachés auxdites armées. Ces états seront adressés au Comité de salut public, section de la guerre.

CARNOT [1].

11. Le Comité de salut public, après avoir entendu le rapport de la Commission d'agriculture et des arts, arrête ce qui suit : 1° La Commission du commerce et des approvisionnements est chargée d'établir, auprès des armées de la République qui occupent le territoire ennemi, des agences chargées spécialement de faire transporter en France les objets d'approvisionnements, commerce, arts et sciences qui y seront trouvés propres au service de la République. — 2° Les objets d'approvisionnements et de commerce seront mis à la disposition de la Commission du commerce et approvisionnements, qui en fera la répartition suivant les besoins de la République, et pourra même en faire faire la vente dans les cas où il ne conviendrait ni de les employer, ni de les conserver. Les objets qui intéressent l'agriculture et les arts seront mis à la disposition de la Commission de l'agriculture et des arts. Les matières d'or et d'argent et les pierres précieuses seront mises à la disposition de la Commission des revenus nationaux, qui les fera transporter à la Trésorerie nationale ou à la maison des Monnaies, conformément aux lois et suivant la nature et la destination des objets. Les objets qui intéressent les sciences et l'instruction seront mis à la disposition de la Commission de l'instruction publique. — 3° Les agences qui seront établies en exécution de l'article 1er seront composées de trois membres et seront soumises à la surveillance des représentants près les armées où elles seront établies; elles seront comptables et responsables de toutes leurs opérations envers la Commission du commerce. La Commission du commerce et celle des transports militaires se concerteront pour assurer et faciliter les transports et enlèvements sans nuire au service général. — 4° Les représentants du peuple protégeront ces transports, ces enlèvements par tous les moyens qui sont à leur disposition. — 5° Les agences pourront nommer des préposés pour surveiller et suivre les détails d'exécution des opérations qu'elles auront résolues; elles seront responsables de la conduite de ces préposés, en ce qui concerne la comptabilité et l'exercice des fonc-

---

[1] Arch. nat., AF II, 204. — De la main de Carnot. Non enregistré.

tions purement mécaniques que le présent article les autorise à leur confier. — 6° Les objets que les agences feront introduire en exécution du présent arrêté ne seront pas sujets aux droits de douane; mais, pour prévenir les fraudes et assurer la comptabilité des préposés à la perception desdits droits, chaque envoi, outre les lettres de voiture ordinaires, sera accompagné d'un procès-verbal énonciatif de la nature, qualité et quantité des objets compris dans l'envoi, avec attestation mise au bas, par le préposé faisant l'envoi, que ces objets sont pour le compte de la République. Ce procès-verbal sera remis au receveur des douanes sur son récépissé et lui sera porté en compte pour une valeur égale au montant des droits que les objets y énoncés auraient dû payer. — 7° Les Commissions exécutives feront parvenir par la Commission du commerce à chacune de ces agences des instructions sur les objets qu'elles jugeront utile de faire importer et sur les opérations concernant leur administration qu'elles croiront avantageux d'exécuter sur le territoire ennemi et sur les lieux de dépôt où devront être adressés les objets mis à leur disposition en exécution de l'article 2. A cet effet, elles se concerteront avec la Commission du commerce, dont la correspondance avec les agences embrassera tous les objets relatifs aux autres Commissions pour assurer un service distinct et simultané. — 8° Les agences seront distribuées ainsi qu'il suit : une sera auprès des armées du Nord et des Ardennes; une autre auprès des armées du Rhin et de la Moselle; une troisième auprès des armées des Alpes et d'Italie; une quatrième auprès des armées des Pyrénées.

R. Lindet[1].

12. Le Comité de salut public, voulant prévenir les embarras de comptabilité qui pourraient résulter de ce que les ingénieurs, mineurs et sapeurs doivent être tantôt aux ordres de la Commission des travaux publics, tantôt à ceux de la Commission de l'organisation des armées, tantôt enfin à ceux de la Commission de la marine et des colonies, arrête : 1° Les appointements et traitements quelconques des ingénieurs militaires, mineurs et sapeurs et autres employés des fortifications, ainsi que le payement de tous les ouvrages dirigés par eux, continueront à être ordonnancés par les commissaires ordonnateurs

---

[1] Arch. nat., AF II, 203. — *Non enregistré.*

des guerres, suivant les formalités usitées. — 2° La Commission des travaux publics, celle de l'organisation des armées et celle de la marine et des colonies donneront, chacune en ce qui la concerne, les ordres de payement relatifs aux susdits employés pendant le temps que ces employés seront à sa disposition, ainsi qu'aux travaux qu'ils feront exécuter sous ses ordres. — 3° En conséquence, il sera tenu par la Commission des travaux publics un état exact de tous les employés dont il vient d'être question, avec l'indication de la Commission aux ordres de laquelle ils se trouvent chacun en particulier, suivant les époques respectives. La Commission de l'organisation des armées et celle de la marine fourniront à cet effet tous les renseignements qui leur seront demandés par la Commission des travaux publics. Copie de cet état sera remis tous les mois au Comité de salut public.

CARNOT [1].

13. Le Comité de salut public, délibérant sur la situation de la Vendée et autres pays circonvoisins infestés par les brigands, arrête : 1° la portion des départements de la Loire-Inférieure et du Maine-et-Loire située à la rive droite de cette dernière rivière sera séparée du territoire affecté à l'armée de l'Ouest pour être réunie à l'armée des côtes de Brest. — 2° Le département de la Sarthe en sera également distrait pour être réuni au territoire affecté à l'armée des côtes de Cherbourg. — 3° Le quartier général de l'armée de l'Ouest sera établi à Niort. — 4° Vimeux prendra le commandement provisoire de l'armée de l'Ouest, en sa qualité de général de division. — 5° Turreau, Cordellier, Robert, Duval, Bard, Joba, Cortez et Carpentier cesseront d'être employés à l'armée de l'Ouest. La Commission de l'organisation et du mouvement des armées est chargée de proposer au Comité de salut public ces officiers généraux pour d'autres emplois ou pour la retraite; en attendant, ils s'éloigneront de vingt lieues au moins du territoire affecté aux armées de l'Ouest, des Côtes de Cherbourg et des Côtes de Brest, et ne pourront approcher de Paris à une moindre distance, conformément à la loi concernant les militaires suspendus de leurs fonctions. — 7° Dutruy, Grignon, Avril, Cambray, Legros,

---

[1] Arch. nat., AF II. 302. — *De la main de Carnot. Non enregistré*

Dusirat, Duquesnoy, Caffin et l'aide de camp qui a été blessé avec lui, Guillaume, Blamont, Liébaut, Valentin, Huché, Bonnaire et Dembarrère seront proposés par ladite Commission pour la composition du nouvel état-major de l'armée de l'Ouest; les grades de ces officiers seront proposés par elle au Comité d'après le rapport qui lui en sera fait par le général de division Vimeux. Celui-ci les emploiera provisoirement comme il le jugera convenable, suivant le besoin et les circonstances, sauf toutefois le consentement des représentants du peuple envoyés près ladite armée; il notifiera la cessation d'emploi aux uns et leur remplacement par les autres, de manière à ce qu'il n'y ait aucune lacune ni interruption dans le service. — 8° Le général Vimeux réglera ces opérations sur les bases contenues dans l'instruction ci-jointe[1], et néanmoins il est autorisé à proposer au Comité de salut public les modifications qui lui paraîtront nécessaires, et lui fera passer dans le plus bref délai ses observations à ce sujet[2].

14. Le Comité de salut public arrête que trois cents hommes de vieilles troupes seront envoyés à Lorient pour y être employés sous les ordres du commandant des armes à la garde de ce port et autres objets de service public qui seront jugés nécessaires. La Commission de l'organisation et du mouvement des armées de terre donnera sans délai les ordres pour l'exécution du présent arrêté.

CARNOT [3].

15. Sur le rapport fait par la Commission des transports, remontes, relais, postes et messageries que l'arrêté du Comité de salut public du 7 floréal [4] autorise seulement la Commission à faire payer les sommes dues par les anciennes entreprises et régies des charrois, convois militaires et relais et les indemnités aux différents agents du service des postes et messageries; que, cependant, il existe d'autres réclamations relatives aux transports, remontes, relais, postes et messageries pour travaux et fournitures faits sur la demande et à la réquisition des corps administratifs et des commissaires des guerres,

---

[1] On trouvera un extrait de cette instruction dans Savary, *Guerre des Vendéens et des Chouans,* t. III, p. 500.

[2] Arch. nat., AF II, 202. — *De la main de Carnot.*

[3] Arch. nat., AF II, 295. — *Non enregistré.*

[4] Voir plus haut, p. 73, l'arrêté du Comité n° 17, interprétatif des décrets des 14 ventôse et 30 germinal.

auxquels la Commission ne peut satisfaire sans y être autorisée; le Comité, considérant que tout entrepreneur, ouvrier et fournisseur de la République a un droit égal au payement de ce qui lui est dû et qu'il est de la justice comme de l'intérêt national de satisfaire promptement à toutes les réclamations de ce genre, arrête que la Commission des transports, remontes, relais, postes et messageries est autorisée à faire payer les créances arriérées dues pour entreprises, fournitures, transports, emplois, travaux et ouvrages quelconques relatifs au service des transports, remontes, relais, postes et messageries, et faits soit pour le compte des compagnies ou régies supprimées sous quelque dénomination qu'elles puissent être, soit en vertu de tous marchés ou entreprises particulières, réquisitions ou demandes de corps administratifs et autres autorités constituées, à la charge par ladite Commission de se conformer aux lois de la comptabilité.

R. LINDET [1].

16. Sur le rapport fait au Comité de salut public par la Commission des transports, postes et messageries, que, les églises et autres édifices nationaux à Arras étant occupés par les magasins des armées, les chevaux des transports militaires sont souvent exposés à bivouaquer; qu'il serait possible de construire à peu de frais des hangars adossés en appentis contre des murs externes des jardins et autres propriétés nationales y attenantes, et que ces hangars auraient, entre autres avantages, celui de réunir sainement et commodément les chevaux autour du parc des voitures et des magasins de toute espèce; le Comité arrête : 1° Il sera construit dans la commune d'Arras des hangars en appentis adossés à des murs externes de jardins et autres propriétés nationales y attenantes. — 2° Ces hangars seront de grandeur à contenir cinq à six cents chevaux. — 3° Ces constructions seront couvertes en paille, faites, autant qu'il se pourra, avec des bois provenant de démolitions ou d'échafaudages de bâtiments nationaux. — 4° La Commission des travaux publics est chargée de l'exécution du présent arrêté et se concertera avec la Commission des transports militaires sur les dimensions et proportions desdits ouvrages.

R. LINDET [2].

[1] Arch. nat., AF II, 286. — *Non enregistré.*

[2] Arch. nat., AF II, 286. — *Non enregistré.*

17, 18, 19, 20, 21. [Nomination de J.-J. Crevoisier au commandement amovible du fort de Châteauneuf, près Saint-Malo; de J.-B. Lobreau et d'Antoine Belmonte au grade de général de brigade; de Pierre Laprun au grade de général de division; réintégration de Kerbau, sous-lieutenant, au 13ᵉ régiment de dragons. Carnot. B. Barère. R. Lindet. — Arch. nat., AF ii, 304. — *Non enregistré.*]

22. En conséquence de son arrêté du 4 nivôse[1], le Comité de salut public nomme le citoyen Fournier, apothicaire à Nimes, à la place de J.-A. Chaptal[2], son inspecteur des poudres et salpêtres dans l'arrondissement formé par les départements du Var, Bouches-du-Rhône, Gard, Vaucluse, Hérault, Lozère, Aveyron, Aude, Pyrénées-Orientales, Haute-Garonne et Lot, et le charge, au nom de la patrie, de remplir avec énergie et activité les nouvelles fonctions qui lui sont confiées.

C.-A. Prieur[3].

23. Le Comité s'étant fait rendre compte des motifs qui ont donné lieu à l'arrestation de Daru, commissaire ordonnateur à Rennes, arrête que Daru sera mis en liberté sur-le-champ et reprendra de suite les fonctions de commissaire ordonnateur des guerres à Rennes. En conséquence, le Comité charge la Commission de l'organisation et du mouvement des armées de terre de donner les ordres nécessaires pour qu'il soit réintégré sans délai.

Carnot[4].

24. Le Comité de salut public arrête que Bormand, capitaine de cinquième classe dans l'arme du génie, sera réintégré dans ses fonctions et employé à l'armée du Nord. En conséquence, le Comité charge la Commission de l'organisation et du mouvement des armées de terre de donner les ordres nécessaires pour que cet officier soit employé sur-le-champ.

Carnot[5].

---

[1] Voir t. IX, p. 626, l'arrêté n° 21.
[2] Voir t. X, p. 101, l'arrêté n° 6.
[3] Arch. nat., AF ii, 217. — *Non enregistré.*
[4] Arch. nat., AF ii, 304. — *Non enregistré.* — Comme on le verra plus loin, cet arrêté fut rapporté en partie par celui du 26 floréal, n° 20.
[5] Arch. nat., AF ii, 203. — *Non enregistré.*

25. Le Comité de salut public arrête que Vachot est chargé de commander en chef exclusivement les troupes de la République dirigées contre les Chouans. Le général Moulin employera ailleurs les généraux chargés jusqu'à ce jour concurremment de cette opération. La Commission proposera, le plus promptement possible, au Comité de salut public un chef pour l'état-major des Côtes de Brest; en attendant le général Moulin est autorisé à nommer un officier qui ait sa confiance pour en exercer les fonctions.

CARNOT [1].

26. Le Comité de salut public, étant informé qu'il existe dans l'envoi et la distribution du numéraire adressé aux Français prisonniers de guerre en pays étrangers, des abus qu'il importe à la République de réprimer, arrête que toutes les sommes en numéraire qui seront destinées aux Français prisonniers de guerre en pays étrangers seront adressées à la Commission des échanges, qui sera seule chargée de les faire parvenir à leur destination; arrête en outre que l'administration des postes remettra un état de chaque envoi à la Commission des transports militaires, postes et messageries, qui le représentera à l'approbation du Comité de salut public, pour être autorisé à en faire l'envoi à la Commission des échanges. — Pour copie :

R. LINDET [2].

27. Le Comité de salut public charge le citoyen Adet [3], son agent, de se rendre demain chez les citoyens Périer pour vérifier leurs ateliers, prendre connaissance des différents objets qui y ont été commandés pour la République, s'assurer de la possibilité où sont les citoyens Périer d'exécuter ces commandes, en quel temps et de quelle manière, enfin concerter avec eux les mesures que l'on pourrait employer pour donner la plus grande activité à ces travaux. Le citoyen Adet fera sur le tout son rapport au Comité de salut public.

C.-A. PRIEUR [4].

28. Le Comité, considérant que le mariage du citoyen David Lyon,

[1] Arch. nat., AF 11, 203. — De la main de Carnot. Non enregistré.

[2] Arch. nat., AF 11, 20. — Non enregistré.

[3] Adet était un ancien adjoint au Ministre de la marine. Voir t. III, p. 405.

[4] Arch. nat., AF 11, 215. — De la main de C.-A. Prieur. Non enregistré.

marchand à Meaux, a eu lieu avant la promulgation de la loi du 23 août dernier (v. s.), arrête que ce citoyen ne doit pas faire partie de la première réquisition.

CARNOT [1].

29. Le Comité de salut public arrête : le citoyen André-Maurice Duras, de Limoges, étant né le 9 février 1768, ainsi qu'il le justifie par son extrait de naissance, il n'a pu, conformément à l'article de la la loi du 23 août 1793, être compris dans la première réquisition.

CARNOT [2].

REPRÉSENTANTS EN MISSION.

LE COMITÉ DE SALUT PUBLIC
AU REPRÉSENTANT À L'ARMÉE DE . . . . [3].

Paris, 24 floréal an II—13 mai 1794.

Cher collègue,

Nous t'envoyons une dénonciation contre Barboux, attaché à l'état-major de Ferrand, accusé d'entretenir des correspondances avec les ennemis de la République et de les instruire de nos forces sous prétexte de parlementer. Nous t'invitons à prendre tous les soins dans la recherche de la vérité de ce fait et à prendre les mesures nécessaires.

[Arch. nat., AF* II, 225.]

LE COMITÉ DE SALUT PUBLIC
AUX REPRÉSENTANTS À L'ARMÉE DE L'OUEST, À NANTES.

Paris, 24 floréal an II—13 mai 1794.

[Le Comité envoie et soumet à ces représentants une lettre de Richard, commissaire général ordonnateur en chef de l'armée de l'Ouest, d'où il résulte que les

[1] Arch. nat., AF II, 304. — *Non enregistré.* — [2] Arch. nat., AF II, 304. — *Non enregistré.* — [3] Sans doute à l'armée du Nord ou à celle des Ardennes.

citoyens Le Roux et Jacques Millet, tous les deux employés près le payeur général du département de la Loire-Inférieure, lui sont d'une utilité trop grande pour
les détacher de sa comptabilité militaire, et qu'en conséquence il serait nécessaire
de conserver au service de la République et d'exempter de la réquisition ces deux
citoyens. Carnot. — Arch. nat., AF ii, 304.]

LE COMITÉ DE SALUT PUBLIC
AUX REPRÉSENTANTS À L'ARMÉE DES PYRÉNÉES OCCIDENTALES.

Paris, 24 floréal an ii-13 mai 1794.

[Le Comité engage ces représentants à retirer l'arrêté qu'ils ont pris. le 27 germinal, «ordonnant la formation en un bataillon des fragments de compagnies de
canonniers volontaires qui n'ont pu trouver place dans l'embrigadement». Il y aurait cet inconvénient que des officiers de canonniers volontaires deviendraient des
chefs de bataillon avant des officiers d'artillerie beaucoup plus instruits. qui sont à
peine capitaines au bout de vingt et vingt-cinq ans de service, et qui auraient le
désagrément de se trouver souvent commandés par des officiers de canonniers
volontaires ni aussi anciens ni aussi exercés qu'eux, etc. Carnot. — Arch. nat.,
AF ii, 202.]

LE COMITÉ DE SALUT PUBLIC
À BORIE, REPRÉSENTANT DANS LA LOZÈRE ET LE GARD, À MENDE.

Paris, 24 floréal an ii-13 mai 1794.

Le département de la Lozère peut avoir encore besoin de ton énergie, citoyen collègue. Le Comité t'autorise à y rester autant de temps
que tes opérations importantes réclameront ta présence. Il s'en rapporte
à cet égard à ton zèle et à ton activité. Il t'invite aussi à l'instruire
successivement des mesures que tu auras prises pour assurer dans ces
contrées la tranquillité et le bonheur du peuple.

[Arch. nat., AF ii, 37.]

LE REPRÉSENTANT POUR LA SURVEILLANCE DES ÉPREUVES À MEUDON
AU COMITÉ DE SALUT PUBLIC.

Sans lieu ni date. (Vers le 24 floréal an II - 13 mai 1794.)
(Reçu le 14 mai.)

Citoyens,

J'ai parcouru les onze forges qui bordent la Marne; j'ai requis leurs
propriétaires de fournir à la République cinquante mille obus dans
deux mois, indépendamment du nombre des boulets que le surplus
des fourneaux produiront, puisqu'on ne peut couler en obus, à cause
de la petite étendue des locaux, que moitié de la quantité de métal
fondu. Dans le mois de prairial, je ferai augmenter les locaux qui en
seront susceptibles; nous aurons alors des ouvriers et conséquemment
plus d'obus. Sur ma demande de cinquante mille obus, les maîtres
de forges ont crié à l'impossible; j'ai insisté au nom de la République,
et nous les aurons. Il n'y a point d'ouvriers; j'en fais instruire. Il n'y a
point de châssis, point de globes, point d'arbres, rien enfin, et au
1er prairial nous aurons assez de tout. Quant à présent, je vous promets de ne pas dormir que tout ne soit en pleine activité. Je mettrai
en réquisition les charbons des maîtres de forges qui en ont trop pour
les maîtres de forges qui n'en ont point. J'ai promis des récompenses
à ceux qui marcheront loyalement et d'incarcérer ceux qui entraveront
la fabrication. J'ai nommé le citoyen Véry, maître de forges à Cou-
sances, et son fils, pour monter et conduire nos onze ateliers; ce sont
eux qui instruisent les ouvriers et fabriquent les globes; ils sont très
actifs; vous fixerez leurs appointements.

J'ai mis les serruriers de Bar-sur-Ornain en réquisition pour les
arbres d'obus et tous les menuisiers d'alentour pour les châssis; j'ai
requis des jeunes citoyens dans les campagnes voisines des forges,
pour les instruire à fabriquer des obus. Tout ira bien, et nos obus se
fabriqueront aux portes de Meudon.

Je dois vous dire que le district de Saint-Dizier est dans la plus
grande pénurie; l'hôpital et l'étapier de cette commune manquent
absolument de tout, sans pouvoir se rien procurer nulle part; il y
passe tous les jours des troupes. Faites approvisionner l'étapier. Cette

pénurie est le fait des réquisitions sans nombre dans ce district faites pour les armées. Les administrateurs de Saint-Dizier y ont toujours fait obéir scrupuleusement; leurs ressources étaient dans la Commission des subsistances; ils en ont le plus urgent besoin.

Nos forgerons des départements de la Meuse et de la Haute-Marne désertent les ateliers pour se procurer du pain; ils sont quelquefois quatre jours absents; ils rentrent découragés; je fais tous les jours quinze à vingt lieues pour leur parler; mais nos travaux cesseront, si vous ne venez à leur secours; pressez la Commission des subsistances.

Salut, amitié et fraternité,

J.-C. BATTELLIER, député.

Si vous ne m'écrivez rien de contraire aux mesures que j'ai prises, elles seront exécutées avec célérité.

[Arch. nat., AF ii, 410. — De la main de Battellier.]

LES REPRÉSENTANTS À L'ARMÉE DU NORD AU COMITÉ DE SALUT PUBLIC.

Lille, 24 floréal an ii-13 mai 1794.

La division de gauche de l'armée du Nord continue de répondre aux espérances de la patrie et d'apprendre aux puissances coalisées contre la République ce qu'elles doivent attendre de l'énergie du peuple français.

Nos mouvements sur la Flandre maritime, et la fameuse journée de Mouscron, où nous avons défait complètement les troupes aux ordres du général Clerfayt, avaient déterminé Cobourg à faire filer de ce côté des forces considérables. Nous ne nous sommes point laissé prévenir, et le 21 nous avons attaqué tout ce que nous avions devant nous. A notre gauche et au centre, l'ennemi nous a opposé peu de résistance; nous l'avons poussé vigoureusement et l'avons forcé de se replier jusque sur Tournai et le Mont-Trinité.

Notre droite, composée de divisions que des défaites précédentes avaient un peu intimidées, n'a pas profité des premiers avantages qu'elle avait obtenus d'abord. La cavalerie, excepté les carabiniers, qui se sont conduits avec leur bravoure ordinaire, a abandonné l'in-

fanterie, et celle-ci s'est vue obligée, pour ne pas s'exposer, de se
replier sur sa première position. Elle a montré la plus grande valeur,
surtout dans ce mouvement dangereux.

Deux bataillons, le 1er du 34e régiment et le 2e des Ardennes, ont
poussé au plus haut degré l'intrépidité républicaine. Coupés dans leur
retraite et entourés par un corps de cavalerie ennemie, ils se sont
fait jour à coups de fusil et ont fait éprouver à l'ennemi une perte
considérable.

Pendant que ceci se passait, l'ennemi portait des forces sur Courtrai, à dessein de s'en emparer et d'arrêter les progrès de la gauche
et du centre; mais nous avions prévu ce mouvement, et il a été vivement repoussé par notre colonne d'observation.

Le lendemain, à la pointe du jour, les coalisés se sont présentés et
nous ont légèrement attaqués. Tout a été disposé pour les attaquer
eux-mêmes. Ils avaient réuni sur ce point l'élite de leurs troupes, tant
en infanterie qu'en cavalerie; leurs forces se montaient au moins à
trente mille hommes devant Courtrai seulement.

L'action s'est bientôt engagée; l'ennemi, vigoureusement attaqué,
s'est défendu de même. Jamais on n'a vu un feu plus vif, un combat
plus opiniâtre; mais enfin il a fallu céder à l'incroyable bravoure de
l'infanterie républicaine. Culbutée par la déroute de notre cavalerie
(il faut en excepter quelques corps qui ont bien fait, entre autres le
20e régiment de cavalerie, qui mérite les plus grands éloges), chargée
plusieurs fois par la cavalerie ennemie, elle a tout soutenu, tout repoussé, et, malgré l'étonnante résistance de l'infanterie autrichienne,
rien n'a pu tenir devant les phalanges républicaines; l'ennemi a cédé
le champ de bataille et l'a laissé couvert de ses morts. Nous lui avons
pris plusieurs pièces de canon et des caissons; on le poursuit depuis
ce moment, et nous ne lui laisserons pas le temps de se remettre.

Cet avantage est inappréciable sous tous les rapports. Il doit assurer le succès du plan adopté. Déjà l'ennemi a retiré de la trouée
presque toutes ses forces disponibles et les a portées sur notre gauche
et notre droite. Nous gagnons à cela de diviser ses forces et de le con-
traindre de se battre devant nos places qui assurent nos retraites en
cas d'échec, lorsque lui-même n'a rien derrière lui. Ayez confiance, et
dans peu de temps vous verrez vos efforts et les nôtres couronnés par
des succès étendus et solides.

Ne soyez pas étonnés si Ypres, Nieuport et Tournai ne sont pas encore au pouvoir de la République. Ces places ne nous échapperont pas. Mais nous avons tous pensé que le moyen le plus sûr de les avoir, c'était d'éloigner l'armée destinée à les défendre; et c'est à quoi nous travaillons avec succès en la détruisant.

Que la division des Ardennes continue sa marche avec activité à l'aide des renforts que nous lui avons fait passer, et que l'armée de la Moselle agisse de son côté, et le succès n'est pas douteux.

Nous croyons très important de mettre la division des Ardennes sous les ordres immédiats du général en chef de l'armée du Nord, afin qu'il y ait de l'accord entre ses mouvements et les nôtres.

Nous vous recommandons de ne donner de publicité aux lettres qui vous parviennent des armées qu'avec beaucoup de circonspection [1]. Les gazettes étrangères copient mot à mot nos journaux, et il en résulte des rapprochements qui peuvent être souvent très dangereux pour le succès de nos opérations.

Comptez, citoyens collègues, sur notre dévouement sans bornes. Le général Pichegru est un homme digne plus que jamais de votre confiance. L'ennemi a fait de vains efforts pour l'arrêter; il a entassé les obstacles devant nous; il a dépensé des sommes immenses pour fortifier les places de la Flandre maritime; Menin seul avait absorbé plus de cinq millions; il est aussi fort que Landrecies; mais toutes les redoutes ennemies n'arrêteront la marche victorieuse de l'armée du Nord.

Le général Starai, l'un des plus distingués de l'armée ennemie par ses talents, a été tué à l'affaire du 22.

Salut et fraternité,   Pre CHOUDIEU, RICHARD.

[Ministère de la guerre: *Armées du Nord et des Ardennes. — De la main de Richard.*]

---

[1] Conformément à cette recommandation, Barère ne lut à la Convention, le 26 floréal, que des extraits de cette lettre qu'on trouvera dans le *Moniteur*, réimpression, t. XX, p. 486, et dans le *Procès-verbal*, t. XXXVII, p. 235.

UN DES REPRÉSENTANTS À L'ARMÉE DES CÔTES DE CHERBOURG
AU COMITÉ DE SALUT PUBLIC.

Caen, 24 floréal an II-13 mai 1794. (Reçu le 16 mai.)

Par votre lettre du 17 courant, citoyens collègues, vous me demandez en quelle situation est l'esprit public à Caen [1]. La partie militaire, dont je me suis essentiellement occupé pendant le séjour que j'ai fait en cette ville, et le peu de relations que j'ai eues avec les autorités constituées ne m'ont pas permis d'approfondir cette partie politique. Néanmoins je vais vous transmettre les observations que j'ai pu faire.

Esprit public. — Le peuple en masse [est] bon, mais très difficile à mouvoir; il aime la représentation nationale et la respecte, surtout lorsque les représentants joignent à la popularité convenable cette dignité sans morgue que dicte la nécessité d'une hiérarchie de pouvoirs dans un gouvernement libre.

Quant à la partie politique de cette même masse, elle est nulle, faute de moteurs qui, aux talents nécessaires pour l'élever à la hauteur des circonstances, réunissent la confiance de leurs concitoyens.

Cette pénurie ne vient pas de ce qu'il n'y a pas dans ce pays d'hommes à talents et patriotes, mais bien de ce qu'ils n'osent pas se mettre en évidence, parce qu'ayant plus ou moins trempé dans les mouvements du Calvados, ils ne se mettront au grand jour que lorsque la Convention aura définitivement prononcé sur leur sort, d'autant plus que, dans ce moment, ils sont sous la férule d'une vingtaine d'individus, nouveaux révolutionnaires, qui, lors des mouvements fédéralistes, ont eu le talent ou la lâcheté de ne prendre aucun parti, et qui, pour éterniser, s'il leur était possible, l'espèce de domination qu'ils se sont arrogée, entretiennent la stupeur qui plane, il faut le dire, sur la ville de Caen.

Autorités constituées. — Sans énergie, se fatiguant sur les petits objets et négligeant les grands; suite nécessaire de la manière dont elles sont composées. Là police de surveillance relative aux étrangers est très négligée.

[1] Voir plus haut, p. 317.

Société populaire. — Composée de gens à petits moyens et particulièrement dirigée par les nouveaux révolutionnaires ci-dessus désignés, de manière que l'épuration, plusieurs fois entamée, n'a pu encore s'effectuer; elle est singulièrement affectée du silence que gardent les papiers publics et le *Bulletin de la Convention* sur ses différentes adresses; les femmes y ont beaucoup d'influence.

L'épuration, dont elle a grand besoin, ne pourra se faire avec fruit que lorsque la Convention aura prononcé d'une manière précise et désigné en quelque façon quels sont les signes qui caractérisent les coupables de cette ville : réflexion fondée sur les mesures que la Convention a prises jusqu'à présent pour ce département.

Fanatisme. — Son bandeau couvre encore cette ville et les campagnes environnantes, quoique les fétiches soient disparus. Le ci-devant dimanche est chômé comme par le passé.

Salut et fraternité,

POMME, l'Américain.

[Arch. nat., AF ii, 172.]

LE MÊME AU COMITÉ DE SALUT PUBLIC.

Caen, 24 floréal an ii-14 mai 1794. (Reçu le 19 mai.)

[«Pomme transmet : 1° les pièces résultant du travail de la formation de la 31ᵉ demi-brigade d'infanterie, du 1ᵉʳ bataillon du Morbihan et du 8ᵉ de la Manche. C'est la 3ᵉ dont il a fait l'amalgame, et l'union et la concorde qui régnent dans chacune d'elles lui font espérer que l'ordre et la discipline vont se rétablir à l'armée des Côtes de Cherbourg.» — Arch. nat., AF ii, 269. Analyse. — 2° «Il adresse trois états : 1° celui sous le numéro 1 constate la quantité des hommes de réquisition des départements du Calvados, de la Manche, de la Seine-Inférieure et de la Mayenne, montant à 17,361 hommes envoyés à l'armée du Nord; 2° du 28 germinal au 1ᵉʳ floréal, 4,636 hommes ont été envoyés à l'armée de la Moselle; 3° 1,500 ont été envoyés à l'armée de l'Ouest. Le plus grand nombre était habillé et équipé; il en serait parti beaucoup plus, s'il y avait plus d'ensemble dans la partie de l'habillement et équipement, ce qui ne manquerait pas, si tous les magasins des départements se trouvaient réunis en un.» — Arch. nat., *ibid.* Analyse.]

UN DES REPRÉSENTANTS DANS LE CALVADOS ET LA MANCHE
AU COMITÉ DE SALUT PUBLIC.

Caen, 24 floréal an II-13 mai 1794. (Reçu le 19 et le 18 mai.)

[Huit lettres de Frémanger : 1° « Il demande si les petites barques de pêcheurs, dites *Picoteux*, doivent être comprises dans les dispositions de l'arrêté du 25 ventôse dernier[1]. Ces barques ne peuvent s'éloigner au delà d'une demi-lieue en mer. » — Arch. nat., AF II, 178. Analyse. — 2° « Il transmet un arrêté relatif à un traitement à accorder aux gardes nationales qui ont fait le service sur ces côtes depuis le 1ᵉʳ brumaire. » — Arch. nat., *ibid.* Analyse. — 3° « Il dit qu'il est nécessaire de construire des chemins de patrouilles et des ponceaux de communication le long des côtes du Calvados. Sur quoi doivent être pris les fonds et à qui doit être confiée cette opération? » — Arch. nat., *ibid.* Analyse. — 4° Il fait passer un arrêté qu'il a pris, par lequel les réfugiés des pays révoltés des départements de l'Ouest sont tenus sous trois jours de sortir du département du Calvados. » — Arch. nat., *ibid.* Analyse. — 5° « Il prévient le Comité qu'il apprend à l'instant que des brigands, au nombre de onze à douze cents, commettent des horreurs et des ravages dans le canton de Brix et qu'ils paraissent se diriger du côté d'Avranches, ainsi qu'il résulte de six pièces ci-jointes relatives à cet objet : deux des administrateurs du district d'Avranches en date du 22 floréal; une autre, du citoyen Caffy, adjudant général chef de brigade à Granville, du 21 floréal; deux arrêtés de la municipalité de Cogles, en date du 20 floréal, et une autre lettre du citoyen Wendling, adjudant général chef de brigade, datée de Saint-James et adressée au général en chef. Il va se rendre de suite sur les lieux, afin d'employer les moyens les plus efficaces pour arrêter les suites funestes d'une pareille invasion. » — Arch. nat., *ibid.* Analyse. — 6° Il a pris un arrêté[2] pour faire payer les gardes nationales qui, depuis le 1ᵉʳ brumaire, ont fait le service de la surveillance des côtes, sans réquisition formelle, mais avec régularité. — Arch. nat., *ibid.* — 7° Il mande que tout est absolument tranquille à Pont-Chalier (ci-devant Pont-l'Évêque). « Les jeunes gens de la première réquisition y sont rentrés dans l'ordre, la subordination militaire y règne pleinement, et j'ai tout lieu de penser que ça ira dorénavant le mieux du monde. La Cour, chef de l'émeute, est traduit au tribunal criminel du département du Calvados; il va être incessamment jugé. » — Arch. nat., *ibid.* — *De la main de Frémanger.* — 8° A Esson, les habitants ont mis le feu à la chapelle[3]; elle est brûlée : le calme est rétabli et les esprits sont dans les meilleures dispositions, comme il résulte de la lettre ci-jointe[4]. « Je viens de donner un man-

---

[1] Voir t. XI, p. 712, l'arrêté n° 2.
[2] Cette pièce manque.
[3] Voir plus haut, p. 418.
[4] Dans cette lettre datée de Thury, 23 floréal et signée Bascher, il est dit que

quelques fanatiques ont paru à Esson, mais les habitants les ont poursuivis avec des fourches et mis en fuite; les femmes ont secondé les maris dans cet acte révolutionnaire.

dat d'arrêt contre trois prêtres des environs, ex-prêtres habitués de cette chapelle, qui, il y a peu, y disaient encore la messe. J'apprends à l'instant qu'à Condé-sur-Noireau de pareils rassemblements à celui qui avait lieu sur la montagne d'Esson ont lieu à une chapelle qui y est située. J'y fais parvenir mon arrêté, dont les dispositions s'appliquent à toutes les communes des départements de la Manche et du Calvados. La Société populaire de cet endroit me promet de le mettre promptement à exécution, en m'invitant à croire qu'elle va employer tous les moyens qui sont en son pouvoir pour empêcher le mal qui naît toujours de semblables rassemblements. Je n'en puis plus douter, les intrigants, les scélérats allaient infailliblement former sur la montagne d'Esson un noyau d'une nouvelle Vendée; leur coup est manqué, et, je l'espère bien, ils ne réussiront jamais. » — Arch. nat., *ibid.* — *De la main de Frémanger.* |

UN DES REPRÉSENTANTS À L'ARMÉE DES CÔTES DE CHERBOURG
AU COMITÉ DE SALUT PUBLIC.

Rouen, 24 floréal an 11-13 mai 1794. (Reçu le 16 mai.)

[«Guimberteau mande qu'il lui a été envoyé un rapport fait par l'artiste vétérinaire Le Prevost au sujet de l'amalgame, qui, étant une mauvaise nourriture, faisait périr plusieurs chevaux. Il transmet copie de la lettre que cet artiste vient de lui écrire à cette occasion [1] et invite le Comité à la prendre en considération. » — Arch. nat., AF II, 269. Analyse.]

LE REPRÉSENTANT DANS LE MORBIHAN ET LA LOIRE-INFÉRIEURE
AU COMITÉ DE SALUT PUBLIC.

Nantes, 24 floréal an 11-13 mai 1794. (Reçu le 18 mai.)

Je reçois, chers collègues, votre lettre du 21 floréal [2], par laquelle vous me marquez de me rendre sans délai à Brest pour remplacer Jeanbon Saint-André, qui doit joindre la flotte, actuellement en mer. Je pars, je marcherai jour et nuit. Tout est ici disposé pour mettre mon collègue qui doit me succéder au courant des affaires en un jour ou deux. Puissé-je vous annoncer bientôt que nos armes triomphent sur mer comme sur terre! Je l'espère, car la flotte, que j'ai vue, il y a huit jours, brûlait de combattre. La présence de notre collègue Jean-

---

[1] Cette pièce manque. — [2] Voir plus haut, p. 417.

bon y fera merveille; il a tout électrisé et jouit de la plus grande confiance. Il vous a sans doute fait part d'un petit choc de pouvoirs que des malintentionnés avaient fait naître entre nous pour le remplacement de quelques officiers municipaux et notables de Lorient. Bonjour et Rey, envoyés par le Comité de sûreté générale pour l'arrestation de quelques gens suspects, sont venus en poste m'en prévenir. J'ai volé vers mes collègues, nous nous sommes expliqués, entendus, embrassés, et les intrigants ont été déjoués. J'espère que vous ne me fixerez pas irrévocablement à terre, et que j'aurai mon tour pour aller voir danser la carmagnole aux Carthaginois... Au surplus, disposez de moi sur terre ou sur mer, au Nord ou au Midi, au Comité où aux armées : vous me trouverez toujours prêt à seconder vos mesures républicaines.

Salut, amitié et fraternité,　　　　　Prieur (de la Marne).

P.-S. Je comptais vous renvoyer le même courrier, mais il est blessé à la jambe, il est éreinté, et ne peut partir. Je vous envoie mes dépêches par la poste. Je pars à l'instant.

[Arch. nat, AF ii, 178. — *Le post-scriptum est de la main de Prieur (de la Marne).*]

LE MÊME AU COMITÉ DE SALUT PUBLIC.

Nantes, 24 floréal an ii-13 mai 1794. (Reçu le 18 mai.)

[Trois lettres de Prieur (de la Marne) : 1° «Il transmet au Comité une lettre du général Boucret, datée de Doué, le 8 floréal, contenant un trait d'héroïsme de quinze républicains qui ont résisté à six cents brigands qui les menaçaient de la vie (*sic*). Il transmet leurs noms, afin que la Convention vienne au secours de ces braves, dont les propriétés ont été totalement incendiées. Il transmet l'arrêté par lequel il leur accorde douze mille livres à titre d'avance provisoire.» — Arch. nat., AF ii, 269. Analyse. — 2° En exécution de l'arrêté du Comité du 15 floréal [1], le citoyen Desprez a été sur-le-champ mis en liberté et doit être rendu au Comité de salut public. «Vous verrez, par les deux pièces dont je joins ici copie [2], les motifs

[1] Voir plus haut, p. 265, l'arrêté n° 5.
[2] C'est une proclamation et un arrêté imprimés portant destitution, arrestation et remplacement de plusieurs officiers nominativement désignés, et parmi eux Desprez, capitaine, pour avoir évacué, dans la nuit du 4 germinal, la place de Mortagne, contrairement aux ordres du général en chef. L'accusateur public de la Commission militaire établie au Mans fera toutes les poursuites nécessaires. (16 germinal. Signé : Garrau, Prieur, Hentz et Francastel.)

de l'arrestation de ce citoyen et de ses camarades; elles vous ont déjà été envoyées, et mes collègues Hentz et Francastel, qui sont près de vous, et qui ont une connaissance parfaite de cette affaire, peuvent vous donner tous les renseignements que vous désirez vous procurer." — Arch. nat., AF II, 178. — 3° Il transmet l'arrêté qu'il a pris pour répondre aux vœux de la lettre du Comité du 6 floréal [1] et de son arrêté du 5 [2], relatifs aux réfugiés de la Vendée. — Arch. nat., ibid.]

LE REPRÉSENTANT DANS LE BEC-D'AMBÈS ET LA DORDOGNE
AU COMITÉ DE SALUT PUBLIC.

Bordeaux, 24 floréal an II-13 mai 1794.

Je reçois à l'instant votre arrêté du 19 [3] et votre lettre du 20 floréal [4]. La loi des 27 et 28 germinal a été exécutée ici strictement. Je ferai exécuter avec le même soin l'exception que vous prononcez en faveur du commerce et des manufactures. Je ferai rentrer dans le sein de la commune de Bordeaux les citoyens compris dans cette exception dont le civisme sera éprouvé et le talent reconnu.

Vous portez la consolation dans nos âmes en nous assurant de prompts secours en subsistances. Nous sommes aux abois, et j'ose dire qu'il a fallu toute la confiance que les citoyens ont accordée à leurs représentants pour les empêcher de se livrer au désespoir, après une famine supportée pendant dix mois.

Je viens de visiter le district de Bourg, l'un des plus malheureux de ce département. Je n'ai vu partout que des squelettes exténués par la faim, des hommes enflés par les herbes bouillies dont ils font leur seule nourriture. Eh bien! ces infortunés citoyens avaient encore le sourire sur les lèvres, lorsque je leur racontais les succès de la République; tous offraient les preuves du plus entier dévouement à la patrie.

Je pars demain pour visiter toutes les batteries, vigies et points de défense établis jusqu'à l'embouchure de la Gironde. Je consolerai en même temps les citoyens du ci-devant Médoc, district de Lesparre, qui n'offrent pas un moindre exemple de patience et de vertus répu-

---

[1] Voir plus haut, p. 56.
[2] Voir plus haut, p. 27, l'arrêté n° 10.
[3] Voir plus haut, p. 369, l'arrêté n° 20.
[4] Nous n'avons pas cette lettre.

blicaines, car ce malheureux pays ne produit absolument que du vin, dont le revenu tourne au profit du riche.

Cependant la culture des légumes farineux a été tellement stimulée depuis notre arrivée ici que les campagnes y trouveront dans peu de grandes ressources. J'aurai assez vécu, quand, après de si longues douleurs, j'aurai vu l'abondance renaître dans ces contrées, dont le peuple est si bon, si aimant, si attaché à la liberté, si ennemi des tyrans et de ceux qui l'avaient égaré, qu'il faudrait être un monstre pour ne pas le chérir.

Citoyens mes collègues, quel que soit le terme que vous donniez à ma pénible mission [1], je ne connais que mon devoir qui est d'obéir à vos arrêtés; mais je voudrais ne partir que le lendemain de l'arrivée du convoi qui redonnera la vie à six cent mille citoyens pleins d'amour et d'enthousiasme pour la Révolution, de soumission aux lois et d'admiration pour les grands travaux du Comité de salut public.

Salut et fraternité,

Alex. Ysabeau.

[Arch. nat., AF ii, 264. — *De la main d'Ysabeau.*]

LE REPRÉSENTANT DANS LE LOT-ET-GARONNE ET LES LANDES À LA CONVENTION NATIONALE.

Dax, 24 floréal an ii-13 mai 1794.

[«Monestier (de la Lozère) instruit la Convention que la Société populaire de Tilly [2] a déposé dans la caisse du receveur du district une somme de 892 livres en faveur des parents peu fortunés de nos braves défenseurs. Il annonce aussi que le citoyen Laloppe, citoyen de la même commune, a adressé au directeur de la liquidation les titres d'une créance de cinq cents livres en capital et des intérêts que l'ancien gouvernement ne lui a pas payés depuis 1723.» — *Bulletin de la Convention* du 9 prairial. Analyse.]

---

[1] Ysabeau fut rappelé par arrêté du 25 floréal, n° 13. Voir plus loin, p. 517.

[2] Je ne trouve aucune commune de ce nom dans les Landes et le Lot-et-Garonne.

Il y a sans doute ici, dans le *Bulletin de la Convention*, une faute d'impression, et il est probable qu'il s'agit de la commune de Tilh (Landes).

LE REPRÉSENTANT DANS L'YONNE ET LA SEINE-ET-MARNE
AU COMITÉ DE SALUT PUBLIC.

Auxerre, 24 floréal an II-13 mai 1794. (Reçu le 18 mai.)

[« Maure écrit qu'un citoyen Besson, prévenu de complicité avec son fils, marchaud d'argent, a été traduit et acquitté au tribunal criminel, mais il était détenu depuis huit mois comme suspect. Le représentant l'a fait mettre en liberté; motifs. Lorsqu'il a été rendu à sa famille, il existait en dépôt 16,800 livres en argent et autant en or et trouvées chez lui, lors de son arrestation. Le représentant les a fait verser dans la caisse du district; mais doit-on rendre à Besson pareille somme en assignats et six couverts d'argent qui lui appartiennent? Joint un arrêté relatif au versement des deux sommes ci-dessus dans la caisse du district [1]. » — Arch. nat., AF II, 163. Analyse.]

UN DES REPRÉSENTANTS À L'ARMÉE DE LA MOSELLE
AU COMITÉ DE SALUT PUBLIC.

Morfontaine, 24 floréal an II-13 mai 1794. (Reçu le 19 mai.)

[Duquesnoy transmet un arrêté qu'il a pris pour interdire toute communication avec l'ennemi et déclare que les contrevenants seront considérés comme espions et punis comme tels. « Je vous envoie aussi trois rapports du citoyen Bacher, interprète de la République française et premier secrétaire de l'ambassade en Suisse, que l'adjudant général chargé de la partie secrète nous a fait parvenir. Si le citoyen Bacher n'est pas aristocrate, son style est au moins d'un homme suspect. — Nos troupes de l'armée du Rhin commencent à arriver, et sous peu nous serons en état d'exécuter votre arrêté. — Trois adjoints à l'état-major de cette armée, dont l'un était ci-devant prêtre, et tous trois nommés officiers dans le mauvais temps comme fils de citoyens actifs, ont excité des inquiétudes dans l'armée, tendant à la subversion des esprits et à faire perdre la confiance que les soldats doivent avoir en leurs chefs, en publiant qu'il y en avait plusieurs qui avaient passé à l'ennemi. Ces trois individus ont été livrés à la Commission militaire révolutionnaire, qui les a condamnés à la peine de mort. L'exécution de ce jugement a été faite dans les vingt-quatre heures. — Le citoyen Archier, commissaire ordonnateur en chef de cette armée, est un honnête homme et bon patriote, mais il n'a pas tout le talent et l'activité nécessaires dans une place aussi importante, de manière que je ne suis pas sans inquiétude. » Il désirerait que le Comité eût quelqu'un pour le remplacer. — Arch. nat., AF II, 246.]

----

(1) En marge : « L'arrêté et la pièce au citoyen Cambon, Comité des finances».

LE REPRÉSENTANT DANS LA MEUSE ET LA MOSELLE
AU COMITÉ DE SALUT PUBLIC.

Bouzonville, 24 floréal an II–13 mai 1794. (Reçu le 19 mai.)

Il y a longtemps, citoyens collègues, que j'étais intimement persuadé que le serpent du modérantisme était bien plus contraire au progrès de la Révolution et au développement de la moralité nationale que le tigre de l'aristocratie.

Les mains vigoureuses du peuple peuvent enchaîner et museler celui-ci, avec lequel il faut seulement opposer la force à la rage; mais, l'autre s'insinue à replis tortueux dans tous les recoins du monde révolutionnaire; il souffle dans les cœurs en poison d'autant plus dangereux qu'il ressemble en beaucoup de manières aux émanations saintes du républicanisme.

A Bouzonville, plus qu'ailleurs, je me suis convaincu de ces désastreuses vérités. Le délire de la contre-révolution n'y exalte aucun cerveau, mais presque tous sont imprégnés des vapeurs doucereusement corrosives du modérantisme et de l'indulgence. Presque tous, sans s'opposer à la marche de l'esprit humain, ne font rien pour l'accélérer; automates imbéciles, ils n'appelleraient pas sur leurs têtes le spectre de la tyrannie; mais, si un chef, un despote était honteusement proclamé (loin de nous cette idée si révoltante!) ils n'oseraient ne pas courber le front sous son joug odieux.

Une telle débilité de caractère a ouvert aux intrigants un champ vaste pour l'exercice de leurs talents funestes. Il en est un qui déployait les siens depuis longtemps; il avait semblé patriote, s'il était possible de l'être sans morale et sans âme.

La sienne, souillée par des excès de débauche et de pillage, avait un tel empire sur les faibles esprits, qu'elle les pressait de tout son poids et les réduisait au silence. Sans talents, il avait celui d'inspirer moins de confiance que de crainte à une tourbe d'hommes sans caractère. La terreur l'environnait; il régnait en maître sur les opinions; il commandait en tyran aux pensées; il dirigeait celles de la Société populaire, où un homme ne s'est pas trouvé pour le démasquer, pour le combattre. Il avait fait de Bouzonville le théâtre de ses brigandages moraux; plusieurs familles se seraient exilées, si on eût laissé respirer au milieu d'elles un être si taré, si corrompu, si dangereux.

Je l'ai fait arrêter et détenir comme suspect. Je me plais à croire que, ce germe de sédition enlevé, Bouzonville va reprendre une énergie mâle et digne du gouvernement des libres et des forts.

Tel est au moins l'espoir que, de l'épuration des autorités, des discours que je leur ai prononcés et des serments que tous les citoyens m'ont faits, je puis concevoir.

Elle a été opérée avec plus de sévérité que partout, et les sans-culottes aux mains desquels sont remises les rênes de l'administration ont promis de les tenir toujours fermes et invariables.

Salut et liberté,   MALLARMÉ.

[Arch. nat., AF II, 163. — *De la main de Mallarmé.*]

COMITÉ DE SALUT PUBLIC.

Séance du 25 floréal an II–14 mai 1794.

Présents : B. Barère, Carnot, Collot-d'Herbois, Couthon, Billaud-Varenne, C.-A. Prieur, Robespierre, R. Lindet.

1. Le Comité de salut public, prenant des mesures définitives sur l'embellissement du Palais national et de ses accessoires, après avoir pris connaissance du résultat d'un jury des arts qu'il avait chargé d'examiner les divers plans présentés par les artistes en exécution de plusieurs arrêtés précédents, arrête : 1° le Palais national, où la Convention tient ses séances, et le jardin qui l'accompagne seront embellis d'après les bases suivantes, contenues dans le plan qui lui a été présenté par le citoyen Hubert, architecte, dont les travaux ont obtenu la priorité au jugement du jury des arts. — 2° La cour du Palais national sera fermée, du côté du Carrousel, par un stylobate circulaire. Des figures représentant les vertus républicaines seront placées sur des socles portés sur une seule base, symbole de l'unité de la République; sur la face de chacun des socles du côté de la cour sera placée

une étoile flamboyante, qui éclairera le Palais national pendant la nuit. La Déclaration des droits et la Constitution seront inscrites en lettres de bronze dorées sur le stylobate. Il sera placé sur le haut du dôme du Palais national une statue en bronze représentant la Liberté debout, tenant le drapeau tricolore d'une main et la Déclaration des droits de l'autre main. — 3° A l'entrée de la cour, les statues de la Justice et du Bonheur public, élevées sur de grands piédestaux, porteront suspendu le niveau de l'égalité. L'imprimerie et les bâtiments situés dans l'enceinte de la cour seront masqués par des groupes d'arbres. — 4° Les deux galeries situées des deux côtés du pavillon de l'Unité seront réunies en démolissant les murs qui obstruent le passage du côté du jardin. Ces galeries seront ornées des statues des grands hommes. — 5° La terrasse en avant du Palais national sera agrandie jusqu'au parterre, pour y placer, sur plusieurs files, des orangers, des statues, des vases et des bustes. — 6° Cette terrasse sera terminée, du côté du pont et du côté du Manège, par deux entrées de 40 pieds de largeur, composées de piédestaux ornés de groupes et de bas-reliefs analogues à la Révolution. Ces entrées seront fermées pendant la nuit par des bascules combinées de manière qu'on ne les verra pas lorsqu'elles seront baissées. — 7° Du côté du Manège, on ouvrira vis-à-vis l'entrée un large passage qui aboutira à la rue de la Convention. — 8° Les orangers de Versailles, de Meudon et de Saint-Cloud seront transportés dans le Jardin national. Il sera construit, dans la cour du ci-devant couvent des Feuillants, une orangerie pour renfermer les arbres pendant l'hiver. — 9° La terrasse dite *des Feuillants* sera élargie; la partie du jardin située au-dessous de cette terrasse sera convertie en palestre, qui servira aux exercices gymnastiques des jeunes gens. Il sera construit le long de cette terrasse un portique ouvert au midi dans toute la longueur du (*sic*) Palestre. L'intérieur de ce portique sera orné de tableaux capables de développer et de diriger les passions généreuses de l'adolescence. — 10° La terrasse dite *des Feuillants* sera garnie d'orangers, de grenadiers et de vases. Elle sera terminée par un bosquet ouvert en pente douce du côté de la place de la Révolution. Ce bosquet, ainsi qu'un pareil situé à l'extrémité de l'autre terrasse du côté de l'eau, sera orné d'un monument analogue à la Révolution. Cette terrasse du côté de l'eau sera ornée de statues et de vases. — 11° Le parterre actuel sera changé en groupes d'arbrisseaux garnis de monuments de sculpture qui seront pris dans les maisons nationales. — 12° En avant de la terrasse des orangers sera établie une vaste esplanade destinée à rassembler le peuple dans les jours de fêtes publiques. — 13° Le grand bassin circulaire sera converti en une fontaine composée des principaux fleuves de la France. Les deux bassins latéraux seront changés en deux fontaines, l'une dédiée à la Liberté et l'autre à l'Égalité. — 14° Il sera ouvert quelques allées dans les grands arbres pour faciliter la circulation de l'air. Les carrés placés entre les arbres seront ornés de monuments en marbre pris dans les maisons nationales. Il y sera établi des hexaèdres semblables à ceux où les philosophes grecs donnaient leurs instructions. — 15° Le grand bassin octogone situé au-devant du Pont-Tournant sera supprimé. Il sera établi des deux côtés de l'emplacement de ce bassin des bosquets avec des fontaines jaillissantes au-devant. — 16° Au bas du bosquet qui terminera la terrasse du côté de l'eau sera construit un bassin recevant l'eau de la Seine et destiné à une école de natation. — 17° L'entrée du Jardin national, du côté du Pont-Tournant, sera élargie jusqu'aux piédestaux qui soutiennent les Renommées: il sera construit aux côtés de cette entrée deux portiques adossés aux parapets du Jardin national; ces portiques retraceront les faits les plus mémorables de la Révolution. — 18° La statue de la Liberté, élevée sur le piédestal de l'avant-dernier tyran des Français, sera remplacée par une autre statue debout, dans de plus grandes proportions, et il sera construit autour du piédestal actuel un autre piédestal d'une plus grande proportion et qui laissera voir le premier. — 19° Les deux colonnades formant le Garde-Meuble seront réunies en un arc triomphal en l'honneur des victoires remportées par le peuple sur la tyrannie. Cet arc laissera voir la ci-devant église de la Madeleine, qui sera terminée pour devenir un temple à la Révolution. — 20° En face de cet arc de triomphe, et en avant du pont de la Révolution, sera placé un autre arc, qui doit faire partie des monuments de la fête du 10 août et qui est mis au concours par l'arrêté du..... [1]. — 21° Entre les deux arcs triomphaux, aux deux côtés de la statue de la Liberté, seront élevées deux fontaines jaillissantes consacrées à l'utilité publique: elles porteront les emblèmes de la Révolution française. — 22° Sur le pont de la Révo-

[1] Voir plus haut, p. 23, l'arrêté du 5 floréal, n° 1.

lution seront placées définitivement des statues de bronze antique, prises dans les maisons nationales appartenant à la ci-devant liste civile ou aux émigrés. — 23° L'entrée des Champs-Élysées sera agrandie; on y placera les chevaux de Marly comme il est dit par l'arrêté du. . .[1], en face de ceux du Pont-Tournant. — 24° Ces chevaux seront flanqués de deux portiques correspondant à ceux placés aux deux côtés de l'entrée du Jardin national, près le Pont-Tournant. Ces quatre portiques seront destinés à être ornés de sujets révolutionnaires, en peinture et en sculpture. — 25° La place de la Révolution sera convertie en un cirque par le moyen de glacis dont la pente douce favorisera l'accès de toutes parts et qui servira aux fêtes nationales. — 26° Tous les dessins des vases, statues, fontaines et des monuments quelconques qui ne sont qu'indiqués dans le présent arrêté seront présentés au Comité, qui en arrêtera définitivement l'exécution et le placement. — 27° Les représentants du peuple David, Granet et Fourcroy sont chargés de surveiller l'exécution du présent arrêté, de lever tous les obstacles qui pourraient s'opposer à sa réussite et de présenter au Comité tous les moyens les plus propres à accélérer la confection du travail. — 28° L'ensemble du plan qui vient d'être tracé exigeant une suite de monuments et de projets qui nécessitent un grand travail et son exécution devenant pressante pour les jouissances du peuple, le citoyen Hubert est chargé de s'adjoindre pour cette opération les citoyens Moreau, Bernard et Lannoy. Les monuments qui font partie de ce plan seront confiés à chacun de ces artistes par les représentants du peuple nommés dans le précédent article. — 29° La Commission des travaux publics est chargée de fournir, pour la prompte exécution du présent arrêté, tous les moyens en hommes, matériaux et fonds nécessaires à la confection rapide des travaux qu'il exige. — 30° La Commission des transports et charrois donnera les ordres nécessaires pour transporter les statues et les matériaux que les artistes auront désignés.

B. Barère, Billaud-Varenne, C.-A. Prieur, Collot-d'Herbois, Robespierre[2].

---

[1] Voir plus haut, p. 28, l'arrêté du 5 floréal, n° 15.

[2] Arch. nat , AF ii, 80. — De la main de Barère. — Cet arrêté du Comité de salut public fut reproduit dans plusieurs journaux du temps, par exemple dans le *Moniteur* du 21 prairial. (Réimpression, t. XX, p. 674.)

2. Les Comités de salut public et de sûreté générale, en vertu de la loi du 23 ventôse, arrêtent qu'il sera établi une Commission populaire composée de cinq membres, qui sont les citoyens : Soubleyras, vice-président du Tribunal révolutionnaire; Thibolot, greffier de la municipalité de Vitry, près Paris; Laveyron, cultivateur à Créteil; Degalonnier, membre du Comité de surveillance de la section des Gardes-Françaises; Fournerot, membre du Comité de surveillance du département de Paris. Cette Commission fera le recensement de tous les gens suspects à déporter, conformément à la loi des 8 et 13 ventôse. Si elle découvre des citoyens qui lui paraissent injustement arrêtés, elle en formera la liste et l'enverra au Comité de salut public et au Comité de sûreté générale, qui prononceront définitivement sur leur mise en liberté. Les détenus qui ne seront pas compris dans ces deux classes seront envoyés au Tribunal révolutionnaire. Cette Commission résidera à Paris et exercera ses fonctions à l'égard des personnes détenues dans les maisons d'arrêt de cette commune. Son arrondissement sera déterminé plus particulièrement, ainsi que celui des autres commissions qui pourraient être établies à Paris pour le même sujet. Le commissaire de la police générale, administrations civiles et tribunaux est chargé de l'installer sans délai. Les membres de la Commission tiendront une conduite digne du ministère important qu'ils ont à remplir. Ils ne perdront jamais de vue le salut de la patrie, qui leur est confié, et qui doit être la règle suprême de leurs décisions. Ils vivront dans cet isolement salutaire qui concilie aux juges le respect et la confiance publics et qui est le garant de l'intégrité des jugements; ils seront inaccessibles à toutes sollicitations et fuiront toutes les relations particulières qui peuvent influencer la conscience et affaiblir l'énergie des défenseurs de la liberté.

Élie LACOSTE, ROBESPIERRE, COUTHON, DU BARRAN, VADIER[1].

3. Le Comité de salut public arrête ce qui suit : 1° L'administration actuelle de la Maison nationale des Invalides est supprimée au 1er prairial; les membres qui la composent cesseront leurs fonctions; ils seront tenus de présenter les pièces justificatives de dépense à la Trésorerie nationale dans le délai d'un mois. — 2° Cette administra-

---

[1] Arch. nat., AF ii, 22. On remarquera que la fin de cet arrêté est conçue dans les mêmes termes que la fin de l'arrêté du 24 floréal, n° 4. Voir plus haut, p. 484.

tion sera remplacée par une agence composée de trois membres, qui seront présentés au Comité par la Commission des secours publics. — 3° Les fonctions de surveillance intermédiaire, déléguées au département de Paris, par l'article 2 du titre III de la loi du 16 mai[1], seront désormais exercées par la Commission des secours publics. — 4° La Commission des secours publics pourvoira de suite aux besoins de l'hospice sur les fonds mis à sa disposition par le décret de la Convention nationale. — 5° Il y aura sous les ordres de l'agence quatre surveillants d'exécution, un économe, un caissier nommé par la Commission des secours, sous l'autorisation du Comité de salut public. — 6° La Commission des secours présentera au Comité, dans le plus bref délai, un nouveau règlement pour le régime, la police et la discipline intérieure de l'hospice des Invalides; en attendant, l'agence sera tenue de se conformer aux dispositions de la loi du 16 mai en tout ce qui n'est pas changé par le présent arrêté. — 7° Tous les revenus particuliers qui pourraient exister appartenant à la maison des Invalides seront administrés comme revenus nationaux et versés dans la Trésorerie nationale.

B. Barère, Billaud-Varenne [2].

4. Le Comité de salut public arrête que, sur chaque bâtiment employé à la protection du cabotage, et même à des croisières non éloignées, il sera embarqué, en sus du complet de l'équipage, quatre à douze novices qui n'auront pas encore navigué, et que, chaque mois, un nombre égal de ceux qui auront été à bord pendant deux ou trois mois en sera retiré pour être envoyé dans les grands ports et destiné à servir sur les vaisseaux de l'armée navale. A mesure que ces novices arriveront dans les grands ports, et en attendant leur embarquement sur les vaisseaux de l'armée, ils seront embarqués sur des bâtiments destinés à cet effet, qui leur serviront de caserne, et où ils seront instruits à la manœuvre, au canonnage et aux autres parties du service. Lorsque le temps sera contraire pour l'exercice en mer, ils seront exercés à terre

---

[1] Il s'agit de la loi du 30 avril 1792, sanctionnée le 16 mai suivant, et non pas de l'article 2 du titre III de cette loi, mais de l'article 3 de la section 1 du titre II, qui est ainsi conçu : « L'administration générale de l'Hôtel sera confiée, sous la sur-veillance du département de Paris, à un conseil électif qui sera composé ainsi qu'il sera dit ci-après».

[2] Arch. nat., AF II, 284. — Avec des ajoutés et des surcharges de la main de Barère.

au canonnage avec des affûts marins. Le commissaire de la marine et des colonies donnera les ordres nécessaires pour la prompte exécution du présent arrêté.

BILLAUD-VARENNE, COLLOT-D'HERBOIS, B. BARÈRE[1].

5. Le Comité de salut public, voulant prévenir le dépérissement absolu des postes, arrête: 1° que les maîtres de poste qui ne justifieraient pas d'un certificat de civisme seront destitués; 2° que la Commission des postes et messageries s'occupera de pourvoir au besoin de la plupart des postes d'avoine et de chevaux; elle pourra prendre dans les dépôts des chevaux d'artillerie ceux qui ne seront pas jugés propres à servir à l'artillerie; 3° que les maîtres de poste ne pourront fournir de chevaux qu'aux représentants du peuple, aux courriers, aux agents de la République et aux autres citoyens qui pourront faire constater qu'ils voyagent pour le service public.

ROBESPIERRE, BILLAUD-VARENNE, B. BARÈRE[2].

5. Le Comité de salut public arrête que la Commission des postes et messageries s'occupera sur-le-champ d'adapter au nouveau calendrier républicain les jours d'arrivée et de départ des courriers dans les différentes communes de la France.

ROBESPIERRE, BILLAUD-VARENNE, B. BARÈRE[3].

6. Le Comité de salut public arrête que la Commission établie à Bordeaux par les représentants du peuple pour y juger les contre-révolutionnaires reprendra l'exercice de ses fonctions du moment de la réception du présent arrêté[4].

BILLAUD-VARENNE, B. BARÈRE, ROBESPIERRE[5].

7. Le Comité de salut publique autorise Joseph Molé, âgé de dix-neuf ans, fondeur en caractères, actuellement soldat à la 1re compagnie du 6e régiment de chasseurs à cheval, à revenir à Paris pour y être employé aux travaux de son art, pour le service de la République,

(1) Arch. nat., AF II, 301.

(2) Arch. nat., AF II. 20. On trouvera un exemplaire imprimé de cet arrêté aux Arch. dép. du Calvados, L, 417.

(3) Arch. nat., AF II, 20.

(4) Par exception à l'arrêté du 3 floréal, n° 26. Voir t. XII, p. 761.

(5) Arch. nat., AF II, 22.

et remplir près de ses père et mère les devoirs de la piété filiale. La
Commission de l'organisation et des mouvements des armées de terre
est chargée de l'exécution du présent arrêté.

CARNOT[1].

8. Le Comité de salut public arrête que l'accusateur public du Tribunal révolutionnaire aura son logement à la maison de justice, ci-
devant le Palais. Le commissaire des administrations civiles, police et
tribunaux est chargé de l'exécution du présent arrêté.

B. BARÈRE, ROBESPIERRE, BILLAUD-VARENNE[2].

9. Le Comité de salut public arrête que les tribunaux ou commissions populaires établis pour réprimer les ennemis de la République[3]
enverront chaque jour au Comité de salut public la notice de tous les
jugements qu'elles rendront, de manière qu'il puisse connaître les personnes jugées et la nature des affaires. L'accusateur public du Tribunal révolutionnaire établi à Paris remettra en outre au Comité, au
commencement de chaque décade, la note des affaires qu'il se proposera de porter au Tribunal dans le courant de la décade.

COUTHON, BILLAUD-VARENNE, ROBESPIERRE[4].

10. Le Comité de salut public arrête que le général Hanriot fera
placer tous les jours près la Commission des secours publics deux gendarmes nationaux, qui seront chargés de porter dans Paris et aux environs toutes les dépêches dont l'intérêt public exigera la prompte
remise.

B. BARÈRE, BILLAUD-VARENNE[5].

11. Le Comité de salut public arrête que les scellés apposés sur
les effets de Lavigneur[6], libraire, condamné par le Tribunal révolu-

---

[1] Arch. nat., AF II, 304.

[2] Arch. nat., AF II, 22. — De la main
de Barère.

[3] Selon la loi du 23 ventôse.

[4] Arch. nat., AF II, 22. — De la main
de Robespierre. — Il y a, dans F⁷, 4436,
une autre minute du même arrêté, signée

C.-A. PRIEUR, BILLAUD-VARENNE, ROBES-
PIERRE.

[5] Arch. nat., AF II, 81.

[6] Je ne trouve pas ce nom dans la
liste des personnes traduites au Tribunal
révolutionnaire que M. Wallon a publié à
la fin de son tome VI.

tionnaire, seront levés sur-le-champ, et que toutes les collections du
Moniteur qui en font partie seront apportées au Comité de salut public. L'agent national du département de Paris est chargé de l'exécution du présent arrêté.

B. Barère, Carnot, Collot-d'Herbois[1].

12. Le Comité de salut public invite David, représentant du peuple,
à lui présenter ses vues et ses projets sur les moyens d'améliorer le
costume national actuel et de l'approprier aux mœurs républicaines et
au caractère de la Révolution, pour en présenter les résultats à la
Convention nationale et recueillir le vœu de l'opinion publique.

B. Barère, Carnot, Collot-d'Herbois, C.-A. Prieur.
Billaud-Varenne, Robespierre[2].

13. Le Comité de salut public arrête que le citoyen Ysabeau, représentant du peuple envoyé à Bordeaux, cessera ses fonctions et se
rendra dans le sein de la Convention nationale. Il pourra néanmoins
jouir d'un mois de congé pour rétablir sa santé dans les Hautes-Pyré-
nées.

B. Barère, Robespierre, Billaud-Varenne[3].

14. Le Comité de salut public arrête que les représentants du
peuple dans le Haut-Rhin feront acheter chez Hans, de Bâle, fondeur
de caractères d'imprimerie, un assortiment complet de caractères typographiques allemands et les feront parvenir à Paris, à l'adresse du
Comité, qui en fera solder le prix.

B. Barère, Billaud-Varenne, Collot-d'Herbois,
Robespierre, C.-A. Prieur[4].

15. Le Comité de salut public, prenant en considération les témoignages rendus à la bonne conduite de Daunant, chef d'escadron du
3ᵉ régiment de dragons, par les officiers, sous-officiers et dragons de

---

[1] Arch. nat., AF ii, 23. — *De la main
de Barère.*

[2] Arch. nat., AF ii, 66. — *De la main
de Barère.*

[3] Arch. nat., AF ii, 412. — *De la
main de Barère.*

[4] Arch. nat., AF ii, 60. — *De la main
de Barère.*

ce régiment, arrête que ledit Daunant sera réintégré sans délai dans ses fonctions.

CARNOT, ROBESPIERRE, B. BARÈRE[1].

16. Prenant en considération les représentations faites par le citoyen Rifflet, chef de brigade au 21e régiment de cavalerie, lequel expose qu'il ne se sent pas l'expérience nécessaire pour remplir avec succès les fonctions de général de brigade, grade auquel il a été nommé, le Comité de salut public arrête que ledit citoyen Rifflet sera employé à l'armée du Nord comme adjudant général avec le grade de chef de brigade seulement, et charge la Commission de l'organisation et du mouvement des armées de terre de l'exécution du présent arrêté.

CARNOT [2].

17. Le Comité de salut public, prenant en considération les rapports qui lui ont été faits sur les opérations des agents envoyés par lui pour l'évacuation du Palatinat, considérant que les représentants du peuple près l'armée de la Moselle peuvent satisfaire à ce qui était prescrit auxdits agents, arrête que ces agents seront rappelés de suite, et qu'il sera écrit aux représentants près ladite armée pour les inviter à prendre les mesures nécessaires pour la suite des opérations déjà commencées par lesdits agents, auxquels ils notifieront la cessation de leurs fonctions.

CARNOT, R. LINDET [3].

18. Vu le rapport de la Commission du commerce et approvisionnement, le Comité de salut public arrête que les agents nationaux près les districts sont autorisés à mettre en réquisition, pendant le temps nécessaire à l'impression des tableaux du maximum, les imprimeurs qu'ils seront dans le cas d'employer à cet ouvrage, ainsi que tous les ouvriers qui travaillent dans ces imprimeries. La Commission du commerce est chargée de faire exécuter le présent arrêté et de l'envoyer aux agents nationaux près les districts.

R. LINDET [4].

---

[1] Arch. nat., AF II, 304. — De la main de Carnot. Non enregistré.

[2] Arch. nat., AF II, 304. — Non enregistré.

[3] Arch. nat., AF II, 203. — Non enregistré.

[4] Arch. nat., AF II, 60. — Non enregistré.

19. Le Comité de salut public, considérant qu'il est urgent d'accélérer la confection des voitures destinées au transport des blessés, arrête que les ouvriers occupés à ces constructions sont mis dès à présent en réquisition, et sous aucun prétexte nul d'entre eux ne pourra les abandonner sans une autorisation ou une permission expresse. Le présent arrêté sera imprimé et inséré au *Bulletin*.

R. LINDET [1].

21. [Arrêté mettant en réquisition un ouvrier pour la fonderie de Périer. C.-A. PRIEUR. — Arch. nat., AF II, 215. *Non enregistré.*]

22. Le Comité de salut public arrête : La Commission de l'organisation et du mouvement des armées de terre est autorisée à faire payer au citoyen Lefeuvre, commissaire ordonnateur de la 17e division, la somme de 18,863 livres 6 sous 8 deniers, qu'il réclame pour frais de bureau depuis le 15 juin 1793 (v. s.) jusqu'au 30 germinal dernier, laquelle somme ne sera payée que sur l'état qui en sera présenté appuyé de pièces justificatives.

CARNOT [2].

23. Le Comité de salut public arrête que les représentants du peuple chargés de former les établissements propres à la fabrication des canons de fer coulé pour l'usage de la marine mettront la plus grande activité dans leur correspondance, qu'ils lui rendront compte tous les cinq jours des mesures qu'ils auront prises pour assurer l'exécution des opérations qui leur sont confiées; qu'ils lui feront parvenir : 1° l'état des fourneaux compris dans leur arrondissement, qui produisent du fer coulé propre à la confection des canons, de la quantité de fonte que chacun d'eux peut couler par mois, du nombre de mois qu'il est possible de les entretenir à feu, d'après leurs approvisionnements effectués et possibles; 2° l'état des fourneaux convertis en fonderies, des fourneaux à reverbère qu'ils ont fait construire, et le point où en est, pour chacun d'eux, la construction de la fosse et de la grue, et l'époque à laquelle a commencé ou commencera la première coulée;

[1] Arch. nat., AF II, 286. — *Non enregistré.*

[2] Arch. nat., AF II, 304. — *Non enregistré.*

3° le nombre et le calibre des pièces que chaque fourneau pourra couler par décade; 4° l'état des forges converties en foreries, le point où en est la construction des bancs de foreries, celle de leurs tiges, et enfin celle des chariots qui doivent les porter; 5° l'état des fourneaux consacrés au moulage des châssis, et l'époque à laquelle ce genre d'équipage sera terminé pour toutes les fonderies; qu'en conséquence, cinq jours après la réception du présent arrêté, ils adresseront au Comité de salut public un état conforme au modèle ci-joint [1].

CARNOT, COUTHON, C.-A. PRIEUR [2].

24. Le Comité de salut public arrête que les représentants du peuple chargés de former les établissements propres à la fabrication des canons de fer coulé, pour l'usage de la marine, mettront la plus grande activité dans leur correspondance, qu'ils lui rendront compte tous les cinq jours des mesures qu'ils auront prises pour assurer l'exécution des opérations qui lui sont confiées, et qu'ils lui feront passer les états de situation des travaux [3].

25. Le Comité de salut public arrête que Jeanbon Saint-André est autorisé à expédier un vaisseau rasé, deux frégates, et, s'il le juge convenable, deux corvettes ou avisos sur le banc de Terre-Neuve, et à donner les ordres nécessaires pour cette expédition, lorsque la division Nielly ou celle de Cancale aura fait sa jonction avec la flotte de Brest commandée par le contre-amiral Villaret.

BILLAUD-VARENNE, CARNOT, C.-A. PRIEUR,
B. BARÈRE [4].

---

(1) Suit ce modèle, que nous ne croyons pas devoir reproduire.

(2) Arch. nat., AF II, 215. — *Non enregistré.*

(3) Arch. nat., AF II, 215. — *Non enregistré.* On remarquera que cet arrêté n'est que la reproduction textuelle d'une partie du précédent.

(4) Communiqué par M. Lévy-Schneider, d'après la collection de M. Maurice Loir. — *Non enregistré.*

REPRÉSENTANTS EN MISSION.

LE COMITÉ DE SALUT PUBLIC

À LE BON, REPRÉSENTANT DANS LE NORD ET LE PAS-DE-CALAIS.

Paris, 25 floréal an II-14 mai 1794.

Le Comité de salut public a besoin de conférer avec toi sur des objets importants. Il rend justice à l'énergie avec laquelle tu as réprimé les ennemis de la Révolution, et le résultat de notre conférence sera de la diriger d'une manière encore plus utile. Viens le plus tôt possible, pour retourner promptement au poste où tu es actuellement.

Signé : B. Barère, Billaud-Varenne, Couthon, Robespierre, Prieur, Carnot.

[Arch. nat., AF* II, 225.]

LE COMITÉ DE SALUT PUBLIC

À RICHARD ET CHOUDIEU, REPRÉSENTANTS À L'ARMÉE DU NORD.

Paris, 25 floréal an II-14 mai 1794.

Citoyens collègues,

Nous avons reçu avec la plus grande satisfaction les nouvelles de Courtrai, Menin et Mouscron; mais par quelle fatalité la victoire, qui semblait être si altière, si prononcée, s'est-elle pour ainsi dire paralysée subitement? Comment des ennemis fugitifs ne sont-ils pas taillés en pièces? Nous nous étonnons de cette lacune dans des succès aussi nécessaires et qui s'annonçaient si fortement. Le résultat naturel d'une action comme celle de Courtrai et de Mouscron devrait être la prise des autres villes. Ce n'est pas assez de repousser l'ennemi : il faut le vaincre. La fuite des Autrichiens ne suffit pas à la République. Il n'y a que les morts qui ne reviennent pas.

Reprenez de plus fort et tous les jours les derniers errements de Courtrai et de Menin; ne laissez ni trêve ni repos à nos atroces ennemis. La République a sur la frontière du Nord la plus nombreuse ar-

mée; il faut aussi qu'elle soit la plus célèbre; elle a contracté de grandes
dettes envers la patrie. Ce qu'elle a fait nous prouve ce qu'elle peut
faire; mais faites donc qu'elle s'acquitte, voilà le moment. Le Comité
pense que vous n'avez pas profité de la victoire, que l'inertie s'est
communiquée à cette partie de l'armée, et que la victoire est trop longtemps en suspens. La Convention attend impatiemment des nouvelles
de l'armée que vous avez déjà conduite à la victoire.

COLLOT D'HERBOIS, CARNOT, B. BARÈRE.

[Ministère de la guerre; *Armées du Nord et des Ardennes. — De la main de
Barère* [1].]

LES REPRÉSENTANTS À L'ARMÉE DU NORD AU COMITÉ DE SALUT PUBLIC.

Lille, 25 floréal an II-14 mai 1794.

Encore une victoire, citoyens collègues. Nos colonnes, en continuant
de pousser l'ennemi après la victoire du 22, l'ont enfin rejoint le lendemain 23, dans l'après-midi, à Ingelmunster. Il a été aussitôt chassé
vigoureusement par les troupes de la République, et, après un combat
de plus de quatre heures, il a été forcé de tourner le dos. Il a perdu
un grand nombre d'hommes dans cette nouvelle affaire, et nous lui
avons pris quatre pièces de canon et des caissons. Dans toutes ces batailles nous avions en tête des forces prodigieuses et composées de
l'élite des troupes de Cobourg. Mais que peuvent la tactique, le courage même des plus vieux soldats des despotes, contre le dévouement,
l'abandon des enfants de la République française? Ô citoyens! comment peindre ce que nous éprouvons à la vue de ces généreux défenseurs de la liberté? C'est aux cris mille fois répétés de *Vive la République!*
qu'ils combattent, qu'ils tombent, qu'ils meurent et qu'ils triomphent.
Au milieu des plus grandes fatigues et des privations de tout genre
auxquelles condamne le métier de la guerre, il ne leur échappe
jamais une plainte, un murmure. L'image sacrée de la patrie leur fait
tout supporter, tout braver.

Le chef de brigade du 6ᵉ de dragons, le citoyen Vincent, atteint
d'une balle le 22, voit après cette sanglante bataille le général Souham

---

[1] Voir plus loin, à la date du 27 floréal, la réponse de Choudieu à cette lettre.

s'approcher de lui : «La bataille est-elle gagnée? lui demande le généreux républicain. — Oui, mon ami, lui répond le général, la liberté vient d'obtenir un grand triomphe. — Ah! Vive la République! je meurs bien content», dit Vincent, et il expire un moment après.

Vous voyez que les pertes que nous avons éprouvées au centre se réparent, et que nous devons compter que le temps des succès est passé pour l'ennemi. Nous ne perdrons pas un moment pour le combattre; mais, comme il faut que tout marche de front, le général en chef va se rendre au centre et à la droite avec un de nous (Richard), tandis que l'autre va continuer d'entretenir de ce côté-ci les excellentes dispositions et de suivre les bonnes mesures qui nous ont procuré de si grands avantages. Ainsi les choses n'en vont pas moins aller leur train.

Prs CHOUDIEU, RICHARD.

[Ministère de la guerre; *Armées du Nord et des Ardennes*. — *De la main de Richard.*]

UN DES REPRÉSENTANTS À L'ARMÉE DES CÔTES DE CHERBOURG
AU COMITÉ DE SALUT PUBLIC.

Caen, 25 floréal an II-14 mai 1794. (Reçu le 19 mai.)

[Pomme adresse l'état de situation des finances, mal administrées, de la compagnie des chasseurs, dite *d'Écreux*, qui viennent d'être incorporés dans les compagnies qui composaient ci-devant le 19ᵉ bataillon d'infanterie légère, lequel fait maintenant partie de la 19ᵉ demi-brigade d'infanterie légère. «Cette compagnie, formée le 30 août 1792 (vieux style), fut commandée, depuis cette époque jusqu'au 28 juin 1793 (vieux style), par le traître Héron, qui a quitté son poste pour se coaliser avec les fédéralistes du Calvados, de manière qu'il n'existe aucune trace de comptabilité pour ce temps.» — Ministère de la guerre: *Armée des Côtes de Cherbourg.*]

LE REPRÉSENTANT À BREST ET DANS LES DÉPARTEMENTS MARITIMES
AU COMITÉ DE SALUT PUBLIC.

Brest, 25 floréal an II-14 mai 1794. (Reçu le 22 mai.)

[Jeanbon Saint-André expose que la disette des munitions de guerre va toujours croissant dans ce port. «Pour mettre *le Caton* en état de partir, j'ai été obligé de

retirer de chacun des vaisseaux de l'escadre un canon de 36 et 18 quintaux de
poudre. » L'artillerie annoncée n'arrivant pas, l'armement du *Majestueux* ne peut
se compléter. Il invite le Comité à réfléchir sérieusement et à donner des ordres
qui soient exécutés. — Arch. nat., AF ɪɪ, 294. — *De la main de Jeanbon Saint-
André.*]

UN DES REPRÉSENTANTS À L'ARMÉE DE LA MOSELLE
AU COMITÉ DE SALUT PUBLIC.

Morfontaine, 25 floréal an ɪɪ-14 mai 1794.

Citoyens collègues,

J'ai reçu votre dépêche en date du 23 courant[1] avec bien du plaisir.
Le cadeau que vous nous faites de faire venir le 11ᵉ régiment de dragons à cette armée m'est d'autant plus agréable que j'ai servi dans ce
corps.

La Commission militaire révolutionnaire a puni déjà plusieurs militaires indignes de ce nom, et qui, au lieu de servir la patrie, ne cherchaient qu'à semer la dissension parmi les défenseurs. Les jugements
qu'elle a rendus ont fait le meilleur effet dans l'armée. J'ai été ce matin
à l'avant-garde : les soldats et officiers ont applaudi à ces actes de
vigueur; ils ont reçu de même notre dernière proclamation concernant le pillage[2]; nous allons en faire une autre, imprimée également
dans les deux langues, et que nous leur ferons répandre sur le territoire ennemi. Beaucoup d'habitants s'étant armés contre nous et
ayant tiré sur nos patrouilles, nous les préviendrons que nous mettrons
à feu et à sang tous les villages coupables, mais en même temps que
nous accorderons secours et protection à tous ceux qui se montreront
bien envers les Français, et qui déposeront les armes que le tyran autrichien leur a fait distribuer de l'arsenal de Luxembourg.

J'ai lu dans les papiers publics que les Commissions révolutionnaires
étaient supprimées. J'ai cru devoir laisser subsister celle qui est à cette
armée; c'eût été accorder un triomphe aux coquins que de la détruire
dans un moment où elle y rétablit l'ordre et la discipline; je vous en
demande la continuation; elle fait le plus grand bien.

Quant à l'article de votre arrêté qui charge la représentation du

---

[1] Nous n'avons pas cette lettre. — [2] Voir plus haut, p. 42?.

peuple près cette armée, de faire continuer les opérations commencées par vos commissaires aux évacuations, je puis vous assurer que tout a été si bien nettoyé qu'il ne reste plus rien à faire.

Je vous envoie ci-joint cinq arrêtés[1]; mon collègue Gillet est toujours occupé au travail de l'embrigadement; je désirerais bien qu'il eût fini, et qu'il revînt prendre la bureaucratie, dont je n'aime pas beaucoup la gestion.

Salut et fraternité,   Duquesnoy.

P.-S. Je vous fais passer une lettre que je viens de recevoir du général Michaud et le rapport d'un de ses espions [2].

[Ministère de la guerre; *Armées du Rhin et de la Moselle.*]

UN DES REPRÉSENTANTS AUX ARMÉES DU RHIN ET DE LA MOSELLE
AU COMITÉ DE SALUT PUBLIC.

Strasbourg, 25 floréal an II-14 mai 1794. (Reçu le 19 mai.)

[J.-B. Lacoste mande que le nommé Romieu, sergent major du 8e bataillon de la Drôme, que le Comité l'a chargé de faire arrêter par sa lettre du 19 du courant[3], est arrêté depuis le 13. «Pour cause de maladie il a été transféré à l'hôpital de la Montagne à Strasbourg; je viens de donner les ordres les plus précis pour qu'il soit gardé à vue. Aussitôt qu'il sera en état de voyager, je le ferai traduire devant vous.» — Arch. nat., AF II, 247.]

LE REPRÉSENTANT DANS LA LOZÈRE ET LE GARD
AU COMITÉ DE SALUT PUBLIC.

Nîmes, 25 floréal an II-14 mai 1794. (Reçu le 24 mai.)

[Borie fait passer les arrêtés qu'il a pris sur la demande de diverses communes du département du Gard, pour les autoriser à ériger leurs ci-devant églises en

---

[1] De ces cinq arrêtés un seul est joint à cette lettre. Il est relatif aux officiers «qui se vautrent dans la débauche et le libertinage»: tous ceux qui seront trouvés ivres le jour d'une affaire ou un jour de service seront destitués et détenus jusqu'à la paix (25 floréal).

[2] Ces pièces manquent.

[3] Voir plus haut, p. 370. Le certificat de l'officier de santé est joint à l'ordre de Lacoste de garder soigneusement Romieu jusqu'à sa convalescence. Le nom de ce sergent-major est écrit dans ces pièces tantôt *Romieux*, tantôt *Romieu*.

temples de la Raison [1]. « Vous recevrez incessamment et dans le même ordre, les abdications des prêtres et ministres de toutes les communes du Gard. » — Arch. nat., AF ii, 194.]

COMITÉ DE SALUT PUBLIC.

Séance du 26 floréal an ii-15 mai 1794.

Présents : B. Barère, Carnot, Couthon, Collot-d'Herbois, Billaud-Varenne, C.-A. Prieur, Robespierre, R. Lindet.

1. Le Comité de salut public arrête que la Commission de l'instruction publique prendra toutes les mesures nécessaires pour l'exécution du décret sur la fête nationale du 20 prairial. Le citoyen Hubert dirigera l'exécution de cette fête, et la dépense sera faite et payée sur les fonds mis à la disposition de la Commission, comme toutes les autres dépenses publiques dont elle est chargée.

B. Barère, Robespierre, Billaud-Varenne [2].

2. Le Comité de salut public arrête que les maisons dites ci-devant Croÿ-d'Havré et Montmorency seront affectées à la Commission des secours publics. Les représentants du peuple Portiez (de l'Oise) et Jullien Dubois sont invités, en leur qualité de commissaires du Comité des domaines et aliénations, à donner les ordres nécessaires pour l'exécution de cet arrêté, dont l'agent national du département de Paris est spécialement chargé.

Carnot, Collot-d'Herbois [3].

3. Le Comité de salut public arrête que le tribunal révolutionnaire établi à Nîmes par le représentant du peuple Borie reprendra, avec les

[1] Ces arrêtés au nombre de 117 (de 183 à 199 inclus) sont tous imprimés sur un modèle uniforme. Borie y autorise les communes à ériger les églises en temples de la Raison, à en faire disparaître les signes du fanatisme, à faire toutes dispositions pour célébrer chaque décade des fêtes de la Raison ; il les autorise également à disposer de la maison ci-devant presbytérale.

[2] Arch. nat. AF ii, 67. — *De la main de Barère.*

[3] Arch. nat., AF ii, 20. — *De la main de Carnot.*

mêmes membres qui le composent, ses fonctions suspendues en vertu des décrets des 27 et 28 germinal,

COLLOT-D'HERBOIS, BILLAUD-VARENNE [1].

4. Le Comité de salut public arrête que les nommés Reld et Dechemaux, Allemands, seront sur-le-champ mis en état d'arrestation dans la maison des Carmes. Le scellé sera apposé sur leurs papiers par le juge de paix de la section de leur domicile. Le commandant du poste de la gendarmerie près la Convention est chargé de l'exécution du présent arrêté et de rapporter au Comité le certificat d'écrou des deux dénommés susdits, qui lui sera délivré par le concierge de ladite prison.

5. Le Comité de salut public autorise le citoyen Auguste Cambon, natif de Montpellier, habitant de Cholet, à demeurer à Paris auprès de son frère, député à la Convention nationale.

B. BARÈRE, CARNOT, COUTHON, C.-A. PRIEUR [2].

6. Le Comité de salut public met en réquisition les citoyens Cauche, employé à la Commission du commerce et des approvisionnements, Le Loup, juge suppléant du tribunal de Saint-Quentin, et Florent, administrateur du district de Gonesse, pour être employés auprès de la Commission du recensement et de la rédaction complète des lois.

COUTHON, C.-A. PRIEUR, CARNOT [3].

7. Le Comité de salut public arrête que le citoyen Hubert, chargé de la direction des travaux du Théâtre national, rue de la Loi, pourra mettre en réquisition, pour deux décades seulement, les ouvriers et les matériaux nécessaires à la confection de ces travaux.

B. BARÈRE, BILLAUD-VARENNE [4].

8. Le Comité de salut public arrête que le citoyen Bo, représentant du peuple, se rendra sans délai à Nantes.

CARNOT, B. BARÈRE [5].

[1] Arch. nat., AF II, 22. — [2] Arch. nat., AF II, 20. — [3] Arch. nat., AF II, 61. — De la main de Couthon. — [4] Arch. nat., AF II, 67. — [5] Arch. nat., AF II, 278.

9. Le Comité de salut public, en vertu du décret du 27 germinal, concernant les mesures de police générale de la République, requiert le citoyen Jouannat pour être employé à l'imprimerie du Comité de salut public comme prote, conformément à la demande du citoyen Vatar, imprimeur.

COUTHON, CARNOT, COLLOT-D'HERBOIS, B. BARÈRE [1].

10. Le Comité de salut public, sur la présentation de la Commission des secours, nomme les citoyens Dunoyer, du département du Jura, et Hereaut, du département de l'Oise, membres de l'agence nationale des Invalides établie par arrêté du 25 courant [2] en remplacement de l'administration créée par la loi du 16 mai 1792.

ROBESPIERRE, C.-A. PRIEUR, COLLOT-D'HERBOIS,
BILLAUD-VARENNE, B. BARÈRE [3].

11. Le Comité de salut public arrête que l'administration de la grosse artillerie entendra le citoyen Robert sur les établissements de grosse artillerie formés à Nevers; elle prendra connaissance de ce qui concerne ces établissements, les dépenses qu'ils ont occasionnés, les ressources qu'ils peuvent offrir à la République, et, sous le délai de trois jours, elle fera du tout un rapport au Comité de salut public en y joignant son avis, et lui proposant les mesures qu'elle croira convenables.

C.-A. PRIEUR [4].

12. Le Comité de salut public arrête que l'Agence de la grosse artillerie lui fera sous trois jours un rapport sur les moyens d'approvisionner en fonte les anciens établissements destinés à la fabrication des canons de fer coulé pour l'usage de la marine et sur les mesures à prendre pour que ces approvisionnements ne nuisent point aux travaux des établissements révolutionnaires. La Commission des armes et poudres tiendra la main à l'exécution du présent arrêté.

C.-A. PRIEUR [5].

[1] Arch. nat., AF ii, 61. — De la main de Couthon à partir du mot «Jouannat.» Non enregistré.
[2] Voir plus haut, p. 513, l'arrêté n° 3.
[3] Arch. nat., AF ii, 284. — De la main de Billaud-Varenne. Non enregistré.
[4] Arch. nat., AF ii, 215. — Non enregistré.
[5] Arch. nat., AF ii, 215. — Non enregistré.

13. Le Comité de salut public arrête que l'administration de la grosse artillerie demeure chargée de faire construire avec la plus grande activité 99 affûts de pièces de montagne, conformes au modèle déposé à l'arsenal de Paris, dont l'épreuve a été faite à Vincennes, par devant le représentant du peuple Guyton; qu'elle rendra compte dans trois jours des mesures prises pour l'exécution du présent arrêté.

C.-A. Prieur [1].

14. Le Comité de salut public, sur le rapport de la Commission des travaux publics en date du 24 de ce mois, arrête : le citoyen Rusteau, actuellement employé dans les hôpitaux militaires, est requis pour être employé dans les bureaux de la Commission des travaux publics; il préviendra ses chefs de la présente réquisition afin qu'ils puissent pourvoir à son remplacement.

Signé : C.-A. Prieur, Billaud-Varenne, B. Barère [2].

15. Le Comité de salut public, sur le rapport de la Commission des travaux publics en date du 25 de ce mois, arrête : 1° Le règlement provisoire qui fixe le mode de travail, de discipline et de salaire pour les 12 bataillons de sapeurs créés par le décret du 25 frimaire, approuvé par le Comité de salut public le 18 germinal [3], sera suivi et appliqué aux ateliers des troupes requises et à requérir pour l'exécution des travaux maritimes des ports du Havre et de Dunclibre, et, en conséquence de l'article 30, les autres ouvriers employés à ces travaux seront soumis, quant à la discipline et à l'ordre du travail, aux mêmes règles que celles établies dans ledit règlement. — 2° Conformément à l'article 8, les officiers et sous-officiers commandant les détachements des travailleurs veilleront au bon ordre et au bon emploi du temps pendant l'exécution des travaux. Ils seront, en outre, personnellement responsables de l'absence des travailleurs et du désordre qui pourrait survenir dans les ateliers, s'ils ne mettaient tous leurs soins à les prévenir. — 3° Tous les ouvrages qui seront susceptibles d'être exécutés à la tâche y seront donnés et, d'après l'article 21, les prix des tâches seront réglés conformément à la loi du maximum de concert entre les ingénieurs employés tant dans la partie civile que dans la partie mili-

[1] Arch. nat., AF 11, 215. — Non enregistré. — [2] Arch. nat., AF 11, 322. — Copie. Non enregistré. — [3] Nous n'avons pas, à cette date, d'arrêté sur cet objet.

taire, en prenant pour base les prix payés en 1790 pour les ouvrages
de même nature donnés à la tâche. — 4° Dans l'exécution des ouvrages
qui exigent des épuisements ou qui, par leur urgence et leur exposition
aux effets de la mer, ne pourraient être suspendus sans qu'il en résultât
des inconvénients, les ateliers seront constamment en activité, d'après
la demande du chef des ingénieurs, même les décadis. Les ingénieurs
se concerteront avec les commandants des détachements pour donner
des jours de repos aux travailleurs qu'on aura été forcé de faire travailler les décadis, si le mauvais temps ou d'autres circonstances n'en
fournissaient d'ailleurs l'occasion.

C.-A. PRIEUR [1].

16. Sur le rapport de la Commission des travaux publics en date
du 25 de ce mois, le Comité de salut public arrête : 1° Les chevaux,
voitures et outils appartenant aux entrepreneurs d'ouvrages maritimes
des ports du Havre et de Dunelibre sont mis en réquisition pour être
uniquement employés auxdits ouvrages. — 2° Lesdits entrepreneurs
et commis qui leur seront nécessaires pour l'exécution des ouvrages,
les ingénieurs, les commis et préposés, ainsi que les ouvriers requis,
seront exempts du service de la garde nationale pendant que les travaux seront en activité. — 3° La réquisition des bois, fers, cuivres
nécessaires auxdits ouvrages sera faite par la Commission du commerce
et approvisionnements. L'agent maritime pourra d'ailleurs fournir ceux
des matériaux qui seront dans les chantiers et dans les magasins de
la marine et qui ne sont point jugés nécessaires aux constructions des
frégates et autres bâtiments de la République.

C.-A. PRIEUR [2].

17. 18. [Arrêté mettant en réquisition des ouvriers. R. LINDET. — Arch. nat.,
AF II, 304. *Non enregistré.*]

19. Le Comité de salut public, jugeant nécessaire d'établir un agent
près l'atelier du perfectionnement de la fabrication des armes portatives, lequel sera chargé de la comptabilité, tant en matière qu'en
espèces, pour que les commissaires qui en dirigent les travaux ne soient
occupés que de la partie des arts qui concourt à ce perfectionne-

_____

[1] Arch. nat., AF II, 295. — *Non enregistré.*

[2] Arch. nat., AF II, 295. — *Non enregistré.*

ment, arrête qu'il sera nommé, par la Commission des armes et poudres, un agent près l'atelier de perfectionnement spécialement chargé de la comptabilité de l'argent et des matières de cet atelier.

C.-A. PRIEUR [1].

20. Le Comité de salut public, d'après de nouveaux renseignements qui lui ont été donnés sur le compte du citoyen Daru, commissaire ordonnateur des guerres à Rennes, rapporte son arrêté du 24 de ce mois en ce qui concerne la réintégration de ce commissaire ordonnateur, et le maintient seulement quant à sa mise en liberté [2].

CARNOT [3].

21. Le Comité de salut public arrête que les chevaux des transports militaires qui, suivant l'arrêté du 5 floréal [4], doivent être marqués des lettres T. M. seront marqués de ces deux lettres sans cercle et sans aucune autre addition.

R. LINDET [5].

22. Le Comité de salut public, après avoir entendu le rapport de la Commission du commerce et approvisionnements, annule l'arrêté pris par l'administration du district de Mortain, le 26 germinal, relativement aux formalités à observer par les brasseurs d'eau-de-vie pour la vente de cette denrée. Les administrateurs dudit district seront tenus, sous leur responsabilité personnelle, de faire consigner le présent arrêté dans leurs registres et de le faire publier et afficher sans délai dans toutes les communes de leur ressort.

R. LINDET [6].

23. [Arrêté autorisant un payement à l'étranger pour des achats faits au compte de la République. R. LINDET. — Arch. nat., AF II, 75. *Non enregistré.*]

24. [Arrêté autorisant le citoyen Godard à exporter 150 tonneaux de vin aux îles de France et de la Réunion. R. LINDET. — Arch. nat., AF II, 75. *Non enregistré.*]

---

[1] Arch. nat., AF II, 215. — *Non enregistré.*

[2] Voir plus haut. p. 492, l'arrêté n° 23.

[3] Arch. nat., AF II, 304. — *Non enregistré.*

[4] Voir plus haut, p. 30, l'arrêté n° 24.

[5] Arch. nat., AF II, 286. — *De a main de R. Lindet. Non enregistré.*

[6] Arch. nat., AF II, 68. — *Non enregistré.*

25. Vu le rapport de la Commission du commerce et des approvisionnements, le Comité de salut public arrête que, jusqu'à ce qu'il ait été statué définitivement sur la réclamation de la manufacture d'épingles de Rugles, la vente de ces marchandises sera libre et l'exécution du maximum à leur égard provisoirement suspendue.

R. LINDET [1].

26. Le Comité de salut public, instruit par la Commission du commerce et approvisionnements de l'état inquiétant dans lequel se trouve en ce moment le département de Lot-et-Garonne; considérant qu'il est urgent de lui porter les plus prompts secours et de prévenir tous les obstacles qui pourraient être opposés à l'exécution des réquisitions qui lui ont été accordées sur les départements du Gers et de l'Aude, arrête que les représentants du peuple Dartigoeyte, dans le département du Gers, et Chaudron-Roussau, dans le département de l'Aude, sont chargés de surveiller l'exécution des réquisitions accordées au département de Lot-et-Garonne, l'une de vingt mille quintaux de grains sur le département du Gers, et l'autre de vingt-cinq mille quintaux sur celui de l'Aude; qu'ils emploieront au besoin la force armée, destitueront et feront juger révolutionnairement les administrateurs et tous autres qui y apporteraient quelques obstacles, et prendront les mesures les plus efficaces pour assurer la prompte exécution desdites réquisitions.

R. LINDET [2].

27. Sur le rapport de la Commission du commerce et approvisionnements, le Comité de salut public annule l'arrêté pris par le district de Montargis, le 18 de ce mois, tendant au partage et distribution individuels des grains existants dans le district; fait défense aux administrateurs de ce district de donner suite aux dispositions dudit arrêté, et leur enjoint de prendre toutes mesures nécessaires pour l'exécution des réquisitions faites en faveur du district de Cerilly et de la commune d'Orléans, sous les peines portées par les décrets des 14 frimaire et 18 germinal, sauf à la Commission du commerce et approvisionne-

[1] Arch. nat., AF ii, 78. — Non enregistré.

[2] Arch. nat., AF ii, 72. — Non enregistré.

ments de la République à faire les versements que pourront exiger les besoins dudit district.

R. Lindet[1].

28. Le Comité de salut public, sur le rapport de la Commission des travaux publics, en date du 22 de ce mois, arrête : 1° Le commandant de la force armée parisienne commandera chaque jour un piquet de quatre gendarmes à cheval pour la garde des bureaux et pour le service de la correspondance de la Commission des travaux publics. — 2° La Commission des travaux publics fera préparer, dans un lieu convenable de la maison qu'elle occupe, un corps de garde et une écurie pour le logement de ces quatre gendarmes et de leurs chevaux.

C.-A. Prieur, Carnot, B. Barère[2].

29. Le Comité de salut public, informé que le citoyen Méchain. astronome, chargé de voyager pour prendre la mesure exacte de l'axe du méridien, est détenu à Barcelone, avec les deux citoyens qui l'accompagnent et partagent ses travaux, par l'ordre du général de l'armée espagnole, qu'il manque des secours qui lui sont nécessaires, charge les commissaires de la Trésorerie nationale de lui faire parvenir la somme de six mille livres en numéraire. Le présent arrêté sera envoyé à la Commission de l'instruction publique et aux commissaires de la Trésorerie nationale.

R. Lindet[3].

30. Le Comité de salut public, après avoir entendu le rapport de la Commission du commerce et des approvisionnements, a arrêté ce qui suit : 1° Le linge existant dans les maisons des émigrés, des déportés, condamnés et autres dont les biens ont été ou seront confisqués au profit de la République, demeure excepté des ventes d'effets mobiliers qui auront lieu à l'avenir. — 2° N'est pas compris dans cette exception le linge neuf qui n'aurait jamais servi, non plus que le linge qui sera jugé précieux par sa matière ou par sa forme. — 3° Dans chaque vente d'effets mobiliers appartenant à la République, le linge qui n'aura pas été vendu en exécution de l'article 1er sera estimé par

---

[1] Arch. nat., AF ii, 72. — *Non enregistré.* — [2] Arch. nat., AF ii, 80. — *Non enregistré.* — [3] Arch. nat., AF ii, 67. — *De la main de R. Lindet. Non enregistré.*

trois citoyens pris entre les enchérisseurs; ses quantité, qualité et nature seront mentionnées dans les procès-verbaux, ainsi que sa valeur d'après l'estimation; les administrateurs de districts le feront transporter dans les magasins établis par l'arrêté du Comité de salut public du 25 frimaire[1]. — 4° Il sera adressé aux deux Comités des secours publics et des revenus nationaux des extraits des procès-verbaux de vente pour la partie seulement où il aura été fait mention du linge invendu. — 5° A mesure que les hôpitaux militaires éprouveront des besoins de linge, la Commission des secours publics fera enlever celui qui existera dans les magasins et en fera verser le prix dans les caisses de district; ce prix sera conforme à l'estimation prescrite par l'article 3. Elle fera aussi donner au garde-magasin une reconnaissance des objets qui seront enlevés. — 6° Les dispositions des articles ci-dessus n'empêcheront point les directeurs ou administrateurs des hôpitaux militaires de se procurer du linge par les moyens accoutumés; s'ils ne peuvent en faire des achats à un prix honnête et raisonnable, ils s'adresseront à la Commission du commerce et des approvisionnements, qui requerra le linge entre les mains de ceux qui lui seront indiqués; dans ce cas, il sera payé par estimation et à dire d'experts. — 7° Le présent arrêté sera imprimé, envoyé aux administrations de districts, à la Commission du commerce et approvisionnements, à celle des revenus nationaux et à la Commission des secours publics, qui demeure chargée de le transmettre aux directeurs et administrateurs des hôpitaux militaires.

R. Lindet[2].

31. Sur le rapport fait par la Commission du commerce et d'approvisionnement de l'inconvénient qui pourrait résulter de la mauvaise administration des futailles mises en réquisition par la Commission des poudres et salpêtres, le Comité de salut public arrête : 1° les citoyens chargés de conduire et diriger la fabrication du salpêtre, dans toute l'étendue de la République, seront tenus, dans les vingt-quatre heures de la publication du présent arrêté, de faire une déclaration exacte au Comité révolutionnaire de leur arrondissement de la quantité de futailles qu'ils ont eues à leur disposition, de celles qui leur

[1] Voir t. IX, p. 414, l'arrêté n° 3. — [2] Arch. nat.. AF ii. 20. — Non enregistré.

restent et de celles dont ils peuvent avoir besoin pour continuer leurs opérations. — 2° Les Comités révolutionnaires tiendront registre de ces déclarations et feront les vérifications nécessaires pour s'assurer de leur exactitude; ils feront fournir, dans le plus bref délai, aux ateliers, le nombre de futailles qui auront été jugées nécessaires pour continuer et mettre fin à l'opération du salpêtre. — 3° Aussitôt après qu'il aura été fourni aux ateliers les futailles nécessaires, les réquisitions cesseront et les propriétaires de futailles pourront en disposer librement comme bon leur semblera. — 4° Dans chaque section ou canton de la République, les citoyens employés pour conduire et diriger la fabrication du salpêtre seront tenus, sous leur responsabilité, de surveiller l'emploi des futailles et de ne laisser employer que celles qui seront strictement nécessaires; ils feront réparer celles qui se trouveront en mauvais état et s'opposeront à ce qu'il en soit défoncé aucune. Ils dénonceront aux Comités révolutionnaires ceux qui se permettraient de les défoncer, soit pour les brûler dans les ateliers, soit pour en faire leur profit particulier. — 5° Ceux qui contreviendront au présent arrêté, ou qui, ayant connaissance de quelque délit, ne le dénonceraient pas, seront regardés comme suspects et traités comme tels. Le présent arrêté sera envoyé à la Commission des armes et poudres et salpêtres et à la Commission du commerce, chargée d'en surveiller l'exécution.

R. LINDET, B. BARÈRE[1].

REPRÉSENTANTS EN MISSION.

LE COMITÉ DE SALUT PUBLIC
À MALLARMÉ, REPRÉSENTANT DANS LA MEUSE ET LA MOSELLE, À ÉTAIN.

Paris, 26 floréal an II-15 mai 1794.

Le Comité de salut public a jugé, citoyen collègue, que ta mission devait être terminée, et t'invite, en conséquence, à rentrer le plus tôt

[1] Arch. nat., AF ii, 217. — *Non enregistré.*

possible au sein de la Convention nationale pour y partager les travaux de tes collègues.

[Arch. nat., AF ii, 37].

UN DES REPRÉSENTANTS À L'ARMÉE DU NORD AU COMITÉ DE SALUT PUBLIC.

Maubeuge, 26 floréal an ii-15 mai 1794. (Reçu le 21 mai.)

[«Laurent transmet une lettre du district de Cambrai[1], de laquelle il résulte que la somme de vingt mille livres accordée à la municipalité d'Élincourt, district de Cambrai, pour les pertes essuyées par les habitants de cette commune, lors de l'invasion des Autrichiens, vient enfin d'être délivrée. Cette somme avait été accordée par décret de la Convention du 20 septembre dernier (vieux style). Il a découvert que le payeur général du département du Nord, soit par négligence ou ineptie, est seul auteur du retard qu'a éprouvé l'exécution de ce décret. Il invite le Comité à prononcer sur la conduite de ce fonctionnaire.» — Arch. nat., AF ii, 157. Analyse.]

UN DES REPRÉSENTANTS À L'ARMÉE DES CÔTES DE CHERBOURG
AU COMITÉ DE SALUT PUBLIC.

Caen, 26 floréal an ii-15 mai 1794. (Reçu le 19 mai.)

[Pomme envoie les trois pièces résultant du travail de la formation de la 61e demi-brigade d'infanterie, composée du 1er bataillon du 31e régiment d'infanterie, du 1er bataillon du département du Morbihan et du 8e du département de la Manche[2]. «Je vous observe que je vous ai fait passer de Cherbourg, le 4 germinal, les pièces de détail du 8e bataillon du département de la Manche. La bonne union qui règne dans les trois demi-brigades que j'ai déjà formées, et dont j'ai fait moi-même l'amalgame, donne lieu à espérer que l'ordre et la discipline vont s'établir dans cette armée, d'autant plus que nos braves défenseurs paraissent bien convaincus qu'ils doublent leur force.» — Ministère de la guerre; *Armée des Côtes de Cherbourg.*]

UN DES REPRÉSENTANTS À L'ARMÉE DES CÔTES DE CHERBOURG
AU COMITÉ DE SALUT PUBLIC.

Rouen, 26 floréal an ii-15 mai 1794. (Reçu le 19 mai.)

[Guimberteau mande qu'il a fait partir pour Compiègne, conformément à la demande de Bollet, deux escadrons de dragons, chacun de 147 hommes, l'un sous

---

[1] En marge : «Renvoyé au Comité des finances.» — [2] Ces pièces manquent.

la dénomination de *dragons de la Liberté*, pris dans les districts de Carentan et du Rocher-de-la-Liberté (ci-devant Saint-Lô); l'autre sous la dénomination de *dragons de la Montagne*, pris dans les districts de Valogne et de Cherbourg. Enfin 120 dragons, pris dans les districts de Bayeux et de Lisieux, partent aujourd'hui pour Noyon avec 157 dragons du 20° régiment. «J'ai monté tous ces braves défenseurs de la patrie avec de bons chevaux (au nombre de 625), et ils paraissent contents.» — Ministère de la guerre, *Armée des Côtes de Cherbourg.* — *De la main de Guimberteau*[1].]

LES REPRÉSENTANTS À L'ARMÉE DE L'OUEST AU COMITÉ DE SALUT PUBLIC.

Nantes, 26 floréal an 11-15 mai 1794. (Reçu le 20 mai.)

[Trois lettres de ces représentants : 1° Garnier (de Saintes) et Ingrand mandent qu'ils sont arrivés hier à Nantes, après s'être rencontrés à Angers. «Prieur (de la Marne) était parti de la veille; nous avons été privés de l'avantage de nous entretenir sur les objets importants de notre mission, mais il a eu la précaution de nous laisser ses papiers et son secrétaire, qui, avant de partir, nous facilitera le développement de ses opérations. Garnier (de Saintes) va profiter du congé que vous lui avez accordé, et se rendra aussitôt ici; il va cependant rester quelques jours pour mettre avec Ingrand les opérations au courant. Vous voudrez bien nous tracer la marche du plan que nous aurons à suivre. Quant à nous, en attendant vos dispositions ultérieures, nous nous proposons de nous diviser de manière qu'alternativement l'un suivra les mouvements extérieurs, et l'autre, sédentaire à Nantes, dirigera les travaux administratifs et de correspondance.» — Arch. nat., AF II, 178. — *De la main de Garnier (de Saintes).* — 2° Avant de quitter la Sarthe, Garnier (de Saintes) y a achevé toutes ses opérations. «Quelques districts sont vigoureusement prononcés; d'autres sont moins énergiques, mais je puis vous assurer que, dans tous, on veut sincèrement la République et que l'on y déteste les factieux. Je vous fais passer les extraits de nomination des agents nationaux provisoires des neuf districts; je crois avoir mis dans ces places les hommes les plus propres à la chose et les plus prononcés. Au surplus, dans les épurations des différents départements que vous m'avez confiés, je me suis entouré de tous les moyens qui pouvaient le plus me mettre à l'abri de la surprise, et nulle nomination n'a été par moi faite qu'avec le peuple.» — Arch. nat., AF II, 178. — 3° «Garnier (de Saintes) annonce qu'en passant par Alençon, il y a vu, parqués sur une place publique, vingt-quatre caissons, qui se détruisent ainsi exposés. Il demande que l'on donne des ordres pour tirer un parti avantageux de ces objets.» — Arch. nat., *ibid.* Analyse.]

---

[1] Voir plus loin, à la date du 27 floréal, la lettre par laquelle Guimberteau rectifia les chiffres qu'il avait donnés dans celle-ci.

LES REPRÉSENTANTS À ROCHEFORT AU COMITÉ DE SALUT PUBLIC.

Rochefort, 26 floréal an II-15 mai 1794.

[«Guezno et Topsent transmettent au Comité deux rapports très importants. L'un annonce un convoi anglais destiné pour les ports d'Espagne et qui fait espérer de nouvelles prises. L'autre, qu'ils ont transmis à Jeanbon Saint-André, annonce la rencontre sur mer, par la corvette *la Levrette*, d'un grand nombre de navires ennemis. L'aviso *le Lazowski* vient d'amener à Rochefort deux prises anglaises, l'une chargée de farine, l'autre de froment. Le vaisseau *le Marat* est en rade; ils feront accélérer son armement et hâter sa jonction avec l'armée navale. Au dernier moment, ils apprennent l'entrée d'une nouvelle prise de trois mâts, qui faisait sans doute partie du convoi signalé ci-dessus.» — Arch. nat., AF II, 300. Analyse.]

___

LES REPRÉSENTANTS À L'ARMÉE DES PYRÉNÉES OCCIDENTALES AU COMITÉ DE SALUT PUBLIC.

Bayonne, 25 floréal an II-15 mai 1794. (Reçu le 23 mai.)

Citoyens collègues,

Par notre dernière du 19 de ce mois[1], nous vous avons fait part de nos dispositions militaires, et nous vous avons envoyé le plan d'attaque combiné au camp de Berra et de Fontarabie, plan qui a été le résultat d'un conseil de guerre tenu à la suite de l'heureuse nouvelle de la victoire remportée par l'armée de Perpignan, sous les yeux de nos collègues Soubrany et Milhaud. Nous attendons avec impatience, citoyens collègues, le retour du courrier que nous avons expédié, ne doutant pas qu'il ne nous porte votre assentiment. En attendant, la plus grande activité règne dans l'exécution de nos mesures préparatoires, et le soldat, qui comprend, par le mouvement qui règne autour de lui, que le moment d'attaquer un ennemi si souvent repoussé va arriver, fait éclater une joie et une allégresse qu'on ne peut trouver que chez les enfants de la liberté. Si nous avons fait différer encore le signal de l'attaque, trois motifs puissants nous y déterminent : le premier, celui d'attendre votre assentiment, qui nous parviendra par le retour de

[1] Voir plus haut, p. 378.

notre courrier, qui ne peut pas tarder à se rendre auprès de nous; le second, celui de laisser arriver trois bataillons complets, armés et équipés, qui nous arrivent de Bordeaux d'ici au 3 prairial; le dernier, celui de donner le temps à la nouvelle de la déroute des Espagnols à Perpignan de se répandre généralement dans le camp ennemi; car il paraît, par le rapport journalier des déserteurs, que l'armée de Caro, grâce à l'astuce de ce général, ignore presque absolument la défaite totale de l'armée espagnole dans la partie des Pyrénées orientales. Voilà, citoyens collègues, quels sont les motifs qui nous ont engagés à enchaîner encore l'ardeur bouillante de nos braves soldats; cette ardeur, pour avoir été comprimée quelques jours, n'en sera que plus terrible, et avant peu l'Espagnol en fera l'expérience.

Le général espagnol, qui voit tous nos préparatifs et qui redoute l'attaque des républicains, fait de grands mouvements pour nous donner le change et nous faire croire à une force qu'il n'a pas. Placé, comme nous vous l'avons souvent répété, sur une ligne infiniment plus courte que la nôtre, il en parcourt avec beaucoup plus de célérité tous les points; il tient sans cesse en mouvement un corps de trois ou quatre mille hommes, qu'il fait paraître tantôt dans un endroit, tantôt dans un autre. Aujourd'hui il attaque à Nive-Franche (ci-devant Saint-Jean-Pied-de-Port), demain à Beaugard (ci-devant Saint-Pée), ensuite sur autre point. Tenant ainsi toujours ses troupes en haleine, il leur cache ses craintes et les berce d'espérances qu'il n'a pas; car nous pouvons vous assurer que Caro, malgré ses continuelles fanfaronnades, malgré que, chaque fois qu'il médite une attaque partielle, il fasse prendre à ses troupes des subsistances pour deux, trois et quatre jours, malgré qu'il dise tantôt qu'il va dîner à Nive-Franche, à Beaugard. tantôt à Chauvin-Dragon, nous pouvons vous assurer, disons-nous, que Caro n'est rien moins que tranquille. Il est certain qu'il a fait sabler les rues de Fontarabie pour tâcher de rendre moins terrible par là l'effet de nos bombes, qu'il voit avec effroi s'accumuler au camp des Sans-Culottes. Il est assuré que les riches, qui savent partout se mettre à l'abri des coups, sortent de cette ville; ainsi jugez par là si la peur est à l'ordre du jour chez Caro et compagnie.

Voici, citoyens collègues, un nouvel échec que nos courageux soldats ont fait essuyer à l'Espagnol. Le 23, à 3 heures du matin, Caro a fait attaquer notre division du centre sur trois points; il a débouché par Berra au nombre de trois mille. Nos bivouacs, forts seulement de trois cents hommes (mais ces hommes étaient des chasseurs des montagnes), les ont reçus avec une vigueur sans exemple, et, se battant comme des lions, ils n'ont pas perdu un pouce de terrain. Renforcés bientôt par un corps de huit cents hommes, ils ont chargé à leur tour leur ennemi, et, malgré l'infériorité du nombre, ils l'ont forcé, après un combat de plus de quatre heures, à la retraite, emmenant avec lui douze voitures remplies de morts et de blessés. Nous avons à regretter un capitaine, un lieutenant et quatre chasseurs des montagnes, qui ont payé de leur vie la gloire qu'eux et leurs braves camarades ont acquise dans cette journée; nous avons aussi trente blessés, dont peu font craindre pour leurs jours.

Voici un trait qui doit être connu. Un chasseur des montagnes, grièvement blessé et hors de combat, abandonnait avec regret le champ de bataille; déjà parvenu à un assez grand éloignement, il se rappelle qu'un de ses camarades, combattant encore, a un mauvais fusil. Il retourne sur ses pas en se traînant douloureusement, et, parvenu à lui : «Tiens, dit-il, prends mon fusil : tu sais qu'il est bon; sers-t'en à la place du tien, et venge-moi. »

Salut et fraternité,   CAVAIGNAC, PINET aîné.

[Ministère de la guerre; *Armées des Pyrénées.*]

LE REPRÉSENTANT DANS LES BOUCHES-DU-RHÔNE ET LE VAUCLUSE AU COMITÉ DE SALUT PUBLIC.

Avignon, 26 floréal an 11-15 mai 1794.

Je vous envoie, citoyens collègues, le tableau des nouvelles autorités du district d'Orange, d'après l'épuration que je viens de faire.

Dans l'autre département je vous dirai : fidèle à vos principes je n'ai appelé aux fonctions publiques que des hommes aussi vertueux qu'énergiques. La République est solidement établie dans ces contrées; elle fleurira à l'ombre des bons exemples que les administrateurs vont donner; mais, citoyens collègues, je suis assez malheureux pour ne pouvoir pas vous présenter cette idée consolante que je suis loin de pouvoir me donner à moi-même.

Orange est de tout le département de Vaucluse la partie la plus pure, celle qui s'est le moins ressentie du fédéralisme, et cependant, dans ce district même, il a été impossible de pouvoir composer les autorités constituées d'hommes tels qu'il le faudrait dans un gouvernement révolutionnaire. Nous avons peu de talents, beaucoup d'hommes faibles, et peut-être, quelques soins que nous ayons pris pour du moins écarter l'homme immoral, aurons nous la douleur d'apprendre que plus d'un s'est glissé dans les corps administratifs. Voulez-vous enfin commencer à vous former une idée de l'esprit qui règne dans ce département? Écoutez un de ses enfants, jaloux sans doute de la gloire de son pays natal, mais plus encore ami de la vérité. C'est le citoyen Benet qui va vous tracer le tableau des mœurs du département de Vaucluse, en m'envoyant le projet d'épuration que je l'avais chargé de faire concurremment avec le citoyen Juge, deux des patriotes que le citoyen Payan m'a indiqués. Lisez attentivement la lettre, et voyez ce qu'il est permis d'espérer de longtemps dans un pareil pays, quand vous aurez acquis la certitude qu'Orange est cependant la partie où la conscience publique est la plus pure.

Vous vous en convaincrez facilement quand, en quittant la lettre du citoyen Benet, vous jetterez les yeux sur celle du citoyen Amanton Lagardette qui, parcourant depuis quinze jours avec le citoyen Melleret le district de Carpentras, où ils avaient fait un long séjour, est forcé de m'annoncer qu'il lui est impossible de terminer cet important ouvrage. Ils voient la nécessité d'une forte et prompte épuration, et ils ne trouvent pas un homme pour remplacer ceux qu'ils seront forcés de destituer.

Qu'il est pénible, citoyens collègues, le devoir de celui qui est forcé de vous faire un tableau qui présente des images aussi différentes de celles que l'on avait mises jusqu'à présent sous vos yeux! Moins pénétré de l'étendue de mes obligations, moins jaloux de faire le bien, j'aurais pu, comme bien d'autres, m'attacher aux partis dominants et passer ainsi doucement le temps de ma mission. Mais, citoyens collègues, je n'ai jamais calculé ainsi avec mes devoirs. J'ai vu le mal, je ne me suis point dissimulé toute la peine, tous les désagréments, peut-être même tous les dangers qu'il y aurait à heurter des vices aussi profondément enracinés, des maux si longtemps ménagés. Mais j'ai vu que, vous aussi, vous aviez déclaré hautement la guerre à l'improbité, et, quand vous vous êtes élevés au-dessus des factions liberticides, que vous abattez des criminels bien plus redoutables, aurais-je pu balancer à vous imiter?

Je vous envoie toute la correspondance de l'agent national et du tribunal criminel sur l'affaire de l'infâme commune de Bédouin. L'on m'apprend que l'instruction du procès offrira encore un hideux tableau des mœurs de ce malheureux pays. Attendez quelques jours, et je vous ferai passer une multitude de pièces qui vous convaincront qu'une foule d'hommes ne se sont jetés dans la Révolution que pour y faire fortune. Vous en verrez qui, il n'y a pas deux ans, étaient dans la plus profonde misère, avoir l'insolente audace de se promener aujourd'hui dans leur voiture, jouer aux boules quatre à cinq cents livres la partie.

Enfin, faut-il vous le dire? Ces hommes, pour qui le mot *vertu* est un supplice, ont osé dire que c'était aussi en parlant de vertu que l'on avait fait la contre-révolution dans le Midi, et ils osent ainsi assimiler l'hypocrisie des riches propriétaires avec la mâle austérité de la Montagne. Je suis occupé à déjouer cette nouvelle manœuvre dans ma proclamation, dont je vous fais passer des exemplaires.

J'attends, citoyens collègues, le parti que vous avez pris sur les mesures que je vous ai présentées. Je persiste à croire, avec tous ceux qui connaissent ce pays, que ce sont les seules qui peuvent sauver ces contrées. C'est en faisant tomber six têtes d'aristocrates, lorsqu'on en abattra une d'un fripon, que l'on prouvera combien est important le parallèle que la malveillance voudra présenter pour se mettre encore à couvert.

Je vous ai parlé, dans mon mémoire, de la crainte que m'inspirait le 14e régiment des hussards, que j'ai trouvé à mon arrivée dans cette commune. Mes collègues à l'armée des Pyrénées orientales en ont fait arrêter le commandant, qui a été conduit d'Aix à Perpignan. Je vous fais passer copie de différentes lettres de l'agent national d'Aix et de l'adjudant général Beujeron sur ce régiment. J'avais pris un arrêté dont l'exécution aurait pu nous donner quelques renseignements utiles sur les hommes qui le composent; mais le départ de l'état-major, qui devait les fournir, n'a pas permis qu'on me les donnât. Quand vous aurez vu les lettres que je vous envoie, vous sentirez tout aussi vivement que je le fais combien une épuration civique dans ce corps est indispensable.

Elle l'est dans tous les districts de ces deux départements. Je ne vois partout que divisions et partis. J'ai été obligé d'envoyer à Arles les citoyens Granet et Mercurin, administrateurs du département des Bouches-du-Rhône, pour connaître les causes de la discorde qui y règne. Ils sont de retour aujourd'hui, et ils me disent que la faiblesse et l'aristocratie y sont aux prises avec l'improbité. Les domaines nationaux y sont sans prix. Des sociétés s'y sont aussi formées, mais les commissaires m'assurent qu'il sera impossible de donner à ces biens la valeur qu'ils auraient, s'ils n'étaient pas en aussi grande quantité, et si l'on ne trouvait pas le moyen de peupler ce pays. Ils m'assurent que des dix à quinze lieues de terrain appartiennent à la nation et que l'on n'y compte pas un hameau. Ils penseraient qu'il serait important de supprimer toutes les ventes et de bâtir dans un climat aussi beau quelques villages qui, placés au milieu de ces riches campagnes, donneraient aux terres le prix qu'elles doivent avoir. Vous voudrez bien examiner ce que cette idée peut avoir d'avantageux pour la République.

Aix, Salon, Tarascon sont également tourmentés par les partis: Apt croupit dans la plus affreuse apathie. Aussitôt qu'en terminant les affaires d'Avignon vous m'aurez permis d'en sortir, je parcourrai ces différents chefs-lieux et j'y ramènerai la paix en y rappelant les vertus républicaines. Je terminerai par Marseille.

Vous observerez, citoyens collègues, que j'ai réduit les Comités de surveillance à un par canton, en prenant les membres qui les composent dans les différentes communes de ce canton. Ce n'est pas seulement la rareté des sujets qui m'a dicté ce parti : c'est le fruit de l'expérience que j'ai acquise sur la manière dont s'administre la justice. Dans les petites communes, y existe-t-il un homme riche ou intrigant? il domine ces comités, qu'il enchaîne, non seulement à son égard, mais qu'il dirige de manière à en faire un instrument pour servir les passions. La surveillance étant concentrée dans leur commune, ces comités y exercent contre l'homme faible un despotisme et une tyrannie affreuse. Tous ces abus cessent, quand de toutes les parties du canton l'on appelle des citoyens qui, étrangers les uns aux autres, n'ont plus le même intérêt ni la même facilité de se coaliser qui offre à l'homme puissant une plus grande masse de résistance, et [ils] doivent nécessairement être plus à l'abri de la séduction.

Convaincu de la nécessité de fixer dans cette commune le plus grand nombre d'hommes énergiques que l'on pourrait déterminer à y demeurer, j'ai engagé le citoyen Benet à accepter la place de receveur du district; il ne m'a pas encore voulu promettre; il se sert du prétexte de sa nomination à la place de juge militaire que vous lui avez confiée; moi, je pense qu'il faut que les républicains soient là où ils peuvent être le plus utiles à la chose publique, et j'ose vous assurer que Benet sera pour Avignon un homme bien précieux.

Salut et amitié, MAIGNET.

[Arch. nat., F⁷, 4435. — *De la main de Maignet* [1].]

COMITÉ DE SALUT PUBLIC.

Séance du 27 floréal an II-16 mai 1794.

Présents : B. Barère, Carnot, Collot-d'Herbois, Couthon, C.-A. Prieur, Billaud-Varenne, Robespierre, R. Lindet.

1. Le Comité de salut public arrête que, pour parvenir à l'exécution du décret rendu le 16 germinal par la Convention nationale pour l'amélioration du Muséum national d'histoire naturelle, le citoyen

[1] Les pièces annoncées dans cette lettre manquent, mais il y en a l'analyse suivante, dans le même carton des Archives nationales : 1. Lettre de Benet, relative à l'épuration du district d'Orange; pays infecté de fanatisme, livré aux mains d'une classe de soi-disant patriotes qui souillent ce titre par des vexations. — 2. Lettre de Lagardette, qui se résume dans ce fragment : « Un déluge seul peut sauver ce pays en se ménageant une arche bien petite pour y recueillir le peu d'hommes qui y sont restés purs. » — 3. Arrêté de Maignet, enjoignant à l'agent national de Carpentras de faire marcher des forces contre Bédouin. — 4. Autre arrêté de Maignet, ordonnant au tribunal criminel de Vaucluse de juger révolutionnairement les coupables de Bédouin, que cette commune sera livrée aux flammes et ses habitants répartis dans les communes voisines. Cinq lettres à la suite de cet arrêté. Détails sur l'arrivée des troupes à Bédouin; opiniâtreté des habitants à taire les noms des coupables; opinions de l'agent national de Carpentras et du chef de bataillon de l'Aveyron, Suchet, sur ce repaire de contre-révolution. — 5. Arrêté contre ceux qui se permettraient d'endommager les récoltes ou de couper les blés en vert. — 6. Procès-verbal d'épuration des autorités du département de Vaucluse. — 7. Arrêté pour parvenir à l'épuration du 14e régiment de hussards. Pièces d'intérêt secondaire sur ce régiment.

Molinos examinera : 1° quels sont les biens nationaux et les terrains environnants qui pourraient être réunis à cet établissement national; 2° quels sont les moyens d'y englober la rivière de Bièvre, dite *des Gobelins*, et d'agrandir ce monument utile jusqu'au Boulevard et au Marché aux chevaux d'un côté, jusqu'à la rue Saint-Bernard de l'autre. Le citoyen Molinos fera estimer par aperçu les maisons ou propriétés des citoyens qui pourraient se trouver dans cette enclave. Le Comité des domaines nationaux est invité à faire suspendre l'estimation et la vente des biens nationaux appelés *de Saint-Victor* et autres biens nationaux qui pourraient être compris dans les projets d'agrandissement du Muséum d'histoire naturelle.

> B. Barère, Billaud-Varenne, Carnot, C.-A. Prieur, Robespierre[1].

2. Le Comité de salut public arrête : 1° qu'il sera établi une commission pour toute l'étendue du département de Paris, occupée uniquement de la conservation et de la vente du mobilier des émigrés, des condamnés et des autres domaines nationaux où il y aurait des mobiliers; 2° que cette commission sera chargée de faire apposer les scellés sur les biens des citoyens arrêtés, au moment de leur arrestation; 3° qu'elle fera procéder à la levée des scellés et à l'inventaire des effets et meubles des condamnés, et, dans le plus bref délai, à la vente de ces mêmes meubles et effets, en réservant tout ce qui sera jugé utile pour les arts ou pour les muséums nationaux, sur l'avis de la Commission des arts, qui sera appelée lors de la levée des scellés; 4° que cette Commission sera sous la surveillance du Comité des domaines nationaux et des commissaires Jullien Dubois et Portiez (de l'Oise), déjà nommés par le Comité de salut public[2].

> Billaud-Varenne, B. Barère, Collot-d'Herbois, Couthon[3].

3. Le Comité de salut public appelle les poètes à célébrer les principaux événements de la Révolution française, à composer des hymnes et des poésies patriotiques, des pièces dramatiques républicaines, à publier les actions héroïques des soldats de la liberté, les traits de

---

[1] Arch. nat., AF II, 67. — *De la main de Barère.*

[2] Voir plus haut, p. 526.

[3] Arch. nat., AF II, 20.

courage et de dévouement des républicains, et les victoires remportées
par les armées françaises. Il appelle également les citoyens qui cultivent
les lettres à transmettre à la postérité les faits les plus remarquables
et les grandes époques de la régénération des Français, à donner à
l'histoire le caractère sévère et ferme qui convient aux annales d'un
grand peuple conquérant sa liberté attaquée par tous les tyrans de
l'Europe; il les appelle à composer des livres classiques, et à faire
passer dans les ouvrages destinés à l'instruction publique la morale
républicaine, en attendant qu'il propose à la Convention le genre de
récompenses nationales à décerner à leurs travaux, les époques et les
formes du concours.

B. BARÈRE, C.-A. PRIEUR, CARNOT, BILLAUD-VARENNE,
COUTHON [1].

4. Le Comité de salut public arrête qu'en attendant qu'il soit statué
sur les moyens d'améliorer et d'agrandir le Muséum d'histoire naturelle, la Commission des travaux publics est chargée de faire arranger
provisoirement quelques loges pour les animaux, dans le lieu et le
terrain le plus convenables qui seront désignés par les professeurs, et en
se servant des grilles de fer et des cages appartenant à la ci-devant
ménagerie de Versailles, que ladite Commission fera transporter sur-
le-champ au Muséum d'histoire naturelle; elle fera les dépenses nécessaires, à prendre sur les fonds mis à sa disposition, soit pour les
réparations provisoires, soit pour l'entretien et la nourriture des
animaux.

B. BARÈRE, BILLAUD-VARENNE, CARNOT [2].

5. Le Comité de salut public arrête qu'il sera établi un enseignement public des langues de tous les pays autres que ceux avec lesquels
la République est en guerre, à l'usage des marins, des naturalistes,
des agents de la République à l'extérieur, et des citoyens qui occupent
des places. Il y aura dans cet établissement national une imprimerie,
dans laquelle seront réunis tous les caractères typographiques étrangers que possède la République. La Commission de l'instruction publique est chargée de rechercher les citoyens les plus propres à cette

[1] Arch. nat., AF ii, 66. — De la
main de Barère.

[2] Arch. nat., AF ii, 67. — De la main
de Barère.

partie de l'enseignement. Le Comité des domaines nationaux est invité à désigner la maison nationale la plus convenable à ce genre d'établissement.

B. Barère Carnot, Couthon, C.-A. Prieur,
Billaud-Varenne [1].

6. Le Comité de salut public arrête que le juge de paix de la commune de Soissons jugera sans délai la procédure qu'il a commencée contre les citoyens du canton de Vailly et autres lieux voisins, district de Soissons, prévenus d'avoir formé une coalition pour acheter à vil prix les biens nationaux de ce district, et qu'il s'occupera de découvrir et de punir les chefs et instigateurs de cette coalition attentatoire à la fortune publique, conformément au décret du 24 avril 1793 (vieux style). Le juge de paix de la commune de Soissons rendra compte, dans un mois, au Comité des domaines nationaux du jugement de cette procédure.

B. Barère, Billaud-Varenne [2].

7. Le Comité de salut public arrête que la Commission des travaux publics fera remettre au citoyen Hubert la somme de cent mille livres pour commencer à faire exécuter les chars, bannières et tous les instruments nécessaires aux fêtes nationales, qui seront déposés dans un magasin que le citoyen Hubert indiquera. Cette somme sera prise sur les fonds mis à la disposition de ladite Commission, et le citoyen Hubert lui rendra compte de son emploi.

B. Barère, Billaud-Varenne [3].

8. Le Comité de salut public arrête que l'imprimerie dite *du Louvre* sera sous la conduite du citoyen Lavergne. Les salaires des ouvriers et les règlements de travail seront les mêmes que dans les autres imprimeries nationales. Le citoyen Lavergne est autorisé à toucher les fonds nécessaires pour le service de cet établissement. Il rendra compte de l'emploi.

Collot- d'Herbois, Billaud-Varenne [4].

---

[1] Arch. nat., AF ii, 60. — *De la main de Barère.* — [2] Arch. nat., AF ii, 20. — [3] Arch. nat., AF ii, 67. — [4] Arch. nat., AF ii, 60.

35.

9. Le Comité de salut public arrête que le citoyen Girles, instituteur, remplira les fonctions d'archiviste du bureau de comptabilité.

B. Barère, Robespierre, C.-A. Prieur, Billaud-Varenne [1].

10. Le Comité de salut public arrête que le citoyen Rondelet, employé à la Commission des travaux publics, remplira provisoirement les fonctions de la place vacante de commissaire des travaux publics.

B. Barère, Robespierre, C.-A. Prieur, Billaud-Varenne [2].

11. Le Comité de salut public requiert le citoyen Dumanget pour exercer les fonctions de commis greffier au Tribunal révolutionnaire.

Billaud-Varenne, Robespierre [3].

12. Le Comité de salut public charge le représentant du peuple Le Bon d'examiner l'affaire des citoyens Ami et Guches, détenus dans le département de la Somme, et de leur rendre une prompte justice.

Carnot, B. Barère, Billaud-Varenne, Robespierre [4].

13. Le Comité de salut public arrête que Boivin, général de brigade à l'armée de l'Ouest, passera à l'armée des Côtes de Brest à la place du général de brigade Sabatier, qui remplacera Boivin à l'armée de l'Ouest. La Commission du mouvement des armées donnera ses ordres en conséquence.

Carnot, B. Barère [5].

14. Le Comité, prenant en considération les représentations qui lui ont été adressées le 6 de ce mois par le citoyen Le Franc, chef de la 40e demi-brigade à l'armée des Pyrénées occidentales, relativement à son défaut de moyens pour remplir comme il le désirerait le grade de général de division, auquel l'avait élevé le ci-devant Conseil exécutif provisoire, arrête que le citoyen Le Franc sera maintenu dans son grade de chef de la 40e demi-brigade.

Carnot [6].

---

[1] Arch. nat., AF ii, 21.

[2] Arch. nat., AF ii, 80. — *De la main de Barère.*

[3] Arch. nat., AF ii, 22. — *De la main de Robespierre.*

[4] Arch. nat., F7, 4773.

[5] Arch. nat., AF ii, 304. — *De la main de Carnot. Non enregistré.*

[6] Arch. nat., AF ii, 304. — *Non enregistré.*

15. Sur la proposition de la Commission de l'organisation et du mouvement des armées, Hacot du Luc (Adrien), est nommé garde d'artillerie à Bitche.

CARNOT [1].

16. Sur la proposition de la Commission de l'organisation et du mouvement des armées, le citoyen Mathey (Claude-François) est nommé au commandement amovible du fort d'Alais, armée des Pyrénées orientales, 3° classe.

CARNOT [2].

17. Le Comité de salut public arrête que le général de division Laborde, employé à l'armée des Côtes de Brest, sera employé avec son grade à celle des Pyrénées occidentales; charge la Commission de l'organisation et du mouvement des armées de terre de l'exécution du présent arrêté.

CARNOT [3].

18. [Le Comité de salut public, sur le rapport de la Commission du commerce et approvisionnements, arrête que la Trésorerie nationale est autorisée à faire passer à Bordeaux 10,400 piastres pour la remise en être faite par son payeur aux membres composant l'agence chargée de traiter avec les neutres, laquelle somme sera destinée au payement d'huile de baleine, dont cette agence a fait l'achat. R. LINDET. — Arch. nat., AF II, 75. *Non enregistré.*]

19, 20, 21, 22. [Arrêtés autorisant diverses exportations de marchandises. R. LINDET. — Arch. nat., AF II, 75. *Non enregistré.*]

23. Le Comité de salut public arrête que la Commission de l'organisation et du mouvement des armées de terre donnera, dans le plus court délai, ordre à l'agent supérieur à Péronne de former en compagnie le détachement des canonniers montagnards de Meulan et de la compléter avec des citoyens de bonne volonté, de la première réquisition, en se conformant pour le tout à la loi du 5 floréal.

BILLAUD-VARENNE, CARNOT, R. LINDET [4].

---

[1] Arch. nat., AF II, 304. — *Non enregistré.*

[2] Arch. nat., AF II, 304. — *Non enregistré.*

[3] Arch. nat., AF II, 304. — *Non enregistré.*

[4] Arch. nat., AF II, 202. — *Non enregistré.*

24. Le Comité de salut public arrête que le citoyen Hubert, chargé de la direction des travaux du Théâtre national, rue de la Loi, pourra mettre en réquisition, pour deux décades seulement, les ouvriers et les matériaux nécessaires à la confection de ces travaux.

Signé : Robespierre, C.-A. Prieur, B. Barère [1].

25. Le Comité de salut public, après avoir entendu la Commission de l'agriculture et des arts, arrête ce qui suit : 1° Le marais des grands et petits Échets ou Échelles, situé dans le département de l'Ain, près de Miribel, partie sur le district de Trévoux et partie sur celui de Montluel, sera incessamment desséché. — 2° Le Comité de salut public charge la Commission des travaux publics d'y envoyer sans délai des ingénieurs pour donner un aperçu exact de la situation et de l'étendue de ce marais, ainsi que des moyens les plus prompts et les moins dispendieux de le dessécher. Ces ingénieurs examineront si l'on pourrait employer pour y parvenir un canal, ouvrage des Romains, qui prend sa naissance près du marais dont il s'agit et vient aboutir à la Saône, près d'un village appelé Fontaine. Sinon, ils aviseront à d'autres moyens de terminer cette opération, et ils donneront, dans tous les cas, un devis exact des sommes, du temps et de la quantité de bras nécessaires pour l'effectuer. — 3° Le Comité de salut public charge en même temps la Commission des revenus nationaux de faire des recherches pour connaître exactement les propriétaires de ce marais et de ses bords. — 4° Ces deux commissions rendront compte au Comité de salut public des résultats de leurs recherches.

R. Lindet [2].

26. Le Comité de salut public autorise la Commission d'agriculture et des arts de former ses bureaux conformément au plan d'organisation provisoire qu'elle a présenté, et d'employer dans ses bureaux les citoyens qu'elle a désignés et ceux qui lui seront nécessaires.

R. Lindet [3].

27. En conformité de l'arrêté du Comité de salut public du 18 de

---

[1] Arch. nat., AF ii, 222. — *Copie. Non enregistré.* — [2] Arch. nat., AF ii, 80. — *Non enregistré.* — [3] Arch. nat., AF ii, 79. — *De la main de R. Lindet. Non enregistré.*

ce mois [1], qui autorise le payement du service des malles aux maîtres des postes, pour le trimestre de nivôse, suivant l'usage établi, le Comité de salut public arrête que la Commission des transports militaires, postes et messageries ordonnancera le payement de 960,270 livres 8 sous 3 deniers, formant le restant de la somme à acquitter sur celle de 1,270,270 livres 8 sous 3 deniers, à laquelle se montait la totalité des indemnités dues aux maîtres de postes pour le trimestre de nivôse.

R. LINDET [2].

28. Le Comité de salut public, sur le rapport de la Commission de commerce et d'approvisionnement, arrête : 1° Les citoyens qui feront arriver à Paris des charbons provenant des bois et ports d'où il n'est pas ordinaire d'en tirer pour l'approvisionnement de cette commune, recevront une prime de dix sols par voie, mesure de Paris. — 2° Les marchands qui voitureront du charbon de bois, et qui, à raison de la baisse des eaux, ne pourront partir qu'à charge par allège, et non à charge complète, recevront, pour le déficit de leur voiture, une indemnité calculée sur le poids de la charge ordinaire, en en défalquant cependant ce qu'il en aura coûté de moins pour les frais d'équipe, chargement et conduite. — 3° La quantité de charbons chargés sur lesdits bateaux et l'impossibilité de marcher à charge entière, ainsi que l'expédition des charbons pris au delà du cercle ordinaire, seront constatées par celui des agents de la Commission du commerce et des approvisionnements à la réquisition duquel le départ aura eu lieu. — 4° Les certificats délivrés en exécution des trois articles précédents seront soumis au visa de l'administration des subsistances de la commune de Paris, qui fera vérifier si les quantités arrivées sont conformes aux quantités annoncées dans le certificat délivré au lieu du départ; cette vérification aura lieu par le fait même de la vente, après la consommation de laquelle sera effectué le payement des primes et indemnités. — 5° Les certificats seront présentés à la Commission du commerce et des approvisionnements, qui, après les avoir vérifiés, ordonnera le payement des primes et indemnités, d'après les bases établies aux articles 2 et 3. — 6° Tous marchands prétendant auxdites primes et indemnités seront tenus de faire mettre sur les lettres de

voitures et certificats les noms et devises de leur bateau, faute de
quoi ils seront déchus du bénéfice desdites primes et indemnités. ——
7° En seront pareillement déchus ceux qui seront convaincus d'avoir
laissé en route partie des charbons qu'ils avaient déclarés en partant
être destinés à l'approvisionnement de Paris. —— 8° Le Comité de salut
public invite les marchands et mariniers qui auraient des moyens particuliers d'augmenter l'approvisionnement de Paris en charbon, de les
faire connaître à la Commission du commerce et des approvisionnements, qui en fera le rapport au Comité de salut public pour être statué sur les sommes à accorder. —— 9° La Commission du commerce et
approvisionnements est autorisée à accorder des indemnités aux marchands de charbon qui, en raison de l'éloignement des ventes aux rivières, auront fait des sacrifices pour le transport de leurs charbons
sur les ports d'embarquement, après toutefois que ces sacrifices auront
été dûment constatés par les agents de la Commission. L'état de ces
indemnités sera présenté à l'approbation du Comité de salut public.
—— 10° Le présent arrêté sera envoyé de suite à la Commission du
commerce et approvisionnement, à l'effet d'en suivre l'exécution.

R. Lindet [1].

29, 30. [La Commission de l'organisation et du mouvement des armées est
autorisée à accepter la démission de deux de ses commis, les citoyens Gaudet et
Chavannes. Carnot. —— Arch. nat., AF ii, 24. *Non enregistré.*]

31. Le Comité de salut public, instruit par celui des assignats et
monnaies que, par suite du jugement d'Anisson-Duperron, l'administrateur des domaines nationaux a fait apposer les scellés sur le magasin des chiffons et la caisse des fonds destinés à alimenter la manufacture de Buges, chargée de la fabrication du papier-assignat, qu'il
a aussi été formé opposition entre les mains de l'archiviste à la délivrance du prix dudit papier, que ces mesures, fondées sur la loi,
entravent la fabrication du papier, arrête que les scellés dont il est
question seront levés par les agents qui les ont apposés, qu'il sera fait
inventaire des chiffons en magasin à Paris, lesquels, ainsi que les
fonds de caisse et ceux saisis, seront remis au citoyen de Lisle, directeur

[1] Arch. nat., AF ii, 69. —— *Non enregistré.*

co-propriétaire de cette papeterie, ou au caissier, à la charge par eux de rendre compte du tout, lorsqu'ils en seront requis.

R. LINDET [1].

REPRÉSENTANTS EN MISSION.

LE COMITÉ DE SALUT PUBLIC
À LAIGNELOT, REPRÉSENTANT DANS L'ILLE-ET-VILAINE ET LA MAYENNE, À BREST.

Paris, 27 floréal an II-16 mai 1794.

La commune de Laval, citoyen collègue, demande à la Convention nationale un secours de 50,000 livres pour l'indemniser des ravages dont elle n'a cessé d'être le théâtre dans la guerre désastreuse de la Vendée. Le Comité t'envoie la pétition ci-jointe, et t'invite à l'examiner, à prendre des renseignements sur les faits qu'elle annonce, et à faire parvenir au Comité le résultat de tes démarches, le plus promptement possible.

[Arch. nat., AF II, 37.]

LE REPRÉSENTANT DANS LES DÉPARTEMENTS DE SEINE-ET-OISE ET DE PARIS
AU COMITÉ DE SALUT PUBLIC.

Montfort-Brutus (Montfort-l'Amaury), *27 floréal an II-16 mai 1794.* (Reçu le 18 mai.)

Le district de Mantes, citoyens collègues, avait été renouvelé par nos collègues Ch. Delacroix et Musset, et ils y avaient constitué les autorités aussi bien qu'il était possible dans un pays où il y a beaucoup d'égoïsme et d'insouciance. Les sans-culottes y sont sans énergie, et cela paraît tenir au sol, à l'habitude de tous les temps, à un esprit de bourgeoisie aisée qui a toujours dominé; c'étaient MM. les élus, MM. des greniers à sel, accoutumés à la prépondérance, et dont les

---

[1] Arch. nat., AF II, 20. — *De la main de R. Lindet. Non enregistré.*

ouvriers n'ont pas su secouer l'influence. Aussi a-t-on vu beaucoup des hommes frappés par la loi du 27 germinal s'y réfugier, dans l'espoir sans doute d'y être moins inquiétés qu'ailleurs. Cependant la loi s'y observe avec exactitude à leur égard, et le Comité de surveillance porte un œil attentif. Tout ce que j'ai pu faire de mieux, ç'a été une épuration de la Société populaire, qu'on ne peut pas encore dire très bonne, mais qui ira. J'ai aussi rempli les places vacantes dans les autorités constituées par tout ce que j'ai trouvé de sans-culottes, et j'espère qu'ils se remonteront.

Les campagnes de ce district offrent le tableau de l'industrie la plus active, surtout dans deux ou trois cantons; la vigne et les pois y sont l'objet principal de la culture; la terre y est divisée en une multitude de petites portions, où la variété est admirable, et l'œil n'aperçoit nulle part une portion de terre inculte. Le seigle y est assez abondant et il promet, comme tout le reste, une récolte précieuse, qui sera d'une grande ressource pour faire cesser de bonne heure les besoins. Il y a aussi une partie du district qui est de grande culture, et qui présente cette année les plus brillantes espérances.

L'esprit dans les campagnes n'est pas mauvais, mais l'intérêt personnel se fait partout sentir. La loi du maximum éprouve de grandes difficultés, surtout pour le beurre et les œufs; ils se vendent furtivement au-dessus de la loi, et la surveillance a peine à atteindre la cupidité, qui a trop de moyens de lui échapper.

La fabrication du salpêtre commence à s'organiser, mais j'ai été obligé de déranger l'atelier pour établir dans l'endroit qu'il occupait un autre atelier dépendant de l'arsenal de Meulan, qui acquerra de l'activité et fournira des moyens de subsistances à grand nombre d'ouvriers.

Le fanatisme est éteint, et il vient de perdre son dernier espoir en se détruisant dans le voisinage, dans quelques communes du département de l'Eure. Les réunions décadaires ont déjà pris presque partout un bon caractère, qui se fortifiera par le dernier décret[1]. La réclusion de quelques prêtres, que j'ai ordonnée à propos, leur éloignement de toutes fonctions publiques dans lesquelles ils s'étaient glissés, a produit le meilleur effet.

[1] Le décret du 18 floréal.

En général, la Révolution se met parfaitement d'aplomb, mais il faut encore l'attention de prévenir une tentative qui commence à se manifester dans plusieurs des Sociétés populaires nouvellement formées, qui cherchent à comprimer l'énergie des patriotes, en les faisant regarder comme des hébertistes et des conspirateurs. Le modérantisme a toujours de nombreux partisans; ils voudraient faire croire que c'est leur système qu'on prêche en préconisant la justice et la vertu; ils se sont fait jacobins pendant quelques instants, pour nous faire retomber dans leur léthargie. Je les observe avec soin; je détruirai toujours leur dangereux système en maintenant la vigueur vertueuse des patriotes.

Salut et fraternité,

A. Crassous.

[Arch. nat., AF ii, 163.]

———————

UN DES REPRÉSENTANTS À L'ARMÉE DU NORD AU COMITÉ DE SALUT PUBLIC.

Maubeuge, 27 floréal an ii-16 mai 1794. (Reçu le 21 mai.)

[«Laurent transmet une lettre du district de Cambrai [1], dans laquelle ce district accuse l'administration du département du Nord de négligence relativement aux contributions de 1793 (vieux style), dont la répartition n'est pas même encore faite. Il invite le Comité à remédier à cet abus.» — Arch. nat., AF ii, 157. Analyse.]

———————

UN DES REPRÉSENTANTS À L'ARMÉE DU NORD AU COMITÉ DE SALUT PUBLIC.

Lille, 27 floréal an ii-16 mai 1794. (Reçu le 22 mai.)

Vous devez connaître maintenant, citoyens collègues, le résultat de nos différentes opérations sur Courtrai et Menin, et les détails qui vous sont parvenus ont dû vous instruire des motifs qui nous ont empêchés de poursuivre nos premiers succès.

Je reçois à l'instant, et en l'absence de mon collègue Richard et du général en chef, qui se sont portés à l'aile droite de l'armée pour en connaître la position, votre lettre en date du 25 de ce mois [2], par laquelle vous semblez vous étonner que les ennemis fugitifs ne soient pas taillés en pièces.

———————

[1] Cette pièce manque. — [2] Voir plus haut, p. 521.

Quels sont donc les renseignements que vous avez sur la position de l'ennemi, et quels sont ceux qui vous les adressent? Comment a-t-on pu s'imaginer et comment pouvez-vous dire que le résultat d'une action naturelle, comme celle de Mouscron et de Courtrai, devait être la prise des autres villes? Donnez-vous la peine de jeter les yeux sur notre correspondance et sur celle du général en chef, et vous y verrez que l'ennemi a rassemblé des forces considérables du côté de Courtrai, qu'il a fait des efforts incroyables pour nous en débusquer, et que nous ne devons nos succès qu'au courage et au dévouement des soldats de la République.

Donnez-vous aussi la peine d'examiner notre position militaire, et, en l'examinant militairement, vous demeurerez convaincus qu'il était impossible de former le siège de Tournai ou celui d'Ypres en présence d'une armée qui, à la vérité, a essuyé quelques échecs, mais qui n'a pas été battue sur tous les points. Examinez aussi les rapports de la partie secrète, et vous y verrez que les villes d'Ypres et de Tournai ne sont pas d'un accès aussi facile que dans les dernières campagnes. On en peut juger par la seule ville de Menin, qui, dans tous les temps, a été regardée comme un poste qui pouvait à peine tenir quelques heures, et qui, d'après les ouvrages qu'on y a faits, aurait pu arrêter pendant quinze jours une armée tout entière, si elle n'eût été bombardée comme elle l'a été.

Nous ne nous sommes peut-être pas assez appesantis sur tous ces détails en vous rendant compte de nos succès, mais nous avons pensé que vous sauriez apprécier tous ces obstacles, et que, pleins de confiance dans le général en chef, vous n'aviez pas besoin de connaître toutes les difficultés que nous avions à surmonter; nous servons la République sans ostentation, et nous avons présenté nos succès sans les faire valoir.

Nous ne donnons aux ennemis ni trêve, ni repos; mais, quand ils peuvent dans un moment rassembler contre nous des forces bien supérieures, quand nous sommes certains qu'ils en ont rassemblé, vous ne pouvez blâmer la prudence du général qui veut avant tout connaître les autres mouvements des divisions confiées à son commandement; vous blâmeriez au contraire des mesures hasardées, qui pourraient compromettre les armes de la République, lorsqu'avec de la prudence ses succès paraissent certains.

Nous devrions nous affliger du reproche que vous nous faites de n'avoir pas profité de la victoire, si nous n'étions certains que vous n'avez pas connu notre position. Croyez que nous ne négligerons rien pour le succès des armes de la République et pour le triomphe de la liberté.

Salut et fraternité,   Pierre Choudieu.

[Ministère de la guerre; *Armées du Nord et des Ardennes.*]

LE REPRÉSENTANT DANS LES ARDENNES AU COMITÉ DE SALUT PUBLIC.

Thuin, 27 floréal an 11-16 mai 1794.

Mes deux collègues Saint-Just et Le Bas vous rendront compte du mouvement rétrograde de l'armée; ils en ont été témoins. J'étais avec le reste de l'armée des Ardennes, et nous prenions nos mesures pour enlever Charleroi, ce qui devait s'effectuer le 25. Le 24, dans la nuit, nous eûmes connaissance que l'armée se retirait. Le 25, je suis allé à la division commandée par le général Jacob, réunie à l'armée du Nord. J'y fus, parce que je m'attendais que l'ennemi nous inquiéterait dans notre retraite, et que ma présence n'y serait pas inutile. Je me plaçai à l'arrière-garde, où j'ai été bien tranquille, car l'ennemi ne nous a pas fait l'honneur de nous envoyer un coup de fusil. Cet événement, mes collègues, est très malheureux. Il n'y avait que très peu de forces à Charleroi; il était à nous. Il y a eu des fautes : on a trop craint l'ennemi qui nous était inférieur. Desjardin a manqué de tête. Duhesme a craint mal à propos d'être coupé. Le mal est fait; il faut y remédier.

Je vous ai déjà parlé de Charbonié, général en chef de l'armée des Ardennes; il est brave et aimé du soldat. Le chef de son état-major me paraît instruit. Sionville, adjudant général, est un homme précieux. Il y a dans cette armée des généraux de division et de brigade qui sont bons. Il manque un peu d'ensemble. Charbonié avait pris trop ouvertement le parti de Roux contre Massieu. C'est Roux qui l'a égaré. Il n'a jamais eu de mauvaises intentions, au moins je ne le crois pas.

Je vous observe, mes collègues, que, n'ayant pour titre à l'armée qu'une lettre qui me met en réquisition [1], j'y resterai tant que mes forces me le permettront. Je n'en ai pas assez pour moi, qui veux tout voir, tout entendre et être partout.

Le citoyen Jeantis, courrier du Comité de salut public, porteur de cette lettre, craint d'avoir été réformé. C'est cet homme que le Comité m'avait donné pour m'accompagner dans mon voyage le long de la Loire. J'ai été très content de sa conduite. Je vous invite, mes collègues, à le conserver.

Salut et fraternité,   LEVASSEUR (de la Sarthe).

[Ministère de la guerre; *Armées du Nord et des Ardennes. — De la main de Levasseur (de la Sarthe).*]

_____

UN DES REPRÉSENTANTS À L'ARMÉE DES CÔTES DE CHERBOURG AU COMITÉ DE SALUT PUBLIC.

Rouen, 27 floréal an II–16 mai 1794. (Reçu le 19 mai.)

[Deux lettres de Guimberteau : 1° Dans sa lettre du 20 de ce mois [2], Guimberteau avait écrit au Comité qu'il avait fait partir la veille au soir un convoi de quarante mille livres de poudre, dont moitié pour Cambrai et l'autre moitié pour Douai. «Mais il ne partit que le même jour 20 à sept heures trois quarts du matin, parce que la poudre qu'on avait envoyé chercher à Maromme pour compléter ces quarante milliers, n'arriva ici que dans la nuit. Je chargeai de la conduite de cet objet précieux le citoyen Brière, inspecteur des transports et convois militaires, qui s'est bien acquitté de sa commission et qui a fait la plus grande diligence.» — Arch. nat., AF II, 410. — *De la main de Guimberteau.* — 2° Il rectifie ainsi les chiffres contenus dans sa lettre du 26 de ce mois [3] : «Il est parti d'ici pour Compiègne, d'après la lettre de notre collègue Bollet, le 23 floréal un escadron de dragons, composé de 228 hommes; le lendemain un demi-escadron, aussi de dragons, composé de 114 hommes, plus un demi-escadron de chasseurs, composé de 114 hommes, et, le 26, 120 dragons pour Noyon; total 576 hommes, venant des districts du Rocher-de-la-Liberté (ci-devant St-Lô), de Carentan, de Cherbourg de Caen, de Lisieux et de Bayeux; ils sont tous montés et équipés. Ils se sont organisés provisoirement. Bollet m'avait envoyé de Noyon 157 dragons du 20° régiment pour les monter et équiper, ce qui fut fait hier, et ils sont aussi partis. Par ce moyen, au lieu de 625 chevaux, j'en ai envoyé 733, par conséquent 108 de plus

_____

[1] Nous ne savons de quelle lettre Levasseur veut parler. Il avait été envoyé en mission, non pas à l'armée, mais à Sedan et dans le département des Ardennes. Voir t. XII, p. 722, l'arrêté du Comité de salut public, n° 10.

[2] Voir plus haut, p. 394.

[3] Voir plus haut, p. 536.

que je vous avais annoncé; je m'empresse de réparer cette petite faute. » — Ministère de la guerre; *Correspondance générale*. — *De la main de Guimberteau*.]

UN DES REPRÉSENTANTS DANS LE CALVADOS ET LA MANCHE
AU COMITÉ DE SALUT PUBLIC.

Pontorson, 27 floréal an II-16 mai 1794. (Reçu le 22 mai.)

[«Frémanger prévient le Comité qu'il parcourt tous les points de la Manche où
pourraient se porter les brigands qui rôdent autour de ces environs. Il vient de
prendre de vigoureuses mesures pour les serrer de près, de sorte qu'ils ne pourront
que très difficilement échapper à la surveillance active de nos bataillons. Il transmet
la connaissance (*sic*) de la réunion des Chouans, ainsi que les détails du costume
auquel on les distingue. Cette troupe de brigands n'est à craindre qu'en raison de
la difficulté qu'on éprouve à lui faire la guerre. Il va chercher les moyens de se
concerter avec son collègue de Rennes, chargé de surveiller les opérations militaires,
afin de quitter ce pays et de se rendre dans le Calvados. » — Arch. nat., AF II.
178. Analyse.]

LE REPRÉSENTANT DANS LA MANCHE ET L'ORNE
AU PRÉSIDENT DE LA CONVENTION NATIONALE.

Port-Malo (Saint-Malo), *27 floréal an II-16 mai 1794.*

Citoyen président,

Tout le monde connaît l'histoire de cette poule qui pondait des
œufs d'or; ici les moineaux pondent des guinées, ou du moins les enfants en trouvent en cherchant des nids. C'est ce qui vient d'arriver
dans la maison du Mont-Fleury, au petit Paramé, village peu distant
de cette ville. Des marmots étaient aux aguets pour dénicher des oi-
seaux; ils aperçoivent un trou dans une muraille; ils y glissent la
main, et, au lieu d'un demi-globe de duvet, ils saisissent un petit sac
rempli de pièces d'or. Cette nouveauté les frappe; on étale la nichée
dans le village; le Comité de surveillance en est instruit; il se transporte dans la maison des enfants; il réclame la prise au nom de la
République, et on lui remet trente-sept guinées et vingt-sept demi-
guinées. Cette monnaie m'a été aussitôt apportée pour la faire passer
à la Trésorerie nationale. Ainsi le hasard nous fait découvrir en France

la richesse de Pitt, tandis que Pitt emploie vainement en Angleterre tous les moyens de l'art pour contrefaire le numéraire de la France.

Un prêtre réfractaire vient de partir d'ici, la tête la première, pour aller rejoindre les autres qui avaient été expédiés avant lui. La guillotine est en permanence pour les conspirateurs; les maisons d'arrêt contiennent les suspects, et la liberté sourit aux patriotes [1].

Salut et fraternité,

LE CARPENTIER.

[Arch. nat., C, 304.]

LE REPRÉSENTANT DANS LES DÉPARTEMENTS MARITIMES DE LA RÉPUBLIQUE AU COMITÉ DE SALUT PUBLIC.

Brest, 27 floréal an II-16 mai 1794.

J'ai reçu, citoyens collègues, à une heure du matin, votre dépêche du 22 de ce mois [2], avec les réflexions du commissaire de la marine et des colonies, sur les moyens d'opérer la jonction de la division de Cancale avec l'armée de Brest. Vous voulez bien vous en rapporter à moi sur le choix, et c'est d'après les ordres que je donnerai à Doré qu'il devra prendre sa route pour Ouessant ou les Orcades.

L'opération de faire tourner une division un peu forte par le nord de l'Angleterre est en soi une très bonne opération, et, si elle avait été ordonnée il y a un mois, elle aurait produit le double avantage d'inquiéter furieusement le commerce de nos ennemis et d'alimenter la République, et plus particulièrement nos ports, d'une foule d'objets essentiels qui leur manquent. Si jamais vous croyez devoir la tenter, ce serait la division Thevenard qu'il faudrait en charger.

Mais il s'agit moins d'une expédition particulière que d'une route à tracer pour que les six vaisseaux de Cancale rallient l'armée sans danger. Or, cette mesure doit être combinée avec vos vues sur le reste de la campagne. Vous voulez que la sortie de la flotte ait pour unique but d'assurer votre convoi, et vous avez raison. Vous ne voulez pas combattre; et en effet dans la partie actuelle, il n'y a que deux circon-

---

[1] En marge de ce dernier paragraphe on lit ces deux mots : *A passer*, au crayon et d'une main inconnue. Sans doute qu'on voulait dire qu'il ne fallait pas lire ce passage à la Convention.

[2] Voir plus haut, p. 441.

stances où l'armée doive se mesurer avec l'ennemi : l'une, si l'ennemi voulait l'empêcher de joindre le convoi, et l'autre, s'il menaçait ce même convoi. Mais, si la division de Cancale prend la route des Orcades, un combat devient inévitable. La raison en est simple. La flotte est obligée de faire un long séjour à la mer pour attendre la division. Cornic me mande, par sa lettre du 25, qu'elle ne sera pas prête de quelque temps. En supposant que ce temps soit une décade, et, j'ai des raisons de le croire ainsi, la division aura à faire ensuite cinq cents lieues en ligne circulaire, et elle doit s'attendre par conséquent à être contrariée par les vents. Il faudra donc, à compter d'aujourd'hui, au moins un mois pour qu'elle arrive au rendez-vous indiqué. En prolongeant la croisière, vous multipliez donc les chances du combat, tandis que, si l'on se borne à aller en ligne droite joindre Nielly, vous demeurez le moins de temps possible à la mer, et, en suivant le parallèle indiqué pour l'arrivage du convoi, vous pouvez être assez heureux pour éviter un engagement.

Observez encore que le vent, qui est favorable pour la sortie de la flotte, est contraire à la division qui chercherait à gagner le Nord de la Manche, en sorte que, si elle est obligée de louvoyer, elle est exposée à l'attaque de l'ennemi; que, dans l'hypothèse d'un combat, elle n'a point de port pour lui servir d'asile, et que, par conséquent, on peut envisager les six vaisseaux qui la composent comme à peu près perdus.

Enfin, si nous avons le bonheur de trouver Vanstabel réuni à Nielly, ou s'il rejoint l'armée peu de temps après notre réunion avec ce dernier, ce que vous devez naturellement espérer, il faudra conduire le convoi à terre et puis reprendre le large pour retourner prendre la division. Le temps se passera, toutes nos opérations de la campagne seront retardées, et j'ignore si ce retard ne fera point avorter vos plans. D'après cela, serait-ce répondre à votre confiance que d'adopter une mesure qui détruirait les vôtres?

Je crois donc préférable de faire suivre à Doré la route ordinaire, qui ne demande que vingt-quatre heures de temps. Si l'Anglais vient sur nous, nous pouvons nous défendre et même le battre. Les six vaisseaux ne le pourraient pas; et il me semble qu'en principe militaire, c'est sur la force la plus capable de résistance qu'il faut attirer l'ennemi pour sauver le plus faible.

IMPRIMERIE NATIONALE.

Il est possible, citoyens collègues, que je raisonne mal; mais, le Comité m'ayant laissé l'embarras du choix, je lui dois compte des motifs qui me déterminent.

Vous me demandez si j'ai l'assurance que le convoi court des risques. Je vous ai très exactement informé de tout ce que j'ai appris. Je vous ai envoyé la copie des procès-verbaux de nos officiers qui ont été chassés par l'armée anglaise. *La Seine, l'Inconnue, la Mutine, la Surprise, le Courrier, le Jean-Bart* ont vu cette armée; elle a été signalée par les vigies de la côte au nombre de trente-neuf voiles. Depuis ce temps, j'ai toujours tenu des croiseurs dehors; ils ont encore été chassés par des forces ennemies. A la vérité, les derniers rapports nous ont donné des lumières moins exactes sur l'ennemi. La brume a empêché de le bien reconnaître. Nous sommes donc en ce moment réduits aux conjectures sur le plus ou le moins; mais il paraît constant qu'il y a à la mer une forte division au moins qui croise à l'ouverture de la Manche. Nous ignorons même, en supposant que la flotte entière ne soit pas dans ce parage, si elle a repris la route de ses ports ou si elle s'est portée dans le golfe de Gascogne. Dans cette position, devez-vous, pouvez-vous laisser votre convoi abandonné aux forces insuffisantes qui l'accompagnent? J'ai fait partir il y a quelques jours, *la Surprise,* avec ordre de se porter jusqu'à la baie de Tor Bay. Elle n'est pas rentrée, et j'ai quelques inquiétudes sur le sort de ce bâtiment. J'attendais beaucoup de l'intelligence de l'officier qui le commande. Enfin, citoyens collègues, j'ai fait et je fais encore tout ce que la prudence et le désir ardent de bien servir mon pays peuvent me suggérer. Mais je dois vous dire que vous m'auriez fait grand plaisir de prononcer vous-mêmes dans une circonstance aussi délicate. Si je prends sur moi de le faire, d'après vos ordres, c'est une preuve de plus, et ce n'est pas la moins forte, de ma soumission aux arrêtés du Comité.

La division de Cancale, arrivant dans l'Iroise, trouvera *le Caton* et *le Majestueux* dans la rade de Bertheaume. Si elle peut nous joindre sans inconvénient, elle sera renforcée de ces deux vaisseaux. Alors la flotte sera portée à quarante et un vaisseaux, et, s'ils étaient tous réunis, je répondrais que les Anglais n'oseraient pas l'attaquer.

Salut et fraternité,

JEANBON SAINT-ANDRÉ.

[Arch. nat., AF II, 294.]

LE REPRÉSENTANT À BREST AU COMITÉ DE SALUT PUBLIC.

Brest, 27 floréal an II-16 mai 1794.

[Prieur (de la Marne) mande que l'escadre vient de mettre à la voile. «Un vent favorable s'est fait sentir à 3 heures après-midi, et, à 6, tout était en pleine mer, sans le moindre petit accident et dans le meilleur ordre possible. Le spectacle était des plus imposants, mais des plus touchants, surtout par la joie des équipages : elle brillait dans tous les yeux; et tous, représentant, général, officiers, matelots, soldats étaient au comble de leurs vœux. Ils se promettaient bien d'apprendre aux Anglais que les Républicains savent vaincre sur mer comme sur terre. Jeanbon Saint-André aurait désiré vous apprendre lui-même son départ; mais la rapidité de la marche du vaisseau *la Montagne* ne nous a laissé que le temps de nous embrasser.» — «En passant par le Morbihan, je l'ai trouvé parfaitement tranquille.» Arch. nat., AF II, 194[1].]

LES REPRÉSENTANTS À L'ARMÉE DE L'OUEST AU COMITÉ DE SALUT PUBLIC.

Nantes, 27 floréal an II-16 mai 1794. (Reçu le 21 mai.)

Arrivés dans cette commune, nous avons appris par la municipalité que les habitants étaient rationnés à une demi-livre de pain, et que, malgré cette réduction, le peuple était tranquille.

Cet état de gêne ne peut durer longtemps sans danger. Certes, le patriotisme est capable de grands efforts, et on peut se réduire par ce sentiment vertueux à des privations momentanées; mais il n'est pas possible que les forces physiques d'hommes livrés à des travaux pénibles et continuels puissent soutenir longtemps une telle réduction, et, si quelque commune dans ce moment mérite de fixer votre attention, c'est celle de Nantes, et par sa situation politique, et [par] sa position géographique.

Quoique l'esprit public ait beaucoup gagné depuis quelques mois dans cette commune, il y existe encore des malveillants que la surveillance et la crainte compriment, mais que la haine de la liberté aigrit toujours, et vous en jugerez par les bruits perfides qu'ils répandent dans l'espoir criminel d'agiter le peuple et d'amener des mouvements.

[1] Savary, *Guerre des Vendéens et des Chouans*, t. III, p. 330, donne, à la date du 17 mai 1794, une autre lettre de Prieur (de la Marne) au Comité sur le même objet et conçue en termes peu différents.

On annonçait, lorsque nous sommes arrivés, que les brigands proposaient la paix, et que, pour la conclure, ils offraient six bataillons, tous armés, dix millions en numéraire et six mille tonneaux de grains.

Vous sentez tout ce qu'un tel bruit renferme de perfide et ce qu'il peut produire d'effets dangereux, répandu avec adresse dans un moment où le peuple éprouve des réductions sur le plus absolu nécessaire. Faire connaître le piège sera suffisant, sans doute, pour en garantir les bons citoyens; les autres, surveillés et contenus, seront impuissants dans leurs efforts; mais il faut des secours à une ville de quatre-vingt mille âmes de population, fatiguée par des travaux et un service extrêmement actif et pénible et que les méchants cherchent à travailler dans l'ombre.

Nantes doit être envisagé dans ce moment comme un des points les plus importants de la République. Par elle et avec elle la Vendée ne peut plus être inquiétante pour la liberté. Des considérations politiques vous porteront donc, citoyens collègues, à fixer vos regards sur l'état de détresse de cette commune, qui souffre sa situation avec courage et qui mérite d'être promptement secourue.

INGRAND, GARNIER (de Saintes).

[Ministère de la guerre; *Armée des Côtes de Brest.*]

LE REPRÉSENTANT DANS LE CHER ET L'INDRE
AU COMITÉ DE SALUT PUBLIC.

Vierzon, 27 floréal an 11-16 mai 1794. (Reçu le 20 mai.)

[Ferry reçoit à l'instant la lettre qui le rappelle [1]. « Je dois vous observer que les travaux que je dirige exigent la présence et l'action continuelle ou d'un représentant du peuple, ou d'un délégué du Comité de salut public, revêtu de pouvoirs plus étendus que ceux des commissaires qui sont ici. Je vous exhorte donc, ou à me remplacer sur-le-champ, ou à envoyer ici un artiste chargé de la direction générale des travaux commencés dans les départements du Cher et de l'Indre. Je resterai encore une décade. Passé ce temps, soit que vous m'ayez remplacé ou non, je me rends à mon poste. » — Arch. nat., AF II, 172. — *De la main de Ferry* [2].]

---

[1] Voir plus haut, p. 466, la lettre du Comité du 23 floréal. — [2] En marge : « Renvoyé sans décision. »

LE REPRÉSENTANT DANS LA DORDOGNE ET LA CHARENTE
AU COMITÉ DE SALUT PUBLIC.

Périgueux, 27 floréal an 11-16 mai 1794. (Reçu le 25 mai.)

[«Romme expose qu'il existe à Bordeaux, au fort de la Révolution, deux fourneaux à reverbère et près de vingt mille quintaux de fonte; le département du Bec-d'Ambès en fournirait beaucoup en mettant en réquisition tous les objets en fer coulé qui ne sont pas de première nécessité. Il a envoyé deux maîtres de forge sur les lieux pour voir l'état des fourneaux et prendre des informations sur l'usage qu'on en avait fait et sur les causes de l'abandon où on les laissait. Il a conçu le projet d'y établir une fonderie de canons, ainsi qu'une forerie. Les deux maîtres de forge qu'il avait envoyés sur les lieux avec une autorisation et une lettre pour son collègue Ysabeau [rapportent qu'il] a déclaré verbalement qu'il s'opposerait à ce qu'on allumât ces fourneaux; il a gardé le silence sur la lettre qui lui a été écrite à ce sujet. Il pensait que son collègue aurait mieux agi à son égard; il persiste à croire que cet établissement serait très avantageux à la République. Il invite le Comité à résoudre cette difficulté et à lui en faire une prompte réponse.» — Arch. nat., AF II, 263. Analyse[1].]

LE REPRÉSENTANT DANS LE LOT ET LE CANTAL
AU COMITÉ DE SALUT PUBLIC.

Cahors, 27 floréal an 11-16 mai 1794. (Reçu le 22 mai.)

[Deux lettre de Bo : 1° Il s'est rendu à Cahors pour prendre des éclaircissements sur la fourniture des chemises et guêtres faite au district de Saint-Céré par l'administration du département du Lot. «Je n'ai pu tirer entièrement au clair cette affaire; mais je crois avoir bien aperçu que les chemises envoyées de Paris ont été toutes déposées au magasin du département, et qu'il n'y a eu aucune supposition, puisque l'envoi du total dans les districts est bien assuré. Les 100 chemises et les 160 guêtres grises sont d'un second envoi fait par le département; elles provenaient du premier équipement pour la levée de trois cent mille hommes. Toute la question se réduit à savoir si cette mauvaise qualité a été fournie par un régisseur, ou si les toiles ont été achetées par réquisition. Il paraît encore que les toiles ont été achetées au maximum et que chaque chemise coûte 5 livres. Mais, comme il ne doit rester aucun doute sur cet objet, j'ai nommé un commissaire qui doit vérifier sur les lieux tous les faits, examiner si les 700 chemises sont toutes de la même qualité, si dans la même chemise il n'y a pas deux

---

[1] En marge : «Renvoyé à la division des armes.»

qualités de toile, car les marchands trompent souvent en changeant l'intérieur de la pièce. Enfin le commissaire ne laissera dans son rapport aucun doute pour connaître s'il y a la moindre friponnerie dans cet envoi. » — Arch. nat., AF II, 178. — *De la main de Bo.* — 2° Il envoie un arrêté qu'il a cru devoir prendre pour punir l'égoïsme et le mauvais exemple de quelques muscadins qui se glorifiaient d'avoir échappé par le défaut d'âge à la réquisition du 23 août dernier. «J'ai cru, pour le bon exemple, devoir les forcer à opter entre la réclusion ou le service militaire; si j'avais pu les diriger vers l'agriculture, j'aurais préféré cette mesure, comme plus utile à la chose publique. — Les subsistances deviennent chaque jour, depuis près de quatre mois, l'objet de mes sollicitudes. Dans ce moment, le département du Lot est dans une position pénible et ne peut sans secours attendre la récolte, quoique précoce. L'administration des subsistances leur (*sic*) promet des secours, mais l'attente est cruelle. Voyez, citoyens collègues, de leur en accorder sur la Haute-Garonne, dont je vous ai fait connaître la véritable situation. Je suis harcelé, et je ne puis faire des réquisitions; j'ai le cœur navré d'entendre à chaque instant parler famine. — Je repars demain pour le département du Tarn, pour alimenter la Lozère et l'Aveyron, qui voudraient que je tire du sang d'une pierre. Je ne puis avoir d'autre boussole que le tableau des recensements comparé à celui de la population. Il faudra épier le moment où l'on coupera les seigles pour faire dépiquer et compléter la réquisition que vous avez faite en faveur de ces deux départements, qui sont retardés de trois décades sur celui du Tarn pour la récolte des grains. Cependant, si vous pouviez les pourvoir plus tôt, vous préviendriez leurs inquiétudes, que je crois cependant exagérées. J'attends vos ordres pour savoir si je prendrai sur la nouvelle récolte le complément de 100,000 quintaux. Je ferai toujours provisoirement tout ce qu'il est possible de faire pour contenter tout le monde. » — Arch. nat., *ibid.* — *De la main de Bo.*]

LE REPRÉSENTANT DANS LA MEUSE ET LA MOSELLE
AU COMITÉ DE SALUT PUBLIC.

Sarrelibre (Sarrelouis), *27 floréal an II-16 mai 1794.*
(Reçu le 21 mai.)

Dans le monde politique et moral, citoyens collègues, comme dans un tableau, le clair et le brillant sont à côté de l'ombre et de l'obscur; c'est ainsi que Sarrelibre, distant seulement de quatre lieues de Bouzonville, forme avec cette commune un contraste parfait.

Là règne l'intrigue et le modérantisme; ici se déploient le républicanisme prononcé et le sentiment de la raison. Là rampe un esclave sous un despote insolent; ici chacun lève la tête en homme libre et qui a juré de le rester. Là je n'ai presque eu qu'à frapper; ici, à fraterniser, et l'épuration, qui a rejeté quelques citoyens tièdes, n'en a vomi aucun, aristocrate ou fripon.

La position géographique de Sarrelibre rend cette place extrêmement importante. C'est la conservation des districts de Sarrelibre, de Boulay et de Sarreguemines. C'est, si j'ose le dire, un des ouvrages avancés de Metz. Il m'a paru que ses fortifications, que j'ai parcourues avec quelque attention, offraient un ensemble respectable et un aspect imposant.

La nature, en y faisant fluer la Sarre, qui fournit aux écluses, a donné à cette place une défense née de son local, mais que les efforts de l'art ont augmentée encore. Enfin, quelles que soient les tentatives de l'ennemi, on peut attendre de la bonté des moyens défensifs et de la bravoure de l'artillerie que Sarrelibre n'aura jamais à redouter le sort de Landrecies.

J'ai à remarquer que, généralement, partout le culte de la Raison s'est plus facilement établi dans les districts allemands que partout ailleurs.

Serait-ce par cette force physique qui, portée sur le moral, fait que les extrêmes se touchent?

Quoi qu'il en soit, la liberté et la raison reçoivent ici un encens pur et régulièrement offert.

Les républicains composant la Société populaire sont fermement persuadés que le culte seul digne de la divinité et réciproquement de la dignité de l'homme sont les droits qu'il exerce, les lumières qu'il acquiert et les devoirs qu'il remplit.

Aussi la lecture [de la vie] des illustres héros de la République, des rapports faits à la Convention, de ses saints décrets, occupent-ils, concurremment avec des chants civiques, les fêtes décadaires.

Déjà, dans ce district, comme dans ceux où l'idiome germanique déshonorait encore la langue des républicains, s'établissent, en vertu de la loi du 8 pluviôse, des instituteurs publics.

Dans six mois, s'ils suivent leur mission avec zèle, ce langage tudesque et grossier, que d'ailleurs des Français doivent abhorrer, puisqu'ils le partagent avec des esclaves, aura disparu.

Les autorités de Sarrelibre, épurées et parfaitement à la hauteur de l'énergie du Rocher (sic), entrent dès aujourd'hui en fonctions administratives et révolutionnaires.

J'ai cru devoir rendre compte de leur civisme, de ce qu'ils ont fait pour la liberté, et par là les récompenser de leur attachement à la Convention et à la patrie.

Dans ma dernière dépêche, je vous ai rendu compte, citoyens collègues, de mon arrêté relatif à la suppression du district de Boulay; je vous ai prévenu que je vous adresserais dans cette commune copie dudit arrêté. Vous le trouverez ci-joint. Je crois inutile d'entrer dans aucune réflexion sur les motifs développés dans le considérant; ils sont de nature à convaincre sous tous les rapports de la nécessité de la suppression dont il s'agit; vous trouverez également joint le procès-verbal de l'épuration de ce district. Dans un instant je me rends à Sarreguemines.

Salut et liberté,   MALLARMÉ.

[Arch. nat., AF II, 163. — *De la main de Mallarmé.*]

———————

LE REPRÉSENTANT EN CORSE AU COMITÉ DE SALUT PUBLIC.

Port-de-la-Montagne (Toulon), *27 floréal an II-16 mai 1794.*
(Reçu le 2 juin.)

[«Lacombe Saint-Michel accuse au Comité la réception au Port-de-la-Montagne de sa lettre du 19 floréal[1]. Il la considère comme la récompense la plus honorable qu'il puisse recevoir pour la conduite qu'il a tenue en Corse. Il a bravé mille dangers en passant au milieu de l'escadre anglaise pour venir chercher à Gênes avec le général Rochon, officier plein de valeur et de capacité, des secours en poudre dont la place de Bastia était sur le point de manquer. D'après les ordres du Comité, Saliceti va faire sortir l'escadre; il cherchera à secourir la Corse et à combattre l'escadre anglaise, s'il trouve jour à pouvoir le faire avec avantage. Détails importants sur l'avantage de cette expédition. Ce n'est pas le moment de songer à attaquer en grand les rebelles de Corse; il faut se borner à jeter à Bastia et à Calvi un puissant secours qui assure ces places et les mette en état de résister longtemps aux efforts de l'ennemi. Si les secours partiels en hommes, vivres et munitions destinés pour Bastia ont été interceptés, cette place ne pourra pas résister. Il a tout disposé pour, dans ce cas, sauver la garnison et les familles patriotes en les portant sur Calvi; cette entreprise hardie sera exécutée par le général Gentili. Il ne pense pas que, quand bien même Bastia tiendrait, il fallût, pour ces deux villes isolées l'une de l'autre, y tenir constamment un représentant du peuple; de

———

[1] Voir plus haut, p. 372.

bons commandants et une forte garnison suffisent. Il attend les ordres du Comité et lui demande son rappel; il exécutera néanmoins ses ordres, tels qu'ils puissent être; en attendant, il s'embarque sur l'escadre en vue de secourir la Corse et de ramener ses défenseurs actuels, que les hasards de la guerre et les maladies ont réduits de cinq mille hommes à moins de onze cents. » — Arch. nat., AF II, 252. Analyse [1].]

LES REPRÉSENTANTS À L'ARMÉE D'ITALIE AU COMITÉ DE SALUT PUBLIC.

Antibes et Nice [2], *27 floréal an II-16 mai 1794.* (Reçu le 27 mai.)

[Quatre lettres de ces représentants : 1° Ricord expose qu'aussitôt qu'il [3] leur eut annoncé l'envoi de quatre millions en numéraire, ils [4] donnèrent des ordres pour faire porter à la Trésorerie des lingots provenant de l'argenterie des églises et des émigrés; ainsi l'arrêté du 3 frimaire [5] est exécuté. Cependant il n'y a pas un sol dans la caisse, et il y a une grande quantité de grains achetés. Il demande de l'argent, attendu que les Génois ne veulent pas même faire de crédit et qu'il est à craindre qu'un plus long délai dans le payement ne suspende l'arrivée des grains. » — Arch. nat., AF II, 188. Analyse. — 2° « Ricord prévient le Comité qu'il se rend à Colmars pour se concerter avec les représentants du peuple près l'armée des Alpes. Il invite le Comité à lui donner connaissance des bataillons auxquels il ordonne de se rendre à l'armée d'Italie. Il l'invite à ne pas oublier non plus que l'armée est dans la disette la plus affreuse de poudre, qu'elle a des sièges importants à faire, et qu'il faut les faire promptement, parce que l'ennemi est en déroute. Le ci-devant Monsieur est à Turin, en qualité de régent de France; on pourrait en faire cadeau au Comité, en mettant de la célérité dans les expéditions. » — Arch. nat., AF II, 252. Analyse. — 3° « Ricord transmet un état des officiers promus par eux (*sic*) à divers grades dans l'armée d'Italie. Jusqu'à présent le choix est tombé sur des hommes qui seront les dignes camarades du brave Langlois [6], de qui la Convention vient d'honorer la mémoire [7]. » — Arch. nat., *ibid.* Analyse. — 4° « Robespierre jeune et Ricord préviennent le Comité que l'un d'eux va se rendre à Colmars, afin de se concerter avec leurs collègues près l'armée des Alpes, d'après leur invitation, pour y déterminer la ligne de défense des deux armées et les premières opérations qui doivent être combinées par les représentants et les généraux des deux armées. » — Arch. nat., *ibid.* Analyse.]

---

(1) En marge : « Communiqué au citoyen Carnot. »

(2) Les trois premières lettres sont datées d'Antibes; la quatrième de Nice.

(3) Il s'agit sans doute du Comité de salut public.

(4) C'est-à-dire ses collègues et lui.

(5) Nous n'avons pas à cette date d'arrêté du Comité sur cet objet.

(6) Voir plus haut, p. 147.

(7) Le 17 floréal, Barère avait fait décréter que le nom de l'adjudant général Langlois et celui du général Brulé seraient inscrits au Panthéon.

COMITÉ DE SALUT PUBLIC.

Séance du 28 floréal an II-17 mai 1794.

Présents : B. Barère, Carnot, Couthon, Collot-d'Herbois, C.-A. Prieur, Billaud-Varenne, Robespierre, R. Lindet.

1. Le Comité de salut public autorise le commissaire de la marine à employer le citoyen Blechamp dans l'administration de la marine, partie des classes dans l'intérieur.

CARNOT, B. BARERE, BILLAUD-VARENNE, C.-A. PRIEUR [1].

2. Le Comité de salut public arrête que les citoyens employés dans le Muséum d'histoire naturelle se concerteront sans délai avec la Commission des arts, pour réunir dans un dépôt les divers objets relatifs à l'histoire naturelle et qui peuvent servir à l'augmentation et à l'enrichissement de ce monument national. Ils établiront les moyens de conservation qu'ils jugeront les plus convenables.

B. BARÈRE, BILLAUD-VARENNE, COLLOT-D'HERBOIS, COUTHON [2].

3. Le Comité de salut public arrête ce qui suit : 1° le *Journal universel*, rédigé par Audouin, et le *Journal des hommes libres*, dirigé par René Vatar, continueront d'être envoyés aux armées au nombre d'exemplaires accoutumé pendant le trimestre prochain. — 2° la Commission des administrations civiles, de police et des tribunaux prendra toutes les mesures nécessaires pour assurer l'exactitude de l'envoi et de la distribution de ces journaux et s'en fera rendre compte. — 3° Les dépenses qu'occasionnera cet envoi seront prises sur les fonds mis à la disposition de ladite Commission. — 4° La Commission du commerce et des approvisionnements donnera des ordres pour que les citoyens Audouin et Vatar puissent s'approvisionner du papier nécessaire à leur entreprise, d'après la déclaration préalable qu'ils lui en feront. — 5° Le prix de l'abonnement par mois sera payé aux citoyens ci-dessus

[1] Arch. nat., AF II, 301. — *De la main de Barère.*

[2] Arch. nat., AF II, 67. — *De la main de Barère.*

dénommés, par avance et par tiers, le primidi de chaque décade, sur les ordonnances dudit commissaire; auquel effet il sera adressé aux commissaires de la Trésorerie nationale une expédition du présent arrêté.

BILLAUD-VARENNE, B. BARÈRE [1].

4. Le citoyen Chrétien-Charles Giénanth, descendant d'un Français réfugié dans le Palatinat pour cause de religion, établi négociant en France depuis l'année 1786 (vieux style) et s'étant marié avec une française non noble, le Comité de salut public arrête que ledit citoyen Giénanth se trouve compris dans l'article 1er de la loi du 28 germinal dernier, portant exception à la loi du 27 dudit, en faveur des étrangers domiciliés en France depuis six ans.

CARNOT [2].

5. Le Comité de salut public arrête que Revel [3], détenu à la maison d'arrêt des Carmes, sera conduit au Comité de salut public par deux gendarmes, ce soir, à dix heures. Le concierge de cette maison d'arrêt remettra Revel à la garde des deux gendarmes porteurs du présent.

6. Le Comité de salut public arrête que la maison nationale, ci-devant appelée les Menus, située rue Bergère, servira désormais pour l'Institut national de musique établi par les décrets de la Convention nationale. Le Comité des domaines nationaux pourvoira à ce que la section du Faubourg-Montmartre puisse s'établir avec ses comités dans une autre maison nationale. L'Institut national de musique ne pourra être établi à la rue Bergère qu'après que tous les meubles et effets nationaux qui y sont déposés auront été transportés ailleurs et que la section du Faubourg-Montmartre e soit établie dans une autre maison nationale. Le Comité des domaines nationaux donnera les ordres nécessaires pour faire évacuer cette maison nationale.

B. BARÈRE, BILLAUD-VARENNE, C.-A. PRIEUR [4].

---

[1] Arch. nat., AF II, 66.
[2] Arch. nat., AF II, 61.
[3] Dans l'*Histoire du tribunal révolutionnaire* par M. Wallon, il y a (t. VI, p. 202)

un Jacques Revel, qui fut l'objet d'un non-lieu le 4 vendémiaire an III.
[4] Arch. nat., AF II, 67. — *De la main de Barère.*

7. Le Comité de salut public appelle tous les artistes musiciens ou professeurs de musique à concourir, dans la forme qui sera prescrite par un décret de la Convention, pour les chants civiques, pour la composition des fêtes nationales, des pièces de théâtre, de la musique guerrière et de tout ce que leur art a de plus propre à rappeler aux républicains les sentiments et les souvenirs les plus chers dans la Révolution.

BILLAUD-VARENNE, CARNOT, B. BARÈRE, C.-A. PRIEUR [1].

8. Le Comité de salut public arrête que les citoyens Nicolas et Charpentier imprimeront chacun, au nombre de trente mille exemplaires, le premier rapport du représentant du peuple Barère sur les moyens d'extirper la mendicité dans les campagnes et sur les secours que doit accorder la République aux citoyens indigents [2].

CARNOT, B. BARÈRE [3].

9. Le Comité de salut public appelle tous les artistes architectes à composer et à développer les projets et les plans d'architecture civile qui conviennent à la République pour les divers monuments publics qui doivent être exécutés dans les communes de la République. Ils s'attacheront particulièrement à donner à chaque espèce de monument le caractère qui lui est propre. Les projets mis au concours pendant les mois prairial et messidor sont les lieux destinés à l'exercice de la souveraineté du peuple en assemblées primaires, les jeux consacrés aux fêtes décadaires, les maisons communes, les tribunaux, les justices de paix, les prisons, les maisons d'arrêt, les théâtres nationaux, les bains publics et les fontaines, Les ouvrages seront présentés au concours dans la salle de la Liberté jusqu'au 30 messidor. Ils seront jugés avant le 10 thermidor prochain par le jury des arts.

B. BARÈRE, BILLAUD-VARENNE, C.-A. PRIEUR, COLLOT-
D'HERBOIS [4].

---

[1] Arch. nat., AF II, 220. — *De la main de Barère.*

[2] Ce rapport avait été fait par Barère dans la séance de la Convention du 22 floréal. On en trouvera le texte dans le *Moniteur*, réimpression, t. XX, p. 445 et suivantes.

[3] Arch. nat., AF II, 66.

[4] Arch. nat., AF II, 80. — *De la main de Barère.*

10. Le Comité de salut public arrête que la Commission révolutionnaire de Noirmoutier est maintenue et continuera ses travaux.

COLLOT-D'HERBOIS, BILLAUD-VARENNE, B. BARÈRE [1].

11. Sur le rapport de la Commission des secours, le Comité de salut public approuve la nomination des citoyens Poncet et Claudel en qualité d'inspecteurs des hôpitaux de l'armée du Rhin.

ROBESPIERRE, B. BARÈRE, CARNOT, BILLAUD-VARENNE [2].

12. Le Comité de salut public arrête que la Trésorerie nationale payera aux citoyens Chritin, Louis Minguet et Louis-Marie-Hyacinthe Minguet, tous trois instructeurs pour la manœuvre du javelot, savoir : à Chritin, depuis le 1er nivôse jusqu'au 1er floréal, et aux citoyens Minguet depuis le 12 pluviôse et tant que dureront leurs fonctions, les sommes qui peuvent leur être dues, à raison de cinq livres par jour, sauf la déduction de ce qu'ils auront pu recevoir à titre d'avances ou autrement; charge la Commission de l'organisation et du mouvement des armées de terre de l'exécution du présent

CARNOT [3].

13. Le Comité de salut public arrête que le commissariat des épreuves établira sur-le-champ un atelier à Meudon pour augmenter la quantité de muriate suroxygéné de potasse qu'il doit employer pour faire de la poudre, qu'il cherchera les moyens d'améliorer le procédé et d'en augmenter les produits, sans pourtant négliger les autres parties du travail dont il est chargé.

C.-A. PRIEUR [4].

14. Le Comité de salut public arrête qu'il sera mis à la disposition du commissariat des épreuves de Meudon une somme de cinquante mille livres pour payer toutes les dépenses des travaux de ce commissariat, qui ne devront être connues que du Comité de salut public, et

---

[1] Arch. nat., AF II, 22. (Voir t. XII, p.761, l'arrêté supprimant ces Commissions.)

[2] Arch. nat., AF II, 284. — *Non enregistré.*

[3] Arch. nat., AF II, 202. — *Non enregistré.*

[4] Arch. nat., AF II, 220. — *Non enregistré.*

que cette somme sera prise sur les cinquante millions mis à la disposition du Comité.

C.-A. Prieur [1].

15. Le Comité de salut public arrête que la Commission des armes et poudres enverra au commissariat des épreuves de Meudon, et dans le délai de vingt-quatre heures, une éprouvette à globe.

C.-A. Prieur [2].

16. Le Comité de salut public, vu la lettre du conseil d'administration de la manufacture nationale de fusils et le rapport de l'agent comptable de l'atelier, maison d'Aine, sur les motifs de la détention du citoyen Hursaut, arrête : 1° que le citoyen Hursaut, ouvrier dans l'atelier maison d'Aine, sera mis sur-le-champ en liberté; 2° que le Comité révolutionnaire de la section du . . . est chargé de l'exécution du présent arrêté.

C.-A. Prieur [3].

17. [Arrêté mettant en réquisition un ouvrier cordier, habitant la commune de Conches. C.-A. Prieur. — AF ii, 215. *Non enregistré.*]

18. Le Comité de salut public, prenant en considération les différentes observations qui lui ont été présentées relativement à la gendarmerie nationale, arrête qu'en conséquence des dispositions de la loi du 14 frimaire dernier sur le gouvernement révolutionnaire, les nominations dans la gendarmerie seront faites par les districts.

Carnot [4].

19. Le Comité de salut public, considérant que, d'après la loi du 3 pluviôse dernier, concernant l'organisation des tribunaux militaires, différentes armées manquent du nombre d'officiers de police et d'accusateurs militaires nécessaires à l'activité des tribunaux, arrête que les

[1] Arch. nat., AF ii, 220. — *Non enregistré.*

[2] Arch. nat., AF ii, 220. — *Non enregistré.*

[3] Arch. nat., AF ii, 215. — *Non enregistré.*

[4] Arch. nat., AF ii, 224. — *Non enregistré.*

représentants du peuple près les armées nommeront, provisoirement, les citoyens qu'ils jugeront les plus dignes d'exercer ces fonctions.

CARNOT[1].

20. La Commission des transports militaires, postes et messageries étant chargée de transférer de Choisy à Fontainebleau trois cents malades, le Comité de salut public arrête qu'elle est autorisée à se servir, demain 29, du coche d'eau de Montereau jusqu'à Valvin, et au besoin de le mettre en réquisition pour ce service extraordinaire; elle fera préparer des voitures pour le même transport depuis Valvin à Fontainebleau, soit par ses propres moyens, soit par réquisition, et, dans ce dernier cas, la solde sera payée sur son ordonnance et sur le pied de celui fixé par le décret du 16 nivôse[2] et l'arrêté du Comité de salut public du 22 du mois pluviôse[3].

R. LINDET[4].

21. Le Comité de salut public arrête que l'administration des salpêtres et poudres rendra compte, dans la journée de demain, des mesures qu'elle a prises pour assurer l'approvisionnement de la poudrerie de Grenelle et de l'effet qu'ont produit ces mesures.

C.-A. PRIEUR[5].

22. Le Comité de salut public, considérant que l'intérêt de la République exige que la fabrication de la poudre soit suivie avec la plus grande activité, arrête que les ouvriers et agents employés dans les ateliers de la raffinerie de salpêtre établie à la section de l'Unité et dans les ateliers de poudre établis à Grenelle et aux Ternes, de même que les chefs des bureaux de l'administration révolutionnaire, sont autorisés à se faire remplacer dans le service militaire imposé aux citoyens.

C.-A. PRIEUR[6].

---

[1] Arch. nat., AF II, 226. — *Non enregistré.*

[2] Nous ne trouvons pas, à cette date, de décret sur cet objet.

[3] Voir t. XI, p. 40, l'arrêté du Comité n° 7.

[4] Arch. nat., AF II, 286. — *Non enregistré.*

[5] Arch. nat., AF II, 217. — *De la main de C.-A. Prieur. Non enregistré.*

[6] Arch. nat., AF II, 217. — *Non enregistré.*

23, 24, 25. [Nomination de Pierre-François Leclerc à la place de capitaine d'artillerie en résidence à Lorient; d'Auguste Lemaître et de François Verlon à des places de conducteurs des charrois aux armées. Carnot. — Arch. nat., AF ii, 304. *Non enregistré.*]

26. Le Comité de salut public charge la Commission des travaux publics de prendre les mesures qu'elle jugera convenables relativement au projet de la construction d'une montagne sur la place d'Orléans.

Signé : Robespierre, Carnot, Billaud-Varenne [1].

27. Le Comité de salut public, vu les certificats des officiers de santé et du bataillon des Lombards, attestant que Michel Vandaulen, chasseur volontaire, n'a quitté les drapeaux au mois d'octobre 1792 que parce qu'il était incapable de faire aucun service militaire, et attendu que ledit Vandaulen n'est pas compris dans la première réquisition, est marié, fabricant et marchand rue Saint-Jacques, n° 35, arrête qu'il n'y a lieu de le forcer de rejoindre et l'autorise en conséquence à demeurer à la tête de sa fabrique et maison de commerce.

Carnot [2].

28. Le Comité de salut public arrête que la Commission de l'organisation et du mouvement des armées est autorisée à recevoir dans l'un des régiments de carabiniers le citoyen Chareivel, ancien quartier-maître dans le corps des partisans de la République.

Carnot [3].

29. Le Comité de salut public arrête que le citoyen Jean-Jacques Joigneaux, âgé de 44 ans, père de quatre enfants, canonnier de la compagnie de la section des Arcis, est autorisé à se faire remplacer dans ladite compagnie par le citoyen Louis Joigneaux, son frère, qui est déjà accepté par la compagnie.

Carnot [4].

30. Le Comité de salut public, ayant pris connaissance des certi-

---

[1] Arch. nat., AF ii, 222. — *Copie. Non enregistré.*

[2] Arch. nat., AF ii, 304. — *De la main de Carnot. Non enregistré.*

[3] Arch. nat., AF ii, 304. — *De la main de Carnot. Non enregistré.*

[4] Arch. nat., AF ii, 304. — *Non enregistré.*

ficats délivrés par le Conseil général de la commune de Bernay en date du 21 ventôse dernier et 21 de ce mois, qui attestent que Louis Lebetre, boucher de cette commune, y est chargé de la fourniture de l'étape aux troupes de passage, arrête, vu l'urgence et la nécessité, que Louis Lebetre, mis en réquisition par les représentants du peuple dans le département du Calvados, retournera chez son père pour y continuer le service d'étapier.

Couthon, Carnot, R. Lindet [1].

31. Le Comité de salut public, sur le rapport de la Commission des travaux publics du 26 de ce mois, arrête : Le département de Paris fera enlever sous deux fois vingt-quatre heures les livres qui composent la bibliothèque du ci-devant Condé, sise en la maison des travaux publics, à l'exception néanmoins des livres et cartes que la Commission des travaux publics jugera pouvoir lui être nécessaires, et dont il sera dressé inventaire sur-le-champ.

C.-A. Prieur, B. Barère [2].

32. Le Comité de salut public arrête que le commissariat des épreuves de Meudon enverra sans délai au Comité de salut public l'état nominatif des employés qui y sont, avec leurs appointements, pour être soumis à son approbation.

C.-A. Prieur [3].

33. Le Comité de salut public, informé par la Commission des transports, postes et messageries que les préposés des douanes à Bourg-feld ont retenu, le 5 de ce mois, sur Sébastien Veyman, venant de pays étrangers, quatre lettres qu'ils ont remises au directeur de la poste à Huningue, chargé de les envoyer à Paris; que les receveurs de douanes à Pontarlier ont retenu, le 8 de ce mois, sur un particulier venant de pays étranger dix-huit paquets qu'ils ont remis au directeur de la poste à Jougne pour les transmettre à Paris; arrête que la Commission des transports militaires, postes et messageries est chargée de faire remettre les lettres et paquets envoyés à Paris, et les autres lettres et paquets qui pourraient y être envoyés, aux citoyens chargés de mis-

---

[1] Arch. nat., AF II, 304. — *Non enregistré.* — [2] Arch. nat., AF II, 80. — *Non enregistré.* — [3] Arch. nat., AF II, 220. — *Non enregistré.*

sions spéciales pour la vérification des correspondances suspectes et de lettres et paquets envoyés de l'étranger par la poste ou les messageries, qui se conformeront à leurs instructions et aux mesures de sûreté générale prises pour assurer l'exactitude du service des postes, prévenir les abus et les dangers et empêcher l'introduction de faux assignats.

R. LINDET [1].

34. Le Comité de salut public arrête que la Commission des transports militaires, postes et messageries fera remettre la lettre timbrée d'Épernay, adressée en pays étranger et renvoyée à Paris, le 21 de ce mois, par les citoyens Capiton et Croutier de Châlons-sur-Marne aux citoyens chargés, par ordre du Comité, de mission spéciale pour l'examen et la vérification des correspondances suspectes et des lettres et paquets envoyés de l'étranger par la poste ou la messagerie, qui se conformeront à leurs instructions et aux mesures de sûreté générale prises pour l'exactitude du service des postes et en prévenir les abus et les dangers.

R. LINDET [2].

35. Le Comité de salut public, sur le rapport à lui fait par la Commission du commerce et approvisionnements de la République, arrête ce qui suit : 1° Les époques de payement des bois provenant de la coupe extraordinaire [3], qui avaient été fixées entre le 1er floréal et le 1er vendémiaire, seront, pour les bois qui ne sont pas encore abattus, reculées au delà du 1er vendémiaire à la même distance qu'elles étaient du 1er floréal, et les autres époques en proportion. — 2° Expédition du présent arrêté sera adressée aux administrateurs de district, à la Commission du commerce et approvisionnements et à celle des revenus publics.

COLLOT-D'HERBOIS, R. LINDET [4].

36. Le Comité de salut public, après avoir entendu la Commission de commerce et approvisionnements, arrête que les agents nationaux

---

[1] Arch. nat., AF ɪɪ, 20. — *De la main de R. Lindet. Non enregistré.*

[2] Arch. nat., AF ɪɪ, 20. — *De la main de R. Lindet. Non enregistré.*

[3] Voir le décret du 13 pluviôse an ɪɪ, qui ordonnait une coupe extraordinaire.

[4] Arch. nat., AF ɪɪ, 20. — *Non enregistré.*

près les districts sont autorisés à faire lever, en présence de deux commissaires choisis parmi l'administration, les scellés apposés sur les caves et caveaux des émigrés, condamnés ou détenus, pour effectuer le recensement des vins, eaux-de-vie et liqueurs ordonné par l'arrêté du 19 germinal [1], sauf par eux, après le recensement, à faire de nouveau l'apposition des scellés sur ces mêmes caves et caveaux, jusqu'à ce qu'il ait été statué sur la destination de ces vins et liqueurs. La Commission de commerce et approvisionnements demeure chargée de donner connaissance du présent arrêté à qui il appartiendra.

R. LINDET [2].

37. Le Comité de salut public, sur le rapport de la Commission des secours publics, arrête que François Martinière, sexagénaire accablé sous le poids de plusieurs infirmités, chargé en outre de deux enfants en bas âge, et sa femme, dont le fils a été tué à l'affaire de la Croix-aux-Bois, le 14 septembre 1792, jouiront des avantages accordés aux familles des défenseurs de la patrie par les lois des 4 mai, 4 et 6 juin 1793, 1er frimaire et 21 pluviôse dernier, quoique la perte de leur fils remonte au 14 septembre 1792.

B. BARÈRE, BILLAUD-VARENNE, ROBESPIERRE [3].

38. Le citoyen Edme-Claude-Nicolas Bréjard, de Neuville-sur-Seine, district de Bar-sur-Seine, étant âgé de 28 ans et marié, le Comité de salut public arrête qu'il est autorisé à rester audit Neuville, ne devant pas faire partie d'aucun bataillon de réquisition, d'après les dispositions de la loi du 22 août 1793 (v. s.).

CARNOT [4].

39. Le Comité de salut public, sur la demande de l'agent national du département de Paris, met en réquisition, pour être employé dans les bureaux dudit département, le citoyen Jean-Baptiste-Hyacinthe Christophe, âgé de vingt et un ans et demi.

CARNOT [5].

---

[1] Nous n'avons pas, à cette date, d'arrêté sur cet objet. — [2] Arch. nat., AF II, 20. — Non enregistré. — [3] Arch. nat., AF II, 81. — Non enregistré. — [4] Arch. nat., AF II, 304. — Non enregistré. — [5] Arch. nat., AF II, 304. — Non enregistré.

40. Les réquisitions exercées dans le district de Calais ayant été plus multipliées que dans les départements de l'intérieur par la proximité de l'armée du Nord, le Comité de salut public arrête que celles qui ont été faites et exécutées depuis le décret du 18 germinal seront reçues en remplacement de la levée du 25, ordonnée par ce décret; en conséquence que lesdits chevaux et voitures seront reconnus par les commissaires des guerres, estimés par experts et marqués; et que, dans le cas où ces voitures et chevaux ne compléteraient pas la levée ordonnée par le décret du 18 germinal, le district de Calais fournira le supplément; enfin que le loyer qui aurait pu être payé sera déduit du prix de l'estimation desdits chevaux et voitures. Les commissaires des guerres adresseront sous le plus court délai, à la Commission des transports militaires, les états de revues et de réceptions, ainsi que des estimations. Le district de Calais adressera à la Commission des transports militaires, dans le courant du mois [de] prairial, l'état des chevaux et voitures existants dans le district, divisé par communes.

R. LINDET [1].

41. La Commission des transports militaires ne pouvant se procurer le nombre suffisant de charretiers pour conduire aux armées les chevaux provenant de la levée du 25, ordonnée par le décret du 18 germinal; le Comité de salut public arrête que la Commission des transports militaires mettra en réquisition ceux même des volontaires de la 1re classe qui, se trouvant encore dans leur commune ou district, seront désignés par les autorités constituées comme propres à ce service, et ceux qui, se rendant à leur destination, seront reconnus et désignés par les agents militaires ou leurs chefs, chargés de leur conduite, ou par les commissaires des guerres, comme propres au même service. Les commissaires des guerres et les municipalités se conformeront au présent arrêté, que la Commission des transports est chargée de faire exécuter.

R. LINDET [2].

---

[1] Arch. nat., AF ii, 286. — Non enregistré.

[2] Arch. nat., AF ii, 286. — En partie de la main de R. Lindet. Non enregistré.

REPRÉSENTANTS EN MISSION.

LE COMITÉ DE SALUT PUBLIC
AUX REPRÉSENTANTS DANS LES DÉPARTEMENTS DE L'OUEST, À NANTES.

Paris, 28 floréal an 11-17 mai 1794.

Le Comité de salut public vous fait passer, citoyens collègues, son arrêté du 28, qui maintient dans ses fonctions la Commission révolutionnaire de Noirmoutier [1]. Le Comité vous charge d'en assurer l'exécution.

[Arch. nat., AF ii, 37.]

LE COMITÉ DE SALUT PUBLIC À GUEZNO, REPRÉSENTANT À ROCHEFORT.

Paris, 28 floréal an 11-17 mai 1794.

Le Comité de salut public, citoyen collègue, t'invite à rentrer le plus tôt possible au sein de la Convention nationale.

[Arch. nat., AF ii, 37.]

LE COMITÉ DE SALUT PUBLIC
À DUQUESNOY, REPRÉSENTANT À L'ARMÉE DE LA MOSELLE, À METZ.

Paris, 28 floréal an 11-17 mai 1794.

Le Comité de salut public n'a pu envisager, citoyen collègue, la taxe de 40,000 livres imposée à Metz que comme une correction civique infligée aux riches égoïstes qu'on ne punit que par l'argent. Leur indifférence coupable dans un malheur public a dû appeler sur eux ton indignation. La malveillance, toujours perfide, a cherché à travestir cette mesure avec d'autant plus d'ineptie que la taxe est trop légère pour qu'on puisse voir l'intention de grever une commune entière. Si toutefois l'événement malheureux qui l'a provoquée avait

---

[1] Voir plus haut, p. 573, l'arrêté n° 10.

pu te faire confondre quelques patriotes purs avec les lâches qu'a dû punir ton énergie, le Comité se plaît à s'en rapporter à ta justice sur les moyens de réparer une erreur qui, louable par l'intention, honore celui qui s'en rétracte.

[Arch. nat., AF ii, 37.]

_____

LE COMITÉ DE SALUT PUBLIC AU MÊME.

Paris, 28 floréal an II-17 mai 1794.

Le Comité de salut public t'invite, citoyen collègue, à prendre des informations sur les moyens employés pour retirer d'Arlon les denrées, les objets utiles, tels que cuirs, fourrages, armes, effets de campement, etc., qui s'y trouvaient, lorsqu'il était au pouvoir des Français. Le Comité désire savoir si toutes les précautions ont été prises, si on a déployé toute l'activité nécessaire pour en faire sortir ce qui pouvait être emporté. Tu voudras bien faire passer le plus tôt possible tous les renseignements que tu auras recueillis à cet égard.

[Arch. nat., AF ii, 37.]

_____

LE COMITÉ DE SALUT PUBLIC
À LEJEUNE, REPRÉSENTANT DANS LE JURA, LE DOUBS ET LA HAUTE-SAÔNE,
À PONTARLIER.

Paris, 23 floréal an II-17 mai 1794.

Le Comité de salut public a vu avec satisfaction, citoyen collègue, le compte que tu as rendu de tes différentes opérations. Il croit devoir néanmoins t'observer que la nature des objets dont la surveillance t'est confiée exige dans ta correspondance plus d'activité et t'invite donc à lui écrire plus fréquemment. De son côté, il s'empressera de faciliter le succès de tes opérations, toutes les fois que tu croiras devoir évoquer ses lumières.

[Arch. nat., AF ii, 37.]

_____

UN DES REPRÉSENTANTS À L'ARMÉE DU NORD
AU COMITÉ DE SALUT PUBLIC ET À LA CONVENTION NATIONALE.

Maubeuge, 28 floréal an II-17 mai 1794. (Reçu le 24 mai.)

[Deux lettres de Laurent : 1° Il transmet à la Convention de longs détails sur les traits d'héroïsme des républicains dans les dernières batailles. — *Moniteur,* séance du 6 prairial. — 2° Il accuse au Comité réception de son arrêté du 21 de ce mois[1], qui accorde des logements dans des domaines nationaux aux malheureuses familles des départements de l'Aisne et du Nord qui ont eu leurs habitations incendiées par l'ennemi; cet arrêté lui a été transmis par ses collègues Gossuin et Boyaval. Il prend des mesures pour l'exécuter[2]. — Arch. nat., AF ii, 157.]

———

UN DES REPRÉSENTANTS À L'ARMÉE DU NORD
À ROBESPIERRE, MEMBRE DU COMITÉ DE SALUT PUBLIC..

Quartier général de Cousolre, 28 floréal an II-17 mai 1794.

[«Le Bas mande que Saint-Just et lui sont réunis au quartier général, avec les représentants Richard et Levasseur, et les généraux Pichegru, Desjardin, Charbonié et autres, pour s'entendre sur un bon plan d'opérations. Les choses vont assez bien; mais elles pourraient aller mieux. Ils s'occupent de détruire les abus qui mettent encore obstacle à leur marche régulière. Darthé leur écrit de Cambrai que Le Bon doit être à Paris. «M. Guffroy» fait tout son possible pour le dénigrer. Qu'on se hâte de renvoyer Le Bon, «qui a fait et qui continue de faire beaucoup de bien, et qui vaut une garnison dans Cambrai.» — *Inventaire des autographes réunis par M. Benjamin Fillon,* t. 1, p. 175. Analyse.]

———

LE REPRÉSENTANT À L'ARMÉE DE L'OUEST AU COMITÉ DE SALUT PUBLIC.

Nantes, 28 floréal an II-17 mai 1794. (Reçu le 23 mai.)

[Trois lettres de ces représentants : 1° Garnier (de Saintes) expose que le bataillon de Senlis, qu'il a vu se former à Blois sous ses yeux, lui a assuré avoir été

———

[1] Voir plus haut, p. 406, l'arrêté n° 2.

[2] Le même jour, Laurent écrivit à Gossuin et à Boyaval deux lettres (Arch. nat., AF ii, 129), où il les priait d'obtenir du Comité de salut public quelques éclaircissements sur l'arrêté qu'il avait à exécuter. Fallait-il n'accorder de secours qu'à ceux qui avaient été *incendiés* par l'ennemi, et non à ceux qui avaient été *pillés*? D'autre part, ne conviendrait-il pas d'étendre les effets de cet arrêté aux communes du département du Nord?

provisoirement maintenu en bataillon, et qu'il a été tellement satisfait de cette faveur qu'il a fait des progrès rapides dans l'instruction militaire. Il a eu dans la Vendée six actions contre l'ennemi et autant d'avantages. Ce bataillon demande pour récompense à être conservé tel qu'il est. Cette marque particulière de confiance ne pourrait que doubler son émulation. Garnier demande une prompte réponse. — Ministère de la guerre; *Armée de l'Ouest.* — 2° Il transmet au Comité le reste des arrêtés qu'il a pris dans le département de la Sarthe, depuis le n° 323 jusques et y compris le n° 348, savoir : 8 contenant des mesures de sûreté générale; 2 ordonnances de payements; 6 relatifs aux subsistances; 3 à la cavalerie; 2 à des destitutions et réintégrations; 2 à des secours; 3 à des réquisitions pour les fabriques. » — Arch. nat., AF II, 178. Analyse. — 3° Ingrand et Garnier (de Saintes) se sont permis d'ouvrir le paquet adressé par le Comité à leur collègue Bourbotte. « Nous pensâmes qu'il pouvait contenir des dispositions d'autant plus urgentes qu'il était expédié par un courrier extraordinaire, et nous avons vu en effet les nouvelles dispositions que vous avez prises pour la division de l'armée de l'Ouest et celle de Brest, ainsi que pour le changement des généraux qui commandaient dans la Vendée. Nous avons aussitôt instruit le général Vimeux de vos intentions et l'avons chargé d'en suivre promptement l'exécution. Nous pensons que la nouvelle circonscription que vous venez d'arrêter contribuera beaucoup à accélérer la destruction des brigands, parce que Nantes, comme quartier général, était trop éloigné du centre des mouvements et le devenait encore plus par le long circuit qu'occasionnait dans les communications l'interception des routes de la Vendée, et, d'ailleurs, parce que Nantes était un lieu d'affluence et de corruption pour les officiers qui venaient dans le lieu des plaisirs oublier des devoirs que l'amour de la patrie devait leur rendre si sacrés. » — Arch. nat., *ibid.*]

———

LES REPRÉSENTANTS À ROCHEFORT AU COMITÉ DE SALUT PUBLIC.

Sans lieu (Rochefort), *28 floréal an II-17 mai 1794.*
(Reçu le 23 mai.)

[Guezno et Topsent annoncent la prise d'une goélette portugaise chargée de sel pour l'Irlande. « Les avisos *Lazowski* et *le Sans-Culotte* viennent de reprendre la mer, et nous leur avons donné l'ordre de prévenir les frégates qui composent leur division de prendre bonne connaissance du nombre, de la force et du pavillon des vaisseaux qu'ils pourraient rencontrer, et de détacher l'un des avisos pour nous rendre compte de leurs découvertes, si elles sont intéressantes. Le vaisseau *le Marat* est en rade depuis hier. Il attend son approvisionnement de poudre pour mettre à la voile. » — Ministère de la marine; BB³ 60. — *De la main de Guezno.*]

———

UN DES REPRÉSENTANTS À L'ARMÉE DE LA MOSELLE
AU COMITÉ DE SALUT PUBLIC.

Morfontaine, 28 floréal an II-17 mai 1794. (Reçu le 24 mai.)

[«Gillet fait savoir que Duquesnoy, à son arrivée, lui annonça que l'intention du Comité était que l'un et l'autre représentants restassent ensemble à l'armée. L'armée va se mettre en marche; Gillet demande s'il doit suivre Duquesnoy ou continuer les revues et les embrigadements qui lui restent encore à faire.» — Arch. nat., AF II, 246. Analyse.]

COMITÉ DE SALUT PUBLIC.

Séance du 29 floréal an II-18 mai 1794.

Présents: B. Barère, Carnot, Couthon, Collot-d'Herbois, C.-A. Prieur, Robespierre, Billaud-Varenne, R. Lindet.

1. Le Comité de salut public autorise la citoyenne Pernet d'Harcourt à rester au Havre-Marat, auprès d'une parente qui lui donne des secours, et à s'y embarquer avec elle pour Saint-Domingue, conformément au passeport qui lui a été délivré le 11 floréal par l'administration du district de Montivilliers.

COLLOT-D'HERBOIS[1].

2. Le Comité de salut public arrête que le citoyen Bourran, sous-chef des bureaux civils de la marine, chargé du détail des classes à Boulogne-sur-Mer, mis en état d'arrestation dans cette ville, sera mis en liberté à la réception du présent arrêté.

3. Le Comité de salut public arrête que Marc-Antoine Jullien, envoyé comme agent du Comité dans les départements maritimes[2] et maintenant commissaire adjoint de la Commission exécutive de l'instruction publique, se rendra de suite à Bordeaux pour y presser et sur-

_____

[1] Arch. nat., AF II, 60. — [2] Voir t. VI, p. 397, et, plus loin, les arrêtés du même jour nos 11 et 12.

veiller l'exécution des lois révolutionnaires, réveiller et maintenir l'énergie des autorités constituées. Le citoyen Jullien devra aussi s'occuper de divers objets relatifs aux fonctions de la Commission exécutive dont il est membre.

Carnot, Robespierre, Billaud-Varenne, B. Barère[1].

4. Le Comité de salut public, vu les nouvelles reçues des pays avec lesquels la République est en guerre, arrête que le départ des jeunes Irlandais ordonné par décret du. . . [2] sera suspendu jusqu'à nouvel ordre et charge le commissaire de la marine de donner sur-le-champ à Dunkerque tous les ordres nécessaires pour suspendre leur départ jusqu'à nouvel ordre, et les faire transférer à Arras pour y demeurer en état d'arrestation.

Billaud-Varenne, Collot-d'Herbois, B. Barère[3].

5. Le Comité de salut public arrête qu'il sera établi au Panthéon un orgue pour que cet instrument contribue à l'embellissement de la fête qui sera célébrée pour le transport des cendres des jeunes Bara et Agricole Viala, le 30 prairial prochain. Cet orgue sera pris dans la maison nationale nommée ci-devant les Bénédictins anglais, située rue Saint-Jacques. Le placement de cet instrument sera fait par le citoyen Jomer, facteur d'orgues, sous la surveillance du citoyen Séjan, organiste. Le temps qui doit s'écouler d'ici au 30 prairial ne suffisant pas pour placer dans le Panthéon un orgue dont la grandeur et la bonté réponde à la majesté de ce lieu, celui qui a été indiqué n'y sera mis que provisoirement. Après la fête, le citoyen Jomer est chargé d'établir dans le Panthéon l'orgue des Jacobins de la rue Dominique, sous la surveillance du citoyen Séjan, organiste. La Commission des travaux publics est chargée de l'exécution de cet arrêté et de fournir, sur les fonds qui lui sont attribués, les dépenses nécessaires à cette exécution.

C.-A. Prieur, Robespierre, B. Barère, Collot-d'Herbois, Billaud-Varenne [4].

---

(1) Arch. nat., AF ii, 58. — *De la main de Carnot.*

(2) Il s'agit du décret du 6 floréal an ii. Voir plus haut, p. 94.

(3) Arch. nat., AF ii, 63. — *De la main de Barère.*

(4) Arch. nat., AF ii, 67. — *De la main de C.-A. Prieur.*

6. Le Comité de salut public, sur la présentation qui lui a été faite, par le citoyen David, peintre, de deux caricatures de sa composition, l'une représentant une armée de cruches, commandée par George, mené par le nez par un dindon; l'autre représente (*sic*) le gouvernement anglais sous la forme d'une figure horrible et chimérique, revêtu de tous ses ornements royaux; arrête que l'artiste David remettra au Comité 1,000 exemplaires de chacune de ces caricatures, savoir : 500 en noir et 500 coloriées, et qu'il lui sera donné en indemnité un mandat de trois mille livres à prendre sur les cinquante millions dont le Comité peut disposer.

C.-A. Prieur, Carnot [1].

7. Le Comité de salut public arrête : 1° que le directeur de l'arsenal de Meulan est autorisé à se rendre près des généraux en chef des armées où sont adressées les divisions tirées dudit arsenal, afin de conférer avec eux sur le moyen de faire valoir avec avantage la méthode de traîner les pièces de 16 en bataille; 2° que les représentants du peuple près des armées sont invités à employer les moyens qui sont en leur pouvoir pour obtenir de cette méthode de défense toute l'utilité dont elle est susceptible.

C.-A. Prieur [2].

8. Le Comité de salut public arrête que les chevaux employés par le citoyen Foubert pour le service de la marine ne pourront être ni arrêtés ni requis pour aucun autre service, et que ceux qui pourront l'avoir été seront rendus au citoyen Foubert.

B. Barère, Carnot, Billaud-Varenne, Robespierre [3].

9. Vu la pétition des administrateurs du district de Clermont-Ferrand et les renseignements pris, le Comité de salut public arrête que les deux administrations du département du Puy-de-Dôme et du district de Clermont, chef-lieu de ce département, tiendront désormais leurs séances dans les bâtiments des ci-devant Cordeliers, occupés dans ce moment par la seule administration du département; charge les citoyens Monestier, maire, et Fournial, membre du Conseil général

---

(1) Arch. nat., AF ii, 66. — (2) Arch. nat., AF ii, 220. — (3) Arch. nat., AF ii, 286.

de la commune de Clermont, en s'assistant d'un architecte, de déterminer dans ce bâtiment le local de chacune des deux administrations.
Le montant des dépenses nécessaires au placement des deux administrations sera pris, moitié sur la caisse du payeur général du département, et moitié sur la caisse du receveur du district. Et après l'exposé
de l'administration du district qu'elle ne peut trouver dans le département du Puy-de-Dôme les draps nécessaires à l'équipement des citoyens
de première réquisition, la renvoie à se pourvoir devant la huitième
Commission (du commerce et des approvisionnements) créée par la loi
du 13 (*sic*) germinal.

Couthon, Carnot, B. Barère [1].

10. Le Comité de salut public arrête que le citoyen Hubert, inspecteur des bâtiments nationaux, lui présentera, dans le courant de la
décade prochaine, un aperçu de la dépense que peut occasionner à
la République l'exécution de ses arrêtés précédents pour l'embellissement du palais du Jardin national et de la Place de la Révolution, du
Muséum de peinture, du Muséum d'histoire naturelle et autres monuments publics, pour être présentés à l'approbation de la Convention
nationale, dont le rapport doit lui être fait sur les arts et les monuments pour toute la République, et sur les sommes à consacrer à cet
objet.

B. Barère, Collot-d'Herbois, C.-A. Prieur, Robespierre,
Billaud-Varenne [2].

11. Le Comité de salut public arrête que le Comité de surveillance
de Bordeaux sera renouvelé; que le citoyen Jullien, envoyé à Bordeaux, prendra des renseignements sur les patriotes propres à composer le nouveau Comité de surveillance et sur les différents membres
de la Commission révolutionnaire.

Billaud-Varenne, Robespierre, Carnot, B. Barère [3].

12. Le Comité de salut public arrête que le nouveau Comité de
surveillance établi à Bordeaux en exécution de ses précédents arrêtés

---

[1] Arch. nat., AF ii, 20. — *De la main de Couthon.* — [2] Arch. nat., AF ii, 80. — *De
la main de Barère.* — [3] Arch. nat., AF ii, 58. — *De la main de Billaud-Varenne.*

sera composé de neuf citoyens, dont les noms suivent [1]. Ils seront installés, en conformité de l'arrêté de ce jour, par le citoyen Jullien, envoyé par le Comité à Bordeaux [2], qui en rendra compte au Comité.

B. Barère, Billaud-Varenne, C.-A. Prieur, Collot-d'Herbois, Robespierre [3].

13. Le Comité de salut public, informé que le citoyen Baudry, mis en réquisition pour les salines, a été fermier général et peut se trouver compris dans les mesures prises par la Convention nationale, rapporte son acte de réquisition.

B. Barère, Couthon, C.-A. Prieur, Carnot [4].

14. Le Comité de salut public arrête que le citoyen Gautier, ancien ordonnateur de la marine, détenu dans la maison des Madelonnettes, sera mis en liberté.

14. Le Comité de salut public autorise le citoyen Jean-François Leduc à demeurer à Paris.

Robespierre, Billaud-Varenne [5].

15. Le Comité de salut public, informé que les réparations et corrections à faire à l'émoulerie de la pompe à feu de l'île Louviers ont été négligées jusqu'à présent, au point que cette usine est presque nulle pour le service de la manufacture d'armes de Paris, arrête : 1° Les citoyens Périer frères et Martin, entrepreneurs de l'émoulerie de la pompe à feu de l'île Louviers, feront sous trois jours, à compter du 1er prairial, les réparations et corrections qui doivent être faites à la mécanique et à l'équipement de cette usine pour utiliser son travail et la rendre moins onéreuse à la République. — 2° Si ces réparations et corrections ne sont pas faites dans le délai prescrit par l'article 1er, elles seront exécutées aux frais du Département. — 3° Expédition du présent arrêté sera envoyée sur-le-champ aux citoyens Périer et Martin, à la Commission des armes et au représentant du peuple chargé de la

---

(1) Ces noms manquent.
(2) Voir plus haut, p. 585.
(3) Arch. nat., AF ii, 58. — *De la main de Barère.*

(4) Arch. nat., AF ii, 61. — *De la main de Barère.*
(5) Arch. nat., AF ii, 61 — *De la main de Robespierre. Non enregistré.*

surveillance du service, pour qu'ils prennent respectivement les mesures propres à en assurer l'exécution.

CARNOT, C.-A. PRIEUR, BILLAUD-VARENNE [1].

16. Le Comité de salut public, après avoir entendu le rapport de la Commission du commerce et des approvisionnements, arrête : 1° Les administrateurs de district feront rassembler incessamment, dans un lieu qu'ils indiqueront, les cordes des cloches dont la descente a été précédemment ordonnée. — 2° Ils inviteront les citoyens de leurs arrondissements à porter au même dépôt les cordages neufs ou mi-usés qui ne sont pas absolument nécessaires à leurs besoins et les vieux cordages qu'ils auraient mis au rebut. Les uns et les autres seront payés à dire d'experts par les receveurs de districts sur des mandats délivrés par les directoires. — 3° Le rassemblement ordonné par les deux articles précédents sera effectué, pour le plus tard, quinze jours après la réception du présent arrêté. — 4° Les cordages jugés en état de servir seront séparés de ceux hors d'usage par les soins des administrations de district, qui adresseront l'état des uns et des autres à la Commission du commerce et des approvisionnements; cet état contiendra mention du nombre, de la longueur, grosseur et situation des cordages. Cette Commission donnera des ordres pour l'enlèvement des premiers et fera livrer les autres à des cordiers intelligents, qui les décomposeront, en dégageront les parties viciées et en fabriqueront de nouveaux cordages. — 5° Ce travail sera fait, s'il est possible, sous la surveillance des administrateurs. Les cordiers employés pour cet objet seront payés après la confection et réception des ouvrages, par les receveurs de district, sur les mémoires qu'ils présenteront, visés et ordonnancés par les directoires. — 6° Tous les cordages rassemblés, neufs, mi-usés ou refondus, seront appliqués, par la Commission du commerce et des approvisionnements, aux besoins les plus urgents des transports militaires, du campement des troupes, de la navigation intérieure, de l'agriculture et du commerce. — 7° Les administrations publiques ou les citoyens auxquels la Commission fera livrer des cordages remplaceront, proportionnellement à la quantité qui leur sera remise, les fonds pris dans les caisses de district pour

[1] Arch. nat., AF ii, 215. — Non enregistré.

le paiement ou la refonte de ces cordages. — 8° La Commission des transports militaires, celle de commerce, les commissaires ordonnateurs, les commissaires des guerres donneront des ordres, chacun en ce qui les concerne, pour que les cordages employés dans les transports, les campements, au service de la cavalerie, etc., soient déposés dans les magasins militaires les plus voisins, lorsqu'ils seront hors de service; ils les feront refiler et refondre, lorsque le même lieu en contiendra une quantité assez considérable. — 9° Le présent arrêté sera imprimé et envoyé aux représentants du peuple près les armées, lesquels en donneront connaissance aux agents militaires chargés de surveiller et d'assurer l'exécution de l'article 8. Il sera également adressé aux administrations de district, à la Commission du commerce et des approvisionnements et à celle des convois et transports militaires.

R. LINDET [1].

17. Le Comité de salut public arrête que la Commission de l'organisation et du mouvement des armées de terre expédiera l'ordonnance de paiement sur les états d'appointements des ingénieurs, commis et employés du dépôt général de la guerre et frais de bureau, pour le mois de floréal de cette année, sur le pied qui a été fixé et certifié par le directeur du dépôt général de la guerre.

CARNOT, R. LINDET [2].

18. Le Comité de salut public, s'étant fait représenter son arrêté du 26 de ce mois, portant que sur la réclamation de la manufacture d'épingles de Rugles la vente de ces marchandises sera libre et l'exécution du maximum suspendue à leur égard, déclare l'arrêté commun à la manufacture d'épingles de Laigle et lieux circonvoisins [3].

R. LINDET [4].

19. Le Comité de salut public arrête : Il sera délivré du bureau de topographie du Comité de salut public copie de la carte comprenant

[1] Arch. nat., AF ii, 295. — Non enregistré.

[2] Arch. nat., AF ii, 302. — Non enregistré.

[3] Voir plus haut, p. 532, l'arrêté du Comité n° 25.

[4] Arch. nat., AF ii, 78. — De la main de R. Lindet. Non enregistré.

l'arrondissement du district de Vitré pour être envoyée au général de brigade Humbert.

Carnot, R. Lindet [1].

20. [Acceptation de la démission du citoyen Simonnet, chef suppléant du ci-devant bureau des fonds du Ministère de la guerre, appelé à diriger la comptabilité de la Commission d'agriculture. Carnot. — Arch. nat., AF ii, 24. *Non enregistré.*]

21. Sur le rapport de la Commission des transports militaires, que plusieurs rouliers offrent de fournir des voitures pour le service de l'armée des Pyrénées, à condition qu'on procurera la subsistance à leurs chevaux et que la valeur au prix du maximum sera retenue sur le prix de la location, le Comité de salut public arrête que l'administration des subsistance militaires fera fournir les foins, paille et avoine nécessaires aux chevaux qui seront employés à titre de loyer au service de l'armée des Pyrénées, qu'il en sera fourni un état à la fin de chaque mois avec les prix sur le pied du maximum, pour être retenus sur la location par le payeur général de l'armée, et d'après les pièces visées par le bureau des transports militaires et du commissaire des guerres.

R. Lindet [2].

22. La Commission des transports militaires fera transporter, sous le plus court délai et par les moyens les plus prompts, cent cinquante milliers de salpêtre de Dunelibre à Paris; elle mettra à cet effet en réquisition tous rouliers, fourgons, diligences, petites messageries, voitures publiques; au besoin elle fera des réquisitions dans les départements pour les transports de relais en relais, à distance de cinq à six lieues; les courriers des malles feront également des chargements dans la proportion de leurs voitures, en sorte que, jusqu'à l'épuisement des cent cinquante milliers de salpêtre, ils ne puissent transporter que du salpêtre et la malle ordinaire de la poste.

R. Lindet [3].

23. Le Comité de salut public, informé par le compte rendu de la Commission des transports militaires que la levée du vingt-cin-

[1] Arch. nat., AF ii, 202. — *Non enregistré.* — [2] Arch. nat., AF ii, 286. — *Non enregistré.* — [3] Arch. nat., AF ii, 286. — *Non enregistré.*

quième des chevaux s'exécute avec le succès et la célérité que l'on doit
attendre de républicains qui aiment leur patrie et veulent concourir à
l'affermissement de la liberté et à la destruction des despotes; que la
levée qui avait été ordonnée sur quatre départements par l'arrêté du
2 floréal[1] paraît moins urgente; que, si le départ du contingent de
chaque district, dans le vingt-cinquième article décrété le 18 germinal,
ne peut être trop accéléré, il n'est pas aussi nécessaire de presser le
départ de l'excédent que les quatre départements sont tenus de fournir
en exécution de l'arrêté du 2 floréal; qu'il suffit que cet excédent
soit désigné et prêt à marcher au premier ordre qui en sera donné;
arrête que, dans les départements de la Seine-Inférieure, de l'Eure,
de l'Oise et de Seine-et-Marne, le contingent de chevaux et voitures
continuera d'être levé et mis en marche sans retardement; que ce contingent sera imputé sur ce qui est demandé à chacun des départements par l'arrêté du 2 floréal; que l'excédent nécessaire pour remplir
le nombre fixé par l'arrêté du 2 floréal sera levé sans retardement,
sera désigné et laissé aux propriétaires, qui pourront les joindre au
contingent ou les retenir pour leur usage jusqu'au premier ordre qu'ils
recevront de les conduire dans les dépôts qui seront désignés.

R. Lindet[2].

23. Sur le rapport de la Commission des transports militaires, que
le service des malles et des diligences est exclusivement attribué aux
maîtres de postes par l'article 48 du décret des 23 et 24 juillet 1793,
le Comité de salut public déclare que, par son arrêté du 25 de ce
mois[3], il n'a en rien dérogé au service des messageries, qui sera fait
comme il l'était ci-devant par les maîtres de postes, conformément aux
dispositions observées jusqu'à ce jour.

R. Lindet[4].

24. Le Comité de salut public met en réquisition les citoyens Du-
chanois, Brécy, pour continuer de donner des leçons d'équitation aux
citoyens connus par leur civisme et employés ou prêts à s'employer

---

[1] Nous n'avons pas, à cette date, d'arrêté sur cet objet.

[2] Arch. nat., AF II, 286. — *Non enregistré.*

[3] Voir plus haut, p. 515, l'arrêté du
Comité n° 5.

[4] Arch. nat., AF II, 20. — *Non enregistré.*

au service de la République pour la défense de la patrie, arrête qu'ils conserveront leurs chevaux, dont ils déclareront le nombre et le signalement à leur section.

R. Lindet[1].

25. Sur le rapport de la Commission des transports, convois, postes et messageries, qu'il est instant de procurer trente chevaux à l'agence des messageries pour le service public, le Comité de salut public arrête que les départements d'Eure et d'Eure-et-Loir procureront par réquisitions ces trente chevaux, dans l'âge de 5 à 9 ans, de taille de 5 pieds, dont le prix sera réglé à dire d'experts, sans pouvoir excéder celui du maximum de 1,500 livres.

R. Lindet[2].

26. Le Comité de salut public, vu la réquisition accordée par la Commission de commerce le 27 germinal au citoyen Levrier de Lisle, fabricant de papier assignat à Buges, de deux mille livres de savon noir à prendre dans toute l'étendue de la République, et l'arrêté pris sans date par les administrateurs du district d'Amiens, portant que la réquisition faite pour la fabrication du papier assignat ne peut avoir lieu dans le commerce et que le chef d'atelier de la fabrique est invité à l'exercer ailleurs; considérant que les besoins de la fabrique sont urgents; que les administrateurs du district d'Amiens devaient concourir de tout leur pouvoir à assurer l'exécution de la réquisition; que l'arrêté qu'ils ont pris est une violation des principes du gouvernement, et que, si on le laissait subsister, le service de la Trésorerie nationale serait compromis; annule l'arrêté pris par l'administration du district d'Amiens; arrête que la réquisition accordée le 27 germinal sera exécutée. Les administrateurs du district d'Amiens sont tenus, sous leur responsabilité, d'en assurer l'exécution. Ils rendront compte, dans les vingt-quatre heures de la réception du présent arrêté, des dispositions qu'ils auront faites et des mesures qu'ils auront prises pour faire mettre les deux mille livres de savon noir à la disposition du porteur de la réquisition.

R. Lindet[3].

---

[1] Arch. nat., AF ii, 286. — De la main de R. Lindet. Non enregistré.

[2] Arch. nat., AF ii, 20. — Non enregistré. L'original est intitulé : «Projet d'arrêté du Comité de salut public au sujet de 30 chevaux forts et entiers.»

[3] Arch. nat., AF ii, 20. — De la main de R. Lindet. Non enregistré.

27. Le Comité de salut public arrête que la Trésorerie nationale payera aux conducteurs des charrois de l'artillerie, attachés à l'arsenal de Paris, nommés par le Conseil exécutif provisoire, les appointements qui leur sont dus depuis leur nomination, sur la revue qui leur aura été passée par le commissaire général Roland.

Carnot [1].

28. Le Comité de salut public arrête que le citoyen Antoine-Charles Dubois, aide du citoyen Bouvier, pharmacien, est mis en réquisition, pour être employé aux travaux dont Bouvier est chargé, pour le commissariat des épreuves établi à Meudon.

C.-A. Prieur [2].

REPRÉSENTANTS EN MISSION.

LE COMITÉ DE SALUT PUBLIC
À MAIGNET, REPRÉSENTANT DANS LES BOUCHES-DU-RHÔNE ET LE VAUCLUSE.

Paris, 29 floréal an II-18 mai 1794.

Cher collègue,

Nous te faisons passer une expédition de l'instruction qui va régler la conduite et les devoirs des membres de la Commission populaire. établie à Orange, et dont tu as été chargé de l'installation par notre arrêté [3].

[Arch. nat., AF* II, 225.]

UN DES REPRÉSENTANTS À L'ARMÉE DU NORD AU COMITÉ DE SALUT PUBLIC.

Lille, 29 floréal an II-18 mai 1794.

La lettre de change tirée par les armées d'Italie et des Pyrénées sur celle du Nord commence à s'acquitter. La victoire est ici à l'ordre du

---

[1] Arch. nat., AF II, 202. — *Non enregistré.* — [2] Arch. nat., AF II, 220. — *Non enregistré.* — [3] Voir plus haut, p. 410, l'arrêté n° 16 du 21 floréal.

jour comme sur les autres points de la République. Déjà nous avons rendu compte des efforts que faisait l'ennemi pour réparer ses pertes de Courtrai, de Menin et de Mouscron, et pour nous empêcher de pénétrer dans la West-Flandre. L'espoir que nous avions de les rendre inutiles n'a point été trompé, et le courage des soldats républicains a répondu entièrement à notre attente.

Hier l'ennemi, après avoir rassemblé une grande partie des forces qu'il tenait ordinairement au centre, s'est présenté sur presque tous les points et a attaqué avec vigueur plusieurs de nos postes. Celui de Pont-à-Marcq, qui n'était occupé que par trois cents hommes, a été forcé. Ceux de Lannoy, de Tourcoing et de Mouveaux se sont également repliés en bon ordre, après avoir fait beaucoup de mal à l'ennemi, qui, fier de cette espèce de succès, se proposait déjà d'intercepter nos communications; nous ne lui avons pas donné le temps d'exécuter ce projet. Dès la pointe du jour, nous l'avons attaqué à notre tour sur tous les points, et partout la victoire a suivi nos pas. La division commandée par le général Bonnaud a fait des prodiges de valeur; l'arme des républicains, la baïonnette, a fait presque tous les frais du combat.

L'ennemi est en pleine déroute; plus de soixante pièces de canon sont en ce moment en route pour la ville de Lille, ainsi qu'environ deux mille prisonniers, tant hessois qu'anglais et hanovriens. La brigade du général Noël s'est emparée du parc d'artillerie tout entier. La garnison de Lannoy, composée de Hessois, a été faite prisonnière. Nous avons à regretter peu de défenseurs de la patrie; la perte de l'ennemi est considérable, mais, comme on le poursuit encore en ce moment, il m'est impossible de vous en rendre un compte fidèle.

Le général Pierquin a été blessé d'une balle qui lui a traversé le genou.

Je n'ai point encore de nouvelles officielles des divisions des généraux Souham et Moreau, que je n'ai pas eu le temps de visiter, mais tout annonce qu'elles ont bien fait leur devoir. Si leurs succès répondent à ceux de la division de Bonnaud, cette journée sera une des plus glorieuses pour la République. D'après tous les rapports, l'ennemi nous a opposé dans cette partie environ soixante mille hommes.

Le général en chef arrive demain, avec Richard, de la tournée qu'ils ont faite vers la droite de l'armée : les mouvements vont, par ce moyen, avoir de l'ensemble, et j'espère avoir bientôt à vous annoncer de nouveaux succès.

Salut et fraternité,   P. Choudieu.

P.-S. Je joins ici le compte que m'a rendu le général Bonnaud, à mon retour à Lille, où je suis rentré à la nuit, pour y arrêter avec l'état-major de nouvelles dispositions [1].

J'apprends à l'instant que l'ennemi a évacué Pont-à-Marcq, pour se replier sur Orchies; par ce moyen, la communication de Lille à Douai est rétablie.

[Ministère de la guerre; *Armées du Nord et des Ardennes. — Le second paragraphe du post-scriptum est de la main de Choudieu.*]

UN DES REPRÉSENTANTS DANS LE CALVADOS ET LA MANCHE
AU COMITÉ DE SALUT PUBLIC.

Avranches, 29 floréal an II-13 mai 1794. (Reçu le 23 mai.)

Les Chouans ont été battus à la forêt de Fougères, et depuis cet échec on les poursuit vivement; sans doute ils essuieront tous les revers, car les bataillons qui les recherchent ont juré de ne pas les ménager.

Je vous fais passer une lettre [2] que me remet à ce moment l'administration du district d'Avranches; vous jugerez de l'état de ces scélérats par la lecture que vous en prendrez.

Je pars demain de grand matin pour Saint-James, et de là dans les bois contre ces brigands. Puis je reviendrai à Avranches, d'où je partirai, comme je l'ai déjà dit, pour le Calvados, après m'être préalablement concerté avec mon collègue Laignelot. Si j'ai quelques renseignements à vous donner, croyez que je m'empresserai de le faire.

Il me restait à vous observer quelque chose que je sais; le voici : les Chouans d'aujourd'hui ne sont d'autres hommes que ceux connus autrefois sous le nom de rebelles. Leurs principaux chefs restants sont les mêmes, et je puis vous dire que ces monstres se proposent de tout dévaster, de tout livrer au fer et aux flammes; mais qu'heureusement

---

[1] Ce compte rendu est joint à cette lettre. — [2] Cette lettre manque.

les républicains pourront les faire se repentir d'avoir de tels projets,
dont sûrement ils n'auront pas le succès qu'ils en attendent.

Salut, fraternité, dévouement,

FRÉMANGER.

[Ministère de la guerre; *Armée des Côtes de Cherbourg. — De la main de
Frémanger.*]

———

LES REPRÉSENTANTS À L'ARMÉE DE L'OUEST AU COMITÉ DE SALUT PUBLIC.

Nantes, 29 floréal an II–18 mai 1794. (Reçu le 23 mai.)

[« Ingrand et Garnier (de Saintes) exposent que leurs prédécesseurs ont établi,
pour l'extraction des denrées, bestiaux et autres approvisionnements de la Vendée,
une commission civile, qui est maintenant en activité. Ils présentent les avantages
que l'on pourra tirer de cette commission, lorsqu'elle sera bien organisée; mais ils
pensent qu'elle a besoin d'être autorisée par le Comité, afin que son existence soit
légale et ne croise en rien les opérations de la Commission des approvisionnements. Ils invitent le Comité à leur faire part de ses vues sur cet établissement
et à leur fournir, en cas d'affirmative, les moyens de remplir promptement son
vrai but. » — Arch. nat., AF II, 178. Analyse.]

———

LE REPRÉSENTANT DANS LE CHER ET L'INDRE
AU COMITÉ DE SALUT PUBLIC.

Vierzon, 29 floréal an II–18 mai 1794. (Reçu le 22 mai.)

[« Ferry intervient en faveur du citoyen Legendre, maître de forge à Luçay, et
détenu [1]; l'inventaire fait chez lui et les renseignements pris sur sa personne offrent
un résultat fort avantageux; il ajoute qu'il n'espère pas le pouvoir remplacer dans
les fonderies, que la fabrication d'armes a le plus grand besoin à ravoir ce citoyen,
mais qu'il fut fermier général (quoique peu de temps et dans sa jeunesse), maltraité par la Révolution et peut-être irréconciliable avec elle. — Envoie un arrêté
pris en faveur des bateliers du Cher pour augmentation de salaire, et copie d'un
marché pour transport de fournitures, plus extrait d'un procès-verbal du Comité
de surveillance de Valençay, constatant les services rendus à la Révolution par le
citoyen Legendre, dont il est ci-dessus parlé. » — Arch. nat., AF II, 242.
Analyse.]

---

[1] Voir plus haut, p. 419.

———

LE REPRÉSENTANT DANS LA DORDOGNE ET LA CHARENTE
AU COMITÉ DE SALUT PUBLIC.

Périgueux, 29 floréal an II-18 mai 1794. (Reçu le 26 mai.)

[«Romme transmet un mémoire[1] contenant des renseignements sur les contraventions à la loi sur les subsistances dans le département de la Vienne. Il appelle toute l'attention du Comité sur les faits graves qui y sont contenus et qui appellent le soupçon même sur des autorités constituées et des personnes qui semblent trafiquer depuis longtemps des malheurs du peuple et de sa propre autorité (*sic*).» — Arch. nat., AF II, 172. Analyse.]

LE REPRÉSENTANT DANS LES HAUTES ET LES BASSES PYRÉNÉES
AU COMITÉ DE SALUT PUBLIC.

Tarbes, 29 floréal an II-18 mai 1794. (Reçu le 28 mai.)

Citoyens collègues,

Je dois vous dire que j'ai suivi de très près l'exécution de votre arrêté du 13 floréal[2] contre les auteurs des propos contre-révolutionnaires tendant à faire accroire aux bons habitants des campagnes que les vieillards et les enfants allaient être immolés pour éviter la disette.

Le district de Tarbes, à qui vous l'aviez adressé, a mis la plus grande activité à découvrir les auteurs de ces infâmes propos.

Il ne résulte de ces recherches autre chose, si ce n'est qu'une femme âgée de 60 ans et plus, infirme et accablée de travail dans les détails d'un commerce d'épicerie et de factrice de la poste aux lettres, a entendu dire cela dans sa boutique par une femme de la campagne qu'elle ne connaît pas. Cette citoyenne de Tarbes, nommée Cavaille, jouit, d'après le dire des citoyens et de toutes les autorités constituées, de la meilleure réputation de probité et de civisme. Ce qu'il y a de très certain, c'est que ce propos, très criminel et très contre-révolutionnaire, est tombé à plat sans laisser la moindre étincelle derrière lui. Je m'en suis rendu certain par mes courses dans quatre à cinq

---

[1] En marge : «Mémoire renvoyé à la division des subsistances.»

[2] Nous n'avons pas, à cette date, d'arrêté sur cet objet.

cantons. Je donne suite à mes recherches, et je vous instruirai de tout.
Salut et fraternité. Le représentant du peuple,

MONESTIER (du Puy-de-Dôme).

[Arch. nat., AF II, 178. — *De la main de Monestier (du Puy-de-Dôme* [1]).

LE REPRÉSENTANT DANS LA SEINE-ET-MARNE ET L'YONNE
AU COMITÉ DE SALUT PUBLIC.

Avallon, 29 floréal an II–18 mai 1794. (Reçu le 25 mai.)

[Deux lettres de Maure : 1° «Il a autorisé le district d'Avallon à faire payer trente francs par jour au citoyen Moiron, blessé et estropié en défendant la liberté, jusqu'au moment où il jouira de sa pension. «Il est du devoir des représentants de réparer les oublis des administrations ou commissions surchargées d'opérations et d'aider les défenseurs de la patrie.» — Arch. nat., AF II, 163. — *De la main de Maure.* — 2° «Il expose qu'il vient d'apprendre de l'administration du district de Joigny, qui met la plus grande activité dans la vente des biens des émigrés, qu'une partie des biens provenant de l'émigré Montmorency, estimée 52,380 livres, a été vendue en lots et petites parties 143,273 livres. Cet exemple prouve la sagesse des décrets de la Convention. Cette administration lui a exposé que plusieurs des pères et mères des défenseurs de la patrie ont reçu des procurations de leurs enfants à l'effet d'acquérir, conformément à la loi du 13 septembre dernier (vieux style), des biens d'émigrés jusqu'à la concurrence du montant du brevet de récompense qui leur sera accordé, mais que, le règlement proposé par le Comité des finances n'ayant point été présenté, elle ne peut recevoir leurs enchères. Il invite le Comité à solliciter le décret qui fixera le mode d'exécution de cette loi bienfaisante.» — Arch. nat., AF II, 163. Analyse [2].]

UN DES REPRÉSENTANTS À L'ARMÉE DE LA MOSELLE
AU COMITÉ DE SALUT PUBLIC.

Morfontaine, 29 floréal an II–18 mai 1794. (Reçu le 24 mai.)

[«Duquesnoy a fait retirer la garde qui était attachée à Manière [3], mais ne le regarde pas moins comme un contre-révolutionnaire. Cite pour preuve le dé-

---

[1] En marge de l'analyse : «Lettre de rappel sévère.» Et plus bas : «Écrit le 7 messidor.»

[2] La seconde lettre est datée d'Auxerre.

[3] Voir plus haut, p. 453, la lettre de Duquesnoy, du 22 floréal.

sordre de son administration, le choix de ses agents, l'état de délabrement des
chariots, etc. Si Pflieger n'eût envoyé six cents chevaux, le délabrement du parc
d'artillerie était tel que le service était manqué. Il va prendre une détermination
contre Verrières, ci-devant chef d'artillerie. Manquent encore 147 voitures. — L'ennemi a fait filer un corps considérable de troupes du côté de la Flandre; mesures
à ce relatives. — Transmet dix arrêtés : promotions, destitutions, etc.; mesures
de sévérité contre ceux qui recèlent des jeunes gens de 18 à 25 ans [1]. » —
Arch. nat., AF II, 246. Analyse.]

<hr>

LE REPRÉSENTANT DANS LE DOUBS, LA HAUTE-SAÔNE ET LE JURA
AU COMITÉ DE SALUT PUBLIC.

Besançon, 29 floréal an II-18 mai 1794. (Reçu le 26 mai.)

[Trois lettres de Lejeune : 1° « Craignant que les arrêtés qu'il a pris pour les
salines n'aient été adhérés (*sic*) dans les bureaux ou interceptés, il en fait un nouvel
envoi au nombre de sept, plus cinq lettres relatives à cette branche d'industrie [2].
Il était urgent de revivifier l'exploitation de ces salines; motifs. » — Arch. nat.,
AF II, 194. Analyse. — 2° « Il transmet douze pièces ou cahiers qu'il annonce
contenir des renseignements importants sur les salines du Doubs et du Jura [3]. »
— Arch. nat., *ibid.* Analyse. — 3° « Annonce qu'il s'était transporté à Vesoul
pour y presser une réquisition de vingt mille quintaux de grains sur la Haute-
Saône pour Besançon. Mais l'ordre donné par Lacoste à ce département de compléter le contingent de l'armée du Rhin détruit la seule ressource qui restait pour
la population nombreuse de Besançon. Joint deux lettres à lui adressées et son
arrêté prouvant l'urgence des besoins qu'il met sous les yeux du Comité [4]. » —
Arch. nat., *ibid.* Analyse.]

<hr>

COMITÉ DE SALUT PUBLIC.

Séance du 30 floréal an II-19 mai 1794.

Présents : B. Barère, Carnot, Collot-d'Herbois, Couthon, C.-A.
Prieur, Billaud-Varenne, Robespierre, R. Lindet.

1. Le Comité de salut public arrête que le citoyen Herman, commissaire des administrations civiles, police et tribunaux, fera compter,

[1] Ces pièces manquent.
[2] Ces pièces manquent.
[3] Même remarque.
[4] Même remarque.

à titre d'avance, et pour subvenir aux frais de son voyage, au citoyen Fauvety, membre de la Commission populaire établie à Orange[1], qui se rend à son poste, la somme de dix-huit cents livres, qui sera prise sur les fonds mis à la disposition de la Commission susdite, à la charge, par le citoyen Fauvety, de justifier de l'emploi de ladite somme et d'en rendre compte.

Collot-d'Herbois, Billaud-Varenne, Carnot [2].

2. Le Comité de salut public arrête que le commissaire du mouvement des armées donnera sur-le-champ les ordres nécessaires pour qu'une compagnie d'invalides soit à poste fixe au Muséum d'histoire naturelle pour y garder les monuments des arts et de l'instruction publique.

Collot-d'Herbois, Billaud-Varenne, Carnot,
C.-A. Prieur, B. Barère[3].

3. Le Comité de salut public arrête que le commissaire national près le tribunal de district d'Émile (ci-devant Montmorency) se rendra demain primidi prairial, à 1 heure de l'après-midi, au lieu des séances du Comité de salut public et qu'il y apportera toutes les pièces relatives au jugement par lequel ledit tribunal vient de condamner à la prison le citoyen Roubaud, nommé par le Comité de salut public membre du directoire du département de Paris. Il sera sursis jusqu'à l'examen à l'exécution du jugement. Le commissaire des administrations civiles et tribunaux fera exécuter le présent arrêté.

4. Le Comité de salut public autorise le citoyen Vacquier à retirer des mains du citoyen Fouquet environ cent cinquante boîtes de carton, avec anneaux, qui sont aux archives du ci-devant Palais-Égalité, lesquelles seront apportées de suite au Comité de salut public.

C.-A. Prieur [4].

5. Le Comité de salut public arrête qu'aucun paiement ne sera fait à l'avenir sur la signature des anciens ministres, si les pièces ne

---

[1] Voir plus haut, p. 410, l'arrêté n° 16 du 21 floréal.

[2] Arch. nat., AF ii, 22.

[3] Arch. nat., AF ii, 67. — *De la main de Barère.*

[4] Arch. nat., AF ii, 23.

sont pas visées par les nouvelles Commissions auxquelles leurs fonctions sont attribuées.

Signé : Collot-d'Herbois, Billaud-Varenne [1].

6. Le Comité de salut public, après avoir entendu le rapport de la
Commission de commerce et d'approvisionnements, arrête : 1° Il est
permis au citoyen Goyneau de passer dans les États-Unis d'Amérique
pour y former des liaisons commerciales qui puissent fournir la quantité de blé nécessaire à sa minoterie. — 2° Ledit citoyen est autorisé
à exporter aux États-Unis d'Amérique pour la valeur de cinquante mille
livres en vins fins et articles de luxe, sous son obligation d'en importer
la valeur en grains, ainsi que la somme de cent cinquante mille livres
provenant d'un capital qui lui est retenu dans lesdits États, et le total
formera une importation de deux cent mille livres. — 3° Le citoyen
Goyneau sera tenu, avant de charger ces marchandises pour les États-
Unis et de demander son passeport, de fournir un cautionnement qui
garantisse que ce citoyen fera importer des grains dans les ports de la
République pour une somme de deux cent mille livres et se rendra
responsable de son retour. Le passeport ne sera accordé que sur la
présentation de l'acte de cautionnement.

R. Lindet [2].

7. Le Comité de salut public, après avoir entendu le rapport de la
Commission du commerce et des approvisionnements, arrête : 1° Les
administrateurs de districts feront incessamment rassembler dans le
chef-lieu de leur arrondissement le linge provenant des églises, qui
n'y aurait pas encore été déposé. — 2° Aussitôt que ce rassemblement
aura été effectué, le linge reconnu précieux par sa matière ou par sa
forme sera vendu publiquement et aux enchères, suivant le mode
adopté pour la vente des biens et effets nationaux; le prix en sera versé
entre les mains des receveurs de districts, qui en délivreront des récépissés. — 3° La partie du linge que les administrations n'auront pas
cru devoir mettre en vente sera tenue à la disposition de la Commission des secours publics, qui la fera servir aux hôpitaux militaires. —
4° Le présent sera imprimé, envoyé aux administrations de districts,

[1] Arch. nat., AF ii, 222. — *Copie. Non
enregistré.*

[2] Arch. nat., AF ii, 75. — *Non enregistré.*

aux trois Commissions des revenus nationaux, des secours publics, du commerce et des approvisionnements.

R. Lindet[1].

8. Le Comité de salut public arrête que le titre de Commission des épreuves, donné jusqu'à présent à l'administration établie à Meudon pour faire des expériences sous la surveillance immédiate du Comité de salut public, sera changé et qu'elle s'appellera à l'avenir *Commissariat des épreuves de Meudon*.

C.-A. Prieur[2].

9. Vu le rapport de la Commission des travaux publics, le Comité de salut public arrête : le citoyen Houmailler, ingénieur ordinaire des ponts et chaussées, nommé commandant temporaire de Vannes et de partie des côtes du Morbihan, continuera provisoirement le service conformément à l'article 15 de la loi du 16 frimaire dernier[3]. La Commission des travaux publics pourvoira à ce que les fonctions civiles qu'exerçait à Vannes le citoyen Houmailler, en qualité d'ingénieur des ponts et chaussées, soient remplies par tels agents qui seront convenables pour assurer le travail de cette partie.

C.-A. Prieur[4].

10. Le Comité de salut public, considérant la nécessité de faire exécuter avec célérité toutes les réquisitions accordées à Commune-Affranchie et au département du Rhône sur les districts de Vienne, Saint-Marcellin et la Tour-du-Pin, que les nouvelles dispositions faites pour assurer la subsistance du département du Rhône et remplacer la quantité de grains nécessaire à la consommation des districts qui doivent partager provisoirement leurs ressources ne peuvent remplir l'objet proposé qu'autant qu'il sera pourvu aux besoins urgents par des secours puisés dans les districts voisins en attendant l'arrivée des grains tirés de lieux plus éloignés, et qui, après le temps indispensa-

---

[1] Arch. nat., AF II, 20. — *Non enregistré.*

[2] Arch. nat., AF II, 220. — *Non enregistré.*

[3] La loi du 16 frimaire an II ordonnait la réparation des routes et des ponts aux frais de l'État. L'article 15 était ainsi conçu : «Les ingénieurs ne pourront se distraire ni être distraits de leurs travaux, excepté pour les objets relatifs au service des armées.»

[4] Arch. nat., AF II, 221. — *Cet arrêté est en partie de la main de C.-A. Prieur. Non enregistré.*

blement nécessaire pour exécuter ce versement, assureront la subsistance des citoyens du département du Rhône et suffiront au remplacement des grains qui pourraient être nécessaires dans les districts qui doivent maintenant en fournir et exécuter les réquisitions; arrête que l'un des représentants du peuple envoyés à Commune-Affranchie se rendra sans délai dans le département de l'Isère pour faire exécuter la réquisition de quarante mille quintaux accordée au département du Rhône sur les districts de Vienne, Saint-Marcellin et la Tour-du-Pin, qui n'ont fourni que dix mille quintaux, et celle de cinquante mille quintaux accordée sur les mêmes districts pour le district de Commune-Affranchie. Le représentant du peuple emploiera les mesures les plus promptes et les plus efficaces pour faire rassembler le contingent de chaque district dans les magasins nationaux pour en faire exécuter le transport au lieu de la destination. L'énergie et la célérité des mesures répondront à l'urgence des besoins et aux circonstances qui commandent le plus prompt passage des ressources existantes sur les lieux et les districts voisins en attendant l'arrivage des secours plus étendus qui assureront la subsistance du département du Rhône et le remplacement des quantités de grains qui pourront être nécessaires à la consommation des districts obligés de partager leurs ressources actuelles. Il fera mettre en état d'arrestation, destituera, fera traduire au Tribunal révolutionnaire les administrateurs de district, les agents nationaux, les officiers municipaux, tous les fonctionnaires publics et autres citoyens qui, par des arrêtés, des délibérations, des motions, refuseraient de faire fournir les grains requis, les chevaux et voitures nécessaires pour le transport, ceux qui, par négligence ou autrement, entraveront ou suspendront l'exécution des réquisitions. Tous les fonctionnaires publics, administrateurs, officiers municipaux, agents nationaux sont personnellement responsables des retardements et difficultés que pourrait éprouver l'exécution des réquisitions, vu qu'elles ne seraient que le résultat de la négligence coupable desdits fonctionnaires, qui n'auraient pas éclairé le peuple sur la nécessité de se conformer aux réquisitions et d'attendre avec sécurité, dans ses besoins, les mêmes ressources que les autres départements obtiennent, et sur la certitude de recevoir le remplacement de ses avances autant qu'il sera nécessaire pour sa consommation. Le représentant du peuple emploiera tous les moyens qui sont à sa disposition pour éclairer, contenir, faire exécuter, et enfin pour faire punir les malveillants et les traîtres, s'il s'en trouve.

R. Lindet[1].

11. Le Comité de salut public, vu le rapport de la Commission de commerce et approvisionnements, autorise les sections de Bonne-Nouvelle et de Brutus à placer dans le local où était établie l'imprimerie du *Père Duchesne* le bureau commun aux deux sections pour la distribution des effets d'habillement. Si ce local n'a pas reçu une autre destination, les commissaires du Comité des domaines sont invités à en faire la visite et à le faire mettre à la disposition des sections pour l'usage proposé, si aucune disposition antérieure ou des besoins plus urgents ne s'y opposent.

R. Lindet [2].

12. Le Comité de salut public, prenant en considération les rapports qui lui ont été faits sur les opérations faites par ses agents, envoyés par lui pour l'évacuation du Palatinat, considérant que les représentants du peuple près l'armée de la Moselle peuvent satisfaire à ce qui était prescrit auxdits agents, arrête que ces agents seront rappelés de suite; qu'il sera écrit aux représentants du peuple en commission pour leur annoncer la cessation de leurs fonctions, et que ces mêmes représentants seront invités à prendre les mesures nécessaires pour la suite des opérations déjà commencées par lesdits agents[3].

13, 14, 15. [Arrêtés nommant Jean Braesch, inspecteur des dépôts des troupes à cheval à Phalsbourg; André Fischer, commissaire du dépôt général des troupes à cheval établi à Aix; Simon Cothenet, inspecteur du dépôt semblable établi à Pont-à-Mousson. Carnot. — Arch. nat., AF ii, 304. *Non enregistré.*]

16. [Approbation des instructions données par la Commission des subsistances au citoyen Claude Courel, son commissaire dans l'Orne et l'Eure-et-Loir. R. Lindet. — Arch. nat., AF ii, 24. *Non enregistré.*]

---

[1] Arch. nat., AF ii, 72. — *De la main de R. Lindet. Non enregistré.*

[2] Arch. nat., AF ii, 289. — *Non enregistré.*

[3] Arch. nat., AF ii, 203. — *Non enregistré.* Dans l'original, cet arrêté ne porte que la date du mois de floréal, et non la date du jour. C'est approximativement que nous croyons pouvoir le rapporter au 30 floréal.

REPRÉSENTANTS EN MISSION.

LE COMITÉ DE SALUT PUBLIC
À SAINT-JUST, REPRÉSENTANT À L'ARMÉE DU NORD.

Paris, sans date de jour. (Vers le 30 floréal an II-19 mai 1794.)

Le Comité, citoyen collègue, te renvoie la pétition que vient de lui adresser la Société populaire de Ribemont, en faveur de la citoyenne Henriette Grandin, veuve Bordier-Beaumont, mise en arrestation par ton ordre et celui de notre collègue Le Bas. Le Comité t'invite à l'examiner, à peser les mesures de justification qu'elle présente, et s'en rapporte à ton impartialité et à ta justice.

[Arch. nat., AF II, 37 [1].]

LE COMITÉ DE SALUT PUBLIC
À LEVASSEUR (DE LA SARTHE), REPRÉSENTANT DANS LES ARDENNES,
À MÉZIÈRES.

Paris, 30 floréal an II-19 mai 1794.

Le Comité de salut public te fait passer, citoyen collègue, l'extrait d'une lettre écrite aux Jacobins de Paris [2]; il s'en rapporte à ton zèle sur les mesures d'intérêt public qu'elle pourra t'indiquer. Le Comité ne peut qu'applaudir à l'énergie que tu as déployée dans tes opérations; il t'invite à poursuivre avec le même zèle et justifier ainsi la confiance du peuple.

[Arch. nat., AF II, 37.]

---

[1] En marge : «Cette lettre, faite sur une note de Duriez, chef du bureau de l'Action, a été arrêtée par Chaussard.» — [2] Cette pièce manque.

LE COMITÉ DE SALUT PUBLIC

À LAIGNELOT, REPRÉSENTANT DANS L'ILLE-ET-VILAINE ET LA MAYENNE,

À BREST.

Paris, 30 floréal an II-19 mai 1794.

La Commission révolutionnaire de Laval, citoyen collègue, demande à être autorisée à continuer ses travaux. Les pouvoirs dont tu es investi te donnent le droit de prononcer sur l'utilité de cette Commission ou sur les inconvénients que peut présenter sa plus longue existence. Le Comité t'invite donc à prendre, sur les circonstances qui en sollicitent la continuation, ou qui en permettent la suspension, les renseignements nécessaires, et à l'instruire au surplus du parti que t'auront dicté ton zèle et ton expérience.

[Arch. nat., AF II, 37.]

_____

LE COMITÉ DE SALUT PUBLIC

À MÉAULLE, REPRÉSENTANT DANS L'AIN, À BOURG.

Paris, 30 floréal an II-19 mai 1794.

Des circonstances particulières ont fait prendre quelques mesures de sévérité sur lesquelles le Comité de salut public n'a pas encore prononcé. L'aristocratie semble s'en réjouir, comme si ses espérances étaient relevées. Croit-elle que la représentation nationale cesse de veiller sur les patriotes? Croit-elle fasciner les yeux de la justice, égarer son glaive et le tourner contre les défenseurs du peuple? Non, non; il est tiré pour les défendre et ne s'appesantit que sur les ennemis de la République. L'égide de la représentation nationale est toujours là pour couvrir les bons citoyens, et ce n'est qu'aux méchants qu'elle envoie la terreur.

[Arch. nat., AF II, 37.]

_____

LE COMITÉ DE SALUT PUBLIC

À BEAUCHAMP, REPRÉSENTANT À L'ARMÉE DES PYRÉNÉES ORIENTALES,
À TOULOUSE.

Paris, 30 floréal an II-19 mai 1794.

Le Comité de salut public, citoyen collègue, ne peut que te réitérer l'invitation de rentrer au sein de la Convention nationale [1]. La
mission dont tu avais été chargé doit être terminée; en persistant à
rester plus longtemps, tu t'exposerais à contrarier les dispositions du
Comité et à entraver, quoiqu'avec d'excellentes intentions, des plans
que tu ne connaîtrais pas. Le Comité ne doute pas que, d'après ces
observations, tu ne t'empresses de revenir, conformément aux dispositions de son arrêté du 30 germinal.

[Arch. nat., AF II, 37.]

UN EX-REPRÉSENTANT DANS LE JURA AU COMITÉ DE SALUT PUBLIC.

Paris, sans date. (Vers le 30 floréal an II-19 mai 1794.)

Citoyens collègues,

Par respect pour la représentation nationale, je me suis contenté
de déposer dans le sein des deux Comités de sûreté générale et de
salut public la série d'outrages que j'ai reçus du citoyen Lejeune, pendant le court espace de temps que j'ai été son collègue. Il était ami
de l'infâme Dumas, en correspondance avec lui, et c'est cet exécrable
monstre qui a obtenu mon rappel.

Sans faire le métier de dénonciateur, je crois devoir prévenir le Comité que la commission de Lejeune a duré dans les départements du
Doubs et du Jura au delà de six mois; qu'on a ajouté à ses pouvoirs
ceux d'agir dans la Haute-Saône et d'organiser les salines du Jura et
celles de la Meurthe, et dont je pense qu'il ne s'est point occupé; qu'il
a en mains 800 louis, saisis sur les frontières du Jura, qu'il a dû

[1] Voir t. XII, p. 681, l'arrêté du 30 germinal, n° 8, et plus haut, p. 335, la lettre de
Beauchamp du 17 floréal.

faire déposer au trésor public, et dont il aura sans doute donné avis au Comité; qu'il souffre dans Lons-le-Saunier une compagnie de canonniers payés à 40 sols par jour, quoique leurs camarades n'en aient que 26 aux frontières, troupe très indisciplinée, qui a eu l'audace de me menacer, à Lons-le-Saunier, de marcher trois fois au pas de charge battue devant l'auberge où j'étais logé, l'un d'eux ayant tiré de sa poche un pistolet dont il dirigeait le coup contre la fenêtre de la chambre que j'occupais, en criant que j'étais un tyran; délit que Lejeune n'a voulu ni réprimer ni punir sur ma prière, car alors j'étais son prisonnier, ainsi que le commissaire qui m'avait précédé et le secrétaire qui m'avait accompagné; que, par un de mes arrêtés, j'avais statué que cette compagnie irait aux frontières, mais qu'il a plu à Lejeune de le casser, contre les intérêts de la République.

J'observerai encore que, sans doute contrarié par un arrêté du Comité de salut public, ou par un décret de la Convention, il a organisé une force armée dans les départements du Doubs et du Jura, pour empêcher la sortie de nos denrées par les frontières de Suisse et l'importation de ce qui serait prohibé. Cette mesure, dans l'hypothèse qu'il ait été autorisé à la prendre, est mal exécutée, puisqu'il fait enrôler des personnes âgées de plus de cinquante ans et des enfants qui n'ont pas atteint dix-huit ans. Si elle est nécessaire, elle doit être le résultat des forces combinées de tous les départements, et non de deux, qui sont déjà épuisés par les nombreux bataillons qu'ils ont aux frontières et les voituriers en réquisition; d'ailleurs elle prête trop à l'arbitraire et à la vexation.

Il est des postes importants à garder le long des frontières de la Suisse, qu'il faut confier à des personnes patriotes et intelligentes; mais trente mille hommes répandus sur le cordon n'empêcheraient ni l'importation ni l'exportation, si la cupidité voulait s'attacher à se soustraire à la plus exacte vigilance.

La contrebande enrichissait les gros négociants de Besançon et beaucoup d'autres dans le ci-devant comté de Bourgogne, malgré la multitude des gardes entretenus par la ferme générale.

C'est dans l'intérieur de la République qu'il faut mettre un frein au brigandage et empêcher que les barrières soient franchies.

A l'égard de l'esprit public dans le Jura, la terreur et la crainte en tiennent lieu. Le fanatisme reprenait un peu de vigueur depuis que l'on parlait d'immortalité de l'âme, de peines et de récompenses, ce qui suppose la nécessité d'un intermédiaire entre l'offenseur et l'offensé.

J'ignore s'il y a quelques raisons souterraines pour causer de l'ombrage aux Suisses par cet armement; je m'en rapporte à la prudence de mes collègues.

PROST, député du Jura.

[Arch. nat., AF ii, 82.]

UN DES REPRÉSENTANTS À L'ARMÉE DES CÔTES DE CHERBOURG
AU COMITÉ DE SALUT PUBLIC.

Rouen, 3o floréal an ii-19 mai 1794. (Reçu le 28 mai.)

[En complément de sa lettre d'hier [1], Guimberteau donne des détails sur les réquisitions qu'il a faites pour équiper la «compagnie de cavalerie de Caen», partie pour Compiègne. — Arch. nat., AF ii, 410. — *De la main de Guimberteau.*]

LE REPRÉSENTANT À BREST ET DANS LES DÉPARTEMENTS MARITIMES
AU COMITÉ DE SALUT PUBLIC.

A la mer, 3o floréal an ii-19 mai 1794. (Reçu le 16 juin.)

Je ne sais, citoyens collègues, si ma lettre vous parviendra. Ce que j'ai à vous dire mérite toute votre attention. La flotte a ce matin aperçu plusieurs voiles, qu'elle a chassées. Les bâtiments, au nombre de dix, se sont trouvés être des prises faites par Nielly, envoyées en France sous l'escorte du *Maire-Guiton* et reprises avec la corvette par les Anglais. Un chirurgien, resté à bord du *Maire-Guiton*, nous a dit avoir appris de la bouche des preneurs que les Anglais étaient sortis au nombre de quarante-huit voiles; douze avaient pris leur route pour l'Inde, six étaient destinées contre la division de Nielly, et ce sont ceux qui ont pris les bâtiments qui sont de nouveau tombés entre nos mains; les autres devaient croiser devant Brest et l'entrée de la Manche pour intimider votre armée et s'opposer à la jonction des vaisseaux de Cancale. Ce chirurgien ajoute que les Anglais se sont vantés d'un projet

[1] Nous n'avons pas cette lettre.

de descente entre Bayonne et Bordeaux, et qu'ils avaient pour cela
ramassé quatorze mille hommes. Nous ne sommes pas bien loin du point
où croise Nielly; nous allons faire force de voiles pour le joindre; mais
ce qui m'étonne et m'inquiète, c'est qu'on nous signale *le Patriote,*
vaisseau de la division de Nielly. J'attends qu'il soit rallié pour savoir
les motifs de sa séparation; mais je ne puis vous les marquer, parce
que je suis pressé de me débarrasser des bâtiments pris qui nous empêchent de poursuivre notre route.

JEANBON SAINT-ANDRÉ.

[*Journal des Débats et des Décrets,* n° 669, 3 thermidor an II [1].]

LE REPRÉSENTANT À BREST AU COMITÉ DE SALUT PUBLIC.

Brest, 3o floréal an II-19 mai 1794.

Depuis le départ de notre flotte, citoyens collègues, je n'ai encore
reçu aucune de ses nouvelles. Les bons vents qui se sont soutenus
l'auront mise à même de faire une belle route, et elle est déjà probablement loin de Brest. Je fais mon possible pour soutenir l'activité que
notre collègue avait donnée aux travaux du port. Depuis son départ, *le
Caton* est en rade et va être prêt à appareiller demain. Nous venons de
recevoir les canons destinés au *Majestueux;* il est prêt à entrer en rade.
La frégate *la Résolue* est arrivée avant-hier; elle n'entrera pas dans le
port et repartira dès que les mâts, qui ont souffert dans le combat,
seront remplacés et que les autres avaries seront réparées.

J'ai envoyé hier à Jeanbon Saint-André vos trois arrêtés relatifs : le
premier à l'expédition de Terre-Neuve [2]; le second, aux frégates *la
Seine* et *le Flibustier* [3] et le troisième relatif à la division qui doit croiser devant Cherbourg et Cancale [4].

En allant visiter hier dans l'après-midi la rade, je vis entrer la corvette *le Papillon,* capitaine Siméon, arrivant de la baie de Chesapeake.
Ce capitaine était porteur d'une lettre au représentant du peuple,

[1] Nous n'avons pas l'original de cette
lettre; mais il y en a (Arch. nat., AF II,
294) une analyse, à laquelle nous empruntons la date de réception.

[2] Voir plus haut, p. 520, l'arrêté du
Comité n° 25.

[3] Voir plus haut, p. 440, l'arrêté n° 26.

[4] Voir plus haut, p. 389, l'arrêté n° 10.

écrite par le contre-amiral Vanstabel, rade d'Hampton, le 16 germinal. Vous en trouverez une copie ci-jointe [1]. Le capitaine m'a en même
temps donné par écrit les notions qu'il avait sur la marche du convoi
venant d'Amérique. Vous en trouverez une copie [2].

Il m'a paru d'une telle importance de ne pas laisser transpirer ces
nouvelles que j'ai consigné tout l'équipage à bord. J'ai envoyé en
même temps à terre chercher les rafraîchissements dont l'équipage
avait besoin, et, comme la présence du capitaine et les renseignements
qu'il donnerait à Jeanbon et au général sont de la plus haute importance, je l'ai fait repartir ce matin pour la flotte, d'où il sera probablement expédié pour aller prévenir Vanstabel de la route qu'il va
suivre.

Encore quelques jours, et nous aurons le bonheur de voir arriver
ce précieux convoi tant désiré.

Il y avait à bord de la corvette le *Papillon* un citoyen nommé
Le Comte, envoyé par vous en Amérique pour acquisition de subsistances. Il partira par le courrier d'aujourd'hui. Il a à vous commu-

---

[1] «*Rade d'Hampton, ce 16 germinal
an 11.* Citoyen représentant, je te préviens
que je compte partir sous trois ou quatre
jours avec un convoi de cent et quelques
voiles, chargé de subsistances pour la
République et de quelques denrées colo-
niales. Je suis fondé à craindre l'approche
de nos côtes; il est de toute nécessité que
la République envoie des forces suffisantes
capables d'en imposer aux ennemis de
notre liberté, et, pour protéger ce convoi
aussi précieux qu'important pour notre
République, je viens de dépêcher au ministre de la marine la corvette le *Brutus*
pour cet objet, persuadé d'avance que tout
bon républicain doit nous voir arriver avec
plaisir. Je n'ai rien négligé pour accélérer
le départ de ce convoi. Le capitaine Met-
teger vous dira dans toutes les opérations
combien j'ai été traversé tant pour le
complet de l'équipage et (*sic*) la maladie
qui s'est manifestée sur les vaisseaux de ma
division. Salut et fraternité, le contre-
amiral : VANSTABEL. — Pour copie conforme:
PRIEUR (de la Marne).» En marge de cette
lettre de Vanstabel on lit ces mots : «La

corvette le *Brutus* a été remplacée par
le *Papillon*.»

[2] Dans cette déclaration, datée de
Brest, le 29 floréal an 11, à 6 heures du
soir, en rade, le lieutenant Siméon, commandant la corvette le *Papillon*, dit qu'il
est parti de la baie Chesapeake le 17 germinal an 11. Durant sa traversée il n'a eu
connaissance que de trois frégates, qu'il
suppose ennemies, qu'il a aperçues au
nord des Açores, faisant route vers le Nord.
Il a été constamment contrarié par les
vents. Il a aussi fait rencontre d'un bâtiment anglais parlementaire, venant de la
Martinique avec trois cents prisonniers
français allant à Saint-Malo. Il y a quatre
jours, il a fait une prise anglaise venant de
Porto en Portugal : «Je présume que le
convoi sans escorte du général Vanstabel
ne pourra arriver avant huit à dix jours, à
raison du temps contraire que j'ai éprouvé
et du manque de matelots sur les bâtiments
du convoi et du retard dans la marche par
les mauvais voiliers.» Il n'a pas rencontré
une division de treize voiles, qu'on lui avait
signalée.

niquer une foule de renseignements intéressants sur l'état actuel de l'Amérique et sur la conduite des agents qui y sont envoyés; il vous remettra en même temps le journal des fâcheux événements de la Martinique, qui paraît être au pouvoir des perfides Anglais, et que nous reprendrons dans nos parages (*sic*).

Tous les jours notre escadre va être augmentée de quelques nouveaux bâtiments. L'activité des travaux est au comble ici, et je ne négligerai rien, surtout les gratifications aux ouvriers pour la soutenir.

Voici la note des prises entrées depuis le départ de l'escadre :

28 floréal, *la Britannia,* anglais, de 300 tonneaux chargé de sucre, café, merrain et cuirs de bœufs, allant de Saint-Eustache à Amsterdam, pris par *la Tamise;*

Ditto, un petit sloop anglais sur lest, pris par la corvette *le Tasse;*

29 floréal, *le Rasheley,* brick anglais de 210 tonneaux, chargé de cordages, voiles, ancres et salés;

29 floréal, *le Williams,* brick anglais de 160 tonneaux, chargé de cordages, salaisons et autres marchandises.

30 floréal, on signale dans ce moment la prise du *Papillon* [1], de 250 tonneaux, vin-portugal, coton et indigo.

Prieur (de la Marne).

P.-S. J'ai expédié un arrêté pour faire donner 600 livres au citoyen Le Comte, qui en avait besoin pour sa route.

[AF II, 294. — *Le post-scriptum est de la main de Prieur (de la Marne).*]

LES REPRÉSENTANTS À ROCHEFORT AU COMITÉ DE SALUT PUBLIC.

Rochefort, 30 floréal an II-19 mai 1794.

[Topsent et Guezno annoncent trois prises faites par nos croiseurs; ils joignent les déclarations et interrogations des capitaines des navires pris : il n'en résulte rien de net ni de sûr. Ils demandent qu'on fasse l'envoi des quarante milliers de poudre d'Angely-Boutonne pour l'armement du *Marat.* On manque de chanvre, car tout passe à Brest. — Arch. nat, AF II, 294.]

---

[1] C'est-à-dire faite par *le Papillon.*

UN DES REPRÉSENTANTS À L'ARMÉE DE L'OUEST
AU COMITÉ DE SALUT PUBLIC.

Nantes, 30 floréal an II-19 mai 1794. (Reçu le 25 mai.)

[D'après les conférences qu'il a eues avec son collègue Bourbotte, depuis son arrivée à Nantes, sur les moyens d'accélérer l'exécution des mesures arrêtées par le Comité pour terminer le brigandage de la Vendée, Ingrand a pensé, d'accord avec Bourbotte, qu'il était nécessaire qu'il se rendît à Niort pour y suivre les mouvements de l'armée et y surveiller l'état-major. «En conséquence, je partirai demain pour cette nouvelle destination, et je préparerai les troupes stationnées sur ma route aux nouveaux mouvements qui vont s'opérer. Vous voudrez bien me faire parvenir à Niort les avis que vous aurez à me donner. — Arch nat. AF II, 178. *De la main d'Ingrand.*]

LE REPRÉSENTANT DANS LA DORDOGNE ET LA CHARENTE
À LA CONVENTION NATIONALE.

Périgueux, 30 floréal an II-19 mai 1794.

Mes collègues,

Je dois vous faire connaître les progrès de l'esprit public dans ces contrées. Chaque jour les mœurs républicaines s'y développent avec une énergie nouvelle et promettent à notre existence sociale une base solide et inébranlable. L'amour sacré de la patrie conduit partout la Révolution; c'est lui qui, aux frontières, enflamme le courage de nos frères d'armes et les conduit à la victoire; c'est lui qui, dans l'intérieur, garantit la tranquillité publique contre les lâches qui l'attaquent sourdement. La surveillance, la soumission aux lois protectrices des droits du peuple, le désintéressement, la douce fraternité, l'union des amis de l'égalité, l'abstinence qui pourvoit aux besoins publics par les privations, voilà les fruits de notre régénération.

Les districts voisins avaient sur le district de Périgueux une réquisition en grains. Un recensement rigoureux ayant fait connaître à ce dernier ses faibles moyens, les habitants de Périgueux ont voulu les accroître par leurs privations. Ils se sont réduits à *six* et *huit* onces de pain par jour, et, pour assurer la plus parfaite égalité dans la distribution, chacun s'est empressé de verser dans un même lieu tous ses grains; tous les deux jours on reçoit sa ration, et au premier ordre on se soumettra à la réquisition.

Deux ouvriers sans-culottes reçoivent une carte de distribution qui portait plusieurs rations, et ils ne devaient en avoir que deux; arrivés chez eux, ils s'en aperçoivent, ils volent à la municipalité : « Nous ne voulons pas être mieux traités que nos frères, et en recevant plusieurs rations nous ferions tort à quelqu'un. » Ils font rectifier leur carte. Ce dévouement aux besoins publics s'est manifesté plusieurs fois dans cette circonstance.

Salut et fraternité,   ROMME.

[Arch. nat., C, 304.]

LES REPRÉSENTANTS À L'ARMÉE DES PYRÉNÉES OCCIDENTALES
AU COMITÉ DE SALUT PUBLIC.

Bayonne, 30 floréal an II–19 mai 1794. (Reçu le 27 mai.)

[« Pinet et Cavaignac exposent au Comité que, longtemps avant d'avoir reçu sa lettre, qui ne leur est parvenue que ce matin, ils avaient pris des mesures pour faire fournir au département du Bec-d'Ambez une partie des grains requis pour lui par la Commission des subsistances sur le département des Landes. Le 1er floréal, ils ont pris un arrêté par lequel ils ordonnaient le versement prompt de vingt-quatre mille quintaux de maïs du département des Landes dans celui du Bec-d'Ambez; cet arrêté est ci-joint [1]. Le défaut des voitures est cause que les versements se font avec lenteur. » — Arch. nat., AF II, 172. Analyse.]

LES REPRÉSENTANTS À L'ARMÉE DE LA MOSELLE
AU COMITÉ DE SALUT PUBLIC.

Morfontaine, 30 floréal an II–19 mai 1794.

Citoyens collègues,

Des motifs d'intérêt public et de sûreté générale nous ayant déterminés à destituer le général de brigade d'artillerie Verrières et à le traduire à la Commission militaire, comme vous le verrez par l'arrêté ci-

---

[1] Cet arrêté manque. En marge : « Pièce renvoyée aux subsistances. »

joint [1], il devient très urgent de le remplacer. Nous ne connaissons personne dans cette armée à qui nous puissions confier ce poste important; nous avons jeté les yeux sur le citoyen Bonnard, chef de bataillon au 2e régiment d'artillerie, maintenant employé à l'armée du Nord comme sous-directeur du parc. On nous l'a indiqué comme un homme digne, par ses talents et son patriotisme, de remplir le grade de général de brigade, et on nous assure qu'il peut être retiré sans inconvénient de l'armée du Nord, attendu que le directeur du parc est très instruit, et qu'il peut être remplacé facilement. Nous avons en conséquence expédié un courrier à nos collègues Saint-Just et Le Bas pour les inviter à faire partir sur-le-champ cet officier, les circonstances étant trop urgentes pour attendre votre réponse. Veuillez bien approuver cette disposition et lui faire expédier une commission, si vous ne connaissez aucun motif qui puisse l'empêcher d'occuper le grade de général de brigade.

Demain deux divisions de l'armée se mettent en marche, et après-demain le corps d'armée suivra. Nous avons appris par différents rapports que l'ennemi s'est retiré dans la position de Neuchâteau.

Nous vous adressons ci-joint différents arrêtés. Nous avons demandé à chaque administration de l'armée l'état de situation de la partie qui lui est confiée. La lenteur qu'on a mise à nous le rendre annonce que les chefs sont très peu au courant de leurs affaires. Aussitôt que nous l'aurons reçu, nous vous instruirons de nos besoins et de nos ressources.

Nous sentons qu'il est très difficile d'exercer par nous-mêmes la surveillance sur toutes les parties de l'administration de l'armée avec toute l'exactitude que l'intérêt de la chose publique exigerait. S'il vous était possible de nous envoyer deux jacobins sages et intelligents, leurs secours seraient très utiles; nous pourrions les charger de différentes missions relatives aux charrois et aux subsistances. Sans cela, ne connaissant personne dans le pays, nous craignons de ne pouvoir faire de longtemps aucun changement dans ces administrations, quoique nous soyons convaincus qu'elles ont besoin d'être régénérées.

Salut et fraternité,

GILLET, DUQUESNOY, PFLIEGER.

---

[1] Par cet arrêté, en date du même jour, le général Verrières est destitué «pour négligence d'autant plus coupable qu'il a des connaissances.»

Au moment où nous fermions notre lettre, le général chef de l'état [-major] nous communique une lettre de la Commission de l'organisation et du mouvement des armées de terre, concernant la commission militaire révolutionnaire établie près cette armée. Quoique le salut public exige et que l'intérêt de la République demande que cette commission reste permanente, cependant dès ce moment-ci elle cessera de gérer; mais, au nom du bien public, nous vous prions de la faire confirmer par un décret de la Convention nationale.

Salut et fraternité,

PFLIEGER, DUQUESNOY.

P.-S. Sous peu de jours nous espérons vous donner de bonnes nouvelles.

[Ministère de la guerre; *Armées du Rhin et de la Moselle.*]

LE REPRÉSENTANT DANS LE DOUBS, LA HAUTE-SAÔNE ET LE JURA
AU COMITÉ DE SALUT PUBLIC.

Besançon, 30 floréal an II-19 mai 1794. (Reçu le 26 mai.)

[«Lejeune transmet un mémoire [1] sur les salines du Doubs et du Jura; les considère dans leur état actuel, indique les améliorations dont il les croit susceptibles, les mesures propres à y parvenir; remarques sur l'augmentation des revenus qu'elles donneraient à la République.» — Arch. nat., AF II, 194. Analyse [2].]

---

[1] Ce mémoire manque.

[2] A la même date du 30 floréal, le Comité de salut public reçut de Delcasso, député des Pyrénées-Orientales à la Convention, la lettre suivante, qui ne rentre pas dans notre cadre, mais qui n'est pas sans intérêt historique : «Citoyens collègues, la prise de la citadelle de Figuères est un événement qui décide du sort de la Catalogne; je l'attendais avec impatience pour vous faire part de mes vues et de mes connaissances. Chaque citoyen, et surtout chaque représentant doit à la République le tribut de ses facultés et de ses lumières.

Né sur l'extrême frontière, parlant dès mon enfance le catalan et l'espagnol, ayant eu de tout temps de grandes relations avec les personnes qui habitent les villes et les villages de cette province, je connais parfaitement les localités, les mœurs, les coutumes, les goûts et les faiblesses des Catalans. Le Catalan, quoique superstitieux, l'est moins que tous les autres Espagnols; il a devers lui l'énergie, l'activité, le courage qui le disposent à recevoir et à adopter les grands principes qui font la gloire et le bonheur de la République. Ces sentiments ne sont pas d'ailleurs étrangers aux

COMITÉ DE SALUT PUBLIC.

Séance du 1er prairial an II-20 mai 1794.

Présents : B. Barère, Carnot, Couthon, C.-A. Prieur, Collot-d'Herbois, Robespierre, Billaud-Varenne, R. Lindet.

1. Le Comité de salut public arrête que les forces navales de la République seront partagées en escadres et en divisions. Chaque escadre sera composée de neuf vaisseaux de ligne, et chaque division de trois. Les forces des différentes escadres seront égalisées autant qu'il sera possible, soit pour le nombre et le calibre des canons, soit pour la marche des bâtiments. Une frégate sera attachée à chaque division de trois vaisseaux, ce qui formera trois frégates par chaque escadre. Le nombre et l'espèce des autres bâtiments légers qui devront être attachés à chaque escadre ou division sera déterminé par la nature des opérations qu'il s'agira d'exécuter. Il y aura un commandant particulier pour chaque escadre, et un pour chaque division. Il sera formé dans l'Océan quatre escadres, comprenant ensemble trente-six vaisseaux. L'excédent des vaisseaux de ligne qui resteront après la formation de

habitants de la Catalogne; on connaît l'histoire de leurs dernières révolutions; le soutien de leurs privilèges et le mot de liberté leur ont fait souvent prendre les armes; ils haïssent les Castillans, et ces deux portions d'un même royaume semblent être deux peuples confins et rivaux. Voilà les bases sur lesquelles je fonde l'achèvement d'une conquête qui trouvera encore des difficultés insurmontables, si on ne tourne au profit de la République le germe de liberté et l'énergie naturelle des Catalans. C'est en leur parlant leur langage, en flattant leur amour-propre par les souvenirs des efforts de leurs pères pour la liberté, en employant surtout pour les détacher de leurs erreurs superstitieuses ce ton de ridicule pris dans leurs propres expressions, et qu'on ne peut employer que quand on est comme naturalisé parmi eux. Avec ces moyens, citoyens collègues, je crois, non seulement possible, mais même très vraisemblable de porter la plus grande portion des Catalans à se mêler à nos soldats, à concourir avec nous à la conquête de Barcelone, ou du moins à nous sauver des dangers qui devraient résulter des efforts de la grande population d'une province courageuse et énergique. Telles sont, citoyens collègues, les courtes réflexions que j'ai cru devoir soumettre à votre sagesse. Mon amour pour la République et pour la prospérité les ont dictées. Salut et fraternité : DELCASSO. » — Ministère de la guerre; *Armées des Pyrénées. De la main de Delcasso.*

ces quatre escadres formera une division particulière, jusqu'à ce qu'il y en ait un nombre suffisant pour compléter une escadre. Ces vaisseaux devront être de 74 et d'une marche supérieure; il leur sera affecté des frégates à raison d'une par trois vaisseaux, avec d'autres bâtiments légers, suivant la nature des missions auxquelles ils seront destinés. Il y aura aussi des divisions légères composées d'un vaisseau rasé et de deux frégates avec d'autres bâtiments légers, dont l'espèce et la quantité seront déterminées par la nature des missions. Le commissaire de la marine et des colonies donnera les ordres nécessaires pour l'exécution du présent arrêté.

BILLAUD-VARENNE, COLLOT-D'HERBOIS, B. BARÈRE, CARNOT, C.-A. PRIEUR, R. LINDET [1].

2. Le Comité de salut public arrête provisoirement que le citoyen Sallier remplira les fonctions de vice-président du tribunal révolutionnaire, à la place du citoyen Subleyras.

ROBESPIERRE, COLLOT-D'HERBOIS, BILLAUD-VARENNE, B. BARÈRE, CARNOT [2].

3. Le Comité de salut public arrête que les représentants du peuple envoyés près l'armée des Pyrénées orientales donneront les ordres nécessaires pour faire rechercher et rentrer dans l'intérieur avec le plus grand soin les bêtes à laine et surtout les béliers à laine fine, qui seront prises sur le territoire espagnol, et d'en faire rendre compte au Comité.

B. BARÈRE, BILLAUD-VARENNE, COLLOT-D'HERBOIS [3].

4. Le Comité de salut public arrête que le représentant du peuple Maignet, chargé d'installer à Orange la Commission révolutionnaire [4], est également chargé d'organiser tout ce qui est nécessaire pour qu'elle soit en activité sans délai, ainsi que pour l'exercice des différentes fonctions que doivent remplir les membres qui la composent. Le citoyen Fauvety, président, étant autorisé à établir comme premier huissier

---

[1] Arch. nat., AF ɪɪ, 295.

[2] Arch. nat., AF ɪɪ, 22. — *De la main de Robespierre.*

[3] Arch. nat., AF ɪɪ, 264. — *De la main de Barère.*

[4] Voir plus haut, p. 410, l'arrêté n° 16.

de ladite Commission le citoyen Rappier, actuellement huissier au tribunal révolutionnaire à Paris.

CARNOT, COUTHON, COLLOT-D'HERBOIS[1].

5. Le Comité de salut public autorise l'accusateur public du tribunal révolutionnaire de Paris à renvoyer dans les dépôts les chevaux des gendarmes envoyés pour amener à Paris les prévenus à la Conciergerie, soit par les représentants du peuple, soit par les autorités constituées, et, quant aux gendarmes, il y sera pourvu par le commissaire de l'organisation et du mouvement des armées.

B. BARÈRE, BILLAUD-VARENNE, COLLOT-D'HERBOIS, ROBESPIERRE[2].

6. Le Comité de salut public arrête qu'il sera pourvu sur-le-champ à l'approvisionnement des vivres de toutes espèces, nécessaires pour pouvoir fournir quatre mois de vivres de campagne à tous les bâtiments composant l'armée navale de la République, de même qu'à ceux destinés aux croisières; que les mêmes dispositions seront faites pour fournir deux mois de vivres aux bâtiments destinés à la garde des côtes et à la protection du cabotage.

BILLAUD-VARENNE, CARNOT, B. BARÈRE, C.-A. PRIEUR[3].

7. Le Comité de salut public arrête que Josselin, l'un de ses employés à la section de la guerre, pourra s'absenter pendant quinze jours pour se rendre à Bar-sur-Seine. En conséquence du présent arrêté, il lui sera délivré un passeport qui comptera du 4 prairial.

CARNOT[4].

8. Le Comité de salut public arrête que Delarre aîné, garde-fortifications à Saint-Omer, sera nommé adjoint aux officiers du génie, avec des appointements de quinze cents livres par an, et qu'il continuera provisoirement son service dans cette même place; charge la Commission des travaux publics de lui faire expédier de suite une commission

---

[1] Arch. nat., F7, 4435.
[2] Arch. nat., AF II, 22. — *De la main de Barère.*
[3] Arch. nat. AF II, 295.
[4] Arch. nat. AF II, 23. — *Non enregistré.*

en cette qualité et celle de l'organisation du mouvement des armées de lui délivrer un brevet de lieutenant.

CARNOT[1].

9. Le Comité de salut public, après avoir entendu le rapport de la Commission des secours publics, arrête que le citoyen Segard, ancien chirurgien de la citadelle de Lille, destitué par l'ex-ministre de la guerre[2], sera réintégré dans ses fonctions ou placé dans un poste équivalent.

CARNOT, B. BARÈRE, COLLOT-D'HERBOIS[3].

10. Le Comité de salut public, sur le rapport de la Commission des secours publics, arrête que le citoyen Lafargue, destitué de ses fonctions d'élève en chirurgie à l'hôpital militaire de Saint-Cyr, par décision de l'ex-ministre de la guerre du 7 germinal dernier, sera réintégré dans ces fonctions.

B. BARÈRE, CARNOT, COLLOT-D'HERBOIS[4].

11. Le Comité de salut public, sur le rapport de la Commission des secours publics, arrête provisoirement que, dans les communes où sont situés des hôpitaux militaires et où il n'y a pas de commandant temporaire, le commandant de la garde nationale sera admis au Comité de surveillance d'administration desdits hôpitaux, ordonné par l'article 1er de la section 8 du titre II de la loi du 3 ventôse sur le service de santé des armées et des hôpitaux militaires.

B. BARÈRE, CARNOT, COLLOT-D'HERBOIS[5].

12. Le Comité de salut public, après avoir entendu la lecture du procès-verbal ci-joint[6] par le commissaire du département de Seine-et-Oise, envoyé dans le district de Montfort-le-Brutus pour faire exécuter la réquisition de 20,000 quintaux de grains accordée le 20 germinal à la commune de Versailles; la délibération prise dans le jour par le département de Seine-et-Oise pour réclamer le plus prompt secours en

---

[1] Arch. nat., AF ii, 2o3. — *De la main de Carnot. Non enregistré.*

[2] Bouchotte.

[3] Arch. nat., AF ii, 284. — *Non enregistré.*

[4] Arch. nat., AF ii, 284. — *Non enregistré.*

[5] Arch. nat., AF ii, 284. — *Non enregistré.*

[6] Cette pièce manque.

subsistances dont la commune de Versailles est entièrement dépourvue;
ayant entendu la Commission du commerce et des approvisionnements;
arrête, vu l'urgence extrême des besoins de la commune de Versailles,
que la Commission du commerce est autorisée à faire délivrer à cette
commune 600 sacs de farine, ou la quantité de blé qui doit fournir
ce produit, si l'on ne peut délivrer cette quantité de farine. Il en sera
pris 300 sacs dans le magasin de Corbeil, destiné à l'approvisionnement de Paris. Il en sera pris 300 sacs dans le magasin d'Étampes,
ayant la même destination. Ces quantités seront remplacées à la commune de Paris, sur le produit des réquisitions accordées à la commune
de Versailles. La Commission de commerce est autorisée de mettre en
réquisition les chevaux et voitures du district de Corbeil, pour faire
effectuer sur-le-champ le transport des 300 sacs de Corbeil à Versailles.
Elle se concertera avec la Commission des transports militaires pour
faire accélérer le transport des 300 sacs par des chevaux de relais
qui partent de Versailles, sur la route de Corbeil, allant au-devant
des voitures les prendre sur la route et les amener à Versailles. La commune de Versailles prendra les dispositions nécessaires pour faire exécuter à temps le transport des 300 sacs livrés du magasin d'Étampes.

R. LINDET[1].

13. Le Comité de salut public, informé que les communes du district de Montfort-le-Brutus n'ont pas fourni les grains requis par la
Commission du commerce et des approvisionnements, le 20 germinal,
pour la commune de Versailles; que quelques communes de ce district,
les mieux approvisionnées, ont manifesté l'intention de ne pas déférer
à la réquisition, a pris des mesures pour réprimer un pareil désordre,
et préserver, par des exemples d'une sévérité nécessaire, les habitants
que l'on tente d'égarer de tomber dans les pièges que l'on tend à leur
crédulité. Mais il est urgent d'assurer la subsistance des citoyens de la
commune de Versailles, qui plusieurs fois aurait été compromise, si
l'on n'y avait pas pourvu par des moyens et des dispositions extraordinaires. Pour éviter de recourir à de pareils moyens, qui contrarient
le plan général et tendraient à compromettre le service dans des parties essentielles, et pour n'être pas réduit à la nécessité de faire un

(1) Arch. nat., AF II, 70. — De la main de R. Lindet. Non enregistré.

usage continuel de ressources imprévues qui, pouvant manquer, laisseraient la commune de Versailles dans la situation la plus difficile et la plus funeste, le Comité arrête ce qui suit : 1° Les communes du district de Montfort-le-Brutus fourniront sans délai la quantité de grains requise pour la commune de Versailles. — 2° Elles compléteront la réquisition de 20,000 quintaux qui leur a été adressée, le 20 germinal, par la Commission du commerce et des approvisionnements. — 3° Les officiers municipaux, les agents nationaux sont responsables de l'accomplissement et de l'entière exécution de la réquisition. — 4° Ils sont également responsables du transport qui doit s'effectuer par les cultivateurs jusqu'au lieu de rassemblement et de dépôt. — 5° Ils sont responsables de tous événements qui pourraient retarder ou troubler le transport. — 6° Les administrateurs et l'agent national du district donneront tous les ordres nécessaires pour la prompte exécution du présent arrêté; ils emploieront tous les moyens qui sont à leur disposition pour en assurer l'effet, contenir et réprimer les malveillants. — 7° Les administrateurs du département sont chargés de surveiller l'exécution de la réquisition et du présent arrêté et d'employer toutes les mesures actives que les circonstances exigeront. — 8° Tous les bons citoyens concourront à assurer l'exécution de la réquisition, la sûreté, la liberté et la célérité du transport; ils sont tenus, sous peine d'être réputés complices, de dénoncer au district les auteurs et principaux instigateurs des désordres qui ont eu lieu, le 30 floréal, dans les communes de Saint-Martin-des-Champs et d'Osmoy. — 9° Le Comité de salut public emploiera les moyens les plus efficaces pour faire respecter la loi, la faire exécuter, assurer l'effet des réquisitions de la Commission du commerce, la libre circulation et le transport des grains, les versements qui doivent se faire entre les districts et les départements, et toutes les mesures prises, soit pour procurer aux districts les ressources qui leur manquent, soit pour remplacer celles que l'on a puisées dans des besoins pressants, lorsqu'elles deviendront rares dans les districts qui en ont fourni jusqu'à ce moment.

R. Lindet[1].

14. Le Comité de salut public, informé des événements arrivés le

(1) Arch. nat., AF ii, 70. — De la main de R. Lindet. Non enregistré.

29 au soir et le 30 floréal dans plusieurs communes du district de Montfort-le-Brutus, arrête que le citoyen Petit, meunier à Villette, et son charretier; le citoyen Léger, meunier à Rosay, et son charretier; le citoyen Aubry, meunieur à Septeuil; le maire de Saint-Martin-des-Champs; le citoyen Letellier, gendre du maire; le maire et l'agent national d'Osmoy, seront mis en arrestation, qu'ils seront amenés à la Conciergerie à Paris; charge la Commission des administrations civiles, de police et des tribunaux de faire exécuter le présent arrêté. Le commissaire se concertera avec celui du mouvement et de l'organisation des armées pour faire exécuter le présent arrêté avec l'appui et sous l'escorte de quarante dragons.

R. Lindet, Carnot, C.-A. Prieur, Couthon[1].

15. Le Comité de salut public, sur le rapport de la Commission des travaux publics, en date du 29 floréal an II, arrête : Le citoyen Calon, directeur général du dépôt de la guerre, délivrera à l'ingénieur en chef du département d'Indre-et-Loire les cartes de Cassini pour la partie du territoire soumise à son inspection.

16. Le Comité de salut public arrête que, nonobstant toutes réquisitions antérieures, de quelque autorité qu'elles soient émanées, et sans qu'on puisse en tirer avantage pour contrarier l'exécution des mesures prescrites ci-après, les départements de la Nièvre, de l'Yonne, de l'Allier et de la Côte-d'Or chargeront les districts de leurs arrondissements respectifs de faire fournir les fourrages nécessaires aux chevaux que le citoyen La Bussière fait conduire, en exécution des ordres de la Commission des transports militaires, postes et messageries, par ces départements jusqu'à Nevers, lieu de leur rassemblement; que, depuis les lieux de leur achat jusqu'au lieu de leur rassemblement, les chevaux seront nourris; que les fourrages leur seront fournis par les aubergistes des lieux de passage; que, si les aubergistes n'en ont pas, les municipalités leur en procureront par réquisition, qui sera effectuée sur-le-champ; que les conducteurs des chevaux payeront la dépense et que le prix des fourrages sera compté *sur le pied du maximum*. Les départements transmettront sur-le-champ le présent arrêté aux districts,

---

[1] Arch. nat., AF II, 60. — *De la main de R. Lindet. Non enregistré.*

et les districts aux municipalités, sur les routes qui se réunissent en rayon à Nevers et sur celles qui leur seront indiquées par le citoyen La Bussière et ses préposés, et par lesquelles les chevaux seront conduits au lieu du rassemblement. Le présent arrêté sera adressé à la Commission de commerce et approvisionnements de la République. Les représentants du peuple près des armées et dans les départements en assureront l'exécution de tout leur pouvoir.

R. Lindet [1].

17. Le Comité de salut public, informé que dans quelques places des arbres abattus et destinés au service des fortifications sont ensuite marqués et enlevés pour le service de la marine, arrête que les bois et matériaux rassemblés pour un service quelconque, et sur les fonds qui lui sont spécialement affectés, ne pourront sous aucun prétexte être enlevés pour un autre, sans un ordre positif du Comité de salut public ou de la Commission du commerce, qui prendra, à cet égard, l'autorisation du Comité. Les agents nationaux près les districts sont particulièrement chargés de prévenir et empêcher les abus qui pourraient se commettre à cet égard.

Carnot, C.-A. Prieur [2].

18. Le Comité de salut public, exceptant le général Turreau des dispositions de l'article 5 de son arrêté du 24 floréal [3] concernant les officiers généraux de l'armée de l'Ouest qui devront s'éloigner à vingt lieues de cette armée, arrête que le général Turreau sera envoyé à Belle-Isle pour y prendre le commandement de cette place et charge la Commission de l'organisation et du mouvement des armées de lui envoyer des ordres en conséquence.

Carnot, R. Lindet [4].

19. Le Comité de salut public arrête que la Commission de l'organisation et du mouvement des armées de terre autorisera le citoyen Lefèvre, dit *Constans*, chasseur au 23e régiment de chasseurs à che-

[1] Arch. nat., AF ii, 286. — *Non enregistré.*

[2] Arch. nat., AF ii, 20. — *De la main de Carnot. Non enregistré.*

[3] Voir plus haut, p. 489, l'arrêté du Comité n° 13.

[4] Arch. nat., AF ii, 304. — *Non enregistré.*

val, compagnie de Vernel, au dépôt dudit régiment à Braisne, département de l'Aisne, à venir à Paris et à y passer une décade.

Carnot [1].

20. [Approbation de la proposition faite par le général de division Lemoine l'armée du Nord en vue de conférer une commission d'aide de camp au citoyen Paul Lemaire. Carnot. — Arch. nat., AF ii, 304. *Non enregistré.*]

21. Le Comité de salut public, en conséquence de son arrêté du 27 pluviôse [2], qui autorise le citoyen Collombier, professeur de dessin de l'école d'artillerie d'Auxonne, à quitter cette commune pour se rendre à la fonderie de la Magdelaine, à l'effet d'en diriger les opérations jusqu'à la paix, arrête : 1° qu'il sera remplacé dans son poste d'adjoint au citoyen Sazey, inspecteur des arsenaux de la République, auquel il a été nommé, le 7 germinal, par le représentant du peuple Bernard; 2° qu'il restera dans le premier poste qui lui avait été désigné par l'arrêté du 27 pluviôse.

C.-A. Prieur [3].

22. Le Comité de salut public arrête : le citoyen François-Philippe Foissac [4] est mis en réquisition à Paris pour continuer la nouvelle édition des œuvres de Vauban.

Carnot, R. Lindet [5].

23. [Confirmation de la nomination provisoire au grade d'adjudant général chef de brigade du citoyen Étienne-Marie Dutilh. Carnot. — Arch. nat., AF ii, 304. — *Non enregistré.*]

24. Le Comité de salut public, en conséquence de son arrêté du 15 germinal [6], qui fixe pour tous les districts un dépôt où ils doivent verser les cuivres, les cloches et le métal de bronze trouvés dans des maisons d'émigrés, pour être convertis en canons, et qui charge tous les agents nationaux de son exécution; autorise celui du district d'Argentan de requérir les premières voitures libres et de se servir des

---

[1] Arch. nat., AF ii, 304. — *Non enregistré.*

[2] Voir t. XI, p. 162, l'arrêté n° 17.

[3] Arch. nat., AF ii, 215. — *Non enregistré.*

[4] Il s'agit du général Foissac-Latour, éditeur des *OEuvres* de Vauban.

[5] Arch. nat., AF ii, 304. — *Non enregistré.*

[6] Voir t. XII, p. 386, l'arrêté n° 26.

voies les moins dispendieuses pour faire parvenir au dépôt de Paris les cloches rassemblées dans ce district.

C.-A. Prieur [1].

25. Le Comité de salut public arrête que la Commission des armes et poudres fera estimer et payer aux citoyens Dufour et Fortier, pour l'impression de six mille exemplaires de chacune des deux gravures ci-jointes [2], et qui font partie de l'ouvrage sur l'emploi du métal des cloches dont le Comité a ordonné l'impression.

C.-A. Prieur, B. Barère [3].

26. Le Comité de salut public charge les citoyens Monge et Hassenfratz de prendre connaissance, à Meudon, des expériences qui y ont été faites sur le tir des obus, d'en examiner les circonstances, de les faire répéter pour en assurer l'observation, enfin de concerter avec les membres du commissariat les moyens de remédier aux inconvénients qui se sont manifestés dans ces expériences, et de faire un rapport du tout au Comité.

C.-A. Prieur [4].

27. Le Comité de salut public arrête que les six élèves Toustot, Maillard, Gérard, Carmeret, Escudier et Gaillard, envoyés à Vierzon par l'ordre du Comité de salut public et renvoyés par ordre du représentant du peuple Ferry, seront payés par l'agence révolutionnaire des salpêtres et poudres de l'indemnité accordée aux élèves, depuis le jour où ils ont cessé de la toucher jusqu'au moment où le Comité de salut public en aura autrement ordonné.

C.-A. Prieur [5].

28. Le Comité de salut public, considérant que, par l'effet des réquisitions illimitées des représentants du peuple aux armées, les gardes nationales des villes requises pourraient continuer à recevoir la paye d'activité, quoiqu'elles ne fissent aucun service, arrête que les réquisi-

(1) Arch. nat., AF 11, 215. — Non enregistré.

(2) Ces pièces manquent.

(3) Arch. nat., AF 11, 215. — Non enregistré.

(4) Arch. nat., AF 11, 220. — De la main de C.-A. Prieur. Non enregistré. Le Comité avait déjà pris un arrêté identique le 1er floréal précédent. Voir t. XII, p. 706, l'arrêté n° 10.

(5) Arch. nat., AF 11, 217. — Non enregistré.

tions qui seront jugées nécessaires par les représentants du peuple seront faites à l'avenir pour un temps limité, après lequel elles cesseront, ainsi que la paye qui leur est attribuée, si elles ne sont renouvelées. Les représentants du peuple à l'armée du Nord feront cesser ou renouvelleront, s'ils le jugent nécessaire, la réquisition des gardes nationales de Dunclibre et de Bergues.

BILLAUD-VARENNE, B. BARÈRE, C.-A. PRIEUR[1].

29. Le Comité de salut public arrête que, sous prétexte des décharges et restitutions accordées ou à accorder sur les taxes révolutionnaires, les receveurs de districts et autres dépositaires ne pourront se dispenser ni différer d'en verser le montant à la Trésorerie nationale, et que les restitutions qui pourraient être ordonnées par les représentants du peuple auront leur effet de la même manière que les décharges pour surtaxes sur les contributions patriotiques et l'emprunt forcé, et jusqu'à concurrence des sommes versées à ladite Trésorerie[2].

30. Le Comité de salut public, considérant que la disette des matières propres à la confection des fournitures dans les hôpitaux militaires exige que l'on s'applique à concilier l'économie et la commodité et l'utilité du service, arrête ce qui suit : 1° Les lits pourront être garnis d'un fond en planches. — 2° Les matelas pourront être composés moitié laine et moitié crin. La qualité de la laine sera bonne, sans cependant exiger celle dite *cuisse de Nangis*. La toile qui compose les matelas sera forte, et l'administration pourra continuer de faire usage de celle dite *à carreaux*. — 3° Les couvertures seront composées de laine verte autant que faire se pourra; néanmoins, il pourra en être employé d'autres. Les dimensions, quant à la largeur, seront les mêmes; mais, quant à la longueur, vu la rareté, on pourra recevoir des couvertures de six pieds et demi à sept pieds, et elles ne seront employées qu'en doublement. — 4° Les sommiers de crin ne seront que du poids de vingt livres. — 5° L'on pourra employer pour les draps des toiles écrues de bonne qualité, et chaque drap aura 9 pieds 2 pouces de longueur. — 6° Les coiffes de bonnets auront 16 pouces de longueur sur 11 de largeur. — 7° Les bonnets de laine pourront être de tricot,

[1] Ministère de la guerre; *Armées du Nord et des Ardennes*. — *Non enregistré*.

[2] *Bulletin* de la Convention du 11 prairial an II.

connu sous la dénomination de fabrique de bonnets simples drapés,
— 8° Pour proportionner les capotes à toutes les tailles, il y en aura
de 4 pieds et de 3 pieds 8 pouces de longueur, non compris le collet.
La largeur sera la même que celle prescrite par le règlement. L'on
pourra employer à leur confection une étoffe connue sous le nom de
toitaine, pourvu qu'elle soit de bonne qualité.

R. LINDET[1].

31. Le Comité de salut public arrête que les commissaires nommés
pour examiner s'il y a possibilité d'établir à Ambleteuse un port propre
à recevoir les vaisseaux de guerre et quels en seraient les moyens, se
transporteront immédiatement, après que cette opération sera terminée, à la commune de Sangatte pour y procéder à un semblable
travail; arrête en outre qu'il sera adjoint à ces commissaires deux
marins expérimentés de Calais et deux de Boulogne, lesquels seront
nommés par les administrateurs de ces districts respectifs.

CARNOT[2].

32. Le Comité de salut public, considérant que le terme de deux
mois fixé par la loi du 25 brumaire dernier pour le renvoi de tous les
brevets ou commissions portant des signes de royauté ou de féodalité,
à échanger contre d'autres de forme républicaine, n'a pu, pour différentes causes impossibles à prévoir, être suffisamment observé dans
le temps, arrête la prorogation de ce délai jusqu'au 1er thermidor prochain, terme de rigueur.

CARNOT[3].

CIRCULAIRE DU COMITÉ DE SALUT PUBLIC
AUX ADMINISTRATEURS DE DISTRICTS.

Paris, 1er prairial an II-20 mai 1794.

Le Comité vous prévient que le nouvel ordre qu'il a établi dans sa
correspondance exige qu'à l'avenir les comptes décadaires et de mois

---

[1] Arch. nat., AF II, 284. — *Non enregistré.* — [2] Arch. nat., AF II, 295. — *De la
main de Carnot. Non enregistré.* — [3] Arch. nat., AF II, 200. — *Non enregistré.*

que vous lui adresserez, en exécution des articles 6 et 10 de la section II de la loi du 14 frimaire, soient rédigés par ordre de matières et
divisés par feuilles séparées. Il compte sur votre exactitude à vous y
conformer [1].

[Imprimé. — Bibl. nat., Lb 41/2.]

REPRÉSENTANTS EN MISSION.

LE REPRÉSENTANT DANS LES DÉPARTEMENTS DE SEINE-ET-OISE ET PARIS
AU COMITÉ DE SALUT PUBLIC.

Montfort-Brutus (Montfort-l'Amaury), *1er prairial an II-*
23 mai 1794. (Reçu le 22 mai.)

Je vous préviens, citoyens collègues, qu'un commissaire du département de Seine-et-Oise et un du district étant hier en tournée pour
assurer les réquisitions faites en faveur de Versailles ont éprouvé de la
résistance dans les communes de Saint-Martin-des-Champs et Aumo-
net [2]. Leur caractère a été méconnu, quoiqu'ils fussent accompagnés
de neuf gendarmes. Il y avait tous les caractères de la rébellion, et il
paraissait que les autorités constituées étaient à la tête des coupables.
Aussitôt que j'ai été averti, j'ai réuni de la garde nationale de Montfort et de la gendarmerie nationale de Rambouillet et autres endroits;
on est arrivé ce matin dans ces communes et on a enlevé les maires,
agents nationaux et présidents des comités. Il y avait encore une
apparence de résistance, mais la force était imposante, et, comme
c'étaient les femmes qui étaient mises en avant, il n'y a eu aucune suite.
L'opération s'est bien passée. Je vais faire interroger les détenus, et il
est probable qu'il faudra donner de l'extension à la mesure vigoureuse,
afin de comprimer tous ceux que la malveillance pousse à se refuser

---

[1] Le même jour, le Comité de salut
public adressa une circulaire identique aux
agents nationaux près les districts. (Bibl.
nat., Lb 41/2.)

[2] Je n'ai pu identifier ce nom de lieu.
On verra plus loin que, dans d'autres lettres, Crassous parle de la commune d'Osmoy.

aux réquisitions. J'ai tout lieu d'espérer le plus grand succès de ce que j'ai fait.

Salut et fraternité,   A. CRASSOUS.

[Arch. nat., AF II, 163.]

LE REPRÉSENTANT À BREST AU COMITÉ DE SALUT PUBLIC.

Brest, 1ᵉʳ prairial an II – 20 mai 1794.

[Prieur (de la Marne) confirme que la Martinique est tombée au pouvoir des Anglais. Il paraît que cette colonie a été livrée comme Toulon, et qu'ils ne s'en sont emparés que par trahison. Il accuse Rochambeau et son état-major d'avoir secondé la descente des Anglais; il a chargé le tribunal révolutionnaire d'ouvrir une instruction. Le parlementaire anglais demande qu'on lui remette cinq cents prisonniers anglais en échange de ceux qu'il a ramenés de la Martinique. Sur cette question, il attend l'avis du Comité, et il a fait consigner le parlementaire anglais. — Arch. nat., AF II, 294.]

LE REPRÉSENTANT DANS LA MAYENNE ET L'ILLE-ET-VILAINE
AU COMITÉ DE SALUT PUBLIC.

Vitré, 1ᵉʳ prairial an II – 20 mai 1794.

Citoyens collègues,

Les Chouans existent, mais bientôt ils ne seront plus. Nous avons chaque jour sur eux des avantages, et nous ne les laisserons pas respirer qu'ils ne soient absolument défaits. Quoi qu'on ait dit que ce n'était rien, que ce n'était qu'un ramas de malheureux qui, ne pouvant trouver asile en aucun lieu, faisaient le métier d'assassins, j'ai trouvé, moi, que c'étaient de parfaits organisateurs de guerre civile, et que celle-ci n'eût pas tardé à devenir autant et même plus dangereuse que celle de la Vendée. En effet, dans les cinq départements de la ci-devant Bretagne, dans presque toutes les communes, elle a des germes qui n'attendaient qu'un moment propice pour éclore, et Dieu sait quand on aurait pu parvenir à les étouffer. Les chefs le savent si bien qu'ils ont divisé leurs troupes par petits pelotons sur une étendue immense de terrain. Des Chouans font aujourd'hui en tel lieu une entreprise, et dans le même jour, à quinze, vingt lieues de là, d'autres

Chouans paraissent et en tentent une pareille. Toutes les villes sont remplies de royalistes qui les protègent sourdement. Tous les riches sont de leur parti. Quoi qu'il en soit, citoyens collègues, n'ayez nulle inquiétude : nos affaires vont. Le général Moulin, le général Vachot et la plupart de ceux qu'ils ont employés sont dans mes principes. Les Chouans seront exterminés; j'entends les véritables chouans, et une immense population et des riches propriétés [seront] à la République. Il ne coulera que le sang impur, et le sang innocent sera respecté. Je ne m'épargnerai en rien; je parcourrai les villes, les campagnes, et j'espère trouver ici, comme partout ailleurs, que l'homme est essentiellement bon, et que, pour le rendre méchant, il faut le tromper.

Adieu, citoyens collègues, salut et fraternité.

Signé : LAIGNELOT.

[Ministère de la guerre; *Armée des Côtes de Brest.* Copie. L'original a appartenu à M. J. Charavay, qui, en 1853, en a fourni cette copie au ministère de la guerre.]

LES REPRÉSENTANTS À L'ARMÉE DES PYRÉNÉES OCCIDENTALES AU COMITÉ DE SALUT PUBLIC.

Bayonne, 1er prairial an II-20 mai 1794.

Citoyens collègues,

Nous avions pensé que le courrier extraordinaire que nous vous avions expédié, le 19 du mois dernier [1], pour vous porter le plan de l'attaque que nous proposions de faire du camp de Berra et de Fontarabie, aurait été de retour à l'heure présente; nous espérons qu'il ne tardera pas à arriver et qu'il nous portera votre assentiment et vos instructions. Plus nous avançons, et plus nous nous fortifions dans le dessein d'exécuter le plan que nous vous avons soumis. Si nous y faisons quelques changements, ce sera pour le rendre plus vaste, plus étendu, plus général, et pour porter à l'Espagnol un coup plus terrible. Nos forces augmentent tous les jours; les 27 et 29 du [mois] passé, il nous est arrivé de Bordeaux deux bataillons que nous avions demandés à notre collègue Ysabeau, et qui font partie des quatre dont

[1] Voir plus haut, p. 378.

notre armée est augmentée. Ces bataillons sont complets, bien équipés, bien armés; ils sont déjà au camp et brûlent du désir de combattre. Après-demain, le 7ᵉ bataillon de Saône-et-Loire, venant de la
Vendée et porté aussi au complet par les soins de notre collègue Garrau, nous arrive. Il continue de nous venir beaucoup de déserteurs
espagnols, et, depuis quelques jours, tous s'accordent à dire que la
crainte d'être attaqué est à l'ordre du jour dans les camps ennemis.
Caro est devenu moins fanfaron; il ne parle plus de venir dîner à
Chauvin-Dragon et souper à Bayonne; il se borne à promettre que
nous n'entrerons pas à Irun, et il multiplie autour de lui les redoutes;
mais la valeur de nos soldats, leur ardeur, nos baïonnettes et le pas
de charge nous font espérer que les retranchements dont il s'envi-
ronne seront *la précaution inutile*. En différant l'exécution de notre plan
pour rendre le succès plus assuré et pour que la victoire nous coûte
moins de sang républicain, nous espérons cependant qu'il ne sera pas
renvoyé au delà du 10 au 15 de ce mois.

Nous venons de payer l'Espagnol de la même monnaie dont il se
sert avec nous. Nous avons mis chez lui l'incendie à l'ordre du jour;
les représailles sont permises, surtout vis-à-vis d'un ennemi dévastateur et incendiaire. Sur les frontières espagnoles, du côté de Jean-
Pied-de-Port, l'ennemi avait sept magasins considérables, remplis de
pièces de mâture, planches, bordages et autres bois de construction;
les magasins étaient situés dans des lieux presque inaccessibles; mais
les obstacles les plus grands disparaissent devant les soldats de la liberté. Accoutumés à tout surmonter, les difficultés qui paraissent insurmontables sont facilement vaincues par eux. Six de ces magasins
ont été réduits en cendres; le septième l'aurait été aussi, mais c'était
une espèce de château-fort; nos soldats l'ont attaqué avec furie, et,
malgré le feu terrible qu'on faisait sur eux, la hache a frappé sur les
portes de ce château; mais malheureusement elles se sont trouvées
doublées en fer; il a fallu renoncer à faire subir à ce magasin le sort
des six autres, la forêt dont il est environné rendant l'approche de
l'artillerie impossible. L'acharnement de nos soldats nous a coûté quelques braves, mais l'ennemi en a perdu un bien plus grand nombre.
Ce n'est qu'après une marche de quatorze heures, pendant lesquelles
il a fallu traverser des forêts, gravir des montagnes, passer une rivière, que nos soldats sont parvenus à ces magasins. La perte que

l'incendie de ces six magasins a fait éprouver à l'Espagnol est évaluée 1 million et au delà. En outre, le brave détachement chargé de cette expédition a emmené avec lui dix-huit bœufs, cent moutons, un cheval, et a remporté du linge et quelques fusils.

Il nous arrive dans ce moment cinq déserteurs; ils nous ont confirmé ce que nous vous avons déjà dit, et ils ont ajouté que la nouvelle du désastre de l'armée espagnole du côté de Perpignan commence d'être connue dans l'armée de Caro dans toute son étendue, et que les émigrés surtout sont dans la plus grande consternation.

La division de Jean-Pied-de-Port, instruite des sacrifices que ses frères de l'armée du Nord avaient faits d'une partie de leur subsistance en viande, voulant prouver que le même républicanisme les anime, que l'amour de la liberté et de l'égalité brûle également au fond de leur cœur, nous ont fait offrir l'abandon de deux rations de viande par décade. Cette offre généreuse a excité notre sensibilité et notre admiration; mais nous n'avons pas cru devoir l'accepter au moment où l'activité du service militaire est doublée, au moment où il faut être soir et matin sur pied, soit pour attaquer, soit pour se défendre. Nous avons pensé cependant que, quoique nous n'acceptassions pas, nous devions vous faire part de cet acte de dévouement, afin que, par vous, la patrie apprenne que les enfants qui la défendent aux Pyrénées occidentales sont aussi dignes d'elle que ceux qui versent leur sang pour elle dans les autres parties de la République.

Salut et fraternité,

CAVAIGNAC, PINET aîné.

[Ministère de la guerre; *Armées des Pyrénées*.]

UN DES REPRÉSENTANTS À L'ARMÉE DE LA MOSELLE
AU COMITÉ DE SALUT PUBLIC.

Morfontaine, 1er prairial an II-20 mai 1794. (Reçu le 25 mai.)

[«Duquesnoy expose au Comité que le chef de l'état-major de l'armée lui a communiqué une lettre de la Commission des armes et poudres de la République, dans laquelle il est annoncé que, le 24 germinal dernier, il a été fait un envoi de quatre mille fusils, dirigés sur Bouzonville pour le service de l'armée de la Moselle. Cet envoi n'est pas parvenu; il en est de même d'un autre que la même

Commission doit avoir adressé à Thionville. Il invite le Comité à prendre sur-le-champ des renseignements sur ces deux envois, en observant que l'armée est dans la plus grande pénurie d'armes. » — Arch. nat., AF ii, 246. Analyse.]

LE REPRÉSENTANT AUX ARMÉES DES ARDENNES ET DE LA MOSELLE AU COMITÉ DE SALUT PUBLIC.

Au quartier général de la Moselle, 1er prairial an ii-20 mai 1794.
(Reçu le 27 mai.)

Citoyens collègues,

J'apprends que vous avez des doutes sur la manière dont se sont faites les évacuations d'Arlon. Cela m'affecte d'autant plus que, quoique je ne me sois pas personnellement occupé de cette opération, j'étais sur les lieux; ce fut moi qui désignai les agents; je serais donc en quelque sorte coupable de leur négligence, s'il en avait existé. Je présume d'ailleurs que vos doutes résultent d'une dénonciation qui a dû être faite contre moi par des hommes que je ne voulus pas employer, ne les connaissant point, et parce que je ne voulais pas multiplier inutilement les agents.

Ma réponse est dans les ordres que j'ai donnés en arrivant à Arlon, dans l'état qui m'a été remis des effets évacués. Je vous en ai adressé des copies; vous pouvez y voir qu'on a enlevé jusqu'à des effets de peu de valeur, et assurément on ne doit pas présumer que ceux qui pouvaient être d'une plus grande utilité pour la République ont été négligés.

Les cuirs qui existaient dans les tanneries ont été tirés des fosses et enlevés, malgré la difficulté de les transporter.

Il paraît qu'on vous laisse ignorer la véritable situation d'Arlon. C'était un véritable désert. Presque tous les habitants avaient pris la fuite, enlevé leurs meubles, leurs bestiaux; leurs maisons étaient désertes; à peine y trouvait-on un lit pour se coucher.

On vous a parlé d'effets de campement; il n'en existait point, du moins je n'en ai jamais entendu parler, malgré les recherches qui ont été faites.

Les armes : il s'est trouvé environ soixante fusils. Ils furent remis au chef de l'état-major, qui les envoya sur-le-champ à Longwy.

Il est bien facile d'exagérer, de calomnier autrui, mais les hommes qui font ces rapports n'oseraient pas les soutenir devant ceux qui étaient sur les lieux.

Je ne réponds pas, au surplus, qu'il ne s'est commis ni abus ni dilapidations, mais j'ai surveillé, autant que mes occupations pouvaient me le permettre, et je n'en ai découvert aucun.

Je vous ai informé cependant qu'il avait eu perdu (*sic*) beaucoup d'huile, de vin, d'eau-de-vie, de bière, et cela est très vrai. Les soldats, étant entrés dans la ville, se précipitèrent dans les caves et enfoncèrent tous les tonneaux. Ce fut un spectacle vraiment déplorable. J'étais dans ce moment à la poursuite de l'ennemi; ce désordre n'est pas de ma faute; je le fis cesser avec beaucoup de peine à mon arrivée. Il était déjà trop tard : plus de soixante barriques d'huile ont été perdues.

Voilà la seule dilapidation que je connaisse.

Lorsque j'appris qu'on m'avait dénoncé auprès de vous, je vous demandai connaissance des faits. Si vous aviez voulu me les communiquer, je vous aurais facilement démontré la fausseté de la dénonciation.

Au surplus, il est bon de vous prévenir que ce pays fourmille d'hommes toujours prêts à dénoncer les représentants du peuple et tous les patriotes qui font franchement leur métier sans s'occuper d'intrigues. Ces hommes sont les mêmes qui répandaient la terreur dans le district de Longwy le jour de la retraite d'Arlon, qui furent dire à Metz que nous avions perdu au moins cinq à six mille hommes. Un autre, qui depuis a été fusillé, eut l'audace de me dire, lorsque j'arrivai à l'armée, au moment où elle exécutait la retraite, que deux mille de nos soldats avaient jeté leurs fusils pour se sauver, et cependant pas un seul soldat n'avait commis pareille lâcheté.

Je m'aperçois que ma lettre est trop longue, puisqu'il n'y est question que de moi, mais je tiens à l'estime de mes collègues, et je ne dois laisser aucun nuage sur ma conduite. Je sens aussi que j'ai besoin de votre confiance pour agir; si je ne l'ai pas, rappelez-moi : je ne puis rien faire sans elle.

Salut et fraternité,   GILLET.

[Arch. nat., AF II, 246. — *De la main de Gillet*[1].]

---

[1] Voir plus loin, à la date du 14 prairial, la réponse du Comité à cette lettre.

LE REPRÉSENTANT DANS LA MEUSE ET LA MOSELLE
AU COMITÉ DE SALUT PUBLIC.

Sarreguemines, 1er prairial an II-23 mai 1794. (Reçu le 26 mai.)

On ne peut trop, citoyens collègues, se rendre compte exact des formes de la commune de Sarreguemines relativement au système et à la marche révolutionnaire.

En masse, on peut assurer qu'elle n'aura pas pris le pas, mais bien que, depuis le principe de la Révolution, elle a arboré toutes les couleurs.

C'est ainsi que, caméléon politique, s'est prononcée dans la route de la liberté la commune que je viens d'épurer.

Je ne dois vous dissimuler combien j'ai trouvé d'obstacles à la perfectibilité républicaine. Ballottée successivement par un prêtre ami de l'Autriche, qui s'était jeté aux rênes de l'opinion, par des émigrés rentrés sur l'air de l'indépendance et ne jouissant, au mépris des lois, de la leur que pour empoisonner la moralité publique par le fanatisme de la royauté qui avait jeté dans certains cerveaux une ivresse profonde, par les vapeurs somnifères du modérantisme et les fureurs de de la superstition hideuse, il était impossible que Sarreguemines fût lancé au faîte des principes qui ont animé notre belle révolution. Aussi en vain, là, chercheriez-vous des amants courageux et brûlants de ses heureux résultats; en vain jetteriez-vous dans tous les cœurs les semences les plus nerveuses des vertus, du patriotisme et de la morale : il faut commencer par épurer les consciences, refondre les cœurs, donner un nouveau pli à l'âme et changer en formes révolutionnaires les formes grotesques de l'aristocratie et du royalisme.

Les autorités étaient faibles, guidées dès longtemps par l'influence des partisans d'une Autrichienne, ci-devant princesse, qui achetait le silence des uns et le souffle antirévolutionnaire des autres; elles ont fini par se baisser vers l'indulgence; elles ne donnaient pas tellement dans cette faction qu'elles n'oubliassent d'en être, lorsqu'il s'agissait des montagnards et des républicains. J'ai ravivé les sources de la félicité publique en éteignant toute la composition de semblables autorités. Des magistrats sans-culottes, pris dans cette classe vertueuse du peuple sans qui la liberté serait une chimère, succèdent à ces muscadins indulgents et alarmistes, qui étouffaient la liberté entre toutes les factions. J'ai puni, par une incarcération momentanée, la criminelle négligence du Comité de surveillance, qui, dans son inertie, a laissé échapper, la veille même de mon arrivée, un aristocrate fameux, usurpateur d'opinion et arrêté depuis peu.

La Société populaire a nommé une Commission épuratoire, qui, composée d'hommes ardents et moraux, va balayer les impuretés dont celle-là était flétrie. Une fois criblée, cette Société, peu nombreuse, mais composée d'hommes probes et révolutionnaires, retendra le ressort mollissant de l'âme publique; elle dirigera les pas des nouveaux fonctionnaires publics et préparera la masse à recevoir les flammes de la liberté et les idées de sa grandeur.

Au reste, la barbarie de l'idiome a pu contribuer à fermer les cœurs des citoyens aux principes lumineux et sûrs de la civilisation politique; mais ce dialecte tudesque va s'oublier et des instituteurs de langue française, institués en exécution du décret du 8 pluviôse, seront non moins efficaces que pourraient l'être des apôtres de morale et de républicanisme.

Je dois avouer aussi que le méchant génie qui, depuis longtemps, inspire Sarreguemines a été en partie soufflé par les représentants pervers qu'elle a envoyés aux assemblées nationales : modérés ou royalistes, ils ont gâté, vicié, pour ainsi dire, les canaux de la sève publique.

La querelle malheureuse de deux de nos collègues, Lacoste et Faure, n'a pas moins contribué à la détériorer. Son génie public a été tiraillé dans tous les sens. Dans une lutte de cette sorte, affaiblis, attiédis, blasés par les secousses opposées qu'il recevait, il est resté sans force, sans couleur, sans vie. J'ose promettre d'avoir tout fait pour le réchauffer, et le petit nombre de bons citoyens dont j'ai suivi les patriotiques errements m'ont assuré que mes efforts ne seraient pas vains. Je le désire vivement pour la plus grande gloire et le bonheur le plus parfait de la patrie.

Je joins à cette dépêche le procès-verbal d'épuration; je continue ma marche sur Bitche.

Salut fraternel et civique,   MALLARMÉ.

[Arch. nat., AF ii, 163. — *De la main de Mallarmé.*]

LE REPRÉSENTANT DANS L'ARDÈCHE ET LA HAUTE-LOIRE
AU COMITÉ DE SALUT PUBLIC.

Le Puy, 1er prairial an II - 20 mai 1794. (Reçu le 27 mai.)

[Guyardin a reçu la lettre du Comité du 13 floréal, qui lui transmet l'arrêté du 30 germinal, par lequel il est rappelé[1]. «Je fais dès aujourd'hui mes dispositions pour partir le plus tôt qu'il me sera possible, et je m'empresserai de retourner à mon poste sur la Montagne pour y travailler avec mes collègues à assurer le bonheur du peuple.» — Arch. nat., AF II, 195. — *De la main de Guyardin.*]

UN DES REPRÉSENTANTS À L'ARMÉE DES ALPES
AU COMITÉ DE SALUT PUBLIC.

Grenoble, 1er prairial an II - 20 mai 1794. (Reçu le 27 mai.)

Citoyens collègues,

J'accourais à Grenoble du sommet du mont Cenis, où j'ai fait prendre les dispositions les plus convenables pour sa défense, lorsque j'ai reçu les lettres ci-jointes[2].

Sur-le-champ j'ai averti le général Dumas et Pouget, général de division, commandant dans le Chablais et le Faucigny, d'abord afin qu'ils se tiennent sur leurs gardes; secondement, pour que, par des espions et des hommes adroits, ils tâchent de connaître le véritable état des choses dans le pays de Vaud.

J'ai chargé un vrai patriote d'Annecy de choisir sur-le-champ un homme capable d'aller reconnaître la situation des habitants du pays de Vaud.

J'espère que cet avis, comme bien d'autres, n'excitera que plus de surveillance; cependant il est d'autant moins à négliger que, dans ce moment, nous nous reposons sur la neutralité de nos voisins, les Suisses.

Vous nous enlevez toute notre cavalerie : c'est bien, puisque vous la croyez bien plus utile autre part; cependant, citoyens collègues, n'oubliez pas que depuis longtemps on dégarnit l'armée des Alpes, et

---

[1] Voir t. XII, p. 681, l'arrêté n° 8. — [2] Ces lettres manquent.

qu'une grande partie de cette armée est déjà passée à celle d'Italie et à celle des Pyrénées. Surtout tenez-nous parole pour l'envoi d'une portion de la cavalerie de l'armée du Rhin.

Pensez surtout aux approvisionnements de Commune-Affranchie: cette ville mérite d'être sans cesse observée, surtout ayant l'Ardèche pour voisin et des émigrés dans la Suisse et le pays de Vaud.

Salut et fraternité,

ALBITTE.

P.-S. Par la copie des lettres du général de division Pouget, que je vous envoie, vous verrez, frères et amis, que je n'ai pas perdu un moment pour connaître sa situation et le faire tenir sur ses gardes. Par ses réponses il paraît que les craintes données du côté de Gex ne sont pas très fondées. Au demeurant, j'aurai sous peu des renseignements certains.

ALBITTE.

[Ministère de la guerre: *Armées des Alpes et d'Italie. — Le post-scriptum est de la main d'Albitte.*]

LE MÊME AU COMITÉ DE SALUT PUBLIC.

Grenoble, 1ᵉʳ prairial an II–20 mai 1794. (Reçu le 27 mai.)

Après la prise du mont Cenis dans la matinée du 23 floréal, nos braves soldats poursuivaient, comme je vous l'ai mandé, les fuyards jusqu'à la Novalaise. Je n'ai pu les suivre, vu l'état de faiblesse dans lequel je me trouvais, étant absolument dépourvu de forces pour pratiquer, au milieu des neiges et des précipices, la route qu'ils firent, et ayant dû à l'amitié de quelques frères d'armes, qui me portèrent comme ils purent, l'avantage d'entrer dans les redoutes des ennemis.

Cependant, le 26, j'ai voulu connaître l'état des choses, et j'engageai le général Dumas à se transporter avec moi et le brave Badelaume, à qui nous devons en grande partie ce nouveau succès, qui double la gloire qu'il a acquise au mont Saint-Bernard, de se transporter, dis-je, au bourg de la Novalaise. Nous y arrivâmes le 26, montés sur des mulets et par une route de plus de trois heures de che-

min, distante de la Grande-Croix, qui est le poste important à garder,
toujours en descendant et au milieu des abîmes. Je n'eus pas plus tôt
vu la position que j'en reconnus le danger. Le général et les officiers
principaux le reconnurent avec moi. En conséquence, il fut décidé de
suite que le poste avancé serait retiré ; la troupe eut l'ordre de remonter. Le 27 au matin, elle était rendue à la Grande-Croix et réunie au
reste de la division, chargée de défendre et de garder notre nouvelle
conquête. Je suis resté un jour avec notre petite armée. Toutes les
mesures de sûreté ont été combinées, et, d'après l'assurance des chefs
et l'examen des lieux, je crois pouvoir vous dire que le mont Cenis
sera bien gardé et bien défendu. C'est, je crois, ce qu'il faut que fasse
la portion de force qui y est laissée jusqu'à ce que nos armées d'Italie
et des Alpes aient, par de nouveaux succès et leur jonction, décidé le
sort de la campagne.

J'ai ordonné le recensement de toutes les munitions trouvées sur le
mont Cenis, ainsi que la destruction des travaux ennemis et l'établissement des redoutes et batteries qui nous sont nécessaires pour assurer
le poste important que nous occupons, et que je regarde comme im-
prenable, si, comme je l'espère, chacun fait son devoir.

Après avoir tout vu par mes yeux et reçu le serment des chefs de
conserver les fruits de la victoire, je suis parti, et me voilà de retour à
Grenoble. J'y suis revenu plus rapidement que je ne le croyais, y étant
appelé pour pourvoir promptement aux besoins de Commune-Affranchie, qui est dans la plus cruelle pénurie de grains. Je vous envoie
copie des demandes qui m'ont été faites par nos collègues et par la
municipalité, ainsi que copie des mesures que j'ai prises à cet égard [1].
J'ai cru qu'il n'y avait pas un moment à perdre, surtout d'après les
avis qui m'ont été envoyés par Méaulle, dont j'ai sur-le-champ tiré
parti, comme vous le pourrez voir par les pièces ci-jointes.

En effet, dans le moment présent, nos ennemis n'ont rien de mieux
à faire qu'à exciter à Commune-Affranchie quelques mouvements, que
de profiter d'un instant difficile pour exciter des troubles dans l'Ardèche, qui est toujours bien mauvaise, comme vous le prouvera une
lettre du jeune Payan, et que de nous inquiéter du côté du Chablais
et du Faucigny, où il ne nous reste que très peu de forces. Mais j'es-

[1] Ces pièces manquent, ainsi que celles dont il va être question.

père qu'avec du courage, de la prudence et de l'activité on déjouera ces projets et que les derniers efforts des scélérats seront bientôt déjoués de ce côté. J'attends avec impatience le retour de notre collègue Laporte; je l'attends aujourd'hui. Il rapportera sans doute de son voyage un plan d'opérations qui nous dirigera sûrement, et il me secourra efficacement dans le travail dont vous m'avez chargé, et sous le poids duquel je vous assure que je succomberais, si je n'avais le bonheur d'être soutenu par lui. Chers collègues, je vous jure que je fais tout ce que je peux pour bien servir ma patrie, et que je ne cherche d'autre récompense que dans ma conscience. Je vous observe cependant (et ce n'est pas pour la première fois) qu'il m'est dur de voir que jamais vous ne me répondiez, et que vous me laissiez toujours sans boussole au milieu des opérations difficiles dont vous me chargez. Quels que soient vos travaux, il me paraît qu'il ne faut pas tant de temps pour écrire quelques lignes, surtout à un patriote qui n'a d'autre ambition que de bien servir la République, et dont vous devez connaître à fond le désintéressement et la franchise.

Salut et fraternité,   ALBITTE.

[Ministère de la guerre; *Armées des Alpes et d'Italie.*]

———————

LE REPRÉSENTANT DANS L'ARIÈGE ET LES PYRÉNÉES-ORIENTALES AU COMITÉ DE SALUT PUBLIC.

Carcassonne, 1ᵉʳ prairial an II – 20 mai 1794. (Reçu le 31 mai.)

Je viens de recevoir, citoyens collègues, une lettre de Châteauneuf-Randon, par laquelle il me prévient qu'il se rend à Paris par ordre du Comité. Il impute cet ordre à quelques démêlés qu'il a eus avec notre collègue Reynaud, relativement à quelques délégués de celui-ci. J'ignore qui a tort ou raison dans ces démêlés; mais quant à tout ce que j'ai connu de la conduite et des principes de Châteauneuf-Randon relativement à sa mission pour l'embrigadement des deux armées des Pyrénées, la vérité m'oblige à dire qu'il mérite les plus grands éloges. Il est impossible d'avoir plus de vigilance, plus de zèle ni plus d'exactitude, ni d'apporter un meilleur esprit dans tout ce qu'il fait. J'entrerais

à ce sujet dans quelques détails qui justifieraient ce que j'avance, si je
ne songeais que ces détails sont inutiles pour le Comité, qui a tout le
travail de notre collègue sous les yeux et qui est par conséquent plus
à portée que personne de le juger. Je dois seulement ajouter que Châteauneuf-Randon possède encore deux qualités très précieuses : l'une
d'être un excellent collègue, d'aider les siens dans leurs missions,
quand ils l'en requièrent, et de ne les entraver jamais; l'autre, de se
borner scrupuleusement à la mesure d'autorité qui lui est confiée, d'y
faire tout le bien qu'elle lui commande et de n'en jamais sortir. Si vous
considérez en outre, citoyens collègues, qu'il est homme de guerre depuis son enfance, et qu'aussi il est plus capable que la plupart d'entre
nous de l'opération dont vous l'aviez chargé, vous hésiteriez d'autant
moins à le renvoyer au plus tôt pour la finir que vous en connaissez
l'importance et qu'il me semble impossible, surtout l'ayant commencée, qu'elle fût aussi heureusement finie par une autre main. Il m'a
chargé, en partant, de l'établissement d'un camp à Toulouse et d'un
autre à Carcassonne. Je vous envoie copie de la lettre que je lui ai
écrite à ce sujet [1]; vous y verrez mes raisons pour penser qu'il ne faut
point de camp à Toulouse. Quant à celui qu'il s'agit d'établir à Carcassonne et qui a été concerté entre mes collègues Châteauneuf-
Randon, Dugommier et moi, j'y apporterai tout le zèle dont je suis
capable; mais je ne puis pas répondre de ne pas commettre quelques
fautes, étant distrait par beaucoup d'autres soins, et d'ailleurs le genre
de connaissances qu'un pareil établissement exige m'ayant été jusqu'ici
fort étranger; je vous prie donc fort instamment, citoyens collègues,
de renvoyer ici Châteauneuf-Randon le plus tôt qu'il vous sera possible, ou, si vous aviez pour le garder à Paris des motifs que j'ignore,
d'envoyer un autre de nos collègues pour le remplacer.

Salut, égalité et fraternité,

CHAUDRON-ROUSSAU.

[Arch. nat., AF ɪɪ, 195 [2].]

[1] Dans cette lettre à Châteauneuf-Randon, Chaudron-Roussau explique l'inutilité du
camp sous Toulouse, qui ne comprendrait que trois cents hommes. — [2] En marge de
l'analyse : «Lui écrire d'être tranquille, que le Comité adopte ces mesures.»

COMITÉ DE SALUT PUBLIC.

Séance du 2 prairial an II-21 mai 1794.

Présents : B. Barère, Carnot, Couthon, C.-A. Prieur, Collot-d'Herbois, Robespierre, Billaud-Varenne, R. Lindet.

1. Le Comité de salut public arrête que le Conseil de santé communiquera immédiatement avec lui pour la nomination et l'envoi des officiers de santé et pour les objets urgents seulement. Il restera néanmoins subordonné à la Commission des secours publics pour le surplus de ses travaux.

ROBESPIERRE, C.-A. PRIEUR, B. BARÈRE [1].

2. Le Comité de salut public arrête : le Comité révolutionnaire de la section de Le Peletier ne prendra aucune mesure à l'égard de la citoyenne Hyrer jusqu'à ce que le Comité de salut public ait examiné sa réclamation.

CARNOT [2].

3. Le Comité de salut public, voulant établir l'ordre et la sûreté publique dans le département Vengé [3], arrête : 1° Il sera fait, dans chaque commune du département Vengé, un recensement exact de toutes les familles et de tous les individus qui y sont domiciliés. — 2° Chaque chef de famille déclarera ses propriétés ou la consistance et l'étendue de son exploitation ; s'il est fermier ou locataire, le nombre de ses chevaux, bestiaux, équipages, charrues et charrettes, la quantité de grains et de boissons qui lui restent. Il remettra toutes ses armes à la disposition des agents de la République. — 3° Il sera dressé en même temps un état en masse et par aperçu de toutes les terres chargées de récolte, en distinguant les différentes espèces de grains et productions, et l'étendue ou quantité de terre chargée de chaque espèce. — 4° On constatera, par la déclaration des cultivateurs les plus intel-

---

[1] Arch. nat., AF II, 284. — *De la main de Robespierre.* — [2] Arch. nat., AF II, 57. — *Non enregistré.* — [3] Ci-devant le département de la Vendée.

ligents, s'il existe dans chaque commune ou canton un nombre suffisant d'individus pour faire la récolte, si dans les années précédentes il
s'y rendait des ouvriers et journaliers des districts voisins, et dans quels
lieux il s'en présentait au temps de la récolte. — 5° On constatera s'il
existe dans chaque commune ou canton les bâtiments nécessaires pour
tous les usages indispensables, logements, fours, écuries, étables,
granges, caves, greniers, soit pour l'exploitation, soit pour la conservation. — 6° On désignera les lieux où le dépôt des récoltes doit se
faire, dans ou hors les cantons, les moyens de transport suffisants ou
à suppléer. — 7° On déterminera s'il convient de faire transporter les
récoltes en gerbes, ou s'il est plus utile de les conserver sur les lieux,
de les faire battre et de faire transporter les grains dans les dépôts et
magasins qui seront désignés. — 8° Il sera pris, pour la conservation
et la sûreté de toutes les récoltes des particuliers, les mêmes précautions que pour la sûreté et la conservation des récoltes appartenant à
la nation. — 9° Dans les lieux où il n'y aura pas sûreté suffisante et
où les récoltes seraient exposées au pillage des brigands, les grains
des particuliers seront transportés, soit en gerbes, soit battus, comme
il aura été reconnu plus utile, après en avoir fait constater la quantité.
Il ne sera laissé à la disposition du cultivateur que l'approvisionnement de deux mois, à raison du nombre d'individus composant sa famille ou employés à son exploitation. — 10° Il sera délivré des graines
pour l'ensemencement des terres et pour la consommation ultérieure
de chaque famille. Il sera tenu un compte pour chaque famille de sa
récolte. — 11° S'il ne se trouvait ni chevaux ni voitures en nombre
suffisant, il y sera pourvu sur l'état détaillé du nombre qui en existe
et du nombre à fournir, qui sera adressé à la Commission d'agriculture, qui en donnera communication à celle de commerce et à celle des
transports. — 12° et 13° Payement des ouvriers et journaliers employés à la récolte [1]. — 14° L'exécution des dispositions ci-dessus
sera confiée à un nombre suffisant de citoyens, qui seront nommés par
le Comité de salut public sur la présentation de la Commission d'agriculture, et qui correspondront immédiatement avec cette Commission,
à laquelle ils rendront compte de toutes leurs opérations. — 15° La

[1] Textuel. Savary, auquel nous empruntons cet arrêté, en résume ainsi ces deux
articles.

Commission d'agriculture et des arts présentera sans délai la liste des agents qu'elle proposera pour remplir cette mission. — 16° La force armée appuiera et protégera les opérations des agents, qui s'exécuteront progressivement en avançant dans le pays. Elle dissipera et détruira tous les obstacles. Elle ne laissera dans la commune aucuns individus qui ne soient domiciliés et qui ne se fassent enregistrer. — 17° La force armée parcourra en ordre et en force tout le pays, de manière que, dans tous les points où elle se portera, elle ne puisse éprouver aucune résistance, et que tout cède au nombre, à la force, à l'ordre, à la discipline et à la bonne tenue. — 18° Les agents se réuniront dans une commune voisine et à portée des lieux par lesquels on devra commencer les opérations. Les commandants, officiers généraux de l'armée, seront invités à s'y rendre. On rassemblera quelques administrateurs et autres citoyens connus par leur civisme, leur intelligence et leur probité, réunissant ces trois qualités au plus haut degré et n'ayant entretenu aucune liaison avec les ennemis de la Révolution. On arrêtera dans cette assemblée le plan et l'ordre des opérations des agents et de la marche des troupes. — 19° Ce plan, qui ne sera qu'un itinéraire, sera dressé avec précision, et il en sera adressé une expédition au Comité. — 20° Comme il est essentiel que toutes les opérations qui doivent précéder la récolte s'exécutent dans le plus court délai et qu'elles commencent en même temps sur plusieurs points, on réglera ces différents points par districts et par arrondissements; on appuiera les opérations sur chaque point par une colonne de l'armée plus ou moins forte. La direction de chaque point et de chaque colonne sera telle que les colonnes puissent se soutenir et qu'elles ne puissent être coupées; qu'elles aient leurs communications libres; qu'en s'avançant des différents points, elles se rapprochent des lieux les plus exposés aux brigands, les détruisent et rendent le pays entièrement libre et sûr.

Pour extrait, signé : Carnot, Collot-d'Herbois, R. Lindet.

[Savary, *Guerres des Vendéens et des Chouans*, t. III, p. 506. *Non enregistré* [1].]

4. Le Comité de salut public arrête que les soldats blessés qui

---

[1] Au ministère de la guerre, *Correspondance générale*, il y a une simple mention de cet arrêté, dont nous ne trouvons ailleurs ni minute ni copie.

touchent à Paris la subsistance accordée par la loi du 12 janvier 1793 (vieux style) sont dispensés de fournir quittance sur papier timbré[1].

5. Le Comité de salut public arrête : 1° Les naturels des colonies enrôlés en vertu de la loi du 6 mars 1793 (vieux style), et maintenant sous les ordres du citoyen Fleury, sont licenciés; le prêt qui leur était sayé cessera aussitôt. — 2° Ceux de ces naturels qui se trouvent par leur âge dans le cas de la première réquisition seront tenus de s'incorporer sans délai dans un des bataillons actuellement existants, à peine d'être punis comme déserteurs [2].

6. Le citoyen Swanton, chef du 1ᵉʳ bataillon du 99ᵉ régiment d'infanterie, né étranger, servant en France depuis plus de trente-six ans, marié à une Française non noble, le 10 janvier 1785, et ayant justifié, par un certificat du Comité de surveillance de la commune d'Ivry, qu'il n'a été arrêté par ce Comité que par mesure de sûreté, à cause de sa qualité d'étranger; le Comité de salut public arrête qu'aux termes de l'article 1ᵉʳ de la loi du 28 germinal dernier, ce citoyen n'ayant pas dû être arrêté, il sera mis de suite en liberté et reprendra ses fonctions dans son corps, en ladite qualité; charge la Commission de l'organisation et du mouvement des armées de l'exécution du présent.

CARNOT [3].

7. Le Comité de salut public, sur le rapport de la Commission des travaux publics, vu l'urgence, arrête : 1° L'agent national du district de Bapaume fera délivrer sans délai, des magasins de son arrondissement, à l'entrepreneur des fortifications de cette place, la quantité de deux milliers pesant de fer carré de treize à quatorze lignes d'épaisseur, et quatre milliers de fer plat de six lignes, pour être employés aux travaux de fortification qui y ont été ordonnés, notamment pour les ferrures des barrières de chemins couverts et des palissades, le tout suivant les prix fixés par la loi du maximum, — 2° Les citoyens Dufour, chef de bataillon du génie, et Jussaucourt, directeur des forti-

---

[1] *Bulletin* de la Convention du 11 prairial. — *Non enregistré.* — [2] *Bulletin* de la Convention du 11 prairial. — *Non enregistré.* — [3] Arch. nat., AF ɪɪ, 304. — *Non enregistré.*

fications, veilleront à la solide et prompte exécution des travaux desdites fortifications.

C.-A. Prieur [1].

8. Sur le rapport fait par la Commission des transports, remontes,
postes et messageries, le Comité de salut public arrête : 1° Il sera
formé des écuries pour les chevaux dans les églises *de Vaucelles,* de
Sainte-Paix et *des Carmes,* dans la commune de Caen. — 2° Le prix
des ouvrages ne pourra excéder, pour l'église dite *de Vaucelles,* trois
mille huit cent sept livres; pour celle dite *de Sainte-Paix,* dix-huit
cent soixante et quatorze livres; pour celle dite *des Carmes,* trois mille
cinq cent soixante et treize livres. — 3° Les ouvrages dans ces bâtiments seront faits par devis et adjudications au rabais en la manière
accoutumée.

R. Lindet [2].

9. Le Comité de salut public arrête que le district d'Arnay fournira à la commune de Nolay, district de Beaune, 800 quintaux de
grains pour son approvisionnement; que Saint-Jean-de-Losne demeure
déchargé de fournir 8 quintaux à cette commune, et que la réquisition
de la Commission du commerce, adressée sur ce district en faveur de
celui de Beaune, demeure fixée à 9,000 quintaux; que la présente
disposition a été faite pour faciliter l'approvisionnement de Nolay par
la voie d'Arnay, plus rapprochée que celle de Saint-Jean-de-Losne, et
sur le rapport fait au Comité de la facilité des moyens d'exécution. Le
présent arrêté sera adressé à la Commission du commerce, aux districts de Beaune, d'Arnay et de Saint-Jean-de-Losne.

R. Lindet [3].

10. Le Comité de salut public, prenant en considération les besoins du citoyen Barthelemi, exposés dans sa pétition de ce jour,
arrête qu'il sera payé à ce citoyen une somme de 4.000 livres à prendre
sur les fonds destinés aux armes et poudres, et ce par forme d'avance
à imputer sur les indemnités qui peuvent lui être dues à raison du

---

[1] Arch. nat., AF II, 221. — *Non enregistré.* — [2] Arch. nat., AF II, 286. — *Non en-*
registré. — [3] Arch. nat., AF II, 71. — *De la main de R. Lindet. Non enregistré.*

procédé avantageux pour faire de la poudre dont il met la nation en possession, et en attendant le rapport que le Comité de la guerre doit faire sur cet objet.

C.-A. Prieur, Carnot, B. Barère[1].

11. Sur le rapport fait par la Commission des transports, remontes, postes et messageries, le Comité de salut public arrête : 1° Il sera établi à Arras un magasin central des différentes matières et fournitures nécessaires au service des transports militaires pour les différentes subdivisions comprises entre Cambrai et Dunkerque. — 2° Le citoyen Julien, directeur général des transports et convois militaires, est autorisé à choisir, avec le commissaire ordonnateur, un emplacement convenable et à se concerter, pour cet objet, avec les autorités constituées.

R. Lindet[2].

12. Sur le rapport fait au Comité de salut public par la Commission des transports, postes et messageries, que le mode d'entretien des chevaux et des équipages fait par la République est sujet à de grands inconvénients causés par l'incurie ou la mauvaise volonté des voituriers, le Comité, voulant par tous les moyens qui sont en lui remédier aux dilapidations des fournitures dont les consommations sont déjà si multipliées, en intéressant personnellement les citoyens à leur économie; d'un autre côté, accorder aux voituriers une juste indemnité, et enfin effrayer la malveillance ou la négligence coupable qui ne peut être amenée à ses devoirs par l'amour de la patrie, arrête : 1° A compter du 15 prairial, l'entretien des chevaux et équipages des voitures de marchés ou réquisitions cessera d'être au compte de la République. — 2° A compter du même jour, tous les chevaux, mulets et voitures de réquisition seront payés à raison de 4 livres 10 sols par collier. — 3° Sont abrogées toutes autres conditions faites précédemment, soit par marchés particuliers, soit par arrêtés des représentants, soit enfin de telle autre manière que ce soit. — 4° Tout voiturier qui, par mauvaise volonté, brisera ou déchirera

---

[1] Arch. nat., AF ii, 217. — *De la main de C.-A. Prieur. Non enregistré.*

[2] Arch. nat., AF ii, 286. — *Non enregistré.*

ses équipages, et se mettra par là hors d'état de faire le service, sera dénoncé, réputé suspect et traité comme tel.

R. Lindet [1].

13. Le Comité de salut public arrête que le citoyen Charles remettra au porteur une lunette achromatique destinée à la mission du représentant du peuple Guyton.

C.-A. Prieur [2].

14. Le Comité de salut public arrête que le citoyen Livernois, garde du dépôt de la maison de Nesle, remettra au porteur un télescope monté en cuivre et renfermé dans sa boîte, destiné à la mission du représentant du peuple Guyton.

C.-A. Prieur [3].

15. Le Comité de salut public charge l'administration des postes de faire parvenir avec la plus grande sûreté et la plus grande célérité au citoyen Guyton, représentant du peuple à Maubeuge, le télescope et la lunette achromatique joints à la présente expédition.

C.-A. Prieur [3].

16. Le Comité de salut public, informé qu'il a été apposé des scellés sur les effets du citoyen Combe, membre de l'Agence du commerce; que son absence est le motif ou l'occasion des mesures prises contre lui, qui contrarient l'exécution de plans utiles à la République et tendent à altérer la confiance publique; que l'apposition des scellés n'a pu être envisagée comme une mesure nécessaire à son égard; qu'elle ne peut produire que le funeste effet de porter atteinte à la réputation d'un citoyen utile, qui consacre ses veilles et ses connaissances au service de la République; que l'examen légalement fait des titres et papiers et de la correspondance d'un citoyen peut procurer des renseignements intéressants, mais qu'une apposition de scellés prolongée sans motif ne peut que discréditer un citoyen sans répandre

[1] Arch. nat., AF ii, 286. — Non enregistré.

[2] Arch. nat., AF ii, 220. — Non enregistré.

[3] Arch. nat., AF ii, 220. — Non enregistré.

[4] Arch. nat., AF ii, 220. — Non enregistré.

aucune lumière sur sa conduite, arrête que les scellés apposés sur les meubles, effets, titres et papiers du citoyen Georges Combe, soit à Cette, soit à Montpellier, seront levés sans délai; que la résidence de ce citoyen à Paris, où il a été appelé pour le service de la République, ne pourra être regardée comme une absence qui autorise à prendre des mesures de sûreté générale à son égard; charge l'agent national du district de Montpellier de faire exécuter le présent arrêté et celui du ... floréal [1] et de rendre compte de l'exécution.

R. Lindet [2].

17. Le Comité de salut public arrête que l'escadron du 14e régiment des chasseurs à cheval qui est à l'armée du Nord sera incorporé dans le 19e régiment de la même arme, et que l'escadron du 19e régiment qui est à Marseille sera incorporé dans le 14e régiment, aussi de chasseurs; charge la Commission de l'organisation et du mouvement des armées de terre de l'exécution de cette incorporation, se concertant à cet effet avec les représentants du peuple chargés de l'organisation de la cavalerie près les armées du Nord et d'Italie.

B. Barère, Carnot, R. Lindet [3].

18. Le Comité de salut public, sur le rapport de la Commission des secours publics, autorise le citoyen Fabre Dubosquet à choisir douze enfants de la patrie, du sexe féminin, de l'âge de 10 à 12 ans, ainsi qu'une institutrice dans les établissements nationaux créés pour les recevoir, à charge par le citoyen Fabre Dubosquet de les élever dans les travaux relatifs au tabac, au salin et à la potasse, de les instruire dans l'art de ces diverses fabrications, et enfin de leur apprendre à distinguer la propriété des diverses plantes susceptibles d'être employées à ces travaux; à la charge, en outre, par lui de se concerter avec le département et de s'arranger de manière que l'entretien, la nourriture et l'éducation de ces enfants n'excèdent pas chez lui la somme annuelle qu'il en coûterait à la République dans les établissements destinés à les recevoir; arrête, en outre, que le district de Bourg-de-l'Égalité laissera à la disposition du citoyen Fabre Dubos-

---

[1] Il s'agit de l'arrêté du 22 floréal, n° 6. Voir plus haut, p. 482. — [2] Arch. nat., AF ii, 61. — *De la main de R. Lindet. Non enregistré.* — [3] Arch. nat., AF ii, 198. — *Non enregistré.*

quet la quantité de lits et de meubles nécessaires au logement desdits enfants et de leur institutrice, desquels il se chargera pour en faire la remise, lorsqu'il sera ainsi ordonné.

C.-A. Prieur, Collot-d'Herbois, B. Barère[1].

19. Le Comité de salut public, sur le rapport de la Commission d'agriculture et des arts, considérant que la loi sur le dessèchement des étangs n'a pu être exécutée que très incomplètement dans l'étendue des pays connus ci-devant sous le nom de Sologne; que cependant cette contrée est une portion de la République où l'humanité et l'agriculture réclament avec plus de force cette opération salutaire; qu'elle ne pourra y avoir lieu conformément à la loi que par une opération générale dirigée par des moyens simples; considérant qu'au-dessous des communes de Courbouzon et Herbilly, près celle de Mer, une vallée fertile de plus de 1,500 arpents est souvent la proie d'inondations désastreuses causées par l'existence d'un moulin, formant un cours d'eau qui traverse le val; que depuis deux ans seulement la République a perdu de cette manière plus de 80,000 quintaux de grains et une quantité immense de très bon fourrage; considérant qu'une presqu'île, originairement de 50 arpents, séparant de la Loire le ruisseau du lieu, lequel coule au bas du coteau sur lequel est située la commune de Lestiou, district de Mer, a été portée par des talus et ensablements successifs jusqu'à 900 arpents; que la Loire, ainsi éloignée par l'art, a laissé le cours du ruisseau du lieu, qui est devenu plus pénible, surtout pendant l'été[2]; qu'il est résulté de la stagnation des eaux de ce ruisseau des épidémies fréquentes et une dépopulation telle que la commune de Lestiou, qui comptait 3,000 âmes en 1720, n'en a guère plus de 250; arrête ce qui suit : 1° Le Comité de salut public charge la Commission des travaux publics d'envoyer immédiatement deux ingénieurs dans l'étendue du pays de la ci-devant Sologne pour examiner quels seraient les moyens les plus économiques de soustraire cette contrée aux eaux qui la rendent malsaine et peu fertile. — 2° Ces ingénieurs, avant leur départ, se concerteront avec la Commission de l'agriculture et des arts, qui demeure chargée de leur communiquer ses instructions et ses moyens. — 3° Ils se rendront

[1] Arch. nat., AF II, 81. — Non enregistré. — [2] Cette phrase est textuelle.

particulièrement dans le voisinage des communes de Courbouzon et Herbilly, près celle de Mer, pour examiner une vallée de plus de 1,500 arpents, que l'établissement d'un moulin rend souvent la proie des inondations. Ils jugeront s'il ne serait pas possible de remédier à ce mal par des moyens qui leur seront également communiqués par la Commission d'agriculture et des arts. — 4° Ils se transporteront aussi sur les bords du ruisseau du lieu, au bas du coteau sur lequel est située la commune de Lestiou, district de Mer, pour y faire l'examen qui leur sera indiqué par la Commission d'agriculture et des arts. — 5° Ces ingénieurs donneront le plus promptement possible à la Commission des travaux publics tous les plans et devis nécessaires pour ces différentes opérations; ils énonceront le temps et les bras qu'ils jugent indispensables pour les terminer, et ils correspondront aussi pour ces différents objets avec celle d'agriculture et des arts [1].

20. Le Comité de salut public arrête que la Commission des armes et poudres enverra à Meudon, vingt-quatre heures après la réception du présent arrêté, 3,000 feuilles de tôle propre à faire des sabots pour mettre des boulets de différents calibres.

C.-A. PRIEUR [2].

21. Le Comité de salut public arrête que la Commission des épreuves de Meudon fera fabriquer des sabots pour placer des obus de 36, 24, 18 et 12 qui sont emplis et que l'on emplit en ce moment, de manière à ce que leur départ n'en soit pas retardé.

C.-A. PRIEUR [3].

22. Le Comité de salut public, vu la délibération du Comité des assignats et monnaies, le bordereau des sommes dues au fabricant de papiers-assignats de la manufacture de Buges, certifié par le citoyen Baudin, commissaire aux archives, remplaçant l'archiviste absent du 1er de ce mois, qui constate qu'il est dû au citoyen Leorier Delisle, fabricant à Buges, la somme de 101,592 livres; autorise le commissaire remplaçant l'archiviste à délivrer au citoyen Leorier, fabricant de papiers-assignats à Buges, des mandats pour la Trésorerie natio-

---

[1] Arch. nat., AF II, 80. — Copie. Non enregistré. — [2] Arch. nat., AF II, 220. — Non enregistré. — [3] Arch. nat., AF II, 220. — Non enregistré.

nale jusqu'à concurrence de 101,592 livres, que les commissaires de
la Trésorerie nationale seront tenus d'accepter sur-le-champ.

R. Lindet [1].

23. Le Comité de salut public arrête que le conseil d'administration de la manufacture nationale des fusils de Paris fera ramasser la
limaille qui tombe des augets, des bancs de forets, et la fera transporter dans un local propre à la recevoir, pour en faire tel usage qui
sera jugé convenable.

C.-A. Prieur [2].

24. Le Comité de salut public arrête : les citoyens Prault, Rondonneau et Cie fourniront au Comité de salut public, section des travaux publics, un exemplaire de toutes les lois rendues jusqu'à ce jour
et relatives : aux monuments, édifices nationaux civils et militaires;
aux fortifications et travaux défensifs de la frontière; aux travaux des
ports, rades et défenses des côtes et îles adjacentes; et les complé-
ments des lois sur les ponts et chaussées, routes et canaux. Il sera
donné aux citoyens Prault, Rondonneau et Cie un bon pour être payés
sur le Comité des inspecteurs de la Convention de tous les objets qu'ils
auront fournis au Comité.

C.-A. Prieur [3].

25. Le Comité de salut public arrête que la commune de Paris
prendra les mesures nécessaires et établira des préposés en nombre
suffisant pour que les extraits des actes de naissance, et autres servant
à constater l'état civil des citoyens, soient délivrés aux parties intéressées dans les dix jours au plus tard de la demande qui en aura été
faite.

C.-A. Prieur, B. Barère, Collot-d'Herbois [4].

26. Le Comité de salut public arrête que le citoyen Ruffier, chef
de bataillon d'artillerie, et Triboulloy, capitaine, tous deux envoyés à

---

[1] Arch. nat., AF II, 20. — *De la main
de R. Lindet. Non enregistré.*

[2] Arch. nat., AF II, 215. — *Non enregistré.*

[3] Arch. nat., AF II, 60. — La fin de
cet arrêté, depuis ces *mots : Il sera donné
aux citoyens, est de la main de C.-A. Prieur.
Non enregistré.*

[4] Arch. nat., D XLII, 1. — *Non enregistré.*

l'armée des Pyrénées orientales, en exécution de l'arrêté du 3 pluviôse[1], pour y examiner les officiers, sous-officiers et canonniers volontaires, s'occuperont sans aucun retard de cet examen et de tout ce qui
leur est prescrit par ledit arrêté et l'instruction y annexée, dont ils rendront compte à la Commission de l'organisation et du mouvement des
armées de terre; charge ladite Commission de l'exécution du présent.

Carnot, R. Lindet [2].

REPRÉSENTANTS EN MISSION.

UN DES REPRÉSENTANTS À L'ARMÉE DU NORD AU COMITÉ DE SALUT PUBLIC.

Maubeuge, 2 prairial an II-21 mai 1794. (Reçu le 27 mai.)

[«Laurent transmet copie d'un arrêté[3] portant commission aux citoyens Mont-
grolle et Rosingaux pour le versement des subsistances de l'armée. Il pense que
le Comité ne désapprouvera pas cette délégation de pouvoirs. Il invite le Comité à
lui accuser réception de la présente.» — Arch. nat., AF II, 157. Analyse.]

LE REPRÉSENTANT DANS LA MANCHE ET L'ORNE
AU PRÉSIDENT DE LA CONVENTION NATIONALE.

Port-Malo (Saint-Malo), *2 prairial an II-21 mai 1794.*

Citoyen président,

C'était hier que devait s'arborer sur tous les vaisseaux de la République le nouveau pavillon de la marine française. Je me rendis à
Cancale pour être témoin de cette cérémonie navale et patriotique. A
peine fus-je arrivé sur le coteau qui domine la mer que tout à coup
une forêt de mâts s'embellit de mille couleurs flottantes, au son rapide et majestueux d'une immense artillerie. Saisi d'admiration devant
un tel spectacle, j'entre dans un canot pour aller en jouir de plus

---

[1] Voir t. X, p. 376, l'arrêté n° 9. — [2] Arch. nat., AF II, 202. — *Non enregistré.*
- [3] Cet arrêté manque.

près; chaque coup de rame qui m'approchait de la flotte m'en rendait encore la vue plus imposante. J'arrive devant le premier vaisseau, et des cris simultanés de : *Vivent la République et la Montagne!* partent d'un millier de bouches, depuis le tillac jusqu'à la cime des vergues.

Après avoir ainsi parcouru la ligne, je monte à bord de l'amiral; canonniers, soldats, matelots, officiers, mousses et commandant, tout était confondu ensemble, tout était animé de la même allégresse et du même dévouement.

Un jeune chêne, artistement placé sur le pont, où il se balançait comme dans sa forêt natale, représentait l'arbre vivace de la liberté; autour étaient des groupes de danseurs ayant pour coryphée le matelot le plus ancien de l'équipage, et *la Carmagnole* fut exécutée aussi bien sur mer que sur terre.

A la danse succéda le repas; la ration fut doublée, mais la joie ne pouvait l'être. Le festin à son tour fit place aux jeux, qui recommencèrent : une nouvelle salve se fit entendre, de nouvelles acclamations la suivirent, et dans cette heureuse émotion des cœurs et des éléments il ne resta qu'un regret : celui de n'avoir pas fini la danse par un ballet avec l'Anglais. Au reste, nos marins savent, comme nos soldats, que, pour des républicains, en temps de guerre, chaque jour peut devenir un jour de fête; c'est ce qui les console.

Tel est, citoyen président, le croquis de l'admirable tableau qu'offrit hier la rade de Cancale, tableau qui s'est multiplié au même jour dans chacun des ports de la République.

Je n'oublierai pas de rendre compte à la Convention nationale d'une pétition qui me fut adressée par l'état-major et l'équipage en masse du vaisseau sur lequel j'étais monté; c'était *le Suffren*. Le nom d'un ci-devant était un fardeau pour ces républicains; ils ont profité de l'occasion pour m'en demander un autre; et, par un arrêté que j'envoie au Comité de salut public et à la Commission de la marine, j'ai provisoirement nommé ce beau vaisseau *le Redoutable,* désignation qui m'a été assurée ne pas exister parmi les vaisseaux de ligne, et qui est à la fois l'emblème du courage et de la force.

Salut et fraternité,   Le Carpentier.

[Arch. nat., C, 304.]

LE REPRÉSENTANT DANS LA CORRÈZE ET LE PUY-DE-DÔME
AU COMITÉ DE SALUT PUBLIC.

Tulle, 2 prairial an II-21 mai 1794. (Reçu le 27 mai.)

[« Roux-Fazillac fait passer un projet de décret[1] tendant à autoriser la manufacture d'armes de Tulle à acquérir un ci-devant collège de cette commune. Joint une délibération du conseil général de Tulle à ce relative. Le représentant invite le Comité à favoriser la demande de ce décret. La manufacture a 2,400 bons fusils tout emballés et *qui attendent une destination;* elle en aura 1,200 autres à la fin du mois. » — Arch. nat., AF II, 178. Analyse.]

LE REPRÉSENTANT DANS LE LOT ET LE CANTAL
AU COMITÉ DE SALUT PUBLIC.

Gaillac, 2 prairial an II-21 mai 1794. (Reçu le 28 mai.)

Citoyens mes collègues,

J'avais pris, dans mon dernier voyage à Cahors, des renseignements sur la conduite des administrateurs du district de Saint-Céré, relativement aux réquisitions de grains qui leur avaient été faites en faveur du département de la Corrèze. J'ai vu que la dénonce du département du Lot au juré n'avait point été effectuée, parce que ces administrateurs avaient réparé leur négligence ou leur incapacité. Je me suis borné, en conséquence, à mettre dans cette administration un citoyen capable de l'éclairer et de le stimuler; car, citoyens, il n'y a pas de malveillance de leur part. Si vous voulez jeter un regard sur ma lettre qui vous annonçait l'épuration de cette autorité constituée, vous y verrez que je vous annonçais sa faiblesse, et l'impossibilité où j'étais de la composer d'hommes éclairés et en même temps patriotes. Le même embarras existe encore, et il s'étend à bien des districts, parce que les seuls sans-culottes méritent la confiance de la nation, et que leur éducation ne les rend pas propres à l'exécution des lois révo-

---

[1] Cette pièce manque.

lutionnaires. On est heureux quand on peut placer dans les administrations deux ou trois citoyens instruits, mais la probité et le patriotisme dirigent les autres. Peu à peu les lumières se développent, et la marche de notre gouvernement ne sera pas retardée, si quelquefois elle est lente. Je puis du moins vous assurer qu'elle est sûre dans les départements qui me sont confiés. L'esprit public y fait des progrès rapides, et je suis sans cesse en mouvement pour le porter jusque dans les hameaux; malheureusement, je ne puis être partout aussi rapidement que je le désirerais; mais comptez sur mon zèle et sur mon activité autant que mes moyens physiques me le permettent.

Salut et fraternité, Bo.

[Arch. nat., AF ii, 178. — *De la main de Bo.*]

LE MÊME AU COMITÉ DE SALUT PUBLIC.

Gaillac, 2 prairial an ii-21 mai 1794. (Reçu le 28 mai.)

[«Bo expose qu'à son retour à Gaillac il a été vivement affligé de voir que, malgré les réquisitions faites et désignées à chaque commune du district de Gaillac pour les subsistances à fournir aux départements de la Lozère et de l'Aveyron, il n'avait été fait aucun versement de la deuxième réquisition dans le magasin indiqué au chef-lieu. Deux administrateurs, aussi faibles qu'ignorants, avaient été envoyés dans les campagnes pour effectuer ce versement, et n'ont pu l'obtenir. Les officiers municipaux n'ont pas eu assez de caractère pour forcer à une économie fraternelle les habitants de leurs communes; ils ont tout consommé, au point qu'ils ont à peine de quoi arriver à la récolte. Il a fait arrêter deux scélérats pour avoir vendu un setier de blé du poids de deux quintaux la somme de deux cents livres; ils sont traduits au tribunal criminel. Il a destitué les deux administrateurs ci-dessus et fait mettre en réclusion plusieurs officiers municipaux; néanmoins les départements de la Lozère et de l'Aveyron n'ont pas encore reçu leur contingent de la première réquisition: il est en partie emmagasiné ou en route. A Lavaur, il a trouvé neuf mille quintaux de blé de la seconde réquisition, qu'il a mis à la disposition des commissaires de la Lozère et de l'Aveyron. La misère n'est pas si réelle qu'on le dit; elle n'est véritable que pour le manouvrier; le riche cultivateur ne manque de rien; encore quelques jours, le peuple cessera de souffrir et les campagnes iront bien.» — Arch. nat., AF ii, 178. Analyse.]

LES REPRÉSENTANTS À L'ARMÉE DES PYRÉNÉES OCCIDENTALES
AU COMITÉ DE SALUT PUBLIC.

Sans lieu, 2 prairial an II - 21 mai 1794.

[«Cavaignac et Pinet renouvellent auprès du Comité de salut public les demandes déjà faites avec instance par le général Marescot, et exposent que les besoins de l'armée sont des plus urgents.» — Ministère de la guerre; *Armées des Pyrénées.* Analyse.]

LE REPRÉSENTANT DANS LA SEINE-ET-MARNE ET L'YONNE
AU COMITÉ DE SALUT PUBLIC.

Avallon, 2 prairial an II - 21 mai 1794. (Reçu le 27 mai.)

[Deux lettres de Maure : 1° «Il communique un billet [1] par lequel un sergent-major annonce la veille qu'un détachement de volontaires doit passer par Avallon. Remarques et observations du représentant sur le peu d'ordre qui règne dans l'expédition des routes et sur l'avis du passage ci-dessus, donné pour le lendemain par un homme sans caractère reconnu pour de telles missives.» — Arch. nat., AF II, 163. Analyse. — 2° «Il fait savoir que beaucoup de citoyens avaient été trompés par les insinuations perfides de Boilleau, mais s'étaient rétractés après avoir reconnu leur erreur. La plupart étaient destitués ou détenus. Le représentant les a rendus à leurs fonctions et à leurs familles, à la réserve de quatre individus qui avaient été les confidents de Boilleau. Joint son arrêté à ce sujet [2].» — Arch. nat., *Ibid.* Analyse.]

LES REPRÉSENTANTS À L'ARMÉE DE LA MOSELLE
AU COMITÉ DE SALUT PUBLIC.

Au quartier général à Volkrange, 2 prairial an II - 21 mai 1794.

Citoyens collègues,

Nous sommes encore maîtres d'Arlon. Les Autrichiens n'ont pas voulu nous accorder notre revanche; nous y sommes entrés ce matin sans obstacle. Il paraît qu'ils se sont retirés en partie sur Neufchâteau et en partie sur Luxembourg. Demain nous marchons sur Neufchâteau

---

[1] Cette pièce manque. — [2] Même remarque.

avec trois divisions, laissant celle commandée par le général Hardy dans la position d'Arlon.

Une lettre interceptée aujourd'hui, dont nous vous envoyons copie[1], annonce que vingt mille Prussiens marchent au secours de Beaulieu. Sans ajouter une entière confiance à ce rapport, il nous confirme du moins dans l'opinion qu'il faut accélérer notre marche le plus possible, chercher l'ennemi partout où il sera, et lui livrer une bataille décisive. Telle est aussi l'opinion du général en chef Jourdan, et vous pouvez compter que l'armée secondera avec la plus grande vigueur cette résolution.

Mais nous croyons devoir vous faire une observation sur le poste d'Arlon, qui, d'après votre arrêté, doit être occupé par une force suffisante pour assurer nos communications avec Longwy. Cette disposition enlève à l'armée active douze à quinze mille hommes. Nous vous prions, citoyens collègues, de réfléchir si la communication par Arlon nous est bien nécessaire, lorsque nous en avons une si facile pendant notre marche avec Montmédy, Carignan, Bouillon, Mézières et Givet.

Apres avoir bien réfléchi sur notre position, voici l'opinion du général en chef et la nôtre.

Aussitôt que la position de Neufchâteau aura été reconnue et que l'armée sera en mesure de l'attaquer (ce qui ne tardera pas), la division du général Hatry suivra le corps d'armée et formera provisoirement un corps de réserve, destiné à agir suivant les circonstances.

On laissera trois bataillons et un corps de cavalerie sur les hauteurs de Messancy pour observer les mouvements de l'ennemi du côté de Luxembourg. Ce corps devra, en cas d'événement, se replier sur Longwy et renforcer la garnison, si l'ennemi tentait d'assiéger cette place.

Les ordres seront donnés en même temps pour diriger sur les places de la frontière des Ardennes tous les approvisionnements de l'armée de la Moselle, lui conserver à tout prix ses communications avec ces places.

Par ce moyen, nous conserverons l'avantage de marcher avec toutes nos forces et la facilité de les réunir en masse ou de les employer en détail, suivant que les circonstances l'exigeront.

---

[1] Cette pièce manque.

Trois motifs puissants nous confirment dans cette opinion. Le premier, que la position d'Arlon est très difficile à garder et ne nous est pas absolument nécessaire. Le second, que, si le général Hatry en était repoussé et se trouvait forcé à la retraite sur Longwy, nous nous trouverions privés d'une force considérable et exposés à une attaque sur nos derrières. Le troisième enfin, que, loin de contrarier votre plan de campagne, dont le but principal est la prise de Namur, cette mesure nous laisse, au contraire, de plus grands moyens pour l'exécuter.

Cependant, comme nous sentons parfaitement que le mouvement des armées tient à un plan général, nous croyons devoir vous communiquer sur-le-champ ces observations par un courrier extraordinaire, afin de vous mettre à lieu (*sic*) de les approuver ou de donner des ordres contraires. Nous n'avons qu'un seul but : la destruction des tyrans coalisés et de faire triompher la liberté.

Salut et fraternité,

GILLET, PFLIEGER, DUQUESNOY.

[Ministère de la guerre; *Armées du Rhin et de la Moselle. — De la main de Gillet.*]

LES REPRÉSENTANTS AUX ARMÉES D'ITALIE ET DES ALPES AU COMITÉ DE SALUT PUBLIC.

Colmars, 2 prairial an II-21 mai 1794.

En exécution de votre arrêté du 19 floréal[1], nous venons, citoyens collègues, de déterminer les opérations relatives à la réunion des deux armées dans le Piémont. Vous verrez, par le plan que nous vous envoyons[2], combien cette manière d'attaquer l'ennemi est avantageuse pour accélérer la prise du Piémont.

---

[1] Voir plus haut, p. 364, l'arrêté du Comité n° 11.

[2] Ce plan est trop volumineux pour que nous puissions le reproduire. Il est intitulé : *Plan pour la seconde opération préparatoire à l'ouverture de la campagne de Piémont.* On y démontre la nécessité d'avoir des forces supérieures à celle de l'ennemi. Il y est dit que la jonction des deux armées ne peut s'opérer que dans la vallée de la Stura. L'armée des Alpes rassemblera 25,000 hommes pour chasser l'ennemi de la Stura. Suivent des détails sur les mouvements des divisions d'Argentière, de celle de la droite de la Stura et de celle de la gauche de la Stura, et sur le mouvement, pour donner le change à l'ennemi, que devra faire l'armée d'Italie.

La cavalerie des Alpes n'étant forte que d'environ deux mille hommes, en ayant tiré vous-mêmes douze cents pour la Vendée, il importe que vous donniez les ordres les plus prompts pour faire passer à Grenoble quatre corps de cavalerie, s'ils ne sont pas au complet; car, s'ils l'étaient, trois nous suffiraient. De Grenoble, nous les ferons passer où ils seront nécessaires.

Salut et fraternité,   RICORD, LAPORTE.

P.-S. Chacun de nous se rend au quartier général de l'armée à laquelle il appartient.

                                   RICORD, LAPORTE.

[Ministère de la guerre; *Armées des Alpes et d'Italie.* — *De la main de Ricord.*]

LE REPRÉSENTANT À L'ARMÉE DES ALPES AU COMITÉ DE SALUT PUBLIC.

Grenoble, 2 prairial an II-21 mai 1794. (Reçu le 27 mai.)

[«Deux lettres d'Albitte : 1° «Il écrit qu'en conformité des ordres que le Comité lui a transmis, il a chargé le citoyen Payan de se transporter à Cruzières[1], département de l'Ardèche, pour y effectuer la prompte arrestation des auteurs et complices de l'assassinat commis en la personne du patriote Matignon. Il lui a remis à cet effet les pouvoirs suffisants; il joint l'extrait des lettres que lui a écrites Payan[2]. Il invite le Comité à les examiner avec attention, surtout la déclaration consignée dans l'extrait du Comité de correspondance de la Société populaire de Valence. Elle lui fera connaître le mauvais esprit qui domine dans le département de l'Ardèche et les promptes mesures à employer pour rendre ce département digne de la Révolution. Il pense qu'il convient de traduire les prévenus de l'assassinat devant le tribunal criminel de la Drôme. Détails de l'arrestation de plusieurs fonctionnaires inciviques.» — Arch. nat., AF ii, 188. Analyse. — 2° Il transmet le tableau de l'épuration des autorités dans le district de Mont-Salins, département du Mont-Blanc. — Arch. nat., AF ii, 1795.]

[1] Dans le département de l'Ardèche, il y a Saint-André-de-Cruzières et Saint-Sauveur-de-Cruzières. De ces deux communes, situées toutes deux alors dans le canton de Banne, et aujourd'hui dans le canton des Vans, la première avait pour nom révolutionnaire *Claisses* ou *Cruzières-Supérieur;* la seconde, *Cruzières-Inférieur.* (Voir Figuères, *Index des noms révolutionnaires,* Poitiers, 1896, in-8°.) C'est évidemment d'une de ces deux communes qu'Albitte veut parler. Mais nous ne savons de laquelle.

[2] Ces pièces manquent.

COMITÉ DE SALUT PUBLIC.

Séance du 3 prairial an II-22 mai 1794.

Présents : B. Barère, Carnot, Couthon, C.-A. Prieur, Robespierre, Billaud-Varenne, Collot-d'Herbois, R. Lindet.

1. Le Comité de salut public arrête que les citoyens Marre père et fils et Desquinemare cessent d'être mis en réquisition par lui, et qu'en conséquence ils sont libres de vaquer à d'autres emplois.

CARNOT [1].

2. Vu la pétition de Lycopode-Faîne-Consoude Masson, juge au tribunal du district de Belle-Défense, ci-devant Saint-Jean-de-Losne, département de la Côte-d'Or, tendant à obtenir un congé de deux mois pour affaires dont sa fortune et l'existence de sa femme et de ses enfants dépendent; le certificat donné par le tribunal, le 12 floréal, duquel il résulte que l'expédition de la justice ne souffrira aucunement de l'absence momentanée du citoyen Masson, et enfin celui délivré par le conseil général de la commune dudit lieu, portant que la qualité de fonctionnaire public de ce citoyen est le seul motif qui puisse faire obstacle à la délivrance de son passeport; le Comité de salut public arrête qu'il est accordé audit citoyen Masson congé pour deux mois, à la charge par lui de se conformer à ce qui est d'ailleurs prescrit par les lois de la République et de rentrer à son poste immédiatement après ledit délai.

C.-A. PRIEUR [2].

3. Les motifs qui ont déterminé le Comité de salut public à excepter de la loi du 27 germinal les femmes et enfants des citoyens requis pour le service public étant applicables à la citoyenne Anne-Olympe Boeil, elle est autorisée à demeurer près de sa mère, à Paris.

CARNOT [3].

---

[1] Arch. nat., AF II, 61. — *De la main de Carnot.* — [2] Arch. nat., AF II, 22. — [3] Arch. nat., AF II, 61. — *De la main de Carnot.*

4. Le Comité de salut public arrête que les six mille livres de café trouvées devant l'hôtel des Fermes, et qui appartenaient à des condamnés, seront extraites des scellés, qui seront levés sur-le-champ, et divisées pour servir à l'approvisionnement des divers marchands de Paris, qui les distribueront au maximum.

B. BARÈRE, BILLAUD-VARENNE, COLLOT-D'HERBOIS [1].

5. Le Comité de salut public arrête qu'il sera sursis à la vente des orangers de la maison nationale de l'Isle-Adam, afin que les arbres de cette orangerie soient transportés au Jardin national à Paris, d'après l'arrêté du 25 floréal [2]. La Commission des revenus publics est chargée de l'exécution du présent arrêté.

CARNOT, BILLAUD-VARENNE, COLLOT-D'HERBOIS [3].

6. Le Comité de salut public arrête : 1° que les Commissions populaires établies à Paris, et portées à cinq membres, pourront juger au nombre de quatre et même de trois. — 2° Elles feront paraître devant elles les prévenus, lorsqu'elles le jugeront nécessaire. — 3° Elles pourront appeler des citoyens pour en prendre des renseignements, soit sur les faits, soit sur les individus. — 4° Cette faculté s'étendra jusqu'aux fonctionnaires publics, notamment les membres des Comités révolutionnaires ou de surveillance, et ce, de toutes les parties de la République, sauf à user de cette faculté avec la plus grande réserve. — 5° Les papiers que l'on saura exister dans tel endroit, et même dans les Comités de la Convention, pourront être demandés. — 6° Lorsque les Commissions découvriront dans l'examen d'une affaire de nouveaux coupables, elles auront le droit de lancer un mandat d'arrêt, en prévenant le Comité de salut public dans les vingt-quatre heures après l'arrestation. — 7° Elles auront le droit de mandat d'amener contre les citoyens non fonctionnaires publics qui, étant appelés pour donner des renseignements, ne se rendraient pas.

ROBESPIERRE [4].

---

[1] Arch. nat., AF II, 69. — *De la main de Barère.*

[2] Voir plus haut, p. 509, l'arrêté n° 1.

[3] Arch. nat., AF II, 22. — Il y a dans

AF II, 412, une autre minute, signée : B. BARÈRE, BILLAUD-VARENNE, C.-A. PRIEUR.

[4] Arch. nat., F⁷, 4438. — *Non enregistré.*

7. Le Comité de salut public, sur le rapport de la Commission des transports militaires, arrête ce qui suit : 1° Le modèle de voiture pour le transport des malades et blessés, présenté par le citoyen Franconi, sera exécuté avec les changements proposés par les artistes et détaillés au procès-verbal du 30 floréal. — 2° Il en sera exécuté quatre, qui seront répartis dans les hôpitaux environnant Paris pour en faire l'essai. Il sera construit quatre brancards conformes au modèle de Franconi, pour chacune des voitures, dont l'essai aura lieu en même temps. — 3° Ces voitures seront montées sur des trains de berline tant à ressorts qu'à soupentes, pour connaître quelle sera la forme la plus utile et la plus commode ; et à cet effet, et pour hâter la construction des autres voitures qui pourront être ordonnées dans la suite, tous les trains de berline existant chez les émigrés, chez les différents carrossiers, marchands ferrailleurs, etc., sont en réquisition ; aucun ne pourra être vendu ni dépecé ; — 4° La Commission des transports militaires est autorisée à faire livrer de suite au citoyen Franconi et aux artistes quatre trains de berlines, qui seront pris parmi ceux appartenant à la République, à lui fournir également les bois, fers et autres objets nécessaires à la construction, et la Commission des approvisionnements fournira les toiles et coutils sur les demandes qui lui en seront faites par celle des transports. — 5° La construction aura lieu sous l'inspection de ladite Commission et sous la direction du citoyen Franconi et des artistes experts, afin que les changements dont le modèle est susceptible puissent être faits de suite, et que l'exécution soit aussi parfaite qu'il sera possible. — 6° Les travaux seront poussés avec célérité, de manière que les quatre voitures puissent être terminées au 20 prairial.

R. LINDET[1].

8. Le Comité de salut public arrête que le citoyen Adet, son agent, se rendra, toutes les fois qu'il le croira convenable, auprès de la Commission des armes et de l'Agence de la grosse artillerie pour prendre les renseignements nécessaires sur la marche de la fabrication des canons mobiles, etc., sur les obstacles qui l'entravent, les mesures à prendre pour les livrer ; il prendra également connaissance de leurs

---

[1] Arch. nat., AF II, 286. — *Non enregistré.*

travaux pour pouvoir faire au Comité de salut public les rapports qui
lui seront demandés à cet égard. Le citoyen Adet se rendra également
dans les fonderies établies à Paris toutes les fois qu'il le jugera convenable, pour prendre connaissance de la situation des travaux, des obstacles qui les entravent, indiquer les ressources de l'art propres à les
vaincre, combiner les mesures propres à accélérer les travaux, et rendre
compte du tout au Comité de salut public.

C.-A. Prieur [1].

9. Le Comité de salut public arrête que le premier étage de la
maison nationale située près de la glacière des Tuileries, à l'extrémité
de la terrasse dite *des Feuillants,* louée par le citoyen Roby, est mis en
réquisition pour servir sur-le-champ à l'établissement des bureaux
nécessaires aux travaux des constructions ordonnées par l'arrêté du
25 floréal [2] dernier, sous la réserve des indemnités dues au citoyen
Roby, d'après le rapport qui en sera fait par la Commission des travaux publics. Le Comité charge le citoyen Lecomte, inspecteur des
constructions du Jardin national, de faire transporter dans la maison
indiquée les meubles nécessaires à l'établissement des bureaux.

C.-A. Prieur, B. Barère, Billaud-Varenne, Carnot [3].

10. Le Comité de salut public arrête que la Commission des armes
lui fera, sans délai, un rapport sur la nature des fonctions de l'inspecteur de l'arsenal de Meulan, et sur la manière dont celui qui les a
exercées jusqu'à ce jour les a remplies, afin que le Comité puisse juger
si ce citoyen doit y être maintenu et s'il est utile d'avoir deux places
d'inspecteur.

Robespierre, B. Barère, C.-A. Prieur [4].

11. [Réquisition de plusieurs citoyens habitant Paris de se rendre immédiatement à Dunclibre pour y être employés aux travaux de charpente nécessaires à la
réparation du port. C.-A. Prieur. — Arch. nat., AF ii, 295. *Non enregistré.* Il y
a en une copie dans AF ii, 222.]

---

[1] Arch. nat., AF ii, 215. — *Non enregistré.*

[2] Voir plus haut, p. 509, l'arrêté n° 1.

[3] Arch. nat., AF ii, 80. — *De la main*

de C.-A. Prieur. *Non enregistré.* Il y a un
double de cet arrêté dans AF ii, 412.

[4] Arch. nat., AF ii, 215. — *Non enregistré.*

12. Le Comité de salut public arrête que la nommée Cabarrus, fille d'un banquier espagnol et femme du nommé Fontenay, ex-conseiller au Parlement de Paris, sera mise sur-le-champ en état d'arrestation et mise au secret, et les scellés apposés sur ses papiers. Le jeune homme qui demeure avec elle et ceux qui seraient trouvés chez elle seront pareillement arrêtés. Le citoyen Boulanger est chargé de l'exécution du présent arrêté.

ROBESPIERRE, BILLAUD-VARENNE, B. BARÈRE, COLLOT-
D'HERBOIS [1].

13. Le Comité de salut public, ayant pris connaissance de la pétition faite par la citoyenne Fourrel, épouse du citoyen Le Page, de Rouen, grosse de sept mois et demi, comprise dans la loi du 27 germinal, concernant les ci-devant nobles [2]; attendu l'arrêté du Comité du 3 floréal dernier [3], qui suspend l'exécution de ladite loi à l'égard des femmes grosses de sept mois, jusqu'après leurs couches et leur rétablissement fixé à deux mois à compter du jour de l'accouchement [4]...

CARNOT, R. LINDET [5].

14. Le Comité de salut public arrête que l'Agence de la grosse artillerie est chargée de se faire rendre compte, par les citoyens Hebau, Thury, Perier et Buzin, de l'état de la fabrication des modèles de canon pour la marine qu'ils se sont engagés d'exécuter; de faire procéder à la réception de ces modèles, au fur et à mesure de leur achèvement, et d'en prévenir le Comité de salut public, en lui adressant à chaque opération un double des procès-verbaux, afin que le Comité puisse statuer sur la destination de ces objets.

C.-A. PRIEUR [6].

15. [Réquisition du citoyen Cosson, fourrier, fait prisonnier à Landrecies,

---

[1] L'original de cet arrêté (de la main de Robespierre, et qui n'est pas enregistré), a fait partie d'une collection particulière. Il a été reproduit en fac-similé dans la revue la Révolution française, t. XII, p. 590, et M. Étienne Charavay y a joint un commentaire auquel nous renvoyons le lecteur. Saladin avait déjà publié cet arrêté dans son rapport, p. 13.

[2] Voir t. XII, p. 619 à 623.

[3] Voir t. XII, p. 752, l'arrêté du Comité n° 6.

[4] Cet arrêté est ainsi inachevé dans l'original.

[5] Arch. nat., AF ii, 412. — Non enregistré.

[6] Arch. nat., AF ii, 215. — Non enregistré.

pour travailler dans les bureaux de l'agent national du département de Paris. Carnot. — Arch. nat., AF ıı, 304. *Non enregistré.*]

16. Le Comité de salut public, sur l'arrêté du Comité révolutionnaire de la section de l'Observatoire en date du 30 floréal, arrête: la Commission des travaux publics nommera immédiatement un agent pour se rendre au Comité révolutionnaire de la section de l'Observatoire, à l'effet de se concerter avec les membres dudit Comité, pour prendre connaissance de l'état de sa demande et faire l'énumération et l'estimation des objets qu'elle réclame. La Commission en fera incessamment son rapport au Comité de salut public.

C.-A. Prieur[1].

17. Le Comité de salut public met en réquisition Favart, ci-devant général de division, commandant à Lille, pour rester à Metz à l'effet de procurer au Comité et aux généraux des renseignements sur cette place, qui lui est parfaitement connue.

Carnot [2].

18. [Pierre Mallet, ancien chef de bataillon des chasseurs du Hainaut, est autorisé à rentrer à Paris pour se faire traiter et y rester jusqu'à sa guérison. Carnot. — Arch. nat., AF ıı, 304. *Non enregistré.*]

19. Le Comité de salut public arrête que la Commission des travaux publics fera examiner par des experts quelles sont les indemnités dues aux citoyens qui occupent les différents bâtiments et emplacements situés dans le jardin national des Tuileries, soit par rapport aux dépenses que ces citoyens y ont faites, soit par rapport aux baux qui leur avaient été passés, soit enfin en raison des pertes que le déplacement exigé par les embellissements ordonnés leur occasionnera. La Commission des travaux publics en rendra compte le plus tôt possible au Comité; elle lui proposera les lieux où l'on pourrait transporter les établissements des citoyens déplacés et les moyens de les indemniser. Le Comité statuera sur les propositions.

Billaud-Varenne, Carnot, C.-A. Prieur, Collot-d'Herbois[3].

---

[1] Arch. nat., AF ıı, 80. — *Non enregistré.*

[2] Arch. nat., AF ıı, 304. — *De la main de Carnot. Non enregistré.*

[3] Arch. nat., AF ıı, 80. — *De la main de C.-A. Prieur. Non enregistré.* Il y a, dans AF ıı, 412, une autre minute, signée : B. Barère, Billaud-Varenne, C.-A. Prieur.

20. Le Comité de salut public arrête : 1° Les patriotes réfugiés de Landrecies auront part aux deux millions mis à la disposition du représentant du peuple Laurent pour être distribués à titre de secours provisoires aux familles des départements du Nord et de l'Aisne incendiées par l'ennemi. — 2° Ils auront également part aux dispositions de l'arrêté du Comité du 21 floréal[1] concernant les logements à accorder auxdites familles dans les maisons nationales, sans préjudice de l'arrêté des représentants du peuple près l'armée du Nord, qui les oblige à se retirer à vingt lieues du territoire occupé par l'ennemi, sauf les exceptions qui seront jugées convenables par les représentants du peuple eux-mêmes. — 3° Deux desdits réfugiés sont autorisés à se retirer près du représentant du peuple Laurent, ou autres près l'armée du Nord, pour fournir les renseignements nécessaires à l'exécution du présent arrêté.

CARNOT[2].

21. La liquidation des recettes et dépenses de l'administration des relais militaires exigeant un nombre suffisant d'employés pour être terminée avant le mois de fructidor, le Comité de salut public arrête que l'administrateur de ces relais et les trois adjoints jouiront pendant trois mois des appointements de 500 livres par mois; qu'il sera accordé 300 livres à chacun des deux sous-chefs, 250 livres à chacun des deux vérificateurs, 200 livres à chacun des quatre commis aux expéditions, et 125 livres au cinquième commis. A l'égard des autres commis ci-devant attachés aux relais militaires, ils ne pourront prétendre à aucun appointement à compter du 1er prairial. La Commission des transports militaires les remplacera, autant que les circonstances pourront le permettre et que les talents et le patriotisme de ces employés lui seront connus.

R. LINDET[3].

22. Le Comité de salut public, après avoir entendu le rapport de la Commission de commerce et approvisionnements, arrête que la Trésorerie nationale est autorisée à continuer à payer les dépenses ordonnées par la Commission de commerce et approvisionnements, quoique

---

[1] Voir plus haut; p. 406, l'arrêté n° 2. — [2] Arch. nat., AF II, 81. — *De la main de Carnot. Non enregistré.* — [3] Arch. nat., AF II, 286. — *Non enregistré.*

les cent millions décrétés à sa disposition soient épuisés, et les dépenses exécutées en vertu du présent arrêté seront précomptées sur les nouveaux fonds qui seront décrétés à la disposition de ladite Commission.

R. Lindet[1].

23. Le Comité de salut public arrête que, vu l'événement arrivé au citoyen Moreau, qui le met, quant à présent, hors d'état de remplir ses fonctions, le citoyen Lemercier est autorisé à remplir provisoirement les fonctions de commissaire de la Commission des transports militaires; le citoyen Michaud, employé dans la Commission, est autorisé à remplir provisoirement les fonctions d'adjoint.

R. Lindet [2].

24. Le Comité de salut public arrête : 1° que l'arrêté du 14 floréal pris par les administrateurs du directoire du district de Ruffec, relativement aux forges de Taizé-Aizie, mises en sequestre à cause de l'émigration des héritiers de Broglie, est annulé en ce qui concerne leur administration en régie nationale; 2° que l'agent national du district de Ruffec est chargé de faire publier par affiches, vingt-quatre heures après la réception du présent arrêté, la location et l'entreprise des forges de Taizé-Aizie, et d'en recevoir les moutes dans les formes ordinaires; 3° que, jusqu'à ce que le locataire soit connu et ses conditions acceptées par la Commission des armes et poudres, l'agent national du district est chargé de maintenir dans ces forges l'activité la plus grande, de manière à en espérer un service aussi soutenu que du passé; 4° que l'agent national du district de Ruffec et la Commission des armes et poudres de la République sont chargés de l'exécution du présent arrêté et de rendre compte des mesures prises en conséquence.

C.-A. Prieur[3].

26. [Arrêté autorisant l'exportation à Genève de divers ouvrages imprimés. Collot-d'Herbois, R. Lindet. — Arch. nat., AF ɪɪ, 75. *Non enregistré.*|

[1] Arch. nat., AF ɪɪ, 20. — *Non enregistré.* — [2] Arch. nat., AF ɪɪ, 286. — *De la main de R. Lindet. Non enregistré.* — [3] Arch. nat., AF ɪɪ, 215. — *Non enregistré.*

REPRÉSENTANTS EN MISSION.

LE COMITÉ DE SALUT PUBLIC
À CHOUDIEU ET RICHARD, REPRÉSENTANTS À L'ARMÉE DU NORD.

Paris, 3 prairial an II-22 mai 1794.

Citoyens collègues,

Nous venons de recevoir une lettre du général Pichegru, en date du 2 de ce mois, relative à celle que nous vous avions écrite pour activer les succès de l'armée du Nord. Nous la recevons après la bonne nouvelle que vous nous apprenez par votre lettre du 29 floréal [1]. Vous avez répondu par une victoire à notre inquiétude, mais notre inquiétude était légitime; c'est celle du gouvernement qui répond à la Convention et au peuple de tous les événements, et qui lui répond même du silence des représentants et des armées.

Notre inquiétude a eu des motifs pris de la cessation momentanée de la correspondance du centre, cessation occasionnée par la réorganisation de cette partie de l'armée et la rétrogradation de celle qui marchait vers Mons.

Mais vous connaissez trop la surveillance active du Comité, l'étendue de ses devoirs, pour vous être mépris un instant sur le sens de notre lettre. Le Comité vient d'annoncer la dernière victoire du 28 floréal, avec le caractère de satisfaction patriotique qui doit redonner un nouveau courage à l'armée, au général et aux représentants qui sont envoyés près de cette armée. Nous vous adressons le *Bulletin de la Convention nationale*, où se trouve le rapport fait par Couthon, le 1er de ce mois; cela répond à toutes les inquiétudes inséparables des devoirs du gouvernement et des fonctions des représentants.

Nous attendons de nouvelles victoires de l'armée près de laquelle vous accélérez tous les jours les succès.

Salut et fraternité,

CARNOT, B. BARÈRE, C.-A. PRIEUR, BILLAUD-VARENNE.

[Ministère de la guerre; *Armées du Nord et des Ardennes.* — *De la main de Barère.*]

[1] Voir plus haut, p. 595.

LE COMITÉ DE SALUT PUBLIC
À FRÉMANGER, REPRÉSENTANT DANS LA MANCHE ET LE CALVADOS, À CAEN.

Paris, 3 prairial an II-22 mai 1794.

Le Comité de salut public n'a pu voir sans étonnement, citoyen collègue, que tu sois reparti pour le Calvados sans le prévenir et après être convenu de n'y point retourner. Des plans ont été arrêtés par le Comité relativement à ce département et aux départements voisins : tu les contraries; ne les connaissant pas, tu t'exposes à les entraver. Le Comité regrette de te faire des observations; il les devait à l'intérêt public, et il se persuade qu'aussitôt que tu auras reçu sa lettre, tu t'empresseras de te rendre au sein de la Convention nationale.

[Arch. nat., AF ii, 37.]

LE COMITÉ DE SALUT PUBLIC
AUX REPRÉSENTANTS À L'ARMÉE DE L'OUEST, À NANTES.

Paris, 3 prairial an II-22 mai 1794.

Le Comité de salut public vous fait passer, citoyens collègues, copie d'une lettre écrite au commissaire des administrations civiles, police et tribunaux, par l'accusateur public du tribunal criminel du département des Côtes-du-Nord. Elle dénonce le nommé Pierre Boudier, *dit* Milecq, convaincu d'assassinat, et condamné à la peine de mort, le 19 ventôse dernier; ce scélérat s'est échappé de la maison d'arrêt où il était détenu et s'est réfugié à Nantes. Le Comité vous invite à donner les ordres les plus sévères pour le faire arrêter. Vous voudrez bien nous instruire du résultat des recherches que vous aurez ordonnées.

[Arch. nat., AF ii, 37.]

LE COMITÉ DE SALUT PUBLIC
À GUYARDIN, REPRÉSENTANT DANS LA HAUTE-LOIRE ET L'ARDÈCHE.

Paris, 3 prairial an II-22 mai 1794.

Le Comité de salut public, citoyen collègue, t'invite à lui faire part des renseignements que tu as recueillis sur les troubles qui ont existé dans le département de la Haute-Loire. Il ne pense pas que ces événements soient assez sérieux pour exiger ta présence. Si toutefois le fanatisme et la malveillance nécessitaient encore des mesures promptes et sévères, le Comité t'autorise à les prendre avant de rentrer au sein de la Convention nationale et s'en rapporte à ton activité. Cette opération ne peut pas t'arrêter bien longtemps.

[Arch. nat., AF II, 37.]

LE COMITÉ DE SALUT PUBLIC AUX REPRÉSENTANTS À LYON.

Paris, 3 prairial an II-22 mai 1794.

Le Comité vous invite, citoyens collègues, à fixer vos regards sur le salpêtre. Il est instruit qu'un grand nombre d'individus se portent aux démolitions sans y travailler. Cet objet appelle toute votre surveillance. Portez dans ces travaux toute l'activité révolutionnaire dont vous êtes susceptibles. Vous voudrez bien faire part au Comité du succès de vos soins à cet égard[1].

[Arch. nat., AF II, 37.]

LE COMITÉ DE SALUT PUBLIC AUX REPRÉSENTANTS À L'ARMÉE DES ALPES.

Paris, 3 prairial an II-22 mai 1794.

[Carnot, au nom du Comité, félicite les vainqueurs du Mont-Cenis et du Mont Saint-Bernard, l'invincible armée des Alpes et les représentants qui l'ont guidée dans le chemin de la victoire « Nous n'entreprendrons pas, chers collègues, de vous peindre l'enthousiasme qu'on produit ici les événements majeurs que vous nous annoncez. Continuez à resserrer de plus en plus le roitelet des marmottes. » Le Comité attend les plus heureux succès des vues des représentants sur Pignerol et le fort d'Exilles. Il se repose sur leur énergie et sur les talents du brave général Dumas. — Ministère de la guerre; *Armée des Alpes et d'Italie.* — *De la main de Carnot.*]

_____

[1] Voir plus loin, à la date du 13 prairial, la réponse de Dupuy et de Reverchon.

UN DES REPRÉSENTANTS À L'ARMÉE DU NORD AU COMITÉ DE SALUT PUBLIC.

Maubeuge, 3 prairial an II-22 mai 1794.

Citoyens collègues,

Le courrier qui part d'ici vous annoncera de nouvelles victoires de l'armée du Nord à la gauche.

A la droite nos entreprises n'ont pas des succès aussi rapides, mais aussi l'ennemi connaît tous les sillons du pays, a une artillerie formidable, et le mauvais temps le seconde. Cependant nous avançons, nous sommes sur la rive gauche de la Sambre, nous occupons les hauteurs, et sous peu Maubeuge sera délivrée des Autrichiens qui, depuis un an, la cernent par la porte de Mons.

La garnison est sortie avant-hier en même temps que l'armée de Desjardin combattait sur les hauteurs de Merbes-le-Château ; elle a brûlé une partie du faubourg de Mons, occupé par les ennemis, et la place, après une autre sortie, sera parfaitement à découvert sur tous les points. Il n'y aura plus ni maisons, ni abris, ni tranchées ouvertes pour ces coquins. J'en ai carabiné un à ma part, et mis le feu à leur corps de garde.

Je vais parler vivres. Nous sommes à douze mille quintaux de farine ; la consommation journalière est de huit cent quatre quintaux ; il faut donc presser la rentrée, et je le fais. Les foins nous arrivent, et cela en assez grande quantité, mais les avoines nous manquent. On dirait que les administrations ne pensent qu'à une denrée exclusivement, et, malgré mes lettres, Voidel n'en est ni plus envoyant ni plus exact.

J'ai fait partir avant-hier deux commissaires pour parer incessamment à cette disette.

Nos armées sont en présence ; le jour n'est pas favorable, tant par le mauvais temps que par les retards d'un radoub d'artillerie et le remplacement de munitions. Demain elles combattront de nouveau et elles vaincront.

Ce soir j'avais fait passer à l'ennemi des imprimés de la victoire remportée à Tourcoing, Roubaix, Mouveaux, Lannoy, Pont-à-Marcq et Saingbin ; et j'espère que cette nouvelle leur donnera des jambes pour fuir comme leurs confrères esclaves.

Salut et fraternité.   LAURENT.

P.-S. Guyton vous dira le reste.

43.

[En effet, Guyton-Morveau, alors en mission à Maubeuge pour les aérostats (voir plus haut, p. 411), ajouta, de sa main, sur la même feuille :]

Le collègue Laurent vient de me faire lire son postscript (*sic*); je n'ai rien à ajouter, si ce n'est que je me suis fait un devoir et un plaisir de le suivre jusqu'au milieu de nos tirailleurs, où j'ai brûlé deux amorces à bonne intention, et que j'ai reçu de nos braves bataillons l'impression que nous jugions devoir faire sur eux par notre présence. J'ai ouï les blessés chanter en gagnant les derrières; ils m'ont communiqué leur impatience de voir renaître bientôt l'occasion de porter des coups plus décisifs à ces satellites des tyrans.

Salut à mes collègues,   L.-B. Guyton.

[Ministère de la guerre; *Armées du Nord et des Ardennes.* — *De la main de Laurent et de Guyton-Morveau.*]

LES REPRÉSENTANTS À L'ARMÉE DU NORD AU COMITÉ DE SALUT PUBLIC.

Au quartier général de Hantes, 3 prairial an II–22 mai 1794.

Chers collègues,

Nous vous transmettons le compte rendu par le général de l'armée où nous sommes[1].

D'après les mouvements concertés en vertu de vos ordres avec le général en chef Pichegru, et la réunion de l'armée des Ardennes avec la droite de l'armée du Nord, l'objet du général Desjardin étant de déborder l'aile gauche de l'ennemi, de le presser sur son flanc, d'intercepter ses convois, et de gêner en tous sens ses communications, l'avis unanime de tous les généraux a été de passer la Sambre sur plusieurs points, de s'emparer des bois de Bonne-Espérance, de former une pointe sur la ville de Binche, et de l'occuper.

Cette expédition a réussi au delà de nos souhaits; deux divisions partirent, le 1er prairial, de l'abbaye de Lobbes, que nous avions conservée malgré les efforts de l'ennemi, et se dirigèrent, l'une sur les bois de Bonne-Espérance, et l'autre sur le mont Sainte-Geneviève; deux autres divisions passèrent la Sambre sur plusieurs ponts que l'on avait jetés sur cette rivière.

----

[1] On trouvera ce compte rendu du général Jourdan, qui fut lu à la séance du 5 prairial, dans le *Moniteur,* réimpression, t. XX, p. 552.

Le mouvement général ayant commencé à onze heures du matin, les quatre colonnes se trouvèrent, vers les cinq heures, à la même hauteur. Les troupes légères qui précédèrent les colonnes ayant successivement débusqué les postes avancés de l'ennemi, les trois divisions commandées par les généraux Depaux, Fromentin et Mayer marchèrent aux bois qu'occupaient les ennemis, et, après une résistance assez vigoureuse, l'emportèrent au bout d'une demi-heure.

Une forte pluie qui survint et la nuit empêchèrent qu'on poursuivît l'ennemi plus loin; l'armée bivouaqua tout entière sur le champ de bataille.

La position que l'on venait de prendre, inquiétant singulièrement l'ennemi, le força à prolonger sa gauche jusque du côté de Rouveroy; et le lendemain, 2 prairial, l'ennemi résolut d'attaquer la position que notre armée avait prise. Pour cet effet, il dirigea plusieurs corps de cavalerie tant sur notre droite que sur notre gauche, pour chercher à nous débusquer, par la vivacité de ses attaques, des points essentiels dont nous nous étions emparés la veille; l'attaque de l'ennemi fut soutenue par de très fortes batteries, qu'il avait placées très avantageusement.

Le feu commença à huit heures du matin; l'ennemi poussa alors dans la plaine une cavalerie nombreuse, qui fit plusieurs charges sur la nôtre, commandée par le général de brigade d'Hautpoul.

L'ennemi songea alors à tourner le village d'Erquelinnes, pour prendre en flanc notre gauche. Le général de division Depaux ordonna à trois bataillons de chasser l'ennemi de ce village, et de se mettre en position. Ces trois bataillons exécutèrent cet ordre, et l'ennemi se retira.

Le but de l'ennemi était sans doute de nous attirer hors de notre position dans la plaine, pour nous accabler ensuite par une nouvelle cavalerie, soutenue de toute son infanterie. La bonté des positions nous empêcha de donner dans ce piège; le général d'Hautpoul, avec sa cavalerie, repoussa partout celle de l'ennemi. Notre cavalerie légère fit trois charges vigoureuses, dans lesquelles un régiment de chevau-légers fut presque entièrement sabré; deux pièces, qui avaient été enveloppées, furent dégagées à l'instant.

Les généraux Kléber et Fromentin, présentant partout des têtes formidables d'infanterie qui brûlaient de l'ardeur de charger, et les faisant soutenir par des batteries habilement placées, rendirent nuls les efforts de l'ennemi, qui, après un combat de six heures, fut obligé de se retirer dans sa position.

Le demi-brigade, composée du 49° bataillon du Calvados et du 2° de Mayenne-et-Loire, sous les ordres du général Ponset, montra la plus grande intrépidité dans une sortie que lui fit faire le général Kléber, pour prendre en flanc une batterie ennemie qui nous incommodait beaucoup sur le centre, et qu'elle parvint à déloger, malgré la mitraille qui les criblait de toutes parts.

Les généraux de division Mayer et Marceau attaquèrent de leur côté, et repoussèrent l'ennemi de toutes parts.

La position dont notre armée s'est emparée dans la journée du 1er prairial, et qu'elle a maintenue dans celle du 2, a fait connaître aux ennemis que, si les républicains savent attaquer avec vigueur, au besoin ils savent tout aussi bien modérer leur impétuosité, lorsqu'il s'agit de conserver une position avantageuse.

Les redoutes dont nous nous sommes emparés le 1er prairial nous servent comme si elles avaient été faites pour nous, les ennemis ne s'attendant guère à être attaqués de ce côté-ci.

Notre perte se monte à trois cents hommes, tant tués que blessés; celle de l'ennemi peut s'évaluer à douze ou quinze cents hommes au moins; l'artillerie légère a fait un prodigieux effet sur l'ennemi.

Nous avons organisé l'armée de la manière suivante :

Desjardin commande en chef dans cette partie sous le général en chef Pichegru. Nous lui avons adjoint Kléber et Scherer, qui ont montré des talents dans les dernières journées. Ces trois généraux se concertent ensemble et se distribuent le centre et les ailes dans les combats. Les généraux de division sont sous eux. La plus grande harmonie règne. Tout présage d'heureux succès.

LE BAS, SAINT-JUST.

Lisez cette lettre à la Convention. C'est nécessaire qu'elle soit publiée pour encourager de braves gens[1].

SAINT-JUST.

[Ministère de la guerre; *Armées du Nord et des Ardennes. — La lettre est de la main de Le Bas. Le post-scriptum est de la main de Saint-Just.*]

[1] Cette lettre fut en effet publiée dans plusieurs journaux. On la trouvera dans le *Moniteur*, réimpression, t. XX, p. 551.

UN DES REPRÉSENTANTS À L'ARMÉE DES ARDENNES
AU COMITÉ DE SALUT PUBLIC.

Thuin, 3 prairial an II-22 mai 1794.

Je profite, citoyens, du courrier que le général Charbonié vous envoie, pour vous faire passer différents arrêtés que j'ai pris pour rétablir la discipline et empêcher le pillage[1]. J'ai vu qu'il y avait beaucoup
de la faute des chefs; aussi c'est à eux à qui que je m'en prends.
Quelques exemples, j'espère, suffiront.

Je donne tous mes soins à la conservation des grains et des fourrages. Hier, j'ai couché à Fontaine-l'Évêque pour accoutumer l'avant-
garde à ne plus piller; dans l'après-midi je suis allé à Binche; la division qui y est entrée s'est bien conduite. De Binche je fus à l'abbaye
de Bonne-Espérance, où l'on m'avait dit qu'il y avait beaucoup de
grains, que je trouvai effectivement; je viens de donner des ordres
pour qu'ils soient enlevés et tout ce qui peut servir aux besoins de
l'armée.

Daubenton, soldat au 26e régiment de chasseurs à pied, a eu, le 1er
de ce mois, le bras coupé par un boulet de canon; son bras tenait à
quelques lambeaux de chair; il a montré dans l'amputation le plus
grand courage : «Que l'on mette mon bras dans un canon, et qu'on
l'envoie à l'ennemi pour qu'il ait le visage barbouillé de mon sang.»
Il parut consolé de la perte de son bras sur la promesse qui lui fut faite
d'exécuter sa volonté. J'ai serré ce brave homme dans mes bras; je
l'ai visité plusieurs fois; il a été très sensible aux soins que je lui ai
donnés.

Je vous écrirai bientôt de Charleroi.

Salut et fraternité, LEVASSEUR (de la Sarthe).

[Ministère de la guerre; *Armées du Nord et des Ardennes. — De la main de
Levasseur.*]

_____

[1] Ces arrêtés manquent.

Port-Malo (Saint-Malo), *3 prairial an II-22 mai 1794.*

Citoyens collègues,

Le porteur de la présente est le capitaine arrivé de la Martinique et chargé par le général Rochambeau de dépêches qu'il va vous remettre, ainsi que je vous en ai donné avis par ma lettre de ce jour[1], que vous aurez reçue avant l'arrivée du citoyen Naverres à Paris,

Salut et fraternité,

LE CARPENTIER.

[Arch. nat., AF II, 298.]

Périgueux, 3 prairial an II-22 mai 1794. (Reçu le 25 mai.)

[«Romme expose au Comité que son silence rend chaque jour sa situation plus difficile et peut compromettre le succès de sa mission. Les réquisitions en canons, boulets, obus, lest et forets sur la Dordogne sont énormes et s'étendent chaque jour. Il faut multiplier les moyens d'exécution. Les subsistances manquent, parce qu'elles sont mal réparties, et parce que l'égoïsme et la malveillance ont su échapper jusqu'à présent à l'œil de la justice. Les ouvriers, réduits à une ration trop faible, désertent; les travaux sont abandonnés. Sa mission embrasse huit départements, dans lesquels les travaux sont immenses; le décret qui défend aux représentants du peuple de déléguer leurs pouvoirs le met dans l'impuissance d'y suffire. Tellusset, qui est à Paris depuis un mois pour présenter au Comité toutes ces difficultés, reste dans l'inaction. Ce citoyen a sa confiance, et lui serait très utile dans sa mission par son activité et la connaissance qu'il a des fonderies de cette contrée. Si le Comité ne vient promptement à son secours, il regardera son silence comme une révocation de confiance et se rendra lui-même à Paris, afin de remettre ses pouvoirs ou leur donner un caractère qui ne soit plus équivoque. Il prévient le Comité qu'il prend sur les magasins des émigrés environ mille quintaux de blé.» — Arch. nat., AF II, 172. Analyse.]

(1) Nous n'avons pas cette lettre.

LES REPRÉSENTANTS À ROCHEFORT AU COMITÉ DE SALUT PUBLIC.

Rochefort, 3 prairial an 11-22 mai 1794. (Reçu le 27 prairial.)

[Guezno et Topsent transmettent un exposé du sous-chef au bagne[1], par lequel le Comité jugera combien il est instant d'obtenir une loi répressive contre les forçats insubordonnés. «Déjà le commissaire ordonnateur s'est adressé à vous pour cet objet, en vous adressant un projet que nous n'avons pu faire mettre à exécution, attendu qu'il condamnait dans certains cas à la peine de mort, qui ne peut être prononcée que par la Convention nationale». — Ministère de la marine; BB³, 60.]

———

LE REPRÉSENTANT DANS LE LOT-ET-GARONNE ET LES LANDES
AU COMITÉ DE SALUT PUBLIC.

Dax, 3 prairial an 11-22 mai 1794. (Reçu le 29 mai.)

Citoyens collègues,

Depuis ma lettre du 22 floréal[2], c'est-à-dire depuis mon arrivée à Dax, je n'ai pas dormi. J'ai recherché par tous les moyens la situation politique de ce chef-lieu de district; j'y ai trouvé la terreur comme partout ailleurs, mais j'y ai aussi acquis la certitude affligeante du plus mauvais esprit public. Les égoïstes, les intrigants, les fanatiques et les aristocrates y font agir le peuple dans un sens qui n'est pas le sien, parce que j'assure que, partout où je ne l'ai pas trouvé mal entouré, il sert d'intention et d'action l'esprit et la marche de la Révolution. J'ai découvert que les mauvais citoyens, prenant avantage de son inquiétude, et voulant l'accroître, cherchaient à troubler la tranquillité publique et avaient établi un système de calomnie contre les opérations par lesquelles nos collègues Pinet et Cavaignac ont déjoué, dans le mois de germinal, la conspiration qui a failli éclater dans les districts de Dax et de Saint-Sever [3]. Je n'ai pas hésité alors, pour assurer la tranquillité du peuple et pour atterrer ses ennemis, à prendre, le 25 floréal, un arrêté révolutionnaire, qui, depuis qu'ils l'ont connu, leur en im-

———

[1] Dans cet exposé, signé Pérault, on lit que les sous-officiers chiourmes n'osent plus se servir du rotin contre les forçats, tant l'insubordination est forte. Pérault cite des exemples et demande une loi sévère de répression.

[2] Voir plus haut, p. 451.

[3] Voir t. XII, p. 200.

pose, et je vous réponds de la tranquilité publique dans le département des Landes. J'ai pris également dans cet arrêté des mesures telles que les autorités constituées n'oseront plus se dispenser d'aller avec l'activité qu'exige le gouvernement révolutionnaire, et vous y trouverez d'autres dispositions qui peuvent, comme je l'espère, régénérer l'esprit public. Je l'ai rendu commun au département de Lot-et-Garonne, parce que, quoique je l'aie laissé dans une situation satisfaisante, j'ai pensé qu'il fallait atteindre les mauvais citoyens et les autorités coupables partout où il peut en exister.

Depuis cette mesure, j'ai vu plusieurs communes du district de Dax, où des bons citoyens m'avaient assuré que ma présence serait utile. Partout j'ai assemblé le peuple et je lui ai parlé. Il n'est pas sourd à la voix de la patrie, et il m'a dit qu'il ferait tout pour elle, mais il m'a ajouté qu'il n'était pas instruit, et les autorités constituées ne le sont pas davantage. J'ai remarqué seulement, outre un patriotisme pur, une instruction suffisante dans les communes de Saint-Géours et de Jean-Jacques Rousseau [1], parce que le peuple y est dirigé par des citoyens patriotes et éclairés, et j'ai eu peu de changements à faire dans les fonctionnaires publics.

J'ai été jusqu'à Bayonne, où une nouvelle invitation de mes collègues m'appelait; nous nous y sommes concertés sur la suite de quelques opérations que j'avais faites pour l'approvisionnement de l'armée, et pour l'activité des transports. J'ai vu cette armée, qui est très républicaine, et je crois que sous peu de jours vous apprendrez des nouvelles preuves de sa gloire et de ses services pour le triomphe de la République.

J'ai communiqué à mes collègues mes mesures sur le département des Landes; ils les ont approuvées, et je puis vous assurer sur leur compte que, d'après tout ce que je sais aujourd'hui, ils ont bien mérité de la patrie par leur conduite dans les districts de Dax et de Saint-Sever. Les aristocrates crient beaucoup contre Pinet, mais c'est le croassement des corbeaux, qui annonce toujours le retour du beau temps. Quelques arrestations par suite de leurs mesures générales ont frappé des laboureurs, des ouvriers et des gens de la campagne, des patriotes même, parce qu'il est impossible que, dans les crises, quelques

[1] Ci-devant Saint-Esprit, aujourd'hui faubourg de Bayonne.

innocents ne soient point confondus avec les coupables; mais la chose publique, la régénération du pays et surtout l'extinction du fanatisme l'exigeaient et y ont gagné. Je poursuivrai de tout mon zèle la résurrection politique de ce pays, et nous avons convenu avec mes collègues qu'il faudrait plus qu'une puissance humaine pour l'effectuer entièrement.

Pour y parvenir avec le plus de succès possible, j'ai pensé qu'après avoir fait arrêter tous les nobles, même ceux qui avaient été précédemment mis en liberté, il fallait débarrasser le peuple du reste de ses ennemis, c'est-à-dire de tous les parents des émigrés, qui n'en veulent pas moins à la Révolution que les premiers, et qui étaient ici en assez grand nombre. J'ai pris, le 1er de ce mois, un arrêté qui ordonne leur réclusion, et il s'exécute déjà à la grande satisfaction des patriotes. Je vous en envoie quelques exemplaires imprimés, ainsi que de celui du 25 floréal[1], par lequel j'ai dit plus haut avoir dû prendre des mesures de salut public que vous approuverez sans doute. Vous savez également que, par un autre arrêté du 25 germinal, j'ai ordonné la réclusion des prêtres fanatiques et perturbateurs, et par là j'ai frappé tous les ennemis marquants de la révolution. Si la Commission révolutionnaire établie à Bayonne n'avait pas été suspendue par un de vos arrêtés, j'y aurais traduit beaucoup d'individus reclus, prévenus de conspiration, mais je viens d'ordonner, comme vous le verrez, aux Comités de surveillance, d'envoyer de suite, sous peine de destitution, s'ils ne l'ont déjà fait, aux Comités de sûreté générale et de salut public le tableau de ces conspirateurs. J'en ai fait arrêter un la nuit dernière dans une campagne.

Il n'est pas d'oracle que je n'aie été obligé de consulter pour trouver une nouvelle administration à donner au district de Dax. L'ancienne n'était pas composée d'hommes inciviques, mais insuffisants et presque de toute nullité, en sorte que le gouvernement dormait en leurs mains. J'ai trouvé à les remplacer par des hommes doués de patriotisme, de moyens et d'activité, et j'espère qu'ils justifieront la confiance du peuple. Je projette dès aujourd'hui des nouveaux moyens de régénérer l'esprit public, d'abattre entièrement le fanatisme et l'égoïsme, qui, je le répète, ne sont pas dignes d'insouciance ici. Je me propose également

---

[1] Ces pièces manquent.

d'appliquer quelques mesures particulières au district de Saint-Sever, et j'espère qu'elles serviront à la chose publique. Je vous en instruirai, dès qu'elles seront prises.

Le 25 floréal, j'ai été instruit que, dans la commune de Sainte-Bazeille, au département de Lot-et-Garonne, l'aristocratie y était insolemment professée par des hommes qu'un individu détenu à Bordeaux a dénoncés. J'y ai envoyé de suite deux agents dignes de ma confiance, pour rechercher et arrêter tous les coupables et autres gens suspects ou inciviques. Ils sont chargés d'envoyer les conspirateurs au Tribunal révolutionnaire à Paris, et les autres dans la maison de reclusion à Marmande, qui touche cette commune.

Vous voyez, par le nouveau compte que je vous rends, quels sont les motifs, outre celui du vœu du peuple, qui me retiennent dans le département des Landes, depuis que j'ai reçu mon rappel. Si je pouvais présumer qu'il me fût particulier, et surtout que je l'eusse mérité, je ne vous dissimule pas combien j'en serais affligé. Je ne dois redouter une peine, si je l'avais méritée, mais ma conscience m'assure que je n'ai pas démérité votre estime. Mes collègues dans les départements environnants m'ont témoigné la leur sur quelque bien qu'ils pensent que j'ai fait dans ma mission; le peuple a applaudi aux formes que j'ai employées, quoiqu'elles ne soient que le résultat de mon caractère, et, avec elles, j'ai étendu les moyens révolutionnaires plus que je ne les ai vus dans les pays qui m'entourent. Je ne vous en eusse jamais parlé, si je n'étais jaloux de prouver que j'ai eu du moins l'intention de justifier votre confiance. J'ai cru la présence d'un représentant du peuple nécessaire dans ce pays, et je n'ai pas cru vous désobéir en restant, puisque j'ai demandé deux fois si vous le jugiez ainsi vous-mêmes, ou de m'ordonner de nouveau de partir pour me rendre auprès de vous. Votre silence, je le répète, m'a embarrassé et m'embarrasse encore, mais je croirais, jusqu'à ce que vous aurez parlé, desservir la chose publique, si je l'abandonnais ici, ou si je n'étais remplacé, et démériter même votre estime, et je vous répète que ce serait la punition la plus forte, si je l'éprouvais.

Salut et fraternité,   Monestier.

P.-S. J'apprends à l'instant que vous avez pris, le 26 floréal, un arrêté coërcitif contre les départements du Gers et de l'Aude pour faire effectuer la réquisition en grains qu'ils ont à fournir à celui de Lot-et-Garonne [1]. Je vous ai marqué, ainsi qu'à la Commission du commerce, que j'avais provoqué leur exécution, et je dois ajouter que notre collègue Dartigoeyte a fait à cet égard tout ce qu'il a pu dans le département du Gers. Lorsque j'ai sollicité de la Commission les réquisitions dont il s'agit aujourd'hui, je lui marquai que les besoins de Lot-et-Garonne ne venaient, ainsi que je l'en avais instruit auparavant, que de ce que j'avais été obligé de faire effectuer celles qui avaient été accordées au Bec d'Ambez et d'approvisionner l'armée des Pyrénées occidentales. J'écrirai à Dartigoeyte et à Chaudron-Rousseau pour presser le versement des grains du Gers et de l'Aude, et j'espère tout le succès de leur zèle. Au surplus, mes arrêtés sur les subsistances ont établi dans le département de Lot-et-Garonne le nivellement de celles qui y existent encore et y assureront celui des grains qu'on attend. Sans les moyens révolutionnaires on ne tirerait aucun parti des autorités constituées, et j'en ai pris de très vigoureux à cet égard, comme vous l'avez vu.

[Arch. nat., AF II, 195.] ⸻

LE REPRÉSENTANT DANS L'AIN AU COMITÉ DE SALUT PUBLIC.

Bourg-Régénéré (Bourg-en-Bresse), *3 prairial an II-22 mai 1794.*
(Reçu le 30 mai.)

[«Méaulle transmet au Comité copie d'une lettre [2] du citoyen Armand, adjudant-major au 3ᵉ bataillon du département de l'Ain, par laquelle il reconnaît pour son fils légitime l'enfant dont la citoyenne Seigneur, de la commune de Bourg, a eu soin jusqu'à ce jour. Le citoyen Armand n'a point donné de ses nouvelles depuis quelques mois, et son orphelin est resté à la charge d'une mère sans fortune. Il joint l'arrêté [3] par lequel il comprend cet enfant au nombre de ceux des défenseurs de la patrie et [décide] qu'en cette qualité il recevra les secours accordés par la loi à compter du 3 floréal. Il propose une disposition générale en faveur de tous les orphelins des défenseurs de la patrie.» — Arch. nat., AF II, 195. Analyse.]

⸻

[1] Voir plus haut, p. 532, l'arrêté n° 26. — [2] Cette lettre manque. — [3] Même remarque.

LE REPRÉSENTANT DANS LE LOT ET LE CANTAL
AU COMITÉ DE SALUT PUBLIC.

Albi, 3 prairial an II-22 mai 1794. (Reçu le 30 mai.)

[Trois lettres de Bo : «1° Il observe au Comité qu'une voie d'eau inonde la grande mine de Carmaux et empêche tous les travaux. Les ouvriers sont obligés d'abandonner cette fosse. Il transmet copie de l'arrêté [1] qui a été pris à ce sujet pour assurer provisoirement une exploitation suffisante de charbon en raison de l'exportation. Il observe qu'il est urgent que le Comité s'occupe de faire exploiter d'autres fosses, qui avaient été ouvertes autrefois, et que les privilèges avaient fait refermer. Comme ce travail exige des dépenses, il est nécessaire d'envoyer sur les lieux un citoyen qui joigne la pratique à la théorie. Il y a encore les mines de Cransac, district d'Aubin, département de l'Aveyron, qui sont en pleine activité; elles ne sont qu'à une heure de distance du Lot, qui est navigable; il est facile d'en tirer le meilleur parti.» — Arch. nat., AF II, 178. Analyse. — 2° Il mande que les approches de la «trop mémorable quinzaine de Pâques» et les alarmes du peuple sur les subsistances, fomentées par les prêtres, l'avaient décidé de les réunir dans le chef-lieu du district. «Cette mesure a opéré le plus grand bien. J'en ai reçu les remerciements de toutes les Sociétés populaires. Aujourd'hui ces cosmopolites sont connus et autant abhorrés qu'ils étaient vénérés. Il faut tirer parti de leur religieuse indolence avec des précautions sages. Je vous envoie copie de l'arrêté que je viens de faire passer aux quatre départements qui me sont confiés [2].» — Arch. nat., *ibid. De la main de Bo.* — 3° Il reçoit à l'instant l'arrêté du 26 floréal pour se rendre à Nantes [3]. «Je vais faire mes dispositions les plus promptes pour obéir.» — Arch. nat., *ibid. — De la main de Bo.*]

LES REPRÉSENTANTS À L'ARMÉE DES PYRÉNÉES ORIENTALES
AU COMITÉ DE SALUT PUBLIC.

Au quartier général devant Saint-Elme, 3 prairial an II-22 mai 1794.

Depuis les glorieuses journées des 11 et 12 floréal, tous les mouvements de l'armée sont marqués par des victoires.

Le 13, la division de gauche s'empara de Banyuls, après avoir marché à travers des détroits et gravi des montagnes presque inaccessibles; depuis cette époque, nos batteries, placées à une demi-portée de fusil

---

[1] Cet arrêté manque.
[2] Cet arrêté porte que ceux qui se refuseraient aux travaux de l'agriculture seront considérés comme mauvais citoyens et ordonne de réunir dans les chefs-lieux de district les ci-devant prêtres. (3 prairial.)
[3] Voir plus haut, p. 527, l'arrêté du Comité n° 8.

de Saint-Elme, ne cessent de battre ce fort inexpugnable, Port-Vendres et Collioure. La résistance de l'ennemi est vigoureuse. La constance stoïcienne de nos soldats, au bivouac depuis vingt jours sur des rochers, ne s'exprime pas; ils ont traîné à bras des pièces de vingt-quatre et des mortiers de douze pouces sur des hauteurs où, jusqu'ici, il n'était monté que des hommes.

Écoutez, citoyens collègues, les détails suivants; annoncez à la République la gloire de ses défenseurs, et que les tyrans tremblent.

Dans la nuit du 27 au 28, l'Espagnol attaqua nos batteries devant Saint-Elme; ils (*sic*) étaient passés à côté de nos avant-postes en répondant au *Qui vive? Républicains français*, et étaient presque parvenus à cerner nos troupes. L'assurance qu'ils avaient de se rendre maîtres de nos canons était telle qu'ils étaient sortis avec la mèche allumée; mais nos braves soldats, qui ne dormaient pas, leur firent bientôt sentir la force de leurs baïonnettes. Un seul instant suffit pour enfoncer leurs colonnes et joncher la terre de cadavres. Les grenadiers et les chasseurs, emportés par leur ardeur républicaine, ont poursuivi, la baïonnette aux reins, les esclaves jusque dans le faubourg de Collioure. Cette affaire, dans laquelle les grenadiers du 28ᵉ régiment, ci-devant du Maine, le 8ᵉ bataillon de chasseurs, ci-devant des Vosges, et le 1ᵉʳ des chasseurs, ci-devant Provence, se sont distingués, honore infiniment toute cette division, qui n'a pu donner tout entière, parce que la plus grande partie était éloignée des batteries. Un bataillon ennemi a été taillé en pièces ou fait prisonnier avec un lieutenant-colonel et un capitaine. Voilà ce qui s'est passé dans la nuit du 27 au 28.

Le brave général Dugommier, avec qui nous partageons les fatigues et les dangers de nos frères d'armes, avait disposé une fausse attaque sur Saint-Elme et le fort de Collioure, pour en couvrir une véritable qu'il dirigeait sur les camps placés entre Port-Vendres et Collioure. Tout a réussi. Un feu des plus nourris de part et d'autre commença à neuf heures du soir et ne cessa que lorsque le jour parut. Une colonne se porta sur le fort avec une intrépidité sans égale. Là, elle eut à soutenir pendant plusieurs heures un feu de mousqueterie des plus terribles et une grêle de grenades. Ce fort ressemblait à un volcan qui ne cesse de vomir des flammes. Le courage de nos soldats était tel qu'ils étaient déjà descendus dans les fossés, où ils essuyèrent pendant plus d'une demi-heure un feu très vif de grenades, mousqueterie et obu-

siers. Le général, avare de sang républicain, ne crut pas devoir abandonner cette brave colonne à son courage héroïque; la brèche n'était
pas encore assez considérable pour pouvoir tenter un assaut. En attendant, une autre colonne, aux ordres du général Micas, renversait avec
impétuosité tous les camps ennemis entre Collioure et Saint-Elme et
Port-Vendres, et faisait mordre la poussière aux Espagnols, tandis
qu'une troisième colonne exécutait une seconde diversion sur la gauche
de Collioure. Les soldats se sont battus comme des héros; les généraux ont fait leur devoir; ils sont tous dignes des plus grands éloges.
La perte des ennemis ne peut être guère évaluée, parce que cette affaire
a eu lieu pendant la nuit. Cependant, à en juger par les rapports des
déserteurs, elle est considérable. Nous n'avons à regretter qu'une vingtaine de braves et une soixantaine de blessés; devant Saint-Elme nous
avons, dans cette affaire, quinze prisonniers, dont un adjudant-major.

La gauche et la droite de l'armée communiquent ensemble par le
rapport de leur victoire. Celle que la droite vient de remporter sur les
débris de l'armée ennemie, qui voulait reprendre la fameuse fonderie
espagnole de Saint-Laurent de la Mouga, est une des plus complètes :
cinq mille hommes des nôtres en ont battu quinze mille, quoique nous
fussions cernés. Cette expédition, dirigée par le général Augereau, a
coûté à la République un bien petit nombre de soldats. La perte de l'ennemi se monte à plus de deux mille hommes; nous lui avons fait trois cent
quarante prisonniers, parmi lesquels sont trente officiers, douze colonels
ou lieutenants-colonels, et un général grièvement blessé. [Vous] verrez
les détails dans le rapport de l'intrépide Mirabel, appelé par les Castillans le général officiaire (sic), qui s'est distingué dans cette affaire.

L'armée des Pyrénées orientales, que la Convention a déclaré avoir
bien mérité de la patrie, a juré d'anéantir les esclaves du tyran Charles.
Elle tiendra sa parole; elle n'attend que la prise de Saint-Elme, Collioure, Port-Vendres et Bellegarde pour descendre et se déborder
comme un torrent impétueux dans les plaines de la Catalogne. On dit
que la moisson y est très abondante. Nous pouvons vous assurer que la
République en aura sa bonne part. Nous vous enverrons les guenilles
des drapeaux pris sur l'ennemi avec les *maré de Deo* d'or et d'argent
de la Catalogne.

L'avant-garde de la division de Puycerda vient d'ajouter aux succès
de l'armée la mort de cent quinze esclaves, la prise de quatorze

d'entre eux, de soixante-quinze fusils, de plusieurs de rempart, et l'incendie des baraques de l'ennemi; elle n'a perdu aucun républicain et n'a eu que cinq blessés.

Il est inconcevable que nous ayons perdu si peu de soldats en enlevant à la baïonnette des positions fortifiées par la nature et tout ce que l'on peut imaginer, qui, gardées par des Français bien commandés, seraient le tombeau de tous les esclaves.

Les héros de la liberté donnent en même temps des exemples de valeur et d'humanité.

Il y a quelques jours, huit grenadiers du 28ᵉ régiment ont été frapper à la porte du fort Saint-Elme, en criant aux Espagnols : *Esclaves! rendez-vous; nous sommes républicains; il ne vous sera point fait du mal.* Les Espagnols leur ayant lâché quelques coups de fusils, ils leur crièrent en continuant de frapper : *Eh bien! soyez galériens, vous voulez être toujours esclaves, vous serez tous passés au bout de nos baïonnettes!* Après cela, ils s'en allèrent.

Dans les villages espagnols au delà de Bellegarde qui sont occupés par nos troupes, les habitants avaient abandonné leurs foyers. Cependant, voyant que les Français n'étaient pas ceux qu'on avait voulu leur faire croire, les misérables et les agriculteurs sont rentrés, et nos frères d'armes ont partagé avec eux le pain qui devait les nourrir. Que les tyrans citent de pareils traits! Les riches seuls et les oppresseurs du peuple ont été joindre dix mille paysans, levés et commandés par un prêtre fanatique à qui son tyran vient de donner le cordon du grand ordre et le grade de lieutenant général de ses armées.

Signé : MILHAUD, SOUBRANY.

[Ministère de la guerre; *Armées des Pyrénées.* — Copie.]

LE REPRÉSENTANT DANS LE GARD ET LA LOZÈRE
AU COMITÉ DE SALUT PUBLIC.

Nimes, 3 prairial an II-22 mai 1794. (Reçu le 1ᵉʳ juin.)

[«Borie fait passer son arrêté [1] concernant les grains qu'un nommé Gérard, négociant, devait fournir au département du Gard. Demande que le Comité en

---

[1] Cette pièce manque.

prenne connaissance pour donner là-dessus ses ordres. Cet arrêté tend à régler les achats et payements de ces grains. » — Arch. nat., AF ii, 195. Analyse.]

LES REPRÉSENTANTS À L'ARMÉE D'ITALIE AU COMITÉ DE SALUT PUBLIC.

Nice, 3 prairial an ii-22 mai 1794.

Nous vous dépêchons, citoyens collègues, un courrier extraordinaire pour vous prévenir que les besoins de blé augmentent chaque jour.

La consommation des communes des départements du Var, des Alpes-Maritimes et des Bouches-du-Rhône est d'un tiers plus forte qu'en nivôse et en pluviôse.

On fait passer sans relâche à l'armée des Alpes, qui demande quatre-vingt-mille quintaux, et à Cette, qui en demande cent mille.

On ne cesse de faire des envois de blé en Corse, au Port-la-Montagne, à Marseille, aux départements du Gard et de Vaucluse.

Nos embarras augmentent depuis que nous devons au delà de trois millions à l'étranger. C'est dans ces circonstances qu'on nous laisse manquer de fonds, ce qui nous oblige à prendre des mesures partielles et incohérentes, bien souvent contraires aux principes, tandis que nous avons la douleur de voir s'écouler le numéraire pour du fer, du fer-blanc, ordonnés par la Commission des subsistances, qui nous paraît en proie à l'intrigue de quelques fripons. Si elle n'est malveillante, ses opérations sont nulles et nuisent même au succès des approvisionnements de l'armée d'Italie qui serait affamée, si on l'avait écoutée. Faites-lui défense d'entraver les mesures prises par l'administrateur des subsistances de l'armée d'Italie, qui a alimenté non seulement l'armée, mais encore tout le Midi.

La force de nos armées augmentera encore les besoins en blé, qui, quoique la moisson approche, seront encore plus forts l'année prochaine que cette année. Nous avons peine à concevoir les raisons qui pourraient décider à économiser sur un objet de cette importance. L'intérêt public exige que l'on fasse des acquisitions extraordinaires; nous vous conjurons, au nom de la chose publique, de prendre lecture de l'autre lettre [1].

---

[1] Textuel.

Nous vous envoyons copie de la lettre que nous écrivons à la Commission de l'organisation et du mouvement des armées de terre : vous y verrez que le défaut de poudre arrête la marche victorieuse de l'armée d'Italie.

Nous apprenons qu'il y a peu de cavalerie à l'armée des Alpes; si vous ne trouvez le moyen de nous en faire venir d'un autre côté, ou de l'intérieur, nos opérations se trouvent de même arrêtées.

Signé : Robespierre jeune.

[*Deuxième partie du rapport* (imprimé) *de Ricord*, p. 80, n° XIX. — Arch. nat., AD xviii° 60.]

COMITÉ DE SALUT PUBLIC.

Séance du 4 prairial an II-23 mai 1794.

Présents : B. Barère, Carnot, Couthon, Collot-d'Herbois, C.-A. Prieur, Billaud-Varenne, Robespierre, R. Lindet.

1. Le Comité de salut public arrête : 1° Le supplément du fret réclamé par Dupui, capitaine de l'aviso *le Prend-Tout,* sera renvoyé à l'examen et à la décision des commissaires civils des Îles-du-Vent. — 2° L'aviso *le Prend-Tout* sera renvoyé à la Guadeloupe, aussitôt que les réparations dont il a besoin seront achevées. — 3° Le commissaire civil Sijas, ainsi que le citoyen Henri, envoyé par le général Collot, s'embarqueront sur ledit aviso, pour se rendre chacun à son poste. — 4° Les deux lettres de change dont Dupui et Henri se trouvent porteurs, et montantes ensemble à 17,624 livres argent de France, seront acquittées sans délai par la Trésorerie nationale. — 5° La Commission de marine et des colonies expédiera les ordres nécessaires pour l'exécution du présent arrêté.

B. Barère, Billaud-Varenne, Carnot[1].

2. Le Comité de salut public autorise le citoyen Antoine Lemire,

[1] Arch. nat., AF II, 30*.

44.

peintre, grenadier au deuxième bataillon du 104ᵉ régiment, resté à
Amiens, pour cause de maladie, chez le citoyen Lavallée, apothicaire,
place aux Herbes, à se rendre à Paris et y résider pour être employé
aux travaux de son art.

B. Barère, Billaud-Varenne [1].

3. Le Comité de salut public arrête que, pour procurer au théâtre
de la Liberté les moyens de conserver les machines et les décorations
qui lui sont nécessaires, il sera procédé à l'estimation des terrains qui
se trouvent derrière le théâtre actuel, et que le citoyen Hubert trouvera
être absolument nécessaires pour le magasin de ce théâtre, pour, sur le
rapport de l'estimation, être statué ultérieurement sur l'achat desdits
terrains, s'il y a lieu.

B. Barère, Billaud-Varenne, C.-A. Prieur, Carnot [2].

4. Le Comité de salut public autorise le citoyen Joseph Girard,
architecte, âgé de vingt et un ans, de rester à Paris, pour travailler
aux concours qui viennent d'être ouverts en exécution des arrêtés du
Comité du salut public relatifs aux arts et aux monuments publics.

Billaud-Varenne, B. Barère [3].

5. Est approuvée la proposition faite par la Commission de l'organisation et du mouvement des armées d'employer, avec le grade de
général de brigade, Louis-Jean-Baptiste La Valette, ex-noble.

Robespierre [4].

6. Est approuvée la proposition de la Commission de l'organisation
et du mouvement des armées d'employer en son grade de général de
brigade Simon Dufresse, ancien artiste dramatique, à l'armée des
Côtes de Brest.

Robespierre [5].

[1] Arch. nat., AF ii, 304.
[2] Arch. nat., AF ii, 67. — *De la main
de Barère. Non enregistré.*
[3] Arch. nat., AF ii, 304. — *Non enregistré.*
[4] Arch. nat., AF ii, 304. — *Non enregistré.* — En marge : «Il demande à être
employé sous le général Hanriot.»
[5] Arch. nat., AF ii, 304. — *Non enregistré.*

7. [Réquisition des deux frères Saint-Germain, fondeurs, demeurant à Versailles, de se rendre à Vierzon auprès du représentant du peuple Ferry, pour être employés à la fonte des châssis — C.-A. Prieur. Arch. nat., AF ii, 304. *Non enregistré.*]

8. Le citoyen Crose, adjoint au commissaire des guerres, suspendu le 30 ventôse, et maintenu provisoirement par le représentant du peuple Pflieger, est réintégré dans ses fonctions.

CARNOT [1].

9. Chardevet est autorisé à aller à Rennes joindre le détachement des vingt gendarmes, sur la liste desquels il est porté.

CARNOT [2].

10. [Réquisition du citoyen Jean-Casimir Delaunay, cavalier au 26ᵉ régiment en garnison à Toulouse, pour exercer la profession de tanneur, chez Huguet, section du Finistère. — R. Lindet. Arch. nat., AF ii, 304. — *Non enregistré.*]

11. Le Comité approuve la demande de la Commission de l'organisation et du mouvement des armées, tendant à prélever sur le fonds décrété pour ses dépenses la somme de 200 livres, pour l'accorder à titre de gratification au citoyen Paris, qui a enlevé un drapeau à l'ennemi avec Trusson, gratification qui n'a pas été payée parce qu'on ignorait le fait.

CARNOT [3].

12. Le Comité autorise Jean Pallier, volontaire de réquisition, originaire de Luchapt (Vienne), à se rendre à Asnières, même département, pour reprendre l'exploitation de son moulin.

CARNOT, C.-A. PRIEUR [4].

13. Les troupes des garnisons de Valenciennes et de Mayence seront portées au complet, lorsque les autres corps l'auront été, et ces

---

[1] Arch. nat., AF ii, 304. — *Non enregistré.*

[2] Arch. nat., AF ii, 304. — *Non enregistré.*

[3] Arch. nat., AF ii, 304. — *Non enregistré.*

[4] Arch. nat., AF ii, 304. — *Non enregistré.*

troupes ne devront être portées au complet qu'avec des recrues tirées des départements où l'insurrection ne se sera pas manifestée.

CARNOT [1].

14. « La Commission de l'organisation et du mouvement des armées présente un état des sommes en numéraire déposées depuis le 27 floréal jusqu'au 29 suivant, par les parents ou amis des prisonniers de guerre français, montant à la somme de 267 livres et demande à être autorisée à faire l'envoi de cette somme à ceux à qui elle est destinée. » Approuvé, 4 prairial.

CARNOT [2].

15. Le Comité de salut public arrête que la Commission temporaire des arts fera remettre au Comité de salut public, section de la guerre : 1° les cartes de Ferrari qui se trouveront dans les divers dépôts mis sous sa surveillance; 2° les cartes de Fritz et de Schaushard; 3° les meilleures cartes des frontières et des cartes maritimes qui se trouveront dans les mêmes dépôts.

CARNOT, COLLOT-D'HERBOIS [3].

16. Le Comité de salut public, vu la demande de l'administration de la grosse artillerie, du 19 floréal, tendante à faire autoriser le général Montalembert à construire un modèle d'embrasure en bois, pour le joindre au modèle d'affût à aiguille de son invention, dont la confection a déjà été autorisée par le Comité, arrête que le général Montalembert demeure autorisé à faire construire le modèle d'embrasure en bois, dont il s'agit, et qu'il sera indemnisé des dépenses que ce travail exigera, sur les fonds mis à la disposition de la Commission des armes et poudres.

C.-A. PRIEUR [4].

17. Le Comité de salut public arrête que la municipalité de Bourg-Libre, ci-devant Bourgfelden, département du Haut-Rhin, est autorisée à délivrer à la citoyenne Lallemand, directrice des messageries à Bourg-

[1] Arch. nat., AF II, 230. — Non enregistré.

[2] Arch. nat., AF II, 230. — Non enregistré.

[3] Arch. nat., AF II, 202. — Non enregistré.

[4] Arch. nat., AF II, 220. — Non enregistré.

Libre ou à la citoyenne sa fille, qui la remplace habituellement dans
l'exercice de cette place, la permission de passer à Bâle toutes les fois
que le bien du service l'exigera et particulièrement pour remettre au
directeur des messageries de Bâle les feuilles de chargement des diligences le lendemain de leur passage à Bourg-Libre.

R. Lindet [1].

18. Le Comité de salut public, d'après la présentation qui lui a été
faite par le vérificateur général des assignats, conformément aux dispositions de son arrêté du 13 germinal [2], des citoyens Brische, Charton,
Gomez, Launoy, Souchet, Louvet, Dubosq et Dejean, pour remplir
les places de commissaires vérificateurs chargés de parcourir les départements pour y rechercher et poursuivre les fabricateurs et distri-
buteurs de faux assignats, vérifier les assignats suspectés faux et propager les moyens de reconnaître ces derniers des véritables, approuve
le choix des huit citoyens susnommés et autorise le vérificateur général
à leur faire expédier les commissions qui leur sont nécessaires, lesquelles seront visées par le Comité de salut public; arrête, en conséquence, que les citoyens Brische et Charton seront chargés de la surveillance à exercer dans les départements du Pas-de-Calais, du Nord
et des Ardennes; les citoyens Gomez et Launoy, dans ceux de la Somme
et de l'Aisne; les citoyens Louvet et Souchet, dans ceux de la Meuse,
de la Moselle, de la Meurthe et de la Marne; enfin, les citoyens Dubosq
et Dejean, dans les départements du Haut et Bas-Rhin, du Doubs, du
Jura et dans celui du Mont-Terrible; que le traitement desdits commissaires sera fixé, pour chacun, à la somme de cinq cents livres par mois;
les frais de transport payés séparément. Quant aux dépenses aux fonds
à faire (sic), il y sera pourvu par la Commission des revenus nationaux
à laquelle le vérificateur général s'adressera et avec laquelle il doit
correspondre immédiatement.

Collot-d'Herbois, R. Lindet [3].

19. Le Comité de salut public, ayant par son arrêté du 27 floréal
pourvu à la continuation des travaux dans la papeterie de Buges [4], en

[1] Arch. nat., AF II, 20. — Non enregistré.
[2] Voir t. XII, p. 346, l'arrêté n° 14.
[3] Arch. nat., AF II, 20. — Non enregistré.
[4] Voir plus haut, p. 552, l'arrêté n° 31.

faisant lever les scellés apposés sur le magasin de la caisse destinée à alimenter cette manufacture pour les faire remettre à la disposition du citoyen Léorier Delisle, directeur et l'un des propriétaires de l'établissement ou à son caissier chargé de ses pouvoirs, considérant que les registres doivent être également remis au citoyen Delisle pour régler et suivre la comptabilité, que toutes les matières doivent être remises à sa disposition pour donner à sa fabrique toute son activité; arrête que les registres et autres papiers concernant l'établissement de la fabrique seront remis au citoyen Delisle ou à son caissier, que toutes les matières destinées à l'alimenter lui seront pareillement délivrées et mises à sa disposition pour en faire l'emploi.

R. LINDET [1].

20. Le Comité de salut public arrête que les directoires des districts dans lesquels il se trouve des forges employées à la fabrication des armes ou des fers et autres matières destinées au service de la République, pour les armées de terre ou les armées navales, seront tenus de pourvoir par des approvisionnements suffisants à la subsistance de tous les ouvriers employés dans les forges, usines et ateliers, qu'ils feront rassembler et mettre à la portée des ouvriers des subsistances en quantité suffisante, et que, dans les distributions, ils auront égard au nombre des consommateurs et à leurs besoins, qui sont proportionnés à l'activité, à la durée et à la nature de leurs travaux. Les administrateurs sont déclarés personnellement responsables du défaut et de l'insuffisance des approvisionnements. Toute fixation, toute réduction faite par quelque autorité que ce soit, même par des arrêtés des représentants du peuple, est annulée. Il sera pourvu à ce que tous les ouvriers puissent se procurer la quantité de pain nécessaire équivalente à la ration commune. Les besoins réels seront la seule règle à suivre pour la détermination de l'approvisionnement, et l'on tiendra un état de la consommation pour prévenir toute perte et toute profusion ou dilapidation. Les administrateurs de district feront faire dans les lieux où ces établissements existent, ou dans les lieux voisins ou d'approvisionnement ordinaire, les versements nécessaires pour subvenir aux besoins. Tous les citoyens des districts sont en réquisition pour contribuer de

[1] Arch. nat., AF II, 20. — *De la main de R. Lindet. Non enregistré.*

tous leurs moyens et approvisionnements à la subsistance des ouvriers
employés dans les forges, ateliers et usines. Nul ne pourra se refuser,
sur la réquisition des administrateurs de district, à fournir à proportion de ses ressources le contingent qui lui sera demandé et qui
sera payé par les consommateurs sur le pied du maximum. Les approvisionnements se feront par les moyens les plus économiques et les
moins onéreux au cultivateur, au fournisseur et au consommateur. La
prompte exécution du présent arrêté est recommandée aux citoyens,
comme un témoignage que la République réclame de leur dévouement,
et aux administrateurs de districts et officiers municipaux sous peine de
responsabilité.

R. LINDET [1].

21. La maison nationale, dite maison Blanche, située dans la commune de Gentilly, les cours, écuries et remises dépendantes du ci-devant couvent de Longchamp, situé dans la commune de Boulogne; les
cours, écuries et remises dépendantes du ci-devant château du Donjon,
et de l'église de Vincennes; les cours, écuries faisant partie de la maison ci-devant Conti, située dans la commune de Neuilly, sont mises à
la disposition de la Commission de commerce et approvisionnement,
pour y faire placer et loger les baudes de cochons destinés à l'approvisionnement de Paris aux termes de l'arrêté du Comité de salut public
du 22 germinal [2].

R. LINDET [3].

22. Le Comité de salut public arrête que Gillet, inspecteur des
mines, employé aux fonderies de canons, sous la surveillance du représentant du peuple Romme, se rendra sans délai à Paris auprès du Comité de salut public, et que le représentant du peuple Romme pourvoira à son remplacement, pendant son absence.

C.-A. PRIEUR [4].

23. Le Comité de salut public nomme le citoyen Drouet, agent national de la commune de Meulan, à la place d'inspecteur de l'arsenal de

---

[1] Arch. nat., AF II, 79. — *De la main
de R. Lindet. Non enregistré.*

[2] Voir t. XII, p. 513, l'arrêté du Comité n° 7.

[3] Arch. nat., AF II, 69. — *Non enregistré.*

[4] Arch. nat., nat., AF II, 215. — *Non enregistré.*

cette ville. La Commission des armes et poudres est chargée de le faire reconnaître en cette qualité.

                    ROBESPIERRE, C.-A. PRIEUR, B. BARÈRE[1].

24. Le Comité de salut public arrête que Lefebvre, ingénieur des mines, employé aux fonderies de canons, sous la surveillance du représentant du peuple Deydier, se rendra sans délai à Paris, auprès du Comité de salut public, et que le représentant du peuple Deydier pourvoira à son remplacement pendant son absence.

                                        C.-A. PRIEUR[2].

25. Le Comité de salut public arrête que l'agence révolutionnaire des salpêtres et poudres formera des établissements de salins dans les lieux de la République qui lui paraîtront les plus propres à ce genre de fabrique, sans préjudicier néanmoins aux forêts nationales et aux propriétés particulières. La Commission des armes et poudres tiendra la main à l'exécution du présent arrêté.

                                        C.-A. PRIEUR[3].

26. Le Comité de salut public, sur la demande du Conseil d'administration de la manufacture nationale des fusils, arrête : 1° La maison des ci-devant Récollets, près la foire Laurent, sera mise de suite à la disposition du Conseil d'administration, pour y établir un atelier d'outils. — 2° Le Département de Paris et la Commission des armes et poudres sont chargés, chacun en ce qui le concerne de l'exécution du présent arrêté.

                                        C.-A. PRIEUR[4].

27. Le Comité de salut public, considérant que la loi du 14 frimaire, relative à l'exploitation des salpêtres, n'a pas reçu son entière exécution dans quelques districts, et voulant préciser d'une manière rigoureuse l'obligation où ils sont de fournir à la patrie des secours qu'ils lui doivent, arrête qu'à compter du 20 prairial, chaque district sera tenu de fournir au moins un millier de salpêtre par décade et que

---

[1] Arch. nat., AF II, 215. — Non enregistré.

[2] Arch. nat., AF II, 215. — Non enregistré.

[3] Arch. nat., AF II, 217. — Non enregistré.

[4] Arch. nat., AF II, 215. — Non enregistré.

le seul terme de cette livraison sera l'épuisement total et bien constaté du terrain. Le Comité de salut public rend responsable les agents nationaux près les districts de l'inexécution du présent arrêté.

C.-A. Prieur [1].

28. Le Comité de salut public arrête que les agents nationaux près les districts prendront de suite les mesures les plus promptes et les plus sûres pour faire lever les scellés apposés sur les caves des émigrés et autres biens acquis à la nation, à l'effet d'y faciliter l'exploitation des . . . . . [2] salpêtrées qu'elles contiennent. Il les charge d'employer les moyens convenables pour assurer l'extraction du salpêtre sans nuire aux propriétés nationales. La Commission des armes et poudres veillera à ce que les agents nationaux mettent l'activité nécessaire dans ces opérations.

C.-A. Prieur [3].

29. Le Comité de salut public arrête que la décision de l'ex-ministre de la guerre, pour fournir l'étape aux officiers de gendarmerie, dans les tournées qu'ils sont tenus de faire pour l'inspection de leurs brigades, étant contraire aux dispositions de la loi du 16 février 1791 (v. s.), quoique fondée sur la cherté et la rareté des fourrages, cessera d'avoir son exécution au 30 du présent mois, passé laquelle époque ladite étape ne devra plus être fournie, sous quelque prétexte que ce puisse être; arrête en outre le Comité que la Commission de l'organisation et du mouvement des armées de terre est chargée d'écrire circulairement, en conformité du présent arrêté, aux administrations de départements.

Carnot, R. Lindet [4].

30. Le Comité de salut public, considérant que les sous-officiers et gendarmes de la gendarmerie nationale, du département des Deux-Sèvres, dans le cas de faire des réclamations pour les pertes de leurs équipages de guerre, sont à l'armée, et qu'il leur est par conséquent

---

(1) Arch. nat., AF II, 217. — *Non enregistré.*

(2) Il y a ici, dans l'original, un mot illisible.

(3) Arch. nat., AF II, 217. — *Non enregistré.*

(4) Arch. nat., AF II, 224. — *Non enregistré.*

impossible de satisfaire à la loi du 4 germinal dernier, qui prescrit
d'en faire constater l'état dans la décade, et que ledit état, revêtu des
formalités exigées doit être renvoyé dans le mois, pour tout délai, à
dater du jour de la perte, sous peine de déchéance, arrête qu'il est
accordé deux mois de plus que le terme prescrit par la loi du 4 germinal aux sous-officiers et gendarmes de ladite gendarmerie des Deux-
Sèvres pour leur donner le temps de faire constater légalement les
pertes qu'ils ont éprouvées.

CARNOT [1].

REPRÉSENTANTS EN MISSION.

LE COMITÉ DE SALUT PUBLIC
AUX REPRÉSENTANTS À L'ARMÉE DU NORD.

Paris, 4 prairial an II-23 mai 1794.

Le Comité de salut public vous fait passer, citoyens collègues, une
lettre du Comité d'instruction publique relative à plusieurs tableaux de
Rubens et de Paul Veronèse, qui se trouvaient à la ci-devant abbaye de
Saint-Amand. Si le génie des arts est parvenu à soustraire ces monuments précieux à la barbarie des esclaves, le Comité vous invite à y
préposer des artistes qui se trouvent à l'armée, jusqu'à ce qu'ils viennent
enrichir le Muséum français et préparer des rivaux à leurs immortels
auteurs.

[Arch. nat., AF II, 37.]

LE COMITÉ DE SALUT PUBLIC
À MONESTIER (DE LA LOZÈRE), REPRÉSENTANT DANS LES LANDES
ET LE LOT-ET-GARONNE, À MONT-DE-MARSAN.

Paris, 4 prairial an II-23 mai 1794.

Le Comité de salut public n'a pu voir sans étonnement, citoyen
collègue, ni même sans beaucoup d'inquiétude, par les circonstances

---

[1] Ach. nat., AF II, 224. — *Non enregistré.*

qui peuvent en résulter, l'opposition que tu marques à l'arrêté qui te rappelle au sein de la Convention nationale [1]. Tu t'exposes ainsi à contrarier des dispositions essentielles, à croiser, par des opérations qui n'auraient point été concertées avec le Comité, des vues importantes, et des plans que tu ne connais pas. Le Comité, en te réitérant les dispositions de son arrêté, désire éviter à un collègue le regret d'être rappelé par un décret, et s'épargner à lui-même la nécessité de le provoquer.

[Arch. nat., AF ɪɪ, 37.]

LE REPRÉSENTANT DANS LE NORD ET LE PAS-DE-CALAIS
AU COMITÉ DE SALUT PUBLIC.

Cambrai, 4 prairial an ɪɪ-23 mai 1794. (Reçu le 28 mai.)

[Deux lettres de Le Bon : 1° « Il expose au Comité qu'aucune loi ne défend de payer les ex-ministres du culte catholique qui ont abandonné leurs fonctions, que cependant les personnes chargées de l'envoi des fonds destinés à cet objet laissent absolument les caisses vides. Une multitude de ces ex-prêtres fourmillent dans ces contrées, la plupart n'ont rien touché depuis le 1er juillet 1793. Il engage le Comité à mettre cet objet à l'ordre du jour et à assurer des ressources à ces malheureux. qui laissent voir dans les campagnes le spectacle dangereux de leur misère [2]. » — Arch. nat., F⁷, 4774⁵. Analyse. — 2° Il a reçu du Comité, il y a plus de deux mois, une foule de pièces relatives au nommé Trocmé, secrétaire du représentant du peuple Bollet, avec l'ordre de faire arrêter ledit Trocmé. « Je n'ai pu joindre cet individu jusqu'à ce jour. Hier, une de ses lettres, à moi adressée, dans laquelle il s'élève contre ses dénonciateurs, m'a indiquée son adresse à Paris, chez Mallet, député du département du Nord, rue Thiroux, section des Piques. Si donc vous voulez que je suive son affaire, envoyez-moi le personnage, sous bonne et sûre garde, avec tous ses papiers suspects et correspondances, qui me paraissent être fort étendues. — P.-S. Je ne serais pas surpris que ledit Trocmé ne logeât pas en effet chez Mallet à Paris quoiqu'il donne cette adresse. D'autres indices aussi sûrs me font croire qu'il a quelque emploi à Charenton, où il brille dans la Société populaire. » — Arch. nat., F⁷, 4774¹.]

_____

[1] Voir t. XII, p. 681, l'arrêté n° 8. — [2] Voir plus loin, à la date du 19 prairial, la réponse du Comité à cette lettre.

UN DES REPRÉSENTANTS DANS LA MANCHE ET LE CALVADOS
AU COMITÉ DE SALUT PUBLIC.

Caen, 4 prairial an II - 23 mai 1794. (Reçu le 28 mai.)

| « Fremanger transmet un arrêté à l'effet de remédier à la pénurie extrême des grains dans laquelle se trouve le district de Bayeux, en faisant venir des districts de Valognes et Carentan (qui sont suffisamment approvisionnés) la quantité de 16,000 quintaux de grains [1]. ». — Arch. nat., AF II, 178. Analyse. |

LE REPRÉSENTANT AUX ARMÉES DE L'OUEST ET DES CÔTES DE BREST
AU COMITÉ DE SALUT PUBLIC.

Rennes, 4 prairial an II - 23 mai 1794. (Reçu le 28 mai.)

Citoyens collègues,

La Commission du mouvement des troupes a écrit à l'agent supérieur à Rennes, de ne pas incorporer les bataillons de réquisition qui se trouveront dans l'armée de Brest, jusqu'à nouvel ordre.

Je présume, citoyens collègues, que la Commission a cru que ces bataillons appartenaient aux départements dont vous avez fait sortir les réquisitions. Vous sentez que, s'il en eût été ainsi, je n'aurais pas manqué de requérir leur départ pour le Nord ; mais, comme ils appartiennent aux départements qui doivent fournir à cette armée, j'avais toujours cru qu'il fallait réserver ces troupes pour en compléter les bataillons. D'après la certitude de ces faits, et surtout ne perdant pas de vue que plusieurs bataillons sont presque inutiles, les compagnies qui les composent étant très faibles, vous trouverez sans doute convenable de changer les dispositions de la lettre de la Commission du mouvement des troupes et de prendre une détermination pour organiser cette armée de manière à ce que la patrie en puisse espérer les secours dont elle est susceptible.

Les bataillons de Mayence méritent encore votre attention.

Nous touchons, citoyens collègues, au moment où le terme de la

---

[1] Cet arrêté manque.

capitulation permettra aux braves soldats de Mayence de combattre de nouveau contre les tyrans coalisés, et déjà plusieurs bataillons ont manifesté le vœu d'être embrigadés avec des bataillons de cette armée. Eh bien, je crois qu'il est utile à la République de compléter ces corps, afin qu'au moment où la capitulation ne les empêchera plus d'agir, on puisse les employer utilement; mais j'ai besoin de votre autorisation, et vous voyez qu'elle se borne à leur fournir des recrues et les embrigader.

J'attends, citoyens collègues, votre décision sur tous ces objets, et, pour vous mettre plus à portée d'apprécier les motifs de mon opinion, je joins à ma lettre copie de celle que j'écris à la Commission du mouvement des troupes [1].

Salut et fraternité,   DUBOIS-CRANCÉ.

[Ministère de la guerre; *Armée des Côtes de Brest.*]

LE REPRÉSENTANT À BREST AU COMITÉ DE SALUT PUBLIC.

Brest, 4 prairial [2] *an II—23 mai 1794.* (Reçu le 29 mai.)

Depuis les premières nouvelles que j'ai reçues à la mer de Jeanbon Saint-André, qui me mandait que tout allait bien, qu'il y avait dans l'armée zèle et attention, je n'ai point reçu de ses lettres. Je lui ai écrit cependant chaque jour par deux avisos; mais, comme le vent est favorable pour aller vers l'armée, il contrarie vraisemblablement ce qui en vient. En revanche, nous en avons reçu sur le compte de la division Nielly, que je vous fais passer, quoiqu'elles ne soient pas revêtues de la plus grande authenticité [3].

Les corvettes *le Furet* et *les Trois-Couronnes*, rentrées ce jour, rapportent avoir rencontré à huit lieues dans l'O. N. O. Penmarch, deux prises faisant partie d'un convoi de trente navires marchands et de leur escorte composée d'une frégate, et sept cutters tombés dans la division de Nielly, par 45°8' latitude et 17°10' longitude. Ce convoi

---

[1] Cette lettre est jointe. Dubois-Crancé y dit à peu près les mêmes choses, mais avec plus de développements.

[2] Dans l'original, cette lettre est datée par erreur de *floréal*.

[3] Ces pièces manquent.

contient, suivant le rapport, les richesses que les Anglais nous ont enlevées à Pondichéry.

Je vous remets ci-joint le procès-verbal d'examen de l'état de la frégate *le Flibustier,* rentrée avec des voies d'eau, par l'effet de la pénible croisière qu'elle vient de faire, où elle a [été] démâtée de tous ses mâts et a filé malgré cela 9 nœuds sous ses hunes à un quart de largue, étant chassée par l'armée anglaise qui a croisé d'abord des Sorlingues à Ouessant, et, depuis le 1er prairial, à 20 lieues à l'ouest d'Ouessant, ce dont j'ai instruit le contre-amiral Cornic par un coursier. *Le Flibustier* ne pourra reprendre la mer que dans deux ou trois décades. Il filait 15 nœuds ayant ses mâts.

PRIEUR (de la Marne).

P.-S. Je vous préviens que je fais passer à Paris par le Havre 800 quintaux de beurre, d'excédant dans les vivres de la marine et qui aurait pu s'y détériorer. L'agent de la Commission des subsistances est chargé de cette opération. J'aurai soin de vous faire passer d'autres excédants à mesure que j'en découvrirai.

PRIEUR (de la Marne).

[Ministère de la marine; BB³, 61.]

LE MÊME AU COMITÉ DE SALUT PUBLIC.

Brest, 4 prairial an II-23 mai 1794. (Reçu le 29 mai.)

Des trente et un administrateurs (ci-devant) du département du Finistère, vingt-six ont payé hier de leur tête leurs infâmes projets contre-révolutionnaires. Toutes sûretés furent prises, ce qui, joint au concours de la grande majorité du peuple, formait un cortège imposant; les cris, mille fois répétés, de *Vive la République!* l'accompagnaient, et, ce qui est bien flatteur pour le tribunal qui a prononcé, c'est qu'il n'a fait que confirmer le jugement que le peuple avait porté lui-même pendant l'instruction.

PRIEUR (de la Marne).

[Arch. nat., AF II, 172.]

UN DES REPRÉSENTANTS À L'ARMÉE DE L'OUEST,
AU COMITÉ DE SALUT PUBLIC.

Saintes [1], *4 prairial an II-23 mai 1794.* (Reçu le 29 mai.)

En me rendant, mes chers collègues, pour jouir du congé de quinzaine que vous m'avez accordé, j'ai cru devoir tirer parti de mon
voyage. En conséquence, j'ai passé dans le cœur de la Vendée. J'ai
trouvé à Parthenay, et plus particulièrement à Thouars, l'esprit public
très mauvais; les brigands rôdent dans les cantons, se cantonnent
dans toutes les positions favorables, où ils peuvent surprendre nos ordonnances et les tirailleurs qui se détachent des pelotons que l'on envoie pour les attaquer.

Le jour que je passai à Parthenay, trois de nos volontaires furent
tués de la sorte. La veille, une de nos ordonnances fut assassinée en
allant au camp de Chiché, et le malheur de ces sortes d'accidents consiste particulièrement dans l'enlèvement de dépêches.

Je crains qu'il n'existe encore un projet liberticide de donner de la
consistance à cette guerre, qui ne devrait plus être qu'une chasse,
qu'une battue continuelle. A la vérité, du côté de la Châtaigneraye et
de Montaigu, il se fait quelques rassemblements, mais ils ne se feraient
qu'une fois, si, après les avoir attaqués en déroute, on apportait à les
poursuivre l'activité que demande cette nature de guerre. C'est la
chasse du sanglier qu'il faut faire à ces coquins, et non des combats
qu'il faut livrer, car on se promènerait dix ans en corps d'armée dans
la Vendée que l'on ne trouverait jamais de corps d'ennemis à combattre; mais il n'en existerait pas moins des brigands qui tous les jours
harcèleraient nos détachements, enlèveraient nos convois et tueraient
en embuscade nos volontaires.

Il ne nous faut, dans ce moment, que de bons tirailleurs sans cesse
attachés à la trace des brigands, pendant qu'un cordon bien répandu
leur ôterait toutes espérances de trouées. Au surplus, mes collègues et
moi nous mûrirons plus profondément nos réflexions sur cette malheureuse guerre; mais, dans ce moment, il n'y a que les malveillants qui

---

[1] Dans l'original, ce nom de lieu est
écrit *Xantes*, selon un usage assez fréquent
alors. Cela a induit en erreur l'auteur d'une
analyse de cette lettre, qui se trouve dans
AF II, 171. On y a confondu *Xantes* avec
Nantes.

puissent lui donner un caractère d'importance que certes elle a perdu et qu'elle ne reprendra jamais.

J'ai encore trouvé, soit en me rendant à Nantes, soit en me rendant ici, des moulins qui tournaient, et qui tournaient pour les brigands. Mais déjà ils n'existent plus, et leur destruction entière est un des grands moyens propres à la prompte destruction des brigands eux-mêmes.

L'enlèvement de la récolte, mes chers collègues, qui fixe toute votre sollicitude, achèvera plus promptement encore l'anéantissement de cette horde exécrable que le fer de nos guerriers, et je pense que vous regarderez comme une mesure impérieusement commandée par le salut public de brûler les grains que nous nous verrons dans l'impossibilité d'enlever. Cependant, avec des mesures grandes et promptes, je pense que nous pourrions faire en entier la récolte. Vous nous ferez connaître plus particulièrement vos mesures d'exécution, afin qu'il n'y ait aucune contradiction entre vos plans et nos projets.

Salut et fraternité,

GARNIER (de Saintes).

[Ministère de la guerre; *Armée de l'Ouest.*]

LE REPRÉSENTANT DANS LA DORDOGNE ET LA CHARENTE
AU COMITÉ DE SALUT PUBLIC.

Périgueux, 4 prairial an II–23 mai 1794. (Reçu le 20 juin.)

[«Romme transmet un arrêté [1] à l'effet de répartir les subsistances de manière que tous les citoyens puissent en avoir selon leurs plus ou moins de besoins. — Arch. nat. AF II, 172. Analyse.]

LES REPRÉSENTANTS À L'ARMÉE DES PYRÉNÉES OCCIDENTALES
AU COMITÉ DE SALUT PUBLIC.

Bayonne, 4 prairial an II–23 mai 1794. (Reçu le 1er juin.)

[«Cavaignac et Pinet transmettent leur arrêté qui destitue un nommé Regnier, capitaine des guides. Font part des motifs puissants qui les ont déterminés à

---

[1] Cet arrêté manque.

prendre cette mesure, ainsi que celle de le mettre en arrestation. Joignent extrait d'une lettre qu'ils adressaient au Comité du salut public relativement à la conduite coupable de Regnier [1]. » — Arch. nat., AF ii, 263. Analyse.]

UN DES REPRÉSENTANTS AUX ARMÉES DU RHIN ET DE LA MOSELLE AU COMITÉ DE SALUT PUBLIC.

Longwy, 4 prairial an ii–23 mai 1794.

Comme je vous l'ai annoncé, j'ai tout quitté pour suivre les grands mouvements que fait l'armée de la Moselle. Le 2, elle s'est mise en marche, et je l'ai jointe le 3 à Habay-la-Neuve, trois lieues au delà d'Arlon, où j'ai trouvé mes collègues Duquesnoy, Gillet et Pflieger.

Dans une explication fraternelle que nous avons eu, Duquesnoy (que je croyais chargé d'une mission particulière) m'a dit que vous lui avez confié la surveillance et la direction de cette armée avec la faculté de s'adjoindre Gillet, et qu'ils opéraient en conséquence. D'après cela je n'ai pas hésité à me retirer pour me rendre au quartier général de l'armée du Rhin, ou j'attendrai avec impatience votre réponse pour fixer l'incertitude où je me trouve.

Votre intention est-elle que je continue mes opérations auprès des deux armées du Rhin et de la Moselle, comme je l'ai fait jusqu'à présent, en conformité du décret du 13 brumaire, ou que j'abandonne celle de la Moselle pour ne m'occuper que de celle du Rhin ?

Je reçois à l'instant une lettre de Bâle, dont je vous envoie copie [2], qui vous fera connaître combien j'ai lieu d'être satisfait du voyage que je viens de faire à Huningue et du changement que j'ai opéré dans les dispositions de quelques magistrats de cantons suisses en faveur de la République française.

Le génie de la liberté échauffe tous les cœurs, et notre exemple et nos succès émancipent toutes les têtes. Je présume que ce serait le moment de tirer un grand parti de quelques cantons suisses qui paraissent bien disposés pour nous, afin d'aller protéger l'insurrection qui se manifeste dans la Souabe, le Marquisat et le Margraviat contre le tyran d'Autriche ; et rien ne serait plus facile, si Bâle, à l'exemple de Gênes,

---

[1] Ces pièces manquent. — [2] Cette pièce manque.

nous ouvrait ses portes. Le Rhin, cette barrière redoutable et qui est la seule force de nos ennemis dans cette partie, n'en serait plus une, au moyen des ponts de Bâle et de Rheinfeld. Une fois maître de l'autre rive, nous jetterions des ponts à Huningue, à Neuf-Brisach et à Kehl, pour y porter toutes nos forces et établir des communications. Outre que nous trouverions dans ce pays des grains, des fourrages et des bestiaux en abondance, dont nous avons un si grand besoin, cette invasion jetterait la consternation chez nos ennemis et ferait, dans la combinaison de leurs plans militaires et la distribution de leurs forces, une diversion dont il résulterait des avantages incalculables pour la République.

Une autre circonstance, également favorable, est la mort de l'Électeur Palatin. J'ai vu, dans un rapport, que les troupes de l'empereur avaient chassé la garnison de Manheim, composée de bourgeois de la place, dont il s'était déclaré seul souverain; ce qui a occasionné une fermentation des plus terribles et qu'il est urgent de mettre à profit.

Dans le rapport dont je vous envoie copie [1], vous verrez que l'ennemi a dirigé toutes ses forces du côté de Mayence; qu'il nous attaquera vraisemblablement du côté de Germersheim et de Kaiserslautern, et si les Bâlois nous laissaient passer sur leur pont, ou si nous tentions d'effectuer un passage de ce côté, l'ennemi serait forcé de s'y porter, et Landau et ses environs seraient dans une parfaite sécurité.

Salut et fraternité,

J.-B. LACOSTE.

[Ministère de la guerre; *Armées du Rhin et de la Moselle.*]

LE MÊME AU COMITÉ DE SALUT PUBLIC.

Longwy, 4 prairial an II-23 mai 1794. (Reçu le 31 mai.)

[«J.-B. Lacoste fait part du discrédit du papier-monnaie sur la frontière du Rhin. Les mesures prises jusqu'à ce jour ont été toutes infructueuses, et il ne voit qu'un moyen de couper le mal dans sa racine. Il le soumet au Comité. Ce projet consiste à faire décréter la suppression du numéraire et à obliger les citoyens, dans le délai d'une décade, à verser leur numéraire dans la caisse du district en

[1] Ce rapport manque.

échange contre pareille somme en assignats. Ceux qui seront prévenus de la plus légère soustraction seront déportés et leurs biens confisqués au profit de la République. Ce numéraire sera uniquement employé à acheter chez l'étranger tous les effets de commerce et autres objets utiles à la République. » — Arch. nat., AF ɪɪ, 157. Analyse.]

LE REPRÉSENTANT DANS LA CREUSE ET L'ALLIER
AU COMITÉ DE SALUT PUBLIC.

Moulins, 4 prairial an II–23 mai 1794. (Reçu le 27 mai.)

Citoyens collègues,

Je continue encore quelque temps mon séjour à Moulins. J'y éprouve des sentiments bien doux en voyant que ma présence n'y a pas été absolument inutile. J'ai organisé, ces jours derniers, les autorités constituées; je les ai engagées à se renfermer rigoureusement dans les limites de leurs institutions, à vivre dans cette intelligence, cet accord qui est nécessaire pour la prompte expédition des affaires. Les citoyens qui les composent me paraissent animés des principes de justice que la Convention a mis à l'ordre du jour, le peuple y a applaudi, et Moulins, où régnait une sorte de stupeur, semble ne former plus qu'une même famille; les citoyens se rapprochent, se réunissent et dissipent leurs inquiétudes par les douces communications de la fraternité et de l'amitié.

J'ai été accablé de sollicitations et de pétitions pour exempter des volontaires de la première réquisition : j'ai tenu ferme, et n'en ai accordé aucune.

Je me suis occupé de la manufacture d'armes de cette commune; je l'ai visitée plusieurs fois; j'ai parlé aux ouvriers, que j'ai tâché d'électriser, et à qui je crois avoir, conjointement avec mon collègue Forestier, inspiré ce zèle qui est nécessaire à la prompte activité de cette manufacture. Bientôt on fera un envoi de 500 fusils.

Je vais m'occuper de l'affaire de Villeneuve, que vous m'avez renvoyée; je vous en rendrai compte dans ma première dépêche.

Salut et fraternité,

VERNEREY.

[Arch. nat., AF ɪɪ, 178.]

LE REPRÉSENTANT DANS L'AIN AU COMITÉ DE SALUT PUBLIC.

Bourg-Régénéré (Bourg-en-Bresse), *4 prairial an II-23 mai 1794.*
(Reçu le 28 mai.)

[«Méaulle transmet copie d'un arrêté pris le 15 juin 1793 (v. s.) par les représentants du peuple près l'armée des Alpes, ainsi que copie d'une lettre qu'il a
reçue de l'agent national près le district de Gex, relatives à la manière dont on
importera en France les grains provenant des biens situés dans le territoire de
Genève et dont les Français sont propriétaires, et dont on exportera ceux provenant
des fonds français appartenant à des Genevois [1]. Comme cette affaire regarde la
diplomatie, il n'a pas cru devoir prendre sur lui de prononcer.». — Arch. nat.,
AF II, 195. Analyse.]

LE REPRÉSENTANT DANS LE GARD ET LA LOZÈRE
AU COMITÉ DE SALUT PUBLIC.

Nîmes, 4 prairial an II-23 mai 1794. (Reçu le 1er juin.)

[Borie a reçu la lettre du Comité du 24 floréal [2], qui l'invite à rester dans la
Lozère le temps qu'il y croira sa présence nécessaire. «Je compte m'y rendre après
demain, et je vous instruirai successivement des mesures que je croirai nécessaire
d'y prendre. Je serais reparti de Nîmes depuis quelques jours, si quelques divisions, excitées par la malveillance, n'avaient suivi le décret qui suspend les tribunaux révolutionnaires des départements. Je ne me suis pas mépris sur le sujet des
divisions ; les malveillants ont été contenus et, recevant à l'instant votre lettre et
l'arrêté du Comité qui rétablit le tribunal révolutionnaire, le bon ordre est assuré.
Le temps ne m'a pas permis de vous rendre compte plus tôt de ma commission à
Saint-Geniès ; je le ferai demain.» — Arch. nat., AF II, 195.]

LE REPRÉSENTANT DANS L'ARIÈGE ET LES PYRÉNÉES-ORIENTALES
AU COMITÉ DE SALUT PUBLIC.

Narbonne, 4 prairial an II-23 mai 1794. (Reçu le 3 juin.)

Me voici en route pour Perpignan, citoyens collègues, j'y arriverai
demain, et me rendrai immédiatement après à Céret, où des opéra-

_____

[1] Ces pièces manquent. — [2] Voir plus haut, p. 495.

tions bien importantes m'appellent. Je vous rendrai compte, au moins une fois par décade, de toutes celles que je ferai dans ce district, ainsi que dans les deux autres qui composent le département des Pyrénées-Orientales. En attendant, voici le compte de ce que j'ai fait dans l'Aude, depuis ma dernière lettre.

Le district de Quillan était du petit nombre de ceux qui n'avaient point trempé dans le fédéralisme, mais l'égoïsme et le modérantisme, qui ont perverti tant d'administrations, avaient aussi infecté les siennes, et il a fallu les renouveler presqu'en entier. Le fanatisme travaillait surtout le peuple de ce district, situé dans des montagnes escarpées, dans plusieurs desquelles il n'existe pas de chemins; cette circonstance et de vastes forêts qui couvrent une partie de ces montagnes donnaient aux prêtres une grande facilité à tendre des pièges à la crédulité du peuple et à échapper ensuite à la punition. Il est souvent arrivé qu'à leur instigation les habitants de quelques campagnes ont assailli à coups de pierres, du haut de leurs rochers, des piquets de gendarmerie qui allaient y faire exécuter des lois qui leur déplaisaient. Tous les patriotes que j'ai consultés, et en particulier les Comités de surveillance, m'ont assuré que, tant qu'il resterait des prêtres dans leurs cantons, il n'y régnerait ni obéissance aux lois, ni amour pour la Révolution, qu'ils calomniaient, ni tranquillité. Ces considérations m'ont obligé de prendre des mesures générales contre les prêtres de ce district et de les envoyer tous au chef-lieu du département pour y vivre sous la surveillance de la municipalité. Depuis ce moment, Quillan et ses campagnes sont tranquilles, et j'ai d'autant plus la confiance que cette tranquilité sera durable, que, durant le séjour que j'y ai fait, j'y ai fait ouvrir des temples de la Raison, où j'ai professé et fait professer, ainsi que dans les sociétés populaires, la doctrine de la Convention nationale et du Comité, et j'ai eu la satisfaction de voir qu'elle était vivement applaudie par le peuple.

A Castelnaudary, les mêmes motifs m'ont obligé à la même mesure contre les prêtres; je les ai tous envoyés à Carcassonne, à l'exception de six, qui étaient plus coupables que les autres, et que j'ai fait transférer à Toulouse pour y être en réclusion. Je ne l'avais prise que partiellement à Limoux, ainsi que je vous l'avais marqué; j'en avais éloigné vingt-trois prêtres, et j'y avais laissé les autres; mais, ceux-ci agitant le peuple autant que les premiers, je les ai envoyés avec eux au chef-lieu du département. Vous pouvez compter, citoyens collègues, que cet acte de sévérité et de prudence était nécessaire ; il commence déjà à être justifié par de bons effets, et je ne doute pas que, pour maintenir la paix dans l'intérieur et y faire marcher pleinement le gouvernement révolutionnaire, nous ne soyons tôt ou tard obligés de prendre, à l'égard de cette engeance exécrable, une mesure rigoureuse et uniforme dans tous les départements.

Pour revenir au district de Castelnaudary, le Comité de surveillance de la commune y a été renouvelé en entier, à l'exception d'un seul membre, patriote sans reproche, que j'ai conservé. La municipalité a été aussi entièrement renouvelée. Le maire, qui avait fait adhérer ses concitoyens aux mesures fédéralistes prises par l'Assemblée des autorités constituées du département a été incarcéré, ainsi qu'un individu qui influençait la Société populaire. Celle-ci a été dissoute et recomposée d'un plus petit nombre de membres, dont le patriotisme est très prononcé. Le district, le tribunal judiciaire, le tribunal du juge de paix, le bureau de conciliation ont été réorganisés et un très petit nombre de membres conservés. Castelnaudary n'avait pas encore de temple de la Raison : j'en ai fait ouvrir un, et j'en ai fait l'inauguration ; il y avait un concours immense de citoyens. Je dois vous dire que l'esprit des habitants de ce district est en général très bon, et, à présent que les prêtres, les banqueroutiers, les intrigants et autres fripons qui les égaraient sont ou incarcérés, ou dispersés, ou éloignés de toutes les places, j'ai l'espérance que ce district marquera parmi les meilleurs de la République.

De Castelnaudary, je m'étais rendu à Carcassonne, pour y passer un jour, comptant qu'il suffirait à l'expédition de quelques affaires qui étaient restées en arrière ; mais une circonstance que je dois vous dire m'a obligé de prolonger pendant quarante-huit heures de plus mon séjour. J'avais fait arrêter et conduire à Toulouse un dangereux intrigant, nommé Viallat, ci-devant marchand en détail, et qui non seulement avait saisi pour fermer sa boutique l'époque de la loi sur le maximum, mais qui avait même mis sur sa porte une inscription dérisoire de cette loi. La Société populaire s'est assemblée en secret pour réclamer la liberté de cet individu ; elle a écarté de la tribune ceux de ses membres qui avaient des faits d'incivisme à coter (sic) contre lui qui justifiaient ma mesure, et elle n'a consenti d'entendre que les in-

trigants qui voulaient conserver cet homme, parce qu'il les aidait à
influencer cette Société. Ils sont venus entre minuit et une heure du
matin m'apporter, avec un ton un peu dictatorial, l'arrêté qu'ils lui
avaient fait prendre. Je n'ai pas cru devoir tolérer un pareil oubli du
principe du gouvernement révolutionnaire. J'ai dissous la Société populaire et j'en ai fait nommer une autre, de laquelle tous les banqueroutiers et tous les intrigants qui dominaient l'ancienne ont été exclus.
Sept ou huit patriotes excellents, qui n'avaient pas voulu entrer dans
l'autre parce qu'ils la voyaient influencée par des fripons, ont demandé
à entrer dans celle-ci, et y ont été reçus aux acclamations publiques.
Je n'ai pas pris dans le cours de ma mission une seule mesure qui ait
eue à un plus haut degré l'assentiment des sans-culottes. Ceci vous paraîtra contredire, citoyens collègues, une autre de mes lettres où je
vous disais que la Société populaire de Carcassonne allait assez bien,
mais cela était vrai alors; il a fallu, pour qu'elle changeât d'allure,
que mon devoir m'obligeât de frapper un des intrigants qui la menaient.
Alors tous ses pareils ont jeté les hauts cris et lui ont fait prendre des
mesures qui l'ont égarée. En installant la nouvelle Société, je l'ai vivement exhortée à se contenir dans les limites de ses droits et de ses
devoirs; je lui ai expliqué ce qu'étaient les Sociétés populaires, sous le
gouvernement révolutionnaire, et je l'ai engagée de prendre exemple
des Jacobins de Paris, qui ne protègent aucun des intrigants que vous
frappez, fussent-ils de leurs anciens membres, et qui au contraire secondent vos mesures de toute leur influence. La Société populaire de
Perpignan, quoique régénérée, vient de faire un acte plus irrégulier
que celui de Carcassonne, à la vérité par des meilleurs motifs, mais
je n'en suis pas plus disposé à le tolérer. Je vous dirai, quand je serai
sur les lieux, ce que j'aurai fait à cette occasion. En général, citoyens
collègues, j'observe que les Sociétés populaires ont perdu avec regret
la portion d'autorité extraordinaire que les circonstances avaient contraint l'année dernière la Convention de leur accorder; et plusieurs
font des actes répréhensibles pour se maintenir dans cette autorité que
le gouvernement révolutionnaire ne leur laisse plus. Je ne perds pas
une occasion de les instruire, car plusieurs pèchent par ignorance,
mais vous ne devriez pas laisser ce soin aux seuls représentants en
mission. Je pense qu'il conviendrait que le Comité s'occupât d'une instruction pour les Sociétés populaires, dans laquelle, en leur retraçant

ce qu'elles ont fait pour la Révolution, il leur montrerait ce qu'elles peuvent encore faire pour elle en propageant l'esprit public et en donnant à toute occasion, à l'instar des Jacobins de Paris, l'exemple de l'obéissance aux lois.

J'ai cru qu'une opération de l'importance de celle de dissoudre et de recréer la Société populaire d'une cité considérable valait bien que je prolongeasse mon séjour à Carcassonne de quarante-huit heures. Je dois vous dire que le citoyen Viallat est le même homme qui m'a dénoncé devant vous pour m'être laisser influencer par J. Fabre que je ne connais point, que je n'ai point vu à Carcassonne, ni ailleurs, et qui n'a eu aucune part à mes opérations. Mais ce J. Fabre est, à ce qu'on m'a dit, l'ennemi capital de Viallat, et cet homme, pour lui nuire, compte pour rien de diffamer aussi un représentant du peuple. Le même Viallat, qui se plaint, contre la vérité, que les autres m'influencent, a employé une manœuvre d'intrigant et de fripon pour m'influencer lui-même; il m'a écrit trois lettres anonymes et d'une écriture en majuscules où il déguise la sienne. Dans ces lettres, il me dictait ce que, selon lui, je devais faire, et il y diffamait tous ses ennemis. Il a avoué cette infamie, quand il s'est vu arrêté, ainsi que sa dénonciation contre moi, croyant que c'étaient les causes pour lesquelles on le punissait.

Je travaillerai, dès mon arrivée à Céret, à un mémoire sur l'état du département de l'Aude, pareil à celui que je vous ai envoyé sur l'Ariège. Il vous donnera beaucoup de renseignements que mes lettres ne peuvent pas renfermer.

Salut, égalité et fraternité,   CHAUDRON-ROUSSAU.

[Arch. nat., AF ii, 195.]

COMITÉ DE SALUT PUBLIC.

Séance du 5 prairial an ii-24 mai 1794.

Présents : B. Barère, Carnot, Couthon, C.-A. Prieur, Collot-d'Herbois, Billaud-Varenne, Robespierre, R. Lindet.

1. Le Comité de salut public arrête que les deux mortiers de fer

qui se trouvent à bord de la bombarde *la Salamandre* seront remplacés par deux mortiers de bronze, qui seront pris sur les remparts de Port-Malo, et auxquels seront substitués ceux de *la Salamandre*. La Commission des armes et celle de la marine se concerteront pour l'exécution de cet arrêté.

C.-A. PRIEUR [1].

2. Le Comité de salut public autorise David, représentant du peuple, à faire graver et colorier les divers projets d'habillement national, soit législatif en fonctions, et dans les armées ou judiciaire, soit civil ou militaire, pour en être distribué un exemplaire à chacun des membres de la Convention, et aux citoyens des divers départements, au nombre de vingt mille exemplaires pour le modèle de l'habillement civil, et six mille de chacun des autres.

B. BARÈRE, BILLAUD-VARENNE, COLLOT-D'HERBOIS, CARNOT [2].

3, 4. [Le Comité approuve la proposition de nommer à une place de chef de bataillon au 6ᵉ régiment d'artillerie Ali (Louis-François), en remplacement de Lobreau, promu chef de brigade. Il autorise à donner au citoyen Claude Belet une place de conducteur de charrois de l'artillerie à l'armée du Haut-Rhin. CARNOT. — Arch. nat., AF II, 304. — *Non enregistré.*]

5, 6, 7, 8. [Réquisition de divers ouvriers. C.-A. PRIEUR. — Arch. nat., AF II, 304. — *Non enregistré.*]

9. Le Comité de salut public arrête que la Commission de l'organisation et du mouvement des armées expédiera au citoyen Dubois-Crancé [3] une permission pour rester à Paris pendant vingt jours, à l'effet d'y terminer ses affaires.

CARNOT [4].

10. [Nyon, libraire, est autorisé d'expédier à Piète, libraire à Bouillon, un ballot de livres dont le détail est énuméré dans l'arrêté. R. LINDET, CARNOT, BILLAUD-VARENNE. — Arch. nat., AF II, 77. — *Non enregistré.*]

[1] Arch. nat., AF II, 301. — *La dernière phrase est de la main de C.-A. Prieur.*

[2] Arch. nat., AF II, 66. — *De la main de Barère.*

[3] Capitaine, aide de camp du général d'Oyré.

[4] Arch. nat., AF II, 304. — *Non enregistré.*

11. Sur le rapport de la Commission du commerce et approvisionnements, le Comité de salut public arrête que, sur les fonds mis à la disposition de la Commission, la Trésorerie nationale est autorisée à remettre en espèces trois cent mille livres à Metz, et pareille somme à Laon, pour être employée par les agents qui seront indiqués à la Commission par l'administration des subsistances militaires à l'extraction des bestiaux sur les lisières des pays étrangers ou ennemis. La Commission du commerce et approvisionnements comprendra ces sommes dans ses états de distribution, et l'administration des subsistances militaires lui en rendra compte.

R. Lindet [1].

12. Le Comité de salut public arrête que les deux chevaux du citoyen Lemercier, adjoint de la Commission des transports militaires, remplissant provisoirement les fonctions de commissaire, avec lesquels il a fait son service dans l'armée du Nord, seront reçus en subsistance dans les écuries de la Commission et feront le service concurremment avec ceux qui ont été accordés pour l'usage et le service de la Commission, qui, à ce moyen, en aura dix à sa disposition, vu l'activité et l'étendue du service dans Paris et hors Paris.

R. Lindet [2].

13. Sur le rapport de la Commission des transports, convois, postes et messageries, relativement à la nécessité de transporter promptement par eau de Choisy à Valvin deux cents blessés pour évacuer le nombre des hôpitaux de la première de ces deux communes, le Comité de salut public arrête que le départ du coche d'Auxerre, qui devait avoir lieu le 7 du courant, sera supprimé, pour cette fois seulement, et que ce coche, les chevaux et employés seront occupés à l'évacuation ci-dessus mentionnée.

R. Lindet [3].

14. [Arrêté portant que la Commission des armes et poudres fera provisoirement le travail sur les mines, attribué précédemment à l'administration générale des armes et poudres, en attendant l'organisation de l'Agence nationale des mines. — Arch. nat., AF ii, 215. Non enregistré.]

---

[1] Arch. nat., AF ii, 75. — Non enregistré. — [2] Arch. nat., AF ii, 286. — De la main de R. Lindet. Non enregistré. — [3] Arch. nat., AF ii, 286. — Non enregistré.

15. Le Comité de salut public arrête qu'en attendant que l'Agence nationale des mines soit organisée, la Commission des armes et poudres fera le travail concernant cette partie, qui était attribuée précédemment à l'administration générale des armes portatives.

C.-A. Prieur [1].

16, 17, 18, 19, 20. [Arrêtés autorisant l'exportation de diverses marchandises. R. Lindet. — Arch. nat., AF ii, 75. *Non enregistré.*]

21. Le Comité de salut public, informé qu'il existe à la maison des relations extérieures, rue de Cerutti, section du Mont-Blanc, une malle venue de Londres à l'adresse de Lessert et envoyée, dit-on, par Déon et sur laquelle le scellé a été apposé depuis le mois de septembre 1792 (vieux style), arrête que la Commission des relations extérieures fera faire de suite l'ouverture de ladite malle, dressera l'état exact de ce qu'elle se trouvera contenir, et rendra compte au Comité de salut public du résultat de cette opération. Les fonctions du gardien qui a été commis cesseront à compter de ce jour.

Carnot [2].

22. Le Comité de salut public arrête que la Commission des travaux publics fera estimer par les gens de l'art les armoires d'histoire naturelle que possède la veuve Joubert, qu'elle les fera acheter et placer dans les galeries du Muséum d'histoire naturelle, en se concertant avec les professeurs de cet établissement national.

B. Barère, Carnot, Billaud-Varenne [3].

23. Le Comité de salut public, sur le rapport qui lui a été fait par la Commission des secours publics, arrête que la ci-devant abbaye de Lagny, celle de Chelles, la maison Notre-Dame de Meaux et celle du séminaire dans la même commune seront mises à la disposition de la Commission des secours publics pour y établir des hôpitaux militaires, à l'effet de quoi ladite Commission se concertera avec celle des revenus nationaux.

B. Barère, Collot-d'Herbois, Billaud-Varenne [4].

[1] Arch. nat., AF ii, 215. — *Non enregistré.*

[2] Arch. nat., AF ii, 57. — *Non enregistré.*

[3] Arch. nat., AF ii, 67. — *De la main de Barère. Non enregistré.*

[4] Arch. nat., AF ii, 284. — *Non enregistré.*

24. Le Comité de salut public, sur le rapport qui lui a été fait par la Commission des secours publics, arrête que le ci-devant château de Rambouillet est mis à la disposition de la Commission des secours publics pour y établir un hôpital militaire et qu'à cet effet, ainsi que pour la remise à l'administration des hôpitaux militaires, des lits, effets et ustensiles propres pour le service, cette Commission se concertera avec celle des revenus nationaux.

Collot-d'Herbois, B. Barère, Billaud-Varenne [1].

25. Le Comité de salut public, sur le rapport de la Commission exécutive des secours publics, arrête que le citoyen Worbe, ex-chirurgien de 3ᵉ classe à l'hôpital de Mouzon, destitué de ses fonctions par décision de l'ex-ministre de la guerre du 7 germinal dernier, sera réintégré dans sa place.

Collot-d'Herbois, B. Barère, Billaud-Varenne [2].

26. Le Comité de salut public, en considération de l'âge et des infirmités du citoyen Larcher, ci-devant directeur des plans en relief aux Invalides, autorise son épouse à rester à Paris et à y ramener son fils, également infirme.

Carnot, R. Lindet [3].

27. Le Comité de salut public, sur le rapport qui lui a été fait par la Commission des secours publics, arrête que le service des hôpitaux dits ambulants, mais fixés dans les diverses communes de la République et qui ne suivent point les mouvements de l'armée, sera surveillé par un comité de surveillance d'administration, composé comme il est prescrit par l'article 1ᵉʳ de la section 8 du titre 2 de la loi du 3 ventôse sur le service de santé des armées et des hôpitaux militaires.

Collot-d'Herbois, B. Barère, Billaud-Varenne [4].

28. La Commission des transports militaires ayant exposé au Comité de salut public que, pour subvenir aux besoins pressants des

---

[1] Arch. nat., AF ii, 284. — *Non enregistré.*

[2] Arch. nat., AF ii, 284. — *Non enregistré.*

[3] Arch. nat., AF ii, 203. — *Non enregistré.*

[4] Arch. nat., AF ii, 284. — *Non enregistré.*

armées d'Italie et des Alpes, elle a attribué au service de ces deux
armées les chevaux et mulets des 6ᵉ, 7ᵉ, 8ᵉ, 9ᵉ, 10ᵉ et 20ᵉ divisions,
dont les lieux de rassemblement sont : Chalon-sur-Saône, Vienne,
Gap, Arles, Montpellier et Clermont-Ferrand, que les départements
qui composent partie de ces divisions se trouvent placés auprès du
centre de ces armées, que le bien du service exige qu'on y fasse filer
directement les chevaux et mulets sans les faire rétrograder jusqu'au
lieu de rassemblement; le Comité de salut public, considérant que la
mesure proposée doit éviter des contre marches inutiles et fatigantes
pour les chevaux et mulets, arrête que les chevaux et mulets dont la
levée ne s'est pas encore opérée dans le département du Mont-Blanc,
se rassembleront à Chambéry et y seront mis de suite en activité de
service; que ceux du département de l'Ain se rendront à la même
destination, après s'être rassemblés à Bourg-en-Bresse; que ceux des
Basses-Alpes se rassembleront à Digne; ceux du Var, au Port-de-la-
Montagne, pour filer directement sur Nice, où seront également ceux
levés dans le département des Alpes-Maritimes. Les administrateurs
des quatre départements ci-dessus indiqués nommeront des inspecteurs-
vétérinaires et agents, tenus de se conformer aux dispositions de l'article 24 du titre 1ᵉʳ de la loi du 18 germinal et de l'article 3 du
titre 3, concernant la marque. Les autres formalités prescrites par cette
loi devront être rigoureusement observées et lesdits administrateurs
sont chargés d'en surveiller l'exécution.

R. Lindet [1].

29. Le Comité de Salut public, autorise le citoyen Thouin, professeur au Muséum d'histoire naturelle, chargé par décret de parcourir
les maisons nationales à 30 lieues de rayon du département de Paris,
à rechercher les divers arbres d'orangerie qui pourraient convenir à
l'embellissement du jardin du Palais national. Il se concertera avec la
Commission des travaux publics ou avec celle des transports et charrois
pour les faire déposer dans ce jardin, lorsque la terrasse sera prête à
les recevoir.

B. Barère, Billaud-Varenne, Carnot, Collot-d'Herbois [2].

[1] Arch. nat., AF ii, 286. — Non enregistré.

[2] Arch. nat., AF ii, 67. — Non enregistré.

30. Le Comité de salut public, sur le rapport de la Commission des secours, en exécution du décret du 16 ventôse dernier, arrête provisoirement, et en attendant qu'il soit pourvu d'une manière définitive à l'extinction de la mendicité dans les grandes communes : 1° que les *mendiants infirmes*, hors d'état de travailler, qui se sont fait ou qui se feront inscrire dans leurs sections respectives, recevront, à titre de secours et pour subvenir à leur subsistance, 15 sols par jour, 25 sols lorsqu'ils seront mariés, et 5 sols pour chacun des enfants qu'ils pourront avoir et qui n'auront pas atteint l'âge de 12 ans, ou qui seront infirmes ; autorise la Commission des secours à faire verser les sommes nécessaires au payement de ces secours entre les mains des sections et sur les états qu'elles lui en remettront directement. — 2° Les *mendiants infirmes*, mais qui seront encore susceptibles de quelque travail, recevront les deux tiers des secours ci-dessus. — 3° Au moyen de ces secours, il ne pourra plus y avoir d'infirmes *mendiants* dans les rues de Paris, et ceux qui seront trouvés mendiant seront arrêtés et conduits dans leurs sections pour y être reconnus ; il sera pris à leur égard les mesures de sûreté nécessaires. — 4° Quant aux mendiants valides et en état de travailler, comme ils ne peuvent avoir aucun motif pour mendier, ils seront également arrêtés et conduits à leurs sections, qui prendront sur leur compte les renseignements convenables et telles mesures que leur prudence suggérera. — 5° Enjoint à la municipalité de Paris de veiller et de tenir la main à l'exécution du présent arrêté.

COLLOT-D'HERBOIS, B. BARÈRE, BILLAUD-VARENNE [1].

31. Le Comité de salut public autorise la Commission des secours publics à faire les recherches nécessaires pour connaître quel parti on peut tirer de quelques couvents et autres propriétés nationales qui seraient destinées à donner des locations gratuites à des individus infirmes ou âgés, d'après le rapport que doit faire le Comité sur la mendicité dans les villes.

B. BARÈRE, COLLOT-D'HERBOIS, BILLAUD-VARENNE [2].

32. Vu le rapport de la Commission du commerce et des approvisionnements, le Comité de salut public annulle l'arrêté du départe-

---

[1] Arch. nat., AF II, 81. — *Non enregistré.*

[2] Arch. nat., AF II, 81. — *Non enregistré.*

ment de Saône-et-Loire du 17 brumaire, qui prononce que les marchandises mises en réquisition et appartenant à des négociants de la commune de Louhans, seront acquittées conformément au maximum; arrête que lesdites marchandises seront payées d'après leur valeur au moment de la mise en réquisition qui a été faite, lequel payement sera effectué sur les factures que les négociants propriétaires de ces étoffes représenteront, ou faute de représenter lesdites factures, à dire d'experts sur les échantillons déposés en vertu de l'arrêté du district de Louhans, du 30 septembre, et d'après le rapprochement et comparaison qui seront faites des échantillons avec des étoffes de la même nature et qualité que celles dont il s'agit.

COLLOT-D'HERBOIS, R. LINDET [1].

REPRÉSENTANTS EN MISSION.

LE COMITÉ DE SALUT PUBLIC
À LAURENT, REPRÉSENTANT À L'ARMÉE DU NORD.

Paris, 5 prairial an 11-24 mai 1794.

C'est aux familles qui ont été dernièrement incendiées par l'ennemi dans les départements du Nord et de l'Aisne, que tu es autorisé, par notre arrêté du 21 floréal [2], à procurer des asiles, et c'est dans les maisons nationales situées hors des villes des départements des Ardennes, de la Somme, de l'Aisne et du Pas-de-Calais, et même dans celui de l'Oise, si tu le juges convenable, que ces familles pourront être provisoirement logées.

Voilà, citoyen collègue, le sens littéral de notre arrêté.

A l'égard des deux millions mis à ta disposition pour être répartis à titre de secours provisoires aux incendiés, les citoyens pillés dans

---

[1] Arch. nat., AF II, 78. — *Non enregistré.* — [2] Voir plus haut, p. 406, l'arrêté du Comité n° 2.

leurs meubles et effets doivent aussi avoir part. Le Comité s'en rapporte, sur cet objet, à ta prudence et à ton civisme.

Observe que ces secours ne doivent être distribués qu'à ceux qui, par la force des circonstances, se trouvent exposés à des besoins pressants.

Les membres du Comité de salut public,

CARNOT, R. LINDET, B. BARÈRE.

[Arch. nat., AF II, 81.]

UN DES REPRÉSENTANTS À L'ARMÉE DU NORD AU COMITÉ DE SALUT PUBLIC.

Maubeuge, 5 prairial an II–24 mai 1794.

[Laurent transmet, au nombre de 28, les arrêtés qu'il a pris du 10 au 30 floréal. — Arch. nat., AF II, 235. *De la main de Laurent.*]

LES REPRÉSENTANTS À L'ARMÉE DU NORD AU COMITÉ DE SALUT PUBLIC.

Lille, 5 prairial an II–24 mai 1794.

Nous vous avons promis de ne pas laisser un moment de repos à l'ennemi : nous tenons bien exactement parole. Avant-hier, dès la pointe du jour, nous avons attaqué l'ennemi sur tous les points; il a été successivement chassé de tous les postes qu'il occupait; malgré la plus vigoureuse résistance, nous l'avons enfin acculé sur Tournai et le mont Trinité; mais la nuit étant arrivée, et l'ennemi ayant reçu un renfort assez considérable, le général a cru devoir ordonner la retraite, qui s'est faite en bon ordre. Le combat a duré quinze heures, et il a été des plus chauds. Nous avons enlevé à l'ennemi un convoi considérable sur l'Escaut : une partie a été brûlée. Nous lui avons pris sept pièces de canon, mais nous en avons perdu deux qui ont été démontées; il a dû perdre un grand nombre d'hommes et de chevaux : nous avons fait plus de six cents prisonniers. Nous ne tarderons pas à recommencer.

Quelques lâches ont quitté leur corps pour se livrer au pillage. Cette conduite a excité un moment de désordre et aurait pu nous devenir funeste, si on n'y eût pas promptement remédié. Nous ferons punir les coupables.

RICHARD, P. CHOUDIEU.

[Ministère de la guerre; *Armée du Nord et des Ardennes. — De la main de Richard.*]

LE REPRÉSENTANT À BREST ET DANS LES DÉPARTEMENTS MARITIMES AU COMITÉ DE SALUT PUBLIC.

Sans lieu (en mer), *5 prairial an II-24 mai 1794.*

Nous espérons, citoyens collègues, d'être bientôt réunis au général Nielly. Nous avons aujourd'hui de ses nouvelles par la frégate *la Galathée,* qui l'a laissé hier au soir, ayant reçu l'ordre d'escorter dix bâtiments pris par sa division. La disette où nous sommes de bonnes frégates m'a fait changer cette disposition. Je retiens *la Galathée* et je donne au convoi la frégate hollandaise *la Vigilante,* prise par l'armée avec les deux corvettes de la République, *la Société-Populaire* et *la Diligente.* J'avais donné ordre d'expédier cinq ou six bâtiments de commerce ennemis, arrêtés par nos frégates; si j'avais prévu cette circonstance, je les aurais gardés pour les réunir au convoi.

J'écris à mon collègue Prieur, et je le prie de nous envoyer toutes les frégates dont il pourra disposer : le service de l'armée en exigerait un bien plus grand nombre que nous n'en avons. Ces bâtiments, obligés de chasser en avant, soit la nuit, soit le jour, se séparent souvent de l'armée, et dans ce moment il nous en manque trois depuis deux ou trois jours; elles rallieront sans doute, mais en attendant le service souffre. Il faudrait au moins quinze ou vingt frégates à une armée comme la nôtre; les petites corvettes n'y suppléent pas, elles marchent toutes fort mal, et il faut que les gros vaisseaux, même les plus mauvais voiliers, les attendent.

L'armée est bien disposée, le service s'y fait bien : quelques officiers manquent d'instruction, je n'en connais pas qui manquent de bonne volonté. Nous n'avons encore rien appris du convoi ni de l'amiral Montague, que nous savons croiser dans ces mers avec six vaisseaux, ainsi que vous avez pu voir par les lettres anglaises trouvées à bord du *Maire-Guiton.*

46.

Veuillez recommander que la chaîne des frégates, sur nos côtes, se fasse avec la plus rigoureuse exactitude.

JEANBON SAINT-ANDRÉ.

[*Journal de la croisière*....., par Jeanbon Saint-André, p. 12. — Bibl. nat., Le 39/74, in-8°.]

LE REPRÉSENTANT DANS LA MAYENNE ET L'ILLE-ET-VILAINE
AU COMITÉ DE SALUT PUBLIC.

Laval, 5 prairial an II – 24 mai 1794. (Reçu le 28 mai.)

[«Laignelot communique un arrêté autorisant une réquisition de bois et cidres pour les hôpitaux militaires de l'armée des Côtes de Brest[1].» — Arch. nat., D III, 351. Analyse.]

LES REPRÉSENTANTS À L'ARMÉE DES PYRÉNÉES OCCIDENTALES
AU COMITÉ DE SALUT PUBLIC.

Bayonne, 5 prairial an II – 24 mai 1794. (Reçu le 1er juin.)

[Deux lettres de Pinet et Cavaignac : 1° «Ils transmettent un arrêté qu'ils ont pris d'après l'examen de deux lettres ci-jointes, l'une du général Muller, l'autre de l'adjoint provisoire de la Commission de l'organisation et du mouvement des armées de terre[2], de laquelle il résulte que le général en chef se concertera avec eux pour conserver provisoirement en fonctions ceux des officiers généraux destitués les plus instruits et les meilleurs patriotes, etc. C'est d'après les motifs déduits dans la lettre de l'adjoint qu'ils ont autorisé le général en chef à rappeler le général de brigade Fregeville à son poste.» — Arch. nat., AF II, 263. Analyse. — 2° «Ils transmettent, avec beaucoup de détails, leurs observations sur les officiers supérieurs de l'armée des Pyrénées occidentales, que le ministre de la guerre vient de destituer ou de nommer.» — Ministère de la guerre; *Armées des Pyrénées*[3].]

---

(1) Cet arrêté manque.

(2) Ces lettres manquent.

(3) C'est la même lettre dont nous avons donné, t. XII, p. 770-773, des extraits et des analyses, que nous avions cru pouvoir rapporter à la date du 3 floréal, d'après une note marginale manuscrite. Quand nous avons rencontré cette lettre avec sa véri- table date (5 prairial), il était trop tard pour réparer l'erreur que nous avait fait commettre cette note manuscrite. D'autre part, nous voyons que ces extraits (qui se rapportent à une seule et même lettre de Pinet et Cavaignac, et non à plusieurs) donnent une idée bien suffisante et presque littérale de l'original.

LE REPRÉSENTANT DANS LE GERS ET LA HAUTE-GARONNE
AU COMITÉ DE SALUT PUBLIC.

Toulouse, 5 prairial an II–24 mai 1794. (Reçu le 30 mai.)

[Dartigoeyte, voyant que la malveillance persuadait aux paysans de ne pas travailler les jours de dimanche et de ci-devant fêtes, a pris deux arrêtés, dont l'un en date du 21 floréal, porte qu'il n'y aura de fête que le décadi, et que les contrevenants seront inscrits sur une liste particulière intitulée : *Citoyens fainéants et suspects de la commune*.....(1). «Tout est rentré dans l'ordre, le peuple a applaudi à ces mesures, et l'habitant de la campagne, satisfait et joyeux, aiguise la faux qui doit servir à moissonner une récolte abondante.» — Arch. nat., AF II, 195.]

LE REPRÉSENTANT DANS L'YONNE ET LA SEINE-ET-MARNE
AU COMITÉ DE SALUT PUBLIC.

Vermenton, 5 prairial an II–24 mai 1794. (Reçu le 29 mai.)

Vous m'avez envoyé dans le département de Seine-et-Marne pour y examiner les insurgés du district de Rozoy, y établir le gouvernement révolutionnaire, y prononcer sur les reclus, enfin écouter les réclamations sur les impôts extraordinaires. Ces opérations ont été terminées, autant que je peux le croire, à la satisfaction des citoyens de ce département et surtout à la vôtre, puisque, d'après le compte exact que je vous en ai rendu, vous les avez approuvées.

Je suis revenu dans le département de l'Yonne continuer les travaux que j'y avais interrompus pour aller dans celui de Seine-et-Marne, où le besoin était plus urgent; j'y suis pour maintenir la circulation et la répartition des subsistances, qui y sont très rares, et tranquilliser le peuple, qui souffre beaucoup. J'entretiens une correspondance exacte avec les administrations de ces deux départements, et principalement avec les agents nationaux. Aucun trouble ne s'est élevé depuis que j'y suis en mission. Seulement l'agent national de Melun m'a instruit, par sa lettre du 25 floréal, d'un délit commis dans la commune de Crisenoy, où l'arbre de la liberté a été coupé et quatre tonneaux d'eau salpêtrée défoncés. Les mesures ont été prises pour punir le coupable; l'accu-

---

(1) L'autre arrêté manque.

sateur public a été mis en activité; l'agent national s'est rendu au
Comité de sûreté générale; il a rendu compte de la situation de ce
district; il a été satisfaisant. Ce petit mouvement n'a pas exigé ma présence à Melun, car je m'y serais transporté aussitôt.

Cependant, citoyens collègues, quelques citoyens de Melun viennent de se rendre auprès de vous pour se plaindre que l'aristocratie y
lève sa tête, et que l'esprit public, élevé à sa hauteur lors de la mission de notre collègue Du Bouchet, s'est abaissé depuis ma présence;
ils se proposent de demander un représentant pour ranimer ce feu
sacré, presque éteint. Vous penserez sans doute que quatre citoyens
ne pourront déterminer l'opinion publique sur mes opérations, surtout si vous considérez que dans les plaignants il y a quelques prêtres,
dont la vengeance et la fourberie sont la plus douce jouissance. Il est
question d'individus rayés d'une société; vous penserez encore que je
ne puis demander compte d'une opération particulière, surtout lorsque
je n'en ai connaissance qu'indirectement et qu'il paraît que ce n'est
que l'effet d'un scrutin épuratoire peut-être, comme il n'est que trop
souvent établi, pour satisfaire quelques vengeances particulières. Si
vous pensez que ma présence soit nécessaire à Melun, je m'y transporterai aussitôt; mais je peux me reposer sur l'agent national, qui est
d'un patriotisme reconnu, zélé, actif et intelligent.

Il est douloureux pour un ami sincère de la liberté et de l'égalité
de voir le nom respectable de patriote déshonoré par des hommes
sans mœurs, sans probité et pleins de leurs passions. L'aristocratie
sourit à ces hommes qui servent à avilir aux yeux du peuple ceux qui
doivent en être respectés, mais la République triomphe au dedans et
au dehors.

                                                    Maure aîné.

[Arch. nat., AF ii, 163.]   ———

UN DES REPRÉSENTANTS AUX ARMÉES DU RHIN ET DE LA MOSELLE
AU COMITÉ DE SALUT PUBLIC.

Longwy, 5 prairial an 11-24 mai 1794.

Je ne dois pas vous laisser ignorer, citoyens collègues, que, dans
mon séjour à Huningue, plusieurs patriotes de Bâle, notamment le

chancelier, sont venus me voir, et nous avons eu les entretiens les plus avantageux sur les progrès de la Révolution française. Je leur ai donné à dîner, et là nous avons porté des toasts à la République française une et indivisible, à la destruction des tyrans et de leurs suppôts, à la fédération du Corps helvétique avec nous, au prochain établissement d'un club à Bâle. Des chansons patriotiques ont achevé d'électriser les esprits, et les convives se sont retirés tout enthousiasmés du triomphe de notre liberté et honteux d'être les indignes descendants de Guillaume Tell.

J'aurais été peut-être à Bâle, comme je vous l'avais proposé; mais, n'ayant pas reçu votre réponse, je ne me suis point hasardé à faire cette démarche sans votre agrément. Le tribun de Bâle est un des meneurs du Corps helvétique; si je reviens à Huningue, je suis assuré qu'il viendra me voir et que je ferai avec lui une connaissance particulière.

Salut et fraternité, J.-B. LACOSTE.

[Ministère de la guerre; *Armées du Rhin et de la Moselle.*]

LE REPRÉSENTANT DANS LA MOSELLE ET LA MEUSE
AU COMITÉ DE SALUT PUBLIC.

Bitche, 5 prairial an II-24 mai 1794. (Reçu le 30 mai.)

Voisins des hordes aviles de la tyrannie autrichienne, les habitants de la commune de Bitche, citoyens collègues, sont infectés de leur maligne influence.

Parmi eux ne se rencontre ni l'étincelle du républicanisme, ni la fureur de la contre-révolution. Ils n'ont ni assez d'énergie pour être libres, ni assez d'audace pour servir les tyrans.

Quelques-uns d'entre eux ont cependant mieux prouvé leur attachement pour ceux-ci que leur indifférence pour celle-là (*sic*). En général, cette commune ne pouvait sous aucun rapport prétendre à l'honneur d'être le chef-lieu d'un district. Pour recomposer le moins mal possible son administration désorganisée, j'ai cru ne devoir pas prendre la marche que j'ai coutume d'adopter.

Après un examen approfondi des sujets qui pouvaient remplir dignement des fonctions publiques, j'en ai si peu trouvé, qu'il a fallu que je me décidasse à en requérir d'autres dans les deux départements de la Meuse et de la Moselle. En conséquence, j'ai fait venir, tant de Bar que de Metz, les deux chefs-lieux de département, onze citoyens distingués par leur républicanisme et leurs lumières, et leur ai ordonné, au nom de la patrie et de ses intérêts, de se rendre à Bitche pour y prendre les rênes de l'administration. Ils le firent sans délai, et je crois pouvoir promettre qu'ils mettront au pas cette commune si arriérée.

Je ne dois pas vous dissimuler, citoyens collègues, que ces mesures extraordinaires nécessitent des frais qui le sont aussi, qu'il a fallu pour me permettre de mander de trente-cinq lieues un premier magistrat du peuple, que je lui accordasse un traitement, et que, quant aux autres, j'augmentasse celui que leur donne la République; mais, en agissant ainsi, je n'ai pas craint d'être désavoué par la Convention nationale et par vous; je sais qu'il vous importe peu que quelques dépenses de plus soient faites, pourvu que le triomphe de la République soit assuré.

Les fortifications de Bitche sont belles et en bonnes dispositions; celles des généraux et chefs qui commandent cette place ne le sont pas moins, à ce qu'il m'a paru. On peut compter au surplus sur la garnison qui, avec sa bravoure ordinaire, saurait. comme elle l'a fait déjà, faire repentir, s'ils venaient l'attaquer, les esclaves, de leur témérité.

La Société populaire, qui semble avoir attendu mon arrivée pour se purifier, le fait avec beaucoup de fermeté. J'ai tout lieu de croire que, sans ne conserver dans son sein que de parfaits révolutionnaires difficiles à trouver ici, elle en exclura la tourbe des indulgents et des modérés.

Salut et fraternité,   MALLARMÉ.

Je joins à cette dépêche l'arrêté pris pour révolutionner la commune de Bitche [1] et je me rends à Faulquemont pour y organiser les autorités constituées.

[Arch. nat., AF II, 163. — *De la main de Mallarmé.*]

(1) Cet arrêté nomme les nouveaux fonctionnaires.

LE MÊME AU COMITÉ DE SALUT PUBLIC.

Bitche, 5 prairial an II - 24 mai 1794.

[«Mallarmé annonce au Comité que les deux départements de la Meuse et de la Moselle sonnent la victoire entière sur le fanatisme. Tous les prêtres du premier sont relégués dans la citadelle de Verdun et ceux du second sont disséminés dans les chefs-lieux de leurs districts respectifs. Il apprend que, dans les départements de la Meurthe et des Vosges, l'affreuse superstition y reprend son empire, qu'on y célèbre des fêtes proscrites et que le son des cloches y scandalise les oreilles républicaines. Cette contradiction pouvant devenir d'un danger imminent pour la chose publique, il invite le Comité à écrire au représentant dans les Vosges, afin qu'il prenne des mesures pour conserver l'aplomb et l'unité dans les opérations respectives.» — Arch. nat., AF II, 163. Analyse.]

LE REPRÉSENTANT DANS LES VOSGES ET LE HAUT-RHIN
AU COMITÉ DE SALUT PUBLIC.

Colmar, 5 prairial an II - 24 mai 1794. (Reçu le 3 juin.)

[«Foussedoire transmet un arrêté (sauf approbation du Comité) portant que le citoyen Karpff, dit Casimir, peintre, compris dans la réquisition de dix-huit à vingt-cinq ans, demeurera en réquisition à Colmar, pour y exercer son art. Mémoire dudit Karpff et trois autres pièces relatives à cette disposition [1].» — Arch. nat., AF II, 163. Analyse.]

UN DES REPRÉSENTANTS À L'ARMÉE DU RHIN
AU COMITÉ DE SALUT PUBLIC.

Au quartier général, à Urweiler, 5 prairial an II - 24 mai 1794.

J'arrive du champ de bataille, où j'étais depuis quarante-huit heures. Nous avons été attaqués sur tous les points, dans la nuit du 3 au 4. Les Autrichiens ont commencé le feu à notre droite, le 3, à six heures du matin, et les Prussiens à notre gauche, aussi à deux heures du matin. Je n'ai que des succès à vous apprendre de ce côté-là; nos

---

[1] Ces pièces manquent.

braves républicains, depuis le général jusqu'au volontaire, se sont comportés en héros.

L'Autrichien a au moins perdu, tant tués que blessés, mille hommes, sans compter cent que nous avons faits prisonniers. Notre gauche a repoussé vigoureusement les Prussiens, qui cependant se sont sauvés sans beaucoup de perte.

Malheureusement la droite de l'armée de la Moselle, qui fait notre gauche, ne nous a pas secondés. Elle a abandonné le poste important de Kaiserslautern, et s'est retirée sur Pirmasens, d'où le général de division Ambert écrit au général en chef Michaud que, s'il est derechef attaqué, il ne pourra pas tenir.

Weidenthal, dans les gorges de Saint-Lambrecht, est aussi occupé par les Prussiens. Tous les rapports disent que l'ennemi se porte dans les gorges du côté d'Annweiler.

Hier soir, entre dix et onze heures, les Autrichiens et les Prussiens se sont absolument retirés devant nous; nos patrouilles se sont déjà portées à trois lieues en avant des postes que nous occupons, sans en avoir vu aucune trace. On est comme assuré qu'ils gagnent Kaiserslautern pour nous tourner par les gorges qu'ils occupent.

Toutes ces dispositions de la part de l'ennemi ont déterminé les généraux de cette armée à faire leur retraite sur Germersheim, et, quoique je n'y ait été pour rien, elle me paraît nécessaire. J'eusse bien voulu qu'un de mes collègues, chargé de pouvoirs illimités, s'y soit trouvé, mais il n'y en avait aucun.

Il est de la plus grande urgence que vous nous fassiez passer des forces en cavalerie, car s'il s'en était trouvé hier à Schifferstadt, lorsque nous y repoussâmes l'ennemi, nous en eussions fait un massacre terrible.

Pour le plus, quinze mille républicains ont repoussé au moins quarante mille ennemis.

J'aiderai en tout ce qui sera en mon pouvoir pour effectuer la retraite sur les lignes, qui doit se faire cette nuit. D'après les mesures que les généraux ont prises, il est certain qu'elle se fera dans le plus grand ordre.

ROUGEMONT.

[*Ministère de la guerre; Armées du Rhin et de la Moselle.*]

LES REPRÉSENTANTS À L'ARMÉE DE LA MOSELLE
AU COMITÉ DE SALUT PUBLIC.

Neufchâteau, 5 prairial an II-24 mai 1794.

Nous sommes arrivés hier à Neufchâteau. Ce poste était occupé par un corps assez nombreux de cavalerie et par plusieurs bataillons d'infanterie. Attaqué vivement par notre avant-garde, l'ennemi se retira avec précipitation et en désordre. Il fut poursuivi dans sa retraite plus de deux lieues au delà de Neufchâteau. On lui a fait soixante-dix prisonniers, et aujourd'hui encore plusieurs ont été pris dans les bois où ils s'étaient dispersés; le nombre des morts et des blessés doit être plus considérable. La perte de notre côté consiste en cinq hommes tués et quinze blessés.

Nous espérons bientôt avoir de plus grands succès à vous apprendre. La difficulté n'est pas de vaincre, mais de joindre des esclaves qui, n'osant se mesurer avec des hommes libres, fuient continuellement devant nous.

Presque tous les habitants avaient fui à notre approche avec leurs meubles et leurs bestiaux. Les Autrichiens étaient parvenus à leur persuader que les Français les auraient massacrés, après avoir dévasté leurs propriétés, et c'est avec ces calomnies qu'ils sont parvenus à armer plusieurs villages contre nous. Ils ont été bien détrompés, lorsqu'ils ont appris la conduite de l'armée.

Le soldat français est terrible envers ses ennemis, mais il est humain après la victoire; aucun habitant n'a été maltraité, aucun dommage n'a été fait. Ce sont les Autrichiens eux-mêmes qui ont eu l'infamie de piller ces malheureux avant de partir.

GILLET, DUQUESNOY.

| Ministère de la guerre; *Armées du Rhin et de la Moselle.*|

LES MÊMES AU COMITÉ DE SALUT PUBLIC.

Neufchâteau, 5 prairial an II-24 mai 1794.

Citoyens collègues,

D'après les rapports qui nous avaient été faits que l'ennemi avait

des forces sur notre gauche dans les environs de Bouillon et qu'il faisait filer à la droite une colonne sur Bastogne, le général en chef s'est
déterminé, avant d'aller plus loin, et dans l'impuissance d'avoir des
renseignements positifs sur ces mouvements, à rester aujourd'hui à
Neufchâteau, afin de reconnaître la véritable position de l'ennemi. Il a
fait porter à cet effet de fortes reconnaissances sur Bertrix, Chiny et
la droite. Il en résulte qu'il n'existe plus rien vers Bouillon, et une
lettre du général Debrun nous apprend qu'il se porte aujourd'hui de
Carignan sur Florenville. Ainsi notre communication avec Sedan va
être rétablie. La retraite du corps que nous chassâmes hier de Neufchâteau s'est faite sur Saint-Hubert, où l'ennemi avait, dit-on, un
rassemblement; mais on apprend par différents rapports que l'armée
principale de Beaulieu s'est retirée sur Bastogne pour regagner Luxembourg. Si cela est, il est sans doute intéressant de couvrir notre frontière et de conserver dans cette partie un corps d'armée pour contenir
l'ennemi et l'empêcher de nous suivre ou de tenter aucune entreprise
sur notre territoire. La division du général Hatry, occupant Arlon,
remplit ce double but, et nous reviendrions alors à l'avis de la laisser
dans cette position pendant que nous marcherons en avant. Au surplus, nous serons demain à Saint-Hubert, et nous saurons définitivement ce qu'est devenu Beaulieu et son armée.

GILLET, DUQUESNOY.

[Ministère de la guerre; *Armées du Rhin et de la Moselle.*]

LE REPRÉSENTANT DANS LA CREUSE ET L'ALLIER

AU COMITÉ DE SALUT PUBLIC.

Moulins, 5 prairial an II-24 mai 1794. (Reçu le 29 mai.)

[Conformément à la lettre du Comité du 16 ventôse dernier [1], Vernerey a
examiné la conduite de Villeneuve, ci-devant officier d'artillerie, qui a dirigé les
travaux de la manufacture d'armes à feu et d'armes blanches établie à Moulins,
dont Brillantais a eu l'entreprise. Il semble résulter de cette enquête que c'est à ce
Brillantais, et non à Villeneuve, que doit être attribué le long engourdissement où
a été tenue cette manufacture. La lecture des pièces, l'audition des témoins n'a

---

[1] Voir t. XI, p. 572.

rien fait connaître qui puisse donner lieu à une inculpation fondée, contre la conduite et les intentions de Villeneuve comme inspecteur des travaux de la manufacture. «Sans doute, c'est d'après l'examen des mêmes pièces que le Comité de sûreté générale détermina la Convention à rendre, par son décret du 16 vendémiaire, la liberté à ce même citoyen qui avait été mis en état d'arrestation pour le même objet, et à l'autoriser à s'occuper dans le département de l'Allier d'établissements utiles à la défense de la République et aux progrès de l'industrie. Il est constant que depuis cette époque, il n'a pris aucune part directe aux opérations de la manufacture. Lorsque je suis arrivé à Moulins, il était détenu dans la maison d'arrêt, en exécution de votre arrêté du 9 nivôse [1]. Après avoir examiné sa conduite, j'ai cru devoir adoucir provisoirement sa détention en le mettant en arrestation chez lui sous la garde d'un planton. Il y est maintenant, et il y restera jusqu'à ce que vous ayez, dans votre justice, réglé définitivement son sort. A cet égard, je dois vous prévenir que la situation de sa famille, qui n'a dans ce moment d'autres ressources que celles qu'il lui procure pour subsister, sollicite d'une manière bien pressante une décision prompte. Je ne veux pas laisser passer cette occasion sans vous annoncer que j'ai visité la manufacture, que j'y ai remarqué une grande activité qui promet un succès complet, et que, sous peu, ainsi que je vous l'ai précédemment annoncé, il en sortira cinq cents fusils propres à armer les bras de nos braves et intrépides défenseurs. » — Arch. nat., AF ɪɪ, 178 [2].]

LE REPRÉSENTANT DANS LE GARD ET LA LOZÈRE
AU COMITÉ DE SALUT PUBLIC.

Nîmes, 5 prairial an ɪɪ–24 mai 1794. (Reçu le 2 juin.)

Je vous adresse, citoyens collègues, le procès-verbal de mes premières opérations à Saint-Geniès et une partie des arrêtés que les circonstances m'ont engagé d'y prendre.

La municipalité a remboursé la somme de 40,000 livres qu'elle retenait depuis le mois de septembre dernier; elle n'a pas osé me produire pour un sol de dépense, ni même souscrire, conformément à l'arrêté que je fis proclamer le 20 floréal.

Les quatre citoyens qui avaient signé la dénonciation, comme administrateurs du district, et dont un seul a été conservé par Paganel, s'empressèrent à se réunir à Saint-Geniès, dès qu'ils m'y surent arrivé,

---

[1] Nous n'avons pas à cette date d'arrêté sur cet objet.

[2] En marge : «Écrire à Vernerey que le Comité laisse à sa justice de prononcer.»

pour soutenir leur dénonciation. J'en ai reconnu la vérité et j'ai suspendu la municipalité toute entière, que j'ai momentanément remplacée par des membres indiqués par la Société populaire épurée. J'ai
mis en arrestation Joly, officier municipal; Bonnatère, notable, et Bou-
quet, secrétaire-greffier. J'attends que le district m'ait fait part de ses
observations sur mon arrêté relatif aux subsistances pour statuer sur
l'ex-maire Cavalier.

L'oppression dont les membres de district se sont plaints pèse sur
les habitants d'une manière inconcevable. Un malheureux patriote,
qui voulut me dire la vérité dans la Société populaire, eût été peut-être
victime, si je n'eusse pris sa défense avec l'énergie dont je suis capable
et l'autorité dont je suis investi.

Les officiers municipaux prétendent avoir perdu sur les grains
achetés avant la loi du maximum, et c'est à l'aide de cette prétendue
perte qu'ils voulaient consommer une partie des 40,000 livres qui
leur furent accordées; mais je pense qu'il ne sera pas difficile de les
convaincre d'une administration bien vicieuse, car ceux indiqués
comme ayant prêté des fonds pour achat de grains ont été, les uns
commissaires pour l'achat, les autres pour la vente et un autre trésorier, et par conséquent tous intéressés, dont la plupart retiraient un
bénéfice. Vous jugerez de la conduite de ces magistrats par les pièces
que je vous envoie et les arrêtés que je prendrai, dès que j'aurai reçu
le compte que j'ai demandé ou qu'on sera en demeure de me le présenter.

BORIE.

[Arch. nat., AF ɪɪ, 195.]   ————

LE MÊME AU COMITÉ DE SALUT PUBLIC.

Nimes, 5 prairial an ɪɪ-24 mai 1794.

[Deux lettres de Borie : 1° «Il transmet un arrêté qu'il a pris pour annuler une
délibération de la municipalité, du Comité de surveillance et du président de la
Société populaire d'Alais réunis, comme contraire à l'article 16, section III de la
loi du 14 frimaire.» — Arch., nat., AF ɪɪ, 195. Analyse. — 2° «Il accuse réception de la lettre du Comité du 26 floréal [1], qui rétablit le tribunal révolutionnaire

————

[1] Voir plus haut, p. 526, l'arrêté n° 3.

de Nimes: il l'a de suite réinstallé, et ce matin il a prononcé trois jugements à mort. » — Arch. nat., *ibid.* Analyse [1].]

€

COMITÉ DE SALUT PUBLIC.

Séance du 6 prairial an II—25 mai 1794 [2].

1. Le Comité de salut public arrête que toutes les troupes à cheval disponibles qui se trouvent dans les dépôts de l'armée du Nord et de celle des Ardennes se rendront sans aucun délai à Réunion-sur-Oise [3], où il leur sera distribué les armes qui pourraient leur manquer. La Commission de l'organisation et du mouvement des armées donnera ses ordres en conséquence et préviendra pour les subsistances la Commission du commerce. La Commission des armes et poudres fera passer sans retard, à Réunion-sur-Oise, au moins trois mille pistolets, mille sabres au moins de chasseurs, hussards et dragons et quinze cents sabres au moins de cavalerie ou de gendarmerie nationale. Elle préposera un commissaire spécial pour surveiller la distribution de ces armes.

CARNOT [4].

2. Le Comité de salut public arrête que la citoyenne Gérard touchera les arrérages de la pension accordée à son mari, fait prisonnier de guerre par l'ennemi, et que cette pension lui sera payée par mois jusqu'à l'échange des prisonniers.

COLLOT-D'HERBOIS [5].

3. Le Comité de salut public, sur le rapport de la Commission des armes et poudres, arrête : 1° que les citoyens Hellot frères sont auto-

---

[1] En marge de cette analyse on lit cette note : « Écrire qu'il examine si sa présence est plus nécessaire à Nimes que dans la Haute-Loire, où des troubles se manifestent et où le Comité se proposait de l'envoyer. — Écrit le 19 prairial. »

[2] Le registre du Comité de salut public ne contient aucun arrêté aux dates des 6, 7 et 8 prairial an II.

[3] Ci-devant Guise.

[4] Arch. nat., AF II, 198. — *De la main de Carnot. Non enregistré.*

[5] Arch. nat., AF II, 230. — *Non enregistré.*

risés à établir dans une maison nationale de la commune d'Avignon des fourneaux propres à faire le départ du métal des cloches : un laminoir, pour réduire en plaques le cuivre qui proviendra de cette opération, et une fabrique de clous de cuivre pour la marine; 2° que la Commission des armes, poudres et exploitation des mines est autorisée à faire aux frères Hellot les avances qu'elle jugera leur être nécessaires pour cet établissement, en prenant les sûretés qu'exigent les intérêts de la République. Le remboursement en sera fait en retenant un tiers du prix, qui leur sera accordé pour le départ des cloches à chaque livraison qu'ils en feront; charge la Commission des armes et poudres de suivre l'exécution du présent arrêté.

C.-A. Prieur [1].

4. «Paris, 2 prairial, l'an II. La Commission de l'organisation et mouvement des armées de terre expose que Gabriel, officier invalide et employé au bureau du contrôle des troupes, a donné sa démission au citoyen Sijas et le chef de ce bureau n'en a nullement été instruit. Cette disposition va faire naître des plaintes. L'absence de ce citoyen nuit au bien général. On demande qu'il soit rappelé à son poste et que sa démission soit regardée comme nulle, sauf à lui, s'il veut la faire accepter par la suite, à donner tous les renseignements convenables à celui qu'on destinerait à le remplacer, afin que le travail n'en souffre pas.» Le rappeler à son poste sur l'ordre du Comité de salut public. 6 prairial an II.

Carnot [2].

5. Le citoyen Trouville, chargé de la surveillance des voitures et selleries appartenantes à la République, ayant observé à la Commission des transports que, faute d'un local suffisant, les objets confiés à ses soins souffrent de la sécheresse et de la pluie, le Comité de salut public, d'après le rapport, arrête : 1° que le citoyen Trouville est autorisé dès ce moment à disposer des trois cours qui forment l'aile droite de la ci-devant École militaire, du côté du Champ-de-Mars, et des remises qui y sont placées; 2° qu'il est également autorisé à se concerter avec les agents des messageries pour faire enlever de la mai-

---

[1] Arch. nat., AF II, 215. — *Non enregistré.*

[2] Arch. nat., AF II, 24. — *De la main de Carnot. Non enregistré.*

son où ils tiennent leurs ateliers, sise rue de Paradis, les hangars existants et à les faire reconstruire dans les cours susdites; 3° que la démolition et reconstitution seront faites par devis, en la manière accoutumée. Au surplus, la Commission des transports se concertera pour l'exécution du présent arrêté avec celle des receveurs nationaux.

R. Lindet[1].

6, 7, 8, 9, 10. [Autorisation d'exporter diverses marchandises. R. Lindet. — Arch. nat.. AF ıı, 75. *Non enregistré.*]

11. Le Comité de salut public, après avoir entendu le rapport de la Commission du commerce et approvisionnements, arrête ce qui suit : 1° Les dispositions de l'arrêté du 7 nivôse[2] qui détermine à chaque armée un arrondissement exclusif pour son approvisionnement en grains et fourrages, ne sont point applicables aux étoffes, équipement et campement, huiles, vins, eaux-de-vie et toutes autres denrées autres que grains et fourrages. Tous arrêtés des représentants du peuple auprès des armées qui auraient étendu ces dispositions à ces différents effets, matières et denrées, sont révoqués et annulés. — 2° La Commission du commerce fera répartir les ressources en proportion des besoins; elle les fera transporter dans tous les lieux où elles devront être mises en consommation. — 3° Il est défendu aux autorités constituées d'empêcher ou retarder le mouvement et la circulation des matières mises en réquisition ou achetées par l'ordre de la Commission du commerce et des approvisionnements et par les agents chargés des différentes parties du service ci-devant, connu sous le nom d'administration des subsistances militaires, de l'habillement, des hôpitaux militaires, et qui ont été mis en réquisition pour continuer le service sous les ordres de la Commission du commerce. — 4° Les représentants du peuple feront exécuter le présent arrêté et, quant à l'exercice du droit de réquisition spécialement attribué à la Commission du commerce, ils se conformeront à la loi du [1er] germinal. — 5° Le présent arrêté sera adressé aux représentants du peuple et aux administrations des départements et de districts.

R. Lindet[3].

[1] Arch. nat., AF ıı, 286. — *Non enregistré.* — [2] Voir t. IX, p. 690, l'arrêté n° 5. — [3] Arch. nat., AF ıı, 68. — *Non enregistré.*

12. [Approbation, en conformité de l'arrêté du 30 germinal [1], de nominations et de destitutions faites par l'Agence générale de l'habillement. R. LINDET. — Arch. nat., AF II, 289. *Non enregistré.*]

13. Le Comité de salut public arrête que le citoyen Jacques Bauche est employé dans les bureaux du Comité de salut public, section de la guerre.

CARNOT [2].

14. Le Comité de salut public arrête que le citoyen Grimpel, chef de légion de la commune de Strasbourg, détenu à la maison d'arrêt de l'Abbaye, sera mis sur-le-champ en liberté [3].

CARNOT [4].

15. Le Comité de salut public arrête que la Commission de l'organisation et du mouvement des armées rendra compte dans le jour au Comité des motifs de la supension des citoyens Champeaux frères [5], employés dans l'armée des côtes de Brest, l'un comme adjudant général, l'autre comme adjoint.

CARNOT, R. LINDET [6].

16. [François Davrange Mey, retraité des bureaux de la guerre après 30 ans de service et remis en activité en 1793, est définitivement admis à la retraite, sa pension ayant été liquidée le 10 ventôse à la somme de 1,959 livres. CARNOT. — Arch. nat., AF II, 304. *Non enregistré.*]

17. [Cambray, général de brigade à l'armée de l'Ouest, ne voulant pas profiter du congé à lui accordé, pour raison de santé, sera employé, selon sa demande, à l'armée des Pyrénées Occidentales, où sa santé se rétablira plus promptement sous un ciel méridional. CARNOT. — Arch. nat., AF II, 304. *Non enregistré.*]

18. [Canteau, ancien professeur de physique au collège de Luçon, qu'il quitta pour combattre les rebelles de la Vendée, fut blessé et nommé par le département professeur de physique à Poitiers. Son bataillon le rappelle, mais le Comité l'autorise à rester à Poitiers pour y occuper la chaire de physique. CARNOT. — Arch. nat., AF II, 304. *Non enregistré.*]

[1] Voir t. XII, p. 681, l'arrêté du Comité n° 9.

[2] Arch. nat., AF II, 23. — *Non enregistré.*

[3] Il avait été arrêté par ordre des représentants en mission Saint-Just et Le Bas.

[4] Arch. nat., AF II, 57. — *Non enregistré.*

[5] C'étaient les fils du conventionnel Palasne-Champeaux.

[6] Arch. nat., AF II, 304. — *Non enregistré.*

19. [Offner et Bourguignon, grenadiers-gendarmes de la Convention, sont autorisés à se rendre à Fribourg en Suisse. Carnot. — Arch. nat., AF ii, 304. *Non enregistré.*

20. [Buisson, volontaire au 2ᵉ bataillon de Paris, âgé de moins de dix-huit ans et d'une faible santé, est autorisé à rester chez son père, avec congé absolu. Carnot. — Arch. nat., AF ii, 304. *Non enregistré.*]

21. Le Comité de salut public, sur le rapport de la Commission des transports et convois militaires, voulant porter le plus promptement possible aux défenseurs de la patrie le soulagement que la reconnaissance publique s'empresse de leur offrir, considérant que chaque instant qui est différé coûte des hommes à la République et des souffrances à ses enfants, arrête : 1° Les tentes qui, selon le programme des voitures destinées au transport des malades et blessés, devaient être adaptées au pavillon de la caisse sont supprimées. — 2° Le prix desdites tentes sera diminué sur chaque voiture d'après l'évaluation qui en sera faite par des experts, en la calculant sur le maximum du prix des matières et la valeur des façons qu'exige leur construction. — 3° Les voitures seront parachevées avec toute la célérité possible. Les constructeurs qui, par leur faute, mettraient du retard à leurs travaux, seront suspects de malveillance et punis comme tels. — 4° La Commission des transports et convois militaires sera tenue de notifier cet arrêté à chaque adjudicataire.

R. Lindet [1].

22. Le Comité de salut public arrête que le citoyen Fretille sera nommé adjoint aux officiers du génie avec appointements de 2,400 livres par an et qu'il sera employé à l'armée des Alpes ; charge la Commission des travaux publics de lui faire expédier de suite une commission en cette qualité et celle de l'organisation et du mouvement des armées de lui délivrer un brevet de capitaine.

Carnot [2].

23. Le Comité de salut public arrête que le premier bataillon de la Charente, actuellement en quartier à Rodez, se rendra sans délai

---

[1] Arch. nat., AF ii, 286. — *Non enregistré.*

[2] Arch. nat., AF ii, 203. — *Non enregistré.*

au Port-de-la-Montagne; la Commission de l'organisation et du mouvement des armées donnera les ordres nécessaires.

CARNOT [1].

24. Le Comité de salut public arrête que Bernard, chef de brigade du 4ᵉ régiment de chasseurs, et Barbou, adjudant général, envoyés au Comité de salut public par le général Ferrand, sous la garde de Bernard, retourneront sans délai à leurs postes respectifs. La Commission de l'organisation et du mouvement des armées donnera sans délai ses ordres en conséquence.

CARNOT [2].

25. Le Comité de salut public arrête que la Commission de la marine et des colonies est autorisée à charger en chef le citoyen Forfait des constructions qui doivent s'exécuter à Port-Malo et à Cherbourg, comme il l'est de celles du Havre et de Honfleur, et à lui laisser le choix des sous-ingénieurs pour ces deux nouveaux ports mis sous sa direction.

BILLAUD-VARENNE, CARNOT, COLLOT-D'HERBOIS, B. BARÈRE [3].

26. « La Commission de l'organisation et mouvement des armées de terre et de mer demande pour deux commis des bureaux de la marine passés au bureau général du contrôle des troupes du département de la guerre les appointements ci-après par an, savoir : pour le citoyen Huguet (sujet ancien, qui entend très bien le détail), 2,400 livres; pour le citoyen Jean-Baptiste Huguet, 2,000 livres. » — Renvoyé au travail général sur la fixation du traitement dans les bureaux.

CARNOT [4].

27. [Arrêté mettant en réquisition, pour le citoyen Didot, fabricant de papiers à Essonnes, des matières de fer, acier, cuivre, charbons, carreaux et carrelets, «dont il a besoin pour la fabrication du papier des lois». R. LINDET. — Arch. nat., AF ii, 60. — *Non enregistré.*]

---

[1] Arch. nat., AF ii, 203. — *De la main de Carnot. Non enregistré.*

[2] Arch. nat., AF ii, 209. — *De la main de Carnot. Non enregistré.*

[3] Arch. nat., AF ii, 295. — *Non enregistré.*

[4] Arch. nat., AF ii, 24. — *Non enregistré.*

28. «Paris, 29 floréal an ii. Le citoyen Duploy donne sa démission à la Commission de l'organisation et mouvements des armées de terre de la place qu'il occupe dans le bureau de la gendarmerie, pour entrer au Comité de salut public.» — Accepter. 6 prairial an ii.

CARNOT [1].

REPRÉSENTANTS EN MISSION.

LE COMITÉ DE SALUT PUBLIC
À GUYTON-MORVEAU, REPRÉSENTANT À MAUBEUGE.

Paris, 6 prairial an ii-25 mai 1794.

Le Comité, cher collègue, vient de se déterminer à faire revenir ici notre collègue Saint-Just [2]. Il te charge, pendant le temps de son absence, de te rendre au quartier général de Desjardin et de t'y concerter avec Levasseur sur tous les objets qui concernent les fonctions de représentants du peuple près les armées, pour les remplir conjointement avec lui. Tu te trouveras encore assez près de Maubeuge pour continuer de surveiller les opérations qui y ont été préparées sous ta direction [3], et tu pourras même en tirer le parti le plus avantageux. Le Comité apprécie ton dévouement à la patrie et les services que tu peux lui rendre; il se repose avec confiance sur ton zèle.

Salut et fraternité.

Les membres du Comité de salut public,

C.-A. PRIEUR, ROBESPIERRE, CARNOT, BILLAUD-VARENNE.

[Ministère de la guerre; *Armées du Nord et des Ardennes.* — *De la main de C.-A. Prieur.*]

---

[1] Arch. nat., AF ii, 24. — *Non enregistré.*

[2] Nous n'avons pas d'arrêté relatif à ce rappel de Saint-Just.

[3] Il s'agit des opérations relatives aux aérostats, dont Guyton-Morveau avait été chargé. Voir plus haut, p. 411, l'arrêté du Comité n° 18 (21 floréal).

LE COMITÉ DE SALUT PUBLIC
AUX REPRÉSENTANTS DU PEUPLE À L'ARMÉE DU NORD.

Paris, 6 prairial an II – 25 mai 1794.

Le Comité de salut public vous fait passer, citoyens collègues, son arrêté du 1er de ce mois [1], portant que les réquisitions des gardes nationales qui seront jugées nécessaires par les représentants du peuple, seront faites à l'avenir pour un temps limité. Cet arrêté vous autorise à faire cesser, ou renouveller, si vous le jugez utile, la réquisition des gardes nationales de Dunelibre et de Bergues. Le Comité vous invite à en assurer l'exécution.

[Arch. nat., AF II, 37.]

LE COMITÉ DE SALUT PUBLIC
À CHOUDIEU ET RICHARD, REPRÉSENTANTS À L'ARMÉE DU NORD.

Paris, 6 prairial an II – 25 mai 1794.

[Carnot, au nom du Comité, leur mande qu'il lui tarde de voir l'armée établie sur la rive droite de l'Escaut. «Il paraît difficile que l'ennemi puisse vous empêcher d'en exécuter le passage entre Tournai et Oudenarde. Peut-être serait-il à propos pour votre gauche de tenter un coup de main sur cette dernière ville, ce qui jetterait l'alarme jusqu'à Gand et Bruxelles, disperserait les forces ennemies, isolerait entièrement la Flandre maritime, assurerait vos positions de Menin et de Courtrai, et entraînerait enfin probablement la prise, tant souhaitée, d'Ypres et de Nieuport. Nous vous proposons cette expédition comme digne de votre enthousiasme pour la liberté et de l'ardeur de nos braves frères d'armes. Nous félicitons Pichegru, mais nous vous engageons à ne pas ajouter légèrement foi à ce prétendu secours de trente mille Prussiens. En tout cas, il faut les prévenir et attaquer avant leur jonction. Vous savez que la politique des ennemis est toujours d'exagérer leurs forces, pour empêcher qu'on ne tente aucun coup hardi. Ce moyen leur réussit presque toujours. Pourquoi faisons-nous donc tout le contraire? Pourquoi ne répand-t-on pas la terreur en disant qu'il y a quatre cent mille hommes à l'armée du Nord? Comment trente mille Prussiens ont-ils pu arriver, sans qu'on ait eu la moindre nouvelle? En tout cas, il en arrive bientôt cinquante mille bien réels et bien effectifs de la Moselle sous les ordres de Jourdan, et nous avons lieu de croire qu'avec ce secours l'aile droite et l'armée des Ardennes pourront marcher en avant.

[1] Voir plus haut, p. 628, l'arrêté n° 28.

On vous a persuadés que les ennemis avaient cent soixante mille hommes ; croyez que c'est une erreur, car les journaux étrangers qui se complaisent le plus à exagérer les forces ennemies, et à atténuer les nôtres, disent qu'ils ont cent mille hommes entre la mer et la Meuse, et, dans ce nombre. il y en a de toutes les nations, et notamment beaucoup de Hollandais. La conduite même des ennemis dénote leur faiblesse, puisqu'ils n'ont pas eu assez de moyens pour continuer leurs opérations dans la trouée. Envoyez-nous vite de quoi alimenter les journaux affamés de victoires. » — Ministère de la guerre ; Armées du Nord et des Ardennes. — *De la main de Carnot. Voir la Correspondance générale de Carnot.*]

LE COMITÉ DE SALUT PUBLIC
À SAINT-JUST ET LE BAS, REPRÉSENTANTS À L'ARMÉE DU NORD.

Paris, 6 prairial an II-25 mai 1794.

[Carnot leur mande que le Comité n'a pu découvrir aucune pièce qui puisse appuyer la dénonciation qu'ils lui envoient contre Barbou, chef de l'État-major du général Ferrand. Cette dénonciation, qui est en quelque sorte anonyme, puisque le signataire ne donne pas son adresse, nous a paru ne devoir pas contrebalancer le témoignage on ne peut plus avantageux que rend ce général au civisme et aux talents de Barbou. L'expérience nous prouvant chaque jour que de pareilles dénonciations sont souvent dictées soit par des haines particulières, soit par le désir d'obtenir les places de ceux qu'on veut faire destituer, soit enfin par l'envie de priver la République de ceux qui la servent avec zèle et intelligence, nous renvoyons donc Barbou à ses fonctions, en vous invitant à le surveiller et à prendre à son sujet tous les renseignements que vous pourrez vous procurer. » — Arch. nat., AF II, 304. — *De la main de Carnot. Voir la Correspondance générale de Carnot.*]

LE COMITÉ DE SALUT PUBLIC
À PRIEUR (DE LA MARNE), REPRÉSENTANT À BREST
ET DANS LES DÉPARTEMENTS MARITIMES.

Paris, 6 prairial an II-25 mai 1794.

Le Comité de salut public est informé que l'établissement des fourneaux à rougir les boulets n'a point eu lieu à bord des vaisseaux et autres bâtiments de l'armée que commande Villaret de Joyeuse. Il te recommande de prendre des mesures pour assurer cette opération, à laquelle il attache un grand intérêt. Tu auras soin de donner les ordres pour que tout soit prêt au moment où l'armée pourra rentrer, et qu'il ne manque rien pour établir les fourneaux à bord. Nous t'invitons à commettre des hommes intelligents, actifs et zélés pour préparer et assurer tous les moyens nécessaires à la plus prompte exécution. L'opération des fourneaux est terminée au Port-de-la-Montagne; elle l'est à peu près à Cancale. Ainsi Brest est en arrière pour cet objet, qui a été contrarié par les grandes opérations de tout genre qui ont eu lieu dans ce port.

Collot-d'Herbois, Carnot, Billaud-Varenne, Barère.

[Arch. nat., AF ii, 294.]

LE COMITÉ DE SALUT PUBLIC
À J.-B. LACOSTE, REPRÉSENTANT AUX ARMÉES DU RHIN ET DE LA MOSELLE.

Paris, 6 prairial an ii-25 mai 1794.

[Carnot mande que le Comité a besoin de connaître les termes exacts de l'arrêté que J.-B. Lacoste a pris avec Baudot, le 8 ventôse dernier, pour supprimer le bureau de correspondance secrète de l'Armée du Rhin. «Nous te demandons si tu n'as pas pris d'arrêté postérieur à celui-ci; dans ce cas, tu voudras bien nous instruire de ses dispositions [1].» — Arch. nat. AF ii, 203.]

LE COMITÉ DE SALUT PUBLIC
AUX REPRÉSENTANTS À L'ARMÉE DU RHIN.

Paris, 6 prairial an ii-25 mai 1794.

Chers collègues,

Nous vous envoyons copie d'une dénonciation faite contre le maire de Strasbourg et contre plusieurs habitants de cette commune. Ils sont accusés d'avoir fait une collecte pour le cardinal de Rohan, ci-devant évêque de Strasbourg.

Vous prendrez sur cet avis les mesures que vous croirez nécessaires.

[Arch. nat., AF ii*, 225.]

---

[1] Voir plus loin la lettre de J.-B. Lacoste, du 15 prairial.

LE COMITÉ DE SALUT PUBLIC
À MAIGNET, REPRÉSENTANT DANS LES BOUCHES-DU-RHÔNE ET LE VAUCLUSE.

Paris, 6 prairial an II - 25 mai 1794.

Cher collègue,

Nous t'envoyons copie d'une dénonciation qui a été faite contre un nommé Souche, accusé d'avoir été partisan des aristocrates et d'avoir obtenu des places lucratives à force d'intrigues.

Tu feras de cette pièce l'usage que tu croiras convenable.

[Arch. nat., AF II*, 225.]

_____

LE COMITÉ DE SALUT PUBLIC
À MOLTEDO, REPRÉSENTANT À PORT–LA–MONTAGNE (TOULON).

Paris, 6 prairial an II - 25 mai 1794.

Le Comité de salut public te fait passer, citoyen collègue, une lettre du citoyen Buonaparte [1], chargé, au mois d'août dernier (vieux style), par le ci-devant Conseil exécutif, d'une mission en Corse, pour y ranimer l'esprit public; il expose la nécessité de charger quelqu'un de ce soin. Le Comité t'invite à prononcer sur les observations de ce citoyen, et à faire part au Comité de ton avis sur leur utilité.

[Arch. nat., AF II, 57.]

_____

LE REPRÉSENTANT DANS LES DÉPARTEMENTS DE SEINE-ET-OISE ET DE PARIS
À LA CONVENTION NATIONALE.

Montfort–Brutus (Montfort–l'Amaury), *6 prairial an II - 25 mai 1794.*

Des réquisitions pour les subsistances ont éprouvé, citoyens collègues, une résistance criminelle dans deux ou trois communes du

_____

[1] Il s'agit de Joseph Bonaparte.

district de Montfort-le-Brutus. Elles avaient été faites pour la commune
de Versailles. Un commissaire du département, chargé spécialement de
les suivre par le Comité de salut public, et un commissaire du district
de Montfort se sont présentés dans ces communes, le 30 floréal; ils
ont été méconnus, insultés et repoussés, quoiqu'ils fussent accompagnés de la gendarmerie nationale; les autorités constituées étaient à
la tête du parti, dans lequel les femmes jouaient un grand rôle, au
point que l'une d'elles leur a jeté leur réquisition. Les propos les plus
injurieux ont été tenus; le tocsin a été à l'instant de sonner, et la prudence seule a empêché des événements funestes. Ce coup avait été
préparé la veille à Septeuil, chef-lieu de canton; des voitures avaient
refusé de conduire des grains à Versailles, sous prétexte que ce jour
correspondait au ci-devant dimanche, et, dans la nuit, on avait enlevé
les écrous de la voiture des commissaires. La malveillance se servait à
la fois du fanatisme et des craintes simulées sur les subsistances pour
agiter les esprits, et il paraît certain que le projet était formé de soulever toutes les communes du canton.

Aussitôt que j'ai été instruit de ce qui se passait, j'ai réuni la gendarmerie de Rambouillet et autres endroits, la garde nationale de
Montfort, et, dès le lendemain matin, j'ai fait enlever les maires,
agents nationaux et présidents des Comités des deux communes rebelles de Martin-des-Champs et d'Osmoy. La force a été assez imposante pour empêcher la résistance qu'on commençait encore à opposer,
et son activité a déconcerté tous les projets. Quarante dragons sont
arrivés depuis par ordre du Comité de salut public, mais la tranquillité était déjà rétablie. Les coupables, qu'on n'avait pas pris dans les
premiers moments, ont depuis été arrêtés; tous sont traduits au Tribunal révolutionnaire, et maintenant les réquisitions sont entièrement
remplies, preuve certaine que les craintes étaient chimériques et que
la malveillance seule faisait agir.

Il y avait à Septeuil une Société populaire dont les patriotes avaient
été exclus; on l'avait vue réclamer l'ex-curé prévenu d'avoir prêté,
rétracté et reprêté le serment. Quelques-uns des dominateurs de cette
société ont participé aux mouvements du 30. Je l'ai dissoute; il s'en
est formé une autre, et les patriotes y propageront les principes républicains.

Le fanatisme ne se tient pas encore pour battu. Un ex-curé était notable et officier public dans une commune de ce district; il allait avoir la vogue; pour les mariages, on s'y rendait des communes voisines, et il ne craignait pas de mêler la superstition à l'acte civil; il bénissait l'anneau et en faisait faire la ridicule cérémonie en marmottant du latin. Ces hommes veillent donc toujours pour corrompre l'esprit public. J'ai pourvu à ce que celui-ci n'eût plus le pouvoir de faire du mal, et j'ai repoussé des places tous ceux que j'y ai trouvés. Le plus grand soin doit être apporté pour préserver le peuple de leur venin.

Salut et fraternité,   A. CRASSOUS.

[Arch. nat., AF II, 157.]

UN DES REPRÉSENTANTS À L'ARMÉE DE L'OUEST
AU COMITÉ DE SALUT PUBLIC.

Saintes, 6 prairial an II—25 mai 1794. (Reçu le 3 juin.)

Le département de la Charente-Inférieure, mes chers collègues, s'est toujours soutenu, vous le savez, avec ce courage républicain, mis souvent à l'épreuve, et par les fédéralistes girondins qu'ils ont repoussés de leur sein, et par les exécrables Vendéens qu'ils ont combattus et combattent encore sans relâche.

Aujourd'hui, une des communes de ce département, celle de Jonzac, est dans un état d'agitation qui afflige tous les bons patriotes. J'ignore de quel côté sont les torts, mais tous les habitants luttent contre deux individus contre lesquels je n'ai rien à dire, car je ne connais point leurs principes; mais il est bien intéressant pour la tranquillité de tout le canton qu'un représentant se transporte sur les lieux, aille à la source des divisions et rende à une commune que j'ai vue excellente en patriotisme la tranquillité après laquelle elle paraît soupirer.

Nous avons deux collègues à Rochefort; je vais leur écrire, et je crois que vous n'hésiterez pas à donner l'ordre à l'un d'eux à se transporter dans cette commune pour vérifier de quel côté sont les torts, rendre justice à chacune, même aux deux individus dont on se plaint, si la raison et les principes sont de leur côté, et les éloigner, au contraire, s'ils sont les ferments et les provocateurs de troubles.

Déjà ces divisions gagnent jusque dans les communes de Pons; il est donc instant d'arrêter cette fermentation dans sa source[1].

Salut et fraternité,

GARNIER (de Saintes).

[Arch. nat., AF ii, 172. — *De la main de Garnier (de Saintes).*]

LE REPRÉSENTANT DANS LA DORDOGNE ET LA CHARENTE AU COMITÉ DE SALUT PUBLIC.

Périgueux, 6 prairial an ii-25 mai 1794. (Reçu le 20 juin.)

[«Romme transmet un arrêté tendant à composer le directoire et le conseil d'administration du district d'Angoulême et la municipalité de ce nom de citoyens choisis par des patriotes.» — Arch. nat., AF ii, 172. Analyse.]

UN DES REPRÉSENTANTS À L'ARMÉE DES PYRÉNÉES OCCIDENTALES À CARNOT, MEMBRE DU COMITÉ DE SALUT PUBLIC.

Libourne, 6 prairial an ii-25 mai 1794.

Je commençais, mon cher ami, à être inquiet de ton silence, lorsque j'ai reçu tes lettres des 26 et 27 floréal.

Je pense comme toi que la perte de Dagobert est irréparable, et qu'il vaut mieux abandonner le projet hardi que nous avions concerté entre toi, lui et moi, que d'en compromettre le succès.

Nous allons donc réunir toutes nos forces disponibles vers la Bidassoa pour tomber sur Fontarabie, Saint-Sébastien et le port du Passage.

Mais pourquoi faut-il que je sois contrarié de la manière la plus cruelle dans l'exécution de la dernière mission que le Comité de salut public m'a confiée? D'un côté, M. Turreau, général en chef de l'armée de l'Ouest (un peu muscadin de profession), se fait un jeu de mes arrêtés et des lettres honnêtes et amicales que je lui écris; il les laisse dédaigneusement sans réponse, et, depuis plus d'un mois que le chef de son État-Major et moi avons dressé et arrêté l'état des cadres qui doivent passer de l'armée de l'Ouest dans celle des Pyrénées occiden-

---

[1] En marge : «Renvoyé sans décision.»

tales, il ne lui pas encore pris fantaisie d'en envoyer un seul[1], de sorte que, par un pareil procédé, il retarde non seulement le succès de nos armes contre le despote de Madrid, mais encore la réorganisation et le complétement des bataillons de l'armée même qu'il commande. Car tu sais que je dois, mon opération achevée, lui faire passer l'excédent des recrues de ces départements; cet excédent s'élèvera à près de 18,000 hommes,

Je viens d'écrire de nouveau, et par un courrier extraordinaire, à ce général négligent ou malveillant pour le rappeler à ses devoirs, et le prévenir, qu'après avoir usé envers lui de moyens de douceur et de fraternité, je me verrai forcé à employer des mesures sévères. J'ignore ce que produira cette démarche, mais je suis bien déterminé à ne pas souffrir qu'il abuse plus longtemps des égards que, trop longtemps peut-être, mes collègues et moi avons eus pour lui.

D'un autre côté, notre collègue Romme, tantôt sous un prétexte et tantôt sous un autre, arrête, dans le département de la Dordogne, les subsistances destinées à cette armée; je lui avais écrit, le 17 floréal, pour l'engager à lever un embargo aussi funeste, et il y avait consenti; mais il vient derechef de suspendre tout envoi.

Ainsi les nombreuses recrues que la négligence coupable de Turreau a fait accumuler ici, et qui surchargent à pure perte les habitants, et les troupes qui sont, ou passent journellement, dans le département du Bec-d'Ambez, sont sur le point de manquer de vivres. Il a fallu intéresser la générosité de nos braves frères d'armes de la garnison de cette commune pour pouvoir fournir l'étape au premier bataillon des Deux-Sèvres qui vient de passer par ordre de la Commission des mouvements pour se porter sur *Bayonne*. Je t'envoie copie de la lettre que le commissaire des guerres m'a écrite à ce sujet[2].

Or, avec tant d'entraves, tant de difficultés, comment veux-tu que les choses aillent? Je te l'ai dit et je te le répète, il faut régler d'une manière peu équivoque les pouvoirs des représentants du peuple en mission, leur fixer des limites certaines; sans cela il est impossible de mettre de l'ensemble dans les opérations et d'éviter ces conflits perpétuels d'autorité qui détraquent la machine et en paralysent les mouve-

---

[1] Il a envoyé le 7e bataillon de Saône-et-Loire, composé de 360 hommes mal armés, plus mal vêtus, et qui n'était pas porté sur l'état. Je l'ai complété et fait partir pour Bayonne. (*Note de l'original.*)

[2] Cette pièce manque.

ments. Voilà mon opinion; elle a paru être celle du Comité. Pourquoi ne l'a-t-il pas encore adoptée?

Je viens d'envoyer un courrier à Romme pour l'inviter à retirer de nouveau l'ordre qu'il a donné et à permettre que les grains rassemblés dans les magasins nationaux du département de la Dordogne soient enfin versés dans les mains des fournisseurs des subsistances militaires de la 11ᵉ division. Se rendra-t-il à mon invitation? Je veux le croire; je serais autrement dans un embarras extrême. La plus affreuse disette règne dans le pays. Déjà plusieurs citoyens sont morts de faim... Chacun est réduit à trois onces de mauvais pain par jour, et encore, dans certains endroits, cette modique ration manque-t-elle souvent.

Cependant personne ne murmure, et l'espoir d'une récolte prochaine et abondante console tous les cœurs; mais si cette année, la terre, fertilisée par le génie de la liberté, présente de grandes ressources, il ne faut pas les prodiguer. Je pense donc, mon ami, qu'il est instant et très instant que la Convention nationale décrète, *surtout pour le Midi,* qu'immédiatement après la moisson, il sera fait un recensement de grains et légumes de toute espèce, et qu'elle prenne des mesures telles que ces denrées si nécessaires à la vie soient conservées avec soin et qu'elles ne puissent être détournées de leur destination.

J'ai fait passer, mon ami, copie de ta lettre du 27 à mes collègues à Bayonne. Ils fourniront un état motivé des hommes qu'ils croient les plus propres à être à la tête de notre brave armée et me le feront parvenir; j'y joindrai mes observations, et je te l'enverrai. Ce choix est trop important, trop délicat, pour qu'eux et moi n'y mettions la plus sévère attention et la plus rigoureuse impartialité.

Je t'envoie, mon cher, deux arrêtés[1] de mes collègues, qui nomment Dubreton commissaire général et Feugère commissaire ordonnateur des guerres. Tu ne connais pas le premier, mais bien le second. Ils sont l'un et l'autre dignes de la confiance publique, et les seuls dans l'armée en état de remplir ces places; j'ai donné avec empressement mon suffrage à cette nomination.

GARRAU.

[Ministère de la guerre; *Armées des Pyrénées.*]

(1) Ces arrêtés manquent.

LE REPRÉSENTANT DANS LA MEUSE ET LA MOSELLE
À BILLAUD-VARENNE, MEMBRE DU COMITÉ DE SALUT PUBLIC.

Faulquemont, 6 prairial an II-25 mai 1794. (Reçu le 3 juin.)

Au moment où j'ai reçu, mon cher collègue, ta lettre du 26 ger-minal [1], qui m'invite, au nom du Comité de salut public, à retourner au sein de la Convention, je me rendais à Faulquemont, chef-lieu de district, qui me reste à organiser révolutionnairement; peu de jours encore, et je rentrais au sein de la Convention sans aucun ordre parti-culier à ce sujet.

Quoique je présume, d'après la bonne conduite que j'ai tâché de tenir partout, qu'il n'existe aucun fait, aucune raison particulière pour mon rappel, et que cette dépêche est une circulaire peut-être à tous les représentants envoyés pour le même objet, cependant je ne te dis-simule pas que cette marche m'a suggéré quelques réflexions pénibles. Je m'empresse de t'accuser la réception de la lettre en question, et de te dire que je déférerai à ce qu'elle contient dans le plus court délai.

Je t'ajouterai, mon cher collègue, et je te prie, au nom de l'amitié, d'en faire part au Comité, qu'il y a longtemps que j'aurais terminé la mission particulière qu'il m'avait donnée, relative à l'exécution de la loi du 14 frimaire, si je n'avais été chargé que de cet objet, malgré qu'il exige beaucoup de moments et de précautions pour bien le rem-plir. Mais, en partant de Paris, le Comité de sûreté générale m'a chargé d'une commission concernant la commune de Bar-sur-Ornain, chef-lieu du département de la Meuse, qui a consommé près de trente jours, et j'en ai rendu un compte particulier au Comité de sûreté géné-rale. Le Comité de salut public lui-même, ce qu'il ne se rappelle pas sans doute, m'a envoyé à deux reprises différentes des affaires à ter-miner dans les communes de Metz et Thionville, qui m'ont employé plusieurs jours.

La Convention nationale, par deux décrets particuliers, m'a chargé de différentes informations à faire sur les réclamations des citoyens Brigeat et Gossin, dans les communes de Bar-sur-Ornain, Commercy et Verdun.

---

[1] Il veut dire *floréal*. Voir plus haut, p. 535.

Les Comités d'aliénation et des domaines nationaux m'ont demandé divers renseignements sur une vente faite dans la commune de Sarreguemines.

Tu conçois, mon cher collègue, que ces commissions particulières m'ont employé plusieurs instants et ont empêché que je ne remplisse la principale avec toute la célérité que l'on attendait peut-être; cependant je puis t'assurer que j'y ai apporté toute l'attention et l'activité dont je peux me faire gloire sans manquer à la vérité.

J'ai eu soin, en terminant une opération dans chaque chef-lieu de district, d'en rendre compte au Comité de salut public; ma correspondance a été très exacte et très suivie; si on a eu le temps de la lire, ou de s'en faire rendre compte, on a dû se convaincre des précautions et de l'exactitude minutieuse même, si je puis me servir de ce terme, que j'ai apportées partout.

J'ai voulu tout faire par moi-même et ne confier aucune de mes opérations à des mains étrangères, qui souvent ne sont que trop infidèles et nous induisent à des démarches inconsidérées.

L'épuration régulière des autorités constituées de tout un district n'est pas une chose à perfectionner dans un court délai; je ne me suis pas contenté du chef-lieu; j'ai voulu aussi connaître si les municipalités des communes de l'arrondissement ne renfermaient pas des hommes suspects, des ex-nobles, des ex-ministres, et je ne me suis convaincu que trop souvent de l'existence de la chose; j'y ai bien vite remédié.

J'avais dix-sept districts à organiser; dans la plupart de ceux qui composent le département de la Moselle, j'ai trouvé, mon cher collègue, une entière désorganisation, et il m'a fallu chercher ailleurs des fonctionnaires publics. Dans tout ce qui compose la partie allemande, et qu'on appelait autrefois la Lorraine, l'esprit public y est encore dans l'enfance. Ces faits ont exigé de ma part bien des mesures, bien des précautions pour y éteindre le fanatisme et révolutionner les esprits.

Chaque fois, j'en ai rendu compte au Comité de salut public. Si on a mis dans un carton particulier ma correspondance, elle doit être assez volumineuse et le convaincre de mon exactitude. Au surplus, je soumettrai l'ensemble et les détails de ma conduite à l'examen du Comité dans le compte général que je me propose de lui rendre, et je me permets de penser que je mériterai son approbation, ou, qu'au moins, si je suis tombé dans quelque faute, je compte assez sur son indulgence pour ne les attribuer qu'à une erreur d'esprit, et non à un crime de conscience.

J'ai toujours eu les intentions pures, et il serait bien malheureux pour moi que je me fusse écarté de la ligne de mes devoirs sans m'en apercevoir.

Je suis trop assuré de la sagesse et de la justice du Comité pour ne pas tenir à conviction que, si des dénonciations motivées avaient été lancées contre moi, si enfin je m'étais trompé, il m'accorderait au moins la communication de la plainte avant de prononcer contre moi un rappel humiliant.

Je puis donc me persuader, mon cher collègue, d'après le cri de ma conscience et d'après la justice bien connue du Comité, que je ne dois pas considérer ce rappel comme une punition. Enfin je brûle du désir de retourner à la Montagne et de rendre compte de ma conduite.

Je viens d'arriver dans ce chef-lieu, qui ne l'est que depuis quelques jours, savoir depuis la translation du district de Morhange en cette commune. Je vais avec la plus grande célérité procéder à l'organisation révolutionnaire des autorités constituées.

Cela fait, je pars pour Paris; tu me pardonneras cette lettre; j'ai compté sur ton amitié, et je n'ai pu m'empêcher, mon cher collègue, de t'ouvrir mon cœur; il est républicain, il est délicat, il redoute jusqu'à l'ombre la plus légère du soupçon, et surtout de ne pas conserver ton amitié et l'estime entière du Comité.

Salut, fraternité et amitié civique,   MALLARMÉ.

[Arch. nat., AF II, 163. — *De la main de Mallarmé.*]

LE REPRÉSENTANT DANS LES VOSGES ET LE HAUT-RHIN
AU COMITÉ DE SALUT PUBLIC.

Colmar, 6 prairial an II–25 mai 1794. (Reçu le 30 mai.)

Citoyens collègues,

Je vous ai rendu compte de mes opérations dans le département du Haut-Rhin, relativement à l'établissement du gouvernement révolutionnaire. L'épuration des autorités constituées est achevée dans les grandes communes. J'ai lieu d'espérer que la marche révolutionnaire n'éprouvera aucun obstacle de la part des fonctionnaires publics. Les craintes par rapport aux subsistances se dissipent, et l'espoir d'une abondante moisson les fera bientôt entièrement disparaître. Les progrès de la raison y sont lents, et les prêtres, qui abusent toujours des lois, même les plus favorables à la liberté des cultes, contribuent toujours à y entretenir un foyer de fanatisme que l'ignorance et la diversité des langues ne peuvent qu'alimenter davantage. Les Sociétés populaires travaillent sans relâche à propager les lumières. Malheureusement les instructeurs de la langue française, qui doivent être établis dans ce département, sont extrêmement difficiles à trouver; je m'occupe souvent et d'une manière particulière de cet objet intéressant.

Mais ce qui m'afflige surtout, c'est le discrédit des assignats. Je vous en ai parlé dans toutes mes lettres, et je dois vous en parler encore. J'attends d'heureux effets de la dernière loi qui contient des dispositions pénales contre ceux qui cherchent à entretenir le discrédit de la monnaie nationale. Je ne puis vous dissimuler, d'après l'expérience de tous les jours, d'après mes connaissances locales, que les mesures ordinaires relèveront difficilement la valeur des assignats. Il n'est pas de ruse que l'égoïsme et la cupidité n'inventeront pour se soustraire aux peines de la loi. J'avais indiqué dans mes précédentes lettres des mesures extraordinaires que mon collègue Baudot et moi avions cru indispensables pour les départements du Rhin; j'attendais avec impatience la réponse du Comité, et j'ai lieu de croire, d'après son silence, qu'il n'a pas approuvé mes vues. Je me crois obligé de vous réitérer encore, chers collègues, combien il serait important que le Comité de salut public usât de la faculté que lui réserve la loi de créer dans ce département un tribunal révolutionnaire. Je vous invite donc de nouveau à jeter un regard particulier sur les mesures que je vous ai proposées et dont la nécessité me paraît toujours de plus en plus indispensable.

Je vous ai encore envoyé des pièces relatives à quelques prêtres fanatiques des districts de Bruyères et Saint-Dié, département des Vosges, et à des réclamations de deux Suisses détenus dans les maisons d'arrêt du département du Haut-Rhin; je n'ai reçu aucune réponse sur ces objets, et je suis journellement assailli de réclamations, surtout pour l'affaire des deux Suisses.

Je viens d'être averti de quelques mouvements qui se préparent de la part de l'ennemi dans le Brisgau ; ignorant si mes collègues près les armées sont sur la frontière du Haut-Rhin, je pars à l'instant pour Neuf-Brisach et Huningue pour prendre connaissance de ce qui se passe.

Salut et fraternité,   Foussedoire.

[Arch. nat., AF II, 163. — *De la main de Foussedoire.*]

LE REPRÉSENTANT DANS L'AIN AU COMITÉ DE SALUT PUBLIC.

Bourg, 6 prairial an II-25 mai 1794. (Reçu le 2 juin.)

[Méaulle envoie deux arrêtés par lesquels il a épuré et réorganisé la municipalité de Certines, canton du Pont-d'Ain, et fait quelques remplacements indispensables dans quelques municipalités du district de Bourg. «Il me reste encore quelques mesures de ce genre à prendre dans le département de l'Ain, pour y maintenir avec succès l'action du Gouvernement révolutionnaire.» — Arch. nat., AF II, 195.]

LE REPRÉSENTANT DANS LE GARD ET LA LOZÈRE
AU COMITÉ DE SALUT PUBLIC.

Nimes, 6 prairial an II-25 mai 1794. (Reçu le 4 juin.)

[Deux lettres de Borie : 1° «Il transmet l'état de la formation des comités de surveillance du département du Gard. «Les membres que j'y ai compris, et qui ne sont pas de la commune, chef-lieu de canton, n'entreront en fonctions qu'autant que vous pourriez peut-être la trouver vicieuse; mais des considérations majeures m'ont forcé à les proposer ainsi : 1° le défaut de sujets comme patriotes dans les communes; 2° l'utilité d'avoir un bon comité, composé d'hommes choisis; 3° l'esprit est si mauvais dans plusieurs cantons, qu'il aurait été dangereux d'y autoriser un comité à lancer des mandats d'arrêts. Tel a été l'avis des districts et agents nationaux. Voici copie de l'arrêté que j'ai pris concernant ces comités; je vous engage à l'examiner et à l'approuver si vous le trouvez utile.» — Arch. nat., AF II, 195. — 2° «Il transmet un double de l'épuration des juges de paix des huit districts composant le département du Gard.». — Arch. nat., *ibid.* Analyse.]

COMITÉ DE SALUT PUBLIC.

Séance du 7 prairial an II-26 mai 1794.

1. Le Comité de salut public, après avoir entendu le rapport de la Commission du commerce et approvisionnements de la République, arrête ce qui suit : 1° A compter du 20 prairial inclusivement, la distribution journalière d'une once de riz ou de deux onces de légumes secs en remplacement, par soldat, sera supprimée. — 2° L'once de riz ou les deux onces de légumes secs seront remplacés par un supplément de paye de douze deniers par jour. — 3° Le décompte en supplément de riz ou de légumes secs sera fait aux différents corps pendant le même temps et de la même manière que pour la solde. — 4° Il est ordonné à tous les commissaires ordonnateurs, commissaires des guerres et à tous chefs de corps, de mettre le présent arrêté à exécution, à compter de ladite époque inclusivement.

R. LINDET[1].

2. Le Comité de salut public, vu le rapport de la Commission du commerce et des approvisionnements sur les violences commises par des citoyens de Châtillon-sur-Loing pour obliger un voiturier commissionnaire de leur vendre des vins destinés au commerce et à l'approvisionnement de Paris, le jugement de la municipalité qui approuve ces violences, rendu le 17 germinal, les mêmes violences commises par les citoyens de la commune de Montbouy pour le même objet, arrête que les citoyens Becquerel, maire, Bezard et Paloi, officiers municipaux, et l'agent national de la commune de Châtillon-sur-Loing seront destitués et remplacés par le représentant du peuple qui sera envoyé sur les lieux. Le maire, officiers municipaux et agent national de Montbouy seront pareillement destitués et remplacés. Le représentant du peuple fera mettre en état d'arrestation les fonctionnaires destitués et les fera provisoirement transférer dans la maison d'arrêt du chef-lieu de district. Il prendra des informations exactes sur les auteurs et instigateurs des attroupements qui ont eu lieu dans les communes de Châtillon et Mont-

---

[1] Arch. nat., AF II, 282. — *Non enregistré.*

bouy, le 17 germinal, à l'occasion de deux bateaux chargés de vin
destinés pour Paris que plusieurs habitants de cette commune ont contraint le citoyen Coulange de leur vendre. Il dénoncera à l'accusateur
public du tribunal criminel du département les fonctionnaires publics
qui ont concouru au jugement de la municipalité de Châtillon, ceux
d'entre eux qui ont pris part à l'attroupement, les principaux chefs
et instigateurs des violences, les fonctionnaires publics de la commune
de Montbouy qui ont pris part aux violences exercées le même jour
dans leur commune et les principaux instigateurs de ces violences.
L'accusateur public rendra compte, dans le cours de chaque décade,
des mesures prises pour constater les délits et en punir les auteurs.
Le rapport de la Commission du commerce et les pièces qui y sont
jointes seront adressées au citoyen Maure, représentant du peuple
envoyé dans le département de l'Yonne, qui se rendra sans délai
dans la commune de Châtillon, ou dans le chef lieu de district, pour
y remplir la nouvelle mission qui lui est confiée, et pour laquelle il est
revêtu des mêmes pouvoirs que pour le département de l'Yonne.

R. Lindet[1].

3. Le Comité de salut public, sur le rapport qui lui a été fait par la
Commission des secours publics, arrête que le citoyen Roubaud, chirurgien aide-major à l'armée des Alpes, dont la radiation du tableau
des officiers de santé a été approuvée par décision de l'ex-ministre de
la guerre, du 28 juin 1793 (v. s.), sera réintégré dans ses fonctions.

B. Barère, Carnot, Billaud-Varenne[2].

4. Le Comité de salut public, considérant que l'article 6 de la loi
du 21 septembre 1793 (v. s.) autorise le ministre de la marine à
prendre, pour compléter le nombre des novices à bord des vaisseaux
de la République, les jeunes gens de la première réquisition qui pré-
féreront le service de mer à celui de terre; considérant que le citoyen
Antoine Bard, soldat de la première réquisition, caporal-fourrier dans
le 15e bataillon, à Paris, préfère le service de la mer, et que d'ailleurs
il a été mis en réquisition pour ce service, arrête que le commandant

(1) Arch. nat., AF ii, 72. — De la main
de R. Lindet. Non enregistré.

(2) Arch. nat., AF ii, 284. — Non enregistré.

du 15ᵉ bataillon, à Paris, se conformera aux dispositions de ladite loi du 21 septembre 1793 (v. s.) en laissant au citoyen Antoine Bard la liberté de se rendre au Port-la-Montagne.

Carnot [1].

5. «La Commission des transports militaires, postes et messageries estime que les six chevaux du citoyen Prévost, mis en réquisition par le citoyen Hubert, chargé des travaux et embellissements du Palais national des Tuileries et de la place de la Révolution, ne doivent pas être compris dans la levée ordonnée par le décret du 18 germinal, mais seulement être comptés, et que par conséquent le cheval qui lui a été pris par les commissaires, maison de Biron, doit lui être rendu. Les commissaires, *signé* : Liénain, Mimaud, adjoint provisoire. » Le Comité de salut public approuve la décision de la Commission des transports militaires, arrête qu'elle sera exécutée.

R. Lindet [2].

6. Le Comité de salut public, sur le rapport qui lui a été fait par la Commission des secours publics, arrête que le bâtiment de la communauté de la Croix à Solidor, ci-devant Saint-Servan, département d'Ille-et-Vilaine, sera mis à la disposition de la Commission des secours publics pour y établir un hôpital militaire de galeux compliqués et de vénériens.

B. Barère, Carnot, Billaud-Varenne [3].

7. Le Comité de salut public, sur le rapport de la Commission des secours publics, approuve l'autorisation provisoire donnée par ladite Commission pour l'établissement de quatre hôpitaux ci-après, savoir : à Amiens, dans le ci-devant couvent des Ursulines, pour douze cents malades; à Breteuil, pour quatre cents malades, dans la maison nationale occupée par le directoire du district qui choisira un autre emplacement; à Gournay-sur-Aronde, aussi pour quatre cents malades, dans le ci-devant château, et à Chantilly, aussi pour quatre cents malades, dans le local occupé par l'hôpital civil de cette commune,

---

[1] Arch. nat., AF II, 295. — *Non enregistré.* — [2] Arch. nat., AF II, 286. — *Non enregistré.* — [3] Arch. nat., AF II, 284. — *Non enregistré.*

qui sera transféré dans un autre bâtiment national, suffisant pour l'établissement de quarante lits. La Commission des secours publics est pareillement autorisée à ne réduire le nombre des lits dans les hôpitaux militaires actuellement existants, qu'à mesure que de nouveaux établissements suffisants pour assurer le service, permettront de coucher les malades seuls, et de placer les lits à la distance prescrite par la loi du 3 ventôse dernier.

B. Barère, Carnot, Billaud-Varenne [1].

8. Le Comité de salut public, sur le rapport qui lui a été fait par la Commission des secours publics, arrête : 1° Que la maison de Champlatreux, près Luzarches, sera mise à la disposition de la Commission des secours publics, qui est autorisée à la faire disposer à usage d'hôpital pour les malades et blessés évacués des hôpitaux de l'armée du Nord. — 2° Que le directoire du district de Gonesse fera lever les scellés apposés sur ladite maison et enlever les objets d'ameublements autres que ceux qui pourront être utilement employés pour le service d'hôpital, et qu'à cet effet il sera dressé deux inventaires séparés : l'un, des effets qui seront enlevés comme inutiles pour l'hôpital, et l'autre de ceux qui y seront propres.

B. Barère, Carnot, Billaud-Varenne [2].

9. Le Comité de salut public arrête que le citoyen Marc-Louis Gaudefroy, d'Amiens, est mis en réquisition à Paris, pour y être employé dans les bureaux, section de la guerre du Comité.

Carnot [3].

10. Le Comité de salut public, sur le rapport de la Commission des secours, concernant la situation de la citoyenne veuve Drouen, chargée de trois enfants en bas âge, et dont le mari, infirmier des détenus du ci-devant évêché, est mort dans l'exercice de ses fonctions, arrête, conformément au vœu du décret du 7 floréal, qui assimile les infirmiers des hôpitaux aux défenseurs de la patrie, quant aux secours à accorder à leur famille en cas de décès, que la Commission est au-

<hr />

[1] Arch. nat., AF II, 284. — *Non enregistré.* — [2] Arch. nat., AF II, 284. — *Non enregistré.* — [3] Arch. nat., AF II, 23. — *Non enregistré.*

torisée à lui délivrer une somme de quatre cents livres à titre de secours, à prendre sur les fonds des vingt millions mis à la disposition de la Commission pour les dépenses de son administration.

Carnot, B. Barère, Billaud-Varenne[1].

11. [Autorisation d'un payement à faire à M. de Chapeaurouge, négociant à Hambourg. R. Lindet. — Arch. nat., AF II, 75. *Non enregistré.*]

12. [Arrêté autorisant un négociant de Paris à retirer de la douane de Rouen diverses marchandises. R. Lindet. — Arch. nat., AF II, 75. *Non enregistré.*]

REPRÉSENTANTS EN MISSION.

LE COMITÉ DE SALUT PUBLIC
À MILHAUD ET SOUBRANY,
REPRÉSENTANTS À L'ARMÉE DES PYRÉNÉES ORIENTALES.

Paris, 7 prairial an II-26 mai 1794.

Grâce à vous, chers collègues, grâce au brave et infatigable Dugommier, la victoire et l'honneur sont à l'ordre du jour dans l'armée des Pyrénées orientales, et le territoire de la République sera bientôt, est peut-être déjà délivré des brigands royalistes qui l'infectaient depuis si longtemps.

La prise de la fonderie espagnole de Saint-Laurent de la Mouga n'est pas une des moins importantes de vos opérations. Dugommier nous propose de la conserver soigneusement, comme pouvant fournir tout le Midi de canons et de projectiles d'artillerie. Cette proposition tient à un système plus général, celui de réunir à la France le riche territoire de la Catalogne, où nous ne doutons pas que vous fassiez bientôt verdir l'arbre de la liberté.

Mais devons-nous, en effet, conserver ce pays? La France a renoncé aux conquêtes autres que celles qui seraient nécessaires à sa propre sûreté. L'invasion de la Catalogne serait donc fort éloignée du centre d'action, et qui de longtemps ne pourrait s'identifier avec nous, à

---

[1] Arch. nat., AF II, 81. — *Non enregistré. En partie de la main de Barère.*

cause de la différence des habitudes, du langage et des anciens préjugés.

Il nous paraît plus conforme à nos intérêts et à nos principes d'essayer de faire de la Catalogne une petite république indépendante qui,
sous la protection de la France, nous servira de barrière, à cet endroit où les Pyrénées cessent. Ce système flatterait sans doute les Catalans, et ils l'adopteront plus volontiers encore que leur réunion à la
France.

C'est donc dans cette vue, chers collègues, que nous désirons que
des opérations politiques et militaires soient dirigées. Vous devez dans
les montagnes porter les limites jusqu'aux extrémités et par conséquent vous établir à demeure dans toute la Cerdagne, prendre la vallée
d'Aran, en un mot tout ce qui est en deçà des monts, tout ce qui donne
pied aux ennemis sur notre territoire, tout ce qui peut en assurer
l'inviolabilité. Mais la Catalogne, devenue département français, serait
aussi difficile à conserver que l'est aujourd'hui l'ancien Roussillon, et,
au contraire, en en faisant un pays libre, qui, intéressé à sa propre
défense et à la conservation de son indépendance, se fortifiera elle-
même et fera une barrière éternelle entre l'Espagne et la France.

Mais il faut lier cette république à la nôtre par le besoin, les principes et les intérêts; il faut lui inspirer le génie de la liberté, le mépris des mômeries espagnoles, la fierté républicaine, et cependant
ménager les objets du culte auquel ce peuple est attaché, entrer comme
bienfaiteurs de la classe indigente et laborieuse, en même temps que
vous écraserez les riches, que vous établirez de fortes contributions sur
eux, que vous les prendrez pour otages. Il faut briser les rapports com-
merciaux de ce pays avec le reste de l'Espagne, les multiplier avec nous
par des routes. Faites-y introduire le langage français, faites-y naître
le goût et le besoin des productions républicaines, et sous ce rapport,
nous regardons comme un point essentiel de politique en cette circonstance de détruire radicalement les fonderies et manufactures d'armes
de ce pays; il faut que ce soit la France qui fournisse ces objets à la
nouvelle république; afin qu'en aucun temps elle ne puisse seconder
les vues hostiles de l'Espagne.

Nous observons maintenant ce principe sur toutes les frontières,
nous en éloignons toutes les manufactures de cette espèce, afin que
nos ennemis n'en puissent jamais profiter. Aujourd'hui, elles sont tel-

lement multipliées dans l'intérieur de la République qu'elles suffisent abondamment aux besoins de toutes les armées et que nous sommes obligés de nous restreindre à cet égard.

Nous pensons donc, chers collègues, qu'il faut vous hâter de détruire entièrement les grandes fonderies de Saint-Laurent de la Mouga après, toutefois, en avoir retiré tous les projectiles, les modèles et les ouvriers. Nous vous envoyons l'arrêté pris en conséquence par le Comité.

Conférez de cet objet avec le brave Dugommier et suivez strictement le plan dont nous venons de vous développer le système.

Salut et fraternité.

[Arch. nat., AF ii, 264. — *De la main de Couthon.*]

LE REPRÉSENTANT DANS LE DISTRICT D'ABBEVILLE
AU COMITÉ DE SALUT PUBLIC.

Valéry-sur-Somme, 7 prairial an ii-26 mai 1794.
(Reçu le 29 mai.)

[«Rivery annonce qu'il a reçu les matières et va mettre au travail les ouvriers dont le nombre et l'industrie procureront des ressources infinies. Demande une autorisation pour faire transporter par mer le charbon des mines dont la voie de terre est devenue ruineuse, et occuper un grand nombre de chevaux plus utiles aux travaux de l'agriculture et au service des armées.» — Arch. nat., AF ii, 157. Analyse.]

UN DES REPRÉSENTANTS À L'ARMÉE DE L'OUEST
AU COMITÉ DE SALUT PUBLIC.

Saintes, 7 prairial an ii-26 mai 1794. (Reçu le 3 juin.)

[«Garnier (de Saintes) expose qu'il est obsédé par les réclamations des ex-nobles de cette commune qui, presque tous, présentent des exceptions à l'arrêté du 28 germinal. Il soumet au Comité les observations de ces individus qui, pour la plupart, sont infirmes, et observe que, s'il ne reçoit de réponse au plus tôt, tous ces ex-nobles, soit hommes soit femmes, évacueront le département de la Charente-Inférieure.» — Arch. nat., AF ii, 172. Analyse[1].]

---

[1] Voir plus loin, à la date du 30 messidor, la réponse du Comité à cette lettre.

LES REPRÉSENTANTS À ROCHEFORT AU COMITÉ DE SALUT PUBLIC.

Rochefort, 7 prairial an II-26 mai 1794. (Reçu le 1ᵉʳ juin.)

Nous vous transmettons, citoyens collègues, copie du rapport que vient de nous faire le capitaine de la corvette *la Mutine*, entrée hier avec une prise [1]. Elle a laissé l'armée française, par les 10 degrés 50 minutes de longitude et les 47 degrés 15 minutes de latitude; et le 2 prairial, à deux heures du matin, elle a rencontré l'armée anglaise par les 9 degrés 35 minutes de longitude et les 46 degrés 40 minutes de latitude. Les deux armées couraient le même bord et à peu près le même air et vent. L'armée de la République courait sous ses huniers et faisait amariner seize prises au moment où *la Mutine* s'en est séparée.

Nous avons reçu la lettre de la Commission de marine et. des colonies qui nous avertit de ne laisser partir le vaisseau *le Marat* pour Brest qu'après l'achèvement de son fourneau. On s'en occupe à force, et on compte le terminer sous peu de jours; dès qu'il sera achevé, ce vaisseau pourra profiter du premier beau temps, car ses vivres sont embarqués, son artillerie expédiée, et dans ce moment les poudres arrivent et la revue se passe à bord.

Salut et fraternité,

J.-N. TOPSENT, GUEZNO.

[Ministère de la marine; BB³ 60.]

UN DES REPRÉSENTANTS DANS LE BEC-D'AMBÈS
AU COMITÉ DE SALUT PUBLIC.

Royan, 7 prairial an II-26 mai 1794.

Je reçois ici, citoyens collègues, votre arrêté du 25 floréal [2], qui me rappelle dans le sein de la Convention nationale. D'après votre dernière lettre, croyant avoir assez de temps pour achever l'immense travail dont j'ai été chargé, j'étais descendu jusqu'au bas de la rivière pour assurer la défense de ce point important de la République et y

---

[1] Ce rapport est joint; il n'ajoute presque rien à la lettre des représentants. — [2] Voir plus haut, p. 517, l'arrêté n° 13.

établir un ordre de service propre à le mettre à l'abri de toute invasion étrangère. Vous croyez que mes fonctions doivent cesser; je ne connais que l'obéissance républicaine. Mais il est de mon devoir de vous prévenir qu'il reste encore beaucoup de choses utiles à faire dans ce département, et que surtout, tant que la disette des subsistances s'y fera sentir, la présence d'un représentant du peuple y sera indispensable. Ma tâche est finie, et je suis loin de désirer un poste aussi périlleux et aussi difficile sous tous les rapports; vous devez donc regarder cette observation comme étrangère à ce qui me concerne et comme uniquement dictée par l'intérêt public.

Il ne m'appartient pas de vous retracer tout ce que j'ai fait pour la patrie dans le cours de ma mission. J'y ai rempli mes devoirs dans toute leur étendue, et celui qui me succédera sera mieux dans le cas d'apprécier ce qui s'est opéré d'utile dans ces contrées.

Salut et fraternité,

C.-ALEX. YSABEAU.

[Ministère de la guerre: *Armée de l'Ouest. — De la main d'Ysabeau.*]

LE REPRÉSENTANT AUX ARMÉES DU RHIN ET DE LA MOSELLE AU COMITÉ DE SALUT PUBLIC.

Metz, 7 prairial an II—26 mai 1794.

Citoyens collègues,

Le général en chef de l'armée du Rhin vient de m'apprendre qu'il a été attaqué par l'ennemi avec force et vigueur sur tous les points, que les braves défenseurs de la patrie ont opposé la plus courageuse résistance et qu'ils l'ont repoussé et battu. Cela aurait été un grand triomphe si l'aile droite de l'armée de la Moselle, qui a été attaquée en même temps, eût eu les mêmes avantages; elle a perdu le poste important de Kaiserslautern, ce qui rend notre position plus défavorable.

Je vais me rendre au quartier général de l'armée du Rhin, et, quand j'aurai des détails plus circonstanciés, je m'empresserai de vous en faire part, ainsi que des nouvelles mesures que prendra Michaud pour rendre nuls les projets de l'ennemi.

J'écris en même temps à mon collègue Duquesnoy, au général Jourdan et au général Moreaux, qui commandait à Kaiserslautern.

En me rendant à l'armée du Rhin, je parcourrai la ligne droite de l'armée de la Moselle, à commencer depuis Sarrelibre; dans la crainte que cette place ne soit attaquée, je viens de me concerter avec le directeur des subsistances qui y fait filer sur le champ mille quintaux de grains et quatre cents à Bitche.

Lorsque je serais arrivé à Landau, je n'aurai rien de plus pressé que de chercher encore de nouvelles ressources pour compléter l'approvisionnement de cette place importante, et pourvoir à celui du poste de Germesheim, que nous avons rendu redoutable, ce qui dérange absolument nos spéculations en subsistances.

Je vous envoie copie de deux rapports et de la lettre du général Michaud [1].

Salut et fraternité,   J.-B. LACOSTE.

[Ministère de la guerre; *Armées du Rhin et de la Moselle.*]

LE MÊME AU COMITÉ DE SALUT PUBLIC.

Metz, 7 prairial an 11-26 mai 1794.

Depuis la lettre que je vous ai écrite ce matin, citoyens collègues, j'ai pris communication d'une autre, venant du général de brigade, commandant le fort de Bitche, adressée au citoyen Potocki, directeur des vivres, qui m'affecte de la manière la plus sensible. S'il faut en croire ce général, nos troupes se sont réfugiées sous les murs de ce fort et elles sont prêtes à se retirer sur Sarreguemines. Serions-nous dans la même position que l'automne dernier et courrions-nous les mêmes dangers? Cette idée me glace d'effroi, et je ne puis concevoir un tel revers. Pour m'assurer de la vérité des faits, je monte à l'instant à cheval et j'y cours en poste; je vais examiner scrupuleusement la conduite de tous les généraux, et malheur à eux s'il se trouve encore des traîtres ou des esprits faibles qui, en s'alarmant, jettent la terreur et le découragement.

---

[1] Ces pièces manquent.

Par un courrier extraordinaire, je vous instruirai de tout ce que j'aurais vu et des mesures que j'aurais prises. Malgré la colonne qui marche sur Namur, je crois l'armée de la Moselle encore forte de soixante mille hommes; celle du Rhin l'est au moins autant, et je regarde comme impossible que l'ennemi puisse nous opposer des forces supérieures.

D'après les événements qui se sont passés sous mes yeux à l'époque de l'invasion du Bas-Rhin, je vous déclare que, quoique je ne puisse prévoir les événements, je ne perdrai jamais ni courage ni confiance. Les époques de nos revers ont toujours été le prélude de nos plus grands succès.

J'ai été bien satisfait de voir le général Jourdan à la tête de la colonne qui s'avance dans le pays du Luxembourg et diriger ses mouvements; mais dans ce moment je sais combien il serait essentiel qu'il fût dans le centre de la ligne, afin d'être à portée de donner des ordres à temps sur tous les points.

Je viens de faire filer mille quintaux de grains à Sarrelibre; j'en fais partir six cents à Bitche en poste, avec douze mille rations de biscuit qui en avaient été retirées. Le département de la Haute-Saône était en retard de fournir cinquante-cinq mille quintaux de grains pour le complément du versement de ses réquisitions; j'ai tellement effrayé les administrateurs par les arrêtés révolutionnaires que j'ai pris, que je viens de recevoir, par un courrier extraordinaire, l'heureuse nouvelle que cette quantité de grains vient d'être versée dans les magasins de l'armée du Rhin.

Salut et fraternité,   J.-B. LACOSTE.

[Ministère de la guerre; *Armées du Rhin et de la Moselle.*]

UN DES REPRÉSENTANTS À L'ARMÉE DU RHIN AU COMITÉ DE SALUT PUBLIC.

Landau, 7 prairial an II—26 mai 1794. (Reçu le 1er juin.)

[«Duroy prévient le Comité que, le 5 de ce mois, il apprit que l'armée du Rhin avait été attaquée sur tous les points; il crut de son devoir de se rendre au quartier général à Landau, où s'est retiré l'État-Major. D'après les renseignements qu'il a pris, il demeure constant que l'armée du Rhin a partout repoussé les ennemis, quoique supérieurs en force, qu'elle leur a tué beaucoup de monde, et qu'elle n'a fait un mouvement rétrograde que parce que la droite de l'armée de la Moselle a abandonné Kaiserslautern. Son collègue Rougemont et les généraux s'accordent tous à dire que nos succès auraient été incalculables, si nous avions eu plus de cavalerie. Il a donné les ordres les plus précis pour faire partir pour l'armée ce qu'il y avait dans les dépôts; il invite le Comité à lui faire donner les chevaux qu'on lui a promis de Vienne et de Toulouse, ainsi que les six cents sabres qu'il a fait monter à Colmar. » — Arch. nat., AF ii, 277. Analyse.]

UN DES REPRÉSENTANTS À L'ARMÉE DE LA MOSELLE
AU COMITÉ DE SALUT PUBLIC.

Au quartier général devant Rochefort, 7 prairial an ii - 26 mai 1794.

Citoyens collègues,

L'avant-garde de l'armée de la Moselle se porta hier au matin sur Saint-Hubert, en Ardennes. L'ennemi, qui occupait ce poste avec un corps de 2,000 hommes, prit la fuite dès l'instant qu'il aperçut la tête de nos colonnes. Nous avons trouvé dans leur camp toutes les marmites qui étaient encore sur le feu; on a rendu ces marmites aux habitants de Saint-Hubert, auxquels ils les avaient prises. On a trouvé dans l'abbaye de Saint-Hubert 90 tonnes de farine. Nous avons appris dans cet endroit que Beaulieu s'était retiré à Marche et qu'il avait encore porté des forces à Rochefort. Notre avant-garde s'est avancée ce matin à Nassogne, village distant de Marche de deux lieues, tandis que notre corps de bataille s'est porté sur Rochefort. Il est maintenant bivouaqué à une demi-lieue de cette place, que l'ennemi a évacuée aussitôt. Il n'a laissé que quelques tirailleurs le long d'un bois qui couvre la route de Rochefort à Marche.

Tous les rapports s'accordent à dire que Beaulieu est à Marche. L'intention du général Jourdan est de faire marcher toute l'armée sur cet endroit et de tâcher à forcer Beaulieu à en venir à une action définitive; ainsi nous ferons tous nos efforts pour remplir vos intentions.

J'ai fait différentes réquisitions dans plusieurs paroisses pour obtenir du pain, le comestible nous ayant manqué.

Les habitants se sont portés à nous en fournir avec la meilleure volonté; mais ces ressources passagères seront bientôt épuisées. Je vous ai déjà mandé que le commissaire Archier me paraissait au-des-

sous de sa place ; c'est une vérité qui me paraît de plus en plus incon-
testable. Nous avons des brigades qui ont manqué de pain pendant
trois jours, et vous devez présumer que le soldat qui marche, bivouaque
et se bat a besoin d'être nourri. Il faudrait à Archier, qui, comme je
vous l'ai dit, est un bon patriote, un adjoint actif et intelligent.

Nous trouvons dans ce pays des avoines et des fourrages. J'ai trouvé
moi-même, ce matin, 200 sacs d'avoine et une grande partie de foin
bottelé dans un prieuré appartenant aux moines de Saint-Hubert.

Depuis que nous sommes sur le pays de Liège, nous trouvons une
différence totale d'avec les habitants qui avoisinent nos frontières.
Les Liégeois sont en général plus patriotes que les Français. On nous
reçoit avec la plus grande affabilité. Ils viennent au devant de nous et
offrent à la troupe des rafraîchissements. Quelle différence avec le paysan autrichien, qui s'enfuit devant nous, se cache dans les bois et fait
souvent feu sur les soldats qui s'écartent et sur les ordonnances !

J'espère sous peu vous donner des nouvelles de Namur ou de Liège.

Vous trouverez inclus une gazette qui est probablement de la fabrique de l'évêque [1].

Salut et fraternité,   DUQUESNOY.

Mon collègue Gillet est dans ce moment à la division de droite.

[Ministère de la guerre; *Armées du Rhin et de la Moselle.*]

UN DES REPRÉSENTANTS À LYON À LA CONVENTION NATIONALE.

Commune-Affranchie (Lyon), 7 prairial an II–26 mai 1794.

[«Dupuy transmet le tableau que la Commission des salpêtres, établie à Commune-Affranchie, lui a présenté, contenant le résultat de ses travaux révolutionnaires. Son résultat est de 47 milliers jusqu'au 1er prairial ; il sera à l'avenir de 9
à 10 milliers par décade, quoique les terres de démolition soient peu fertiles en
sel de nitre.» — Arch. nat., AF II, 195. Analyse [2].]

---

(1) Cette gazette manque.

(2) Cette lettre, dont nous n'avons pas
l'original, fut lue à la Convention dans la
séance du 13 prairial. Le *Moniteur* en donne
une analyse, assez semblable à celle qu'on
vient de lire, mais où il y a en outre ceci :

«Le représentant du peuple ajoute que les
citoyens de cette commune ont exécuté le
buste de Chalier en salpêtre, symbole de
son brûlant patriotisme, qu'ils l'envoient à
la Convention, et qu'ils désirent qu'il soit
déposé dans le lieu des séances.»

LE REPRÉSENTANT À L'ARMÉE DES ALPES AU COMITÉ DE SALUT PUBLIC.

Grenoble, 7 prairial an II-26 mai 1794. (Reçu le 3 juin.)

[Albitte envoie le tableau de la réorganisation des autorités constituées des campagnes du district d'Arcq, département du Mont-Blanc. «Elles vous arriveront plus tard que je ne l'aurais désiré, parce que les opérations importantes qui m'ont occupé ont retardé la confection de ce travail.» — Arch. nat., AF II, 188.]

LE REPRÉSENTANT DANS LE GARD ET LA LOZÈRE AU COMITÉ DE SALUT PUBLIC.

Nîmes, 7 prairial an II-26 mai 1794. (Reçu le 5 juin.)

[Depuis que Borie a adressé au Comité l'épuration des municipalités du département du Gard, il a acquis des connaissances qui ont nécessité quelques réformes. «Je vous adresse ci-joint les tableaux de celles où il en a été fait, afin que vous les classiez dans leurs districts respectifs et en retiriez les premiers qui doivent être supprimés.» — Arch. nat., AF II, 195.]

LE REPRÉSENTANT DANS L'ARIÈGE ET LES PYRÉNÉES ORIENTALES AU COMITÉ DE SALUT PUBLIC.

Perpignan, 7 prairial an II-26 mai 1794. (Reçu le 5 juin.)

[«Chaudron-Roussau transmet : 1° un arrêté portant nomination du citoyen Compta à la place de Commissaire des guerres du département de l'Aude; il invite le Comité à confirmer cette nomination, qui porte sur un excellent citoyen, qui lui est particulièrement connu ; 2° sept arrêtés portant création d'une troisième brigade de gendarmerie pour le département de l'Aude; avancements, nominations, retraites, etc., dans ce corps [1].» — Arch. nat., AF II, 195. Analyse.]

[1] Ces pièces manquent.

COMITÉ DE SALUT PUBLIC

Séance du 8 prairial an II-27 mai 1794.

1. Le Comité de salut public arrête qu'il sera tiré quatre compagnies de pionniers de l'armée de l'Ouest, qui seront employées aux travaux de l'intérieur des mines de Montrelais et à la réparation du chemin de ces mines à Ingrande, et, après l'achèvement de ces travaux et réparations, les quatre compagnies se réuniront à l'armée. Le commissaire de l'organisation et du mouvement de l'armée donnera les ordres nécessaires pour le mouvement des quatre compagnies. La Commission des armes et celle des travaux publics se concerteront pour la direction des travaux, pendant la durée desquels l'agent des mines dirigera les travaux de l'intérieur, et l'agent autorisé par la Commission des travaux publics dirigera les travaux de la réparation des chemins.

R. Lindet[1].

2. Le Comité de salut public, considérant la difficulté de transport de la houille des mines de Montrelais occasionnée par le mauvais état des chemins, arrête que le prix de transport de la mesure de houille du poids de 175 livres des mines de Montrelais à Ingrande, fixé par les tableaux de la Commission à 6 sous 9 deniers, sera porté à neuf sous et payé sur ce pied jusqu'à ce que le chemin d'Ingrande soit rétabli.

R. Lindet[2].

3. Le Comité de salut public, sur le rapport de la Commission des armes et poudres, voulant donner à l'exploitation des mines de houille de Montrelais, l'activité qu'exige le service des fonderies, des arsenaux militaires et des forges, fourneaux et usines destinés à tous les usages, arrête ce qui suit: 1° Les ouvriers des mines de Montrelais sont mis en réquisition pour le travail et l'exploitation de ces mines pendant le temps que le service de la patrie l'exigera. — 2° Les administrateurs de district, les officiers municipaux leur assureront les moyens de sub-

---

[1] Arch. nat., AF II, 79. — *De la main de R. Lindet. Non enregistré.*

[2] Arch. nat., AF II, 79. — *De la main de R. Lindet. Non enregistré.*

sistance par tous les moyens mis à leur disposition. — 3° Le commissaire ordonnateur de la division ou le commissaire des guerres est chargé de se concerter avec l'administration du district pour surveiller les moyens de subsistance et d'approvisionnement nécessaires aux citoyens employés à l'extraction de la houille et à l'exploitation des mines. — 4° Les administrateurs de district feront usage de toutes les ressources disponibles, et, en cas d'insuffisance, le commissaire ordonnateur ou le commissaire des guerres donnera les ordres nécessaires pour faire assurer aux citoyens employés à ces travaux le nombre de rations de pain qui sera fixé pour suppléer à l'insuffisance des ressources en observant de ne prendre sur les approvisionnements destinés aux troupes en campagne, en cantonnement ou en marche, que le nombre de rations indispensablement nécessaires. Le poids de chaque ration est fixé à une livre et demie. — 5° Le présent arrêté sera envoyé à la Commission du commerce et des approvisionnements, chargée de le faire exécuter par les administrations de district et par les agents qui ont la manutention et l'administration des subsistances militaires. Il sera envoyé au commissaire du mouvement et de l'organisation de l'armée chargé de le faire exécuter par les commissaires ordonnateurs et commissaires des guerres de la division et de l'armée de l'Ouest.

R. Lindet [1].

4. Le Comité de salut public, considérant que le citoyen Richard, inspecteur des transports militaires, a déjà fait don de deux chevaux, arrête que la Commission des postes et transports militaires lui fera remettre celui qui a été requis le 5 prairial et qui est nécessaire à son épouse pour son état [2].

Carnot [3].

5. Le Comité de salut public, considérant que quelques militaires à qui l'article 2 de la loi du 1er floréal serait applicable, ne peuvent produire toutes les justifications prescrites par cette loi, parce que le médecin ou le chirurgien qui les a traités est mort depuis leur conva-

---

[1] Arch. nat., AF ii, 79. — *De la main de R. Lindet. Non enregistré.*

[2] La citoyenne Richard était blanchisseuse à la campagne, près de Paris, d'après

une pétition qui est jointe à l'original de cet arrêté du Comité.

[3] Arch. nat., AF ii, 285. — *Non enregistré.*

lescence, autorise la Commission du mouvement des armées de terre à renvoyer à leur poste ceux qui, en rapportant l'extrait de mort des officiers de santé qui les ont traités, justifieraient être dans le cas qui vient d'être exposé, pourvu toutefois qu'ils aient rempli toutes les autres dispositions de la loi du 1er floréal. Dispense également de la formalité de l'article 2 les citoyens qui ont été traités de leurs maladies ou blessures dans les hôpitaux, ces citoyens n'étant tenus qu'à la présentation de leur billet d'entrée et de sortie de l'hôpital.

CARNOT [1].

6. Le Comité de salut public, considérant qu'il a chargé, par son arrêté du 25 floréal, la Commission des transports, postes et messageries de pourvoir aux besoins de chevaux qu'éprouveraient les maîtres de postes, et de prendre à cet effet *dans les dépôts de chevaux d'artillerie*, ceux qui ne seront pas jugés propres à ce service; sur l'observation de ladite Commission qu'il n'existe dans lesdits dépôts presque aucuns chevaux dont elle puisse disposer pour le service des postes, arrête : La Commission des transports, postes et messageries pourra prendre indistinctement dans tous les dépôts de chevaux établis en vertu des différentes lois, ceux qui seront nécessaires au service des relais. La Commission veillera avec le plus grand soin à ce qu'aucune des parties du service qui lui est confié, telles que transports d'artillerie, convois militaires, remontes, etc., ne puissent souffrir des mesures qu'elle prendra pour l'exécution du présent arrêté. La Commission veillera également à ce que le prix des chevaux, qu'elle extraira desdits dépôts rentre au Trésor public dans un délai déterminé, mais qui ne pourra excéder trois mois. Le prix desdits chevaux sera déterminé à dire d'experts, en présence des officiers municipaux du lieu du dépôt, mais ne pourra pas excéder le prix de 1,200 livres.

R. LINDET [2].

7. Le Comité du salut public arrête que les commissaires de la Trésorerie nationale payeront à chacun des trois commissaires nommés par arrêté du 12 germinal[3] pour l'examen et la vérification des pa-

---

[1] Arch. nat., AF II, 200. — *Non enregistré.*

[2] Arch. nat., AF II, 20. — *Les onze*

derniers mots sont de la main de R. Lindet. Non enregistré.

[3] Nous n'avons pas cet arrêté.

piers et paquets venant de l'étranger par la poste ou la messagerie,
pour la sûreté et la tranquilité publique et pour prévenir l'introduction de faux assignats fabriqués par les gouvernements en guerre et
leurs agents, la somme de 400 livres par mois et 200 livres par mois
au commis qu'ils sont autorisés d'employer. Les deux premiers mois
commencés du 1er germinal et échus le 1er de ce mois seront payés à
chacun des commissaires et à leur commis. En conséquence il sera
payé au citoyen Joseph-André Denis, pour les deux mois échus la
somme de 800 livres. Il sera payé une pareille somme au citoyen
Edme-Pierre-François Robert, et pareille somme au citoyen François-
Gilles Bastard. Il sera enfin payé au citoyen Charles Arnoud, leur
commis, 400 livres, formant au total la somme de 2,800 livres,
payable sur la quittance du citoyen Denis, l'un d'eux.

R. LINDET [1].

8. « Extrait de la délibération du Conseil général du district de Gonesse. Séance secrète du 2 prairial, l'an II de la République une et
indivisible. Le Conseil général, considérant qu'il est du devoir d'une
administration sage et prévoyante d'ôter à la malveillance et à l'égoïsme
tous les moyens de nuire à la tranquillité publique, et de faire cesser
par une mesure puissante tous soupçons et toutes craintes mal fondées
sur les subsistances; que c'est dans les principes de l'égalité, et dans
l'esprit de fraternité, que doit se trouver le moyen d'y parvenir, en
faisant partager par les communes approvisionnées les ressources
qu'elles possèdent, avec celles qui ne le sont pas; qu'il est du devoir
de vrais républicains de n'insister pour obtenir du gouvernement les
secours promis que lorsqu'ils ne pourront plus se suffire à eux-mêmes,
puisque ce serait altérer leurs frères, qui sont dans le plus grand besoin; ouï l'agent national, arrête ce qui suit : 1° Les grains et farines
de blé, méteils, seigles, orges et sarrazins existant dans l'arrondissement du district, soit chez les cultivateurs, soit chez les autres citoyens
et citoyennes de quelque profession qu'ils soient, seront mis en commun. — 2° Le lieu du dépôt communal sera choisi dans le sein de
chaque commune par son Conseil général, qui en fixera le loyer par
mois. — 3° Il choisira pareillement un garde-magasin, dont il fixera

[1] Arch. nat., AF II, 20. — Non enregistré.

les honoraires par jour : la garde sera montée jour et nuit, auprès du dépôt, pendant tout le temps que ce même Conseil le jugera nécessaire. — 4° Six commissaires nommés par l'administration se transporteront chacun dans le chef-lieu de canton, qu'elle lui assignera; chacun d'eux y assemblera le conseil général, et le requerra de nommer une commission particulière pour chacune des autres communes du canton. — 5° Le commissaire de l'administration dans le chef-lieu de canton et chacun des commissaires particuliers dans chaque commune de ce canton feront procéder au recensement des grains et farines, et de suite au versement dans le dépôt communal, d'où il n'en sortira que sur la réquisition adressée par l'administration. — 6° Quant aux grains non battus, le recensement en sera fait par approximation exacte : les propriétaires seront tenus de faire battre dans le délai de dix jours, et de verser au dépôt sans retard. — 7° Il sera laissé à chaque personne sa subsistance pour six jours, à raison d'une livre et demie de pain par jour, par chaque individu. — 8° En procédant au recensement susdit, il en sera aussi fait un particulier des avoines; il est fait défense à tous propriétaires d'avoines de donner à l'avenir plus d'un quart de boisseau d'avoine par jour à chacun de ses chevaux, et en outre de se démunir aucunement du surplus, si ce n'est en exécution des réquisitions adressées par l'administration. — 9° La plus sévère exactitude et la plus grande célérité seront apportées à l'exécution du contenu en la présente délibération, et il en sera procédé à tout ce que dessus, sans désemparer. — 10° Les Conseils généraux des communes, et spécialement les maires et les agents nationaux, seront responsables des retards, inexactitudes, qu'éprouverait l'exécution de la présente délibération. — 11° Chacun des six commissaires de l'administration surveillera et dirigera dans son canton cette même exécution, et il est autorisé, ainsi que les conseils généraux des communes et comités de surveillance, à faire amener, ou arrêter sur-le-champ, toute personne qui l'entraverait directement, ou indirectement, par ses discours, ou par ses actions pour être sur le délit statué dans les formes légales. — 12° Chaque commissaire particulier, nommé au chef-lieu rendra compte, sans délai et par écrit au commissaire de l'administration de la mission dont il aura été chargé. — 13° Chaque commissaire de l'administration rendra compte de la même manière au Conseil général du district du résultat de ses opérations dans chaque canton. — 14° L'administration formera le tableau général des ressources des administrés et alimentera les communes dénuées par l'effet des réquisitions tirées sur celles approvisionnées.— 15° En conséquence de ces réquisitions, le garde-magasin délivrera dans les proportions y exprimées des farines à chaque chef de famille, pour sa subsistance, en observant de lui tenir compte, jusqu'à due concurrence de la valeur des différents grains et farines, qu'il se trouvera avoir versées au dépôt communal et ce au taux du maximum de l'espèce des grains ou farines, et en lui faisant payer l'excédant sur le même pied. Il est observé que les farines qui sortiront du dépôt communal, seront reçues et livrées par poids au taux du maximum du blé pur froment. — 16° Les grains déposés seront moulus d'après les avertissements que fera parvenir l'administration, et non autrement; il ne pourra être délivré de grains à personne sans une réquisition particulière adressée par l'administration. — 17° Le garde-magasin sera sans cesse surveillé par les autorités constituées de sa commune; il rendra compte à toutes réquisitions, et au moins tous les cinq jours, par écrit, de ses manutentions au Conseil général de la commune. — 18° Le même conseil fera payer, sur les fonds rentrés à fur et à mesure, et au taux du maximum, la valeur des versements qui excéderont les reprises que feront sur le dépôt communal ceux qui y auront versé, il commencera par acquitter les personnes les moins aisées. — 19° Il sera joint à la présente délibération une instruction détaillée pour en faciliter l'exécution, à tous les commissaires, qui, en cas de difficultés, en informeront l'administration, laquelle instruction ne fait qu'une avec la présente. — 20° La présente délibération et l'instruction ne seront mises à exécution qu'après l'approbation de la Commission du commerce et approvisionnements de la République, et même, s'il est nécessaire, qu'après celle de Comité du salut public. — Pour copie conforme à la minute, du projet : GOUFFÉ, CHARTIER, LAURENT, BARBE, J. DELAPORTE, FROMENTIN, LE BLANC, A. DUPUIS. » — Sur le rapport de la Commission du commerce et des approvisionnements, le Comité de salut public approuve la délibération des administrateurs du district de Gonesse, et en autorise l'exécution.

R. LINDET [1].

---

[1] Arch. nat., AF ii, 70. — Le visa est de la main de R. Lindet. Non enregistré.

9. Le Comité autorise l'administration du district de Sénones, département des Vosges, à mettre provisoirement le citoyen Jacques Thouvenot en réquisition pour le service de son bureau des domaines nationaux.

CARNOT [1].

10, 11, 12. [Le Comité approuve la nomination : 1° à la place de capitaine en résidence à Bordeaux, le citoyen Ducret Jacques, garde d'artillerie; 2° à la place de garde d'artillerie à Bordeaux, du citoyen Ducret fils, en remplacement de son père; 3° la nomination au grade de lieutenant d'artillerie, faite par le représentant du peuple Saliceti, du citoyen Ignace Sylvain, conducteur d'artillerie, blessé au siège de Toulon. CARNOT. — Arch. nat., AF ii, 304. Non enregistré.]

13. Le Comité de salut public arrête que le citoyen Bonchenelle, garde du dépôt des munitions de guerre à Haguenau, détenu en la maison d'arrêt du Luxembourg [2], sera mis en liberté sur-le-champ, et renvoyé à ses fonctions.

CARNOT [3].

14. [Réquisition de Jacques Bertrand, grenadier, Nœllet, soldat, Jean-Baptiste Aubert et Sulpice Rollet, soldats, pour travailler comme charpentiers ou serruriers au port du Havre-Marat. C.-A. PRIEUR. — Arch. nat., AF ii, 304. Non enregistré.]

15. [Jean-Pierre Bouilly est confirmé dans le grade de lieutenant au 23° régiment de chasseurs. CARNOT. — Arch. nat., AF ii, 304. Non enregistré.]

16. [Parein, ci-devant employé à l'armée révolutionnaire à Commune-Affranchie, est envoyé aux Côtes de Brest, pour y exercer les fonctions de chef d'État-Major, dans son grade de général de brigade. CARNOT. — Arch. nat., AF ii, 304. Non enregistré.]

17. [Autorisation donnée à André Biderman, habitant du canton de Zurich, de retirer des magasins de Lorient 600 balles de toiles de coton blanches, qui lui appartiennent, parmi celles apportées par le navire la Constance, à condition qu'il distribuera la totalité de ces toiles dans les manufactures nationales et justifiera dans l'espace de quatre mois de l'entière distribution, faute de quoi il en payera le montant en papier sur l'étranger au pair, contre la même somme qui lui sera comptée en assignats par la Trésorerie. R. LINDET. — Arch. nat., AF ii, 75. Non enregistré.]

[1] Arch. nat., AF ii, 304. — Non enregistré. — [2] Il avait été arrêté par sa section sur l'invitation de sa famille. — [3] Arch. nat., AF ii, 304. — Non enregistré.

18. Le Comité de salut public, étant informé par les membres de la Commission des transports militaires que plusieurs postillons des ci-devant relais militaires refusent de continuer leurs services en offrant leur démission ou en alléguant divers prétextes qui ne peuvent se concilier avec les besoins du service ; considérant : 1° que ces motifs sont les mêmes que ceux qui ont donné lieu à l'arrêté du 28 germinal [1] et ne peuvent être que le résultat d'une coalisation (sic) coupable ou d'une indifférence préjudiciable à la chose publique ; 2° que les fonctions des postillons des ci-devant relais militaires étaient les mêmes que celles des charretiers des transports et qu'aucune considération ne peut donner lieu à des demandes générales d'avancement en grade ; arrête que les postillons des ci-devant relais qui refuseraient de continuer le service en qualité de charretiers et de partir pour les armées seront réputés suspects et traités comme tels. La Commission des transports militaires demeure chargée de l'exécution du présent arrêté, sauf à elle à avancer ceux des postillons dont les services lui auront paru le mériter.

Signé au registre : R. Lindet, Carnot, Couthon, Robespierre, C.-A. Prieur, B. Barère, Collot-d'Herbois, Billaud-Varenne [2].

19. Le Comité de salut public, sur le rapport de la Commission des transports militaires, voulant donner à l'achat des mulets, par la voie du commerce, toute la facilité et la célérité que demandent ces acquisitions, a cru devoir leur étendre une partie des dispositions qu'il a prises relativement aux chevaux par son arrêté du 7 floréal [3]; en conséquence le Comité arrête que la Commission des transports militaires est autorisée à faire de gré à gré des achats de mulets partout où elle pourra s'en procurer et à porter leur prix d'acquisition jusqu'au *maximum* de mille livres.

R. Lindet [4].

20. [Arrêté autorisant le paiement d'une cargaison de bœuf salé, apportée de Hambourg à Dunkerque. R. Lindet. — Arch. nat.. AF ii, 75. *Non enregistré.*]

---

[1] Voir t. XII, p. 643, l'arrêté n° 22.
[2] Arch. nat., AF ii, 286. — *Non enregistré.*
[3] Voir plus haut, p. 73, l'arrêté n° 16.
[4] Arch. nat., AF ii, 286. — *Non enregistré.*

21. [Arrêté pour faciliter un transport d'huile de baleine de Bordeaux à Marans. R. Lindet. — Arch. nat., AF ii, 75. — *De la main de R. Lindet. Non enregistré.*]

22. [Arrêté autorisant l'exportation de diverses marchandises. R. Lindet. — Arch. nat., AF ii, 75. *Non enregistré.*]

REPRÉSENTANTS EN MISSION.

LE COMITÉ DE SALUT PUBLIC
À RICHARD ET CHOUDIEU, REPRÉSENTANTS À L'ARMÉE DU NORD, À LILLE.
Paris, 8 prairial an ii-27 mai 1794.

[Carnot, au nom du Comité, leur mande que Jourdan arrive sur les bords de la Meuse et demande la marche qu'il doit tenir. «Nous vous envoyons copie de la réponse que nous lui faisons [1], afin que Pichegru combine ses mouvements en conséquence. Nous sommes dans l'attente des nouveaux succès de la gauche. Soyez certains que l'ennemi n'est pas en force, qu'il paie d'audace et ne se soutient que par industrie. Tâchez d'enlever Oudenarde.» — Ministère de la guerre; *Armées du Nord et des Ardennes.* — *De la main de Carnot.* Voir la *Correspondance générale de Carnot.*]

LE COMITÉ DE SALUT PUBLIC
AUX REPRÉSENTANTS À L'ARMÉE DE LA MOSELLE.
Paris, 8 prairial an ii-27 mai 1794.

[Carnot, au nom du Comité, leur adresse une lettre pour le général en chef Jourdan, qu'ils lui remettront après en avoir pris connaissance [2]. «Nous voyons

[1] Cette copie n'est pas jointe. Mais il s'agit sans doute de la lettre dont il va être question dans la pièce suivante.

[2] Dans cette lettre, en date du 8 prairial, le Comité invite le général Jourdan à prendre Dinant et Charleroi, à garder les bords de la Meuse, à bloquer Namur, à l'enlever avec une partie des forces, l'autre formant un camp d'observation. Il appuiera la droite et les derrières de l'armée des Ardennes et lui servira de corps de réserve; il chassera l'ennemi d'entre Sambre et Meuse. Il ne doit pas oublier les conseils déjà donnés de préférer aux sièges le combat en rase campagne. Il devra poursuivre partout l'ennemi sans lui donner le temps de se reconnaître..., etc. Un post-scriptum, de la main de Carnot, annonce l'échec de l'armée du Rhin et sa retraite sur Pirmasens. «Il faut, sans donner de publicité à cet échec, songer au moyen de le réparer sans délai.»

avec plaisir que vous avez pris des mesures pour prévenir la désorganisation qui résulte toujours du pillage, et pour empêcher la guerre de se nationaliser contre nous. Ménagez partout les objets du culte, faites respecter les chaumières, les malheureux, les femmes, les enfants, les vieillards; entrez comme bienfaiteurs des peuples en même temps que vous serez le fléau des grands, des riches, des ennemis particuliers du nom français; faites tomber sur ceux-ci tout le poids des contributions; prenez-les pour otages, et que votre conduite soit tellement connue que chacun voie que ce n'est pas le système de la dévastation, mais celui de l'égalité que vous apportez. Il faut éviter cependant de faire la guerre en dupes. Nous devons vivre aux dépens de l'ennemi, nous n'entrons pas chez lui pour lui porter nos trésors, mais il faut prendre des mesures certaines pour que les contributions que vous imposerez ne soient pas assises par les magistrats sur les pauvres, comme ils ne manqueront pas de le faire si vous n'y tenez sévèrement la main. » — Ministère de la guerre; *Armées du Rhin et de la Moselle.* — *De la main de Carnot.* Voir la *Correspondance générale de Carnot.*]

LE COMITÉ DE SALUT PUBLIC

À CHAUDRON-ROUSSAU, REPRÉSENTANT DANS L'ARIÈGE

ET LES PYRÉNÉES-ORIENTALES, À CÉRET.

Paris, 8 prairial an II-27 mai 1794.

Citoyen collègue,

Le Comité sait trop combien la mission que tu remplis est utile à la chose publique, pour ne pas t'autoriser à la prolonger; tu peux même te rendre, si tu le juges convenable, dans le département de l'Hérault pour y achever l'organisation révolutionnaire que notre collègue Boisset a laissée imparfaite. Le Comité te fait passer ci-joint un arrêté qui te confère les pouvoirs nécessaires pour cet objet[1].

[Arch. nat., AF II, 37.]

UN DES REPRÉSENTANTS À L'ARMÉE DU NORD

ET LE REPRÉSENTANT DANS LES ARDENNES AU COMITÉ DE SALUT PUBLIC.

Au quartier général de Thuin, 8 prairial an II-27 mai 1794.

Le 5, avant le jour, les avant-postes ont été attaqués au-dessus de Merbes; ils ont été surpris. La gauche a lâché le pied et s'est repliée

[1] Cet arrêté nous manque.

précipitamment sur la Sambre et l'a repassée. Au même instant, l'ennemi parut sur les hauteurs; il descendit même une pièce de 7 au bord de la Sambre, sur le pont de Solre, vraisemblablement pour nous empêcher de le détruire et pour tenter le passage; la pièce de 7 fut démontée, ceux qui la conduisaient mis en fuite, et le pont a été défait.

Le général Kléber en ce moment conduisait quinze mille hommes au delà de Lobbes, pour faire une pointe au-dessus de Mons, et faciliter les mouvements de la gauche sur le camp de Gribelle; il fut obligé de revenir sur ses pas, l'ennemi s'étant porté à la droite; il n'était encore que cinq heures du matin, et nos divisions de droite couraient risque d'être coupées. Duhesme commandait à Lobbes, Mayer à Binche; ils opérèrent heureusement leur jonction. Je leur donne de justes éloges; ils ont soutenu toute la journée le feu de mitraille de huit ou dix pièces de gros calibre. Trois heures d'un feu roulant de mousqueterie, et, par de bonnes manœuvres, ont tellement couvert leurs troupes que, quoique plus faibles, ils ont perdu peu de monde, se sont emparés, au pas de charge, de quelques positions de l'ennemi, lui ont tué ou blessé plus de douze cents hommes, encloué une pièce de canon et fait deux cents prisonniers; en sorte que nous avons conservé le cours de la Sambre, et que la journée a fini par être funeste à l'ennemi.

Le 6, l'ennemi a tenté le passage de la Sambre sur plusieurs points; il a partout été repoussé avec perte : le soir, il est descendu des hauteurs de la Tombe, sous Charleroi, et a fait une attaque assez vive sur Montigny; il a perdu du monde, mais a pris le village.

Le 7, tout s'est mis en mouvement pour attaquer Montigny et le camp redoutable de la Tombe; la journée s'est passée en une canonnade assez vive et en marches. L'ennemi a cependant tellement souffert qu'aujourd'hui 8 il a abandonné son camp; on le poursuit.

Je fais faire tout ce que je pourrai. Je vous préviens que l'ennemi se porte dans la pointe d'entre Sambre et Meuse pour couvrir Namur et nous inquiéter par Charleroi. Réglez là-dessus des considérations que vous pourrez présenter à Jourdan sur sa marche. Je vous demande des munitions, des chevaux d'artillerie et des conseils. Comptez sur mon cœur.

SAINT-JUST, LEVASSEUR (de la Sarthe).

P.-S. J'ai fait rassembler seize cents hommes à Maubeuge pour attaquer les Quevettes, vingt mille hommes à Lobbes, comme colonne
intermédiaire, et trente mille hommes attaquent ce soir Charleroi.
J'écris à Jourdan, avec qui je corresponds tous les deux jours; s'il
prend Dinant, nous irons sur Bruxelles et Mons.

[Ministère de la guerre; *Armées du Nord et des Ardennes. — Le post-scriptum
est de la main de Saint-Just.*]

LE REPRÉSENTANT DANS LA MAYENNE ET L'ILLE-ET-VILAINE
AU COMITÉ DE SALUT PUBLIC.

Laval, 8 prairial an II–27 mai 1794. (Reçu le 2 juin.)

Citoyens collègues,

J'ai reçu votre lettre en date du 27 floréal, partie du bureau de
correspondance avec les représentants en mission. J'ai pris le plus de
renseignements que j'ai pu sur la pétition de la commune de Laval,
adressée à la Convention, que vous m'avez envoyée. Tous les faits sont
exacts. Trois fois les brigands, étant entrés dans cette commune, ont
commis beaucoup de ravages. Mais il est une vérité qu'on vous a tue et
qu'il vous importe de savoir : c'est qu'au milieu du pillage les propriétés des riches ont été respectées. Les brigands avaient des listes. Je
pense que c'est à ces riches à supporter aujourd'hui l'indemnité qu'on
vous demande, et non au Trésor public. C'est à eux de payer les cinquante mille livres légitimement réclamées par la commune. J'en ai
conféré avec la municipalité, et cette mesure lui a paru nécessaire et
juste. J'attends là-dessus votre décision. Je vous renvoie la pétition [1].
Salut et fraternité,

LAIGNELOT.

[Arch. nat., D III, 351.]

LE MÊME AU COMITÉ DE SALUT PUBLIC.

Laval, 8 prairial an II–27 mai 1794. (Reçu le 2 juin.)

Citoyens collègues,

Chargé dans ces départements de toutes les mesures de salut public,

_____

[1] Voir plus loin, à la date du 19 prairial, la réponse du Comité.

j'ai cru devoir vous faire part de l'inexécution d'un de vos arrêtés, qui peut entraîner des inconvénients et des motifs qui ont nécessité celui-ci inclus que j'ai pris et que je vous envoie.

Par un arrêté du 23 germinal, que j'ai sous les yeux[1], vous avez chargé les représentants du peuple près l'armée de l'Ouest de se concerter avec le général en chef pour rendre le plus promptement possible à l'armée des Pyrénées occidentales le détachement qui en avait été tiré, ou une quantité de troupes équivalentes, prise autant que possible parmi les vieux cadres incomplets : Garrau a la surveillance de cette opération.

En conséquence, Garrau, conformément à votre arrêté, donne au chef de l'État-Major l'état des troupes qu'il désire emmener à l'armée des Pyrénées. Il choisit parmi les vieux cadres incomplets. La raison en est que, dans les départements limitrophes des Pyrénées, il y a un nombre considérable de jeunes gens de la première réquisition dont il veut remplir ces cadres incomplets. Il dit par ses lettres que, les besoins de l'armée remplis, il a un excédent considérable à faire passer dans l'armée de l'Ouest. On voit là clairement l'esprit de votre arrêté, et la réquisition de Garrau y est conforme. D'ailleurs vous ne vouliez rendre aux Pyrénées que le nombre d'hommes que l'on en avait tirés, et Garrau ne demande que ce nombre, qui était de quatre mille quatre cent soixante-neuf, le prend dans huit cadres, ce qui manifeste encore plus son intention d'incorporer. Eh bien! soit que la Commission du mouvement n'ait pas compris l'arrêté, soit tout autre cause, elle a donné ordre de faire passer aux Pyrénées quinze bataillons complets, de sorte que la réquisition de la Sarthe a ordre de partir pour aller dans un pays où déjà une surabondance de levée absorbe toutes les subsistances; car Garrau, qui attend des cadres incomplets, n'a encore fait venir ici aucune réquisition. Cependant toutes nos côtes sont dégarnies, Brest nous demande des hommes, et on vient d'en détacher d'ici cinq mille dirigés contre les Chouans, confiés au général Vachot, pour aller remplacer ceux qui partent de Nantes, d'Angers pour l'armée de l'Ouest, et nous restons sans forces. Je n'ai rien osé prendre sur moi, quant à ces mesures, qui paraissent contrarier vos desseins, et j'attends là-dessus votre décision.

[1] Voir t. XII, page 533, l'arrêté n° 6.

Quant au motif de l'arrêté que je vous envoie[1], le voici : Jeanbon-Saint-André et ensuite Prieur (de la Marne) nous ont demandé deux mille hommes au moins de réquisition pour la garniture des vaisseaux et la garde des côtes. D'un autre côté, Bourbotte, comme vous le voyez, nous en demande cinq mille. Deux mille jeunes gens de la première réquisition de la Mayenne venaient de rentrer par l'ordre d'un commissaire des guerres dans leurs communes, foyer de l'insurrection. J'ai cru ne pouvoir faire mieux que de les envoyer à Brest. J'y trouve deux avantages; ils seraient devenus Chouans, je les fais patriotes. Je ne sais s'il y a du malentendu, ou de mauvaises intentions, mais je vous assure que cette rentrée de jeunes gens dans leurs foyers m'est plus que suspecte.

La guerre contre les Chouans va assez bien, quoique, pour cerner et fouiller plus de vingt lieues carrées, nous n'ayons maintenant de troupes que six mille sept cents hommes; mais j'y supplée en faisant lever tous les paysans, et cette mesure m'a bien réussi; car, en les faisant marcher avec ce qu'ils appellent les Bleus, ils ont fraternisé avec eux, et sont devenus les ennemis implacables des autres, qu'auparavant ils alimentaient. La guerre est bien établie entre eux, et c'est ce qu'il fallait.

Les Chouans ne peuvent être détruits que par les paysans qui, tôt ou tard, par goût ou par crainte, devenaient Chouans.

Le général Moulin m'engage à vous marquer qu'il lui manque trente mille fusils dans cette armée, et vous demande d'être autorisé à distribuer aux vieilles troupes mal armées ceux qui sont dans les arsenaux.

J'attends votre réponse, ou donnez des ordres à la Commission du mouvement. Les jeunes gens de la Sarthe passeraient sur les côtes; et des côtes de Brest à leur département il y a soixante lieues, ce qui remplirait vos vues, qui sont de les dépayser; mais le temps presse, ils ont ordre de se rendre à Angers.

Salut et fraternité,   LAIGNELOT.

[Ministère de la guerre; *Armée des Côtes de Brest. — Les quatre dernières lignes sont de la main de Laignelot.*]

[1] Cet arrêté porte que les jeunes gens de la première réquisition des districts d'Évron, Château-Gontier, Ernée et Mayenne partiront incessamment pour Rennes.

UN DES REPRÉSENTANTS À L'ARMÉE DE L'OUEST
AU COMITÉ DE SALUT PUBLIC.

Niort, 8 prairial an II – 27 mai 1794. (Reçu le 1er juin.)

Après m'être concerté avec Bourbotte, notre collègue, comme je vous l'ai marqué de Nantes par ma lettre du 30 floréal, je suis parti pour Niort où je suis arrivé le 5 du présent. J'espérais trouver ici l'État-Major de l'armée de l'Ouest formé et établi; mais le commandant Vimeux, ni Beaupuy, chef de cet État-Major, n'y sont point encore arrivés, ce qui me met dans l'impossibilité de vous annoncer quelque chose d'intéressant sur les mouvements de cette armée.

Les brigands ont fait quelques tentatives du côté des Sables, mais ils ont été repoussés. Ils ont aussi assassiné le quartier-maître d'un régiment de chasseurs, entre le camp de Chiché et Parthenay, dit-on.

Cette guerre, n'étant plus réellement qu'un brigandage d'assassins, il importe que les mesures que vous avez déterminées par votre arrêté du 24 floréal[1], soient promptement exécutées. N'étant point habitué aux opérations militaires, je n'ai que du zèle et de la bonne volonté à vous offrir.

Je vous prie donc, citoyens collègues, de vouloir bien me faire passer vos instructions sur les différents mouvements qu'il faut que je dirige ou surveille, et vous pouvez compter sur mon empressement et mon exactitude à remplir toutes vos intentions. D'après ce que m'a dit notre collègue Bourbotte, il paraît que, quoique attaché à l'armée de l'Ouest, il doit fixer sa résidence à Nantes, et que Garnier et moi devons suivre les mouvements de l'armée et surveiller l'État-Major en nous fixant à Niort, comme point plus central du territoire de la Vendée.

Si ces dispositions n'étaient plus conformes à vos vues, je vous prie de m'en informer, et j'exécuterai de suite ce que vous aurez déterminé.

Notre collègue Garnier, profitant du congé que vous lui avez donné,

---

[1]. Voir plus haut, page 489, l'arrêté n° 13.

s'est rendu à Saintes; mon peu de moyens me fait désirer qu'il revienne bientôt, afin que nous puissions opérer de concert.

Salut et fraternité,   INGRAND.

[Ministère de la guerre; *Armée de l'Ouest.*]

LE MÊME AU COMITÉ DE SALUT PUBLIC.

Niort, 8 prairial an 11-27 mai 1794. (Reçu le 1er juin.)

[Deux lettres d'Ingrand : 1° Il demande si, dans l'instruction jointe à l'arrêté du Comité du 28 floréal, portant : « Il faut mettre toutes les villes en état de siège... » doit s'appliquer à toutes les villes où sont stationnées les troupes de l'armée de l'Ouest, ou simplement aux villes de première ligne, ou qui circonscrivent directement le territoire des rebelles. — Ministère de la guerre; *Armée de l'Ouest.* — 2° Il transmet un mémoire[1] du citoyen Sabourain, professeur de philosophie, faisant les fonctions de principal au collège national de Poitiers, par lequel il demande à être jugé révolutionnairement à Poitiers. Il invite le Comité à peser les moyens présentés par ce citoyen et à y avoir égard, s'il est possible, sans compromettre la salutaire rigueur des mesures révolutionnaires. — Arch. nat., AF II, 172. Analyse.]

LE REPRÉSENTANT DANS LE BEC-D'AMBÈS AU COMITÉ DE SALUT PUBLIC.

Lesparre, 8 prairial an 11-27 mai 1794[2].

Je n'ai reçu qu'hier, citoyens collègues, votre arrêté du 25 floréal qui m'ordonne de cesser toutes fonctions à Bordeaux. J'étais à faire une tournée bien pénible, mais fort importante au salut de la République dans ce point éloigné et dépourvu de communications. J'avais remis plusieurs nominations à faire dans les autorités constituées du district de Lesparre, au moment où je passerais dans ce district. Votre arrêté m'empêcherait de procéder à cette organisation, si je n'étais persuadé que tout ce qui tend à assurer le bonheur des citoyens et le règne des lois révolutionnaires est sûr d'avoir votre approbation. Je vous la demande expressément sur ce point, afin de tranquilliser ceux qui

---

[1] Ce mémoire manque. — [2] Voir plus haut, page 763, la lettre d'Ysabeau, du 7 prairial, où il accusait déjà réception de l'arrêté qui le rappelait.

seront mis en place en vertu de mes arrêtés. J'aurai tout fini dans vingt-quatre heures; je me rendrai ensuite à Bordeaux pour arranger les papiers de ma commission, et je partirai dans quatre ou cinq jours pour profiter du congé que vous avez bien voulu m'accorder. Je vous prie de me faire passer votre réponse à Bagnères-d'Adour.

Salut et fraternité,

C.-Alex. YSABEAU.

[Ministère de la guerre; *Correspondance générale. — De la main d'Ysabeau.*]

LE REPRÉSENTANT DANS LA SEINE-ET-MARNE ET L'YONNE
AU COMITÉ DE SALUT PUBLIC.

Auxerre, 8 prairial an II-27 mai 1794. (Reçu le 31 mai.)

Vous trouverez ci-joint, citoyens collègues, les tableaux des autorités constituées épurées et réorganisées dans le district d'Avallon, les communes de Vézelay et de Vermenton, cette dernière du district d'Auxerre. Je puis vous assurer que les citoyens qui les composent ont été choisis parmi ceux qui ont fait des preuves constantes de patriotisme; ils sont dignes de concourir au gouvernement révolutionnaire qui doit consolider la République sur les bases immuables de la liberté et de l'égalité.

Je me transporterai dans quelques jours à Saint-Fargeau pour y procéder à la même opération, ma présence étant nécessaire pour l'instant au chef-lieu, à cause des subsistances qui forment un objet très important de la sollicitude du représentant et de toutes les administrations qui en sont constamment occupées. Cependant, malgré l'extrême pénurie où se trouvent les habitants, ils sentent tellement les avantages de la Révolution, ils ont une telle confiance dans la Convention qu'ils attendent patiemment la prochaine récolte, qui présente les plus grandes ressources et annonce une abondance qui assurera la tranquillité intérieure, et portera toutes les facultés du peuple contre les ennemis de sa liberté.

MAURE aîné.

[Arch. nat. AF II, 163.]

LES REPRÉSENTANTS À L'ARMÉE DE LA MOSELLE
AU COMITÉ DE SALUT PUBLIC.

Vaselle, 8 prairial an II-27 mai 1794.

Citoyens collègues,

Nous apprenons avec peine que la droite de l'armée a éprouvé des revers du côté de Hombourg et de Kaiserslautern. Plusieurs relations sont parvenues au général en chef; il vous en rendra compte. Sans connaître parfaitement le pays, ces postes nous ont paru toujours très précaires, surtout lorsque l'armée principale s'en éloignait pour agir vers Namur. Nous aimons à croire cependant que cet événement n'aura d'autres suites que de nous obliger à resserrer davantage notre ligne défensive.

Il reste encore assez de force pour garantir la frontière depuis Longwy jusqu'à Sarreguemines; mais, au lieu de les disséminer sur une étendue de quarante lieues, notre avis serait de réunir ce qui excède les garnisons des places de première ligne en un seul corps d'armée occupant un ou plusieurs camps, à portée de se soutenir en cas d'attaque, et de se rassembler en peu de temps, si l'ennemi voulait tenter une entreprise sur notre territoire.

Nous sentons parfaitement que quelques villages de la frontière sont exposés à des incursions; c'est un malheur sans doute, mais ce serait en disséminant nos forces, en voulant tout garder, que nous risquerions de compromettre des points essentiels. Notre but principal est de délivrer le Nord, c'est là le point décisif de la guerre. Quand nous aurons exterminé l'ennemi dans les Pays-Bas, nous reviendrons vers la Moselle et le Rhin. En attendant, rassemblons nos forces dans cette partie; formons des citadelles ambulantes, établissons une défensive en masse, prenons de bonnes positions; voilà le moyen de nous rendre redoutables partout.

Salut et fraternité,   GILLET, DUQUESNOY.

[Ministère de la guerre; *Armées du Rhin et de la Moselle.*]

LES REPRÉSENTANTS À L'ARMÉE DES ALPES AU COMITÉ DE SALUT PUBLIC.

Grenoble, 8 prairial an II-27 mai 1794.

A la réception de votre arrêté, par lequel vous avez ordonné le départ de toute la cavalerie de l'armée des Alpes pour celle d'Italie, nous n'avons rien eu de plus empressé que de tenir la main à son exécution; le 9e régiment de dragons est parti le premier, ensuite le 1er régiment d'hussards, le 5e régiment de cavalerie et celui des chasseurs de la Montagne vont successivement filer à leur nouvelle destination. Vous nous avez promis de remplacer ces quatre corps par d'autres tirés, soit de l'armée du Rhin, soit d'ailleurs. Le plan de campagne qui a dû vous être adressé par nos collègues près l'armée d'Italie doit vous convaincre de la nécessité de ce remplacement; nous croyons devoir vous observer qu'un régiment d'hussards, un de chasseurs et un de dragons nous suffiront s'ils sont au complet. Si, au contraire, ils n'y sont pas, les quatre corps dont nous venons de nous dégarnir doivent nécessairement être remplacés par quatre autres, organisés de manière qu'en totalité ils équivaillent ainsi à trois régiments complets. La guerre de plaine exige impérieusement cette mesure, pour le succès de la campagne. Vous voudrez bien considérer qu'il faut que la cavalerie qui nous parviendra soit montée, équipée et armée, parce que, si nous étions obligés de la tenir sur les derrières, pendant tout le temps qu'il faudra employer à l'armement et à l'équipement, elle ne pourrait pas nous être d'un grand avantage, à l'instant où il faudra pouvoir la déployer devant l'ennemi, et cet instant ne peut être retardé par aucune considération.

Salut et fraternité, ALBITTE, LAPORTE.

[Ministère de la guerre; *Armées des Alpes et d'Italie.* — *De la main de La Porte.*]

———

UN DES REPRÉSENTANTS À L'ARMÉE D'ITALIE AU COMITÉ DE SALUT PUBLIC.

Au quartier général, à Nice, 8 prairial an II-27 mai 1794.

Depuis que nous sommes à l'armée d'Italie, citoyens collègues, le général Du Merbion a toujours commandé en chef cette armée; son intelligence et ses soins y ont fait régner l'ordre et la discipline; sous ses ordres, elle a toujours été victorieuse et n'a cessé de bien mériter de la patrie.

Nous l'avons nommé général en chef; la justice et le bien du service exigent que vous confirmiez sa nomination.

ROBESPIERRE jeune.

[Ministère de la guerre; *Armées des Alpes et d'Italie.*]

COMITÉ DE SALUT PUBLIC.

Séance du 9 prairial an II-28 mai 1794.

Présents : B. Barère, Carnot, Couthon, C.-A. Prieur, Collot-d'Herbois, Billaud-Varenne, Robespierre, R. Lindet.

1. Vu l'extrait du registre des arrêtés et procès-verbaux de la Commission : «Séance du 5 prairial an II de la République française. La Commission exécutive de l'instruction publique nomme le citoyen Publicola Chaussard directeur général des bureaux de la Commission, sauf l'approbation du Comité de salut public auquel la nomination est soumise, en conformité de l'article 14 de la loi du 12 germinal [1]. Pour extrait, *signé :* PAYAN, commissaire, et FOURCADE, adjoint. » — Approuvé par les représentants du peuple, composant le Comité de salut public.

B. BARÈRE, CARNOT, BILLAUD-VARENNE [2].

2. Le Comité de salut public autorise les administrateurs du département de Paris à faire réimprimer la Déclaration des droits de l'homme et la Constitution en quantité suffisante pour le besoin des écoles primaires de leur arrondissement.

COLLOT-D'HERBOIS, BILLAUD-VARENNE [3].

---

[1] Il y a ici une erreur. Il s'agit de l'article 20. Voir t. XII, p. 329.

[2] Arch. nat., AF, II, 67.

[3] Arch. nat., AF, II, 66.

3. Le Comité de salut public nomme le citoyen Bonarme juge du tribunal du district de Clermont-Ferrand, à la place de maire de cette commune, vacante par l'élection du citoyen Monestier à la place d'agent national du district de Clermont.

COUTHON, BILLAUD-VARENNE [1].

4. Le Comité de salut public arrête que le représentant du peuple J.-B. Lacoste se rendra sans délai dans le sein de la Convention nationale.

COLLOT-D'HERBOIS [2].

5. Le Comité de salut public arrête que les représentants du peuple Hentz et Le Bas se rendront sans délai aux armées du Rhin et de la Moselle.

CARNOT [3].

6. Le Comité de salut public nomme le citoyen Monestier, maire de Clermont-Ferrand, à la place d'agent national de l'administration du district de cette commune; le citoyen Monestier entrera sur-le-champ en fonction.

COUTHON, BILLAUD-VARENNE [4].

7. Le Comité de salut public arrête que le citoyen Jomard, mis aux ordres et sous l'inspection du citoyen Vandermonde, par un arrêté du 28 ventôse [5], est chargé, par un arrêté postérieur, de rendre journellement compte des fonderies de modèles de canon, jouira d'un traitement de 200 francs par mois à compter du jour où il a été employé. La Commission des armes et poudres est chargée de l'exécution de cet arrêté.

C.-A. PRIEUR [6].

8. Le Comité de salut public arrête que la Commission du commerce

---

[1] Arch. nat., AF, II, 65. — *De la main de Couthon.*

[2] Arch. nat., AF, II, 244. — *De la main de Collot-d'Herbois.*

[3] Arch. nat., AF, II, 244. — *De la main de Carnot.*

[4] Arch. nat., AF II, 65. — *De la main de Couthon.*

[5] On n'a pas, à cette date, d'arrêté du Comité de salut public sur cet objet.

[6] Arch. nat., AF, II, 215. — *Non enregistré.*

et des approvisionnements mettra à la disposition de la Commission des armes 2,000 feuilles de tôle, de celles qu'elle a à Paris.

C.-A. Prieur [1].

9. Le Comité de salut public arrête que, dans la partie du pays d'entre Sambre et Meuse, nouvellement occupée par les armées de la République, et dans tout le territoire dont les armées s'empareront par la suite, on rassemblera les fers coulés, les fers forgés, les métaux de toute espèce, les cuirs verts, les cuirs tannés, et généralement tous les objets qui peuvent être employés d'une manière utile à la défense de la liberté et que, dans le plus bref délai, tous ces objets seront transportés sur l'ancien territoire de la République, pour y être distribués dans les magasins et arsenaux, ou dans les usines et fabriques, s'ils ont encore quelques opérations à subir; que, s'il se trouve des mines de charbon de terre, l'extraction en sera pressée avec la plus grande activité, et que tout le charbon extrait sera de même transporté avec la plus grande célérité, soit par la Meuse, soit par toute autre voie, dans les magasins de la manufacture d'armes de Libreville, ou dans nos arsenaux; qu'enfin il en sera agi de même pour tous les autres effets, afin d'augmenter les ressources de la République et de diminuer celles de ses ennemis. En conséquence, le Comité de salut public charge le citoyen Duval, son commissaire dans les forges du district de Couvin, et Hubert Rosier, régisseur de la manufacture nationale de Maubeuge, du détail de l'exécution des mesures prises par le présent arrêté; il les autorise à requérir auprès du général de l'armée et des autorités constituées tous les moyens qui pourront hâter et favoriser cette exécution. Il charge la Commission des armes et poudres de se concerter avec celle du commerce et approvisionnements pour mettre ces citoyens à portée d'exécuter la mission qui leur est confiée, régler les estimations des différents objets, en surveiller l'emploi et rendre compte au Comité de salut public du résultat de cette opération.

C.-A. Prieur [2].

10. Le Comité de salut public, en vertu du décret du 27 germinal

---

[1] Arch. nat., AF, ii, 215. — *Non enregistré.*

[2] Arch. nat., AF ii, 215. — *Non enregistré.*

concernant les mesures de police générale de la République, requiert la citoyenne Deflotte, âgée de seize ans et demi, de se rendre à Paris pour être employée de son état de lingère.

BILLAUD-VARENNE, CARNOT [1].

11. Le Comité de salut public arrête que la citoyenne Anne-Félicité Gidoin, épouse de Philippe Robert, est autorisée à rester à Paris auprès de son mari septuagénaire.

CARNOT [2].

12. Le Comité de salut public, informé que dans les mouvements occasionnés par la nouvelle organisation des commissions et des administrations secondaires, il n'est le plus souvent pris aucune précaution pour la sûreté et conservation des meubles et effets servant à leur usage, et voulant établir un ordre de comptabilité pour cette partie du mobilier national, arrête ce qui suit : 1° La Commission des revenus nationaux fera dresser incessamment un inventaire de tous les meubles et effets existants dans les maisons et bureaux des commissions, agences et autres établissements nationaux à Paris. — 2° Les membres des commissions et chefs des établissements donneront au bas de ces inventaires leurs récépissés des meubles et effets y désignés et en demeureront chargés. — 3° Lorsqu'une Commission ou agence quittera une maison qui devra être, immédiatement après sa sortie, occupée par les bureaux d'une autre Commission ou agence, il n'en sera enlevé aucun des meubles qui peuvent également servir à cette dernière. — 4° Lorsque des déplacements ou transports de meubles d'une maison dans une autre seront nécessaires, il sera dressé, en présence d'un agent, commis par la Commission des revenus nationaux, un inventaire des meubles qui devront être déplacés, au bas duquel la Commission ou agence à laquelle ils sont destinés en donnera son récépissé. — 5° Les Commissions ou administrations qui auront besoin de meubles pour le service public en feront les demandes à la Commission des revenus nationaux, qui est chargée d'y pourvoir, soit avec les meubles provenant de la liste civile des maisons nationales et des administrations supprimées, soit avec ceux qu'elle pourra tirer des maisons

---

[1] Arch. nat., AF ii, 412. — *Non enregistré.*

[2] Arch. nat., AF ii, 412. — *Non enregistrée.*

des condamnés ou émigrés, estimation préalablement faite de ces derniers. — 6° En conséquence, la Commission est autorisée à distraire
du mobilier à vendre les meubles et effets qui seraient propres au service des bureaux des administrations publiques. — 7° La Commission
des revenus nationaux est chargée de surveiller exactement le mouvement des meubles nationaux destinés aux établissements publics et la
comptabilité de l'inspecteur du garde meuble. — 8° Elle veillera à
l'exécution du présent arrêté et en rendra compte au Comité dans dix
jours.

Signé : Billaud-Varenne, B. Barère, C.-A. Prieur[1].

13. Le Comité de salut public, d'après le rapport fait par la Commission des transports militaires, considérant que les différents services
réunis à cette Commission exigent qu'elle multiplie le nombre de ses
bureaux et de ses employés, que le local qu'elle occupe est insuffisant
pour leur établissement, arrête : 1° Que la maison Laborde, sise rue
Cerutti, au coin de la rue de Provence, sera mise dès ce moment à la
disposition de la Commission des transports pour y établir les nouveaux bureaux nécessaires à son administration. — 2° Qu'elle se concertera à cet effet avec la Commission des revenus nationaux. — 3° Les
commissaires du Comité des domaines seront invités de faire la visite
de ce domaine national et de faire exécuter le présent arrêté, s'il n'y
a ni disposition ni inconvénient qui doivent en suspendre ou empêcher l'exécution.

R. Lindet[2].

14. Le Comité de salut public arrête que les commissaires du
Comité révolutionnaire de la section des Gardes-Françaises déposeront
à la Trésorerie nationale : 1° Le paquet d'assignats qui leur a été
déposé et remis par la citoyenne Saint-Aubin, tenant maison garnie à
Paris, rue d'Angévilliers, n° 152, qu'elle a déclaré renfermer 48,000
livres, appartenant au citoyen Martin Bigot, ancien commissionnaire
et fournisseur pour les vivres de la marine. — 2° Un autre paquet
d'assignats, renfermant 13,626 livres 4 sous, remis au Comité révo-

---

[1] Arch. nat., AF ii, 222. — *Copie non enregistré.*

[2] Arch. nat., AF ii, 286. — *Non enregistré.*

lutionnaire par le citoyen Jean-Roch d'Huilly, demeurant à Paris, rue du Mail, n° 8, qu'il a déclaré appartenir au citoyen Martin Bigot. — 3° Un portefeuille remis au Comité révolutionnaire par les deux gendarmes qui ont amené le citoyen Bigot de Nantes à Paris, qu'ils ont déclaré avoir retiré de la voiture et appartenir à ce citoyen. Ces fonds demeureront en dépôt à la Trésorerie nationale, jusqu'à ce qu'il ait été statué sur la propriété et la destination, et que le citoyen Bigot ait rendu compte.

Le citoyen Jean-Roch d'Huilly sera mis en état d'arrestation et gardé par ordre et sous la surveillance du Comité révolutionnaire jusqu'à ce qu'il ait été entendu sur ses rapports avec Bigot, mis en état d'arrestation. Les citoyens Joseph Guignard, brigadier de gendarmerie, et Gaspard Chartron, gendarme de la résidence de Nantes, qui ont amené Bigot de Nantes à Paris, en exécution d'un arrêté du Comité du salut public et dont le Comité révolutionnaire s'est précédemment assuré, seront mis en liberté, vu qu'il ne paraît pas que ce soit par collusion ni par aucune faute grave, que Bigot s'est soustrait pendant une nuit entière à leur garde et à leur surveillance en descendant de voiture sur les neuf ou dix heures du soir. Il leur sera donné une décharge, afin qu'ils se rendent à leur poste.

R. Lindet, Couthon [1].

15. Le Comité de salut public arrête que l'Agence révolutionnaire des salpêtres et poudres est chargée de procurer à la commune de Villejuif une chaudière pour servir à l'exploitation patriotique du salpêtre, à la charge pour celle-ci de restituer cette chaudière, lorsque ces travaux seront terminés.

C.-A. Prieur [2].

16. Le Comité de salut public arrête que l'administration du département de Paris est autorisée à déterminer les indemnités qu'il est juste d'accorder aux locataires qui habitent les maisons nationales en vétusté, dont elle ordonne la démolition pour pourvoir aux besoins des salpêtriers, en exécution de l'arrêté du 11 nivôse; que la Commis-

---

[1] Arch. nat., AF ii, 60. — *De la main de R. Lindet. Non enregistré.*

[2] Arch. nat., AF ii, 217. — *Non enregistré.*

sion des armes et poudres fera acquitter les indemnités sur les fonds qui sont à sa disposition[1].

C.-A. Prieur, R. Lindet [2].

17. Le Comité de salut public arrête : 1° Il sera envoyé sur le champ à Belle-Ile deux mille hommes de plus. — 2° Six mille hommes de l'armée de l'Ouest passeront sans aucun délai sur la rive droite aux ordres de Moulin, général en chef de l'armée de l'Ouest. — 3° Vachot continuera de commander seul les forces dirigées contre les Chouans; il conservera provisoirement toutes celles qui sont à ses ordres, mais il rendra compte de ses opérations au général en chef de l'armée de l'Ouest. — 4° La Commission de l'organisation et du mouvement des armées transmettra cet arrêté et les ordres qu'elle donnera en conséquence par courrier extraordinaire.

Carnot [3].

18. Le Comité de salut public, considérant combien il importe que les ouvriers employés à la manufacture d'armes de Paris ne soient pas distraits de leurs travaux, arrête, sur la demande du citoyen Jouglas, ouvrier platineur dans la maison Ferry, que ledit citoyen est autorisé à donner sa démission de lieutenant de la 2ᵉ compagnie du bataillon de la section de Chalier, et ce sans rien déroger à son arrêté par lequel il est enjoint à tous ouvriers travaillant dans les ateliers d'armes de Paris de se faire remplacer dans le service ordinaire.

C.-A. Prieur [4].

19. Le Comité de salut public arrête qu'il sera délivré un mandat au citoyen Garnerey, peintre, de la somme de 500 livres pour le payement du frontispice qu'il a peint et fait graver pour la section de la guerre du Comité. Cette somme sera prise sur le fond de 50 millions dont le Comité peut disposer.

Carnot [5].

---

[1] Voir t. IX, p. 773, l'arrêté n° 10.

[2] Arch. nat., AF ii, 217. — Non enregistré.

[3] Arch. nat., AF ii, 203. — De la main de Carnot. Non enregistré.

[4] Arch. nat., AF ii, 215. — Non enregistré.

[5] Arch. nat., AF ii, 32. — La dernière phrase est écrite de la main de Carnot.

20. Les commissaires aux secours publics sont autorisés à faire payer à la citoyenne Blancheton la somme de 145 livres, à titre d'indemnité pour nourriture d'un enfant dont la mère est dans l'indigence.

CARNOT, B. BARÈRE, BILLAUD-VARENNE [1].

21. Le Comité de salut public, sur le rapport de la Commission des secours publics, arrête qu'il sera payé à la citoyenne Maurice, de l'Ile-de-France, une somme de 500 livres à titre de secours en subsistance, laquelle somme sera prise sur les fonds de 20 millions décrétés le 30 germinal.

CARNOT, B. BARÈRE, BILLAUD-VARENNE [2].

22. Le Comité de salut public arrête : 1° Le représentant du peuple Le Carpentier est autorisé à faire les réquisitions et à employer les moyens coercitifs afin de forcer les propriétaires des terrains submergés ou sujets à être inondés, dans les marais de Dol, au transport des pilotis approvisionnés pour former aux digues de Dol des revêtements en pierre, ainsi qu'au transport de tous les matériaux nécessaires à la prompte réparation de ces digues. — 2° A presser les ingénieurs nommés par le Conseil exécutif provisoire, ou tous autres, à faire le plus promptement possible un rapport sur le moyen le plus simple et le plus facile de détourner la rivière de Couesnon et, en lui donnant une nouvelle direction, de choisir la plus avantageuse à l'intérêt général. — 3° A obliger les commissaires du département de la Manche à envoyer sans délai leur procès-verbal et à engager ce département, ainsi que celui d'Ille-et-Vilaine, à renoncer à leur discussion et à se concilier sur un objet aussi important et aussi utile à l'intérêt particulier de leurs administrés qu'à l'intérêt général de la République. — 4° La Commission des travaux publics, chargée de veiller à ce que ses subordonnés exécutent promptement et convenablement les mesures qui auront été réglées par le représentant du peuple Le Carpentier, pour la confection desdits ouvrages, en fera acquitter la dépense sur les fonds mis à sa disposition par le décret du 16 frimaire dernier.

C.-A. PRIEUR [3].

---

[1] Arch. nat., AF II, 81. — *Non enregistré.* — [2] Arch. nat., AF II, 81. — *Non enregistré.* — [3] Arch. nat., AF II, 80. — *Non enregistré*

23. Le Comité de salut public, s'étant fait rendre compte par la Commission des transports, postes et messageries de l'état de la levée du 25 ordonnée sur tous les chevaux de la République par le décret de la Convention nationale du 18 germinal, il en résulte que la plupart des agents nommés, en vertu du décret du 17 vendémiaire, pour la remonte de la cavalerie et continués pour l'opération du 18 germinal, ainsi que plusieurs des autorités constituées chargées de concourir à l'accélération de cette levée, ne se sont pas conformés avec assez de précision et de célérité au texte du décret et des arrêtés qui l'ont suivi; le Comité, considérant combien il importe au succès des armées de la République que rien ne ralentisse les mouvements des transports militaires, qu'il ne soit apporté aucune entrave aux secours extraordinaires qui leur sont attribués et qu'enfin la Commission soit le plus promptement en état de lui en rendre un compte exact et satisfaisant, arrête ce qui suit : 1° Il sera sur-le-champ nommé par la Commission des transports militaires vingt agents sous le titre de commissaires inspecteurs, qui se rendront dans les vingt divisions tracées par le décret du 17 vendémiaire pour opérer, sans retard comme sans obstacles, l'entière exécution de la levée des chevaux décrétée le 18 germinal ainsi que de sa destination. — 2° Les agents se porteront aussitôt au chef-lieu de rassemblement de chaque division, où ils feront vérifier leurs pouvoirs par les autorités constituées, dont ils requerront l'assistance. — 3° Les préposés ou commissaires en activité, au moment de l'arrivée de ceux nommés en vertu de cet arrêté, seront tenus de leur remettre sur-le-champ les états de situation de la levée, ainsi que ceux des mouvements qui auront pu avoir lieu des dépôts du rassemblement sur les armées ou sur tout autre point par réquisition des représentants du peuple, ou par tel autre ordre supérieur; les autorités constituées qui, dans certains départements, agissent seules sans le concours des préposés, feront la même remise. — 4° Les commissaires inspecteurs formeront, sans perdre de temps, des contrôles sur les états imprimés qui leur seront envoyés par la Commission. Ces contrôles seront divisés par colonnes et porteront en tête : 1° le numéro de la division; 2° les noms des départements, districts et cantons; 3° ceux des préposés de l'embrigadement; 4° le nombre des charretiers employés au service; 5° le total des chevaux; 6° la distinction par âge, sexe, taille et aptitude ou destination aux différents services; 7° le

nombre des harnais de chaque cheval de trait non attelé et du harnais
complet de chaque voiture; 8° l'état de l'équipement en sacs à avoine
et cordes à fourrage; 9° les voitures à quatre et à deux roues; 10° le
nombre des mulets, celui des bats; 11° la date des procès-verbaux de
réception et estimation; 12° le prix des estimations; 13° les observations. — 5° Les chevaux, mulets et harnais qui auront été jugés défectueux et qui, aux termes de l'article 7, du titre Ier, du décret du 18 germinal, auront été renvoyés à ceux qui les auront fournis et à leurs
frais, seront remplacés par les autorités constituées de chefs-lieux de
canton sur l'avertissement qui leur en sera donné par le commissaire
inspecteur. Il sera fait un nouvel appel de l'arrondissement pour procéder de suite au remplacement. — 6° Pour empêcher la collusion qui
pourrait exister entre les citoyens habitants d'un pays soumis à la
levée et l'inspecteur vétérinaire établi au chef-lieu de division, lequel,
aux termes de l'article 14 du titre Ier du décret du 18 germinal, est
chargé de la réception et de l'estimation des chevaux, il est adjoint au
commissaire inspecteur d'appeler un artiste étranger au département,
de la capacité duquel il se sera assuré, lorsqu'il aura reconnu quelque
abus ou irrégularité dans les réceptions et estimations faites sur les
lieux, dont il tiendra état et informera la Commission. — 7° En outre
des contrôles prescrits par l'article 4, il sera tenu, par les agents actuellement employés dans chaque district et sous la surveillance des
commissaires inspecteurs, des feuilles de mouvements journaliers dans
lesquelles seront inscrits, par colonnes, la date de l'entrée et de la
sortie des hommes, des chevaux et des mulets, la date de leur embrigadement aux dépôts, le genre de service auquel ils ont été destinés à
leur départ du chef-lieu de la division, le lieu de leur envoi. Ces
feuilles seront envoyées à la Commission, courrier par courrier, afin
qu'elle puisse rendre compte promptement : 1° de l'état de la levée;.
2° de l'emploi, et assurer ainsi les mesures publiques. Il sera usé de la
même exactitude pour les mouvements décadaires qui doivent la réca-
pitulation exacte des mouvements journaliers et donner le résultat de
ce dont on a disposé et de ce qui reste de disponible. — 8° La surveillance et la tenue des dépôts sera régie par les commissaires inspecteurs, conformément aux articles 11 et 12 du décret du 17 vendémiaire et à l'article 19 du titre Ier de celui du 18 germinal. — 9° Les
commissaires inspecteurs étant surtout appelés à ne laisser lieu à

aucunes réclamations partielles sur la levée du 25, se pénétreront de toutes les exceptions faites au décret en faveur des chevaux, juments ou mulets mis en réquisition pour un service public, national et en activité; ceux-ci doivent compter pour la levée, mais ils ne peuvent être choisis, et dans le cas où les municipalités, contre le vœu des divers arrêtés, en auraient agi autrement, les commissaires sont autorisés à les rendre aux travaux publics et à en demander sur-le-champ le remplacement en observant les mêmes formalités que celles prescrites par l'article 5 ci-dessus pour les chevaux défectueux. — 10° Les commissaires inspecteurs tiendront un état particulier de ces chevaux, lequel sera envoyé à la Convention et sera mis sous les yeux du Comité de Salut public chaque décade. — 11° Pour assurer le transport des commissaires inspecteurs dans les différentes parties de la République où doit les porter sans retard l'urgence des mesures qui leur sont confiées, ils pourront requérir des chevaux de poste ou autres sur les routes de traverse où les postes ne sont pas établies, chacun dans la division qui lui sera confiée et pour le service seulement, à peine de destitution, s'il en était fait abus. — 12° Ils pourront également, dans les pays où l'on refuserait de leur procurer des vivres, requérir des subsistances militaires au prix fixé par la loi et pour leur subsistance personnelle, ainsi que pour les fourrages des chevaux qui les conduiraient par voie de réquisition. — 13° La Commission pourvoira au traitement des commissaires inspecteurs et leur fera les avances nécessaires pour subvenir aux frais de leurs opérations et leur passera en compte un commis aux écritures pour accélérer les expéditions. — 14° Toutes ces mesures exigeant autant de célérité que d'exactitude, il est enjoint aux commissaires inspecteurs d'agir avec précision et activité et de ne négliger aucun moyen de lever les obstacles qui pourraient entraver la marche de la levée du vingt-cinquième des chevaux.

R. LINDET [1].

24. Le Comité de salut public, considérant que le service des armées de la République n'exige pas la conservation de la fonderie de Saint-Laurent de la Mouga, enlevée aux Espagnols par l'armée des Pyrénées orientales, qu'il est urgent de détruire cette fonderie après

[1] Arch. nat., AF II, 286. — Non enregistré.

en avoir enlevé tout ce qui peut être utile, même les ouvriers attachés au service de cette fonderie, arrête : 1° Les boulets, bombes, mitrailles, balles et autres projectiles, ainsi que la fonte, les modèles existants dans la fonderie de Saint-Laurent de la Mouga seront transportés sans délai à Perpignan pour être distribués de la manière la plus utile par la Commission des armes. — 2° Les ouvriers attachés à la fonderie de Saint-Laurent de la Mouga seront transférés à Toulouse avec leurs ustensiles et outils pour être employés par la Commission des armes et poudres dans les forges de la République. — 3° En même temps que cet enlèvement s'opérera, il sera procédé à la démolition de la fonderie de ces usines et de tout ce qui tient à cet établissement qui ne sera pas jugé utile au service de l'armée. — 4° La distraction des parties nécessaires à conserver sera faite par les représentants du peuple près l'armée des Pyrénées. — 5° Charge la Commission des armes et poudres de l'exécution du présent arrêté; l'autorise en conséquence à envoyer à Saint-Laurent de la Mouga les commissaires qu'elle jugera nécessaires à cette exécution.

CARNOT[1].

25. [Le Comité de salut public dispense Jean-Baptiste Voisin, natif de Limoges, de rejoindre son bataillon. CARNOT. — Arch. nat., AF ɪɪ, 304. *Non enregistré.*]

26. [Lefebvre (Pierre-Louis-Marie) est nommé secrétaire-écrivain militaire de la commune d'Ardres. CARNOT. — Arch. nat., AF ɪɪ, 304. *Non enregistré.*]

27. Le Comité de salut public arrête : 1° Le citoyen Buret, entrepreneur du blanchissage du linge de la maison des Invalides, est autorisé à avoir pour le service de son entreprise un cheval qui sera mis en réquisition pour ce service public. — 2° Celui qu'il a conduit et qui a été retenu au dépôt d'inspection de la Fontaine-de-Grenelle lui sera rendu sur-le-champ.

CARNOT, B. BARÈRE, BILLAUD-VARENNE[2].

[1] Arch. nat., AF ɪɪ, 302. — *Non enregistré.*

[2] Arch. nat., AF ɪɪ, 284. — *Non enregistré.*

REPRÉSENTANTS EN MISSION.

LE COMITÉ DE SALUT PUBLIC

À ICHON, REPRÉSENTANT À L'ARMÉE DE L'OUEST, À TOURS.

Paris, 9 prairial an II-28 mai 1794.

Le Comité de salut public te fait passer, citoyen collègue, deux extraits de lettres écrites par notre collègue Veau; elles contiennent des renseignements utiles sur plusieurs individus de la commune de Tours; le Comité t'invite à en faire usage.

Salut et fraternité.

P.-S. La lettre de notre collègue Veau t'a déjà été adressée, mais le Comité a cru qu'il pouvait être avantageux de te remettre sous les yeux les renseignements utiles qu'elle contient.

[Arch. nat., AF II, 37.]

LE COMITÉ DE SALUT PUBLIC

À J.-B. LACOSTE, REPRÉSENTANT AUX ARMÉES DU RHIN ET DE LA MOSELLE.

Paris, 9 prairial an II-28 mai 1794.

Citoyen collègue,

Le Comité te fait parvenir un arrêté qu'il vient de prendre[1]. Il espère que tu lui donneras une prompte exécution. Il attend de toi, à ton arrivée, des éclaircissements importants.

COLLOT-D'HERBOIS.

[Arch. nat., AF II. 244. — *De la main de Collot-d'Herbois.*]

UN DES REPRÉSENTANTS À L'ARMÉE DES CÔTES DE CHERBOURG

AU COMITÉ DE SALUT PUBLIC.

Havre-Marat, 9 prairial an II-28 mai 1794. (Reçu le 31 mai.)

[«Pomme transmet un mémoire que lui a remis le citoyen Montcarville, commissaire ordonnateur provisoire de l'armée des Côtes de Cherbourg; il invite le

[1] Voir plus haut, p. 790, l'arrêté n° 4.

Comité à y avoir égard et à rendre justice à ce brave citoyen en levant les arrêts que le Comité lui a prescrit et en le nommant commissaire ordonnateur. — Arch. nat., AF II, 269. Analyse.]

UN DES REPRÉSENTANTS À L'ARMÉE DES CÔTES DE CHERBOURG
AU COMITÉ DE SALUT PUBLIC.

Rouen, 9 prairial an II-28 mai 1794. (Reçu le 30 mai.)

[«Guimberteau envoie les états d'effets d'équipement et d'armement qui ont été fournis aux compagnies de dragons, qu'il a fait partir d'ici pour Compiègne, d'après l'invitation de Bollet.» — Arch. nat., AF II, 410. — *De la main de Guimberteau.*]

LE REPRÉSENTANT À BREST AU COMITÉ DE SALUT PUBLIC.

Brest, 9 prairial an II-28 mai 1794. (Reçu le 3 juin.)

[Prieur (de la Marne) expose que, depuis sa dernière du 4 courant, il n'a reçu aucune nouvelle de la flotte, malgré les sept ou huit corvettes qu'il lui a envoyées, sans doute à cause de la continuité des vents qui sont favorables pour l'aller et absolument contraire pour le retour. La mouche *le Janus*, armée de six pierriers, portant des dépêches pour Jeanbon Saint-André, a été prise par un lougre anglais de quatorze canons, mais l'équipage, excepté le capitaine, a été ramené par un navire neutre; il a la certitude que les dépêches ont été jetées à la mer. D'après une lettre de la Commission des subsistances, très pressante, à lui remise par un agent de la Commission de commerce, il a remis à cet agent tous les approvisionnements dont il a pu disposer sans compromettre aucun service. Il donne l'état de ces approvisionnements. «Les travaux du port continuent toujours avec activité; *le Majestueux* est en rade d'aujourd'hui, et appareillera sous deux ou trois jours pour Bertheaume. J'attends votre réponse sur la conduite à tenir à l'égard du parlementaire anglais dont je vous ai parlé dans ma précédente. On m'annonce qu'un second vient d'arriver à Roscoff, il y a deux jours; il en est entré un troisième amenant quarante prisonniers, matelots et soldats, venant de la Dominique[1]. Il est entré le 5 une prise anglaise, *le Hupson*, du port de deux cents tonneaux, chargée de fruits secs, genièvre, etc., venant de Trieste, destiné pour Londres. — Ministère de la marine; BB³, 61.]

[1] Sur une analyse de cette lettre (Arch. nat., AF II, 294), on lit ces mots, qui sont de la main de Barère : «Les faire arrêter comme les autres. Point de communication avec les Anglais, ce sont... des espions.»

UN DES REPRÉSENTANTS À L'ARMÉE DE L'OUEST
AU COMITÉ DE SALUT PUBLIC.

Saintes, 9 prairial an II-28 mai 1794. (Reçu le 3 juin.)

Je vous fait passer, mes chers collègues, quatre passeports expédiés par les brigands[1], qui vous justifieront quelle est la ruse, et, je présume aussi, l'état de détresse dans laquelle se trouvent les révoltés.

Ils forcent les femmes, sous peine de mort, à évacuer la Vendée, à se retirer sur les terres de la République. Par là ils trouvent le moyen de se débarrasser de bouches inutiles, et, dans le cas où nous punirions ces femmes de mort, celui de s'attacher encore plus leurs maris par le sentiment de la vengeance.

Il paraît que ces réfugiées sont transférées à Brouage; mais, si le nombre vient à s'accroître d'une manière sensible, cette petite ville ne sera pas dans le cas de les contenir toutes, et, quelque part qu'on les mette, elles seront dangereuses, car elles portent avec elles un esprit plus pervers encore que fanatique. Leur force est telle que, dernièrement, un de nos volontaires ayant tué deux brigands près de Parthenay, trouva, en les dépouillant, deux femmes couvertes d'habits d'hommes.

Tout est exécrable dans ce malheureux pays, et cette race doit être anéantie jusqu'au dernier.

C'est à vous, mes chers collègues, à régler la mesure que vous croyez convenable d'adopter pour arrêter cette nouvelle manœuvre des brigands, car il est étrange que ces scélérats, après avoir épuisé tous les moyens pour déchirer le sein de la patrie, trouvent encore celui de nous faire nourrir des monstres qui, souillés de notre sang, ne se réfugient au milieu de nous que pour se ménager de nouveaux moyens de nous trahir.

Salut et fraternité, GARNIER (de Saintes).

[Ministère de la guerre; *Armée de l'Ouest.* — *De la main de Garnier (de Saintes.)*]

[1] Ces pièces manquent.

LE REPRÉSENTANT DANS LA SEINE-ET-MARNE ET L'YONNE
AU COMITÉ DE SALUT PUBLIC.

Auxerre, 9 prairial an II-28 mai 1794. (Reçu le 31 mai.)

[Deux lettres de Maure : 1° «Le Comité lui avait envoyé la réclamation du citoyen Robert, de Lizy-sur-Ourcq, district de Meaux, relative à une taxe révolutionnaire de 15,000 livres à laquelle il a été imposé par Du Bouchet. «Après avoir examiné cette réclamation, et avoir consulté la commune et l'administrateur du district, j'y ai fait droit, et l'en ai déchargé, comme vous le verrez par l'extrait joint; ces espèces d'impôts très dangereux et peu utiles à la République n'ont pas toujours eu pour base la justice et l'exacte connaissance des moyens de ceux qui ont été imposés.» — Arch. nat., AF II, 163. — 2° «Il fait passer un arrêté pris par lui concernant la mise en liberté d'un homme qui, dans l'ivresse, avait crié : *Vive le roi!* Il a été reconnu pour être dans des principes bien différents : père de famille, honnête homme, pauvre et dénoncé, d'ailleurs, par un enfant de quatorze ans, qui alors était ivre lui-même.» — Arch. nat., AF II, 163. Analyse.]

LE REPRÉSENTANT DANS LA MEUSE ET LA MOSELLE
AU COMITÉ DE SALUT PUBLIC.

Faulquemont, 9 prairial an II-28 mai 1794. (Reçu le 1er juin.)

Je touche, citoyens collègues, au dernier point de la mission dont vous m'aviez chargé.

Faulquemont est le dernier district que j'avais à organiser révolutionnairement. Sans y avoir rencontré cette rigidité de caractère et cette force de sentiments qui signalent les républicains des grandes communes, j'ai eu, en général, plus à louer qu'à me plaindre.

Mon épuration n'a point été pénible, et j'ai eu à puiser dans ce district des sujets de remplacement propres à courir avec quelque succès la carrière politique et administrative.

Tous m'ont eu l'air persuadé de leurs devoirs et dans l'intention la plus prononcée de les remplir au gré du peuple et de la Convention nationale.

Quelques-uns de mes collègues, citoyens, ont apporté plus de rapidité dans leur marche et leurs épurations, sans doute; mais, outre que leur mission n'avait pas les mêmes épines, ils n'en ont reçu aucune

particulière de vous, du Comité de sûreté générale, de celui d'aliénation, du Comité de législation et de la Convention nationale.

J'avais plusieurs querelles particulières à approfondir, à étouffer,
des faits à examiner; des ouvrages particuliers, tels que la suppression d'un district et l'organisation d'autres sont inopinément survenus.

Quoi qu'il en soit, citoyens collègues, je puis sans vanité m'avouer
à moi-même que j'ai fait quelque bien et que le règne de la justice et
des vertus commence à s'établir dans les deux départements que j'ai
parcourus. Je les quitte enfin, et je retourne siéger avec mes dignes
collègues les Montagnards de la Convention nationale; je la trouverai
purgée de ses éléments impurs et digne du peuple magnanime qu'elle
a l'honneur de représenter.

Partout j'ai publié son amour pour le peuple et les travaux immenses du Comité de salut public, et la surveillance intarissable du
Comité de sûreté générale, partout j'ai vanté et fait aimer la Montagne, on les regarde comme les pères et les sauveurs de la patrie.
Puissè-je bientôt me trouver à même de concourir avec vous à sa gloire
et à son bonheur!

Salut et fraternité,

MALLARMÉ.

[Arch. nat.. AF ii. 163. — *De la main de Mallarmé.*]

LES REPRÉSENTANTS À L'ARMÉE DE LA MOSELLE
AU COMITÉ DE SALUT PUBLIC.

Marche-en-Famenne, 9 prairial an ii - 28 mai 1794.

(Reçu le 2 juin.)

[«Gillet et Duquesnoy transmettent au Comité trois malles des courriers de
Liège, Luxembourg et Paris, renfermant des lettres et papiers importants et invitent le Comité à les faire examiner. L'armée est parfaitement bien disposée; Dinant
va être attaqué et pris, dès lors la communication sera libre avec Givet. Les subsistances inquiètent. L'armée a été trois jours sans pain; ils invitent le Comité à
faire diriger sur Givet tout ce qui sera possible.» — Arch. nat., AF ii, 246.
Analyse.]

LE REPRÉSENTANT DANS L'AIN AU COMITÉ DE SALUT PUBLIC.

Bourg-Régénéré (Bourg-en-Bresse), *9 prairial an II–*
28 mai 1794. (Reçu le 5 juin.)

[«Méaulle trace le tableau de la situation politique des districts de Bourg et
Belley. Ce fut dans ces communes que le système du fédéralisme trouva des partisans. Récit des entreprises et des menées coupables dont elles se sont flétries.
A Vaux, on a insulté les sans-culottes; Ceyzerieu a été le théâtre des persécutions
dirigées par des ci-devant détenus contre des patriotes. L'aristocratie des riches et
des gens de chicane se replie sur tous les sens pour servir leur ambition. Le représentant espère, par des mesures fermes et sages, ramener à de meilleurs principes
les districts de Bourg et de Belley, les seuls du département où le calme ne soit pas
encore établi.» — Arch. nat., AF II, 195. Analyse.]

LE REPRÉSENTANT DANS LE GARD ET LA LOZÈRE
AU COMITÉ DE SALUT PUBLIC.

Mende, 9 prairial an II–28 mai 1794. (Reçu le 9 juin.)

La désertion des jeunes gens de la première réquisition, et qui sont
rentrés dans les montagnes de la Lozère, a inquiété un moment par la
crainte que les prêtres réfractaires ne formassent des rassemblements
avec ces jeunes gens; mais des mesures vigoureuses contre les parents
et un arrêté que je viens de prendre pour stimuler les Comités de surveillance et officiers municipaux produisent les meilleurs effets; on a
saisi une partie de ces jeunes gens, une autre partie se rend volontai-
rement, et tout fait espérer que l'ordre ne sera pas troublé. Le courrier me presse pour le moment. Je vous rendrai compte par le premier
et de la situation et de nos arrêtés [1]. Tout ce que j'ajouterai en cet
instant, c'est qu'il y a beaucoup trop de comités dans les campagnes,
que c'est dans ces comités où se sont glissés des hommes perfides (*sic*),
et je sens maintenant, plus que jamais, l'utilité de réduire les comités
[à un] par canton, comme je vous l'ai proposé pour le Gard, mais
l'article 17 de la loi du 14 frimaire paraissant s'y opposer, j'ai besoin
de votre autorisation.

Je vais demain à Saint-Chély; je parcourrai les cantons pour con-

---

[1] Voir plus loin la lettre de Borie du 13 prairial.

naître l'esprit de la campagne, et soyez sûrs que je ne négligerai rien pour faire jouir le peuple des bienfaits de la Révolution, qu'il ne connaît guère dans les montagnes.

Salut et fraternité, BORIE.

[Arch. nat., AF II, 195. — *De la main de Borie.*]

LE MÊME AU COMITÉ DE SALUT PUBLIC.

Mende, 9 prairial an II-28 mai 1794. (Reçu le 25 juin.)

J'arrivai à temps à Nîmes, citoyens collègues, pour comprimer l'effet dangereux d'une division d'opinion dans la municipalité de cette commune, dont la conduite influe dans le reste du département. La majorité, qui a des parents reclus, condamnés ou à passer en jugement, n'avait pas voulu adhérer à la demande de la Société pour l'établissement du tribunal révolutionnaire, et les fédéralistes et tous les autres contre-révolutionnaires se réjouissaient de voir des soutiens dans la municipalité. Je fis sentir le danger et les suites de ces divisions au Conseil général, et les membres qui ont, dit-on, dénoncé le maire, me produisirent de prétendus procès-verbaux du Conseil général, qui ne se sont pas trouvés sur les registres lors de la visite que j'en ai fait faire par le district; il a été même convenu qu'on n'avait dressé et signé les procès-verbaux que le 26 floréal, quoique sous la date du 12, 14 et 15, et hors de la maison commune. J'ai annulé ces procès-verbaux; j'ai suspendu les signataires. Je les ai remplacés en grande partie par des ouvriers sans fortune et à qui il sera peut-être nécessaire de donner par la suite des secours. Les marchands et négociants sont ainsi éloignés, quoiqu'ils m'eussent été désignés comme patriotes. Vous recevrez par le premier courrier mes arrêtés à ce sujet, et vous verrez s'il y a lieu à laisser en place les commissaires que j'ai nommés provisoirement; mais j'ose espérer que le bon ordre est assuré, car le rétablissement du tribunal révolutionnaire fait pâlir les malveillants; il serait même nécessaire à mon avis que vous lui attribussiez la connaissance des délits contre-révolutionnaires de la Lozère.

Salut et fraternité, BORIE.

[Arch. nat., AF II. 195. — *De la main de Borie.*]

LES REPRÉSENTANTS À L'ARMÉE DES PYRÉNÉES ORIENTALES
AU COMITÉ DE SALUT PUBLIC.

Collioure, 9 prairial an 11-28 mai 1794.

Citoyens collègues,

Nous vous avions juré, au nom de l'armée des Pyrénées orientales, que dans peu le sol de la liberté serait purgé, le peuple français vengé, et la République reconnue. Organes de nos frères d'armes, c'est au milieu des plus brillants succès que nous vous annonçons qu'ils remplissent leurs serments.

Les journées à jamais mémorables du 11 et 12 floréal avaient immortalisé l'armée des Pyrénées orientales et préparé l'évacuation de cette partie de notre territoire. Le courage infatigable de nos frères d'armes, leur constance dans les travaux, l'ardeur avec laquelle ils ont vaincu tous les obstacles que la nature leur opposait à travers des montagnes innaccessibles, ont forcé l'Espagnol à la capitulation la plus honorable pour le nom français.

Sept mille hommes déposant leurs armes aux pieds de leurs vainqueurs, se retirant chez eux après avoir fait serment de ne plus porter les armes, pendant le cours de cette guerre, contre les républicains, et laissant des otages pour garants du retour d'un nombre égal de prisonniers français; tous les patriotes arrachés à leurs foyers, dans cette partie de territoire, par une violation manifeste du droit des gens, rendus à leur famille; Collioure, le fort Saint-Elme, Port-Vendres, les redoutes et postes environnants rendus à la République, et l'Espagnol forcé, en les abandonnant, de signer qu'il n'avait dû qu'à la trahison ces places importantes : tel est en peu de mots le précis d'une capitulation faite au nom de la République, qu'un souverain chancelant a voulu jusqu'ici s'efforcer de méconnaître, mais que nos frères d'armes ont juré de faire respecter partout où ils porteront leurs pas. Vous remarquerez aussi que, par des articles de cette même capitulation, l'Espagnol reconnaît les émigrés pour des traîtres à la patrie, des conspirateurs. Certes, il est facile à tout homme, de quelque pays qu'il soit, qui prend la peine de réfléchir, d'apprécier les gouvernements qui donnent asile à de pareils monstres, en avouant eux-mêmes leurs forfaits,

D'après la rapidité des succès de l'Espagnol dans le pays que nous occupons aujourd'hui, la gloire de l'armée des Pyrénées orientales, les droits qu'elle a à la reconnaissance nationale, exigent quelques détails sur les difficultés qu'il fallut surmonter. La trahison livra en un seul jour aux satellites du despotisme ce que des troupes victorieuses, des soldats républicains n'ont pu reconquérir qu'avec des peines et des fatigues incroyables. Le fort Saint-Elme, placé sur un rocher escarpé de toutes parts, revêtu de murailles très élevées et entourées d'un large fossé, ne pouvait être battu que par un seul côté; sa position, qui commande Collioure et Port-Vendres, rendait sa prise absolument nécessaire avant de songer à la conquête de ces deux dernières places. Pour y parvenir, il fallait de la grosse artillerie; le génie de la liberté a pu seul vaincre les obstacles qui s'opposaient au transport des bouches à feu; il n'existait d'autre route, à travers les Pyrénées, qu'un sentier qu'un homme à pied suivrait difficilement. Ouvrir en peu de jours un chemin de deux lieues et demie, traîner à bras des pièces de 24 et des mortiers de 12 pouces, transporter les bombes et les boulets, tels sont les prodiges qu'a enfantés l'amour de la patrie, et dont nos frères d'armes se faisaient un jeu. Les pièces marchaient aux cris de : *Vive la République!* Le jour et la nuit étaient également employés à ces glorieux travaux.

C'est ainsi qu'en peu de temps les soldats de la République sont parvenus à vaincre la nature et à triompher de tous les obstacles que des barrières presque insurmontables mettaient à la défaite des Espagnols. A peine les premières batteries dressées, l'on a commencé à battre le fort; en peu de jours plusieurs pièces ont été mises hors de service par la vivacité du feu: elles ont été remplacées par des nouvelles, et toujours par les mêmes moyens. Tandis qu'une partie de la gauche de l'armée s'occupait ainsi à réduire le fort Saint-Elme, le reste, bivouaquant sur les plus hautes montagnes, gardait tous les cols par où l'ennemi aurait pu s'évader, et supportait avec une constance digne des républicains les inclémences du temps, qui, quoique dans la belle saison, était très froid et très pluvieux.

C'est après le feu le plus vif et le plus meurtrier, au moment où le fort Saint-Elme n'offrait plus qu'un monceau de ruines, que l'Espagnol, se voyant à la veille d'être emporté par un assaut inévitable, prit le parti de se retirer pendant la nuit du 6 au 7; il a évacué la même nuit

Port-Vendres. Il lui restait encore Collioure, entouré de bonnes fortifications, défendu par quatre forts, et protégé par deux redoutes presque inexpugnables, situées à Puis-Oriol. C'est avec de semblables moyens, défendue par une armée de sept mille hommes, qu'elle a signé la capitulation dont nous vous envoyons copie.

Le général Dugommier eût, peut-être, en précipitant les attaques et prodiguant la vie de nos braves défenseurs, pu hâter de quelques jours la réduction de toutes ces places; mais, avare du sang des républicains, et certain que l'ennemi ne pouvait lui échapper, il a préféré un triomphe d'autant plus glorieux qu'il a coûté moins cher à la patrie.

Le général va donner quelques instants de repos aux troupes qui ont agi devant Saint-Elme, pour aller ensuite rejoindre la partie de l'armée campée sur le territoire espagnol. Bellegarde, cerné de toute part, subira le sort de Collioure. Nous irons dans la Catalogne tendre une main secourable à cette portion du pays qui supporte impatiemment le joug du tyran de Madrid. Les riches, les propriétés du gouvernement nous dédommageront des frais de la guerre, et le pauvre, respecté dans sa chaumière et dans ses opinions religieuses, bénira l'armée qui vient briser ses fers.

Nous avons provisoirement nommé le fort Saint-Elme le *fort du Rocher;* nous espérons que la Convention voudra bien confirmer cette dénomination. Nous vous invitons aussi à changer le nom de Port-Vendres, qui, livré une fois par des traîtres, ne sera plus vendu[1].

Salut et fraternité,

MILHAUD, V. SOUBRANY.

P.-S. Nous venons à l'instant de voir, aux termes de la capitulation, sept mille esclaves déposer leurs armes aux pieds des républicains, et prêter serment de ne plus servir de cette guerre contre la France : nous aurions désiré que le peuple français tout entier eût été rassemblé sur les montagnes environnantes, pour jouir d'un triomphe que ses défenseurs n'adressent qu'à lui, au véritable souverain.

[1] En effet, le 15 prairial an II, dans le décret où elle déclara que «l'armée des Pyrénées orientales ne cesse de bien mériter de la patrie», la Convention changea le nom du fort Saint-Elme en celui de *fort du Rocher* et le nom de Port-Vendres en celui de *Port-de-la-Victoire.* (*Procès-verbal,* t. XXXVIII, p. 319.)

La commune de Banyuls-les-Mers, cette commune intéressante par son courage guerrier, par ses malheurs et par son républicanisme, avait été choisie pour être le théâtre de cette scène imposante, qui honorera à jamais le nom français. Sans doute que la Convention nationale décrètera que les habitants de Banyuls-les-Mers et de Collioure ont bien mérité de la Patrie. Lors de la trahison des généraux sur cette frontière, ces braves républicains, livrés à leurs propres forces, combattirent avec une opiniâtreté spartiate pour défendre le col de Banyuls.

Voici la réponse sublime que le maire de cette commune fit aux Espagnols, qui, en le sommant de se rendre, lui promettaient des sommes immenses : « Les républicains ne se rendent jamais, ils savent mourir », dit-il; et aussitôt il ramène au combat le petit nombre des fidèles amis de la liberté.

Les femmes et les jeunes enfants portaient à leurs pères les provisions et les cartouches dans leurs tabliers et leurs bonnets, à travers les rochers et sous le feu de l'ennemi. Une partie de ces héros agricoles resta sur le champ de la gloire; une autre partie, qui s'était réfugiée dans l'intérieur, sert aujourd'hui d'éclaireurs à cette armée, et une centaine de vieillards, pris contre le droit sacré de l'humanité, qui avaient été traînés dans les cachots de Barcelone et de Figuières, vont être bientôt rendus à leurs familles républicaines, conformément aux articles de la capitulation.

Voici la force de l'armée espagnole qui était à Collioure ou aux environs :

Six bataillons de gardes d'Espagne, un régiment de petits gardes wallonnes; en tout, onze régiments d'infanterie non complets, sans compter l'artillerie et la cavalerie.

Officiers : trois maréchaux de camp, dix brigadiers, quinze colonels, soixante lieutenants-colonels, trois cents capitaines, lieutenants ou sous-lieutenants, trois cents sergents, six mille quatre cent soixante-huit soldats, et plusieurs compagnies de canonniers et une de cavalerie.

Six mille quatre cent soixante-huit fusils et gibernes, vingt drapeaux, cent caisses de tambours, et tous les chevaux et mulets, armements, équipements de la cavalerie et de l'artillerie sont restés en notre pouvoir.

Nous vous enverrons deux officiers qui seront chargés de présenter à la Convention les marques éclatantes de la victoire des républicains. Vive la République!

SOUBRANY. MILHAUD.

[Ministère de la guerre: *Armées des Pyrénées.*]

FIN DU TOME TREIZIÈME.

TABLE DES MATIÈRES

DU TOME TREIZIÈME.

[1] A cet endroit, lire Chaudron-Roussau, au lieu de Châteauneuf-Randon.

IMPRIMERIE NATIONALE.

53.

ERRATA.

Page 22, ligne 5, *au lieu de :* Châteauneuf-Randon, *lire :* Chaudron-Roussau.

Page 456, ligne 10, *au lieu de :* Saône-et-Loire, *lire :* Haute-Saône.

Page 465, note 2, ligne 12, *au lieu de :* Prévarivicateurs, *lire :* Prévaricateurs.

Page 582, ligne 20, *au lieu de :* 23 floréal, *lire :* 28 floréal.

Page 594, ligne 14, *au lieu de :* Levaier de Lisle, *lire :* Léorier de Lisle.

Page 597, ligne 14, *au lieu de :* 13 mai, *lire :* 18 mai.

Page 631, ligne 10, *au lieu de :* 23 mai, *lire :* 20 mai.

Page 638, ligne 3, *au lieu de :* 23 mai, *lire :* 20 mai.

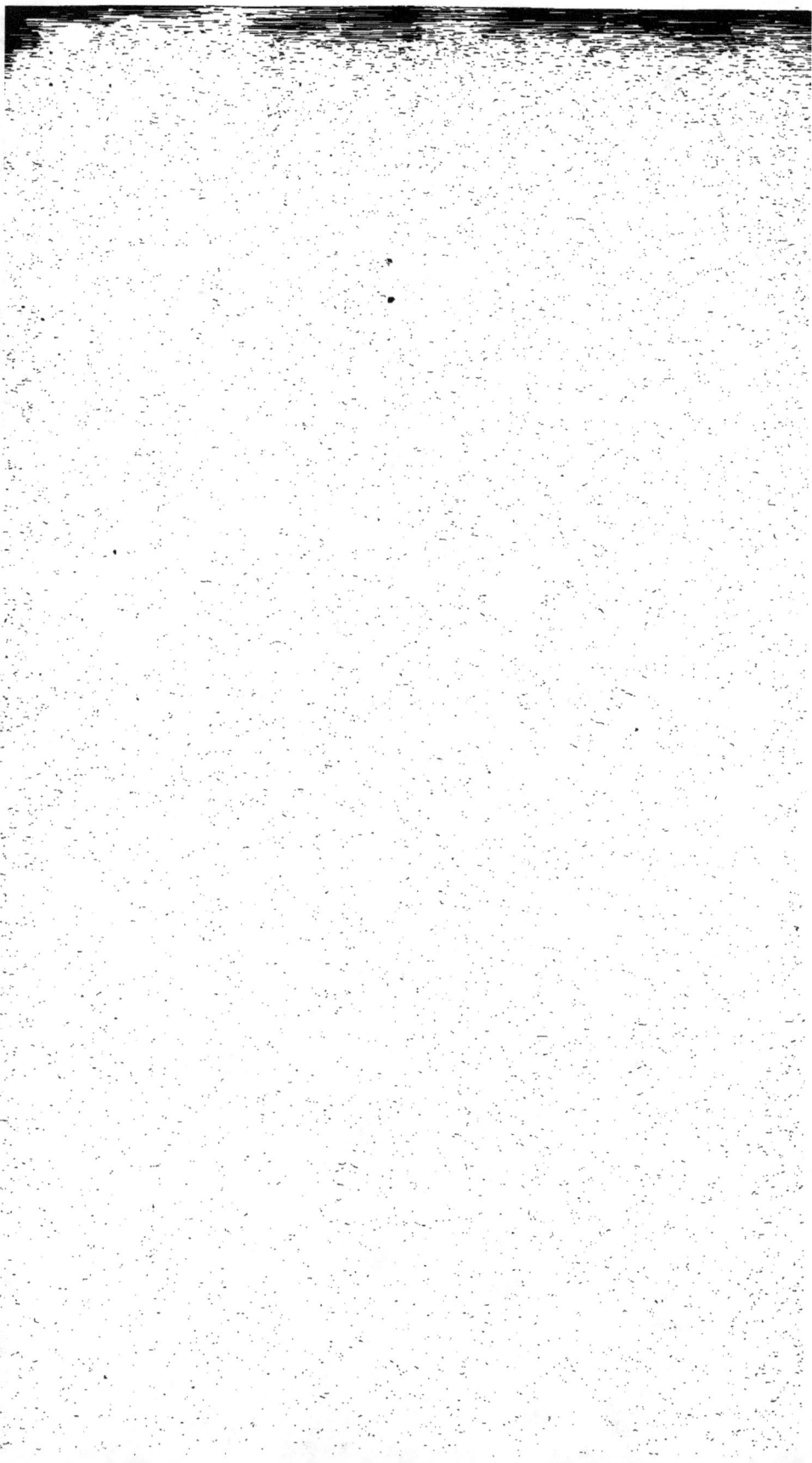

SE TROUVE À PARIS

À LA LIBRAIRIE ERNEST LEROUX

RUE BONAPARTE, 28.

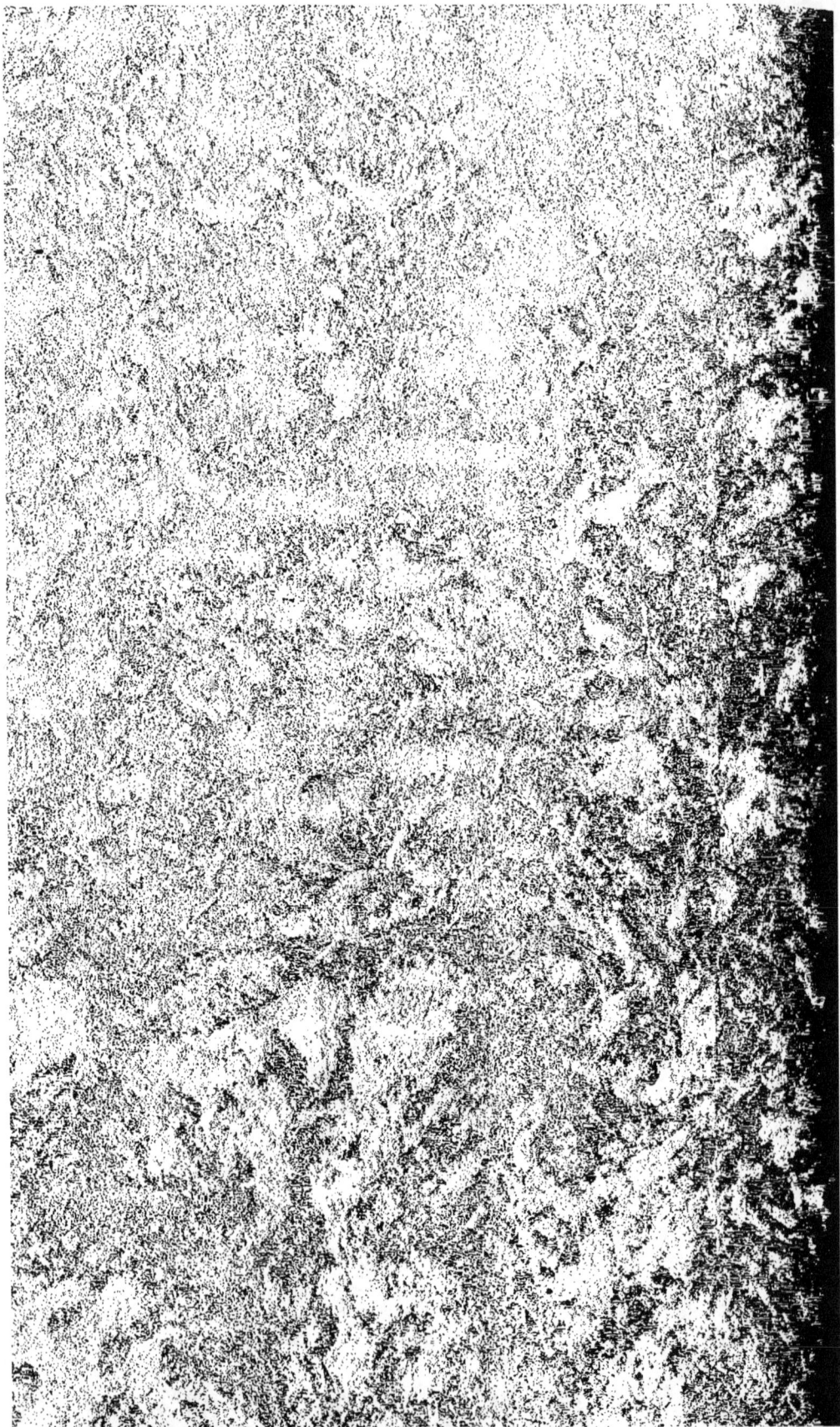

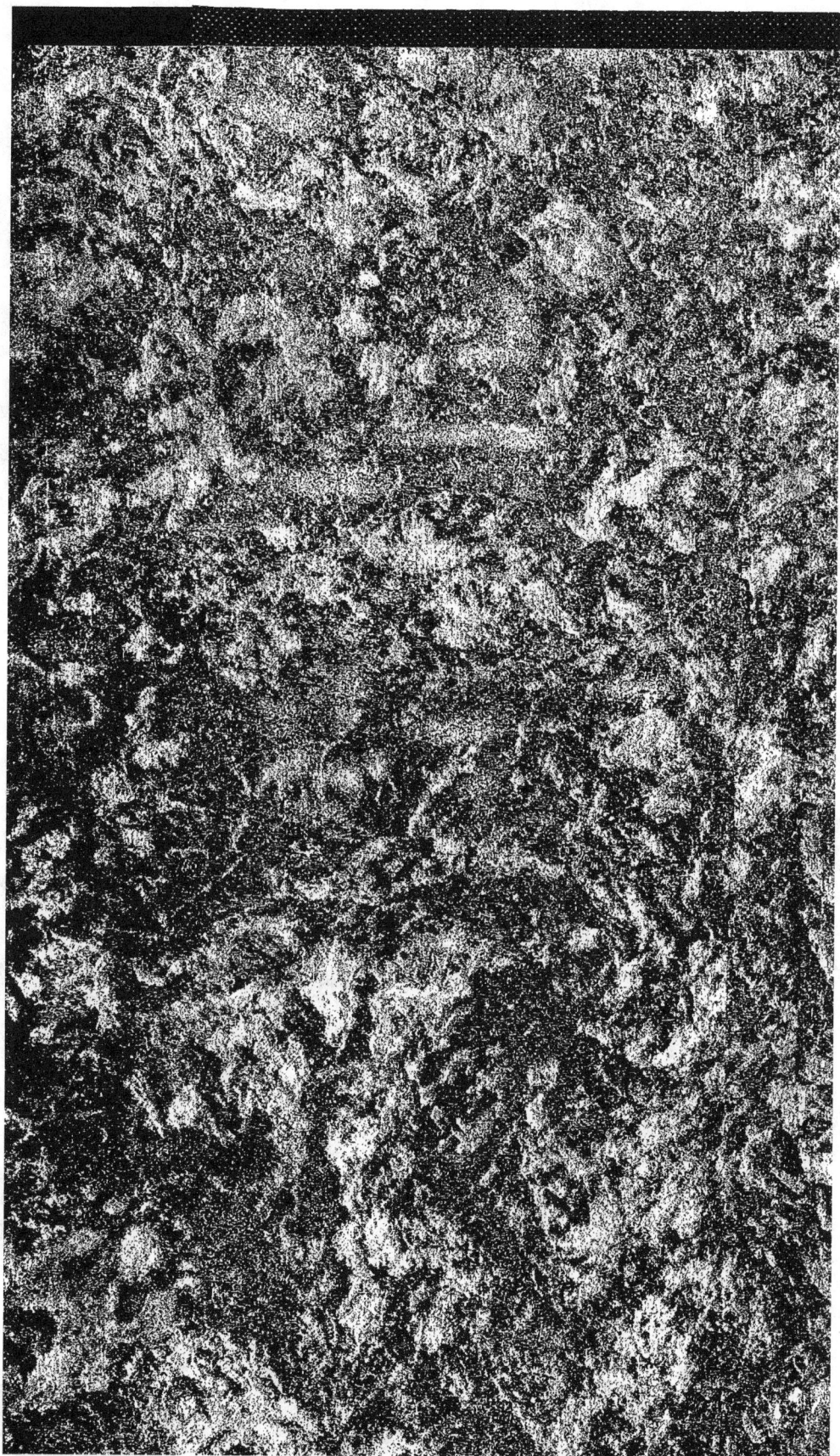

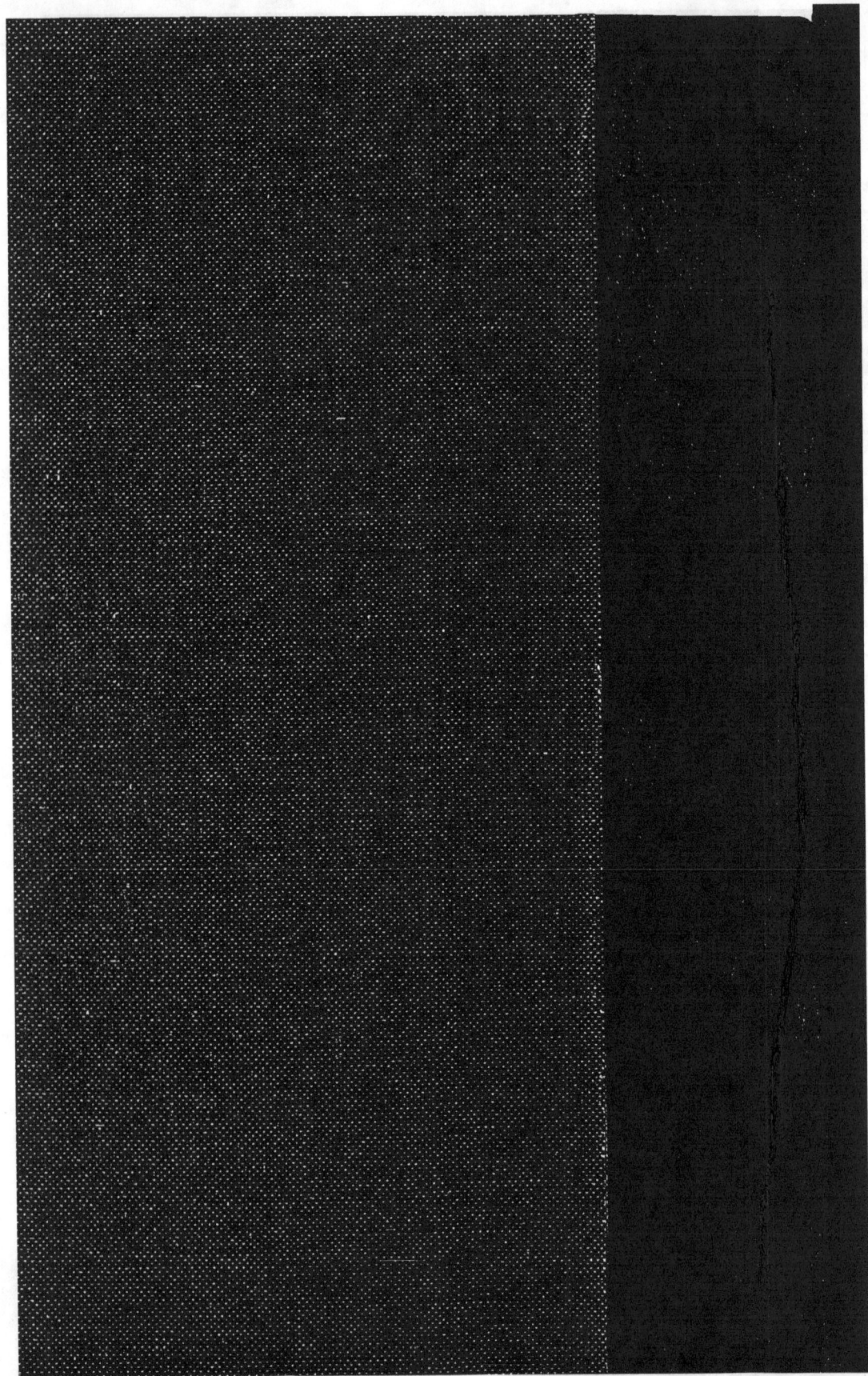